Sowjetische Speziallager
in Deutschland
1945 bis 1950

Band 1

Sowjetische Speziallager in Deutschland 1945 bis 1950

Herausgegeben von
Sergej Mironenko
Lutz Niethammer
Alexander von Plato (Koordination)
in Verbindung mit
Volkhard Knigge und Günter Morsch

Band 1

Studien und Berichte

Herausgegeben und eingeleitet von
Alexander von Plato

Akademie Verlag

Die Deutsche Bibliothek – CIP-Einheitsaufnahme

Sowjetische Straflager in Deutschland 1945 bis 1950 / hrsg. von
Sergej Mironenko ... – Berlin : Akademie Verl.
  ISBN 3-05-003258-8

  Bd. 1. Studien und Berichte / hrsg. und eingeleitet von Alexander von Plato. –
  1998
  ISBN 3-05-002531-X

© Akademie Verlag GmbH, Berlin 1998
Der Akademie Verlag ist ein Unternehmen der R. Oldenbourg-Gruppe.

Das eingesetzte Papier ist alterungsbeständig nach DIN/ISO 9706

Alle Rechte, insbesondere die der Übersetzung in andere Sprachen, vorbehalten. Kein Teil dieses Buches darf ohne schriftliche Genehmigung des Verlages in irgendeiner Form – durch Photokopie, Mikroverfilmung oder irgendein anderes Verfahren – reproduziert oder in eine von Maschinen, insbesondere von Datenverarbeitungsmaschinen, verwendbare Sprache übertragen oder übersetzt werden.

Druck: GAM MEDIA, Berlin
Bindung: Druckhaus „Thomas Müntzer", Bad Langensalza

Printed in the Federal Republic of Germany

Inhalt

Einführungen

Vorwort der Herausgeber 11

ALEXANDER VON PLATO:
Zur Geschichte des sowjetischen Speziallagersystems
in Deutschland. Einführung 19

I. Überblick über die Forschung zu den Speziallagern: Verhaftungen und Internierungen bis zum April 1945 - Speziallager in der SBZ - Auflösung der Speziallager. II. Forschungsprobleme: Zeitzeugen versus Akten - Forschung im und nach dem Kalten Krieg - Vorgeschichte - Wie viele Häftlinge in Speziallagern? - Wie viele Tote? - "Vernichtungsabsicht"? - Altersstruktur? - NS-Belastungen? - Geheimdienste - Persönliche und offizielle Nachgeschichte. III. Danksagungen

GALINA KUZNECOVA UND DINA NACHATOVIČ:
Die GARF-Bestände: Quellen zur Geschichte der Speziallager des
NKVD/MVD der UdSSR in Deutschland von 1945 bis 1950 76

CHRISTIAN SCHÖLZEL:
Ungedruckte Quellen in deutschen Archiven und Bibliotheken
zum Thema Speziallager 83

Landes- und andere staatliche Regionalarchive – Kirchenarchive – Bestände des DRK – Parteiarchive – Bundesarchive und vergleichbare Einrichtungen – Sammlungen von Gedenkstätten und Forschungseinrichtungen – Sammlungen von ehemaligen Internierten und ihren Angehörigen – Bibliotheken – Bild- und Tonquellen sowie Realien – Schlußbemerkung

Historischer Hintergrund

LUTZ NIETHAMMER:
Alliierte Internierungslager in Deutschland nach 1945.
Vergleich und offene Fragen 97

Fragen an einen Vergleich – Planung und Charakter der Internierung – Behandlung und Entlassung der Internierten – Vergleich mit anderen Lagern - Zusammenfassung und offene Fragen

JAN FOITZIK:
Organisationseinheiten und Kompetenzstruktur des
Sicherheitsapparates der Sowjetischen Militäradministration
in Deutschland (SMAD) 117

Organisationsstruktur der SMAD – Diensteinheiten des Sicherheitsapparates und ihre Kompetenzen – Organe des sowjetischen Sicherheitsapparats in der SBZ

VLADIMIR A. KOZLOV:
Die Operationen des NKVD in Deutschland während des
Vormarsches der Roten Armee (Januar bis April 1945) 132

NIKITA PETROV:
Die Apparate des NKVD/MVD und des MGB
in Deutschland 1945-1953. Eine historische Skizze 143

> NKVD-Bevollmächtigte vor dem Mai 1945 - Aufbau der sowjetischen Geheimpolizei in der SBZ - Unterstellung der Geheimpolizei in der SBZ unter das MGB 1946 - Entlassungen aus den Speziallagern 1948 - Die Sowjets und der Aufbau einer deutschen Geheimpolizei 1949-1953 - Anhang: Kader des NKVD/MVD, der Spionageabwehr SMERŠ und des NKGB/MGB in Deutschland

GABRIELE HAMMERMANN:
Verhaftungen und Haftanstalten der sowjetischen
Geheimdienstorgane am Beispiel Thüringens 158

> Verhaftungsorgane – Haftanstalten – Verhaftungspraxis und Haftgründe

PETER ERLER:
Zur Tätigkeit der Sowjetischen Militärtribunale (SMT)
in der SBZ/DDR 172

> Historischer Überblick und Zahlen – Rechtliche Grundlage für Verhaftungen – Betroffene Personengruppen – Untersuchungs- und Vernehmungspraxis – Die "Rechtsprechung" der Tribunale – Strafvollzug der SMT-Verurteilten – Todesstrafen und Hinrichtungen – SMT-Verurteilte unter DDR-Verwaltung

Die Speziallager: Übergreifende Aspekte

NATALJA JESKE:
Versorgung, Krankheit, Tod in den Speziallagern 189

> Quellenlage – Todesstatistik von 1945 bis 1950 – Erste Phase: Mai 1945 bis November 1946 – Zweite Phase: November 1946 bis Februar 1948 – Dritte Phase: März 1948 bis Februar 1950

JAN LIPINSKY:
Mobilität zwischen den Lagern 224

> Lagereinrichtung – Einlieferung – Verlegungen – Deportationen – Interne Arbeitseinsätze – Krankheitsbedingte Verlegungen – Mobilität zwischen operativen NKVD-Einheiten, SMTs und den Lagern – Zusammenlegung verschiedener Häftlingsgruppen – Entlassungen – Auflösung – Verlegungstransporte aus den einzelnen Lagern

IRINA SCHERBAKOVA:
Sowjetische Staatsangehörige und sonstige Ausländer
in den Speziallagern 241

Inhalt

LUTZ PRIEß:
Deutsche Kriegsgefangene als Häftlinge in den
Speziallagern des NKVD in der SBZ 250
    1. Einleitung – 2. Angehörige paramilitärischer Organe als Kriegsgefangene in den Speziallagern des NKVD – 3. Offiziere der deutschen Wehrmacht in den Speziallagern des NKVD

EVA OCHS:
Erfahrungsgeschichtliche Aspekte des Lagerlebens 264
    1. Erinnerungen an das Lagerleben – 2. Lebensbedingungen in den Speziallagern – 3. Aspekte der Lagererinnerungen – 4. Verarbeitung von Leiderfahrungen und Selbstbehauptung

Die einzelnen Speziallager

ACHIM KILIAN:
Das Speziallager Nr. 1 Mühlberg 1945–1948 279
    1. Zur Lage und Entstehung des Lagers – 2. "Zwischenzeit" April bis September 1945 – 3. 13. September 1945: Speziallager Nr.1 des NKVD der UdSSR – 4. Reduziertes Leben und Kulturkulisse – 5. NKVD-Lagerstatistik zum Jahresende 1945 – 6. Nichtstun, Isolierung, Pülpe, Dystrophie – 7. Deportationen, Umkategorisierungen, Sibirien-Transport – 8. "Die verwesenden Überreste des Nazismus" (Volkszeitung) – 9. "Das Regime der Verwahrung des Kontingents ist im wesentlichen zufriedenstellend" – 10. Entlassungsaktion und Auflösung das S/L Nr. 1 Mühlberg

BODO RITSCHER:
Speziallager Nr. 2 Buchenwald 291
    1. Der Ort – 2. Ein Speziallager für Thüringen – 3. Die Belegung – 4. Das Lagerregime – 5. Die Existenzbedingungen – 6. Die geistige Situation – 7. Das Massensterben – 8. Transporte in die UdSSR – 9. Entlassungen und Auflösung des Speziallagers – 10. Zur Nachgeschichte

PETER ERLER:
Das Speziallager Nr. 3 in Hohenschönhausen
Mai 1945–Oktober 1946 318
    1. Errichtung des Lagers und Belegung. – 2. Haftbedingungen und Lageralltag – 3. Krankheiten und medizinische Betreuung – 4. Die Toten von Hohenschönhausen – 5. "Kultura" in Hohenschönhausen – 6. Die "Multifunktionalität" des sowjetischen Geheimdienstobjektes Hohenschönhausen – 7. Flucht, Entlassungen und Auflösung des Speziallagers

ALEXANDR HARITONOW:
Zur Geschichte des Speziallagers Nr. 4 (3) in Bautzen 331
    Allgemeine Angaben – Zur Häftlingsstatistik – Aufbau und Personalstruktur – Die äußere Wache – Der innere Wachdienst – Gefängnis- und Lagerordnung – Medizinische Betreuung – Haushaltstätigkeit – Finanztätigkeit – Die Auflösung des Speziallagers Nr. 3

LUTZ PRIEß:
Das Speziallager des NKVD Nr. 5 Ketschendorf 353
    1. Errichtung des Lagers – 2. Belegung und Lageralltag – 3. Transporte – 4. Medizinische Versorgung

LUTZ PRIEß:
Das Speziallager des NKVD Nr. 6 Jamlitz ... 364
1. Errichtung und Aufbau des Lagers – 2. Personal, Bewachung und Lagerregime – 3. Belegung - 4. Lageralltag – 5. Auflösung des Lagers

LUTZ PRIEß:
Das Speziallager des NKVD Nr. 7 Werneuchen/Weesow ... 375
Errichtung des Lagers – Belegung – Provisorium Weesow – Lageralltag – Ende des Provisoriums

LUTZ PRIEß:
Das Speziallager des NKVD Nr. 7 (Nr. 1) Sachsenhausen 1945–1950 ... 380
1. Forschungsstand und Quellenlage – 2. Vorgeschichte des Ortes – 3. Errichtung des Speziallagers Nr. 7 Sachsenhausen – 4. Funktion und Aufbau des Speziallagers Sachsenhausen – 5. Sowjetisches Lagerregime und Lagerselbstverwaltung – 6. Belegung des Speziallagers Nr. 7 Sachsenhausen 1945-1950 – 7. Hunger, Krankheit und Tod im Lager – 8. Arbeit – 9. "Kultura" – 10. Die Auflösung des Speziallagers Sachsenhausen 1950

BERT PAMPEL:
Die sowjetischen Speziallager Nr. 8 und Nr. 10 in Torgau 1945–1948 ... 411
I. Das Speziallager Nr. 8 in Torgau (1945–1947): Internierungslager für Deutsche aus der Provinz Sachsen – Die Einrichtung des NKVD-Speziallagers Nr. 8 in Torgau – Gefangene - Personal - Lebensbedingungen - Auflösung - II. Das Speziallager Nr. 10 in Torgau (1946–1948): Durchgangsgefängnis für SMT-Verurteilte - Gefangene - Transporte in die Sowjetunion

TOBIAS BAUMANN:
Das Speziallager Nr. 9 Fünfeichen ... 426
1. Die Vorgeschichte: Gutshof und Kriegsgefangenenlager – 2. Zu Entstehung und Bestandszeitraum des Speziallagers Nr. 9 Fünfeichen – 3. Zur Organisation des Lagers und seiner Einrichtungen – 4. Die sowjetische Lagerverwaltung – 5. Die deutsche Häftlingsverwaltung und Lagerleitung – 6. Die Häftlingsgesellschaft – 7. Spätere Verwendung

PETER ERLER:
Der Lagerstandort Frankfurt an der Oder und das Gefängnis Nr. 6 in Berlin-Lichtenberg ... 445
1. Das Speziallager Nr. 6 in Frankfurt an der Oder – 2. Das Gefängnis Nr. 7 in Frankfurt an der Oder – 3. Das Kriegsgefangenenlager Nr. 69 in Frankfurt an der Oder - 4. Das Gefängnis Nr. 6 in Berlin-Lichtenberg

LUTZ PRIEß:
Das Gefängnis des NKVD Nr. 5 Strelitz ... 452

Inhalt

Quantitative Dimensionen

NATALJA JESKE:
Kritische Bemerkungen zu den sowjetischen Speziallagerstatistiken 457
> 1. Quellenlage – 2. Zentrale Statistik – 3. Statistik der Nationalitäten – 4. Statistik der Haftgründe

VERA NEUMANN:
Häftlingsstruktur im Speziallager Buchenwald:
Quellenbestand und Wertung 481
> 1. Veränderung der Insassenstruktur des Speziallagers Nr. 2 im Spiegel der zweiwöchentlichen sowjetischen Statistik – 2. Differenzierung der sowjetischen Haftgrundkategorien: Ausdruck sich wandelnder politischer Prioritäten – 3. Haftgrundprofil 1949: Ergebnisse aus der Auswertung einer repräsentativen Stichprobe aus den Kommissionslisten – 4. Kritische Annäherung an die sowjetischen Haftgrundangaben anhand einer repräsentativen Personenstichprobe aus dem Lagerjournal – 5. Zusammenfassung

JAN LIPINSKY:
Häftlingsstruktur im Speziallager Bautzen aus sowjetischer Sicht 497
> 1. Aktenproduktion der Registraturgruppe – 2. Nichtdeutsche Gefangene – 3. Frauen – 4. Verlegungen – 5. Verhaftungskategorien – 6. Strafmaß – 7. Alter der Gefangenen – 8. Arbeitstauglichkeit – 9. Krankheiten – 10. Auflösung – 11. Zusammenfassung

HEINZ KERSEBOM UND LUTZ NIETHAMMER:
"Kompromat" 1949 - eine statistische Annäherung an Internierte,
SMT-Verurteilte, antisowjetische Kämpfer und die
Sowjetischen Militärtribunale 510
> Kompromatlisten und ihre Erschließung - Internierte versus SMT-Verurteilte: Gegensätze im sozialen und politischen Profil - SMT-Urteile - ein Beitrag zur Kriminalstatistik der SBZ - Politische Kriminologie und Typologie

Ausblick

WILFRIEDE OTTO:
Die Waldheimer Prozesse 533
> Vorbemerkung – Sowjetisch-deutsche Vorbereitung – Sieg für NKVD-Methoden – Beispielhafte Einzelschicksale – Ergebnisse –Politisch-juristischer Exzeß – Schlußbemerkung

Anhang

Abkürzungsverzeichnis 555
Bibliographie 560
Personenregister 587
Autorenverzeichnis 593

Vorwort der Herausgeber

Als sich das Gedächtnis der DDR im Herbst 1989 öffnete, konnte auch über ein Tabu ihrer Vorgeschichte in der ostdeutschen Öffentlichkeit zum ersten Mal gesprochen werden: die Sonderlager in der Sowjetischen Besatzungszone von 1945 bis 1950. Überlebende konnten nach vier Jahrzehnten auferlegten Schweigens nun zum ersten Mal über ihre Erfahrungen sprechen und die Anerkennung ihrer Leiden und Wiedergutmachung fordern. Der Innenminister der letzten Regierung der DDR, die zugleich ihre erste frei gewählte war, wandte sich an die letzte Regierung der Sowjetunion, um von ihr Auskunft über diese Lager zu erhalten. Als Antwort erhielt er eine Statistik, wonach in diesen Schweigelagern 122.671 Personen interniert und von ihnen 42.889 gestorben seien (756 von diesen waren zum Tode verurteilt worden) – damit wurde zum ersten Mal eine erschütternd hohe Todesrate in diesen Lagern offiziell zugegeben, die ungefähr der Sterblichkeit deutscher Kriegsgefangener in der Sowjetunion entspricht, wenn sie auch den noch viel schlimmeren Blutzoll sowjetischer Kriegsgefangener oder der KZ-Opfer im nationalsozialistischen Deutschland bei weitem nicht erreicht.

Sprecher der Überlebenden bezweifelten jedoch diese Angaben als zu niedrig und prangerten die Sonderlager als GULAG auf deutschem Boden, als Terrororte sowjetischer Willkür und kommunistischer Repression an und verglichen sie mit den Konzentrationslagern des Dritten Reiches. In der Tat waren vor allem in zwei Fällen – Buchenwald und Sachsenhausen – Konzentrationslager der SS vom sowjetischen Geheimdienst übernommen und für die Internierung ihrer Verhafteten benutzt worden (auch das Sonderlager Jamlitz war ein früheres KZ-Außenlager). Besonders am Beispiel dieser beiden Orte wurde in der Folge teilweise erbittert über den Charakter und die Berechtigung dieser Lager gestritten, weil sich Sprecher von KZ-Überlebenden lautstark gegen eine Gleichsetzung der Lager und ihrer Opfer wehrten. Ihr einleuchtendes Argument, daß es nicht angehe, das Gedenken an die KZ-Opfer mit der verdienten Haft der KZ-Aufseher zu vermischen, hat sich erst durch das vorliegende Dokumentationsprojekt als eine verfehlte Befürchtung erwiesen, da der sowjetische Geheimdienst gehalten war, KZ-Wachmannschaften und Mitglieder der SS nicht in Deutschland zu internieren, sondern in die Kriegsgefangenschaft in die Sowjetunion zu überführen. Außerdem war an eine Gleichmacherei der Lagererfahrung vor und nach 1945 in den KZ-Gedenkstätten nie gedacht.

Schon 1990, als noch keine Forschung in den Archiven des sowjetischen Geheimdienstes denkbar schien, begannen mehrere Initiativen, vor allem durch Aufnahme und Bearbeitung von Zeitzeugenberichten zur Klärung der Geschichte der Sonderlager und der Verarbeitung ihrer Erfahrung beizutragen, so ein von der Stiftung Volkswagenwerk gefördertes Projekt an der FernUniversität in Hagen, eine an der Gedenkstätte Buchenwald in Weimar eingerichtete Arbeitsstelle für das SpezLager Nr. 2 und eine Arbeitsgruppe Opfer des Stalinismus am damaligen Institut für die Geschichte der Arbeiterbewegung in Berlin. Es zeigte sich schnell, daß mit solchen Methoden zwar viele Erfahrungen über die Alltagswirklichkeit der Lager erschlossen werden konnten (wie das auch die im Westen erschienenen, aber wenig beachteten Erfahrungsberichte von ehemaligen Lagerinsassen seit den fünfziger Jahren getan hatten). Ihr Beitrag zur Aufklärung der Geschichte der Sonderlager insgesamt mußte aber begrenzt bleiben. Zunächst konnten als Erfahrungsträger, wie nach einer Zeitspanne von über vier Jahrzehnten nicht anders zu erwarten, in der Regel nur noch damals sehr junge Häftlinge Auskunft geben, die meist als HJ-Führer oder wegen des Verdachts des bewaffneten Widerstands gegen die Besatzungsmacht ("Werwolf") in die Lagermaschinerie geraten waren. Damit waren sie Repräsentanten einer für die Zusammensetzung der Internierten insgesamt wenig charakteristischen Gruppe, denn die Masse dieser Häftlinge waren zur Zeit ihrer Internierung über 40 Jahre alt und entstammten mittleren und höheren Berufsgruppen. Allerdings überwogen – anders als bei den Internierten – unter der im Kalten Krieg wachsenden Gruppe der von Sowjetischen Militärtribunalen verurteilten Häftlinge, die nach dem großen Sterben 1947 unter den Internierten, der Auflösung der kleinen Lager und den Entlassungen wenig belasteter Internierter 1948 in Bautzen und Sachsenhausen die Mehrzahl der Lageinsassen stellten, die jüngeren Jahrgänge. Da sie in ihrer großen Mehrheit nicht wegen politischer oder krimineller Verantwortungen im Dritten Reich verurteilt worden waren, sind ihre Zeugnisse zwar besonders interessant, aber ebenfalls schwer auf die Masse des SpezLager-Kontingents zwischen 1945 und 1950 insgesamt zu verallgemeinern, von dem sie rund ein Zehntel stellten. Vor allem konnten auf diesem Wege die sowjetische Lager-Politik und -Verwaltung, die Zusammensetzung der Häftlinge und die Gründe ihrer Internierung nicht erforscht werden.

Vermittelt über Freunde bei der Gesellschaft "Memorial" in Moskau, die sich seit Glasnost um Aufklärung über den GULAG und andere Formen der Repression in der Sowjetunion bemühten und mit denen die Hagener Historiker bereits im methodischen Austausch bei der Erforschung von Diktaturerfahrungen standen und insbesondere bei der Aufklärung der doppelten Unterdrückung der sog. "Ostarbeiter" im Dritten Reich und im Stalinismus zusammenarbeiteten, ergaben sich nun aber neue Forschungsmöglichkeiten in der neuen Russischen Föderation. Deren Staatsarchiv GARF, dessen neuer Direktor Sergej Mironenko und sein Mitarbeiterstab sich von Anfang an der Öffnung der Geheimüberlieferungen sowjetischer Repression besonders engagiert annahmen, waren auch die Verwaltungs- (allerdings nicht die Personal-) akten der Sonderlager in der SBZ unterstellt worden. In der Folge entwickelte sich ein Gemeinschaftsunternehmen zur Erschließung dieser Überlieferung, das für einen neuen Geist der Wahrheit, des engagierten Geschichtsbewußtseins und auch der unkonventionellen Initiative, der Tatkraft und der freundschaftlichen Zusammenarbeit bei der Überwindung anfänglichen Mißtrauens und auch vieler praktischer Probleme in den deutsch-russischen Beziehungen beispielhaft wurde. Beispielhaft war auch die verständnisvolle Förderung des materiellen Aufwands für dieses Gemeinschaftsunternehmen zunächst und am stärksten durch die Volkswagen-Stiftung, dann vor allem durch das Land Thüringen, aber auch durch die beteiligten Hochschulen in Hagen und Jena, die Gedenkstätten in Buchenwald und Sachsenhausen und das Land Brandenburg. Dadurch konnte unter der Leitung von Sergej Mironenko (GARF, Moskau), Lutz Niethammer (Historisches Institut der Friedrich-Schiller-Universität Jena) und Alexander von Plato (Institut für Geschichte und Biographie der FernUniversität Hagen in Lüdenscheid), der das ganze Vorha-

Vorwort der Herausgeber

ben koordinierte, eine größere deutsch-russische Arbeitsgruppe überwiegend nebenamtlicher Mitarbeiter gebildet und ihre Reise- und Materialkosten bestritten werden, um den Archivbestand zu erschließen, in weiten Teilen zu kopieren und eine Auswahledition in deutscher Sprache vorzubereiten, deren Dokumente in der Folge auch in der Originalsprache publiziert werden sollen.

Da es sich um einen Archivbestand von ca. 108.000 Blatt aus dem Fond Speziallager und ca. 1.000 Blatt aus anderen Beständen, vor allem aus den sog. Mappen von Mitgliedern des Politbüros der KPdSU handelt, waren diese Arbeiten aufwendig und unsere Erwartungen hochgespannt. Denn damit wurden nach Auskunft der Archivleitung alle Akten zugänglich, die sich zu den Sonderlagern in der SBZ im Staatlichen Archiv der Russischen Föderation befinden. Neben Entscheidungsunterlagen aus höchster politischer Ebene handelt es sich im Kern um den Gesamtbestand der Verwaltung der sowjetischen Sonderlager sowohl auf der Ebene der SBZ als auch der einzelnen Lager, von denen allerdings nur Teile überliefert sind, unterschiedlich dicht nach Zeitraum und Lager. Nicht veröffentlicht werden durften die operativen und Personalakten des sowjetischen Geheimdienstes, da für sie nach russischem Archivrecht Personen- und Quellenschutz gilt. Allerdings konnten von deren Spitzelberichten ausgewählte Beispiele in anonymisierter Form sowie einige anleitende Direktiven des Geheimdienstes einbezogen werden. Im übrigen wurden die Akten den deutschen Projektmitarbeitern schrittweise frei zugänglich, und es wurden Kopien all dieser Akten angefertigt, die insgesamt an der FernUniversität und in den relevanten Teilen auch an den Gedenkstätten Buchenwald und Sachsenhausen hinterlegt wurden. Für die Gedenkinitiativen z.B. in Bautzen oder Torgau konnten ebenfalls einschlägige Teile kopiert werden. Wer die nationale Praktik vieler Archive kennt, kann nicht genug den kooperativen Geist der russischen Seite hervorheben, mit dem diese anerkannte, daß es sich hier auch um Unterlagen zur deutschen Geschichte handelt und deshalb eine Kopien in Deutschland verfügbar sein sollten. Nach Abschluß des Dokumentationsprojekts sollen die Archivkopien, die in Lüdenscheid gesammelt wurden, beim Bundesarchiv hinterlegt werden.

Während der Laufzeit unseres Projekts hat sich unsere Hoffnung nicht erfüllt, daß auch die Personenunterlagen über die Häftlinge und die sowjetischen Ermittlungen über sie zugänglich würden. Diese sind noch immer nicht in das GARF in Moskau gelangt. Wir hatten gehofft, daß es möglich werden würde, durch eine breit angelegte Stichprobenuntersuchung in diesen Häftlingsakten die besonders umstrittene Frage nach der Zusammensetzung der Häftlinge und den Gründen ihrer Haft (soweit sie vom sowjetischen Geheimdienst ermittelt wurden oder sich in den Verfahrensunterlagen Sowjetischer Militärtribunale niedergeschlagen haben) abschließend zu klären. Dies muß einem späteren Projekt vorbehalten bleiben. Es gab in dem uns zugänglichen Verwaltungsbestand aber so zahlreiche und detaillierte statistische Zusammenstellungen bis hinunter zu den Zweiwochenberichten einzelner Lagerverwaltungen, daß aus ihrer Auswertung bereits eine annähernde Eingrenzung der Antworten auf diese Fragen gegeben werden kann. Besonders gilt dies für jene Häftlinge, die nach der Hungerkatastrophe von 1947 und den ersten Entlassungen vor allem von NS-Zellen- und -blockleitern 1948 noch bis Anfang 1950 in den verbliebenen Sonderlagern der SBZ in Bautzen, Buchenwald und Sachsenhausen gefangengehalten wurden. Für sie wurden von sowjetischer Seite zum Zwecke der Haftprüfung personenbezogene Listen mit Sozialdaten und stichwortartigen Haftgründen (immer natürlich aus der Sicht der sowjetischen Dienststellen) angefertigt, die im GARF aufgefunden wurden. Für Buchenwald, wo fast ausschließlich (nicht-verurteilte) Internierte gefangengehalten wurden, und für Sachsenhausen, wo zuletzt überwiegend von Sowjetischen Militärtribunalen (SMT) Verurteilte einsaßen, werden im Kommentarband ins einzelne gehende Auswertungen repräsentativer Stichproben dieser Listen vorgelegt. Sie zeigen, daß die Internierung ganz überwiegend Partei- und Staatsfunktionären des Dritten Reiches galt, wobei – abweichend von der bisherigen deutschen Wahrnehmung – darüber hinaus Vorwürfe der Beteiligung an der Mißhandlung sowjetischer Staatsbürger im Dritten Reich oder auf dem Boden der Sowjetunion als ein weiterer bemerkenswerter Komplex von Verhaftungsgründen hervortritt. Demgegenüber haben die SMT Deutsche nur zu einem geringen Teil wegen Vorwürfen, die sich auf Handlungen oder Positionen im Dritten Reich bezogen, verurteilt. Vielmehr steht hier ein weites Spektrum von Haftgründen im Vordergrund, die sich auf Handlungen oder Einstellungen gegen die Besatzungsmacht oder auf antisowjetische Verbindungen oder Äußerungen im Kalten Krieg beziehen. In der Zeit zwischen 1948 und 1950, als außer in Buchenwald die Zahl der SMT-Verurteilten in den beiden anderen verbliebenen Sonderlagern Bautzen und Sachsenhausen deutlich die der Internierten überwog, ging die Verwaltung der Sonderlager in der SBZ/DDR in die Verantwortung des sowjetischen GULAG über.

Auch in anderer Hinsicht hat sich unsere Hoffnung, durch die Erschließung dieses Aktenbestandes zu einer weitgehenden Aufklärung über die Sonderlager in der SBZ beitragen zu können, im Laufe der Projektarbeit gedämpft. Allerdings mit unterschiedlicher Konsequenz.

Auf der einen Seite fand sich eine ganze Anzahl entscheidender politischer Vorgänge vor allem auf der Moskauer Ebene, die für die Vorbereitung und Durchführung der sowjetischen Internierungspolitik in der SBZ bedeutsam waren, nicht in dem Aktenbestand der Verwaltung der Sonderlager auf Zonen- oder Lagerebene. Durch die Bereitwilligkeit des GARF, im Interesse der Klärung dieser historischen Vorgänge über die ursprüngliche Vereinbarung zur Erschließung seines Sonderlagerbestands hinauszugehen, und durch die Einbeziehung anderer Moskauer Archive konnten hier aber alle wesentlichen sowjetischen Entscheidungen zur Vorgeschichte und Geschichte der Sonderlager in der SBZ dokumentiert werden. Bei der Einleitung und Kommentierung des Dokumentationsbandes zur Lagerpolitik wurden im Einzelfall auch Dokumente außerhalb des GARF berücksichtigt, die derzeit noch der Geheimhaltung unterliegen und die insofern nicht dokumentiert werden können. Es ist jedoch unsere Überzeugung, daß die Leser sich aus dem jetzt vorgelegten Band zur Lagerpolitik ein vollständiges Bild der Grundzüge der sowjetischen Lagerpolitik in Deutschland und ihrer Verquickung mit Fragen der militärischen Sicherung, der Reparationspolitik, der interalliierten Abstimmung und von Zuständigkeitsproblemen in und zwischen den sowjetischen Apparaten machen können und auch einen bisher einzigartigen Einblick in deren Entscheidungsstrukturen und -gesichtspunkte erhalten.

Anders verhält es sich mit unserer Hoffnung, aus der Masse der Verwaltungsakten der Lager auch einen einigermaßen geschlossenen Überblick über die Haftbedingungen und den Lageralltag aus sowjetischer Sicht dokumentieren zu können. Hier erwies sich die Überlieferung qualitativ als weitgehend enttäuschend. Unter Tausenden von Auflistungen der einen oder anderen Art fanden sich nur verhältnismäßig wenige primäre Verwaltungsvorgänge und Berichtsmaterialien, die einen wirklichen Einblick in den Lageralltag oder auch nur in dessen Verwaltungspraxis oder die Mentalität des Bewachungspersonals erlauben. Wo immer wir solche signifikativen Vorgänge und Berichte gefunden haben, werden sie – zumindest in exemplarischer Form – im dritten Band zu den Haftbedingungen dokumentiert werden. Einigermaßen geschlossen sind nur die Fluchtversuche aus den Lagern dokumentierbar, weil sie disziplinarische Folgen für das Bewachungspersonal nach sich zogen. Ansonsten ist das Archivgut durch seine Lückenhaftigkeit und durch die indolente Routine des Verwaltungspersonals gekennzeichnet. Ganze Bereiche des Lagerlebens – z.B. die "Lagerselbstverwaltung" durch deutsche oder ausländische Häftlinge oder die Betreuung durch die "Kultura" – haben in den überlieferten Lagerakten keinerlei Niederschlag gefunden. Hier wird auch die künftige Forschung auf die Auswertung der Erfahrungsberichte überlebender Häftlinge angewiesen bleiben. Auch die Verhaftung der Internierten, ihre Verhöre in den sog. GPU-Kellern ihrer Heimatorte wie überhaupt alle Vorgänge, welche sie vor der Einlieferung in die Lager selbst betrafen, haben sich in diesen Akten nicht – auch nicht in zusammenfassenden Berichten – niedergeschlagen. In diesem Fall ist weiterer Aufschluß (außer aus Zeitzeugenberichten) nur von der Öffnung der personenbezogenen Häftlingsunterlagen der sowjetischen Geheimdienste zu erwarten.

Eine Ausnahme von den hier genannten Prinzipien haben wir bei den Unterlagen der Sanitätsabteilung der Lagerverwaltungen gemacht. Hier werden wir in einem Großteil des dritten Bandes auch eine dichte Folge von statistischen und Berichtsmaterialien dokumentieren, die auf den ersten Blick als wenig aufschlußreich und redundant erscheinen mögen. Unser Motiv dafür liegt in der erschreckend hohen Sterblichkeit der Internierten in den Sonderlagern der SBZ, deren statistischer Durchschnitt vor allem durch eine Hungerkatastrophe im ersten Halbjahr 1947 nach einer Absenkung der Ernährungsrationen geprägt wird. Viele Häftlinge bekamen den Eindruck, sie sollten vernichtet werden. Unsere Untersuchung der Lagerpolitik ergibt, daß diese Absenkung der Rationen weit unter das Subsistenzniveau durch Zuständigkeitskonflikte in den sowjetischen Apparaten – vor allem durch die plötzliche Zuweisung der Verantwortung für die Ernährung der Lager an die Sowjetische Militäradministration in Deutschland – und deren Abwälzung auf die Häftlinge zustande kam. Versuche, die verfügbaren Mittel durch eine größere Zahl von Entlassungen (oder Deportierungen in die Sowjetunion) zu strecken, blieben im Entscheidungsgestrüpp stecken; die spätere Wiederanhebung der Rationen kam angesichts ihrer bereits zerrütteten körperlichen Verfassung für viele Internierte zu spät. Vor diesem Hintergrund wollten wir alles möglicherweise irgendwie aussagekräftige Material der Sanitätsabteilungen der Lager über Ernährung, Krankenstand und Mortalität, das sich im GARF fand, für die deutschen Leser zur Verfügung stellen. Hinweise auf eine Vernichtungsabsicht konnten wir in diesen Materialien nicht finden; wohl aber sind es vielfach Dokumente nicht aufeinander abgestimmter und in ihren Auswirkungen verheerender bürokratischer Entscheidungen, der Hilflosigkeit einiger der in Deutschland verantwortlichen Sowjets gegenüber Moskauer Beschlüssen und auch der routinemäßigen Abstumpfung des Lagerpersonals gegenüber dem Elend der ihnen Anbefohlenen.

Angesichts der unzureichenden aktenmäßigen Dokumentation der Wirklichkeit der einzelnen Sonderlager haben wir Mitglieder unserer Arbeitsgruppe und befreundete spezialisierte Forscher aus den einzelnen Gedenkstätten und -initiaven gebeten, für den Begleitband unseres Dokumentationsvorhabens lexikalische Abrisse der Geschichte der einzelnen Lager, die sowohl die Akten als auch das aus der Häftlingsüberlieferung Bekannte berücksichtigen, anzufertigen. Zusammen mit einer Einführung und einigen Forschungsaufsätzen, welche die in den beiden Dokumentationsbänden aufbereitete archivalische Grundlage in weitere Kontexte einbetten oder spezielleren Gesichtspunkten auch mit anderen Quellen nachgehen und überwiegend auf Beiträge zu das Projekt begleitenden Werkstattgesprächen in Jena 1994 und Moskau 1995 zurückgehen, soll dieser Band eine erste Zwischenbilanz der Erforschung der Sonderlager in der SBZ ziehen und es den Lesern erleichtern, die teils übergeordneten Entscheidungen, teils exemplarisch dokumentierten Verhältnisse auf die Geschichte der einzelnen Lager zu beziehen. Dem zweiten Band mit den Dokumenten zur Lagerpolitik ist eine umfassende Darstellung der sowjetischen Lagerpolitik für die SBZ aus der Feder von Ralf Possekel, dem Bearbeiter jenes Bandes, vorangestellt.

Mit diesen Bänden soll eine weitere notwendige Grundlage für die Wahrnehmung der Erfahrung der Sonderlager und zu einer Versachlichung der Diskussion um sie bereitgestellt werden. Die Diskussion um diese Erfahrung wird und muß weitergehen, und wir wollen ihr hier nicht mit verfrühten abschließenden Wertungen vorgreifen. Davor müßte schon warnen, daß wir bisher über die Praxis der SMT, seit 1946 zunehmend Personen ohne NS-Belastung zu Strafen in diesen Lagern abzuurteilen, noch sehr wenig wissen und auch mit der vorliegenden Dokumentation diese geringe Kenntnis nur unzureichend ausweiten können. Hierfür sind weitere Archivöffnungen und Forschungen nötig. Die vielfach agitatorischen politischen Instrumentalisierungen, die bisher in der Diskussion um die Sonderlager aufgetreten sind, werden in ihrer Spielbreite aber künftig eingeengt sein. Auf keine historische Grundlage wird sich künftig mehr berufen können, wer einen ursprünglichen Zusammenhang dieser Lager mit der alliierten Denazifizierung, der politischen Mitverantwortung für das Dritte Reich, der Sicherung der Besatzungsmacht und ihren Reparationsbedürfnissen rundweg abstreitet und in ihnen nur ein Instrument kommunistischen Terrors sieht. Ebenfalls jeder historischen Grundlage entbehren Wertungen, die umgekehrt in den Häftlingen der Sonderlager in ihrer Gesamtheit "die" Verantwortlichen des Dritten Reiches, seiner Terrororgane oder gar seine KZ-Aufseher sehen und die Lager rundheraus geschichtlich zu rechtfertigen suchen. Zwischen diesen falschen Pauschalisierungen aber sind viele Lesarten der hier vorgelegten Dokumente möglich.

Wir sehen diese Dokumente vor allem unter drei Perspektiven und hoffen, daß ihre Veröffentlichung und ihre bedrückende Lektüre auch in der Öffentlichkeit die Wahrnehmung der Sonderlager in das Licht dieser Perspektiven rücken wird.

Die Voraussetzung dieser Lager war der Nationalsozialismus und sein Vernichtungskrieg im Osten. Vor diesem Hintergrund war die deutsche Niederlage eine Befreiung und eine Sicherung der Besatzungsmächte der Anti-Hitler-Koalition gegen das Wiederaufleben des Nationalsozialismus notwendig und im Grundsatz berechtigt. Für eine Übergangszeit beim Ende dieser weltweiten kriegerischen Auseinandersetzung waren dabei summarische Maßnahmen, auch wenn sie im einzelnen völlig unverantwortliche Personen mitbetrafen, unvermeidlich. Die Berechtigung solcher Maßnahmen (wie hier summarischer Internierungen) bemißt sich aber nach dem Maßstab ihrer Vorläufigkeit, der baldmöglichsten Überprüfung ihrer sachlichen Erfordernis und rechtlichen Angemessenheit und der menschenwürdigen Behandlung der Betroffenen, wenn sie nicht demselben Verdikt wie die nationalsozialistische Menschenverachtung verfallen sollen. Die Besetzung Deutschlands war aber nicht nur eine Befreiung, sondern auch eine raumgreifende Diktatur von Großmächten, die sich daran messen lassen müssen, inwiefern sie selbst bereit waren, diese ihre eigene Diktatur zurückzunehmen, sich den Prinzipien der allgemeinen Menschenrechte zu unterwerfen und das Selbstbestimmungsrecht der Befreiten mindestens schrittweise und unter Wahrung militärischer Sicherheit und Wiedergutmachungsansprüchen wieder zur Geltung kommen zu lassen.

Aus den hier vorgelegten Dokumenten geht nirgends hervor, daß die in der Sowjetunion 1945 Herrschenden solche Maßstäbe für sich selbst auch nur im Grundsatz als gültig und bindend betrachtet hätten. Sie herrschten vielmehr nach reinen Interessen- und Zweckmäßigkeitsgesichtspunkten, und ihre Machtapparate waren weder an rechtliche Prinzipien gebunden noch auch nur so organisiert, daß ihre Mittel mit ihren Zwecken in einem angemessenen Verhältnis standen. Das zentrale Problem besteht nicht in der summarischen Verhaftung zahlreicher Personen, die als mehr oder minder NS-belastet oder der Sowjetunion feindlich angesehen wurden, sondern darin, daß diese Maßnahmen nicht in angemessener Zeit und in rechtlichen Verfahren überprüft und die Betroffenen in der Zwischenzeit menschenwürdig behandelt, hier vor allem: ernährt wurden. Dasselbe gilt für Scheingerichtsverfahren, die nicht auf rechtlichen Tatbeständen und Verfahren, sondern auf Interessen, Projektionen und Gewalt beruhten. Eine Verbringung von Gruppen, deren spezifische Verantwortung für das Dritte Reich festgestellt worden wäre, zu Reparationsarbeiten in Rußland oder in anderen von Deutschland besonders geschädigten Ländern oder ihr Austausch gegen unbelastete Kriegsgefangene wäre schließlich an sich ebenfalls ein durchaus denkbarer Vorschlag in der damaligen Lage gewesen. Die Sowjetunion, unter Stalins Herrschaft auch im eigenen Land an Millionenheere von Sklavenarbeitern in Lagern und Verbannungsdistrikten gewohnt, kannte aber keine Unterscheidung zwischen Kriegsgefangenschaft und Haft wegen politischer oder krimineller Verantwortung, so daß über die in Deutschland Internierten nach reiner Zweckmäßigkeit entschieden wurde und – da es sich um eine gegenüber den deutschen Kriegsgefangenen in der Sowjetunion verhältnismäßig kleine Reservegruppe handelte – so lange eben nicht entschieden wurde, bis ein Drittel von ihnen gestorben war. Und auch danach begannen Entlassungen erst, als der Kalte Krieg dies politisch zweckmäßig erscheinen ließ.

Die Erforschung der Geschichte kann an der geschehenen Geschichte nichts ändern. Vielmehr geht es um die Wahrnehmung des Geschehenen und seine Beurteilung. Während ein unmittelbarer Zusammenhang zwischen den Sonderlagern und der Errichtung der SED-Diktatur in der DDR bisher nicht überzeugend dargetan wurde und in den hier vorgelegten Dokumenten keine Grundlage findet (das könnte sich bei näherer Kenntnis der Praxis der Sowjetischen Militärtribunale aber möglicherweise bis zu einem gewissen Grade ändern), zeigt die Geschichte der Sonderlager den prinzipiell diktatorischen und rechtlosen Charakter des sowjetischen Stalinismus. Die Geschichte der sowjetischen Sonderlager in der SBZ belegt nicht eine Gleichsetzung mit der Absicht zur Vernichtung von ganzen Menschengruppen, wie sie für den Nationalsozialismus vor allem in Osteuropa und für große Teile seines KZ-Lagersystems charakteristisch ist. Sie belegt noch nicht einmal ein besonders gewalttätiges oder rachsüchtiges Verhalten der Aufseher der Sonderlager, von denen viele die barbarische deutsche Herrschaft während des Krieges in Osteuropa miterlebt und deren Opfer unter ihren eigenen Familien zu beklagen hatten. Viel eher belegt sie eine abstumpfende Gewöhnung an administrative Gewalt und die Recht- und Machtlosigkeit der Individuen.

Wahrnehmung von Leid in der Geschichte hat aber noch eine andere Qualität als die der politischen Urteilsbildung für die Zukunft. Sie konfrontiert mit der Frage nach Gerechtigkeit, und sie enthält den Impuls zu Mitleid und Trauer. Wenn es sicher ist, daß die Geschichte der sowjetischen Sonderlager in der SBZ/DDR sich nicht losgelöst sehen läßt von der Politik und den Verbrechen des nationalsozialistischen Deutschland, wenn es sicher ist, daß die Sonderlagerhaft die Kategorie der gerechten Strafe ad absurdum führt, weil sie außerhalb jeder vernünftig begründbaren Rechtsnorm steht und die Würde des Menschen nicht achtet, und wenn es richtig ist, daß zahlreiche Opfer völlig unschuldig um ihre Freiheit, ein unbeschwertes Leben oder ihr Leben überhaupt gebrachten worden sind, dann ist der

Schock im Gedächtnis am tiefsten. Ein Schock, der sich nicht eindimensional auflösen läßt und der weiterem politischen Schlagabtausch mit einseitigen Argumenten Einhalt gebietet. Der Trauer um die Opfer der sowjetischen Sonderlager korrespondiert das Erschrecken an der Tatsache, wie wenige Deutsche sich dem NS-Regime verweigerten. Diese Trauer und dieses Erschrecken können zur Arbeit an einem geschichtlichen Bewußtsein motivieren, das sich den Brüchen der deutschen und der russischen Geschichte in der Mitte des 20. Jahrhunderts ungeteilt stellt und dem zur dauerhaften Überzeugung wird, daß Unrecht durch Unrecht sich weder ahnden noch sühnen, noch sonst aus der Welt schaffen läßt.

SERGEJ MIRONENKO, LUTZ NIETHAMMER, ALEXANDER VON PLATO,
VOLKHARD KNIGGE, GÜNTER MORSCH

ALEXANDER VON PLATO

Zur Geschichte des sowjetischen Speziallagersystems in Deutschland Einführung

I. Forschungsüberblick

Am 17. Januar 1950 veröffentlichte das "Neue Deutschland", das Zentralorgan der SED, einen Briefwechsel zwischen dem sowjetischen Armeegeneral V. Čujkov (Tschujkow)[1] und dem damaligen Stellvertretenden Ministerpräsidenten der DDR, Walter Ulbricht. Schlagzeile: "Auflösung der Internierungslager". In seinem Brief mit der Anrede "Geehrter Herr Ulbricht!" teilte Čujkov mit,

> daß laut Beschluß der Regierung der UdSSR alle Internierungslager, die unter Kontrolle der sowjetischen Behörden in Deutschland standen – Buchenwald, Sachsenhausen und Bautzen – liquidiert werden.

Dies betraf insgesamt 29.632 Personen. 15.038 von ihnen sollten entlassen, 3.432 Internierte sollten dem Innenministerium der DDR zur Untersuchung und Aburteilung durch DDR-Gerichte übergeben werden. Weitere 10.513 Personen, die bereits von sowjetischen Kriegstribunalen verurteilt worden waren, sollten – so Čujkov – ebenfalls an das Ministerium des Innern zur Verbüßung ihrer Strafen übergeben werden. *"In den Händen der sowjetischen Behörden verbleiben 649 Verbrecher, die besonders große, gegen die Sowjetunion gerichtete Verbrechen begangen haben."* Walter Ulbricht dankte dem "sehr geehrten Armeegeneral" für diese Mitteilung; die vorgeschlagenen Maßnahmen fänden die volle Zustimmung der Regierung der Deutschen Demokratischen Republik.

Im Kommentar des "Neuen Deutschland" hieß es zu diesem Vorgang unter der Überschrift "Akt der Großmut":

---

[1] Chef der Gruppe der Sowjetischen Streitkräfte in Deutschland und Vorsitzender der Sowjetischen Kontrollkommission.

> Sprechen wir es klar und unmißverständlich aus, daß der Brief des Armeegenerals Tschujkow an den stellvertretenden Ministerpräsidenten Walter Ulbricht, der die Auflösung der Internierungslager, die Überstellung der Verurteilten an die Organe der Deutschen Demokratischen Republik, die Durchführung ordentlicher Gerichtsverfahren durch ihre Organe und die Freilassung derjenigen beinhaltet, die bisher wegen ihrer nazistischen Vergangenheit eine Gefahr für den Aufbau der demokratischen Ordnung in Deutschland darstellten und daher gemäß den Direktiven des Kontrollrats in Haft zu halten waren, einen Akt der Großmut, des Vertrauens und der Stärke seitens der Sowjetregierung darstellt.

Zur gleichen Zeit, also mitten im Kalten Krieg, wurden diese Lager, die hier als Straflager für faschistische Täter beschrieben werden, im Westen als "Sowjetische Konzentrationslager auf deutschem Boden"[2] bezeichnet, die Verhaftungen als Willkürakte und die Gerichtsverfahren als Farce einer neuen Diktatur. Auch über die hier angegebene Zahl herrschte im Westen Unglaube: Insgesamt seien wesentlich mehr Personen verhaftet, verurteilt, in Speziallagern festgehalten, verschleppt, deportiert oder in den Gefängnissen des sowjetischen Geheimdienstes NKVD/MVD[3] gestorben oder umgebracht worden, als zur Zeit der Auflösung der Speziallager noch inhaftiert waren und in dem Brief Čujkovs bekannt gegeben wurden.[4] Damalige Schätzungen lagen zwischen 160.000 und 260.000 Internierten, von denen 65.000 bis 130.000 umgekommen sein sollten.[5]

Bis heute zieht sich dieser Streit um die unterschiedliche Beurteilung der sowjetischen Speziallager und die Zahl der Verhafteten durch die autobiographische und wissenschaftliche Literatur, durch die Ausstellungen in Gedenkstätten oder durch die Filme im Fernsehen: Wurden in den sowjetischen Speziallagern nach 1945 nationalsozialistische Täter interniert und damit für die Verbrechen bestraft, die während des "Dritten Reiches" von Deutschen im allgemeinen und von diesen Personen im besonderen im In- und Ausland begangen worden waren? Waren dies Internierungen von nationalsozialistischen Funktionsträgern der gleichen Art, wie sie auch von den westlichen Siegermächten vorgenommen wurden? Oder waren es Todeslager, in denen willkürlich Verhaftete oder in Scheingerichtsverfahren Verurteilte einem KZ-ähnlichen Regiment unterworfen waren?

Bei dem Versuch, diese Fragen zu beantworten und die Geschichte der sowjetischen Speziallager in Deutschland insgesamt zu untersuchen, standen sowohl Wissenschaftler als auch Autoren persönlicher Berichte und Biographien vor dem Problem, daß ihnen die sowjetischen Akten verschlossen waren. Erst nach der Auflösung der Sowjetunion wurde dies anders. Erstmalig konnten einzelne Personen und ein deutsch-sowjetisches Kooperationsprojekt nahezu den gesamten Aktenbestand "Speziallager" im Staatlichen Archiv der Russischen Föderation (GARF) einsehen, in Teilen kopieren und nach Deutschland bringen. Außerdem konnten sämtliche einschlägigen Befehle und Anweisungen des Politbüros der

---

2 So lautete der Titel eines Buches, das 1952 im Westen erschien (Just 1952). Das Neue Deutschland veröffentlichte am 19.1.50, also zwei Tage nach dem zitierten Briefwechsel, einen Artikel mit dem Titel "Der Konzentrationslager-Schwindel ist endgültig geplatzt", womit westliche Zeitungsberichte über die Speziallager gemeint waren, und setzte dagegen: "Die Internierungslager entsprachen nicht nur dem internationalen Recht, sondern waren erneut ein Beispiel sowjetischer Humanität."
3 Abkürzungsverzeichnis am Ende des Buches.
4 Vgl. die Veröffentlichungen aus jener Zeit in der umfangreichen Bibliographie am Ende dieses Buches.
5 So faßt Jan Foitzik die Schätzungen im SBZ-Handbuch von 1993 zusammen (Foitzik 1993, S. 29). Just schreibt 1952 von 180.000 Inhaftierten (Just 1952, S. 136). Die höchste Schätzung von ca. 300.000 Internierten stammt vom britischen Geheimdienst (Wember 1991, 89).

KPdSU[6] berücksichtigt werden, unter anderem die "Stalin-Mappen".[7] Dadurch wurden der historisch-politische Hintergrund und die Verwaltungsarbeit der "Spezlager" aus der Sicht der Spitze der Sowjetunion, ihrer Geheimdienste in Deutschland sowie ihrer Lagerfunktionäre sehr viel deutlicher. In diesem Band nun fassen die Autorinnen und Autoren den bisherigen Forschungsstand auch auf der Grundlage dieser neuen Materialien zum Thema "Sowjetische Speziallager in Deutschland" unter verschiedenen Aspekten zusammen. Ihre Ergebnisse lassen ein sehr viel genaueres Bild als bisher entstehen. Dennoch bleiben nach wie vor große Forschungslücken. Beides – gegenwärtiger Kenntnisstand und Forschungsprobleme – wird im folgenden Überblick skizziert.

Internierungen und Verhaftungen während des Vormarsches der Roten Armee in Osteuropa

Schon während des Krieges beschlossen die Alliierten im Falle eines Sieges über Deutschland nicht nur die Erzwingung der bedingungslosen Kapitulation, sondern auch die Bestrafung der Verantwortlichen der nationalsozialistischen Diktatur.[8] Vor allem in der Europäischen Beratenden Kommission (EAC)[9] wurden die Voraussetzungen und Folgen einer deutschen Kapitulation zwischen den Alliierten beraten. In ihren Vorbereitungen auf die EAC-Beratungen zur Kapitulation Deutschlands im Februar 1944 hatte eine sowjetische Kommission unter Vorošilov die Aufgaben während und nach der Besetzung Deutschlands schon sehr ins einzelne gehend behandelt. Seitdem gab es immer wieder Festlegungen, die nicht nur Dauer, Form und Ziele der Besatzung betrafen, sondern auch konkrete Maßnahmen, die später unter dem Namen "Entnazifizierung" in das kollektive Gedächtnis der meisten Deutschen eingingen: von der Entwaffnung und Entflechtung der Betriebe über die Auflösung der NSDAP und ihrer Untergliederungen und Nebenorganisationen bis zur Entfernung ehemaliger Nazis aus Verwaltung, Presse und öffentlichen Einrichtungen. Auf der Potsdamer Konferenz im Sommer 1945 bekräftigten die Alliierten die Absicht, daß die "großen Nazis" und Kriegsverbrecher vor ein Kriegsverbrechertribunal gestellt, die weniger einflußreichen zumindest verhaftet, interniert oder einer Bestrafung zugeführt werden sollten.

Der Hintergrund dieser Entscheidungen ist evident. Die katastrophale Politik Deutschlands unter Hitler hatte Europa verheert; insgesamt soll – so die gängigen Schätzungen – der Zweite Weltkrieg ca. 55 Millionen Tote gefordert haben. Der sogenannte Ostfeldzug war mit besonderer Härte und Brutalität geführt worden. Die Konzentration und Vernichtung

---

6 Ich benutze im allgemeinen die Abkürzung KPdSU für die Kommunistische Partei der Sowjetunion der Verständlichkeit wegen auch dann, wenn sie noch den Zusatz (b) für Bolschewiki hatte oder noch VKP (b) hieß.

7 Sie sind im Institut für Geschichte und Biographie der Fernuniversität Hagen, das in Lüdenscheid angesiedelt ist, einsehbar. Die Gedenkstätten Sachsenhausen und Buchenwald sowie die Stiftung Sächsische Gedenkstätten für die ehemaligen Lager Torgau und Bautzen besitzen ebenfalls die sie betreffenden Kopien.

8 Zu diesen Absichten im Krieg siehe vor allem die neueren Arbeiten von Jochen Laufer (Laufer 1995, Laufer 1996).

9 EAC = European Advisory Commission. (Zu ihrer Arbeit vgl. vor allem Wettig 1967, Kowalski 1971 und das Vorwort von Ralf Possekel zum 2. Band.)

von Juden, "Zigeunern" und anderen waren von Beginn an Elemente der deutschen Kriegspolitik im Osten ebenso wie die Politik der "verbrannten Erde" vom Vormarsch bis zum Rückzug. Entsprechend erbittert wurde auch auf sowjetischer Seite reagiert und gekämpft. Die osteuropäischen Länder wie die Sowjetunion und Polen sowie die Balkanstaaten, besonders Jugoslawien, waren am meisten betroffen: Schätzungen gehen davon aus, daß in der UdSSR zwischen 20 und 30 Millionen tote Zivilisten und Soldaten zu beklagen waren.

Gefallene oder vermißte Soldaten[10]

UdSSR	13.600.000
Deutschland	3.760.000
Japan	1.200.000
Großbritannien	440.000
Jugoslawien	410.000
Frankreich	340.000
Italien	330.000
Polen	320.000
USA	300.000
Österreich	230.000
andere europ. Länder	490.000

Die Gesamtzahl der Zivilisten, die durch Massenvernichtung, Kampfhandlungen, Ermordungen, Partisanenkrieg usw. umkamen, wird auf 25 bis 30 Millionen geschätzt, davon in Europa fast 15 Millionen, *nicht* eingerechnet die ca. 9 Millionen in Konzentrationslagern, Gefängnissen u.a. umgekommenen Menschen, von denen an die 6 Millionen Juden waren. In Deutschland soll die Zahl der Ziviltoten bei etwa 3,64 Millionen gelegen haben, darunter ca. 2 Millionen Opfer der Vertreibung[11] und zwischen 540.000 und 580.000 Bombenopfern.

Ungefähr 5,7 Millionen sowjetische Soldaten gerieten in deutsche Kriegsgefangenschaft, davon dürften 3,3 Millionen gestorben sein, das sind 57,8 %. Im Ersten Weltkrieg waren es insgesamt 1,434 Millionen russische Soldaten gewesen, von denen 5,4 % starben. (Streit ²1997, S. 10)[12]

Als die Rote Armee unter immensen Opfern Deutschland besetzte, war die Erbitterung, waren Gefühle von Haß und Rache auf sowjetischer Seite groß, während auf deutscher Seite – wie viele Zeitzeugen betonen – Bestrafung erwartet wurde.[13] Große Teile der Bevölkerung Ostpreußens waren geflohen – zumeist auf Anweisung der Behörden des "Dritten Reiches". So berichtete am 8. März 1945 der NKVD-Bevollmächtigte der 1. Belorussischen Front[14], Ivan Aleksandrovič Serov, der spätere Geheimdienstchef der sowjetischen Be-

---

10 Es handelt sich um Schätzungen, die aus verschiedenen Statistiken kompiliert wurden.
11 Diese Zahlen werden in neueren tschechischen Arbeiten als übertrieben abgelehnt. Vgl. z. B. Kœn 1996, S. 21-27.
12 Hier handelt es sich um – allerdings sehr plausible – Schätzungen (Vgl. neben Streit 1978, Neuauflage 1997, zu diesem Thema auch: Kriegsgefangene 1995, darin besonders die Aufsätze von Bernd Bonwetsch und Hans Mommsen; außerdem die Studien von Stefan Karner 1995 und 1996).
13 Dies wird auch deutlich in den Stimmungs- und Spitzelberichten des sowjetischen Geheimdienstes aus dieser Zeit, die unter dem Titel "Stimmungsberichte aus der SBZ" im Institut für Geschichte und Biographie der Fernuniversität Hagen in Lüdenscheid als Kopien archiviert sind.
14 Mit "Front" wurde eine Heeresgruppe der Roten Armee bezeichnet. Vgl. zum NKVD die Aufsätze von Petrov und Kozlov in diesem Band.

Einführung

satzungszone[15], "streng geheim" an den Volkskommissar für Inneres, Lavrentij Pavlovič Berija[16]:

> Im Zusammenhang mit der wieder aufgenommenen Offensive der Truppen der 1. Belorussischen Front wurde durch Überprüfung der von Einheiten der Front eingenommenen Ortschaften festgestellt, daß in den Ortschaften nur eine unbedeutende Zahl von Einwohnern verblieben ist, hauptsächlich Alte, Kinder und Frauen. Unter der zurückgebliebenen Bevölkerung ist die Agitation der Hitleristen verbreitet, daß die Rote Armee alle ohne Ausnahme vernichten wird; im Zusammenhang damit sind Selbstmorde festzustellen... Im Zusammenhang mit dem schnellen Vormarsch der Roten Armee gelang die (*von der "faschistischen Partei" beschlossene – Pl.*) Evakuierung nicht, deshalb entschlossen sie sich, Selbstmord zu begehen, weil sie wußten, daß die Einheiten der Roten Armee sie sowieso erschießen würden.[17]

In einem Bericht des NKVD-Bevollmächtigten der 3. Belorussischen Front vom 13. April 1945 heißt es, daß Königsberg nach dreitägigem Bombardement "in einen Haufen Trümmer verwandelt worden" sei. Königsberg sei von den deutschen Truppen nicht aufgegeben, die Befestigungen seien noch verstärkt und die Häuser und Straßen total vermint worden. 100.000 Einwohner hätten sich am 13. April noch in der Stadt befunden.[18]

> Um zu verhindern, daß sich die Bevölkerung in dem von unseren Truppen besetzten Gebiet verteilt, haben wir sämtliche Wege rings um die Stadt durch drei NKVD-Regimenter absperren lassen. Zum 13. April d.J. sind von unseren Operativgruppen 60.526 Personen festgenommen worden, davon 32.573 Deutsche, 13.052 Staatsbürger der UdSSR, 14.901 ausländische Staatsangehörige. Bürger der UdSSR werden an die Filtrationspunkte des NKVD überstellt, ausländische Staatsangehörige an die vom Kriegsrat eingerichteten Kommandanturen. Die deutsche Bevölkerung wird an bestimmten Punkten der Stadt konzentriert.

Der NKVD-Bevollmächtigte beschreibt dann, wer von den 1.710 in Königsberg Verhafteten "Spion", "Diversant" und "Terrorist" und wer "Verräter", "Mitglied der NSDAP" und "Angehöriger faschistischer Organisationen" war (nämlich 88 %) und fährt fort:

> Für die Konzentration der Festgenommenen haben wir ein ehemaliges deutsches Kriegsgefangenenlager übernommen, das für 25.000 Personen ausgelegt war, und in der Vorortsiedlung Quednau Unterkünfte und Kasernen, wo früher Volkssturmmänner in gleicher Anzahl untergebracht waren.

Die ersten Schreckensmeldungen über die Besetzung Ostpreußens bestätigten die Erwartungen von Deutschen, nämlich Rache und summarische Bestrafung durch die Rote Armee.

Hinzu kam die Erfahrung einer Willkürherrschaft mit Furcht und Schrecken.[19] In der Tat scheint die sowjetische Führung in Aussicht auf dieses Gebiet eine Politik des Terrors gegenüber den verbliebenen Deutschen, besonders gegenüber Frauen, vielleicht sogar eine Politik der Entvölkerung Ostpreußens von Deutschen betrieben zu haben – in einem größe-

---

15 Biographische Hinweise zu führenden sowjetischen Persönlichkeiten finden sich im Aufsatz von Jan Foitzik.
16 Versendet auch an Stalin, Molotov und Malenkov. Dieses Dokument ist wie andere dieser Art nach Datum geordnet im Band 2 zu finden.
17 In diesem Dokument berichtet Serov auch, daß es von Polen "besonders grausames Verhalten gegenüber den Deutschen" gäbe: Gefangene deutsche Offiziere und Soldaten seien von polnischen Wachleuten z. B. auf dem Weg zu den Sammelpunkten erschossen worden.
18 Königsberg hatte 1939 noch 372.200 Einwohner.
19 Vgl. vor allem die zahlreichen Augenzeugenberichte in Schieder 1954.

ren Ausmaß als dies in anderen deutschen Ostgebieten, also späteren polnischen Gebieten, in Polen und der sowjetisch besetzten Zone geschah.[20]

Wie aus den zitierten Berichten der NKVD-Bevollmächtigten hervorgeht, wurden bereits während des weiteren Vormarsches der 1., 2. und 3. Belorussischen Front und der 1., 2., 3. und 4. Ukrainischen Front Ende 1944/Anfang 1945 Lager und Gefängnisse auch für Deutsche zumeist vom NKVD eingerichtet und in den nördlichen Abschnitten bald unter gemeinsame sowjetisch-polnische Administration gestellt oder polnischen Verwaltungen übergeben. Diese Lager erfüllten verschiedene Funktionen, zumeist waren sie Sammellager für Kriegsgefangene und für "mobilisierte Deutsche", also für Deportationen von Arbeitskräften in die Sowjetunion, oder wurden unmittelbar als Zwangsarbeitslager eingesetzt. In seltenen Fällen blieben auch Deutsche dort, die in Lager auf dem Gebiet der späteren sowjetischen Besatzungszone überführt werden sollten.

Es ist sehr schwer, die Zahl der Verhafteten im allgemeinen und der Deutschen im besonderen während des sowjetischen Vormarsches zu bestimmen. Die sowjetischen Dokumente selbst enthalten immer wieder Angaben über verschiedene Operationen mit Verhaftungen. Die sich daraus ergebenden Schätzungen belaufen sich auf 379.770 verhaftete Deutsche insgesamt bis zum 17. April 1945 und etwa 88.000, die den sowjetischen Akten folgend in den NKVD-Frontlagern als Internierte verblieben oder starben.[21] Wie viele davon nach Polen oder gar als "Anfangsbelegung" in die SBZ kamen, können wir zum gegenwärtigen Zeitpunkt nicht sagen. Wahrscheinlich wäre dies erst zu ermitteln, wenn die einzelnen Personalakten der Verhafteten vorliegen.

Sicher ist, daß jenseits der Oder und Neiße, sei es auf polnischem, sei es auf deutschem Gebiet, verschiedene Lager eingerichtet wurden, von denen wir keine vollständigen Berichte besitzen.[22] Wir kennen die Listen der Belorussischen und Ukrainischen Fronten über die von ihnen eingerichteten NKVD-Lager, aber diese scheinen nicht vollständig bzw. wegen der Überstellungen an polnische Verwaltungen anders geführt worden zu sein (siehe unten). Über diese Lager gibt es neuere polnische Forschungen, von denen weitere und genauere Informationen zu erwarten sind.[23]

Wichtige Beschlüsse auf höchster Ebene, die auch die Verhaftungen und ihre Zielsetzung betrafen, begleiteten das Vorrücken der Roten Armee, so die Beschlüsse des Staatlichen Komitees für Verteidigung Nr. 7161ss[24] vom 16. Dezember 1944 zur "Mobilisierung aller

---

20 Vgl. den Bericht des NKVD-Bevollmächtigten der 3. Belorussischen Front. Der stellvertretende Direktor des GARF, des Staatlichen Archivs der Russischen Föderation, Vladimir Kozlov, entwickelte diese These auf einer gemeinsamen Konferenz des deutsch-russischen Kooperationsprojektes im Februar 1994. Teile seines überarbeiteten Vortrages sind in diesem Band abgedruckt.
21 Diese Schätzungen wurden von Ralf Possekel und mir nach den sowjetischen Akten vorgenommen und berücksichtigen auch die "Abriegelung" Königsbergs und die Internierungen danach.
22 Eine wesentliche Quelle ist die große Publikation von Schieder und anderen über die "Vertreibung der Deutschen aus Ost-Mitteleuropa" von 1954, in der Zeitzeugenberichte über eine Vielzahl von Lagern Kernstücke eines ganzen Bandes sind. (Schieder 1954, Nachdruck 1984, Band I/2) Auch hier sind mehr Verhaftete und Internierte angegeben, als aus den uns vorliegenden sowjetischen Akten zu entnehmen sind.
23 Vgl. beispielsweise Nowak 1995, Honka 1995.
24 "ss" vor einer Befehlsnummer und das Kürzel "00" bedeuten "streng geheim", die Chiffre "0" und das Kürzel "s" stehen für "geheim".

Einführung

arbeitsfähigen Deutschen für den Arbeitsdienst in der UdSSR"[25] oder Nr. 7252 vom 29. Dezember 1944 zum "Einsatz internierter Deutscher in der sowjetischen Industrie." Sie zeigen die Bedeutung, vermutlich sogar den Vorrang[26] der Arbeitskräftefrage für die Sowjetunion vor der Bestrafung von Nazis und vor der Entnazifizierung.

Von ebensolchem Gewicht für die Deportation oder Internierung wie die erwähnten Beschlüsse des Staatlichen Verteidigungskomitees, die über die Zeit des Vormarsches hinausgingen, waren die Befehle des Volkskommissars für Innere Angelegenheiten der UdSSR, so z. B. der Befehl "Über Maßnahmen zur Säuberung des Hinterlandes der Roten Armee von feindlichen Elementen" Nr. 0016 vom 11. Januar 1945: In ihm wurden die Frontbevollmächtigten des NKVD der UdSSR ernannt. Zugleich wurden Aufgaben bestimmt, die für die Verhaftungs- und Internierungspraxis bedeutsam waren:

> Die Frontbevollmächtigten des NKVD der UdSSR haben, entsprechend dem Vormarsch der Truppenteile der Roten Armee, auf dem von gegnerischen Truppen befreiten Territorium unverzüglich die notwendigen tschekistischen Maßnahmen[27] durchzuführen, um die Ermittlung und Inhaftierung von Spionen und Diversanten der deutschen Geheimdienste, von Terroristen, von Mitgliedern verschiedener feindlicher Organisationen und Gruppen von Banditen und Aufständischen zu gewährleisten ... Zu verhaften sind gleichfalls Führungs- und Einsatzkräfte der Polizei, Leitungspersonal von Gefängnissen und Konzentrationslagern, Militärkommandanten, Staatsanwälte, Untersuchungsführer, Mitglieder von Kriegsgerichten und Militärtribunalen, Leiter von Vertretungen und Verwaltungen auf Gebiets- und Kreisebene, Bürgermeister, Mitglieder faschistischer Organisationen, Leiter großer Wirtschafts- und Verwaltungseinheiten, Zeitungen und Zeitschriftenredakteure, Autoren antisowjetischer Veröffentlichungen, Kommandeure und Angehörige von Armeen der gegen die UdSSR kriegführenden Länder und der sog. "Russischen Befreiungsarmee"[gemeint ist die Vlasov-Armee ROA – Plato], wie auch sonstige verdächtige Elemente ...

Im Beschluß des Staatlichen Verteidigungskomitees Nr. 7467ss zur Unterbindung terroristischer Anschläge und zur Ausweitung der Mobilisierung von Deutschen vom 3. Februar 1945 heißt es:

> 1. ... Durch gnadenlose Liquidierung an Ort und Stelle ist schonungslos mit Personen abzurechnen, die terroristischer Anschläge und Diversionsakte überführt sind.
> 2. In den Abschnitten der unter Pkt. 1 dieses Beschlusses genannten Fronten sind alle zur körperlichen Arbeit tauglichen und waffenfähigen deutschen Männer im Alter von 17 bis 50 Jahren zu mobilisieren. Jene Deutsche, bei denen festgestellt wird, daß sie in der deutschen Armee bzw. in Abteilungen des "Volkssturms" gedient haben, gelten als Kriegsgefangene und sind in NKVD-Lager für Kriegsgefangene zu überstellen ... Die Frontoberbefehlshaber ... werden verpflichtet ... im Namen der Frontoberkommandos die erforderlichen Anordnungen zur Mobilisierung der Deutschen zu erlassen und gemeinsam mit den Frontbevollmächtigten des NKVD der UdSSR alle erforderlichen Maßnahmen zu treffen, um die Organisation von Sammelpunkten (Lagern), das Erscheinen der Mobilisierten an diesen Sammelpunkten, ihre Bewachung und ihren Abtransport nach den vom NKVD der UDSSR festgelegten Punkten zu sichern.

---

25 Aus dieser sowjetischen Begrifflichkeit stammt auch der Ausdruck "mobilisierte Deutsche" für die verhafteten und deportierten Arbeitskräfte in die Sowjetunion, der in verschiedenen Aufsätzen dieses Bandes benutzt wird.
26 Die These vom Vorrang der "Mobilisierung" von Arbeitskräften trug der Direktor des GARF, Sergej Mironenko, auf einer Konferenz des deutsch-russischen Kooperationsprojektes 1994 vor.
27 Damit sind geheimdienstliche Maßnahmen gemeint, genannt nach der Tscheka ("Čeka"), dem ersten sowjetischen Geheimdienst (in dieser Bezeichnung von 1917 bis 1922).

Eine Änderung der bisherigen Praxis der Inhaftierung und Deportation von mobilisierten Deutschen für den Arbeitseinsatz in der Sowjetunion wurde durch einen Brief Berijas an Stalin vom 17. April 1945 eingeleitet. Berija befaßte sich zunächst mit der gängigen damaligen Inhaftierungspraxis und der sowjetischen Hoffnung, über die Internierung Arbeitskräfte für den Wiederaufbau in der Sowjetunion zu gewinnen:

> Die vom NKVD der UdSSR durchgeführten Ermittlungen und Überprüfungen haben ergeben, daß es unter den Verhafteten eine beträchtliche Anzahl einfacher Mitglieder der verschiedenen faschistischen Organisationen (Gewerkschaften, Arbeitsorganisationen, Jugendorganisationen) gibt.
> Die Festnahme von Personen dieser Kategorie war seinerzeit durch das Erfordernis der schnellstmöglichen Säuberung des Fronthinterlandes von feindlichen Elementen diktiert.
> Es ist festzustellen, daß von den Gefangenen, die in die NKVD-Lager überstellt worden sind, nicht mehr als die Hälfte zu körperlichen Arbeiten eingesetzt werden kann, weil der übrige Teil aus Alten und zu körperlicher Arbeit untauglichen Personen besteht.
> Bisher sind bis zu 25.000 Pers. in der Kohlebergbau- und Buntmetallindustrie, zur Torfgewinnung für Kraftwerke und auf Baustellen eingesetzt. (...)
> Ich bitte um Ihre Zustimmung zu dem beiliegenden Entwurf eines Befehls des NKVD der UdSSR.
>
> Volkskommissar für Inneres der Union der SSR   L. Berija[28]
>
> "Beim persönlichen Vortrag durch Gen. Stalin bestätigt. 17. IV. 45 L. Berija.[29]

Schon in diesem Brief an Stalin hatte Berija jene neuen Verhaftungskategorien vorgeschlagen, denen der "Generalissimus" am gleichen Tag zustimmte und die Berija dann in dem nun gültigen Befehl Nr. 00315 vom 18. April 1945 formulierte. Wegen seiner Bedeutung für fast alle Lager drucke ich ihn hier im Wortlaut ab:

Befehl des Volkskommissars für Inneres der UdSSR Nr. 00315 "Zur teilweisen Abänderung des Befehls des NKVD der UdSSR Nr. 0016 vom 11. Januar 1945" vom 18. April 1945.

In teilweiser Abänderung des Befehls des NKVD der UdSSR Nr. 0016 vom 11. Januar 1945[30] befehle ich:

1. Von den Frontbevollmächtigten des NKVD der UdSSR sind künftig beim Vorrücken der Truppen der Roten Armee auf das vom Feind befreite Territorium bei der Durchführung tschekistischer Maßnahmen zur Säuberung des Hinterlandes der kämpfenden Truppen der Roten Armee von feindlichen Elementen zu verhaften:

   a) Spione, Diversanten und Terroristen der deutschen Geheimdienste;

   b) Angehörige aller Organisationen und Gruppen, die von der deutschen Führung und den Geheimdiensten des Gegners zur Zersetzungsarbeit im Hinterland der Roten Armee zurückgelassen wurden;

   c) Betreiber illegaler Funkstationen, Waffenlager und illegaler Druckereien, wobei die für Feindtätigkeit bestimmten materiell-technischen Ausrüstungen zu beschlagnahmen sind;

   d) aktive Mitglieder der nationalsozialistischen Partei;

   e) Führer der faschistischen Jugendorganisationen auf Gebiets-, Stadt- und Kreisebene;

   f) Mitarbeiter von Gestapo, "SD" und sonstigen deutschen Straforganen;

---

28 Berija, Lavrentij Pavlovič – eigenhändige Unterschrift.
29 Handschriftlicher Vermerk von Berija.
30 NKVD-Befehl Nr. 0016, im Band 2 vollständig abgedruckt.

g) Leiter von Gebiets-, Stadt- und Kreisverwaltungen sowie Zeitungs- und Zeitschriftenredakteure und Autoren antisowjetischer Veröffentlichungen.

2. Personen, die nachweislich terroristische und Diversionshandlungen begangen haben, sind entsprechend dem Befehl des NKVD der UdSSR Nr. 0061 vom 6. Februar 1945 an Ort und Stelle zu liquidieren.

3. Militärische und politische Offiziers- und Mannschaftsdienstgrade der gegnerischen Armee sowie der militärisch strukturierten Organisationen "Volkssturm", "SS", "SA", wie auch das Personal von Gefängnissen, Konzentrationslagern, Militärkommandanturen, der Militärstaatsanwaltschaften und Gerichte sind wie festgelegt in die Kriegsgefangenenlager des NKVD einzuweisen.

4. Offiziers- und Mannschaftsdienstgrade der sog. "Russischen Befreiungsarmee"[31] sind in die Überprüfungs- und Filtrationslager des NKVD einzuweisen.

5. Der Abtransport der bei der Säuberung des Hinterlandes der kämpfenden Roten Armee inhaftierten Personen in die Sowjetunion ist einzustellen.
Festgelegt wird, daß einzelne Inhaftierte, an denen operatives Interesse besteht, mit Genehmigung des NKVD der UdSSR in die UdSSR überstellt werden können.

6. Damit die Verhafteten an Ort und Stelle untergebracht werden können, haben die Frontbevollmächtigten des NKVD der UdSSR die nötige Anzahl von Gefängnissen und Lagern einzurichten. Zur Bewachung dieser Gefängnisse und Lager sind die den Frontbevollmächtigten unterstellten Wachtruppen des NKVD der UdSSR einzusetzen. Vom Stellvertreter des Volkskommissars für Inneres der UdSSR, Gen. Černyšov, ist zusammen mit den Frontbevollmächtigten des NKVD der UdSSR innerhalb von fünf Tagen die Standortverteilung der an den Fronten zu schaffenden Gefängnisse und Lager zu erarbeiten und mir zur Bestätigung vorzulegen.

7. Die Frontbevollmächtigten des NKVD haben die Unterlagen aller Inhaftierten, die sich in ihrem Gewahrsam befinden, durchzusehen. Invalide, Kranke, Arbeitsunfähige, Alte über 60 Jahre und Frauen, die nicht unter die Bestimmungen nach Punkt 1 des vorliegenden Befehls fallen, sind freizulassen.

8. Die Genossen Staatssicherheitskommissare 2. Ranges Černyšov und Kobulov haben zusammen mit dem Leiter der GUPVI des NKVD der UdSSR, Gen. Krivenko, und dem Leiter der Abteilung Überprüfungs- und Filtrationslager des NKVD der UdSSR, Gen. Šitikov, die notwendigen Filtrationsmaßnahmen für Inhaftierte, die von den Fronten in die Lager des NKVD überstellt wurden, zu organisieren und durchzuführen. Dabei ist wie folgt zu verfahren:

a) Personen, die unter die Bestimmungen nach Punkt 1 des vorliegenden Befehls fallen, sind in Internierungslagern in Gewahrsam zu belassen;

b) Personen, die nicht unter die Bestimmungen nach Punkt 1 des vorliegenden Befehls fallen und zu denen kein weiteres Material ermittelt wird, sind, sofern physisch dazu in der Lage, der Industrie zur Arbeit zu überstellen. Invaliden, Alte und Arbeitsunfähige sind nach der Überprüfung organisiert an ihren ständigen Wohnsitz zu entlassen.

Volkskommissar für Inneres der UdSSR
Generalkommissar der Staatssicherheit L. Berija

Die Verhaftungskategorien des Befehls 00315 bestimmten die Ermittlungen des NKVD und die Registraturen der Lager für die weiteren Jahre als Voraussetzung; sie blieben auch die Grundlage für spätere Differenzierungen und Erweiterungen.[32] Zu beachten ist auch, daß hier in Punkt 3 Offiziers- und Mannschaftsdienstgrade der Wehrmacht *und* SS-Angehörige,

---

31 "Russische Befreiungsarmee" = Vlasov-Armee ROA.
32 Vgl. dazu die Beiträge von Vera Neumann und Lutz Niethammer/Heinz Kersebom sowie von Natalja Jeske und Jan Lipinsky in diesem Band.

Personal von Konzentrationslagern usw. gleichermaßen wie Kriegsgefangene (!) behandelt werden sollen. Hier gibt es später allerdings Änderungen.

Im Befehl Nr. 00461 des Volkskommissars für Inneres der UdSSR "Zur Organisation von Lagern (Gefängnissen) bei den Frontbevollmächtigten des NKVD der UdSSR vom 10. Mai 1945"[33] sind wesentliche Informationen über die Organisation von Lagern bzw. Gefängnissen bei den Frontbevollmächtigten des NKVD in Deutschland enthalten. In der Anlage zu diesem Befehl befinden sich die Namen der Lager und Gefängnisse, die bis zu diesem Zeitpunkt bestanden:

Anlage 1 zum Befehl des NKVD der UdSSR Nr. 00461-1945
Standortverteilung der Lager und Gefängnisse
bei den Frontbevollmächtigten des NKVD der UdSSR

1. Belorussische Front
Stadt Lembertow	Lager
Stadt Lodz	Lager
Stadt Poznan	Lager
Stadt Danzig	Lager
Stadt Krakow	Lager
Stadt Schneidemühl	Lager
Stadt Schwiebus	Lager
Stadt Landsberg	Lager
Stadt Fürstenwalde	Lager
Stadt Werneuchen	Lager

2. Belorussische Front
Stadt Graudenz	Gefängnis
Stadt Gollnow	Gefängnis
Stadt Stargard	Gefängnis

3. Belorussische Front
Stadt Insterburg	Gefängnis
Stadt Tapiau	Gefängnis
Stadt Bartenstein	Gefängnis
Stadt Königsberg	Gefängnis
Stadt Preußisch Eylau	Lager
Ort Domtau	Lager
Siedlung Panar	Lager

1. Ukrainische Front
Stadt Tost	Gefängnis/Lager
Stadt Oppeln	Gefängnis/Lager
Stadt Rawitsch	Gefängnis/Lager

4. Ukrainische Front
Stadt Wadowice	Gefängnis
Stadt Bielsko	Gefängnis
Stadt Ratibor	Gefängnis
Stadt Ruzomberok	Gefängnis
Stadt Myslovice	Lager

Stellvertreter des Volkskommissars für Inneres der UdSSR
Staatssicherheitskommissar 2. Ranges   Černyšov

---

33 Anlage 1 zum Befehl Nr. 00461 (GARF, f. 9401, op., 1, d. 12, l. 178).

Nach dieser Anlage zum Befehl Nr. 00461 wären es 14 Lager, 11 Gefängnisse und drei Lager/Gefängnisse gewesen, die Anfang Mai 1945 existierten[34], die meisten in Gebieten östlich der Oder/Neiße, die zur neuen Grenze zwischen Polen und dem besetzten Deutschland werden sollte.

Die Speziallager in der SBZ

Mit dem weiteren Vorrücken der Roten Armee wurden auch auf dem Boden der sowjetischen Besatzungszone entsprechende Lager eingerichtet. Die NKVD-Bevollmächtigten der einzelnen Fronten wurden in dieser Entwicklung die Vorläufer der neu gebildeten "Abteilung Speziallager des NKVD in Deutschland", die dem sowjetischen Innenministerium unterstand und in enger Verbindung mit der SMAD das Speziallagersystem in der sowjetischen Besatzungszone leitete. Nach Befehl Nr. 00315 wurde die "Abteilung Speziallager des NKVD der UdSSR in Deutschland" am 18. April 1945 durch den Bevollmächtigten des Innenministeriums der UdSSR in der Gruppe der Sowjetischen Besatzungstruppen in Deutschland, durch den stellvertretenden Innenminister der Sowjetunion, Generaloberst Ivan A. Serov, gebildet, der auch oberster Verantwortlicher der Speziallager in Deutschland wurde.

Damit waren diese Lager bzw. ihre Verwaltungseinheiten weder unmittelbar dem GULAG, also der Hauptverwaltung des sowjetischen Lagersystems, noch dem GUPVI, also der Hauptverwaltung für die Kriegsgefangenen und für die in der Sowjetunion Internierten, untergeordnet, sondern eine eigenständige Abteilung, die direkt dem Innenminister unterstand. Erst im Juni 1945 erhielt diese "Abteilung Speziallager", die zunächst ihren Sitz in Fürstenwalde, dann in Berlin hatte, mit der Anlage Nr. 3 zum Befehl Nr. 00461 konkrete Anweisungen zur Registratur von Häftlingen.

Eine der wichtigsten Unterscheidungen der sowjetischen Stellen war die zwischen den Internierten, die ohne Urteil in den Speziallagern inhaftiert und jenen, die von sowjetischen Militärgerichten verurteilt worden waren. Die Internierten hießen im sowjetischen Jargon zumeist "Spezkontingent", das in "Spezlagern" untergebracht war. Die von sowjetischen Militärtribunalen (SMT) "abgeurteilten Verbrecher" waren ebenfalls in den Speziallagern inhaftiert, von den Internierten jedoch strikt unterschieden. Für die Internierten, also diejenigen ohne Urteil, sollten einige Besonderheiten gelten:

> Personen, die im Zuge des Befehls Nr. 00315 des NKVD der UdSSR vom 18. April 1945 in Spezlager eingewiesen wurden, werden nach Sonderregelungen von der Gesellschaft isoliert; sie werden nicht angeklagt, und über sie werden keine Gerichtsakten wie in der Strafprozeßordnung vorgesehen, angelegt.[35]

---

34 Nach neueren polnischen Quellen soll es noch andere Lager gegeben haben, so in Nordpolen und Oberschlesien. (Honka 1995, S. 6; Novak 1995, S. 20-23) In Nordpolen: Dzialdowo, Ciechanow, Nasarzewo bei Mlawa, Matwy bei Inowroclaw. Oder in Oberschlesien: in Antonienhütte (Nowy Bytom), Pleß (Pszczyn), Sosnowitz (Sosnowiec), Teschen (Cieszyn), Königshütte (Chorzow), Knurow, Szopienice, Kattowitz (Kattowice-Ligota), Gleiwitz (Gliwice) und anderen.
35 GARF, f. 9409, op. 1, d. 525, l. 55. (In der Übersetzung von Alexandr Haritonow.)

Auf der Potsdamer Konferenz im Sommer 1945 beschlossen die alliierten Siegermächte gemeinsam:

> Nazi-Führer, einflußreiche Nazi-Anhänger und hohe Amtsträger der Nazi-Organisationen bzw. -Einrichtungen sowie alle anderen für die Besatzung oder ihre Ziele gefährlichen Personen werden festgenommen und interniert. (Potsdamer Beschlüsse III A (5) Deutschland 1945, 13)

Diese Formulierungen erlaubten in ihrer Mehrdeutigkeit sowohl die Inhaftierung und Internierung von Nationalsozialisten als auch von neuen Gegnern der Besatzungspolitik. In allen Besatzungszonen, auch den westlichen, wurden Personen interniert, die nationalsozialistische Funktionsträger oder – wenn auch in sehr viel geringerem Umfang – Feinde der neuen Ordnungen waren oder die man für solche hielt. Die Alliierten sahen sich vor allem von alten Nationalsozialisten oder im Untergrund arbeitenden jugendlichen "Werwölfen" bedroht. Die Angst vor diesen "HJ-Partisanen" war verbreitet – nicht nur bei der sowjetischen Besatzungsmacht, sondern auch bei den anderen Alliierten, besonders nachdem der Aachener Oberbürgermeister Oppenhof von einer Werwolfgruppe während der ersten amerikanischen Besetzung der Stadt ermordet worden war. Insgesamt dürfte jedoch die Angst vor dem Werwolf eher der Propaganda Goebbels' aufgesessen sein, als einer realen Gefahr entsprochen haben.[36] Zur Werwolfproblematik gab es erstmals einen umfangreichen Bericht von Serov an Berija am 22. Juni 1945, den ich im folgenden abdrucke.[37]

Bericht des NKVD-Bevollmächtigten in Deutschland an L. Berija über Werwolf-Aktivitäten
22. Juni 1945. Berlin. 734/b. Streng geheim. – GARF, f. 9401, o. 2, d. 97, l. 28-31. Masch. Abschrift.
Moskau, NKVD der UdSSR – Gen. L. P. Berija

In letzter Zeit wurden durch die NKVD-Operativgruppen in Berlin und in den Provinzen mehr als 600 Angehörige von durch die faschistische Partei organisierten Untergrundgruppen "Werwolf" verhaftet.
Bei den verhafteten "Werwolf"-Angehörigen sowie in Verstecken wurden an Waffen und Munition sichergestellt: 5 schwere Maschinengewehre, 12 leichte Maschinengewehre, 135 Gewehre, 320 Granaten, 68 Panzerfaustgeschosse und viel Munition.
Über Agenten und durch Ermittlungen wurde festgestellt, daß auf Befehl der faschistischen Parteiführer *Bormann* und *Goebbels* Anfang Februar d.J. an alle Gauleiter der Kreise, Bezirke und Provinzen die Weisung zur Schaffung eines Netzes von Untergrundorganisationen "Werwolf" erging.[38]
Den gebildeten "Werwolf"-Untergrundgruppen wurde die Aufgabe gestellt, auf dem von Einheiten der Roten Armee und von Truppen der alliierten Armeen besetzten Territorium Diversions- und Terrorakte durchzuführen.
Zur Führung der "Werwolf"-Untergrundgruppen sollten die Hitler am meisten ergebenen Mitglieder der faschistischen Partei bestimmt werden. Für die Auffüllung der "Werwolf"-Gruppen sollte die Jugendorganisation "Hitler-Jugend" genutzt werden.

---

36 Angemerkt werden muß, daß die sowjetische Verhaftungswelle der "Werwölfe" erst in der zweiten Hälfte des Jahres 1945 begann und ihren Höhepunkt 1946 hatte, während zu dieser Zeit (Mitte 1945) die Angst der Amerikaner vor den "Werwölfen" bereits nachließ. Der Aachener Oberbürgermeister Oppenhof war schon kurz nach der Besetzung der Stadt durch die Amerikaner Ende 1944 ermordet worden. Zur Werwolfproblematik siehe Agde 1995, Wiener 1991, Auerbach 1958, S. 353 – 355, Ochs 1997.
37 Übersetzt von Ralf Possekel, der auch den 2. Band herausgibt.
38 Vermutlich schon vom Reichsführer-SS Heinrich Himmler im Herbst 1944 angeordnet.

Einführung

Diese Angaben hat der von uns verhaftete Polizeipräsident von Berlin, SS-Gruppenführer (Generalleutnant) Kurt *Gerun*, Mitglied der faschistischen Partei seit 1933, voll und ganz bestätigt.

Er gab an, daß der Reichspropagandaminister Dr. *Goebbels* im Februar 1945 eine Beratung einberufen hätte, an der führende Persönlichkeiten der faschistischen Partei von Berlin teilnahmen und auf der er nach einleitenden Worten über die entstandene schwierige Lage erklärte, daß auf Weisung Hitlers die Gebietsführer der faschistischen Partei und der "Hitler-Jugend" überall illegale "Werwolf"-Organisationen schaffen sollten, die auf dem von der Roten Armee und den Truppen der Alliierten besetzten Gebiet Diversions- und Terrorakte verüben werden.

Somit wurden auf dem gesamten Territorium Deutschlands "Werwolf"-Organisationen geschaffen.

Zur Kaderschulung wurden beim Reichssicherheitsdienst spezielle Lehrgänge abgehalten, auf denen 500 Pers., Mitglieder der faschistischen Partei und der "Hitlerjugend", geschult wurden, die unter falschem Namen illegale "Werwolf"-Organisationen leiten sollten.

Wie *Gerun* weiter angab, hat er zweimal 500 Blanko-Personalausweise für die Kursteilnehmer zur Verfügung gestellt.

Sofort nach Erhalt dieser Weisungen begannen die Führer der faschistischen Organisationen in den Gebieten und Kreisen mit der Bildung von "Werwolf"-Abteilungen und der Anlage von Waffen-, Munitions- und Lebensmitteldepots.

Mit den Angehörigen illegaler "Werwolf"-Organisationen wurden fünf- und zehntägige Lehrgänge zur Unterweisung in Diversions- und Terrormethoden und spezieller Unterricht zur Vorbereitung auf die illegale Tätigkeit durchgeführt.

Wie von uns durch Verhöre der Verhafteten ermittelt wurde, hat die Mehrzahl der gebildeten "Werwolf"-Organisationen ihre feindliche Tätigkeit noch nicht entfaltet, sondern bisher eine abwartende Haltung eingenommen, um das Verhalten von Angehörigen der Roten Armee und die von der Militäradministration eingeführte Ordnung kennenzulernen, vor allem um zunächst eine zuverlässige Verbindung zwischen den Führern der illegalen "Werwolf"-Organisationen und den übrigen Teilnehmern herzustellen und erst danach aktive Angriffe und Attacken gegen die Rote Armee durchzuführen.

In letzter Zeit gab es Fälle, wo sich auf Landstraßen bewegende Gruppen von Rotarmisten aus dem Wald beschossen wurden.

Bei der Festnahme der Verbrecher gaben diese zu, Mitglieder der "Werwolf"-Organisation zu sein, allerdings gaben sie dabei an, den Beschuß von Rotarmisten auf eigene Initiative verübt zu haben.

In der Mehrzahl waren die Verhafteten Jugendliche im Alter von 15-17 Jahren.

Im Zusammenhang mit dem Dargelegten wurden von uns entsprechende Maßnahmen zur Klärung der "Werwolf"-Aktivitäten durchgeführt. Die zuverlässigsten Agenten wurden zur Aufdeckung der Kanäle und Verbindungen des Werwolf-Untergrundes eingesetzt.

Im Ergebnis wurde ermittelt, daß aktive Faschisten, die sich in Berlin versteckt halten, beabsichtigen, die versprengten "Werwolf"-Gruppen zu vereinen und auf dem von der Roten Armee und den Alliierten besetzten Territorium Deutschlands im Juni ein illegales "Werwolf"-Zentrum zu bilden, das sich "Reichsleitung"[39] (Reichsführung) nennen soll.

Das gesamte Gebiet Deutschlands wird in drei Sektoren aufgeteilt: nördlicher Sektor, dazu gehören die Städte Bremen, Kiel, Stettin, Danzig und Königsberg; zentraler Sektor: Düsseldorf (Grenze zu Belgien), Bielefeld, Hannover, Berlin, Frankfurt (Oder). Außerdem gibt es im zentralen Sektor eine zweite Zone, zu der die Städte Frankfurt am Main, Leipzig, Dresden und Breslau gehören; südlicher Sektor, 1. Zone – Stuttgart, Nürnberg, Hof; zweite Zone – München, Passau und Regensburg.

Nach uns vorliegenden Angaben werden die organisatorischen Maßnahmen zur Schaffung des illegalen "Werwolf"-Zentrums vom früheren Mitarbeiter des Rüstungsministeriums, *Birbach*, geleitet.

In jeder "Werwolf"-Abteilung werden vier Gruppen gebildet: eine Diversions-, eine Brandstiftungs-, eine Terrorgruppe und eine Gruppe des passiven Widerstands.

---

39 Im Original deutsch.

> Gegenwärtig haben die Führer des "Werwolf" angeblich den Beschluß gefaßt, auf aktive Diversions- und Terrorakte zu verzichten und zur Flüsterpropaganda und Anwerbung neuer Mitglieder für die "Werwolf"-Organisation überzugehen.
> Wir haben Maßnahmen zur Verhaftung der durch Agenten als "Werwolf"-Führer ermittelten Personen getroffen.
> Serov

In allen Besatzungszonen wurden Internierungslager eingerichtet, wobei auch ehemalige Konzentrationslager genutzt wurden: in der britischen Besatzungszone z. B. Neuengamme, in der amerikanischen Dachau, in der sowjetischen Buchenwald, Sachsenhausen und das frühere Außenlager Jamlitz.[40] Diese Verwendung von ehemaligen Konzentrationslagern, die eher einer pragmatischen Entscheidung für die Nutzung der Einrichtung solcher Lager entsprungen sein dürfte als einer "Schreckensrevanche", hat Gleichsetzungen von KZs und Internierungslagern bei Deutschen von Beginn an befördert.

Zehn Lager waren es im wesentlichen, die dem Speziallagersystem in der sowjetischen Besatzungszone zuzurechnen sind und die in der "Abteilung Speziallager" entsprechende Nummern erhielten:

Name des Speziallagers	Nummer	Zeitraum der Existenz
Mühlberg bei Riesa	Nr. 1	September 1945 bis November 1948
Buchenwald bei Weimar	Nr. 2[41]	August 1945 bis Februar 1950
Hohenschönhausen in Berlin	Nr. 3	Mai 1945 bis Oktober 1946
Bautzen	Nr. 4[42], (ab 1948 Nr. 3)	Juni 1945 bis Januar 1950
Ketschendorf bei Fürstenwalde	Nr. 5	Mai 1945 bis Februar 1947
Jamlitz bei Lieberose	Nr. 6	September 1945 bis April 1947
Sachsenhausen (Oranienburg)	Nr. 7 (ab 1948 Nr. 1)	August 1945 bis März 1950
Torgau	Nr. 8	ab September 1945 im Fort Zinna, dann ab März 1946 in der Seydlitz-Kaserne, im Januar 1947 aufgelöst
Fünfeichen bei Neubrandenburg	Nr. 9	April 1945 bis Oktober 1948
Torgau	Nr. 10[43]	Mai 1946 bis zum Oktober 1948 (ausschließlich im Fort Zinna)

Das Lager Werneuchen/Weesow, das im oben zitierten Befehl Nr. 00461-1945 mit der Nummer 7 bedacht worden war, wurde der Vorläufer des Speziallagers Sachsenhausen, das diese Nummer 7 übernahm. Das Speziallager Nr. 6 war ursprünglich in Frankfurt/Oder, ehe es im September 1945 aufgelöst wurde und das Speziallager Jamlitz die Nummer 6 erhielt. Die Häftlinge kamen in andere Lager. Das Lager Nr. 8 (Torgau), das am 1. September die

---

40 Lutz Niethammer behandelt in diesem Band die Hintergründe der Internierungen in den Westzonen, auch im Vergleich zu denen der SBZ.
41 Ursprünglich hatte das Lager in Posen (Poznan) die Nummer 2.
42 Zu Beginn trug das Lager in Landsberg an der Warthe die Nummer 4.
43 Der britische Geheimdienst erwähnte 1948 auch einige andere als die oben genannten Lager, worunter offensichtlich auch jene gerechnet wurden, die nur kurzfristig als Durchgangslager oder als Gefängnisse eingerichtet worden waren und nicht annähernd die Bedeutung hatten wie die zehn, die der Abteilung Speziallager in Berlin unterstanden: nämlich zusätzlich Altenburg/Elbe (ohne Angabe der Zahl), Altenhain (25.000), Borna (allerdings leer), Greiz ("wenige hundert"), Rotitzsch ("wenige hundert"), Schlieben in Sachsen (leer), Schwerin (25.000), Strelitz (leer), Unterwellenborn ("wenige hundert"), Zwickau (leer), (Wember 1991, S. 90). Allgemein zu den Lagern vgl. Finn 1960, Fricke 1979.

Einführung

ersten Häftlinge zugewiesen bekam, ging aus dem Lager Nr. 8 in Schneidemühl hervor. In Schneidemühl waren am 26. Mai 1945 bereits 4.385 Gefangene, vor allem "Mobilisierte", die auf ihre Deportation zur Arbeit in die Sowjetunion warteten.[44]

In den ersten Monaten der Besetzung wurden noch Verhaftete aus dem Gebiet der sowjetischen Besatzungszone nach Landsberg an der Warthe, also östlich der Oder/Neiße, gebracht, um dann zumeist nach der Potsdamer Konferenz vom Sommer 1945 ähnlich wie Häftlinge aus anderen Lagern östlich der Oder/Neiße in die Speziallager der sowjetischen Besatzungszone überführt zu werden.

Zu den eigentlichen Speziallagern kamen eine Reihe von Gefängnissen, die entweder direkt dem NKVD zugeordnet waren, so in Frankfurt/Oder (Nr. 7), Berlin-Lichtenberg (Nr. 6), Strelitz (Nr. 5), oder von den Operativen Gruppen des NKVD auf Kreisebene oder von operativen Sektoren des NKVD auf Landesebene nach einem Befehl Serovs beschlagnahmt und genutzt wurden, so fast alle größeren Gefängnisse und Zuchthäuser in vielen Städten.[45] In Frankfurt/Oder gab es überdies als drittes – neben dem Gefängnis und dem Speziallager – ein Lager (Nr. 69) für Kriegsgefangene, die in die Sowjetunion deportiert werden sollten.[46]

Die sogenannten "GPU-Keller", also die vielen "Sammel- und Untersuchungsgefängnisse" des NKVD, die in öffentlichen Gebäuden, auch in Gefängnissen, oder in konfiszierten Privathäusern untergebracht waren und in denen häufig die ersten Verhöre mit ihren Schrecknissen für die Verhafteten stattfanden, unterstanden nicht der "Abteilung Speziallager" des NKVD in Deutschland, sondern den operativen Gruppen des NKVD auf Kreisebene oder den operativen Sektoren auf Landesebene. Im sowjetischen Sprachgebrauch hießen sie "Innere Gefängnisse", weil sich die Untersuchungszellen im Innern von Gefängnissen befinden sollten. Bereits am 7. Mai 1945 hatte Serov von Berija den institutionellen und personellen Ausbau seines Apparates erbeten und erhalten. Zunächst ging es um 200 Mitarbeiter und 20 leitende Operativmitarbeiter, um sie zu "NKVD-Bevollmächtigten in den Großstädten zu ernennen", wie Serov schrieb.[47] Im Juni 1945 erbat Serov weitere 1.700 Mitarbeiter, da er es für "sinnvoll" hielt,

> in allen Kreisen, Städten, Bezirken und Provinzen Operativgruppen des NKVD einzusetzen und als Organe der Militäradministration zu maskieren.[48]

Diese "Maskierung" der NKVD-Gruppen als "Organe der SMAD", die gerade gegründet worden war, ist eine der Ursachen für die bis heute schwierige Untersuchung der Arbeiten der operativen Gruppen und Sektoren des NKVD in dieser Zeit – neben der allgemeinen Geheimhaltung dieser Arbeit.[49]

Ende Januar 1946 umfaßte der Serovsche Apparat des NKVD in Deutschland 2.230 Mitarbeiter. Dieser Apparat des NKVD war nur einer der drei Geheimdienste, die auf dem Boden der sowjetischen Besatzungszone operierten: Außer dem NKVD waren es die Spionageabwehr SMERŠ ("Tod den Spionen") sowohl der Armee wie der Marine und das Volkskommissariat für Staatssicherheit (NKGB), das auch im Ausland die Aufgaben einer

---

44 Vgl. hierzu den Artikel über die beiden Torgauer Speziallager von Bert Pampel in diesem Buch.
45 Zu den Verhaftungen durch den NKVD und zu den NKVD-Gefängnissen schreibt Gabriele Hammermann in diesem Band.
46 Zum "Standort Frankfurt/Oder" siehe den Beitrag von Peter Erler.
47 GARF, f. 9401, op. 1, d. 2201, l. 98-105.
48 GARF, f. 9401, op. 1, d. 2202, l. 151-152.
49 Vgl. das nächste Kapitel über Forschungsprobleme.

politischen Polizei erfüllte. Zwischen diesen Geheimdiensten gab es innerhalb der gemeinsamen Aufgaben durchaus auch Konkurrenzen und Spannungen.

Während all der Jahre ihrer Existenz arbeiteten innerhalb der Speziallager Gruppen des NKVD/MVD im Sinne der Kontrolle der Häftlinge und der Wachmannschaften. Die operativen Gruppen des NKVD in den Speziallagern bauten ein umfangreiches Spitzelsystem unter den Häftlingen auf, mußten regelmäßige Berichte schreiben und verfaßten "Stimmungsberichte". Außerdem gehörte es zu ihren Aufgaben, Fluchtvorbereitungen schon im Anfangsstadium zu erkennen und dadurch Fluchten zu verhindern, sowie Spione dingfest zu machen – eine Aufgabe, die im Kalten Krieg einen anderen Stellenwert bekam. Vor allem aber sammelten die NKVD-Gruppen Material für eine Verurteilung der internierten Häftlinge.

Die Grundstruktur der Abteilung Speziallager mit den genannten zehn Lagern und mit diesem NKVD-Apparat blieb zunächst erhalten. Im März 1946 wurde das sowjetische Volkskommissariat des Innern (NKVD) allerdings in das Ministerium des Innern (MVD) umbenannt.

Führungspersonal der Speziallagerverwaltung	
Name	Funktion(en)
Berija, Lavrentij Pavlovič	Volkskommissar bzw. Minister des Innern, Stellvertretender Vorsitzender des Ministerrates
Generaloberst Kruglov, Sergej Nikiforovič	Minister des Innern
Marschall Sokolovskij, Vasilij Danilovič	Oberbefehlshaber der SMAD
Generalmajor bzw. Generaloberst Serov, Ivan Aleksandrovič	NKVD-Bevollmächtigter der 1. Belorussischen Front, Stellvertretender Innenminister der Sowjetunion, Chef des NKVD in Deutschland; verantwortlich für die Speziallager; Stellvertreter des Chefs der SMAD
Dobrynin, Georgij Prokop'evič	Leiter der GULAG-Hauptabteilung beim sowjetischen Innenministerium
Oberst Sviridov, Michail Evdokimovič	Leiter der Abteilung Speziallager des NKVD
Oberst Zikljaev	Leiter der Abteilung Speziallager
Oberst Sokolov, Vladimir Pavlovič	Letzter Leiter der Abteilung Speziallager
Hauptmann Samoilov, Major Sazikov	Lagerleiter Mühlberg (Nr. 1)
Hauptmann Matuskov, Fedor Jakovlevič Major Andreev, Konstantin Pavlovič	Lagerleiter Buchenwald (Nr. 2)
Major Smoroda, Timofej Ivanovič dann Hauptmann Čumačenko, dann Major Gostev, Alexej Ivanovič	Lagerleiter in Hohenschönhausen (Nr. 3)
Oberst, später Oberstleutnant Kazakov, Sergej Justinovič	Lagerleiter Bautzen (Nr. 4)
Major Andreev, Konstantin Pavlovič	Lagerleiter Ketschendorf (Nr. 5)
Oberstleutnant Selesnev	Lagerleiter Jamlitz (Nr. 6)
Major, später Oberstleutnant Kostjuchin, Alexej Maximovič, vorher auch in Weesow	Lagerleiter Sachsenhausen (Nr. 7, zuvor Weesow)
Major Lavrent'ev, dann Major Nikitin, danach Major Sazikov	Lagerleiter Torgau (Nr. 8)
Oberst Šarov, Oberstleutnant Šmejs, Vladimir Antonivič, Hauptmann Osokin, Major Drozdov	Lagerleiter Fünfeichen (Nr. 9)
Oberstleutnant Seredenko	Lagerleiter Torgau (Nr. 10)
Major Selesnjov	Lagerleiter Frankfurt/Oder (Nr. 6)

Einführung

Eine einschneidende Änderung kam im Mai 1946. Die SMERŠ, die bis dahin dem Verteidigungsministerium unterstand, und nahezu alle "tschekistisch-geheimdienstlichen" Aufgaben wurden dem Staatssicherheitsministerium MGB, dem früheren NKGB, übertragen. Der bisherige Chef der SMERŠ, Viktor S. Abakumov, wurde der neue Leiter des MGB, also Minister. Fast der gesamte Apparat Serovs inklusive der operativen Gruppen und Sektoren wurden dem MGB unterstellt – mit folgenden Ausnahmen:

> Beim MVD der UdSSR verbleiben die Gefängnisse für Verurteilte, die Repatriierungs- und Speziallager sowie die Bewachung der Häftlinge.[50]

Das heißt, daß nur die Operativen Gruppen des NKVD *in* den Lagern der Abteilung Speziallager gegenüber verantwortungspflichtig blieben und daß diese Abteilung nach wie vor beim Innenministerium, konkret dem MVD-Bevollmächtigten und stellvertretenden Innenminister Serov, untergeordnet waren. Auch als Serov nach Moskau berufen wurde, blieb er für die Abteilung verantwortlich.

Unter den insgesamt 157.000 Häftlingen, die zwischen 1945 und 1950 in den Speziallagern der SBZ inhaftiert wurden, gab es nach den sowjetischen Akten ca. 35.000 Ausländer, also mehr als ein Fünftel dieser Lagerinsassen. Mit 34.706 stellten Bürger der Sowjetunion die weitaus größte Gruppe, nur 460 andere Ausländer sollen in den Speziallagern gewesen sein.[51] Alle Ausländer sollten generell repatriiert werden; Sowjetbürger hatten jedoch nach Überprüfung und Zwischenstationen in sogenannten Filtrierlagern im besten Fall Entlassungen, im schlechteren ein weiteres Lager- oder Gefängnisschicksal in der Sowjetunion zu erwarten.

Für die Insassen der Speziallager selbst, die in diesen Befehlen nur als Karteikarten-Sortimente verschiedener Häftlingskategorien erscheinen, prägten Bedingungen den Lageralltag[52], die in den sowjetischen Akten unvollständig oder gar nicht auftauchen. Dennoch kann vieles aus diesen Akten interpretiert werden – sei es direkt, zum Beispiel aus den Sanitätsakten oder Stimmungsberichten des NKVD, oder indirekt, wenn es um Arbeit für wenige oder um Bewachungsformen geht. Aber es sind vor allem die Zeitzeugenberichte, die die wesentlichen Quellen für diesen Bereich bilden.[53] Langeweile, Isolation, Hunger, schlechte sanitäre Verhältnisse, Krankheiten und deren tödliche Bedrohung waren bestimmend. Außerdem war die Angst vor Deportationen in die Sowjetunion gegenwärtig.[54]

Für Frauen, etwa 5 % der gesamten Belegung, kamen spezielle Probleme hinzu: Der Hormonhaushalt geriet durcheinander, die Periode blieb aus, Zysten und Verklebungen führten dazu, daß es Dauerschäden bis hin zur Unfruchtbarkeit gab.[55] Insgesamt wird jedoch

---

50 Beschluß des Politbüros vom 20. August 1946.
51 GARF, f. 9409, op. 1, d. 43, l. 6.
52 Die Alltagsbedingungen im Lager beschreibt Eva Ochs in ihrem Beitrag für dieses Buch.
53 Aus solchen Interviews mit Zeitzeugen haben Loretta Walz und ich Filme für die Gedenkstätten in Buchenwald, Torgau und Bautzen sowie einen Fernsehfilm produziert, der im Westdeutschen Rundfunk gesendet wurde. Im Institut für Geschichte und Biographie der Fernuniversität Hagen befinden sich ca. 60 Interviews mit ehemaligen Insassen der sowjetischen Sonderlager in Deutschland, darunter 25 Videointerviews.
54 Im dritten Band dieser Reihe zu den sowjetischen Speziallagern werden die Haftbedingungen dokumentiert.
55 So Johanna Schmitt, die ehemalige Lagerlazarettschwester in Torgau Nr. 8 und 10 sowie in Buchenwald, in einem Videointerview mit mir. Vgl. auch das Videointerview mit Erika Pelke. Beide im Institut für Geschichte und Biographie der Fernuniversität Hagen.

betont, daß Frauen diese Haft besser ertragen, wirkungsvoller Abwehrkräfte entwickeln und sich sinnvoller beschäftigen konnten als Männer.

In allen Speziallagern herrschte das gleiche "Regime": Eine sowjetische Kommandantur leitete zwar das Lager, das von Wachsoldaten bewacht und von NKVD-Angehörigen mit Spitzeln durchsetzt wurde.[56] Häftlinge waren es jedoch, die die innere Lagerleitung in einer deutlichen Hierarchie stellten: von den Chefs oder deutschen Kommandanten über die Lagerpolizei, den Baracken- und Stubenältesten bis hin zu den Leitern der sogenannten "Arbeitsämter", Werkstätten und Arbeitskommandos. Arbeiten waren begehrt, da man über diese erhoffen konnte, die trostlose Langeweile zu vermeiden, einen "Nachschlag" beim Essen zu erhalten und soziale Kontakte zu erweitern.

Sowohl die neuen Akten als auch die Häftlingsberichte zeigen sinnfällig die bereits bekannte Tatsache, daß es in den Lagern keine organisierte "Umerziehung" oder den Versuch der Gewinnung von Häftlingen für "Antifa"-Gruppen oder ähnliches durch die sowjetischen Instanzen gab. Selbst die "Kultura"-Veranstaltungen am Anfang des Speziallagers Buchenwald sind ohne diesen sowjetischen Anspruch. Allerdings war für viele die Jahre der Haft, so erscheint es in den Berichten und Interviews, eine Zeit des Umdenkens und des persönlichen Lernens unter Mithilfe anderer Häftlinge.

Immer wieder wurde die hohe Sterberate in den Lagern thematisiert, und zwar von sowjetischen oder von deutschen Behörden sowie von Verwandten der Lagerinsassen. Bereits von November 1945 bis März 1946, also innerhalb von fünf Monaten, starben nach den sowjetischen Sanitätsberichten insgesamt 7.872 Personen in den Speziallagern.[57] Seitdem gab es nicht nur Gerüchte in der Bevölkerung, sondern auch konkrete Anfragen über die Toten in den Lagern. So wurde der Leiter der SMA Sachsen am 25. November 1946 davon unterrichtet, daß der Präsident des Landes Sachsen, Hübener, über "die große Anzahl der Todesfälle unter den Häftlingen im Gefängnis 'Fort-Zinna' und im Speziallager bei Liebenwerda" informiert sei und um entsprechende Benachrichtigungen der deutschen Behörden bäte.[58] Der SMA-Chef leitete diese Information am 19. Dezember 1946 an Serov weiter.

Grund für den neuerlichen Anstieg der Todesrate war eine drastische Herabsetzung der Kalorienzahl der täglichen Rationen, die am 1. November 1946 durchgesetzt wurde. Es ist nur ein unscheinbares Dokument, das von der Senkung der Verpflegungsnorm Zeugnis ablegt. Wegen seiner Bedeutung, aber auch wegen dieses Mißverhältnisses zwischen einem trockenen bürokratischen Vermerk und den furchtbaren Folgen zitiere ich es vollständig:

---

56 Zur Arbeit der operativen Abteilung vgl. das folgende Kapitel.
57 Nach Natalja Jeske: Versorgung, Krankheit, Tod (Beitrag in diesem Band).
58 Vgl. GARF, f. 9409, op.1, d. 138, l. 17. Mit dem Speziallager bei Bad-Liebenwerda ist das Speziallager Nr. 1 Mühlberg gemeint. Vgl. den Beitrag von Natalja Jeske zu Versorgung, Krankheit, Tod in diesem Band.

Geheim
NORMEN
DER VERSORGUNG VON HÄFTLINGEN IN DEN SPEZIALLAGERN vom 1. November 1946
(Mengenangaben in Gramm)[59]

Bezeichnung der Lebensmittel	Kriegsgefangene Offiziere	Kriegsgefangene Soldaten	Arbeitende Häftlinge	Nichtarbeitende Häftlinge	Kranke
Schwarzbrot	500	400	400	300	500
Graupen-Mehl	130	35	35	35	80
Kartoffeln	400	400	400	400	400
Zucker	40	20	20	15	20
Fleisch – Fisch	100	40	40	40	100
Fette	25	10	10	10	25
Kaffee-Ersatz	5	5	5	5	5
Salz	30	30	30	30	30
Gemüse	200	200	200	200	200
Essig	2	2	2	2	2
Seife (Monat)	100	100	100	100	100
Waschpulver (Monat)	250	250	250	250	250
Zigaretten	15	-	-	-	10
Streichhölzer (Monat)	3	-	-	-	3

Anmerkung: Offiziere und Krankenhauspatienten erhalten zu Lasten der (Schwarz-)Brotnorm 200 gr. Weißbrot.

STV. DES LEITERS DER VERWALTUNG
HANDEL UND VERSORGUNG DER
SMA IN DEUTSCHLAND

LEITER DER ABTEILUNG
SONDERLAGER UND GEFÄNGNISSE
DER SMAD

OBERSTLEUTNANT Šumilin (Unterschrift)

OBERST Sviridov (Unterschrift)

Das Desaströse an diesen Zahlen zeigt sich nicht in den *offiziell angegebenen* Mengen, sondern darin, daß dies eine deutliche Reduktion der ohnehin miserablen Versorgung mit hoher Sterberate bedeutete – bei Brot beispielsweise von 500 bzw. 600 Gramm auf 300 Gramm für normale Häftlinge und 400 Gramm für arbeitende. Außerhalb des Lagers wurden der Bevölkerung ähnliche Mengen zugeteilt, aber durch die Produkte "kompensiert", die auf dem Schwarzen Markt erstanden wurden. Hier, innerhalb der Lager, war diese scheinbar geringe Rationensenkung von tödlicher Konsequenz, weil eine "schwarze Versorgung" nahezu ausgeschlossen war. Im Gegenteil: Die Wachmannschaften nahmen aus diesen Zuteilungen auch ihre Tauschobjekte für den Schwarzen Markt; und die Funktionshäftlinge

---

59 Gemeint waren die täglichen Mengen.

taten ein übriges, auf Kosten der "normalen" Häftlinge den dicken Teil der Suppe oder einen Nachschlag zu bekommen.

Ob die Verantwortlichen wußten, was eine solche drastische Senkung bedeuten würde, ist kaum zu rekonstruieren. Ein Teil von ihnen jedenfalls hatte schon GULAG-Erfahrungen im Krieg gemacht; allerdings waren in dieser Situation die bürokratischen Parallel- und Fehlentscheidungen enorm, wie z. B. Ablehnungen von Entlassungen bei gleichzeitigen Neuzugängen, ohne jedoch entsprechend die Menge der Nahrungsmittel zu erhöhen. Überdies wurde genau im Herbst 1946 die Versorgung der Speziallager der SMAD übertragen, die von dieser Entscheidung überrascht wurde, wie man den Dokumenten entnehmen kann.

Wenig später, am 4. Dezember 1946, schrieben Marschall Vasilij Danilovič Sokolovskij und Generaloberst Ivan Aleksandrovič Serov an Stalin und Berija einen hochrangig einzuschätzenden Brief. Sie nehmen Bezug auf die Sitzung des Alliierten Kontrollrats vom 12. Oktober 1946 und auf die Kontrollratsdirektive Nr. 38, die neue Verfahrensgrundlagen in der Entnazifizierung brachte, und forderten die Entlassung von 35.000 der 80.000 Spezlagerhäftlinge. Ich drucke im folgenden den vollständigen Wortlaut ab.

Streng geheim
Ministerrat der UdSSR
Genossen I.V. Stalin
Genossen L.P. Berija

Beim Vormarsch der Einheiten der Sowjetarmee auf deutschem Territorium 1945 sowie nach der Kapitulation Deutschlands wurden von operativen Gruppen des MVD und Organen der Spionageabwehr des MGB deutsche Spione, Diversanten, Angehörige illegaler Organisationen, Mitglieder der faschistischen Partei und andere feindliche Personen festgenommen.

Zum 1. Oktober d.J. befinden sich in den Gefängnissen und Lagern von MVD/MGB auf dem Territorium Deutschlands mehr als 80.000 Inhaftierte.

Darunter folgende Kategorien:

a)	Spione, Diversanten und Terroristen der deutschen Geheimdienste	3.249 Pers.
b)	Angehörige von Organisationen und Gruppen, die von der deutschen Führung für Zersetzungsarbeit im Hinterland der Sowjetarmee zurückgelassen wurden	3.536 Pers.
c)	Betreiber illegaler Funkstationen, Waffenlager und illegaler Druckereien	218 Pers.
d)	Mitglieder der faschistischen Partei	38.788 Pers.
	davon:	
	a) leitende Funktionäre	9.559 Pers.
	b) einfache Parteimitglieder und Funktionäre von Basisgruppen	29.229 Pers.
e)	Führer der faschistischen Jugendorganisationen Kreis- und Stadtebene	2.580 Pers.
f)	Leiter von Gebiets-, Stadt- und Kreisverwaltungen	4.342 Pers.
g)	Mitarbeiter der Gestapo, der SS, des "SD" und anderer deutscher Straforgane	13.267 Pers.
h)	und andere Verbrecher	12.877 Pers.

Auf der Kontrollratssitzung vom 12. Oktober d.J., an der der Stellvertreter des Obersten Chefs der Sowjetischen Militäradministration in Deutschland, Gen. Generaloberst Kuročkin, teilnahm, wurde die Direktive Nr. 38 "Zur Festnahme und Bestrafung von deutschen Verbrechern" bestätigt.

In dieser Direktive heißt es, daß alle deutschen Haupt(kriegs)verbrecher festzunehmen und in Gefängnissen zu inhaftieren sind. Für zweitrangige Verbrecher hingegen sieht die Direktive ihren Verbleib in Freiheit mit einer dreijährigen Bewährungsfrist vor.

Diese Kategorie von Verbrechern, die sich in Freiheit befindet, hat kein Recht zu politischer Betätigung, zur Arbeit als Lehrer in Schulen oder als Zeitungsredakteur und darf sich ohne Erlaubnis der entsprechenden Selbstverwaltungsorgane nicht vom Wohnort entfernen. Wie wir aus offiziellen Quellen entnommen haben, wurde die Kategorie der zweitrangigen Verbrecher bei den Alliierten (Engländern, Amerikanern und Franzosen) auch früher nicht inhaftiert.

Einführung

In unseren Lagern befinden sich unter den Gefangenen bis zu 35.000 Deutsche, die zur Kategorie der zweitrangigen Verbrecher gehören. Während ihres Lageraufenthalts konnten unsere Organe keinerlei weiteres Belastungsmaterial gegen sie ermitteln. So können die Militärtribunale gegen diese Gefangenen kein [Gerichts-]Verfahren eröffnen, weil gegen sie kein Material über feindliche Tätigkeit gegen die UdSSR vorliegt, denn sie befanden sich während des Krieges nicht auf sowjetischem Territorium, gehörten aber der faschistischen Partei an.
Wir nehmen an, daß es nicht nötig ist, diese Kategorie von Gefangenen in den Lagern festzuhalten und nutzlos zu ernähren, zumal ihr Verbleib in Freiheit für uns keine Gefahr darstellt.
In diesem Zusammenhang erbitten wir Ihr Einverständnis zur Durchführung folgender Maßnahmen:
1. Zu gestatten, aus den Lagern die Deutschen zu entlassen, die von unseren Organen als Angehörige des Volkssturms festgenommen wurden (für diese Organisation wurden Alte und Jugendliche mobilisiert), einfache Mitglieder der faschistischen Partei sowie NSDAP-Leiter auf unterer Ebene – insgesamt 35 Tausend Personen.
2. Zur Vorbereitung der Entlassungslisten für die genannten Kategorien werden wir eine Kommission aus Vertretern des MVD/MGB bilden, deren Beschluß als Rechtsgrundlage für die Entlassung gilt.
3. Alle aus den Lagern entlassenen Deutschen werden durch Unterschrift dazu verpflichtet, sich einmal monatlich bei der örtlichen Kommandantur zu melden.
Wir erbitten Ihre Entscheidung.

Marschall der Sowjetunion – Sokolovskij   Generaloberst – Serov
[Handschriftl. Vermerk]: "Antwort Gen. Berija mitgeteilt. – I."*[vermutlich Stalin]*

Es ist schwer, eindeutig zu bestimmen, ob sich die beiden obersten Chefs der SMAD bzw. der Geheimdienste nur hinter der Kontrollratsdirektive versteckten, um ihr eigentliches Interesse durchzusetzen, nämlich eine schnelle Teilentlassung von 35.000 der nicht mehr zu ernährenden 80.000 Häftlinge, oder ob sie nur die international vereinbarten Richtlinien zur Entnazifizierung verwirklichen wollten oder ob es eine Kritik an der bisherigen Moskauer Politik oder gar eine Intrige gegen den nur kurzzeitig eingesetzten sowjetischen Verhandlungsführer Generaloberst Kuročkin war. Eine angemessene Reaktion aus Moskau blieb jedenfalls aus.

Die Zahl der Toten[60] nahm sprunghaft zu, trotz einer baldigen Erhöhung der Kalorienzahl Anfang 1947.

Monat	Tote
September 1946	397
Oktober 1946	299
November 1946	329
Dezember 1946	1129
Januar 1947	2434
Februar 1947	4280
März 1947	2362
April 1947	1417
Mai 1947	1329
Juni 1947	1170
Juli 1947	763
August 1947	703

Die Todesrate erreichte also im Februar 1947 ihren Höhepunkt: mit 4.156 Toten in allen Speziallagern.

---

60 Die Zahlen für Tabelle und Diagramm stellte mir freundlicherweise Natalja Jeske zur Verfügung.

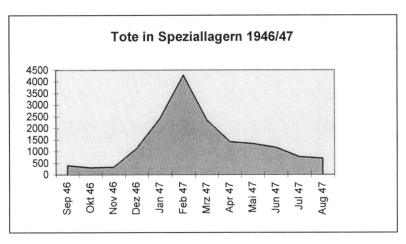

In manchen Lagern war es besonders katastrophal; so in Ketschendorf, wo die Menschen in einer "normalen" Wohnsiedlung – früher waren dies Wohnhäuser der Belegschaft der Deutschen Kabelwerke gewesen -, aber in totaler Überbelegung einander extrem schnell infizierten und in hoher Zahl starben: Von 2.030 Häftlingen, die noch einen Monat zuvor für die Deportation in die UdSSR ausgewählt worden waren, wurden nun nur noch 318 (!) für diesen Zweck eingestuft.[61] Im Laufe des Jahres 1947 sank die Todesrate wieder.

Der schlechte Gesundheitszustand der Inhaftierten tangierte ein wesentliches Interesse der Sowjetunion, nämlich den Abtransport von arbeitsfähigen Personen in die UdSSR. Es waren weit weniger, die den Kriterien dafür entsprachen, als man sich erhofft hatte. Dennoch gab es Transporte in die Sowjetunion in einem ernstzunehmenden Umfang (vgl. die nächste Tabelle). Für die Lagerinsassen war die Angst vor der Deportation "nach Sibirien" groß, da man befürchten mußte, nicht wieder zurückzukommen. Nach dem Befehl Nr. 2728-1124ss des Innenministers der UdSSR vom 23. Dezember 1946 "Über den Abtransport von Deutschen, die sich in Speziallagern und Gefängnissen in Haft befinden" sollten innerhalb von zwei Monaten 27.500 Inhaftierte in die UdSSR deportiert werden.[62] Dieses "Soll" konnte jedoch angesichts des Gesundheitszustandes der Häftlinge nicht erfüllt werden.

Ob es am beginnenden Kalten Krieg oder an den neuen Richtlinien zur Entnazifizierung[63] lag, an den "Mißerfolgen" beim Abtransport von Arbeitskräften aus den Speziallagern in die Sowjetunion oder an innerbürokratischen Entscheidungen in Moskau ist nicht genau zu klären – jedenfalls gab es in den sowjetischen Bürokratien im Jahre 1948 neue Überlegungen über die Zukunft der Speziallager in Deutschland:

Am 8. März 1948 faßte der Ministerrat der UdSSR einen Beschluß zur Überprüfung der ohne Urteil Inhaftierten, um die wenig belasteten und "ungefährlichen" früheren Nazis entlassen zu können. Der Leiter der Moskauer Hauptabteilung GULAG, Dobrynin, schlug am 30. März 1948 Serov die Auflösung der Lager Mühlberg und Buchenwald vor. Der MGB-

---

61 Vgl. Natalja Jeske zu Versorgung, Krankheit, Tod in diesem Band.
62 GARF, f. 9409, op. 1, d. 13, l. 28
63 Die Sowjets strebten in dieser Zeit eine Beendigung der Entnazifizierung an – noch vor deren Ende in den Westzonen.

Einführung

Bevollmächtigte in Deutschland, Generalleutnant Nikolaj Kuz'mič Koval'čuk, schickte am 10. Mai 1948 einen Kommissionsbericht nach Moskau, in dem von 43.853 Akten über deutsche Internierte die Rede ist, die überprüft worden seien.[64] Diese Kommission schlug 27.749 von ihnen zur Entlassung vor, darunter 2.542 Frauen. Es waren überwiegend "Führer und nominelle Funktionäre von Basisorganisationen" der NSDAP, der HJ, der SA, der SS, "nichtoperatives Personal der Schutzpolizei, Gestapo und anderer Strafdorgane" und untere bis mittlere Dienstgrade der paramilitärischen Organisationen" wie dem Volkssturm.[65] Dagegen sollten von den damals 43.853 Internierten 16.104 Personen, unter ihnen 1.142 Frauen, in den Lagern verbleiben.[66]

Das Politbüro selbst war es, das am 30. Juni 1948 eine große Entlassungsaktion und damit die Auflösung der meisten Speziallager beschloß (mit Ausnahme von Bautzen, Buchenwald und Sachsenhausen). Entlassen wurden vor allem – wie vorgesehen – die "kleinen und mittleren Nazis".

Es gibt wohl keine monokausale Erklärung für diese Beschlüsse. Mit entscheidend für die Auflösung der Speziallager dürfte u.a. eine neue politische Phase in der Entnazifizierung gewesen sein: Der Kalte Krieg stellte die Frage des Aufbaus einer auf sich gestellten SBZ bzw. eines ostdeutschen Teilstaates. Ein solcher Aufbau verlangte mehr als zuvor die Einbeziehung von Angehörigen deutscher Funktionseliten in die neue Ordnung, wenn sie nicht allzusehr belastet waren. Für diese Erklärung spricht auch, daß bereits am 26. Februar 1948 der SMAD-Befehl Nr. 35 erlassen wurde, der die Einbeziehung der kleinen Nazis, der "nominellen PGs", in den Aufbau der neuen Ordnung deutlich betonte.

Sicher ist auch, daß im Kalten Krieg die Speziallager zu Anklagen gegen die Sowjetunion und die SED wurden, daß die westlichen Alliierten ihre Internierten schneller einer Einzelfallprüfung unterzogen, daß die Internierten in der US-Zone bald unter Kuratel deutscher Behörden kamen, daß im Westen weniger Tote zu beklagen waren als in den sowjetischen Speziallagern. Der Bruch zwischen den ehemaligen Alliierten führte eben auch dazu, daß der jeweilige "Hauptfeind" in der internationalen Politik kaum noch in einer neuen nationalsozialistischen deutschen Politik gesehen oder befürchtet werden konnte – auch wenn dies in den öffentlichen Verlautbarungen der östlichen Seite weiterhin betont wurde. Wahrscheinlich hofften sogar auf beiden Seiten die ehemaligen Sieger, die beiden Deutschlands durch Einbindung in ihre jeweiligen Bündnissysteme, die in den folgenden Jahren aufgebaut wurden, ungefährlich halten zu können.

Im Jahre 1948, genauer: am 9. August, brachte der Befehl Nr. 00959 eine weitere institutionell einschneidende Veränderung für die Speziallager: Die bisherige Berliner Speziallager-Abteilung, die direkt Serov als stellvertretendem Innenminister unterstellt war, wurde nun Teil des sowjetischen GULAG-Systems. Sie wurde als eine von 22 Unterabteilungen der "Hauptverwaltung der Lager" (GULAG) des MVD der UdSSR untergeordnet.[67] Am 14. Mai 1949 wurde der bisherige Leiter der Berliner Abteilung "Speziallager", Oberst Zikljaev, durch Oberst Sokolov abgelöst. In dieser Zeit gab es Überlegungen seitens des Innenministers Kruglov, die Speziallager – nicht nur ihre Versorgung – der SMAD zu übergeben, wie

---

64 Vgl. hierzu den Artikel von Nikita Petrov.
65 CA FSB, f. 40s, op. 6, d. 9, l. 341, zitiert nach Nikita Petrov in diesem Band.
66 Sie wurden nach Parteizugehörigkeit, sozialer Stellung und Alter aufgeschlüsselt. Vgl. Nikita Petrovs Artikel.
67 Galina Kuznecova und Dina Nachatovič in ihrem Bericht über die Bestände im GARF, dem Staatlichen Archiv der Russischen Föderation.

aus seinem Brief vom 2. Juni 1949 an Berija, der nun stellvertretender Vorsitzender des Ministerrats war, hervorgeht.

Schließlich wurde 1949 eine Kommission gebildet, die die Voraussetzungen für Entlassungen aus den Speziallagern oder die Übergabe der verurteilten oder noch zu verurteilenden Häftlingsgruppen prüfen sollte. Sie bestand aus Generalleutnant Edunov vom MGB, der die Leitung innehatte, Generalmajor Šaver (Justiz) und Oberst Sokolov, dem letzten Leiter der Berliner Abteilung Speziallager.[68]

In dem Aufsatz von Kersebom und Niethammer in diesem Band wird der Kommissionsbericht von 1949 untersucht mit einem Ergebnis, das den Trend des Kommissionsberichts von 1948 bestätigt: Da in der großen Entlassungsaktion von 1948 vor allem die kleineren und mittleren Nazis auf freien Fuß gesetzt wurden, nahm der relative Anteil der von einem sowjetischen Militärtribunal Verurteilten merklich zu – und damit der Anteil der Jüngeren. Es kristallisierten sich nach den Kommissionslisten von 1949 deutlich zwei "Haupttypen" heraus: Der "Typus" des ohne Urteil Internierten sei älter und mit deutlicherem NS-Hintergrund belastet (!) gewesen als der von einem SMT verurteilte "Typus", der jünger und trotz eines signifikant geringeren (!) Belastungsgrads verurteilt worden war.

Das paßt zu dem Bericht Koval'čuks von 1948, in dem es hieß:

> Zur Gruppe der Jugendlichen bis einschließlich 20 Jahre zählen aktive Angehörige liquidierter illegaler Diversions- und Terrororganisationen "Werwolf" und anderer illegaler faschistischer Gruppen, die von den Deutschen noch vor der Kapitulation geschaffen worden waren. Angesichts ihrer praktischen feindlichen Tätigkeit ist es im Moment unzweckmäßig, sie aus der Haft zu entlassen.[69]

Die *gegenwärtige* "praktische feindliche Tätigkeit" war also entscheidend für die weitere Einbehaltung dieser verurteilten Jugendlichen. Dadurch ist auch erklärbar, warum es mit den Entlassungen von 1948 eine offenkundige "Verjüngung" in der Häftlingszusammensetzung gab.

Mit diesen Ergebnissen wird die These plausibel, daß die Verurteilungen durch sowjetische Militärtribunale zunächst wenig mit den Internierungen wegen eines NS-Hintergrundes zu tun hatten, daß ihre Bedeutung mit dem Beginn des Kalten Krieges wuchs und damit zugleich die Verurteilungen von angeblichen Straftaten gegen die neue Ordnung zunahmen. Die sowjetischen Militärtribunale wären demnach weniger Instrumente im Kampf gegen die "alten Nazis" gewesen als vielmehr gegen Personen, die in der sowjetischen Besatzungszone "aufgefallen" waren – willkürlich Verhaftete, aus irgendeinem Grunde verdächtig Gewordene, darunter manchmal auch politische Oppositionelle.[70]

Die Auflösung der Speziallager

Die "Abteilung Speziallager" in Berlin reorganisierte nach der ersten großen Entlassungsaktion 1948 die Zuordnung bestimmter Häftlinge zu den verbliebenen drei Lagern: Nach

---

68 Vgl. zu den Listen der Kommission, die auch Angaben zu den Häftlingen, so z. B. zu den Verhaftungsgründen, enthielt, den Aufsatz von Heinz Kersebom und Lutz Niethammer in diesem Band.
69 CA FSB, f 40s, op. 6, d. 9, l. 341. Zitiert nach Nikita Petrov in diesem Band.
70 So Kersebom/Niethammer in ihrem Aufsatz.

Einführung

Buchenwald kamen in den letzten Jahren weiterhin die Nichtverurteilten; nach Bautzen im wesentlichen diejenigen mit hohen Strafen (über 15 Jahren) und nach Sachsenhausen Personen mit niedrigeren Strafen.

Bis zur endgültigen Auflösung der letzten Speziallager in Deutschland zwischen Januar und März 1950 blieben nach sowjetischen Angaben 29.632 Häftlinge inklusive der sowjetischen Staatsbürger und der "Schwerverbrecher", die weiterhin unter sowjetischer Bewachung standen, in den drei übriggebliebenen Lagern: Sachsenhausen (nun Nr. 1), Buchenwald (Nr. 2) und Bautzen (nun Nr. 3).

Am Ende der Speziallager im Frühjahr 1950 waren es 10.513 Verurteilte, die dem Innenministerium der DDR übergeben wurden, und 5.504 Verurteilte, die auf freien Fuß gesetzt wurden, also zusammen 16.017 SMT-Verurteilte unter den 28.983 deutschen Personen, die bei der Auflösung der Speziallager noch inhaftiert waren (ohne sowjetische Staatsbürger und ohne die 649 "Verbrecher", die "besonders große, gegen die Sowjetunion gerichtete Verbrechen begangen haben"). Das sind 55,3 % Verurteilte unter den nach 1948 verbliebenen Insassen oder ca. 13 % der Speziallagerhäftlinge insgesamt. Rechnet man allerdings die 3.432 hinzu, die dem Innenministerium der DDR übergeben wurden, um noch nach Auflösung der Speziallager verurteilt zu werden (in den Waldheim-Prozessen), erhöht sich der Anteil auf ca. 67 % der zuletzt Inhaftierten, oder etwas weniger als 16 % aller offiziell benannten deutschen Insassen der Speziallager in der SBZ seit 1945.[71] Die Verurteilten hatten in den Speziallagern zumeist schlechtere Bedingungen zu ertragen. Sie wurden im Unterschied zu den Internierten auch als "Verbrecher" oder als "Abgeurteilte" bezeichnet.

Der Innenminister der UdSSR, Generaloberst Kruglov, gab mit dem Befehl Nr. 0022 vom 6. Januar 1950 das offizielle Signal für die Auflösung der Speziallager[72]. Die Berliner Abteilung Speziallager des MVD der UdSSR in Deutschland legte mit den Direktiven Nr. 0081/3 vom 13. Januar 1950 und der Direktive Nr. 0237/7 vom 4. Februar 1950 an die Lager die Formen der Auflösung und der Übergabe der verurteilten und der nichtverurteilten Häftlinge ebenso fest wie die Übergabe des Eigentums bzw. der Güter der Speziallager an das Innenministerium der DDR.

Der Wortlaut des Befehls Nr. 0081/3 vom 13.1.1950:

Beginnen Sie in Übereinstimmung mit den Anordnungen der übergeordneten Einrichtungen am 16. Januar 1950 mit der Freilassung der verurteilten und der nicht verurteilten Häftlinge. Bei der Freilassung und der Übergabe an die deutschen Machtorgane halten Sie sich strikt an die konkretisierten Listen mit der Entscheidung der Kommission.
Die Freilassung ist abzuschließen: In den Speziallagern 1 und 2 am 24. Februar 1950, im Speziallager Nr. 3 am 25. Januar 1950. Die Übergabe an die deutschen Machtorgane und die Inspektion des MGB der UdSSR in Deutschland hat zwischen dem 1. Februar und dem 1. März 1950 zu erfolgen ...
An der Freilassung und Übergabe der Häftlinge in den Speziallagern werden Vertreter der Deutschen Demokratischen Republik teilnehmen, ihnen ist für ihre Arbeit ein Zimmer in dem Gebäude zur Verfügung zu stellen, in dem die Freilassung stattfindet. Geben Sie den deutschen Vertretern die Möglichkeit, mit den freigelassenen Deutschen sowie mit den Häftlingen, die an die deutschen Machtorgane übergeben werden, zu sprechen und ihnen Fragen zu stellen ...

---

71 In den Kommissionslisten von 1949/50 fehlen ca. 950 Häftlinge gegenüber den Zahlen von Čujkov vom 17. März 1950. Es ist nicht klar, woher diese Differenz rührt.
72 Unter diesem Datum im Band 2 zu finden.

Bei der Freilassung und Übergabe sind die Häftlinge gründlich zu durchsuchen, um jede Möglichkeit einer Mitnahme unserer Korrespondenz bzw. sonstiger verbotener Gegenstände auszuschließen.
Über den Verlauf der Freilassung ist in der ersten Dekade täglich über Sonderpost bzw. nach Möglichkeit über Direkttelefon detailliert und objektiv über sämtliche positiven und negativen Momente in bezug auf die Freilassung Bericht zu erstatten.[73]

Im Jahre 1990 wurden erstmalig einem deutschen Innenminister, nämlich dem DDR-Innenminister Peter-Michael Diestel, von der Regierung der Sowjetunion Zahlen derer genannt, die als Häftlinge in den Speziallagern eingesessen hatten. Diestel gab diese Zahlen auf einer Pressekonferenz vom 26. Juli 1990[74] bekannt:

Internierte Deutsche insgesamt	122.671
Tote	42.889
zum Tode Verurteilte und Hingerichtete	756

Diese Zahlen, die Diestel erhielt, stützen sich auf den letzten Bericht des Leiters der Abteilung Speziallager, Sokolov, vom 6. April 1950.[75] Dieser Bericht versucht für sämtliche Speziallager die "Zugänge" und "Abgänge" systematisch nach verschiedenen Kategorien für den Zeitraum vom 15. Mai 1945 bis zum 1. März 1950 zusammenzustellen.

Speziallager-Abschlußaufstellung der Zu- und Abgänge
nach dem letzten Leiter der Abteilung "Speziallager", Oberst Vladimir P. Sokolov

	Deutsche	UdSSR-Bürger	Ausländer	Gesamt
Zugänge insgesamt	122.671	34.706	460	157.837
Abgänge insgesamt	122.671	34.706	460	157.837
Von den Abgängen:				
1. Überführt i. d. UdSSR (Verurteilte)	1.661	28.051	92	29.804
2. Überführt i. d. UdSSR (Spezkontingent)	5.037	5.403	0	10.440
3. Übergeben an Polen	0	0	86	86
4. Übergeben an die Kriegsgefangenenlager	6.680	0	0	6.680
5. Übergeben an die Strafbataillone	0	89		89
6. Übergeben an die Repatriierungslager	0	34	1	35
7. Übergeben an die operativen Gruppen und Militärtribunale	6.072	811	34	6.917
8. Übergeben an das Innenministerium der DDR	14.202	0	0	14.202
9. Entlassen	45.262	207	166	45.635
10. Erschossen	756	28	2	786
11. Verstorben	42.889	67	79	43.035
12. Geflüchtet	112	16	0	128
Abgänge insgesamt				157.837

---

73 f. 9409, op. 1, d. 528, Bl. 12-13.
74 Nach den offiziellen Presseinformationen der Pressekonferenz vom gleichen Tag.
75 GARF, f. 9409, op. 1, d. 259, Blätter 235 und 236.

Am 11. März 1950 gab Čujkov den letzten Befehl (007) heraus zur Auflösung der Lager. Wie diese Aktion beendet werden sollte, zeigt sein Briefwechsel vom 17. März 1953 mit Walter Ulbricht, den ich eingangs zitierte.

Dennoch war dies nicht das Ende: Für die dem Innenministerium überantworteten Häftlinge nicht, weil sie in die Justizvollzugsanstalten der DDR kamen oder ihre Prozesse überhaupt erst noch erleben sollten; für die sowjetischen Häftlinge nicht, weil ihnen zumeist weitere Lager drohten; für die Freigelassenen nicht, weil viele von ihnen mit langfristigen physischen, psychischen, beruflichen und sozialen Folgen der Haft konfrontiert wurden oder weil sie politische Konsequenzen, die ihr weiteres Fortkommen in der DDR behindern würden, fürchteten.

II. Forschungsprobleme

Die Schwerpunkte dieses Bandes

Die Reihe, in der dieser Band erscheint, soll die gegenwärtigen Kenntnisse zum Thema "Sowjetische Speziallager in Deutschland" zusammenfassen und wesentliche Dokumente zu ihrer Erweiterung vorstellen. Erstmalig kann dies auf der Grundlage des weitgehend geöffneten Bestandes zu den Speziallagern im "Fond 9409" im Staatlichen Archiv der Russischen Föderation (GARF) geschehen und darüber hinaus auch auf der Basis der einschlägigen Befehle und Anordnungen von Stalin und dem Politbüro der KPdSU.

Nach diesem einführenden Band mit "Berichten und Studien" folgt der Band "Dokumente zur Politik", der die wichtigsten sowjetischen Entscheidungen zur Politik mit den Speziallagern und ihrer Verwaltung dokumentiert. Der dritte Band enthält Dokumente zu den "Haftbedingungen", vor allem aus den Bereichen Versorgung, Krankheit und Tod sowie aus der Arbeit der "Operativen Abteilung" des NKVD in den Lagern mit den sogenannten "Stimmungsberichten". Jeder dieser drei Bände wurde so zusammengestellt, daß er für sich stehen kann. Das nützt der Verständlichkeit, hat aber den Nachteil, daß in der Publikationsreihe einige Wiederholungen erscheinen. Da viele Artikel dieses ersten Bandes ebenfalls für sich wie lexikalische Stichwortessays lesbar sein sollten, ohne den gesamten Band durchsehen zu müssen, gibt es auch innerhalb dieses Buches einige notwendige Wiederholungen.

Dieser erste Band hat drei Schwerpunkte: Er gibt erstens eine Einführung in die Geschichte der sowjetischen Speziallager im allgemeinen, zweitens soll er die einzelnen Lager beschreiben, drittens übergreifende Themen behandeln vom internationalen Vergleich der Internierungslager und Darstellungen der "Sowjetischen Militäradministration in Deutschland" (SMAD) bzw. der Sowjetischen Geheimdienste über die Häftlingsstruktur, den Alltag, die Kriegsgefangenen und die Ausländer im Lager bis zu den Sowjetischen Militärtribunalen, den Waldheim-Prozessen und der Verarbeitung der Lagerzeit durch die früheren Häftlinge. Damit kann dieser Band als Kommentar zu den beiden folgenden Dokumentarbänden, aber auch als eine Zusammenfassung des gegenwärtigen Kenntnisstandes zu diesem Thema gelesen werden.

Einige Begriffsprobleme: Nach wie vor gibt es in der Benutzung einiger Grundbegriffe – auch in diesem Band – Unterschiede. Die meisten Autorinnen und Autoren haben sich entschieden, die entsprechenden russischen Begriffe in der Lagerbezeichnung zu übernehmen, also "Speziallager" oder "Spezlager". Die ebenfalls mögliche Übersetzung mit dem Begriff "Sonderlager" war, wenn auch wenig benutzt, für viele besetzt von einigen "Sonderlagern" des nationalsozialistischen KZ-Systems. Besonders uneinheitlich ist die Nutzung der Begriffe "Internierungslager" oder "Internierte". Einige lehnen sie ab, weil den Speziallagern damit der entscheidende Unterschied zu den westlichen Internierungslagern genommen würde, nämlich der der längerfristigen stalinistischen Willkür und der hohen Todesrate; sie bezeichnen demgegenüber die Inhaftierten in diesen Lagern als "Spezkontingent". Andere nutzen diese Begriffe "Internierte" oder "Internierungslager", weil die Internierung der Ausgangspunkt der internationalen Vereinbarung zur Verhaftung, Bestrafung und Isolierung von Nationalsozialisten war. Zumeist wird von den hier versammelten Autorinnen und Autoren der Begriff "Internierte" benutzt, um die "Nichtverurteilten" von den durch ein Sowjetisches Militärtribunal Verurteilten zu unterscheiden. In der Bezeichnung der von sowjetischen Militärgerichten Verurteilten haben sich die meisten Autorinnen und Autoren zur üblichen Praxis entschlossen, nämlich den eigentlichen sowjetischen bzw. den aus der entsprechenden Militärgerichtsbarkeit möglichen Begriff "Aburteilung" oder "abgeurteilt" zu vermeiden und von "Verurteilung" zu sprechen. Ich habe mich entschlossen, in diesen Fragen keine Vereinheitlichung vorzuschlagen, sondern durch die unterschiedlichen Begriffe auch die Intentionen der einzelnen Autoren sichtbar werden zu lassen.

Die *Transliteration* richtete sich im allgemeinen nach den heute üblichen wissenschaftlichen Richtlinien mit den Ausnahmen der im Deutschen weit verbreiteten Schreibweise für bekannte Institutionen und Personen (z. B. Chruschtschow).

Obwohl nach der weitgehenden Öffnung der genannten Archivbestände durch das Staatliche Archiv der Russischen Föderation diese neuen Quellen bearbeitet werden konnten, sind eine Reihe von Forschungsproblemen geblieben. Diese Forschungsprobleme, die ich im folgenden zusammenfasse, haben auch die Schwerpunkte und Themen dieser Publikationen sowie die Auswahl der Autorinnen und Autoren mit ihren spezifischen Kenntnissen mit bestimmt.

Deutsche Zeitzeugen versus sowjetische Akten – oder über die Schwierigkeiten einer Speziallagerforschung im und nach dem Kalten Krieg

Wer die Forschungsgeschichte zum Thema "Sowjetische Speziallager in Deutschland" betrachtet, stößt rasch auf eine bemerkenswerte Wahrnehmungsschranke. Die Forschungen aus der Zeit des Kalten Krieges, besonders aus den 40er und 50er Jahren, fanden kaum Eingang in die Untersuchungen, die in den Jahren der Entspannungspolitik gemacht wurden –

und umgekehrt. Von wenigen Ausnahmen abgesehen[76] scheint es eine Schranke des Mißtrauens zwischen den verschiedenen politischen Forschungsrichtungen gegeben zu haben. Das dürfte an der Abschottung der verschiedenen politischen Strömungen in der Bundesrepublik liegen, aber diese mischen sich mit methodischen Forschungsproblemen. Um diese Mischung geht es in dem folgenden Abschnitt.

Ein grundlegendes Forschungsproblem liegt in den unterschiedlichen Quellengattungen, die uns zur Verfügung stehen. Jahrzehntelang, und zwar in der Zeit tiefer Spannungen zwischen Ost und West, waren es die persönlichen Berichte, Briefe, Biographien und Autobiographien von Zeitzeugen und davon abgesetzt westdeutsche Überlieferungen, die das Bild über die sowjetischen Verhaftungen, Lager und Deportationen bestimmten. Dieses Bild wurde von nachfolgenden Forschungen als subjektiv kritisiert und vom Kalten Krieg, vom Antikommunismus, von der deutschen Teilung geprägt. Jetzt haben wir sowjetische Akten, vor allem den Bestand 9409 zu den Speziallagern sowie die Befehle, Berichte und Anweisungen der sowjetischen politischen Führung und ihrer Lagerverwaltungen; dazu die inzwischen in Auswertung befindlichen Akten der GUPVI sowie neue Bestände aus der SBZ/DDR. Sie zeichnen in der Tat ein anderes Bild von den Speziallagern, nämlich – das ist evident – das der sowjetischen Administration und politischen Spitze. Die sowjetischen Akten sind beispielsweise in den Dokumenten zur politischen Anleitung, in den Sanitätsberichten, in den Belegen der Verwaltung der Lager und ihrer Versorgung, der sowjetischen Wachmannschaften und ihrer Offiziere, der Überstellungen und Deportationen sehr genau, während Häftlingsberichte sehr plausibel die Seite der Willkür, der Erfahrung des Lebens im Lager mit Langeweile und Hunger, Krankheit und Tod oder die allgemeinen Ängste vor Deportation und die Isolation von der Familie, die Wirkung des sowjetischen Spitzelsystems und die Beziehungen zwischen den Häftlingen beschreiben. Selbst in scheinbar objektivierbaren Daten sind Unterschiede, die aus diesen verschiedenen Quellengattungen entspringen, offensichtlich: Wenn beispielsweise eine bestimmte Rationierung für die Häftlinge vorgesehen und auch durch die sowjetischen Stellen angeschafft worden war, dann meinen die meisten Befragten - und die Unterernährung bzw. die Totenzahlen dürfte ihnen recht geben -, daß von dieser Menge nur ein Teil bei den Insassen angekommen, der Rest aber bei den Wachmannschaften oder auf dem Schwarzen Markt gelandet sei. Wenn in den sowjetischen Akten von der Arbeit der Werkstätten oder Stoff- oder Lederlieferungen berichtet wird, dann steht dort natürlich nichts über das, was die Häftlinge berichten, daß sich nämlich die Offiziere davon maßgeschneiderte Uniformen oder Stiefel machen ließen. Der bemerkenswerteste Unterschied betrifft die Beschreibung der "Sterberate": Die Akten zeigen zwar, daß die Sowjets von der hohen Sterblichkeit wußten, aber sie zeigen nahezu keine Reaktion bei den Verfassern der Berichte, kaum Warnungen, kein Erschrecken. Umgekehrt sind die Häftlingsberichte voll dieses Schreckens in der Beschreibung der Lazarette, der Todesangst und der (heimlichen) Abtransporte der Leichen. Auch die Versuche von sowjetischen Ärzten, den Kranken zu helfen, finden sich in Häftlingsberichten.[77]

Einer der Hauptkritikpunkte an Erinnerungsinterviews im allgemeinen ist – neben dem Vorwurf der subjektiven Färbung – der, daß mit diesen Interviews Zeugnisse aus einer nachfolgenden Zeit entstehen, in denen spätere, zum Beispiel politische Ansichten die Er-

---

76 Vgl. vor allem die verschiedenen Arbeiten von Karl Wilhelm Fricke in der Bibliographie am Ende dieses Buches.
77 Vgl. mein Videointerview mit der früheren Lazarettschwester in Torgau (8 und 10) und Buchenwald, Johanna Schmitt, vom 30. Oktober 1996.

zählung mehr prägen als die erlebten und beschriebenen Ereignisse. Im Falle der Erinnerungen an die Speziallager habe der Kalte Krieg das Bild stark eingefärbt.

Es sind jedoch nicht nur heutige Zeitzeugenberichte, die uns in Gestalt von Interviews oder eigenen Berichten vorliegen. Fast vom Beginn der Speziallager an wurden persönliche Aussagen oder autobiographische Berichte geschrieben und gedruckt, die in der Bibliographie am Ende dieses Buches zu finden sind. Und es gibt eine Fülle sehr früher Aussagen, die unmittelbar nach den Ereignissen gemacht oder protokolliert worden sind.[78] Das heißt, daß noch "frischer" Eindrücke wiedergegeben wurden, schließt aber nicht Prägungen durch die Wertungen der damaligen Zeit aus.

Die in den späten 40er und 50er Jahren veröffentlichten Berichte wurden zum Teil systematisch gesammelt, insbesondere von Häftlingsorganisationen oder politischen Gruppen. So zum Beispiel von der Ost-CDU, von der LDPD, vom Ostbüro der SPD, von der "Kampfgruppe gegen Unmenschlichkeit" (KgU), vom Waldheim-Kameradschaftskreis oder der Gruppe "Opfer des Stalinismus" und anderen. Darüber hinaus gibt es eine Fülle von Archivalien, die zwar einzelne Personen betreffen können, aber dennoch keine Zeitzeugenberichte darstellen, so zum Beispiel Entnazifizierungsakten, Anfragen von Verwandten oder Pfarrern und Parteirepräsentanten an die Staatskanzleien, Büros von Ministerpräsidenten oder Innenministerien der Länder. Sie befinden sich in den offiziellen Landesarchiven, in Kirchen- und Parteiarchiven, insbesondere im Ostbüro der SPD usw. Sie erlauben andere Einblicke in die Speziallagererfahrung und Vergleiche zu Zeitzeugeninterviews, so daß damalige wie heutige Aussagen zurechtgerückt werden können.[79]

Auch wenn die Zeitzeugenberichte die wesentlichen Quellen in einer Zeit waren, als die sowjetischen Akten noch nicht zur Verfügung standen, bedürfen sie dennoch besonderer Quellenkritik – und meine Erfahrung ist, daß Zeitzeugen durchaus Verständnis für diese besondere kritische Haltung haben. Denn diese Lagererfahrungen waren traumatisierend und erschweren – selbst bei guter Erinnerung an bestimmte Ereignisse – natürlich auch eine "unvoreingenommene" oder kritische Sicht der ehemaligen Häftlinge auf die eigenen Erinnerungen. Da diese Traumatisierungen aus dem Lagerleben selbst entsprangen, sind sie Teil der Geschichte der Speziallager und müssen thematisiert werden.

Außerdem prägte die politische Geschichte Nachkriegsdeutschlands die Verarbeitung der Lagerzeit, und zwar in Ost und West unterschiedlich. Das schlägt sich auch auf die *Forschungsgeschichte* zu den Speziallagern nieder. In den späten 40er und frühen 50er Jahren, als ehemalige Insassen der *nationalsozialistischen KZs* im Westen das Gefühl hatten, wenig Verständnis für ihre Lagerzeit erwarten zu können oder sogar zweite traumatische Erfahrungen in den Wiedergutmachungsverfahren erleben mußten, machten die Haftinsassen der *sowjetischen Speziallager* ganz andere, positive wie negative Erfahrungen: Im Osten war das Thema tabuisiert, im Westen waren die ehemaligen Häftlinge als Zeugen im Kalten

---

78 Eine der wichtigen Materialsammlungen auch für die Erforschung der Erlebnisse und Erfahrungen innerhalb von sowjetischen Internierungslagern aus der Zeit des Vormarsches der Roten Armee scheint mir beispielsweise immer noch die 1954 herausgegebene Reihe von Theodor Schieder "Dokumentation der Vertreibung der Deutschen aus Ost-Mitteleuropa" zu sein. Sie enthält eine Fülle von Berichten über verschiedene Internierungslager (Schieder 1954 Bd. I/2), die heute in der Speziallagerliteratur merkwürdig wenig berücksichtigt werden.

79 Christian Schölzel stellt in seinem Beitrag für diesen Band die deutschen Überlieferungen mit ihren Standorten vor und berücksichtigt dabei sowohl hiesige Verwaltungsakten als auch persönliche Berichte, die seit dem Beginn der Speziallager geschrieben wurden und in Archiven wie in privaten Nachlässen lagern.

Krieg gegen die Sowjetunion willkommen. Aber schon während der Jahre der Entspannungspolitik wurde dies anders: Nun mußten ehemalige Häftlinge der Speziallager befürchten, mit ihren Berichten als Kalte Krieger und als Gegner der Versöhnung zwischen Ost und West abgestempelt zu werden oder gar als Nazis, die vielleicht sogar zu Recht als Täter verhaftet worden waren. Eine umgekehrte Erfahrung konnten Überlebende besonders der rassistischen Verfolgung durch den Nationalsozialismus machen: Nun konnten sie mit Sympathie und Zuwendung zumindest bei nachfolgenden Generationen rechnen. Im Osten dagegen waren sie als Opfer des Faschismus zwar geehrt, aber zugleich ein- und untergeordnet unter die Opfer der politischen Verfolgung, innerhalb derer Kommunisten bzw. die aktiven "Kämpfer gegen den Faschismus" Vorrang besaßen. Eine eigenständige und gewichtige Bewertung als Opfer "rassischer Verfolgung" mit besonderen Problemen erlebten sie kaum. Und mit den Slánsky-Prozessen wuchs ihre Sorge vor antisemitischen Elementen in der sowjetischen Politik, aber auch in der SED.

Diese ambivalente Entwicklung des Rahmens, innerhalb deren die unterschiedlichen Häftlingserfahrungen in Ost und West verarbeitet werden mußten, zeigt sich in der Geschichte der Forschungen über die sowjetische Besetzung, ihre Deportationen und Internierungen mit aller Deutlichkeit: Wer beispielsweise die Verbrechen des Nationalsozialismus erforschte, der lief jahrelang nach dem Krieg Gefahr, sich den Vorwurf einzuhandeln, die Vergangenheit nicht ruhen lassen zu wollen. Wer sich umgekehrt mit den Repressionen der Sowjetunion in der Nachkriegszeit befaßte, der wurde zunächst in die Kalten-Kriegs-Raster eingeordnet oder dem wurden – später – die Opfer des Nationalsozialismus entgegengehalten und die sowjetischen Maßnahmen ausschließlich als Reaktion auf den Hitler-Faschismus erklärt.

Bis heute hat sich diese Schranke des Mißtrauens gehalten, und Projektionen über Forschungen, die sich dieser "bipolaren" Freund-Feind-Sicht aus dem Kalten Krieg nicht zuordnen lassen wollen, sind verbreitet und haben noch lange Zeit nach der Vereinigung Deutschlands die Diskussionen um die "richtige Weise" des Gedenkens an die Opfer des Nationalsozialismus und die der sowjetischen Besatzungszone inklusive der sowjetischen Speziallager bestimmt.

Auch unter den Autorinnen und Autoren dieser Publikation ist die Bandbreite in den politischen Ansichten groß; die Ängste vor vorschnellen Zuordnungen, die unter anderem aus verschiedenen früheren Erfahrungen in Ost und West während des Kalten Krieges und der Entspannungszeit herrühren, sind durchaus existent. Die russischen Kolleginnen und Kollegen, die uns sehr weitgehend geholfen und im Projekt mitgearbeitet haben, dürften ähnliche Debatten noch vor sich haben. Gegenwärtig müssen sie eher das "Nestbeschmutzungsargument" befürchten oder den noch schlimmeren Vorwurf des Landesverrats, wenn sie sich in einer Kooperation mit deutschen Wissenschaftlern um die "Desekretierung" von Akten bemühen, durch die der Geheimhaltungsstatus aufgegeben wird. In der ehemaligen Sowjetunion hat die Debatte um die Verbrechen der sowjetischen Führung im In- und Ausland noch nicht die Gesellschaft erfaßt.

Obwohl Schranken des Mißtrauens noch wirksam sind, obwohl eine Kooperation mit russischen und polnischen Kolleginnen und Kollegen gerade erst beginnt und obwohl Zeitzeugen befürchten, mißverstanden zu werden, stellt diese Publikation dennoch einen der ersten größeren Versuche dar, nach dem Kalten Krieg, nach der Vereinigung Deutschlands und nach dem Niedergang der Sowjetunion diese dreifachen Schranken in bezug auf die sowjetische Besatzungspolitik zu überwinden, also Zeitzeugenberichte und Akten, sowjetische und deutsche sowie Arbeiten aus dem Kalten Krieg und die späteren Forschungen aufeinander zu beziehen.

Die zumindest zu einem großen Teil geöffneten Bestände zur sowjetischen Verhaftung, Internierung und Deportation werden die Auseinandersetzungen um den Charakter der Speziallager, um die Willkür oder berechtigte Bestrafung oder auch nur um Zahlen nicht beenden. Die sowjetischen Akten sind in ihren offensichtlichen Beschränkungen durchaus geeignet für weitere verschiedene Interpretationen. Wer von einer berechtigten Bestrafung der Internierten als NS-Täter ausgeht, wird in den sowjetischen Akten fündig ebenso wie diejenigen, die auf der Suche nach willkürlichen Verhaftungen, falschen Zuordnungen in den Häftlingskategorien oder nach Terrorurteilen durch die Sowjetischen Militärtribunale sind. Dennoch gibt es in vielen Fragen neuere plausible Annäherungsmöglichkeiten.

Forschungsproblem: Vorgeschichte der Speziallager

Im Zentrum dieser Publikation und der zugrundeliegenden Forschung des deutsch-russischen Forschungsprojektes stehen zwar die Speziallager in der sowjetischen Besatzungszone und die in ihnen gefangengehaltenen Häftlinge – Internierte wie Verurteilte. Dennoch haben die hier vorgelegten sowjetischen Akten einige Einblicke in ihre Vorgeschichte während des Vormarsches der Roten Armee in Osteuropa und schließlich in Deutschland gegeben. Diese Vorgeschichte und der Beginn der Internierung in Osteuropa sind jedoch noch wenig untersucht und konnten auch hier nur in ersten Ansätzen erhellt werden. Es ist evident, daß die Speziallager im Zusammenhang mit der Politik der Alliierten[80] und besonders mit der Politik der sowjetischen Führung in Osteuropa gesehen werden müssen. Die Akten des Politbüros der KPdSU von Ende 1944 und 1945, die im zweiten Band dieser Publikation vorgelegt werden, zeigen mit scharfer Kontur, daß die ersten Internierungen von Deutschen Teil der fünf großen "Operationen" der sowjetischen Politik am Ende des Krieges waren:

1. Die militärischen Operationen zur Niederwerfung Deutschlands und der deutschen Armeen in Osteuropa
2. Die "Säuberungen" der eroberten Gebiete von "feindlichen Elementen", "Spionen" und "Diversanten" sowie die Bestrafung von Verantwortlichen Hitler-Deutschlands.
3. Die Organisierung der Kriegsgefangenschaft deutscher Soldaten und ihrer "Verbringung" in verschiedene Teile der Sowjetunion.
4. Die Mobilisierung von (zivilen) deutschen Arbeitskräften für Arbeitseinsätze in der Sowjetunion zwischen 17 und 50 Jahren bei Männern bzw. 18 bis 30 Jahren bei Frauen.[81]

---

80 Vgl. hierzu den Aufsatz von Lutz Niethammer in diesem Band.
81 In dem Beschluß vom 16. Dezember 1945 heißt es: "Das Staatliche Verteidigungskomitee beschließt: 1. Die Mobilisierung und Internierung aller arbeitsfähigen Deutschen – Männer im Alter von 17 bis 45 Jahren, Frauen von 18 bis 30 Jahren –, die sich auf den von der Roten Armee befreiten Territorien Rumäniens, Jugoslawiens, Ungarns, Bulgariens und der Tschechoslowakei befinden, und ihre Verbringung zur Arbeit in die UdSSR. Zu mobilisieren sind sowohl Deutsche deutscher und

Einführung

5. Die "Bereinigung" der Gebiete Osteuropas und der Reichsgebiete jenseits der Oder und Neiße von Deutschen, ob sie in Minderheiten lebten oder die Mehrheit stellten.

Hinzu kommt – etwas anders gelagert – die "Repatriierung" von sowjetischen Staatsbürgern oder von nichtdeutschen Ausländern in die jeweiligen Heimatländer.

Alle diese Operationen gingen einher mit einer Unzahl von Verhaftungen, "Registrierungen", "Konzentrierungen", "Sammlungen", "Mobilisierungen", "Internierungen", dem "Aufbau von Lagern" usw., die in wenig glaubhafter Präzision in den Berichten Berijas und seiner Bevollmächtigten benannt werden.

Einen der ersten Berichte über eingerichtete Internierungslager gab Berija am 15. Dezember 1944 an Stalin und Molotov:

> Die Deutschen mit deutscher Staatsangehörigkeit, die sich in Rumänien und Jugoslawien aufgehalten haben, sind interniert und befinden sich in Lagern.

In Rumänien wären es 15 Lager mit 7.890 Internierten, die die deutsche Staatsangehörigkeit besitzen, in Jugoslawien 16.804 in 22 Lagern.[82]

Die Akten sind übervoll nicht nur von Zahlen, sondern auch von dieser emotionslos-bürokratischen Begrifflichkeit und zeugen von dem Selbstbewußtsein der sowjetischen Führung, in ihrer Politik nicht nur über die Deutschen, sondern über die Völker Osteuropas zu bestimmen.

Diese großen Operationen werden von der sowjetischen Führung in einem Zusammenhang gesehen und in unterschiedlicher Weise, aber aufeinander bezogen, organisiert. Anfang 1945 werden dem Volkskommissariat des Innern bzw. ihren Bevollmächtigten die Hauptaufgaben in den Bereichen übertragen, die nicht unmittelbar der militärischen Hierarchie unterstehen:

- Die NKVD-Bevollmächtigten übernehmen die Aufgaben zur "Säuberung der eroberten Gebiete" von feindlichen Elementen mit Verhaftungen und Erschießungen, mit der Registrierung von Deutschen bzw. der Sammlung von arbeitsfähigen deutschen Zivilpersonen für Arbeitseinsätze in der UdSSR oder unmittelbar vor Ort ("Mobilisierung") und schließlich die Bereinigung dieser Gebiete von Deutschen. Der NKVD verfügte übrigens über eigene Truppen, was ihn für diese Aufgaben prädestinierte.
- Der GUPVI desselben Innenministeriums oblag die Organisierung der Kriegsgefangenen- und Internierungslager in der Sowjetunion.

Die Crux in der nachträglichen Betrachtung ist, daß die einzelnen Operationen schwer voneinander zu trennen sind, so daß kaum auszumachen ist, was der "Säuberung des Hinterlandes" oder dem "Kampf gegen Hitler-Deutschland" dienen soll und was der nackten Einverleibung osteuropäischer Gebiete oder ihrer Unterwerfung und Registrierung und letztlich der "Bereinigung" von "Personen deutscher Nationalität", wie sie in den Akten genannt werden.

Sinnfällig ist in den Akten der innere *Zusammenhang* dieser Operationen.[83] Unter dem Mantel einer wirksamen militärischen Niederwerfung des nationalsozialistischen Deutsch-

---

ungarischer Staatsangehörigkeit als auch Deutsche mit der Staatsangehörigkeit Rumäniens, Jugoslawiens, Bulgariens und der Tschechoslowakei." (Siehe Band 2 unter diesem Datum.)

82 Vgl. das Dokument vom gleichen Tage in Band 2.
83 die besonders in der DDR, aber auch in den 70er und 80er Jahren in weiten Teilen der Bundesrepublik ausschließlich als Befreiung vom "Hitler-Faschismus" gesehen wurden.

lands wurden auch die anderen Ziele sowjetischer Politik erreicht: Unterwerfung oder Hegemonie des gesamten Gürtels, der schon im Hitler-Stalin-Pakt zum sowjetischen Interessengebiet erklärt worden war, und darüber hinaus Hegemonie über den Teil Osteuropas, den beide Seiten 1939 als deutsches Einflußgebiet anerkannt hatten.

Außerdem offenbaren die Akten der sowjetischen Führung, daß gegenüber der "Entnazifizierung" oder der "Bestrafung von Nazis" zunächst die "Mobilisierung von Deutschen" für die Arbeit in der Sowjetunion Vorrang gehabt zu haben schien, bis Stalin – vermutlich persönlich[84] – Mitte April 1945 diese Mobilisierung in den eroberten Gebieten für beendet erklärte.

Geopolitisch machte die sowjetische Seite offensichtlich Unterschiede, wie und mit welcher Härte sie die genannten großen Operationen durchführte: ob Gebiete erobert worden waren, die als der UdSSR zugehörig begriffen wurden, oder jene, die in staatlicher Unabhängigkeit, aber unter sowjetischer Hegemonie gelassen werden sollten, oder ob es sich um deutsche Gebiete handelte, die unter sowjetische oder polnische Verwaltung geraten sollten, oder um das Gebiet der sowjetischen Besatzungszone, das langfristig als Besatzungsgebiet oder als Spielmaterial in der Neuorganisierung Europas gedacht gewesen sein mag.

So deutlich sich diese Grobkonturen im Studium der sowjetischen Akten herausbilden, so klar werden auch die Lücken: Die inneren Zusammenhänge und Konkurrenzen zwischen den einzelnen sowjetischen militärischen und zivilen Organen bleiben ebenso schemenhaft wie die Größenordnungen der Verhaftungen, Mobilisierungen und Internierungen und besonders der Toten in diesen Operationen. Als *Mindest*zahlen haben wir[85] aus den sowjetischen Berichten errechnet, daß mehr als 370.000 Deutsche bis zum 17. April 1945 verhaftet, ca. 280.000 als Mobilisierte und Internierte in die Sowjetunion deportiert[86] und an die 90.000 in den Frontlagern interniert wurden oder starben, aber möglicherweise auch wieder entlassen wurden.[87] Über Entlassungen finden sich in den uns vorliegenden Akten jedoch keine Angaben.

Diese Zahlen werden in den sowjetischen Akten genannt; sie werfen jedoch folgende Fragen auf oder lassen sie offen:
- Wir wissen nicht genau, ob es noch andere oder ähnliche Operationen in anderen Ländern gab als die, die in den Akten aufgeführt wurden.

---

84 Siehe dazu den Aufsatz von Nikita Petrov.
85 Hier konnte ich mich dankenswerterweise auf eine enge Zusammenarbeit mit Ralf Possekel stützen, der für die Einleitung zum zweiten Band dieser Reihe eine ähnliche Rechnung aufstellte, wie es überhaupt mit ihm einen engen Diskussionszusammenhang auch über andere grundlegende Fragen der Geschichte der Speziallager gab.
86 Das sind die Zahlen, die Stefan Karner für diese Gruppen benannt hat (Karner 1995). Bei Schieder wird die Zahl von 218.000 "der nach Rußland verschleppten deutschen Zivilpersonen aus den Gebieten ostwärts von Oder und Neiße" berechnet, wobei hier die ostdeutschen Reichsgebiete Ostpreußen, Ostpommern, Ostbrandenburg, Schlesien sowie die polnischen Gebiete und Danzig gemeint waren. (Schieder 1954, Band 1, S. 83 E) In den sowjetischen Akten waren es mit den dort angegebenen 77.000 "Reichsdeutschen" wesentlich weniger, dafür kamen noch 119.000 "Volksdeutsche" hinzu (Vgl. hierzu die Dokumente im 2. Band und das Vorwort von Ralf Possekel).
87 Unter den Internierten mit deutscher Staatsangehörigkeit in Rumänien beispielsweise waren ca. 21 % unter 16 bzw. über 45 Jahren, die eigentlich nicht in die Sowjetunion zu Arbeitseinsätzen deportiert werden sollten. Die Frage stellt sich, was mit diesen Altersgruppen geschah. Wir wissen nicht, ob sie in Lagern blieben oder freigelassen wurden oder wie viele von ihnen starben. Wir ahnen nur, daß man eventuell überall von solchen 21 % ausgehen könnte, aber nur für Rumänien gibt es diese Aufschlüsselung.

Einführung

- Es ist nicht eindeutig aus den sowjetischen Akten zu entnehmen, ob die Operation zur Verhaftung der "Volksdeutschen" wirklich am vorgesehenen Termin, nämlich dem 15. Februar 1945, beendet wurde.
- Überdies bestehen zeitliche Lücken in der genauen Übermittlung der Daten zu den Internierungen zwischen dem 15. Dezember 1944 mindestens bis zum 15. Februar oder bis zum 18. April 1945, als die NKVD-Frontbevollmächtigten ihre Berichte ablieferten.
- Wir wissen nichts bzw. kaum etwas über Erschießungen vor Ort oder über Tote auf den Transporten in die Sowjetunion. Daher hängt es von der Mortalitätsrate zwischen Verhaftung und Ankunft in der Sowjetunion ab, inwieweit sich die Zahl der verbliebenen Internierten erhöht. Schieder ging von einer "Sterblichkeit auf der Fahrt nach Rußland" von 10 % aus (Schieder 1954, Bd. 1, S. 84), Karner in seinen Schätzungen von 25 %. Neue polnische Forschungen sprechen ebenfalls von einer hohen Sterblichkeit während der Fahrt.[88]
- Wie viele der Internierten nach Polen bzw. in dortige Lager, die als besonders brutal geschildert wurden[89], oder in die sowjetische Besatzungszone bzw. die dortigen Speziallager "mitgenommen" wurden, wissen wir ebenso wenig.

Das sind neben den großen Fragen nach der sowjetischen Politik Detailfragen, die die Größenordnungen der Internierungen vor dem 18. Februar 1945 betreffen und bisher nur unvollständig beantwortet werden können.

Erste Annäherung: Wieviel Deutsche waren insgesamt in Speziallagern?

Im Abschlußbericht des letzten Leiters der Abteilung Speziallager, Sokolov, von 1950 wurden 157.837 "Zugänge" – gemeint sind die Verhafteten – insgesamt benannt, davon waren 122.671 Deutsche und 34.706 sowjetische Bürger. Diese Zahlen beziehen sich ausschließlich auf die Häftlinge in den Speziallagern der sowjetischen Besatzungszone. Auch zu diesen Zahlen gibt es offene Fragen.

Zunächst einmal wurden nach anderer Quelle aus dem GARF im April 1950 160.179 Namenskarten, das sind Registraturkarten mit Abgangsvermerken[90] von deutschen wie ausländischen Speziallagerhäftlingen an den amtierenden MGB-Bevollmächtigten in Deutschland, Generalmajor Grigorij Aleksandrovič Mel'nikov, übergeben. Berücksichtigt man jene Namenlosen, die in der SBZ verhaftet, aber zunächst in Lager östlich der Oder/Neiße verbracht wurden, oder diejenigen, die als mobilisierte Deutschen eigentlich in der Sowjetunion Arbeitseinsätze machen sollten, oder Gefängnisinsassen des NKVD, dann erhöht sich die Zahl der Spezlagerinsassen auf ca. 189.000. Das bedeutet, wie Natalja Jeske zu Recht

---

88 So Honka 1995, S. 7. Allerdings fehlen wie in fast allen diesen Arbeiten genauere Zahlen.
89 So bei Schieder 1954, Band 1, S. 111 E. Bis Herbst 1945 hatten die Sowjets die meisten der Lager, die sich auf den Gebieten, die polnisch waren bzw. unter polnische Verwaltung gestellt werden sollten, polnischen Stellen übergeben.
90 GARF, f. 9409, op.1, d. 259, S. 240 – 241.

feststellt, daß frühere Schätzungen – zum Beispiel diejenigen von Just aus dem Jahre 1952 (S. 134) in Höhe von 185.000 – eher noch übertroffen würden.[91]

Von den ca. 189.000 Inhaftierten in den Speziallagern der SBZ insgesamt müßte die Mindestzahl von ca. 35.000 Ausländern abgezogen werden, dann wären es 154.000 verhaftete Deutsche in den Spezlagern der SBZ gewesen, also mehr als 30.000 zusätzlich zu den von Sokolov benannten 122.671.[92]

Aber diese Zahlen sind nur Richtwerte, da offensichtlich auch die sowjetischen Registrateure die Statistiken "frisierten", wenn sie Rechenfehler oder Doppelrechnungen im Zuge der Verschiebungen zwischen den Lagern[93], falsche Namenszuordnungen usw. gemacht hatten und ausgleichen wollten.

Zweite Annäherung: Wie viele Menschen starben in Speziallagern?

Nach den lagerinternen Sanitätsberichten starben von 1945 bis 1950 in den Speziallagern 42.725 Personen; nach dem Sokolovschen Abschlußbericht waren es 43.035, davon 42.889 Deutsche. Die Differenz ist also relativ gering. Hinzu kamen bei Sokolov noch 786 Erschossene (756 Deutsche und 28 Bürger der UdSSR, 2 Ausländer). Das heißt, zusammen waren es 43.821 Tote nach dem Abschlußbericht von Sokolov.

Dies bedeutet bei einer Gesamtzahl von 122.671 Deutschen, die nach Sokolov zwischen 1945 und 1950 in sowjetischen Lagern auf dem Boden der SBZ leben mußten, daß – folgt man den sowjetischen Akten – weniger als 1 % erschossen wurden, aber fast 35 % auf andere Weise starben. Oder anders: Mindestens jeder Dritte kam nach der Verhaftung um, ob mit oder ohne Urteil. Diese Zahlen sind – wie sich die meisten Interviewpartner ausdrükken – "schlimm genug". Dennoch hat es bis heute Diskussionen darüber gegeben, ob die Totenzahlen nicht noch höher lagen. Wie erwähnt, gingen frühere Schätzungen von 65.000 bis 130.000 Toten aus. Die Beantwortung dieser Frage ist wieder zweifach anzugehen: Gibt es eine höhere absolute Zahl der Umgekommenen? Und: Gibt es – um diesen Begriff zu benutzen – eine höhere Mortalitätsrate als die genannten fast 35 %?

Natalja Jeske kommt in ihrer Analyse sowohl der Sanitätsberichte wie verschiedener einzelner Lagerakten zu einer weitgehenden Bestätigung der Zahlen von Sokolov im Abschlußbericht. In der Gedenkstätte Buchenwald ging man in Einzelanalysen den Totenzahlen nach und konnte die Sanitätsberichte ebenfalls bestätigen. Das heißt: Nach den neueren Forschungen, die sich auf verschiedene nun zugängliche sowjetische Quellen, aber auch auf Einzelstichproben stützen, müssen die höheren Schätzungen, die über den erwähnten knapp

---

91 Zur Rechnung im einzelnen siehe Natalja in ihrem Artikel "Kritische Bemerkungen zur zentralen Speziallagerstatistik" in diesem Band.
92 Würde man auch nur diese 122.671 Deutschen, die in den Speziallagern der SBZ nach Sokolovs Bericht eingesessen haben sollen, mit den ca. 89.000, die nach unserer Rechnung mindestens in den Frontlagern interniert gewesen waren, summieren, ergäbe sich eine Gesamtzahl von ca. 211.000 Speziallagerinsassen seit Ende 1944 bis 1950. Setzt man die Summe von 189.000 voraus, wären es ca. 240.000.
93 Jan Lipinsky untersucht in diesem Band Formen, Umfang und Bedeutung der Mobilität zwischen den Lagern.

44.000 Toten in den Speziallagern liegen und bis 130.000 reichen, als zu hoch abgelehnt werden.

Dennoch muß der Tatsache Rechnung getragen werden, daß aus verschiedenen oben dargelegten Gründen die Gesamtzahl der je in Speziallagern Inhaftierten bei ca. 189.000 lag – eben ca. 30.000 Inhaftierte mehr, als Sokolov angab. Nun wäre es mehr als fragwürdig, auch bei diesen 30.000 von 30 % Verstorbenen (also ca. 10.000 Tote) auszugehen, da die Mehrzahl dieser 30.000 Menschen im Jahre 1945 verhaftet worden sein dürfte, also noch vor der hohen Mortalitätsrate Ende 1946 bzw. Anfang 1947. Aber selbst dann, wenn man von dieser Höchstzahl an Toten ausginge, käme man nicht auf die hohen Schätzungen von 65.000 bis 130.000 Toten.

Die Frage nach den Toten in den Internierungslagern während des Vormarsches der Roten Armee oder in den polnischen Lagern muß gesondert behandelt werden. In den sowjetischen Akten gibt es keine Zahlen über die in den Frontlagern Verstorbenen. Allerdings sprechen die erwähnten polnischen Forschungen von einer hohen Sterblichkeitsrate in den polnischen Lagern. So geht Nowak von einer Mortalitätsrate von 38 % im Lager Lamsdorf aus, wobei er sich immerhin auf wiedergefundene Hefte der Registratur stützen kann.[94]

Gab es auf der sowjetischen Seite eine "Vernichtungsabsicht"?

Immer wieder ist von ehemaligen Speziallagerhäftlingen die Frage diskutiert worden, ob es eine Vernichtungsabsicht der Sowjets in ihrer Speziallagerpolitik in der SBZ gegeben habe. Besonders in den im Herbst 1946 vorgenommenen drastischen Senkungen der Rationierungen, die zu einem extremen Anstieg der Todesrate führten, käme eine solche Absicht zum Ausdruck. In der Tat bedarf es der Untersuchung der Frage, warum es zu dieser Senkung der Rationen kam, obwohl doch den Verantwortlichen, von denen einige GULAG-Erfahrungen besaßen, klar gewesen sein mußte, daß dies zu einem steilen Anstieg der Totenzahlen führen würde? Allein die Tatsache, daß jeder dritte Häftling der Speziallager starb, macht verständlich, warum diese Frage nach einer Vernichtungsabsicht so vehement geführt wurde und wird.

Dennoch gehen die Ergebnisse der hier vorgelegten Auswertungen der sowjetischen Akten in eine andere Richtung: Eine Vernichtungsabsicht wird auch in dem Umfeld dieser Entscheidung für eine drastische Kaloriensenkung nicht konstatiert, kann zumindest nicht nachgewiesen werden, dagegen jedoch ein Wust von bürokratischen Parallel- und Fehlentscheidungen der Institutionen unterschiedlicher Kompetenzbereiche. Häftlinge sollten entlassen werden, was nicht geschah; statt dessen kamen andere Neuzugänge, für die es aber keine ausreichende Ernährung gab. Wie beschrieben, fiel zudem gerade in diese Wochen die Entscheidung für die Übernahme der Versorgung der Spezlager durch die SMAD. Kurz: Es herrschte ein geradezu kafkaeskes bürokratisches Kompetenz-"Wirrwar". Einige der verantwortlichen Funktionsträger ahnten vermutlich, was kommen würde nach einer solchen Kalorienherabsetzung. Genau in dieser Situation gab es auch den Antrag auf Entlassung von

---
94 Die wiedergefundenen Hefte der Registratur des Lagers Lamsdorf enthalten 2.050 Namen mit relativ umfassenden Angaben zu den Häftlingen. (Nowak 1995, S. 20 und 21)

35.000 Internierten mit geringer NSDAP-Belastung im abgedruckten Brief von Marschall Sokolovskij und von Geheimdienstchef Serov vom 4.12.46 an Stalin und Berija. War die mangelnde Reaktion in Moskau darauf nur Ausdruck einer kafkaesken Bürokratie oder doch eine dumpfe "billigende Inkaufnahme" einer hohen Totenzahl? Darüber klären uns die sowjetischen Akten nicht auf. Allerdings muß man bedenken, daß die sowjetische Führung auch nach dem April 1945 ein gewisses Interesse daran hatte, aus den Speziallagern gesunde Arbeitskräfte abzuziehen für den Einsatz in der Sowjetunion.

Obwohl eine Vertuschung nach außen noch wenig über Hintergründe von Entscheidungen aussagt, spielten für die wiederkehrenden Debatten um bürokratische Fehlentscheidungen mit Todesfolge, billigende Inkaufnahme oder Tötungsabsichten Verheimlichungen eine Rolle, die die Sowjets unternahmen. So verweist Jan Lipinsky in diesem Band in seinem Aufsatz "Mobilität und Bewegung zwischen den Lagern" darauf, daß Personen nicht entlassen werden sollten, die über die hohe Sterblichkeit in den Spezlagern informiert waren. Man wollte also diese hohe Sterblichkeit verheimlichen. Aber dies heißt für sich nicht, daß es eine Tötungsabsicht gab.

Unglaube gegenüber den sowjetischen Akten verursachen bis heute auch einige Verhaltensmaßregeln, die die sowjetische Führung bei den Angaben zu Erschießungen und Hinrichtungen den Beteiligten auferlegte. So heißt es noch am 30. November 1952 in einem Schreiben des stellvertretenden Außenministers Jakov Alexandrovič Malik an Georgij Maksimalanovic Malenkov über das weitere Schicksal von Personen, die von sowjetischen Militärtribunalen verurteilt worden waren, die ihre Strafe in der DDR verbüßten:

> c) Zu Personen, die während der Durchführung tschekistisch-militärischer Operationen (1945) zum Erschießen verurteilt wurden, ist, wenn die Angehörigen keine Angaben über die Verhaftung des Verurteilten durch sowjetische Machtorgane haben, mitzuteilen, daß über das Schicksal der betreffenden Person nichts bekannt ist.
> Betreffs der anderen zum Erschießen Verurteilten ist mitzuteilen, daß der Gefangene während der Strafverbüßung verstorben ist, worüber das Standesamt auf Anfrage Bescheinigungen nach spezieller Vorlage ausgibt.

Dennoch: Der Begriff "Vernichtung" hat in Deutschland eine andere Konnotation, die in den Diskussionen um eine sowjetische Vernichtungsabsicht mehr oder minder bewußt eine Rolle spielt: Der Begriff "Vernichtung" zielt auf eine Gleichsetzung mit den nationalsozialistischen Vernichtungslagern ab. Und hier muß man nach gegenwärtiger Kenntnis feststellen, daß die Zustände und Konsequenzen in den sowjetischen Speziallagern auf deutschem Boden keine Gleichsetzung mit den nationalsozialistischen Vernichtungs-KZs zulassen. Der systematische organisierte Mord, besonders der Holocaust an europäischen Juden oder Sinti und Roma, die Menschenversuche, auch die Größenordnung der Vernichtung im europäischen Maßstab, der historische Vorlauf des sog. Ostfeldzugs mit seinen Vernichtungselementen sowie der gesamte rassistische Hintergrund verbieten eine Gleichsetzung von KZ und Speziallager, die mit dem Begriff "Vernichtungsabsicht" gemeint sein könnte. Daß in der Beurteilung der Speziallager besonders schwere Verbrechen der Führung der KPdSU bzw. der GULAG-Offiziere in Rechnung gestellt werden müssen, sollte an dieser begrifflichen Entscheidung für "Speziallager" und gegen Konzentrationslager oder gar Vernichtungslager als Bezeichnung der sowjetischen Lager in Deutschland nichts ändern.

Einführung

Dritte Annäherung: Wie war die Altersstruktur der Häftlinge in den Speziallagern?

Die Frage nach der Altersstruktur der Internierten ist häufig deshalb mit Erbitterung diskutiert worden, weil sich dahinter die Frage verbirgt, ob die Masse der Internierten von den jungen, eher unschuldigen und eigentlich amnestierten, jedenfalls unbelasteten Deutschen gestellt wurde oder eher von den belasteten älteren. Mit dieser Debatte wurde häufig die Frage verbunden, ob es den Sowjets eher um junge kräftige Personen für den Arbeitseinsatz in der UdSSR als um die Isolierung nationalsozialistischer Funktionsträger ging.

Die Altersgruppen, die Vera Neumann aus dem Lagerjournal Buchenwald[95] zusammengestellt hat, sahen für das *Speziallager Nr. 2 Buchenwald* folgendermaßen aus:

> Um oder älter als 45 Jahre alt war hier 1945 eine Mehrheit von ca. 61 %.
> Zwischen 35 und 44 Jahre alt waren knapp 25 %.
> Zwischen 13 und 34 Jahre alt fast 13 %.

Diese Zahlen beziehen sich auf ca. 93 % aller Internierten von 1945 bis 1950 in Buchenwald, nämlich 26.422 Personen. Dies sind die einzigen uns bekannten Zahlen, die sämtliche Jahre von 1945 bis 1950 berücksichtigen. Die weit überwiegende Mehrheit, nämlich 85 %, wurde bereits im Jahre 1945 verhaftet. Die jüngeren "Werwölfe" und andere kamen zu einem großen Teil erst 1946 hinzu.

In den Listen der erwähnten sowjetischen Kommission, die 1949 Entlassungen der Häftlinge prüfen sollte und dabei einige statistische Angaben zur Verfügung gestellt bekam, verschoben sich diese Zahlen etwas zugunsten der Jüngeren in Buchenwald: Nur noch ca. 53 % waren nun älter als 45 Jahre (bei einer Gesamtsumme von 9.836 Personen).[96]

In den anderen Lagern sah es, soweit wir wissen, für die ersten Jahre bei einigen Abweichungen ähnlich aus.[97] Das heißt: Die älteren Altersgruppen (über 45 Jahre) stellten also in der Anfangszeit in allen Lagern, nicht nur in Buchenwald, die Mehrheit. Zugleich wurde die Masse der Verhaftungen auch in dieser ersten Zeit vorgenommen. Demgegenüber zeigt sich eine "Verjüngung" in Bautzen. Diese deutliche Tendenz wird von Jan Lipinsky bestätigt. Zum Jahresende 1949, schreibt er, also kurz vor der Auflösung, habe sich schließlich folgendes Bild in der Altersstruktur der Häftlinge Bautzens ergeben:[98]

> Bis 35 Jahre alt waren   46,4 %
> 35 bis 45 Jahre alt waren   24,6 %
> über 45 Jahre alt waren   28,9 %.

Im Jahre 1949 waren von den Bautzener Häftlingen 71 % jünger als 45 Jahre alt bei einer Gesamtsumme von 7.028 Personen. Das bedeutete zugleich eine scharfe Umkehrung des Verhältnisses im Vergleich zu den Buchenwalder Insassen auch von 1949.

Hier tritt die Trennung zwischen Nichtverurteilten und Verurteilten zutage: Anders als in dem Speziallager Buchenwald, wo die Nichtverurteilten inhaftiert waren, wurden in Bautzen im Laufe der Jahre Verurteilte konzentriert. Der Anteil der Jüngeren nahm kontinuier-

---

95 Auf der Grundlage der Arbeit von Bodo Ritscher und Kamilla Brunke.
96 Vgl. die Aufstellung im einzelnen im Aufsatz von Vera Neumann in diesem Band.
97 Dies zeigt eine Tabelle der Jahrgänge in den einzelnen Lagern, die Natalja Jeske vornahm.
98 GARF, f. 9409, op. 1, d. 572.

lich zu, je deutlicher Bautzen zum Speziallager der Verurteilten mit Haftstrafen von über 15 Jahren wurde. Auch in Sachsenhausen, dem dritten der nach 1948 noch existierenden Speziallager, wurden mehr und mehr Verurteilte zusammengefaßt, hier allerdings diejenigen mit einem Urteil unter 15 Jahren Haft.

Das beinhaltet einen doppelten Befund: Erstens kamen Jüngere erst später in die Speziallager; und zweitens waren die Verurteilungen durch ein Sowjetisches Militärtribunal bei den Jungen sehr viel höher als bei den Alten, die Internierte ohne Urteil blieben.[99]

Dieser Befund deckt sich mit einem anderen Ergebnis, das aus einer statistischen Untersuchung der Kommissionsliste von 1949 resultiert, die Heinz Kersebom vornahm: Demnach war der nationalsozialistische Hintergrund der Verurteilten geringer als bei den Älteren, was eben nicht nur daran gelegen habe, daß Jüngere wegen ihres Alters geringer belastete waren, sondern daß sie auch wegen anderer Vorwürfe aus der unmittelbaren Nachkriegszeit, die seltener mit dem Nationalsozialismus zu tun gehabt hätten, verhaftet wurden. An dieser Stelle – der Erklärung des geringeren Belastungsgrads bei den SMT-Verurteilten – gibt es offensichtlich weitere Forschungsfragen.

Eine weitere Frage betrifft die Zahl der Verurteilten unter den Toten der Speziallager. Ihre Anzahl dürfte relativ gering sein, da die Masse der Verurteilten erst nach der Hungerkatastrophe Anfang 1947 in die Lager kam.

Zu den Altersgruppen: Es stellt sich die Frage, ob die Beschreibung vieler Zeitzeugen stimmt, daß in den Speziallagern vor allem zwei Generationen vertreten waren: die Älteren (über 45) und die Jüngeren (unter 25), da ja die mittlere eher bei den Kriegsgefangenen zu finden wäre.[100] Nach den Altersgruppenstatistiken waren in den Anfangsjahren 1945/46/47 die mittleren Jahrgänge (zwischen 35 und 45 Jahren) zwar deutlich schwächer vertreten als die Alten, aber immer noch stärker als die jüngeren Jahrgänge unter 35. Hier gibt es Änderungen erst nach 1948, also mit der Zunahme der Verurteilungen unter den Jüngeren, dem zwischenzeitlichen Tod vieler Älteren und den Entlassungen 1948.

Ganz anders sah die Altersstruktur der Internierten in der Zeit aus, als die Sowjetunion Deutsche vorrangig "für den Arbeitseinsatz in der Sowjetunion mobilisierte", also bis zum Berija-Befehl vom 18.4.45. Das zeigt folgendes Beispiel: Für die erwähnten ersten Internierungslager 1944 in Rumänien gibt es als seltenen Fall Aufschlüsselungen nach Altersgruppen: Hier waren in 15 Lagern 7.990 Personen[101] mit deutscher Staatsangehörigkeit interniert. Davon waren:

---

99 Vgl. den Beitrag von Heinz Kersebom und Lutz Niethammer in diesem Band.
100 So Johanna Schmitt, die in Torgau Nr. 8 und Nr. 10 sowie in Buchenwald und Waldheim war, im Interview mit mir aus dem Jahr 1996.
101 Die sowjetische Quelle im GARF, f. 9401, op. 2, d. 68, l. 144-147, nämlich der Bericht Berijas an Stalin und Molotov "über die registrierte deutsche Bevölkerung in den besetzten Gebieten Osteuropas" vom 15.12.44, nennt 7.890 Internierte insgesamt. Summiert man jedoch die Altersgruppen, sind es 7.990 Personen.

Einführung 59

Alter	Männer	Frauen	Gesamt N=7890	Prozent
16-17jährige	419	29	448	**5,6 %**
18-30jährige	1400	308	1708	**21,4 %**
30-40jährige	1.875	225	2100	**26,3 %**
40-45jährige	1.062	170	1.232	**15,4 %**
45-bis 50jährige	663	163	826	**10,3 %**
unter 16 bzw. über 50	kA	kA	1.676	**21,0 %**
Summe	**5.419**	**895**	**7.990**	**100,0 %**

Über 45 Jahre alt waren demnach in jener Zeit 10,3 % der Internierten plus maximal 21,0 % der aus der Rubrik der unter 16- bzw. über 50jährigen, also 31,3 % (wenn man voraussetzen würde, daß niemand unter 16 gewesen wäre). Unter 45 Jahren waren 68,7 %. Oder etwas differenzierter: Unter 30 Jahren waren ca. 27 %, zwischen 30 und 45 waren 41,7 % und über 45 die bereits geschätzten 31,3 %.

Dies ist ein Sonderfall für die Zeit vor dem 18. April 1945. Nimmt man die Altersgruppen aller in den Speziallagern Inhaftierten auf dem Boden der sowjetischen Besatzungszone, wie dies in den Debatten um die Internierten mehrfach getan wurde, als Beleg für den Grad der Belastung durch Aktivitäten im Nationalsozialismus, muß festgehalten werden: Die Jüngeren, möglicherweise deshalb schon geringer Belasteten, sind deutlich in der Minderheit, während die Älteren über 45 Jahren die deutliche Mehrheit stellen.

Sicher ist, daß die Sowjets selbst bald vorsichtigere Einschätzungen des Belastungsgrades ihrer Verhafteten und auch der Internierten vornahmen.

Vierte Annäherung: Wie viele NS-Belastete gab es in den Lagern?

Die Frage der Belastung durch die unmittelbare Involvierung in nationalsozialistische Verbrechen ist immer schwer zu beantworten, da es einerseits um individuelle Schuld und rechtsstaatlich glaubwürdige Schuldnachweise geht und andererseits um die Frage nach dem Verhältnis von staatsbürgerlicher Verantwortung auch in einer Diktatur – und dies ist ein über das Individuum und über rechtsstaatliche Nachweispflicht hinausgehendes Problem. Überdies war 1944/45 offensichtlich nicht die Zeit rechtsstaatlicher Individualbeurteilungen, sondern Krieg und Besetzung verlangten für die alliierten Truppen Sicherung und zugleich autoritative Maßnahmen gegen die bisherige nationalsozialistische Diktatur bzw. ihre Repräsentanten und für die Herstellung einer neuen Ordnung.[102] Dennoch standen auch die sowjetischen Besatzungstruppen schnell, und zwar vor der Unterzeichnung der Kapitulationsurkunden, vor der Aufgabe, die Kategorien für die Verhaftung von möglicherweise feindlichen oder durch den Nationalsozialismus belasteten Personen genauer zu bestimmen.

Berija selbst war es, der bereits am 17. April 1945 in einem Brief an Stalin eine kritische Einschätzung der bisherigen Verhaftungspraxis vornahm. Es seien, schrieb er, "eine beträchtliche Anzahl einfacher Mitglieder der verschiedenen faschistischen Organisationen" verhaftet worden und benennt dabei ausschließlich die "Gewerkschaften", also vermutlich

---

102 Zu den internationalen Aspekten der Internierungspraxis vgl. Lutz Niethammer in diesem Band.

die Deutsche Arbeitsfront, die "Arbeitsorganisationen", vermutlich den Reichsarbeitsdienst RAD, die "Jugendorganisationen", womit wahrscheinlich die HJ mit BDM und dem Deutschen Jungvolk bzw. den Jungmädeln gemeint sein dürften. Seinerzeit seien die Verhaftungen dieser Personen "durch das Erfordernis der schnellstmöglichen Säuberung des Fronthinterlandes von feindlichen Elementen diktiert" worden.

Während hier noch von einer "beträchtlichen Anzahl einfacher Mitglieder" die Rede war, gingen der Chef der SMAD, Marschall Sokolovskij, und der oberste Geheimdienstchef, Generaloberst Serov, 1946 bereits von einer quantifizierbaren Größenordnung der weniger Belasteten aus: Sie nannten in ihrem oben zitierten Brief an Stalin und Berija vom 4. Dezember des Jahres 35.000 geringer Belastete in den Speziallagern bei einer damaligen Belegung von 80.000 und schlugen vor, diese 35.000, die nur teuer zu ernähren seien, zu entlassen.

Nach den sowjetischen Kommissionslisten von 1949, die Heinz Kersebom und Vera Neumann ausgewertet haben, muß man trotz einiger Schwankungen von ca. zwei Drittel Mitgliedern und Funktionären der NSDAP unter den Speziallagerhäftlingen ausgehen. Vera Neumann hat überdies versucht, bei einer Stichprobe der Buchenwalder (nichtverurteilten) Häftlinge herauszufinden, ob die Angaben zur NSDAP-Mitgliedschaft bzw. zu den Funktionen durch die Karteien der NSDAP im früheren Berlin Document Center bestätigt werden. Bei 49,3 % ihrer Stichprobe war von den sowjetischen Stellen eine Mitgliedschaft oder eine Funktion in der NSDAP als Haftgrund angegeben. Bei 43,3 % der gesamten Stichprobe wurden eine NSDAP-Mitgliedskarte oder "Aktenreste" im Berlin Document Center gefunden.[103] Dieses äußerst interessante Ergebnis, das erstmalig eine Kartei außerhalb der Speziallagerdaten, nämlich die Kartei der NSDAP-Mitglieder, zur Prüfung der NS-Belastung heranzieht, kann man nun als "halbvolles oder halbleeres Glas Wasser" interpretieren, also als Bestätigung oder Ablehnung der NS-Belastung. Wir können auch an dieser Stelle wieder einmal nur Mindestangaben machen und feststellen, daß bei ca. 43 % NSDAP-Zusammenhänge gefunden wurden. Allerdings ist ebenfalls interessant, daß Vera Neumann nahezu keine Widersprüche bei den Funktionsangaben zwischen den sowjetischen Akten und den deutschen Karteien festgestellt hat.

Will man nach "rechtsstaatlicher" Form quasi im nachhinein die Belastungen von Speziallagerhäftlingen im Nationalsozialismus prüfen, bedarf es mindestens der Personalakten der ehemaligen Internierten, auf deren Grundlage dann eine weitere und zahlenmäßig umfangreichere Stichprobe untersucht werden kann. Diese Personalakten konnten wir noch nicht berücksichtigen, weil sie von unseren russischen Kollegen noch nicht übernommen werden konnten. Ob sie wirklich Klarheit schaffen, kann allerdings bezweifelt werden. Zwei Grundfragen relativieren meiner Ansicht nach die sowjetischen Akten als Beleg von NS-Belastungen.

a) Es fragt sich, wie genau bzw. richtig die ersten sowjetischen Ermittler der SMERŠ oder des NKVD ihre Angaben und Recherchen zu den Haftgründen machten oder machen konnten und wie weit sich diese ersten Angaben durch die ganze Haftzeit in den Personalakten ziehen. Wenn wir die sowjetischen Akten auswerten, muß klar sein, daß wir damit diese ersten Angaben als hauptsächlichen Haftgrund übernehmen. Aber wir müssen auch die Frage stellen: Wie sind diese Angaben zustande gekommen? Wurde Gewalt angewen-

---

103 Die genaue Ableitung ist in Vera Neumanns Artikel nachzulesen.

Einführung

det? Wie und in welcher Sprache wurden die Verhöre geführt und die Verhörprotokolle geschrieben? Wie häufig gab es erzwungene Geständnisse?

Hier unterscheiden sich besonders kraß die Zeitzeugenberichte und die alliierten, nicht nur die sowjetischen Akten.

Die früheren Arbeiten und Berichte besonders aus den 50er Jahren, also aus der Zeit des Kalten Krieges, zum Thema der Internierungen betonen wie die heutigen jüngeren Zeitzeugen die Willkür der Verhaftungen und der Anklage sowie die Brutalität der Verhöre. Bei Schieder heißt es zum Beispiel:

> "Die in erschreckend hohem Maße willkürlich oder aus unzulänglichen Verdachtsmomenten vorgenommenen Verhaftungen wogen um so schwerer, als es für alle, die einmal verhaftet waren, auch dann, wenn die Unhaltbarkeit der Anklage offenkundig war, kaum noch eine Möglichkeit der Entlassung gab ..., und so griff man lieber zu der einfacheren Methode der von Verhören, bei denen man die Verhafteten unter oft schweren Mißhandlungen zwang, Geständnisse von Verbrechen abzulegen, die diese niemals begangen hatten. (Schieder 1954, Band 1, S. 126 E f.)[104]

Umgekehrt antworten die Kritiker dieser Position, daß diese Einschätzung nur die Mythen zur Selbstentlastung der Verhafteten, auf deren spätere Berichte man sich bei Schieder nahezu ausschließlich stützte, wiedergeben, da es nicht nur um Geständnisse von Verbrechen ginge, sondern um Belastungen durch Funktionen oder berufliche Tätigkeiten im Nationalsozialismus – und diese sind über andere Methoden als über erpreßte Geständnisse herauszufinden.

b) Die zweite Frage: *Inwieweit* haben sich die Haftkategorien auch nach dem Haftgründekatalog von Berija am 18. April 1945 *geändert*? Wir können aus den Akten den Schluß ziehen, daß sie sich zum Teil stark geändert haben, besonders dort, wo es Mehrfachbegründungen für die Haft gab. Die wenigen Prüfungsmöglichkeiten bei Personalakten einiger Zeitzeugen, die ich einsehen konnte, zeigen dennoch gleichzeitig, daß die ersten Einordnungen in unterschiedliche Haftgründe durch die sowjetischen Ermittler bestehen blieben, auch wenn später Differenzierungen und Erweiterungen im Haftgründekatalog vorgenommen wurden.

Aber was diese Umgruppierungen für die Glaubwürdigkeit der sowjetischen Angaben unter anderem zu NS-Belastungen bedeuten, ist schwer auszumachen. Was verbirgt sich zum Beispiel hinter "Diversant", "Spion", "Terrorist"? Das sind Kategorien, die von der Angst der sowjetischen Stellen diktiert waren, hinter den feindlichen Linien in Partisanenkämpfe verwickelt zu werden. Sie sind getragen von den sowjetischen Erwartungen und Vorstellungen, die verstehbar sind angesichts der deutschen Kriegspolitik zuvor (Stichwort "Vernichtungskrieg", "verbrannte Erde"), aber weniger als richtige Anklagebefunde für die einzelnen Personen. In diesen Kategorien finden sich auch die meisten HJler oder auch die "Werwölfe". Dagegen sind wirklich verantwortliche Täter aus SS oder Sicherheitsorganen – wie erwähnt – zum Teil den Kriegsgefangenen zugerechnet worden.

Deutlicher als alles andere müssen Veränderungen in den Verhaftungskategorien *nach* einem Lagerwechsel zu der Annahme führen, daß eine dieser Angaben falsch war, entweder die im vorigen Lager oder die im nächsten. Und vermutlich gab es diese Änderungen bei den Haftgründen sogar bezogen auf ein und dieselbe Person.

---

104 Diese Einschätzung bezieht sich auf Internierungslager unter polnischer Verwaltung, wird jedoch ähnlich für die sowjetischen Lager gegeben (zum Beispiel S. 98E).

Die neueren Arbeiten über Waldheim zeigen, daß sogar bei einem Teil derer, die explizit für diese Prozesse ausgewählt worden waren, die Haftgründe zu einer Verurteilung "eigentlich" nicht ausreichten.[105]

Zur Arbeit der sowjetischen Geheimdienste

Über die sowjetischen Geheimdienste auf deutschem Gebiet während des Vormarsches der Roten Armee und besonders in der sowjetischen Besatzungszone gibt es, dem Metier entsprechend, eine Reihe von Forschungslücken. In bezug auf die Speziallager sind solche Lücken durch einige der hier abgedruckten Arbeiten und durch die Berichte an das Politbüro bzw. durch die Befehle dieses Führungsgremiums schmaler geworden. Das gilt insbesondere für die (wechselnden) Verantwortungen in der sowjetischen Bürokratie und natürlich für die gesamte Verwaltung und Anleitung der Lager durch die "Abteilung Speziallager" des NKVD/MVD und auch für die Arbeit des NKVD/MVD innerhalb der Speziallager selbst.

Nach wie vor bestehen jedoch große Mängel in der Erforschung der Beziehungen zwischen den verschiedenen sowjetischen Geheimdiensten und der "Inneren Abteilung" der Sowjetischen Militäradministration in Deutschland (SMAD), wenn es um die Speziallager und vor allem um die Verhaftungen der späteren Lagerinsassen ging.

Es gab verschiedene Institutionen, die Verhaftungen vornehmen konnten, wie die Spionageabwehr SMERŠ, die operativen Gruppen des NKVD/MVD auf kommunaler oder Kreisebene oder die operativen Sektoren auf Landesebene. Später wurden diese – wie beschrieben – vom MGB übernommen, konnten aber auch unter dessen Führung weiterhin "Verdächtige" verhaften.

Die erste Station nach den Verhaftungen waren zumeist die sogenannten "GPU-Keller", genannt nach einem Film aus der NS-Zeit, obwohl die politische Polizei unter dem Namen GPU nur zwischen 1922 und 1934 existiert hatte. Wir wissen inzwischen, daß die operativen Gruppen und Sektoren des NKVD/MVD nach einem Erlaß Serovs normale Gefängnisse oder auch Häuser, die bereits vom NKVD für andere Aufgaben genutzt wurden, als "Untersuchungsgefängnis" oder nach dem sowjetischen Ausdruck als "inneres Gefängnis" einsetzen konnten (siehe oben). Dabei wurden nicht nur Privatvillen, sondern auch so viele deutsche Gefängnisse verwendet, daß sich deutsche Behörden beschwerten, es stünden ihnen nicht mehr genug Kapazitäten zur Verfügung. Über die wenigen deutschen Quellen hierzu hat in diesem Band Gabriele Hammermann eine Arbeit vorgelegt. Über quantitative Angaben, also über die Zahl der in den "GPU-Kellern" Inhaftierten oder Umgekommenen wissen wir jedoch nach wie kaum Gesichertes. Und über das, was dort erlebt und erfahren wurde, haben wir natürlich keine sowjetischen Quellen, dafür liegen uns nur die Zeitzeugenberichte vor – und sie werden immer die entscheidende Quelle zu dieser Frage bleiben.

---

105 Vgl. den Artikel zu den Waldheim-Prozessen von Wilfriede Otto in diesem Band.

Die "GPU-Keller"

Die Berichte der Zeitzeugen sowohl aus den 50er Jahren als auch aus der Gegenwart betonen gegenüber den sowjetischen Verwaltungsakten den Mangel jeder rechtsstaatlichen Form vor allem in den Ermittlungen, den Verhören, den Anklageerhebungen, den Schuldfeststellungen oder Überweisungen in Speziallager ohne Urteil. Dieser Mangel wird auch für die späteren Jahre nach der Zeit des Chaos unmittelbar vor und nach dem Kriegsende konstatiert. Besonders betont werden die häufige Gewaltanwendung[106], zumeist in Form von Prügeln, von Ohrfeigen, Handkanten-, Stock- oder Peitschenschlägen; zudem wird von gezielten Folterungen berichtet, wie z. B. Sitzen auf Flaschen[107], Vergewaltigung[108], Dauerschlaflosigkeit mit Schlägen u. ä. m. Neben der Empörung über diese Behandlung oder der Thematisierung dieser traumatischen Situationen, die man sich von der Seele reden möchte, ist ein weiteres Motiv der meisten Berichte, die Glaubwürdigkeit der sowjetischen Anklage, der Ermittlungen und Urteile angesichts der geschilderten Methoden in Frage zu stellen.

Neben der offenen Gewaltanwendung gibt es andere Bereiche, die als beängstigend oder demütigend erinnert werden: die mangelnde Hygiene, die wenige und meistens zu kalte Kleidung, die man anfänglich mitnehmen durfte, die aber Monate auf dem Leibe getragen werden mußte, die Isolation von den Verwandten, die Willkür in den Anklagepunkten, die Erfahrung, "wie ein Verbrecher" behandelt zu werden, die Unsicherheit auch in möglichen Schuldfragen usw.

In den NKVD-Gefängnissen und Kellern wurden die Maßstäbe eingeschliffen, nach denen man die Russen beurteilte, das Verhalten gegenüber den NKVD-Offizieren bestimmte, die wesentlichen Überlebensstrategien des "Durchkommens" entwickelte, das Verhältnis zu den Mitgefangenen regelte, die Offenheit in möglichen Schuldfragen begrenzte usw. usf.

Je nach der Schärfe und der Dauer dieser Vorerfahrungen wird dann die Haft in den Speziallagern empfunden: Viele unserer Interviewpartner verspüren geradezu Erleichterung, als sie in Speziallagern ankamen:

> Für uns war der Buchenwald also wie eine Erlösung ... Und mancher hat das vielleicht gar nicht so begriffen, der nur vielleicht zwei, drei Tage vorher bei der NKVD eingesperrt war eben in so einem, eh, Gefängnis. Der konnte uns gar nicht verstehen, daß wir uns da oben plötzlich gefühlt haben, na ja, ich weiß nicht, wie? Halt gut.[109]

Dieser erste Eindruck wurde dann insbesondere in der Hungersituation und in der jahrelangen Isolation relativiert. Für andere, besonders bei den durch ein sowjetisches Militärtribunal Verurteilten, setzten sich die Eindrücke aus der Zeit der Voruntersuchung fort. Allerdings mit einem großen Unterschied: Die Bewacher in den Speziallagern werden anders, nämlich menschlicher, geschildert als die Verhörenden in den sogenannten GPU-Kellern

---

106 In ca. zwei Dritteln der Berichte, womit allerdings keine Repräsentativität damaliger oder heutiger Interviews behauptet werden soll. Siehe allgemein die Berichte bei Schieder 1954 oder Interviews im Speziallagerbestand des Instituts für Geschichte und Biographie der Fernuniversität Hagen in Lüdenscheid.
107 So berichtet Hans Richter von solcher Folterung in einem Videointerview vom Oktober 1996 (Speziallagerbestand im Institut für Geschichte und Biographie der Fernuniversität Hagen in Lüdenscheid).
108 Von ihrer Vergewaltigung im Verhör spricht in einem Interview von 1996 mit großer Zurückhaltung Johanna Schmitt (Speziallagerbestand in Lüdenscheid).
109 Videointerview mit Erika Pelke von mir 1996 (Speziallagerbestand in Lüdenscheid).

und NKVD-Gefängnissen. Der einfache "Muschik" vermittelte ein anderes Bild als der NKVD-Verantwortliche und hilft den Inhaftierten, das sowjetische System von den Menschen, die in ihm leben, zu unterscheiden.

Zum NKVD/MVD in den Speziallagern

Im Kooperationsvertrag zwischen dem Staatlichen Archiv der Russischen Föderation war die Nutzung der Akten der "Operativen Abteilung", also die geheimdienstliche Abteilung, explizit ausgenommen. Dennoch kam es im Laufe der Zusammenarbeit zu einer Teilöffnung dieses Bestandes: Es wurde uns erlaubt, die Stimmungsberichte des NKVD zu kopieren und einige Instruktionen – immer bei Anonymisierung der Namen – einzusehen. Das verschaffte uns einen ersten, wenn auch noch begrenzten Blick in die Tätigkeit der operativen Abteilung in den Lagern. Der Zeitraum dieser Akten zentriert sich allerdings hauptsächlich auf die Jahre 1948/1949.

Es handelt sich um die Akten der Berliner "Abteilung Speziallager", die während der gesamten Existenz dieser Lager unmittelbar dem NKVD/MVD bzw. dem stellvertretenden Innenminister Serov unterstanden – auch nach dem Frühjahr 1946, als die sonstigen operativen Gruppen dem MGB überstellt wurden. Von der Berliner Abteilung erhielten die Leiter der operativen Gruppen in den Lagern, zumeist im Rang eines Hauptmannes, seltener eines Majors, Anleitungen und Instruktionen über ihre gesamte Arbeit, besonders über den Aufbau eines umfangreichen Spitzel- und Sicherheitssystems zur "vollständigen Isolation" der Häftlinge. Die Abteilung verlangte von den operativen Gruppen zusammenfassende Berichte über die Stimmungs- und Sicherheitslage, eine weitere Untersuchung eventueller, nach sowjetischen Maßstäben strafbarer Handlungen bestimmter Personen, die Aufdeckung von Fluchtplänen, die allgemeine Kontrolle auch der Wachmannschaften und die Untersuchung von Vergehen des sowjetischen Personals. Umgekehrt finden sich in den Akten der operativen Abteilung in Berlin auch die eingeforderten Berichte aus den operativen Gruppen vor Ort, zumeist von ihren Leitern, die Zusammenfassungen von Spitzelberichten, die von ihnen wahrgenommenen politischen und sonstigen Stimmungen, das von ihnen gebrochene Bild der Sowjets und ihrer Politik nicht nur in den Lagern, sondern auch im nationalen und internationalen Maßstab. Die Verantwortlichen der Berliner Abteilung schickten ihrerseits Berichte und Zusammenfassungen über die Stimmung in den Lagern nach Moskau.

Die Instruktionen geben Aufschluß über Art und Umfang der Arbeit des NKVD/MVD vor Ort. Aus ihnen wird die große Bedeutung und die Form des Aufbaus eines umfangreichen Spitzelsystems für die sowjetischen Sicherheitsorgane ersichtlich. Die wichtigste und ausführlichste Anleitung befindet sich in der Akte 60 mit dem Titel *Vorläufige Instruktionen über die Organisation der operativen Agententätigkeit in den Spezlagern des MVD auf dem besetzten deutschen Territorium* vom 25. Juni 1946. Sie ist es vor allem, die uns wesentliche Schlüsse auf die Arbeit des NKVD/MVD und deren Tätigkeit vor Ort erlaubt. Hier werden in acht Abschnitten die Aufgaben und die Struktur der Agententätigkeit, die Bedingungen der Anwerbung von Agenten und deren Anleitung, die Art und Weise der Berichterstattung (alle 15 Tage ein Bericht und nicht weniger als zwei Treffen mit den Informanten pro Monat) und ähnliches mehr festgelegt. Außerdem werden die wichtigsten Aufgaben benannt:

Einführung

Die Hauptaufgaben der operativen Agententätigkeit unter den Gefangenen in den Spezlagern des MVD sind:

a) Sicherstellung, daß die Gefangenen vollkommen von der Außenwelt isoliert werden; Verhinderung von Ausbrüchen und Verletzungen der Lagerordnung.

b) Sicherung der aktiven Nazis (Hitleranhänger)[110] unter den Gefangenen, der Agenten der deutschen Abwehr, der Angehörigen der deutschen Strafforgane und jener Personen, die sich vor dem obersten Kriegsgericht zu verantworten haben.

c) Aufklärung und Verhinderung der Versuche von Gefangenen, feindliche Handlungen innerhalb des Lagerkontingents zu organisieren.[111]

Ab 1947 wurde – mit der Entwicklung des Kalten Krieges – auf die Aufdeckung von Spionagetätigkeiten ein größeres Gewicht gelegt. Die Verhinderung von Fluchten bekam Ende 1946/Anfang 1947 ebenfalls eine noch größere Bedeutung in der Tätigkeit der operativen Gruppen. So meldeten schon am 27. November 1946 die Chefs der Bewachungstruppen, daß "infolge der Senkung der Verpflegungsnorm" in allen Speziallagern "die Tendenzen zur Flucht zugenommen haben." "In den Speziallagern Neubrandenburg, Oranienburg, Torgau usw. werden Gruppenfluchten vorbereitet. Nach unseren Informationen will das Spezialkontingent dabei die längere Dunkelzeit sowie die Verschlechterung meteorologischer Bedingungen nutzen."[112] In Buchenwald waren beispielsweise fünf Häftlinge am 12. Dezember 1946 erfolgreich. Sie flohen aus dem Speziallager Nr. 2[113] bis hinein in die amerikanische Zone. Danach wurden die Sicherheitsmaßnahmen in Buchenwald verstärkt.

In jeder Zelle sollten von den operativen Gruppen ein bis zwei Informanten gewonnen werden. Frühere Agenten der deutschen Abwehr, Führer örtlicher NS-Organe, Terroristen oder Führungspersonal der deutschen Strafforgane "dürfen bis auf besondere Ausnahmen nicht für das Agentennetz gewonnen werden".

Entsprechend solchen Anweisungen versuchten die operativen Gruppen, eine möglichst lückenlose Bespitzelung und Bewachung auch der deutschen Internierten oder Verurteilten und des sowjetischen Wachpersonals zu erreichen. Dabei hatte man sich vorgenommen, auf 50 Häftlinge einen Spitzel anzuwerben, der die entsprechenden Agenten des NKVD informieren sollte. Inwieweit dies wirklich durchgesetzt wurde, kann nach den Akten nicht geklärt werden. Am 31. Oktober 1946 gab es immerhin 890 "Agenten" (Spitzel) in allen Speziallagern.[114] Allerdings beschwert sich der Leiter der Berliner Abteilung, Sviridov, in einem Brief an den Leiter des Speziallagers Nr. 4 (Bautzen), Kazakov, vermutlich Ende 1946/Anfang 1947 über die "mangelnde Agententätigkeit"; es kämen zu wenig qualitativ gute Informantenberichte. Er schlug zu deren Verbesserung vor, spezielle Vorräte an Tabak und Lebensmitteln anzulegen, um diese als Prämien an die Agenten zu verteilen.[115]

---

110 "Gitlerovec" – am ehesten mit "Nazis" zu übersetzen.
111 GARF, f. 9406, operative Abteilung, d. 60, l. 1. Streng geheim. Datum: 30. Mai 1946 (Adressat ist Generaloberst Ivan Aleksandrovič Serov, Stellvertretender Minister der UdSSR, Absender: Oberstleutnant Gaponov, "Stellvertretender Leiter der Abteilung des MVD der UdSSR", und Oberst Sviridov, "Leiter der Abteilung Spezlager des MVD auf dem okkupierten Territorium Deutschlands".
112 Vgl. GARF, f. 9409, op. 1, d. 144, S. 79.
113 Vgl. bei Ritscher (Ritscher 1995, S. 238) sowie GARF, f. 9409, op.1, d. 144, S. 87–88. Ich habe zusammen mit Loretta Walz einige der noch lebenden Flüchtigen von damals befragt. Die verfilmten Interviews sowie die daraus entstandenen Filme befinden sich in der Gedenkstätte Buchenwald und im Institut für Geschichte und Biographie der Fernuniversität Hagen in Lüdenscheid.
114 GARF, f. 9409, d. 52, l. 47 bis 54.
115 GARF, f. 9409, d. 52, l. 32.

Die Spitzel- und Stimmungsberichte werden im dritten Band dieser Publikationsreihe dokumentiert und kommentiert. Daher seien hier nur einige Beispiele wiedergegeben, um eine ungefähre Vorstellung von Form und Inhalt solcher Informantenmeldungen zu bekommen. Die Spitzelberichte wurden durch die zuständigen Mitarbeiter der operativen Abteilung gefiltert und zusammengefaßt, ehe sie die nächste Hierarchieebene erreichten, auf der wiederum Zusammenfassungen erfolgten.[116] Was ganz oben ankam, dürfte in den meisten Fällen wenig mit der Ausgangsbeschreibung zu tun gehabt haben. Da alle Zusammenfassungen schon mit Blick auf die höheren Instanzen geschrieben wurden, vermischen sich die Spitzelberichte von unten mit den Wunschbildern der höheren, zusammenfassenden Instanzen.

In Moskau verlangte man Paradoxes: Einerseits sollten die Berichte die Wirklichkeit in den Lagern vor allem im eigenen Sicherheitsinteresse wiedergeben, andererseits verlangte man, daß diese Berichte "geschönt" werden; das zeigt die folgende Kritik aus Moskau:

> Einige Leiter der operativen Abteilung, z. B. im Speziager Nr. 4, übertreiben bei der Beschreibung der feindlichen Äußerungen über die Sowjetunion und deren Führer in der Regierung und der Partei, deren Namen dabei erwähnt werden, mit zu großer Schadenfreude...
> Ich schlage vor:
> 1. Die feindlichen Äußerungen über die Sowjetunion sollen nicht mehr so genüßlich dargestellt werden, und die Namen der verleumdeten Personen sollen nicht mehr erwähnt werden...
> 2. Zu jedem Agentenmaterial müssen auch die Gegenmaßnahmen erwähnt werden.[117]

Auch die unteren Spitzelberichte selbst sind von unterschiedlicher Qualität; manchmal geben sie die kritisch-ablehnenden Haltungen wieder, die uns auch aus den lebensgeschichtlichen Interviews bekannt sind, manchmal scheinen sie auf plumpe Weise die Politik der Regierung der Sowjetunion zu bestätigen wie in dem folgenden Bericht von 1948:

> Die Internierten sprechen viel über die Warschauer Außenministerkonferenz und über die damit entstehenden Abkommen, die von allen Internierten begrüßt werden. Der größte Teil der Gefangenen hat verstanden, daß die Umsetzung einer echten, reinen Demokratie nur durch die (Sowjetunion?) verwirklicht werden kann."

Es liegen aber auch andere Berichte vor:

> (XY), geb. 1908, sagte im Gespräch mit (ZZ) zur Entlassung:
> "Im Lager Ketschendorf starb eine große Anzahl gefangener Deutscher. Als unsere Kameraden ins Lazarett gingen und sich von uns verabschiedeten, da wußten wir schon genau, daß sie nicht mehr zurückkehren werden. Im Lager ging sogar das Gerücht um, daß die Russen im Lazarett mit Hilfe von 'Injektionen' heilen würden (d. h. Gift spritzten). Ja, daß wir in Ketschendorf überlebten, kann man in der Freiheit als hervorragendes Material für antisowjetische Propaganda verwenden. Mehrere Monate hat man uns mit Graupen ernährt. Bei allen sind die Beine krankhaft angeschwollen. Wir nannten diese Graupen den 'weißen Tod'."[118]

Hinzu kommen sehr viele grundsätzlich kritische Äußerungen von Gefangenen über die Politik der sowjetischen Besatzungsmacht:

---

116 Für die Arbeit mit Spitzeln gab die Berliner Abteilung Speziallager am 31. Oktober 1947 eine neue, ergänzende und erweiternde Instruktion an die einzelnen Lager heraus (GARF, f. 9409, d. 65, l 15 ff.).
117 GARF, f. 9409, operative Abteilung, d. 65, l. 1.
118 GARF, f. 9409, d. 83 (1948).

Einführung

> Die Gefangenen, die in der Baracke der 2. Zone gehalten werden, ... äußern sich gegen die von den sowjetischen Besatzungstruppen in Deutschland betriebene Politik. Über die Berlin-Frage sagen sie, daß an allem die Russen schuld seien und daß alles, was sie in der Presse schreiben, eine Lüge sei, wie auch die Wahlen vom 5.12.1948 gezeigt hätten, daß die Bevölkerung Berlins von den Russen nichts wissen will. 85 % stimmten (gegen?) die SED. Grotewohl und Pieck seien russische Agenten. Wenn es Krieg gibt, werden alle oben aufgeführten Gefangenen den Wunsch äußern, gegen die Russen zu kämpfen.
> Das können Schulz, Siegfried, Kewlitz, Berigard, Schneider, Ernst bezeugen.[119]

Oder:

> Der Verurteilte XY (Saal 2) sagte folgendes: "Ich kenne die Russen sehr gut, und ich weiß, daß sie uns nur die völlige Vernichtung wünschen. Wer in die Hände der GPU fällt, der ist sozusagen schon verloren. Wir brauchen gar nicht an eine Amnestie zu denken. In Rußland gibt es auch Menschen, die gegen den Bolschewismus eingestellt sind, aber die GPU ist so grausam, daß es niemand wagen wird, einen Aufstand zu machen. Ich wünsche mir nur, daß so bald wie möglich ein Krieg zwischen Amerika und Rußland beginnt, dann wäre ich befreit, und der Kommunismus wäre zu Ende."[120]

Nach der Wiedergabe solcher negativen Äußerungen folgen in der Regel Angaben über das Geburtsdatum des betreffenden Internierten, über den Haftgrund sowie Vermerke, daß einige der am Gespräch Beteiligten bereits aktenkundig geworden seien. Außerdem wird hinzugefügt, daß einige bei Kontrollen zugegeben hätten, diese antisowjetischen Verleumdungen tatsächlich von sich gegeben zu haben. Hier wird m. E. deutlich, daß entsprechend den oben zitierten Instruktionen bei solchen und anderen kritischen Bemerkungen "Gegenmaßnahmen" getroffen wurden, die in weiteren Verhören des Umfeldes, in Vermerken in der Personalakte, in der Verlegung in andere Baracken, in kleinen oder sogar hohen Strafen (in wenigen Fällen vermutlich sogar in der Todesstrafe) bestehen konnten.

Aus den Stimmungs- und Spitzelberichten ist also einiges, zum Teil schwer zu Interpretierendes, zu erfahren, so über den NKVD bzw. den MVD und seine Arbeitsweise, über das Spitzelwesen und die Kontroll- bzw. Strafmaßnahmen. Zur Qualität der Spitzelberichte in den Akten dürfte die allgemeine Regel gelten: Je weiter unten die Informationen angesiedelt sind, desto genauer scheinen sie im einzelnen über das Alltagsleben, über die Stimmung unter den Gefangenen oder die Aussagen von Häftlingen zu sein. Die jeweiligen Lagerleiter bzw. die Leiter der operativen Gruppen nahmen – wie in den Instruktionen festgelegt – diese Berichte, die zweimal im Monat abgefaßt werden sollten, entgegen. Sie wurden von ihnen gesammelt und nach oben gegeben. Dann kamen sie vermutlich auf mindestens zwei Wegen, über die SMAD und über den Geheimdienst, nach Moskau.

Obwohl mit dem deutsch-russischen Kooperationsprojekt und der Teilöffnung des Bestandes der operativen Abteilung erste Kenntnisse gewonnen werden konnten, bleiben hier noch erhebliche Forschungslücken.

Die Berichte ehemaliger Häftlinge liefern im Prinzip ein vollkommen gegensätzliches Bild: Niemand unter unseren bisherigen Befragten hat - das liegt auf der Hand - erklärt, selbst jemals für den MVD als Spitzel tätig gewesen zu sein. Demgegenüber sind die Berichte zahlreich, in denen die Spitzel mehr oder minder deutlich als "Kameradenschweine" beschrieben werden. Oder etwas weniger drastisch bei H.R.:

---

119 GARF, f. 9409, d. 89, l. 3-13 vom 18.1.49.
120 GARF, f. 9409, d. 80, l. 129-135 vom 2.8.48.

> Kameraden, die öfters zur Kommandantur gerufen wurden und die mit einem Stück Brot zurückkamen, da wußte man schon, daß sie irgendwie wieder 'n Kameraden verpfiffen haben. Und die wurden natürlich gemieden, nicht wahr? Wenn nur einer in die Nähe kam, schwieg alles, oder: Komm, geh' weiter. Oder sonst da was. Das waren also ganz üble Gestalten, nicht wahr, die ihre Kameraden da ans Messer lieferten. Das gab es. Leider!

Oder L. V.:

> Es war aber auch so, daß hier von den Russen ein umfangreiches Spitzelsystem installiert war, und die Leute wurden also auch in Zeitabständen immer wieder nach oben bestellt. Für uns Melder konnten wir die Leute oft daran erkennen: Die Leute, die richtig zur Vernehmung bestellt wurden, sind oft mit großer Angst nach oben gegangen und hatten Furcht, was oben hier passieren könnte, während die Leute, die hier als Spitzel angeheuert waren, ja, doch vielfach sehr gelassen nach oben gingen, denn die wußten ja, was sie zu erwarten hatten.

So interessant die Spitzel- und Stimmungsberichte sind, sie sind nur eine – und angesichts ihres Zwecks und ihrer Entstehung – sehr ambivalente Quelle für das Leben in den Lagern. Wichtiger noch erscheinen mir die Untersuchungen früherer persönlicher Berichte oder die Befragung von Zeitzeugen.[121]

Forschungsproblem: Nachgeschichte

Die persönliche Nachgeschichte

Eines der in der bisherigen Forschung weitgehend vernachlässigten Themen ist die Nachgeschichte der Speziallagererfahrung für die Häftlinge selbst. Über die an die DDR-Justiz bzw. das Innenministerium der DDR übergebenen Häftlinge wissen wir insofern etwas, als zumindest die Prozesse von Waldheim und die dort angeklagten Personen in neueren Forschungen untersucht werden.

Besonders schwach entwickelt ist die wissenschaftliche Untersuchung der ehemaligen ausländischen Häftlinge, vor allem der vielen sowjetischen, nach der Lagerzeit in Deutschland.[122] Immerhin handelt es sich um ca. ein Fünftel der Gesamtbelegung. Hier sind wir noch weitgehend auf Vermutungen angewiesen, obwohl seit einigen Jahren in der ehemaligen Sowjetunion selbst solche Forschungen vor allem von der Gruppe "Memorial" begonnen haben.

Die Verarbeitung der Haftzeit und ihre Bedeutung für das sonstige Leben der ehemaligen Lagerinsassen, die Auswirkungen dieser Erfahrung auf persönliche Weichenstellungen, für politische Ansichten und grundsätzliche Werte und Haltungen ("Lebensphilosophie") sind ebenfalls wenig erforscht worden.[123] Auch die Probleme der Spätfolgen – wie zum Beispiel orthopädische Schäden, Tbc-Folgen oder das "Lebenslänglich" einer Unfruchtbarkeit -,

---

121 Das zeigt auch der Aufsatz von Eva Ochs.
122 Irina Scherbakova faßt in ihrem Aufsatz den Stand der gegenwärtigen Forschung zusammen.
123 Vgl. zur Wahrnehmung der Speziallager die folgenden Abschnitte oder auch v. Plato 1992 a, mehrere Aufsätze von Eva Ochs (vgl. die Gesamtbibliographie); außerdem Eberhard 1997 oder auch Schatz 1992. In den früheren Arbeiten, die sich auf persönliche Berichte stützen, oder in Autobiographien klingen solche Themen an, sind jedoch nicht Teil systematischer Forschung gewesen.

Probleme der Haftentschädigung oder der Rehabilitation finden gerade erst Eingang in die Forschung.

Die meisten ehemaligen Häftlinge hatten Mühe, sich in der Freiheit zurechtzufinden – das lag nicht nur daran, daß sie geschwächt waren, sondern auch daran, daß sie "wie die Neugeborenen" in neue Welten kamen: Vor allem die Organisierung des persönlichen Lebens hatte sich verändert, die Notwendigkeiten des "Kompensierens", des "Hamsterns" oder des Handelns auf dem Schwarzmarkt war ihnen in Ost und West fremd. Sie hatten große Lücken in Schul- und Berufsbildung, die kaum zu schließen waren. Die meisten der damals Jugendlichen waren "ungeküßt", wie sich ein Zeitzeuge ausdrückte, um die Hemmungen gegenüber dem anderen Geschlecht zu beschreiben. Aber in vielen dieser Probleme waren die Familien der Häftlinge die wichtigste "Auffangbasis".

Bemerkenswert sind die Unterschiede zwischen den frühen Berichten aus der Zeit des Kalten Krieges und späteren, vor allem aus der Zeit nach der Vereinigung Deutschlands; ebenso deutlich sind die Unterschiede zwischen den Berichten derer, die in der SBZ/DDR blieben, und denjenigen, die nach Westdeutschland gingen oder flohen. Wie viele der ehemaligen Insassen in den Westen gingen, ist nicht genau auszumachen, aber aus den Informationen der Zeitzeugen und der Gedenkstätten geht hervor, daß es nicht wenige waren.

Die Öffnung des russischen Speziallagerbestandes kann – das ist evident – kaum etwas zur Erforschung der persönlichen Nachgeschichte und der Verarbeitung der Haftzeit durch die Häftlinge beitragen. Hierfür sind nach wie vor die Berichte der Zeitzeugen maßgebend. Die Forschung hat in ihrer Auswertung einen ersten Anfang gemacht[124], aber es fehlt vor allem in den Untersuchungen eine synthetisierende Analyse sowohl der frühen Zeitzeugenberichte aus den 50er und 60er Jahren als auch der späteren Interviews und Autobiographien.

Tabu und Schweigegebot

Die politische Landschaft, in die die ehemaligen Lagerinsassen entlassen wurden, hatte sich, besonders im Osten, weitgehend geändert. In der DDR waren die Speziallager tabuisiert, so daß über sie nicht gesprochen und erst recht nicht geschrieben werden konnte, wenn man nicht Konsequenzen für das eigene Fortkommen oder das der Familie riskieren wollte. Der Interviewpartner Herr G. kommt wie andere zu der Schlußfolgerung:

> "Ich hab keinem was gesagt." Frau G.: "Meine Eltern haben das bestimmt 20 Jahre gar nicht gewußt. Ich hab nicht gesprochen darüber und er auch nicht... Wir wollten das nicht wegen der Kinder." *Auch als der erste Sohn bei der Jugendweihe mit einem Heft nach Hause kam, in dem auch das KZ Sachsenhausen erwähnt wurde, haben die Eltern weiter geschwiegen,* "damit er nicht was anderes erzählen sollte in der Schule."

Im Westen war dies je nach historischer Periode durchaus differenziert. Zunächst waren – wie bereits beschrieben – die ehemaligen Häftlinge entsprechend den Konstellationen im Kalten Krieg akzeptiert als Zeugen gegen die Sowjetunion und deren Willkürherrschaft. Deshalb finden sich in diesen Jahren durchaus sehr viele Berichte, die von entsprechenden Organisationen wie von der Ost-CDU, der LDPD, vom Ostbüro der SPD, von der "Kampfgruppe gegen Unmenschlichkeit" (KgU), vom Untersuchungsausschuß freiheitlicher

---

124 Bouvier 1976 und 1991, v. Plato 1992, verschiedene Aufsätze von Eva Ochs (vgl. die Bibliographie am Ende dieses Buches), Eberhard 1997.

Juristen, vom Waldheim-Kameradschaftskreis oder der Gruppe "Opfer des Stalinismus" und anderen gesammelt wurden. Wenn man in jener Zeit schwieg, dann hauptsächlich aus Angst davor, die restliche Familie, sofern sie in der DDR lebte, zu gefährden.

Ende der 60er Jahre wurde dies etwas anders: Nach wie vor blieb es beim Rede-Tabu in der DDR, und im Westen wollte man auch weiterhin die Familienangehörigen in der DDR nicht durch "leichtfertiges Sprechen" über die Lagerzeit gefährden. In der BRD wiederum kam in der Ära der Entspannungspolitik eine neue Sorge hinzu: Nun gab es nach Erzählungen bei Zuhörern sogar im engeren Familienkreis Einwände, daß "ja etwas dran gewesen sein muß" an den Vorwürfen gegen die Inhaftierten, "sonst hätte man sie ja nicht verhaftet", ja, einige Häftlinge glaubten zu spüren, daß sie mit ihren Erzählungen aus den Speziallagern sogar bei eigenen Kindern Gefahr liefen, als Nazis oder gar als NS-Täter gesehen zu werden. Außerdem mußten einige erfahren, daß sie mit den Erzählungen aus den Speziallagern als "ewig Gestrige" eingestuft wurden, die die "Versöhnung mit dem Osten" verhindern wollten. Also wurden die Zeitzeugen in ihren Erzählungen vorsichtiger.

Hier liegt ein weiterer Grund für die Notwendigkeit einer synthetisierenden Analyse der früheren und der heutigen Zeitzeugenberichte. Außerdem würde durch derartige vergleichende Analysen von frühen und neueren Zeitzeugenberichten die Gefahr konterkariert, nur die damals sehr Jungen und Unbelasteten, die keineswegs repräsentativ für die Masse der Häftlinge waren, zum Maßstab aller Erfahrungen zu machen.

Dieser kurze Abriß macht bereits deutlich, warum für die ehemaligen Häftlinge das gesellschaftliche Klima und das familiäre Umfeld einen großen Stellenwert bei der Verarbeitung ihrer traumatischen Hafterlebnisse hatten und haben.

Gerade in dieser Frage mußten die *KZ-Überlebenden* – sowohl Juden wie Sinti und Roma – in der Nachkriegszeit extreme neue Belastungen erfahren: Anders als den meisten ehemaligen *Speziallagerinsassen* fehlte ihnen die Familie als "Auffangbasis", da ihre Familienangehörigen zumeist umgebracht worden waren oder über die Welt verstreut als Emigranten neue Existenzen aufbauten. Die ehemaligen KZ-Insassen lebten nach dem Kriege in einem ablehnenden oder ihre Erfahrungen leugnenden Umfeld. Daher hatten sie große Schwierigkeiten, ihre Traumata zu verarbeiten. Es lohnt sich deshalb, in diesem Zusammenhang an die jüdischen und anderen KZ-Überlebenden zu erinnern, nicht weil es mir hier um die Betonung von deren ungleich schärferen Belastungen oder gar um eine Gleichsetzung von KZ und Speziallagern ginge: Vielmehr geht es mir um die historisch wechselnden Angebote, um die persönlichen Verarbeitungsmöglichkeiten, die eine Gesellschaft den so unterschiedlich Traumatisierten bot und bietet. Und diese Angebote sagen etwas aus über den tiefen Wandel im Konsens der beiden Gesellschaften in Ost- und Westdeutschland und über ihre politischen Kulturen. Betrachtet man dieses Verhältnis von Traumata und gesellschaftlichen Verarbeitungsangeboten, wird sofort sichtbar, daß hier weite Lücken für die biographisch-historischen und sozialwissenschaftlichen Forschungen bestehen.[125]

"Un-Schuld und Sühne"?

Die Versuche, "Schuldige" aus der Zeit des Nationalsozialismus innerhalb der "Häftlingsbelegung" auszumachen, hat die Gemüter seit der Existenz der Speziallager bewegt. Innerhalb der nun möglichen Auswertung von Akten mit den sowjetischen Haft-

---

125 Vgl. auch den Abschnitt "Deutsche Zeitzeugen versus sowjetische Akten – oder über die Schwierigkeiten einer Speziallagerforschung im und nach dem Kalten Krieg" in diesem Aufsatz.

Einführung

grundangaben gibt es einige Annäherungen in den Arbeiten von Vera Neumann sowie von Heinz Kersebom und Lutz Niethammer in diesem Band.

Für die Häftlinge selbst stellte sich die Frage nach der persönlichen Schuld zunächst als Problem des Vertrauens: Die meisten der spät befragten Zeitzeugen berichten, daß "über Schuld aus dem Nationalsozialismus innerhalb der Lager" nicht geredet wurde. Der Grund lag – wie sofort einleuchtet – in der Angst, wegen solcher Äußerungen "verpfiffen" und vor die Offiziere der operativen Gruppen geladen zu werden.

Für die in der DDR gebliebenen ehemaligen Häftlinge war es ein Dauerproblem, daß sie als "Schuldige" mit "braunem Dreck am Stecken" in ihrer Umgebung betrachtet wurden, wenn man erfuhr, daß sie in einem "Umerziehungslager" gewesen waren. Die meisten Kollegen und Verwandten allerdings glaubten nicht einmal, daß es überhaupt solche Einrichtungen in der sowjetischen Besatzungszone gegeben haben sollte – und erst recht nicht in ehemaligen Konzentrationslagern. Buchenwald und Sachsenhausen waren als Konzentrationslager bekannt, aber nicht als Speziallager. Parallel dazu waren im Westen Neuengamme und Dachau ebenfalls als Konzentrationslager berüchtigt, aber deren Nutzung als Internierungslager wenig bekannt.

Die späten Zeitzeugen, die weitgehend unter die Jahrgänge, die amnestiert werden sollten, fielen, konnten für sich – anders als ihre älteren und zumeist gestorbenen Mithäftlinge – die Unschuld der Jugend reklamieren. Unter ihnen wird dennoch eine lebhafte Debatte um "Unschuld und Sühne" geführt, die sehr viel differenzierter ist, als sie in den Medien erschien. In diesen Debatten werden verschiedene Positionen deutlich: Die einen sehen sich einfach als unschuldige Opfer des sowjetischen Willkürsystems; andere begreifen sich ebenfalls als unschuldige Opfer einer chaotischen Zeit, in der die Sowjets allerdings ebensoviel Schuld auf sich geladen hätten wie Deutschland unter dem Nationalsozialismus. Für andere wiederum ist die sowjetische Politik auch mit den Speziallagern nach 1945 eine Antwort auf eine deutsche Vernichtungspolitik, die in der Sowjetunion Rache und Haß hervorrief und die "Stalin den Weg nach Deutschland"[126] öffnete; sie selbst allerdings gerieten persönlich zu Unrecht in den Strudel der politischen Zeitläufte. Wieder andere meinen, sie hätten als Unschuldige Buße tun müssen für die führenden Nationalsozialisten, die wirklich Schuld auf sich geladen hätten, also sie – die jungen Häftlinge – taten kollektive Buße für anderer individuelle Schuld. Fast alle sind sich einig darüber, daß in den Speziallagern die eher einfachen und mittleren Mitglieder und Funktionäre der NSDAP saßen, wenn nicht – wie unter den Jugendlichen, die von Sowjetischen Militärtribunalen verurteilt worden waren – sehr viele Unschuldige und willkürlich Verhaftete.

Einen Eindruck von diesen Debatten vermittelt der folgende Interviewzusammenschnitt:

> Frau S. (Jahrgang 1913): Dann habe ich manchmal gedacht: Ihr müßt jetzt hier büßen für das, was andere getan haben. Und wenn ich mich mit Russen darüber unterhalten habe, und die sagten das auch so: Ihr seid jetzt die Geiseln für das, was da war, was passiert ist. Da habe ich gesagt: Das ist doch falsch! Wenn mich ein Hund beißt, da kann ich nicht in die andere Straße gehen und einen anderen Hund schlagen dafür, nicht?

> Herr H.: Und vor allen Dingen auch: dieses Schuldgefühl als Deutscher. Ich habe immer gedacht: Also, Du mußt jetzt für die hier sitzen, die das angezettelt haben. Ja? Also, ich muß das so sagen, auch noch, nachdem ich entlassen worden bin, auch danach noch, war immer noch dieses Gefühl: Also, Du hast für die Verbrechen gesessen, oder die haben Dich, Dich haben sie für die Verbrechen eingesperrt, obwohl das ja gar nicht in Zusammenhang steht mit meinem Verhaftungsgrund "Werwolf".

---

126 wie sich Achim Kilian in seinem Aufsatz in diesem Band ausdrückte.

Herr R. (Jahrgang 1926): Ich fühle mich einfach betrogen, ja, von der Politik, von der großen Politik damals vom Nationalsozialismus. Und daß man eben unsere Ideale mißbraucht hat. Also darunter habe ich immer gelitten. Ich könnte heute noch jungen Menschen empfehlen: Seid vorsichtig, eh, ob das früher bei den Pionieren in der DDR oder heute hier oder irgendwas. Ich würde es mir sehr gut überlegen, ob ich noch mal irgendeinem Verband beitreten würde.

Frau S.: Also während der Interniertenzeit hat niemand wohl über eine eigene Schuld sprechen wollen, wenn er sie hatte. Und das kam erst in Waldheim dann zutage, als die Verurteilungen waren.

v. Plato: Und das stimmte auch?

Frau S.: Und das stimmte denn auch.

Herr H. (Jahrgang 1930): Für mich war das von Anfang an kein Problem. Ich habe von Anfang an gesagt: 1937 bis 1945 ist das Konzentrationslager Buchenwald, das ist die eine Seite. Eine der schlimmsten Seiten, die Deutschland zu vertreten hat. Die andere Seite von 45 bis 50 ist die Zeit des Stalinismus, ist die Zeit vom Übergang, das heißt also, vom Zusammenbruch des Dritten Reiches und den damit zusammenhängenden Problemen.

Herr R.: Manchmal habe ich gedacht: Siehst Du: stellvertretend, trotzdem ich mich persönlich nicht schuldig fühlte. Nämlich, wie gesagt, ich habe keinen Menschen umgebracht. Ich habe keinen seziert. Mein Vater war wirklich ein Humanist, nicht wahr? Aber trotzdem fühlte ich mich - doch, ich hab' diese Uniform getragen. Das hat mich manchmal stark belastet, nicht? Also das muß ich ehrlich gestehen. Vor allen Dingen jetzt so in meinem späteren Leben, wo ich manchmal nachdenke: Mensch, was haben wir eigentlich angestellt? Andere Völker, wie ich denke, vier Millionen in Polen. Ich war mal in Auschwitz gewesen, nicht wahr? Dachte ich: Meine Güte, wie konnten wir so etwas tun?

Die offizielle Nachgeschichte in den Waldheimer Prozessen

Auch für das politische System der DDR blieben die "Lagerzeit" und die Überstellungen in die Sowjetunion bzw. nach Waldheim mit den anschließenden Prozessen nicht ohne Folgen; denn sie bedeuteten eine außerordentliche Belastung sowohl für das Verhältnis zwischen Bevölkerung und Staat als auch für das DDR-Rechtssystem.[127]

Die nach Waldheim Überstellten, bis dahin ohne Prozeß, sollten nun, nach dem Frühjahr 1950, verurteilt werden – unter mehr oder minder deutlichem Druck der Sowjetunion. Die Sowjets mußten im nachhinein dafür legitimiert werden, daß sie so viele Menschen so lange ohne Urteil in Lagern gehalten hatten. An dieser Nahtstelle ist die neuere Forschung ebenso weitergekommen wie in der Untersuchung der Durchsetzung der politischen Führung der SED gegenüber den Resten bürgerlicher Rechtsförmigkeit (Rottleuthner 1994). Dennoch bleiben hier noch erhebliche Forschungslücken. So sind biographische Untersuchungen über die Erfahrungen derjenigen rar, die an die DDR zur weiteren Verbüßung ihrer Haftstrafe übergeben worden waren, oder derjenigen, die in den Waldheimer Prozessen verurteilt wurden.

Es ging der SED mit den Waldheimer Prozessen offensichtlich nicht nur um die Erfüllung des sowjetischen Wunsches nach Verurteilung, sondern auch um die Dominanz der Politik über "das Recht". Und dafür bot die Verfolgung von Nationalsozialisten einen geeigneten Mantel. Beides – sowjetischer Wunsch und politisches Interesse der SED – führte zur politischen Durchsetzung der Verurteilung der nach Waldheim überstellten Personen

---

127 Vgl. dazu Wilfriede Otto in diesem Band.

Einführung

vor einer genauen Einzelfallprüfung. Und dies zu einer Zeit, als trotz Kalten Krieges im Westen Einzelfallprüfungen stattfanden mit rechtsstaatlichen Mitteln – hier allerdings mit dem fast einverständigen Willen zur "Milde" gegenüber mutmaßlichen mittleren und unteren Funktionären der NSDAP. In der SBZ bzw. DDR war es umgekehrt: Eine Vorverurteilung fand statt, die politische Führung behauptete sich gegenüber den (wenigen) unwilligen Staatsanwälten und Richtern, die bereits ausgewählt worden waren. In dieser Politik konnte die Führung auf eine gewisse Unterstützung in ihrem weiteren Führungskorps rechnen, da es um Nazis ging, die so offensichtlich Menschenrechte mit Füßen getreten hatten, daß bürgerliche Rechtsformen außer Kraft gesetzt werden konnten – auch dann, wenn man im Einzelfall nicht so genau strafbare Handlungen nachweisen konnte. Dies scheint eine selbstverständliche Haltung in der SED und ihrer dünnen "Kaderdecke" aus Emigranten, politischen Gegnern des NS-Regimes und Repräsentanten früherer politischer Parteien aus der Weimarer Republik gewesen zu sein – vermutlich war sie Teil des Wunsches nach einer "Erziehungsdiktatur" gegenüber den Deutschen, die sich den Nazis gegenüber als anfällig oder schwach erwiesen hatten.

Daß die Waldheim-Prozesse nach mehr als fünf Jahren dermaßen deutlich Recht unter die Kuratel des Politbüros stellte, ließ vermutlich viele ahnen, daß es nun um die Installierung einer Diktatur ging, in der der Antifaschismus Vorwand, Attitüde oder Mittel zum Zweck wurde. Hier wird die ganze Ambivalenz der militärischen Niederwerfung und Besetzung des nationalsozialistischen Deutschland durch die Rote Armee im Osten sichtbar: einerseits Befreiung von der nationalsozialistischen Diktatur und andererseits die Installierung einer neuen Diktatur unter dem Deckmantel einer "antifaschistisch-demokratischen Ordnung" auch nach den Zeiten der Wirren am Ende des Krieges. Dafür wurden die Waldheimer Prozesse zum Symbol. Während die Speziallager und die sowjetischen Militärtribunale noch als Kriegsfolgen und als Ausdruck der Zeit des Chaos und der Besetzung durch eine fremde Macht gedeutet werden konnten, mußte dagegen diese Unterordnung von Kollektiv- und Individualrechten unter politische Interessen in einer angeblich souveränen DDR zu Angst und Ablehnung führen sowie Fluchtgedanken verstärken.

III. Danksagungen

In diesem ersten Band der Publikationsreihe zu den sowjetischen Speziallagern in Deutschland sind viele Autorinnen und Autoren versammelt, die sich mit großem Einsatz einem gemeinsamen Konzept angeschlossen haben, das im Fortgang der Forschung erst entwickelt und immer wieder verändert werden mußte. Die meisten von ihnen standen seit Jahren in einem mehr oder minder engen Zusammenhang mit dem deutsch-russischen Kooperationsprojekt, dessen Forschungsergebnisse wir hier – neben Arbeiten anderer – in den drei Bänden vorlegen.

Dieses deutsch-russische Kooperationsprojekt hatte von Anfang an einige Klippen zu umschiffen. Zunächst einmal begann es ohne die sowjetischen Akten als Teil eines Verbundprojektes "Das sowjetische Sicherheitstrauma" an der Fernuniversität Hagen, in dem die Entwicklung der innerdeutschen Grenze nach 1945 mit den Zwangsaussiedlungen im Grenzbereich (Bennewitz/Potratz ²1997) und die Speziallager (Eva Ochs) untersucht werden sollten. Dieses Projekt, das sich vor allem auf Zeitzeugenbefragungen stützte, nahm die Arbeit 1991 auf, wurde von der Volkswagen-Stiftung finanziert und von Lutz Niethammer und mir geleitet. Lutz Niethammer (Friedrich-Schiller-Universität Jena) möchte ich hier an erster Stelle danken für die besonders produktive, kollegiale und freundschaftliche Kooperation, für seinen Ideenreichtum und den Einsatz seiner Erfahrung gerade in schwierigen Situationen.

Schwierigkeiten häuften sich, als wir 1992 die umfangreichen Speziallagerakten aus Moskau erhielten, deren Fülle die Ausweitung des Projektes zur Folge hatte, und zwar zu einem deutsch-russischen Kooperationsprojekt mit dem Staatlichen Archiv der Russischen Föderation (GARF) und seinem Direktor Sergej Mironenko auf russischer Seite und – wie zuvor – mit den Universitäten Hagen und Jena sowie – neu – mit den Gedenkstätten Buchenwald und Sachsenhausen und ihren Direktoren Volkhard Knigge und Günther Morsch. Später kamen als "stille Teilhaber" die im Aufbau befindlichen Gedenkstätten Torgau und Bautzen von der Stiftung Sächsische Gedenkstätten hinzu. Allen Beteiligten sei hier sehr gedankt.

Neben den Herausgebern und den Mitarbeitern und Mitarbeiterinnen des GARF waren am Projekt folgende Kolleginnen und Kollegen beteiligt, die in unterschiedlichen Bezügen zum Projekt standen – je nach Projektphase über die VW-Stiftung und die FernUniversität Hagen oder über das Land Thüringen und die Friedrich-Schiller-Universität Jena, zum Teil auch über die Gedenkstätte Sachsenhausen und das Land Brandenburg finanziert: Kamilla Brunke (Weimar), Loretta Deineko-Millutat (Lüdenscheid), Wassilij Dimov (Moskau), Peter Erler (Berlin), Natalja Jeske (Rostock), Heinz Kersebom (Bremen/Jena), Vera Neumann (Berlin und Buchenwald), Eva Ochs (Hagen), Ralf Possekel (Berlin), der mit seiner kontinuierlich effektiven Arbeit eine Säule des Projektes war, Lutz Prieß (Berlin) und Irina Scherbakova (Moskau). Bodo Ritscher von der Gedenkstätte Buchenwald, seit langem in die Thematik eingearbeitet, stand in einer sehr intensiven Beziehung zu diesem Projekt. Außerdem möchte ich Norbert Haase und Bert Pampel (beide von der Stiftung Sächsische Gedenkstätten) für den intellektuellen Austausch und für die bemerkenswert unbürokratische und gute Zusammenarbeit danken.

Die Erweiterung des Projektes schuf nicht nur Koordinationsprobleme, sondern verlangte auch eine größere finanzielle Unterstützung. Wiederum übernahm zunächst die VW-Stiftung die Hauptlast der erweiterten Finanzierung, dann das Thüringer Ministerium für Wissenschaft, Forschung und Kultur und die Gedenkstätte Buchenwald. Einen Teil der Finanzierung übernahmen auch die Gedenkstätte Sachsenhausen und das Land Brandenburg. Da es sich um ein Forschungsprojekt handelt, das nicht nur über Staatsgrenzen hinaus ging, sondern auch über die föderalen Grenzen der Bundesrepublik nach der Vereinigung, waren unbürokratische Entscheidungen und vertraglose Abstimmungen notwendig. Daß hier großzügig verfahren wurde, ist den zuständigen Verantwortlichen in der Volkswagen-Stiftung und im Landesministerium Thüringens – neben der finanziellen Unterstützung durch ihre Institutionen – besonders zu danken.

Andere Klippen lagen zwischen der russischen und der deutschen Seite, also auf der direkten "bilateralen" Ebene: In einem gewissen Umfang wurde schließlich Neuland betreten. Als der Leiter des Staatlichen Archivs der Russischen Föderation (GARF), Sergej Mironenko, und ich 1992 die ersten Verhandlungen führten, hatten wir keine Erfahrungen, höchstens negative Vorbilder: Es sollte kein "Kauf" von Akten, keine einseitige Auswertung und keine Einschränkung der Archivfreiheit für andere Nutzer geben, sondern eine wirkliche und gleichberechtigte wissenschaftliche Zusammenarbeit mit ständigem Austausch und gemeinsamen Konferenzen in Rußland und in Deutschland. Für Sergej Mironenko bestand das besondere Problem darin, daß diese Akten gerade erst in einem Prozeß der "Desekretierung" freigegeben wurden; ein bestimmter Teil aus der operativen Abteilung, durfte noch nicht kopiert werden. Dabei muß bedacht werden, daß diese Kooperation in einem für die ehemalige Sowjetunion sensiblen Bereich stattfand, nicht nur weil zum Teil Politbüro-, Geheimdienst- und Armeeakten aus Kriegs- und Besetzungszeit genutzt werden sollten, sondern weil es um eine Zusammenarbeit mit Deutschen ging. Dies bedeutet mehr, als es auf Anhieb ein halbes Jahrhundert nach Kriegsende erscheint: Der Sieg im "Großen Vaterländischen Krieg" ist bis heute ein, wenn nicht *das* Konsenselement, das die Bürger der ehemaligen Sowjetunion und des heutigen Rußlands eint. Überdies war dieses halbe Jahrhundert vom Kalten Krieg geprägt, und die Auflösung der Sowjetunion ist für viele eher ein Niedergang als eine Befreiung von diktatorischen Strukturen. Gerade die Leiter der großen russischen Archive haben erfahren müssen, wie schmal der Grad zwischen Archivfreiheit und "Landesverrat" sein kann. Zu alledem kommt hinzu, daß es den Archiven in den letzten Jahren materiell miserabel geht, was zu Aktivitäten der Selbstversorgung führen muß. Um so deutlicher möchten wir Sergej Mironenko und jenen Mitarbeiterinnen und Mitarbeitern des GARF danken, die sich für diese Kooperation mit großer Umsicht und auch mit Engagement, vielleicht sogar mit Mut, eingesetzt haben. Besonderer Dank geht an Vladimir Kozlov, Galina Kuznecova und Dina Nachatovič; außerdem an Irina Scherbakova, die die meisten unserer Verbindungen vorbereitete und begleitete sowie an Nikita Ochotin, der ebenfalls wesentlich am Zustandekommen der Kooperation beteiligt war, an Nikita Petrov und Arsenij Roginskij von der Gruppe "Memorial". Aus dieser Kooperation haben sich neben den wissenschaftlichen Kontakten auch persönliche Freundschaften entwickelt – beides hat zu einem wesentlich tieferen Verständnis nicht nur für das historische Thema, sondern auch für die gegenwärtigen Entwicklungen in unseren Ländern beigetragen.

Einer weiteren Gruppe ist zu danken, nämlich den vielen Zeitzeugen, die Interviews gegeben und auch sonst bei verschiedenen Nachfragen geholfen haben. Ein Initiator des ersten Projektes war Günther Loose, dessen Vater 1947 im Speziallager Sachsenhausen umkam und der bereits 1991 – "ganz ohne Rachegefühle" – eine solche Forschung an der Fernuniversität Hagen anregte und seitdem an Befragungen von Zeitzeugen teilnahm.

Schließlich möchte ich allen danken, die bei der Erstellung dieses Bandes geholfen haben, für die inhaltlichen Beratungen vor allem Lutz Niethammer, Volkhard Knigge und Ralf Possekel sowie Natalja Jeske, Lutz Prieß und Peter Erler, die auch häufig bei Übersetzungen halfen, die ansonsten von Kamilla Brunke gemacht wurden, und – last not least – Achim Kilian, dem ehemaligen Häftling und Kollegen. Außerdem möchte ich mich für die intensive Endredaktion bei Almut Leh, Alice v. Plato, Mark Roseman bedanken sowie bei der Lektorin Heidemarie Kruschwitz. Thomas Neumann besorgte das Layout, das selbst auch zu Diskussionen über Inhalte führte.

Wir alle hoffen, daß eine Arbeit zustande gekommen ist, die durch differenzierte Analysen sowohl "Rachegefühle" als auch borniere Nationalismen überwinden hilft – bei großem Mitgefühl für die Opfer der Geschichte des deutsch-sowjetischen Verhältnisses, bei bewußter Verantwortung für die Leiden, die Deutschland über die Sowjetunion gebracht hat, und bei allem Verständnis für die Leidtragenden sowjetischer Willkür danach.

GALINA KUZNECOVA UND DINA NACHATOVIČ

Die GARF-Bestände: Quellen zur Geschichte der Speziallager des NKVD/MVD der UdSSR in Deutschland von 1945 bis 1950

Unter Historikern war die Tätigkeit der "Abteilung Speziallager der UdSSR in Deutschland" (nachfolgend "Abteilung Speziallager" genannt) bis vor kurzem kaum bekannt. Mit dem Präsidentenerlaß der Russischen Föderation Nr. 653 vom 13. Juni 1992 "Über die Aufhebung von Benutzungsbeschränkungen von legislativen und anderen Akten, die die Grundlage für massenhafte Repressalien und Eingriffe in die Menschenrechte bildeten" wurde ein umfangreicher Komplex an Dokumenten für die Forschung freigegeben.

Der größte Teil der Materialien befindet sich im Bestand der "Abteilung Speziallager des NKVD/MVD der UdSSR in Deutschland" (Bestand 9409). Diese Kollektion kam im April 1960, nach der Auflösung des MVD der UdSSR, ins GARF (dem ehemaligen ZGAOR [1] der UdSSR) und blieb verschlossen. Nunmehr stehen die Dokumente zur Auswertung zur Verfügung. Sie umfassen 963 Akten in zwei Verzeichnissen für den Zeitraum von 1945 bis 1950. Das Verzeichnis Nr. 1 beinhaltet Dokumente über die grundlegende Tätigkeit der Abteilung. Das Verzeichnis Nr. 2 enthält Dokumente zum sowjetischen Personalbestand.

Das erste Verzeichnis umfaßt zwei Aktenarten: Dokumente des zentralen Apparates der Speziallager (311 Akten) und Dokumente zu den eigentlichen 10 Speziallagern (520 Akten). In beiden Fällen sind die Dokumente in Abhängigkeit von den damaligen Arbeitsinhalten der "Abteilung Speziallager" systematisiert worden.

Für alle Unterabteilungen, die Abteilungen Bewachung, Regime und Nachweis, operative Tätigkeit, die Kader-, Finanz-, Wirtschafts- sowie Sanitätsabteilung, sind normative Dokumente vorhanden. Dagegen ist nur wenig Material zur Errichtung, Entwicklung und Auflösung der Speziallager vorhanden. Die fehlenden zentralen Dokumente zur Einrichtung und Auflösung der Lager können durch andere im Bestand befindliche Quellen zum Teil kompensiert werden. Dazu gehören beispielsweise Übergabeprotokolle bei Inbetriebnahme einzelner Lager, verschiedene Inspektionsberichte über die Speziallager, Berichte über ihre Auflösung sowie Abschlußberichte zur Auflösung der Unterabteilungen der "Abteilung Speziallager des MVD der UdSSR in Deutschland" aus dem Jahr 1950.

Für die Erforschung der Geschichte der Speziallager von 1945 bis 1948 sind auch die von einer Kommission des MVD der UdSSR zur Überprüfung der "Abteilung Speziallager" und der Speziallager im Jahre 1948 angelegten Dokumente von Interesse. Sie enthalten u. a. konkrete Vorschläge zur Verbesserung der Arbeit der "Abteilung Speziallager".

---

1 Zentrales Staatliches Archiv der Großen Sozialistischen Oktoberrevolution.

Der Bestand enthält einen kleinen Komplex von normativen Dokumenten der Gruppe der sowjetischen Besatzungsstreitkräfte und der sowjetischen Militäradministration in Deutschland (SMAD), der die schwierigen wechselseitigen Leitungsbeziehungen der Streitkräfte und der SMAD auf der einen und des Bevollmächtigten des MVD der UdSSR mit der "Abteilung Speziallager" auf der anderen Seite widerspiegelt. Bei diesen Materialien handelt es sich in erster Linie um Kopien, deren Originale sich im Bestand der SMAD befinden. Diese Dokumente waren für die Leitungstätigkeit der "Abteilung Speziallager" bestimmt. Inhaltlich ging es um Fragen der materiellen Sicherstellung der Lager, der Lebensmittelversorgung des Personals und des Spezialkontingents[2].

Dokumente zur Bewachung, zum Regime und zur Nachweisführung sind fast vollständig im Bestand erhalten (130 Akten). Sie ermöglichen es, das System der Häftlingsnachweisführung, der Dienstorganisation des Lagerpersonals sowie der Bewachung und des Regimes der Speziallager zu untersuchen. Ein wesentlicher Teil dieser Materialien besteht aus Namenslisten des Spezialkontingents, Listen von entlassenen und verstorbenen Gefangenen, Listen von nichtverurteilten Deutschen, die 1950 zur Übergabe an die deutschen Machtorgane vorgesehen waren. Diese Dokumente gestatten Einblicke in das Schicksal von einzelnen Häftlingen (Aufzeichnungen zur Haft, Entlassung, Tod, Überführung in andere Lager).

Ein vergleichsweise geringer Teil von Quellen spiegelt eine andere Seite des Lagerlebens wider - die speziellen Berichte über Fluchten und Fluchtversuche aus den Lagern. In den Unterlagen über das Speziallager Nr. 2 (Buchenwald) sind nicht nur Untersuchungsberichte, sondern auch Skizzen zu Fluchten enthalten.

Die Fragen nach der Sterblichkeit in den Lagern ist eine der wichtigsten Forschungsfragen. Die Dokumente der Sanitäts- und Wirtschaftsabteilung helfen sowohl deren Gründe zu erforschen als auch bei der Rekonstruktion der Lebensbedingungen des Spezialkontingentes. Für den gesamten Zeitraum von 1945-1949 sind die Berichte zu Erkrankungen und Sterblichkeit des Spezialkontingents für alle Speziallager des MVD der UdSSR in Deutschland erhalten.

Von großem Interesse sind "Übergabeprotokolle und -listen der Lager" sowie "Protokolle und Belege" zur Auflösung der Lager Sachsenhausen, Buchenwald und Bautzen. Durch ausführliche Beschreibungen helfen sie bei der Erforschung der Bedingungen in den Lagern bis zum Moment ihrer Auflösung.

Die Ernährungsnormen des Spezialkontingents sind eine der wichtigsten Dokumentengruppen im Bestand. Im Jahre 1945 wurde das Spezialkontingent entsprechend den Normen für Kriegsgefangene versorgt. Die im Herbst 1946 vorgenommene Absenkung der Verpflegungsnorm führte zu einer Erhöhung der Krankheitsfälle sowie der Sterblichkeit (Berichte zum Krankenstand und zur Sterblichkeit). Daraufhin wurde mehrmals die Frage nach einer Erhöhung der Verpflegungsnormen aufgeworfen. Im Februar 1947 wurden diese dann geändert.

Dokumente zur geheimdienstlich-operativen Arbeit unter dem Spezialkontingent wurden in der operativen Unterabteilung der Abteilung Speziallager abgelegt. Sie umfassen 82 Akten. Zu diesen Akten gehören Mitteilungen über die Organisation der geheimdienstlichen und operativen Arbeit in den Speziallagern, schriftliche Berichte der Leiter der Speziallager über die geheimdienstlich-operative Arbeit, Übergabe- und Empfangsprotokolle der Perso-

---

2 Der russische Begriff "Spezialkontingent" umfaßt die Gesamtheit der Lagerinsassen, die ohne Urteil eines sowjetischen Militärtribunals durch die operativen Organe der SMERŠ oder des NKVD/MVD in Speziallager eingewiesen wurden (die Hg.).

nalakten des Geheimdienstes, der Schriftwechsel mit den Leitern der Speziallager zu operativen Fragen sowie der Maßnahmeplan der operativen Unterabteilung der Abteilung für die Zeit der Entlassung und Übergabe des Spezialkontingents an die deutschen Machtorgane.

Bis heute wurde nur ein kleiner Teil dieser Dokumente freigegeben. Dabei handelt es sich um Stimmungsberichte der Lagerleiter an den Chef der "Abteilung Speziallager", die den Zeitraum 1948-1950 betreffen.

Materialien zu den einzelnen Speziallagern bilden die zweite Gruppe von Dokumenten im Bestand 9409. Dabei handelt es sich um Untersuchungsprotokolle, normative Dokumente sowie um die vierzehn- und auch zehntägigen Berichte der Abteilung Nachweisführung zur Bewegung des Spezialkontingents und der Verurteilten sowie um Namenslisten. Allerdings gibt es im Bestand keinerlei Dokumente zum Leben der Häftlinge in den Lagern.

Unterschiedlich ist auch der Grad der Vollständigkeit von Dokumenten für die einzelnen Lager. Für die Speziallager Buchenwald (Nr. 2), Bautzen (1945-1948 Lager Nr. 4, ab 1948 Nr. 3), Torgau (Nr. 10) sind diese Unterlagen weitestgehend vollständig. Da die Haupttransporte in die UdSSR in den Jahren 1945, 1946 und 1947 über das Speziallager Nr. 10 liefen, sind hier Transportlisten in die Lager nach Usol' bzw. Seveželdor, in die Besserungs- und Abeitslager sowie in die Kolonien der Karelisch-Finnischen SSR sowie andere vorhanden.

Eine wichtige Quelle für statistische und soziologische Forschungen stellen die Lagerjournale zu den Häftlingen sowie die Unterlagen zu den Verstorbenen für den gesamten Zeitraum der Lager dar. Vollständig erhalten liegen diese für die Lager Nr. 1 (von 1945-1948 hatte Mühlberg die Bezeichnung Lager Nr. 1, ab 1948 bis 1950 das Lager Sachsenhausen), 2 (Buchenwald) und 3 (Bautzen) vor.

Im Jahre 1965 wurde der Bestand umstrukturiert. Die Dokumente zum sowjetischen Personalbestand der Lager und der zentralen Lagerverwaltung des NKVD/MVD in Berlin wurden in das Verzeichnis Nr. 2 eingeordnet. Diese Akten umfassen 132 Einheiten. Dabei handelt es sich um Befehle und Anweisungen der Leiter der "Abteilung Speziallager", um Mitteilungen zur Personalstärke, außerdem um Auszüge aus den Belobigungs- und Verweisbüchern, Listen und Personalkarten der Mitarbeiter, Nachweisbücher, Schriftwechsel zum Personal und um Ernennungen. Neunzig Prozent der Dokumente sind Originale, nur bei einem kleinen Teil handelt es sich um Kopien. Viele dieser Unterlagen sind handgeschrieben. Die Dokumente aus dem Verzeichnis 2 dienen zur Erstellung von Katalogen und zur amtlichen Nutzung.

Ein geringer Teil von Dokumenten zur Geschichte der Speziallager des NKVD in Deutschland wird im GULAG-Bestand Bestand 9414 sč, Verzeichnis 1 aufbewahrt. Das betrifft Unterlagen, die nach der Unterstellung der Speziallager im August 1948 unter die Hauptverwaltung für Besserungs- und Arbeitslager (GULAG) entstanden sind.

Die Hauptverwaltung der Lager als Teil des NKVD wurde mit Beschluß des ZIK[3] der UdSSR vom 10. Juli 1934 gebildet. Die amtliche Zugehörigkeit der Hauptverwaltung der Lager (GULAG) änderte sich nach 1934 nur einmal und dies auch nur für die Dauer eines Jahres. Mit Ministerratsbeschluß der UdSSR vom 28. März 1953 wurde die Lagerhauptverwaltung (GULAG) aus dem MVD der UdSSR herausgelöst und unter die Leitung des Justizministeriums gestellt. Bereits am 21. Januar 1954 kehrte sie jedoch wieder in das System des MVD zurück.

---

3 ZIK: Zentrales Exekutivkomitee der UdSSR.

Die GARF-Bestände: Quellen zur Geschichte der Speziallager

Zur Hauptverwaltung (GULAG) gehörten 22 strukturelle Unterabteilungen. Zu verschiedenen Zeiten gab es hier auch Strukturen, die dem NKVD/MVD der UdSSR ähnlich waren. Dazu gehört die "Abteilung Speziallager" in Deutschland in den Jahren 1948 bis 1950. Die dazu gehörigen Dokumente sind im eigenständigen Archivbestand Nr. 9409s vereint.

Zum Umfang des GULAG-Bestandes: Das Verzeichnis 1 umfaßt 3.338 Akten, in chronologischer Abfolge von 1930-1960. Davon betreffen neun Akten die Speziallager im Zeitraum von August 1948 bis März 1950. Zwei Akten (Nr. 360 und 366) gehören zur Inspektion beim Leiter der GULAG, eine Akte (Nr. 2546) zur Abteilung der militärischen Bewachung und des Häftlingsregimes, und die Akten Nr. 2834-2838 und Nr. 2844 gehören zur Sanitätsabteilung. Alle Dokumente, die für die Speziallager bestimmt waren, wurden mit dem Vermerk "Geheim" oder "Streng geheim" gekennzeichnet. Sie sollten für immer verschlossen bleiben.

Wie eine Analyse der Dokumente der Akte 360 ergab, verlief die Unterstellung der "Abteilung Speziallager" unter die Hoheit der GULAG nicht reibungslos. Die GULAG-Leitung beeilte sich nicht gerade damit, die Speziallager in Deutschland unter ihre Verantwortung zu nehmen. In der Akte liegt ein schriftlicher Bericht vom 30. März 1948 vor, der vom Leiter der GULAG, Dobrynin, an Serov adressiert war, in dem die Frage einer Auflösung der Lager Buchenwald und Mühlberg sowie der Unterstellung der Speziallager Nr. 4, 7, 9 und 10 unter die GULAG-Gefängnisabteilung aufgeworfen wurde. In den vorhandenen Dokumenten fehlen jedoch Informationen darüber, warum die Vorschläge der GULAG-Leitung nicht angenommen wurden.

Eine Quellenanalyse ergab, daß der Übergabe der Speziallager an die GULAG eine umfangreiche Vorbereitung vorausging. Die Akte Nr. 360 umfaßt eine bedeutende Anzahl von Dokumenten, die alle Etappen des Übergabeprozesses widerspiegeln.

Diese Dokumentenkategorie ist in zwei Gruppen unterteilt: Die erste Gruppe umfaßt Dokumente der eigentlichen Lagerhauptverwaltung (GULAG). Dazu gehören Überprüfungsprotokolle der "Abteilung Speziallager". Zur zweiten Gruppe gehören Dokumente, die von der "Abteilung Speziallager" vorbereitet wurden (Vorträge und dazugehöriges Material). Eine vergleichende Analyse dieser beiden Kategorien zeigt, wie unterschiedlich ein und dieselbe Tatsache bewertet wurde. Die Ergebnisse der Maßnahmen zur Übergabe der Speziallager fanden ihre Widerspiegelung in dem Abschlußdokument der GULAG, einem schriftlichen Bericht des Leiters der GULAG an Serov.

Bemerkenswert ist, daß die Dokumente aus dem GULAG-Bestand hauptsächlich Originale mit Notizen der Leiter des NKVD der UdSSR sind. Im gegebenen Fall enthält das Dokument mehrere Randbemerkungen von Serov mit rotem Stift. Eine genaue Untersuchung der Notizen ermöglicht es uns, die Fragen zu rekonstruieren, die für die Leitung des NKVD der UdSSR besonders interessant waren.

Die Akte Nr. 366 umfaßt Dokumente in der chronologischen Abfolge von Mai 1949 bis Januar 1950. Nach der Übergabe der Speziallager an die Führung der GULAG stand auch die Kaderfrage der "Abteilung Speziallager" zur Diskussion. In der Akte findet sich eine Bestätigung des Leiters der 3. Unterabteilung der Abteilung Kader bei der GULAG des MVD der UdSSR vom 11. Mai 1949. Diese betrifft einen Stellenplanentwurf der Speziallager in Deutschland. Damals wurde auch die Frage nach einem neuen Leiter der "Abteilung Speziallager" gestellt. Das Übergabeprotokoll der "Abteilung Speziallager" vom 14. Mai belegt, daß diese Frage sehr schnell entschieden wurde. Der bisherige Leiter Oberst Zikljaev wurde von Oberst Sokolov abgelöst.

Eine Reihe weiterer Dokumente der Akte 366 spiegelt die Position der Leitung des MVD der UdSSR zur Frage wider, ob es sinnvoll sei, die Speziallager des MVD der UdSSR der GULAG unterzuordnen. Am 2. Juni 1949 wandte sich der Minister für Innere Angelegenheiten, Kruglov, in einem Brief an den stellvertretenden Vorsitzenden des Ministerrates, Berija, zur Übergabe der Speziallager unter die Leitung der SMAD. Außerdem sollte mit der Leitung der Lager der Bevollmächtigte der Staatssicherheit der UdSSR in Deutschland beauftragt werden. Auf diesem Dokument ist auch der Vermerk, daß sich die Exemplare I und II dieses Briefes im Bestand des Sekretariats des NKVD/MVD der UdSSR befinden.

Mit dem neuen Leiter der "Abteilung Speziallager" wurde die Tätigkeit dieser Dienststelle erheblich aktiver. Die Leitungen des MVD der UdSSR und der GULAG wurden im wahrsten Sinne des Wortes von der neuen Leitung mit Berichten "attackiert". Von Juni bis September 1949 schickte der Leiter der "Abteilung Speziallager" sechs schriftliche Berichte zu unterschiedlichen Fragen nach Moskau. Diese Aktivitäten standen im Zusammenhang mit der Schaffung einer Sonderkommission zur Klärung der offenen Fragen im Zusammenhang mit der möglichen Auflösung der Speziallager in der SBZ. Wie schon in der vorherigen Akte handelt es sich hierbei um Originalresolutionen der Leitung des MVD und der GULAG mit deren charakteristischen Unterstreichungen. Zwei Dokumente enthalten Mitteilungen über die Entlassung des Spezialkontingents aus den Speziallagern und über den Verlauf der Lagerauflösung. Hier sind erstmalig auch Zeitungsausschnitte mit Häftlingsmeinungen zur Situation in den Speziallagern in der Akte enthalten.

Eine ganze Akte (d. 2546) umfaßt den "Briefwechsel mit den Speziallagern des MVD in Deutschland zur militärischen Bewachung und zum Häftlingsregime". Diese Akte ist strukturell der "Abteilung Transportbewachung und Regime" zugeordnet. Chronologisch umfaßt die Akte Dokumente von Januar bis Oktober 1949. Der Hauptteil der Dokumente sind normative Dokumente zur Bewachung und zum Haftregime aller Lager, die der GULAG-Leitung zur Begutachtung vorgelegt wurden.

Von besonderem Interesse ist der Entwurf des normativen GULAG-Dokuments zur "Provisorischen Haftordnung in den Speziallagern des MVD in Deutschland für durch Militärtribunale der sowjetischen Militäradministration verurteilte Deutsche und für Internierte". Das Dokument enthält keine genaue Datumsangabe für diesen Entwurf. Wie es scheint, wurde er im Mai 1949 vorbereitet. Nach dieser neuen Anweisung waren für den Gewahrsam in Speziallagern folgende Häftlingskategorien vorgesehen:
1. Personen deutscher Nationalität, die von Militärtribunalen der SMAD zu Haftstrafen von 15 bis 25 Jahre und zu Zwangsarbeit verurteilt waren;
2. In Deutschland internierte Deutsche (Spezialkontingent).

In der Akte sind auch einzelne Dokumente enthalten, die von der Leitung der "Abteilung Speziallager" zu dieser Thematik an die GULAG gerichtet waren. Unter diesen Dokumenten ist der "Ausführliche Bericht des Leiters der Abteilung Speziallager in Deutschland über den Stand des Häftlingsgewahrsams und der Isolierung der Häftlinge und des Spezialkontingentes der Abteilung des Speziallagers des MVD der UdSSR in Deutschland mit Stand vom 1. Juli 1949" erwähnenswert.

Eine größere Gruppe von Materialien umfaßt Dokumente der "Abteilung Speziallager" zu den Bedingungen und der Situation des Spezialkontingentes in den Speziallagern Nr. 1 (Mühlberg), 2 (Buchenwald), 4 (Bautzen), 7 (Sachsenhausen) und 9 (Fünfeichen) für den Monat März 1948 (Akten 2834-2838). Die Akte 2844 enthält monatliche und quartalsweise medizinisch-sanitäre Berichte der Speziallager in Deutschland von April 1949 bis Januar 1950, die sich in der Sanitätsabteilung der GULAG befinden.

Im GULAG-Bestand befindet sich unter den fotografischen Materialien nur zum Speziallager Nr. 9 (Fünfeichen) ein Fotoalbum. Bei diesen Materialien handelt es sich um Szenenfotos von Theateraufführungen, Fotos der Lagerbibliothek und des Lagerorchesters, Darstellungen von handwerklichen Erzeugnissen sowie den Lagereinsatz in der Produktion.

Ein Teil der normativen Materialien wurde im Bestand des Sekretariats des NKVD/MVD der UdSSR, Bestand -9401 sč, Verzeichnis 12, abgelegt. Das Verzeichnis 12 gehört zu keiner strukturellen Unterabteilung des NKVD/MVD der UdSSR, sondern zu den Nachschlagematerialien zur Geschichte aller Unterabteilungen, die mit den Jahren in die Struktur des NKVD/MVD der UdSSR eingegangen sind, darunter auch das eigentliche Ministerium. In diesem Verzeichnis sind 697 Akten aus der Zeit von 1919 bis 1960 enthalten.

Das Verzeichnis wurde chronologisch erstellt sowie für jedes Jahr nochmals nach Struktur und entsprechend den thematischen Fragen geordnet. Die Dokumente in den thematischen Akten sind nur als Kopie vorhanden und tragen ausschließlich normativen Charakter (Befehle, Rundschreiben, Direktiven, Telegramme). Das Verzeichnis Nr. 12 kam mit dem Bestand des Sekretariats im April 1960 in das GARF (früher ZGAOR) und wurde nicht zur Nutzung freigegeben. Im Zuge der Freigabe der Dokumente der strukturellen Unterabteilungen des NKVD/MVD der UdSSR (GULAG, Gefängnisabteilung, Hauptverwaltung der Spezialansiedlungen in der UdSSR) wurden auch die normativen Dokumente freigegeben, die sich in den thematischen Verzeichnissen befinden.

Zur Geschichte der Speziallager befindet sich im Verzeichnis nur eine Akte für den Zeitraum 1945-1946 mit kopierten normativen Materialien zur Organisation der Lager. Dabei handelt es sich um Befehle des NKVD der UdSSR zur Ernennung der Frontbevollmächtigten, zum Aufbau der Lager und Gefängnisse für den Häftlingsgewahrsam, zu Maßnahmen zur Säuberung von Ostpreußen von feindlichen Elementen u. a. Insgesamt sind in dieser Akte 10 Befehle.

Unabhängig von ihrer geringen Zahl, ergänzen diese Dokumente jedoch aus inhaltlicher Sicht die Materialien im Bestand der "Abteilung Speziallager".

In den Dokumenten für die führenden Staatsmänner (z. B. die "Sondermappe Stalins", erstellt vom Sekretariat des NKVD/MVD der UdSSR) ist ebenfalls ein kleiner, aber dennoch interessanter Teil von Informationen zur Geschichte der Speziallager zu finden. Die "Sondermappe Stalins" wurde erst 1993 für die Nutzung freigegeben.

Die Dokumente des Sekretariats des NKVD/MVD (Bestand-9401 sč, Verzeichnis 1), die den Zeitraum von 1944-1960 mit 3103 Akten umfassen, kamen wie der gesamte Komplex an Dokumenten des MVD der UdSSR im April 1960 nach der Auflösung des MVD der UdSSR zur verschlossenen Aufbewahrung. Der Bestand wurde chronologisch und danach nochmals strukturell geordnet.

Der Prozeß der Dokumentenfreigabe betrifft diesen Bestand praktisch noch nicht, sieht man von einzelnen Dokumenten ab. Zu ihnen gehören teilweise Dokumente zur Geschichte der Speziallager, die in der Serov-Mappe abgelegt waren. Diese Akte kam erst im Jahre 1953 ins Sekretariat, und zwar durch Serov persönlich. Sie umfaßt Dokumente der Jahre 1943 bis 1950. In der Akte sind in konzentrierter Form Dokumente, die, wie bereits erwähnt, an die führenden Staatsmänner versendet wurden, unter anderem auch an den Minister für Staatssicherheit Abakumov oder an Serov.

Die in der Sondermappe von Serov befindlichen Dokumente zur Geschichte der Speziallager des NKVD/MVD der UdSSR in Deutschland betreffen nur die Monate Mai und Juli des Jahres 1947 und umfassen zwei Dokumente: den schriftlichen Bericht des Ministers für Innere Angelegenheiten, Kruglov, an den Minister für Staatssicherheit, Abakumov, zur Änderung der bestehenden Einweisungsordnung für Gefangene in die Gefängnisse ohne Einverständnis der Staatsanwaltschaft (Mai 1947) und den schriftlichen Bericht des Leiters der Abteilung Speziallager an den stellvertretenden Innenminister, Serov, zum Spezialkontingent in den deutschen Speziallagern.

Die "Sondermappe" ist eine vielseitige Quelle. Eine vergleichende Analyse der dort enthaltenen Dokumente mit anderen Quellen aus den Beständen der "Abteilung Speziallager" und der GULAG ermöglicht es, den Entscheidungsprozeß "von oben" nach "unten" nachzuvollziehen. In der "Sondermappe" Stalins wurden nur Dokumente mit der Unterschrift des Volkskommissars und Ministers des MVD der UdSSR abgelegt, die an Stalin, Molotov, Berija und andere Staatsführer gerichtet waren. Die "Sondermappe" Stalins enthält jedoch keine Dokumente zur unmittelbaren Tätigkeit der Speziallager des NKVD/MVD der UdSSR in Deutschland. Vorhanden ist nur eine Information zur Tätigkeit der operativen Gruppen und zur Ernennung der Frontbevollmächtigten, darunter Serovs, als Kurator der Speziallager in Deutschland.

Schlußfolgernd läßt sich sagen, daß die Dokumente der "Sondermappe" Stalins, der "Abteilung Speziallager" des NKVD/MVD der UdSSR in Deutschland, der GULAG und die normative Dokumentation im Bestand des NKVD/MVD der UdSSR umfassende Einblicke in die Repressionspolitik Stalins im Ganzen und in ihren einzelnen Etappen erlauben.

CHRISTIAN SCHÖLZEL

Ungedruckte Quellen in deutschen Archiven und Bibliotheken zum Thema Speziallager

Neben den sowjetischen Akten aus russischen Archiven, vor allem aus dem Staatlichen Archiv der Russischen Föderation (GARF), gibt es auch in Deutschland – in staatlichen, parteinahen, kirchlichen und privaten Archiven und durch die Befragung von Zeitzeugen – eine Überlieferung zum Thema Speziallager. Die folgende erste Übersicht zu derartigen archivalischen Quellen versteht sich in zweierlei Hinsicht als ein Hilfsmittel.[1]

Erstens kann hier auf Bestände hingewiesen werden, die in deutschen Archiven und Bibliotheken zum Thema Speziallager vorliegen. Hierbei kann es sich nur um eine Auswahl handeln. Ungeachtet der puren arbeitsökonomischen Unmöglichkeit spricht hiergegen auch die Vielzahl der möglichen Frageansätze gegenüber der Thematik Speziallager. Es können nicht zu jeder potentiellen Fragestellung a priori die einschlägigen Bestände aufgelistet werden.

Mithin sollen an dieser Stelle, als zweites Hilfsangebot, typische "Suchwege" exemplarisch aufgezeigt werden, die - mit regionalen Abweichungen - übertragbar sein dürften. Wenn beispielsweise staatliche und kirchliche Regionalarchive in Thüringen Auskunft über den Verbleib von Angehörigen der in den Speziallager Einsitzenden liefern, so ist gleiches in Sachsen zu erwarten. Zum Zweck der Übersichtlichkeit über die oftmals sehr heterogenen und verstreuten Quellen werden die folgenden Ausführungen nach Beständen in den jeweiligen Archivtypen gegliedert sein.[2] Wäre es einerseits nach der "Hierarchie" der Institutionen geboten, die Aufstellung mit den Konvoluten in Einrichtungen des Bundesarchivs zu beginnen, so ist andererseits aus Gründen der inhaltlichen Orientierung und der Fülle des hier aufzufindenden Materials Landes- und anderen Regionalarchiven zunächst der Vorrang einzuräumen.

---

1 Vgl. zur Literatur über Speziallager: Speziallager 1996. Vgl. die kursorischen Bemerkungen zu Archivalien bei: Lipinsky 1994; ders. 1995, S. 27f.; Schatz 1992, S. 2-28. Vgl. den Verweis bei Agde 1995, S. 283.

2 Diese Untersuchung geht aus mehrjährigen Vorarbeiten des Verfassers an der Gedenkstätte Sachsenhausen und am Museumsprojekt zur Geschichte des Speziallagers Nr. 2 in der Gedenkstätte Buchenwald hervor. Für die Zusammenstellung wurden darüber hinaus mehr als fünfzig Personen und Einrichtungen angeschrieben und um Übersendung weiterer Hinweise gebeten. Die hierdurch erworbenen Informationen werden jeweils gesondert ausgewiesen.

Landes- und andere staatliche Regionalarchive

Die ostdeutschen Archive auf Landesebene (Hauptstaatsarchive, Landeshauptarchive, Landesarchive) bieten vor allem in Aktenbeständen der jeweiligen Ministerpräsidenten, Verwaltungen des Innern und der Justiz – besonders Polizei und Strafvollzug – Material zu den im Land einstmals befindlichen Speziallagern und gegebenenfalls auch zu Gefängnissen des NKVD.

Im Hauptstaatsarchiv Thüringen (Weimar) bietet der Bestand "Landesbehörde der Volkspolizei (Land Thüringen Ministerium des Innern Nr. 5)" Informationen über den Ablauf der Entlassungsaktionen aus den Speziallagern 1948 und 1950 für Buchenwald.[3] Neben organisatorischen Fragen (Heimfahrtscheine und Übernahme von Reisekosten für die Heimkehrenden) geben die Unterlagen auch Einblick in die weitere Überwachung der Freigelassenen durch die Volkspolizei.

Der Aktenbestand "Land Thüringen Ministerium der Justiz" im selben Archiv bietet Unterlagen mit Anfragen von Angehörigen der im Speziallager Buchenwald Einsitzenden (vgl. besonders Akte 630). Zudem enthalten beide genannten Aktensammlungen, wie auch der Bestand "Büro des Ministerpräsidenten", immer wieder Hinweise zu zwei Themenkomplexen, die mit der Thematik Speziallager eng verbunden sind: dem Bereich der Entnazifizierung auf regionaler Ebene (z. B. auf der Grundlage des SMA-Befehls 201/1947) sowie der Kontakte deutscher Behörden mit SMA-Stellen.[4]

---

3 Vgl. z. B. in diesem Bestand die Akten 18, 36, 239. Vgl. eine Reihe von Verweisen auf die Bestände zum Lager Buchenwald im Thüringischen Hauptstaatsarchiv bei: Ritscher 1995. Analog für das Lager Fünfeichen im Mecklenburgischen Landeshauptarchiv, Ministerium des Innern, Landesbehörde der Volkspolizei Mecklenburg: Finn / Krüger 1992, S. 116. Agde 1994, S. 188-193 mit dem Verweis auf den Abschlußbericht der brandenburgischen Volkspolizei für das Lager Sachsenhausen im Brandenburgischen Landeshauptarchiv.

4 Vgl. den Hinweis auf den Bestand "Büro Ministerpräsident" im Thüringischen Hauptstaatsarchiv (Weimar) bei: Braun / Ehnert 1995, S. 163-178; Ritscher 1995, S. 150. Vgl. den Hinweis auf Akten zur Finanzierung des Lagers Buchenwald wie der Heimfahrten der Entlassenen im Thüringischen Hauptstaatsarchiv (Weimar) Bestand "Land Thüringen Ministerium der Finanzen" im Brief des Archives an den Verf. vom 26. 5. 1997. Vgl. den Hinweis auf das Greussener Urteil im Thüringischen Hauptstaatsarchiv (Weimar) allerdings mit unklarer Signatur-Angabe bei: Agde 1995, S. 134-139; im selben Buch, S. 148-151, 154-158, 170-172: Hinweise auf Materialien zum Thema Speziallager und Kirche im "Heinrich-Grüber Nachlaß" im Geheimen Preußischen Staatsarchiv (Berlin). Vgl. mit Hinweisen v. a. aus Akten des Landesarchives Berlin zur Geschichte des Geländes des Speziallagers Nr. 3 Berlin-Hohenschönhausen: Erler / Friedrich 1995; Camphausen 1997, S. 207-214. Hinweise auf Unterlagen zum Speziallager Ketschendorf im Brandenburgischen Landeshauptarchiv (Potsdam) enthält: Erler / Prieß 1994, S. 157. Andreas Weigelt vom Amt Lieberose sei herzlich für die kollegiale Hilfe hinsichtlich der Archivalien zum Speziallager Nr. 6 Jamlitz gedankt (vgl. Schreiben an den Verf. v. 28. 5. 1997): im Brandenburgischen Landeshauptarchiv (Potsdam) befinden sich demnach Verbleibsnachfragen sowie Bauakten bei der Auflösung des Lagers 1948. Mit Hinweisen auf die "Rep. 203 Ministerium des Innern" (Totenlisten des Speziallagers Ketschendorf; Richtlinien zur Beurkundung von Sterbefällen und zur Bearbeitung von Anfragen); "Rep. 203 Ministerium des Innern, Landesbehörde der Volkspolizei" (Entlassungslisten aus dem Speziallager Sachsenhausen und Unterlagen zur Räumung des Lagers 1949/50); "Rep. 212 Ministerium der Justiz" (Räumung von Haftanstalten anläßlich der Auflösung der Internierungslager); "Rep. 332 SED-Landesleitung Brandenburg" (Anfragen nach Angehörigen u. ä.) – vgl. Brief des Brandenburgischen Landeshauptarchives (Potsdam) an den Verf. v. 14. 5. 1997. Hinweise u. a. auf Bestände im Brandenburgischen Landeshauptarchiv (Potsdam), im Thüringischen Hauptstaatsarchiv (Weimar) sowie im Sächsischen Hauptstaatsarchiv (Dresden) zum Thema

Zum letztgenannten Punkt, den Verbindungen deutscher Verwaltungsstellen zu den Alliierten, bietet auch das Stadtarchiv Weimar, hier stellvertretend für eine Vielzahl von Regionalarchiven genannt[5], eine reiche Überlieferung, die sich häufig konkret auf den Umgang mit dem Speziallager Buchenwald bezieht. Innerhalb der Bestände "Stadtverwaltung" (vor allem "Nr. 15 Besatzungsangelegenheiten" und "Nr. 71 Sozialwesen") und "Hauptamt nach 1945" finden sich, beginnend mit der Befreiung des Konzentrationslagers Buchenwald, Unterredungen der Repräsentanten der Stadt mit dem amerikanischen Stadtkommandanten von Weimar, Überlegungen zum Umgang mit den Überlebenden des einstigen KZ und mit dem Lagergelände auf dem Ettersberg sowie erste Entnazifizierungsmaßnahmen. Auch nach der Übernahme der Macht in Thüringen durch die Sowjets, im Juli 1945, sollte der Ort Buchenwald im Bewußtsein der städtischen Behörden bleiben, das zeigen die Akten. Vor allem die Sitzungsprotokolle des Stadtvorstandes, Stadtrates und der Stadtverordnetenversammlung zwischen 1945 und 1950 zeugen hiervon.

Insbesondere die Wasser- und Stromversorgung des seit August 1945 existenten Speziallagers Buchenwald beschäftigte die Stadtväter.[6] Die Kommune hatte die Versorgungsleistungen für die zeitgleich bis zu 16.400 Häftlinge des Lagers (Ritscher 1995, S. 240) und seine Bewacher zu erbringen. Eine finanzielle Gegenleistung seitens der sowjetischen Behörden an die deutschen Stellen scheint hingegen weitgehend ausgeblieben zu sein (Stadtarchiv Weimar Stadtverwaltung 1919-1945, Akte 1817, Bd. 3, Bl. 14). Eine Auseinandersetzung mit den inhumanen Aspekten des Speziallagers Buchenwald spiegeln die Akten kaum wider. Klassikmythos, Antifaschismus und Entnazifizierung und deutschsowjetische Freundschaftsbekundungen bestimmen im Falle Weimars die Verlautbarungen. Vereinzelt finden sich Versatzstücke zu biographischen Rekonstruktionsversuchen einzelner Lagerinsassen.[7]

---

der zeitgenössischen "öffentlichen" Wahrnehmung der Speziallager enthält: Schatz 1992, besonders S. 14-17, 202. Hinweise auf Bestände im Mecklenburgischen Landeshauptarchiv (Schwerin) in den Beständen "Landesbehörde der Volkspolizei und Ministerium des Innern 1946-1952" (Entlassungen, Lagerauflösungen 1948/1950) erhielt der Verf. durch ein an ihn gerichtetes Schreiben des Archives vom 5. 5. 1997.

5 Einen Hinweis zum Stadtarchiv Weimar zum Spezlager Buchenwald auch bei: Ritscher/Spezlager Nr. 2, S. 38. Für den Hinweis auf Bestände zum Thema Speziallager Buchenwald im Stadtarchiv Jena danke ich Gabriele Hammermann (Weimar). Auf Aktenbestände zum Thema der NKVD-Haftanstalten wird an dieser Stelle nicht gesondert eingegangen; vgl. hierzu die Beiträge von Alexander von Plato und Gabriele Hammermann in diesem Band. Für Quellen zum Thema Speziallager Fünfeichen im Archiv des Regionalmuseums Neubrandenburg, vgl. Finn / Krüger 1992, S. 116; für Eingaben Angehöriger von in Fünfeichen Inhaftierten im Staatsarchiv Schwerin: Krüger (Hg.) 1990, S. 117ff. Materialien zum Speziallager Nr. 6 Jamlitz befinden sich im Stadtarchiv Cottbus, Verwaltungsarchiv; Heimatmuseum Luckau; Gemeindeakten Jamlitz (Polizeiberichte, zu NKVD-Gefängnissen; Umgang mit dem Lagergelände) – mit herzlichem Dank für den Hinweis: Schreiben von Andreas Weigelt an den Verf. v. 28. 5. 1997.

6 Vgl. etwa Stadtarchiv Weimar Stadtverwaltung 1919-1945, Akte 506, Bd. IV, o.P.: Schreiben des Stadtvorstandes von Weimar an die SMA Weimar, vom 6.3.1946, zur Freigabe von 50 Tonnen Ätznatron der I.G. Farben Bitterfeld. Das Ätznatron sollte zur Entsäuerung des Brunnens von Tonndorf genutzt werden, der das Speziallager Buchenwald mit Wasser versorgte.

7 Vgl. etwa zum nationalsozialistischen Bürgermeister von Weimar Otto Koch (1902-1948, im Speziallager Nr. 2 1946-1948) oder zum ehemaligen KZ-Insassen Bruno Treyße (1887-1963, im Speziallager Nr. 2 1946) Stadtarchiv Weimar Stadtverwaltung 1919-1945, Akte 1292; Hauptamt nach 1945 013/07/02. Vgl. Braun / Ehnert.

Schließlich spiegeln sich auch die Entlassungen 1948 und 1950 aus Buchenwald sowohl in den Beratungen der Stadtgremien als auch in Form der o. g. Rechnungsbelege der finanziellen Aufwendungen für die Heimfahrten wider.[8]

Kirchenarchive

Protestantische und katholische Kirchenvertreter befaßten sich seit Beginn mit dem Schicksal der in den Gefängnissen und Lagern des NKVD in der SBZ/DDR Festgehaltenen. Hierbei läßt sich die Überlieferung in Kirchenarchiven im wesentlichen auf drei Punkte verdichten:[9]

a. Materialien zu Nachforschungen einzelner Geistlicher im Zusammenwirken mit Angehörigen nach Verschollenen, die vom NKVD/MVD verhaftet, von SMT verurteilt, in Speziallager verbracht wurden oder plötzlich verschwunden waren.

b. Verhandlungen zwischen höheren Kirchenmännern, etwa den Landesbischöfen von Thüringen, Moritz Mitzenheim, oder von Berlin-Brandenburg, Otto Dibelius, mit Vertretern der SMA-Stellen zur Abhaltung von Gottesdiensten in den Speziallagern.[10]

c. Vereinzelte Unterlagen, die die kircheninternen Auseinandersetzungen zum Thema Speziallager vor dem Hintergrund der unterschiedlichen Erfahrungen und Haltungen einzelner Geistlicher während der NS-Zeit mit widerspiegeln.[11]

Analog zur Organisationsstruktur der Kirche lassen sich deutschlandweite, landeskirchliche beziehungsweise bistümliche und kleinere regionale Kirchenarchive unterscheiden, die im folgenden an jeweils einem Beispiel kurz dargestellt werden sollen.

Das Evangelische Zentralarchiv der EKD (Berlin)[12] bietet in seinen Beständen ein kleineres Konvolut, welches vor allem Anfragen nach dem Verbleib von Lagerinsassen, daneben aber auch die Auseinandersetzungen mit sowjetischen Stellen um die Abhaltungen von Gottesdiensten in Speziallagern durch einsitzende Geistliche bzw. durch von außen kommende Prediger einschließt. Entsprechendes gilt für das Landeskirchenarchiv der Evangelisch-lutherischen Landeskirche von Thüringen (Eisenach).[13] Neben der Bearbeitung von Einzelanfragen lassen sich auch hier, vor allem für Buchenwald, Versatzstücke zur Rekonstruktion des Bemühens finden, die Lage der Speziallagerinsassen durch Postverkehr zu erleichtern, Gottesdienste in den Lagern abzuhalten beziehungsweise die Einsitzenden freizulassen.

---

8   Vgl. z. B. Stadtarchiv Weimar Stadtverwaltung 14/01/1215. Vgl. zum Vermögenseinzug von Waldheim-Verurteilten (darunter ehemaligen Insassen des Speziallagers Buchenwald): im selben Bestand Akte 1131.
9   Vereinzelte Hinweise zu den im folgenden genannten Themenbereichen finden sich auch in anderen Archiven.
10 Vgl. etwa Evangelisches Zentralarchiv (Berlin) 4/736, Bll. 2f., 23, 38. Vgl. die Danksagung in Fußnote 12.
11 Vgl. zur Haltung von Otto Dibelius: Bundesarchiv Koblenz N 1439/7/o.P. Dibelius an die evangelischen Gemeinden, 1. 6. 1949. Vgl. z. B. die Hinweise bei Agde 1994, S. 148ff.
12 Angaben zu diesem Archiv verdanke ich Gabriele Hammermann. Vgl. für das folgende: Evangelisches Zentralarchiv (Berlin). 4/469; 4/472; 4/584; 4/735f. Vergl. auch Hinweise bei Agde 1994, S. 172-176 auf Bestände dieses Archives zum Thema Speziallager und evangelische Kirche.
13 Für einen Hinweis danke ich Wolfgang Röll (Weimar). Vgl. Ritscher 1995 a, S. 157, 164, 245.

Für die regionale Mikro-Ebene bietet das katholische Pfarrarchiv (Weimar)[14] mit Bezug auf das nahe gelegene Speziallager Buchenwald Hinweise zu Verbleibsnachfragen von Angehörigen.

Bestände des DRK

Neben den karitativen Bemühungen der Kirchen ist bis heute auf die Arbeit des Suchdienstes des Deutschen Roten Kreuzes (München), vor allem seiner Außenstelle Berlin, zu verweisen (Köster-Hetzendorf 1995, S. 171ff., 179ff.; Schatz 1992, S. 26-28). Hier befinden sich eine nach Namen geordnete Suchkartei, in der auch Insassen von Speziallagern zu finden sein können, und außerdem umfangreiche Kopien der Aktenbestände aus dem GARF. Diese umfassen vor allem die weitgehend vollständig kopierten Unterlagen des NKVD zu den einzelnen Speziallagern in der SBZ/DDR.[15] Sie sind allerdings nicht uneingeschränkt benutzbar, da die Unterlagen primär der Suche nach Verschollenen dienen und nicht vorrangig unter der Maßgabe wissenschaftlicher Forschungsinteressen Verwendung finden sollen.

Parteiarchive

Verschiedene deutsche Parteien[16] befaßten sich zeitgenössisch und auch in der Folgezeit mit dem Thema Speziallager in der SBZ/DDR. Ihre Archive bieten daher Informationen zur Thematik an oftmals verstreuten Stellen.

Im Archiv für christlich-demokratische Politik (St. Augustin) – kurz: ACDP – bieten Unterlagen der sogenannten Exil-CDU und ihres Ostbüros sowie der Ost-CDU (Zentralvorstand), bzw. deren Landesverbände, Aufschluß über die Sammlung von Informationen durch Stellen der CDU über die Speziallager sowie den Einsatz vor allem für die verhafteten eigenen Parteimitglieder (z. B. ACDP Ost-CDU Landesverband Thüringen Akte 045, o. P.). Parteitagsunterlagen geben zudem Auskunft über Anträge zur Freilassung von Speziallagerinsassen (z. B. ACDP III-31-64 und III-010-489). Eine durch das Ostbüro der CDU angelegte Kartei mit Namen einzelner Häftlinge in Lagern und Gefängnissen der SBZ und DDR ist bis heute nur eingeschränkt zugänglich. Hängt dieses einerseits mit Bemühungen um Datenschutz zusammen; so dürfte andererseits auch die methodische Leichtfertigkeit bei der Anlage der Datensammlung eine Rolle spielen. Auf der Grundlage von Hörensagen und mit quasi-geheimdienstlichen Methoden erstellt, finden sich zum Teil weitgehen-

---

14 V. a. Militärseelsorge 3 Fasz VI, VIII, XII. Auch für diesen Hinweis gebührt Gabriele Hammermann Dank. Vgl. Agde 1994, S. 151-153 mit dem Hinweis auf Unterlagen im Archiv der evangelischen Kirche (Oranienburg).
15 GARF Fond 9409, Findbuch 1s.
16 Auf das Parteiarchiv der SED im SAPMO (= Stiftung und Archiv der Parteien und Massenorganisationen der DDR)/(Berlin) wird im folgenden Abschnitt eingegangen, da diese Einrichtung dem Bundesarchiv untersteht.

de politische oder moralische Beurteilungen einzelner Personen, zum Teil auch Denunziationen.[17]

Weitgehend analog gilt das oben Gesagte auch für das Archiv des deutschen Liberalismus (Gummersbach). Die Bestände "Referat Ostbüro", "LDPD" bzw. Bestände zu den Landesverbänden der LDPD enthalten Material im Hinblick auf inhaftierte Liberale in Speziallagern und Gefängnissen der SBZ/DDR.[18]

Das Archiv der sozialen Demokratie (Bonn/Bad-Godesberg)[19] umfaßt, vergleichbar mit den beiden bisher genannten Parteiarchiven, Unterlagen, die das Bemühen um Freilassung der inhaftierten Parteifreunde widerspiegeln. Neben den Befragungen einzelner ehemaliger Speziallagerinsassen über die Erlebnisse während der Haftzeit findet sich hier auch der Versuch einer Synthese.[20] In einer Untersuchung aus dem Jahre 1960 wurde aus der Befragung von mehr als 4.200 ehemaligen Insassen von Lagern und Gefängnissen der SBZ und der DDR eine Art Sozialprofil erstellt (Fricke 1990, S. 12).

Diese Parteibestände, vornehmlich zur Arbeit der jeweiligen Ostbüros, zeigen, wie sich die aus Motiven der Humanität und der Parteikameradschaft entspringende Beschäftigung mit dem Thema Speziallager im Westen allmählich zu einem Kampfmittel im Kalten Krieg verformte, bei dem sich karitative Maßnahmen mit quasi-geheimdienstlichen Kampfmaßnahmen gegen *den* Kommunismus vermischten.[21]

Bundesarchive und vergleichbare Einrichtungen

Grundsätzlich umfassen die verschiedenen Einrichtungen des Bundesarchivs im wesentlichen drei verschiedene Formen an Provenienzen, die sich auf das Thema Speziallager beziehen. Es sind dieses:

a. personenbezogene Bestände (v. a. Nachlässe, Personalkartei von NS-Organisationen im Bestand des ehemaligen Berlin Document Center),

b. Behördenakten (v. a. Innenverwaltung, besonders Volkspolizei, Justizverwaltung, besonders Strafvollzug, Sammlung von SMA-Befehlen, OMGUS-Akten),

c. den Bestand der Kampfgruppe gegen Unmenschlichkeit (KGU).

---

17 Vgl. zudem Otto Grotewohl an Jakob Kaiser, 12. 7. 1946 zu Speziallagern in der SBZ: ACDP VII-013-809.

18 Hinweise auch zum Thema Waldheim z. B.: Archiv des deutschen Liberalismus Referat Ostbüro Akten 2918, 2924. Vereinzelte Hinweise zur LDPD Thüringen in diesem Zusammenhang: Thüringisches Hauptstaatsarchiv Thüringisches Ministerium der Justiz Akte 630, Bl. 121.

19 Für Hinweise zu diesem Bestand, speziell zu der im folgenden genannten Befragung, bin ich Bodo Ritscher (Weimar) zu herzlichem Dank verpflichtet. Vgl. zudem Schulz 1995, S. 1338. Bärwald 1991; Buschfort 1991; ders. 1992, S. 691-697. Mit Hinweisen auf das Franz-Neumann-Archiv (Berlin): Erler 1993, S. 15-19; mit Hinweisen auf Bestände zum Speziallager Nr. 3 im Franz-Neumann-Archiv (Berlin) und im Archiv der sozialen Demokratie (Bonn) Bestand SPD-Ostbüro: Erler / Friedrich 1995.

20 Archiv der sozialen Demokratie (Bonn) SPD-PV-Ostbüro 0418. Allg. II (0325). Teile der Untersuchung sind inzwischen im Museum zur Geschichte des Speziallagers Buchenwald zu sehen.

21 Es sei darauf hingewiesen, daß sich in den genannten Beständen zudem Material befindet, das den historischen Kontext der Speziallager berührt, etwa die Praxis der Anwendung des SMAD-Befehles 201/1947 u. a.

Die Nachlässe von Hermann Brill (N 1086) oder von Otto Dibelius (N 1439) im Bundesarchiv Koblenz geben beispielsweise Aufschluß über den Einsatz beider für die Verbesserung der Lage von Speziallagerhäftlingen.[22]

Im Nachlaß Wilhelm Piecks finden sich Briefwechsel mit hohen sowjetischen Vertretern, die vor allem die Auflösung der Speziallager betreffen.[23]

Einen besonders ergiebigen Bestand stellt der Nachlaß von Fritz Göhler im Bundesarchiv Dahlwitz-Hoppegarten bei Berlin dar.[24] Göhler, selbst Insasse eines Speziallagers und ab 1950, in der Folge eines Waldheim-Urteiles, noch mehrere Jahre im Zuchthaus in der DDR sammelte vor allem in seiner Eigenschaft als Bundesvorsitzender des Waldheim-Kameradschafts-Kreises zahlreiches Material zu den Themenfeldern Speziallager und Waldheimer Prozesse.[25]

Für die Überprüfung von biographischen Angaben zur NS-Zeit (Mitgliedschaften in Organisationen u. ä.) der in die Speziallager Geratenen bietet sich vor allem die Verwendung der im Bundesarchiv Zehlendorf befindlichen Mitgliederkartei der NSDAP an.[26] Bei den Behördenakten ergibt sich ein ähnlicher Befund wie schon bei der analogen Betrachtung von Unterlagen der Regionalarchive: Innenverwaltung[27] ("Deutsche Verwaltung des Innern DO-1/7"; "Ministerium des Innern" u. a. auch der Unterbestand zur K5 – Akten 420-449 –; "DO-1 Nr. 11 Hauptverwaltung deutsche Volkspolizei"), Justizverwaltung und hier vor allem der Bereich Hauptabteilung Strafvollzug ("DP-1 Verwaltungsarchiv", "Verwaltungsarchiv (Kartei)" und "Sicherungserschließung") geben an vereinzelten Stellen Auskunft zu den Bereichen NKVD-Gefängnisse, Entnazifizierungen nach SMA-Befehl 201/1947, den Entlassungen 1948/1950 aus den Speziallagern der SBZ/DDR (z. B. Abschlußberichte der Volkspolizei)[28] und zu den Waldheimer Prozessen.[29]

Bestände des SAPMO enthalten auch Material, das neben Anfragen nach dem Verbleib von Verhafteten bei einzelnen Politikern der SED Hinweise bietet zu den Verhandlungen zwischen ostdeutschen und sowjetischen Stellen im Vorfeld der Entlassungen von 1948 sowie

---

22 Vgl. im Bestand zu Dibelius etwa: Akte 7, o.P. an verschiedenen Stellen. Die Dibelius-Tagebücher – Akten 3 und 4 des Bestandes – aus den fünfziger Jahren in seinem Nachlaß sind leider bislang noch nicht für die Benutzung freigegeben. Vgl. Braun / Ehnert 1995 und Ritscher 1995a, S. 58 zum Nachlaß von Brill.

23 Vgl. zum SAPMO die Ausführungen weiter unten. Ich danke Lutz Prieß (Berlin) für weiterführende Hinweise.

24 Ich danke Bodo Ritscher besonders herzlich für den kollegialen Hinweis auf diesen Bestand. Vgl. demnächst Christian Schölzel: Fritz Göhler. Geschichtliches Erleben und historische Erinnerung.

25 Der Nachlaß ist bislang ungeordnet und nur nach vorheriger Genehmigung einsehbar.

26 Ergänzungen sind auch aus Beständen des Bundesarchives Dahlwitz-Hoppegarten (Bestand: ZA I) sowie aus dem Archiv der Zentralstelle des Bundesbeauftragten für die Unterlagen des Staatssicherheitsdienstes der ehemaligen Deutschen Demokratischen Republik möglich.

27 Vgl. mit weiteren Hinweisen Buddrus 1996, S. 10-33.

28 Vgl. Agde 1994, S. 194-197, allerdings mit ungenauer Quellenangabe.

29 Vgl. Otto 1993, S. 8. Dieser Aufsatz auch mit weiteren Hinweisen auf Archivalien zum Thema Waldheimer Prozesse, auf das hier trotz der inhaltlichen Verbindung zu den Speziallagern aus Raumgründen nur kursorisch eingegangen werden soll. Vgl. mit weiteren Verweisen: Eisert 1993 sowie den Hinweis auf die Gefangenenkartei der Waldheimer Verurteilten in der JVA Waldheim – Schreiben der JVA Waldheim an den Verf. vom 13. 5. 1997. Vgl. etwa Bundesarchiv Lichterfelde DO-1/11/1572/20; im gleichen Bestand 1577/4f. Vgl. daneben die Sammlung von SMAD- und regionale SMA-Befehlen im Bundesarchiv Lichterfelde "Sammlung SMA-Befehle DX- 1"; hierzu auch Foitzik 1995. Vgl. daneben zur Thematik Speziallager jeweils Bundesarchiv Lichterfelde DO-1/7/48; DO-1/10/76.

der Auflösung der verbliebenen Lager 1950.[30] Auch im Bestand der Zentralverwaltung für deutsche Umsiedler im Bundesarchiv Lichterfelde finden sich vereinzelte Hinweise auf Zivilinternierte, die aus Kriegsgefangenenlagern in der UdSSR über das Lager Gronenfelde (Frankfurt/Oder) heimkehrten.[31]

Abschließend ist auf den Bestand der KGU im Bundesarchiv Koblenz hinzuweisen. Diese Sammlung stellt gleichsam einen Bestand sui generis dar.[32] Erstens finden sich hier in einer verschlüsselten Kartei Befragungen von Informanten, zumeist Entflohenen aus der SBZ/DDR. Darin sind auch zahlreiche Berichte und Hinweise auf die Speziallager enthalten. Gleiches gilt zweitens für den Aktenbestand und die Zeitungsausschnittsammlung der KGU. Schließlich bleibt auf das dritte Teilkonvolut hinzuweisen: Die Sammlung von Publikationen und Drucksachen der KGU. Es handelt sich hierbei um z. T. sonst nirgends mehr zugängliche Erscheinungen aus dem Bereich der sogenannten "grauen Literatur", darunter auch Veröffentlichungen, die sich explizit mit dem Thema Speziallager befassen.[33]

---

30 Erler u. a 1990, S. 729-731; Erler / Prieß 1994, S. 27; Erler / Friedrich 1995, S. 15f.; Otto 1993, S. 6; Ritscher 1995 b, S. 170; Schatz 1992, S. 202f. Vgl. zudem zu dortigen Beständen über die Arbeit des Ostbüros der SPD: Buschfort 1992. Vgl. Erler 1993. Lutz Prieß Dank für den Hinweis auf: Bericht von Herta Kretschmer über ihre Zeit in den Speziallagern Jamlitz und Mühlberg, Bundesarchiv SAPMO (Berlin) Sg Y 30/EA 2012/1 u. 2.

31 Etwa Bundesarchiv Lichterfelde DO-1/10/47/1-29 (historischer Abriß des stellvertretenden Leiters über die Geschichte des Heimkehrerlagers Gronenfelde seit 1946 vom 15.5.1950). Es finden sich an verschiedenen Stellen im Bestand zudem Hinweise auf Fürsorgeleistungen für ehemalige Kriegsgefangene und Internierte (vgl. etwa im selben Bestand Akten 47 u. 84). Periphere Hinweise auf die Entlassungen von 1950 auch in den Beschlußprotokollen des Ministerrates der DDR; z. B.: Bundesarchiv Lichterfelde DC-20 I/3-16. Vgl. auch vereinzelte Anfragen zu Freilassungen Zivilinternierter – die aus Speziallagern kommen konnten – im Bestand des Archives des Auswärtigen Amtes (Berlin) z. B.: Ministerium für Auswärtige Angelegenheiten der DDR Staatssekretär Akte 15677, Fiche 2, Bl. 297; Fiche 4, Bll. 351, 354. Auch der OMGUS-Bestand im Bundearchiv Koblenz scheint Informationen zu den Speziallagern zu enthalten, vgl. Foitzik 1993, S. 64.

32 Bundesarchiv Koblenz KGU Karteienbestand (93 Filmrollen und 16 Kartons mit Mikrofiches) – die Benutzung des verschlüsselten Bestandes ist genehmigungspflichtig –; Aktenbestand und Pressesammlung B 289 und Z.Sg. 126; KGU Publikationen Z.Sg. 1-64. Zur KGU: Merz 1987 neben anderen Angaben zu Archiven vor allem mit Hinweisen zum Privatarchiv Rainer Hildebrandts – vgl. S. 251-255. Frau Fruth vom Bundesarchiv Lichterfelde sei herzlich für Hinweise auf die SBZ/DDR Häftlingskarteien des Gesamtdeutschen Institutes, der Hauptabteilung IX/11 des MfS sowie der des Ministeriums des Innern der DDR gedankt. Zudem wies sie auf den Bestand der Waldheim-Prozeßakten im Bundesarchiv Lichterfelde hin. Vgl. die Hinweise bei Fricke 1990, S. 12 und Schatz 1992, S. 25 auf die Häftlingsbefragungskartei im Archiv des Gesamtdeutschen Instituts. Vgl. den Hinweis bei Finn 1995, S. 372 auf die Karteien der KGU, des Untersuchungsausschusses freiheitlicher Juristen und des Gesamtdeutschen Institutes.

Vgl. zur KGU mit Bezug auf das Thema Speziallager: Archiv des Deutschen Historischen Museums (Berlin) Rep. VIII/BRD 1/F. 11/ M2 (22). In diesem eher unbekannten Archiv finden sich viele Materialien zum weiteren historischen Kontext der Speziallager (Stichworte: Kriegsgefangenschaft, Entnazifizierung, KGU, Untersuchungsausschuß freiheitlicher Juristen, SBZ/DDR-Geschichte).

33 Vgl. z. B.: Bundesarchiv Koblenz Bestand KGU Publikationen Z.Sg. 1-64 3(6): Auch das ist Deutschland. Bericht von drüben. Herausgegeben von der Kampfgruppe gegen Unmenschlichkeit, Berlin (um 1950); im selben Bestand Mappe 3 (5): Kampfbund gegen Unmenschlichkeit (Hg.): Sowjetische Konzentrationslager auf deutschem Boden 1945-1950, Göttingen 1950.

Sammlungen von Gedenkstätten und Forschungseinrichtungen

Seitdem 1989/90 die Erforschung des Themas Speziallager auf einer wissenschaftlichen Grundlage begonnen hat und überlebende Opfer sich zu artikulieren vermochten, bildeten sich parallel dazu Materialsammlungen bei den hieran beteiligten Einrichtungen und Personen.

Etwa zeitgleich mit der 1990 konstituierten Arbeitsgruppe "Opfer des Stalinismus" im Institut für Geschichte der Arbeiterbewegung (früher: Institut für Marxismus-Leninismus beim ZK der SED) in Berlin wurden an den Gedenkstätten in Buchenwald und Sachsenhausen erste Bemühungen erkennbar, sich der Aufarbeitung des Themas Speziallager zu widmen. Einen weiteren Schritt in diese Richtung stellte das deutsch-sowjetische Kooperationsprojekt Speziallager dar, an dem neben den Gedenkstätten Buchenwald und Sachsenhausen, das GARF, die Universität Jena sowie die Fernuniversität Hagen beteiligt waren und sind.

Der Gesamtbestand der im Zuge dieses Projektes kopierten Akten zum Thema Speziallager in der SBZ/DDR hauptsächlich aus dem GARF ist am Institut für Geschichte und Biographie der Fernuniversität Hagen gesammelt. Er bildet eine der Grundlagen der vorliegenden dreibändigen Publikation zum Thema und steht allen Interessierten offen.

Neben der privaten Kumulation von Quellen durch einzelne Spezialisten[34] ist im Ergebnis der seit 1990 laufenden Forschungsbestrebungen vor allem im Archiv der Gedenkstätte Buchenwald eine bisher einzigartige Sammlung von Quellenmaterial zum Thema Speziallager entstanden. Sie umfaßt mehr als 200 Erfahrungsberichte von ehemaligen Internierten, die im Speziallager Buchenwald waren, sich darüber hinaus aber auch oftmals in anderen Lagern aufhalten mußten. Dieser Bestand wird ergänzt durch eine Briefkartei, die den Schriftwechsel mit ehemaligen Internierten und ihren Angehörigen widerspiegelt. Kopien der Akten des GARF zum Thema der Speziallager und Gefängnisse des NKVD in der SBZ/DDR, besonders zu Buchenwald, ergänzen das Material. Weitere Konvolute des Archives in Buchenwald bieten Informationen zur Ortsgeschichte 1945-1950 sowie zu Themen im Umfeld des Phänomens Speziallager (z. B. Waldheimer Prozesse; Befragungen ehemaliger Speziallagerinsassen und ihrer Angehörigen[35]). Ein prägnantes Beispiel stellen dabei etwa Aktenkopien aus dem Archiv der Reichsbahndirektion Erfurt dar. Sie geben für die Zeit seit Mai 1945 und bis in die Bestandszeit des Speziallagers Buchenwald Aufschluß über die Verwendung der Bahnstrecke, die einstmals zum NS-Konzentrationslager führte.

Sind die Kopien aus dem GARF in der Gedenkstätte Buchenwald in vielfältiger Weise in regestenartigen Kurzübersetzungen und in EDV-gespeicherten Schlagwortsystemen gut erschlossen – dieses gilt nicht nur für Lagerjournal und Totenbuch – so läßt sich Gleiches noch nicht von den Beständen in der Gedenkstätte Sachsenhausen sagen. Allerdings finden sich auch hier die Kopien der einschlägigen NKVD-Akten aus dem GARF auf Mikrofiches und als Papierkopien. Zudem liegen auch hier zahlreiche Erfahrungsberichte ehemaliger Internierter und SMT-Verurteilter aus Sachsenhausen, dem ehemaligen Speziallager Nr. 7, ab 1948: Nr. 1, vor. Neben diesen beiden großen Einrichtungen haben auch andere Gedenk-

---

34 Vgl. etwa den Fußnotenapparat bei Kilian 1993.
35 Vgl. auch die Häftlingsbefragung der "Union der Opfer kommunistischer Gewaltherrschaft e.V." (Berlin) im Zusammenwirken mit dem Hannah-Arendt-Institut für Totalitarismusforschung e.V. an der TU Dresden.

stätten an Orten einstiger Speziallager inzwischen Bestände zusammengetragen.[36] Nicht übersehen werden sollte bei dieser Betrachtung, daß die entstandenen Sammlungen in großen Teilen nicht ohne die Bereitschaft ehemaliger Speziallagerinsassen zustande gekommen wären, sich ihrer Vergangenheit zu erinnern und zu stellen.

Sammlungen von ehemaligen Internierten und ihren Angehörigen

Neben dem, was an Wissen von Überlebenden der Lager in Gedenkstätten gesammelt ist, bleibt somit ebenfalls auf die Materialsammlungen von Opferverbänden der Lager Buchenwald, Sachsenhausen, Jamlitz, Ketschendorf[37] oder Fünfeichen, um nur einige zu nennen, zu verweisen. Über die Verbandsebene hinaus "schlummert" aber auch in vielen Familienarchiven oder anderen privaten Sammlungen eine reichhaltige Überlieferung der in Familiengeschichten eingebetteten Einzelschicksale von Menschen, die in Speziallager kamen.[38]

Bibliotheken

Auch ungedruckte Materialien in Bibliotheken können Mosaiksteine bei historischen Rekonstruktionsversuchen im Bereich Speziallager darstellen.

So finden sich hier unpublizierte Erlebnisberichte von ehemaligen Insassen der NKVD-Gefängnisse und Speziallager in der SBZ/DDR.[39] Einen Sonderfall stellen die umfänglichen

---

36 Vgl. z. B. zum Aufbau einer Sammlung von ortsbezogenen Zeitzeugenberichten u. a. für das ehemalige Speziallager Nr. 3: Gedenkstätte Berlin-Hohenschönhausen (Hg.) 1996, S. 2. Zum Bestand einer Sammlung von Zeitzeugenberichten aus dem Speziallager Nr. 3 im Heimatmuseum Berlin-Hohenschönhausen: Erler / Friedrich 1995, bes. S. 18.

37 Exemplarisch seien hier genannt: die "Union der Opfer kommunistischer Gewaltherrschaft e.V.", der "Verband der Opfer des Stalinismus e.V." oder der "Waldheim Kameradschaftskreis". Vgl. etwa den Hinweis auf die Materialsammlung der Initiativgruppe Internierungslager Ketschendorf e.V.: Erler / Prieß 1995, S. 157.

38 Stellvertretend für viele seien im folgenden Unterlagen zur Person Paul Otto Kleinsteubers (Speziallager Buchenwald 1945-1947); Nachlaß bei Angehörigen in Tabarz/Thüringen; und zur Person von Friedrich Krauß (1945-1950 in verschiedenen Speziallagern); Privatsammlung bei dem Heimatforscher Horst Möckel in Schwarzenberg; genannt. Lutz Prieß danke ich für den Hinweis auf den bisher weitgehend übersehenen Bereich der Familienarchive nichtdeutscher (z. B. ehemaliger sowjetischer) oder deutscher und ins Ausland abgewanderter Überlebender von Speziallagern in der SBZ/DDR.

39 Dieses gilt etwa für den unpublizierten Bericht von W. H. Velten (d. i. Werner Haupt) Dawai, Dawai Kamerad! Russisches Speziallager Nr. 7 – Sachsenhausen – 1945-1948, Köln 1995 in den Beständen der Gedenkbibliothek zu Ehren der Opfer des Stalinismus e.V. (Berlin). Für den Hinweis auf vergleichbare Funde in der Bibliothek des Institutes für Zeitgeschichte (München) danke ich Gabriele Hammermann. Vgl. Graf 1992, S. 50 mit dem Hinweis auf den Nachlaß Büchel im Archiv der Historischen Kommission zu Berlin.

Mikroformstände der Bayerischen Staatsbibliothek in München dar.[40] Hier enthalten Akten britischer und amerikanischer Geheimdienststellen vereinzelte Hinweise auf die Kenntnisse über das Bestehen der Speziallager, aber auch eine Reihe von Informationen, die das historische Umfeld betreffen (Entnazifizierung, Kriegsgefangenschaft, Heimkehr, Lagebeurteilung der UdSSR, GULAG, GUPWI).[41] Verfilmte Findbücher russischer Archive bieten zudem Spuren zu Fotosammlungen und Akten, die sich mit einzelnen Speziallagern befassen können.

Bild- und Tonquellen sowie Realien

Vor allem im Rahmen von Ausstellungsvorbereitungen ist auch die Frage nach Bild- und Tonüberlieferungen relevant. Mag hinlänglich bekannt sein, daß von den Speziallagern zeitgenössisch keinerlei Innenaufnahmen existieren, so bestehen doch zahlreiche Fotos, die Aufschlüsse zu den Topographien einzelner Lagergelände kurz vor oder kurz nach deren Funktion als Speziallager geben.[42]

Die Fototheken der Gedenkstätten Buchenwald und Sachsenhausen bieten Luftbilder aber auch zahlreiche topographische "Bodenaufnahmen" aus der Zeit nach der Befreiung der jeweiligen NS-Lager, bzw. nach der Auflösung der Speziallager.[43] In beiden Häusern

---

40 Vgl. hierzu Litten 1995; Archives 1995. Es empfiehlt sich vor der Benutzung der Bestände ein Gespräch mit den zuständigen Mitarbeitern, da der neueste Stand der ständig fortschreitenden Aktenverfilmungen nur so zu erfahren ist.

41 Vgl. z. B. Bayerische Staatsbibliothek (München) R 85. 13-2,1/3 Nr. 756 (zu aus der UdSSR heimkehrenden Zivilinternierten in Frankfurt/Oder, 1947); R 85, 13 – 2,2/4, S. 818-820 (Synopse der Schätzungen in Speziallagern inhaftierter Berliner seitens des Magistrates von Berlin, der KGU und alliierter Stellen von 1950); auf dem selben Film, S. 992-1002 (Material zu Meldungen der U.S.-Botschaft in Belgrad über dortige Zeitungsartikel u. a. zu Speziallagern in der SBZ/DDR, 1951) ; R 85. 13-2,2/5, S. 81f. (zu den Entlassungen aus den Speziallagern 1950 und den Waldheimer Prozessen); MM 118-6,1/3 Dok. 2 und MM 118-6,1/4 Dok. 11 (Lageberichte des C.I.C. vom 27.6.1944 und vom 30.4.1945 zu den sowjetischen Planungen zur Bestrafung von Kriegsverbrechern).

42 Nach GARF F. 9409, Op. 1s, D. 226, L. 90, 194 gab es 1949 eine versehentlich durch sowjetische Militärflieger entstandene Luftaufnahme des Lagers Sachsenhausen. Allerdings wurden diese Fotos sofort vernichtet. Eine Ausnahme bildet die Aufnahme eines Wachturmes aus dem Speziallager Sachsenhausen, die irrtümlich dem Lager Buchenwald zugeordnet wurde, auf dem Titelbild von: Berichte aus Mitteldeutschland von der Kampfgruppe gegen Unmenschlichkeit, o. O. o. J. (um 1949/50), in: Bundesarchiv Koblenz Bestand KGU Publikationen Z. Sg. 1-64/3 (1).

43 Auf die Nennung einschlägiger Bildarchive, die allerdings nur peripher in ihren Beständen das Thema Speziallager berühren (z. B. Abbildungen von Mitgliedern der SMA), wurde hier verzichtet. Vgl. zu Aufnahmen des KZ Buchenwald nach der Befreiung, Bilder im: Bundesarchiv Filmarchiv (Berlin) – für diesen Hinweis Dank an Gabriele Hammermann –; im Archiv für Kunst und Geschichte (Berlin), im Archiv des Bilderdienstes Süddeutscher Verlag (München), im Archiv des Ullstein-Bilderdienst (Berlin), im bildarchiv preußischer kulturbesitz (Berlin) und im Fotoarchiv des Deutschen Historischen Museums (Berlin). Vgl. zu Fotos über die Arbeit des Ostbüros der FDP: Archiv des deutschen Liberalismus (Gummersbach) Bestand Referat Ostbüro Akte 2522; zu Aufnahmen von 1947 aus dem Heimkehrerlager Gronenfelde in Frankfurt/Oder, das auch viele Spezlagerinsassen, die in die UdSSR verbracht worden waren, bei ihrer Heimkehr durchliefen z. B. Fotoarchiv des Deutschen Historischen Museums (Berlin) Museum für deutsche Geschichte Deutschland 1945-1949 A I 5 a Inv. Nr. F 70/450 (819); Inv. Nr. F 70/460 (68, 19); Inv. Nr. F 70/446 (8/5) u. a.; zu Fotos aus den Waldheimer Prozes-

ergänzen Tondokumentationen von Treffen ehemaliger Internierter die Überlieferung.[44] Eine Tonüberlieferung bietet schließlich auch der Mitschnitt des RIAS von Pressekonferenzen anläßlich der bevorstehenden Auflösung der letzten Speziallager aus dem Deutschen Rundfunkarchiv in Berlin.[45]

Im Rahmen des deutsch-russischen Kooperationsprojektes, dessen Ergebnisse mit dieser Publikationsreihe vorgelegt werden, ist am Institut für Geschichte und Biographie der Fernuniversität Hagen eine der umfangreichsten Sammlungen von Ton- und Videointerviews mit ehemaligen Speziallagerhäftlingen entstanden, die über das dortige Archiv nutzbar sind. Für die Gedenkstätten Buchenwald, Torgau und Bautzen wurden durch Alexander von Plato für die jeweiligen ständigen Ausstellungen Videointerviews mit Zeitzeugen geführt, die ebenfalls im Institut für Geschichte und Biographie archiviert sind.[46]

Bei der Suche nach Realien aus den Speziallagern ist man vor allem auf private Überlieferung (Opferverbände, Einzelpersonen) angewiesen. Daneben vermögen die museologischen Sammlungen in den Gedenkstätten Sachsenhausen und Buchenwald eine weitere Hilfe zu bieten. In der Gedenkstätte Sachsenhausen wurde eine Grabungstätigkeit begonnen, ebenso in der Gedenkstätte Buchenwald, wo die Ergebnisse nennenswert sind. Die zielgerichtete Suche nach den Müllhalden von KZ und Speziallager, die Grabungstätigkeit an diesen Plätzen sowie die wissenschaftliche Auswertung der dort gemachten Funde fördern bis heute eine Fülle an Relikten der beiden Lager zutage[47], die durch Überlassungen und Leihgaben von ehemaligen Internierten und ihren Angehörigen ergänzt werden.

Schlußbemerkung

Die sowjetischen Akten stellen einen der wesentlichsten Bausteine zur Erforschung der Geschichte der Speziallager in der SBZ/DDR dar. Gleichwohl ist eine Erforschung des komplexen Themas – das zeigen die hier genannten Sammlungen – nicht ohne die Verwendung von Quellen aus deutschen Archiven denkbar. Mit der quantitativen Erweiterung der Quellenbasis geht dabei ein qualitativer Erkenntnisfortschritt für die Speziallagerforschung einher.

Eine zentrale Rolle kommt dabei zweifellos der Überlieferung von Zeitzeugen, also vor allem Erinnerungsberichten von Überlebenden der Lager zu. Daneben bilden die zumeist außerordentlich verstreuten Hinweise in staatlichen und anderweitigen Akten eine weitere Ergänzung.

---

sen: Bundesarchiv Koblenz Fotoarchiv , z. B. M IV Deu a 13 – 1950. Zu ersten Grabfunden in der Nähe von ehemaligen Speziallagern: im selben Archiv: G IX c 84 a.

44 Im Archiv für christlich-demokratische Politik (St. Augustin) befinden sich Tonbandprotokolle der in der Gedenkstätte Buchenwald abgehaltenen Arbeitstagungen der Konrad-Adenauer-Stiftung u. a. zur Speziallagerproblematik.

45 Bodo Ritscher gebührt für diesen Hinweis Dank.

46 Zur in Lüdenscheid aufgebauten Sammlung von Zeitzeugeninterviews zum Thema Speziallager: v. Plato 1992, Ochs 1993, S. 111-123; v. Plato 1994, S. 68. Für den Westdeutschen Rundfunk erstellten Alexander von Plato und Loretta Walz zudem einen Film zum Thema des Speziallagers Nr. 2 Buchenwald her, der auch in der Gedenkstätte Buchenwald zu sehen ist.

47 Für diese Arbeiten sind vor allem Harry Stein, Friedbert Staar und Rosi Garcia (alle Weimar) verantwortlich.

Die Geheimhaltung der Speziallager und das in der DDR herrschende Tabu darüber öffentlich zu sprechen, konnten – das zeigen die archivierten Materialien in Deutschland – nicht in der von den Sowjets und den Repräsentanten der DDR gewünschten Weise aufrechterhalten werden.

Lutz Niethammer

Alliierte Internierungslager in Deutschland nach 1945. Ein Vergleich und offene Fragen

Die alliierten Internierungslager in Deutschland nach 1945 sind lange Zeit ein Stiefkind der Forschung gewesen. Das kann nicht nur an der Unzugänglichkeit der amtlichen Quellen über diese Lager gelegen haben. Denn ausgerechnet über die sog. Spez- oder Sonderlager in der SBZ, über die von Anfang an amtliches Schweigen verhängt worden war, sind wir schon in den 50er Jahren durch die Bearbeitung von Erinnerungsberichten[1] informiert worden: im Rückblick wird deutlich, daß Informationen über die alliierten Internierungslager nur insofern im Nachkriegsdeutschland Aufmerksamkeit erregten, als sie in Wahrnehmungsmuster des Kalten Krieges eingefügt werden konnten. Ein entsprechendes östliches Wahrnehmungsmuster der Lager in den Westzonen fehlte indessen; daß die Westmächte und vor allem deren 'imperialistische Vormacht' USA mehr Nazis in Lager gesperrt hatten als die Sowjets, widersprach zu sehr den Stereotypen der DDR-offiziellen Restaurationsanklagen. Über die westlichen Internierungs- und Arbeitslager wurden zunächst nur einige persönliche Erinnerungsberichte publiziert[2] und solche Berichte blieben weitgehend ein Reservat rechtsradikaler Rezeption.

Nach ersten wissenschaftlichen Explorationen in den 70er Jahren[3] begann im Westen in den 80er Jahren eine sich von den Anklagen und Apologien der Nachkriegszeit lösende Erforschung der alliierten Internierung, in der deren Zusammenhang mit der Entnazifizierung nie in Frage stand.[4] Nach dem Zusammenbruch der DDR stieß ihre östliche Variante auf großes, aber die Zusammenhänge weithin verkennendes Interesse: Die Spezlager wurden als sowjetischer GULAG auf deutschem Boden oder als totalitäre Fortsetzung des SS-Staats durch die Kommunisten wahrgenommen und häufig von den interalliierten Zusammenhängen abge-

---

1 Im folgenden wird aus Raumgründen im wesentlichen nur Literatur zu den Internierungslagern in den Westzonen Deutschlands angeführt, da die Literatur zu den Spezlagern in der SBZ in den anderen Beiträgen dieses Bandes ausführlich ausgewertet wird. Nicht eigens ausgewiesene Angaben zu politischen Direktiven und Entscheidungen zur Geschichte der Spezlager beziehen sich auf die Dokumentation in Band 2.
2 Am informativsten Vogel 1951; daneben z. B. Zerkaulen 1951; Euringer 1952; Beck 1952; Gheorghe 1956; Geiger, 3. Aufl. 1977 und für die Rheinwiesenlager 1945 Hellweg 1951; Nowak 1956. Kurze Berichte finden sich in mehreren Memoiren wie z. B. Schwerin von Krosigk 1977 oder in literarischen Verarbeitungen wie Venatier 1953 und Salomon 1951 u. ä.
3 Niethammer 1972 (²Berlin 1982), 255 ff., 455 ff., 575 ff.; Peterson 1978, 145 ff.
4 Für die US-Zone vgl. Schick 1988, S. 301-325 sowie deren Dissertation; Horn 1992; für die britische Zone Wember 1991; für die französische Zone Möhler, 1992, 357 ff.; daneben Henke 1981, 40 f.; Grohnert 1991, 162-172.

koppelt. Als seit 1992 erste sowjetische Archivalien zugänglich geworden waren, wurden differenziertere Beschreibungen einzelner Lager wie auch die Dokumentation der Internierungsbefehle des NKVD möglich. Darauf folgte ein Versuch, die Kenntnisstände über die alliierte Internierungspraxis in Ost und West zusammenzubringen.[5]

Fragen an einen Vergleich

Die jetzt in Gang gekommene Erforschung und vergleichende Betrachtung der alliierten Internierungslager in Deutschland dient nicht dem Mythenersatz, sondern sie ist als ein Beitrag zu verstehen, die projektive Dialektik zwischen einem kommunistisch beherrschten Antifaschismus und dem westlichen Antikommunismus des Kalten Krieges, die beide ihr Pathos mit einer Mehrheit von vereinnahmten anderen Opfern munitionieren wollten, zu überwinden. Statt dessen soll Gelegenheit zu einem geschichtlichen Lernen gegeben werden, das realistisch aufklärt und differenzierte Einsichten in historische Zusammenhänge vermittelt, die Gefühle von Überlebenden und die Trauer von Hinterbliebenen achtet und der Gesellschaft als ganzer politische Schlußfolgerungen ermöglicht. Diese können nicht in der ideologischen Verallgemeinerung und symbolischen Überhöhung fraktioneller politischer Traditionen gesucht werden, sondern nur in der Sensibilisierung gegenüber menschenverachtenden Herrschaftspraktiken gerade auch gegenüber politischen Gegnern. Dazu ist eine aus dem Vergleich entstehende differenzierte Wahrnehmung eine grundlegende Voraussetzung. Welchen Erkenntniszielen dient ein solcher Vergleich?

1. Im Zusammenhang der gesamteuropäischen Lagererfahrung von den 30er zu den 50er Jahren heben sich die alliierten Internierungslager als diejenigen Lager ab, für die es für die Mehrheit der mitlebenden Völkergemeinschaft eine einleuchtende moralische Begründung gab, nämlich die politisch Mitverantwortlichen für die Menschheitsverbrechen des Dritten Reiches festzusetzen, sie dadurch kurzfristig von einer Gefährdung der alliierten Besatzungstruppen abzuhalten und auf längere Sicht ihres Einflusses auf die Entstehung friedensfähiger und demokratischer Verhältnisse in Deutschland zu berauben. Inwiefern entspricht die Verhaftungspraxis der Alliierten diesem Ziel?
2. Die Haftbedingungen in den alliierten Internierungslagern und die Überprüfung der anfänglichen Haftgründe waren im Zeitverlauf und zwischen den einzelnen Besatzungszonen extrem unterschiedlich. So waren z. B. im Sommer 1946 etwa die Hälfte der Verhafteten aus den amerikanischen Lagern bereits wieder entlassen, während aus den sowjetischen 1948 zum ersten Mal in größerem Umfang Entlassungen vorgenommen wurden. Worauf sind diese Unterschiede zurückzuführen?
3. Die Überlebenschance der Inhaftierten war im Westen hoch, im Osten jedoch mit knapp zwei Drittel nicht viel höher als die in vielen KZs des Dritten Reiches und war derjenigen deutscher Kriegsgefangener in der Sowjetunion vergleichbar (d. h. sie war weit höher als die Überlebenschance sowjetischer Kriegsgefangener in Deutschland). Machen solche Rohdaten die Spezlager (oder die alliierten Internierungslager insgesamt) den nationalsozialistischen KZs, dem sowjetischen GULAG oder den Kriegsgefangenenlagern ähnlich?

---

5 Knigge-Tesche u.a. (Hg.) 1993 mit Übersichten von Wember, Niethammer, Möhler und Ritscher zu den vier Besatzungszonen.

4. Die allgemeine Entnazifizierung durch politische Überprüfungsausschüsse, Spruchkammern etc. ist in allen Besatzungszonen im Zuge der Zuspitzung des Kalten Krieges abgebrochen worden, und zwar in jenen Zonen am frühesten und am weitgehendsten, in denen sie am schärfsten durchgeführt worden war, also in der amerikanischen und der sowjetischen Zone[6]. Wie wurde mit den Lagerhäftlingen als den von der alliierten Säuberungspolitik am schwersten Betroffenen im Zuge dieser politischen Diskontinuität umgegangen?

Planung und Charakter der Internierung

Soweit heute ersichtlich, geht die Internierungspolitik der Alliierten auf zwei Ansätze zurück, und zwar mehrheitlich auf einen amerikanischen, der in der Praxis bald von den anderen Westalliierten und dann auch von den USA modifiziert wurde, und auf einen sowjetischen, der sich im Frühjahr 1945 dem amerikanischen annäherte, aber zwischen beiden Ansätzen unentschieden und zugleich in dieser Unentschiedenheit auf verhängnisvolle Weise stabil blieb.

Der amerikanische Ansatz

Am wichtigsten war der Ansatz der Amerikaner, die im Rahmen ihrer Besatzungs- und Entnazifizierungsplanung bereits 1944 Kategorien für einen "Automatischen Arrest" und Vorschriften für die Inhaftierung von "Sicherheitsrisiken" entwickelten, die im Rahmen des Westalliierten Oberkommandos modellbildend für die Westmächte wurden. Sie bestimmten in ihrer letzten, zur Durchführung gekommenen Version vom April 1945[7], daß Hitler, seine wichtigsten Gefolgsleute, andere Kriegsverbrecher und alle, die an Nazi-Vorhaben mit der Folge von Greueltaten und Kriegsverbrechen teilgenommen hätten, verhaftet und interniert werden sollten. Außerdem sollten alle Personen, die in Freiheit die Durchsetzung der Ziele des amerikanischen Oberkommandierenden gefährden könnten, verhaftet und bis zu einem erst noch zu etablierenden "semi-juristischen" Verfahren gefangen gehalten werden. Als eine "partielle Liste" der dafür Verdächtigen wurden aufgeführt:

1. Funktionäre der NSDAP und ihrer Gliederungen und angeschlossenen Verbände bis herunter zur Ebene der Ortsgruppenleiter;
2. alle Mitglieder der politischen Polizei, Gestapo und des SD;
3. alle SS-Mitglieder und die Offiziere und Unteroffiziere der Waffen-SS;
4. alle Generalstabsoffiziere;
5. alle Polizeioffiziere;

---

[6] Zur SBZ vgl. Meinicke Diss. 1983; Schäfer 1986; Welsh 1989; Rößler 1994. Charakteristischerweise behandeln alle diese Arbeiten das Spezlager-Kontingent nicht, das aus dem Erfahrungsraum der 'zivilen' Entnazifizierung in der SBZ ausgegrenzt war. Für Überblicke auf die Säuberungspolitiken in anderen Zonen und Ländern (dort weitere Literatur) vgl. Henke u. Woller (Hg.) 1991; Vollnhals 1991.

[7] Die IPCOG 1 genannte Direktive an den Chef der US-Militärregierung in Deutschland v. 26.4.1945 in: Foreign Relations of the United States (FRUS) 1945, Bd. III, Washington D.C. 1968, 484 ff., (hier Teil I, § 8) Zit. 490.

6. Führer der SA bis herunter zum Unteroffiziersrang;
7. führende Beamte von der Ministerialebene bis herunter zum Ortsbürgermeister und alle äquivalenten Beamten der deutschen Besatzungsverwaltungen;
8. Nazis und Nazi-Sympathisanten in Schlüsselstellungen von öffentlichen und wirtschaftlichen Organisationen der nationalen und Gau-Ebene, öffentlichen Unternehmen, aber auch der "Industrie, des Handels, der Landwirtschaft und des Finanzwesens", der Erziehung, des Gerichtswesens und der Medien. Bis zum Beweis des Gegenteils sollten alle Inhaber solcher Schlüsselstellungen als Nazis betrachtet werden;
9. alle Richter und Staatsanwälte von Sondergerichten;
10. alle Staatsangehörigen der Vereinten Nationen, die die deutschen Kriegsanstrengungen unterstützt und dabei gegen die Gesetze ihrer Heimatländer verstoßen hätten und
11. alle Individuen, die in Zukunft der Militärregierung aus Washington benannt würden.

Dies war ein außerordentlich umfassendes Arrestprogramm, dem die anderen Westalliierten nur mit deutlichen Abstrichen folgten. Es richtete sich nicht etwa nur gegen Kriegsverbrecher oder höhere NS-Funktionäre und SS-Führer, sondern auch gegen gesellschaftliche und administrative Machtträger des Dritten Reiches und enthielt darüber hinaus Gummiklauseln, die jegliche Verhaftung von Personen erlaubten, die als ein Sicherheitsrisiko oder als Gegner der Besatzungsmacht erschienen. Binnen eines Dreivierteljahres führte es zur Internierung von ca. 117.500 Personen und machte die US-Zone zur arrestintensivsten Besatzungszone: hier wurde jeder 142. Einwohner interniert, in der SBZ jeder 144., in der französischen Zone aber jeder 263. und in der britischen jeder 284.[8] Quantitativ waren die beiden größten Internierungsgruppen in der US-Zone mittlere und kleinere NS-Funktionäre und SS-Angehörige. So uferlos die Verhaftungskategorien zunächst anmuten, so bleibt bemerkenswert, daß die Verhaftungen in der US-Zone von Anfang an unter einem Rechtsvorbehalt baldiger Überprüfung durch quasi-gerichtliche Instanzen standen, die auch tatsächlich binnen eines Jahres über die Hälfte der Internierten wieder aus den Lagern entließen, darunter vor allem Jugendliche, Kranke und gesellschaftliche Eliten ohne NS-Funktion. Nachdem sich die Erwartung eines NS-inspirierten Guerilla-Widerstands gegen die Besatzungsmächte als irrig erwiesen hatte, reduzierten sich die Haftgründe für die Amerikaner auf die Verfolgung von Kriegs- und Menschheitsverbrechen, und die Internierung verwandelte sich in eine Art Untersuchungshaft in Erwartung der Entscheidung über die Organisationsanklagen vor dem Nürnberger Gerichtshof.[9]

Im Rahmen der interalliierten European Advisory Commission (EAC) wurden die frühen Planungen seit Oktober 1944 auch der Sowjetunion unterbreitet. Ob die revidierte Version der Direktive JCS 1067 vom 6.1.1945, die im politischen Anhang A genaue Verhaftungsanweisungen enthielt[10], wie zunächst vorgesehen, tatsächlich in die EAC eingebracht wurde, ist jedoch zweifelhaft. Nach Jalta wurde jedoch nach harten interministeriellen Kämpfen ein knapper Direktiventwurf für die Behandlung Deutschlands vom 23. März 1945 als Vorlage einer interalliierten Deutschland-Direktive – zu der es allerdings nicht kam – einge-

---

8 Die Briten internierten in ihrer mit Abstand größten Besatzungszone ca. 90.000 und die Franzosen in der kleinsten ca. 21.500 Deutsche.
9 Vgl. Smith 1977; zur weiteren Literatur vgl. die umfängliche Bibliographie von Tutorow 1986.
10 FRUS, 1945/III, S. 381 f.

bracht[11], der u.a. auch eine politische Grundsatzaussage zur Arrestpolitik enthielt: "Kriegsverbrecher und alle, die an der Planung und Durchführung von Nazi-Vorhaben, die zu Greueltaten oder Kriegsverbrechen geführt haben, teilgenommen haben, werden verhaftet, vor Gericht gestellt und bestraft. Nazi-Führer und einflußreiche Unterstützer der Nazis und alle anderen Personen, die der Besatzung oder ihren Zielen gefährlich werden könnten, werden verhaftet und interniert."[12] Entfallen war hier ein Zusatz einer früheren, unmittelbar der Umsetzung der Jalta-Verhandlungen dienenden Fassung vom 10. März 1945[13], der offenbar einen Reflex auf dort informell geäußerte oder zumindest offen gehaltene Interessen der Sowjetunion darstellte und besagte, daß Deutsche, die "zur Wiedergutmachung durch Arbeit ins Ausland verbracht" würden, aus den Rängen der aktiven Nazis und aus Nazi-Organisationen wie besonders der SS und Gestapo rekrutiert werden sollten. Das sollte "dem doppelten Zweck dienen, viele der schlimmsten Verbreiter von Nazi-Einfluß aus Deutschland zu eliminieren und die Schuldigen zu zwingen, ihre Verbrechen zu büßen und etwas von dem von ihnen angerichteten Schaden wiedergutzumachen."

Der sowjetische Ansatz

Da die Grundsatzerklärungen der USA in der EAC wenig konkret waren, hatte die Sowjetunion die USA um ihre vorbereiteten Militärregierungshandbücher für Deutschland gebeten, und als die Militärs im westalliierten Oberkommando SHAEF diese nur im Austausch gegen vergleichbare sowjetische Materialien herausrücken wollten, hatte der russische Vertreter in London einräumen müssen, daß die UdSSR über derartige Planungen nicht verfüge. Im US-Außenministerium war dann am 13. März 1945 entschieden worden, die Handbücher den Sowjets auszuhändigen, und zwar als "eine Gelegenheit, die russische Planung zu beeinflussen".[14] Spätestens Ende März 1945 hatte Moskau insofern die detaillierten amerikanischen Planungen der Entnazifizierung und Arrestpolitik in Händen und auch zur Kenntnis nehmen müssen, daß in den von den USA vorgeschlagenen Grundsätzen für eine interalliierte Besatzungspolitik von den in Jalta noch offengehaltenen Arbeitskräfte-Reparationen in Gestalt deportierter Nazis nicht mehr die Rede war. Ob und in welchem Ausmaß dies zur Wende in der sowjetischen Internierungspolitik, die nach einer persönlichen Entscheidung Stalins Mitte April 1945 vollzogen wurde, beigetragen hat, ist bisher nicht erforschbar.

Bis dahin hatte nämlich die Sowjetunion ihre summarischen Verhaftungen unter Deutschen im Rücken der Fronttruppen nur in lockerer Verknüpfung mit Entnazifizierungsgesichtspunkten ganz auf die Sicherung der Truppe gegenüber deutschem Widerstand und vor

---

11 Ebenda, S. 471 ff.
12 Ebenda, S. 472 f.
13 Ebenda, S. 434 ff. In Jalta hatten die Westmächte ihr Desinteresse an der "Benützung von deutschen Arbeitskräften als Wiedergutmachungen" erklärt und Stalin hatte ergänzt: "...wir sind noch nicht bereit, über Arbeitskräfte zu sprechen." Im folgenden konzentrierten sich die Verhandlungen auf die Bezifferung und Verteilung der Sachleistungen. Vgl. Die offiziellen Jalta-Dokumente des U.S. State Departments, Wien 1955, S. 102 ff., 232 ff., 328 ff. Die USA nahmen seit April/Mai 1945 eine restriktive Haltung in der Frage von Reparationszwangsarbeitern ein. Vgl. Fisch 1992, S. 61 f., 76, 213 u.ö. Das umgekehrte Interesse der Sowjetunion betonen (gestützt auf Forschungen Jochen Laufers) Baar, Karlsch, Matschke 1993, 13 f. und beziffern es auf 2 bis 3 Mill. Arbeitskräfte auf 10 Jahre, gehen im folgenden aber dieser Reparationskategorie nicht nach. Vgl. auch Duda 1994, S. 158.
14 FRUS, 1945/III, 443.

allem auf die Gewinnung von Zwangsarbeitern abgestellt und die Verhafteten bis zur Deportation in die Sowjetunion in Spezlager des NKVD in Ostpreußen, Schlesien, Posen und Pommern (und für sog. Volksdeutsche auch in anderen Ländern Ostmitteleuropas) eingeliefert. Tatsächlich waren aber nicht nur arbeitsfähige Männer und auch keineswegs nur Nazis, sondern auch viele politisch nicht oder kaum Belastete und zahlreiche Alte, Frauen und Kinder in diese Lager geraten.[15] Zugleich fielen der Roten Armee bei ihrem Vorrücken ins Reichsgebiet etwa zwei Millionen deutscher Soldaten in die Hände, deren Masse sie in die Sowjetunion deportierte, wo sie ungehemmt als Zwangsarbeiter eingesetzt wurden – Moskau war den internationalen Konventionen über Kriegsgefangene nicht beigetreten.

Wie immer diese Bedingungen in Moskau zusammengewirkt haben mögen, jedenfalls stoppte Berija mit seinem Grundsatzerlaß vom 18. April 1945[16] die Aushebung weiterer Arbeitsbataillone, verfügte die Entlassung derer, die politisch nicht belastet waren und kein Sicherheitsrisiko darstellten, aus den Spezlagern in den Ostgebieten und ließ den Rest statt in die Sowjetunion im Zuge der Vertreibung in die SBZ deportieren, wo hinter der Front der Roten Armee neue Spezlager improvisiert werden mußten. Für die Verhaftung und Internierung in der SBZ wurden nun zum ersten Mal präzisere Kriterien ausgegeben, die sich als eine tschekistische Version der amerikanischen Internierungspolitik gegen Nazis, Systemträger und Sicherheitsrisiken verstehen lassen. Verhaftet werden sollten:

1. Spione, Diversanten und Terroristen des deutschen Geheimdienstes;
2. Angehörige aller Gruppen, die mit Widerstandshandlungen im Rücken der Roten Armee beauftragt wurden;
3. Betreiber illegaler Sender, Waffenlager und Druckereien;
4. aktive Mitglieder der NSDAP;
5. HJ- und BDM-FührerInnen bis herunter zur lokalen Ebene;
6. Angehörige der Gestapo, des SD und "anderer deutscher Terrororgane"; Leiter "administrativer Organe" bis herunter zur Lokalebene sowie Zeitungs- und Zeitschriftenredakteure und "Autoren antisowjetischer Veröffentlichungen".

Da diese Proskriptionsliste im Kern für die Internierungen in Spezlager 1945/46 – danach kamen fast nur noch Verurteilte der sowjetischen Militärtribunale in Spezlager – grundlegend blieb, bedarf sie genauerer Betrachtung. Sie unterscheidet sich von den amerikanischen Planungen in drei Aspekten: 1. Die Sicherheitsrisiken sind hier nicht als objektive Positionen und abschließender Gummiparagraph gefaßt, sondern werden der tschekistischen Aufmerksamkeit prioritär und – von Spionen bis zu antisowjetischen Autoren – als organisationsunabhängige, auf Individualhandlungen bezogene Verdachtsmomente enumerativ empfohlen. Dazu dürfte zudem wegen des Werwolf-Verdachts das besondere Augenmerk auf auch kleinere HJ-Führer gehören. 2. Die Verhaftungskriterien für NSDAP-Mitglieder und Behör-

---

15 Nach einer Vorlage Berijas für Stalin v. 17. 4. 1945 waren bei der "Säuberung des feindlichen Territoriums" 215.540 Personen - darunter 138.200 Deutsche sowie ca. 38.000 Polen und ca. 28.000 Sowjetbürger - in Lager des NKVD (östlich der Oder) genommen worden. Etwa die Hälfte seien nicht arbeitsfähig; allein 123.166 seien "Mitglieder faschistischer Organisationen" wie DAF, RAD und HJ (was bei den Westalliierten noch nicht einmal zur Einstufung als Mitläufer gereicht hätte). Demgegenüber wurden nur 3.319 Verhaftete als "Mitarbeiter von Polizei, Gefängnissen, KZ, Staatsanwaltschaften und Gerichten" und 2.272 als "Wirtschaftsführer, Führer administrativer Organisationen, Journalisten" klassifiziert.
16 Befehl des Volkskommissars für Innere Angelegenheiten der UdSSR vom 18. 4. 1945.

denleiter sind denkbar weit und unbestimmt und gehen über den schon dehnbaren Begriff der "Schlüsselstellungen" mit einem Akzent ins Etatistische hinaus. 3. Es fehlen die paramilitärischen NS-Organisationen wie vor allem die SS (einschließlich der KZ-Wach-mannschaften) und die Führerschaft der Waffen-SS und SA – sie waren nach §3 in Kriegsgefangenlager einzuweisen. Bedenkt man, daß auf längere Sicht SS-Mitglieder den harten Kern der westlichen Internierungs- und Arbeitslager ausmachen sollten, so bezeichnet dieser Unterschied den abweichenden Charakter der sowjetischen Internierungspolitik besonders deutlich. Die Sowjetunion sah in den von ihr festgehaltenen Kriegsgefangenen Strafgefangene für alle Arten deutscher Gewalttätigkeit – also auch der SS und SA und in den KZs – und die wesentliche Ressource für Wiedergutmachungsarbeiten auf ihrem Territorium.

Zugleich erklärt dies auch den immer wiederkehrenden Topos in der Erinnerungsliteratur ehemaliger Spezlagerhäftlinge, in den Lagern seien kaum wirkliche Nazis gewesen, denn im Gegensatz zu den sozialen Eliten des Dritten Reiches und den "Karteigenossen" der Partei galt die SS den meisten Nachkriegsdeutschen als der harte Kern des NS. Die Eliteformation des Dritten Reiches in Erwartung einer Organisationsanklage vor dem Internationalen Militärgerichtshof inhaftieren zu können war ein wesentlicher Grund der westlichen Internierungspolitik gewesen, die sich wenigstens im Grundsatz an die internationalen Kriegsgefangenen-Konventionen gebunden fühlte und zwischen Staats- und politischen Terroristen, Soldaten und Kriegsverbrechern zu unterscheiden suchte. Insofern erweist sich das Kriegsgefangenenproblem[17] als die eigentliche Weichenstellung der sowjetischen Internierungspolitik, in der unmittelbare ebenso wie unbestimmte Sicherheitsrisiken ihrer Besatzungstruppen und -politik ohne Zielbestimmung in einem grausamen Wartesaal isoliert und vernachlässigt wurden.

Wenn aber die terroristischen Kerntruppen des Dritten Reiches in der SBZ nicht interniert, sondern zusammen mit den Wehrmachtsangehörigen zur Zwangsarbeit in die Sowjetunion deportiert wurden, so ergibt sich auch aus der Zusammensetzung der Spezlagerhäftlinge eine andere Qualität der Internierung in der SBZ. Da sie etwa gleich viele Häftlinge wie in der US-Zone umfaßte, aufs Ganze gesehen aber die SS-Mitglieder und die Waffen-SS- und SA-Führer fehlten, die in der Anfangszeit in der US-Zone ca. ein Viertel und nach den Entlassungen des Jahres 1946 rund die Hälfte der Häftlinge ausmachten, haben die Verhaftungen schon aus diesem Grund in der SBZ offenbar sehr viel weiter über die engeren NS-Kader hinaus in die Gesellschaft ausgegriffen. Das spezifische Gewicht der NS-Belastung war unter den Insassen der Spezlager deutlich geringer als unter den Häftlingen der westlichen Internierungslager, auch der amerikanischen.

Dem aus der Erinnerungsliteratur sich aufdrängendem Eindruck, als seien Jugendliche mit oder ohne Funktionen in der HJ und Frauen besonders zahlreiche oder charakteristische Internierte gewesen, muß allerdings entgegengetreten werden. Zwar wissen wir immer noch wenig Empirisches und jedenfalls nichts für die ersten Jahre der Internierung Repräsentatives über die Haftgründe. Aus mindestens zwei Lagern (Mühlberg und Buchenwald)[18] belegen aber Geschlechts- und Altersaufschlüsselungen, daß über drei Viertel der Häftlinge Männer im Alter über 40 Jahre waren. Außerdem wurden die meisten Spezlager 1947/48

---

17 Zu den Kriegsverbrecherprozeßen gegen deutsche Kriegsgefangene in der Sowjetunion vgl. Lehmann 1986, 28 ff.; Maurach 1950; Bährens in: Maschke (Hg.) 1981; Becker 1991, S. 1-27 (kritisch zu Lehmann); jetzt Karner 1995.

18 Kilian: Mühlberg-Akten, 1154; Ritscher: SpezLager Nr. 2, 48 f. Der Anteil der Frauen an den Internierten lag bei 3 %, der Jugendlichen bei 5 %.

aufgelöst und in zwei der verbliebenen drei wurden zwar weiterhin Verurteilte sowjetischer Militärtribunale (SMT), aber seit Ende 1946 keine neu Internierten mehr eingeliefert. Auch diese Hinweise sprechen dafür, in den Internierungen in der SBZ – im Unterschied zur Lagerhaft SMT-Verurteilter[19] – in ihrer großen Mehrheit "antifaschistische" Sicherungs- und Repressionsmaßnahmen der unmittelbaren Nachkriegszeit zu sehen – freilich in der spezifischen Lesart des Antifaschismus durch die lokalen Offiziere der sowjetische Geheimdienste.

In dem Umstand, daß seit 1948 außer in Buchenwald die Mehrheit der Sonderlagerhäftlinge nicht mehr Internierte, sondern SMT-Verurteilte waren, ist jedoch ein weiterer wesentlicher Unterschied der westlichen und der sowjetischen Lagerpolitik enthalten. In den westlichen Lagern waren die Verurteilten von den Internierten nicht durch anderen Schuldverdacht, sondern durch dessen Erhärtung unterschieden. Zwar wurden vor den sowjetischen Militärtribunalen auch NS-Prozesse geführt, aber offenbar nur in verhältnismäßig geringer Zahl; der großen Mehrheit der von ihnen verurteilten Deutschen wurden nicht NS-Tatbestände vorgeworfen, sondern Ordnungswidrigkeiten und Widerstand gegen die Besatzungsmacht und Illoyalität im Kalten Krieg. Über eine zahlenmäßig erhebliche Parallelgruppe im Westen ist bisher nichts bekannt.[20] Nicht im Zusammenhang der Entnazifizierung – besonders im Zuge der Umsetzung der Schuldsprüche des Nürnberger Gerichtshofs über die "verbrecherischen Organisationen" des Dritten Reiches – Verurteilte gab es in westlichen Internierungs- und Arbeitslagern im Regelfall nicht, während sie im Zuge der Zuspitzung des Kalten Krieges nach 1947 im Osten die Mehrheit bildeten. Während also die Internierung zwischen Ost und West zunächst – mit der Ausnahme der sowjetischen Einweisung der paramilitärischen Organe des NS in die Kriegsgefangenschaft – mutatis mutandis vergleichbar erscheint, unterscheidet sich das historische Profil der Strafgefangenen in den Lagern zwischen Ost und West sehr viel stärker, weil deren Urteilsgründe im Westen im Regelfall auf die NS-Zeit zurückverwiesen, im Osten in der Mehrheit aber nicht.

Behandlung und Entlassung der Internierten

Eine vergleichende Betrachtung der Lagerpraxis muß sich darauf konzentrieren, Erklärungshypothesen und Maßstäbe dafür zu entwickeln, wie sich die Internierungslager in West- und Ostdeutschland vor allem in zwei für die Betroffenen essentiellen Punkten unterscheiden: (1) Auf einen groben Durchschnitt zusammengezogen saßen die Internierten im Westen rund zwei und im Osten mindestens vier Jahre im Lager, und für über 3.000 setzte sich die Haftzeit nach den Waldheimer Prozessen noch über weitere Jahre fort. (2) Nur im Osten verstarben mit fast 43.000 Menschen über ein Drittel der Häftlinge in den Lagern, während die

---

19 Neuerdings konnte anhand von Haftgrundlisten für SMT-Verurteilte, die im April 1953 für die Sowjets erstellt wurden, nachgewiesen werden, daß über 2/3 dieser Häftlinge nicht aus Gründen von NS-Belastung oder Kriegsverbrechen verurteilt worden waren. Vgl. Oleschinski/Pampel 1995, 456-466, die bes. 458 insgesamt 27 % wegen Kriegs- und Menschheitsverbrechen Verurteilte und deren Konzentration überwiegend im Zuchthaus Brandenburg angeben, sowie Matz-Donath1995, 466-480, die für die dortigen weiblichen SMT-Verurteilten 1950 ca. 11 % überwiegend geringe NS-Belastungen ausweist.

20 Die derzeitige Forschungslage, in der weder die SMT-Urteilspraxis untersucht werden kann noch die juristische Abwehr von Sicherheitsgefährdungen der Besatzungsmächte im Westen untersucht ist, läßt in diesem Bereich keine empirisch erhärteten Aussagen, sondern nur "informed guesses" zu.

Mortalität unter den Internierten im Westen derjenigen der Zivilbevölkerung vergleichbar oder wegen der gesicherteren Ernährung manchmal sogar günstiger gewesen zu sein scheint.[21] Entsprechend höher müssen auch die gesundheitlichen und psychischen Folgeschäden der Internierung im Osten eingeschätzt werden.

Alle Alliierten haben die Internierung zunächst nach militärischen und politischen Gesichtspunkten als eine vorläufige Sicherungsmaßnahme betrieben und entsprechend die Inhaftierten oft auf bloßen Verdacht hin festgesetzt und von der Außenwelt isoliert. Ausweislich der Vorgeschichte ging es den Westalliierten jenseits vorläufiger Sicherungsaspekte im Kern darum, die in einem weiten Sinne politisch Verantwortlichen für Kriegs- und Menschheitsverbrechen des Nationalsozialismus unter den Inhaftierten herauszufinden und im Rahmen der Entnazifizierung oder durch Militärgerichte bestrafen zu lassen. Dazu dienten die Organisationsanklagen vor dem Nürnberger Gerichtshof und die alsbaldige Umsetzung seines Spruchs vom 1. Oktober 1946[22] durch die Kontrollratsdirektive Nr. 38 vom 12. Oktober 1946[23] in Vorschriften für Einzelverfahren vor allem gegen die Internierten. Von der Sowjetunion ist bisher – außerhalb ihrer Mitwirkung am Nürnberger Gerichtshof und an der Kontrollratsdirektive – eine solche Zielbestimmung der Internierung in den Spezlagern nicht belegt, zumal sie die wichtigste und größte dafür in Frage kommende Gruppe (die Mitglieder der SS und die Führerschaft der Waffen-SS und der SA) den Kriegsgefangenen zugeschlagen hatte.

Belegbar ist hingegen ihr durchlaufendes Reparationsinteresse, wie es nicht nur die oben berichtete Vorgeschichte der Spezlager in der SBZ zeigt, sondern vor allem auch die zu Weihnachten 1946 erfolgte Anforderung von 27.500 Häftlingen zur Deportation in die Sowjetunion, die nach dem Gesichtspunkt der Arbeitsfähigkeit unter Tage und nicht nach der politischen Belastung aus den Lagern ausgewählt werden sollten[24]. Diese Anforderung reagierte ohne weitere Begründung auf den Vorschlag der Spezlagerverwaltung in Deutsch-

---

21 Dies kann man nur vorsichtig ausdrücken, da in der Literatur zu den westlichen Internierungs- und Arbeitslagern genaue Todesbilanzen fehlen. Es gibt jedoch keine Hinweise auf ein Massensterben wie in den Spezlagern. Einzelbelege sprechen vielmehr für eine niedrige Mortalität, auch in dem Hungerwinter 1946/47. Nach einem für den hessischen "Befreiungsminister" angefertigten Inspektionsbericht von Kogon und Römhild vom April 1947 soll es im damals größten Internierungslager der US-Zone in Darmstadt-Eberstadt, in dem ein erheblicher Teil der Häftlinge in Zelten untergebracht war, in diesem Winter keinen einzigen Selbstmord und eine geringere Mortalität als in der Zivilbevölkerung gegeben haben.

22 Text des Urteils über die Organisationen in: Das Urteil von Nürnberg 1946, München 1961, S. 136-171.

23 "Verhaftung und Bestrafung von Kriegsverbrechern, Nationalsozialisten und Militaristen und Internierung, Kontrolle und Überwachung von möglicherweise gefährlichen Deutschen". Die Bedeutung der KR Dir. 38 besteht darin, daß sie die Grundgedanken der in der US-Zone seit Frühjahr 1946 praktizierten Entnazifizierung für das gesamte Kontrollratsgebiet zur Maxime erhob und die juristische Voraussetzung für die Umsetzung der Nürnberger Organisationsurteile für die Internierten schuf. Zu ihrer Geschichte und Umsetzung in den Westzonen vgl. Wember: Umerziehung, S. 152 ff., 276 ff.; Horn: Bayern, 106 ff. Die SMAD hat sie im Sommer 1947 durch den Befehl Nr. 201 (Text z.B. bei Rößler (Hg.): Entnazifizierungspolitik, 147 ff.) für den Zivilbereich der SBZ (nicht aber für die dem sowjetischen Innenministerium unterstellten Spezlager) umgesetzt, so daß sie weitgehend ins Leere oder in den Mißbrauch lief. Die nachholende Gerechtigkeit ihrer Anwendung in den sog. Waldheimer Prozessen erwies sich als Einstiegsritual in das justizförmige Unrecht der frühen DDR.

24 Ministerratsbeschluß der UdSSR vom 23. 12. 1946 Nr. 2728-1124ss, umgesetzt durch den Befehl des MVD der UdSSR Nr. 001196 vom 26. 12. 1946.

land[25], im Lichte der Kontrollratsdirektive Nr. 38 (hier Art. IV ff. u. X ff.) von den damals ca. 80.000 Spezlagerhäftlingen die auf ca. 35.000 bezifferten Minderbelasteten und Mitläufer zu entlassen. Offensichtlich interessierte Stalin aber die mit sowjetischer Mitwirkung auf amerikanisches Drängen hin entstandene Direktive des Kontrollrats gegen die am schwersten belasteten Betroffenen der Entnazifizierung nicht. Vielmehr bezweckte der Ministerratsbeschluß nur, den arbeitsfähigen Teil der Spezlager gegen eine gleiche Zahl nicht mehr arbeitsfähiger Kriegsgefangener und Internierter in der Sowjetunion zur Auffüllung der Zwangsarbeiter sowjetischer Bergwerke auszutauschen. Unter welchen Gesichtspunkten die Zahl von 27.500 Internierten gegriffen worden war, ist unklar. Jedenfalls erwies sie sich als unrealistisch, denn im September 1947 wurde festgestellt, daß nach der Hungerkatastrophe des Winters 1946/47 unter den jetzt 60.580 Internierten und Gefangenen in der SBZ nur noch 4.579 Arbeitsfähige zur Deportation in die Sowjetunion gefunden worden waren. Alle für die Verhältnisse in der SBZ Verantwortlichen - Sokolovski für die SMAD, Semjonov für das Außenministerium und der sowjetische Innenminister, der unmittelbar für die Lager verantwortlich war - setzten sich 1947 vergebens in Moskau für eine Anwendung der Kontrollratsdirektive 38 auf die Spezlager mit entsprechenden Verfahren und Entlassungen ein.[26] Im Gegensatz zu ihren Zuständigen in Deutschland sahen offenbar die Herrschenden in Moskau keinen Zusammenhang zwischen der Entnazifizierung und ihren Lagern in Deutschland, denn im Sommer erließ die sowjetische Führung Durchführungsbestimmungen für die KR Dir. 38 für die SMAD, in der die Insassen der Spezlager mit keinem Wort erwähnt wurden.[27]

Allgemein ist auffällig, daß es keinerlei institutionalisierten Zusammenhang der Entnazifizierung in der SBZ mit der sowjetischen Internierungspolitik zu geben scheint. Den Entlassungswellen 1948 und 1950 waren keine Entnazifizierungs- oder SMT-Verfahren wie in den westlichen Besatzungszonen vorausgegangen; vielmehr waren aus Moskau hochrangig zusammengesetzte Kommissionen entsandt worden, um die in Frage kommenden Häftlinge nach Aktenlage und ohne rechtsförmiges Verfahren listenmäßig zusammenzustellen. Erst bei der Auflösung der Lager 1950 – wie übrigens auch bei der Rechtfertigung der Verlängerung der Kriegsgefangenschaft über diesen Zeitpunkt hinaus – erinnerte man sich des Kriegsverbrecher-Arguments und ließ die Betroffenen in Schnellverfahren durch Sondergerichte gewöhnlich nach KR Dir. 38 bzw. SMAD Befehl Nr. 201 oder auch nach Kontrollratsgesetz Nr. 10 als Kriegsverbrecher aburteilen.[28]

Angesichts der Herausnahme der Internierten der Spezlager aus dem Entnazifizierungsregime des Kontrollrats und angesichts des dokumentierbaren Moskauer Verständnisses der sowjetischen Lager in Deutschland als Reservoire für deutsche Reparationsarbeiter in der Sowjetunion stimmt es umso nachdenklicher, daß die Häftlinge in den Spezlagern der SBZ meist weder arbeiten mußten noch durften, während z. B. die Amerikaner ihre Lager 1946 in die Nähe von Städten verlegten, um die Internierten zu Wiedergutmachungsarbeiten (allerdings in den deutschen Trümmern) heranziehen zu können.[29] Zugleich hat der NKVD/MVD die totale Isolierung der Lager und die Kontaktsperre der Inhaftierten gegenüber ihren Angehörigen bis zu den beiden Entlassungsaktionen 1948 und 1950 weit über

---

25 Serov an Stalin v. 4. 12. 1946
26 Innenminister S. Kruglov und S. Ogoltzov an Molotov vom 4. 9. 1947.
27 Stellv. Außenminister der UdSSR Vyšinski an den Chef der SMAD Marschall Sokolovskij vom 29. 7. 1947 als Grundlage für den SMAD-Befehl Nr. 201 vom 16. 8. 1947.
28 Vgl. Eisert: Waldheimer Prozesse, 241 u.ö.
29 Vgl. Horn: Bayern, 147 f.

jede Sicherheitsheitserwägung hinaus aufrechterhalten, während die Westmächte in der Regel seit Ende 1945/Anfang 1946 Seelsorge, Postverkehr, später z.T. sogar Besuchsregelungen oder Freigang gewährten, und als die Lager in der US-Zone 1946/47 in die Zuständigkeit der Befreiungsministerien der deutschen Länder übergingen, war z. T. eher über ein Chaos als über mangelnde Liberalität im Regime der Lager zu klagen[30]. Jedenfalls waren schwere Haftdepressionen in den östlichen Lagern sehr viel häufiger als in den westlichen, nämlich die Regel, und dürften die Widerstandsfähigkeit der Betroffenen gegenüber den miserablen hygienischen und Ernährungsbedingungen zusätzlich untergraben haben.

Bei wesentlich besseren Haft-, vor allem Ernährungsbedingungen wurde eine mehrjährige Internierung im Westen in den Militärregierungen als eine rechtlich unvertretbare Härte empfunden, soweit sie nicht den Charakter einer Untersuchungs- oder Strafhaft z. B. wegen der Zugehörigkeit zu den in Nürnberg als verbrecherisch angeklagten bzw. erklärten Organisationen hatte. Deshalb wurden hier nach etwa einem Jahr die Fälle überprüft und diejenigen, die solchen Kriterien nicht entsprachen, aus den Lagern entlassen – es war die Mehrheit.[31] Nach dem Nürnberger Urteilsspruch wurden auch diejenigen entlassen, die wegen der Zugehörigkeit zu Organisationen, die in Nürnberg zwar angeklagt, aber nicht verurteilt worden waren, einsaßen und die übrigen auf der neuen Rechtsgrundlage Entnazifizierungsverfahren zugeführt, die in den allermeisten Fällen seit 1947 unter Anrechnung der bereits verbüßten Haft zu ihrer Entlassung führten. Auch dabei hat es im einzelnen Härten und Ungerechtigkeiten gegeben, wobei sich die letzteren allerdings meist zugunsten der Betroffenen - jedenfalls im Vergleich mit dem ursprünglichen Sühneanspruch der Entnazifizierung - auswirkten. Aber im Grundsatz ist nach der Etablierung der Besatzungsmächte und dem Abklingen der aus den Kampfhandlungen nachwirkenden Sicherheitsproblematik der rechtliche Zusammenhang mit dem Prinzip der Verhältnismäßigkeit der Mittel und mit den Nürnberger Organisationsanklagen klar. Beides fehlt im Ergebnis für die Spezlager der SBZ, obwohl sich 1946/47 die Lagerverwaltung und die SMAD für Überprüfungen nach Entnazifizierungsgesichtspunkten und entsprechende Entlassungen eingesetzt hatten.

Der gewichtigste Unterschied der Spezlager zu den westlichen Internierungslagern ist die große Zahl der Verstorbenen, nach sowjetischer Zählung ca. 36 % der deutschen Häftlinge in den Spezlagern der SBZ. Obwohl die Sterbestatistiken in den Akten der Lagerverwaltungen, die nichts über die während des Verhaftungsvorgangs vor Einlieferung in die Lager Verstorbenen enthalten, noch nicht abschließend ausgewertet sind, lassen sich einige Feststellungen treffen. Die allermeisten Häftlinge sind am Mangel an Nahrung und Hygiene und entsprechenden Folgekrankheiten gestorben. Physische Gewalteinwirkung der Wachmannschaften auf die Häftlinge war für Lagerverhältnisse gering und spielt als Todesursache kaum eine

---

30 Vgl. Niethammer: Mitläuferfabrik, S. 455 ff.; Horn: Bayern, S. 74 ff., 220 ff.
31 Nach Wember: Umerziehung, S. 49, 116 wurde im Dezember 1945 in der britischen Zone mit 52.600 Internierten der Höchststand an gleichzeitig Internierten in der britischen Zone erreicht. Im Mai 1946 waren von insgesamt über 71.000 Verhafteten ca. 25.000 oder jeder dritte Häftling wieder entlassen worden; 1946 gingen die Entlassungen mit einigen Tausend allerdings nur zögernd weiter. In der US-Zone waren bis zum Oktober 1946 ca. 68.000 Internierte wieder entlassen worden und noch 49.500 in Haft, um dann während der Überprüfung der Mitglieder der in Nürnberg zu verbrecherischen erklärten Organisationen im ersten Halbjahr 1947 zunächst bei ca. 48.300 zu stagnieren und dann bis zum Juni 1948 zügig auf ca. 3.500 abgebaut zu werden. (Niethammer: in: Knigge-Tesche u.a. (Hg.), Internierungspraxis, 45) In der französischen Zone waren Ende 1945 ca. 12.500 Belastete interniert worden, trotz weiterer Verhaftungen veringerte sich der Bestand infolge von über 13.000 Entlassungen bis Mitte 1947 auf 8.500 Internierte (Möhler: in: Ebenda, 64).

Rolle. Einrichtungen oder Veranstaltungen zur Vernichtung von Häftlingen gab es in den Lagern nicht. Hinweise darauf, daß der unzureichenden Ernährung der Häftlinge eine Absicht zu ihrer Vernichtung zugrundelag, wurden bisher in den Akten nicht gefunden. Auch die durchgehend hohe Sterblichkeit zwischen Anfang 1946 und Mitte 1948 deutet auf Unterversorgung als wichtigste Todesursache – davor waren die Häftlinge oft noch bei Kräften, danach haben sich die Verhältnisse gebessert. Dystrophie, Tuberkulose, Entkräftung und Ruhr waren besonders verbreitete Krankheiten. Anfang 1947 stufte das sowjetische Personal nur noch weit unter 5 % aller Häftlinge als arbeitsfähig ein.

Aus diesem hohen Plateau kontinuierlicher Lebensgefahr besonders für die älteren Häftlinge heben sich die Monate Dezember 1946 bis Juli 1947 als besondere Katastrophenperiode heraus. Am Beginn dieser Periode steht eine Kürzung der ohnehin niedrigen Nahrungsrationen ab dem 1. November 1946, als die SMAD plötzlich mit der Ernährung der Lagerinsassen belastet wurde und – angesichts einer Dürre und Hungerkatastrophe in der Sowjetunion waren die Lebensmittel für alle knapp – ihre mangelnden Ressourcen auf die Häftlinge abwälzte. Diese Kürzung führte in den Lagern zu einer buchmäßigen Brotration von 300 Gramm. Da es zugleich fast keine Fett- und Vitaminzufuhr gab und da die buchmäßigen Rationen obendrein nur sehr vermindert bei den Endverbrauchern ankamen, starben zahlreiche Häftlinge an den Folgen des Hungers und mangelnden Abwehrkräften gegen Kälte, Ungeziefer, Krankheit und Depression. Seit Mitte 1947 wurden, die Ernährung und die medizinische Versorgung schrittweise verbessert, was aber bereits völlig entkräfteten Häftlingen nicht mehr helfen konnte.

Hat man insofern die Rätsel der jahrelangen unüberprüften Isolierung der Häftlinge in den Spezlagern der SBZ und der hohen Opferzahlen umschritten und kann auch für die politischen Rationalisierungen vieler Häftlinge, die Lager hätten der Vernichtung ihrer Insassen oder der sozialistischen Revolution in der SBZ gedient, keine Belege in den Akten der Lagerverwaltungen finden, bleiben politische Fragen und kulturelle Deutungen. Wie oben berichtet, hatte Moskau im Winter 1946/47 die Einbeziehung der Spezlagerhäftlinge in die alliierte Entnazifizierungspolitik verweigert: hier wurde nur erneut die Forderung nach Reparationsarbeitern laut, während die Häftlinge in den Spezlagern der SBZ aus Mangel an Ernährung dahinsiechten. Insofern erscheint der politische und rechtliche Charakter der Internierungen zwischen den führenden Vertretern der Sowjetunion in Deutschland und der Moskauer Führung strittig, aber keine der beiden Seiten konnte ihre Auffassung durchsetzen. Die Entwicklung einer Internierungspolitik für die SBZ war durch einen Ebenenkonflikt so lange blockiert, bis der allergrößte Teil der Verhafteten in den westlichen Besatzungszonen entlassen war und politische Kräfte in Deutschland – namentlich SMAD und SED – den Kreml bewegen konnten, durch allerhöchste Entscheidungen[32] und gebremst durch aus Moskau entsandte Kontrollkommissionen einzulenken.

---

32 Beschluß des Ministerrates der UdSSR v. 30.8.1948 Nr. 2386-991ss, mit dem die Freilassung von 27.749 Personen - nämlich untere Funktionäre der NSDAP und HJ, einfache SA- und SS-Mitglieder sowie "nicht-operative" Mitarbeiter der Polizei und Gestapo sowie des Volkssturms – legitimiert wurde. Im Sommer 1949 wurde noch das Drängen des Leiters der Abteilung Spezlager und Gefängnisse auf eine Entscheidung über die verbliebenen Internierten in Moskau abgebügelt. Auf Grund eines Schreibens von Pieck, Grotewohl und Ulbricht an Stalin v. 19.9.1949 entschied sich dann das Politbüro des ZK der KPdSU (B) am 28. 9. und 31. 10. 1949 und – nach der Vorlage eines Kommissionsberichts über die Aufteilung der Gefangenen (15.038 freilassen, 13.945 an deutsche Organe übergeben, 649 bei sowjetischen Organen belassen) bei Stalin – am 30. 12. 1949 für die Auflösung der Lager, offenbar ein Schritt zugunsten der eben gegründeten DDR. Die bei sowjetischen Organen aus operativen Gründen

Es bleibt aber eine kulturelle Frage, warum die Verwaltungen der Spezlager nicht angesichts der Hungerkatastrophe des Winters 1946/47 nachdrücklicher auf eine Revision der Internierungspolitik oder zumindest auf humane Erleichterungen gedrängt haben. Da es dazu an Forschungen fehlt, sollen hier nur einige Möglichkeiten genannt werden. Die Verantwortlichen für die Spezlager waren NKVD- bzw. MVD-Offiziere in der Epoche des GULAG.[33] Rechtliche Kategorien galten ihnen als bürgerliche Ideologie, die Ausschaltung von Feinden als revolutionäre Pflicht, das Kalkül, lieber zehn zu viel als einen zu wenig zu verhaften, als Wachsamkeit; die administrative Einweisung in Lager aufgrund bloßer und oft gewalttätiger polizeilicher Verhöre mit meist nur nach Jahrfünften gestaffelten und oft Jahrzehnte dauernden Strafmaßen waren sie von zu Hause gewohnt – das Leben eines einzelnen galt wenig in Stalins Sowjetunion und erst recht im Krieg. Die deutsche Besatzungsmacht in der Sowjetunion hatte sie gelehrt, daß die Deutschen in dieser Hinsicht noch viel rigoroser vorgegangen waren: Sie verhafteten nicht nur ganze Bevölkerungskategorien, sondern sie erschossen sie zu Hunderttausenden, brannten ihre Dörfer ab und ließen die Gefangenen, die ihnen in die Hände gefallen waren, zu Millionen verhungern.[34] Die Begegnung mit den Deutschen war für das NKVD-Personal meist seine erste und einzige Begegnung mit dem bürgerlichen Westen, vor dessen selbsterlebtem Teil imperialistischer Praxis insofern seine eigenen Repressionspraktiken noch als Errungenschaft erscheinen mochte.

Rache, wie sie in den herrschaftlich geduldeten Gewaltorgien der Roten Armee während der Besetzung der deutschen Ostgebiete vielfach bezeugt ist[35], hätte nahegelegen. Aber es ist auffällig an der Erinnerungsliteratur ehemaliger Internierter, daß sie zwar fast regelmäßig von Gewalttätigkeiten während der Verhaftung und des Verhörs berichtet, aber – z. B. im Vergleich mit den Erinnerungsberichten KZ-Überlebender über das Verhalten der SS – kaum von Gewalttaten des sowjetischen Lagerpersonals. Sein Verhältnis zu den deutschen Inhaftierten erscheint überwiegend als distanziert und korrekt, zuweilen grob, zuweilen unvermittelt hilfreich; sein Schicksal oft als bemitleidenswert. Solche Wahrnehmungen gibt es in den Berichten westlicher Internierter über ihre Bewacher kaum: Die Berichte sind hier häufiger von Kritik und Ablehnung beherrscht, bestenfalls werden einzelne als abweichende Positiverfahrungen hervorgehoben, was insgesamt auf eine geringere Distanz und eine höhere Arroganz schließen läßt.

---

im Kalten Krieg Festgehaltenen – sozusagen der härteste Kern der Intenierten aus Moskauer Sicht – wurden zwar als "besonders schwere Verbrecher" eingestuft, aber definiert als "ehemalige Führungskräfte und operative Mitarbeiter der deutschen Aufklärung, Spione, Diversanten, Terroristen, Agenten der amerikanischen, englischen und französischen Aufklärung".

33 Soweit bekannt, hat es bisher keine Gelegenheit gegeben, das Personal der sowjetischen Sicherheitsdienste auf breiter Basis nach Selbstaussagen oder internen Unterlagen zu erforschen, wie dies bezüglich der NS-Täter zunehmend möglich geworden ist. Insofern ist eine differenzierte sozial-biographische oder verhaltens- und mentalitätstypologische Beschreibung nicht möglich, und wir bleiben auf den Umweg einer Wahrnehmung durch die Augen seiner Opfer angewiesen. Dieser Umweg mag verzerren; aber solange der direkte Zugang versperrt ist, bleibt ungewiß, wie und in welchem Umfang. Vgl. klassisch Solschenizyn 1976 u.ö., Kap. I/4 "Die blauen Litzen", Kap. III/20 "Der Wach-, Beiß- und Kläffdienst"; Medwedew 1992, bes. Bd. 2, Kap. 8.

34 Vgl. Studien wie Dallin 1958; Buchheim 1965; Krausnick 1985; Bartov 1985.

35 Statt vieler Belege von entronnenen Deutschen sei auf den Bericht eines Politruks der Roten Armee für die Arbeit unter den feindlichen Truppen und die Feindbevölkerung verwiesen, der protestiert hat und seit dem 5. 4. 1945 wegen "Mitleid mit dem Feind" und "Propagierung des bürgerlichen Humanismus" in den GULAG geriet: Kopelew (zuerst dt. 1976) 1992.

Zusammengefaßt weisen kulturelle Deutungen des rätselhaften Befunds einer vier- bis fünfjährigen Administration von Elend und Tod in den Spezlagern also weniger auf nationale Rache oder revolutionäres Eiferertum, als vielmehr auf eine überzentralisierte, kafkaeske, gegenüber rechtlichen wie humanen Gesichtspunkten abgestumpfte oder zumindest kaum durchlässige Verwaltungsmaschinerie.

Politisch muß ihr zugute gehalten werden, daß sie zum richtigen Zeitpunkt, nämlich zwischen dem Nürnberger Urteil und der Hungerkatastrophe des folgenden Winters in Moskau vorstellig geworden ist, wie im Westen die Entnazifizierungsdirektive des Kontrollrats auf die Lager anzuwenden, ein Verfahren einzurichten und vorab fast die Hälfte der Internierten, nämlich die gering oder gar nicht Belasteten, zu entlassen. Aber als in Moskau weder Entnazifizierung noch Rechtsverfahren, sondern nur Arbeitskräfte interessierten und aus dem Massensterben nur noch ein Fünftel des angeforderten Deportationskontingents zusammengestellt werden konnte und als schließlich auch hochrangige Interventionen der für die SMAD und die Lager Verantwortlichen nichts fruchteten,[36] wurde die Perspektivlosigkeit und das Elend in den Spezlagern mit der Tendenz einer leichten Besserung der Bedingungen verwaltet. Erst 1948/49 ergaben sich dann aus dem Kalten Krieg und auch aus Interventionen der SED-Führung die politische Notwendigkeit, Internierte in erheblichem Umfang zu entlassen und die Lager aufzulösen. Sarkasmus der Geschichte: Die Phase der Erleichterung und Entlassung begann, als die Spezlager in der SBZ Mitte 1948 – ohne große Veränderungen im Personal vor Ort – in die Zuständigkeit des GULAG übergegangen waren.

Vergleich mit anderen Lagern

Die Internierungslager der alliierten Besatzungsmächte in Deutschland sind vielfach räumlich in früheren Lagern des Dritten Reiches eingerichtet worden, in Kriegsgefangenen-, Fremdarbeiter- und in einigen prominenten Fällen auch in Konzentrationslagern. Die Spezlager in der SBZ sind 1948 der GULAG-Verwaltung der Sowjetunion unterstellt worden. Befinden wir uns deshalb mit unserem Thema zwischen den Systemen der KZs und des GULAG? Die phänomenologische Beobachtung, daß es von den 30er zu den 50er Jahren in Europa eine Konjunktur des Lagers als meist unfreiwilliger Existenzform gegeben hat, ist wichtig; aber erst ihre typologische Unterbrechung macht Sinn: die Spannweite dieser Lager reicht von Ferienlagern bis zu Vernichtungslagern, von den Lagern der Displaced Persons und der Flüchtlinge und Vertriebenen bis zu den KZs des Dritten Reiches und zum GULAG der Sowjetunion. Der Anblick von Barackenstädten mag eine phänomenologische Gemeinsamkeit suggerieren, und in der Tat gibt es auch Gemeinsamkeiten der Verwaltungsstruktur und Alltagsroutine; aber die Erfahrungsgeschichte erweist das äußerlich Gemeinsame als innerlich extrem divers, nämlich wegen der Unterbringungsgründe und -dauer, der Gewährung oder Verweigerung rechtlichen Gehörs und der entsprechenden Behandlung, der Ernäh-

---

36 Neue Belege für seit Ende 1947 erfolgte Interventionen hochrangiger SMAD-Offiziere (und SED-Funktionäre) zugunsten einer Erleichterung des Lagerregimes angesichts seiner Eignung für antisowjetische Propaganda im Kalten Krieg bringt aus dem Archiv der KPdSU Naimark (zuerst amerik. 1995) 1997, bes. S. 492 ff.

rung, Hygiene, der Gewaltsamkeit der Wachmannschaften und vor allem der Überlebenschance.[37]

Geht man auf diese Unterscheidungsebene über, so sind zunächst die Internierungslager der Epoche untereinander zu unterscheiden. Während des Zweiten Weltkriegs, besonders an seinem Anfang, wurden vielfach Staatsangehörige von Feindstaaten z. B. von Frankreich 1939/40 "interniert", d. h. sie wurden ohne individuelle Schuldvermutung als Sicherheitsrisiken vorsorglich in Barackenlagern oder ausgedienten Industriegebäuden isoliert.[38] In den USA wurden sogar hunderttausend eigene Staatsangehörige japanischer Herkunft an der Westküste solcher Diskriminierung unterworfen.[39] In der Sowjetunion wurden nicht nur 1941 Deutschstämmige in großer Zahl und bald auch weitere, der Kollaboration mit den Deutschen verdächtigte Ethnien aus dem südrussisch-kaukasischen Raum nach Sibirien deportiert, verbannt oder in Lager eingewiesen[40], sondern die populäre Sicherheitshysterie stigmatisierte schon zuvor selbst Kommunisten und andere Deutsche im sowjetischen Exil und vermischte sich mit der abklingenden "großen Säuberung" Stalins.[41]

Derartigen kategorialen Sicherheitsmaßnahmen gegenüber traf die Internierten der Alliierten in Deutschland nach 1945, die ebenfalls zunächst unter Sicherheitsgesichtspunkten festgesetzt wurden, ein – möglicherweise widerlegbarer – persönlicher Schuldvorwurf, nämlich für den Angriffskrieg und die Menschheitsverbrechen des Dritten Reiches politisch in besonderer Weise mitverantwortlich zu sein. Das Recht, nach dem dieser Vorwurf justitiabel werden konnte, bestand in der Regel zum Zeitpunkt der Verhaftung noch nicht, sondern es entwickelte sich parallel zur Hafterfahrung der Betroffenen aus der Machtvollkommenheit der Sieger im Krieg. Diese unterwarfen dieses Recht jedoch einem Verfahren der internationalen Konsensfindung, dem Nürnberger Internationalen Gerichtshof. Er verhandelte nicht nur gegen die Führungsspitze des Dritten Reiches, sondern – weniger spektakulär, aber für viele folgenreicher – gegen seine wichtigsten politischen Korporationen. Soweit diese zu verbrecherischen Organisationen erklärt wurden, war damit ein prima-facie-Beweis der Mitschuld gegen ihre Mitglieder, die in der Regel bis dahin interniert worden waren, gegeben.

Die alliierten Internierungslager in Deutschland unterschieden sich von drei der vier paradigmatischen Lagertypen der Epoche deutlich. Von den Flüchtlingslagern im weitesten Sinne – zu denen im Nachkriegsdeutschland sowohl die Lager für deutsche Vertriebene als auch für aus deutschem Gewahrsam befreite "Displaced Persons" zu rechnen sind[42] – trennt sie, daß die Insassen nach der deutschen Kapitulation verhaftet worden und in der Folge einem unentrinnlichen Zwangsrecht unterworfen waren. Vom System der KZs und Ver-

---

37 Zum folgenden kann hier nur auf wenige zusammenfassende Werke (dort weitere Literatur) hingewiesen werden. Als Klassiker neben Kogon und Solschenizyn noch immer Arendt 1961, 644 f. ein weniger gelungener Vergleich auf neuerem Informationsstand Armanski 1993; Kaminski 1990. Zum KZ Sofsky 1993; Drobisch und Wieland 1993; Schwarz 1990. Zum GULAG fehlt ein wissenschaftlicher Überblick in deutscher Sprache. Für die Frühphase jetzt Jakobson 1993; für den Krieg Bacon 1994; für die Spätphase Schlögel 1984, 47-78; speziell Conquest 1978 und immer noch ders. (zuerst 1968, dt. 1970) New York 1990; Dallin und Nicolaevsky 1948. Für die andere kommunistische Großmacht jetzt Domenach (franz. 1992) Hamburg 1995.
38 Zur Internierung in Frankreich vgl. Erinnerungsberichte wie Frei 1951.
39 Vgl. Hansen 1991/2.
40 Vgl. Stölting 1990, S. 285 ff.; Kappeler 1992, S. 308 ff.
41 Vgl. dazu die noch ungedruckte Diss. von Stark 1994.
42 Vgl. Jolles 1965; Jacobmeyer 1985; Königseder und Wetzel (Hg.) 1994.

nichtungslager des Dritten Reiches, einem sich immer mehr ausweitenden Kosmos politischer, ethnischer und sozialer Ausgrenzung, unentrinnlicher Gewalt, der geplanten Entwürdigung und der Vernichtung, stachen die alliierten Internierungslager vor allem dadurch ab, daß sie aus einer einmaligen, epochalen und vorläufigen Sicherungsmaßnahme hervorgingen, daß in ihnen physische Gewalt und Terror keine vergleichbare Rolle spielten und daß hier nirgendwo ein dauernder und zur Vernichtung tendierender Diskriminierungs- und Ausbeutungswille gegenüber den Verhafteten nachweisbar ist. Gleichwohl darf nicht vergessen werden, daß in den Spezlagern die Todesrate in einer ähnlichen Größenordnung lag wie in den reichsdeutschen KZs (ohne die Vernichtungslager im Generalgouvernement).[43] Der sowjetische GULAG – das größte System von Zwangslagern überhaupt – zeichnete sich außer durch seine Größe vor allem dadurch aus, daß zur Auffüllung seines "Archipels" mit Häftlingen Gummiparagraphen einer politischen Gerichtsbarkeit benutzt wurden, die nicht nur zu einer paranoiden Abwehr angeblicher politischer Gefahren dienten, sondern vor allem zur Mobilisierung billiger Arbeitskräfte für 'undesirable jobs' unter primitivsten Bedingungen.[44] Das gilt eher noch deutlicher für seine Schwester, den im Krieg entstandenen und danach erheblich erweiterten Archipel GUPVI für Kriegsgefangene und Internierte in der Sowjetunion. Im Gegensatz dazu waren gerade in der SBZ die Häftlinge der Spezlager einer enervierenden Tätigkeitslosigkeit unterworfen, und wo Internierte in den Westzonen arbeiten mußten oder konnten, war der leitende Gesichtspunkt kaum ökonomischer, sondern eher moralischer Natur.

Für eine vergleichende Betrachtung wirft allein der vierte quantitativ herausragende Lagertyp interessante, d.h. nicht nur der Abgrenzung dienende Perspektiven auf: die Kriegsgefangenenlager.[45] Im folgenden sollen nur die alliierten betrachtet werden, erstens weil die

---

43   Pingel 1978, 50 f., 80 ff., 181 ff. belegt räumlich und zeitlich sehr unterschiedliche Todesraten und schätzt S. 230 die Todesbilanz auf zwischen einem Drittel und der Hälfte aller KZ-Häftlinge; ein Minimum von 450.000 einzelner Todesfälle konnte bisher vom Internationalen Suchdienst des Roten Kreuzes dokumentiert werden. Kogon: SS-Staat, S. 158, schätzte 1946 die Zahlen weit höher ein: 1.6 Mill. KZ-Häftlinge und 1.2 Mill. Tote. Die Rassenvernichtung gegenüber den Juden Europas und besonders Osteuropas hatte mit fünf bis sechs Mill. Toten weit höhere Opferzahlen. Vgl. Benz (Hg.) 1991.

44   Merl (1995), S. 277-301, betont S. 292 f. die starke Fluktuation in den sowjetischen Zwangsarbeiterlagern und die Unterschiedlichkeit der (Über-)Lebensbedingungen in den einzelnen Zeitabschnitten der Herrschaft Stalins. Die Todesbilanz des GULAG, die der NKVD für die Jahre 1934-38 mit 190.000 und für 1939-47 mit ca. 800.000 Todesopfern registrierte, wird von ihm mit einleuchtenden Schätzwerten ergänzt und nach oben im Sinne einer "ungefähren Größenordnung" korrigiert. Danach ist für den Zeitraum 1930-55 mit einer Gesamtzahl von ca. 15 Mill. GULAG-Häftlingen zu rechnen, von denen etwa 3 Millionen oder 20 % ums Leben gekommen sind. Hinzukommen ca. 5 Mill. Deportierte in "Sondersiedlungen", von denen etwa eine Million im Zeitraum 1930 bis 1953 starb. Merl betont, daß die Mehrzahl der Opfer des Stalinismus in der Sowjetunion außerhalb der Lager gestorben sei, vor allem bei der systemisch herbeigeführten Hungersnot 1932/33 allein ca. 6 Mill. Bauern. Zwischen 1921 und 1954 registrierte der Geheimdienst 642.980 Todesurteile wegen "konterrevolutionärer Verbrechen". Allein 1937 wurden 353.074 Personen erschossen. Vgl. zum GULAG im übrigen die in Anm. 33, 35 und 37 genannte Literatur.

45   Vgl. die mit öffentlicher Unterstützung entstandene Reihe Maschke, Erich(Hg.): Zur Geschichte der deutschen Kriegsgefangenen des Zweiten Weltkriegs, 22 Bde. Bielefeld später München 1962-1974. Nach der deutschen Vereinigung hat sich diese amtliche Privilegierung der Aufmerksamkeit auf die Kriegsgefangenen in einem Projekt zur Erschließung ihrer Fallakten fortgesetzt: vgl. Karner 1994, S. 447-471. Den besten Überblick über die Lebensbedingungen in der sowjetischen Kriegsgefangenschaft, in der von ca. 3.155.000 Deutschen ca. 1.094.000 nicht überlebten, gibt Lehmann: Gefangen-

Kriegsgefangenschaft alliierter Soldaten im Dritten Reich sich für Vergleichszwecke als eine allzu komplexe und noch nicht umfassend erforschte Problematik ausnimmt; allerdings muß man sich zumindest an ihre Größenordnung – ihre Opfer übersteigen die der deutschen Kriegsgefangen um ca. das Vierfache und die der alliierten Internierung in Deutschland um das ca. Hundertfache[46] – erinnern, wenn man nicht die Maßstäbe bei der Beurteilung dieser ursächlich verknüpften Zusammenhänge verlieren will. Zweitens behandelten die einzelnen Alliierten "ihre" deutschen Kriegsgefangenen und politischen Internierten jeweils ähnlich, d. h. im Vergleich untereinander sehr unterschiedlich. Und drittens erweist sich bei genauerer Betrachtung die Problematik der Kriegsgefangenen und Internierten als nicht eindeutig abgrenzbar.[47]

Der größere Teil der deutschen Kriegsgefangenen fiel den Alliierten im Zuge des Kriegsendes auf deutschem Boden in die Hand: etwa 7,6 Millionen den Westmächten, etwa zwei Millionen der Sowjetunion. Die Alliierten waren auf die Unterbringung, Ernährung und Überprüfung einer so großen Anzahl Soldaten in Lagern nicht vorbereitet, so daß ihre zunächst improvisierten Sammellager überall schwer erträgliche Bedingungen schufen[48] und vor allem im Osten sehr verlustreich waren. Viele dieser "entwaffneten Militärpersonen" wurden von den Sowjets, zu einem wesentlich geringeren Teil aber auch von den Anglo-Amerikanern jedoch nicht als Kriegsgefangene im strengen Sinne behandelt (und das hätte geheißen: nach Ende der Kriegshandlungen in die Heimat entlassen), sondern zunächst in improvisierter Form übernommen und in der Folge – im rechtlichen Schwebezustand zwischen militärischer Kapitulation und dem nie zustande gekommenen Friedensvertrag – in von Deutschland besonders geschädigte Länder, vor allem in die Sowjetunion und nach Frankreich, zur Arbeitsleistung für Wiedergutmachungszwecke deportiert. Die Amerikaner haben alle dann noch in ihrem Gewahrsam verbliebenen deutschen Kriegsgefangenen -

---

schaft (vgl. Anm. 17). Siehe jetzt auch Haus der Geschichte der BRD (Hg.): Kriegsgefangene - Wojennoplennyje, Düsseldorf 1995, hier weitere Literatur.

46 Kriegsgefangenschaft wurde im Dritten Reich in vielen Lagerformen vom Wehrmachtsgewahrsam über das Zwangsarbeiterlager bis zum KZ durchgeführt; die Schlimmstbetroffenen waren die 5,7 Mill. sowjetischen Kriegsgefangenen, von denen nur 2,4 Mill. die deutsche Gefangenschaft überlebten. Die Unterversorgung der Gefangenen in Sammellagern der deutschen Wehrmacht hinter der Ostfront 1941/42 allein hat ca. 2 Millionen Rotarmisten den Tod gebracht. Vgl. Streit (Diss.1977) 3. erw. Aufl. Bonn 1991. Im Herbst 1944 waren allein 1,9 Millionen Kriegsgefangene im Reich als Zwangsarbeiter (darunter 631.550 Sowjetbürger, 599.967 Franzosen und 427.238 italienische Militärinternierte) eingesetzt, wo sie – außer in KZs – wie die ca. 6 Millionen ausländischen Zivilarbeiter über ca. 30.000 meist industrienahe Lager verteilt und nach Herkunftsländern einem rassistisch hierarchisierten Regime unterworfen waren. Vgl. Herbert 1991, S. 8.

47 Das gilt außer für die anfänglich chaotische Gefangennahme auf allen Seiten allerdings für den Westen nur zu einem zahlenmäßig geringen Teil, insofern Angehörige des Oberkommandos der Wehrmacht, des Generalstabs und als Kriegsverbrecher Verdächtige bis zu ihren Prozessen interniert wurden. Für die sowjetische Seite ist es allerdings essentiell, weil hier der wichtigste Teil der Internierten im Westen – "militärische und politische Führungs- und Mannschaftsdienstgrade ... der SS, SA sowie das Personal von Gefängnissen und Konzentrationslagern" – nach Berijas Grundsatzbefehl vom 18. 4. 1945 (s.o.) den Kriegsgefangenen zugeschlagen wurde.

48 Vgl. die provozierende, aber ungesicherte These von Baques 1989, dt. 1989, der von einer Million Opfern und der Absicht Eisenhowers ausgeht, die Gefangenen verhungern zu lassen. Vgl. dazu Peterson 1990, S. 27 ff. und kritisch Smith 1992, S. 86, der die Toten vom April bis Juni 1945 auf die Marge zwischen 8.000 und 40.000 Tote eingrenzen kann und von nicht aufgeklärten amerikanischen Kriegsverbrechen spricht. Der ältere Erkenntnisstand, der nur von 3.000 bis 4.500 Opfern ausgeht, bei Böhme 1973, Bd. X, 1 u. 2, S. 194 ff.

ausschließlich der als Kriegsverbrecher Verdächtigten - spätestens 1946 freigelassen; aus Frankreich und England kehrten die letzten 1948 zurück, aus der Sowjetunion aber erst 1956. Auch für die Mehrheit der westlichen Siegerstaaten des Zweiten Weltkriegs ist insofern zu konstatieren, daß sie sich nicht streng an die Konventionen über Kriegsgefangenschaft hielten, sondern sie durch strafrechtliche Erwägungen und Reparationsinteressen dehnten.

Die Sowjetunion, neben Polen derjenige Siegerstaat, der zugleich der soziale Hauptverlierer des Krieges war, hatte ein grundsätzlich anderes Verständnis: Für sie waren im Prinzip sowjetische Kriegsgefangene in deutscher Hand Verräter und deutsche Kriegsgefangene in sowjetischer Hand Verbrecher, die zur Wiedergutmachung der Kriegsschäden herangezogen werden konnten. Das galt für die wegen ihrer politischen Mitverantwortung Internierten ebenso oder - wie die Initiative zum Austausch arbeitsfähiger Internierter gegen nicht mehr arbeitsfähige Kriegsgefangene 1946/47 zeigt – noch mehr. Die Sowjetunion unterwarf die ihr zugefallenen Gefangenen aller Kategorie in je besonderen administrativen Strukturen dem ihr aus ihrer Innenpolitik gewohnten Lagerregime bei minimaler Ernährung, Bekleidung und Hygiene und unter Verweigerung eines effektiven rechtlichen Gehörs. Auf beiden Ebenen (der Kriegsgefangenschaft und der Internierung) überlebte jeder dritte Gefangene dieses Regime nicht.

Vor diesem Hintergrund wird die Internierung Deutscher durch die Alliierten am besten als die der jeweiligen Kultur und Interessenkonstellation der einzelnen Siegermächte spezifische innenpolitische Variante der auf Demilitarisierung und Wiedergutmachung erweiterten Kriegsgefangenschaft verstanden. Die Internierung durch die alliierten Besatzungsmächte nach Kriegsende diente zunächst der Isolierung möglicher deutscher Widerstandspotentiale gegen die Kräfte und Ziele der Besatzung auf bloßen Verdacht hin und sollte in einem zweiten Schritt die für die deutsche Kriegsmaschinerie und Terrorherrschaft politisch verantwortlichen zivilen Personengruppen herausfinden, zur Rechenschaft ziehen und bestrafen oder zur Wiedergutmachung heranziehen. Dem zweiten Schritt diente die Organisationsanklage vor dem Nürnberger Gerichtshof und die Umsetzung ihres Schuldspruchs durch die Kontrollratsdirektive Nr. 38.

In bezug auf den ersten Schritt verlief die Kriegsgefangenschaft und die Internierung im Bereich der einzelnen Besatzungsmächte erstaunlich ähnlich, was Ausdehnung, Dauer, Lagerregime sowie Behandlung und Ernährung der Gefangenen betrifft. Bei den Amerikanern war die Zahl der Internierten und Gefangenen am größten und die Haftdauer am kürzesten, bei den Briten und vermehrt bei den Franzosen dauerte diese länger, aber betraf nur begrenztere Gruppen, während beide Formen der Gefangenschaft bei den Sowjets in jeglicher Hinsicht möglichst extensiv waren und mit weitem Abstand die meisten Opfer forderten, und zwar relativ zu den Gefangenenzahlen etwa gleich viele. Das deutet zunächst darauf hin, daß die Ausdehnung und Durchführung beider Arten von Gefangenschaft ein unmittelbarer Reflex der unterschiedlichen Kriegsbetroffenheit der Besatzungsmächte war.

Der zweite Schritt – die Untersuchungs- und Strafhaft gegenüber politisch Verantwortlichen, die mit dem Charakter der Kriegsgefangenschaft unvereinbar erscheint – deutet jedoch auf einen anderen, den systemischen Unterschied zwischen den Besatzungsmächten hin. Die westlichen Besatzungsmächte haben den ersten und den zweiten Schritt auseinandergehalten. Sie haben die nur zu Sicherungszwecken Internierten überwiegend noch vor dem Nürnberger Urteil freigelassen und in der Folge das dort geschaffene Recht mit schnell nachlassender Strenge auf die verbliebenen Internierten angewandt. Die Sowjetunion hat hingegen – dem

Rückgriff des Kommunismus auf vorbürgerliche Rechtspraktiken[49] entsprechend – auf die Unterscheidung zwischen Sicherung und Bestrafung bzw. Wiedergutmachung sowohl bei der Internierung als auch bei der Kriegsgefangenschaft verzichtet und bloße, durch Angehörige der Sicherheitsdienste verhängte Sicherungsmaßnahmen ohne rechtliches Gehör als eine Art Vorverurteilung zu Straf- oder Wiedergutmachungshaft unterstellt. Dementsprechend hat sie in ihrem Bereich dem Nürnberger Gerichtshof teils vorgegriffen, indem sie die Mitglieder der wichtigsten dort angeklagten Organisationen als Kriegsgefangene deportieren ließ und damit die Kriegsgefangenschaft insgesamt kriminalisierte, teils keine Konsequenzen aus ihm gezogen, indem sie die KR-Direktive Nr. 38 für die Gefangenen und Internierten (soweit derzeit bekannt[50]) bis 1950 nicht umsetzte.

Zusammenfassung und offene Fragen

Während im Westen eine kritische Grundstimmung vorherrscht, daß in den Internierungslagern die tatsächlich für Politik und Verbrechen des Dritten Reiches verantwortliche Gruppe im Zuge des Kalten Krieges zu wenig zur Rechenschaft gezogen wurde, wurden im Osten häufig ähnlich pauschalisierend alle Spezlagerhäftlinge zu antistalinistischen Opfern oder zu den Leidtragenden eines neuen KZ-Systems erklärt. Beides ist schon deshalb nicht richtig, weil alle Alliierten 1945 in Deutschland den größeren Teil ihrer Verhaftungen zunächst unter Sicherungsgesichtspunkten vornahmen, weshalb zahlreiche Deutsche in Lager kamen, die sich nach in Deutschland verbreiteter Überzeugung allenfalls Mitläufertum – und oft noch nicht einmal das – vorzuwerfen hatten. Obwohl wir darüber noch wenig Gesichertes wissen, ist es wahrscheinlich, daß der Anteil der gering oder gar nicht mit politischer oder strafrechtlicher Verantwortung für das Dritte Reich Belasteten in den sowjetischen Lagern von Anfang an deutlich größer war und blieb als in den westlichen. Vor allem aber überprüfte die Sowjetunion ihre in den Sonderlagern Sicherungsverwahrten über vier Jahre hinweg nicht, verfing sich in einer politischen Blockade über die Frage, was eigentlich der Sinn und Zusammenhang der Internierung sei, und versorgte diese Gefangenen so schlecht wie jene in der Kriegsgefangenschaft, so daß über ein Drittel ums Leben kam. Diese bürokratische Vernachlässigung mit ihren für die Betroffenen ebenso unverständlichen wie schrecklichen Folgen rechtfertigt eine größere und teilnahmsvollere Aufmerksamkeit auf das Geschick der Spezlagerhäftlinge. Sie rechtfertigt aber nicht eine Gleichsetzung der Spezlager oder gar der westlichen Internierungslager mit den KZs des Dritten Reiches, denn diese dienten in ihrer Masse der systematischen Entwürdigung, Vernutzung und vielfach der Vernichtung willkürlich bestimmter politischer, ethnischer oder sozialer Gruppen.

---

49 Vgl. Hartewig in Niethammer 1994, S. 163 ff.
50 Da ähnlich wie die Zusammensetzung der Internierten auch die Urteilsgründe des zunehmenden Anteils der SMT-Verurteilten an den Spezlagerhäftlingen bis 1950 noch nicht systematisch erforscht sind, bleibt derzeit noch fraglich, wie groß der Anteil derjenigen Häftlinge ist, die vor dem Sommer 1947 nicht verhaftet waren, aber danach nach dem Befehl Nr. 201 und damit nach einer der KR Dir. 38 zumindest vergleichbaren Rechtsgrundlage verurteilt worden sind. In der Sowjetunion gab es hingegen Vorbereitungen zu individuellen Folgemaßnahmen aus dem Nürnberger Organisationsurteil gegen deutsche Kriegsgefangene. Entsprechende summarische Prozesse scheinen aber erst auf der Höhe des Kalten Krieges um 1950 durchgeführt worden zu sein.

Demgegenüber verdient ein differenzierender Vergleich der alliierten Internierungspraktiken in Deutschland nach 1945 untereinander und mit der gleichzeitigen, aber sehr viel mehr Deutsche betreffenden Kriegsfolge *Kriegsgefangenschaft* größere Aufmerksamkeit in der künftigen Diskussion. Obwohl Forschungen des letzten Jahrzehnts vieles an dem bislang vernachläßigten Kapitel der alliierten Internierung aufklären konnten und insgesamt eine historische Einordnung erleichtert haben, sind noch viele wichtige Fragen offen. Auf westlicher Seite fehlt für die französische Zone ein hinlänglicher Archivzugang für qualitative Forschungen, und für die amerikanische Zone fehlen Untersuchungen für Bremen, Hessen und Württemberg-Baden. Für keine Besatzungszone sind derzeit die schwerwiegendsten Lagerfolgen, vor allem die Anzahl der in den Lagern Verstorbenen und die Gründe ihres Todes, hinreichend erforscht, obwohl sich als Kontur abzeichnet, daß – ähnlich wie bei Kriegsgefangenschaft – nur in den sowjetischen Lagern eine erschreckend hohe Todesrate zu verzeichnen ist und daß diese im wesentlichen auf Unterversorgung und Vernachlässigung zurückzuführen ist. Untersuchungen zu den psychischen und politischen Folgen der Internierungserfahrung stecken noch in den Anfängen oder beschränken sich auf Erwägungen, und sie dürften angesichts des großen Zeitabstands – derzeit ist allenfalls noch das jüngste Zehntel der Internierten unter den Mitlebenden – nicht leicht nachzuholen sein.

Das größte Forschungsdesiderat ist jedoch nach wie vor, daß wir über die soziale und politische Zusammensetzung der Internierten vor allem der Sicherungsphase – und sie hielt in der SBZ letztlich bis 1950 an – noch immer auf bruchstückhafte und nicht repräsentative Überlieferungen angewiesen sind. Während diese Frage für die westlichen Besatzungszonen angesichts der relativen Kürze der Sicherungsphase der Internierung und ihrer wahrscheinlich relativ geringen Opferzahlen eher zu einem der geringeren Probleme in der großen Grauzone der Kriegsfolgenwahrnehmung zählt, ist sie für die SBZ dringlich und für die ehemaligen deutschen Ostgebiete noch kaum zu präzisieren. Sie ist für die SBZ nicht nur deshalb dringlich, weil sie politisch umstritten ist, sondern weil viele Anzeichen – wie ich zu zeigen versucht habe – auf zwei gegensätzliche Probleme verweisen: Auf der einen Seite ist sicher, daß in der SBZ sehr viel mehr Personen als in den Westzonen interniert wurden, die nicht zu den in Nürnberg als verbrecherisch erklärten Organisationen gehörten.[51] Auf der anderen Seite fehlt die Gegenprobe in der bisherigen Diskussion vollständig: Wenn es richtig ist, daß in der SBZ ein großer Teil der tatsächlich für die Politik und Verbrechen des Dritten Reiches Verantwortlichen nicht in den Spezlagern inhaftiert wurde, ist zu fragen, wo sie geblieben sind. Dafür gibt es grob gesprochen die Alternative: in der sowjetischen Kriegsgefangenschaft[52] oder im Westen, und das lenkt den Blick in zwei bisher wenig beleuchtete Richtungen, nämlich das politisch-biographische Profil der Kriegsgefangenschaft in der Sowjetunion einerseits und der Westmigration andererseits.

---

51 Für die Beurteilung bleibt wichtig, bis zu welchem Maße es sich dabei (1) um NS-Verantwortliche minderen Grades (in der Entnazifizierungssprache: um Mitläufer) oder (2) um sogar als Gegner und Opfer des Dritten Reiches ausgewiesene Oppositionelle gegen die Etablierung der kommunistischen Herrschaft oder (3) um willkürlich Denunzierte und Verhaftete handelte.
52 Wenigstens für die Schlußphase 1955 ist diese Frage jetzt aufgeworfen bei Brochhagen 1994, S. 240 ff.

Jan Foitzik

Organisationseinheiten und Kompetenzstruktur des Sicherheitsapparates der Sowjetischen Militäradministration in Deutschland (SMAD)

Organisationsstruktur der SMAD

Die "Sowjetische Militäradministration in Deutschland" (SMAD) war von 1945 bis 1949 die zentrale Agentur der sowjetischen Interessen in der sowjetischen Besatzungszone Deutschlands (SBZ). Nach sowjetischem Recht wurde sie zur "Durchführung der Kontrolle über die Erfüllung der Deutschland durch die bedingungslose Kapitulation auferlegten Bedingungen und zur Verwaltung der sowjetischen Besatzungszone in Deutschland" errichtet[1]. Als nachgeordnetes Organ des Rates der Volkskommissare bzw. ab 1946 des Ministerrates der UdSSR war sie völkerrechtlich ausdrücklich legitimiert, im Rahmen des durch die vier Mächte vereinbarten Kontrollmechanismus den äußeren Frieden und die innere Sicherheit zu gewährleisten sowie Deutschland "zusätzliche politische, verwaltungsmäßige, wirtschaftliche, finanzielle, militärische und sonstige Forderungen aufzuerlegen"[2]. Im Zusammenwirken mit dem Alliierten Kontrollrat, dem die Regelung von Fragen vorbehalten blieb, die "Deutschland als Ganzes" betrafen, stand der SMAD in der SBZ nach internationalem Recht "die oberste Regierungsgewalt [...], einschließlich aller Befugnisse der deutschen Regierung, des Oberkommandos der Wehrmacht und der Regierungen, Verwaltungen oder Behörden der Länder, Städte und Gemeinden" zu[3].

Funktional war die SMAD in vier Fachbereiche gegliedert: Entmilitarisierung, Zivilverwaltung, Wirtschaft und Politik. Ihre zahlreichen Arbeitseinheiten waren in einer komplexen und dynamischen Organisation angeordnet[4]. Die gleichen Charakteristiken wiesen die Moskauer Führungslinien auf, denen entlang die einzelnen Organisationsteile der SMAD – in fachlicher und disziplinarischer Hinsicht – zentralen sowjetischen Fachbehörden unterstellt waren. Über direkten und letztendlich bestimmenden Einfluß auf die SMAD verfügte ebenfalls der zentrale Moskauer Parteiapparat. Doch nicht nur stetige Umstellungen in der eigenen Organisation und in der innersowjetischen Führungsstruktur, der enge Verbund mit

---

1 Vgl. Befehl des Obersten Chefs der SMAD vom 9. Juni 1945, S. 9.
2 Vgl. Berliner Erklärung der Vier Alliierten vom 5. Juni 1945.
3 Vgl. ebenda, Präambel, Absatz 5, Satz 1.
4 Ausführlicher zur Organisation vgl. Foitzik 1990, S. 7–69.

den Besatzungstruppen und die Koordination ihrer eigenen Tätigkeit mit der des Alliierten Kontrollrats übten Einfluß auf das Verhalten der SMAD und der ihr angeschlossenen Dienste aus, sondern auch der gleichzeitig stattfindende, grundsätzlich unter besatzungshoheitlichem Vorbehalt stehende und deshalb sowohl in fachlicher wie in zeitlicher Hinsicht ungleichmäßige Prozeß der Übertragung ursprünglich besatzungsrechtlicher Kompetenzen an Dienststellen der deutschen Verwaltung. Anzeichen einer kompetentiellen Diffusion im Erscheinungsbild der SMAD, die durchaus den Eindruck eines regelrechten Durcheinanders erwecken, sind allerdings nicht nur als Folgen der vielfältigen Regelungsvorgaben Moskaus, sondern ebenso als Begleiterscheinungen tatsächlich vorhandener innerorganisatorischer Konkurrenz und als Folgen des angewandten Amtsverfahrens, insbesondere der Geheimhaltung, zu begreifen. Gerade deshalb können sie nicht generell als Kosten verstanden werden, denn Tarnung und Verschleierung einzelner Arbeitsabläufe waren vielfach unmittelbar angestrebte Organisationsziele.

Dem Grundsatz nach koordinierte die fachlich und territorial breit gefächerte und gegliederte Organisation ein Kommando. An dessen Spitze stand der Oberste Chef der SMAD, der in Personalunion auch Oberbefehlshaber der "Gruppe der Sowjetischen Besatzungstruppen in Deutschland" (GSOVG) und höchster sowjetischer Vertreter im Alliierten Kontrollrat war. Unterstützt von einem Stab von Stellvertretern und Gehilfen, dirigierte er auf der zentralen Ebene zahlreiche nach fachlichen Aufgaben gegliederte Diensteinheiten (Verwaltungen und Abteilungen).

Auf dem Gebiet der SBZ bestanden
- fünf Verwaltungen der SMAD in den Ländern und Provinzen der SBZ sowie (mit Sonderstellung) die Berliner Kommandantur.
- 18 (Militär-)Bezirkskommandanturen (okrug); sie wurden 1946 auf 12 reduziert und 1948 aufgelöst.
- Unterhalb der Bezirksverwaltungen sogenannte Kommandanturen zweiter Ordnung oder auch bezirksunterstellte Stadtkommandanturen (1945 insgesamt 14, 1946 auf 12 und 1948 auf 9 reduziert). Ihnen waren Stadtteilkommandanturen unterstellt.
- Rayon- (d.i. Kreis-)kommandanturen (pro Bezirk 4 bis 15).
- Stadt-/Ortskommandanturen als unterste Stufe mit Rayonunterstellung (5-27 Ortskommandanturen im Rayon, insgesamt ursprünglich über 200 Ortskommandanturen)[5].

Zum 1. April 1946 bestanden in der SBZ insgesamt 507 Kommandanturen. Vier Monate später wurde ihre Zahl auf 325 und in der ersten Hälfte 1948 auf 157 reduziert[6].

In der hierarchischen Anordnung waren den Chefs der zentralen Fachverwaltungen der SMAD die Chefs der Landesverwaltungen gleichgestellt. Deren Facheinheiten nahmen als Abteilungen gegenüber der analogen zentralen Fachstruktur eine rangniedere Stufe ein. In den Landesverwaltungen teilten sich der Verwaltungs- und der Stabschef die Führung über die internen Abteilungen[7]. Eine Bezirksverwaltung war bereits einfacher strukturiert, sie bestand aus Fachunterabteilungen (otdelenije). Auch die darunter angesiedelten Kreiskommandanturen verfügten nur noch über (reglementsmäßig unselbständige) Fachunterabteilungen. Fachspezifisch und/oder zeitweilig konnten jedoch die Aufgaben auf dieser Ebene unmittelbar durch Instrukteure der Zentralverwaltungen der SMAD wahrgenommen werden. Unterhalb dieser Ebene der Militärverwaltung bestanden bei den Ortskommandanten in

---

5 Jastrebzov, S. 32.
6 Vgl. Šolkovič, Moskva 1980, Anlage 7.
7 Jastrebzow 1977, Band 2, S. 33.

der Regel nur noch Gehilfen für Wirtschaftsfragen und für die Anleitung bzw. Kontrolle der (deutschen) Verwaltungseinheiten, ansonsten wurden die Fachaufgaben durch Inspekteure und Instrukteure ranghöherer Diensteinheiten wahrgenommen[8].

Die Gesamtstärke der sowjetischen Besatzungstruppen in der SBZ betrug nach amerikanischen Schätzungen 1946 675.000 Mann [9] und soll 1947 auf ca. 300.000 verringert worden sein[10]. Nach dem 1. Februar 1948 wurden Truppenverstärkungen gemeldet[11] und im August 1948 in der SBZ 343.700 Mann ausgemacht, darunter 20.000 SMAD-Mitarbeiter und 20.000 Angehörige der Sicherheitstruppen zur Bewachung der Kommandanturen und der innerdeutschen Demarkationslinie[12]. Noch 1950 betrug die tatsächliche Truppenstärke allerdings etwa 500.000, und sie dürfte auch in der Zwischenzeit nicht nennenswert darunter gelegen haben. Schwächer als damals im Westen geschätzt waren im Gegensatz die in der SBZ stationierten Inneren Truppen des NKVD/MVD: 1946 zählten sie zwischen 8.000 und 15.000 Mann, 1947 wurden sie auf etwas über 5.500 verringert[13]. Amtliche sowjetische Quellen nennen 49.887 Mitarbeiter der SMAD in den letzten Monaten des Jahres 1946, davon waren fast 28.000 Unteroffiziere und Soldaten[14]. In der Aufbauphase dürfte jedoch die SMAD in ihrer vom Truppenbereich nur unzureichend entflochtenen Kommandanturstruktur insgesamt 60.000 Mitarbeiter[15] oder noch mehr beschäftigt haben. Eine weitere amtliche sowjetische Quelle weiß von 33.236 SMAD-Mitarbeitern zu berichten, wovon 4.670 im Karlshorster Zentralapparat tätig gewesen seien[16]. Nach Planstellenkürzungen 1947, 1948 und im Januar 1949 sank die Zahl der Mitarbeiter auf ein Drittel der ursprünglichen Stärke[17], was auf die Mitarbeiter im engeren Kontroll- und Führungsbereich bezogen mit etwa zehn- bis fünfzehntausend übersetzt werden kann.

Diensteinheiten des Sicherheitsapparates und ihre Kompetenzen

Die nachstehende chronologische Skizze der Entwicklung des sowjetischen Sicherheitsapparates kann zwar nicht besonders übersichtlich vorgestellt werden, doch das stellenweise nebulöse Bild vermittelt gleichzeitig einen unmittelbaren Eindruck über die Friktionen, die die Entzerrung der einzelnen Funktionsbereiche auch tatsächlich begleiteten. Zwecks besse-

---

8   Ebenda
9   TS Priority/7 December 1946, in: Bundesarchiv Koblenz (weiterhin: BAK), OMGUS/AGTS 14/1.
10 332.500 laut Intelligence Berlin Command/27 February 1948, in: BAK, OMGUS/AGTS 14/1.
11 Vgl. 16 April 1948, in: BAK, OMGUS/AGTS 14/1.
12 EUCOM TS Routine/30 August 1948, in: BAK, OMGUS/AGTS 14/1.
13 Semirjaga 1995 b, S. 166.
14 Camestitel načalnika Upravlenija kadrov ZK VKP(B) N. Mironov – Saveduščij sektorom Upravlenija kadrov ZK VKP(B) Katjuškin/Sekretarju ZK VKP(B) tov. Kuznezov u, A. A./8. 4. 1947, in: Rossijski Zentr Chranenija i Isučenija Dokumentov Novejšei Istorii, Moskva (Russisches Zentrum für die Aufbewahrung und Erforschung von Dokumenten der neuesten Geschichte, weiterhin: RZChiIDNI), 17/117/758, Bl. 163.
15 Semjonow 1995, S. 211.
16 M. Gribanov/Tov. Vyšinskomu, A. Ja./Feb. 1950, in: Archiv Vnešnej Politiki Rossijskoj Federacii (weiterhin: AVP RF), 082/37/41/206, Bl. 11–12.
17 Maljarov 1964, S. 82.

rer Orientierung ist im Auge zu behalten, daß zum einen die von 1943 bis 1954 dauernde Entflechtung der während des Krieges improvisierten und wuchernden Organisationsstruktur des sowjetischen Sicherheitsapparates ein komplizierter, durch institutionelle und personelle Konkurrenz verformter Prozeß war; zum anderen bleibt die organisatorische Entwicklung in diesem Bereich unverständlich, wenn nicht gleichzeitig der Verfahrensaspekt beachtet wird: Geheimhaltung machte die besondere Qualität der bürokratischen geheimdienstlichen Prozedur aus. Repression und Terror als ihre Produkte sind nicht lediglich als unmittelbare und bewußte Handlungszwecke zu begreifen, sondern zugleich als objektive Wirkungsfolgen des Organisationsverhaltens solcher Fachinstitutionen.

Im Zentrum der institutionellen Entwicklung des sowjetischen Sicherheitsapparates in der SBZ stand zunächst der damalige Kommissar des NKGB 2. Ranges, Ivan A. Serov[18], der durch Beschluß Stalins in seiner Eigenschaft als Vorsitzender des Staatlichen Verteidigungskomitees der UdSSR am 22. April 1945 zum Fachstellvertreter des Kommandeurs der 1. Belorussischen Front, Marschall Georgij K. Šukov[19], mit dem Aufgabenbereich Zivilangelegenheiten ernannt wurde[20]. Durch einen weiteren Beschluß des Staatlichen Verteidigungskomitees der UdSSR vom 2. Mai 1945, der die Errichtung des Instituts der Stellvertreter des Frontoberbefehlshabers für zivile Angelegenheiten allgemein regelte, wurde den Fachstellvertretern aufgetragen: "auf dem von der Roten Armee besetzten Gebiet Spione, Diversanten, Terroristen [...] und andere aktive Elemente aufzuspüren und festzunehmen". Zu diesem Zweck wurden ihnen die im jeweiligen Kommandobereich eingesetzten Gruppen für Konterspionage (SMERŠ) des Volkskommissariats für Verteidigung, die "operativen Gruppen" des NKVD (Volkskommissariat für Inneres) und andere Einheiten mit polizeilichen Sicherungsaufgaben unterstellt. Serov, der bereits durch NKVD-Befehl Nr. 0016 vom 11. Januar 1945 zum NKVD-Bevollmächtigten bei der Heeresgruppe Šukov ernannt worden

---

18 Serov, Ivan Alexandrovič (1905–1990); 1945 Generaloberst, 1955 Armeegeneral, 1963 Generalmajor (degradiert); 1926–65 VKP(B)/KPdSU; Berufssoldat, Absolvent der Generalstabsakademie, 1939 Kommissar der Staatssicherheit III. Ranges, Leiter der Sowjetisierungskampagnen im Baltikum und in der Ukraine (Ostpolen), ab Okt. 1941 stellvertretender Volkskommissar der UdSSR für Inneres; 1944–45 als NKVD-Beauftragter mit Sicherungsaufgaben im Rücken der Kampftruppen in der Ukraine, in Polen und in Deutschland betraut. 1945–47 stellvertretender Oberster Chef der SMAD für Zivilverwaltung, Geheimdienstchef in der SBZ und Stellvertreter des Oberkommandierenden der Besatzungstruppen, 1947–54 amtierender Erster stellvertretender Minister des Innern der UdSSR; 1954–58 Gründer und Erster Leiter des Komitees für Staatssicherheit (KGB), 1958–62 Chef des militärischen Geheimdienstes (GRU). 1962/63 nach Enttarnung (wegen Spionage für USA und England) von Oberst Oleg Penkovski 1963 degradiert, 1965 u. a. wegen Verletzung der Rechtsstaatlichkeit und Machtmißbrauchs während seiner Tätigkeit in Deutschland aus der KPdSU ausgeschlossen.

19 Šukov, Georgij Konstantinovič (1896–1974); Marschall der Sowjetunion; ab 1915 Militärdienst; ab 1918 Berufssoldat; 1919 VKP(B); Kavalleriekommandeur, 1939 Armeekommandeur bei sowjetischen Streitkräften in Mongolei; Jan.–Juli 1941 Chef des Generalstabs, ab Juli 1941 im Stab des Oberstkommandierenden, ab April 1942 Erster Stellvertreter des Volkskommissars für Verteidigung und stellvertretender Oberster Befehlshaber, nahm am 8. Mai 1945 als Oberbefehlshaber der 1. Belorussischen Front die Kapitulation der Wehrmacht entgegen. Juni 1945–März 1946 Oberbefehlshaber der Gruppe der sowjetischen Besatzungstruppen in Deutschland und Oberster Chef der SMAD, danach für kurze Zeit Oberbefehlshaber der sowjetischen Landstreitkräfte und stellvertretender Minister für Verteidigung, 1946–53 Chef verschiedener Militärbezirke (Kiev, Nord-Ural), ab 1953 Erster Stellvertreter und 1955–57 Minister für Verteidigung.

20 Predsedatel GOKO – Stalin/Postanovlenije GOKO/22. 4. 1945, in: Gossudarstvenny archiv Rossijskoi Federacii, Moskau (Staatsarchiv der Russischen Föderation, weiterhin: GARF), f. 9401, op. 2, d. 95, l. 319–320.

war, wurde durch Beschluß des Rates der Volkskommissare der UdSSR über die Bildung der SMAD vom 6. Juni 1945 schließlich auch zum Stellvertreter des Obersten Chefs der SMAD für den Geschäftsbereich Zivilverwaltung ernannt[21]. Damit war der damals vierzigjährige Generaloberst Serov für den Aufbau und die Kontrolle der deutschen Verwaltung in der gesamten Besatzungszone zuständig. Personalpolitisch fiel dieser besondere Amtsbereich in die fachliche Kompetenz des Volkskommissars für Verteidigung, Stalin, und des Volkskommissars für Inneres, Berija.

Noch im Juni schlug Berija Stalin vor, Serov neben seiner Position in der SMAD auch zum NKVD-Bevollmächtigten bei der GSOVG zu ernennen[22], was durch NKVD-Befehl Nr. 00780 vom 4. Juli 1945 geschah. Die Serov damit übertragenen Befugnisse erstreckten sich ausdrücklich auf die Organisation und Leitung der operativen Agenturtätigkeit in der SBZ, die "Enttarnung und Vernichtung feindlicher Organisationen und Gruppierungen", die Fahndung nach und die Verhaftung von mutmaßlichen Kriegsverbrechern und von Angehörigen militärischer Strukturen, einschließlich des Volkssturms, der SS, der SA usw. Sie umfaßten ferner die Leitung des gesamten Kriegsgefangenenwesens in der SBZ, einschließlich des Gefangenentransports in die Sowjetunion und in der umgekehrten Richtung. Außerdem waren dem NKVD-Bevollmächtigten die Grenzregimenter des NKVD, die Truppen des NKVD zum Schutz des Hinterlandes und die Internierungslager unterstellt. Serov, der in dieser Funktion unmittelbar dem NKVD unterstellt war, wurde in der SBZ ausdrücklich die Befehlsgewalt über alle operativen Mitarbeiter des NKVD, des NKGB, der militärischen Konterspionage und über die NKVD-Truppen übertragen[23]. Außerdem war Serov kraft dieser Funktion noch fachlicher Stellvertreter des Oberkommandierenden der Besatzungstruppen in Deutschland, Marschall G. K. Šukov. Nach Aufgabe des NKVD durch Berija im Dezember 1945 und der dadurch beschleunigten Entflechtung der geheimdienstlichen und staatspolizeilichen Strukturen kam Berijas Amtsnachfolger Sergej Kruglov[24] mit dem NKGB-Vertreter V. N. Merkulov[25] überein, in der SBZ die NKGB-Vollmachten bei den bestehenden "operativen Gruppen" des NKVD-Bevollmächtigten Serov zu belassen. Damit galt Serov zusätzlich noch als Beauftragter des NKGB/MGB (Volkskommissariat/Ministerium für Staatssicherheit) in Deutschland[26]. Zum 1. Januar 1946 waren im Amtsbereich Serovs in der SBZ 2.230 NKVD- und 399 NKGB-Mitarbeiter beschäftigt, bei Kriegsende waren es lediglich 800 gewesen.

Aufgrund dieser Ämterhäufung dirigierte Serov in den Jahren 1945-46 in der SBZ drei Dienstbereiche, die unmittelbar die Arbeit der SMAD tangierten:

---

21 Vgl. Anordnung des Rates der Volkskommissare der UdSSR vom 6. Juni 1945, in: Um ein antifaschistisch-demokratisches Deutschland ..., 1968, S. 51–53; vollständiger russischer Text in: Solotarev 1995, S. 408–411.
22 Berija/GOKO Stalin/22. 06. 1945, in: GARF, f. 9401, op. 2, d. 97, l. 8–10.
23 Ebenda.
24 Kruglov, Sergej, ab 1939 im NKVD, 1943–46 1. Stellvertreter Berijas als Volkskommissar für Inneres der UdSSR, ab Januar 1946 Nachfolger Berijas als Innenminister, nach Berijas Verhaftung 1953–54 Innenminister der UdSSR.
25 Merkulov, Vsevolojd Nikolajevič; Generaloberst; ab 1938 Stellvertreter Berijas im NKVD, 1941–46 NKGB, dann Chef der Hauptverwaltung für das sowjetische Auslandsvermögen, zuletzt Minister für Staatskontrolle; 1953 hingerichtet.
26 Petrov 1997, unveröffentlichtes Manuskript. – Im März 1946 wurden die Volkskommissariate in Ministerien umgewandelt.

1. In einer Position als Stellvertreter des Obersten Chefs der SMAD für die Zivilverwaltung die Abteilung (1947 zur Verwaltung aufgewertet) für Inneres der SMAD unter der Leitung von Oberst, später Generalmajor Pavel Michailovič Malkov. Malkov war gleichzeitig sowjetischer Direktor für Innere Angelegenheiten im Kontrollrat und beaufsichtigte damit fachlich dessen Unterkomitee "Arrestierung von ehemaligen Nationalsozialisten und Säuberung des Staatsapparates"[27]. Im März 1948 erklärte der Chef der Verwaltung Malkov seinem disziplinarischen Dienstvorgesetzten Innenminister Kruglov, daß er laut Regierungsbeschluß die deutsche Staatsanwaltschaft, Justiz und Polizei kontrolliere und "unmittelbar gegenüber der Führung der SMAD verantwortlich ist", wobei das MVD der UdSSR in die Arbeit seiner SMAD-Verwaltung [in fachlicher Hinsicht] nicht involviert sei "und sich in sie auch nicht einmischt"[28].
2. In seiner Eigenschaft als NKVD-Bevollmächtigter die aus Mitarbeitern des NKGB bestehenden, für die innere und äußere Aufklärung im engeren Sinne zuständigen "operativen Gruppen" des NKVD. 1945/46 wurden sie formal in den Zuständigkeitsbereich des NKGB/MGB überführt.
3. In gleicher Funktion die Abteilung Speziallager (Otdel Spezlagerej) der SMAD[29] in der Genslerstraße (Berlin-Hohenschönhausen). Sie war nach Auffassung des zuständigen Abteilungsleiters "unmittelbar dem Ministerium des Innern der UdSSR unterstellt"[30]. Bis August 1948 war die - gemäß des damaligen Organisationsstatuts unselbständige - Abteilung fachlich direkt dem stellvertretenden Innenminister der UdSSR unterstellt, danach ging sie an die Verwaltung GULAG des sowjetischen Innenministeriums über[31].

Auf die Tätigkeit der genannten Diensteinheiten wirkten weitere, organisatorisch im Truppenbereich angesiedelte und vielfach mit deckungsgleichen Sicherheitsaufgaben betraute Apparate ein, die sich oft nur aufgrund ihrer disziplinarischen Unterstellung gegenüber zentralen Moskauer Dienststellen oder aufgrund der tatsächlichen Kommunikationslinien voneinander unterschieden. Zwar gewinnt dadurch nicht die Übersichtlichkeit, doch sei hier nur daran erinnert, daß Serov gleichzeitig dem sowjetischen Innen-, Sicherheits- und Verteidigungsministerium unterstellt war, wobei er das persönliche Vertrauen Stalins genoß und deshalb noch weitere "zeitweilige Sonderaufgaben" der sogenannten Partei- und Staatsführung übertragen bekam. In seiner Detailstruktur von außen tatsächlich undurchschaubar geworden, wurde der Amtsbereich Serovs als eine komplexe integrierte Organisationsstruktur wahrgenommen. Eminente Probleme traten dann während deren beginnender Entflechtung Ende 1945 auf. So liegen etwa schriftliche Belege vor, daß sowohl die "operativen Gruppen" des NKVD als auch die Abteilung Speziallager zeitweilig in die SMAD-Struktur integriert waren[32]. Sicherlich traf dies beispielsweise hinsichtlich deren Versorgung zweifelsfrei zu, nicht jedoch in personalpolitisch-disziplinarischer Hinsicht. Die

---

27 Sowjetischer Vertreter in diesem Unterkomitee war Major Roitburg.
28 Vgl. Kruglov/Stalin, Molotov/20. 3. 1948, in: GARF, f. 9401, op. 2, d. 199, l. 396–397.
29 In Primärquellen auch als Abteilung Speziallager (Otdel Spezlagerej) des MVD ausgewiesen.
30 Načalnik Otdela Spezlagerej Zikljaev /Načalnik orgučetnogo Otdela Štaba GSOVG/11. 2. 1949, in: GARF, f. 9409, op. 1, d. 38, l. 17.
31 Vgl. Otdel Spezlagerej MVD SSSR v Germanii, in: GARF, 9409, op. 1.
32 Bezüglich der Operativen Gruppen vgl. Befehl des Obersten Chefs der SMAD Nr. 175 vom 18. Juni 1946, in: GARF, f. 7317, op.8, d. 5, Teil 2.

im vorliegenden Zusammenhang wichtige interpretatorische Prämisse, daß Geheimhaltung wirkliches administratives Chaos erzeugen kann, soll ein Beispiel veranschaulichen: Der Beschluß des Ministerrates der UdSSR vom 26. Mai 1947 löste die "Abteilung ("otdel") des MVD für Kriegsgefangene und Internierte in Deutschland" bei der GSOVG auf und übertrug die Fachaufgaben unmittelbar dem sowjetischen Verteidigungsministerium. Ob aber damit tatsächlich (nur) die MVD-Abteilung für Kriegsgefangene bei der Verwaltung der Rückwärtigen Dienste der GSOVG gemeint war, die in Frankfurt an der Oder ein Transitlager für deutsche Kriegsgefangene unterhielt[33], oder (auch) die namensgleiche Abteilung bei der SMAD, bleibt zunächst genauso fraglich wie der Vorgang insgesamt schleierhaft, weil gemäß den oben zitierten normativen Regularien beide Amtsbereiche ursprünglich Serov unterstellt waren[34]. Auch der innersowjetische Organisationshintergrund erleichtert hier nicht die Orientierung. Dort wurden 1945 die Kriegsgefangenenfragen nämlich dem NKVD übertragen, im Widerspruch also zu der für die SBZ 1947 vorgesehenen Praxis, die nur während des Krieges üblich gewesen war. Erst 1949 informierte übrigens der damalige SMAD- und Truppenchef in der SBZ, V. I. Čujkov[35], den stellvertretenden Ministerpräsidenten V. Molotov, daß die Praxis gezeigt habe, daß eine selbständige Abteilung für Kriegsgefangene bei der SMAD-Abteilung für Repatriierung nicht mehr notwendig sei. Mit Einverständnis des MVD schlug er daher dem Ministerrat vor, die Abteilung für Kriegsgefangene und Internierte in Deutschland aufzulösen und ihre Funktionen der SMAD-Abteilung für Repatriierung zu übergeben[36].

In die gleichermaßen komplexe wie dynamische Organisationsstruktur der sowjetischen Besatzungsverwaltung lassen sich solche und andere Detailangaben nicht immer paßgenau einordnen. Allgemein ist deshalb von der Prämisse auszugehen, daß die stetigen Umstellungen in der sowjetischen administrativen und parteilichen Führungsstruktur stark auf das Organisationsverhalten der SMAD ausstrahlten. Ebenso erzwangen völkerrechtliche Überlegungen oder politische Rücksichtnahme auf den Kontrollrat in Verbindung mit sowjetischen Sachinteressen besondere Verfahren. Das Gesamtbild bliebe auch unvollständig, wenn man beispielsweise die zunächst nur als personale Verbindungsnetze des früheren Sicherheitsministers Berija faßbare Struktur außer acht läßt sowie ferner die 1946/47 intensivierten Interventionen des zentralen Parteiapparates in den geheimdienstlichen Bereich, die 1947 mit der Schaffung des "Informationskomitees" beim Ministerrat der UdSSR kulminierten, eines neuen zentralen Koordinations- und Leitungsorgans für die geheimdienstli-

---

33 Vgl. MVD-Befehl Nr. 00596 vom 5. Juni 1947, in: Konassov, V. B.: Sudby nemezkich vojennoplennych v SSSR: Diplomatičeskije, pravovyje i političeskije aspekty problemy. Vologda 1996, S. 203f.
34 Grundsätzlich ist zu beachten, daß der selektive Aktenzugang oder ein unsachgemäßer Umgang mit Quellenpuzzles mindestens das gleiche Maß an "Chaos" erzeugen kann, das Historiker in der Regel voreilig den "Bürokraten" zuschreiben.
35 Čujkov, Vassilij Ivanovič (1900 – 1982); 1955 Marschall der Sowjetunion; Berufssoldat; ab 1919 VKP(B). Im Krieg Kommandeur einer Armee (u. a. Teilnahme an der Stalingrad- und Berlin-Schlacht). 1945–46 Chef der SMAD in Thüringen, 1946–49 stellvertretender bzw. Erster stellvertretender Oberbefehlshaber und März 1949 – 1953 Oberbefehlshaber der sowjetischen Besatzungstruppen in Deutschland, 1946–1949 Stellvertreter des Obersten Chefs der SMAD, März–Okt./Nov. 1949 Oberster Chef der SMAD und anschließend Vorsitzender der Sowjetischen Kontrollkommission in Deutschland (SKK), 1953–60 Chef Militärbezirk Kiev, ab 1960 Chef der Infanterie und stellvertretender Verteidigungsminister.
36 Vgl. Čujkov /Molotov/7. 5. 1949, in: GARF, 9401/240, Bl. 165–166.

che Aufklärung unter der Federführung des sowjetischen Außenministeriums. Berija verlor zwar im Dezember 1945 nominell das Amt des im Krieg allmächtigen Volkskommissars für Inneres, gleichzeitig stieg er jedoch zu einem der Ersten Stellvertreter des Ministerratsvorsitzenden Stalin auf und gehörte ab März 1946 ebenfalls dem Politbüro an. In seiner Funktion als Leiter des Spezialkomitees beim Staatlichen Verteidigungskomitee (später dem Ministerrat unterstellt) zur Koordination des Atombomben-Programms wurde er auch formell mit der "Leitung der gesamten Aufklärungsarbeit auf diesem Gebiet, die durch NKVD, GRU u. a. durchgeführt werden"[37], beauftragt, faktisch also außerhalb der administrativen Fachstruktur mit einer geheimdienstlichen Generalkompetenz ausgestattet. Vsevoljod N. Merkulov wurde nach seiner Ablösung als Sicherheitsminister Chef der beim Ministerrat angesiedelten Hauptverwaltung für sowjetisches Vermögen im Ausland und deren Repräsentant in der SBZ, der ehemalige Stellvertreter Berijas als Innenminister, Bogdan S. Kobulov[38], bekleidete ab 1947 die Funktion eines Stellvertreters des Obersten Chefs der SMAD für die Angelegenheiten der Sowjetischen Aktiengesellschaften. Sein Bruder, Generalleutnant Amajak S. Kobulov[39], war als stellvertretender Leiter der Kriegsgefangenenabteilung des sowjetischen Innenministeriums unmittelbar für die operative Agenturarbeit unter Kriegsgefangenen zuständig. Außerhalb der Kompetenz der SMAD wie der Besatzungstruppen war in Deutschland ferner unter der Tarnbezeichnung "Wismut SAG" eine im sowjetischen Sicherheitsapparat angesiedelte Sonderverwaltung zur Urangewinnung untergebracht. Durch Quellen ist zumindest einwandfrei belegt, daß in diesem sensiblen und in der politischen wie militärischen Prioritätenskala hoch angesiedelten Organisationsbereich die durch die Kriegsgefangenen und Internierten gebildeten sogenannten Arbeitskraftreserven sogar an Weisungen des sowjetischen Ministerrates vorbei manipuliert wurden. Die besondere Fulminanz der infolge der vielen mitwirkenden (genannten wie ungenannten) Faktoren nur schwer darstellbaren Kompetenzkonflikte zwischen den einzelnen Fachapparaten und Funktionsträgern indiziert schließlich auch die Tatsache, daß – mit Ausnahme des Innenministers Sergej Kruglov – alle in dieser Zeit amtierenden Fachminister: Lavrentij Berija, Vsevoljod N. Merkulov 1953 und Viktor S. Abakumov[40] in den Jahren 1953/54 auf

---

37 Vgl. Knyševski, Pavel: Dobyča. Tajny germanskich reparazii, Moskva 1994, S. 44.
38 Kobulov, Bogdan S. (1904–1953); Generaloberst; Volkskommissar für Inneres in Georgien, Ende der 30er Jahre Leiter der Besonderen Untersuchungsabteilung des NKGB, 1941–45 stellvertretender und danach Erster stellvertretender Volkskommissar für Staatssicherheit bzw. für Inneres UdSSR. 1947–48 Stellvertreter Oberster Chef der SMAD ohne Geschäftsbereich und 1948–49 Stellvertreter Oberster Chef SMAD für Fragen der Tätigkeit sowjetischer Unternehmen in Deutschland, gleichzeitig stellvertretender Chef der Hauptverwaltung für sowjetisches Eigentum im Ausland beim Ministerrat der UdSSR; danach in gleicher Funktion Stellvertreter Vorsitzender der Sowjetischen Kontrollkommission in Deutschland, 1953 Leiter der Hauptverwaltung für Staatssicherheit im Ministerium des Innern der UdSSR, Dez. 1953 zusammen mit Berija u. a. zum Tode verurteilt und hingerichtet.
39 Kobulov, Amajak S., war 1939–41 als Botschaftsrat an der sowjetischen Botschaft in Berlin Resident des sowjetischen Geheimdienstes in Deutschland und später Leiter der operativen Abteilung in der Verwaltung des sowjetischen Innenministeriums für Kriegsgefangene (Generalleutnant). Kurz nach Stalins Tod wurde Amajak S. Kobulov durch Berija zum MVD-Residenten für Deutschland ernannt. Bei der Einreise in die DDR ließ ihn der damalige Chef der Besatzungstruppen in der DDR, Marschall Gretško, verhaften und nach Moskau überstellen. 1953 zum Tode verurteilt und hingerichtet.
40 Abakumov, Viktor S. (1908–1954), 1941–43 Chef der Sonderabteilung und stellvertretender NKVD, 1943–46 Chef der Hauptverwaltung Gegenspionage ("SMERŠ") und stellvertretender Volkskommissar für Verteidigung, 1946–51 Minister für Staatssicherheit der UdSSR, danach verhaftet, 1954 hingerichtet.

der Grundlage konstruierter Gerichtsurteile erschossen wurden. Gleiches Schicksal widerfuhr schon 1950 dem früheren Leiter der Kaderverwaltung und ZK-Sekretär A. A. Kusnezov, der ebenfalls in die Nachkriegsentwicklung des Geheimdienstes eingegriffen hatte, sowie 1953 beiden Kobulovs.

Mit der gleichen Methode einer personalpolitischen "Säuberung" versuchte der Sicherheitsminister Abakumov schon kurz nach Kriegsende eine Entflechtung der in der SBZ agierenden Sicherheitsapparate durchzuführen. Zunächst scheiterte er am entschiedenen Widerstand Šukovs, 1947 wurden aber gleich vier der sechs aus Serovs Apparat übernommenen Landeschefs des MGB amtsenthoben und einige unter Anklage gestellt. 1948 ließ Abakumov den früheren Chef des NKVD/MVD und – nach der generellen Reorganisation – ab Oktober 1946 des MGB im sowjetischen Sektor von Berlin, Generalmajor Alexej M. Sidnjev, festnehmen, mit dem Serov in persönlicher Beziehung stand. Sidnjev wurde vorgeworfen, aus dem Bestand der Berliner Reichsbank über 80 Millionen Reichsmark unterschlagen zu haben. Nach seiner Aussage sei dieses Geld nach Absprache mit Serov für operative Zwecke benutzt worden[41]; trotzdem wurde Sidnjev als Marodeur zum Tode verurteilt und hingerichtet[42]. Serov, dessen Sekretär in diesem Zusammenhang ebenfalls in Haft kam, genoß jedoch das Vertrauen Stalins. Serovs Persönlichkeit muß bei den Überlegungen auch deshalb berücksichtigt werden, weil er im Gegensatz zu seinen Berufskollegen aus dem Sicherheitsbereich seine Karriere als regulärer Stabsoffizier begann und als Absolvent der Generalstabsakademie zumindest unter einigen Berufsmilitärs im SMAD-Kommando auf andere Akzeptanz stieß als die von der Truppe gleichermaßen verachteten wie gefürchteten "Polizisten", die sich selbst euphemisch "Tschekisten" nannten.

Doch zurück zu der Entwicklung der formalen Organisationsstrukturen. Gleichzeitig mit der Übertragung der Abwehr-Funktionen (SMERŠ) vom Verteidigungs- zum Staatssicherheitsministerium wurde im Mai 1946 der bisherige SMERŠ-Chef V. Abakumov zum Minister für Staatssicherheit (MGB) ernannt. Damit gewann ein Konflikt zwischen dem MGB und der SMAD Kontur. Nach der Ablösung Šukovs als SMAD-Chef und Oberkommandierender der Besatzungstruppen im Frühjahr 1946 übernahm Abakumov die Sicherheitsbefugnisse auch in der SBZ, was das sowjetische Politbüro am 20. August 1946 ausdrücklich bestätigte[43]. Danach wurden die operativen und die Strafverfolgungsbefugnisse in der SBZ (einschließlich der sogenannten Inneren Gefängnisse) vom MVD zum MGB delegiert. Nunmehr war grundsätzlich nur das MGB zur Verfolgung politischer Übertretungen befugt; gleichzeitig wurden dem MGB in operativer (also nicht in unmittelbar personaldisziplinärer) Hinsicht die damals sieben Regimenter der MVD-Truppen unterstellt. Im November 1946 wurde Generalleutnant, später Generaloberst Nikolaj K. Kovalčuk[44] formell

---

41 Vgl. Protokoll des Verhörs von Sidnjev, A. M. vom 6. 2. 1948, in: Vojennyje archivy 1/1993, S. 197–207. – Sidnjev, Alexei Matvejevič, (geb. 1907), ab 1928 Berufssoldat, 1931 VKP(B), ab 1941 in einer Sonderabteilung des NKVD bei der Truppe, u. a. 1944 stellvertretender Chef der SMERŠ-Verwaltung bei der 1. Ukrainischen Front. 1945 Generalmajor, 1945–47 Chef des NKVD/MVD bzw. MGB im sowjetischen Sektor von Berlin, ab November 1947 Minister für Staatssicherheit der Tartarischen SSR in Kasan, Anfang 1948 als "Marodeur" verhaftet, zum Tod verurteilt und hingerichtet.
42 Vgl. Protokoll des Verhörs von Sidnjev, A. M. vom 6. Febr. 1948, in: Vojennyje archivy 1/1993, S. 197–207.
43 Kruglov/Stalin/13. 2.1947, in: GARF, f. 9401, op. 2, d. 168, l. 341. Vgl. dazu auch: Russian Intelligence Activities in Germany/15 March 1947, in: BAK/OMGUS, AGTS 52/1/8.
44 Koval'čuk, Nikolai K.; Generaloberst; im Krieg zeitweilig stellvertretender NKVD der UdSSR. Ab 1947 Chef des MGB-Apparates in der SBZ, dann bis 1953 Innenminister Lettische SSR.

zum "Beauftragten und Stellvertreter des MGB der UdSSR in Deutschland" ("Upolnomočennyj MGB i samestitel MGB w Germanii") bestellt, der als stellvertretender Minister für Staatssicherheit der UdSSR unmittelbar dem Minister unterstellt war. Gleichzeitig waren auf der Grundlage des Ministerratsbeschlusses vom 5. September 1946 bei der SMAD bzw. der GSOVG Militärtribunale zu schaffen, die in der SBZ nunmehr die gerichtliche Verfolgung von kriegs- und besatzungsrechtlichen Übertretungen zu übernehmen hatten.

Damit erfolgte effektiv zum Jahresanfang 1947 eine Diversifizierung der einzelnen Sicherheitsaufgaben. Die Abteilung für Inneres der SMAD wurde im Frühjahr 1947 zur Verwaltung aufgewertet und ihre Aufgaben auf die traditionellen Bereiche des Innenressorts reduziert (im sowjetischen Sinne einschließlich der Justizkontrolle); das NKGB/MGB-Personal der – damals in die SMAD-Struktur faktisch lose integrierten – "operativen Gruppen" des NKVD/MVD wurde aus der Zuständigkeit des MVD ausgegliedert und ging in fachlich-operativer Hinsicht in den Bestand des inzwischen verselbständigten MGB-Apparates über. Dem Grundsatz nach waren seine Büros in der SBZ getarnt und von der SMAD-Verwaltung räumlich getrennt. Kontakte zwischen beiden wurden durch bei SMAD-Dienststellen untergebrachte Verbindungsoffiziere aufrechterhalten[45]. Der Dienstweg war von den politischen Abteilungen und dem Ministerium für Verteidigung unabhängig[46], das Kommunikationssystem des MGB-Apparates von der SMAD. Die Inneren Truppen des MVD waren faktisch Exekutivorgane des MGB-Apparates. Weiterhin verblieben in der Kompetenz des MVD jedoch die in der SBZ bestehenden Gefängnisse für bereits Verurteilte und die Internierungslager. Nach Abschluß dieser organisatorischen und personellen Maßnahmen bat am 13. Februar 1947 der sowjetische Innenminister Kruglow Stalin, Serov als Ersten Stellvertreter des Innenministers zu bestätigen. Serov habe sich 1946 die meiste Zeit in Deutschland aufgehalten und die Arbeit der operativen Gruppen des MVD geleitet. Nach der Überführung der operativen Sektoren des MVD zum MGB könne er nun nach Moskau zurückkehren[47]. Es scheint, daß diesem Antrag noch im gleichen Monat stattgegeben wurde.

Parallel mit dieser Entwicklung regulierte der Kontrollrat mit den Direktiven Nr. 24 vom 12. Januar 1946 und Nr. 38 vom 12. Oktober 1946[48] das sogenannte Entnazifizierungsverfahren. In Verbindung mit den innersowjetischen Reorganisationsmaßnahmen veränderte dies die Rechtslage dahingehend, daß die in der Kompetenz des MVD verbliebenen Internierungslager in der SBZ nicht mehr wie früher auf kriegs- bzw. besatzungsrechtlicher oder wie das MGB auf extralegaler Grundlage vorgehen durften. Vielmehr waren seitdem Lagereinweisungen nach Maßgabe der formalen sowjetischen Rechtsvorschriften nur noch auf der Grundlage einer staatsanwaltschaftlichen Anordnung möglich. Doch diese Harmonisierung der besatzungsrechtlichen mit sowjetischen Rechtsvorschriften stieß auf den Widerstand des MGB. Schon im März 1947 intervenierte Abakumov beim Innenminister Kruglov und bat um eine Anweisung der in der SBZ befindlichen Speziallager, den früheren Zustand herzustellen, weil infolge der neuen Regelung die MGB-Gefängnisse in der Besatzungszone überlastet seien. In seiner Antwort vom Mai 1947 bestätigte Kruglow Abakumov lediglich den verfahrensrechtlichen Sachverhalt und stellte ihm anheim, eventuell beim sowjetischen

---

45 Gordievsky; Christopher, KGB 1990, S. 452.
46 Vgl. Garthoff 1955, S. 283f.
47 KruglovStalin/13. 2. 1947, in: GARF, f. 9401, op. 2, d. 168, l. 341.
48 Wortlaut in: Amtsblatt des Kontrollrats in Deutschland Nr. 11/31. Okt. 1946, S. 184–194.

Generalstaatsanwalt eine Änderung herbeizuführen. Im Dezember 1947 bemühte jedoch dieser im Gegensatz den stellvertretenden Ministerratsvorsitzenden und Außenminister W. Molotov wegen der "über 60.000 Deutschen [...], die ohne Sanktion des Staatsanwalts im außergerichtlichen Verfahren festgenommen wurden"[49].

Außer der skizzierten international-besatzungsrechtlichen und der besonderen innersowjetischen Problematik ist ferner noch zu beachten, daß die SMAD in einem schon 1945 einsetzenden und insgesamt durch Unförmigkeit gekennzeichneten Prozeß begonnen hatte, polizeilich-exekutive und judikative Befugnisse an deutsche Dienststellen zu übertragen. Durch den Befehl Nr. 201 vom 16. August 1947 wurden deutsche Strafverfolgungsorgane und Gerichte mit der Entnazifizierung beauftragt. Die allgemeine Kontrolle und die Wahrnehmung der besatzungsrechtlichen Vorbehaltsrechte übertrug dieser SMAD-Befehl zwar der Innenverwaltung und der Justizabteilung der SMAD[50], dies kollidierte aber mit dem Monopol des MGB auf dem Gebiet der Verfolgung politischer Delikte. Wie nachfolgende SMAD-Befehle bestätigen[51], blieb die fachliche Oberaufsicht über die deutschen Strafverfolgungsorgane jedoch in den genannten Fachorganen der SMAD konzentriert.

Wegen der – in Moskau wie in der SBZ – rapide schwindenden Kompetenzen des MGB-Apparates zugunsten deutscher Einrichtungen intervenierten der MGB-Beauftragte in der SBZ, Generaloberst Kovalčuk, und sein Minister Abakumov bei höchsten sowjetischen Stellen. Noch 1948 beanspruchte Abakumov für das MGB in der SBZ eine Monopolstellung beim Kampf gegen "antisowjetische Elemente und Spione" und kämpfte gleichzeitig massiv gegen die Ausweitung der Kompetenzen deutscher Polizei- und Sicherheitsdienststellen an. Erst nachdem der Ministerrat der UdSSR am 6. Juli 1948 einen Beschluß über die "Stärkung der deutschen Polizei in der SBZ" angenommen und das sowjetische Politbüro am 28. Dezember 1948 den Anträgen Piecks und Grotewohls vom 18. Dezember stattgegeben hatte, in der SBZ die "Staatliche Sicherheit" zu verstärken[52], gab der Sicherheitsminister am 2. April 1949 in einem Bericht an Stalin gehorsam kund, daß nunmehr in allen Kreisverwaltungen des entstehenden deutschen Staatssicherheitsdienstes MGB-Gruppen zur "Leitung und Kontrolle der deutschen Sicherheitsorgane" gebildet und dafür zusätzlich 115 MGB-Mitarbeiter nach der SBZ abgestellt würden[53].

Neben Kompetenzkonflikten traten freilich auch verschiedene sachliche Hemmnisse auf, weil vielfach Weisungen nicht zu erfüllen waren. So gelang es beispielsweise nicht, das mit den Internierungslagern verbundene verfahrensrechtliche Problem dadurch aus der Welt zu schaffen, indem die Internierten zur Zwangsarbeit in die Sowjetunion deportiert wurden, wie ein Ministerratsbeschluß im Dezember 1946 anordnete. Die meisten Lagerinsassen seien dazu gesundheitlich nicht tauglich gewesen, ließ später der Innenminister Kruglov zur Erklärung den Außenminister Molotov wissen[54]. Im Hinblick auf den Kontrollrat aus völkerrechtlichen wie vor dem Hintergrund der Entwicklung in den Westzonen aus politischen

---

49 Vgl. Generalstaatsanwalt Goršenin/stellvertretender Vorsitzender des Ministerrats Molotov/29. 12. 1947, in: GARF, 9401/2/203, Bl. 15.
50 Vgl. Wortlaut in "Tägliche Rundschau" Nr. 195 vom 22. Aug. 1947.
51 Vgl. Befehl Nr. 35 vom 26. Feb. 1948 betr. Auflösung der Entnazifizierungskommissionen oder Befehl Nr. 43 vom 18. März 1948 betr. Amnestie.
52 Vgl. Pieck: "Antwort auf die Fragen zur Besprechung am 18.12.48", in: Badstübner/Loth, Berlin 1994, S. 247–259 sowie S. 261f. Damit wurde die letzte Phase der Gleichschaltung der SBZ eingeleitet.
53 Petrov 1997.
54 Kruglov/Molotov/8. 1. 1948, in: GARF, f. 9401, op. 2, d. 203, l. 16–18.

Gründen drängten ab 1946 auch der SMAD-Chef V. D. Sokolovskij[55] und sein politischer Berater V. S. Semjonov[56] auf eine Lösung in Moskau, wo sich infolge der inneradministrativ unlösbaren Konflikte außer den unmittelbar zuständigen Fachressorts – Sicherheits-, Innenministerium und Generalstaatsanwalt – auch der ZK-Sekretär A. A. Kuznecov[57] und schließlich Stalin persönlich mit der Problematik der in der SBZ bestehenden sowjetischen Internierungslager beschäftigen mußten[58]. Am 8. März 1948 ordnete ein Ministerratsbeschluß eine Überprüfung der Angelegenheit durch eine zwischenbehördliche Kommission des MGB-Beauftragten, des Militärstaatsanwalts der GSOVG und der SMAD-Innenverwaltung an. Abermals schlug sie im September 1948 die Deportation der Lagerinsassen vor, doch auch diesen Vorschlag beschied im Januar 1949 Serov als stellvertretender Innenminister unter Hinweis auf den Gesundheitszustand und die Arbeitsunfähigkeit der Internierten abschlägig[59]. Fortgesetzt wurden die interministeriellen Zwistigkeiten sogar nach der mit MVD-Befehl Nr. 0959 vom 9. August 1948 vollzogenen Eingliederung der in der SBZ von der Besatzungsmacht unterhaltenen Speziallager in das GULAG-System des MVD. Im Dezember 1948 beschwerte sich der in der SBZ zuständige Abteilungsleiter, daß seit dem Übernahmebeschluß nichts geschehen sei und die Speziallager wie bisher ohne Anleitung arbeiteten. In Moskau war die Lage noch unübersichtlicher, denn dort hatte sich noch im Januar 1949 Serov als stellvertretender Innenminister gegen eine Überführung der Lager in den Bestand des MGB gewandt, während sein unmittelbarer Dienstvorgesetzter Kruglov am 2. Juni 1949 gegenüber Berija die entgegengesetzte Meinung vertrat. Indem Kruglov darauf hinwies, daß sein Ministerium seit 1947 in Deutschland über keine Vertretung verfüge, schlug er vor, die Speziallager in die Kompetenz der SMAD zu übergeben, die bereits für die Kosten aufkomme. Die Leitung und der Betrieb der Lager wären dem MGB zu übertragen, das ausschließlich die Einweisung der Häftlinge verfüge und durch seine Truppen auch die Lagerbewachung gewährleiste[60].

Unter massivem Druck der Westpresse, der "öffentlichen Meinung" in der SBZ wie in den Westzonen, nach zahlreichen aus dem politischen wie dem diplomatischen Apparat der

---

55 Sokolovskij, Vassili Davidovič (1897 – 1968); 1946 Marschall der Sowjetunion; ab 1918 Berufssoldat; 1931 VKP(B); ab 1941 stellvertretender Generalstabschef, ab 1941 Armeekorpskommandeur. 1945 Erster Stellvertreter und März 1946 – März 1949 Oberbefehlshaber der Gruppe der sowjetischen Besatzungstruppen in Deutschland und Oberster Chef der SMAD, ab März 1949 Erster stellvertretender Verteidigungs- bzw. Kriegsminister, 1952–60 Generalstabschef und Erster Stellvertreter des Kriegsministers (ab 1953 des Verteidigungsministers).

56 Semjonov, Vladimir Semjonovič (1910–1992); 1937–39 Lehrstuhlleiter für Marxismus-Leninismus in Rostov/Don; 1938 VKP(B); ab 1939 im diplomatischen Dienst, 1939–40 Berater der UdSSR-Vertretung in Litauen, 1940–41 Berater der UdSSR-Botschaft in Berlin und 1942–44 in Stockholm. 1945–46 Erster Stellvertreter des Politischen Beraters der SMAD (Gesandter 2. Klasse), 1946–49 Politischer Berater der SMAD, anschließend bis 1953 Politischer Berater des Vorsitzenden der SKK, 1953–55 Hoher Kommissar UdSSR in Deutschland. 1955–78 stellvertretender Außenminister der UdSSR, 1978–86 UdSSR-Botschafter in der Bundesrepublik Deutschland.

57 Kuznecov , Alexei Alexandrovič(1905–1950), 1925 VKP(B), Parteifunktionär in Leningrad, ab 1932 2. und ab 1945 1. Sekretär der dortigen Parteiorganisation; ab 1939 Mitglied ZK, 1943 Generalleutnant, März 1946–Feb. 1949 Sekretär des ZK der VKP(B), Mitglied des Organisationsbüros des ZK und 1946–48 Leiter der ZK-Kaderverwaltung, 1949 verhaftet, 1950 hingerichtet, 1954 rehabilitiert.

58 Petrov, Apparat 1997. Vgl. auch Semirjaga, Kak my upravljali 1995, S. 172.

59 I. Serov – samestitelj MVD/načalniku otdela spezlagerej Zikljaev/19. 1. 1949, in: GARF, f. 9409, op. /1s, d. 38, l. 33.

60 Ebenda sowie Kruglov/Berija/2. 6. 1949, beide Dokumente sind in diesem Band abgedruckt.

SMAD kommenden Interventionen hatte inzwischen "Neues Deutschland" am 29. April 1948 unter der Schlagzeile "Milderung für Internierte" über eine Besprechung zwischen Sokolovskij, Pieck und Grotewohl[61] informiert und damit das aus der Sicht der Moskauer Fachressorts geheimzuhaltene politische Ärgernis publik gemacht. Nach intensivem internem Vorlauf, in den außer dem sowjetischen Außenministerium auch der neue Oberste Chef der SMAD, V. I. Čujkov, involviert war, fand man schließlich einen Ausweg aus dem Verfahrensdilemma, indem die SED-Führung im Brief vom 19. September 1949 Stalin bat, "die bestehenden Lager in der Ostzone aufzulösen, die von den Sowjetorganen abgeurteilten Verbrecher nach der Sowjetunion zu transportieren und die übrigen den deutschen Organen zu übergeben"[62]. Diesem Antrag gab das Politbüro des ZK der VKP(B) mit Beschluß vom 28. September grundsätzlich statt und folgte am 30. Oktober 1949 einem gemeinsamen Vorschlag der Minister für Staatssicherheit und für Inneres vom 19. Oktober 1949[63], eine durch die Militärstaatsanwaltschaft, das MGB und das MVD beschickte Kommission mit der Ausarbeitung der Auflösungsregularien zu beauftragen. Die entsprechenden Beschlüsse des Politbüros und des Ministerrats vom 30. Dezember bildeten die Grundlage des Befehls des sowjetischen Innenministers Kruglov Nr. 0022 vom 6. Januar 1950 über die Auflösung der Speziallager in der DDR[64]. Der Vollzugsrapport datiert vom 18. April 1950.

Organe des sowjetischen Sicherheitsapparats in der SBZ

Berücksichtigt man die schematisch skizzierte Vielfalt der rechtlichen, organisatorisch-institutionellen, politischen Aspekte sowie andere Faktoren, die insgesamt Einfluß auf die Polizei- und Sicherheitspolitik der Besatzungsmacht in der SBZ ausübten, so versteht man wenigstens, warum die SBZ in den ersten Nachkriegsjahren unter Geheimagenten als ein "Eldorado" galt, in dem viele eine Zeitlang gleichzeitig für das NKGB/MGB und das NKVD/MVD, damit für doppelten Sold, gearbeitet hätten. Schon deshalb dürften die nachstehenden, auf den ersten Blick ebenfalls verwirrenden Angaben weitgehend den realen Zustand der einzelnen Teile des Sicherheitsapparates in den Jahren 1945/46 widerspiegeln, zumindest wie er auf Außenstehende wirkte. Beachtet man jedoch gleichzeitig die obigen Ausführungen über die Chronologie der institutionellen Entwicklung sowie den Umstand, daß eine bestätigte Angabe vorliegt, wonach die engere MGB-Struktur des Berliner "operativen Sektors" nach ihrer Herauslösung aus dem Amtsbereich Serov 35 Mitarbeiter zählte, so lassen sich wohl die damals etwa zweieinhalbtausend NKVD-/MVD- und etwa vierhundert NKGB-/MGB-Mitarbeiter entlang der nachstehend gezeichneten Strukturen ohne größere Schwierigkeiten anordnen.

---

61 Neues Deutschland vom 29. Apr. 1948, S. 1.
62 [Pieck, Grotewohl, Ulbricht]/Lieber Genosse Stalin/19. Sept. 1949, in: Badstübner; Loth 1994, S. 294–297, hier S. 297.
63 Abakumov, Serov/Molotov/19. 10. 1949, in: GARF, f. 9401, op. 2, d. 240, l. 263–265. Diesen Hinweis verdanke ich Frau Dr. Elke Scherstjanoi. Petrov, Apparat 1997, der auch Unterlagen des Archivs des Sicherheitsdienstes ausgewertet hat, stellt insgesamt drei Varianten des administrativen Detailablaufs vor. Dort ist der Politbürobeschluß vom 31. Okt. 1949 datiert.
64 Vgl. Prikas načalnika Otdela Spezlagerej MVD v Germanii No. 017 vom 21. 2. 1950, in: GARF, f. 9409, op. 1, d. 41, l. 25.

Das Hauptquartier des Sicherheitsapparates befand sich zunächst in Potsdam[65] und wurde im Frühjahr 1947 nach Karlshorst verlegt[66]. In der SBZ unterstanden ihm fast 2.000 Mann, gab später ein sowjetischer Überläufer an[67]. Die bereits genannten tatsächlichen Zahlen umfaßten allerdings den gesamten Personalbestand, wobei die ausgewiesenen Mitarbeiter des NKVD/MVD wohl größtenteils oder gar ausschließlich auf Planstellen der SMAD-Abteilungen für Inneres plaziert waren. In der horizontalen Organisationsstruktur (des Sicherheitsapparates im engeren Sinne) entstanden in den Ländern bzw. Provinzen und im sowjetisch besetzten Teil Berlins sogenannte "operative Sektoren" ("operatiwnyi sektor", abgekürzt: "opersektor"). Über deren personelle Ausstattung wie interne Geschäftsverteilung liegen unterschiedliche Angaben vor: So sollen im Bereich des "Opersektors" Thüringen 1947 mehr als 500 Mitarbeiter beschäftigt gewesen sein[68], wobei diese Schätzung eines Außenstehenden den gesamten Personalbestand der im Landesmaßstab inner- und außerhalb der SMAD tätigen Sicherheitsfachleute des MVD und des MGB nicht allzu sehr dramatisiert haben dürfte. Nach Angaben eines Überläufers waren 1948 in dessen Hauptquartier etwa 90 Offiziere, 18 Dolmetscher sowie 20 weitere Mitarbeiter tätig[69]. – Diese Zahlen berücksichtigen wiederum offensichtlich nur die engere, inzwischen entflochtene MGB-Struktur. – Andere Quellen nennen auf Landesebene lediglich etwa 30–45 Offiziere, 25 Dolmetscher und 150–250 MVD-Soldaten. In Thüringen bestanden 1948 unter der Leitung eines Obersten angeblich zehn interne Abteilungen[70], für Brandenburg wurden aber nur fünf genannt[71]. Bei den Bezirksverwaltungen der SMAD bestanden sogenannte operative Bezirke ("operativnyi okrug", abgekürzt: "operokrug") als mittlere Kontroll- und Führungsebene mit 15–20 Offizieren. Als Sitz eines "Operokrug" des MGB in Thüringen wurden Gera, Erfurt und Gotha genannt[72]. In Brandenburg wurden "operative Gruppen" in Brandenburg, Potsdam, Cottbus und Eberswalde ausgemacht[73]. Obwohl es sich bekanntlich um Bezirksstädte handelte, sollte die vorliegende terminologische Unschärfe nicht allzusehr stören. Die in den Landkreisen und größeren Städten bzw. an strategisch wichtigen Punkten (wie auch in den Internierungslagern) bestehenden "operativen Gruppen" des MGB ("opergruppa") waren mit drei bis zehn Offizieren, einigen Dolmetschern und in der Regel zehn MVD-Soldaten ausgestattet. Der Berliner "operative Sektor" wies als mittlere Führungsebene ursprünglich acht "operative Rayons" auf. Die "operative Gruppe" in Neuruppin bestand 1946/47 aus acht Offizieren, die jeweils eine Fachsektion leiteten, und acht Dolmetschern neben weiterem Hilfspersonal sowie 20 Soldaten des MVD[74]. Die Aufklärung und Beobachtung sogenannter subversiver Elemente (frühere Mitglieder von NSDAP, SS usw.), der politischen Parteien, Gewerkschaften, Kirchen und der Schulen sowie die Überwachung des Personals der deutschen Polizei und Verwaltung zählten zu den herausragenden Aufgaben

---

65 Vgl. Russian Intelligence Activities in Germany/15 March 1947, in: BAK/OMGUS/AGTS 52/1/8.
66 Vgl. auch: Information on Soviet Intelligence Organizations/26 January 1948, in: BAK/OMGUS/AGTS 52/1/8.
67 Gordievsky/Christopher 1990, S. 452.
68 Vgl. Interrogation Report on Mrs. Margarete Bauer-Jakunina, in: BAK, OMGUS/POLAD 804/2.
69 Vgl. auch: HQ European Command Intelligence Center/27 Oct. 1948, in: BAK, OMGUS/ODI 7/22–2/21.
70 Ebenda.
71 Vgl. Russian Intelligence Activities in Germany/15 March 1947, in: BAK, OMGUS/AGTS 52/1/8.
72 Vgl. HQ European Command Intelligence Center/27 Oct. 1948, in: BAK, OMGUS/ODI 7/22–2/21.
73 Vgl. Russian Intelligence Activities in Germany/15 March 1947, in: BAK, OMGUS/AGTS 52/1/8.
74 Ebenda.

des MGB in deutschen Angelegenheiten[75]. Diese Aufgaben nahm der hinter der SMAD-Fachstruktur angeordnete MGB-Apparat nicht nur durch Kontrolle der fachlich zuständigen deutschen (selbstverständlich auch der sowjetischen) Dienststellen und deren Fachpersonals mittelbar, sondern auch unmittelbar wahr. Zu diesem Zweck rekrutierte der sowjetische Sicherheitsdienst in der SBZ deutsche Vertrauensleute. Zum 1. Januar 1946 dienten sich der Geheimpolizei der sowjetischen Besatzungsmacht 2.304 deutsche Spitzel an, bis 1949 stieg ihre Zahl auf 3.084[76]. Die zunächst im Volkskommissariat für Verteidigung angesiedelte Abwehr (SMERŠ) war ab 1946 formell Bestandteil des MGB-Apparats. Sie beschäftigte sich vornehmlich mit Abwehraufgaben innerhalb des sowjetischen Militärpersonals. Deutsche waren von ihrer Tätigkeit jedoch mittelbar betroffen, sofern sie mit sowjetischem Dienstpersonal im Kontakt standen.

---

75 Vgl. Russian Intelligence Activities in Germany/15 March 1947. In: BAK, OMGUS/AGTS 52/1/8.
76 Semirjaga, Kak my upravljali 1995, S. 169 und 169.

Vladimir A. Kozlov

Die Operationen des NKVD in Deutschland während des Vormarsches der Roten Armee (Januar bis April 1945)

Generalissimus Josef Wissarionowitsch Stalin hat es trotz seines vielbändigen Werkes versäumt, Memoiren für die Nachwelt zu verfassen. Sein Innenminister, Lavrentij Berija, kam nur noch dazu, im Gefängnis ein paar lose Blätter zu beschreiben[1], dann wurde er erschossen – am 23. Dezember 1953. Staatssicherheitsminister Viktor Abakumov mußte bereits am 17. Juli 1951 in Untersuchungshaft und, obwohl er bis zu seiner Hinrichtung im Dezember 1954 mehr als drei Jahre Zeit hatte, ist es äußerst unwahrscheinlich, daß er sich dort auf die Niederschrift von Erinnerungen einließ. Sowjetische Heerführer wie Šukov, Čujkov u. v. a. begannen in den sechziger Jahren, ihre Memoiren zu publizieren. Die Geheimdienstler hingegen mußten noch einige Jahre warten – bis zum Untergang der Sowjetunion.[2] Berijas Stellvertreter, Ivan Serov, der, anders als sein Chef, in Moskau das Erscheinen von Šukovs Memoiren als Pensionär erleben durfte, wurde durch diese zu eigener Aktivität inspiriert.[3] Er könne, so soll er im Freundeskreis geäußert haben, über interessantere Dinge berichten. In der Tat hätte Serov einen "Šukov II" schreiben können. Denn so wie dieser immer dann von Stalin an die Front geschickt wurde, wenn es besonders brenzlig war, übertrug Innenminister Berija wichtige Polizeiaktionen meist "seinem" Serov. In der Endphase des Krieges schickte er ihn zu Šukov, damit er dessen Armeen den Rücken frei hielte. So rückten die beiden zusammen von der Weichsel an die Oder vor und nahmen im April 1945 schließlich die Reichshauptstadt Berlin ein. Zusammen stürzten sie acht Jahre später Berija – Šukov wurde Verteidigungsminister, Serov KGB-Chef. Kein Wunder also, wenn Serovs Manuskript den KGB auf den Plan rief – bisher ist es nirgends wieder aufgetaucht.

Stalin, Berija, Abakumov, Serov – sie haben sich zu den von ihnen befohlenen Operationen im Rücken der vorrückenden Roten Armee nicht erklärt. Wir wissen nicht, ob sie tatsächlich zwischen Königsberg und Berlin einen deutschen Partisanenkrieg befürchteten oder ob sie vor allem die prekäre Arbeitskräftesituation im Hinterland zum Handeln zwang oder ob es ihnen einfach nur darum ging, die Vertreibung der Deutschen aus den Ostgebieten noch vor einer deutschen Kapitulation zu erledigen.

---

1 Vgl. Istoričeskij Archiv, 1994, H. 4, S. 3-11.
2 Z. B. Sudoplatov, Pavel: Razvedka i Kreml', Moskva 1996; Berija, Sergo: Moj otec Lavrentij Berija, Moskva 1994.
3 Die Information über Serovs Memoirenvorhaben verdanke ich N. Petrov.

Die Operationen des NKVD in Deutschland (Januar bis April 1945)

Im Januar 1945, am Vorabend der Weichsel-Oder-Operation, beschloß das Staatliche Verteidigungskomitee eine große Polizeioperation zur Sicherung des Hinterlandes der vorrückenden Roten Armee. Dazu wurde Führungspersonal der Spionageabwehr "SMERŠ", der Staatssicherheitsbehörde NKGB und des NKVD, mit besonderen Vollmachten ausgestattet, an die Fronten beordert, darunter Ivan Serov an die 1. Belorussische Front zu Shukov und Spionageabwehrchef Abakumov an die 3. Belorussische Front nach Ostpreußen. Sie sollten, so hieß es im NKVD-Befehl 0016 vom 11. Januar 1945, alle nur erdenklichen Maßnahmen ergreifen, um "die Ermittlung und Inhaftierung von Spionen und Diversanten der deutschen Geheimdienste, von Terroristen, von Mitgliedern verschiedener feindlicher Organisationen und Gruppen von Banditen und Aufständischen zu gewährleisten, unabhängig von deren Nationalität und Staatsbürgerschaft"[4] Dafür wurden ihnen die 31.099 Mann NKVD-Truppen, die bereits im Fronthinterland operierten, unterstellt und zusätzlich um 27.900 Mann verstärkt.[5]

Die Sowjetführung muß mit den Ergebnissen dieser Operation äußerst zufrieden gewesen sein, denn die mit ihrer Durchführung beauftragten Staatssicherheitsfunktionäre wurden noch im April 1945 mit höchsten militärischen Auszeichnungen bedacht: Serov und Abakumov etwa erhielten am 24. (?) April 1945 den höchsten Militärorden der UdSSR – den Kutuzow-Orden erster Stufe. Noch im Mai 1945 soll Shukov persönlich dafür gesorgt haben, daß Serov außerdem den Titel "Held der Sowjetunion" verliehen bekam, zusammen mit dem "Goldenen Stern" und dem "Leninorden". Insofern hätte es also durchaus Gründe gegeben, mit Stolz zum Beispiel von dieser Operation zu berichten.

Doch da die Memoiren schweigen, bleiben wir auf Aktenstücke jener Zeit verwiesen. Auch in Moskau wurden Orden erst nach Lesen von Erfolgsmeldungen ausgegeben. Meldungen der Frontbevollmächtigten des NKVD nach Moskau sind in den Akten des NKVD-Sekretariats überliefert, eine Auswahl davon hat Berija an Stalin weitergeleitet. Im Folgenden soll aus ihnen, soweit inzwischen zugänglich, zitiert werden.

Die ersten Meldungen nach Anlaufen der Operation dürften in Moskau den Eindruck erzeugt haben, daß es in der Tat höchste Zeit war, entschiedene Maßnahmen zu ergreifen. Sie berichteten davon, wie sich die deutschen Geheimdienste intensiv auf subversiv-terroristische Aktivitäten im Hinterland der Roten Armee vorbereiteten. Generalleutnant VADIS, Leiter der Spionageabwehr SMERŠ bei der 1. der Belorussischen Front, meldete nach Moskau, daß "die deutschen Spionageorgane ihre Methoden geändert haben, um ihre Agenten in unserem Hinterland anzusiedeln". Während noch zu Beginn der Offensive Agenten per Flugzeug in das sowjetischen Hinterland gebracht wurden, gingen sie nun dazu über, ihre Agenten, meist angeworbene Ortsansässige, einfach von der Front überrollen zu lassen. Auch hätte sich ihre Aufgabenstellung verändert. Stand bisher vor allem Spionage im Vordergrund, so mußte Vadis mitteilen, daß von den bisher entlarvten 184 Agenten 124 den Auftrag hatten, Diversions- und Terrorakte zu organisieren. Ein Teil hätte keine Parolen für ein Überschreiten der Frontlinien zurück nach Deutschland erhalten, ihre Aufträge seien vielmehr unbefristet. Gleichzeitig würde sich die nationale Herkunft der Agenten zunehmend verändern. Hatte es die SMERŠ bisher vor allem mit "Russen, Ukrainern und anderen Landesverrätern" zu tun gehabt, so würden jetzt immer mehr Deutsche zum Einsatz gelangen. In einem anderen Bericht heißt es, daß Diversions- und Terrorgruppen aus deutschen

---
4 GARF, f. 9401, op. 12, d. 178, l. 44-48 (Bd. 2).
5 GARF, f. 9401, op. 2, d. 92, l. 111.

Soldaten und Offizieren formiert würden.[6] Ein weiterer Bericht informierte Moskau davon, daß Gruppen und Agenten auch von örtlichen NSDAP-Funktionären für die Diversionstätigkeit im Rücken der Roten Armee instruiert worden seien. In Gleiwitz z. B. hätten sie eine Gruppe organisiert, die nicht nur sowjetischen Truppen bekämpfen sollte, sondern auch Deutsche, die mit der sowjetischen Militärführung zusammenarbeiteten. Die Gruppe hätte vorgehabt, den Vorsitzenden des antifaschistischen Komitees der Stadt zu ermorden, sie sammelte Waffen und versteckte sie im Wald.[7]

Auch der NKVD-Bevollmächtigte bei der 1. Ukrainischen Front, Generalleutnant Mešik, wußte Alarmierendes nach Moskau zu vermelden. Ein siebzehnjähriger Hitlerjunge hätte im Dorf Naganc vom Vorsitzenden der örtlichen Parteiorganisation den Auftrag erhalten, im von der Roten Armee besetzten Gebiet zurückzubleiben, um Terrorakte zu verüben – Munitionslager sprengen, Straßen verminen und Eisenbahnbrücken sprengen. Dafür sollte er sich mit Volkssturmangehörigen zusammentun. Allerdings konnte Mešik keinen wirklichen Schaden berichten, das einzige, wozu der Meldung zufolge der junge Terrorist kam, war das Verdrehen des Wegweisers an der Dorfkreuzung.[8]

Dergleichen Vorkommnisse schienen zu belegen, daß die deutsche Führung versuchte, "im Hinterland der Roten Armee einen Partisanenkrieg zu organisieren", nicht nur durch ihre "Agenten", die Hitlerjugend und die Partei, sondern auch durch den Einsatz von Berufsoffizieren und Soldaten aus Einheiten der regulären Armee.[9] Auffallend ist allerdings, daß diese Meldungen kaum Informationen über Aktivitäten der deutschen Führungsstäbe enthalten. Der Begriff "Werwolf" taucht zu diesem frühen Zeitpunkt noch nicht auf. Die Vorkommnisse, für sich genommen eher geringfügig, konnten vermutlich nur deshalb als "besonders charakteristisch" oder "besonders wichtig" ausgegeben werden, weil die sowjetische Führung sie vor dem Hintergrund der Erfahrungen ihres eigenen Partisanenkrieges lesen mußte. Diese Erfahrungen aber besagten, daß die Schlagkraft von Partisanenverbänden besonders von dem engen Zusammenwirken zwischen illegalen Parteiorganisationen, Kaderoffizieren, Geheimdienstleuten und der Zivilbevölkerung abhing. Die aus dem Fronthinterland einlaufenden Meldungen schienen somit zu bestätigen, daß es richtig war, eine besondere Operation zur Bekämpfung deutscher Partisanenaktivitäten einzuleiten.

Vier Tage nach Beginn der Operation, am 15. Januar 1945, berichtete Abakumov aus Ostpreußen über die von ihm getroffenen Maßnahmen.

> "Es wurden sechs operative Gruppen gebildet, die im Abschnitt jeder Armee die tschekistische [im revolutionären Sprachgebrauch: geheimdienstliche, d. Ü.] Arbeit leisten werden. Die Gruppen bestehen aus je einem Leiter, zwei Stellvertretern (darunter einer für die NKVD-Truppen), 20 Operativmitarbeitern und zwei Dolmetschern. Jeder Gruppe ist ein NKVD-Regiment unterstellt worden. Außerdem wurde zur Erfüllung von Sonderaufgaben eine Reserve aus operativen Mitarbeitern und NKVD-Einheiten gebildet. Das gesamte Führungs- und Operativpersonal wurde sorgfältigst instruiert [...] und beauftragt, Spione, Diversanten und Terroristen der gegnerischen Geheimdienste, Banditen und Aufständische, Mitglieder faschistischer und anderer Organisationen, Führungs- und Einsatzkräfte der Polizei und andere verdächtige Personen aufzuspüren und sofort zu verhaften, sowie vom Gegner zurückgelassene Waffenlager, Funkstationen und materiell-technische Ausrüstungen zu beschlagnahmen. Die Operativgruppen wurden insbesondere auf die Bedeutung dieser Maßnahmen in Städten, großen Ortschaften, an Eisenbahnknotenpunkten und in Industriebetrie-

---

6 GARF, f. 9401, op. 1, d. 2212, l. 239.
7 Ebenda, l. 259-260.
8 Ebenda, l. 261-262.
9 Ebenda, l. 263-264.

Die Operationen des NKVD in Deutschland (Januar bis April 1945)

ben hingewiesen. Am 16. Januar d. J. begeben sich die Operativgruppen zusammen mit den NKVD-Einheiten an ihre Bestimmungsorte. Für den Transport der Verhafteten und operative Erfordernisse sind den Gruppen zehn Lastwagen zugeteilt worden. (...) Für die Konzentration der Verhafteten, die aus Ostpreußen eintreffen, bereiten wir ein Gefängnis vor."[10]

In den folgenden zehn Tagen gelang es diesen sechs Operativgruppen, laut einer Meldung Abakumovs vom 29. Januar, 910 Personen zu verhaften. In diesem Zeitraum kontrollierten sie 1000 Deutsche, von denen sie allerdings nur 31 verhafteten. Diese geringe Zahl war offenbar erklärungsbedürftig, und so verweist Abakumov darauf, daß es sich bei den angetroffenen Deutschen "vor allem um Greise, Alte mit Kindern handelte, die aus den Wäldern kommen und sich auf den Straßen bewegen".[11] So ergab es sich, daß die Mehrzahl der Verhafteten Litauer (590) und Polen (214) waren, 469 wegen Zugehörigkeit zu litauischen und polnischen "Banden".[12] Nicht viel anders stellte sich die Situation in den ersten Wochen im Bereich der 1. Belorussischen Front dar. Von dort berichtete Serov über die Verhaftung von 2.219 Personen, darunter 189 Deutsche, 1.562 Polen und 193 Ukrainer. Die von ihm beschriebenen Einzelfälle belegen, daß er sich zu diesem Zeitpunkt noch ganz auf die Bekämpfung des polnischen Untergrundes konzentrierte.

Erst Anfang Februar hatten die Truppen der 1. Belorussischen und der 1. Ukrainischen Front größere deutsche Gebiete eingenommen, und erst ab Februar wurden auch zunehmend Deutsche verhaftet. Aus einem Bericht von NKVD-Chef Berija an Stalin, Molotov und Malenkov geht hervor, daß bis zum 17. Februar bereits 74.499 "feindliche Elemente" verhaftet wurden, darunter 33.619 Deutsche und Österreicher, 16.820 Polen, 8.775 Russen, Ukrainer, Belorussen und 6229 Letten und Litauer.[13] Diese Meldung enthält noch eine weitere bemerkenswerte Information: Berija teilte mit, daß an Ort und Stelle 43 Deutsche erschossen worden seien – "aktive deutsche Diversanten und Terroristen, die die Aufgabe hatten, Kommandeure und Soldaten der Roten Armee zu ermorden und Diversionsakte im Hinterland der Fronttruppen zu verüben".[14]

Am 3. Februar hatte das staatliche Verteidigungskomitee beschlossen, die Maßnahmen zur Bekämpfung deutschen Widerstands noch einmal zu verschärfen. Dies wurde mit den eingegangenen Meldungen über zurückgelassene deutsche Diversions- und Terrorgruppen sowie Berichten, daß Offiziere und Soldaten der Roten Armee ermordet oder aus Fenstern, Dachböden, Kellern, aus dem Hinterhalt von deutschen Offizieren und Soldaten in Zivilkleidung beschossen worden sind, motiviert. Der Beschluß forderte ausdrücklich die "gnadenlose Liquidierung" an Ort und Stelle all jener Personen, die terroristischer Anschläge und Diversionsakte überführt worden sind. Gleichzeitig wurde den NKVD-Frontbevollmächtigten die Aufgabe gestellt, "alle zu körperlicher Arbeit tauglichen und waffenfähigen deutschen Männer im Alter von 17 bis 50 Jahren zu mobilisieren", d. h. zum Arbeitseinsatz in die Sowjetunion abzutransportieren.[15]

Es ist nicht ganz klar, was die sowjetische Führung wirklich zu diesem Schritt bewogen hat. War es tatsächlich die Furcht vor Terroranschlägen – dagegen spricht zumindest, daß die bisher eingetroffenen Meldungen aus dem Hinterland der vorrückenden Fronten keine

---

10 Ebenda, l.169-170.
11 GARF, f. 9401, op.2, d. 92, l. 290.
12 Ebenda, l. 289.
13 Ebenda, l. 309f.
14 Ebenda, l. 312.
15 Band 2, Dok. 3.2.45.

wirklich schwerwiegenden Vorkommnisse registrierten und eher auf die Vielzahl von Alten, Frauen und Kindern hingewiesen hatten. Die Präambel dieses Beschlusses erweckt vielmehr den Eindruck, als gälte es die Zwangsrekrutierung deutscher Arbeitskräfte für den Wiederaufbau der sowjetischen Industrie zu rechtfertigen. Für diese Version spricht zumindest die Tatsache, daß eine solche Zwangsmobilisierung bereits im Dezember 1944 für die Volksdeutschen in Südosteuropa angeordnet worden war. Das Ziel dieser Operation – mindestens 140.000 Arbeitskräfte zu erhalten – wurde nie erreicht, es gelang nur ca. 110.000 Deutsche in die Sowjetunion zu bringen. Insofern ist es nicht unwahrscheinlich, daß die Ausweitung der Zwangsmobilisierung von Arbeitskräften auf das deutsche Reichsgebiet gar nicht so sehr im Interesse der Terrorbekämpfung, sondern aus rein wirtschaftlichen Erwägungen heraus angeordnet wurde. Über einen dritten möglicherweise relevanten Zusammenhang wissen wir noch weniger: die Deportation der männlichen deutschen Bevölkerung konnte auch als Maßnahme im Kontext der vorgesehenen Aussiedlung der Deutschen aus den Ostgebieten geplant und angeordnet worden sein. Inwiefern eine solche Intention eine Rolle spielte, hätten die damals Verantwortlichen in ihren Memoiren ausführen können – wir wissen es nicht. Man wird jedoch zumindest vermuten dürfen, daß die sowjetische Führung die deutschen Gebiete östlich von Oder und westlicher Neiße gewissermaßen als zeitweiliges Niemandsland ansah, aus dem alles Brauchbare abtransportiert werden durfte und ansonsten die Gewährleistung sicherer Kommunikationslinien für die Rote Armee oberste Priorität hatte.

Die Frontbevollmächtigten des NKVD mußten ab Februar faktisch zwei Operationen koordinieren und entscheiden, welche der Deutschen einfach als Arbeitskräfte gesammelt und auf Transport geschickt und welche Personen als "verdächtige Elemente" verhaftet und "operativ bearbeitet" werden sollten. Offensichtlich verfuhren die Frontbevollmächtigten in dieser Hinsicht nicht sehr einheitlich. Von der 2. und 3. Belorussischen Front wurden nur ausgesprochen geringe Deportationsaktivitäten gemeldet – 1829 und 2154 Personen – obwohl sie ausgesprochen viele Deutsche – 58.235 und 37.409 – als verhaftet angaben. Umgekehrt meldete der Frontbevollmächtigte von der 1. Ukrainischen Front nur 9.566 verhaftete Deutsche dafür aber 40.823 zwangsrekrutierte Arbeitskräfte.[16] Die Zahlen lassen sich vielleicht noch am einfachsten erklären. Die 1. Ukrainischen Front hatte im Februar und März das schlesische Industrierevier eingenommen, dessen Anlagen sofort demontiert und schnellstens in die UdSSR gebracht werden sollten. Hier hatte die Zwangsrekrutierung von Arbeitskräften höchste Priorität.

Aus Berijas Meldungen an Stalin, Molotov und Malenkov ergibt sich für beide Operationen folgende Bilanz:

---

16 Zu den Angaben über die Verhaftungen vgl. GARF, f. 9401, op. 2, d. 95, l. 18ff.
    Und über die Mobilisierung vgl. GARF, f. 9401, op. 2, d. 94, l. 393.

Mobilisierte Deutsche und Verhaftete im April 1945

Front	mobilis. Deutsche (10.4.45)	verhaftete Personen (Stand 11. April 1945) Gesamt	davon: Deutsche	Polen	Litauer/ Letten	Ukrainer/ Beloruss.	Russen
1. Beloruss.	52.681	42.634	23.871	12.281	-	3.069	3.023
2. Beloruss.	1.829	86.385	58.235	19.353	-	2.636	3.440
3. Beloruss.	2.154	42.817	37.409	1.011	1.986	944	1.299
1. Ukrain.	40.823	16.743	9.566	2.782	-	256	551
4. Ukrain.	-	13.266	4.836	2.791	-	735	348
2. Baltische	-	8.323	30	28	7.886	-	156
Gesamt	**97.487**	**210.168**	133.947	38.246	9.872	7.640	8.817

Während die große Mehrzahl der Verhafteten – 103.416 Personen – als "Angehörige faschistischer Organisationen" eingestuft wurde, konnte Berija im April 1945 – nach drei Monaten – die Verhaftung von nur 256 "Diversanten und Terroristen" vermelden.[17] Zu den befohlenen standrechtlichen Erschießungen hieß es in dem selben Bericht vage: "Erschossen wurden vor Ort mehr als 290 Deutsche – aktive deutsche Diversanten und Terroristen, die die Aufgabe hatten, Offiziere und Soldaten der Roten Armee zu ermorden sowie Diversionsakte im Hinterland der Fronttruppen zu verüben."[18] Berija verzichtete darauf, diese Zahlen weiter zu erläutern, im nächsten Satz bringt er ebenso kommentarlos Angaben über beschlagnahmte Waffen und Munition: 16 Geschütze, 64 Granatwerfer, 1.938 Maschinengewehre, 3.235 Maschinenpistolen, 32.635 Gewehre, 7.306 Revolver und Pistolen, 71.703 kg Sprengstoff, 2.499 Radioapparate sowie 140 Funkgeräte.[19] Es ist nicht einfach, aus heutiger Sicht diese Zahlen zu beurteilen. Während die Zahl der Terroristen und Diversanten eher erstaunlich niedrig anmutet, können die Angaben über beschlagnahmte Waffen und Munition schon eher den Eindruck erwecken, als sei große Gefahr rechtzeitig abgewendet worden. Berija ließ es dabei bewenden und verzichtete auf einen Kommentar.

Dieses zwiespältige Gefühl verstärkt sich bei einer Durchsicht jener Einzelmeldungen, die Berija auswählte, um sie Stalin vorzulegen. So leitete er etwa am 8. März eine Meldung Serovs von der 1. Belorussischen Front weiter, die mit der Information beginnt, daß in den deutschen "Ortschaften nur eine unbedeutende Zahl von Einwohnern verblieben ist", so daß "hauptsächlich Alte, Kinder und Frauen" angetroffen worden seien. Der nächste Satz "Unter der zurückgebliebenen Bevölkerung ist die Agitation der Hitleristen verbreitet, daß die Rote Armee alle ohne Ausnahme vernichten wird.", leitet jedoch nicht etwa zum Problem der Diversions- und Terrorgruppen über, sondern ist der Anfang einer ausführlichen Schilderung des Phänomens der Selbstmorde unter der deutschen Zivilbevölkerung.[20] Weiter versteigt sich Serov sogar zu der Mitteilung, daß ein verhafteter deutscher Arbeiter berichtet hätte, daß sich im Kruppwerk Leistadt Arbeiter nach Beginn der Offensive der Roten Armee spontan versammelt und sofortigen Frieden gefordert hätten. Ein anderer

---

17 GARF, f. 9401, op. 2, d. 95, l. 18.
18 Ebenda, l. 21.
19 Ebenda, l. 21.
20 d. 93, l. 334. / Bd. 2 Dok. 8.3.

Deutscher hätte sogar von offenen Unmutsbekundungen in den Straßen Berlins gewußt.[21] Die ausführliche Schilderung dieser Meinungsäußerungen schließt mit dem lapidaren Satz: "Zugleich sind bis jetzt noch viele Deutsche sehr fanatisch eingestellt und vom Sieg Deutschlands überzeugt."[22] Wieder können wir nur vermuten, was Serov damit seinem Chef, und dieser, indem er die Meldung weiterleitete, Stalin sagen wollte. Sollte Serov etwa einen humaneren Umgang mit der deutschen Zivilbevölkerung anmahnen? Dafür spricht zumindest der Fortgang seines Berichts, in dem er, scheinbar übergangslos, abrupt das Thema wechselt. Der nächste Satz lautet: "Bei Militärangehörigen der 1. Polnischen Armee ist ein besonders grausames Verhalten gegenüber den Deutschen festgestellt worden". Am Ende des Berichts gibt Serov für diese Behauptung noch einige Belege. Nun war es bekanntlich nicht die polnische Armee, die in jenen Tagen das Geschehen an den Fronten und in deren Hinterland prägte, wenn also die Frage nach Grausamkeiten gegenüber den Deutschen aufgeworfen werden mußte, gab es dafür eigentlich genügend andere Adressaten. Serov, so gewinnt man den Eindruck, wollte sich keine Blöße geben und etwa die Rote Armee oder gar die eigene Behörde kritisieren, was ihn dazu bewogen haben dürfte, das Problem vorsichtig am Beispiel Dritter abzuhandeln. Mochten sie doch in Moskau selber weiterdenken. Berija jedenfalls schien das heikle Problem durchaus zu sehen und leitete Serovs bizarre Argumentation an Stalin weiter – ohne Kommentar. Was aber Stalin dachte, und ob er bei den allabendlichen Sitzungen im Kreml dazu etwas bemerkte, wissen wir nicht.

Wenige Tage später, am 13. März, hielt es Berija für angebracht, für Stalin drei Meldungen über vernichtete deutsche Diversions- und Terrorgruppen zusammenstellen zu lassen. Zwei dieser Meldungen sind auf den 12. März datiert, die dritte muß schon etwas länger in Moskau gelegen haben, denn sie berichtet über Vorgänge, die bereits vier Wochen zurücklagen. Das Vorkommnis, mit dem diese Zusammenstellung beginnt, entspricht ziemlich exakt den Erwartungen an deutsche Diversions- und Terrorgruppen: Am 5. März wurde in einem Waldstück ein Auto mit drei Offizieren der Roten Armee beschossen, wobei zwei von ihnen Verwundungen erlitten. Es wurden Maßnahmen ergriffen, d. h. das Waldstück wurde durchkämmt, und dabei wurden tatsächlich drei Personen in Uniformen der Roten Armee aufgespürt. Bei Annäherung der Operativgruppen flohen sie und leisteten bewaffneten Widerstand. Dabei wurde einer erschossen, die anderen entkamen. Erst am nächsten Tag gelang es, drei Personen festzunehmen, einen Obergefreiten der Wehrmacht und zwei Volkssturmangehörige – sie wurden erschossen. Der zweite Fall handelt von einem NSDAP-Mitglied, das im Februar 1945 vom deutschen Geheimdienst angeworben worden war, um im Hinterland der Roten Armee Diversionsakte zu organisieren. Dieser Mann hatte 12 weitere Deutsche als Agenten angeworben und auf seinem Gut ein Waffenlager angelegt. Ob es der Gruppe noch gelungen war, Terrorakte zu verüben und was mit ihnen nach ihrer Verhaftung am 7. und 8. März geschah, wird nicht berichtet. Der dritte Fall beginnt ebenfalls mit dem Beschuß sowjetischer Militärangehöriger und endet mit folgendem unklaren Ermittlungsergebnis:

> "Der festgenommene schwerverwundete Deutsche gab an, daß er Angehöriger einer Diversions- und Terrorgruppe sei, bestehend aus 20 Volkssturmleuten, die von der deutschen Führung zurückgelassen wurde, um in unserem Hinterland Zersetzungsarbeit zu leisten. Die genannte Gruppe war aus Soldaten der Waffen-SS, der SA und Polizisten gebildet worden."

---

21 1. 335f.
22 Ebenda.

Es folgen zwei weitere Berichte über die bereits Anfang Februar erfolgte Festnahme von Terrorgruppen, die aus Volkssturmangehörigen bestanden und von der SS bzw. vom deutschen Geheimdienst mit Diversionsakten beauftragt worden waren. Diese Zusammenstellung sollte also ganz offensichtlich nicht dazu dienen, neue Erkenntnisse oder besonders schwerwiegende Vorkommnisse mitzuteilen, sondern wohl vor allem belegen, daß die Gefahr eines deutschen Partisanenkrieges weiter bestand und die angeordnete Säuberung der Fronten erfolgreich verlief. Wieder einige Tage später, am 17. März, leitete Berija Stalin eine Meldung seines Bevollmächtigten Ivan Tkačenko zu, die das von Serov bereits angesprochene Problem noch einmal aufnahm. Tkačenkos nicht minder bizarre Argumentation versuchte zunächst den Eindruck zu erwecken, die Deutschen würden für die Operation des NKVD durchaus Verständnis aufbringen.

> "Die Mehrheit der Deutschen sieht in den Verhaftungen von Mitgliedern der faschistischen Organisationen und die vollständige Mobilisierung der arbeitsfähigen Bevölkerung die Rache der Roten Armee für die Greueltaten, die die Deutschen an Sowjetbürgern während der Besatzung der Sowjetunion verübt haben. ... Die Bildung von Volkssturmabteilungen halten die verhafteten Deutschen für den größten Fehler des deutschen Volkes und besonders, daß die Führung des Volkssturms der nationalsozialistischen Partei übertragen worden ist. ... Ein Teil der Verhafteten betrachtet seine Inhaftierung als Ergebnis der von der sowjetischen Militärführung ergriffenen Maßnahmen zur Säuberung des Fronthinterlandes, um eine Partisanenbewegung zu verhindern."[23]

Dann allerdings kam der kritische Punkt, ein Viklas Jonas hätte gemeint, daß ein

> "beträchtlicher Teil der deutschen Bevölkerung der faschistischen Propaganda über die Grausamkeit der Roten Armee gegenüber der deutschen Bevölkerung nicht geglaubt hätte, jedoch unter dem Eindruck einiger Ausschreitungen von Soldaten der Roten Armee ein Teil der Bevölkerung Selbstmord verübt. ... Selbstmorde von Deutschen, insbesondere Frauen, nehmen einen immer größeres Ausmaß an."[24]

Tkačenko, der es natürlich ebenso wie zuvor schon Serov sorgsam vermied, sich über die NKVD-Operation kritisch zu äußern, ging immerhin einen Schritt weiter und brachte das Verhalten der Roten Armee ins Gespräch. Auch in diesem Fall verzichtete Berija auf einen eigenen Kommentar, und es ist ungewiß, wie Tkačenkos Bericht in Stalins Kabinett aufgenommen wurde.

Berija jedenfalls hielt es für angezeigt, noch einmal Meldungen über die Vernichtung deutscher Diversions- und Terrorgruppen zusammenstellen zu lassen, um sie am 21. März an Stalin und Molotov weiterzuleiten. Inhaltlich enthielten sie gegenüber der Kompilation vom 13. März keine neuen Aspekte.[25]

Wieder eine Woche später entschloß sich Berija erneut, eine Meldung so, wie sie bei ihm eingetroffen war, an Stalin, Molotov und Malenkov weiterzuleiten. Sie berichtete über eine im Bereich der 2. Belorussischen Front durchgeführte Operation, an der Grenztruppen und Innere Truppen des NKVD sowie reguläre Einheiten der Roten Armee beteiligt waren – zusammen 10.142 Mann. Demnach wurden mehr als 2.000 Ortschaften "sorgfältig" kontrolliert, 4.690 Quadratkilometer Wald durchkämmt und die umliegenden Wohn- und Wirtschaftsgebäude durchsucht. Im Zuge dieser "militärisch-tschekistischen" Maßnahmen wurden, so die Meldung, insgesamt 18.408 Personen festgenommen. Die weiteren Zahlen

---

23 Ebenda, l. 87.
24 Ebenda, l. 87.
25 Ebenda, l. 102f.

belegen allerdings, daß die Mehrzahl der Verhafteten keinesfalls Deutsche, sondern eigene Landsleute waren: 1281 sowjetische Militärangehörige (davon 971 aus deutscher Gefangenschaft, 666 Personen, die die Verbindung zu ihren Truppenteilen verloren hatten, 244 ohne Ausweise) und 4.681 aus der Sowjetunion zwangsverschleppte Zivilisten. Die festgenommenen Deutschen unterteilten sich in 3.767 Personen, die sich der "Internierung" entzogen hätten, und 1.054 Soldaten und Offiziere. Von den Festgenommenen waren bis zum Zeitpunkt der Meldung bereits 5.100 Personen überprüft und Haftbefehle für 1.427 erlassen worden. Für die Mehrzahl von ihnen – 893 –, weil sie "Angehörige faschistischer Organisationen" waren. Der Verdacht der Spionage hingegen traf nur ganze acht Personen. Noch bescheidener sind die Zahlen von den beschlagnahmten Waffen ausgefallen: Den über 10.000 an der Operation Beteiligten gelang es, 3 leichte Maschinengewehre, 3 Maschinenpistolen, 4 Pistolen und 98 Gewehre sicherzustellen. Über aufgespürte Diversanten und Terroristen verliert die Meldung denn auch überhaupt kein Wort mehr.[26] Stattdessen folgen Ausführungen über die verhafteten Angehörigen der eigenen Armee. Ihr Fazit: Anderthalb Monate lang "raubte und marodierte" eine "bewaffnete Gruppe, bestehend aus 22 ehemaligen Angehörigen der Roten Armee" im Fronthinterland.[27]

Berijas Komposition der Stalin zugeleiteten Vollzugsmeldungen war also durchaus nicht eindimensional, obwohl er es unterließ, aus ihren Schatten herauszutreten. Ob Stalin sie überhaupt zur Kenntnis nahm, ist längst nicht erwiesen. Erst Mitte April griff er in den Gang der Ereignisse tatsächlich ein.

Am 16. April legte Berija einen Beschlußentwurf zur Einstellung der Zwangsmobilisierung deutscher Zivilisten für den Arbeitseinsatz in der UdSSR vor. Sein neunzeiliges Begleitschreiben gibt für diesen Schritt keinerlei Begründung, es bezieht sich allein auf eine nicht näher bezeichnete Weisung Stalins. Berija hält es auch nicht für nötig, darauf hinzuweisen, daß das ursprüngliche Ziel – eine halbe Million Arbeitskräfte zu erhalten – nur zu 20 % erreicht wurde.[28]

Einen Tag später, am 17. April, aber scheint es, als hätte Berija endlich von sich aus die Initiative ergriffen. Dieses Mal erläutert er auf drei Seiten, warum auch die Operation zur Säuberung des Fronthinterlandes nicht mehr wie bisher weitergeführt werden sollte. Die erste Seite seines Schreibens schmückt sein eigenhändiger Vermerk: "Beim persönlichen Vortrag durch Gen. Stalin bestätigt. 17. IV. 45 L. Berija" Doch auch jetzt noch argumentiert Berija äußerst verhalten – er lenkt Stalins Aufmerksamkeit insbesondere auf zwei Umstände, aus denen sich die von ihm beabsichtigten Veränderungen gleichsam objektiv ergeben:

1. Unter den bis zum 15. April 1945 insgesamt 215.540 Verhafteten (davon 138.200 Deutsche) sei eine "beträchtliche Anzahl einfacher Mitglieder verschiedener faschistischer Organisationen" festgestellt worden. Das aber konnte nur heißen, daß die Mehrzahl der Verhafteten wohl doch als ungefährlich einzuschätzen sei, denn Berija geht so weit, sich zu rechtfertigen: Dies sei seinerzeit "erforderlich gewesen, um schnellstmöglich das Fronthinterland von feindlichen Elementen zu säubern."

---

26 d. 95, l. 2.
27 Ebenda, l. 3.
28 Ebenda, l. 36. Berija gibt in diesem Schreiben die Zahl der mobilisierten Deutschen mit 97.487 an. Bd. 2 Dok. 16.4.45.

2. Die Hälfte der Verhafteten habe sich als arbeitsuntauglich erwiesen, mit anderen Worten, die vielen Verhafteten sind nicht einmal für den Arbeitseinsatz in der UdSSR brauchbar.[29]

Wenn aber, wie sich inzwischen herausgestellt hatte, die Masse der Verhafteten weder gefährlich noch arbeitstauglich war, mußten wohl zwei Maßnahmen ergriffen werden: Die Verhaftungen waren auf wirklich aktive Faschisten zu beschränken, und es sollte damit aufgehört werden, die in der Mehrzahl arbeitsuntauglichen Häftlinge in die UdSSR zu verbringen. Genau diese beiden Punkte hatte Berija in seinem Entwurf für einen zu erlassenden NKVD-Befehl detaillierter ausgeführt. Stalin folgte dieser Logik und stimmte zu, und am nächsten Tag erging der Befehl 00315.

Aber: Hatte Berija Stalin die eigentlich relevanten Gründe genannt, die eine neue Orientierung der NKVD-Apparate an den Fronten dringend erforderlich machten? Die im NKVD einlaufenden Meldungen signalisierten schon seit Anfang April ein starkes Ansteigen der Verhaftungen. Allein in den zwei vorangegangenen Wochen, vom 28. März bis zum 15. April, nahm die Zahl der Verhafteten um fast ein Viertel, von 171.229 auf 210.168 zu.[30] Am 16. April aber begann Shukov seine Offensive auf die Reichshauptstadt Berlin, und würden sich die NKVD-Bevollmächtigten weiter nur an den Vorgaben des Befehl 0016 orientieren, hätten sie in den nächsten Tagen fast die gesamte Einwohnerschaft Berlins verhaften müssen, zumal die Variante einer Zwangsmobilisierung für den Arbeitseinsatz inzwischen entfallen war. Eine solche Operation aber dürfte wohl auch das NKVD überfordert haben. Berija mußte also, wollte er seinen Apparat vor einer Selbstparalyse retten, neue Direktiven erlassen.

Andererseits hatten die einlaufenden Meldungen schon lange signalisiert, daß die deutsche Zivilbevölkerung ihre Besatzungserfahrungen als nachträgliche Bestätigung der Nazipropaganda empfand. Zwei Tage vor Beginn der Berliner Operation, am 14. April, hielt es der Leiter der ZK-Abteilung für Agitation und Propaganda für angebracht, in der zentralen Parteizeitung *Pravda* zu erklären, daß zwischen dem deutschen Volk und der Hitlerclique unterschieden werden müsse und es nicht darum ginge, das deutsche Volk zu vernichten. Ganz offensichtlich überdachte in jenen Tagen die sowjetische Führung ihr Verhältnis zu den Deutschen, was auch dringend geraten erschien, denn ihre Truppen hatten das Gebiet der künftigen sowjetischen Besatzungszone erreicht. Dieser Kontext war vermutlich dafür ausschlaggebend gewesen, die Zwangsmobilisierungen ungeachtet der noch lange nicht erreichten Zielvorgaben abrupt einzustellen. Damit aber dürfte in der Moskauer Zentrale auch die Frage im Raum gestanden haben, ob nicht auch das NKVD bei der Säuberung des Fronthinterlandes künftig differenzierter vorgehen müsse.

So scheint es, als ob Berija für seinen Vortrag bei Stalin aus der Palette möglicher Argumente genau jene herausgriff, die dem Image seiner Behörde am wenigsten abträglich waren. Und Stalin, mit der bisherigen Sicherung des Fronthinterlandes vermutlich durchaus zufrieden, hat mitgespielt. Berija durfte es sich als Erfolg anrechnen, daß in den besetzten deutschen Gebieten kein Partisanenkrieg aufflammte – anders als übrigens in Polen, Litauen, der Ukraine und Belorußlands. Er nutzte die Gunst der Stunde und schlug noch am

---
29 Vgl. Bd. 2, Dok. 17.4.45
30 d. 94, l. 249; d. 95, l. 18.

20. April[31] nicht weniger als 2000 seiner Tschekisten, darunter Ivan Serov, Viktor Abakumov, Ivan Tkačenko und die anderen NKVD-Bevollmächtigten, für hohe und höchste staatliche Auszeichnungen vor. Berija selbst ließ sich zum Marschall ernennen.

---

31 d. 95, l. 103-191.

NIKITA PETROV

Die Apparate des NKVD/MVD und des MGB in Deutschland (1945-1953). Eine historische Skizze

Obwohl seit dem Untergang der Sowjetunion und der Entmachtung der KPdSU inzwischen mehrere Jahre vergangen sind, ist es immer noch unmöglich, die Tätigkeit der sowjetischen Geheimpolizei in Osteuropa und insbesondere in Deutschland auf der Grundlage der sowjetischen Akten systematisch zu untersuchen. Die Geheimdienste des heutigen Rußlands definieren sich noch wesentlich durch Kontinuität statt Abgrenzung von ihrer eigenen Vergangenheit. Zwar ist das System der GULAG zur Kritik freigegeben worden, doch wer Willkürakte und Verbrechen der sowjetischen Geheimpolizei jenseits der GULAG-Grenzen aufdecken will, stößt auf große Widerstände. So bleiben wir bisher auf eher zufällige Aktenfunde angewiesen, die in der Zeit unmittelbar nach dem Zusammenbruch der Sowjetunion gemacht werden konnten. Eine systematische Darstellung der Tätigkeit der sowjetischen Geheimdienste in Deutschland steht noch aus, obwohl das heutige Rußland und seine Sicherheitsorgane davon nur profitieren könnten.

Die Bevollmächtigten des NKVD im Hinterland der vorrückenden Roten Armee

Zusammen mit den Einheiten der Roten Armee gelangten im Januar 1945 vier sowjetische Geheimdienste auf deutsches Gebiet: Die von Viktor Abakumov geleitete Hauptverwaltung Spionageabwehr "SMERŠ" im Volkskommissariat für Verteidigung (NKO), das unmittelbar Stalin unterstand, hatte die Aufgabe, in der Roten Armee Verräter zu entlarven und gegnerische Spione aufzuspüren. Für die gleichen Aufgaben gab es auch im Volkskommissariat der Kriegsmarine eine Verwaltung Spionageabwehr "SMERŠ", die dem Volkskommissar für Kriegsmarine unterstand. Die Aufgaben der politischen Geheimpolizei in der UdSSR und im Ausland erfüllte das Volkskommissariat für Staatssicherheit (NKGB), das von V. Merkulov geleitet wurde. Schließlich gab es das Volkskommissariat für Inneres (NKVD) mit Lavrentij Pavlovič Berija an der Spitze, in dessen Zuständigkeit u. a. die Kriegsgefangenenlager der Hauptverwaltung für Kriegsgefangene und Internierte (GUPVI), die Straflager der Hauptverwaltung Lager (GULAG), die sowjetische Miliz und die Grenztruppen fielen.

Im Unterschied zu den anderen Geheimdiensten verfügte das NKVD neben den erwähnten Grenztruppen über "Konvoj-", d.h. Wachtruppen, und sogenannte "innere Truppen" und war daher in der Lage, selbständig militärische Operationen im größeren Maßstab durchzuführen. Aus diesem Grunde war dem NKVD gleich zu Kriegsbeginn der Schutz des Hinterlandes der kämpfenden Roten Armee übertragen worden. In der ersten Kriegsphase hatte das NKVD neben dem Aufspüren deutscher Diversanten im Rücken der Armee vor allem damit zu tun, eine unkontrollierte Absetzbewegung der zurückweichenden Truppen zu verhindern. Als dann die Rote Armee auf ihrem Vormarsch 1945 deutsches Territorium erreichte, verfügte allein das NKVD über das erforderliche militärische Potential, um das Hinterland der nunmehr auf feindlichem Gebiet vorrückenden Truppen ruhigzustellen. Dabei war es allerdings auf die Informationen der Spionageabwehr und der Staatssicherheit, d.h. auf deren Agentennetze angewiesen. Aus diesem Grunde bestimmte das Staatliche Verteidigungskomitee die Unterstellung der aufgeführten Geheimdienste unter ein Kommando – unter das Kommando des NKVD, das mit Befehl 0016 hochrangige Bevollmächtigte an die vorrückenden Fronten entsandte.

Diese NKVD-Bevollmächtigten führten von Januar bis April 1945 zwei große Operationen durch: die "Mobilisierung" der arbeitstauglichen deutschen Bevölkerung für Zwangsarbeit in der Sowjetunion und die Verhaftung aller nur denkbaren "feindlichen Elemente". Diese Verhafteten wurden, wie die rekrutierten Zwangsarbeiter, in sowjetische Lager abtransportiert. Dort ermittelten die örtlichen NKVD- und NKGB-Organe und entschieden über ihr weiteres Schicksal. Im Rahmen beider Operationen wurden Zigtausende Deutsche in das Innere der UdSSR verbracht. Doch plötzlich, Mitte April, stoppte Stalin persönlich diese Massentransporte. Die Zwangsmobilisierungen von deutschen Zivilisten für den Abeitseinsatz in der UdSSR sollten eingestellt, die feindlichen Elemente vor Ort untergebracht werden. Bereits am 10. Mai 1945 bestätigte der Befehl 00461 eine vorläufige Standortverteilung für die benötigten Lager. Das aber bedeutete, daß die dort inhaftierten feindlichen Elemente nicht mehr von den in der Sowjetunion zurückgebliebenen NKVD-Organen der GULAG und der GUPVI "bearbeitet" werden konnten. Es mußte also schnellstens eine neue Struktur gebildet werden – Befehl 00461 sah die Bildung entsprechender Apparate bei den Frontbevollmächtigten vor, die ihrerseits wieder, so Punkt 7, von einer besonderen Operativgruppe im Moskauer NKVD-Apparat angeleitet werden sollten. Doch schon wenige Tage später, am 22. Mai, hob der Befehl 00549 diesen Punkt wieder auf und verfügte die Gründung einer größeren Abteilung mit dem Kode "F". Über ihre Aufgabe hieß es:

> Zur täglichen Kontrolle über die Erfüllung der Direktiven und Anweisungen des NKVD der UdSSR durch die Apparate der Frontbevollmächtigten des NKVD sowie zur Sicherung der operativen Realisierung des Materials aus der geheimdienstlich-operativen Arbeit der Organe des NKVD, des NKGB und der SMERŠ in den Ländern, die durch die Roten Armee von den deutschen faschistischen Okkupanten befreit worden sind ....[1].

Zum Leiter dieser Abteilung "F" wurde Pavel A. Sudoplatov, Staatssicherheitskommissar 3. Ranges, ernannt.

Doch auch diese Abteilung wurde nicht zu einer Hauptverwaltung für NKVD-Lager in Osteuropa gemacht. Keine zwei Monate später, am 4. Juli 1945, mußte das NKVD die Apparate seiner Frontbevollmächtigten auflösen. Nur der NKVD-Bevollmächtigte bei der 1. Belorussischen Front, I. Serov, inzwischen zum stellvertretenden Obersten Chef der

---

[1] GARF, f. 9409 op. 12, d. 184.

Sowjetischen Militäradministration in Deutschland (SMAD) ernannt, durfte einen eigenen Apparat in Deutschland aufbauen. Serov aber war im Range eines stellvertretenden Ministers und benötigte keine vorgesetzte Abteilung in Moskau. Am 30. August 1945 wurde die Abteilung "F" per NKVD-Befehl 001001 wieder aufgelöst. Damit blieben die Ermittlungen in den NKVD-Lagern außerhalb der UdSSR, d.h. also z. B. auch in Deutschland, wieder weitgehend den dort tätigen Organen überlassen.

Der Aufbau der sowjetischen Geheimpolizei in der SBZ durch das NKVD

In Deutschland hatte I. Serov die Aufgabe, seinen Apparat aus der Zeit als Frontbevollmächtigter zum Apparat einer Geheimpolizei in der SBZ um- und auszubauen. Noch vor der deutschen Kapitulation, am 7. Mai, telegrafierte Serov seine Wünsche an Berija:

> Gegenwärtig benötigen wir für operativ-tschekistische[2] Maßnahmen in Deutschland nicht weniger als 200 Operativmitarbeiter des NKVD-NKGB. Außerdem werden 20 leitende Operativmitarbeiter benötigt, um sie ... zu NKVD-Bevollmächtigte in deutschen Großstädten zu ernennen.[3]

Um hierbei nichts den Zufällen der Moskauer Zentralen zu überlassen, fügte er gleich eine Liste mit seinen Wunschkandidaten bei – mit Ausnahme des stellvertretenden GULAG-Chefs, G. P. Dobrynin, ausnahmslos Mitarbeiter des Volkskommissariats für Staatssicherheit, die er, so wird man annehmen dürfen, aus seiner bisherigen Tätigkeit in den "Organen" kannte: die Staatssicherheitskommissare S. A. Klepov aus dem zentralen Apparat des NKGB, V. N. Suchodolskij aus Tula, A. Kakučaja aus der Nordossetischen ASSR, S. V. Pokotilo aus Rostov, P. M. Fokin von der Krim, G.A. Bežanov aus der Karbadinischen ASSR. NKVD-Chef Berija leitete Serovs Wunschliste an seinen Kollegen Bogdan S. Kobulov im NKGB (dort 1. Stellvertreter des Volkskommissars) mit der Auflage weiter, sich mit SMERŠ-Chef Abakumov und dem NKVD-Kaderchef Boris Obručnikov abzustimmen. Abakumov nutzte – ganz anders als es wohl Serov vorgeschwebt haben dürfte – die Gelegenheit, vor allem seine Leute nach Deutschland zu entsenden. Schon einen Tag später hatte Berija die Vorschläge auf seinem Tisch:

> In Übereinstimmung mit Ihren Anweisungen halten wir es für notwendig:
> a) 200 operative Mitarbeiter zu Serovs Verfügung abzukommandieren, davon 100 Personen aus den Reihen der SMERŠ und je 50 Personen vom NKVD und NKGB.
> b) 15 verantwortliche Mitarbeiter von NKVD, NKGB und SMERŠ (nach beiliegender Liste) für Leitungsfunktionen zu entsenden.[4]

Die Liste enthielt folgende Personen:

Stellv. Leiter der 3. Verwaltung des NKGB, Kommissar GB – S. A. Klepov
Stellv. Leiter des GULAG des NKVD, Kommissar GB – G. P. Dobrynin

---
2 Tschekistisch = geheimdienstlich (aus dem revolutionären Sprachgebrauch – d. Ü.)
3 GARF, f. 9401 op. 1, d. 2201, l. 98-105.
4 Ebenda.

Leiter der Abteilung SMERŠ des NKVD, Kommissar GB – V. I. Smirnov
Stellv. Leiter des GULAG des NKVD, Oberst GB – P. V. Safonov
Stellv. Leiter der UKR[5] SMERŠ der 4. Ukrain. Front, Oberst – K. V. Dubrovskij
Leiter der Abteilung SMERŠ der Transkaukasischen Front, Oberst – M. I. Denskevič
Leiter der Abteilung SMERŠ der 32. Armee, Oberst – A. V. Nikitin
Leiter der Abteilung 3 der Verwaltung des NKGB, Oberst GB – A. I. Potašev
Leiter der Abteilung 4 der Verwaltung des NKGB, Oberst GB – I. B. Makljarskij
Stellv. Volkskommissar der Staatssicherheit Estlands, Oberst GB – E. V. Rudakov
Stellv. Leiter der UNKVD des Uljanowsker Gebietes, Oberst GB – N. E. Lapenkov
Stellv. Leiter der Abteilung 4 des Verwaltung des NKGB, Oberstleutnant GB – E. K. Nerjadov
Stellv. Volkskommissar GB der Karelisch-Finnischen SSR, Oberstleutnant GB A. A. Dubinin
Stellv. Volkskommissar GB der Komi ASSR, Major GB – A. V. Černov
Leiter der Abteilung 4 der Verwaltung des NKGB, Oberstleutnant GB – M. S. Prudnikov

Berija bestätigte die Vorlage, und noch am selben Tag erreichte Serov in Berlin das Chiffretelegramm Nr. 238 mit der Liste seiner 15 neuen Mitarbeiter. So schnell man in Moskau auf Serovs Bitten reagierte, so vorläufig wollte man dort den Verlust an Kadern halten. Sie wurden noch, als sie schon längst Operativgruppen in deutschen Städten befehligten, an ihren alten Dienststellen in der Sowjetunion weitergeführt – als wären sie nur auf Zeit abkommandiert. Erst im Januar 1946 begannen die Volkskommissare für Inneres und Staatssicherheit, wenigstens zeitweilige Stellen für ihre Apparate in Deutschland einzurichten.[6]

Am 12. Juni 1945, kurz nach Gründung der SMAD, ersuchte Serov um weitere Kader:

> ... ich halte es für sinnvoll, über unsere Linie (d.h. auf Linie des NKVD – N. P.) in allen Kreisen, Städten, Bezirken und Provinzen Operativgruppen des NKVD einzusetzen und als Organe der Militäradministration zu maskieren.[7]

Dafür brauchte er, so seine Rechnung, mindestens 1.700 Mitarbeiter. Bisher hatte er nur 800 Personen.[8] Und wieder hoffte er, die fehlenden Kader vom NKGB oder der "SMERŠ" zu erhalten. Doch Abakumov hatte im Alleingang bereits Aleksandr Vadis, dem Leiter der Verwaltung SMERŠ in Deutschland, das Kommando gegeben, in deutschen Städten eigene Operativgruppen zu bilden. Zumindest beklagte sich Serov am 22. Juni 1945 bei Berija:

> Ich meinerseits halte es nicht für sinnvoll, daß die geheimdienstlich-operative Arbeit in den deutschen Städten von Operativgruppen des NKVD und der "SMERŠ" parallel durchgeführt wird.[9]

Bis Ende Januar 1946 gelang es Serov, seinen Apparat, d.h. den NKVD-Apparat in Deutschland, auf 2.230 Mitarbeiter aufzustocken.[10]

---

5   UKR – Verwaltung für Spionageabwehr.
6   GARF, f. 9401, op.2, d. 144, l. 153-154.
7   GARF, f. 9401, op. 1, d. 2202, l 151-152.
8   Ebenda.
9   GARF, f. 9401 op. 1, d. 2202, l. 271.
10 GARF, f. 9401, op. 2, d. 134, l. 231-232.

Die Unterstellung der Geheimpolizei in der SBZ unter das MGB 1946

Im Mai 1946 erfolgte jedoch eine tiefgreifende Umstrukturierung der sowjetischen Geheimdienste, die für Serov schließlich den Verlust seines Apparates bedeuten sollte. Die Organe der Spionageabwehr "SMERŠ" wurden formal vom Verteidigungsministerium, dem sie bisher noch unterstanden hatten, abgetrennt und als 3. Hauptverwaltung dem Staatssicherheitsministerium zugeordnet. Der bisherige SMERŠ-Chef Abakumov wurde am 4. Mai 1946 zum Minister das Staatssicherheitsministerium ernannt. Abakumov gelang es, Stalin davon zu überzeugen, daß Deutschland nicht in die Zuständigkeit des sowjetischen Innenministeriums falle und daher dessen dortiger Apparat dem Staatssicherheitsministerium unterstellt werden müsse. Am 20. August 1946 wurde ein entsprechender Politbürobeschluß ausgefertigt, in dem es hieß:

> Die operativ-tschekistische Arbeit und die Untersuchungstätigkeit in der sowjetischen Besatzungszone Deutschlands ist im Ministerium für Staatssicherheit der UdSSR zu konzentrieren, dabei sind das Agenten- und Informantennetz, die Unterlagen, das Personal, die Untersuchungshaftzellen und -gefängnisse, das Inventar, die Gebäude und materiellen Werte vom MVD an das MGB zu übergeben. Beim MVD der UdSSR verbleiben die Gefängnisse für Verurteilte, die Repatriierungs- und Speziallager sowie die Bewachung der Häftlinge. Es wird festgelegt, daß Verhaftungen wegen politischer Vergehen in der sowjetischen Besatzungszone Deutschlands nur von den Organen des MGB durchgeführt werden. Die in der sowjetischen Besatzungszone Deutschlands vorhandenen MVD-Truppen (7 Regimenter) sind operativ dem MGB zu unterstellen.

Noch im gleichen Monat ernannte Abakumov seinen Stellvertreter Nikolaj Kuz'mič Koval'čuk zu seinem Bevollmächtigten in Deutschland. Ihm mußte Serov am 2. November 1946 seinen Apparat – mit Ausnahme der Speziallager und Gefängnisse – übergeben. Serov wurde am 24. Februar 1947 zum 1. Stellvertreter des Innenministers ernannt und kehrte Anfang April nach Moskau zurück.

Für die Speziallager in Deutschland hatte dieser Gang der Ereignisse zwei nachteilige Konsequenzen: Zunächst einmal sah sich ihre Leitung in Berlin-Hohenschönhausen plötzlich ohne unmittelbaren Vorgesetzten – Serov, der formell für sie verantwortlich blieb, residierte fortan in Moskau und hatte sich mit der Leitung des riesigen Innenministeriums zu befassen. Es sollte mehr als ein Jahr vergehen, bis sich endlich im Sommer 1948 ein neuer Dienstherr fand – die GULAG. Schlimmer noch war die Konsequenz für die Häftlinge. Die Frage, wer von ihnen auf freien Fuß gesetzt werden durfte, lag nicht mehr allein in der Kompetenz des MVD, sondern darüber hatte fortan vor allem das Staatssicherheitsministerium zu entscheiden. Dieses aber glaubte, sich auf Verhaftungen in der SBZ konzentrieren zu dürfen, war es doch für die Unterbringung und Versorgung der Häftlinge nicht verantwortlich. Reibereien zwischen beiden Behörden, die das Los der Häftlinge nicht erleichtert haben dürften, konnten nicht ausbleiben.

Im Moskauer Apparat des Ministeriums für Staatssicherheit wurde kein spezielles Organ zur Koordinierung der Tätigkeit der in Deutschland tätigen Organe geschaffen. Formell war zunächst die 1. Hauptverwaltung, zuständig für Auslandsspionage, der Moskauer Anlaufpunkt. Nachdem die sowjetische Führung im Mai 1947 verfügte, die Auslandsspionage aus dem Staatssicherheitsministerium herauszulösen und einem "Komitee für Informationen beim Ministerrat der UdSSR" zu unterstellen, ging die Leitung der Staatssicherheitsorgane an die 2. Hauptverwaltung über, die für Spionageabwehr verantwortlich zeichnete. Alle wirklich wichtigen Fragen jedoch konnte Koval'čuk direkt mit Abakumov verhandeln – schließlich hatte er den Rang eines stellvertretenden Ministers.

Die Struktur des Apparates des MGB-Bevollmächtigten in Deutschland orientierte sich am bewährten Muster der MGB-Verwaltungen in den Republiken und Gebieten der UdSSR. Neben dem Sekretariat gab es mindestens die folgenden Hauptabteilungen: Aufklärung, Spionageabwehr, Fahndung, Ermittlungen sowie die operative Abteilung zuständig u. a. für Observation, Durchsuchungen und Verhaftungen. Als sogenannte Hilfsabteilungen bestanden die Abteilung "A" wie Archiv und eine Kaderabteilung. Daneben gab es eine besondere Abteilung, die sich allein um "Betreuung" des sowjetischen Personals in Deutschland kümmerte. In den Ländern operierten die seinerzeit vom MVD aufgebauten sogenannten Operativen Sektoren, die wiederum in Städten und Kreisen operative Gruppen unterhielten.

Auch das MGB rekrutierte seine Kader vorläufig auf dem Wege einer zeitweiligen Abkommandierung ins Ausland. In der Regel behielten sie ihre bisherigen Funktionen in der UdSSR. So wurde etwa Grigorij Bežanov, Leiter des Operativen Sektors Thüringen, weiter als Minister der Staatssicherheit der Kabardinischen ASSR geführt. Dasselbe traf auf seinen Kollegen Georgi Martirosov in Sachsen-Anhalt zu, der seine Funktion als stellvertretender Chef der MGB-Gebietsverwaltung von Gorki beibehielt. Erst Anfang 1948 wurden die Spitzenfunktionen des MGB in Deutschland – die drei Stellvertreter Koval'čuks und die sechs Chefs der operativen Sektoren – in die Nomenklatur des ZK der Partei aufgenommen. Erst von nun an mußte jede Ernennung oder Absetzung für diese Funktionen auf dem normalen Dienstweg im Sekretariat des ZK der Kommunistischen Partei bestätigt und konnte erst danach durch einen Befehl des MGB der UdSSR in Kraft gesetzt werden.

Neben diesem MGB-Apparat operierte in Deutschland noch ein zweiter Apparat des Ministeriums für Staatssicherheit – die MGB-Verwaltung für Spionageabwehr bei der Gruppe der Sowjetischen Besatzungsstreitkräfte in Deutschland. Dieses Organ kümmerte sich ausschließlich um sowjetische Militärangehörige, um ihre Familien und um Deutsche nur insofern, als sie mit ihnen in Berührung kamen.

Entlassungen aus den Speziallagern 1948

Das Schicksal deutscher Bürger entschied sich also im Apparat des MGB-Bevollmächtigten in Deutschland. Bis Ende 1946 konnten Deutsche noch ohne Gerichtsbeschluß und ohne staatsanwaltliche Genehmigung verhaftet und in die Speziallager eingewiesen werden. Im Oktober 1946 kündigte jedoch das Innenministerium an, diese Praxis einzustellen. Im Frühjahr 1947 begannen sich die Verhafteten in den Untersuchungsgefängnissen des MGB anzustauen und Abakumov forderte von Innenminister Sergej Nikiforovič Kruglov, sie ihm weiter ohne gerichtliche Untersuchungen abzunehmen. Kruglov seinerseits verwies ihn an die sowjetische Generalstaatsanwaltschaft, die schon allein aus behördlichem Selbsterhaltungstrieb an der Einhaltung gewisser Prozeduren interessiert sein mußte. Schließlich war am 5. September 1946 per Ministerratsbeschluß Nr. 10659ss in der SBZ ein spezielles Militärtribunal für die Ahndung besatzungsrechtlicher Vergehen geschaffen worden. Es blieb also dabei – ab 1947 konnten die Deutschen nicht mehr einfach in ein Lager gesteckt werden, sondern es mußte zumindest soviel Ermittlungsarbeit geleistet werden, um die Formen und Formulare der sowjetischen Strafprozeßordnung füllen zu können – ein Gerichtsurteil mußte ausgefertigt werden.

Die Brutalität und Rücksichtslosigkeit, mit der die sowjetische Geheimpolizei vorging, ob sie nun als Innen- oder Staatssicherheitsministerium firmierte, konnte den damaligen Zeitgenossen nicht verborgen bleiben und verursachte in der SBZ erneut eine Atmosphäre der Angst vor Willkür und Gewalt. Vieles ist damals gar nicht erst aktenkundig gemacht worden, und wo es geschah, sind die meisten Akten bis heute unter Verschluß. Wo Plünderungen, Diebstahl oder gar Mord an die Öffentlichkeit kamen, war es noch am wahrscheinlichsten, daß die Moskauer Führung reagierte. Wieviel MGB-Mitarbeiter in Deutschland wegen derartiger Verbrechen von sowjetischen Dienststellen zur Rechenschaft gezogen wurden, ist bis heute ihr Geheimnis. Der Chef des operativen Sektors von Sachsen-Anhalt, G. I. Martirosov, verlor im Februar 1947 seinen Posten, als der Mord an einer Deutschen namens Mader untersucht wurde. In besonders schlimmen Fällen traf es auch einmal sadistische Untersuchungsführer, allerdings nicht sonderlich hart: Für den Tod eines deutschen Untersuchungshäftlings wurden die Untersuchungsführer Vladimir Pavlovič Sokolov und N. Ja. Volkov vom operativen Sektor Brandenburg zu ganzen drei Jahren verurteilt.

Auch in Deutschland führte der MGB-Apparat sein Eigenleben, das dort manchen SMAD-Offizier, um die Gewinnung der Deutschen bemüht, verzweifeln lassen mußte. In Moskau jedoch rapportierte der Minister mit bemerkenswerter Akribie: Am 28. Februar 1948 etwa informierte er Vlačeslav M. Molotov, daß in der gesamten sowjetischen Zone 1947 exakt 4.308 "feindliche Elemente" verhaftet wurden.[11] Am 22. Mai 1948 leitete er einen Rapport seines Bevollmächtigten in Deutschland an Stalin, Molotov und den VKP-Sekretär A. A. Kuznecov weiter, in dem von einer "Operation zur Festnahme von Spionen und verdächtigen Elementen" berichtet wurde, die am Vorabend des 1. Mai, vom 27. – 30. April 1948, durchgeführt worden war. Bei Kontrollen auf Bahnhöfen, in Häfen, Restaurants, Hotels, Kneipen und an anderen zwielichtigen Orten wurden exakt 19.717 Personen festgenommen, unter denen sich 120 Mitarbeiter der sowjetischen Militärverwaltung befanden. Nach Überprüfung der Festgenommenen wurden für 18 Personen Haftbefehle verfügt, 76 Personen an die Verwaltung für Spionageabwehr überstellt, 1 Person der Staatsanwaltschaft übergeben, 3 in die UdSSR geschickt, 761 Personen der deutschen Polizei übergeben und 18.104 auf freien Fuß gesetzt. In Untersuchungshaft verblieben 295 Personen.[12]

Solche Angaben über Verhaftungen in der SBZ sind bisher immer nur zufällig zugänglich geworden. So gibt es auch einen umfangreichen Bericht über die Arbeit der MGB-Organe in Deutschland "im Kampf gegen den antisowjetischen Untergrund" vom 24. Mai 1949, der an Stalin, Molotov, Berija und Malenkov verteilt wurde. Darin hieß es, daß im Zeitraum vom 1. Januar bis 1. April 1949 1.060 Deutsche verhaftet und "40 feindliche Organisationen und Gruppen aufgedeckt und liquidiert wurden". Wieder gibt es eine Aufgliederung: 440 Spione ausländischer Dienste, 73 Diversanten, Terroristen und Saboteure, 141 Personen wegen antisowjetischer Tätigkeit, 200 Kriegsverbrecher, 102 Personen wegen illegalem Waffenbesitz und 104 Personen wegen anderer Vergehen. Bisher ist die Gesamtstatistik über die Verhaftungen in der SBZ für die Nachkriegsjahre unzugänglich, erstaunlicherweise gilt sie selbst noch im modernen Rußland als streng zu hütendes – vitales – Staatsgeheimnis.

---

11 CA FSB, f. 4-os, op.6 d.26 l.l. 129-150.
12 CA FSB, f. 4-os, op.6 d.9 l.l. 123-134.

Für die Insassen der Speziallager geschah lange Zeit überhaupt nichts. Am 26. Februar 1948 erging zwar der SMAD-Befehl Nr. 35, der eine Reintegration der kleinen Nazis in Aussicht stellte und die Entnazifizierung in der SBZ abschloß, doch blieb die Frage all der vielen ohne Gerichtsurteil Inhaftierten unausgesprochen. Erst am 8. März beschloß der sowjetische Ministerrat eine Überprüfung ihrer Fälle, um zumindest einen Teil von ihnen zu entlassen. Die Verantwortung wurde dem MGB-Bevollmächtigten in Deutschland Koval'čuk, dem Militärstaatsanwalt der Gruppe der sowjetischen Streitkräfte in Deutschland, Generalmajor der Justiz Šaver, und dem Leiter der SMAD-Innenverwaltung, Generalmajor Pavel Michailovič Mal'kov, übertragen. Am 10. Mai 1948 sandte Koval'čuk den Bericht seiner Kommission nach Moskau. Die Kommission hatte in nur zwei Monaten die offensichtlich nicht sehr umfangreichen Akten von 43.853 Deutschen gesichtet und schlug 27.749 Personen, darunter 2.542 Frauen, zur Entlassung vor. Das waren: [13]

Führer und nominelle Funktionäre von Basisorganisationen der NSDAP und der faschistischen Jugend (unterhalb der Kreisebene),	22.354
Mitglieder und Führer von Basisorganisationen der SA,	1.308
Mannschafts- und Unteroffiziersdienstgrade der SS, die an keinen praktischen Strafaktionen beteiligt waren,	147
nichtoperatives Personal der Schutzpolizei, Gestapo und anderer Straforgane des faschistischen Deutschland (Stenotypistinnen u.ä.),	831
Angehörige (Mannschaften, untere und mittlere Dienstgrade der paramilitärischen Organisationen ("Volkssturm", Hitlerkorps u. a.),	1.869
sonstige Kategorien	1.240

Weiter ohne Gerichtsurteil in den Lagern interniert bleiben sollten 16.104 Personen, darunter 1.142 Frauen. Für beide Gruppen legte Koval'čuk Angaben über Parteizugehörigkeit, soziale Stellung und Alter vor[14]:

---

13 CA FSB, f. 4-os, op. 6, d. 9, l. 341.
14 Ebenda, l. 339-342.

Parteizugehörigkeit, soziale Stellung und Alter

Kennzeichen	zu entlassen	nicht zu entlassen
Partei		
NSDAP, fasch. Jugendorg.	26.153	12.168
SED		112
SPD		188
LDP		28
CDU		21
Parteilose	1.596	3.587
Soziale Stellung		
Arbeiter	10.048	3.066
Bauern	3.304	1.318
Angestellte	12.110	9.922
Händler u. Kleineigentümer	1.667	579
Grundbesitzer		332
Fabrikbesitzer		593
Studierende	250	
sonstige (Hausfrauen u. a.)	370	294
Alter		
bis 16 J.	236	352
16-18	397	1.046
18-20	343	656
20-50	14.603	8.902
50-60	10.338	4.466
über 60	1.634	682

Es fällt auf, daß der MGB-Mann vergleichsweise viele Jugendliche in den Lagern zurückhalten wollte. Dazu hieß es in seinem Bericht:

> Zur Gruppe der Jugendlichen bis einschließlich 20 Jahre zählen aktive Angehörige liquidierter illegaler Diversions- und Terrororganisationen "Werwolf" und anderer illegaler faschistischer Gruppen, die von den Deutschen noch vor der Kapitulation geschaffen worden waren. Angesichts ihrer praktischen feindlichen Tätigkeit ist es im Moment unzweckmäßig, sie aus der Haft zu entlassen.[15]

Die Kommission hatte der Moskauer Führung jedoch noch ein weiteres Problem anzudeuten. In den "vergangenen drei Jahren", so hieß es in dem Bericht, seien "in den Speziallagern ungefähr 20.000 Häftlinge gestorben". Nach dieser knapper nicht zu machenden Mitteilung, entwickelt Koval'čuk folgenden Gedankengang:

> Alle Toten wurden auf dem Lagergelände oder in unmittelbarer Nähe beerdigt, wobei die Beerdigungen durch Sonderkommandos bestehend aus Häftlingen erfolgten. Berücksichtigt man, daß der Innendienst (Block-, Baracken, Stubenleiter, Ärzte und Sanitäter) ebenfalls aus Gefangenen besteht, so ist völlig klar, daß alle Deutschen im Lager von der hohen Sterblichkeit wußten. Im Zusammenhang damit ist es nicht ausgeschlossen, daß einige Gefangene

---

15 Ebenda, l. 341.

nach ihrer Entlassung ihnen bekannte Informationen über die Sterblichkeit in den Speziallagern in der reaktionären Presse veröffentlichen und mit verleumderischen Behauptungen auftreten.[16]

An dieser Stelle bricht der Gedankengang ab, und es wird weiter über verschiedene Maßnahmen zur Senkung der Sterblichkeit und Verbesserung des Gesundheitszustandes der für die Entlassung Vorgesehenen berichtet.

Moskau würde also ein Problem bekommen. Drei Tage nach Eingang dieses Berichts, am 13. Mai, leiteten Staatssicherheitsminister Abakumov, Innenminister Kruglov und Generalstaatsanwalt P. V. Safonov Koval'čuks Darlegungen an Stalin, Molotov und Berija weiter, nicht ohne ihrerseits in ihrem Begleitschreiben zu beteuern:

> Die Haftbedingungen für die Deutschen in den Lagern waren normal (jeder war mit Bettzeug, der erforderlichen medizinischen Betreuung und einer befriedigenden Ernährung versorgt – 2.175 Kalorien pro Tag...)

Die große Zahl von Todesfällen 1945-46 erkläre sich vor allem durch "Kranke und alte Personen aus dem Führungskorps der faschistischen Partei, der hitlerschen Machtorgane, von Gutsbesitzern, Fabrikanten und Händlern.[17]

Was also tun? Der Vorschlag lautete, die Entlassungen, wie von Koval'čuk vorgeschlagen, durchzuführen, allerdings mit einer Einschränkung:

> Deutsche, die an Beerdigungen von Toten beteiligt waren, wie auch jene, die am besten über die Sterblichkeit der Gefangenen informiert sind, sind aus den Lagern nicht zu entlassen,

obwohl das, wie es weiter hieß, "nicht ausschließt", daß Angaben über die Sterblichkeit in den Lagern durch irgend jemanden in der "reaktionären Presse" gemacht werden, "denn davon wissen fast alle in den Lagern inhaftierte Deutsche." Abschließend heißt es lapidar: "Wir bitten um Ihre Weisungen".[18] Die Führung aber ließ sich Zeit und gab erst am 30. Juni 1948 grünes Licht für die Entlassungen. Darin mag ihr Beitrag zur Lösung des Problems bestanden haben – den Häftlingen zwei Monate länger Sonderrationen verabreichen, damit sie in nicht gar so jämmerlicher Verfassung und nicht ganz so haßerfüllt die Lager verließen.

Die Sowjets und der Aufbau einer deutschen Geheimpolizei 1949-1953

Es entsteht der durchaus nicht falsche Eindruck, als konnten die sowjetischen Sicherheitsorgane in Deutschland schalten und walten wie sie wollten. In den Vorlagen für die Regierung finden Gesetze oder internationale Vereinbarungen, die etwa zu beachten wären, mit keiner Silbe Erwähnung. Allein die unkontrollierbare Öffentlichkeit des Westens wird als die Operationsmöglichkeiten einschränkender Faktor in Rechnung gestellt. Doch dieser fast schrankenlosen Vollmacht erwuchs im Laufe des Jahres 1948 noch von einer anderen Seite Konkurrenz – die deutschen Kommunisten wollten den Kampf gegen feindliche Elemente nicht

---

16 Ebenda, l. 342.
17 Ebenda, l. 337.
18 Ebenda, l. 338.

mehr allein den sowjetischen Organen überlassen, sondern einzelne Aufgaben lieber selbst übernehmen, wohl in der Hoffnung, dabei geschickter und vielleicht auch preußisch disziplinierter vorzugehen. Am 31. März 1948 hatte Koval'čuk, sicherlich nicht ohne Stirnrunzeln, den Ministerratsbeschluß Nr. 1029-355ss zur Kenntnis nehmen müssen, in dem unter Punkt 7 gefordert wurde, die beiden Vorsitzenden der SED über wichtige Fälle von Verhaftungen, insbesondere über Verhaftungen von Sozialisten, wenigstens zu informieren und SED-Mitglieder wie auch "sozialistisch eingestellte Jugendliche" aus den Speziallagern zu entlassen.[19] Koval'čuk jedenfalls strich sich dick das Wort "wichtige" an, und beließ vermutlich erst einmal alles beim alten.

Am 17. Juni 1948 leitete Staatssicherheitsminister Abakumov eine Klage seines Bevollmächtigten in Deutschland über die deutschen Justizorgane an Molotov weiter. Sie würden, so hieß es da, die "demokratischen Umwälzungen" nicht unterstützen, was sich an vielen Freisprüchen und abgebrochenen Untersuchungsverfahren zeige. Dafür könne es nur einen Grund geben, vermutete Koval'čuk, und der bestehe in dem Umstand, daß die deutschen Justizorgane vor allem von Vertretern bürgerlicher Parteien geleitet wurden. Auf die Justiz war also kein Verlaß, und diese Meinung dürften auch Ulbricht und seine Genossen geteilt haben. Denn die deutschen Kommunisten forderten von Moskau nicht etwa die Stärkung der deutschen Justiz, sondern baten um die Erlaubnis, ihren eigenen Geheimdienst für Ermittlungen gegen feindliche Elemente aufbauen zu dürfen.

Am 11. Dezember 1948 informierte Abakumov Stalin über den Stand der Dinge in dieser Frage.[20] Demnach waren bereits im Frühjahr 1947 bei den Kriminalpolizeiverwaltungen der Länder sogenannte "Dezernate K5" geschaffen worden. 1948 sei Ulbricht in Moskau wiederholt mit der Bitte vorstellig geworden, diese Dezernate zu einem eigenen Geheimdienst ausbauen zu dürfen. Die Engländer und Amerikaner aber, so Abakumov, verleumden die K5 ohnehin schon als "Gestapo". Jetzt, Ende 1948, schlüge Ulbricht vor, eine "Hauptverwaltung zum Schutz der Wirtschaft und der demokratischen Ordnung" einzurichten, was das MGB "im Moment nicht für sinnvoll hält", weil, so heißt es durchaus vernünftig, als Antwort in den Westzonen ebenfalls ein deutscher Spionagedienst gebildet werden würde. Entscheidender war jedoch wohl, daß Abakumov den deutschen Kommunisten nicht traute und seine Kompetenzen mit ihnen nicht teilen wollte, denn er schob als weiteres Argument die Klage nach, daß es "zu wenig überprüfte deutsche Kader" gäbe. Das MGB käme schon allein mit dem Kampf gegen antisowjetische Elemente und Spione in der sowjetischen Zone zurecht, und es bestehe "keine Notwendigkeit, für diesen Zweck einen deutschen Apparat zu schaffen."

Stalin jedoch hatte es eigentlich immer ganz gern, wenn mehrere Geheimdienste konkurrierten. Aus den Moskauer Hofintrigen kannte er seinen Abakumov als geschickten Verfechter behördlicher wie individueller Egoismen und frechen Intriganten. In Deutschland sollten die Kommunisten ihren Staat bekommen, und dafür brauchten sie auch ihre eigene Staatssicherheit. Am 28. Dezember 1948 beschloß daher das Politbüro der VKP(b) – diesmal entgegen der Vorlage aus dem MGB – in der SBZ deutsche Sicherheitsorgane zu schaffen. Am 2. April 1949 berichtet Abakumov, daß solche Organe in allen Kreisen entstehen und zu ihrer "Kontrolle und Anleitung" Kreisabteilungen des MGB. Dafür seien noch einmal 115 Mitarbeiter aus der UdSSR nach Deutschland abkommandiert worden.

---

19 Siehe das Dokument vom 31.3.1948 im zweiten Band dieser Publikationsreihe.
20 CA FSB, f. 4-os, op. 6, d. 21, l. 391-393.

Im Sommer 1949 wurde die Frage der Speziallager erneut akut. Was sollte mit den 13.539 Häftlingen geschehen, deren Fälle noch immer unbearbeitet waren und deren Strafmaß – obwohl bereits jahrelang inhaftiert – noch immer nicht feststand? Wo sollten die 16.093 von sowjetischen Militärtribunalen Verurteilten ihre Strafen verbüßen? Die deutschen Kommunisten wollten die Lager weghaben, sie schlugen daher vor, letztere in die UdSSR zu bringen und die anderen den deutschen Behörden zu übergeben. In Moskau einigten sich Innenministerium und Staatssicherheitsministerium ziemlich schnell, daß es "nicht zweckmäßig sei", die Verurteilten in die UdSSR zu bringen. Doch einfach alle Lagerhäftlinge den Deutschen übergeben, ging auch nicht, denn in der SBZ/DDR unterstanden die Gefängnisse der Justizverwaltung, in der zum Leidwesen der sowjetischen Genossen noch immer viel zu viele bürgerliche Politiker Einfluß hatten. Also entwickelten die beiden Minister zwei Ideen: Als zuverlässiger Partner für die Unterbringung der Häftlinge in der DDR kam nur das Innenministerium in Frage, und zweitens sollten "die besonders gefährlichen" Häftlinge beim Bevollmächtigten des MGB in Deutschland inhaftiert werden.[21] Molotov, dem sie diesen Vorschlag am 19. Oktober zusandten, schien das nicht zu genügen, denn er muß eine Überarbeitung angeordnet haben. Es entstand eine weitere Vorlage, die vorsah, erneut eine Kommission zu berufen, die noch einmal alle Fälle durchzusehen hatte: Sie sollte entscheiden, wer von den nicht verurteilten Häftlingen entlassen und wer noch durch sowjetische Organe abgeurteilt werden müsse.[22] Diese Idee wurde – um einen Punkt erweitert – am 27. Oktober 1949 Molotov zugesandt: Das MdI der DDR sollte auch nichtverurteilte Häftlinge erhalten, um sie – unter Aufsicht der Sowjetischen Kontrollkommission (SKK) – selbst abzuurteilen.

Eine entsprechende Kommission wurde per Politbürobeschluß am 31. Oktober eingesetzt. Sie teilte die Häftlinge in sechs große Gruppen: (1) 9.782 Personen ohne Urteil, die endlich entlassen werden durften; (2) 3.545 Personen ohne Urteil, um deren Aburteilung sich das MdI der DDR kümmern sollte; (3) 212 Personen ohne Urteil, deren Fälle man nur von sowjetischen Gerichten behandeln lassen wollte; (4) 5.452 zu Haftstrafen verurteilte Personen, deren Inhaftierung nicht mehr zweckmäßig erschien und die daher auf freien Fuß gesetzt werden durften; (5) 10.465 Personen, deren Haftverbüßung dem MdI der DDR übertragen wurde und (6) 176 besonders gefährliche Häftlinge, die in Gefängnissen des MGB in Deutschland inhaftiert werden sollten.[23] So wurde es dann auch am 30. Dezember 1949 vom Politbüro beschlossen, und die deutschen Genossen im MdI durften – unter Aufsicht der SKK – zeigen, ob sie das ihnen entgegengebrachte Vertrauen rechtfertigten. Sie sollten in kürzester Zeit das schaffen, was MGB und MVD jahrelang vor sich her geschoben haben: anhand dürftiger Ermittlungsunterlagen 10.000 Häftlinge im Schnellverfahren abzuurteilen.

Das MVD konnte Anfang 1950 seine Speziallager in der DDR auflösen, der Bevollmächtigte des MGB durfte dennoch seine Untersuchungsgefängnisse behalten. Koval'čuk wurde nach Moskau zurückbeordert, an seine Stelle trat am 17. März 1950 Oberst Semen Prochorovič Davydov. Am 14. Juli 1951 wurde MGB-Chef Abakumov verhaftet, am 23. Oktober Davydov wegen Unfähigkeit abgesetzt. Sein Nachfolger Michail Kirillovič Kaversnev blieb bis zum 9. Juni 1953 im Amt. Eine drastische Reduzierung des MGB-Apparates in Deutschland erfolgte erst nach Stalins Tod auf Initiative Berijas, der im März 1953

---

21 CA FSB, f. 4-os, op. 7, d. 18, l. 395-398.
22 Ebenda, l. 195-197.
23 GARF, f. 9409, op. 1, d. 42, l. 10.

erneut das Innenministerium übernahm und das Staatssicherheitsministerium in dieses eingliederte. Berija kritisierte am 19. Mai 1953 in einem Schreiben an die Parteiführung die Arbeit des MGB-Bevollmächtigten in Deutschland. Sein Apparat sei übermäßig aufgeblasen – 2.222 Mitarbeiter, die die Arbeit der DDR-Staatssicherheit machten und die unmittelbaren sowjetischen Interessen vernachlässigten. Die sowjetischen Organe sollten sich, so Berija, auf Beratung der deutschen Genossen beschränken, die Spionageabwehr innerhalb der DDR nur dort wahrnehmen, wo die Interessen der UdSSR berührt wurden, d.h. das Anwerben von Sowjetbürgern in Deutschland für feindliche Dienste bekämpfen, und sich schließlich auf die Spionage in Westdeutschland konzentrieren. Berija bestimmte eine drastische Stellenreduzierung auf insgesamt 328 Personen.[24] Nach dem 17. Juni 1953 in der DDR und Berijas Verhaftung am 26. Juni 1953 wurde diese Reform wieder in Frage gestellt. In einem Brief an die Parteiführung vom 13. Juli 1953 behauptete Innenminister Kruglov, daß die von Berija diktierte Entscheidung auf einer "falschen Bewertung der politischen und operativen Lage in Deutschland" beruht habe. Es sei offensichtlich zu früh, die sowjetische Kontrolle über die DDR-Staatssicherheit aufzuheben. Der Apparat des MVD-Bevollmächtigten in Deutschland wurde auf 540 Mitarbeiter aufgestockt und erhielt erneut das Recht, den deutschen Genossen nicht nur Ratschläge, sondern auch Anweisungen zu geben und ihre Arbeit zu kontrollieren.[25]

Anhang: Kader des NKVD/MVD, der Spionageabwehr Smerš und des NKGB/MGB in Deutschland

I. Der Apparat des Bevollmächtigten des NKVD-MGB:

Bevollmächtigter des NKVD-MWD:

Generaloberst Serov, Ivan Aleksandrovič	4.07.45 -	24.02.47

Stellvertreter des politischen Beraters der SMAD:

Oberst Korotkov, Aleksandr Michajlovič	20.10.45 -	19.01.46
Generalmajor Malinin, Leonid Andreevič	19.01.46 -	1946

Bevollmächtigte des NKGB-MGB in Deutschland

Generalleutnant Koval'čuk, Nikolaj Kuz'mič	08.46 -	24.08.49
Oberst Davydov, Semen Prochorovič	17.03.50 -	24.11.51
Generalmajor Kaversnev, Michail Kirillovič	24.11.51 -	09.06.53

---

24 CA FSB f.4-os, op. 11, d. 3, l. 412-416.
25 CA FSB f.4-os, op. 11 d. 7 l. 295-298.

Bevollmächtigte des MVD-KGB in Deutschland[26]:

Oberst Fadejkin, Ivan Anisimovič	9.06.53 -	17.07.53
Generalmajor Pitrovranov, Evgenij Petrovič	17.07.53 -	23.03.57

Die Stellvertreter des Bevollmächtigten des MGB in Deutschland

Generalmajor Zarelua, Vladimir Ekvtimovič	07.47 -	15.03.48
Generalmajor Mel'nikov, Grigorij Aleksandrovič	08.12.47 -	25.12.51
Oberst Medvedev, Pavel Nikolaevič	25.05.49 -	05.06.53
Oberstleutnant Kurenkov, Aleksej Nikolaevič (Kaderfragen)	07.06.49 -	12.09.53
Oberst Čaikovskij, Petr Mitrofanovič	16.09.49 -	25.12.51
Oberst Makarov, Nikolaj Ivanovič	25.12.51 -	06.54
Oberst Frolov, Aleksej Fedorovič	25.12.51 -	17.07.53
Oberst Otroščenko, Andrej Makarovič	10.11.52 -	16.02.53
Oberst Tiškov, Arsenij Vasil'evič	16.02.53 -	22.05.53
Oberst Fadejkin, Ivan Anisimovič	17.07.53 -	03.10.54
Oberst Med'vedev, Pavel Nikolaevič	17.07.53 -	03.09.54

II. Operative Sektoren des NKVD-MGB der Länder

O/s Sachsen (Dresden)

Generalmajor Klepov, Sergej Alekseevič	1945 -	30.01.48
Oberst Egošin, Kuz'ma Panteleevič	1948 -	1950
Oberst Pimenov, Konstantin Terentevič	19.09.50 -	13.06.52

O/s Sachsen-Anhalt (Halle):

Generalmajor Martirosov, Georgij Iosifovič	06.45 -	07.47
Oberst Denskevič, Michail Ilič	12.47 -	13.06.52

O/s Thüringen (Weimar):

Generalmajor Bežanov, Grigorij Akimovič	06.45 -	10.46
Oberst Mirošničenko, Andrej Seliverstovič	11.46 -	13.06.52

O/s Berlin (aufgelöst im Juli 1950):

Generalmajor Sidnev, Aleksej Matveevič	06.45 -	8.12.47
Generalmajor Vul, Aleksej Moiseevič	08.12.47 -	07.50

O/s Brandenburg (Potsdam):

Generalleutnant Fokin, Petr Maksimovič ?	1945 -	02.46
Generalmajor Filatov, Stepan Ivanovič	01.03.46 -	03.50
Oberst Šestakov, Michail Nikolaevič	28.08.50 -	19.02.52
Oberst Sitnov, Vladimir Michajlovič	19.02.52 -	13.06.52

O/s Mecklenburg (Schwerin):

Generalmajor Nikitin, Dmitri Michajlovič	06.45 -	05.47

---

26 Auf der Grundlage des Beschlusses der Ministerrates der UdSSR Nr. 897-384ss und des Befehls des KGB der UdSSR Nr. 00248 vom 18. Mai 1954 wurde der Apparat der Bevollmächtigten des KGB in "Inspektion zu Fragen der Sicherheit beim Hohen Kommissar der UdSSR in Deutschland" umbenannt.

Die Apparate des NKVD/MVD und des MGB in Deutschland (1945 - 1953)

Oberst Šestakov, Michail Nikolaevič	9.08.47 -	28.08.50
Oberst Gorelov, Evgenij Pavlovič	28.08.50 -	13.06.52

III. Die Operativen Sektoren des MGB der Bezirke[27]:

1. O/s Bezirk Halle
   Oberstleutnant Burenin, Anatolij Nikolaevič   10.11.52 -   09.06.53
2. O/s Bezirk Cottbus
   Oberstleutnant Cerkovnyj, Aleksandr Pavlovič   25.11.52 -   09.06.53
3. O/s Bezirk Frankfurt
   Oberst Gorškov, Michail Michajlovič   23.01.53 -   09.06.53
4. O/s Bezirk Potsdam
   Oberstleutnant Sitnov, Vladimir Michajlovič   16.06.52 -   09.06.53
5. O/s Bezirk Rostock
   Oberst Golubkov, Viktor Pavlovič   16.06.52 -   09.06.53
6. O/s Bezirk Schwerin
   Oberst Gorelov, Evgenij Pavlovič   16.06.52 -   09.06.53
7. O/s Bezirk Neubrandenburg
   Oberst I'lkov, Konstantin Konstantinovič   16.06.52 -   kA
8. O/s Bezirk Erfurt
   Oberst Mirošničenko, Andrej Seliverstovič   16.06.52 -   09.06.53
9. O/s Bezirk Suhl
   Oberstleutnant Šalonnik, Vladimir Antonovič   16.06.52 -   09.06.53

Zu den O/s Bezirken Magdeburg, Dresden, Leipzig, Chemnitz, Gera und Berlin liegen keine Angaben vor.

IV. Spionageabwehr "SMERŠ"/MGB bei der Gruppe der sowjetischen Besatzungstruppen in Deutschland:

Generalleutnant Vadis, Aleksandr Anatolevič	-	06.45
Generalleutnant Zelenin, Pavel Vasil'evič	06.45 -	01.04.47
Generalleutnant Korolev, Nikolaj Andrianovič	09.06.47 -	10.11.47
Generalleutnant Ivašutin, Nikolaj Ivanovič	10.11.47 -	18.11.49
Generalleutnant Železnikov, Nikolaj Ivanovič	23.02.50 -	23.06.53

Ab 16. November 1955 heißt die Inspektion "Apparat des Obersten Beraters des KGB beim Ministerrat der UdSSR bei den Organen des MfS der DDR".

27 Auf Befehl des MVD Nr. 00345 vom 9. Juni 1953 aufgelöst und durch Berater bei den Bezirksverwaltungen des MfS ersetzt.

GABRIELE HAMMERMANN

Verhaftungen und Haftanstalten der sowjetischen Geheimdienstorgane am Beispiel Thüringens

Die Verhaftungspraxis der operativen Gruppen des NKVD/MVD, NKGB sowie der militärischen Abwehr "SMERŠ" in der SBZ, ihre innere Struktur auf regionaler und lokaler Ebene sowie die Situation in den Haftanstalten lassen sich aufgrund der fragmentarischen Quellenlage nur in Ansätzen erhellen.[1]

Da die Verhaftungen nach dem Berija-Befehl 00315 vom 18. April 1945 nicht in den Kompetenzbereich deutscher Behörden fielen, finden sich in der deutschen Aktenüberlieferung nur vereinzelte Hinweise auf das Vorgehen der sowjetischen Sicherheitsdienste. Festzustellen ist zunächst eine starke Diskrepanz zwischen der Wahrnehmung der Verhaftungsmaßnahmen seitens der Behörden und der Bevölkerung. Während die Dienststellen die Inhaftierungen nur selten und dann zumeist kommentarlos wiedergeben, ist die Beunruhigung der deutschen Bevölkerung über die vielfach nicht nachvollziehbaren Verhaftungen durch zahlreiche Eingaben bei den deutschen Behörden des Innern, der Justiz und der Polizei überliefert. Da die Petitionen von der Absicht getragen waren, die Freilassung der Angehörigen zu erreichen, sind in diesen Beständen jedoch kaum verläßliche Informationen zu dem Verhalten der sowjetischen Geheimdienste und den Gründen der Verhaftungen zu erwarten. Einige wichtige Themenkomplexe können jedoch anhand der zentralen, regionalen und lokalen Behördenüberlieferungen der Justiz- und Polizeiverwaltungen beleuchtet werden. So enthalten die Aktenbestände der Polizeiverwaltungen Hinweise auf die Mithilfe deutscher Hilfspolizisten bei den Verhaftungen. Darüber hinaus bezieht sich die Überlieferung mitunter auf die im Sommer und Herbst 1945 durchgeführten Registrierungen der deutschen Bevölkerung. Die ergiebigen Bestände der Justizverwaltungen enthalten Unterlagen zu der Belegung der Strafvollzugsanstalten durch die Besatzungsmacht und zu den damit zusammenhängenden Interessenkonflikten zwischen deutschen und sowjetischen Behörden.[2] Den Akten sind zudem vereinzelte Hinweise über die Beschäftigung deutscher Justizangestellter in den NKVD-Haftanstalten sowie über die Verteilung der Haftkosten zu

---

1 Georg Wamhof und Natalja Jeske sei an dieser Stelle für Hinweise und Vorarbeiten gedankt. Thür. HSTA Weimar, Land Thüringen, Ministerium des Innern, Ministerbüro, Bd. 217-223. Thür. HSTA Weimar, Land Thüringen, Ministerium der Justiz, Bd. 630. Thür. HSTA Weimar, Land Thüringen, Der Ministerpräsident, Büro des Ministerpräsidenten, Bd. 534-536. BA Lichterfelde, DP 1, Bd. 336, Bl. 275, Bl. 315, Bl. 317. Evangelisches Zentralarchiv, Berlin, 472.
2 Thür. HSTA Weimar, Generalstaatsanwaltschaft Erfurt, Bd. 513-595: Gerichts- und Strafvollzugsanstalten A-Z. BA Lichterfelde, DP 1, VA 6, Bl. 95: Vollzugsanstalten im Oberlandesgericht Gera.

entnehmen. Insgesamt ist die deutsche Aktenüberlieferung zu den Verhaftungen seitens der sowjetischen Geheimdienstorgane jedoch heterogen und bruchstückhaft.

Die Berichte von ehemaligen Insassen des Speziallagers Nr. 2, die in der Gedenkstätte Buchenwald zahlreich vorliegen, enthalten zwar wertvolle Hinweise zu den häufig traumatischen Erfahrungen, die die Zeitzeugen mit Verhaftung und Inhaftierung in den Haftorten verbinden. Darüber hinaus sind die Schilderungen unverzichtbar für die Lokalisierung der sogenannten "GPU-Keller".[3] Für die institutionelle Ebene, die Kompetenzverhältnisse der verschiedenen Sicherheitsorgane vor Ort und die Frage nach dem Entscheidungsfreiraum der einzelnen operativen Gruppen sind in diesen Erfahrungsberichten jedoch kaum Informationen zu erwarten.

Diese Forschungslücken ließen sich durch die Aktenbestände der operativen Gruppen des NKVD/MVD sowie der "SMERŠ" schließen. Doch sind diese Bestände ebenso wie die Registrierkontroll- und Personalakten, welche die Verhörprotokolle und Einweisungsbeschlüsse in die Speziallager enthalten, bislang nicht zugänglich. Die Akten der "Abteilung Speziallager" spiegeln die Verhaftungspraxis und die Situation in den Arrestorten nur vereinzelt wider. Der Grund hierfür ist, daß 1945 lediglich die großen Gefängnisse in Frankfurt/Oder, Strelitz und Berlin-Lichtenberg (GARF, f. 9409, op. 1, d. 001, I.26. GARF, f. 9409, op. 1, d. 134, I.43), ab Januar weitere 15 Haftanstalten mit größeren Kapazitäten (GARF, f. 9409, op. 1, d. 143, I.56) der Abteilung Speziallager unterstanden. Da diese Haftorte jedoch eine andere Funktion hatten als die improvisierten, für die kurzfristige Untersuchungshaft bestimmten Arrestanstalten des NKVD/MVD, sollen sie in dieser Darstellung ausgeklammert werden.

Einige sehr wertvolle Informationen für die sowjetische Verhaftungspraxis lassen sich indes aus dem Lagerjournal des Speziallagers Nr. 2 Buchenwald gewinnen. So sind in dieser Aufstellung für jeden Lagerinsassen das jeweilige Verhaftungsorgan, das Datum der Festnahme sowie der vorgeworfene Haftgrund angegeben. Dieses an der Gedenkstätte Buchenwald mittlerweile nahezu vollständig bearbeitete Journal wurde in eine Datenbank eingespeist und läßt durch die Verknüpfung mehrerer Variablen Hinweise auf die Verhaftungszahlen und die Haftgrundvergabe der einzelnen operativen Gruppen zu (GARF, f. 9409, op. 1, d. 10). Nicht zuletzt aufgrund dieser Quellenlage, empfiehlt es sich, die Darstellung der Verhaftungspraxis regional zu begrenzen und auf das Speziallager Buchenwald zu beziehen.

Die Einweisungen in das Speziallager Nr. 2 Buchenwald erfolgten in mehreren Phasen. Zunächst erfolgten die Einlieferungen von Anfang Juli bis Ende 1945 ausschließlich aus den NKVD-Haftanstalten in Thüringen. Nahezu 7.000 Menschen wurden in diesem Zeitraum überstellt. Von Januar 1946 bis September 1948 nahmen die Operativen Gruppen in Thüringen nur noch vereinzelt Überstellungen in das Speziallager vor. Der überwiegende Teil der Lagerinsassen gelangte in diesem Zeitraum über Transporte aus anderen Speziallagern (Landsberg, Torgau, Jamlitz, Fünfeichen, Mühlberg) nach Buchenwald. Nach 1948 lassen sich nur noch wenige Einlieferungen nachweisen (Ritscher 1995, S. 192-213). In dieser Darstellung soll nun auf die erste Phase Bezug genommen werden, auf die Verhaftungen der sowjetischen Geheimdienstorgane in Thüringen.

---

3 Vgl. dazu die Einführung von Alexander v. Plato in diesem Band.

Verhaftungsorgane

Die Frage nach den zuständigen Verhaftungsorganen läßt sich aufgrund der Quellensituation gegenwärtig noch nicht eindeutig bestimmen. Im Jahre 1945 waren drei Geheimdienstorgane in der SBZ tätig: die Einheiten des Volkskommissariates des Innern (NKVD), der Staatssicherheit (NKGB) und der militärischen Abwehr "SMERŠ". Nach nicht unbeträchtlichen Kompetenzkonflikten gelang es dem NKVD-Bevollmächtigten, Generaloberst I. Serov, alle Geheimdienstorgane zu befehligen. Offenbar jedoch stellte sich die Umsetzung dieser Befehlsverhältnisse auf regionaler und lokaler Ebene zunächst schwierig dar, da der NKVD nicht über ausreichendes Personal verfügte.[4] Auf Landesebene nahmen operative Sektoren des NKVD, in Kreisstädten und einigen Städten des jeweiligen Kreises operative Gruppen (Foitzik 1993, S. 29) ihre Arbeit auf. Der Leiter des Operativen Sektors in Thüringen war von Juli 1945-Oktober 1946 mit Standort in Weimar Generalmajor Grigori Akimowič Bešanov (Foitzik 1993, S. 29). Für die Haftanstalten und das Gefängniswesen in Thüringen war Oberstleutnant Ivanov zuständig.[5]

Es ist zu vermuten, daß die Leiter der operativen Gruppen des NKVD auf lokaler Ebene die Verhaftungsrichtlinien ausgaben und die Festnahmen durchführten, je nach personeller Situation unterstützt durch die Einheiten der "SMERŠ". Zumindest in der Anfangsphase der Installierung des Geheimdienstapparates werden diese Verhaftungen sicher noch von einer Konkurrenz der beiden Sicherheitsdienste gekennzeichnet gewesen sein. Bei Verhören oder Ermittlungen vor Ort sind möglicherweise Mitarbeiter des NKGB hinzugezogen worden. Diese Hypothesen werden durch die Daten des Lagerjournals zumindest teilweise bestätigt: Dort werden als Verhaftungsorgane die operativen Gruppen des NKVD/MVD und der "SMERŠ" genannt. Der überwiegende Teil, nämlich nahezu 80 % der Verhaftungen in Thüringen wurde dabei von den operativen Gruppen des NKVD vorgenommen (GARF, f. 9409, op. 1, d. 10). Diese Zahlen werden durch die Angaben aus den Überstellungslisten in das Speziallager Nr. 2 erhärtet, wenngleich berücksichtigt werden muß, daß Verhaftungsorgan und Einweisungsorgan nicht immer identisch sein mußten.[6] Diese Einweisungslisten weisen insgesamt 6.931 Personen aus, die zwischen 1945-1950 aus dem Thüringer Raum in das Speziallager Buchenwald überstellt wurden. Der überwiegende Teil, nämlich 77,37 % wurde von den operativen Gruppen des NKVD, 16,67 % durch Einheiten der militärischen Abwehr SMERŠ und 5,94 % durch die operativen Sektoren übergeben.[7]

Zwischen August und November 1945 war die Verhaftungsrate in Thüringen am höchsten, danach sinkt sie in ganz signifikanter Weise ab (GARF, f. 9409, op. 1, d. 10). Da zu diesem Zeitpunkt die Verhaftungszahlen in der gesamten SBZ stark zurückgingen, stellt sich die Frage, ob dies vor dem Hintergrund eines zentralen Befehls geschah. Möglicherweise war dem Ende Januar 1946 ausgegebenen Befehl des Chefs der Abteilung Spezialla-

---

4 Vgl. den Beitrag von Nikita Petrov in diesem Band. Foitzik (1993, S. 28). Fricke (1990, S. 57).
5 Thür. HSTA Weimar, Generalstaatsanwalt Erfurt, Bd. 511, Bl. 229: Der Vorstand des Zuchthauses Untermaßfeld an den Generalstaatsanwalt in Gera, 23.9.1946.
6 GARF, f. 9409, op. 1, d. 489 (Aug.-Sep. 1945), d. 490 (Okt.1945), d. 492 (Nov.-Dez. 1945), d. 494 (Jan. 1946), d. 495 (Feb.-Juni 1946), d. 496 (Juli-Dez. 1946).
7 Berechnungen nach der Aufstellung von Kamilla Brunke und Bodo Ritscher, in: Ritscher (1995, S. 192-213).

ger, Oberst Sviridov, zukünftig keine Block- und Zellenleiter in das Speziallager Nr. 2 aufzunehmen, eine zentrale Weisung vorangegangen (GARF, f. 9409, op. 1, d. 492, I.11).

Etwa 85 % der Einweisungen der in Thüringen verhafteten Personen in das Lager Buchenwald wurden bis zum Dezember 1945 vorgenommen. In den Jahren 1947-1950 gelangten nur noch vereinzelte Transporte aus dem Thüringer Raum in das Speziallager Nr. 2. In dieser Phase erfolgen die Einweisungen überwiegend durch die Operativen Sektoren Thüringen und Weimar (Ritscher 1995, S. 192-213). In den Überstellungslisten sind die Operativen Gruppen des NKVD/MVD und der "SMERŠ" sowie deren Leiter jeweils ausgewiesen, wie aus der folgenden Aufstellung ersichtlich ist. Nicht zu ermitteln waren die Standorte und in manchen Fällen auch die Leiter der "SMERŠ"-Einheiten.

Einweisungen in das Speziallager Nr. 2 durch operative Gruppen des NKVD/MVD bzw. der "SMERŠ" 1945-1946[8]

1. OG Altenburg		Major Kurilenko
2. OG Arnstadt		Hauptmann Sorokin
3. OG Eisenach		Major Ivanov, Hauptmann Gusev (Nov. 1945)
4. OG Erfurt		Oberstleutnant Smirnov, Oberst Drosdov (ez. 1945), Major Popov(Juli 1946), Gardehauptmann Semisorov(Aug. 1946)
5. OG Gera		Gardemajor Sokolov, Gardemajor Elistratov(Dez. 1945), Gardeoberleutnant Mamedov(Aug. 1945)
6. OG Gotha		Hauptmann Nasarenko
7. OG Greiz		Major Gabdrakipov
8. OG Heiligenstadt		Hauptmann Gorjuškin
9. OG Hildburghausen		Gardehauptmann Perepeliza, Oberleutnant Semljakov(Juli 1946)
10. OG Jena		Major Aljutin, Major Ivanov (Juli 1946)
11. OG Kölleda		Hauptmann Kadurin
12. OG Langensalza		Major Vsiljev
13. OG Meiningen		Gardehauptmann Gutnikov
14. OG Mühlhausen		Hauptmann Nevsorov
15. OG Nordhausen		Hauptmann Frolov, Oberleutnant Leberson (März 1946)
16. OG Ranis/Ziegenrück		Hauptmann Rybakin
17. OG Rudolstadt		Hauptmann Ščerbakov, Hauptmann Koševnikov(Nov. 1945), Gardehauptmann Skobelkin (Jan. 1946)
18. OG Saalfeld		Hauptmann Davletov, Gardehauptmann Mkrtytčev (Juni 1946)
19. OG Schleiz		Major Košelev, Gardehauptmann Sigidinenko (Aug. 1946)
20. OG Schmalkalden		Oberleutnant Slakvenko
21. OG Sondershausen		Hauptmann Nikolaevskij, Hauptmann Šeršakov(März 1946), Gardehauptmann Mernyi (Mai 1946)
22. OG Sonneberg		Gardemajor Sviridov, Major Snaročenko (Dez. 1945)

---

[8] Für die Erarbeitung dieser Übersicht danke ich Natalja Jeske. Die Angaben wurden folgenden Akten entnommen: GARF, f. 9409, op. 1, d. 489 (Aug.-Sep. 1945), d. 490 (Okt.1945), d. 492 (Nov.-Dez. 1945), d. 494 (Jan. 1946), d. 495 (Feb.-Juni 1946), d. 496 (Juli-Dez. 1946).

23. OG Suhl	Major Panov, Oberleutnant Grišin (Juli 1946)
24. OG Weimar/Apolda	Hauptmann Gorodilov
25. OG Worbis	Hauptmann Gorbunov
26. "SMERŠ" bei der SMA Thüringen	–
27. "SMERŠ" der 22. Artilleriedivision	–
28. "SMERŠ" der 133. Artilleriedivision	–
29. "SMERŠ" der 43. Artilleriebrigade	Gardemajor Presjak
30. "SMERŠ" der 13. Flakartilleriedivision	–
31. "SMERŠ" der 8. Gardearmee	Generalmajor Vitkov
32. "SMERŠ" der 57. Gardeschützendivision	Gardehauptmann Dudarev
33. "SMERŠ" der 88. Gardeschützendivision	Gardemajor Grigorenko
34. "SMERŠ" des 4. Gardeschützenkorps	Gardeoberstleutnant Kunicyn
35. "SMERŠ" des 28. Gardeschützenkorps	Gardeoberstleutnant Kogan
36. "SMERŠ" der 4. Gardebrigade	Major Pašinin
37. "SMERŠ" des 92. Grenzschutzregimentes	–
38. "SMERŠ" der 20. mechanisierten Gardedivision	–
39. "SMERŠ" der 11. Panzerdivision	–
40. "SMERŠ" der 64. Pionier-Ingenieurbrigade	Gardehauptmann Allachverdov, Gardehauptmann Belevzov (Okt. 1945)
41. "SMERŠ" der 22. Schützendivision	
42. "SMERŠ" des 149. Schützenregimentes der Armeereserve	Gardehauptmann Babenko
43. "SMERŠ" des 29. Schützenkorps	Gardeoberstleutnant Kolobenko
44. "SMERŠ" der 38. Schützenbrigade	Hauptmann Gomelauri

Verhaftungspraxis und Haftgründe

Die Angaben aus dem Lagerjournal und den Überstellungslisten, die den Eindruck vermitteln, die sowjetischen Sicherheitsorgane hätten die Festnahmen allein vorgenommen, werden jedoch durch die deutsche Aktenüberlieferung und die Zeitzeugenberichte zumindest in Frage gestellt. Sowohl bei der Vorbereitung der Verhaftungen als auch bei deren Durchführung waren deutsche Behörden mitunter beteiligt. Die Geheimdienstorgane waren nicht nur infolge ihrer problematischen Personallage, sondern auch aufgrund mangelnder Orts- und Sprachkenntnisse vielfach auf die Mitwirkung deutscher Dienststellen angewiesen. Häufig wurden die sowjetischen Sicherheitsdienste von deutschen Hilfspolizisten begleitet, wie aus einer Besprechung des Weimarer Oberbürgermeisters Behr mit dem sowjetischen Stadtkommandanten hervorgeht:

> An Hand eines besonderen Falles fragt der Oberbürgermeister, ob sich russische Militärs, wenn sie bei Privatpersonen Hausdurchsuchungen, Feststellungen, Verhaftungen usw. vornehmen wollen, ausweisen müssen, oder ob es russische Stellen gäbe, die das nicht nötig

hätten. Oberstleutnant Belokonjef erwidert, dass in allen solchen Fällen, wenn sie legal vor sich gehen, deutsche Polizei mit zur Hilfe genommen würde.[9]

Auch aus den Tagesberichten der Polizeidirektion Jena läßt sich entnehmen, daß deutsche Polizisten bei Festnahmen häufig zugegen waren.[10] Nur in seltenen Fällen jedoch wurden die Inhaftierungen ausschließlich von deutschen Behörden im Auftrag der sowjetischen Besatzungsorgane durchgeführt. So berichtete der Polizeipräsident für Thüringen Mitte über eine am 13. und 14. August 1945 auf Befehl der sowjetischen Militärverwaltung durchgeführte "Säuberungsaktion" in Erfurt, bei der die gesamten Polizeikräfte der Stadt beteiligt waren. Mehrere Hundert Angehörige der NSDAP und 300 Ausländer, "darunter viele sowjetische Staatsangehörige", wurden verhaftet und der sowjetischen Militäradministration übergeben. Flüchtende Einwohner wurden erschossen.[11]

Aus Polizeiberichten und Beschwerdebriefen ist zu entnehmen, daß die Verhaftungen häufig von Hausdurchsuchungen und Plünderungen begleitet waren.[12]

Auch bei der Meldung und Registrierung von tatsächlichen oder vermeintlichen Nationalsozialisten waren die Geheimdienstorgane auf die Beteiligung der deutschen Bevölkerung, respektive der Behörden angewiesen. Die Erhebung dieser Informationen scheint in zwei Phasen erfolgt zu sein, die jedoch zeitlich ineinandergreifen konnten. Zum einen sind eher improvisierte Ermittlungen überliefert, die häufig von den örtlichen antifaschistischen Komitees befördert wurden. Diese Phase ist nur selten in schriftlicher Form belegbar, jedoch in einigen Orten Thüringens durch Zeitzeugenberichte belegt. Vielfach hatten die antifaschistischen Verbände bereits unter amerikanischer Besatzung die Einwohner aufgefordert, aktive Nationalsozialisten zu melden.[13] Oftmals waren die Hinweise aus der Bevölkerung jedoch bewußte Falschaussagen, getragen von persönlichen Ressentiments, der Hoffnung auf materielle Vorteile oder der Ablenkung von eigenen Schuldzusammenhängen. Dies ist trotz der gebotenen Vorsicht bei der Interpretation auch den Eingaben von Angehörigen der Verhafteten zu entnehmen.[14] In einem Brief an den Vizepräsidenten des Landes Thüringen, Ernst Busse, schildert der Jenaer Bürgermeister, Karl Barthel, die steigende Tendenz der von persönlichen Motiven getragenen Denunziationsfälle:

---

9   Stadtarchiv Weimar, 007/01 b: Der Stadtvorstand der Landeshauptstadt Weimar, Heutige Besprechung in der Stadtkommandantur mit Oberleutnant Feklisov und Oberstleutnant Belokonjef, 21.9.1945.
10 Stadtarchiv Jena, B II, I a, Nr. 12: Tagesbericht des Kommandos der Polizei Jena, 26. 8. 1945. GARF, f. 9409, op. 1, d. 10.
11 Thür. HSTA Weimar, Land Thüringen, Der Ministerpräsident, Büro des Ministerpräsidenten, Bd. 1010, Bl. 4: Der Polizeipräsident für Thüringen Mitte an die Landesregierung Thüringen, 14. 8. 1945.
12 Stadtarchiv Jena, B III, I c, Nr. 6.1: Aktennotiz, 22. 11. 1945. Thüringische Verwaltungsgesellschaft Weimar an den Oberbürgermeister von Jena, Barthel, 27. 11. 1945: "Den bei der Haussuchung von den deutschen Polizisten vorgefundenen Tabak und verschiedene Seifenstücke wurde von diesen in die Tasche gesteckt. [...] Der anwesende GPU-Soldat verhielt sich äußerst korrekt und ermahnte des öfteren zur Eile. [...] Als nach diesem Vorfall Frau Beck die Übergriffe der deutschen Polizei an Bekannte weitererzählte, drang diese Verbreitung bis zu den Ohren des jetzigen Polizeidirektors vor. Dieser [...] drohte, sie sofort verhaften zu lassen, wenn sie auch weiterhin diese Anschuldigungen verbreiten würde." Stadtarchiv Jena, B III, Ia, Nr. 12: Tagesbericht der Vollzugsleitung der Stadtpolizei Jena, 9. 12. 1945.
13 Stadtarchiv Weimar 008/02/2: An die Bevölkerung Weimars, o.D.
14 Thür. HSTA Weimar, Land Thüringen, Ministerium des Innern, Ministerbüro, Bd. 217-223. Thür. HSTA Weimar, Land Thüringen, Ministerium der Justiz, Bd. 630. Thür. HSTA Weimar, Land Thüringen, Der Ministerpräsident, Büro des Ministerpräsidenten, Bd. 534-536.

> Wir haben hier in Jena mit ähnlichen Elementen zu kämpfen und mußten auch schon die betrübliche Tatsache feststellen, daß es in der Besatzungstruppe Leute gibt, die auf solche Denunziationen hereinfallen und dem Glauben schenken. Ich bitte Dich, sofort Maßnahmen zu ergreifen, bzw. mit der Administration Verbindung aufzunehmen ...[15]

Nur selten jedoch scheinen diese bewußten Falschaussagen strafrechtlich verfolgt worden zu sein. In Greußen wurde allerdings ein KPD-Mitglied, welches aus politischem Profilierungsdenken eine Gruppe Jugendlicher als "Werwolf"-Angehörige denunziert hatte, verurteilt.[16]

Neben dieser willkürlichen und improvisierten Form der Erfassung ehemaliger Nationalsozialisten befahlen die sowjetischen Militärverwaltungen zunächst auf regionaler Ebene umfassende Registrierungen der Bevölkerung. Die Durchführung wurde deutschen Behörden übertragen. Der "Chef der Besatzung und Stadtkommandant von Berlin", Generaloberst Bersarin, ordnete bereits am 28.4.1945 in seinem ersten Befehl eine Registrierungspflicht für das Personal der NSDAP, der Geheimen Staatspolizei, Gendarmerie und des Sicherheitsdienstes sowie für Angehörige der Wehrmacht, der SS und der SA an (Fricke 1990, S. 14). In Thüringen konnten die sowjetischen Sicherheitsorgane mitunter auf Registrierungen zurückgreifen, die bereits unter amerikanischer Besetzung durchgeführt worden waren.[17] Auf lokaler Ebene wurden weitere Registrierungen befohlen. In Weimar ordnete die sowjetische Stadtkommandantur Ende Juli 1945 eine weitere Erfassung ehemaliger Mitglieder der NSDAP und ihrer Gliederungen an. Für jede Person waren drei Karteikarten anzulegen, welche der Polizeidirektion, dem Stadtsteueramt (zur Erhebung einer Sonderabgabe) und den antifaschistischen Parteien zuzuführen waren. Die Leitung der Meldestelle unterstand einem Kriminalobersekretär, die Aufsicht über die Registrierung hatte ein Mitglied des antifaschistischen Komitees. Nach Beendigung der Registrierung am 22. August 1945 lag die Kartei allen Einwohnern zur Einsicht vor. Es erging die Aufforderung, die Namen nicht gemeldeter Personen zu ergänzen.[18] In dem SMAD-Befehl Nr. 42 vom 27. August 1945 wurde die bislang regional unterschiedlich durchgeführte Registrierungspflicht noch einmal zentral bekräftigt. Bis zum 25. September 1945 hatten sich ehemalige Angehörige der Wehrmacht (ab dem Rang des Leutnants), alle Angehörigen der SS und SA, der Gestapo und Mitglieder der NSDAP bei den Militärkommandanturen registrieren zu lassen.[19] Auch wenn es die gegenwärtige Quellensituation nicht erlaubt, einen direkten Zusammenhang zwischen den Verhaftungsmaßnahmen der sowjetischen Sicherheitsorgane und den Registrierungen herzustellen, so ist die zeitliche Parallelität doch auffallend. Festzuhalten bleibt

---

15 Stadtarchiv Jena, B III, Ia, Nr. 22: 12.9.1945.
16 Thür. HSTA Weimar, Land Thüringen, Ministerium der Justiz, Bd. 616: Strafsache gg. Willi K. aus Greußen wg. falscher Anschuldigung von Jugendlichen. Agde, Günter, Die Greußener Jungs. Hitlers Werwölfe, Stalins Geheimpolizisten und ein Prozeß in Thüringen. Eine Dokumentation, Berlin 1995.
17 Stadtarchiv Weimar, 007/03: Oberbürgermeister Kloss, Registrierung aller Einwohner Weimars, 26.4.1945. Stadtarchiv Weimar, 008/00/4: Meldung der Angehörigen der Partei, SA und SS, 7.5.1945.
18 Stadtarchiv Weimar, 008/00/4: Vermerk, Amtsleiter des Personalamtes, Fuchs, Oberbürgermeister Behr, politischer Leiter der KPD, Günther, 23. 7. 1945. Stadtarchiv Weimar, 008/00/4: Stadtvorstand der Landeshauptstadt, Polizeidirektion, Abt. II, Kriminalpolizei, an Oberbürgermeister, Dr. Behr, 6. 9. 1945.
19 BA Berlin, Sammlung SMAD-Befehle, Befehl des Obersten Chefs der Sowjetischen Militärverwaltung und des Oberbefehlshabers der sowjetischen Besatzungstruppen in Deutschland, Nr. 42, 27. 8. 1945. Die Umsetzung dieses Befehls erfolgte nicht selten mit Verspätung: Stadtgeschichtsmuseum Arnstadt, I/1371, Befehl des Militärkommandanten der Stadt Arnstadt, 15. 11. 1945.

jedoch, daß die Registrierung nicht zwingend eine Festnahme durch den NKVD zur Folge hatte, wie in Zeitzeugenberichten und in der Literatur bisweilen vermutet (Fricke 1990, S. 29-30).

Nun stellt sich die Frage, inwieweit die operativen Gruppen nach zentralen und regionalen Vorgaben verhafteten, bzw. inwieweit Handlungsfreiräume bei der Umsetzung des Berija-Befehls 00315 vom 18.4.1945 gegeben waren. Da die Akten der Geheimdienstorgane sowie Durchführungsbestimmungen für die Festnahmen, wie bereits erwähnt, nicht zugänglich sind, sollen die operativen Gruppen des NKVD/MVD in Thüringen hinsichtlich der Verhaftungszahlen und Haftgrundverteilung verglichen werden, um auf diesem Wege Gemeinsamkeiten und Abweichungen der jeweiligen Verhaftungsmaßnahmen feststellen zu können.

Untersucht man die – bezogen auf die Wohnbevölkerung der Kreise – relativen Verhaftungszahlen, so zeigt sich, daß die operativen Gruppen Thüringens übereinstimmend unter 0,5 % der Bevölkerung ihres jeweiligen Zuständigkeitsgebietes verhaftet und in das Speziallager Buchenwald eingewiesen haben. Trotz dieser grundlegenden Übereinstimmung variierte das Ausmaß der Festnahmen doch erheblich. Besonders zahlreich waren die Verhaftungen der operativen Gruppen in Arnstadt, Schleiz, Langensalza, Jena, Greiz, Suhl und Hildburghausen.[20] Es ist anzunehmen, daß die Zusammenarbeit mit den lokalen Militärverwaltungen, die Personalsituation der operativen Gruppen und der politische Ehrgeiz ihrer Leiter sowie die Kapazität der lokalen Haftanstalten die Verhaftungszahlen mitbestimmten.

Eine ähnliche Tendenz ist der Haftgrundverteilung der einzelnen operativen Gruppen zu entnehmen. Zwar sind die sowjetischen Angaben vor dem Hintergrund der häufig willkürlichen Verhaftungspraktiken und der von tschekistischen Traditionen geleiteten Verhörmethoden kritisch zu hinterfragen, doch liefern die Schwerpunkte der Deliktsgründe wichtige Hinweise auf die Verhaftungspraxis der Sicherheitsorgane. Aus dem Lagerjournal des Speziallagers Nr. 2 läßt sich bezogen auf die Haftgrundverteilung zwischen den einzelnen operativen Gruppen des NKVD in Thüringen eine prinzipielle Übereinstimmung dahingehend erkennen, daß von Juli bis November 1945 die Verhaftungen aktiver Mitglieder der NSDAP im Vordergrund standen. Mit der signifikanten Reduktion der Verhaftungszahlen ab Dezember 1945 ging jedoch eine Zunahme der Verhaftungen im Bereich der Polizei und Justiz sowie der geheimdienstlichen NS-Organisation wie Gestapo, SD und Abwehr einher. Dies würde in Ansätzen die Entwicklung der Häftlingsgesellschaft im Speziallager Buchenwald von 1945-1950 vorzeichnen (GARF, f. 9409, op. 1, d. 10).

Die Motive für diesen Wechsel der verfolgten Delikte können nur vermutet werden. Es ist anzunehmen, daß es zu dem von Oberst Sviridov für das Speziallager Buchenwald formulierten Befehl, keine Block- und Zellenleiter mehr aufzunehmen, einen Vorläuferbefehl von zentraler Ebene gab (GARF, f. 9409, op. 1, d. 492, I.11.). Möglicherweise waren zuerst die Personen verhaftet worden, die durch NSDAP-Karteien und Hinweise aus der Bevölkerung am einfachsten zu ermitteln waren. Es ist auch denkbar, daß angesichts des nahenden Winters Versorgungsprobleme erwartet wurden. Zudem ist nicht auszuschließen, daß angesichts einer weiterhin hohen Verhaftungsrate die Kapazitäten an Haftraum und Bewachungspersonal bald erschöpft gewesen wären.

---

20 Die Berechnungen wurden von Georg Wamhof angefertigt. BA Lichterfelde, DP 1, Bd. 336, Bl. 51-56: Statistisches Zentralamt. Die Volkszählung vom 1. 12. 1945 in der sowjetischen Besatzungszone Deutschlands, Berlin 1946.

Ein Vergleich der Haftgrundverteilung in den einzelnen operativen Gruppen Thüringens macht deutlich, daß abgesehen von den gerade angedeuteten Parallelen durchaus lokale Unterschiede feststellbar sind. Differierende Verhaftungsinteressen, die unterschiedlich hohen Mitgliederzahlen in nationalsozialistischen Organisationen oder auch Willkürmaßnahmen führten dazu, daß neben aktiven Mitgliedern der NSDAP in Altenburg beispielsweise HJ- und BDM-Führer, in Weimar SA-Angehörige, in Gera Mitglieder der Polizei sowie der SS, des SD und der Gestapo und in Heiligenstadt Werwolfverdächtige überdurchschnittlich verfolgt wurden (GARF, f. 9409, op. 1, d. 10).

Abschließend soll in diesem Zusammenhang am Beispiel der Verhaftungsmaßnahmen in Arnstadt verdeutlicht werden, daß die einzelnen operativen Gruppen im Rahmen zentraler Vorgaben durchaus bedingte Entscheidungsfreiräume besaßen. Nicht unwichtig war dabei auch die Haltung der lokalen deutschen Behörden in der Frage der politischen Säuberung. Im Zuständigkeitsbereich der von Hauptmann Sorokin geleiteten operativen Gruppe des NKVD in Arnstadt waren die Verhaftungszahlen überdurchschnittlich. Es wurden in besonders intensivem Maße verdächtige aktive Mitglieder der NSDAP verfolgt. Zudem ist belegt, daß die örtlichen antifaschistischen Kräfte eine durchgreifende und vielfach willkürliche Verhaftungspraxis befürworteten. Weiterhin erfolgte eine umfassende Registrierung des Stadt- und Landkreises. Die Registrierungsakte des Landkreises hat sich komplett erhalten. Am 4. September 1945 hatte der Landrat die Gemeinden des Kreises angewiesen, eine genaue Erfassung der ehemaligen Mitglieder nationalsozialistischer Organisationen vorzunehmen. Die Registrierung stand offenbar unter erheblichem Zeitdruck, denn die Bürgermeister hatten bereits am folgenden Tag Meldung zu erstatten. Von den Anfang September 1945 im Landkreis Arnstadt gemeldeten fast 103.000 Einwohnern wurden 18,49 % als Mitglieder der NSDAP, ihrer Gliederungen und angeschlossenen Verbände gemeldet.[21] Davon waren 7,58 % in der NSDAP, 5,20 % in HJ und BDM, 4,78 % in der Frauenschaft, 0,71 % in der SA, 0,16 im NSKK und 0,03 % in der SS organisiert.[22] Auch in Arnstadt läßt sich eine zeitliche Parallelität von Verhaftungen und Registrierungen erkennen: Dem Lagerjournal des Speziallagers Buchenwald ist zu entnehmen, daß 75 % aller in Arnstadt Festgenommenen zwischen September und November 1945 verhaftet wurden (GARF, f. 9409, op. 1, d. 10).

Sowjetische und deutsche Akten ergänzen sich in der Einschätzung, daß die Festnahmen vielfach von Willkür gekennzeichnet waren. So führte der Leiter der Abteilung Speziallager, Oberst Sviridov, am 2. August 1945 Beschwerde darüber, daß die operativen Gruppen Menschen inhaftierten und in die Speziallager einwiesen, die nicht unter die Kategorien des Befehl 00315 vom 18.4.1945 zu fassen waren. Als Beispiele nennt er

> Mitarbeiter von Gerichten und der Staatsanwaltschaft, die in der ROA [Russische Befreiungsarmee] dienten, ingenieur-technisches Personal und Besitzer von Fabriken, Betrieben und Werkstätten, Personal örtlicher Behörden und Ministerien, Putzfrauen, Stenographinnen, Telegraphinnen und Kuriere, die vor dem Krieg mit der UdSSR in der deutschen Armee und in paramilitärischen Organisationen gedient haben, Leiter faschistischer Grundorganisationen (NSDAP), z. B. Kassierer und Spendensammler, über die kein belastendes Material vorliegt.[23]

---

21 Dabei muß jedoch in Betracht gezogen werden, daß Personen, die in mehreren NS-Organisationen eingeschrieben waren, wiederholt gezählt wurden.
22 Stadtgeschichtsmuseum Arnstadt, VI 1806.
23 GARF, f. 9409, op. 1, d. 129, I. 75, in: Ritscher (1993, S. 723-735).

Auch aus den Überstellungslisten in das Speziallager Nr. 2 ist diese Tendenz zu entnehmen. In den Listen finden sich immer wieder Streichungen, das heißt, die betreffenden Personen wurden nicht in das Lager aufgenommen. In manchen Fällen wurde dies damit begründet, daß die Kategorien des Befehls Nr. 00315 nicht erfüllt seien.[24] Kritik an den häufig nicht nachvollziehbaren Verhaftungsmaßnahmen wurden auch von deutschen Behörden vorgetragen, wie aus einer Besprechung des Jenaer Bürgermeisters mit dem sowjetischen Kommandanten hervorgeht:

> Herr Barthel bespricht die seit einiger Zeit sehr stark einsetzenden Verhaftungen mit dem Kommandanten und weist besonders darauf hin, daß Handwerker abkassiert werden ohne Rücksicht darauf, ob sie Dokumente haben oder nicht usw. Der Kommandant läßt sich auf keine Erörterung darüber ein.[25]

Haftanstalten

Im Gegensatz zu den Durchführungsbestimmungen für die Verhaftungen sind für die Einrichtung der Haftanstalten, die Gefängnisordnung und die Registrierung der Häftlinge detaillierte Anweisungen überliefert. In einer am 12. August 1945 verfaßten vorläufigen Dienstanweisung unterstellte der "Bevollmächtigte des NKVD der UdSSR für die Gruppe der Sowjetischen Besatzungsstreitkräfte in Deutschland", Generaloberst Serov, die einzurichtenden Gefängnisse den operativen Sektoren und Gruppen des NKVD. Zielsetzung war die Inhaftierung von Untersuchungsgefangenen. Zu diesem Zweck sollten deutsche Gefängnisgebäude beschlagnahmt werden. War die Nutzung der Strafvollzugsanstalten nicht möglich, so hatte die Einrichtung von Arresträumen in Kellern von Gebäuden zu erfolgen, die bereits von sowjetischen Geheimdienstorganen belegt waren. Es wurde vorgeschrieben, die Räumlichkeiten mit Vergitterungen und Schlössern auszustatten.

Die sowjetischen Leiter der Haftanstalten hatten die Aufnahme der Festgenommenen persönlich durchzuführen. Nach einer Durchsuchung der Verhafteten waren persönliche Gegenstände zu konfiszieren. Die Dienstanweisung enthielt darüber hinaus eine umfangreiche Verbotsliste. So war das Verfassen von Briefen ebenso untersagt wie der Besuch von Angehörigen, der Empfang von Paketen, der Kontakt zu Gefängnisinsassen anderer Zellen, Ruhestörung sowie der Zeitvertreib durch Karten- und Glücksspiele. Die Bewachung der Gefängnisse hatte durch NKVD-Truppen zu erfolgen; für 15-20 Zellen sollte jeweils ein Wachhabender eingesetzt werden, daneben ein Wachmann für die Begleitung der Gefangenen zu Verhören und Freigang. Es wurde weiterhin angeordnet, das Licht in den Gefängniszellen nachts nicht auszuschalten. Die Registrierung der Gefangenen sollte von speziell geschulten Kräften der Abteilung Nachweisführung übernommen werden. Die medizinische Versorgung war von sowjetischen Truppenärzten zu leisten; in Ausnahmefällen konnten

---

24 In nicht kommentierten Fällen ist davon auszugehen, daß die betreffenden Personen aufgrund ihrer schlechten gesundheitlichen Verfassung nicht angenommen wurden oder auf dem Transport gestorben waren.
25 Stadtarchiv Jena, B III, I a, Nr. 68.

nach Aufklärung über ihre Geheimhaltungspflicht ortsansässige antifaschistische Ärzte unter Aufsicht beschäftigt werden.[26]

Die Lokalisierung eines großen Teils der von sowjetischen Sicherheitsdiensten belegten Haftanstalten in Thüringen läßt sich mit Hilfe der reichhaltigen Bestände zentraler, regionaler und lokaler Justizbehörden sowie an Hand von Zeitzeugenberichten nachvollziehen. Somit kann die noch nicht zugängliche sowjetische Aktenüberlieferung der operativen Gruppen zumindest in diesem Themenbereich ausgeglichen werden. Für Thüringen sind mindestens 70 Haftorte nachweisbar.[27] Diese NKVD-Haftanstalten befanden sich in mehr als 50 Städten in Thüringen. Bis auf die Strafgefängnisse und Zuchthäuser in Eisenberg, Eisenach, Gräfentonna, Heiligenstadt, Ichtershausen und Untermaßfeld, die über eine Haftkapazität für mehrere hundert Personen verfügten, wurden überwiegend Gerichtsgefängnisse mit einem deutlich geringeren Fassungsvermögen konfisziert. Daneben erfolgte gerade in der Anfangsphase in Kellern von Wohnhäusern die Einrichtung von behelfsmäßigen Haftstätten, in der deutschen Umgangssprache fälschlich "GPU-Keller" genannt. Diese lagen zumeist in Stadtteilen, die von der sowjetischen Besatzungsmacht beschlagnahmt worden waren. Diese Areale waren nicht selten durch Bretterzäune abgetrennt. Die Räumung der für Haftzwecke vorgesehenen Häuser hatte umgehend zu erfolgen, wie aus einer Beschwerde eines Weimarer Bürgers hervorgeht: "Sämtliche Bewohner mußten innerhalb kürzester Zeit das Haus verlassen und konnten nur die wichtigsten Sachen (Bekleidungs- und Wäschestücke, Lebensmittel) mitnehmen." Zudem waren Einrichtungsgegenstände entwendet worden, während sowjetische Sicherheitsdienste die Kellerräume zur Inhaftierung von politischen Häftlingen genutzt hatten.[28] Die Bedeutung dieser "GPU-Keller" für die Verhaftungspraxis des NKVD/MVD läßt sich aus der deutschen Aktenüberlieferung nicht ersehen. Die Arrestorte scheinen nur in der Phase genutzt worden zu sein, als die Verhaftungsrate besonders hoch war.[29] Will man die Standorte dieser improvisierten Haftanstalten bestimmen, so sind Zeitzeugenberichte nahezu die einzig verfügbare Quelle.[30]

---

26 GARF, f. 9409, op. 1, d. 129, l. 68-71 a: Bevollmächtigter des NKVD der UdSSR für die Gruppe der Sowjetischen Besatzungsstreitkräfte in Deutschland, Generaloberst I. Serov, Vorläufige Dienstanweisung, 12. 8. 1945.

27 Georg Wamhof danke ich für seine umfangreichen Recherchen zu den Thüringer NKVD-Haftanstalten.

28 Stadtarchiv Weimar, 007/01 a: Wilhelm Tell, Lottenstraße 8, 24. 12. 1945.

29 Die Spuren aus der Zeit des Schreckens sind noch sichtbar, in: Eisenacher Stadtanzeiger, 18. 7. 1990, S. 3.

30 Bad Langensalza, NKVD-Gefängnis Alte Post (Archiv Gedenkstätte Buchenwald, SB-51: Bericht H. Görlach). Bad Langensalza, NKVD-Gefängnis Gasthaus "Zum schwarzen Adler" (Archiv Gedenkstätte Buchenwald, SB-240: Bericht G. Hennemann). Bad Langensalza, NKVD-Gefängnis Brüdergasse 47 (Stadtarchiv Bad Langensalza, Straßenbilder, Nr. 47). Eisenach, NKVD-Gefängnis Graf-Kellerstr. 18-20 (Eisenacher Stadtanzeiger, 18. 7. 1990, S. 3). Gera, NKVD-Gefängnis Hotel Sonntag, Amthorststr. 7 (Stadtarchiv Gera). Gotha, NKVD-Gefängnis Eckhäuser Reinhardsbrunner, Ernststr. (Archiv Gedenkstätte Buchenwald: Bericht J. Zahn). Greiz, NKVD-Gefängnis Gartenweg 2 (Archiv Gedenkstätte Buchenwald, SB-33: Bericht E. Eschricht, SB-100: Bericht H. Lehninger, SB-161: Bericht H. Wölfel). Jena-Löbstedt, NKVD-Gefängnis Villa "Wiedenhöfer" (Archiv Gedenkstätte Buchenwald, SB-34: Bericht W. Barthel, E. Etzold. SB-60: Bericht H. Hammer. SB-76: Bericht J. Heyne. SB-135: Bericht A. Siegert. SB-224: Bericht Dr. I. Zimmermann). Nordhausen, NKVD-Gefängnis Karolingerstr. 18 (Archiv Gedenkstätte Buchenwald, SB-182: Bericht H. Barthel, SB-20: Bericht W. u. U. Rathsfeld. Rudolstadt, Villa "Feste Burg", Mörlaerstr. 8 b (Stadtarchiv Rudolstadt, Bericht E.

In den Bezirks- und Kreisstädten waren zumeist mehrere Arrestanstalten konzentriert. Darüber hinaus sind weitere Gefängnisse in den Kleinstädten belegt. Nicht immer scheint die Auswahl von der Einwohnerdichte bestimmt worden zu sein. Auch die Eignung der zur Verfügung stehenden Gebäude war offenbar ein Entscheidungskriterium. In Dörfern ließen sich keine Haftorte der sowjetischen Sicherheitsorgane nachweisen.

Ein großer Teil der Gefängnisse war in der Regel vom Sommer 1945 bis mindestens Ende 1946, zumeist noch weit darüber hinaus beschlagnahmt. Im September 1945 standen von 40 Gerichts- und Strafgefängnissen nur 4 für den deutschen Strafvollzug zur Verfügung.[31] Noch im November 1946 waren in Thüringen zwei Strafgefängnisse, sechs Landgerichtsgefängnisse und 20 Gerichtsgefängnisse und Jugendarrestanstalten von den sowjetischen Geheimdienstorganen belegt.[32] Am 1.4.1948 standen in Thüringen noch 6 Haftanstalten unter sowjetischer Verwaltung.[33]

Die deutschen Justizbehörden setzten sich gegen diese Requirierungen schon bald zur Wehr. Da im Sommer der reguläre Gerichtsbetrieb und Strafvollzug anlief – trotz erheblicher Verzögerungen aufgrund der Entnazifizierung des Justizpersonals –, mangelte es vor allem an Haftraum. Zudem mußten nun selbst für einfache Vernehmungen der Gefangenen in Gerichten und Staatsanwaltschaften weite Distanzen überwunden werden.[34] Die sowjetischen Militärverwaltungen lehnten die Anträge auf Freigabe der Haftanstalten jedoch zumeist ab. Auch die am 19.7.1945 vorgetragene Bitte des Landgerichtspräsidenten von Altenburg wurde abschlägig beschieden: "[...] neben diesen Räumen befinden sich die Untersuchungsräume von Major Kurelenko und es gehe nicht gut, daß die Verhafteten [des NKVD, d. V.] vom Gefängnis zur Untersuchung durch die ganze Stadt eventuell geschleift werden."[35] Da mit einer Änderung der Verhältnisse auf absehbare Zeit nicht zu rechnen war, wurden die deutschen Behörden aufgefordert, nach Ersatzgefängnissen Ausschau zu halten.[36]

Die Frage nach deutschem Personal in den von sowjetischen Geheimdienstorganen verwalteten Haftanstalten läßt sich aus den deutschen Quellen zumindest in Ansätzen beantworten. Am 10. Oktober 1946 hatte der Generalstaatsanwalt in Gera die Gefängnisvorstände aufgefordert, die Verwaltungs- und Verpflegungskosten für die Unterbringung von Häftlin-

---

Paulovsky). Weimar, NKVD-Gefängnis Cranachstr. (Archiv Gedenkstätte Buchenwald, SB-66: R. Haupt, SB-67: Bericht G. Heider).

31 Thür. HSTA Weimar, Generalstaatsanwaltschaft Erfurt, Bd. 258, Bl. 68: Der Präsident des Landes Thüringen an den Generalstaatsanwalt in Gera, 13. 9. 1945. BA Lichterfelde, DP 1, Ministerium der Justiz, Ha Strafvollzug, V, 170/1: Der Generalstaatsanwalt Gera an die Vorstände der Vollzugsanstalten, 31. 8. 1945.

32 BA Lichterfelde, DP1, Ministerium der Justiz, Hauptabteilung Strafvollzug, II 70-74: Generalstaatsanwalt beim Oberlandesgericht Gera an das Landesamt für Handel und Versorgung Weimar, 8. 11. 1946.

33 BA Lichterfelde, DP 1, II, 53: Verzeichnis der Gefangenenanstalten in der sowjetischen Besatzungszone in Deutschland, 1. 4. 1948.

34 Thür. HSTA Weimar, Generalstaatsanwaltschaft Erfurt, Bd. 258, Bl. 69: Der Präsident des Landes Thüringen an die SMATh Thüringen, Weimar, 21. 9. 1945.

35 STA Altenburg, Kreisrat des Landkreises Altenburg 1945-1952, Nr. 29: Besprechung beim Militärkommandanten Saizev, 26. 9. 1945.

36 Thür. HSTA Weimar, Ministerium der Justiz, Bd. 292, Bl. 2: Der Oberlandesgerichtspräsident an die Landgerichtspräsidenten, 22. 9. 1945. BA Lichterfelde, Ministerium der Justiz, Hauptabteilung Strafvollzug, V/170/1: Der Oberlandesgerichtspräsident an die Landgerichtspräsidenten des Bezirks Gera, 22. 9. 1945.

gen des NKVD/MVD anzugeben. In der Regel hatten die deutschen Leiter der konfiszierten Gefängnisse keinen Einblick in die Verwaltungstätigkeit der NKVD/MVD-Gefängnisse. Aber es gab Ausnahmen: Im Landgerichtsgefängnis Rudolstadt wurde die Verwaltung von Juli bis Ende Oktober 1945, die Verpflegung der Häftlinge bis Ende März 1946 von deutscher Seite fortgeführt. Die Kosten übernahmen die deutsche Justizverwaltung bzw. der Landkreis.[37]

In den Gefängnissen in Altenburg, Rudolstadt, Schmalkalden, Untermaßfeld, Wasungen und Weimar war zeitweise deutsches Wachpersonal beschäftigt worden.[38] Dabei standen die deutschen Justizangestellten unter strenger Geheimhaltungspflicht.[39]

Zu den Haftbedingungen in den Arrestanstalten des NKVD/MVD finden sich in den momentan zugänglichen sowjetischen Dokumenten nur vereinzelte Hinweise. Die Akten, die den Ablauf und die tschekistischen Methoden der Verhöre widerspiegeln, sind, wie schon erwähnt, nicht zugänglich. Die Lebensverhältnisse der Häftlinge in den von sowjetischer Seite beschlagnahmten Gefängnissen findet in den deutschen Quellen keinen Niederschlag. Jedoch läßt bereits die fragmentarische Überlieferung den Schluß zu, daß sich Verhältnisse in den Gefängnissen ähnlich kritisch dargestellt haben, wie von den Zeitzeugen geschildert.[40]

Offenbar aufgrund der prekären Ernährungslage in den NKVD-Gefängnissen wurde am 9. Oktober 1945 eine Erhöhung der Verpflegungsnormen befohlen. Es sollten 600 g Brot, 650 g Kartoffeln und Gemüse, 10 g Graupen und 15 g Zucker täglich verabreicht werden. Da der zentrale NKVD-Befehl jedoch erst Wochen später an die Leiter der operativen Sektoren weitergegeben wurde, ist davon auszugehen, daß diese Verbesserung für viele Häftlinge keine Bedeutung mehr hatte.[41] Darüber hinaus ist in manchen Speziallagern bereits zu diesem Zeitpunkt von Versorgungsengpässen die Rede, die auf Nachschub- und Lieferschwierigkeiten zurückzuführen waren. Somit ist kaum davon auszugehen, daß der Befehl

---

37 Thür. HSTA Weimar, Generalstaatsanwaltschaft Erfurt, Bd. 669/2, Bl. 195: Der Oberstaatsanwalt von Rudolstadt an den Generalstaatsanwalt in Gera, 23. 10. 1946.
38 Thür. HSTA Weimar, Generalstaatsanwaltschaft Erfurt, Bd. 669, Bl. 196: Der Vorstand des Landgerichtsgefängnisses an den Herrn Generalstaatsanwalt in Gera, 25. 10. 1946. Generalstaatsanwaltschaft Erfurt, Bd. 669, Bl. 254 ff.: Nachweisung der von der russischen Besatzungsmacht in Anspruch genommenen Vollzugsanstalten. Generalstaatsanwaltschaft Erfurt, Bd. 669/2, Bl. 196: Der Vorstand des Landgerichtsgefängnisses Weimar an den Generalstaatsanwalt in Gera, 25. 10. 1946. Generalstaatsanwaltschaft Erfurt, Bd. 669/2, Bl. 190: Der Oberstaatsanwalt beim Landgericht Altenburg, an den Generalstaatsanwalt in Gera, 26. 10. 1946. Stadt- und Kreisarchiv Schmalkalden, 793: Der Bürgermeister von Schmalkalden an den Landrat, 27. 11. 1946. Thür. HSTA Weimar, Generalstaatsanwaltschaft Erfurt, Bd. 669/2, Bl. 256: Der Vorstand des Zuchthauses Untermaßfeld an den Generalstaatsanwalt in Gera, 30. 10. 1946. Generalstaatsanwaltschaft Erfurt, Bd. 669/2, Bl. 262: Der Vorstand des Gerichtsgefängnisses Untermaßfeld an den Generalstaatsanwalt in Gera, 2. 11. 1946.
39 BA Lichterfelde, DP1, Ministerium der Justiz, Hauptabteilung Strafvollzug, III 153/36. Thür. HSTA Weimar, Generalstaatsanwaltschaft Erfurt, Bd. 605, Bl. 118: Der Oberstaatsanwalt Rudolstadt an den Generalstaatsanwalt in Gera, 28. 2. 1946.
40 Vgl. dazu die Einleitung von Alexander v. Plato zu diesem Band.
41 GARF, f. 9401, op. 1a, d. 181, I. 231-234: Befehl Nr. 001183 des Volkskommissars für Innere Angelegenheiten der Union der SSR für 1945, 9.10.1945. GARF, f. 9409, op. 1, d. 278, I. 65: Generaloberst I. Serov, an die Chefs der operativen Sektoren der SMA der Provinzen Deutschlands, an den Chef der Abteilung Sonderlager und Gefängnisse der SMA, Oberst Sviridov, 31. 10. 1945.

umgehend umgesetzt werden konnte.[42] Auch die Ausstattung mit Kleidung und Wäsche war nach Angaben des Chefs der Abteilung Speziallager, Sviridov, unzureichend. Da die Menschen verhaftet wurden, ohne Vorkehrungen für ihre Haft treffen zu können, verfügten viele Gefangene in den NKVD-Arrestanstalten nicht einmal über elementare Ausstattungsgegenstände. Die Chefs der operativen Sektoren und Gruppen wurden angewiesen, die verhafteten Personen zu veranlassen, Kleidungs- und Ausstattungsgegenstände wie Wintermäntel, Wäsche, Bettlaken, Decken, Socken und Handtücher mitzuführen.[43] Die Häufigkeit der Hinweise auf fehlende Wäsche und Bekleidung in den Einlieferungslisten läßt jedoch vemuten, daß diese Anweisung vielfach nicht befolgt wurde.[44]

Im Gegensatz zu der fehlenden Überlieferung deutscher Quellen bezüglich der Haftbedingungen in NKVD/MVD-Haftanstalten lassen sich manche Transporte aus den Gefängnissen in das Speziallager Buchenwald deshalb nachvollziehen, weil in Ausnahmefällen deutsche Behörden die Vermittlung von Fahrzeugen zu übernehmen hatten. So stellte das Transportunternehmen Kneisels Rundfahrten GmbH dem Kraftfahrzeugamt der Stadt Jena mehrere Fahrten mit einem Omnibus von "Jena-Amtsgericht, Weimar und weiter" in Rechnung.[45] Im Mai 1946 wurde der Gefangene Gerhard Finn mit einem dieser Busse in das Speziallager Nr. 2 Buchenwald verbracht:

> Am 17. Mai 46 morgens um 1/2 10 Uhr rollte der Omnibus in den Hof ein. Gefangene, darunter auch ich, stiegen ein, acht Mann Bewachung dazu. Das Tor öffnete sich, und ab ging die Fahrt einem unbekannten Ziel entgegen. Die Fahrt ging durch Jena; nach Weimar durchs Mühltal. Wir waren in dem 24sitzigen Omnibus weit auseinander gesetzt, vor und hinter uns Russen. Aus dem Fenster sehen war verboten. [...] In Weimar hielt der Bus vor einem roten Gebäude. Es war gegen 12 Uhr. [...] Jeder Passant, der stehen blieb und sehen wollte, was im Bus war, wurde weitergeschickt. So standen wir da. Eine Stunde. Dann betrat der Begleitoffizier, der solange in dem roten Hause gewesen war, den Omnibus und fort gings durch Weimar, heraus aus Weimar durch den herrlichen Wald. Plötzlich lichtete sich der Wald. Rechts von uns sahen wir Männer arbeiten. Sie waren rasiert, ohne Glatze und hatten nur teilweise gestreifte Kleidung. Der Bus hielt. [...] Nach einer Weile "Aussteigen, tawei, tawei!" Wir betraten die sogenannte Schleuse. Buchenwald war erreicht.[46]

---

42 GARF, f. 9409, op. 1, d. 132, I. 114-118: Der operative Oberbeauftragte der Abteilung Spezlager, 25. 10. 1945.
43 GARF, f. 9409, op. 1, d. 488, I. 7: Chef der Abteilung Spezlager, Oberst Sviridov, an die Chefs der operativen Sektoren des NKVD der Provinzen, Aug. 1945.
44 GARF, f. 9409, op. 1, d. 489 (Aug.-Sep. 1945), d. 490 (Okt.1945), d. 492 (Nov.-Dez. 1945), d. 494 (Jan. 1946), d. 495 (Feb.-Juni 1946), d. 496 (Juli-Dez. 1946).
45 Stadtarchiv Jena, B III, IV b, Nr. 4, Bl. 72: Kneisels Rundfahren GmbH, an den Oberbürgermeister der Stadt Jena, Kraftfahrzeugamt, betr.: Transporte am 23. 4., 17. 5., 18. 5. und 20. 5. 1946, 22. 5. 1946.
46 Archiv Gedenkstätte Buchenwald, SB 37: Bericht G. Finn.

PETER ERLER

Zur Tätigkeit der Sowjetischen Militärtribunale (SMT) in der SBZ/DDR

Im folgenden werden aus historischer Sicht Voraussetzungen für und Fakten über das Wirken der sowjetischen Militärtribunale sowie teilweise auch biographische Angaben über verurteilte Personen dargelegt und erläutert. Bisher unbekannte Informationen sollen dabei im Zusammenhang mit bereits vorliegenden Veröffentlichungen[1] dargestellt werden.[2]

Um die ganze Komplexität des historischen Phänomens "SMTs in der SBZ/DDR" – dazu gehört u. a. auch die Fragestellung nach der juristisch konkret faßbaren Schuld bzw. Unschuld jedes einzelnen Verurteilten, nach der internationalen Akzeptanz der sowjetischen Rechtsprechung und nach dem Ausmaß der politisch motivierten Strafjustiz – zu erfassen, bedürfte es einer interdisziplinären Forschung von Historikern, Juristen, Völkerrechtlern und Politologen, die allerdings bis heute noch aussteht.

Historischer Überblick und Zahlen

Die Vollmachten der sowjetischen Militärtribunale (SMT), die von 1945 bis 1955 auf deutschem Boden Urteile fällten, sowie ihre Zusammensetzung und Wirkungsweise wurden durch den Erlaß des Präsidiums des Obersten Sowjets der UdSSR vom 22. Juni 1941 "Über die Festlegung der Lage der Militärtribunale in den Gebieten, die unter Kriegszustand stehen, und in den Bezirken der militärischen Aktivitäten" bestimmt.[3] Entsprechend dieser Festlegung konnten Militärtribunale der Militärbezirke, der Fronten, der Flotten, bei den

---

1 Als Standarddarstellung über die Praxis der SMT gelten nach wie vor die Ausführungen des Kölner Publizisten Karl Wilhelm Fricke. Vgl. Fricke 1979, S. 100 ff.
2 Im vorliegenden Beitrag wird die Hauptaufgabe der SMTs, die Verurteilung sowjetischer Staatsbürger auf dem Territorium des ehemaligen deutschen Reiches, hauptsächlich ehemalige "Ostarbeiter", Angehörige der Roten Armee, der SMAD und der Gruppe der Sowjetischen Besatzungstruppen in Deutschland, nur am Rande erwähnt. Hier geht es um die Deutschen, die von den Tribunalen in der SBZ verurteilt worden sind.
3 Skrytaja prawda wojny 1992, S. 55 ff.

Armeen, Divisionen und anderen militärischen Einrichtungen sowie bei nach militärischen Prinzipien geleiteten Einrichtungen gebildet werden.[4]

Eine Appellation gegen die gefällten Urteile war während der Kriegszeit ausgeschlossen. Nur bei der Höchststrafe durch Erschießen war für den Kriegsrat der entsprechenden Militäreinheit oder deren Oberkommandierenden ein Einspruchsrecht vorgesehen.

Da auch nach der deutschen Kapitulation der "Kriegszustand" formal weiterbestand, kam in der SBZ der Artikel 8 der sowjetischen Militärgerichtsordnung vom 20. August 1926 zur Anwendung. Er erlaubte die Rechtsprechung von MTs "in Gebieten, in denen infolge außergewöhnlicher Umstände keine ordentlichen Gerichte funktionieren" gegenüber allen "Verbrechen, von wem auch immer sie begangen wurden".[5] Die Tribunale bestanden in der Regel aus einem Militärrichter (einem Offizier des Justizdienstes) als Vorsitzendem und zwei Militärschöffen (Laien) als Beisitzer.[6]

Die Militärtribunale (MT) in der SBZ wirkten nach Kriegsende zunächst in allen größeren sowjetischen Militäreinheiten ab Divisionsstärke.[7]

Später, mit der Bildung der Länder in der DDR im Jahre 1952, hatten MTs nur noch in Berlin, Schwerin, Dresden, Potsdam, Weimar und Halle ihren Sitz.

In Berlin wirkten Tribunale u. a. in Berlin-Hohenschönhausen und im Gefängnis Nr. 6 des operativen Sektors von Berlin in Berlin-Lichtenberg – an diesem Standort bis in die 50er Jahre hinein.

Nach Angaben der 1948 in Westberlin gegründeten Kampfgruppe gegen Unmenschlichkeit (KgU) wurden von 1945 bis 1955 ca. 30.000 verhaftete Deutsche in der SBZ/DDR durch sowjetische MTs oder andere sowjetische Gerichte verurteilt.[8] Fricke schätzt die Zahl der ab 1945 auf deutschem Boden Verurteilten auf 40.000 bis 50.000.[9] Der Leiter der Abteilung Rehabilitierung bei der Militärstaatsanwaltschaft der Russischen Föderation, Oberst der Justiz Leonid P. Kopalin, nannte im Mai 1996 die Zahl von etwa 40.000 in der "Ostzone Deutschlands" verurteilten Personen.[10]

Ende 1951 wurde in der Partei- und Staatsführung der Sowjetunion beraten, den Kompetenzbereich der SMT in der DDR neu festzulegen. So war vorgesehen, daß sich die Militärgerichte nur noch mit Delikten befaßten, die gegen die UdSSR, gegen ihre Bürger und ihr

---

4 Z. B.: Volkskommissariat/Ministerium des Inneren, Volkskommissariat/Ministerium für Staatssicherheit und die Eisenbahnverwaltung.
5 Zit. nach: Fricke 1993, S. 166.
6 Vgl. Fricke 1979, S. 102.
7 Der Autor konnte bei der Auswertung russischer Archivmaterialien u. a. folgende MTs ermitteln: MT der 132. Schützendivision, MT der 75. Gardeschützendivision (August 1945), MT der 143. Schützendivision, MT der 60. Pavlograder Division (Juni 1945), MT der 8. Gardearmee (Dezember 1945), MT der 3. Stoßarmee (August 1946), MT der 5. Stoßarmee (April 1946), MT der 12. Artilleriedivision der 3. Stoßarmee (Februar 1946), MT der 3. Besonderen Gardepanzerdivision (November 1946), MT der 1. Gardepanzerarmee (Oktober 1946), MT der 2. Panzerarmee der 1. Weißrussischen Front (1945), MT der 11. Gardepanzerarmee ((März 1946), MT der Dnepr-Militär-Flotte (September 1946), MT der Wasserverkehrsverbindungen (April 1946), MT der Eisenbahn und der Wasserverkehrsverbindungen in der SBZ bei der SMAD (August 1946), MT des Landes Brandenburg (November 1945), MT der Garnison von Berlin (April 1946). Zu einem späteren Zeitpunkt, nachweislich ab 1950, wurden in den entsprechenden sowjetischen Dokumenten nicht mehr die Bezeichnung des dem MT zugehörigen Truppenteils, sondern nur noch eine entsprechende Nummer angeführt.
8 Vgl. Die Sowjetischen Militärtribunale 1957, S. 3.
9 Vgl. Fricke 1979, S. 564.
10 Kopalin 1996, S. 40.

Eigentum gerichtet waren. Ein entsprechender Entwurf eines Ministerratsbeschlusses "Zur Verbesserung der Arbeit der sowjetischen Militärtribunale in Deutschland" vom 20. November 1951 wurde am 26. November d. J. im Politbüro des ZK der KPdSU diskutiert.[11]

Die Rechtsprechung sowjetischer Militärtribunale gegenüber deutschen Bürgern wurde mit dem Vertrag über die Beziehungen zwischen der DDR und der UdSSR vom 20. September 1955 eingestellt. Nach bisherigen Erkenntnissen fällte ein SMT die letzte Entscheidung gegen einen Bürger der DDR am 16. September 1955.[12]

Nicht unerwähnt soll bleiben, daß in der Nachkriegszeit darüber hinaus auch Verurteilungen deutscher Bürger durch Gerichte in der Sowjetunion stattfanden. Dies betraf vor allem Kriegsgefangene und Emigranten. Ein Projekt unter Leitung von Dr. Günther Wagenlehner hat die Daten von 37.000 in der Sowjetunion verurteilten Kriegsgefangenen und Internierten computermäßig erfaßt.[13] Deutsche Emigranten wurden im Betrachtungszeitraum hauptsächlich 1948 von den sowjetischen Sicherheits- und Justizorganen unterdrückt.

Rechtliche Grundlage für Verhaftungen

Bei den Verhaftungen in der SBZ/DDR konnten sich die sowjetischen Sicherheitsorgane weitestgehend auf gemeinsame Absprachen und Vereinbarungen der alliierten Siegermächte berufen. Offensichtlich wurden bei diesen Vereinbarungen von westlicher Seite die Kenntnis über die bereits über Jahrzehnte praktizierten, traditionell-totalitären Praktiken der Repressionsorgane in der Sowjetunion verdrängt.

Bereits auf der Moskauer Außenministerkonferenz im Oktober 1943 erklärten die Vertreter Großbritanniens, der UdSSR und der USA, daß Angehörige der Wehrmacht und Mitglieder der NSDAP, die an Kriegsverbrechen beteiligt waren, vor Gericht gestellt und abgeurteilt werden sollten.

Auf der Potsdamer Konferenz der Regierungschefs Großbritanniens, der UdSSR und der USA wurde der zu bestrafende Personenkreis auf alle diejenigen ausgeweitet, "die an der Planung oder Verwirklichung nazistischer Maßnahmen, die Greuel oder Kriegsverbrechen nach sich zogen"[14], teilgenommen hatten. Weiterhin legten C. R. Attlee, J. W. Stalin und Harry S. Truman dort gemeinsam fest, daß NSDAP-Funktionäre, einflußreiche Nazianhänger und die Leiter nazistischer Ämter und Organisationen sowie Personen, die für die Besatzung und ihre Ziele eine Gefahr darstellten, in Lager zu internieren seien.

Um "eine einheitliche Rechtsgrundlage zu schaffen, welche die Strafverfolgung von Kriegsverbrechern und anderen Missetätern dieser Art – mit Ausnahme derer, die von dem Internationalen Militärgerichtshof abgeurteilt werden"[15], ermögliche, erließ der Alliierte Kontrollrat am 20. Dezember 1945 das Gesetz Nr. 10. Es definierte, ausgehend von den Untaten des Naziregimes, vier Kategorien von Verbrechen und legte das anzuwendende

---

11 Der Entwurf des Ministerrats sollte unter Berücksichtigung der Diskussion innerhalb von zwei Wochen überarbeitet werden. Das entsprechende Abschlußdokument liegt dem Autor nicht vor. Vgl. jedoch Band 2, Dok. vom 26.11.1951.
12 Fricke 1979, S. 129.
13 Wagenlehner 1996, S. 136.
14 Die Potsdamer (Berliner) Konferenz 1986, S. 386.
15 Amtsblatt des Kontrollrats, 31. Januar 1946, S. 50.

Strafmaß im Falle einer Schuldfestsetzung fest. Unmittelbar nach dem Urteilsspruch im Nürnberger Kriegsverbrecherprozeß vom 1. Oktober 1946 beschloß das Koordinierungskomitee des Alliierten Kontrollrates auf seiner 83. ordentlichen Sitzung am 12. Oktober die Direktive Nr. 38. Sie enthielt konkrete Richtlinien zur "Bestrafung von Kriegsverbrechern, Nationalsozialisten, Militaristen und Industriellen",[16] welche das nationalsozialistische Regime gefördert und gestützt hatten. Nach der Schwere der Verbrechen wurde der betreffende Personenkreis in fünf Kategorien eingeteilt, und für jede Kategorie wurden entsprechende Sanktionen festgelegt. Wie bereits auf der Potsdamer Dreimächtekonferenz prinzipiell geregelt, erfaßte die Vereinbarung der Alliierten darüber hinaus auch jene Deutschen, "die keiner bestimmten Verbrechen schuldig sind, aber für die Ziele der Alliierten als gefährlich galten".[17] Die Direktive enthält ein detailliertes Verzeichnis der Individuen, die wegen des Charakters der von ihnen mutmaßlich begangenen Verbrechen und ihrer Dienststellung Gegenstand eines sorgfältigen Ermittlungsverfahrens sein sollten.

Neben dem Gesetz Nr. 10 und der Direktive Nr. 38 konnten die Besatzungsmächte bei der praktischen Durchführung der Strafmaßnahmen in der jeweiligen Zone auf ihre eigenen nationalen gesetzlichen Bestimmungen zurückgreifen und neue spezielle Befehle, Weisungen und Anordnungen erlassen. Die formelle Grundlage für Verhaftungen in der SBZ bildeten Befehle des NKVD, des MGB, der SMAD und Weisungen der Ortskommandanten. Diese Anordnungen bezogen sich sowohl auf Haftkategorien aus dem NS-Umfeld als aber auch auf die Ahndung verschiedener Verstöße gegen das Besatzungsregime, wie z. B. den Besitz von Waffen, Sabotage, Diversion, illegalen Grenzübertritt und sogenannte konterrevolutionäre Propaganda und Tätigkeit.

In der sowjetischen Besatzungszone verschränkten sich die radikalen Maßnahmen zur Überwindung des Nationalsozialismus und zur Herstellung von Ordnung und Sicherheit mit unterschwelligen oder offenen Vergeltungshaltungen der Sieger sowie mit spezifischen stalinistischen Repressions- und Terrormethoden, die in der damaligen UdSSR zur alltäglichen Herrschaftspraxis gehörten. Selbst die fragwürdigen sowjetischen Rechtsbestimmungen zur Festnahme und Verurteilung wurden von den sowjetischen Sicherheits- und Justizorganen mißachtet, willkürlich angewendet[18] und mit der Ausprägung des Kalten Krieges in der zweiten Hälfte der 40er Jahre massiv für politische Ziele mißbraucht.

Betroffene Personengruppen

Im wesentlichen können die Delikte, die vor SMTs verhandelt wurden, in vier Gruppen eingeteilt werden: in "Nazi- und Kriegsverbrechen", Verstöße gegen das Besatzungsregime, kriminelle Vergehen und "konterrevolutionäre Verbrechen".[19]

---

16 Amtsblatt des Kontrollrats, 31. Oktober 1946, S. 184.
17 Ebenda.
18 Entsprechend der Strafprozeßordnung der RSFSR konnte z. B. vom Militärstaatsanwalt nur dann eine Verhaftung genehmigt werden, wenn gegen die entsprechende Person bereits ein Strafverfahren eröffnet worden war und Ermittlungen liefen. Wenn es innerhalb von 14 Tagen nach der Festnahme zu keiner Anklage kam, sollte der Betroffene unverzüglich freigelassen werden. vgl. Staatliches Archiv der Russischen Föderation GARF, f. 9409, op. 1, d. 140, S. 27.
19 Zu den Tatbeständen vgl. GARF, f. 9409, op. 1, d. 42, S. 23–26.

Betroffen von Verurteilungen durch Sowjetische Militärtribunale waren außer Personen, die in der Zeit der NS-Diktatur und während des II. Weltkrieges konkrete Verbrechen begangen hatten oder haben sollten, hauptsächlich Deutsche, die aktiv in der nationalsozialistischen Bewegung, in deren Apparat und Organisation bzw. Institutionen und in staatlichen Einrichtungen tätig waren, z. B. Funktionsträger und Mitglieder der SS und SA, Mitarbeiter und Zuträger des SD und der Gestapo sowie Polizeioffiziere oder Aufseher für ausländische Zwangsarbeiter und sowjetische Kriegsgefangene. Der Umstand der Dienstverpflichtung fand in diesem Zusammenhang bei den sowjetischen Sicherheits- und Justizorganen keine Berücksichtigung. Laut Sergej Ivanovič Tjulpanov, von September 1945 bis 1949 Chef der Verwaltung für Zensur und Propaganda bzw. Information der SMAD, wurden bis Ende 1946 in der SBZ 17.175 Angehörige von SS und Gestapo, des SD und des politischen Führungskorps verurteilt.[20]

Mit dem Befehl 201 der SMAD vom 16. August 1947 ging die Rechtsprechung gegenüber Personen, denen Kriegsverbrechen und Verbrechen gegen die Menschlichkeit sowie politisches und berufliches Engagement für das Hitlerregime vorgeworfen wurden, teilweise an deutsche Gerichte über. Neben der Bestrafung von Vergehen gegen das Besatzungsregime und "konterrevolutionäre Verbrechen" behielt es sich die sowjetische Besatzungsmacht auch weiterhin vor, gegen straffällig gewordene Sowjetbürger in Deutschland gerichtlich vorzugehen und Personen zu bestrafen, die beschuldigt wurden, Verbrechen gegen Sowjetbürger oder Verbrechen auf dem Territorium der UdSSR begangen zu haben.[21]

Eine zahlenmäßig starke Kategorie betraf Jugendliche ab 14 Jahren und zum Teil auch jünger, die vorrangig unter dem Verdacht der Zugehörigkeit zur Organisation "Werwolf"[22], wegen Funktionen bzw. Mitgliedschaft in der Hitlerjugend (HJ) und dem Bund Deutscher Mädchen (BDM) sowie wegen unerlaubten Besitzes von Waffen und Munition verhaftet wurden.[23] Die Verhaftung und Verurteilung Minderjähriger war allerdings kein Spezifikum der sowjetischen Strafjustiz in der SBZ. In der UdSSR konnten laut einem Gesetz vom 7. April 1935 bereits Kinder und Jugendliche ab 12 Jahre strafrechtlich belangt werden.[24]

Eine große Zahl von Verurteilungen hatte einen direkten Bezug zur gesellschaftlichen Umgestaltung in der SBZ/DDR. Im Umfeld solcher Ereignisse und Prozesse wie z. B. der Fusion von KPD und SPD (1946), der sogenannten Krise im Block der Parteien (1948), der Umformung der SED zu einer "Partei neuen Typus" ab 1948, dem forcierten Aufbau des Sozialismus ab 1952 und des Aufstandes vom 17. Juni 1953 gerieten Personen und organisierte Personengruppen, die wirklich oder vermeintlich eine oppositionelle Haltung zur politischen Entwicklung einnahmen, in die Fänge der sowjetischen Sicherheitsorgane.

---

20 Vgl. Tjulpanov 1967, S. 246.
21 In diesem Zusammenhang wurden im Zeitraum von August 1947 bis 25. März 1949 u. a. 350 Personen von deutschen Untersuchungsorganen an die SMAD übergeben. Vgl. Rößler 1994, S. 274.
22 Vgl. Schilde 1993, S. 176f; Hass 1994, S. 200 f. In einem Bericht von Serow an Berija vom 3. Oktober 1946 ist die Rede von 359 Werwolf-Gruppen mit 3.336 Mitgliedern, die ausgeschaltet wurden. Vgl. Naimark 1997, S. 698.
23 So wurde z. B. Günter Schley aus Berlin-Weißensee (Jahrgang 1928) wegen des Besitzes einer Pistole am 19. Februar 1946 durch das Militärtribunal der Garnison Berlin zum Tode verurteilt. Das Urteil wurde am 4. Juni 1946 in Berlin vollstreckt. Vgl. Rehabilitierungsurkunde der Generalstaatsanwaltschaft der Russischen Förderation vom 26. Januar 1996. Kopie im Besitz des Autors.
24 Von 1945 bis 1947 wurden auch im amerikanischen Sektor von Berlin durch Militärgerichte der US-Armee Hunderte von Minderjährigen verurteilt. Vgl. Heimann 1985, S. 127.

Ab 1946 waren verstärkt der Verdacht auf Bildung politischer Oppositionszirkel, auf "Spionage und Agententätigkeit", insbesondere die Kontaktaufnahme mit den Ostbüros der LDP, der CDU und der SPD sowie der KgU und der Redaktion des RIAS, Anlaß für Inhaftierungen und Verurteilungen.

Weiterhin wurden Personen für die Verbreitung nicht zugelassener Zeitungen, Schriften und Flugblätter verhaftet. Oft führte der Vorwurf des "Trotzkismus", "Titoismus"[25] und "Sozialdemokratismus" zu Festnahmen.

Man kann davon ausgehen, daß die Verurteilungen ab 1947 in ihrer übergroßen Mehrheit einen politischen Hintergrund hatten.[26] Zu den Personen, die aus politischen Gründen verurteilt wurden, gehörten neben Liberaldemokraten, Parteigängern der CDU, Sozialdemokraten[27] und Angehörigen studentischer Widerstandsgruppen[28] auch als unzuverlässig angesehene Mitglieder der SED, der FDJ, ehemalige Mitglieder der KPD oder kommunistischer und linkssozialistischer Splittergruppen sowie andere Antifaschisten, darunter auch solche, die schon unter Hitler in Gefängnissen oder Konzentrationslagern eingesessen hatten. Als Beispiel sollen hier nur die Namen von Karl Heinrich, (Mitglied der SPD, KZ-Haft, nach dem Einmarsch der Roten Armee 1945 erster Kommandant der Schutzpolizei von Berlin), Manfred Klein (bis 1947 Vertreter der katholischen Jugend im Zentralen Jugendausschuß der SBZ und im Zentralrat der FDJ), Ernst Busse (KPD/SED, Funktionshäftling im KZ Buchenwald, nach 1945 u. a. Innenminister in Thüringen), Alfred Schmidt (Mitglied der 1928 gegründeten KPD-Opposition, KZ-Haft, nach 1945 Vorsitzender der IG Nahrung und Genuß in Thüringen, SED), Arno Esch (Student der Rechtswissenschaften an der Universität Rostock) und Alfred Diener (Arbeiter, wegen Beteiligung am 17. Juni 1953 zum Tode verurteilt) genannt sein.

Bei einer nicht näher bestimmbaren, aber eher geringen Anzahl von Personen führte die aktive Spionage für westliche Besatzungsmächte zur Festnahme und Verurteilung. Aufsehen erregte u. a. der Fall "Wilhelm Lohrenz". Lohrenz gab nach Angaben des Ostbüros der SPD 1946 seine Stelle als Kreissekretär der SPD von Berlin-Spandau auf und stellte sich dem englischen Geheimdienst zur Verfügung.[29] Am 18. November 1946 wurde er bei der Ausspähung eines militärischen Objektes der sowjetischen Streitkräfte in der Nähe von Finsterwalde entdeckt und dem MVD übergeben.[30]

Unter dem Personenkreis, der von sowjetischen Militärtribunalen verurteilt wurde, befanden sich neben Kriminellen auch Gruppen, die in Untergrund- und Terrororganisationen aktiv waren. In Bernburg agierte z. B. 1947/48 eine Organisation, die zweimal Handgranaten in das Gebäude der dortigen SED-Leitung warf und ein Auto der sowjetischen Militärkommandantur in die Luft sprengte.[31]

---

25 Vgl. z. B.: Müller/Osterloh 1995, S. 48.
26 Zu dieser Etappeneinteilung vgl. auch: Lipinsky 1995, S. 33. Karl Wilhelm Fricke setzt die Zäsur Ende 1947. Vgl. Fricke 1995, S. 10.
27 Laut Helmut Bärwald, letzter Leiter des Ostbüros der SPD, wurden 5.000 SPD-Mitglieder und ehemalige Sozialdemokraten aus den Reihen der SED in der SBZ/DDR von sowjetischen Militärtribunalen verurteilt. Vgl. Bärwald 1990, S. 21.
28 Solche Gruppen existierten an den Universitäten in Halle, Leipzig und Rostock. Aus der umfangreichen Literatur zu diesem Thema vgl. Müller/Osterloh 1995.
29 Archiv der sozialen Demokratie (AdsD), Ostbüro, 0420 B I.
30 Vgl. auch: Lohrenz 1949; Buschfort 1991.
31 Kopalin 1996, S. 48.

Untersuchungs- und Vernehmungspraxis

Die Vernehmungen der Festgenommenen erfolgten in den Untersuchungsgefängnissen (innere Gefängnisse) der Besatzungsmacht. Mehrere solcher zentralen Einrichtungen existierten in der SBZ im Bereich eines jeden operativen Sektors.[32] Nach Angaben vom 1. September 1945 befanden sich diese in Berlin-Lichtenberg (Berlin), Schwerin, Waren, Rostock[33], Greifswald (Mecklenburg-Vorpommern), Potsdam, Brandenburg, Eberswalde, Cottbus (Brandenburg), Halle, Magdeburg, Dessau, Torgau (Sachsen-Anhalt)[34], Weimar (Thüringen)[35] sowie in Dresden, Leipzig, Zwickau, Chemnitz und Bautzen (Sachsen)[36]. Sie unterstanden zunächst dem NKVD. Nach der Umstrukturierung des Polizei- und Sicherheitsapparates in der UdSSR wurden nach einem Beschluß des Politbüros des ZK der KPdSU(B) vom 20. August 1946 die operativen Gruppen und deren innere Gefängnisse in der SBZ dem Ministerium für Staatssicherheit unterstellt. Die Praxis der sowjetischen Untersuchungsorgane, welche oft die Anwendung von physischer Gewalt einschloß,[37] war von Vorverurteilungen belastet und verzichtete in den meisten Fällen auf materielle Beweismittel.

In den hauptsächlich nachts stattfindenden vielstündigen Verhören wurden die Gefangenen körperlichen und seelischen Torturen ausgesetzt. Die sowjetischen Untersuchungsbeamten machten den Betroffenen auf jegliche Art verständlich, daß sie ihnen bedingungslos auf Leben und Tod ausgeliefert waren.

In vielen, von Zeitzeugen belegten, Fällen wurden die Geständnisse und fiktiven Selbstbezichtigungen aus den Beschuldigten – Frauen bildeten dabei keine Ausnahme – regelrecht herausgeprügelt. Dies geschah oft nach Denunziationen von Mitgefangenen.[38] Um Geständnisse zu erpressen, ließ der sowjetische Sicherheitsdienst in seiner zentralen Untersuchungshaftanstalt in Berlin-Hohenschönhausen im Jahre 1947 verschiedene Folterzellen installieren.[39] Vielfach wurde die Vernehmung mit Schlaf- und Nahrungsentzug verbunden. Zum Repertoire der psychischen Folter gehörte auch Ankündigungen der unmittelbaren Erschießung bzw. Scheinhinrichtungen[40] oder die Drohung, Angehörige zu verhaften. Nach einer "Gruppenverhaftung" wurden die Betroffenen üblicherweise gegeneinander ausgespielt. Mitunter dauerte die Untersuchungshaft in verschiedenen Gefängnissen ein Jahr und auch

---

32 Zur Organisationsstruktur des sowjetischen Sicherheitsdienstes in der SBZ vgl. u. a.: Foitzik 1990, S. 28–29.
33 Waren und Rostock werden ab Juli 1946 nicht mehr in der Statistik der Abteilung Spezlager erwähnt. Vgl. GARF, f. 9409, op.1, d. 143, S. 56.
34 Ab Juli 1946 erscheinen in den Übersichten Merseburg, Gotha und eine weitere Stadt, deren Name nicht entziffert werden konnte. Vgl. ebenda.
35 In Thüringen befand sich ab Juli 1946 weiterhin ein zentrales Untersuchungsgefängnis in Erfurt. Ebenda.
36 Ebenda, S. 33.
37 Folterungen bei Verhören des sowjetischen Sicherheitsdienstes waren seit 1937 durch das ZK der KPdSU(B) sanktioniert. In einem Telegramm vom 10. Januar 1939 äußerte Stalin dazu: "Das ZK der KPdSU(B) ist der Ansicht, daß die Methode der physischen Einwirkung auch weiterhin unbedingt gegenüber offenen und sich nicht ergebenden Feinden des Volkes als vollkommen richtige und zweckmäßige Methode ausnahmsweise angewendet werden sollte." Zit. nach: Chrustschow 1990, S. 34.
38 Wolin 1994, S. 120.
39 Peter 1995, S. 50.
40 Vgl. z. B.: Müller/Osterloh 1995, S. 34.

länger. So wurde der Student Wilhelm Wehner nach der Bildung einer "illegalen Schumacher-Gruppe" im März 1948 verhaftet, aber erst am 19. Januar 1950 vor ein SMT gestellt.[41]

In einer solchen Zwangssituation waren die Häftlinge im allgemeinen bereit, alles zuzugeben, bloß um den Mißhandlungen zu entgehen.

Das Abschlußprotokoll nach den Verhören unterschrieben die meisten Betroffenen unter Zwang, ohne den eigentlichen Inhalt des Dokuments, welches in russischer Sprache abgefaßt war, zu kennen. Ein Dolmetscher war bei den Verhören, wie bei dem im März 1950 wegen illegaler Gruppenbildung verhafteten Studenten der Universität Halle, Horst Hennig, oft nicht zugegen.[42]

Auch über die Standardfloskel der Verhörprotokolle – alle Untersuchungsmaterialien zur Kenntnis genommen und keine Einwände gegen das Verfahren zu haben – waren die Delinquenten nicht informiert.[43] Nach den Verhören entschieden die Vernehmer, ob das Material der Untersuchung für eine Anklageerhebung ausreiche oder der Gefangene ohne ein Gerichtsverfahren in ein Speziallager eingewiesen werden sollte.

Die "Rechtsprechung" der Tribunale

Die Grundlage für die "Rechtsprechung" der SMT bildete hauptsächlich der Paragraph 58, der nach einer Verordnung über Staatsverbrechen vom 25. Februar 1927 in das Strafgesetzbuch der Russischen Sozialistischen Föderativen Sowjetrepublik (RSFSR) eingefügt wurde, und der Erlaß des Präsidiums des Obersten Sowjets der UdSSR vom 19. April 1943[44].

Bei Urteilen in Zusammenhang mit Delikten, die nach dem 8. Mai 1945 begangen wurden, stützte sich die sowjetische Militärjustiz fast ausschließlich auf den Paragraphen 58,[45] der sich auf "konterrevolutionäre Verbrechen" bezog und während der stalinistischen Säuberungen in den 30er bis 50er Jahren das Schicksal von Millionen Sowjetbürgern entschieden hatte.

Die Tribunale richteten im Schnellverfahren und verhängten in vielen Fällen überhöhte Urteile. Die in der Mehrzahl nichtöffentlichen Verhandlungen[46] wurden häufig ohne die

---

41 Bärwald 1990, S. 29/30.
42 Vgl. Müller/Osterloh 1995, S. 13, 35, 40.
43 Ebenda, S. 59.
44 Nach diesem Erlaß konnten Personen, die gegen Sowjetbürger Grausamkeiten und Gewalttaten verübt hatten, ihre Handlanger und Sowjetbürger, die sich auf die Seite des Feindes stellten, durch Feldgerichte bei den Divisionen der kämpfenden Armeen verurteilt und durch den Strang hingerichtet werden. Vgl. Kalinin/Schwekow 1987, S. 259. Von 1947 bis 1949 war die Todesstrafe jedoch in der Sowjetunion ausgesetzt. Im November 1949 verbüßten in den Speziallagern in Deutschland 658 Häftlinge eine Strafe, die aufgrund dieses Erlasses verhängt wurde.
45 Fricke 1979, S. 106.
46 Die von Aloys Schaefer geschilderte Anwesenheit von deutschen Zivilpersonen in einem "normalen" Tribunalprozeß dürfte eine Ausnahme gewesen sein. Vgl. Kaff 1995, S. 202. Über einzelne Tribunalverfahren wurde in der "Täglichen Rundschau" exemplarisch berichtet. Vgl. z. B.: Tägliche Rundschau vom 19. September 1945, vom 21. September 1945, vom 4. Oktober 1945 und vom 17. September 1946.

Anwesenheit eines Verteidigers durchgeführt.[47] Entlastungszeugen waren bei den MT-Verfahren die Ausnahme. Häufig fußten die Anklagen ausschließlich auf dem Geständnis der Inhaftierten.[48]

In nur wenigen Fällen, wie z. B. gegen 245 Angehörige des 9. Polizeibataillons, Berlin-Spandau, im August[49] und gegen 14 Aufseher und Funktionshäftlinge des KZs Sachsenhausen im Oktober/November 1947,[50] fanden öffentliche Schauprozesse vor sowjetischen Militärtribunalen statt. Hauptsächlich dienten diese inszenierten Gerichtsverfahren propagandistischen Zielstellungen.

Weiterhin verhängte ein Sondertribunal (Osoboje Sovešanje) des NKVD/MVD in Moskau bis Mitte 1953 sogenannte Fernurteile. Die von dieser Form der administrativen Justiz Betroffenen wurden ausnahmslos in Zwangsarbeitslager der UdSSR deportiert.[51]

Ein Großteil der Urteilssprüche auf Grundlage des Paragraphen 58 waren mit der Konfiszierung von Hab und Gut verbunden. Bereits während der Verhaftung wurden persönliche Wertgegenstände der Betroffenen wie Uhren und goldene Ringe, ebenso Möbel, Bekleidung und Schuhwerk beschlagnahmt.[52] In den meisten Fällen ging der eingezogene Besitz an Immobilien und Land später in das Eigentum der DDR über.[53] Wertsachen der Angeklagten, so z. B. die Uhr des vom MT der Berliner Garnison 1946 verurteilten Horst Hermann, wurden zum "Staatseinkommen" der UdSSR erklärt.[54]

Die Tribunalentscheidungen der Nachkriegszeit konnten von übergeordneten Militärgerichten und von den zuständigen Militärstaatsanwälten revidiert werden. So hob das Militärtribunal der Gruppe der Sowjetischen Besatzungstruppen in Deutschland am 12. Juli 1946 die vom Militärtribunal der Rückwärtigen Dienste der Gruppe der Sowjetischen Besatzungstruppen in Deutschland am 28. Juni 1946 gefällte Todesstrafe gegen Ernst Kez auf und verurteilte ihn zu 15 Jahren Zwangsarbeit.[55] Vermeintlich zu milde Urteile konnten ebenfalls kassiert werden. Der Vorsitzende des MT der 1. Panzerarmee, Gardeoberst der Justiz Tolkačajev, hob beispielsweise im Oktober 1946 das Urteil des MT der 9. Panzerdivision gegen Otto Rott, Paul-Otto Wiesel und Otto Richter auf und überwies diesen Fall erneut an die entsprechenden Untersuchungsorgane im Land Sachsen.[56]

Nahm die Überprüfungsinstanz einen Freispruch vor – was allerdings recht selten geschah –, konnte laut eines Befehls des Stellvertreters des Bevollmächtigten des Ministeriums des sowjetischen Staatssicherheitsdienstes in Deutschland, Generalmajor Melnikov, vom 29. August 1947 die Haftentlassung nur mit Einverständnis der zuständigen sowjetischen Staatssicherheitsorgane erfolgen.[57]

---

47 Wolin 1993, S. 6,
48 Wolin 1994, S. 114.
49 Vgl. Peter/Otto 1991.
50 Vgl. Wieland 1994, S. 234–251.
51 Dieses Sondergericht des NKVD/MVD wurde durch einen Erlaß vom 1. September 1953 aufgelöst. Vgl. Fricke 1979, S. 132.
52 Wolin 1994, S. 115.
53 Vgl. Kopalin 1994, S. 880.
54 GARF, f. 9401, op. 1, d. 780, S. 286.
55 Ebenda, f. 9409, op. 1, d. 784, S. 34; f. 9409, op. 1, d. 291, S. 21.
56 Ebenda, f. 9409, op. 1, d. 786, S. 282; f. 9409, op. 1, d. 787, S. 77.
57 Ebenda, f. 9409, op. 1, d. 148, S. 166.

Nach endgültiger Festlegung des Strafmaßes forderten die MTs die Bestätigung des Vollzugs des Urteils ein. Verstarb ein Verurteilter vor dem Antritt der Strafe, erfolgte gleichfalls eine Information an das entsprechende Tribunal.

Strafvollzug der SMT-Verurteilten

Ein Teil der bis zu 25 Jahren Zwangsarbeit Verurteilten inhaftierte die Besatzungsmacht in das Gefängnis Nr. 5 in Neustrelitz, in Torgau und in den Straflagerabteilungen der Speziallager Bautzen und Sachsenhausen. Ab 1948 kamen alle weiblichen Verurteilten sowie die männlichen Verurteilten mit einem Strafmaß bis zu 15 Jahren in das Speziallager Sachsenhausen. Männliche Verurteilte mit einer Strafe über 15 Jahren wurden ab diesem Zeitpunkt im Speziallager Bautzen gefangengehalten. Insgesamt befanden sich im September 1948 13.873 SMT-Verurteilte in den Lagern auf deutschen Boden.[58]

Im Juli 1949 erhielten diese SMTler endlich die Erlaubnis, an ihre Angehörigen Briefe zu schreiben.[59]

Laut Fricke kamen aus der SBZ/DDR etwa 20.000 bis 25.000 deutsche Verurteilte in Straflager auf dem Territorium der Sowjetunion.[60] Offensichtlich gingen viele der deportierten deutschen SMTler direkt aus den zentralen sowjetischen Gefängnissen in der SBZ auf Transport. Nur 1.661 deutsche Verurteilte wurden im Zeitraum vom 15. Mai 1945 bis zum 1. März 1950 aus dem Bereich der Speziallager – aus Bautzen und Sachsenhausen, dem Gefängnis Nr. 6 in Berlin-Lichtenberg[61], aus dem Gefängnis Nr. 7 in Frankfurt/O. und ab Mai 1946 aus dem Speziallager Nr. 10 in Torgau/Fort Zinna[62] – in den GULAG verbracht. Im gleichen Zeitraum rollten Eisenbahnzüge mit 28.051 verurteilten sowjetischen Staatsangehörigen aus den Gefängnissen Frankfurt/O. und Torgau in Richtung Osten.[63]

---

58 Vgl. GARF, f. 9414, op. 1, d. 360, S. 76.
59 Ebenda, f. 9409, op. 1, d. 38, S. 110.
60 Vgl. Fricke 1979, S. 564.
61 Die Sowjetischen Militärtribunale 1957, S. 12. Auch nach 1950 gingen aus Lichtenberg Häftlingstransporte in die Sowjetunion.
62 Das Etappengefängnis Nr. 7 wurde im Mai 1946 aus Frankfurt/O. nach Torgau verlegt. Dort erhielt es die Bezeichnung Speziallager Nr. 10.
63 GARF, f. 9401, op. 1, d. 118, S. 28.

Tabelle 1: Personen, die von sowjetischen Gerichten verurteilt und aus dem Bereich der Abteilung Speziallager in die UdSSR deportiert wurden:

Stichtag	Deutsche	Sowjetbürger	Insgesamt
30.08.45	k.A.	k.A.	997
15.08.46	k.A.	k.A.	10.614
01.09.46	790	10.706	11.496
15.10.46	—	11.712	
15.11.46	—	12.720	
15.12.46	—	13.726	
15.02.47	—	14.928	
01.03.47	—	15.978	
15.04.47	—	16.842	
15.05.47	—	17.549	
15.06.47	—	18.304	
15.07.47	—	19.307	
15.08.47	—	19.308	
31.08.47	—	20.324	
30.10.47	—	21.143	
15.12.47	—	22.041	**22.831**

Unvollständige Angaben, angegeben ist jeweils die Gesamtzahl bis zum Stichtag, k.A. = keine Angabe.[64]

1945 und 1946 wurden SMT-Verurteilte u. a. in folgende Zwangsarbeitslager der UdSSR transportiert: Intlag, Station Inta, Nördliche Petschoraeisenbahn; Jerzovlag, Station Jerzovo, Nördliche Petschoraeisenbahn; Mostschemlag, Station Rybinsk, Jaroslaver Eisenbahn; Molotovsk; Petschlag, Station Abes, Nördliche Petschoraeisenbahn; Tčeljabmetallurgstroi, Tčeljabinsk, Südliche Uraleisenbahn. Später, bis in die 50er Jahre hinein, war das Vorkutlag in Vorkuta der hauptsächliche Zielpunkt für deportierte deutsche Verurteilte.

Die weiteste "Reise" legte offenbar der 1947 wegen Spionage zu 25 Jahren verurteilte Dr. Joachim Anders zurück. Über die Stationen Magdeburg, Berlin-Lichtenberg, Sachsenhausen wurde er schließlich in ein Lager auf der Insel Sachalin verschleppt.[65]

Die überlebenden deportierten SMTler kehrten nach vorzeitiger Entlassung in der ersten Hälfte der 50er Jahre aus der Sowjetunion zurück.

Todesstrafe und Hinrichtungen

Die von den SMTs verhängten Todesstrafen bedurften jeweils der Bestätigung des Militärrates der Gruppe der Sowjetischen Besatzungstruppen in Deutschland. Erst danach sollten sie vollstreckt werden.[66] Diese Prozedur konnte unter Umständen einen längeren Zeitraum einnehmen. So mußten die beiden Rotarmisten M. F. Jefimov und I. S. Marusov, die im August 1945 zum Tode verurteilt worden waren, bis Mitte Oktober 1946 in Speziallager

---

64 Ebenda; GARF, f. 9409, op. 1, d. 143; f. 9409, op. 1, d. 136, S. 72.
65 Anders wurde in Taischet angeblich auf der Flucht erschossen. Vgl. Der Stacheldraht 1995, S. 12.
66 Vgl. z. B.: GARF, f. 9401, op. 1, d. 786, S. 259, 263, 782.

Nr. 10 in Torgau auf die Bestätigung oder die Aufhebung des Urteils warten.[67] Ähnlich erging es Hugo Kerain, der vom MT der 16. Luftarmee im Zusammenhang mit dem Erlaß des Präsidiums des Obersten Sowjets der UdSSR vom 19. April 1943 am 14. Juli 1945 zum Tode verurteilt wurde. Obwohl das Urteil vom Militärrat der Gruppe der Sowjetischen Besatzungstruppen in Deutschland am 7. August 1945 bestätigt wurde,[68] wartete er im Mai 1946 im Gefängnis von Neustrelitz immer noch auf die Vollstreckung des Urteils.[69] Für die zum Tode Verurteilten bestand die Möglichkeit, Widerspruch gegen das Urteil einzulegen. Sie konnten ihre Eingaben an das Oberste Gericht der UdSSR richten.[70] Ernst Tschetsch, am 10. Januar 1946 von einem SMT zur Höchststrafe verurteilt, wurde nach seiner Petition vom Militärkollegium des Obersten Gerichts der UdSSR zu 15 Jahren Lagerhaft begnadigt.[71]

Unbekannt ist bis heute, wie viele Todesurteile die sowjetischen Gerichte auf dem Boden der SBZ/DDR gefällt haben und wie viele davon wirklich vollstreckt wurden.

Eine namentliche Aufstellung des Bundesministeriums für Familie und Senioren erwähnt für den Zeitraum von 1945 bis Frühjahr 1947 51 zum Tode durch Erschießen verurteilte Deutsche.[72] Vom 25. Juni 1947 bis zum 13. Januar 1950 war die Todesstrafe in der UdSSR aufgehoben, und entsprechende Urteile wurden in lebenslängliche oder 25jährige Haft umgewandelt. Von 1950 bis 1954[73] – so das erwähnte Bundesministerium – sprachen sowjetische Gerichte mindestens 222 weitere Todesurteile gegen Bürger der DDR aus.[74]

Nach dem Tätigkeitsbericht des letzten Leiters der Berliner Abteilung Speziallager des MVD der UdSSR in Deutschland, Oberst Sokolov, vom 16. April 1950 wurden vom 15. Mai 1945 bis zum 1. März 1950 in dessen Verantwortungsbereich 756 Deutsche, 28 Sowjetbürger und 2 ausländische Staatsangehörige erschossen.[75]

Nach bisherigen Erkenntnissen handelte es sich dabei um die Vollstreckungen von Todesurteilen in den Gefängnissen Berlin-Lichtenberg[76], Frankfurt/O.[77], Halle ("Roter Ochse")[78] und Torgau[79]. Aus Frankfurt/O. ist bekannt, daß die Hinrichtungen im Beisein eines Vertreters der zuständigen Militärstaatsanwaltschaft und des Bevollmächtigten der operativen Gruppe des MGB erfolgten.[80]

Ein Großteil der 1945 und nach 1950 verhängten Todesurteile wurde auf dem Territorium der UdSSR vollstreckt. 1945 beförderten die Konvoitruppen des NKVD die Todeskandidaten über das Gefängnis Nr. 7 in Frankfurt/O. in die Sowjetunion. Am 23. Juni 1945 erfolgte beispielsweise die Abfertigung eines Transports mit 89 deutschen Todeskandidaten.

---

67 Ebenda, S. 177.
68 Ebenda, GARF, f. 9409, op. 1, d. 783, S. 52.
69 Ebenda, GARF, f. 9409, op. 1, d. 782, S. 291.
70 Ebenda, GARF. f. 9409, op. 1, d. 786, S. 228. Vgl. auch: Eidesstattliche Erklärung von Werner Hummel vom 29. September 1959. Archiv der Arbeitsgruppe "Opfer des Stalinismus".
71 GARF, f. 9409, op. 1, d. 723, S. 20 und op.1, d. 782, S. 135/136.
72 Deutsche Opfer der Stalinistischen Gewaltherrschaft 1992. Anlage 44.
73 Laut Fricke wurde das letzte Todesurteil von einem SMT 1953 gefällt. Vgl. Fricke 1979, S. 135.
74 Deutsche Opfer der Stalinistischen Gewaltherrschaft 1992.
75 GARF, f. 9409, op. 1, d.118, S. 28.
76 Vgl. Finn 1993, S. 28.
77 Vgl. GARF, f. 9409, op.1, d. 721, S. 321.
78 Vgl. Rosendahl 1991.
79 GARF, f. 9409, op. 1, d. 786, S. 39.
80 Ebenda, f. 9409, op. 1, d. 723, S. 189, 190.

Der Autor konnte bisher aus Primär- und Sekundärquellen namentlich 284 deutsche Personen ermitteln, die im Zeitraum von Mai 1945 bis Juni 1947 von sowjetischen Militärgerichten zum Tode verurteilt wurden. Die Recherchen für den Zeitabschnitt 1950 bis 1954 ergaben die Namen von 239 Betroffenen. Zwei Todeskandidaten, Menton und Heinz Pein, konnten bisher zeitlich nicht zugeordnet werden.

Tabelle 2: Personen, die von sowjetischen Gerichten verurteilt und im Bereich der Abteilung Speziallager erschossen wurden.

Stichtag	Deutsche	Sowjetbürger	Ausländer	Insgesamt
15.08.46	k.A.	k.A.	k.A.	533
01.09.46	514	24	2	540
15.09.46	536	25	—	563
30.09.46	—	27	—	565
15.10.46	565	—	—	594
31.10.46	599	—	—	628
15.11.46	608	—	—	637
01.12.46	633	28	—	663
15.12.46	643	—	—	673
31.12.46	658	—	—	683
15.01.47	684	—	—	714
31.01.47	686	—	—	716
15.02.47	—	—	—	—
01.03.47	734	—	—	764
15.03.47	—	—	—	—
01.04.47	755	—	—	785
15.04.47	756	—	—	**786**

Unvollständige Angaben, angegeben ist jeweils die Gesamtzahl bis zum Stichtag, k.A. = keine Angabe, — = keine Veränderung.[81] Nach dem 30.4.1947 gab es keine weiteren Todesurteile.

SMT-Verurteilte unter DDR-Verwaltung

Am 30. Dezember 1949 faßte das Politbüro des ZK der KPdSU(B) einen Beschluß über die vollständige Auflösung der sowjetischen Speziallager und Gefängnisse des MVD in der SBZ und über das weitere Schicksal der Häftlinge.[82] Demnach sollten 5.404 minderbestrafte Verurteilte freigelassen und 10.513 SMTler zur weiteren Haft in den DDR-Strafvollzug überführt werden.

649 Deutsche, die vor ihrer Verhaftung "einen besonders aktiven Kampf gegen die Sowjetunion" geführt hatten, waren für die Übergabe an die sowjetischen Staatssicherheits-

---

81 Ebenda, f. 9409, op. 1, d. 143.
82 Vgl. Dok. in Band 2 vom 30.12.1949.

organe (MGB) in Deutschland[83] vorgesehen. Von dieser Gruppe sollten sich 473 vor einem sowjetischen Gericht verantworten. Die restlichen 176 hatten bereits ein SMT-Urteil.[84] Für 58 verurteilte ausländische Staatsangehörige, die angeblich auch "besonders gefährliche Verbrechen" begangen hatten, sah das oberste Gremium der KPdSU(B) die Verbringung in ein Zwangsarbeitslager auf dem Territorium der Sowjetunion vor.

Die Verantwortung für die Ausführung des Beschlusses vom 30. Dezember 1949 wurde dem Innenminister der UdSSR, Generaloberst S. Kruglov, übertragen. Dieser wiederum befahl am 6. Januar 1950 Oberst Sokolov, Leiter der Abteilung Speziallager und Gefängnisse in Deutschland, die geplante Aktion bis zum 15. März 1950 durchzuführen.[85] In den folgenden drei Monaten wurden nun wie vorgesehen 10.513 SMTler aus Bautzen und Sachsenhausen zum weiteren Strafvollzug an die neu geschaffene Hauptabteilung Haftsachen der Deutschen Volkspolizei[86] übergeben. Vor der Überführung der SMTler durch Sondertransporte in den Vollzug der DDR mußten zunächst die Strafanstalten des Justizministeriums in Luckau, Torgau (Fort Zinna) und Untermaßfeld von Häftlingen geräumt werden. Die rund 1.300 verurteilten Frauen kamen in die Strafvollzugseinrichtung Hoheneck.[87] Das Lager Bautzen ging am 7. Februar 1950 in deutsche Verwaltung über. In den 50er Jahren befanden sich Tribunalverurteilte auch in den Zuchthäusern Brandenburg, Halle und Waldheim sowie in dem der Staatssicherheit unterstehenden "Arbeitslager X" in Berlin-Hohenschönhausen.

Entsprechend eines Beschlusses des Politbüros des ZK der KPdSU(B) vom 31. Oktober 1949 sollte die Sowjetische Kontrollkommission (SKK) den Arrest der SMTler im DDR-Strafvollzug überwachen und keine vorfristigen Entlassungen ohne ihre Einwilligung zulassen.[88]

Im Zeitraum 1950 bis 1954 kam der Großteil der von SMTs verurteilten deutschen Bürger unmittelbar zum Haftvollzug in Zuchthäuser der DDR. Verurteilte, die angeblich eine besonders große "soziale Gefahr" darstellten, wurden weiterhin in die UdSSR deportiert.[89] Am 25. August 1953 befanden sich insgesamt 11.603 "SMT-Verurteilte" in den entsprechenden Zuchthäusern.[90]

Die meisten der durch Militärtribunale Verurteilten erlangten im Laufe der 50er Jahre im Zuge von Gnadenerlassen die Freiheit wieder. Entlassungen 1950 und im März 1951 sowie eine Amnestie des Präsidiums des Obersten Sowjets der UdSSR vom 27. März 1953 öffneten zunächst nur einer kleinen Anzahl von Häftlingen die Gefängnistore.[91]

---

83 Vgl. GARF, f. 9409, op. 1, d. 42, S. 10. Der Verfasser vermutet, daß sich in dieser Gruppe auch Angehörige der Beerdigungskommandos der Lager Bautzen, Buchenwald und Sachsenhausen befanden.
84 Vgl. auch die Formulierung im "Neues Deutschland" vom 17. Januar 1950. Dort wird von Personen berichtet, die "besonders große, gegen die Sowjetunion gerichtete Verbrechen begangen" hatten.
85 Vgl. GARF, f. 9401, op. 2, d. 12, S. 1-2.
86 Die Untersuchungs- und Gerichtsunterlagen blieben in sowjetischer Hand. Der Volkspolizei wurde nur ein Urteilsauszug von einer Seite übergeben. Vgl. z. B.: Die Sowjetischen Militärtribunale 1957, S. 17.
87 Vgl. Kaff 1995, S. 46.
88 Vgl. Dok. in Band 2 vom 31. 10. 1949.
89 Vgl. z. B.: Eidesstattliche Erklärung von Werner Hummel vom 29. September 1959. Archiv der Arbeitsgruppe "Opfer des Stalinismus".
90 Bundesarchiv Potsdam (BAP), 01/TB 11/1577, S. 27. Sowjetische Quellen geben für den 28. August 1953 11.748 Verurteilte in Zuchthäusern der DDR an. Vgl. GARF, Kollektion Oberster Sowjet.
91 Vgl. Fricke 1979, S. 134, 149 ff.

Die Freilassungen vom 27. März 1953, die etwa 200 Gefangene betrafen, haben offensichtlich einen konkreten Zusammenhang zu einem Amnestievorschlag von Vladimir J. Semičastny und Vladimir S. Semjonov vom 17. November 1952. Dabei bezogen sie sich auf Begnadigungsanträge aus der DDR-Bevölkerung, die 5.063 SMT-Verurteilte betrafen, und die mehrfachen Gesuche von Wilhelm Pieck an die SKK, diese Gesuche zu prüfen.[92]

Nach dem Tode Stalins 1953 kam es neben der Freilassung von Hunderttausenden GULAG-Häftlingen auch zur Überprüfung der Urteile gegen deutsche Bürger. Am 28. August 1953 beriet das Politbüro der KPdSU Maßnahmen zur vorzeitigen Haftentlassung von durch sowjetische Gerichte verurteilten deutschen Bürgern.[93] Das gleiche Gremium faßte einen Beschluß über die Beendigung des Strafvollzugs von 6.150 SMTlern aus Zuchthäusern der DDR.[94]

Letztendlich waren von dieser Entlassungsaktion, die von der Sowjetregierung im Januar 1954 verfügt wurde, nach Angaben des Presseamtes beim Ministerpräsidenten der DDR 6.143 SMT-Verurteilte betroffen.[95]

Im September 1954 befanden sich dann noch 5.628 deutsche Bürger, die zwischen 1945 und 1953 von sowjetischen Gerichten verurteilt worden waren, in Zuchthäusern der DDR.

Wegen des anhaltenden Drucks aus der Bevölkerung bedrängte Pieck den Hohen Kommissar der UdSSR in Deutschland, G. M. Puškin, zum fünften Jahrestag der DDR eine weitere Amnestie durchzuführen. Daraufhin schlug Puškin in einem Telegramm vom 17. September 1954 seinem Vorgesetzten Molotov vor, die SMTler in die Zuständigkeit der Regierung der DDR zu übergeben und diese dann selbst über Entlassungen und Amnestien entscheiden zu lassen.[96] Bereits am 5. Oktober 1954 segneten das Präsidium des ZK der KPdSU und der Ministerrat der UdSSR den Vorschlag von Puškin ab und erhoben ihn zum Beschluß.[97] Eine amtliche Erklärung Puškins über diese Entscheidung wurde dann am 19. Oktober 1954 veröffentlicht.[98]

Die Unterstellung der SMT-Verurteilten unter die Jurisdiktion der DDR war mit der internen Auflage verbunden, daß die zuständigen deutschen Behörden bis zum 1. Januar 1955 die Unterlagen der Betroffenen überprüfen sollten, ob eine vorzeitige Entlassung oder Amnestierung derjenigen möglich sei, bei denen weniger schwere Tatbestände vorlagen.[99] Für die sorgfältige Durchsicht der Materialien aller Häftlinge erbat sich Ernst Wollweber im Dezember 1954 bei der sowjetischen Seite einen Aufschub von vier bis fünf Monaten.[100] Dies wurde ihm gewährt. Am 28. Dezember 1954 verlängerte das Präsidium des ZK der KPdSU und der Ministerrat der UdSSR die Frist zur Prüfung der Ermittlungsakten der Verurteilten und ihrer Strafen bis zum 1. Mai 1955.[101] Ein konkretes Resultat für die Häftlinge brachte diese Aktion durch einen allgemeinen Straferlaß erst im Sommer 1955, der hauptsächlich Strafminderungen, aber keine größeren Entlassungsmaßnahmen zur Folge hatte.[102]

---

92 Vgl. Dok. in Band 2 vom 17. 11. 1952.
93 Vgl. Dok. in Band 2 vom 28. 08. 1953.
94 Vgl. Dok. in Band 2 vom 30. 11. 1953.
95 Vgl. Fricke 1979, S. 150; Die Sowjetischen Militärtribunale 1957, S. 15.
96 Vgl. Dok. in Band 2 vom 17. 9 1954.
97 Vgl. Dok. in Band 2 vom 15. 10. 1954.
98 Vgl. Fricke 1979, S. 134.
99 Vgl. Dok. in Band 2 vom 5. 10. 1954.
100 Vgl. Dok. in Band 2 vom 24. 12. 1954.
101 Vgl. Dok. in Band 2 vom 28. 12. 1954.
102 Vgl. Fricke 1979, S. 150.

Freilassungen, die den Großteil aller noch in DDR-Zuchthäusern befindlichen SMTler betraf, erfolgten erst 1956/57.[103] Davon wurden mehrheitlich auch 266 männliche und drei weibliche "Kriegsverbrecher"[104] erfaßt, die auf Beschluß des Obersten Sowjets der UdSSR im Dezember 1955 aus Zwangsarbeitslagern in der Sowjetunion in die Zuchthäuser Bautzen bzw. Hoheneck überwiesen wurden.[105] Zu den wenigen Ausnahmen aus dieser Gruppe, die im Strafvollzug der DDR verblieben, gehörte auch der zu 25 Jahren Arbeitslager verurteilte Paul Sakowski, der "Henker von Sachsenhausen". Bis zu seiner Entlassung im Jahre 1971 war er noch in Brandenburg und im Haftarbeitslager des MfS in Berlin-Hohenschönhausen inhaftiert.

Insgesamt sollen nach Angaben der Kampfgruppe gegen Unmenschlichkeit von 1954 bis 1957 etwa 13.000 SMT-Verurteilte aus der Haft freigekommen sein.[106] Die letzten Gruppenentlassungen von SMT-Verurteilten aus dem DDR-Strafvollzug erfolgten durch Amnestien 1960 und 1964.[107]

Mit den politischen Veränderungen in der ehemaligen UdSSR entstanden schließlich die Bedingungen, die die Aufarbeitung der Geschichte der sowjetischen Militärjustiz gegen deutsche Bürger ermöglichten. Die Offenlegung der Untersuchungs- und Gerichtsakten wird von den russischen verantwortlichen Stellen allerdings von der Rehabilitierung des Verurteilten abhängig gemacht. Auf Grundlage eines Gesetzes vom 18. Oktober 1991, das die Rehabilitierung auch ausländischer Staatsbürger regelt, überprüft die Abteilung Rehabilitierung bei der Hauptmilitärstaatsanwaltschaft der Russischen Föderation auf Antrag die entsprechenden Tribunalurteile. Nach Angaben des Leiters dieser Einrichtung, Oberst der Justiz Leonid P. Kopalin, wurden bis Mai 1996 etwa 6.000 deutsche SMT-Verurteilte rehabilitiert. Bei 360 Personen erging ein ablehnender Beschied.[108]

---

103 Vgl. Ebenda, S. 153.
104 BAP, 01/TB 11 1571, S. 190.
105 Vgl. Fricke 1979, S. 152/153.
106 Vgl. Die Sowjetischen Militärtribunale 1957, S. 15. Diese Angaben sind eindeutig überhöht. Möglicherweise berücksichtigen sie auch "Rückkehrer" aus dem sowjetischen GULAG.
107 1965 befanden sich noch etwa 15 Verurteilte sowjetischer Militärtribunale in DDR-Haft. Vgl. Fricke 1979, S. 149.
108 Kopalin 1996, S. 40. Wagenlehner, der sich auf Angaben der deutschen Botschaft in Moskau beruft, gibt mit Stand vom 1. Februar 1996 4.163 Rehabilitierungen und 120 Ablehnungen an. Vgl. Wagenlehner 1996, S. 139.

NATALJA JESKE

Versorgung, Krankheit, Tod in den Speziallagern

Die fast fünfjährige Existenz der sowjetischen Speziallager in der SBZ hat den Tod von mehreren zehntausend Menschen zur Folge gehabt. Die Anzahl der dort Gestorbenen übersteigt nach allgemeiner Einschätzung eindeutig die entsprechenden Zahlen für die amerikanischen und britischen Internierungslager[1] und hängt mit den besonders schweren Haftbedingungen in den sowjetischen Speziallagern zusammen: Dürftige hygienische Verhältnisse, Unterernährung und daraus resultierende Krankheiten werden von den ehemaligen Lagerinsassen als häufigste Todesursachen genannt.[2]

Die Zeitzeugenaussagen alleine reichen jedoch nicht aus, um die Fragen über die genaue Anzahl der Opfer, Hintergründe der Versorgungsmisere, politische Intentionen der sowjetischen Lagerleitung und somit die Besonderheiten des sowjetischen Entnazifizierungsansatzes in bezug auf die Speziallager plausibel zu erläutern. Auch die sowjetischen Akten müssen hierzu herangezogen werden.

Zur Quellenlage

Die entsprechenden sowjetischen Dokumente gehören zum Bestand der sogenannten Sanitätsunterabteilung der Abteilung Speziallager.[3] Hier haben wir es mit einem umfangreichen Aktenbestand zu tun, der den Krankenstand sowie die Sterblichkeit in jedem Speziallager durchgehend statistisch und in Texten dokumentiert. Es geht in erster Linie um die Sanitätsberichte der Speziallager, die bis August 1945 alle zehn Tage, von August 1945 bis Juni 1948 alle zwei Wochen und ab Juni 1948 monatlich erstellt wurden und die praktisch lückenlos überliefert sind. Sie wurden von den Chefs der jeweiligen Sanitätsgruppen bzw. von deren Stellvertretern verfaßt und regelmäßig an die Abteilung Speziallager in Berlin geschickt. Diese Berichte enthalten statistische Informationen über die neu Erkrankten, die Anzahl der Sterbefälle im jeweiligen Zeitraum sowie über den Umfang der durchgeführten Desinfektionsmaßnahmen. Sowohl die Form als auch der Umfang dieser Informationen

---

1 Dazu zuletzt bei Niethammer 1995, S. 479.
2 Wie z. B. in bereits erschienenen Sammelbänden: Fünfeichen 1945–1948, 1990; Recht oder Rache? 1991; Hartenstein 1992; Das gelbe Elend 1992; Die Opfer von Fünfeichen 1996.
3 Vgl. GARF, f. 9409, op. 1, d. 291 bis 311.

änderten sich mit der Zeit, was auch die Änderungen der sowjetischen "sanitären" Politik in den Speziallagern erkennen läßt. Diesen Berichten wurden obligatorische "Erläuterungen" beigelegt, in denen der sanitäre Zustand des Lagers, die durchgeführten Desinfektionsmaßnahmen, die allgemeine gesundheitliche Situation und in vielen Fällen auch die Ursachen der Sterbefälle erörtert wurden. Die Sanitätsberichte bzw. die entsprechenden Erläuterungen wurden in der Abteilung Speziallager zur Erstellung von monatlichen Statistiken genutzt. Diese letzten wurden jedoch nicht an die übergeordneten Behörden weitergeleitet. Erst mit der Übergabe der Speziallager in die Verwaltung der GULAG 1948 wurden die zusammenfassenden Informationen über den Krankenstand und die Sterblichkeit in den Speziallagern in Moskau erfragt, seit April 1949 erstattete die Abteilung Speziallager zusätzlich Meldungen über den Stand von Tuberkulose und Dystrophie in den Speziallagern.

Die genannten Quellen machen es möglich, die sowjetischen Totenzahlen für jedes Lager fast lückenfrei zu rekonstruieren. Es liegen die Sanitätsberichte aus allen Lagern und Gefängnissen vor, die je zu der Abteilung Speziallager gehört haben, unter anderem sogar aus den Lagern, deren Archivbestände entweder in Bruchstücken (z. B. Torgau 8) überliefert oder noch nicht zugänglich sind (Landsberg, Posen, Gefängnisse Lichtenberg, Strelitz usw.). Die Sanitätsberichte gelten hier in bezug auf die Totenzahlen als einzige zugängliche sowjetische Informationsquelle.

Die Tatsache, daß die Sanitätsberichte unabhängig von den Meldungen der sowjetischen Lagerregistratur (d. h. der Gruppen zur Nachweisführung) und nur für den "inneren Abteilungsgebrauch" erstellt wurden, erhöht ihren Wert: Die "sanitären" Angaben zur Sterblichkeit können mit den entsprechenden Angaben der parallel erstellten lagerinternen Belegungsstatistiken bzw. der zusammenfassenden Abteilungsstatistiken weitgehend verglichen werden. So wird eine zusätzliche Chance geboten, die Zahlen der in den Speziallagern Umgekommenen zu überprüfen.

Gerade an dieser Stelle können die Erinnerungen der ehemaligen Lagerinsassen nur mit Einschränkungen genutzt werden, da die Häftlinge aufgrund ihrer Isolierung bzw. begrenzter Haftzeit keinen genauen oder gar kompletten Überblick über den Krankenstand und die Sterblichkeit gewinnen konnten. Wichtig ist auch, daß in diesen Berichten die sowjetische Perspektive "von unten" ihren Ausdruck findet und gewisse Spannungen innerhalb des sowjetischen Speziallagersystems wenn nicht direkt, dann doch andeutungsweise dokumentiert werden. Dadurch bieten die lagerinternen Sanitätsberichte bzw. entsprechende Erläuterungen eine relativ gute Möglichkeit, den Inhalt von beiden "unteren" Perspektiven – der sowjetischen und der deutschen Seite – zu vergleichen.

Die statistischen Sanitätsberichte bzw. die Erläuterungen zu ihnen sind allerdings von Mängeln behaftet. Sie beziehen sich im Regelfall ausschließlich auf die Lazarettkranken. Das gilt in erster Linie für die Zeit bis 1948, als die Lazarettkapazitäten ziemlich gering waren und viele Kranke in den Baracken bleiben mußten. Die Form der Berichterstattung blieb den Sanitätsgruppen insbesondere in der Anfangsphase der Speziallagergeschichte überlassen. Das hieß, daß die Lager in keiner Form von der Abteilung Speziallager verpflichtet wurden, eine Statistik der Todesursachen zu erstellen. Erst im Frühjahr 1948 ist die Aufführung von Todesursachen obligatorisch geworden. Bis Juli 1946 wurde der statistische Teil des Sanitätsberichtes von verschiedenen Speziallagern auch unterschiedlich abgefaßt, auch nach der erfolgten Vereinheitlichung blieb die Liste der aufzuführenden Krankheiten viel zu knapp. Erst im Frühjahr 1948 wurde diese Liste erweitert. Dabei wurden die

Diagnosen oft subjektiv bzw. inkompetent formuliert – eigentliche Krankheitssymptome (z. B. Ödeme) wurden nicht selten als direkte Todesursachen aufgeführt.

Nicht zuletzt sind die Erläuterungen zu den Sanitätsberichten meistens zu bürokratisch, zu knapp, zu "realitätsscheu" verfaßt, so daß sich die Probleme der sanitären Versorgung nur teilweise rekonstruieren lassen.

Die zweite Quellenebene bilden die Unterlagen der Abteilung Speziallager. Sie enthalten die Anweisungen und Anordnungen der Sanitätsunterabteilung der Abteilung Speziallager, die allein seit Juni 1945 die Arbeit der Sanitätsgruppen in den Lagern zu leiten und zu kontrollieren hatte. Es bleibt offen, ob der verhältnismäßig geringe Umfang dieses Bestandes durch die nachträgliche Vernichtung von Dokumenten, die Passivität der Abteilung Speziallager oder durch den mündlichen Charakter vieler Anweisungen zu erklären ist.

Ebenfalls wichtig erscheinen die Quellen aus den anderen "Lagerbereichen", die in dieser oder jener Form auf die Versorgungs- bzw. Verwaltungsprobleme eingehen und zur Verdeutlichung ihrer Hintergründe beitragen können. Dazu zählen Protokolle der Lagerinspektionen, zusammenfassende Berichte über die Tätigkeit einzelner lagerinterner Verwaltungsbereiche (Wirtschaft, Sanitäre Fragen, Finanzen), die im Zusammenhang mit der Lagerauflösung, die Übergabe der Speziallager in die Verwaltung der GULAG sowie die Übergabe von Ämtern verfaßt wurden. In diese Reihe gehört auch der Briefwechsel der Abteilung Speziallager mit den Speziallagern selbst, mit dem direkten Vorgesetzten Generaloberst Serov, der das NKVD und seit Frühjahr 1946 das MVD der UdSSR in der SBZ vertrat, sowie mit den anderen Institutionen der sowjetischen Besatzungszone (MGB bzw. Operative Gruppen, SMAD, GSBT) über die Themen Lebensmittel-, Kleidungs- und Medikamentenversorgung. Dieser Briefwechsel verdeutlicht unter anderem die Struktur der Verwaltungsentscheidungen.

Die nächste Quellenebene bilden Dokumente, die in den oberen Verwaltungsetagen des MVD bzw. der GULAG und der SMAD verfaßt wurden. Ihre beschränkte Überlieferung läßt zwar die Verwaltungswege mancher strategischen Entscheidungen in bezug auf Sanitäts- bzw. Versorgungspolitik in den Speziallagern (z. B. Senkung und Erhöhung der Verpflegungsrationen usw.) nicht ausreichend nachvollziehen, ermöglicht aber dennoch grundsätzliche Trends zu rekonstruieren.

Aus diesen Quellen lassen sich folgende Fragenkomplexe formulieren:
Wieweit ist es möglich, genaue Totenzahlen für die sowjetischen Speziallager zu ermitteln?
Wie viele Menschen insgesamt sind in den sowjetischen Speziallagern gestorben?
- Welche konkreten Ursachen haben zur extrem hohen Sterblichkeit in den sowjetischen Speziallagern, insbesondere 1945–47 geführt? War die schlechte Verpflegung und Versorgung der Speziallager Teil einer politisch motivierten Strategie bzw. Kalkulation? Wie hat die sowjetische Lagerleitung auf die hohe Sterblichkeit reagiert?
- Wieweit hing die sanitäre bzw. die Versorgungspolitik in den Speziallagern mit der "großen" Politik zusammen, wie wirkten die politischen bzw. wirtschaftlichen Entscheidungen auf die Sterblichkeit in den Speziallagern?

Zur medizinischen Sterblichkeitsstatistik von 1945 bis 1950

Die komplette statistische Auswertung der lagerinternen Sanitätsberichte ergibt eine Gesamtzahl von 42.725 Häftlingen, die zwischen Juni 1945 und Februar 1950 in den der Abteilung Speziallager unterstehenden Lagern und Gefängnissen gestorben sind.[4]

Diese Zahl weist eine Lücke in bezug auf Ketschendorf für Ende Juni – Anfang Juli 1946 auf. Es bleibt offen, ob die zwei fehlenden Sanitätsberichte jemals erstellt wurden. Höchstwahrscheinlich sind sie wegen des Todes von Hauptmann Rudenko, Chef der Sanitätsgruppe des Lagers, einfach "ausgefallen".[5] Es fehlen auch insgesamt zwei Sanitätsberichte aus den Gefängnissen Lichtenberg (zweite Hälfte vom April 1946) und Frankfurt/Oder (erste Maihälfte 1946).

Bei dem Versuch, die genannten Lücken mit Hilfe entsprechender "Stärkemeldungen" zu rekonstruieren, konnten keine präzisen Zahlen ermittelt werden. Das liegt daran, daß die Registrierung der Toten aus der Sanitätsgruppe nicht selten zu verschiedenen Zeiten vorgenommen wurde.[6] Andererseits sind die zahlenmäßigen Unterschiede beider Quellen nicht so groß, daß man die Angaben einer von beiden nicht als Richtwert nehmen könnte. Anhand der entsprechenden Stärkemeldungen aus Ketschendorf könnte die genannte monatliche Lücke auf höchstens ca. 250 Personen geschätzt werden. Die statistischen Lücken für beide Gefängnisse dürfen aufgrund von überlieferten Höchstzahlen nicht mehr als insgesamt zehn Personen betragen.

Nach Berücksichtigung dieser Richtwerte steigt die Anzahl der in den Speziallagern Gestorbenen auf *ca. 42.975 Personen*.

Der Vergleich der "Abschlußzahlen" der Sanitätsgruppen und der Abteilungsregistratur weist somit nur einen geringen Unterschied auf: Laut Abschlußstatistik der Abteilungsregistratur vom März 1950 waren in den Speziallagern 43.035 Personen gestorben.[7] Die Geringfügigkeit der Abweichung deutet darauf hin, daß die Sanitätsstatistiken nicht nur die Sterbefälle unter den Lazarettpatienten, sondern auch die in den Baracken Gestorbenen erfaßt haben. Andernfalls müßten die Angaben der Lagerregistratur viel höher liegen, da der An-

---

4   Mit erfaßt sind dabei auch Suizidfälle, deren genaue Anzahl jedoch nicht ermittelt werden kann. Die Todesfälle in den Bezirksgefängnissen und in den sog. GPU-Kellern liegen aus "institutionellen" Gründen außerhalb dieser Statistik. Die zum Tode verurteilten Häftlinge, deren Urteile in den abteilungsinternen Gefängnissen vollstreckt wurden (insgesamt 756 nach den sowjetischen Angaben) sind in dieser Statistik nicht berücksichtigt.
5   Vgl. GARF, f. 9409, op. 1, d. 262, S. 17.
6   Aus dem gleichen Grund kann ein flüchtiger Vergleich von aus der Lagerregistratur stammenden Totenlisten und der sanitären Sterbestatistik nicht besonders aufschlußreich sein. Dieser Vergleich lohnt sich nur dann, wenn es sich um eine komplette lagerbezogene Auswertung von Totenlisten handelt. Die vorläufigen Ergebnisse solcher Auswertung für das Speziallager Nr. 2 Buchenwald zeugen davon, daß sich die Gesamtsummen in diesem Fall nur geringfügig voneinander unterscheiden (6.942 Namen in den Totenlisten, 7.116 Verstorbene laut medizinischer Sterbestatistik und 7.113 laut Angaben der Lagerregistratur).
7   GARF, f. 9409, op. 1, d. 259. S. 235–236.

teil der in den Baracken Umgekommenen im Regelfall hoch war – so wurden bis 1948 im Lager Nr. 1 Mühlberg bis zu 50 % aller Todesfälle in den Baracken registriert.[8]

Somit können die beiden Zahlen als plausible Richtwerte der "Todesstatistik" gelten. In ihrem Rahmen wird die Entwicklung der Sterblichkeit, so wie sie in den Erinnerungsberichten ehemaliger Lagerinsassen dargestellt ist, statistisch erkennbar. Der erste große Anstieg kam im Winter 1945/46; der Sommer 1946 wurde von einer Senkung der Sterblichkeit gekennzeichnet, die bis zum Oktober 1946 anhielt. Die größte Sterblichkeitswelle kam im Winter 1946/47, im Frühjahr 1947 sank sie langsam wieder, blieb aber auf einem relativ hohen Niveau, das in den nachfolgenden Jahren ziemlich konstant blieb.

Diese Entwicklung darf jedoch nicht als Spiegelbild der Kurven sowjetischer Sanitäts- bzw. Versorgungspolitik betrachtet werden. Gerade in der Zeit, als von der sowjetischen Seite scheinbar keine Maßnahmen zur Verbesserung der Lebensbedingungen in den Speziallagern eingeleitet wurden, sank die Sterblichkeit (Sommer 1946); als sich im Frühjahr 1948 die ersten halbwegs ernsthaften Bemühungen zur Senkung des Krankenstandes abzeichneten, blieb die erhoffte Senkung der Sterblichkeit weitgehend aus – vermutlich auch wegen der nachlassenden Widerstandskräfte der Inhaftierten.

Das dargestellte Schema der Sterblichkeitsentwicklung liefert dann Periodisierungshilfen für die Ursachen der Sterblichkeit und deren Wandel sowie für die sowjetische Sanitäts- bzw. Versorgungspolitik in den Speziallagern.

Erste Phase: Mai 1945 bis November 1946

Der erste in sich geschlossene Abschnitt der Speziallagergeschichte umfaßt den Zeitraum zwischen Mai 1945 und November 1946 und kann als Phase der Etablierung des Lagersystems bezeichnet werden.

Die Einrichtung der ersten Speziallager in der SBZ im Frühsommer 1945 verlief weitgehend unvorbereitet und dadurch chaotisch. Die neuen Lager verfügten im Regelfall nicht über ausreichende Trinkwasserquellen, feste Unterkünfte, eine gut funktionierende Kanalisation oder Inventar und Mobiliar; es fehlten die notwendigen Medikamente, und dies bei den massenhaften Einlieferungen und der rasant zunehmenden Belegung der Speziallager.[9]

Unter diesen extremen Bedingungen zeichneten sich einige "kurzfristige" Faktoren ab, die die erste Sterblichkeitswelle im Winter 1945/46 mit verursacht haben. In diese Reihe wären die allgemeine gesundheitliche Nachkriegssituation (u. a. Verbreitung von epidemischen Krankheiten), die bereits genannten spezifischen materiellen Rahmenbedingungen der Etablierung des Speziallagersystems, die Besonderheiten der Altersstruktur der ersten Speziallagerhäftlinge und massenhafte Verhaftungen und Überstellungen im Sommer/Herbst 1945 einzuordnen.

Die Mehrheit der im Sommer/Herbst 1945 durch die sowjetischen Operativen Gruppen arretierten Personen waren Männer, die im Regelfall älter als 45 Jahre waren. Dieser Sach-

---

[8] Die Zahl ist im Protokoll der GULAG-Kommission vom Februar 1948 aufgeführt (GARF, f. 9409, op. 1, d. 28, S. 12).

[9] Vgl. dazu exemplarisch: GARF, F. 9409, op. 1, d. 134, S. 45–46,; d. 291, S. 118–119; d. 291, S. 129.

verhalt wird sowohl in den Berichten ehemaliger Lagerinsassen[10] als auch in den sowjetischen Quellen mehrfach thematisiert.[11] Nach den Angaben der seit April 1946 erschienenen lagerinternen Berichte zur Altersstruktur der Lagerbelegung betrug der Anteil der über 45jährigen mehr als 50 % der Lagerinsassen (55 % in Jamlitz[12], 64 % in Fünfeichen[13]; 59 % in Bautzen[14]; 64 % in Mühlberg[15]). Wenn man berücksichtigt, daß die meisten Opfer der Sterbewelle des Winters 1945/46 gerade zu dieser Altersgruppe gehörten,[16] kann man annehmen, daß die Häftlinge der Speziallager einige Monate davor noch älter gewesen waren als im Frühjahr 1946.

Diese Häftlinge standen unter besonderem physischen, aber auch psychischen Druck, da sie sich nicht schnell genug an die extremen Lagerbedingungen anpassen konnten, in ihren Gedanken oft bei ihren Familien waren und zu wenig Kraft für die konkreten Überlebensstrategien aufbringen konnten.

Zudem waren sie in besonderem Maße durch die für den Sommer 1945 üblichen Fußmärsche geschwächt: Für Überstellungszwecke standen oft keine Transportmittel zur Verfügung. Auch über "tausend Mann starke" Märsche, im Sommer 1945 regelmäßige "Weitermärsche" von Berlin-Hohenschönhausen nach Werneuchen/Weesow, später Sachsenhausen und von Sachsenhausen nach Frankfurt/Oder oder Landsberg forderten besonders viele Opfer – wenn nicht unmittelbar während des Marsches,[17] dann Tage bzw. Wochen später.

Dazu kamen kürzere oder längere Aufenthalte und Verhöre in den Operativen Untersuchungsgefängnissen bzw. in den sog. GPU-Kellern. Die hygienischen Bedingungen und die Verpflegung in diesen oft provisorischen Hafteinrichtungen werden von den ehemaligen Häftlingen im Regelfall als katastrophal eingeschätzt: "schreckliche Hungerkost",[18] "150g Brot täglich", "kaum Gelegenheit, sich zu waschen", "Kleidung konnte nicht gewechselt werden"[19] usw. Obendrein wurde in den Operativen Gefängnissen im Regelfall keine medi-

---

10 Ernst-E. Klotz, 1945 bis 1948 im Speziallager Nr. 2 Buchenwald inhaftiert, beschrieb es als "Lager der Fünfzigjährigen" (Klotz 1992, S. 44); vgl. z. B. bei Herrmann Just zur "Überalterung" der Lagerbelegung im Speziallager Nr. 5 Ketschendorf: "Es gab vorwiegend Altersgruppen von 45 Jahren aufwärts und Jugendliche. Die mittlere Gruppe war infolge ihrer Zugehörigkeit zur Wehrmacht für die meisten Angehörigen dieser Jahrgänge sehr dünn vertreten" (Just 1952, S. 111).
11 Typisches Beispiel: bei der Überstellung von Berlin-Hohenschönhausen nach Weesow am 12. 8. 45 waren von 1.301 Personen 1.084 (d. h., ca. 83 %) älter als 45 (GARF, f. 9409, op. 1, d. 338, S. 42). In den sowjetischen Sanitätsberichten wird oft darauf hingewiesen, daß die neu eingelieferten Häftlinge "geschwächt und abgemagert" sind und daß viele von ihnen "Personen höheren Alters" seien (vgl. z. B. GARF, f. 9409, op. 1, d. 292, S. 116).
12 GARF, f. 9409, op. 1, d. 652, S. 42 (Statistik vom 13. 5. 46).
13 GARF, f. 9409, op. 1, d. 670, S. 40 (Statistik vom 28. 4. 46).
14 GARF, f. 9409, op. 1, d. 542, S. 48 (Statistik vom 27. 4. 46).
15 GARF, f. 9409, op. 1, d. 375, S. 4 (Statistik vom 27. 7. 46).
16 Darauf wurde immer wieder in den Erläuterungen zu den Sanitätsberichten hingewiesen: "Die Sterblichkeit nimmt unter den Personen höheren Alters zu" (Sanitätsbericht vom 10. 10. 45 aus dem Lager Nr. 5 Ketschendorf; GARF, f. 9409, op. 1, d. 292, S. 70); "Die meisten Verstorbenen sind im fortgeschrittenen Alter" (Sanitätsbericht vom 13. 12. 45 aus dem Lager Nr. 6 Jamlitz, GARF, F. 9409, op. 1, d. 292, S. 175).
17 Vgl. die Erinnerungen von Kurt Berner (Erler/Friedrich 1995, S. 79 ff) sowie von Walter Pritzkow (Pritzkow 1994, S. 47 ff).
18 Fünfeichen. 1945–1948, 1990, S. 29.
19 Vgl. Bericht von Katharina Knittel, Archiv Buchenwald, S. 15.

zinische Hilfe geleistet – sogar Jahre später wurden kranke Häftlinge aus Operativen Gefängnissen an die Speziallager "zur ärztlichen Behandlung" überstellt.[20] In den überlieferten Überstellungsprotokollen vom Sommer/Herbst 1945 wird der Anteil der Kranken unter neu Eingelieferten bzw. überstellten Häftlingen manchmal mit 100 % aufgeschlüsselt. Besonders oft kommen hier Kachexie-, Herz- und Ödemerkrankungen vor (Infektionskranke durften nicht in die Lager aufgenommen werden), d. h. Erkrankungen, die auf extremen Ernährungsmangel zurückzuführen sind.[21]

Der gesundheitliche Zustand der Überstellten war meistens so schlecht, daß die Speziallager um die Einflußnahme von Generaloberst Serov in dieser Frage bitten mußten. In seinem Schreiben an die Chefs von Operativen Sektoren vom 20. September 1945 ging Serov auf die Mißstände bei der Lebensmittelversorgung der Häftlinge in den Untersuchungsgefängnissen ein. "Stark ausgeprägte Abmagerung, auf Vitaminmangel zurückzuführende Erkrankungen und akute Magenverstimmungen" bei den in die Speziallager eingelieferten Häftlingen wurden von ihm als Folgen "einer unzureichenden Verpflegung" bezeichnet. Um die Nichteinhaltung der Verpflegungsnorm für die Untersuchungshäftlinge zu beseitigen, stellte er in Aussicht, die Häftlinge in den Untersuchungsgefängnissen über die Speziallager zu versorgen.[22] Es ist anzunehmen, daß der entsprechende Beschluß bald getroffen wurde; nachweislich ab Januar 1946 sollte die Versorgung der Operativen Gefängnisse über die Speziallager erfolgen;[23] dies wurde im März 1946 von Sviridov nochmals bestätigt.[24]

Diese Maßnahme entspannte die Lage jedoch kaum. Der Leiter der Abteilung Speziallager Oberst Sviridov meldete an Serov, daß die Zentrale Finanzabteilung des MVD den Speziallagern keine Geldmittel zum Einkauf von Gemüse für die Operativen Gefängnisse sowie keinen für seinen Transport erforderlichen Kraftstoff zur Verfügung stellt.[25] Den Lagerchefs war ebenfalls unklar, aus welchen Beständen "das Kontingent der Operativen Gefängnisse" zu versorgen sei: so beschwerte sich Oberstleutnant Šmejs, Chef des Speziallagers Nr. 9 Fünfeichen, am 15. Juli 1946, daß bei der Zuweisung von Lieferscheinen die "oben genannten Häftlinge nicht berücksichtigt werden".[26]

---

20 Typisch: "An das Lager wird Graber, Erich, geboren 1904, überstellt, da er dringend medizinische Hilfe benötigt. Wir bitten Sie, ihn aufzunehmen und ins Lazarett einzuweisen" (vgl. GARF, f. 9409, op. 1, d. 509, S. 79).

21 Der Gesundheitszustand der neu eingelieferten und überstellten Häftlinge wurde im Lager Nr. 7 Weesow bzw. Werneuchen besonders konsequent registriert, da die neu Eingelieferten dort (überwiegend aus dem Berliner Raum) in besonders schlechter körperlicher Verfassung waren; und die Lagerleitung versuchte, sich gegen mögliche Komplikationen abzusichern. Die Überstellungsprotokolle des Sommers 1945 findet man in den folgenden GARF-Akten: F. 9409, op. 1, d. 322 bis 343.

22 GARF, f. 9409, op. 1, d. 129, S. 69.

23 Vgl. das Schreiben von Oberst Klykov, Chef der Operativen Gruppen des Bezirkes Brandenburg, an Oberst Sviridov vom 23. 1. 46 mit der Bitte, "das Spezialkontingent der Operativen Gruppen des Bezirkes Brandenburg, durchschnittlich 250 Personen, in die Lebensmittelversorgung aufzunehmen" (GARF, f. 9409, op. 1, d. 278, S. 52). Am 26. 1. 45 hat Sviridov die entsprechende Anordnung an Major Andreev, Chef des Speziallagers Nr. 5 Ketschendorf, erteilt (GARF, f. 9409, op. 1, .278, S. 53).

24 Vgl. die Anordnung Nr. 228 vom 28. 3. 46 (GARF, f. 9409, op. 1, d. 278, S. 51).

25 GARF, f. 9409, op. 1, d. 278, S. 1.

26 GARF, f. 9409, op. 1, d. 278, S. 36.

Wenn auch viele Häftlinge die Ankunft in Speziallagern nach den Operativen Gefängnissen als Erleichterung empfanden,[27] stellte sich das in der Lagerrealität als Irrtum heraus. Es kamen "langfristige" Faktoren zunehmender Erkrankungen und der Sterblichkeit ins Spiel – in erster Linie war es die äußerst mangelhafte *Verpflegung*.

Die Verpflegung der Lagerinsassen sollte ursprünglich nach der Norm für Kriegsgefangene, die am 31. Mai 1945 in der Anordnung Nr. 64 vom Stellvertretenden Kommissar der Staatssicherheit Kruglov bestätigt wurde, erfolgen.[28] Nach dieser Norm waren an die Häftlinge neben Salz, Tomatenmark, Tee, Pfeffer täglich 600 g Brot, 90 g Nährmittel, 10 g Makkaroni, 30 g Fleisch, 100 g Fisch, 15 g Fett und 15 g Öl auszugeben. Am 6. September 1945 wurde diese Norm teilweise geändert: Die tägliche Nährmittelzuteilung wurde um 20 g erhöht (110 g statt 90 g), die Fleisch-, Fisch- und Fettmengen wurden aber radikal – um die Hälfte – reduziert: Statt 30 g standen jedem Häftling nur noch 15 g Fleisch, statt 100 g 50 g Fisch, statt 15 g Fett nur noch 7 und statt 15 g Öl nun 8 g zu. Die Brotzuteilung sowie die Zuckerzuteilung (17 g) blieben dabei unverändert.[29] Ebenfalls unverändert blieben Gemüsezuteilungen (insgesamt 920 g, einschließlich 600 g Kartoffeln, 170 g Kohl, 45 g Möhren, 40 g Rote Bete, 30 g Zwiebeln und 30 g Gewürze).

Die Kürzung erfolgte nach dem Befehl Nr. 0196 des Chefs der rückwärtigen Dienste der Roten Armee und könnte als Folge von zwei zu dieser Zeit vollzogenen Veränderungen gesehen werden: Erstens wurden die Pläne des weiteren Häftlingsstransfers in Richtung Osten bzw. zum Arbeitseinsatz in die UdSSR im Sommer 1945 aufgegeben.[30] Zweitens: Im August 1945 wurde die Rote Armee bzw. die Gruppe der sowjetischen Besatzungstruppen in Deutschland offiziell mit der Versorgung der Speziallager betraut,[31] was es auch möglich machte, die Kürzung der Verpflegungsnorm für Speziallagerinsassen aus "Ersparnisgründen" durchzusetzen.

Bereits nach ihrer offiziellen Mengenzusammensetzung und insbesondere nach ihrem Eiweiß- und Fettgehalt fiel die neue Norm äußerst dürftig aus.[32] Sie lag aber in manchen Punkten über den seit Oktober 1945 geltenden Normen für die ostdeutsche Zivilbevölkerung. So standen den Angehörigen der am besten gestellten Bevölkerungsgruppe, d. h. den

---

27 Vgl. z. B. Bericht von Hans Jürgen Metzing (Erler/ Friedrich 1995, S. 89); von D. G. Konstanz (Fünfeichen 1945–1948, 1990, S. 29) sowie die Erinnerungen von Ernst- E Klotz (Klotz 1992, S. 41).
28 GARF, f. 9409, op. 1, d. 278, S. 73.
29 Vgl. GARF, f. 9409, op. 1, d. 278, 34, 91.
30 Obwohl der Befehl Nr. 00315 des NKVD vom 18. 4. 45 den Schlußstrich unter Massendeportationen von Deutschen in die UdSSR setzte, blieben die "Transferpläne" wohl bis zum Sommer 1945 bestehen. Es ist eine sowjetische Aufstellung von für den Sommer 1945 geplanten Häftlingstransporten nach Landsberg, Posen, Frankfurt/Oder und Brest überliefert (vgl. GARF, F. 9409, op. 1, d. 139, S. 101). Die tatsächlich erfolgten Überstellungen nach Landsberg und Frankfurt/Oder könnten in diesem Kontext als "Zwischenstationen" auf dem Weg in die Sowjetunion gedeutet werden, die geplanten Transporte nach Brest sind damals nicht zustande gekommen.
31 Dies wird zwar in den sowjetischen Quellen immer wieder bestätigt, der entsprechende Befehl, der das Versorgungsverhältnis regelte, liegt zur Zeit nicht vor.
32 In diesem Zusammenhang wird auf die Kalorienkalkulation verzichtet. Dazu liegen zu viele widersprüchlichen Berechnungen vor, die das Problem auf eine spekulative Schiene rücken, da die Kalorienberechnungen auf ganz konkrete Lebensmittel bzw. auf Lebensmittel von bestimmter Qualität bezogen werden müssen. Auch ohne Kalkulationen ist offensichtlich, daß die aufgeführte Norm nicht entfernt dem notwendigen täglichen Bedarf an Eiweiß (ca. 70 g), Fett (ca. 75 g) und Vitaminen entsprach.

"Schwerstarbeitern" täglich 450 g Brot, 400 g Kartoffeln und 40 g Nährmittel zu.[33] Die geringen Fett- bzw. Fleischzuteilungen der Speziallagerinsassen waren mit den entsprechenden Zuteilungen an die Bevölkerungsgruppen 5 und 6 vergleichbar (15 g Fleisch und 7 g Fett für Angehörige der Gruppe 6, 20 g Fleisch und 20 g Fett für die Angehörigen der Gruppe 5).[34]

Das Problem bestand jedoch darin, daß diese Norm praktisch nicht eingehalten wurde.[35] Die üblichen Unregelmäßigkeiten in der Versorgung wären nur als eine Ursache dafür zu nennen. Institutionelle Unstimmigkeiten und desolate Versorgungsverhältnisse des Sommers 1945 überließen die Verpflegung der Lagerinsassen praktisch dem Zufall.[36] Es ist bekannt, daß die Speziallager im Sommer 1945 auf "beschlagnahmte Güter" angewiesen waren,[37] obwohl die NKVD-Dienstvorschrift vom 04.05.45 die Zuständigkeit der Roten Armee in Fragen der Speziallagerversorgung eindeutig festlegte: Die Verwaltungen der jeweiligen Fronten hatten demnach "die Verpflegung für das Kontingent [...], die Belieferung mit Lebensmitteln [...], mit Treib- bzw. Schmierstoffen, Geschirr, Inventar sowie mit Heizmaterial gemäß den Anforderungen der Lager und Gefängnisse kostenfrei zu sichern".[38] Die im Juni 1945 vollzogene Auflösung der Fronten wurde möglicherweise als Vorwand zur Aufhebung der kostspieligen "Versorgungspflichten" gegenüber den Speziallagern genutzt. Es liegen jedenfalls einzelne Dokumente vor, die auf erste "Versorgungskonflikte" zwischen den Speziallagern und den Intendanturdiensten der Roten Armee hinweisen.[39]

Als im August 1945 die Gruppe der Sowjetischen Besatzungstruppen in Deutschland die Versorgung der Speziallager offiziell übernahm, wurde dies auf einer neuen Grundlage vollzogen: die Hauptverwaltung der Militärversorgung des NKVD sollte die erforderlichen Geldmittel (Limite) zur Verfügung stellen.[40] Dieses "modernisierte" Versorgungsverhältnis schien aber weiterhin schlecht zu funktionieren. In sowjetischen Dokumenten vom Herbst 1945 werden Transport- bzw. Kraftstoffmangel besonders oft als eine Ursache der schlech-

---

33 Vgl. Winkler 1961, S. 63, 82.
34 Ebenda.
35 Freilich waren die Differenzen zwischen Soll- und Ist-Werten der Lebensmittelzuteilungen wegen knapper Lebensmittelressourcen und mangelhafter Planung auch für die Zivilbevölkerung oft auffällig groß. Ihre negative Auswirkung auf die Ernährungssituation konnte jedoch zum Teil durch den Schwarzmarkt relativiert werden.
36 Vgl. dazu die Zeitzeugenaussagen bei Just (Just 1952, S. 104): "Die Sowjets kümmerten sich in den ersten Tagen fast überhaupt nicht um die Verpflegung. Die von ihnen gelieferten Erzeugnisse waren für die Ernährung der Häftlinge praktisch bedeutungslos. Die Häftlinge verpflegten sich in den ersten beiden Wochen fast ausschließlich aus den in den Wohnungen und Kellerräumen der beschlagnahmten Siedlung noch gefundenen Lebensmitteln... Brot wurde nicht oder sehr unregelmäßig ausgegeben...".
37 Vgl. den Abschlußbericht der Unterabteilung Wirtschaft vom 2. 4. 50 (GARF, f. 9409, op. 1, d. 286, S. 99).
38 Vgl. GARF, f. 9409, op. 1, d. 278, S. 21.
39 Im Lager Nr. 2 Posen, teilte z. B. der Chef des Lagers, Oberst Orlov, im Juli 1945 Generalmajor Sidnev mit, "ist die Lage wegen der fehlenden Kraftstoffe äußerst schwierig; der Fuhrpark steht, den Lebensmittelvorrat gibt es nur für fünf Tage, es gibt keine Kartoffeln sowie kein Heizmaterial, da diese aus einer Entfernung von 45 km gebracht werden müssen. Die Leitung des 56. Kfz-Regimentes gibt keinen Kraftstoff heraus und hat angeordnet, den Fuhrpark aus dem Lager [...] nach Berlin zu überführen, so daß im Lager keine Transportmittel bleiben" (GARF, f. 9409, op. 1, d. 139, S. 75).
40 Vgl. GARF, f. 9414, op. 1, d. 360, S. 28; GARF, f. 9409, op. 1. d. 286, S. 99.

ten Versorgung mit Lebensmitteln dargestellt.[41] Bei einer Inspektion des Lagers Nr. 1 Mühlberg im Oktober 1945 wurde z. B. festgestellt, daß wegen Mangel an Transportmitteln und wegen der großen Entfernungen zu den Lebensmittelmagazinen der GSBT (Gruppe der Sowjetischen Besatzungstruppen) keine erforderlichen Lebensmittelvorräte beschafft werden könnten; aus demselben Grund war die selbständige Beschaffung von Gemüse ebenfalls unzureichend.[42] Im November meldete der Chef der Sanitätsgruppe, daß aus diesem Grunde "die Brotzuteilungen an die Häftlinge an drei Tagen auf 150 g pro Tag reduziert" worden seien.[43] Die gleichen Probleme gab es auch im Lager Nr. 4 Bautzen: "Unregelmäßigkeiten" bei der Herausgabe von Fett, Gemüse und Zucker wegen "unzureichender Zufuhr"; in den Tagesverpflegungssätzen wurden nur 50 % der den Lagerinsassen zustehenden Kartoffeln ausgegeben; Gemüse fehlte vollständig, da es aus 60 km Entfernung transportiert werden mußte. Wieder fehlten Transportmittel: Von drei Lastwagen waren zwei defekt.[44] Das Lager Nr. 7 Sachsenhausen mit einem Bedarf von 1800 t Kartoffeln für den Winter erhielt bis zum 26. Oktober 1945 Lieferscheine nur für 650 t, davon wurden wegen der großen Entfernung (100 km) und fehlendem Kraftstoff[45] nur 250 t ins Lager gebracht.

Symptomatisch ist, daß die Speziallager in dieser Zeit versuchten, Eigenversorgungsstrategien zu entwickeln: So wurden gleichzeitig mit der Errichtung der Speziallager auch die Nebenwirtschaften in Betrieb genommen. Darunter wurden nicht nur innerhalb des Lagergeländes betriebene Einrichtungen und Flächen verstanden, sondern auch ferngelegene landwirtschaftliche Zonen, die den Lagern zur selbständigen Bewirtschaftung zugewiesen wurden. Die Bearbeitung dieser Flächen[46] sowie übliche "Wirtschaftsarbeiten außerhalb des Lagers" – Holzfällen, Lebensmitteltransporte, Arbeiten in der Nebenwirtschaft u. ä. stellten jedoch im Regelfall eine – von der sowjetischen Seite durchaus ernstgenommene – Gefahr für die Lagerordnung dar. Bei meistens unzureichender Bewachung boten sie verhältnismäßig gute Möglichkeiten zur Flucht sowie zu Kontakten mit der Bevölkerung. Kein Wunder also, daß diese Umstände nicht nur zur kontinuierlichen Verschärfung der Lagerordnung, sondern auch zur Reduzierung der wirtschaftlichen Aktivitäten der Speziallager führten, was die allgemeine Versorgungssituation in den Speziallagern und somit die Lebensbedingungen der Lagerinsassen negativ beeinflußte.[47] Im Widerspruch zu den gültigen Sicherheitsvorschriften standen auch die "Wirtschaftsausflüge" des sowjetischen Personals in die benachbarten Ortschaften in Begleitung von ortskundigen Häftlingen.[48] Dem Leiter des Lagers Nr. 3 Berlin-Hohenschönhausen, Hauptmann Čumačenko, kostete ein von ihm

---

41 Vgl. z. B. eine entsprechende Beschwerde von Sviridov an Serov vom August 1945 (GARF, f. 9409, op. 1, d. 1, S. 44).
42 Vgl. GARF, f. 9409, op. 1, d. 132, S. 129.
43 GARF, f. 9409, op. 1, d. 292, S. 8.
44 GARF, f. 9409, op. 1, d. 132, S. 117.
45 GARF, f. 9409, op. 1, d. 132, S. 109.
46 "Die großen Flächen des ehemaliges Gutes Fünfeichen mußten wir mit Spaten umgraben und durch Menschenhand bestellen und abernten..." (Fünfeichen 1945–1948, 1990, S. 34).
47 Vgl. z. B. in dem Sanitätsbericht des Speziallagers Nr. 1 Mühlberg vom 27. 2. 46: "Es ist verboten, Brennholz vor Ort zu beschaffen. Bevor der Lieferschein für Brennstoffe vorlag und ihr Transport organisiert wurde, waren wir gezwungen, hauptsächlich den Küchenblock mit Brennholz zu versorgen..." (GARF, f. 9409, op. 1, d. 295, S. 65).
48 Vgl. den Bericht von Katharina Knittel, Archiv Buchenwald, S. 20: "Herr Dahlke (Weimaraner) hatte in Erfahrung gebracht, daß die Russen knapp an Treibstoff waren. Er teilte den Russen mit, er sei bereit, ihnen Treibstoff zu beschaffen...".

angeordneter "Ausflug" im November 1945 den Posten, da die zur Beschaffung von Heizungskesseln fürs Lazarett geschickten Häftlinge den Wachsoldaten überlisteten und nach Westberlin fliehen konnten.[49] Freilich waren diese "Ausflüge" meistens mit den eigennützigen "Versorgungsinteressen" der sowjetischen Lagerleitung verbunden.[50] So teilte z. B. Generalmajor Gorochov, Chef der Kommandanturverwaltung der SMAD, am 11. Februar 1946 Generaloberst Serov mit, daß das Personal des Lagers Nr. 1 Mühlberg mehrmals gemeinsam mit Häftlingen bei "Versorgungsfahrten" ertappt worden war: "Die Deutschen", meldete Gorochov, "werden in ihre Wohnorte geschickt, um von ihren ehemaligen Betrieben Waren zu holen".[51] Aus den beigefügten "Warenlisten" ist ersichtlich, daß neben Seidenstrümpfen, Leder, Stoffen, Schnapsflaschen "für den Kommandanten" auch größere Mengen an Medikamenten und Papier für das Lazarett besorgt wurden.[52]

So haben sich die Wirtschaftsaktivitäten der Speziallager mit der Zeit überwiegend auf das Lagergelände beschränkt, wie z. B. im Lager Nr. 9 Fünfeichen, wo 1945/46 "sehr gute Meister und Facharbeiter" in den "Autowerkstätten, Feinmechanik, Gießerei u. a. Gewerben gearbeitet haben, um so Werte zu schaffen, damit sich das Lager selbst erhalten konnte".[53]

Die Erzeugnisse der lagerinternen Nebenwirtschaften, noch im Herbst 1945 nachweislich für die Verpflegung der Lazarettkranken herangezogen,[54] durften bereits Ende 1945 nicht mehr an die Häftlinge weitergegeben werden. In späteren sowjetischen Dokumenten wird jedenfalls darauf hingewiesen, daß diese bis 1948 ausschließlich zur Verbesserung der Verpflegung des sowjetischen Personals genutzt wurden.[55]

Die "objektiven" Unregelmäßigkeiten in der Versorgung trugen dazu bei, daß die Verpflegungsnorm nicht eingehalten wurde. Hinzu kamen aber auch die Besonderheiten der Versorgungsplanung. Die Versorgung der Speziallager mit Lebensmitteln bzw. die Bereitstellung der dafür erforderlichen Gelder erfolgte aufgrund von pauschalen Aufstellungen für das ganze Jahr im voraus und zusätzlich für jedes Quartal.[56] Es bleibt unklar, von welchem Zeitpunkt an die Versorgungsinstitutionen über die Lagerbelegung monatlich informiert wurden (wie es der GULAG-Bericht vom 20. August 1948 registrierte[57]). Dies bedeutete, daß zahlenmäßig umfangreichere Neuzugänge nicht einkalkuliert wurden, was zur automatischen Reduzierung von Zuteilungen an die "alten" Häftlinge führte. Ähnliche "plantechnische" Probleme blieben auch für die Zivilbevölkerung der SBZ nicht ohne Folgen: Die ursprünglich infolge des Flüchtlingsstromes wachsende Zahl der "Bevölkerungskontingente" wurde in den Plänen nicht berücksichtigt, so daß im Regelfall mehr Lebensmittelkarten ausgegeben wurden, als in den Versorgungsplänen vorgesehen war.[58] Bis zum Jahresende 1945, als die Belegung der Speziallager rapide zunahm, war die "automatische" Reduzierung der Verpflegungssätze vorprogrammiert. Auch später wurden größere Transporte mit neuen Häftlingen von den "Altinsassen" gefürchtet: "Man verlor

---

49 Vgl. GARF, f. 9409, op. 1, d. 135, 45, 47.
50 Auf die Fälle der "lagerinternen" Geschäfte wird hier nicht weiter eingegangen (vgl. dazu z. B. GARF, f. 9409, op. 1, d. 54, S. 5ff).
51 GARF, f. 9409, op. 1, d. 14, S. 9.
52 GARF, f. 9409, op. 1, d. 14, S. 7–8.
53 Fünfeichen 1945–1948..., 1990, S. 26.
54 Vgl. GARF, f. 9409, op. 1, d. 132, S. 133.
55 Vgl. GARF, f. 9414, d. 360, S. 31.
56 GARF, f. 9409, op. 1, d. 482, S. 178.
57 GARF, f. 9414, op. 1, d. 360, S. 29.
58 Vgl. Gaertner 1991, S. 73.

zuviel, der Zugang zu den sanitären Anlagen wurde noch schwieriger, die Verpflegung noch schmaler, die Überlebenschancen noch geringer".[59]

Anzumerken ist, daß die Wirkung der genannten Mechanismen zur Senkung von Ist-Werten bei der Zivilbevölkerung teilweise durch den Schwarzmarkt abgeschwächt werden konnte; bei den Speziallagerinsassen war das jedoch nicht möglich. Nicht möglich war auch, den zustehenden Verpflegungssatz persönlich zu empfangen, was zu "halblegalen" und "illegalen" Lebensmittelabzweigungen führte.

Zu den "grauen" Vorgängen, die die realen Normenkürzungen begünstigten, gehörte die lagerinterne Umverteilung von Lebensmitteln. Üblich war, daß jeder arbeitende Häftling am Tag des Arbeitseinsatzes mehr Verpflegung, als sein in der Baracke gebliebener Nachbar bekam.[60] Das gleiche galt selbstverständlich auch für Häftlingsgruppen, die bei der internen deutschen Lagerverwaltung tätig waren (z. B. Gruppen- und Hundertschaftsführer[61], Lagerpolizei[62] usw.). Diese Verteilung erfolgte einerseits "nach bewährtem sowjetischen Muster" und war in der Abteilung Speziallager wohl bekannt und geduldet, andererseits wurde sie während der Lagerinspektionen als Mangel ausgewiesen, der zu bekämpfen sei.[63] Die von der sowjetischen Lagerleitung praktisch anerkannte "Besserstellung" der Vertreter der inneren deutschen Lagerleitung wurden in den Erinnerungsberichten mehrmals thematisiert.[64] "Während wir normalen, nicht privilegierten Häftlinge immer mehr abmagerten, wurden diese Mitgefangenen immer fetter" – so charakterisiert ein Zeitzeuge diese Situation.[65] Die Ursache dafür lag auf der Hand: Für alle Speziallagerinsassen galt offiziell dieselbe Norm, erhöhte Verpflegungszuteilungen an die Arbeitenden und die Lagerprominenz waren nicht einkalkuliert und erfolgten auf Kosten der nichtprivilegierten Häftlinge.

Eine weitere wohlbekannte Ursache der Reduzierung von Lebensmittelzuteilungen waren die nicht einkalkulierten Küchenabfälle. Da die Verpflegungsnorm das Bruttogewicht der auszugebenden Lebensmittel enthielt, minderte sich der Umfang bzw. der Kaloriengehalt der Mahlzeiten nach dem Aussortieren von oft minderwertigen Lebensmitteln erheblich.[66] Die falsche Lagerung von Gemüse führte ebenfalls zu spürbaren Nettoverlusten. Der Umfang von Gemüsezuteilungen für die Häftlinge reduzierte sich dadurch automatisch.[67] Für den täglichen Verbrauch in der Küche wurden z. B. ständig die schlechtesten Kartoffeln aussortiert: "nach Einblick in diese Dinge" wunderte es selbst die Häftlinge nicht mehr, "daß das Essen so schlecht und dünn war".[68]

---

59 Bechler 1990, S. 123.
60 "Sie erhalten als Arbeitende eine geringe Brotzulage und etwas mehr Suppe. Wie die Einteilung ist und nach welchem Prinzip sie erfolgt, weißt keiner" (Noch heute träume ich von dem Tag X.., S. 9. – Das Manuskript befindet sich im Besitz der Autorin, der Name der Verfasserin ist unbekannt).
61 Vgl. Pritzkow 1994, S. 44.
62 Vgl. den Bericht von Jürgen Metzing (Erler/Friedrich 1995, S. 89).
63 Vgl. z. B. GARF, f. 9409, op1, d. 132, S. 132: während einer Inspektion in Fünfeichen im Oktober 1945 wurde festgestellt, daß die 196 Personen starke Lagerpolizei sowie die anderen Vertreter der "inneren Lagerverwaltung" zusätzliche Verpflegung auf Kosten der übrigen Häftlinge erhalten.
64 Vgl. den Bericht von Jürgen Metzing..., S. 89–90.
65 Schmidt 1994, S. 28.
66 Vgl. z. B. entsprechende Ausführungen bei Just (Just 1952, S. 105, 118).
67 "Der große Abfall von ungenießbaren Kartoffeln wird bald zur Senkung der zur Verfügung stehenden Verpflegung des Kontingentes führen" (Sanitätsbericht aus Mühlberg, GARF, f. 9409, op. 1, d. 299, S. 92).
68 Vgl. den Bericht von Ehrhart Glaser, Archiv Buchenwald, S. 12.

Daneben wurden Lebensmittel auch unterschlagen oder gestohlen, und zwar von Personen, die direkt oder indirekt Zugang zu ihnen hatten und die Vorräte zur persönlichen Bereicherung bzw. für die Tauschgeschäfte (innerhalb und außerhalb des Lagers) nutzen wollten. Die genannten Aktivitäten waren sowohl auf deutscher als auch auf sowjetischer Seite zu beobachten, was durch sowjetische Dokumente und deutsche Zeitzeugenberichte vereinzelt belegt ist. Das reale Ausmaß des illegalen "Lebensmittelverkehrs" läßt sich aufgrund der vorhandenen Dokumente nicht genau ermitteln. Es wird z. B. über den "Krätzekeller" in Bautzen berichtet, in dem sich "der Älteste", eine zusätzliche Portion Brot versprechend, an die Goldzähne der Mithäftlinge machte,[69] oder über einen Zahnarzt in Fünfeichen, "der sich laufend Warmessenportionen aus der Küche holte, um sich für dieselben die bescheidenen Butterrationen von Kranken einzuhandeln und damit seine Bratkartoffeln herzustellen".[70] "Obwohl bei der Essenausgabe stets ein Häftlingsarzt anwesend war, konnte auch er nicht verhindern, daß zunächst die Funktionsträger ihr Essen faßten, und dies gleich mit mehreren Nachschlägen, wobei sie stets das Dicke schöpften und die nährwertlose Brühe der Masse überließen" – so erinnerte sich ein ehemaliger Häftling von Bautzen.[71] In den sowjetischen Dokumenten wird über einzelne Fälle von Diebstahl aus der Küche und aus den Lagermagazinen von deutscher Seite[72] sowie über einzelne Diebstahlsdelikte des sowjetischen Personals[73] berichtet. Anzunehmen ist, daß nicht wenige Betrugsfälle nicht aufgeklärt bzw. unbestraft blieben. So wurde die Lagerleitung in Sachsenhausen 1949 wegen Austauschs von Fleisch (die Jäger unter dem sowjetischen Personal haben das von ihnen erbeutete Wildfleisch in die Häftlingsküche getragen, bekamen dafür das hochwertigere Fleisch aus den Lagermagazinen) lediglich kritisiert und aufgefordert, solche Praktiken "einzustellen".[74] Es ist zu vermuten, daß der ständig praktizierte "Austausch" von Lebensmitteln (z. B. Sauerkraut statt Kartoffeln u. ä.) nicht immer durch die unzureichenden Lieferungen, sondern auch durch die undurchschaubaren lagerinternen "Lebensmittelbewegungen" verursacht war.[75]

Neben der dürftigen Verpflegung war auch eine ausgesprochen schlechte *Versorgung der Häftlinge mit Kleidung und Wäsche* für den ersten Anstieg der Sterblichkeit im Winter 1945/46 von Bedeutung. Bis Juni 1945 wurde dieses Problem in keiner Form offiziell gere-

---

69 Das gelbe Elend 1992, S. 64.
70 Bericht von Dieter Melms (Schulz-Naumann 1991, S. 310).
71 Das gelbe Elend 1992, S. 243.
72 Die in den sowjetischen Dokumenten aufgeführten Fälle sind oft durch auffällige "Geringfügigkeit" und verhältnismäßig harte Strafen gekennzeichnet. Es sind auch einzelne SMT-Urteile überliefert: Für die Entwendung von 9,5 l Öl aus dem Magazin des Speziallagers Nr. 2 wurden vier Häftlinge an das Militärtribunal übergeben und zu 10 bis 15 Jahren Arbeitslager verurteilt (GARF, f. 9409, op. 1, d. 504, S. 41–42). Zehn Jahre bekam im selben Lager eine Frau, die "0,5 m Stoff aus den Lagerbeständen gestohlen" hat (GARF, f. 9409, op. 1, d. 504, S. 43).
73 Die in den sowjetischen Unterlagen vermerkten Fälle sind überwiegend seit Mitte 1947 passiert. So wurde z. B. der "Expediteur" des Lagers Nr. 1 Sachsenhausen Umanec wegen Diebstahls und Weiterverkaufs von Seife verurteilt, die er ins Lager transportieren sollte (GARF, f. 9409, op. 1, d. 268, S. 136–137).
74 Vgl. GARF, f. 9409, op. 1, d. 518, S. 89.
75 Zum Austausch von Lebensmitteln vgl. GARF, f. 9409, op. 1, d. 518, S. 89 sowie in: d. 77, S. 4: "Infolge des verantwortungslosen Wirtschaftens im Lebensmittellager [des Speziallagers Nr. 2 Buchenwald – N.J.] ist ein Fehlbestand an Kartoffeln aufgetreten, der durch die Herausgabe von Mehl gedeckt wurde. Das Spezialkontingent erhielt 12 bis 14 Tage Mehl statt Kartoffeln, wobei in den Abrechnungsscheinen die Ausgabe von Kartoffeln verbucht wurde".

gelt. Die massenhaften Verhaftungen, die manchmal von der Straße weg erfolgten, führten im Sommer 1945 dazu, daß die Lager sich mit Häftlingen füllten, die nur leichte Sommerbekleidung und keine Wäsche zum Wechseln, geschweige denn Decken u. ä. bei sich hatten. In einem Schreiben an die Leiter der Operativen Sektoren vom 15. Juni 1945 vermerkte der Chef des Operativen Sektors Berlin, Generalmajor Sidnev, daß "diese Situation verschiedene Erkrankungen, darunter auch ansteckende, verursachen kann" und wies die operativen Mitarbeiter an, während der Verhaftungen die Mitnahme von einem oder zwei Paar Wäsche zum Wechseln, ordentlichem Schuhwerk, Oberbekleidung sowie mit Bettzeug (Wolldecke und Laken) zu sichern. Weiterhin war es "den Verhafteten zu erlauben, ein Handtuch, Taschentücher, Haushalts- oder Toilettenseife, Zahnbürste und Zahnpulver (bzw. Zahnpasta) mitzuführen".[76] Als Vorlage für Sidnev diente höchstwahrscheinlich die am gleichen Tag unterschriebene Anordnung von Serov Nr. 299/c zur Ausstattung der Verhafteten mit Kleidung, Schuhwerk und Bettzeug, die in den uns zugänglichen Archivbeständen nicht überliefert ist.[77] Am 19. August 1945 wies Serov auf die weiterhin andauernden Mißstände "bei der Durchführung von Verhaftungen" hin und ordnete an, die Arrestanten in die Untersuchungseinrichtungen "in ordentlicher Bekleidung und mit festem Schuhwerk" einzuliefern und dabei die Mitnahme von (Winter)Mantel, zwei Paar Wäsche zum Wechseln, zwei Bettlaken, Decke und Kissen, zwei bis drei Paaren Socken und zwei bis drei Handtücher zu gewährleisten.[78] Offensichtlich kamen diese Anordnungen nicht zum Tragen, so daß das Problem der Ausstattung von Verhafteten auch später nicht an Geltung verlor und weiterhin für Spannungen zwischen den Speziallagern und Operativen Gruppen sorgte[79]. Nach Aussagen ehemaliger Lagerinsassen kam es auch vor, daß die mitgenommene oder später von den Angehörigen übergebene Kleidung vom sowjetischen Personal gleich im Untersuchungsgefängnis unterschlagen wurde.[80] Die Speziallager (möglicherweise auch über die ihnen entgangenen Güter verärgert) versuchten zunächst, die Aufnahme von Personen ohne "richtige" Bekleidung zu verweigern. Die Reaktion der Operativen Gruppen führte zum "Kompromiß", der eindeutig ihren Sieg bedeutete: Die Speziallager wurden ausdrücklich verpflichtet, alle Häftlinge unabhängig von ihrem "Ausrüstungsstand" aufzunehmen, die Mängel sollten jedoch in einem Protokoll vermerkt werden.[81]

Bereits im Herbst 1945, als die Anzahl der Erkältungserkrankungen stark zunahm, spitzte sich die Situation gefährlich zu. Bemerkenswert ist der überlieferte Briefwechsel der Abteilung Speziallager mit Major Lavrent'ev, Chef des Speziallagers Nr. 8 Torgau, der innerhalb von vier Monaten (von September bis Dezember 1945) insgesamt fünf Schriftstücke zu diesem Problem verfaßt hat. So teilte er im September 1945 mit, daß die Häftlinge in sein Lager "äußerst schlecht angezogen und zum Teil halb angezogen und ohne Schuhe" eingeliefert werden. Der Major beklagte sich nicht nur, er machte einen Vorschlag, der wie eine

---

76 GARF, f. 9409, op. 1, d. 322, S. 12.
77 Diese Anordnung wird in einem Schreiben von Sviridov vom 5. 1. 46 erwähnt (vgl. GARF, f. 9409, op. 1, d. 130, S. 92).
78 GARF, f. 9409, op. 1, d. 129, S. 15.
79 Noch 1949 gab es zu diesem Anlaß Streitigkeiten zwischen Generalmajor Mel'nikov (MGB) und Oberst Sokolov, Leiter der Abteilung Speziallager (vgl. GARF, f. 9409, op. 1, d. 221, S. 58; d. 506, S. 38).
80 Vgl. in: Das gelbe Elend 1992, S. 42–43; in sowjetischen Dokumenten: GARF, f. 9409, op. 1, d. 263, S. 2–4: Es wird ein Fall von Unterschlagung einer Jacke und von Tabak durch Feldwebel Ševcov (Gefängnis Strelitz) dokumentiert.
81 GARF, f. 9409, op. 1, d. 130, S. 166; d. 322, S. 8.

Anfrage klang: ob es möglich wäre, Kleiderpakete von den Familienangehörigen der Häftlinge zu empfangen, ohne dabei "Besuche und Briefwechsel zuzulassen".[82] Er wies darauf hin, daß er unter öffentlichem Druck stehe und mit Anfragen solcher Art von Angehörigen überschüttet werde. Wegen der ausgebliebenen Reaktion der Abteilung Speziallager folgten weitere, fast identische Briefe, in denen betont wurde, daß "der Winter vor der Tür stehe" und die Gefahr der Erkältungskrankheiten groß sei.[83] Die Abteilung Speziallager reagierte Anfang Dezember mit dem Vorschlag, sich mit dem für die Ausstattung von Häftlingen zuständigen Operativen Sektor Sachsen in Verbindung zu setzen.[84] Bald darauf meldete Lavrent'ev, daß der Chef des Operativen Sektors Sachsen, Generalmajor Martirosov, ihm die Verantwortung in Fragen der Ausstattung der Häftlinge zuschob, indem er ihn darüber informierte, daß "die Ausstattung der Häftlinge mit Winterbekleidung durch die Operativen Sektoren nicht möglich sei" und daß "diese Arbeit" der Lagerchef selbst "organisieren müßte".[85] Die Abteilung Speziallager antwortete darauf im Januar 1946, daß "die Leiter der Speziallager die Aufnahme des Kontingentes bzw. die exakte Ausführung der Anordnungen des Stellvertretenden Volkskommissars für Innere Angelegenheiten Generaloberst Serov über die Versorgung der Inhaftierten mit Kleidung, Schuhwerk und Bettzeug [...] zu kontrollieren haben" und daß jegliche Pakete, sowohl mit Kleidung als auch mit Lebensmitteln sowie Besuche laut der "Vorläufigen Anordnung" in den Speziallagern streng verboten sind." Die Frage nach der Bekleidung für das Spezialkontingent wurde den zuständigen Stellen übermittelt" – und so Sviridov –, "falls sie positiv ausfällt, wird die Bekleidung herausgegeben".[86] Der Ton des Schreibens machte deutlich, daß die Abteilung Speziallager über die Beharrlichkeit des Torgauer Lagerchefs verärgert war. Es ist nicht auszuschließen, daß der geschilderte Fall Major Lavrent'ev in Ungnade fallen ließ: Es folgten Lagerinspektionen, bei denen "Verstöße gegen die Lagerordnung" aufgedeckt wurden (u. a. Beerdigungen mit Namensschildern und Kreuzen), was Lavrent'ev schließlich seinen Posten kostete.[87] Das für die Speziallagerpraxis übliche Hin- und Herschieben von Zuständigkeiten hing also mit einer merkwürdigen Situation zusammen: Keine der sowjetischen Institutionen fühlte sich verpflichtet, die Verantwortung für die Versorgungsmängel und insofern für das Leben der Lagerinsassen zu tragen. Um so konsequenter versuchte die Abteilung Speziallager, ihre "eindeutig" fixierte Zuständigkeit in Sachen des Einhaltens der in der "Vorläufigen Anordnung über die Speziallager" festgelegten Lagerordnung wahrzunehmen und durchzusetzen.

Es bleibt übrigens offen, wie oft der Kleidermangel nur ein Scheinproblem darstellte. Nach den Erinnerungen ehemaliger Häftlinge war z. B. das Lagermagazin im Lager Nr. 4 Bautzen bereits Ende 1945 "mit Kleidung und Wolldecken, mit Geschirr und Besteck" so vollgestopft, daß beim Betreten dieses Raumes "der Atem wegblieb", die Kleidung blieb jedoch unter Verschluß.[88] Ernst–E. Klotz erinnerte sich, daß im Lager Nr. 2 Buchenwald die den Häftlingen "entwendeten Sachen gewaschen, geflickt und sorgfältig im großen Magazin

---

82 GARF, f. 9409, op. 1, d. 130, S. 136.
83 Ebenda, S. 129, 111.
84 Ebenda, S. 98.
85 Ebenda.
86 GARF, f. 9409, op. 1, d. 130, S. 92.
87 Vgl. GARF, f. 9409. op. 1, d. 261, S. 19–20; d. 144, S. 14.
88 Bechler 1990, S. 81; vgl. auch Bericht von Johannes Urban (Das gelbe Elend 1992, S. 268): "Dort lagerten u. a., durch ein Fenster sichtbar, Massen ineinander geschichteter emaillierter Eßschüsseln mit Henkeln, während wir nach wie vor auf unsere rostigen Blechbüchsen angewiesen waren".

gelagert" wurden.[89] Anzunehmen ist, daß die Lagermagazine tatsächlich vieles verbargen, was eigentlich für den Verbrauch von Häftlingen genutzt werden konnte. Es bleibt unklar, für welche Zwecke die Kleidung unter Verschluß gehalten wurde: für den "Eigenbedarf" des Lagerpersonals[90] oder möglicherweise als Reserven "für den Notfall", der z. B. in Form eines Befehls zum Abtransport in die UdSSR eintreten könnte.[91] So könnte die Strategie der "Reservenbildung" im Lager als eine durchaus mögliche Form der Selbstabsicherung ihrer Chefs gedeutet werden. Es ist zumindest ein Fall bekannt, in dem nur die ausdrückliche "Genehmigung" des Leiters der Abteilung Speziallager den Lagerchef zur "Herausgabe" der im Lager vorhandenen Wäschebestände an die Lazarettpatienten bewegt hat.[92]

Die genannten "langfristigen", aber auch "kurzfristigen", d. h. nur für 1945 charakteristischen Faktoren des hohen Krankenstandes sowie der Sterblichkeit in den Speziallagern werden an der Struktur der ersten Sterbewelle des Winters 1945/46 erkennbar. Die Häufung von Infektionserkrankungen (Diphtherie, Ruhr, Typhus, Gesichtsrose) und Hauterkrankungen (Furunkulose) können in diesem Zusammenhang als unmittelbare Folge der allgemeinen gesundheitlichen Nachkriegssituation gedeutet werden, deren Auswirkungen unter den miserablen hygienischen Bedingungen in den Speziallagern katastrophal war. Die Auswirkung der "langfristigen" Faktoren (unzureichende sowie vitamin- und eiweißarme Verpflegung, mangelhafte Bekleidung, dauerhafter negativer Streß) wurde in dieser Zeit durch die kontinuierliche Zunahme von Dystrophie und damit verbundenen Herzerkrankungen gekennzeichnet.

Aus den sowjetischen Dokumenten, daß sich *die medizinische bzw. sanitäre Versorgung* sowie "medizinische" Aktivitäten der sowjetischen Leitung in dieser Zeit hauptsächlich auf der Bekämpfung und Prophylaxe der Infektionskrankheiten konzentrierten: Die Sanitätsberichte enthalten mehr Informationen über Desinfektionen, Entlausungen, Trinkwasserqualität und Quarantäne für die neu eingelieferten Häftlinge, als über Kranke und Sterbefälle.

Besondere Aufmerksamkeit wurde dabei der Bekämpfung von Typhus und Diphtherie gewidmet – Krankheiten, deren Epidemien 1945/45 in Ostdeutschland ein großes Ausmaß erreicht haben. Besonders betroffen durch die Typhuswelle war das Speziallager Nr. 9 Fünfeichen, da die epidemiologische Situation in Mecklenburg wegen anhaltender Umsiedlerströme über längere Zeit äußerst angespannt blieb. Aus diesem Grund wurden dort im Frühjahr 1946 Häftlinge gegen Typhus geimpft;[93] in den anderen Lagern dagegen fanden die ersten Typhusimpfungen erst im Frühjahr 1947 statt.[94] Die Bekämpfung von Diphtherie

---

89 Klotz 1992, S. 59.
90 Ebenda, S. 60: "Ich hatte um jene Zeit einmal im Magazin zu tun und las die Aktennotiz, die der Lagerverwalter an Stelle einer Quittung einheftete: 1600 Wäschestücke ausgehändigt an russische Soldaten!"
91 Es gibt zwar keine direkten Hinweise darauf, bekannt sind jedoch Fälle, bei denen die besten durch die Speziallager beschlagnahmten Güter "den Weg in Richtung Osten" antreten mußten (vgl. dazu Pritzkow.1994, S. 81). Obendrein ist bekannt, daß man sich in höheren Verwaltungsetagen des MVD 1948 und 1950 immer wieder Gedanken machte, welches Inventar aus den aufgelösten Lagern für den weiteren Verbrauch in den sowjetischen GULAG-Lagern abtransportiert werden konnte. Vgl. (z. B. GARF, F. 9414, op. 1, d. 360, S. 157:) den handschriftlichen Vermerk von Serov an den Chef der GULAG, Generalmajor Dobrynin, adressiert: "Über die Hälfte der Lager wird aufgelöst... Einiges muß hierher [d. h. in die UdSSR . N.J.] für die Lager gebracht werden (Wäscherei, Kessel, Bettwäsche).
92 GARF, f. 9409, op. 1, d. 298, S. 27.
93 Vgl. GARF, f. 9409, op. 1, d. 295, S. 252, 268; d. 296, S. 82.
94 Vgl. GARF, f. 9409, op. 1, d. 298, S. 15.

wurde im Regelfall durch Mangel an Diphterieserum erschwert,[95] brachte jedoch, (wie auch die Bekämpfung von Typhus) mit der Zeit eindeutige Erfolge.[96]

Die Behandlung der Krankheiten, die sich aufgrund mangelhafter und vitaminarmer Ernährung entwickelt haben, wurde dagegen kaum in Angriff genommen. Die Ursache dafür lag meistens nicht an der inhumanen Einstellung sowjetischer Ärzte. Die meisten von ihnen werden in den Erinnerungsberichten ehemaliger Lagerinsassen als Personen dargestellt, die um die Verbesserung der Verhältnisse im Lager bemüht waren.[97] Keiner von ihnen hatte Facherfahrungen aus den sowjetischen GULAG-Lagern vorzuweisen; die meisten von ihnen waren Militärärzte, die aus der Roten Armee auf verschiedenen Wegen zum Einsatz in die Speziallager kamen.[98] Die im Lazarett eingesetzten deutschen Ärzte und ihre Fachkompetenz werden auch meistens positiv eingeschätzt. Das Problem lag vielmehr darin, daß die ihnen zur Verfügung stehenden Mittel äußerst gering waren. Es mangelte bekannterweise sowohl an Medikamenten als auch an Verbandsmaterial, Desinfektionsmitteln und medizinischem Inventar, so daß die Einweisungen ins Lazarett für die Häftlinge nur eine bessere Schlafmöglichkeit, "etwas mehr Ruhe und keine Appelle" bedeuten konnten: Eine medizinische Behandlung der Krankheitssymptome war dort entweder auf sehr primitive Mittel beschränkt oder blieb weitgehend aus. Die eigentliche Ursache der meisten Erkrankungen – unzureichende Ernährung – blieb ein Tabu. In einem seiner wenigen Rundschreiben zu sanitären Fragen bemängelte der erste Leiter der Abteilung Speziallager Oberst Sviridov Anfang 1946, daß im Speziallager Nr. 1 Mühlberg die Totenscheine "falsch ausgestellt werden":

"'Abmagerung' wird in vielen von ihnen als Diagnose und Todesursache aufgeführt. Die Abmagerung kann infolge des Hungers, aber auch infolge einer chronischer Krankheit auftreten, und das muß verdeutlicht werden. Der Nährwert des an das Spezialkontingent im Lager auszugebenden Verpflegungssatzes beträgt mehr als 2000 [!] Kalorien, er enthält alles (Eiweiß, Fett, Kohlenhydrate usw.), was für den Erhalt der Lebensfunktionen des menschlichen Organismus erforderlich ist. Infolgedessen kann die Abmagerung wegen des Hungers nur dann auftreten, wenn die auszugebende Verpflegungsnorm das Spezialkontingent nicht erreicht".[99]

Die Interpretation der Unterernährung der Häftlinge als eines der lagerinternen Probleme, die nur als ein Zeichen der "schlechten Arbeit" der Lagerleitung dargestellt wurde, ließ es zu einer Lappalie werden. Das auffällige Bagatellisieren der ersten Sterblichkeitswelle im Winter 1945/46[100] hing möglicherweise damit zusammen, daß die Mehrheit dieser Opfer höheren Alters waren, so konnte man die Sterblichkeit in den Speziallagern als einen völlig "natürlichen" Prozeß verharmlosen. Es bleibt jedoch zu klären, ob der Sterblichkeitsanstieg in den Speziallagern einen allmählichen Rückgang von Neueinlieferungen Ende 1945 in irgendeiner Form beeinflußt hat. Infolge dieser Senkung blieb eine weitere unkontrollierte

---

95 Vgl. GARF, f. 9409, op. 1, d. 292, S. 287,328.
96 Vgl. z. B. in den Erinnerungen von Volker Schmidt: "Die sowjetische Lagerverwaltung tat alles, um eine Ausbreitung der Läuse zu verhindern. Es gelang ihr auch" (Fünfeichen 1945–1948, 1990, S. 21).
97 Vgl. z. B. in: Das gelbe Elend 1992, S. 27,243; Lange 1994, S. 107 ff. ; Fischer 1992, S. 55–56; Range 1989, S. 23.
98 Vgl. GARF, f. 9409, op. 1, d. 43, S. 73.
99 GARF, f. 9409, op. 1, d. 294, S. 21.
100 Nach den Angaben der sowjetischen Sanitätsberichte verstarben in den Speziallagern innerhalb von fünf Monaten (November 1945/März 1946) insgesamt 7.872 Personen.

Zunahme der Lagerbelegung[101] aus; die Lebensverhältnisse in den Lagern sowie das Niveau der sanitären Versorgung veränderten sich kaum.

Somit war die sowjetische Sanitäts- bzw. Versorgungspolitik in dieser Phase durch Unbestimmtheit und Widersprüchlichkeit gekennzeichnet. Einerseits wurde die hohe Sterblichkeit als lagerinternes Problem gedeutet, andererseits konnte sie leicht auf die außerhalb der Lager liegenden Umstände ("alte chronische Krankheiten" bei den älteren Häftlingen, Versorgungsschwierigkeiten, institutionelle Unstimmigkeiten mit den militärischen Versorgungsdiensten, plantechnische Probleme usw.) zurückgeführt werden. Wahrscheinlich wurde diese Situation durch die unbestimmte Zukunft negativ beeinflußt, so daß das Geschehen in den Speziallagern abwartend "seinem Gang" überlassen wurde. Diese Einstellung änderte sich nicht im Frühjahr 1946, als sich die allgemeine Versorgungssituation in den Speziallagern laut Berichten ehemaliger Häftlinge verbesserte. Diese Verbesserungen traten nämlich nicht als Folge gezielter Eingriffe (wie z. B. einer Erhöhung der Verpflegungsnorm) auf, sondern infolge der allgemeinen Verbesserung der Versorgungslage: In den sowjetischen Sanitätsberichten sind Hinweise darauf zu finden, daß sich in dieser Zeit die bisher unregelmäßige Versorgung mit Kartoffeln und anderem Gemüse normalisiert hatte.[102]

Im Frühjahr 1946 zeichnete sich eine Senkung der Sterblichkeit ab. Dabei spielten verschiedene Faktoren eine Rolle: neben der Verbesserung der Versorgungsmöglichkeiten wären auch die Stabilisierung der Lagerpopulation und der Anstieg der Außentemperaturen zu nennen. Die Lage hatte sich sogar so weit stabilisiert, daß in vielen Sanitätsberichten die optimistischen Töne dominieren. Jeder Berichterstatter war ganz im Sinne der Erwartungen "oben" um ein möglichst positives Bild bemüht, die "negativen" Seiten der Realität, wenn sie überhaupt zum Ausdruck kamen, wurden meistens anderen Verantwortlichen zugeschoben – das System der Lagerbürokratie sowie die Lagerrealität selbst boten hier verschiedene Möglichkeiten.[103] Charakteristisch ist, daß manche "negativen" Informationen einfach nicht geliefert wurden: Nach einer Anfrage der Abteilung Speziallager über die Anzahl der Dystrophiekranken in den Speziallagern im September 1946 wurde die entsprechende Statistik nur im Lager Nr. 4 Bautzen erstellt. Im September 1946 wurden dort 1589 Dystrophiekranke von insgesamt 3597 Insassen der Lagerbelegung registriert.[104]

Zweite Phase: November 1946 bis Februar 1948

Im Spätherbst 1946 traten Ereignisse ein, deren kurz- und langzeitige Auswirkungen kaum zu überschätzen sind. Durch die Anordnung vom 30. Oktober 1946, unterschrieben von

---

101 Vgl. dazu ein Schreiben von Major Lavrent'ev, Chef des Lagers Nr. 8 Torgau vom Dezember 1945, in welchem er sich über die Überbelegung des Lagers und die dadurch entstehenden technischen sowie hygienischen Probleme beschwert und außerdem um die Festlegung der Kapazitätsgrenze für das Lager bittet (GARF, f. 9409, op. 1, d. 134, S. 4–5).
102 Vg. z. B. GARF, f. 9409, op. 1, d. 295, S. 123; d. 296, S. 63.
103 Vgl. Alexander v. Plato über die "Spannungsfelder" der Aktenschreiber, "die einerseits ein möglichst positives Bild zeichnen wollen, andererseits jedoch ihre Leistungen angesichts katastrophaler Zustände und geringer Personalbesetzung betonen möchten". Die positive Darstellung dürfte also nicht so weit gehen, daß sie gar keinen Bezug zur "negativen" Realität hatten (Manuskript aus dem Jahr 1994, S. 3).
104 GARF, f. 9409, op. 1, d. 296, S. 138.

dem Stellvertretenden Leiter der Verwaltung für Handel und Versorgung der SMAD Oberstleutnant Šumilin und vom Leiter der Abteilung Speziallager Oberst Sviridov, bestätigt von Generaloberst Serov, wurde die Verpflegungsnorm der Speziallagerinsassen ab dem 1. November 1946 radikal gesenkt. Diese Reduzierung, im Vergleich zur letzten Normensenkung im September 1945, betraf nicht nur Fleisch und Fett, sondern das komplette Lebensmittelsortiment, mit der Ausnahme von Salz. Besonders schwerwiegend war die Reduktion der Brotnorm – der einzigen Zuteilung, die halbwegs regelmäßig ausgegeben wurde und als Hauptnahrungsmittel in Lagern galt. Die Anordnung legte zum ersten Mal den unterschiedlichen Versorgungsstatus der arbeitenden und nichtarbeitenden Häftlinge fest: Jetzt standen jedem nichtarbeitenden Lagerinsassen täglich nur noch 300 g Brot, 400 g Kartoffeln, 15 g Zucker, 40 g Fleisch bzw. Fisch, 200 g Gemüse und 35 g Nährmittel zu, jedem arbeitenden Häftling dagegen 400 g Brot und 20 g Zucker, wobei weitere Zuteilungen den Zuteilungen für Nichtarbeitende glichen.[105] Die Folgen der o. g. Anordnung ließen nicht lange auf sich warten: verstärkt durch den frühen und äußerst kalten Winter hat die Normensenkung zum Massensterben in den Speziallagern geführt. Dessen Höhepunkt wurde im Februar 1947 erreicht, als in den Speziallagern insgesamt 4.156 Personen starben und die Todesrate bis auf etwa 5 bis 10 % der aktuellen Belegung kletterte. Das Ausmaß des Hungers im Winter 1946/47 läßt sich nach den Ergebnissen der damals im Zusammenhang mit den bevorstehenden Deportationen durchgeführten Musterungen ablesen: im Lager Nr. 5 Ketschendorf z. B. wurden im Januar 1947 von 2.030 Häftlingen, die noch im Dezember 1946 zur Deportation in die Sowjetunion vorgesehen waren, nur 318 als arbeitsfähig eingestuft[106] (die Lagerbelegung betrug in dieser Zeit ca. 5.053 Personen).[107] In Mühlberg waren von 2.200 zur Deportation vorgesehenen Häftlingen, die immerhin eine bessere Verpflegung bekamen, Ende Januar nur 833 Personen[108] (bei ca. 12.347 Personen der Belegung[109]) als arbeitsfähig registriert.

Die Senkung der Rationen wird in den sowjetischen Dokumenten, die uns vorliegen, nicht begründet. Es existiert jedoch eine Reihe von Überlieferungen, die die Hintergründe dieses schwerwiegenden Schrittes andeuten können.

Im Oktober 1946 wurde die Versorgung der Speziallager von der GSBT an die SMAD übertragen.[110] Diese Umstellung hatte ein längeres Vorspiel. Wie bereits beschrieben, waren die "Versorgungsverhältnisse" zwischen der GSBT und den Speziallagern alles andere als harmonisch. Der Grund für die im Frühjahr 1946 wachsenden Spannungen lag höchstwahrscheinlich an der kurz davor vollzogenen Teilung des NKVD: Der Sicherheitsdienst wurde vom Staatssicherheitsministerium (MGB) übernommen, während die Speziallager dem MVD untergeordnet wurden und somit in einem engeren Verhältnis zur SMAD bzw. zu ihrer Abteilung (später Verwaltung) des Inneren standen. Bereits im Mai wurde Serov von Sviridov informiert, daß die Abteilung Lebensmittelversorgung der GSBT die Verpflegung für die Lager nur bis zum 1. Juni 1946 bereitstellen werde und die weitere Versorgung nur "nach einem Regierungsbefehl" erfolgen könne. Die Versorgung der Speziallager und Gefängnisse im Juni wurde dadurch, so Sviridov, "in Frage gestellt", weil die in den Spezialla-

---

105 GARF, f. 9409, op. 1, d. 278, S. 9.
106 GARF, f. 9409, op. 1, d. 150, S. 11.
107 GARF, f. 9409, op. 1, d. 143, S. 69.
108 GARF, f. 9409, op. 1, d. 299, S. 34.
109 GARF, f. 9409, op. 1, d. 143, S. 78.
110 Vgl. GARF, f. 9409, op. 1, d. 278, S. 11.

gern vorhandenen Lebensmittelvorräte nur für fünf bis sechs Tage reichten.[111] Durch das Eingreifen von Serov konnte der Zusammenbruch der Lagerversorgung vorerst verhindert werden, eine Dauerlösung des Problems wurde jedoch nicht gefunden. Bereits am 3. Juli 1946 meldete Sviridov, daß die Abteilung Lebensmittelversorgung der GSBT in Deutschland ihn "erneut über die Streichung des Personals der Speziallager sowie des Spezialkontingentes aus der Verpflegung gemäß der Anordnung Nr. 1983/111 des Genossen Hrulev vom 26. April 1946 informiert hat. Dies wurde damit begründet, daß wir zur SMA in Deutschland gehören. [Die SMAD – N.J.] verweigert es, ohne den Befehl des Oberbefehlshabenden die Erstellung von Unterlagen zur Aufnahme der Speziallager und Gefängnisse in die Verpflegung vorzunehmen".[112] Daß die SMAD offensichtlich nicht bereit war, ihre Bestände für die Versorgung "der Spezialkontingente" zur Verfügung zu stellen, war möglicherweise eine der Ursachen, weshalb die Übergabe der Speziallagerversorgung im Sommer 1946 nicht vollzogen wurde. Die endgültige Entscheidung fiel im Oktober 1946 und wurde von einem Kompromiß gekennzeichnet: Die zuständigen SMA-Behörden sollten die Häftlinge versorgen, die Versorgung des sowjetischen Lagerpersonals durch die Armee blieb noch bis September 1947 bestehen – am 27. September 1947 wurde der Befehl Nr. 0042 der SMAD erlassen,[113] der die Versorgung sowohl der Häftlinge als auch des sowjetischen Personals durch die SMAD festlegte.

Die überlieferten sowjetischen Dokumente lassen erkennen, daß die Übergabe der Speziallagerversorgung für die SMAD überraschend kam. Die entsprechende Mitteilung aus der Intendantur der GSBT in Deutschland wurde am 19. Oktober 1946 an den Leiter der Verwaltung Handel und Versorgung der SMAD gesandt. Generalmajor Tkačëv, Intendant der GSBT in Deutschland, und Oberst Voroncov, Chef der Abteilung Lebensmittelversorgung der Intendanturverwaltung der GSBT, teilten mit, "daß 83.348 Personen des Spezialkontingentes (arretierte Deutsche) ab 1. Oktober 1946 (!) von der Versorgung aus den Beständen des Ministeriums der Streitkräfte herausgenommen werden. Mit der Versorgung des genannten Kontingentes wird die SMA in Deutschland beauftragt". Und weiter: "Ich bitte um Ihre Anordnung zur Bereitstellung von Lebensmitteln zur Versorgung des Spezialkontingentes aus Beständen der SMA [...]". Dem Schreiben lagen die aktuellen Berechnungen der auszugebenden Lebensmittelmengen gemäß der Norm für Kriegsgefangene bei.[114]

Was in der Abteilung Handel und Versorgung der SMAD in der Zeit zwischen dem 19. Oktober und dem 30. Oktober 1946 zur nachfolgenden Kürzung dieser Lebensmittelnorm führte, bleibt bis heute unklar.

Die Lagerinsassen selbst neigten dazu, diese Maßnahme entweder als Teil einer "Vernichtungsstrategie"[115] oder als ein Zeichen der Angleichung an die Normen der Zivilbevölkerung[116] zu deuten. Es wäre zu fragen, wieweit diese beiden Meinungen der Wirklichkeit entsprachen.

---

111 GARF, f. 9409, op. 1, d. 278, S. 47.
112 GARF, f. 9409, op. 1, d. 278, S. 41.
113 Dieser Befehl wird in den Abschlußberichten zur Versorgung der Speziallager sowie in den GULAG-Zusammenfassungen erwähnt (vgl. GARF, f. 9409, op. 1, d. 482, S. 178; f. 9414, op. 1, d. 360, S. 18, 123), liegt uns zur Zeit jedoch nicht vor.
114 GARF, f. 9409, op. 1, d. 278, S. 11–12.
115 Vgl. bei Just (Just 1952, S. 73).
116 Bericht von Walter Ahrens (im Besitz der Autorin), S. 4 " ...als Begründung wurde angegeben, daß die Außenbevölkerung auch nur 400 g Brot erhält" - (der Autor gehörte zu den "Arbeitenden"), nicht identisch mit seinen Aufzeichnungen in: Die Opfer von Fünfeichen 1996; vgl. auch Bericht von Harry

Zunächst darf man nicht vergessen, daß das Versorgungssystem der SBZ nicht nur "durch den Primat der gesellschaftlichen Wertung" der Arbeit,[117] sondern auch durch einen politisch disziplinierenden Ansatz gekennzeichnet wurde: die Eingruppierung von sog. "Mitgliedern der nationalsozialistischen Organisationen" hatte eindeutig eine "bestrafende" Funktion. Mit 250 g Brot, 15 g Nährmittel, 350 g Kartoffeln und 15 g Fleisch täglich gehörten diese zu der am schlechtesten versorgten Bevölkerungsgruppe (Versorgungsgruppe 5).[118] Der bis zum 1. November 1946 geltende *offizielle* Verpflegungssatz der Speziallagerinsassen war jedoch in einzelnen Punkten höher als die Lebensmittelzuteilungen an die beiden am besten versorgten Kategorien der ostdeutschen Zivilbevölkerung – der "Schwerst- und Schwerarbeitenden".[119] Deshalb ist nicht auszuschließen, daß es sich in diesem Fall tatsächlich um den Versuch handelte, die politisch motivierte Versorgungspolitik in der SBZ weitgehend zu vereinheitlichen, zumal die SMAD jetzt die Richtlinien der Versorgung von Speziallagerinsassen mitbestimmte. Eine entscheidende Rolle hat dabei offensichtlich der bürokratische Vergleich der offiziellen Verpflegungssätze gespielt, die Lagerrealität bzw. mögliche Folgen der Normensenkung für die Lagerinsassen blieben dagegen unberücksichtigt.

Es ist jedoch nicht anzunehmen, daß die Entscheidung allein unter diesem "bestrafenden" Gesichtspunkt gefällt wurde. Die Vermutung, daß es sich *nur* um eine politisch motivierte "Vereinheitlichung" der Verpflegungsnormen handelte, läßt sich letztendlich nicht ausreichend bestätigen, denn sogar nach der Kürzung der Norm wurde der offizielle "Tiefstand" der Versorgungskategorie 5 nicht erreicht; zudem wurden bereits zum 1. Januar 1947 die Verpflegungsnormen der Häftlinge wieder erhöht.[120]

Hinter dem Beschluß über die Senkung der Verpflegungsnorm für die Lagerinsassen standen sicherlich auch wirtschaftliche Überlegungen. Dabei muß man berücksichtigen, daß die SMAD im Herbst 1946 unter einem gewissen "Sparzwang" stand, so daß das notwen-

---

Schmidt (Fünfeichen 1945–1948., 1990, S. 42): "Bis zum Spätherbst/Winter 1946 gab es einen für die damalige Zeit guten Verpflegungssatz: 600g Brot täglich, zu Mittag 1 Liter und abends ы Liter Suppe. Es wurde dann der Verpflegungssatz eingeführt, wie er in der SBZ (sowjetische Besatzungszone) bestand"; vgl. auch bei Ernst – E. Klotz (Klotz 1992, S. 121).

117 Gries 1991, S. 95.
118 Vgl. bei Winkler (Winkler 1961, S. 63) sowie bei Grieß (Grieß 1991, S. 94 ff). Gerade in diesem Sinne wurde die Versorgungspolitik der westlichen Besatzungsmächte, was die ehemaligen Träger des NS-Regimes betraf, kritisiert. "Während in der britischen Besatzungszone die Rationen für die arbeitende Bevölkerung gekürzt werden", teilte z. B. die in Schwerin von der SED herausgegebene "Landeszeitung" am 26. 7. 46 mit, "leben diejenigen, die für diese Entwicklung [d. h. für die durch den Krieg verursachte Not – N.J.] verantwortlich sind, [in den Lagern Paderborn und Recklinghausen] mit der doppelten Kalorienzahl, und dies ohne zu arbeiten" (Landeszeitung für Mecklenburg-Vorpommern, 26. 7. 46, S. 2).
119 Vgl. Winkler 1961, S. 63,82.
120 Die Auflistung der Norm in: GARF, F. 9409, op.9414, op. 1, d. 2837, S. 3; weitere Hinweise darauf bei Just: "Durch die Erhöhung der täglichen Brotmenge von 300 g auf 500 g Anfang Januar 1947 stieg zwar der tägliche Kaloriensatz um 400 Kalorien an, eine wesentliche Besserung der Ernährungsverhältnisse war jedoch nicht eingetreten." (Just 1952, S. 116); vgl. auch Angaben dazu in der Erläuterung zum Sanitätsbericht des Speziallagers Nr. 1 Mühlberg vom 27. 12. 46 (GARF, f. 9409, op. 1, d. 296, S. 3): "Nach der Erhöhung der Brot-, Grütze- und Zuckernorm hat sich die Stimmung der Häftlinge verbessert". Interessanterweise bezieht sich diese Aussage auf die zweite Dezemberhälfte. Obwohl bekannt ist, daß die Erhöhung der Norm vor dem 1. 1. 47 geplant wurde, bleibt unklar, ob in diesem Fall entsprechende Anweisungen früher erteilt wurden.

dige "Aufbrechen" der Lebensmittelressourcen für die Lagerinsassen nur in einem beschränkten Umfang vollzogen wurde. Es standen reparationsbezogene Getreidelieferungen in die Sowjetunion bevor, weitere Getreidelieferungen sollten auch in die Tschechoslowakei, nach Ungarn und Finnland[121] und in die britische Besatzungszone erfolgen.[122]
Darüber hinaus stellte die Versorgung der Zivilbevölkerung im Herbst 1946 eine Hypothek für die sowjetische bzw. die SED-Politik im Osten Deutschlands dar: Im Vorfeld der Gemeinde- und Landtagswahlen 1946 versuchte die SED, sich als politischen Garanten der kontinuierlichen Verbesserung der Lebensmittelversorgung der ostdeutschen Bevölkerung zu präsentieren. Die durch die SMAD gebilligte Erhöhung der Lebensmittelnorm im Juli 1946[123] wurde als Folge der positiven Ergebnisse der Bodenreform und der daraus resultierenden Stabilität der ostdeutschen Landwirtschaft gefeiert. Der Bevölkerung wurden weitere Erhöhungen der Lebensmittelrationen und eine allgemeine Verbesserung der Lebensmittelversorgung, u. a. die Abschaffung der Versorgungskategorie 5 versprochen (was jedoch nicht die erwarteten Wahlerfolge brachte). Gleichzeitig war abzusehen, daß das Einhalten der Versprechungen äußerst problematisch sein würde: Die Ernte 1946 fiel nicht so gut aus, wie es die zensierten Massenmedien darzustellen pflegten. Obwohl die Getreideeinnahmen im großen und ganzen nicht schlechter als 1945 waren, waren weitere bei Kriegsende noch vorhandene Reserven weitgehend aufgebraucht worden.[124] Der früh einsetzende Frost führte dazu, daß ein Teil der Kartoffel- und der Zuckerrübenernte im Spätherbst auf den Feldern erfror.[125] Bereits im Dezember 1946 waren die wirtschaftlichen Schwierigkeiten (Mangel an Heizmaterial, Transportprobleme usw.) und das wachsende Mißtrauen der Bevölkerung so offensichtlich, daß die SMAD sich Anfang 1947 bereit erklärte, *zusätzliche* Lebensmittelbe-

---

121 Vgl. GARF, f. 7317, op.44, d. 8, S. 10–11: Aus dieser Aufstellung der GSBT folgt, daß die SMAD an den Getreidelieferungen aus der SBZ "im Auftrag der sowjetischen Regierung" 1946/47 beteiligt war. Der "Hauptträger" dieser Lieferungen war die GSBT, die nach der Reduzierung ihrer Stärke im Sommer 1946 ihre Reserven möglicherweise abgeben mußte. Es ist nicht anzunehmen, daß diese Lieferungen im Zusammenhang mit dem Massenhunger in vielen Regionen der Sowjetunion standen. Die Regierung in Moskau war in den internen Sparstrategien längst geübt. Wie während des Hungers 1933 hat sie versucht, auf Kosten der Dorfbevölkerung zu sparen. Als es klar wurde, daß wegen der Dürre 1946 nicht alle "Kontingente" über die Lebensmittelkarten versorgt werden konnten, wurden ab dem 1. 10. 46 etwa 85% der gesamten Bevölkerung auf dem Lande (23 von 27 Millionen) die Lebensmittelkarten entzogen, und dies unter dem gleichzeitigen Druck der Sollablieferungen. Nur der drastische Anstieg der Sterblichkeit und Dystrophie auf dem Lande sowie leere Getreidemagazine vor der Frühjahrsbestellung 1947 haben die höheren Regierungsetagen in Moskau Ende 1946/Anfang 1947 dazu bewegt, zusätzliche Geld- und Lebensmittel für die hungernden Regionen zur Verfügung zu stellen, vgl. dazu: Volkov 1991, S. 12–17.
122 GARF, f. 7317, op.37, d. 590, 591.
123 Es ging um die Erhöhung von Nährmittel - (5 g – .Kategorien 3,4,6) und 10 g (Kategorien 1,5) sowie Kartoffelzuteilungen (50 g für alle Kategorien außer 1), vgl. Winkler 1961, S. 69.
124 Vgl. dazu Piskol/Nehring/Trixa 1984, S. 106 ff.
125 Ebenda.

stände zur Versorgung der ostdeutschen Zivilbevölkerung zur Verfügung zu stellen[126] und die Reparationslieferungen einzuschränken.[127]

Spätestens Ende Dezember 1946 sah sich die Verwaltung der Speziallager gezwungen, die Versorgungspolitik zu verändern. Denn es war nicht nur zu einem rasanten Anstieg der Sterblichkeit gekommen, sondern die fatale Lage hatte auch eine gewisse "Fluchtstimmung" ausgelöst. Bereits am 27. November 1946 meldeten Oberst Pavlov, Chef des die Speziallager bewachenden 38. Schützenregiments der Inneren MVD-Truppen, und Major Veselov, sein Stabschef, dem Leiter der Abteilung Speziallager, daß "infolge der Senkung der Verpflegungsnorm" in allen Speziallagern "die Tendenzen zur Flucht zugenommen haben".[128] "In den Speziallagern Neubrandenburg, Oranienburg, Torgau usw. werden Gruppenfluchten vorbereitet. Nach unseren Informationen" – so Pavlov und Veselov – "will das Spezialkontingent dabei die längere Dunkelzeit sowie die Verschlechterung meteorologischer Bedingungen nutzen".[129] Diese Befürchtung schien begründet gewesen zu sein: Bereits am 12. Dezember 1946 flohen aus dem Speziallager Nr. 2 Buchenwald fünf Häftlinge,[130] was zur schlagartigen Verschärfung der Sicherheitsmaßnahmen in allen Lagern führte.

Ein weiterer möglicher Grund für die "Kurskorrekturen" war vermutlich auch die von der sowjetischen Seite unerwünschte Reaktion der deutschen Öffentlichkeit, die trotz aller Sicherheitsmaßnahmen von der sowjetischen Seite vereinzelte Informationen über die Speziallager erreichten. Bereits am 25. November 1946 wurde Generalmajor Mal'kov, Leiter der Abteilung Inneres der SMAD, durch die SMA Sachsen darüber unterrichtet, daß der Präsident des Landes Sachsen, Hübener, über "die große Anzahl der Todesfälle unter den Häftlingen im Gefängnis 'Fort-Zinna' und im Speziallager bei Liebenwerda" informiert ist und um die entsprechenden Benachrichtigungen an die deutschen Behörden bittet.[131] Am 19. Dezember 1946 leitete Mal'kov diese Information an Serov weiter.[132] Obwohl uns keine weiteren Hinweise auf entsprechende öffentliche Reaktionen im Dezember 1946 vorliegen,[133] könnte man annehmen, daß die SMAD nicht daran interessiert war, die hohe Sterb-

---

126 Es ging unter anderem um 200.000 t Getreide, 16.800 t Ölfrüchte, 190.000 t Kartoffeln und 51.000 t Gemüse (vgl. Piskol/Nehring/Trixa.1984, S. 108). Möglicherweise in diesem Zusammenhang mußte die SMAD auf den großen Teil ihrer Getreidelieferungen in die UdSSR verzichten. Von den ursprünglich geplanten 141.000t hat sie laut einer GSBT-Aufstellung aus dem Jahr 1947 nur insgesamt 33.000 t Gerste und Gerstenmehl geliefert (vgl. GARF, f. 7317, op.44, d. 8, S. 10–11).
127 Vgl. dazu z. B. im "Thüringer Volk" (Organ der SED) vom 16. 1. 47 und 18. 1. 47; zu den weiteren Verhandlungen in Moskau zwischen Stalin und einer SED-Delegation bei Rainer Karlsch (Karlsch 1993, S. 102–104).
128 Vgl. GARF, f. 9409, op. 1, d. 144, S. 79.
129 Ebenda.
130 Vgl. bei Ritscher (Ritscher 1995, S. 238) sowie GARF, f. 9409, op. 1, d. 144, S. 87–88. Alexander v. Plato und Loretta Walz haben zwei der damals Geflohenen befragt. Ausschnitte der Interviews sind auch in ihrem Film enthalten, der in der Gedenkstätte Buchenwald und im Institut für Geschichte und Biographie der Fernuniversität Hagen zu sehen ist.
131 Vgl. GARF, f. 9409, op. 1, d. 138, S. 17. Das Speziallager bei Bad Liebenwerda – Speziallager Nr. 1 Mühlberg.
132 Ebenda, S. 17.
133 Die sowjetische Verwaltung reagierte indes im Regelfall durchaus auf die "öffentlichen" Warnsignale. Im September 1946 informierte Generalmajor Kotikov, Militärkommandant des sowjetischen Sektors Berlin, den Oberbefehlshabenden der SMAD, Marschall Sokolovskij, daß es dringend notwendig sei, das Speziallager Nr. 3 Berlin-Hohenschönhausen aus der Stadt zu verlegen bzw. aufzulösen. Diese Bitte begründete er damit, daß die anliegenden Industriegebiete von den Vertretern anderer

lichkeit in den Speziallagern mitzuverantworten: ihre Politik bewegte sich ohnehin auf einem dünnen Eis.

Zum 1. Januar 1947 wurde eine Erhöhung der Verpflegungsnormen für die Speziallagerinsassen angeordnet. Danach wurden die Brotzuteilungen für Nichtarbeitende von 300 g auf 400 g und für arbeitende Häftlinge von 400 g auf 450 g angehoben, um 15 g stiegen für beide Gruppen die Nährmittelzuteilungen (von 35 auf 50 g). Das Niveau der alten Verpflegungsnorm wurde somit nicht erreicht.

In diesem Kontext wären die Änderungen der Verpflegungssätze im Winter 1946/47 nicht als strategische Schritte, sondern als mehr oder weniger zufällige Entscheidungen zu deuten, die mehr oder weniger durch sich wandelnde widersprüchliche Interessen verursacht wurden.

Weitere Maßnahmen zur Entspannung der Lage waren mit der Ausnahme von geringfügigem Kaderwechsel des Lagerpersonals und der Auflösung der besonders berüchtigten Lager ausgeblieben. Der Vorschlag von Sokolovskij und Serov an Stalin und Berija vom 4. Dezember 1946, die Entlassung von ca. 35.000 "minderbelasteten Personen" aus den Speziallagern einzuleiten, hat in Moskau keine Reaktion ausgelöst, obwohl die beiden Urheber nicht nur auf politische Zwänge im Zusammenhang mit der im Oktober 1946 verabschiedeten Kontrollratsdirektive Nr. 38, sondern auch auf einen rein pragmatischen Aspekt der Sache hinwiesen: Es ging unter anderem um das "nutzlose Ernähren" von Personen, die für die sowjetische Besatzungsmacht keine Gefahr darstellten.[134]

Da dieser pragmatische Vorschlag keine Zustimmung in Moskau fand, trat auch keine Wende in der Versorgungs- und Sanitätspolitik gegenüber den Lagerinsassen ein. Nach einer weiteren etwas größeren Normenerhöhung, die auf dem Höhepunkt des Massensterbens im Februar 1947 vorgenommen wurde,[135] gelang es im Frühjahr 1947, den Anstieg der Sterblichkeit in den Speziallagern zu stoppen. Ihr Ausmaß blieb jedoch extrem hoch, zumal sich die Lebensbedingungen der Häftlinge im Winter 1946/47 verschlechterten. Zahlreiche "Versorgungspannen" in dieser Zeit betrafen nicht nur Lebensmittellieferungen, sondern auch Medikamente, Brennstoffe und Seife. Neben den knappen Ressourcen und den für den Winter 1946/47 typischen Transportproblemen trugen auch organisatorische Mängel und

---

Besatzungszonen und anderer Staaten besucht würden, der Lagerfriedhof schlecht bewacht wäre usw., so daß "die Tätigkeit des Lagers nicht nur der deutschen Bevölkerung, sondern auch anderen Staaten" bekannt werden könnte. (GARF, f. 9409, op. 1, d. 132, 29–29.). Sokolovskij leitete das Schreiben an Mal'kov weiter und vermerkte dabei, daß er mit einer unverzüglichen Rückmeldung über die Verlegung des Lagers rechnete. Mal'kov wandte sich an Serov, der erlaubte, Insassen von Berlin-Hohenschönhausen "in den anderen Lagern unterzubringen" (GARF, f. 9409, op. 1, d. 132, S. 27). Somit war die Frage über die erste Speziallagerauflösung innerhalb von wenigen Tagen gelöst. Als nächstes wurde im Dezember 1946 das Lager Nr. 8 Torgau geschlossen, das sich wie auch das Lager Berlin-Hohenschönhausen praktisch in der Stadt befand.

134 RZChIDNI, f. 89, op.75, d. 10, S. 1–3.

135 Vgl. GARF, f. 9414, op. 1, d. 2937, S. 4. Die Brotzuteilungen wurden um je 100 g erhöht, die Fleischzuteilungen von 40 auf 50 g für Nichtarbeitende und von 40 auf 70 g für Arbeitende, die Fettzuteilungen von 10 auf 20 g für Nichtarbeitende und von 10 auf 30 g für Arbeitende, die Kartoffelzuteilungen stiegen um 200 g für beide Gruppen usw., vgl. auch GARF, f. 9414, op. 1, d. 360, S. 128; in den Erinnerungen ehemaliger Speziallagerinsassen werden die beiden Normenerhöhungen Anfang 1947 im Regelfall nicht auseinandergehalten, vgl. z. B. bei Just (Just 1952, S. 116): "Man gab uns wieder 500 g Brot"; vgl. auch den Bericht von Ehrhard Glaser, S. 11: "Die täglichen Rationen waren im Laufe der Zeit wieder auf 450 g klitschiges Brot und zweimal ы Liter Suppe heraufgesetzt worden".

institutionelle Unstimmigkeiten dazu bei. Mit der Eingliederung der Speziallager in die Versorgung der SMAD wurde ihre Versorgung dezentralisiert, d. h. Lebensmittel, Medikamente, Heiz- und Kraftstoffe usw. waren jetzt in den naheliegenden deutschen Magazinen bzw. Firmen zu empfangen. Diese Dezentralisierung sollte den Lagern Vorteile bringen, da die langen Wege zu den zentralen Versorgungsmagazinen der GSBT jetzt wegfielen. In der Realität jedoch waren diese Vorteile im Winter 1946/47 kaum zu spüren, da das neue Versorgungssystem äußerst bürokratisch und umständlich aufgebaut wurde und einen längeren "Anlauf" brauchte. Lieferungen waren jetzt nur bei Vorlage von Lieferscheinen möglich. Diese letzteren hatten einen langen Weg hinter sich: Zunächst mußten die für das Quartal erforderlichen Mengen bei der Abteilung Handel und Versorgung der SMAD bestellt werden; diese Abteilung erstellte Lieferscheine für die SMA einzelner Länder, die ihrerseits für die Erstellung von neuen Lieferscheinen, und zwar für die deutschen Firmen, verantwortlich waren.[136] Die finanzielle Abwicklung sollte jetzt gegen bares Geld, das das MVD der Unterabteilung Finanzen der Abteilung Speziallager zur Verfügung stellte[137], erfolgen.

Einigen sowjetischen Dokumenten kann man entnehmen, daß dieses Versorgungssystem mindestens bis Frühjahr 1947 äußerst schlecht funktionierte, was zum Teil auf die knappen Bestände in den deutschen Magazinen zurückzuführen war. Anfang Januar 1947 bat z. B. Hauptmann Matuskov, Chef des Speziallagers Nr. 2 Buchenwald, den Chef der SMA Thüringen, Generalmajor Kolesničenko, um seine persönliche Einflußnahme in Versorgungsfragen, da "der Chef der Gruppe Brennstoffe der SMA, Hauptmann Kučenok, auf die Knappheit der Bestände Bezug nehmend, [dem Lager – N.J.] keine Lieferscheine für Kohlen sowie für Glühbirnen zur Verfügung stellt". Wegen fehlender Kohlen, so Matuskov, "werden die Baracken des Spezkontingents nicht beheizt", was zum Anstieg von "Erkältungserkrankungen und zur rapiden Zunahme der Sterblichkeit" führt.[138] Auch im Speziallager Nr. 1 Mühlberg fielen die planmäßigen Kohlenlieferungen aus; mit eigenen Kräften beschafftes Brennholz reichte gerade für die Lagerküche und gelegentlich zur Desinfektion.[139] Im Lager Nr. 9 Fünfeichen nahmen die Haut- und Darmerkrankungen zu, weil die SMAD keine Seife für das Lager geliefert hatte.[140]

Bei der Versorgung mit Medikamenten, Desinfektionsmitteln und medizinischer Ausrüstung, die noch bis Oktober 1947 direkt durch das MVD finanziert wurde (die sanitären Gruppen sollten die Beschaffung auf eigene Faust betreiben),[141] machte sich in erster Linie der Mangel an Geldmitteln bemerkbar. Diese sollten direkt durch die Sanitätsunterabteilung an die Lager bzw. Sanitätsgruppen überwiesen werden. Dabei kam es einerseits zu Verzögerungen,[142] die den Ankauf von Medikamenten unmöglich machten: So hat z. B. das Lager Nr. 1 Mühlberg die Gelder für das 1. Quartal 1947 erst zwei Wochen vor Beginn des 2. Quartals erhalten,[143] und andererseits war das Geld oft so knapp bemessen, daß die für das Quartal beschafften Medikamente nur für einige Wochen reichen konnten.

---

136 Vgl. GARF, f. 9414, op. 1, d. 360, S. 80.
137 Vgl. Abschlußbericht der Gruppe Wirtschaft der Abteilung Speziallager vom 2. 4. 50 (GARF, f. 9409, op. 1, d. 286, S. 99-100).
138 GARF, f. 9409, op. 1, d. 471, S. 4.
139 GARF, f. 9409, op. 1, d. 299, S. 37, 64.
140 Vgl. GARF, f. 9409, op. 1, d. 296, S. 337.
141 Vgl. Bericht über die medizinische Versorgung der Speziallager für die Zeit ihres Bestehens vom 9. 10. 48 (GARF, f. 9409, op. 1, d. 360, S. 118).
142 Vgl. z. B. GARF, f. 9409. op. 1, d. 299, S. 68, 95, 125.
143 Vgl. GARF, f. 9409, op. 1, d. 299, S. 147.

Die Bekämpfung von Massensterblichkeit und Dystrophie blieb ebenfalls den Speziallagern überlassen. Ob dabei alles unter den Umständen Mögliche zur Senkung der Sterblichkeit getan wurde, bleibt fraglich. Als Maßnahmen zur Entspannung der Situation auf der Lagerebene können z. B. die Doppelbelegung der Baracken in Fünfeichen[144], das Auswechseln des Küchenpersonals in Mühlberg[145], sowie Aktivitäten zur Beschaffung von Pritschenstroh[146] gedeutet werden. Gewisse Bemühungen sowjetischer Mediziner um die Verhinderung des Anstieges der Sterblichkeit sind zum Teil aus den sowjetischen Dokumenten, zum Teil auch aus den Erinnerungsberichten ehemaliger Lagerinsassen sichtbar. Es fällt gleichzeitig auf, daß die offiziellen Meldungen der sowjetischen Ärzte manchmal etwas verbittert, jedoch nie alarmierend oder auffordernd klangen: Es wurden im Regelfall nur trockene Zahlen mitgeteilt, darüber hinaus wurde oft vermerkt, daß "die Sterblichkeit infolge der Senkung der Verpflegungsnorm angestiegen ist". Es bleibt offen, weshalb die sowjetischen Mediziner sich von allen Schätzungen der Hungerkatastrophe ferngehalten haben. An dieser Stelle wären weitgehende "Selbstabsicherungsstrategien" gegenüber den "oberen Etagen" zu vermuten: Eine kritische Schilderung der Situation in den Lagern[147] sowie "Verbesserungsvorschläge" hätten den Verfasser erfahrungsgemäß nur in Schwierigkeiten bringen können, zumal die sowjetische Lagerleitung letztendlich alle "Mißstände" im Lager selbst verantworten sollte. Darüber hinaus waren sich die "Entscheidungsträger" in Karlshorst und Moskau nicht im klaren, was mit den Lagerinsassen in Zukunft geschehen sollte. Das widersprüchliche Verhalten der höheren Verwaltung (Deportationen, Senkung und Erhöhung der Verpflegungsnormen, Lagerauflösungen usw.) könnte die Lagerchefs dazu verleitet haben, eine abwartende Position einzunehmen. Die bescheidenen "lagerinternen" Maßnahmen konnten die gesundheitlichen Folgen des Hungerns und Frierens im Winter 1946/47 nicht eindämmen.

Bereits vor der Normensenkung im Herbst 1946 waren in den Speziallagern die ersten Anzeichen des Anstieges von Tuberkulose zu verzeichnen, im Frühjahr 1947 begann die richtige Offensive der "Volksseuche". Dazu haben nicht nur langer Hunger, Kälte, dauerhafter Streß, enge Unterkünfte und der "Hungerschock" im November/Dezember 1946 beigetragen, sondern auch massenartige Häftlingsfluktuationen, die von Januar bis März 1947 im Zusammenhang mit der Auflösung einzelner Lager stattfanden.[148] Die Transporte bzw. die Umstände, unter denen sie verliefen, hatten im Regelfall so eine verheerende Wirkung auf den Gesundheitszustand der bereits geschwächten Häftlinge, daß viele von ihnen, wenn nicht während des Transportes, dann Tage danach die Reihen der Todesstatistik füllten.[149]

---

144 Vgl. Fünfeichen 1945–1948.,1990, S. 49.
145 GARF, f. 9409, op. 1, d. 299, S. 6; sowie d. 298, S. 4 –7.
146 Vgl. GARF, f. 9409, op. 1, d. 296, S. 299.
147 Diese konnten bereits auf der Lagerebene zu Konflikten zwischen den Lagerärzten und den Lagerchefs führen (vgl. z. B.GARF, f. 9409, op. 1, d. 299, S. 34 (für Mühlberg); d. 299, S. 37 (für Buchenwald).
148 Aufgelöst wurden die Lager Nr. 8 Torgau, Lager Nr. 5 Ketschendorf und das Lager Nr. 6 Jamlitz.
149 Vgl. z. B. in der Erläuterung zum Sanitätsbericht des Speziallagers Nr. 1 Mühlberg vom 21. 1. 47: 88 % der Häftlinge, die aus Ketschendorf nach Mühlberg verlegt wurden, waren dystrophiekrank. "Drei von den Neuangekommenen sind an dem Tag der Ankunft gestorben, sechs Personen starben unterwegs. Während des Transportes (von Ketschendorf nach Mühlberg – N.J.) vom Montag bis Freitag haben die Häftlinge nur einmal einen halben Liter Wasser erhalten. Der Zustand der Häftlinge ist äußerst schlecht..." (GARF, f. 9409, op. 1, d. 299, S. 34). Zum Transport von Jamlitz nach

Hinzu kamen außergewöhnlich hohe Außentemperaturen des Frühjahrs und Sommers 1947,[150] die den Verlauf der Tuberkulose beschleunigten. Die Anzahl sowie der Anteil der an Tuberkulose Gestorbenen stieg im Frühjahr/Sommer 1947 kontinuierlich an: Lag ihr Anteil im Speziallager Nr. 4 Bautzen im Januar 1947 bei ca. 19 % aller Toten, so stieg ihr Prozentsatz im Juli 1947 auf 64 %, die entsprechenden Zahlen für Sachsenhausen dokumentieren den Anstieg von ca. 9 % auf ca. 65 %, bei denen Tuberkulose als Todesursache galt.

Eine ähnliche Tendenz in der Entwicklung der Tuberkulose war zwar auch in ganz Deutschland nach dem Kriege bzw. in der SBZ zu beobachten, das Ausmaß der Tuberkuloseepidemie unter der ostdeutschen Zivilbevölkerung stand jedoch in keinem Vergleich zur Entwicklung in den Speziallagern. Der Anteil der Tuberkulosetoten betrug unter der Zivilbevölkerung der SBZ ca. 8 % aller Todesfälle[151] (und dies auf dem Höhepunkt der Epidemie im Jahre 1947).[152] Später hat die Leitung der Abteilung Speziallager versucht, den katastrophalen Gesundheitszustand der Häftlinge allein dadurch zu rechtfertigen, daß "die Tuberkulose unter der deutschen Bevölkerung weit verbreitet ist", weil "die Ernährung der Bevölkerung unter dem Hitlerregime sehr mangelhaft war".[153] Das Problem in den Lagern bestand vielmehr darin, daß seitens der Abteilung Speziallager mindestens bis Mitte 1947 keine nennenswerten Versuche unternommen wurden, auch nur eine Übersicht über den Verlauf der Tuberkuloseepidemie zu bekommen, geschweige diese ernsthaft zu bekämpfen. Die Methoden, die in den Lagern in Angriff genommen wurden und die Verbreitung der Krankheit verhindern sollten, beschränkten sich praktisch auf die Isolierung der Kranken. Diese Maßnahme konnte keine positiven Ergebnisse erzielen, weil das rechtzeitige Erkennen von Neuerkrankungen nicht gewährleistet werden konnte: Nicht jedes Lager verfügte über einen Röntgenapparat; wenn dieser vorhanden war, fehlte oft das Zubehör. Die durch Abhorchen und Abklopfen erkannten Kranken kamen in die speziellen Baracken; gleichzeitig blieben viele nicht erkannte Fälle in den normalen Baracken und infizierten andere Häftlinge. Bis Oktober 1947 wurden die Speziallager mit medizinischer Ausrüstung und Medikamenten "dezentralisiert", d. h., durch deutsche Firmen versorgt,[154] was auch die Beschaffung von hochwertigen Geräten erschwerte.

Die Situation änderte sich etwas im Sommer 1947. Die ehemaligen Lagerinsassen haben diesen Zeitpunkt als eine gewisse Zäsur in der Erinnerung behalten: Nach ihren Aussagen

---

Buchenwald: ".. unterwegs sind 11 Personen gestorben [...]. Beim Passieren des Zoneneingangs wurden unter den Kranken zwei Leichen aufgenommen." (GARF, f. 9409, op. 1, d. 498, S. 202, 205).
150 Vgl. z. B. bei Helmuth Dommain (Dommain 1994, S. 85).
151 Vgl. dazu die Meldung von Generalleutnant Mal'kov an Serov vom 12. 5. 48 (GARF, f. 9401, op. 1, d. 4152, S. 317).
152 Zu vermerken ist, daß die Gesundheitsämter in der SBZ 1947 keine befriedigenden Ergebnisse in der Tuberkulosebekämpfung erzielen konnten. Obwohl die SMAD bereits am 3. 10. 46 den Befehl Nr. 297 "Über die Maßnahmen der Tuberkulosebekämpfung unter der deutschen Bevölkerung" erließ, konnte seine Umsetzung nur schleppend vorangehen. Die Hauptursache dafür war, daß, nach Auffassung deutscher Mediziner, die Bekämpfung von Tuberkulose besonders hohe materielle Aufwendungen über einen längeren Zeitraum erforderte (zusätzliche Lebensmittel, Röntgenapparate, Röntgenfilme, Medikamente usw.), die nicht in ausreichenden Mengen in der SBZ zur Verfügung standen (Hauptstaatsarchiv Weimar, Büro des Ministerpräsidenten, Hauptabteilung Gesundheitswesen, Akte 500, Bl. 55–58). Erst 1948, als sich die Wirtschafts- bzw. Versorgungslage zu stabilisieren begann, ist es gelungen, die Rate der an Tuberkulose Gestorbenen zu senken.
153 GARF, f. 9401, op. 1, d. 4152, S. 315.
154 GARF, f. 9414, op. 1, d. 360, S. 118.

war auch die "Verpflegung im Sommer 1947 besser geworden",[155] ihnen fiel ebenfalls auf, daß "die Korruption sowjetischerseits" nachließ und "die Verwaltung der für das Lager bestimmten Erzeugnisse etwas korrekter" wurde.[156]

Die überlieferten sowjetischen Dokumente aus dem Sommer 1947 zeugen ebenfalls davon, daß die sowjetische Leitung versucht hat, "abteilungsinterne" Maßnahmen zur Reduzierung des Krankenstandes in den Speziallagern einzuleiten. Bereits einige Tage nach seinem Dienstantritt hat Oberst Cikljaev, der neue Leiter der Abteilung Speziallager, signalisiert, daß er die Absicht hatte, etwas mehr "Ordnung" in die von Mißständen geprägte Lagerrealität hineinzubringen. Mitte Juli inspizierte er die Arbeit der Sanitätsgruppe in Sachsenhausen eigenständig und schätzte diese als unbefriedigend ein.[157] Bald darauf folgten Anweisungen an die Lagerleiter, regelmäßig Informationen zum Stand von Dystrophie und Tuberkulose an die Abteilung Speziallager zu senden;[158] darüber hinaus ordnete Cikljaev an, Informationen über den Gesundheitszustand von Neueingelieferten vorzulegen.[159] Zur gleichen Zeit sollten Häftlinge zum ersten Mal Kleiderzuteilungen aus den Lagerbeständen bekommen.[160] Die Kontrolle über die Ausführung der erteilten Anordnungen zur Herausgabe von Kleidung und Medikamenten sowie über die Maßnahmen, die ergriffen werden sollten, um die Lager winterfest zu machen, schien seitens des neuen Leiters konsequenter geworden zu sein.[161]

Die Hintergründe der o. g. Aktivitäten im Sommer 1947 lassen sich aufgrund von Quellenmangel nicht ausreichend nachvollziehen. Man könnte jedoch vermuten, daß es sich dabei um Reaktionen auf die zunehmende öffentliche Resonanz des Sterblichkeitsproblems in den Speziallagern[162] handelte, zumal sich die sowjetische Leitung, als sie die ersten großen Entlassungen plante, auf eine baldige, noch stärkere Konfrontation mit der öffentlichen Meinung einstellen mußte.[163] Die geringen Verbesserungen der Lebensbedingungen und der sanitären Versorgung in den Speziallagern waren jedoch nicht auf die gezielten Eingriffe

---

155 Bericht von Ehrhart Glaser, Archiv Buchenwald, S. 13; vgl. auch bei Just: "Mitte Juli 1947 kam endlich die lang erhoffte Essenaufbesserung"(Just 1952, S. 121). Ähnliche Aussagen findet man auch in: Fünfeichen 1945–1948, 1990, S. 50.
156 Just 1952, S. 121.
157 GARF, F. 9409, op. 1, d. 298, S. 28.
158 Vgl. GARF, f. 9409, op. 1, d. 298, S. 25.
159 Vgl. GARF, f. 9409, op. 1, d. 298, S. 26.
160 Bechler 1990, S. 135.
161 Vgl. z. B. das Schreiben über die Ergebnisse von Lagerinspektionen vom 10. 12. 47, in welchem Cikljaev seine früheren Anweisungen betreffend nachhakt: "...es gibt sogar Spezialkontingent, das gar keine Unterwäsche besitzt. Trotz der Anweisung zur Herausgabe der dem Spezialkontingent noch fehlenden Bekleidung wurde diese bisher noch nicht verteilt.(...) Die Medikamente für das Spezialkontingent werden den Kranken trotz des in Lagerapotheken vorhandenen Vorrats nicht gegeben – es wird gespart." Und weiter: "In den Lebensmittellagern sowie in den Küchen sind Kontrollbücher anzulegen, in denen die Qualität der herausgegebenen Lebensmittel – gemäß der Norm und den durch den Lagerchef bestätigten Kalkulationen der Mahlzeiten bzw. die Qualität der Essenszubereitungen zu vermerken ist..." (GARF, f. 9409, op. 1, d. 298, S. 44–45).
162 Vgl. bei Semirjaga über die Interventionen des sowjetischen Außenministeriums im Juni 1947 (Semirjaga 1995, S. 172).
163 Vgl. z. B. bei Walter Pritzkow: Er führt die Ausgabe von Kleidung und Wäsche im Herbst 1947 als Reaktion der Lagerleitung auf einen Artikel aus der "Täglichen Rundschau" zurück, die über "böse Stimmen" aus dem Westen zu "zerlumpten Häftlingen" in sowjetischen Lagern berichtete (Pritzkow 1994, S. 111).

von außen (etwa in Form einer Normenerhöhung, wie die Häftlinge vermuteten), sondern auf eine verstärkte "Nutzung von inneren Ressourcen" zurückzuführen. Möglicherweise waren in diesem Zusammenhang auch die seit Mitte 1947 aufgetretenen allgemeinen Verbesserungen in der Wirtschaftsplanung und Versorgung in der SBZ von Bedeutung; darüber hinaus schienen die Speziallager 1947 ihre finanziellen Spielräume erweitert zu haben. Spätestens seit Herbst 1947 wurden die Speziallager nicht nur durch das MVD, sondern auch durch die deutschen Innenverwaltungen aus dem Entnazifizierungsbudget finanziert. Gleichzeitig fand eine Verschiebung der Ausgabenstruktur statt: 1947 überstiegen die Ausgaben "zum Unterhalt des Spezialkontingentes" zum ersten Mal die Ausgaben "zum Unterhalt des Lagerpersonals" (725.288 und 6.183.173 Rubel im Jahre 1946 sowie 6.655.212 und 6.303.340 Rubel 1947).[164]

Die neue Stimmung in der Abteilung Speziallager wurde in den Speziallagern wohl bemerkt, so daß manche sowjetischen Lagerärzte in ihren Berichten an die Abteilung Speziallager zum ersten Mal (!) auf die Notwendigkeit der Erhöhung der Verpflegungsnormen für Tuberkulose- und Lazarettkranke hinwiesen. "Den Rückgang der Tuberkulose", schrieb Major med. D. Voronkin, Chef der Sanitätsgruppe aus Mühlberg, "könnte man nur durch die Erhöhung des Verpflegungssatzes und die Verbesserung von Lebensbedingungen bewirken. Das liegt jedoch außerhalb unserer Möglichkeiten. Es ist wünschenswert, wenigstens den Tuberkulosekranken eine spezielle Verpflegung zur Verfügung zu stellen. Das würde zur schlagartigen Senkung der Sterblichkeit an Tbc und somit zur Senkung der Sterblichkeit führen, da 80 % aller Todesfälle durch Tuberkulose verursacht sind."[165] Major med. D. Baskov, Chef der Sanitätsgruppe des Speziallagers Nr. 9 Fünfeichen, schlug im Juli 1947 ebenfalls vor, die Frage über zusätzliche Verpflegung für Dystrophiekranke der "oberen Führung" vorzutragen und ihre Verpflegungsnorm möglichst schnell auf "mindestens 2.600 Kalorien anzuheben".[166] Die Tatsache, daß das bisher tabuisierte Thema endlich angesprochen wurde, zeugte davon, daß die Entwicklung der Tuberkulose in den Speziallagern ein bedrohliches Ausmaß erreichte und nicht mehr unter Kontrolle zu bekommen war. Die Hilflosigkeit der Ärzte wurde dadurch verstärkt, daß die zur Erkennung von Tuberkulose notwendigen medizinischen Geräte immer noch nicht zur Verfügung standen: Die Röntgenapparate, die die Sanitätsgruppen in Buchenwald und Mühlberg im Laufe des Jahres 1947 bestellt hatten, wurden nicht geliefert. Ebenfalls schlecht bestellt war es mit den für die Blut- und Schleimuntersuchungen notwendigen Mikroskopen.

Die Anzahl der Tuberkulosekranken und der Prozentsatz der an Tuberkulose Sterbenden stieg weiterhin an, so daß man in der Abteilung Speziallager mit dem unrealistischen Gedanken spielte, alle Tuberkulosekranken in ein "dafür eingerichtetes Lager" einzusperren.[167] Tiefgreifende Maßnahmen zur Unterbindung der Tuberkuloseepidemie blieben jedoch aus. Die Passivität der Abteilung Speziallager wurde möglicherweise dadurch bewirkt, daß alle das Spezkontingent betreffenden Fragen als Prärogative der höheren sowjetischen Leitung angesehen wurden. Als sich Cikljaev im Oktober 1947 an den Innenminister Kruglov mit der Bitte wandte, die Fragen "über den Briefwechsel" des Spezialkontingentes mit den An-

---

164 GARF, f. 9414.op. 1, d. 360, S. 28. Die enorme Steigerung der Ausgaben für das Lagerpersonal entstammt den Akten. (Im Jahre 1948 betrugen die Summen für das Spezkontingent: 9.450.000 und für das Personal 5.292.000 Rubel).
165 GARF, f. 9409, op. 1, d. 300, S. 96.
166 GARF, f. 9409, op. 1, d. 300, S. 184.
167 Handschriftliche Notiz von Oberstleutnant med. D. Kac (GARF, f. 9409, op. 1, d. 303, S. 90).

gehörigen, "die Sendung von benötigten Kleiderpaketen" und "die Herausgabe von Bescheinigungen über die Verstorbenen" zu lösen, blieb diese Anfrage unbeantwortet.[168] Am 29. Januar 1948 richtete Cikljaev die gleichen Fragen an Serov. Sein erneutes Schreiben begründete er durch den zunehmenden öffentlichen Druck: "Zur Zeit", schrieb er, "liegen zahlreiche Beschwerden von Internierten und ihren Angehörigen sowie Anfragen verschiedener Organe der SMA in Deutschland vor, die ich ohne Ihre Anweisungen nicht beantworten kann".[169] Durch eine telefonische Antwort von Serov sollte Cikljaev zu spüren bekommen, daß er nicht derjenige war, der die Veränderungen des Lageralltags beeinflussen konnte. Serov wies darauf hin, daß "die Fragen der Haftbedingungen des Spezialkontingentes im Ministerrat der UdSSR diskutiert" und darüber hinaus "vor Ort" durch die Vertreter "des MVD, des MGB und des Justizministeriums geklärt werden" würden.[170]

Dritte Phase: März 1948 bis Februar 1950

Die von Serov angedeutete "Klärung vor Ort" wurde im Februar 1948 vorgenommen. Im Vorfeld der bevorstehenden Entlassungen und der Übergabe der Speziallager in die Verwaltung der GULAG wurden die Speziallager durch eine aus Moskau gesandte GULAG-Kommission unter der Leitung von Oberstleutnant med. D. Lojdin, dem Stellvertretenden Leiter der 2. Verwaltung der GULAG, inspiziert. Die Kommission besuchte zwischen dem 16. Februar 1948 und dem 1. März 1948 alle Lager mit Ausnahme des Lagers Nr. 10 Torgau; als Schwerpunkt der Inspektion galten "die Lebensbedingungen des Spezialkontingentes". Obwohl die Moskauer Kommission eine Art "Potemkinscher Dörfer" in den Speziallagern vorfand,[171] schätzte sie die Lage als unbefriedigend ein. Besonders kritisch äußerte sie sich über die Situation in den Lagern Nr. 1 Mühlberg und Nr. 2 Buchenwald.

Aus der Sicht der höheren GULAG-Offiziere hatte die Lagerleitung den Ernst der Situation in den Speziallagern "nicht erkannt", daher waren die bisher getroffenen Maßnahmen zur Bekämpfung der Tuberkulose und Dystrophie völlig unzureichend. "...Gerade die Lager, die in Hinsicht auf Tuberkulose besonders betroffen sind [...], verfügen nicht über Röntgenapparate"[172] und somit nicht über die Mittel der modernen Tuberkulosediagnostik, stellte die Kommission fest. Weiterhin wurde darauf hingewiesen, daß die Leitung der Speziallager die Bedeutung der "Verpflegung" als einen der "gesundheitsstiftenden Faktoren" ebenfalls nicht erkannt hat: "Die Verpflegung ist kaum differenziert" und eintönig, alle Kranken erhalten die Verpflegung für "Nichtarbeitende", es gibt keine speziellen Normen für Kranke;[173] die Abteilung Speziallager hatte sich mit den Fragen der Verpflegung in den Lagern überhaupt nicht befaßt.[174] "Ein wesentlicher Teil des Spezialkontingentes arbeitet nicht", berichtete die Moskauer Kommission, "die Nichtstuerei, die seit drei Jahren fehlende Ver-

---

168 Diesen Brief erwähnt Cikljaev in seinem Schreiben vom 29. 1. 48 (GARF, f. 9409, op. 1, d. 140, S. 75).
169 Ebenda.
170 Ebenda.
171 Vgl. z. B. bei Achim Kilian 1993, S. 158.
172 GARF, f. 9414, op. 1, d. 360, S. 161.
173 Ebenda.
174 Ebenda, S. 165.

bindung mit den Angehörigen sorgen für eine gedrückte Stimmung", was eine zusätzliche negative Wirkung auf den "physischen Zustand der Kontingente" habe.[175]

Die kritische Einschätzung der Lage durch die GULAG-Kommission hatte vor allem pragmatische Gründe. Es ging in erster Linie darum, daß der größte Teil der Lagerinsassen einfach nicht entlassungs"fähig" war: Die sowjetische Leitung war keinesfalls daran interessiert, die inhumane Speziallagerrealität öffentlich zu machen. Die zur Lösung dieses Problems gedachten Maßnahmen wurden erstaunlich schnell in Gang gesetzt. Bereits am 15. März 1948 wurden die erhöhten Verpflegungsnormen für Lazarettkranke und am 30. März 1948 für Tuberkulosekranke eingeführt.[176] Die besonders schweren Dystrophiekranken sollten den Verpflegungssatz für Tuberkulosekranke beziehen. Dieser letzte bestand unter anderem aus 600 g Brot (davon 200 g Weißbrot), 80 g Grütze, 20 g Makkaroni, 130 g Fisch bzw. Fleisch, 30 g Butter, 10g Öl, 300 g Kartoffeln, 200 g Gemüse, 20 g Zucker und 50 g Hefe; diese Mengenzusammensetzung sollte nach den sowjetischen Angaben ca. 2.700–2.800 Kalorien ergeben.[177] Mit ca. 2.400 Kalorien wurde die Verpflegungsnorm für Lazarettkranke festgelegt.[178] Auf Anordnung des Obersten Leiters der SMAD und der Verwaltung Handel und Versorgung der SMAD vom 12. März 1948 wurde den Speziallagern erlaubt, die Erzeugnisse der Nebenwirtschaften zur "planmäßigen Versorgung des Spezialkontingentes zu nutzen".[179] Nach Anordnung der GULAG-Kommission wurden die Anforderungsscheine für noch fehlendes medizinisches Inventar eingereicht;[180] bald darauf bekamen die Lager die noch fehlenden Röntgenapparate.[181] Bereits Ende März erhielten die Speziallager neue Formulare zur Erstellung der Sanitätsberichte. Die neue Form der Berichterstattung sah umfangreichere Informationen zur Sterblichkeit vor; darüber hinaus sollten die Lagerärzte Rechenschaft über die erfolgte Versorgung der Häftlinge gemäß der Norm für Lazarettkranke ablegen.[182] Es wurde ein weiterer Ausbau von Lazarettstationen bzw. die Einrichtung spezieller Baracken für Tuberkulosekranke vorgenommen. Die zur Entlassung vorgesehenen Häftlinge wurden in den sog. Quarantänebaracken konzentriert und erhielten den Verpflegungssatz für Lazarettkranke.[183]

Die durch die GULAG-Kommission initiierten Aktivitäten verzeichneten eine neue Phase in der Sanitäts- bzw. Versorgungspolitik der Speziallager. Die bisherige "Orientierungslosigkeit", durch die ausbleibenden Entscheidungen über das Schicksal der Häftlinge und erhebliches Durcheinander von institutionellen Zuständigkeiten stimuliert,

---

175 Ebenda, S. 160.
176 Vgl. GARF, f. 9414, op. 1, d. 360, S. 113.
177 Vgl. GARF, f. 9409, op. 1, d. 307, S. 77.
178 Vgl. GARF, f. 9409, op. 1, d. 43, S. 71.
179 Vgl. GARF, f. 9414, op. 1, d. 360, S. 31.
180 Vgl. das Schreiben von Oberstleutnant Gurinovič (Abteilung Gesundheitswesen der SMAD) zur Erstellung des Aufforderungsscheines für das 2. Quartal 1948 (GARF, f. 9409, op1, d. 302, S. 21–22). In einem Sanitätsbericht des Speziallagers Nr. 1 Mühlberg heißt es: "Nach den Vorschlägen der [Moskauer –N.J.] Kommission wird die Anforderungsliste für zusätzliches medizinisches Inventar bzw. für Pflegemittel erstellt. Der Röntgenapparat, die Mikroskope und Thermometer wurden früher mehrmals bestellt. Der Röntgenapparat und die Mikroskope wurden nicht zur Verfügung gestellt, die Thermometer nur in geringen Mengen..." (GARF, f. 9409, op. 1, d. 303, S. 65).
181 Vgl. Sanitätsbericht aus Mühlberg vom 27. 3. 48 (GARF, f. 9409, op. 1, d. 303, S. 120).
182 Vgl. Anweisungen von Oberst Cikljaev zur neuen Form der sanitären Berichterstattung (GARF, f. 9409, op. 1, d. 302, S. 32).
183 Vgl. GARF, f. 9409, op. 1, d. 303, S. 255.

wurde durch einen offiziell deklarierten Ansatz – die Tuberkuloseepidemie sowie die Sterblichkeit in den Speziallagern zu bekämpfen – abgelöst.

Zu diesem Umdenken zwangen nicht nur bevorstehende Entlassungen, sondern auch die zunehmende epidemiologische Gefahr für das sowjetische Lagerpersonal.[184] Ebenfalls von Bedeutung war, daß die GULAG, die im Herbst 1948 offiziell die Verwaltung übernahm, die Situation in den Speziallagern aus ihren spezifischen Erfahrungen her bewertete: aus der Sicht der GULAG mußten Häftlinge ihre "Taten" durch die Arbeit "abbüßen", wofür auch ihr Arbeitspotential aufrechterhalten werden sollte.

Die Versuche, diese Ansätze zu realisieren, brachten gewisse Erleichterungen in den Lageralltag (so daß die Lagerinsassen von einer "Liberalisierung" der sowjetischen Politik sprachen), waren jedoch alles andere als konsequent.

Für die Mehrheit der Lagerinsassen blieben die alten Verpflegungssätze unverändert, obwohl klar war, daß die beschränkten Aufbesserungen für Kranke nicht die gewünschten Ergebnisse bringen würden: "Das übrige Kontingent"(so der Chef der Sanitätsgruppe aus Mühlberg) war "zu 90 % in einem unterernährten oder extrem unterernährten Zustand"[185] und bildete somit ein Reservoir für neue Tuberkuloseerkrankungen. Auch für sowjetische Ärzte war klar, daß die erwünschten Erfolge nur dann zu erwarten wären, wenn für die Tuberkulosekranken "entsprechende Kurbedingungen" geschaffen würden, was unter Lagerbedingungen "nicht machbar war".[186] Aus diesem Grunde blieb das Dilemma "Haftbedingungen" kontra "Reduzierung der Tuberkulose" 1948/49 für die sowjetischen Lagerleiter bestehen. Abgesehen davon, daß die Kapazitäten der Lazarette sowie der Tuberkulosebaracken nicht dem stets wachsenden Bedarf entsprachen und die zur Verfügung stehenden Verpflegungssätze für Tuberkulosekranke ebenfalls weit unter dem tatsächlichen Bedarf lagen, gab es auch weitere "lagerspezifische" Probleme. Als z. B. Oberstleutnant med. D. Kac, Leiter der Sanitätsunterabteilung der Abteilung Speziallager, Anfang Januar 1949 den sanitären Zustand des Speziallagers Nr. 2 Buchenwald überprüfte, stellte er unter anderen Mängeln fest, daß die Kranken mit aktiver Tuberkulose "zweimal täglich zum Appell antreten müssen", die Öfen in den Krankenbaracken wurden nur am Tage geheizt, so daß "bei Außentemperaturen von -3°C die Innentemperaturen dort bis auf 7–9°C sinken"; daß die aus dem Lazarett entlassenen Tuberkulosekranken im Widerspruch "zu allen Vorschriften" die Norm für Nichtarbeitende beziehen sollten usw.[187] Die Reaktion des Lagerleiters, Major Andreev, machte deutlich, daß die Interessen der Lagerordnung im Widerspruch zu den geforderten Aufbesserungen standen: "Wenn das an Tuberkulose erkrankte Spezialkontingent von [Appellen – N.J.] befreit wird", vermerkte er im Inspektionsprotokoll, "wird die Lagerordnung geschwächt und die Nachweisführung des Spezialkontingentes im Lager durcheinandergebracht"; "das Heizen von Öfen in der Nacht verletzt die gültigen Dienstvorschriften und kann nur nach der entsprechenden Anordnung des Leiters der Abteilung Speziallager vorgenommen werden".[188] Nach einer erneuten Inspektion im Mai

---

[184] Zu den Tuberkuloseerkrankungen unter dem sowjetischen Lagerpersonal: GARF, f. 9409, op. 1, d. 303, S. 255.

[185] Vgl. GARF, f. 9409, op. 1, d. 303, S. 120: "Ohne eine Erhöhung der Verpflegungsnorm für das [gesamte – N.J.] Spezialkontingent wird es nicht möglich sein, dessen normalen körperlichen Zustand wiederherzustellen."

[186] Vgl. GARF, f. 9409, op. 1, d. 302, S. 88.

[187] Vgl. GARF, f. 9409, op. 1, d. 480, S. 2–3.

[188] GARF, f. 9409, op. 1, d. 480, S. 4.

1949 zog Kac die folgende Bilanz: "Die ganze Arbeit im Lager ist darauf ausgerichtet, Fluchten des Spezialkontingentes vorzubeugen. Dies ist ohne Zweifel eine sehr wichtige Aufgabe. Dabei wird aber eine weitere und nicht weniger wichtige Aufgabe außer acht gelassen – das Erhalten der Gesundheit des Spezialkontingentes und die Senkung seines Krankenstandes. Eine ‚Maßnahme', wie das Verbot, in den Baracken des Spezialkontingentes und im Lazarett nach 22 Uhr die Fenster zu öffnen, hat keinen Grund und ist nur gegen die Gesundheit des Spezialkontingentes gerichtet...".[189]

Die Auflösung der Lager Nr. 10 Torgau, Nr. 9 Fünfeichen und Nr. 1 Mühlberg im Herbst 1948 hatte für die drei noch bestehenden Lager gewisse positive Auswirkungen: Nach der Verteilung des übriggebliebenen medizinischen Inventars, in erster Linie Röntgenapparaten, wurde es möglich, die Röntgenuntersuchungen systematisch und im größeren Umfang durchzuführen. Nach den Informationen aus den Erläuterungen zu den statistischen Sanitätsberichten wurden jetzt nicht nur "Tuberkuloseverdächtige", d. h. geschwächte Häftlinge, sondern der gesamte "Häftlingsbestand" regelmäßig der Röntgenkontrolle unterzogen.

Im Februar 1949 erhielten die Spezialager die GULAG-Anordnungen zur Bekämpfung und Prophylaxe der Tuberkulose sowie zur Vorbeugung der Dystrophie, die praktisch die ein Jahr davor festgelegten Schwerpunkte der sanitären Politik präzisierten. Die Lager wurden unter anderem aufgefordert, "die neuesten Methoden zur Bekämpfung der Tuberkulose breiter anzuwenden", die Verpflegung der Kranken nach und nach bis auf 4.000 Kalorien anzuheben und über eine Erweiterung der "Beschäftigungs- und Arbeitsmöglichkeiten" für das Spezialkontingent nachzudenken.[190] Diese Vorschläge haben in der Abteilung Spezialager widersprüchliche Reaktionen ausgelöst. Einerseits war die Sanitätsunterabteilung flexibel genug, um dem offiziellen Trend zu folgen. Die seit April 1949 obligatorischen Berichte zum Stand der Bekämpfung der Tuberkulose und alimentären Dystrophie in den Spezialagern sollten den Eindruck entstehen lassen, daß die offiziellen Richtlinien der sanitären Politik voll in Angriff genommen wurden. Im optimistischen Ton meldete Oberstleutnant med. D. Kac, Leiter der Sanitätsunterabteilung, an die GULAG über die Zunahme von Röntgen- und Blutuntersuchungen, Bluttransfusionen, Glukoseinfusionen und über die Anwendung von "neuesten Methoden" der Tuberkulosebekämpfung (Pneumothorax) sowie über den Rückgang von Dystrophie. Die noch vorhandenen Mißstände führte er ausschließlich auf den mangelnden persönlichen Einsatz der Ärzte zurück.

Andererseits war nicht zu übersehen, daß die Umsetzung der neuen Forderungen in den Spezialagern nicht zu gewährleisten war. Besonders gereizt reagierte Cikljaev auf die Vorschläge zur "Organisierung des Arbeitsprozesses" in den Spezialagern. Dies war aus seiner Sicht aus verschiedenen Gründen nicht machbar: Erstens waren alle Fachleute und ausgebildeten Facharbeiter aus den Spezialagern bereits abtransportiert worden, zweitens verfügten die Spezialager über keine dafür erforderlichen Werkzeuge und Maschinen; das Sprachproblem nannte er als ein weiteres, durch die GULAG-Leitung kaum erkanntes Hindernis.[191] Aber gerade die "geldbringende Produktion" wurde jetzt auf Anregung der GULAG als einziger Weg zur Erhöhung der Verpflegungssätze für alle Häftlinge und somit zur radikalen Verbesserung der gesundheitlichen Situation in den Spezialagern gesehen.[192] Darüber hinaus wurde die "Nichtstuerei" als ein den Heilungsprozeß beeinträchtigender

---

189 GARF, f. 9409, op. 1, d. 480, S. 11.
190 GARF, f. 9409, op. 1, d. 306, S. 18, 19, 21.
191 Vgl. GARF, f. 9409, op. 1, d. 38, S. 22–26.
192 Vgl. die Ausführungen dazu von Oberstleutnant med. D. Kac (GARF, f. 9409, op. 1, d. 307, S. 189).

Faktor bewertet, da die Häftlinge "keine Ablenkungsmöglichkeiten" hatten und "auf eigene Krankheiten" konzentriert waren.[193] Die sich seit Frühjahr 1948 abzeichnende "Pragmatisierung" der Speziallagerpolitik erwies sich somit zunehmend als realitätsfern, wenn nicht als irreal. Das Einhalten der Lagerordnung hatte weiterhin Priorität.

So blieb das von der sowjetischen Lagerleitung angekündigte Ziel, die Tuberkulose in den Speziallagern in den Griff zu bekommen und die Sterblichkeit erheblich zu senken, weitgehend unerreicht. Dafür sprachen die Zahlen: Die Sterblichkeitsrate stagnierte; im Frühjahr 1949 stieg die Anzahl der an Tuberkulosetoten erneut an, wobei bis zu 98 % aller Todesfälle durch Tuberkulose verursacht wurden.[194] Um diesen Sachverhalt zu besprechen, wurde in der Abteilung Speziallager am 7. Juni 1949 eine Beratung zu Fragen der sanitären und medizinischen Versorgung einberufen. Während dieser Beratung wurde pathetisch zur "Beseitigung der noch vorhandenen Mißstände" und zur "Zielstrebigkeit" der sanitären Mitarbeiter aufgerufen. Der gerade eingesetzte Leiter der Abteilung Speziallager, Oberst Sokolov, gab nochmals die offizielle sowjetische Position bekannt. Da "alle kapitalistischen Staaten und ihre Parteien sich für den Gesundheitszustand der Häftlinge [...] interessieren", ist so ein "ernsthafter Mangel wie die Sterblichkeit" zu beseitigen. 1948 starben in den Speziallagern ca. 15 % der Häftlinge, in den ersten fünf Monaten des Jahres 1949 betrug der Anteil der Toten 9,6 %, obwohl "gemäß der Anordnung des Ministers [Innenministers der UdSSR – N.J.] die durchschnittliche Sterblichkeit pro Jahr nicht höher als 0,25 % sein soll".[195] "In den Lagern werden unsere Gegner festgehalten", fuhr er fort, "aber in keiner einzigen Anordnung ist die Rede von einer Erhöhung der Sterblichkeit"; es ist nötig, daß "die gesamte sanitäre und medizinische Arbeit sowie Lagerordnung so organisiert werden, daß die Sterblichkeit reduziert"[196] und "der Gesundheitszustand des Spezialkontingentes sowie seine Arbeitstauglichkeit" verbessert werden.[197] Dabei wurde angedeutet, daß die Abteilung Speziallager über die Fälle "informiert werden darf"(!), bei denen "der Lagerleiter den Forderungen des Arztes nicht entgegenkommt";[198] es wurde versprochen, daß die Leitung der Abteilung Speziallager, "soweit ihre Möglichkeiten reichen", "die Ärzte unterstützen wird" und sich dafür "einsetzt", "daß die Barackenbelegung reduziert wird und die Fenster am Tage geöffnet werden".[199]

Diese makabre "Großzügigkeit" machte deutlich, daß das Speziallagersystem endgültig an seine Grenzen gekommen war. Die hohe Sterblichkeit und die Verbreitung der Tuberkulose – Probleme, die das Lagersystem selbst geschaffen hatte, konnten in seinem Rahmen nicht bewältigt werden. Die im Sommer 1949 vorgenommenen "Liberalisierungsschritte" (die verurteilten Häftlinge in den Lagern Bautzen und Sachsenhausen durften Pakete sowie Geldüberweisungen von den Angehörigen erhalten,[200] und, wie es in den GULAG-Lagern üblich war, in den neu errichteten Verkaufspunkten Lebensmittel und eine Reihe von Toi-

---

193 Vgl. GARF, f. 9409, op. 1, d. 307, S. 97, 177.
194 Vgl. GARF, f. 9409, op. 1, d. 307, S. 122.
195 GARF, f. 9409, op. 1, d. 37, S. 7.
196 Ebenda.
197 Ebenda, S. 9.
198 Ebenda, S. 8.
199 Ebenda.
200 Vgl. die Anordnung von Generaloberst Černyšov, Stellv. Innenminister der UdSSR, vom 24.07.49 (GARF, f. 9409, op. 1, d. 38, S. 110).

letten- und Kleidungsgegenständen kaufen[201]) kamen zu spät und konnten die gesundheitliche Situation der Lagerinsassen nicht bedeutend beeinflussen, zumal die nicht verurteilten Häftlinge (immerhin die Hälfte aller Lagerinsassen), die längere Haftzeiten hinter sich hatten, von diesen Vergünstigungen nicht betroffen waren.

Der Druck der politischen Umstände – die Gründung der "entnazifizierten" DDR – hat dazu beigetragen, daß die Probleme der medizinischen Versorgung und des Krankenstandes auf andere Art aufgehoben wurden. Im Februar 1950 wurde die Auflösung der Speziallager vollzogen. Die Kranken wurden entweder entlassen oder an die Deutsche Volkspolizei übergeben[202] und hatten entweder längere Zeit mit den gesundheitlichen Folgen der Haft zu kämpfen oder konnten sich erholen, einige wurden vom Tod in der Freiheit oder während der weiteren Haft eingeholt.

Die besonders schwerwiegende Bilanz der Geschichte des Speziallagersystems in der SBZ – über 40.000 Tote – läßt sich nicht als Folge einer einkalkulierten und kaltblütig betriebenen Vernichtungsstrategie erklären. Es geht vielmehr um ein kompliziertes Zusammenwirken von unterschiedlichen, oft widersprüchlichen und sich wandelnden administrativen und politischen Interessen einerseits und um ein Ergebnis organisatorischer bzw. administrativer Unstimmigkeiten andererseits, die letztendlich strategisches bzw. vorausschauendes Handeln unmöglich machten. Die hohe Sterblichkeit in den Speziallagern war für die sowjetische Lagerleitung einerseits unerwünscht, andererseits wurde sie über Jahre hinweg in Kauf genommen und kaum ernsthaft bekämpft. Eine verhängnisvolle Rolle spielte dabei die Tatsache, daß sich die oberen sowjetischen Verwaltungsetagen über das Schicksal der Lagerinsassen längere Zeit nicht im klaren waren. Nur eine zunehmende Konfrontation mit der öffentlichen Meinung im Osten und im Westen Deutschlands hat die sowjetische Seite dazu bewegt, ihre Sanitäts- bzw. Versorgungspolitik gegenüber den Lagerinsassen zu "liberalisieren", wobei eine ihrer wichtigsten Prämissen – Inhumanität – bis zur Auflösung der Speziallager 1950 nicht aufgehoben wurde.

---

201 Vgl. die abteilungsinterne "Dienstvorschrift zur Organisierung der Verkaufspunkte für die Verurteilten, die in den Speziallagern festgehalten werden" vom 20. 8. 49 (GARF, f. 9409, op. 1, d. 283,
S. 92–93).
202 Vgl. dazu GARF, f. 9409, op. 1, d. 309, S. 10–11.

JAN LIPINSKY

Mobilität zwischen den Lagern

Die Darstellung versucht einen ersten Gesamtüberblick über unterschiedliche Anlässe für Mobilität und Bewegung zwischen den Lagern und illustriert sie schwerpunktmäßig mit Bautzen betreffenden Materialien. Sie fußt auf weiter zu überprüfendem Zahlen- und Datenmaterial aus sowjetischen Akten. Ungleichgewichte bei der Behandlung der einzelnen Lager ergeben sich aus unterschiedlicher Aktenlage bzw. Forschungsintensität.

Nach grundlegenden Bemerkungen zur Errichtung unterschiedlicher Lager, deren lokaler Verlagerung von Ostdeutschland[1] auf das mitteldeutsche Gebiet der SBZ sowie zu Moskauer Einlieferungsvorgaben folgen allgemeine Überlegungen zu Verlegungsmaßnahmen. Weitere Abschnitte behandeln im einzelnen die Deportation von Sowjetbürgern und arbeitsfähigen Deutschen, interne Arbeitseinsätze im Speziallagersystem der SBZ, krankheitsbedingte Verlegungen, Mobilität zwischen Operativen NKVD-Einheiten, sowjetischen Militärtribunalen (SMT) und den Lagern, die Zusammenlegung verschiedener Häftlingsgruppen sowie Häftlingsbewegungen in Zusammenhang mit Entlassungen und Auflösung der Lager. Abschließend werden jeweils zu den zehn größeren Speziallagern der SBZ die wichtigsten Verlegungstransporte benannt.

Lagereinrichtung

Durch den NKVD-Befehl 00461 vom 10. Mai 1945 entstanden zumeist noch auf ostdeutschem Gebiet 15 Lager (darunter Posen, Schneidemühl, Schwiebus, Landsberg, Fürstenwalde, Werneuchen), drei Lager-Gefängnisse (darunter Tost und Oppeln in Oberschlesien) und zehn Gefängnisse (darunter Graudenz/Westpreußen, Königsberg) an der 1.-3. Weißrussischen sowie der 1. und 4. Ukrainischen Front.[2]

Aus den NKVD-Bevollmächtigten der einzelnen Fronten entwickelte sich bald die Berliner Abteilung Speziallager des sowjetischen Innenministeriums, die in enger Verbindung zur SMAD stand. Mitunter durch Verlegung der Administration von ostdeutschen Standorten in die SBZ entwickelten sich dort zehn größere Lager in Mühlberg, Buchenwald bei Weimar, Hohenschönhausen bei Berlin, Bautzen, Ketschendorf bei Fürstenwalde, Jamlitz

---

1 Ostdeutschland bezeichnet das Gebiet der historischen deutschen Ostprovinzen.
2 GARF, f. 9401, op. 12, d. 178, l. 21.

bei Lieberose, Sachsenhausen bei Oranienburg, Fort Zinna später Seydlitz-Kaserne in Torgau, Fünfeichen bei Neubrandenburg. Während noch im Sommer 1945 diese westlicher gelegenen Lager Gefangene oft zum Erntearbeitseinsatz nach Ostdeutschland verlegten, befahl der NKVD nach der Potsdamer Konferenz und der geplanten Unterstellung der meisten deutschen Ostprovinzen unter polnische Verwaltung die Räumung der dort befindlichen Lager, was im Spätherbst und Winter 1945/46 zu zahlreichen Transporten nach Westen auf das Gebiet der SBZ führte.[3]

Die eng in Zusammenhang mit dem Speziallagersystem stehenden Gefängnisse Strelitz (Nr. 5), welches dem Lager Fünfeichen zugeordnet war, Lichtenberg (Nr. 6) als Hafteinrichtung des Operativen Sektors Berlin, Frankfurt/Oder (Nr. 7) ergänzten das Haft- und Repressionssystem auf führender Ebene. Aus Strelitz gelangten im April 1946 1.078 verurteilte arbeitsfähige Deutsche durch Deportation in die UdSSR. Das Gefängnis Lichtenberg, aus dem bereits im Juni 1945 zahlreiche Gefangene nach Sachsenhausen gelangt waren, sollte im März 1947 wegen geringer Belegung und seiner zentralen Berliner Lage, die eine unverhältnismäßig starke Bewachung erforderte, aufgelöst werden.[4] Der Haftplatz Frankfurt/Oder ging im Sommer 1946 im zweiten Torgauer Lager auf.

Einlieferung

Der Moskauer NKVD hatte bereits am 18. April 1945 nicht nur zu verhaftende Personengruppen Deutscher festgelegt, sondern auch deren Einlieferung in dafür einzurichtende Lager und Gefängnisse ohne formellen Beschluß eines sowjetischen Militärstaatsanwalts ermöglicht. Die Haftpunkte sollten auch Angehörige der Vlasov-Armee aufnehmen.[5] Das sowjetische Innenkommissariat konnte dabei auf Anordnungen bereits vom 11. Januar 1945 zurückgreifen, die für diese Aufgabe an den sowjetischen Westfronten NKVD-Bevollmächtigte eingesetzt hatten.[6] Ein Befehl vom 4. Juli 1945 befaßte sich zusätzlich mit der Repatriierung von Sowjetbürgern und der Deportation deutscher Kriegsgefangener,[7] nachdem Berija bereits am 22. Februar 1945 die Sammlung von verschiedenen Personengruppen in unterschiedlichen Lagern angeordnet hatte. Deutsche Kriegsgefangene und Angehörige paramilitärischer Organisationen sollten demnach in Kriegsgefangenenlager, Angehörige sonstiger feindlicher Organisationen und Funktionsträger in Internierungslager, Sowjetbürger in Überprüfungs-Filtrationslager eingewiesen werden. Zur Zwangsarbeit mobilisierte Deutsche waren sofort zu deportieren.[8] Schon am 25. Mai 1945 hatte Berija die rasche Registrierung aller, auch der nach ihrer Befreiung bereits in Sammel-Durchgangspunkten kon-

---

3 Vgl. zu Serovs diesbezüglichem Befehl vom 17. Dezember 1945 und speziell zu Landsberg: Lipinsky 1995, S.35 bzw. Lipinsky [1997a]: zu der Verlegung der Lagerinsassen nach Buchenwald; einzelne Gefangene sollten sofort zwecks weiterer Verhöre in Frankfurt/O. oder Fürstenwalde aus dem Transport herausgenommen und ins Potsdamer Gefängnis überstellt werden: GARF, f. 9409, op. 1, d. 139, l. 33.
4 GARF, f. 9409, op. 1, d. 133, l. 63.
5 Vgl. GARF, f. 9409, op. 1, d. 140, l. 27 bzw. l.61-62: Anweisung Serovs vom 16. 7. 1947.
6 GARF, f. 9401, op. 12, d. 178, l. 44.
7 GARF, f. 9401, op. 12, d. 178, l. 11.
8 GARF, f. 9401, op. 12, d. 178, l. 34; zur Deportation zwangsmobilisierter Deutscher zwecks Arbeitseinsatz, vgl. GARF, f. 9401, op. 12, d. 178, l. 36: Befehl vom 6. 2. 1945.

zentrierten Personen sowjetischer Nationalität durch Überprüfungs-Filtrationskommissionen verlangt.[9]

Am 26. Dezember 1945 schließlich befahl er die Inhaftierung von Sowjetbürgern und Deutschen, speziell Kriegsgefangenen und Angehörigen paramilitärischer Organisationen, in Ostpreußen, um sie zum Arbeitseinsatz heranzuziehen.[10]

Damit hatte der NKVD nicht nur die verschiedenen ihn interessierenden und zu verhaftenden Personengruppen benannt, sondern ihnen zugleich unterschiedliche Lager zugewiesen. Die Trennung gelang zwar, wie die folgenden Ausführungen zeigen, nie vollständig, gab jedoch zu zahlreichen internen Transporten Anlaß. Sie wurde später im Bemühen um Verringerung der Haftorte, die jeweils eigenes Bewachungspersonal erforderten, wieder aufgehoben. So sollten mit der Auflösung der Filtrations- und Kriegsgefangenenlager die statt dessen weiterbestehenden Speziallager erneut sowohl kommandopolitische Leiter als auch SA- und SS-Angehörige aufnehmen.[11]

Einerseits waren somit Sowjetbürger generell zwangsweise zu repatriieren, andererseits bemühte sich die Moskauer Führung um deutsche Arbeitskräfte, die sie durch Zwangsmobilisierung von Zivilisten, generelle Deportation von Kriegsgefangenen, zunehmende dem Abtransport vorausgehende Verurteilung Jüngerer und Auslese von sogenannten Spezialisten aus den Speziallagern gewann. Internierung im gesamtalliierten Sinn von schuldbeladenen Nationalsozialisten oder die Siegermächte gefährdenden Personen stellte somit nur einen Verhaftungs- und Internierungsgrund unter anderen dar.

Nach Bautzen gelangten beispielsweise im Mai und Juni 1945 die ersten Gefangenen aus der Verwaltung der OKR (Otdel kontrazvedki, Abteilung Spionageabwehr) SMERŠ, der OKR SMERŠ der 28. und 52. Armee, also aus verschiedenen SMERŠ-Gruppen der Abteilung Spionageabwehr bzw. unterschiedlicher Truppenteile oder aus Operativen NKVD-Gruppen zahlreicher Städte, wie Bautzen, Chemnitz, Dresden, Görlitz, Kamenz, Leipzig, Zwickau, 1947 dann auch aus Mecklenburg.[12]

Sviridov, Leiter der Abteilung Speziallager, befahl bereits am 26. Januar 1946, die Anweisung des Stellv. Volkskommissars für Inneres, Generaloberst Serov umzusetzen und die weitere Aufnahme von Zellen- und Blockleitern einzustellen.[13] Dies könnte auf wachsende Erkenntnis an deren relativer Schuldlosigkeit hindeuten. Dennoch und charakteristischerweise für das sowjetische "Rechtssystem" durften bereits unter diesem Verdacht verhaftete Deutsche die Lager nicht verlassen.

Serov verlangte am 28. Mai 1946, das politische Führungspersonal (die Offiziere) der Wehrmacht in Kriegsgefangenenlager zu übergeben. Auch die paramilitärischen Organisationen schienen gemeint zu sein.[14] Hintergrund hierfür mag gewesen sein, die Kriegsgefangenen generell, gleichsam als "Reparationsmaßnahme" zum Arbeitseinsatz in die UdSSR zu deportieren. Sviridov verlangte deshalb am 15. Oktober 1946, die Aufnahme von Kriegsgefangenen in die für sie nicht zuständigen Speziallager einzustellen.[15]

---

9   GARF, f. 9401, op. 12, d. 178, l. 14.
10 GARF, f. 9401, op. 12, d. 178, l. 8.
11 GARF, f. 9409, op. 1, d. 548, l. 34.
12 GARF, f. 9409, op. 1, d. 536.
13 GARF, f. 9409, op. 1, d. 355, l. 1: Anweisung an Sachsenhausen.
14 GARF, f. 9409, op. 1, d. 131, l. 23 ; vgl. d.410, l. 74: Mitte Juli 46 errechnete die Sachsenhausener Verwaltung, wieviel Kriegsgefangene, Mitglieder von SA, SS und anderen paramilitärischen Organisationen wie NSKK und Volkssturm sich im Lager befanden.
15 GARF, f. 9409, op. 1, d. 355, l. 29.

Alle arbeitsuntauglichen Angehörigen von SA, SS und Volkssturm sollten dagegen aufgrund der MVD-Verfügung vom 16. August 1946 aus den Speziallagern mit einer Bescheinigung, die auf Haft in Kriegsgefangenenlagern lautete, nach genauer Einzelfallprüfung entlassen werden, falls sich für sie kein weiteres kompromittierendes Material finden lasse. Die Lagerleiter hielten - wie der Berliner Abteilungschef Sviridov an seinen Moskauer Vorgesetzten Serov meldete - von 4.662 Personen allerdings bis auf 714 tatsächlich Entlassene alle übrigen zurück, da sie nach Befehl 00315 zum Spezialkontingent umregistriert wurden, verwandtschaftliche Beziehungen in die westlichen Besatzungszonen besaßen, politische Führungspositionen innehatten oder als Offiziere in Kriegsgefangenenlager zu übergeben waren. Insgesamt 814 arbeitstaugliche Gefangene sollten zudem in die Sowjetunion deportiert werden.[16] Dieser Vorgang verweist auf die extrem auslegungsfähigen und den jeweiligen politischen Vorgaben angepaßten Schuldzuweisungen, die juristische Schuldprüfung nicht kannten und Entlassungen eher willkürlich als begründet erscheinen ließen.

Verlegungen

Einzelne Lager konnten sich bei Überfüllung an die Berliner Abteilung mit der Bitte wenden, Gefangene zu verlegen. Doch über solche Transporte zwischen den Speziallagern auf deutschem Boden und aus ihnen als Teil des gesamtsowjetischen GULAG-Systems in die UdSSR entschieden allein das sowjetische Innenministerium bzw. dessen lokale Machtorgane (Operative Sektoren bzw. Gruppen).[17]

Die einzelnen Überstellungen erfolgten dann jeweils auf Anordnung des Leiters der Berliner Abteilung Speziallager. Über lange Zeit hatten Oberst Sviridov, später Oberst Sokolov in Berlin diese Funktion inne. Eine Verlegung von nichtregistrierten Gefangenen sollte schon seit Frühjahr 1945, einer Ergänzung zum Befehl 00461 folgend, strengstens verboten sein, um eine genaue Aktenführung zu ermöglichen. Da eine Anweisung vom 6. November 1946 erneut mahnte, nur Gefangene aufzunehmen, die vollständige Einweisungspapiere mit sich führten,[18] ist zu vermuten, daß eben dies nicht durchgehend der Fall war. Wegen mangelhafter Papiere, Nichtbeachtung von Vorschriften oder nicht stimmigem Verhaftungsgrund bzw. schlechtem Gesundheitszustand verweigerten manche Lagerleiter die Aufnahme.[19]

Während der Verlegungs- und Einlieferungstransporte starben Gefangene. Sie wurden z. T. durch die sowjetische Wachmannschaft getötet und aus dem Zug geworfen.[20] Ange-

---

16 GARF, f. 9409, op. 1, d. 141, l. 1-5.
17 Vgl. Lipinsky [1997b]: zu den einzelnen Daten und Zahlen, die auf einen bisher nicht völlig freigegebenen Bestand des Staatsarchivs der Russischen Föderation (GARF, f. 9409, op. 1) zurückgehen. Wo die Angaben, die allesamt auf sowjetischen Vorgaben beruhen, nicht im einzelnen nachgewiesen sind, liegen die Belege beim Verfasser.
18 GARF, f. 9409, op. 1, d. 140, l. 25.
19 GARF, f. 9409, op. 1, d. 139, l. 101: auch scheinen nicht alle geplanten Transporte umgesetzt worden zu sein. Eine Aufstellung sah noch im Juli 1945 die Verlegung von 2.000 Personen aus Nr. 7 nach Schneidemühl bzw. von 4.800 aus Frankfurt/Oder nach Brest oder von 2.000 aus Fürstenwalde nach Landsberg vor.
20 GARF, f. 9409, op. 1, d. 14, l. 26: so geschehen mit 9 Gefangenen des Transports von Frankfurt/Oder über Berlin-Neustrelitz in die UdSSR am 9. März 1946 zwischen Fürstenberg und Strelitz.

sichts zahlreicher Transporttoter und des schlechten Gesundheitszustands der deportierten und verurteilten Sowjetbürger verlangte Innenminister Kruglov am 23. Oktober 1946 eine bessere Versorgung derselben in den Lagern auf deutschem Boden.[21]

Durch von oben befohlene und gezielte Verlegungstransporte veränderte sich somit gerade ab 1948 die personelle Zusammensetzung in den Lagern. Die verbleibenden Lager versammelten zugleich zahlreiche Kranke, die aus den aufzulösenden Hafteinrichtungen zu übernehmen waren.

Deportationen

Für Deportationen in die Sowjetunion befahl die Abteilung Speziallager bereits im September 1945 einerseits den Lagerleitern von Hohenschönhausen, Bautzen, Fünfeichen sowie dem Gefängnis Strelitz die Konzentration des Spezialkontingents sowjetischer Nationalität sowie der Rußlanddeutschen in Ketschendorf bzw. andererseits denjenigen von Mühlberg, Buchenwald, Sachsenhausen und Torgau (Nr. 8) deren Sammlung in Frankfurt/Oder, solange dort das später nach Jamlitz verlegte Lager Nr. 6 bestand. Im Mai 1946 übergaben dann auch Buchenwald und Jamlitz derartige Gefangene nach Ketschendorf. Nach der Auflösung dieses Lagers übernahm Sachsenhausen seit dem 13. Februar 1947 dessen Funktion; noch am 17. März mahnte Berlin die übrigen Lager zum wiederholten Male, alle verhafteten Sowjetbürger nun dorthin zu überstellen.

Der MVD-Befehl 001196 vom 26. Dezember 1946 verlangte, aus allen Speziallagern auf deutschem Boden 27.500 arbeitsfähige Deutsche in die UdSSR zu deportieren.[22] Insgesamt sollten sich am 31. Dezember 1946 in den Speziallagern unter 74.256 Personen noch 25.189 Arbeitstaugliche, darunter 22.750 Männer (18.308 Spezialkontingent, 4.442 Verurteilte) und 2.439 Frauen, befinden.[23]

Bis zum 19. Januar 1947 hatte jedoch die sowjetische Ärztekommission z. B. in Ketschendorf insgesamt aus 2.030 noch arbeitsfähigen Deutschen nur noch 79 der I. bzw. 239 der II. Kategorie für schwere Untertagearbeit Taugliche ermittelt.[24] So konnten bis Anfang Februar 1947 (u. a. mit einem größeren Transport am 15. Januar) wegen des schlechten Gesundheitszustands der Gefangenen nach dem Hungerwinter 1946/47 nur eine erheblich kleinere als von Moskau verlangte Anzahl Arbeitsfähiger nach Osten deportiert werden.

Am 13. Februar 1947 forderte Sviridov daraufhin die Lagerleiter von Mühlberg, Buchenwald, Ketschendorf, Jamlitz, Sachsenhausen und Fünfeichen auf, Radio- und Chemiespezialisten an Bautzen zu überstellen, die diese zu sammeln und getrennt von den übrigen Gefangenen unterzubringen hatten.[25] Über Torgau (Nr. 10) gelangten schließlich Ende 1947 Automechaniker, -elektriker, -schlosser, Kupferschmiede, Tapezierer, Monteure, unteres

---

21 GARF, f. 9409, op. 1, d. 131, l. 9: Kruglov begründete seine Forderung damit, daß von 1.400 aus Frankfurt/Oder Deportierten 60 auf dem Transport gestorben waren, 674 Schwerkranke unterwegs hatten ausgeladen, 557 nach der Ankunft ins Lazarett hatten verlegt werden müssen. Zudem hätten sich 962 "entkräftete Invaliden" in den Transporten befunden.
22 GARF, f. 9401, op. 12, d. 204, l. 116; vgl. dazu: Kilian 1994, S.207-213.
23 GARF, f. 9409, op. 1, d. 150, l. 121.
24 GARF, f. 9409, op. 1, d. 150, l. 11.
25 GARF, f. 9409, op. 1, d. 401, l. 50.

Bedienungspersonal nach Sachsenhausen bzw. Radiospezialisten in die UdSSR. Der Leiter des GULAG Generalmajor Dobrynin lehnte Anfang Juli 1949 die vom Leiter der Berliner Spezialabteilung vorgeschlagene Deportation Arbeitsfähiger aus Bautzen ab, die zu mehr als 15 Jahren verurteilt worden waren.[26] Doch bereits am 24. August 1949 listete die Bautzener Lagerverwaltung der Berliner Abteilung Gefangene mit mittlerer technischer Bildung auf, was auf erneute Deportationspläne hindeuten könnte.[27]

Während also die Zahl arbeitsfähiger Deutscher immer mehr durch Deportationen, aber v. a. durch Schwäche bzw. Tod infolge von Unterernährung abnahm, mußten weiterhin Sowjetbürger, z. T. verurteilte Angehörige der Roten Armee, die in deutsche Kriegsgefangenschaft geraten waren oder auf dem Gebiet der SBZ Verbrechen begangen hatten, Soldaten der Vlasov-Armee, denen Moskau Vaterlandsverrat vorwarf, und in Deutschland aufgegriffene "Weiße Emigranten", die als Gegner des Oktoberumsturzes der Bol'ševiki 1917 aus Rußland geflohen waren, Deutschland auf dem Deportationsweg verlassen. Sogenannte Repatrianten scheinen dazu im Repatriantenlager Nr. 226 Brandenburg gesammelt worden zu sein.

Arbeitsfähige Deutsche, aber auch verurteilte Russen bzw. zu deportierende Kriegsgefangene verließen Deutschland in die UdSSR meist direkt über Frankfurt/Oder (Nr. 69) und das Brester MVD-Transit-Umlade-Lager für Kriegsgefangene und Internierte (Nr. 284), welches zu diesem Zweck mit Befehl vom 30. Mai 1947 reorganisiert werden sollte.[28] Ab dem 17. Januar 1946 verkehrten deshalb zwischen Frankfurt und Brest zwei ständige Deportationszüge.[29]

Bis zur Auflösung der Lager 1950 mußten laufend Verurteilte und in geringerem Umfang auch Spezialkontingente den Deportationsweg antreten. Ständig überstellten die Lagerverwaltungen zudem Gefangene an Operative NKVD-Einheiten und SMTs zur weiteren Untersuchung oder Verurteilung. Die Anzahl der nach Polen und an Repatrianten- bzw. Kriegsgefangenenlager Übergebenen änderte sich nach 1946 kaum noch. Die meisten Fluchten ereigneten sich während der Arbeit bei Militäreinheiten außerhalb des Lagers, wie z. B. von Gefangenen des Lagers Nr. 6 (Frankfurt/Oder) im Dezember 1945 während ihrer Arbeit in der Autowerkstatt eines sowjetischen Grenzregiments.[30] Bis in die letzten Tage der nur rein formellen Lagerübergabe an das deutsche Innenministerium starben Menschen.

---

26 GARF, f. 9409, op. 1, d. 226, l. 88.
27 GARF, f. 9409, op. 1, d. 560, l. 70.
28 GARF, f. 9401, op. 12, d. 225, l. 5.
29 GARF, f. 9409, op. 1, d. 131, l. 75.
30 GARF, f. 9409, op. 1, d. 131, l. 83.

Zusammenfassend hielten die Akten seit dem 30. Mai 1945 bis zum jeweiligen Stichtag folgende Bewegungen fest: [31]

	15. 8. 1946	31.12.1946	15.12.1947	15. 2.1949	1. 3.1950
Verhaftete	119.265	126.400	142.385	152.607	157.837
in die UdSSR deportierte Verurteilte	10.614	14.516	22.831	26.622	29.804
Spezialkontingent Übergebene	5.139	10.438	10.440		
an Polen	86	86	86	86	86
an die Nordgruppe der Streitkräfte	9.083	9.083	9.083	9.083	9.083
an Kriegsgefangenenlager	4.978	6.680	6.680	6.680	6.680
an Repatriantenlager	20	20	20	21	35
an Disziplinarbataillone	11	65	89	89	89
an operative Gruppen/ SMT	2.175	3.449	5.115	6.091	6.917
an das deutsche MdI	14.202				
Entlassen	237	1.708	2.616	30.501	45.635
Gestorben	16.468	18.856	35.560	41.609	43.035
Erschossen	538	683	786	786	786
Geflohen (erneut gefaßt)	90	102 (15)	111	123	128 (22)

Interne Arbeitseinsätze

Bestimmte Gruppen des insgesamt zu völliger Tatenlosigkeit verdammten und von der Außenwelt total isolierten 'Spezialkontingents' wurden zu Arbeiten in verschiedenen Lagerwerkstätten herangezogen. So benötigten technische Einheiten der Sowjetarmee im November 1945 in Oranienburg einsitzende Spezialisten zur Mikroskopmontage.[32] Am 28. Mai 1946 suchte der Berliner Oper-Sektor in Ketschendorf nach Dolmetschern, die Deutsch und Russisch beherrschten.[33] Die Potsdamer Operative Gruppe forschte im Sommer 1946 nach Nuklearspezialisten, so daß die Sachsenhausener Verwaltung entsprechende Wissenschaftler auflistete.[34] Nichtverurteilte, für die kein kompromittierendes Material vorlag, sollten am

---

31 GARF, f. 9409, op. 1, d. 143, l. 34; ebenda, l. 68 bzw. 144; d.224, l. 5; d.43, l. 42: vgl. zu den Gesamtverhaftungs- und Belegungszahlen: Lipinsky 1995, S.37-40.
32 GARF, f. 9409, op. 1, d. 139, l. 40.
33 GARF, f. 9409, op. 1, d. 622, l. 72.
34 GARF, f. 9409, op. 1, d. 379, l. 141.

22. September 1947 in der Autowerkstatt der Berliner Abteilung, Bauarbeiter bei der Renovierung von Gebäuden des Berliner Oper-Sektors eingesetzt werden.[35]

Zur Vorbereitung der Gebäude der MGB-Truppen auf den Winter sollten die Lagerverwaltungen am 15. Juni 1948 90 Fachleute, u. a. Tischler und Maler stellen.[36] Noch im August 1949 suchte die Berliner Abteilung nach Spezialisten aller Qualifikationen mit höherer und mittlerer technischer Ausbildung.[37]

Da Sokolov am 29. Juni 1949 dem Lagerpersonal untersagen mußte, sich aus den Gefangenen Musikanten zum Unterricht u. a. der Frauen und Kinder heranzuziehen, da diese Geheimnisse über die Lagerführung weitertragen könnten,[38] ist zu vermuten, daß Gefangene auch private Bedürfnisse des sowjetischen Personals zu befriedigen hatten. Am 25. August 1949 schließlich verschärfte Sokolov die Bedingungen, unter denen Gefangene in der Lagervorzone zur Arbeit eingesetzt werden durften.[39]

Krankheitsbedingte Verlegungen

Sviridov befahl am 10. April 1946 als Leiter der Berliner Abteilung den Leitern der Gefängnisse Lichtenberg und Frankfurt/Oder, alle geschlechtskranken Gefangenen, gemeint waren wohl Untersuchungsgefangene oder bereits Verurteilte sowjetischer Nationalität, in das Sachsenhausener, dem dortigen Lager eingegliederte Speziallazarett zu verlegen.[40] Nach ihrer Heilung überstellte der dortige Lagerleiter Kostjuchin die Verurteilten an meist in Fürstenwalde stationierte Disziplinarbataillone, ins Lager Nr. 10 Torgau bzw. zu weiterer Untersuchung in die Inneren Gefängnisse von Magdeburg oder Halle.

Serov erlaubte zwar am 1. Juni 1948 in einzelnen Fällen auch die Überstellung von an Tuberkulose erkrankten Untersuchungsgefangenen aus Haftplätzen des MGB in die Lager.[41] Doch die in ihnen internierten Deutschen blieben auf die vor Ort stets unterschiedlich ausgestatteten, doch generell unzureichenden Krankenstationen angewiesen. Eine krankheitsbedingte Verlegung kam für sie fast nie in Frage.

Mobilität zwischen Operativen NKVD-Einheiten, SMTs und den Lagern

Die dem MVD unterstehenden Lager arbeiteten eng mit dem MGB und den Oper-Sektoren zusammen, die letzteren bzw. direkt dem MVD unterstanden. Die Oper-Gruppen bzw. Oper-Sektoren verfügten meist über zu Gefängnisräumen umgebaute Kellerräume bzw.

---

35 GARF, f. 9409, op. 1, d. 403, l. 53 bzw. l. 60.
36 GARF, f. 9409, op. 1, d. 426, l. 8.
37 GARF, f. 9409, op. 1, d. 454, l. 104.
38 GARF, f. 9409, op. 1, d. 314, l. 105.
39 GARF, f. 9409, op. 1, d. 314, l. 126.
40 GARF, f. 9409, op. 1, d. 355, l. 16.
41 GARF, f. 9409, op. 1, d. 140, l. 90.

eigene Spezial-Gefängnisse wie Lichtenberg oder Innere Gefängnisse wie den 'Roten Ochsen' in Halle, deren Leiter oft unter Folter verhörte Gefangene in die Lager einlieferten. Deshalb überstellte z. B. die Bautzener Leitung Einzelpersonen an verschiedene Operative Gruppen oder SMERŠ-Einheiten aus "operativer Notwendigkeit" sowie zunehmend ab Ende 1948 an Operative Sektoren (z. B. des Landes Sachsen) zur weiteren "Bearbeitung". Von 1945 bis 1950 befragten NKVD/MVD-Angehörige einzelne Gefangene im Lager. Schon am 7. März 1946 befahl Sviridov, Leiter der Berliner Abteilung, Bautzen, den Mitarbeitern der Operativen Gruppe des NKGB BSSR zur Durchführung ihrer Arbeit der Aufspürung von weißrussischen Emigranten im Lager entgegenzukommen.[42]

Der Leiter der Operativen Gruppe der SMA im Bezirk Bautzen, Major Vanjutin, forderte am 25. Juli 1946 Kazakov seinerseits auf, Gefangene zwecks Entlassung oder Übergabe ans Gericht laut Anweisung Oberst Egošins, Vizechef des Operativen Sektors der SMA im Land Sachsen, auszuliefern.[43]

Auch der Leiter des Operativen Sektors in Thüringen verlangte von Kazakov, "in Verbindung mit der entstandenen Notwendigkeit eines Zeugenverhörs" eine Person in sein Zentralgefängnis zu überstellen.[44] Eine ähnliche Bitte trug am 13. Dezember 1949 der Leiter des Oper-Sektors Berlin unter Berufung auf operative Zwecke Sokolov vor, der sie an den Leiter Bautzens weiterzugeben hatte.[45] Die sowjetische Militärverwaltung verlangte andererseits am 31. Januar 1946 in den Lagerakten nach Personen, u. a. Admiral Canaris und Reichsminister Meissner, zu suchen, die beim Nürnberger Kriegsverbrecherprozeß aussagen sollten.[46] Diese Beispiele verdeutlichen die volle Verfügungsgewalt, die Operative Einheiten über die in den Speziallagern zum sofortigen Zugriff 'aufbewahrten' Gefangenen besaßen.

Ein weiterer Fall belegt, daß aus den Lagern Gefangene ausnahmsweise auch an deutsche Justizbehörden übergeben wurden. So hatte die Schweriner Militärstaatsanwaltschaft die Bautzener Leitung bereits am 12. Februar 1948 aufgefordert, am 21. Juni 1946 durch ein Sowjetisches Militärtribunal (SMT) Verurteilte an die deutsche Polizei auszuliefern, da sie sich für ihre Vergehen vor deutschen Gerichten der örtlichen Selbstverwaltung zu verantworten hätten.[47]

Neben Operativen Einheiten, die nichtverurteilte Gefangene zur Aufbewahrung in die Lager einlieferten, überstellten auch SMTs bereits in Schein- und Schnellprozessen Verurteilte. So hatte Sviridov am 20. Februar 1946 den Leiter von Sachsenhausen angewiesen, Untersuchungsgefangene, Verhaftete und Verurteilte der neu eingerichteten Militärtribunale aufzunehmen.[48] Armeeeinheiten oder Operative Sektoren der SMA aus Sachsen, Sachsen-Anhalt und Mecklenburg, Brandenburg lieferten SMT-Verurteilte auch nach Bautzen ein.

---

42 GARF, f. 9409, op. 1, d. 14, l. 24.
43 GARF, f. 9409, op. 1, d. 543.
44 GARF, f. 9409, op. 1, d. 235, l. 88.
45 GARF, f. 9409, op. 1, d. 243, l. 123. Mitte April 1948 übergab Bautzen u. a. vom Oper-Sektor Berlin im Lager ausgewählte 'Sonderführer' und 'Polizisten'.
46 GARF, f. 9409, op. 1, d. 380, l. 9; d.379, l. 71.
47 GARF, f. 9409, op. 1, d. 553, l. 226.
48 GARF, f. 9409, op. 1, d. 355, l. 5.

Zusammenlegung verschiedener Häftlingsgruppen

Seit dem 12. September 1946 forderte die Berliner Abteilung die gezieltere Verteilung der Einsitzenden und somit die Zusammenführung gleichartiger Häftlingsgruppen in den einzelnen Lagern. Sviridov regelte am 23. September die Verteilung neueingelieferter Verurteilter, indem die Leiter von Bautzen nur noch Deutsche mit unterschiedlich hohen Strafmaßen, von Sachsenhausen nur noch Deutsche mit Strafmaß bis 15 Jahre, von Nr. 10 Torgau nur noch Sowjetbürger zwecks anschließender Deportation in die UdSSR aufnehmen sollten.[49] Am 17. März 1947 sollten alle verhafteten Sowjetbürger an Sachsenhausen überstellt werden, wo sie zur weiteren Deportation in die UdSSR mit Lebensmitteln und Medikamenten auszustatten waren.[50]

Serov untersagte zwar am 29. Juli 1947, weiterhin verurteilte Ausländer in die Speziallager des MVD aufzunehmen, erlaubte jedoch Ende November einzelne Ausnahmen.[51]

Am 23. Dezember 1947 erhielt die Lagerleitung Sachsenhausens erneut den Befehl, alle zu mehr als 15 Jahren sowie zusätzlich die zu 15 Jahren Zwangsarbeit Verurteilten und künftig alle mit Zwangsarbeit Bestraften nach Bautzen zu schicken, um bei sich nur die niedrigeren Strafmaße zu versammeln.[52] Am 14. Juni 1948 sollte Kostjuchin aus Sachsenhausen erneut alle zu mehr als 15 Jahren und zu Zwangsarbeit Verurteilten nach Bautzen überstellen, was auf eine nur zögerliche Umsetzung der Anweisung vom Vorjahr verweist.[53] Die Abteilung modifizierte ihre Anordnungen am 17. August 1948 dahingehend, nur die zu mehr als 15 Jahren Verurteilten in Nr. 4 zu versammeln. Niedrige Strafmaße bis einschließlich 15 Jahren blieben in Nr. 7. In Buchenwald war der (weiterhin nichtverurteilte) Führungsbestand ehemaliger Naziorganisationen und -organe Hitlerdeutschlands aufzunehmen.[54] Am 16. Mai 1949 wies Sokolov den Bautzener Lagerleiter deshalb an, um Platz für die zu 15 und mehr Jahren Verurteilten zu schaffen, alle mit niedrigerem Strafmaß (648 Personen) sowie alle verurteilten Frauen, jedoch insgesamt nicht mehr als 1.200 Personen bis zum 21. Mai 1949 an Sachsenhausen zu überstellen.[55]

Ab dem 1. Juni 1949 war vorgesehen, in Sachsenhausen alle weiblichen Gefangenen, alle verurteilten Sowjetbürger sowie verurteilte männliche Deutsche, die bis zu 15 Jahren zu verbüßen hatten, zusammenzuziehen, während in Bautzen alle deutschen, männlichen Verurteilten mit Strafen über 15 Jahren zu konzentrieren waren.[56] Ab dem 6. Juni 1949 sollten in Bautzen nur noch die zu 15-25 Jahren sowie zu lebenslanger Haft Verurteilten eingeliefert werden.[57]

Die Leitung in Bautzen hatte somit die zu hohen und Höchststrafen Verurteilten aufzunehmen, während Sachsenhausen nach der Auflösung Ketschendorfs und der Torgauer

---

49 GARF, f. 9409, op. 1, d. 355, l. 27.
50 GARF, f. 9409, op. 1, d. 497, l. 9; vgl. d.548, l. 2: Anweisung bereits vom 13. 2. 1947.
51 GARF, f. 9409, op. 1, d. 140, l. 65.
52 GARF, f. 9409, op. 1, d. 388, l. 21; die bis zu 10 Jahren verurteilten Deutschen und alle verurteilten Sowjetbürger sollte Sachsenhausen aufnehmen: GARF, f. 9409, op. 1, d. 214, l. 44.
53 GARF, f. 9409, op. 1, d. 363, l. 226.
54 GARF, f. 9409, op. 1, d. 214, l. 49.
55 GARF, f. 9409, op. 1, d. 560, l. 17. Bautzen übergab meist zu 25 Jahren verurteilte Frauen, Männer, die 10 oder mehr Jahre abbüßen sollten, sowie 12 Personen zu weiterer Deportation in die UdSSR.
56 GARF, f. 9409, op. 1, d. 560, l. 19.
57 GARF, f. 9409, op. 1, d. 529, l. 2.

Seydlitz-Kaserne alle verurteilten Sowjetbürger versammelte und das Ausgangslager für Deportationen stellte.

Entlassungen

Bereits im September 1946 verlangte ein Moskauer Befehl, die arbeitsuntauglichen ehemaligen Kommandierenden paramilitärischer Organisationen, über die keine kompromittierenden Materialien vorlagen, zu entlassen. Entscheidend schien zudem zu sein, daß sich ihr Wohnsitz in der SBZ befand.[58] Nicht mehr Arbeitsfähige, die auch nach der Entlassung im sowjetischen Machtbereich verblieben, durften somit die Lager verlassen. Am 28. Oktober 1946 verlangte der MVD-Befehl 00601, aus den Kriegsgefangenenlagern die bereits lange Zeit arbeitsunfähigen alten und kranken Personen bis zum Unteroffiziersrang aus allen Nationen außer den Japanern zu entlassen. Die Anweisung befahl außerdem, alle Offiziere aus SA, SS, SD und Gestapo sowie Teilnehmer an Greueltaten unabhängig von Nationalität und Gesundheit festzuhalten.[59]

Im September 1947 scheint es zu einer Überprüfung aller Gefangenen aus Staaten, die nicht gegen die Sowjetunion gekämpft hatten, gekommen zu sein.[60]

Die Entlassungsaktion im Jahre 1948 brachte bis zum 31. August 1948 beispielsweise 1.158 "Bautzenern" die Freiheit. Trotz des Kommissionsbescheids mußten allerdings 15 Personen im Lager verbleiben, da sie als Ärzte, Sanitäter oder Spezialarbeiter eine längere Zeit beim Begräbnis der Leichen im Lager Gestorbener gearbeitet hatten und "vollständig informiert waren über die Sterblichkeit im Speziallager".[61] In Buchenwald begannen die Entlassungen am 10. Juni 1948 und dauerten bis zum 25. August: 9.250 Personen erhielten die Freiheit. 36 Personen verblieben aus operativen Gründen im Lager.[62]

Auflösung

Im Zusammenhang mit der Auflösung des Lagers Bautzen verfügte Sokolov am 31. Dezember 1949 bzw. 12. Januar 1950 die Überstellung von Personen in das Innere Gefängnis des MGB-Oper-Sektors Sachsen-Anhalt.[63] Unter Berufung auf einen Kommissionsbeschluß vom 10. Dezember 1949 befahl er am 3. Februar 1950, neun verurteilte Ausländer zusammen mit ihren Akten zwecks weiterer Deportation in besondere Lager in der UdSSR an

---

58 GARF, f. 9409, op. 1, d. 355, l. 26.
59 GARF, f. 9409, op. 1, d. 355, l. 30.
60 GARF, f. 9409, op. 1, d. 410, l. 203.
61 GARF, f. 9409, op. 1, d. 142, l. 74.
62 GARF, f. 9409, op. 1, d. 501, l. 8.
63 GARF, f. 9409, op. 1, d. 248, l. 345. Die Bautzener Verwaltung bereitete zugleich verschiedene Listen vor, um u. a. die nicht verurteilten 53 Deutschen zu erfassen, die sich noch vor einem sowjetischen Gericht zu verantworten hätten. Vermerke wiesen sie meist als Amtsträger im Lager aus, wie Sanitäter in der Tbc-Abteilung, Mitglied des Beerdigungskommandos, Arzt im Gefängniskrankenhaus: GARF, f. 9409, op. 1, d. 173.

Sachsenhausen zu übergeben.⁶⁴ Ein Gefangener sollte gemäß der Verfügung des stellvertretenden Ministers für Staatssicherheit in das Moskauer Butyrka-Gefängnis überstellt werden.⁶⁵

Bis zum 13. Februar 1950 gelangten schließlich aus Bautzen insgesamt 138 Gefangene an den Operativen Sektor Sachsen-Anhalt, 78 Gefangene an den Operativen Sektor Berlin, darunter je ein Tscheche und ein Serbe. Der letzte russische Gefangene traf nach dem 13. Februar 1950 aus Bautzen im Berliner Operativen Sektor ein. Insgesamt waren 794 Häftlinge zu entlassen, von denen täglich ab dem 16. Januar 100 in die Freiheit gelangten. 5.978 waren an die deutsche Volkspolizei ab dem 16. Januar nach Vorbereitung der Dokumente in einer täglichen Anzahl von 450 Personen zu überstellen.⁶⁶ Insgesamt übergaben die verbliebenen drei Lager ihre Gefangenen an die deutsche Volkspolizei oder verlegten sie nach Waldheim. Kleinere Transporte gingen in die Sowjetunion bzw. an MGB-Stellen in Deutschland.⁶⁷

Verlegungstransporte aus den einzelnen Lagern

Speziallager Nr. 1: Mühlberg

Serovs Befehl verlagerte Lager Nr. 1 am 26. Juni 1945 von Rembertow nach Schwiebus und von dort am 15. August mit 84 Gefangenen in Richtung Dresden.⁶⁸ Das Lager Nr. 1 Mühlberg sollen vom 13. September 1945 bis zum 12. Oktober 1948 21.835 Personen durchlaufen haben, von denen etwa 3.075 deportiert wurden.⁶⁹

Ein von der Lagerverwaltung erstellter Abschlußbericht nennt dagegen folgende Zahlen: 25.145 Personen durchliefen das Lager, 902 wurden in die Sowjetunion deportiert, 544 an Operative Gruppen übergeben, 8.431 an andere Plätze zu weiterer Haft überstellt, 7.631 wurden entlassen, 487 gelang die Flucht, 317 Menschen aus der Zahl des zur Arbeit mobili-

---

64 GARF, f. 9409, op. 1, d. 249, l. 11, 13.
65 GARF, f. 9409, op. 1, d. 249, l. 11.
66 GARF, f. 9409, op. 1, d. 528, l. 14f.. Tatsächlich kamen am 17. 1. 1950 bereits 130 Personen des Spezialkontingents zur Entlassung, vgl. ebenda, l. 18, am 18. 1.: 159, 19. 1.: 194, 20. 1.: 75 bzw. 103 Verurteilte, 21. 1.: 11, 27. 1.: 15 bzw. 2, 28. 1.: 2 bzw. 13, 29. 1.: 1, 30. 1.: 1 Verurteilter, 6. 2.: 2; vgl. d.528, l. 24 bzw. d.559, l. 3; vom 16.-21. 1. 1950 wurden insgesamt 772, davon 618 Männer, 51 Frauen, 103 Verurteilte entlassen; 7 befanden sich am 24. 1. noch im Lager, die auf einen Interzonenpaß warteten, sowie 20 Kranke und 10 Ausländer, vgl. d.528, l. 25.
67 Vgl. zu Vergleichszahlen von Entlassungen und Übergabe in Sachsenhausen und Buchenwald: Lipinsky 1995, S.40 bzw. Lipinsky [1997b]; speziell zu den Transporten aus Buchenwald: Lipinsky [1997a].
68 GARF, f 9409, op. 1, d. 134, l. 15 bzw. d.1, l. 20-22 bzw. d.139, l. 74; Achim Kilian schließt nicht aus, daß es von Rembertow nach Schwiebus keinen größeren Transport, sondern nur eine Verlagerung der Administration gegeben hat.
69 Vgl. Kilian 19932, S. 217, Anm. 291: nach intensivem Vergleich und Auswertung der Namenslisten korrigiert Kilian die offizielle sowjetische Abschlußzahl; vgl. u. a. zum Alter der Häftlinge, zu den NKVD-Haftgründen: Kilian 1993, S.1150-1156: er errechnet allein 2.741 Tote von Ende Oktober 1946 bis Jahresmitte 1947.

sierten Kontingents wurden zu weiterer Arbeit übergeben.[70] Das Lager Mühlberg übernahm im Oktober 1945 und März 1946 zahlreiche Gefangene aus Bautzen sowie im Zusammenhang mit der beginnenden Lagerauflösung im Frühjahr 1947 insgesamt 5.583 meist unterernährte Arrestanten, davon 2.237 aus Torgau, 1.190 aus Ketschendorf, 2.156 aus Jamlitz. Im Gegenzug überstellte die Mühlberger Leitung im Februar 1946 Gefangene an Fort Zinna und übernahm andere Ende Juli 1946 zwecks Weiterleitung an das Kriegsgefangenenlager Frankfurt/Oder von dort.[71]

Von Juni bis Oktober 1946 verließen das Lager einige Tausend Menschen in eben dies Kriegsgefangenenlager zur weiteren Deportation in die UdSSR, wohin weitere im Februar 1947 durch einen direkten Transport aus Mühlberg gelangten. Nach zahlreichen Entlassungen verlegte die Lagerleitung die restlichen Insassen 1948 nach Buchenwald.

Speziallager Nr. 2: Buchenwald

Das überlieferte Journal zu Buchenwald belegt, daß seit dem 21. August 1945 insgesamt 28.455 Personen das Lager durchliefen.[72] Vor allem Buchenwald übernahm die Häftlinge des aus dem nun auf polnisch verwaltetem Gebiet liegenden und deshalb verlegten Lagers Landsberg (Januar 1946: mindestens 5.851) sowie aus den aufgelösten Lagern Nr. 8 Torgau (Dezember 1946 bis Januar 1947: insgesamt mindestens 9.960), Jamlitz (April 1947: mindestens 4.000), Fünfeichen (September 1948: insgesamt mindestens 2.606) und Mühlberg (September-Oktober 1948: insgesamt mindestens 7.120). Abgesehen von dem sogenannten Pelzmützen-Transport von 1.086 Personen am 8. Februar 1947, von dem 46 Kranke in Brest verblieben und zwei starben, verließen nur relativ selten Personen Buchenwald auf dem direkten Deportationsweg in die Sowjetunion.

Speziallager Nr.3: Berlin-Hohenschönhausen

Major Gostev, Lagerleiter von Hohenschönhausen, verlegte Gefangene im Jahre 1945/46 zumeist nach Sachsenhausen, im Juli 1945 auch nach Ketschendorf. So überstellte er nach dem 3. Juli 1946 zur Entlastung 250 Gefangene an seinen Sachsenhausener Kollegen Kostjuchin.[73]

Speziallager Nr. 4: Bautzen

Das Lager Bautzen durchliefen vom 29. Mai 1945 bis zum 13. Juli 1946 bereits 15.149 sowie insgesamt vom 27. Mai 1945 bis zum März 1950 etwa 27.285 Personen, von denen

---

70 GARF, f. 9409, op. 1, d. 282, l. 64.
71 GARF, f. 9409, op. 1, d. 375, l. 23.
72 Vgl. hierzu auch Fischer/Lipinsky 1994, 121, S. 45f; Ritscher 1952, S.235: errechnet einen Durchlauf von 28.494 Personen.
73 GARF, f. 9409, op. 1, d. 355, l. 21.

die erst im August 1945 einsetzende Zentralregistratur nur noch 16.274 erfaßte.[74] Bereits im Juni/Juli 1945 erreichten 3.655 bis 3.664 Gefangene aus Bautzen das Spezialgefängnis Tost in Schlesien. Im Oktober 1945 und März 1946 gelangten rund 3.600 Personen aus Bautzen nach Mühlberg. Die schon im Oktober 1945 verlangte Konzentration besonders des sowjetischen Spezialkontingents in Ketschendorf führte schon im Juni 1946 zu entsprechenden Verlegungen. Am 8. Dezember 1946 gelangten erneut Gefangene sowjetischer Nationalität zwecks weiterer Lagerhaft aus Bautzen nach Ketschendorf.[75]

Im September bzw. November 1946 verließen größere Transporte Bautzen in Richtung Jamlitz (3.000 Personen), wohin viele, jedoch längst nicht alle 'aktiven NS-Mitglieder', 'Mitarbeiter der Bestrafungsorgane, der SA und SS' gelangten, und Torgau (190 Personen), womit die meisten nichtdeutschen Gefangenen Bautzen verlassen hatten. Laufend lieferte die Lagerleitung von Nr. 4 geschlechtskranke Gefangene meist sowjetischer Nationalität ins Speziallazarett nach Sachsenhausen ein. Im Februar 1947 verließen 830 arbeitstaugliche Gefangene, darunter 42 der I. und 788 der II. Arbeitstauglichkeitskategorie Bautzen direkt in die UdSSR. Von ihnen blieben 62 Erkrankte in Brest zurück, wo zudem eine medizinische Kommission feststellte, daß viele der II. eher nur noch der III. Arbeitstauglichkeitsstufe zuzurechnen waren.[76]

Mit dem Verlegungstransport von 1.196 Verurteilten nach Sachsenhausen am 19. Juni 1948 (Strafmaß bis 3 Jahre: 15 Personen, 3-5 Jahre: 31, 6-10 Jahre: 987, 11-15 Jahre: 18, 16-25 Jahre: 143, lebenslänglich: 2) verließen Bautzen trotz der anderslautenden Vorgabe auch mit mehr als 15 Jahren, und zwar meist zu 25 Jahren oder lebenslanger Haft Verurteilte, wohl zur weiteren Deportation in die UdSSR gemäß den Anweisungen des GULAG. Ein ähnlicher Transport verließ Bautzen am 23. Januar 1949. Die Verlegung vom 1. Februar 1949 von 1.270 Verurteilten verringerte zusätzlich die Anzahl der geringer Bestraften. Am 19. Juli 1949 wurden weitere verurteilte Frauen nach Sachsenhausen verlegt.

Mit der Übernahme von 1.029 Gefangenen aus Torgau wuchs die Zahl der Verurteilten im 'Gelben Elend' sprunghaft auf 1.407 an und erhöhte sich am 1. Dezember 1946 nach der Übernahme von weiteren 951 aus der Seydlitz-Kaserne auf 2.365. Auch das innere Gefängnis Halle, das Gefängnis Weimar sowie das Potsdamer Gefängnis überstellten zahlreiche Verurteilte.

Insgesamt gelangten rund 3.200 meist zu weniger als 15 Jahren Verurteilte aus Bautzen nach Sachsenhausen, während rund 400 den umgekehrten Weg antreten mußten.

Speziallager Nr. 5: Ketschendorf

Im Speziallager Nr. 5, in den sowjetischen Akten fast durchgehend mit Fürstenwalde bezeichnet, konzentrierten sowjetische Stellen ab Oktober 1945 relativ viele nichtdeutsche (u. a. auch polnische sowie rußlanddeutsche) Gefangene, speziell das sowjetische Spezialkontingent vor dessen Deportation in die UdSSR. Bereits im November 1945 und erneut im April 1946 gingen größere Transporte dorthin ab, so auch von Bautzen aus im Juni und

---

74 GARF, f. 9409, op. 1, d. 529, l. 3; 1945 wurden 6.300, 1946: 5.212, 1947: 3.490, 1948: 3.501, 1949: 2.389; 1950: 268 Personen eingeliefert (d.529, l. 111); das Lager Bautzen verließen 1945: 2.745, 1946: 5.663, 1947: 2.354, 1948: 3.221, 1949: 2.367, 1950: 7.296 Personen.
75 GARF, f. 9409, op. 1, d. 634, l. 12.
76 GARF, f. 9409, op. 1, d. 150, l. 35.

Dezember 1946. Noch im Juni 1945 gelangten Gefangene aus Ketschendorf über Schneidemühl nach Posen bzw. im Juli 1945 und April 1946 andere nach Nr. 6 in Frankfurt/Oder bzw. Jamlitz. Im Zuge seiner Auflösung übergab die Ketschendorfer Leitung ab Januar 1947 ihre Gefangenen an Jamlitz, Mühlberg, Fünfeichen, Sachsenhausen und in die UdSSR.[77]

Speziallager Nr. 6: Jamlitz

Das Lager Nr. 6 befand sich noch bis zum 27. Oktober 1945 in Frankfurt/Oder (auch am 17. November 1945 nennen die Akten noch ein Gefängnis beim Speziallager Nr. 6, vermutlich Frankfurt/Oder), ehe es nach Jamlitz verlegt wurde. Bereits im Juli/August 1945 übernahm die dortige Lagerverwaltung Transporte aus Ketschendorf und Sachsenhausen, im April 1946 sowie Januar 1947 erneut Personen aus Ketschendorf sowie im September 1946 aus Bautzen und verschickte im Sommer Gefangene nach Landsberg. Wegen der geplanten Auflösung übergab sie ihre Insassen ab März 1947 an Mühlberg und Buchenwald.

Speziallager Nr. 7: Sachsenhausen

Die Leitung des ursprünglich offiziell in Werneuchen/Weesow befindlichen Lagers Nr. 7 übernahm Major Kostjuchin am 25. Mai 1945 von Hauptmann Čumačenko. Bereits am 7. August 1945 wurde ihm das nicht näher bezeichnete Lager 229 zusätzlich zur Nutzung übergeben.[78] Allein im Jahre 1945 durchliefen 23.845 Personen das schließlich in Sachsenhausen eingerichtete Lager Nr. 7, von denen 12.012 weiterverlegt wurden. Ab Juni 1945 gelangten Gefangene aus dem Gefängnis Lichtenberg, dem Lager Berlin-Hohenschönhausen, im September 1946 aus dem Gefängnis Strelitz, später aus den aufgelösten Lagern Ketschendorf, Fünfeichen, Fort Zinna (Torgau) in das ehemalige Konzentrationslager. Allein seit Januar 1946 versammelte die sowjetische Besatzungsmacht in Sachsenhausen Tausende deutscher Wehrmachtsangehöriger, die von den Westalliierten über Erfurt an sie ausgeliefert worden waren, um nach Unterbringung in einer speziellen Lagerzone zum größten Teil in die UdSSR deportiert zu werden. Bis Mitte August gelangten so 5.738 Offiziere ins Lager Nr.7. Nur 4.688 traten den eigentlich vorgeschriebenen weiteren Weg nach Frankfurt/Oder an, da die dortige Lagerleitung die Aufnahme von 1.050 Personen verweigerte. Sie hatten angeblich nur Offiziersposten ohne den formellen Dienstrang inne oder waren als Unteroffiziere und Gemeine zu entlassen.[79] Bis Oktober 1946 überstellte die Sachsenhausener Leitung weitere Offiziere nach Frankfurt/Oder.

Während von Bautzen aus seit 1947 die zu geringen Strafen Verurteilten das Lager Nr. 7 erreichten, verließen letzteres im Sommer 1945 von Bernau aus größere Transporte nach Landsberg, Fünfeichen und Jamlitz, seit Februar 1946 bis zur Auflösung 1950 auch rund 6.000 Personen auf dem Deportationsweg in die UdSSR, wobei sich Kostjuchin im Frühjahr 1949 mehrfach bei der Berliner Abteilung erkundigte, wohin er die verurteilten Sowjetbürger verlegen sollte. Weitere Tausende traten diesen Weg nach Osten über Frankfurt/Oder

---

77 Vgl. zu den einzelnen Zahlen: Lipinsky 1996, S.357-393.
78 GARF, f. 9409, op. 1, d. 312, l. 4.
79 GARF, f. 9409, op. 1, d. 141, l. 10.

an.⁸⁰ So sollte das Lager am 24. September 1946 deutsche Gefangene mit Offiziersrang und Gefangene der I.-II. Arbeitstauglichkeitskategorie per Autotransport ins Lager Nr. 69 überstellen.[81]

Entlassungen erfolgten im Oktober 1946, Sommer 1948 sowie zu Jahresbeginn 1950. Während der Lagerauflösung 1950 versammelte Sachsenhausen die verurteilten Ausländer zur weiteren Deportation in die UdSSR. Es übergab einzelne Gefangene an das Gefängnis des Berliner Oper-Sektors, welches dem MGB unterstand.

Speziallager Nr. 8: Torgau

Ähnlich wie bei Mühlberg dürfte auch bei der Verlegung des Lagers Nr. 8 aus Schneidemühl nach Torgau im August 1945 vor allem die Verwaltung verlagert worden sein, nachdem das Spezialkontingent an Landsberg, mobilisierte Deutsche zum Arbeitseinsatz in die UdSSR übergeben werden mußten. Seit seiner Eröffnung im Fort Zinna am 1.-7. September belegten Lager Nr. 8 größtenteils Personen aus dem Gefängnis Magdeburg, im Mai 1946 auch aus Halle und Dessau.[82] Ab Mitte Mai 1946 mußte das Lager in die Seydlitz-Kaserne verlagert werden, um im Fort Zinna SMT-Verurteilte unterbringen zu können.

Die Torgauer Leitung übernahm 212 Gefangene aus dem nun aufzulösenden Landsberg. Noch im August 1945 hatten allerdings Gefangene Torgau nach Landsberg, im Februar 1946 nach Mühlberg verlassen. Von Mai bis Oktober 1946 schickte die Torgauer Verwaltung zahlreiche Kriegsgefangene, folgend einer Anweisung vom 1. Juni 1946, meist über Mühlberg nach Frankfurt/Oder,[83] am 16. Juli auch 70 Handwerker des Spezialkontingents wohl zum Arbeitseinsatz in das Lager Nr. 10. Ab Dezember 1946 bis Januar 1947 überstellte sie im Zuge der Lagerauflösung Gefangene nach Buchenwald und Mühlberg.

Speziallager Nr. 9: Fünfeichen

Bis Oktober 1946 hatten rund 11.522 Personen das Lager durchlaufen. Bis zur Auflösung dürften es 15.396 Personen gewesen sein. Von ihnen wurden im Jahr 1945 9.638 Personen, im Jahr 1946 3.789 Personen, im Jahr 1947 1.947 Personen, im Jahr 1948 22 Personen aufgenommen. Das sind Zahlen, die sich ungefähr mit den bisher geschätzten Ziffern decken und zeigen, daß bis Oktober 1946 die meisten Einlieferungen erfolgten. Insgesamt 686 Personen wurden in die UdSSR deportiert, 5.410 entlassen.

Im August 1945 übernahm die Leitung des nördlichsten Speziallagers der SBZ Gefangene aus Sachsenhausen, im Oktober aus dem Gefängnis Strelitz, im Januar 1946 aus dem auf westliches Gebiet verlagerten Gefängnis Graudenz. Schon am 18. September 1945 verlangte ein Befehl Sviridovs die Verlegung des Spezialkontingents sowjetischer Nationalität aus Fünfeichen nach Ketschendorf. Am 30. Januar 1947 ging ein direkter Transport in die

---

80 GARF, f. 9409, op. 1, d. 330, l. 5: 27.Juni 1945: Verlegung von 2.015 Personen über Bernau nach Landsberg.
81 GARF, f. 9409, op. 1, d. 355, l. 28.
82 GARF, f. 9409, op. 1, d. 134, l. 44: das Schneidemühler Personal sollte am 24. 7. 1945 ein Lager im Berliner Gebiet übernehmen.
83 GARF, f. 9409, op. 1, d. 375, l. 21.

UdSSR ab, der am 6. März seinen Bestimmungsort erreichte. Die Fünfeichener Leitung übernahm die Gefangenen aus dem aufgelösten Lager Ketschendorf und übergab ihrerseits ihre verbleibenden Insassen im September 1948 an Buchenwald bzw. Sachsenhausen.

Speziallager Nr. 10: Torgau

In Frankfurt/Oder bestand neben dem Kriegsgefangenenlager Nr. 69 zumindest ein NKVD-Gefängnis mit der Nummer 7. Es war zunächst bis mindestens Mitte Oktober 1945 als Durchgangsgefängnis dem ebenfalls in Frankfurt befindlichen Speziallager Nr. 6 zu- und untergeordnet. Das Lager Nr.10 Torgau ging Ende Juni/Anfang Juli 1946 aus dem Gefängnis Nr. 7 hervor, welches im Mai 1946 von Frankfurt/Oder in das Torgauer Fort Zinna verlagert worden war. Frankfurter Gefängnis und späteres Lager Nr. 10 überstellten seit September 1945 bis Juli 1948 pro Monat meist zwischen 800 und 1.000 Personen in die UdSSR, im November 1946 zahlreiche nach Bautzen und im Zuge der Auflösung im Juli 1948 nach Sachsenhausen.

Insgesamt ist das Lager Nr. 10 in der Zeit seines Bestehens mit 28.814 Gefangene belegt gewesen. Von ihnen wurden 24.050 Personen, damit rund 4/5 aller aus der SBZ Verlegten, in die Sowjetunion deportiert und 3.620 zu weiterer Haft meist an andere Speziallager übergeben; 441 Gefangene sind entlassen worden, 346 bis 426 starben, 196 wurden an die 'Operative Gruppe' des NKVD überstellt, 130 hingerichtet, 19 wurden an das Militärtribunal ausgeliefert, 12 Personen konnten fliehen.[84]

---

84 Lipinsky 1993, S.160.

IRINA SCHERBAKOVA

Sowjetische Staatsangehörige und sonstige Ausländer in den Speziallagern

Wenn man nach den Statistiken der Abteilung der Spezlager und Gefängnisse des NKVD geht, dann durchliefen 34.706 sowjetische Bürger und rund 460 weitere Ausländer vom 15. Mai 1945 bis zum 1. März 1950 diese Lager.[1] De facto war das ein Fünftel aller Gefangenen der Spezlager. Trotzdem ist dieses Thema weder in der früheren, im sowjetischen Untergrund stattfindenden Geschichtsschreibung, noch in jener der späteren Nach-Perestrojka-Zeit wirklich behandelt worden. Nichts wurde darüber in den Massenmedien veröffentlicht. Es gibt auch keine Erinnerungen (mit Ausnahme des bis heute in Rußland nicht veröffentlichten Buches des weiß-russischen Emigranten Alexander Agafonov, der nach 1945 kurze Zeit Häftling im Spezlager des NKVD in Buchenwald war).[2]

Dieses Thema – die Russen in den Spezlagern in Deutschland – wurde auch von Alexander Solschenizyn nicht behandelt, der in seinem "Archipel GULAG" über die Verhaftungen von Emigranten aus Weißrußland im Nachkriegseuropa schreibt, über das Schicksal der Angehörigen der Vlasov-Armee und über die Verhaftungen innerhalb der Roten Armee.[3] Auch in der Literatur, die den sogenannten "Ostarbeitern" gewidmet ist, taucht dieses Thema nicht auf.[4]

Dafür gibt es mehrere Gründe, vor allem quantitativer Art. Eigentlich ist die Anzahl von 34.706 Menschen selbst vor dem quantitativen Hintergrund der sowjetischen Repressionen und des GULAG nicht gerade klein. Selbst Solschenizyn schreibt über wesentlich kleinere Gruppen, die den Repressionen zum Opfer gefallen sind. Andererseits waren sogar diese 34.706 Menschen in der konkreten Situation des Nachkriegschaos angesichts der Millionen von sowjetischen Bürgern, die sich zu diesem Zeitpunkt auf dem Territorium Deutschlands befanden (Zivilisten, ehemalige Kriegsgefangene, russische Emigranten, die seit den 20er Jahren in Deutschland lebten) nur ein kleiner Tropfen in einem riesigen Meer.[5]

Deshalb weiß man wesentlich mehr über die Überprüfungs- und Filtrierungslager des NKVD, Repatriierungslager für ehemalige "Ostarbeiter" und Sammelpunkte, in denen die

---

1 Zum Sprachgebrauch: In den russischen Akten werden die sowjetischen Bürger natürlich nicht als "Ausländer" bezeichnet. GARF, f. 9409, op. 1, d. 43, l. 6.
2 Agafonov, Alexander: Unveröffentlichtes Manuskript.
3 Vgl. Solschenizyn 1994.
4 Vgl. Poljan 1996, S. 228 u. 301.
5 Ebenda, S. 228–229.

ehemaligen sowjetischen Kriegsgefangenen und die ehemaligen Vlasov-Leute festgehalten wurden. Dort zählte man nämlich in Hunderttausenden.

Ein anderer Grund ist das Geheimnis, mit dem die Spezlager in Deutschland bis in die jüngste Zeit, also bis Anfang der 90er Jahre, in Rußland umgeben waren.

Der dritte Grund dafür, daß dieses Thema in Rußland nahezu unbekannt ist, ist die Tatsache, daß die Menschen, die durch diese Spezlager gingen, aus unterschiedlichen sozialen Schichten kamen und – neben der Masse der Deutschen – Angehörige verschiedenster Nationalitäten der UdSSR waren. Neben Personen, die als Vaterlandsverräter, Spione oder Kollaborateure festgehalten wurden, befanden sich in diesen Lagern auch Soldaten und Offiziere der Roten Armee, die ganz gewöhnlicher krimineller Delikte angeklagt waren.

Ein weiterer Grund für das Vergessen dieser Häftlinge besteht darin, daß sich die meisten Gefangenen nur kurze Zeit in diesen Spezlagern, die die Funktionen der Durchgangslager übernahmen, aufhielten. Alle wurden früher oder später in die Sowjetunion gebracht. Deshalb war der Aufenthalt in einem Spezlager in Deutschland sehr oft nur eine kurze Episode vor einem längeren Lagerleben in der Sowjetunion. Viele, die zum Beispiel damals zu 25 Jahren Lagerhaft verurteilt wurden, blieben dann in der Sowjetunion bis zur Chruschtschov-Ära im GULAG. Hinzu kommt, daß jene Soldaten und Offiziere der Roten Armee, die wegen krimineller Delikte – die oft im betrunkenen Zustand begangen worden waren – zu nicht sehr langen Lagerstrafen verurteilt oder in die Strafbataillone versetzt wurden, später nur wenig Interesse hatten, diese Episode ihres Lebens in ihren Erinnerungen festzuhalten.

Aus all diesen Gründen bleibt die Geschichte des Aufenthaltes sowjetischer Bürger in den Spezlagern in Deutschland bis heute ein in Rußland weitgehend unbekanntes und unerforschtes Thema. Wie bereits erwähnt, gibt es auch kaum schriftliche oder mündliche Zeugenaussagen zu diesem Thema, sondern nur einzelne Erinnerungsfragmente.[6] Erwähnt werden die sowjetischen Häftlinge eher in der deutschen Literatur.

Die wichtigsten Quellen sind immer noch die Dokumente aus dem Bestand der Spezlager im Staatlichen Archiv der Russischen Föderation (GARF).[7] In anderen Archivbeständen finden sich nur wenige Dokumente zu diesem Thema – auch nicht in den sogenannten "Sondermappen" Stalins, Berijas und Molotovs.[8] Im Bestand des Sekretariats des NKVD kann man nur Dokumente über einzelne Vorgänge finden, so zum Beispiel Berichte über die Verhaftung bestimmter Personen russischer Herkunft, die der Spionage, des Vaterlandsverrates oder der Kollaboration mit den Deutschen beschuldigt wurden, oder Berichte über jene Russen in Deutschland, die vom NKVD gesucht wurden, weil es kompromittierendes Material gegen sie gab.[9] Aber auch im Bestand der Spezlager wurden die Dokumente über die sowjetischen Bürger nicht getrennt aufbewahrt, sondern sind über viele Akten verstreut. Ein halbwegs komplettes Bild kann man sich nur machen, wenn man die Lagerstatistiken anschaut, in denen die sowjetischen Bürger und die Ausländer getrennt aufgelistet wurden. Darüber hinaus gibt es einige Dokumente aus der Operativen Abteilung der Spezlager – zum Beispiel die Stimmungsberichte aus den Lagern oder Denunziationen

---

6 Unveröffentlichte Erinnerungen von Aldona W. und Michail Ch. im Privatarchiv der Autorin. Vgl. Das gelbe Elend 1992, S. 82, 118, 119.
7 GARF, f. 9409, op. 1.
8 Osobaja papka I. Stalina, M. 1994. Osobaja papka L. Berija, M. 1994.
9 GARF, f. 9401, op. 2, d. 99, 53.

von Lagerspitzeln – die auch Informationen über die russischen Häftlinge enthalten.[10] Außerdem finden sich im Bestand der Spezlager einige Direktiven und Anweisungen über die Modalität der Inhaftierung russischer Gefangener.

Im übrigen muß man sich im Zusammenhang mit dem Aufenthalt sowjetischer Bürger in den Spezlagern die gleichen Fragen stellen, wie im Zusammenhang mit der Inhaftierung Deutscher in diesen Lagern.

Was die sowjetischen Insassen der Spezlager betrifft, so geht es in erster Linie darum herauszufinden, wen man weshalb verhaftete, wer die Verhaftung durchführte und wie die Untersuchung durchgeführt wurde. Wie in allen anderen Fragen, die mit der Geschichte der Spezlager zusammenhängen, zeigt sich auch hier das große bürokratische Durcheinander der sowjetischen Organe auf dem Territorium Deutschlands.

In den Spezlagern befanden sich sowohl Internierte (Spezkontingent) als auch bereits verurteilte sowjetische Bürger. Ihre Inhaftierung hing eng mit der Frage der Repatriierung zusammen. Und hier spielten ihre Nationalität und ihre Staatsbürgerschaft die wichtigste Rolle.

Wie bekannt ist, hatte die Sowjetunion während der Konferenz in Jalta all jene zu sowjetischen Staatsbürgern erklärt, die bis zum 3. September 1939 innerhalb ihrer Grenzen gelebt hatten.[11] Nach dieser Erklärung unterlagen also alle, die zu diesem Zeitpunkt in den westlichen Gebieten der Ukraine, Weißrußlands und Moldawiens, in Litauen, Lettland und Estland gelebt hatten, und auch jene, die die Sowjetunion schon lange als Emigranten verlassen hatten, formell eigentlich nicht der Repatriierung. Doch in der Praxis verlangte die Sowjetunion von den Alliierten die Auslieferung dieser Personen. Die Repatriierung wurde durchaus nicht nach den offiziellen Kriterien und den Vereinbarungen von Jalta durchgeführt. Es gibt ausreichend Literatur darüber, wie sich die Sowjetunion gegenüber den Alliierten verhielt und bis zu welchem Grad die Alliierten hier nachgaben.[12] Die Personen, die die Sowjetunion als ihre Staatsbürger betrachtete und die sich im sowjetisch besetzten Teil Deutschlands aufhielten, um sich der Repatriierung zu entziehen, konnten von den sowjetischen Behörden festgenommen werden. Der NKVD-Befehl 00315 vom April 1945, der als Grundlage für die sowjetische Internierungspraxis in Deutschland dienen sollte, legte die Kategorien jener Personen fest, die verhaftet werden sollten. Nach diesem Befehl konnten die ausführenden Organe diese Kategorien nicht nur auf Deutsche, sondern eben auch auf ihre eigenen Mitbürger und Ausländer anwenden. (Zum Beispiel der Punkt A dieses Erlasses: "Personen, die der Spionage und der Diversionen verdächtig sind oder als Agenten der deutschen Spionageorgane tätig gewesen sind.")[13]

Deshalb fanden sich in den Spezlagern in der Regel sowjetische Staatsbürger wieder, die – aus welchem Grund auch immer – den Repatriierungsaktionen entgangen waren. In die Spezlager kamen außerdem diejenigen, die schon nach der Auflösung der Filtrierlager (1947) verhaftet oder bereits nach einer Untersuchung wegen Spionage oder Vaterlandsverrat verurteilt worden waren. All dies bezieht sich auf diejenigen, die in diese Lager entweder als "Spezkontingent", also als Nichtverurteilte, kamen oder als normale Strafgefangene, also als Verurteilte. Trotzdem kann man heute die Frage kaum ausreichend beantworten, welche sowjetischen Staatsbürger aus welchen Gründen verhaftet wurden, sieht man viel-

---

10 GARF, f. 9409, op. 1, d. 52, l. 22; d.107, l. 280.
11 Vgl. Poljan 1996, S. 196–200.
12 Zum Beispiel Tolstoj 1977, Hoffmann 1986.
13 GARF, f. 9409, op. 1, d. 143, l. 10.

leicht einmal von jenen ab, die wegen krimineller Akte oder Vergehen gegen die Militärgesetze verhaftet worden waren. Und auch in diesen Fällen können wir nicht sicher sein, wie die Untersuchungen geführt wurden. Es ist ganz klar, daß auch die Dokumente aus dem Bestand der Spezlager diese Frage nicht endgültig beantworten können. Ohne eine genaue Analyse der Registrierungs- und Untersuchungsakten des Spezkontingents und der Verurteilten können wir kein völlig wahrheitsgetreues Bild weder in bezug auf die deutschen Häftlinge noch auf die sowjetischen Gefangenen erhalten. Wie bekannt, verfügen wir zur Zeit nicht über solche Dokumente, denn sie befinden sich in für die Forschung gesperrten Beständen des KGB und MVD. Trotzdem kann man teilweise aus den Dokumenten des Spezlager-Bestandes erfahren, welche sowjetischen Bürger dort inhaftiert wurden. Zum Beispiel geht aus einer vom Oktober 1946 datierten Mitteilung des NKVD-Bevollmächtigten I. Serov[14] an das Innenministerium in Moskau hervor, daß man in Torgau die Verschickung von 1.150 zu unterschiedlichen Lagerstrafen verurteilten sowjetischen Bürgern vorbereitete. Von ihnen waren 271 wegen konterrevolutionärer Tätigkeit verurteilt worden, 544 wegen Vergehen gegen das Militärgesetz und 355 wegen krimineller Vergehen. So kann man – wenn auch in einem sehr kleinen Ausschnitt – sehen, wie die Vergehen prozentual verteilt waren und wie groß die Prozentzahl jener war, die wegen gewöhnlicher Verurteilungsgründe und nicht wegen "politischer" Vergehen verurteilt wurden.

*

Einzelne Dokumente belegen, daß sich in den Spezlagern auch Kollaborateure befanden. Zum Beispiel gibt es das Verhörprotokoll einer russischen Gefangenen, die ab 1943 als Lageraufseherin in Sachsenhausen gearbeitet hatte.[15] Aus dem Protokoll des Verhörs, das 1948 auch in Sachsenhausen geführt wurde, geht hervor, daß sie und andere russische Konzentrationslageraufseherinnen nach dem Einmarsch der Roten Armee in ein Repatriierungslager. Von dort holte man sie zur Arbeit als Übersetzerin in die sowjetische Kommandantur. Weil sie ihre Vergangenheit verschwiegen hatte, wurde sie nicht schon 1945 verhaftet, sondern erst viel später. Dieses Beispiel zeigt, daß ein Teil der sowjetischen Gefangenen in den Spezlagern aus Personen bestand, denen man – weil es sich in der Regel um sogenannte Ostarbeiter handelte – zunächst bei Kriegsende auf Grund ihrer Kenntnis der deutschen Sprache Arbeit gegeben hatte. Natürlich waren längst nicht alle Kollaborateure. Aber 1947 begann einfach die Überprüfung aller sowjetischen Dienstnehmer in der SBZ, die während des Krieges nach Deutschland verschleppt worden waren. Wenn im Zuge dieser Überprüfung irgendwelche verdächtigen Momente auftauchten, dann mußten diese Leute mit ihrer Verhaftung rechnen. Wie schon gesagt und auch aus einzelnen Dokumenten ersichtlich, gab es unter den Häftlingen in den Spezlagern auch sogenannte Weißemigranten, die – egal ob sie mit den Deutschen kolloboriert hatten oder nicht – automatisch als Feinde der Sowjetunion galten. Die Organe des NKVD machten auf alle bekannten Persönlichkeiten dieser Emigration offen Jagd. Es wurden dabei auch die Unbekannten unter ihnen verhaftet.

---

14   GARF, f. 9409, op. 1, d. 145, l. 50.
15   GARF, f. 9409, op. 1, d. 73, l. 166–168.

Ohne Zweifel stellten die Soldaten und Offiziere der sowjetischen Besatzungsarmee einen großen Prozentsatz der sowjetischen Lagerinsassen. Über die Vergehen derentwegen diese Menschen verhaftet wurden, gibt uns ein Dokument Auskunft, in dem es um die Arreste 1947/48 von Spezlagerwachmannschaften geht[16]. Von diesen Wachmannschaften wurden 74 Personen vor ein Militärgericht gestellt: zwei wegen Vaterlandsverrat, einer als Deserteur, 16 wegen Dienstvergehen, vier wegen Mordes, vier wegen Kontakten zu den inhaftierten Deutschen, 24 wegen Diebstahl und Banditentum, zwei wegen Autounfällen, einer wegen Vergewaltigung, 26 wegen unerlaubten Entfernens aus dem Dienst und einer wegen Verweigerung der Ausführung eines Befehls.

Dieses und andere Dokumente bestätigen das, was eigentlich immer schon bekannt war: nämlich die Trunksucht und die Neigung zum Stehlen der Besatzungstruppen. Die Trunksucht an und für sich stellte kein Delikt dar, aber gerade wegen der katastrophalen Verbreitung des Alkoholkonsums in der sowjetischen Armee passierten eine ganze Reihe von Verbrechen: Autounfälle in betrunkenem Zustand, Raufereien oder Morde aus Eifersucht. In den Besatzungstruppen hielt sich auch noch lange nach dem Krieg jener Geist der Gewalt und des moralischen Verfalls, der im Kriege geherrscht hatte, besonders als die sowjetischen Truppen in Ostpreußen einmarschiert waren. Viele Soldaten und Offiziere konnten sich nicht umstellen. Ganz typisch dafür ist ein Bericht über die Stimmung im Spezlager Nummer 10[17]. Ein verurteilter Major A. erklärte:

> Ich bin seit 20 Jahren Ingenieur, seit 21 Jahren Parteimitglied, und jetzt werde ich wegen der Ermordung eines Deutschen zu drei Jahren verurteilt. Wo bleibt denn da die Gerechtigkeit, wenn ich für die Tötung eines Feindes eine so hohe Strafe bekomme, wo doch während des Krieges alle immer geschrien haben: Tötet die Deutschen!

An Hand der Stimmungsberichte über das Personal der Spezlager kann man auch auf die Befindlichkeiten innerhalb der gesamten sowjetischen Besatzungstruppen schließen.

Hinzu kommt, daß die Atmosphäre – natürlich vor allem in den Spezlagern, aber eben auch in der gesamten sowjetischen Besatzungsarmee – durch ein ausgeklügeltes Spitzelsystem und durch Denunziationen vergiftet wurde. Der gesamte Briefverkehr der Soldaten und Offiziere wurde kontrolliert. Briefe, in denen sich "kompromittierende" Äußerungen fanden, wurde konfisziert. Meistens waren es nur Klagen über die schwere Lage zu Hause, über die Erniedrigungen und den Hunger in den Kolchosen, darüber, daß die Armeeangehörigen in Deutschland wie Gefangene leben mußten und nirgendwo hingehen konnten. Ein derartiges "Kompromat" konnte durchaus als Grund für die Verhaftung dienen. Die Wachmannschaften hatten dadurch das Gefühl, daß die Grenzen zwischen dem Lager und der Freiheit verschwammen. Sie fürchteten, daß sie sich selbst jeden Moment hinter Gittern wiederfinden könnten. "Wenn der NKVD seinen Plan nicht mit Außenstehenden erfüllen konnte, dann hielt er sich an die eigenen Leute", erklärte A., die in der operativen Abteilung in Magdeburg als Übersetzerin arbeitete, in einem Interview.[18] Darüber hinaus konnte auch schon der "verbrecherische Kontakt mit der deutschen Bevölkerung" eine Verhaftung nach sich ziehen.[19]

Es gab, wie es scheint, ganz andere Fälle, in denen Agenten des MGB (Ministerium für Staatssicherheit der UdSSR) als Häftlinge getarnt ebenfalls in die Spezlager kamen. Ein

---

16 GARF, f. 9409, op. 1, d. 57, l. 22–23.
17 GARF, f. 9409, op. 1, d. 52, l. 22.
18 In: Erinnerungen von Aldona W.
19 GARF, f. 9409, op. 1, d. 57, l. 16–18, d. 60, l. 31.

solcher Fall kann durch Dokumente belegt werden: Der Lagerleiter erhielt die Anordnung aus Moskau, einem betreffenden Häftling die Flucht zu ermöglichen, so daß er in die amerikanische Zone gelangen konnte.[20]

Welche Organe die Verhaftungen der sowjetischen Bürger auf deutschem Territorium durchführten, kann man in den Lagerlisten nachlesen – wo in der Rubrik "Verhaftet durch" meistens steht: Verwaltung für Gegenspionage SMERŠ oder operative Gruppen, operative Abteilungen der Bezirke der SMA, die Abteilung für innere Angelegenheiten der SMA oder operative Gruppen der Grenzschutztruppen.

*

Neben der Frage, wer warum in den Spezlagern landete, stellen sich auch Fragen nach der Schärfe der Haft, der Haftdauer und dem quantitativen Verhältnis zwischen den sogenannten Verurteilten und dem Spezkontingent der Internierten.

Gerade auf diese Fragen gibt die Lagerstatistik die glaubwürdigste Antwort, vor allem die Berichte, die der Leiter der Registraturabteilung der Spezlager alle zwei Wochen zusammenstellte. Und so sehen wir, daß mehr als die Hälfte aller sowjetischen Lagerinsassen, 18.646 von den insgesamt 34.706, de facto in den ersten eineinhalb Jahren des Bestehens der Lager verhaftet wurden. Das heißt: vom 15. Mai 1945 bis zum 1. September 1946. Der größte Teil war bis zum 1. September 1946 bereits in die Sowjetunion gebracht worden. Darunter 10.706 Verurteilte und 5.139 aus dem Spezkontingent.[21] Im weiteren Verlauf verringerten sich die Verhaftungen, und die übrigen Festnahmen verteilen sich ziemlich gleichmäßig auf die verbleibenden Monate bis zum 1. März 1950 – dem Tag der Auflösung des Spezlagers.

Im Jahr 1946 stießen die Transporte in die Sowjetunion auf große Schwierigkeiten. Die sowjetischen Infrastrukturen reichten für die große Anzahl der zu Repatriierenden einfach nicht aus. Aus diesem Grund blieben im Jahr 1946 zwischen 2.000 und 3.000 sowjetische Bürger in den Spezlagern. Diese Zahl verringert sich – wie jene der Verhaftungen – allerdings ab dem Jahr 1947. Dabei sprechen wir hier in erster Linie über verurteilte sowjetische Bürger. Die Zahl der Angehörigen des bereits in die UdSSR transportierten Spezkontingents, die 1946 5.139 betrug, bleibt de facto gleich, und zwar bis zuletzt – wobei sie im Jahr 1948 auf 5.403 ansteigt.[22]

Sowjetische Bürger wurden also nicht allzu lange in den Spezlagern gefangen gehalten, denn ihre eigentliche Strafe sollten sie im GULAG – also in der Sowjetunion – absitzen. Bis zum 1. März 1950 starben 67 sowjetische Staatsangehörige, eine verschwindend kleine Anzahl im Vergleich zu der Zahl der Toten unter den deutschen Inhaftierten.[23] Gründe dafür könnten neben der Kürze ihres Aufenthaltes in den Spezlagern sein: eine etwas bessere Ernährung, eine zusätzliche Versorgung durch den Schwarzmarkt, die bessere Fähigkeit, sich den sanitären Verhältnissen in den Lagern anzupassen, und die verbreitetere Gewohnheit zu hungern im Vergleich zu den deutschen Häftlingen. Allerdings haben wir keine

---

20 Ebenda.
21 GARF, f. 9409, op. 1, d. 43, l. 6.
22 Ebenda.
23 Ebenda.

Möglichkeit, die Statistik weiter zu verfolgen, und wissen nicht, wie viele von diesen Gefangenen später im GULAG ums Leben gekommen sind. Denn in den Spezlagern herrschten Tbc-Epidemien, die auch sicherlich nicht nur deutsche Häftlinge und das Lagerpersonal erfaßten.

Fast unverändert bleibt von Dezember 1946 bis zum Schluß auch die Zahl der Erschießungen: 28, wieder eine sehr geringe Zahl im Vergleich zu den deutschen Gefangenen, ebenso wie die Zahl von 207 Freigelassenen unter den sowjetischen Häftlingen.[24]

Bei der Prüfung der Lagerstatistik stellt sich die Frage, in welchen Spezlagern die sowjetischen Häftlinge gefangen gehalten wurden. Es ist ganz klar, daß es aus organisatorischen Gründen einfacher war, die sowjetischen Gefangenen, die ja alle weiter in den GULAG geschickt werden sollten, in einigen Lagern zu konzentrieren. Allerdings fanden sich die sowjetischen Staatsangehörigen im Chaos des Jahres 1945 in den verschiedenen Lagern und Gefängnissen wieder. Aber schon im September 1945 geht eine Weisung Serovs an alle Leiter der operativen Sektoren:

> Um den Transport des Spezkontingents sowjetischer Nationalitäten zu erleichtern, befehlen wir, alle Betreffenden im Spezlager Nummer 5 in Fürstenwalde und im Spezlager Nummer 6 Frankfurt/Oder zusammenzuziehen.[25]

In der Tat erreichte dieser Befehl den Transport, denn alle Etappen gingen über Polen, dann über das Durchgangsgefängnis in Brest. Aber da auch in Thüringen viele sowjetische Bürger verhaftet wurden und die Entfernung zu Frankfurt/Oder von dort zu groß war, gestattete Serov, diese ins Spezlager Nummer 2 in Buchenwald einzuliefern.

Aus allen weiteren Dokumenten geht hervor, daß alle sowjetischen Bürger nach ihrer Verhaftung in Fürstenwalde (Ketschendorf) konzentriert wurden. Demgegenüber wurden bereits Verurteilte ins Durchgangslager Torgau gebracht. Dies wurde – wie bei den sowjetischen Instanzen üblich – von einem unglaublichen bürokratischen Durcheinander begleitet. In den Briefwechseln zwischen den einzelnen sowjetischen Instanzen ging es immer wieder um die Frage nach der Länge der Untersuchungshaft, nach der Inhaftierung vor Antritt der Haftstrafe und nach den Etappen auf dem Weg in den GULAG. Im Januar 1947 wurde das Lager Fürstenwalde (Ketschendorf) geschlossen, und alle sowjetischen Staatsangehörigen wurden ins Spezlager Nummer 7 in Sachsenhausen gebracht. Diese Vorgehensweise behielt man bis zum Herbst des Jahres 1949 bei, als auf Weisung von Serov die Aufnahme sowjetischer Bürger in die Spezlager gestoppt wurde[26]. Alle verbleibenden sowjetischen Gefangenen wurden ins Lager Sachsenhausen gebracht und von dort über Brest in den GULAG, meistens nach Vorkuta.

Wenn wir die Registrierungsakten der Spezlager genau analysieren, stellen wir fest, daß die Anweisungen erfüllt werden. Alle sowjetischen Häftlinge wurden ab 1948 in Sachsenhausen und Torgau konzentriert und nach der Schließung von Torgau nur noch in Sachsenhausen. Es gibt nur ganz wenige Personen, die in Buchenwald blieben – ungefähr fünf – und ein paar mehr in Bautzen. Hier findet sich offenbar auch die Antwort auf die Frage, ob es sowjetische Bürger gab, die sich länger in den Spezlagern aufhielten – sogar vielleicht während ihres gesamten Bestehens. Wie wir aus den letzten Listen jener ersehen können, die vor der Schließung der Spezlager in die Sowjetunion gebracht wurden, gab es solche

---

24 Ebenda.
25 GARF, f. 9409, op. 1, d. 129, l. 132.
26 GARF, f. 9409, op. 1, d. 560, l. 61.

Fälle. Und dies hängt wahrscheinlich mit der Rolle der Betreffenden in den internen Lagerstrukturen zusammen. Man findet hier zum Beispiel einige ehemalige russische Emigranten, die man zum Lagerpersonal ernannt hatte und die verschiedene Aufgaben in der Lagerselbstverwaltung erfüllten. Es ist offensichtlich, daß sie auf irgendeine Weise für die Lagerleitung nützlich waren, schon wegen ihrer Sprachkenntnisse. Die Häftlinge von Bautzen der Jahre 1947–1949 erinnern sich an einen gewissen Orest Efimovski[27], den Kommandanten des 4. Saales, einen weiß-russischen Emigranten, der 1947 zu 25 Jahren Haft verurteilt worden war. Sein Name taucht in der Liste der Letzten auf, die die Spezlager verließen[28]. Auch in anderen Dokumenten kann man Spuren jener Funktionen verfolgen, die die Russen innehatten.

*

In diesem Abschnitt geht es um die Haftbedingungen der sowjetischen Staatsangehörigen in den Spezlagern. Im Prinzip versuchte man, sie getrennt von den anderen Häftlingen unterzubringen, aber angesichts des Chaos, der Enge und der Überfüllung der Lager gelang das natürlich nicht immer. Daß sich sowjetische Gefangene oft in einer Baracke mit deutschen Häftlingen wiederfanden, läßt sich durch die Erinnerungen deutscher Gefangener belegen.[29]

Es gab auch widerläufige Situationen. In einem Denunziationsbrief über das Durcheinander im Spezlager Sachsenhausen zum Beispiel heißt es:

> Von der Lagerleitung läßt sich niemand im Gefängnis sehen, eine Inspektion der Baracken gibt es nicht. Deshalb können sich die Inhaftierten bei niemandem über die Unerträglichkeiten beschweren. Auch der Sergeant Lageraufseher befindet sich nicht immer hier im Gefängnis, üblicherweise erscheint er nur dann, wenn hier irgend etwas passiert ist. In der Abteilung für die Verschickung in die Sowjetunion, wo sich vor allem verhaftete sowjetische Bürger befinden, besteht das Personal fast zur Gänze aus internierten Deutschen...[30]

Daß man in Sachsenhausen die sowjetischen Bürger gemeinsam mit den Deutschen gefangenhielt, zeigt auch eine Denunziation aus dem Mai 1949, bei der es um die Vorbereitung eines Fluchtversuches von drei Russen und zwei Deutschen aus dem Lagerlazarett geht.[31]

*

In den Spezlagern in Deutschland befanden sich aber nicht nur sowjetische Bürger, sondern auch andere Ausländer – in der Sprache des NKVD "inopoddanie". Auch ihre Zahl war verhältnismäßig klein und in den Registraturberichten schwankt sie. Im Mai 1949 wurde

---

27 Vgl. Kracht, Horst in: Das gelbe Elend, S. 184.
28 GARF, f. 9409, op. 1, d. 560, l. 101.
29 Vgl. Donath, Werner in: Das gelbe Elend, S. 119–120.
30 GARF, f. 9409, op. 1, d. 107, l. 302.
31 GARF, f. 9409, op. 1, d. 89, l. 42.

sie mit 569 angegeben, in der Endaufstellung im Jahr 1950 dann mit 460.[32] Aus den Dokumenten geht hervor, daß es sich hier um Menschen aus allen europäischen Ländern handelte, die von den sowjetischen Behörden nach demselben Befehl 00315 entweder unter Spionageverdacht oder als mögliche deutsche Agenten festgenommen worden waren. (Diese Anschuldigungen bezogen sich sowohl auf die Verurteilten als auch auf das Spezkontingent.) Es ist ganz klar, daß den sowjetischen Organen Personen mit geradezu unwahrscheinlichen Biographien in die Hände fielen. Außerordentlich interessant in diesem Zusammenhang ist das Schicksal einer gewissen Eva Robinson, die am 15. September 1945 als englische Agentin verhaftet wurde.[33] Diese jugoslawische Schauspielerin lebte bis 1941 in London und war mit einem Leutnant der englischen Armee verheiratet. Während des Krieges wurde sie Agentin der englischen Aufklärung, sammelte in Budapest Informationen über die ungarische Armee und stahl sogar Geheimdokumente. 1943 arbeitete sie in Wien und Berlin als Kabarettänzerin. Im selben Jahr wurde sie verhaftet und in Sachsenhausen eingeliefert, wo sie bei Kriegsende zunächst befreit und dann von den sowjetischen Behörden neuerlich inhaftiert wurde.

Wie aus den Registraturakten hervorgeht, war eine große Zahl der ausländischen Häftlinge Polen. Viele von ihnen wurden nach einer Übereinkunft mit der polnischen Regierung und auf Anweisung des NKVD freigelassen: jene, die wegen kleinerer Vergehen verhaftet worden waren, unter ihnen auch die einfachen Soldaten der Armia Krajova. Jene Polen, die nicht freigelassen wurden, wurden den polnischen Staatssicherheitsorganen übergeben.[34] Laut Listen waren dies 86 Personen.

92 weitere Ausländer, die meistens wegen Spionage verurteilt worden waren, wurden in den GULAG gebracht, 166 wurden freigelassen – das heißt, man übergab sie den ausländischen Missionen. Unter den Ausländern ist die Todeszahl verhältnismäßig hoch – nämlich 79 Personen.[35] Das hängt damit zusammen, daß man sie in den Spezlagern unter den gleichen Bedingungen gefangenhielt, wie alle anderen Häftlinge. Darüber hinaus begann die wirkliche Untersuchung unter ihnen de facto erst am Beginn des Jahres 1950 kurz vor der Auflösung der Spezlager. Im Unterschied zu den sowjetischen Bürgern wurden Ausländer in fast allen Spezlagern festgehalten und nicht von den Deutschen isoliert. Allem Anschein nach wurden alle anderen Ausländer bis Mitte 1947 verhaftet. Und in dieser Frage läßt sich auch ein richtiger bürokratischer Krieg zwischen der Militärstaatsanwaltschaft, der Leitung der Spezlager und den Operativabteilungen beobachten. Die Operativabteilungen setzten die Verhaftungen von Ausländern fort, aber auf Anweisung des Innenministeriums der UdSSR, wurden Ausländer ab Juli 1947 nicht mehr in den Spezlagern aufgenommen.

---

32 GARF, f. 9409, op. 1, d. 43, l. 6.
33 GARF, f. 9409, op. 1, d. 73, l. 14.
34 GARF, f. 9409, op. 1, d. 221, l. 186.
35 GARF, f. 9409, op. 1, d. 43, l. 16.

LUTZ PRIEß

Deutsche Kriegsgefangene als Häftlinge in den Speziallagern des NKVD in der SBZ

1. Einleitung

Von den 3,5 Millionen deutschen Kriegsgefangenen[1], die in der Sowjetunion gefangen gehalten wurden, sind mehrere tausend Offiziere der deutschen Wehrmacht nicht infolge der direkten Gefangennahme durch die Rote Armee, sondern erst 1946 nach Entlassung aus westalliierter Gefangenschaft in sowjetische Gefangenschaft geraten. Sie kamen mehrheitlich über die NKVD-Speziallager der SBZ in die UdSSR. Dieser Sonderfall sowjetischer Gefangenschaft wurde in der bisherigen historischen Standardliteratur nicht behandelt.[2] Das trifft auch für die als Kriegsgefangene deklarierten Angehörigen von SS, SA und Volkssturm zu, die 1945 nicht in Kriegsgefangenenlager, sondern in die genannten Speziallager eingewiesen wurden.

Beim Vormarsch der Roten Armee auf deutsches Territorium ab Ende 1944/Anfang 45 wurden die Kriegsgefangenen in der Regel sofort in Kriegsgefangenenlager auf dem Territorium der Sowjetunion verbracht. Es war ein militärisches Grundprinzip, sobald es die militärische Lage erlaubte und die notwendigen Transportkapazitäten vorhanden waren, die Gefangenen abzutransportieren. Nach Kriegsende in Europa waren alle alliierten Siegermächte bestrebt, die Gefangenenkontingente aus Sicherheitsgründen außerhalb der Grenzen Deutschlands in Verwahrsam zu halten. Mit dem Kriegsende in Deutschland und der Bildung der Gruppe der sowjetischen Besatzungstruppen (GSBT) einerseits und der sowjetischen Militäradministration (SMAD) andererseits wurden Fragen der Kriegsgefangenen in Verantwortung des NKVD geregelt.

In der Stadt Frankfurt/Oder diente das "Lager Nr. 69" für die Deportation von Kriegsgefangenen aus der SBZ in die Sowjetunion. Die Rote Armee unterhielt wahrscheinlich bereits wenige Wochen nach der Kapitulation Deutschlands in den Ländern und Provinzen der sowjetischen Besatzungszone keine eigenen Kriegsgefangenenlager mehr. Unbekannt ist, in welchem Umfang die Repatriierungslager der Roten Armee auch deutsche Kriegsgefangene aufgenommen haben. Dafür existierte ab Mai 1945 ein System von Lagern unter Verwaltung der "Abteilung Speziallager des NKVD der UdSSR in Deutschland" (nachfolgend

---

1 Maschke (Hg.) 1965, S. V.; Nach einer sowjetischen Statistik aus dem Jahr 1956 waren von 3.486.206 Kriegsgefangenen in sowjetischen Lagern 2.388.443 deutscher Nationalität, vgl. Karner 1995, S. 79.
2 Ebenda.

"Abteilung Speziallager" genannt), in dem die ursprünglich als Sammel- und Deportationslager der Frontbevollmächtigten des NKVD eingerichteten Lager bis Anfang 1950 fortgeführt wurden.

Doch angesichts der gewaltigen Transportprobleme zwischen der SBZ und den Grenzbahnhöfen der UdSSR und dem zeitweilig stagnierenden Bedarf an zusätzlichen Arbeitskräften in den sowjetischen GULAGs kam der Abtransport der gefangenen Zivilbevölkerung aus den "Frontlagern" bereits ab Anfang April 1945 zum Erliegen, später aber auch der Abtransport von sowjetischen Repatrianten und Kriegsgefangenen.

Über die Dislozierung der nicht abtransportierten deutschen Kriegsgefangenen in der SBZ nach der Kapitulation der Wehrmacht liegen bisher wenig Erkenntnisse vor. Auch über die Anzahl und Zusammensetzung dieser Kategorie von Gefangenen gibt es derzeit keine gesicherten Angaben. So waren z. B. in Sachsen 1.200 Kriegsgefangene zur Räumung von Minen eingesetzt. (Arlt, 1993, S. 387 f.) Anderswo sollen Kriegsgefangene auch bei der Demontage militärischer Betriebe eingesetzt worden sein. Wir können davon ausgehen, daß nach Abschluß derartiger Einsätze die Gefangenen nicht entlassen, sondern in die UdSSR gebracht wurden.

Im August 1945 wandte sich der Lagerleiter des Speziallagers Nr. 9, Major Šarov, an die "Abteilung" mit der Bitte um Klärung der Aufnahme von Kriegsgefangenen in das Lager.[3] Der Beauftragte von Generaloberst Serov für die Provinz Mecklenburg-Vorpommern, Generalmajor Gubin in Schwerin, hatte den Lagerleiter des Lagers Fünfeichen im August 1945 mündlich angewiesen, 200–300 kriegsgefangene Offiziere aufzunehmen, weil sich zu diesem Zeitpunkt kein Kriegsgefangenenlager in der Provinz befand.[4] Wahrscheinlich gehörte es zu diesem Zeitpunkt schon zur gängigen Praxis der sowjetischen Verhaftungsorgane, daß sie Angehörige militärischer Gliederungen nach Gefangennahme an die Speziallager des NKVD überstellten. Es ist nicht auszuschließen, daß es im Zusammenhang mit dem Befehl Nr. 42 des Obersten Chefs der SMAD vom 27. August 1945 zur Registrierung aller ehemaligen Angehörigen der SS, der SA, der Gestapo und der Mitglieder der NSDAP bei den Militärkommandanten zu weiteren Verhaftungswellen gekommen war. Der Befehl enthielt jedenfalls eine deutliche Warnung im Falle seiner Nichtbefolgung: "Personen, die zur Registrierung nicht fristgemäß erscheinen sowie diejenigen, die sich durch das Verbergen derselben schuldig machen, werden zur strengsten Verantwortung gezogen."[5]

Der Leiter der "Abteilung Speziallager" nahm in einer Antwort vom 17. September 1945 an Šarov, die gleichzeitig allen Leitern der Lager und Gefängnisse des NKVD in der SBZ zuging, zu dem Problem der Aufnahme von Personen, die als Kriegsgefangene registriert waren, Stellung.

In dem Schreiben hieß es: "Kriegsgefangene werden in der Regel nicht in den Speziallagern des NKVD aufgenommen. In Ausnahmefällen (wenn kein Kriegsgefangenenlager [...][6]) können kleine Gruppen von zwei, drei, fünf Personen und einzelne vorübergehend bis zu ihrer Überweisung in ein Kriegsgefangenenlager aufgenommen werden."[7]

---

3 Vgl. GARF, f. 9409, op. 1, d. 130.
4 Ebenda.
5 Befehle des Obersten Chefs der Sowjetischen Militärverwaltung in Deutschland, Sammelheft 1, Berlin 1946, S. 17.
6 Text in der russischen Kopie unleserlich.
7 GARF, f. 9409, op. 1, d. 130.

Diese Kategorie von Gefangenen sollte gesondert registriert werden. In einer Transportliste mußten Name, Vorname, Vatersname, Geburtsjahr, Nationalität, Dienstgrad, Truppenteil, in dem der Kriegsgefangene in der letzten Zeit diente, und sonstige Bemerkungen aufgenommen werden. Falls für die Kriegsgefangenen bereits Registrier-Kontrollakten angelegt waren, so sollten diese bei späterer Übergabe an das nächstgelegene Lager für Kriegsgefangene gesondert von der Transportliste der Kriegsgefangenen, die der Chef des Kriegsgefangenenlagers erhielt, in einem streng geheimen Paket an den Chef der operativen Abteilung des Kriegsgefangenenlagers geschickt werden.[8]

Im September 1945 wies der Intendant der Gruppe der sowjetischen Besatzungstruppen in Deutschland, Generalmajor Tkačev, eine allgemeine Kürzung der Lebensmittelrationen an. Sie betraf sowohl das Armeepersonal als auch die sowjetischen Repatrianten sowie die zu Reparationszwecken eingesetzten einheimischen Arbeitskräfte und die noch nicht in die UdSSR abtransportierten Kriegsgefangenen.[9] Demnach sollte für Kriegsgefangene die Norm für Fleisch und Fette um 50% gekürzt werden. Dafür war die Ausgabenorm für Hülsenfrüchte um 20 Gramm zu erhöhen. Pro Tag sollten Kriegsgefangene außer den übrigen Lebensmitteln (u. a. Brot, Kartoffeln) folgende Rationen erhalten:[10]

Tagesration pro Person für Kriegsgefangene

Fleisch	15 Gramm
Fisch	50 Gramm
Tierische Fette	7 Gramm
Pflanzenöl	8 Gramm
Graupen	110 Gramm

Wie bekannt, entsprachen die sowjetischen Befehle über die Normierung der Lebensmittelrationen nicht den tatsächlich ausgeteilten Rationen an die Gefangenen in den Speziallagern und Gefängnissen des NKVD. Aus den sowjetischen Dienstanweisungen geht hervor, daß im Sommer 1945 bei der Registrierung der Gefangenen die Gruppe der Kriegsgefangenen gesondert registriert werden sollte.

Die statistischen Angaben der "Abteilung Speziallager", der einzelnen Lager und die der sogenannten Abschlußberichte aus dem Jahr 1950 über die Auflösung aller restlichen Speziallager des NKVD in der DDR bedürfen jedoch noch der konkreten Prüfung, inwieweit die Zahl der Kriegsgefangenen gesondert ausgewiesen wurde oder wann und wo deren Zahl in die allgemeinen Angaben über die Gesamtzahl der Speziallagerhäftlinge einging. Dabei unterschied die sowjetische Administration zwei Gruppen von Kriegsgefangenen: die Angehörigen sogenannter paramilitärischer Organe, wie Gestapo, SS, SA, NSKK und Volkssturm, sowie die Offiziere der deutschen Wehrmacht. Für den Zeitraum vom 15. Mai 1945 bis zum 31. Dezember 1947 waren die Kriegsgefangenen, die sich zeitweilig im Gewahrsam der Speziallager des NKVD befanden und dann in die Sowjetunion verbracht wurden, die zahlenmäßig größte Gruppe von deutschen Deportierten. Aus einem Abschlußbericht der "Abteilung Speziallager" über ihre Tätigkeit zwischen dem 15. Mai 1945 und dem 1. März 1950 geht hervor, daß von insgesamt 122.671 registrierten gefangenen Deutschen 6.680

---

8 Ebenda.
9 Vgl. GARF, f. 9409, op. 1, d. 278.
10 Ebenda.

Personen in sowjetische Kriegsgefangenenlager auf dem Territorium der UdSSR überstellt wurden. Von weiteren Überstellungen in die Sowjetunion waren außerdem 5.037 sogenannte Zivilinternierte (im russischen Sprachgebrauch "Spezkontingent") und 1.661 von sowjetischen Militärtribunalen (SMT) Verurteilte betroffen.

Im Gegensatz zur Mehrheit der Zivilinternierten und der SMT-Verurteilten war der Aufenthalt der meisten Kriegsgefangenen in den Speziallagern in der SBZ nur auf wenige Wochen oder Monate beschränkt. Unter den vor 1948 Entlassenen stellten die nicht arbeitsfähigen Kriegsgefangenen, in der Regel Mannschafts- und Unteroffiziersdienstgrade, auch den größten Anteil an den zwischen Mai 1945 und Dezember 1947 entlassenen deutschen Gefangenen aus den Speziallagern und Gefängnissen des NKVD/MVD in der SBZ. So meldete z. B. im Oktober 1947 der Leiter des Speziallagers Nr. 7 (Sachsenhausen), Oberstleutnant Kostjuchin, die Entlassung von 84 Kriegsgefangenen der Wehrmacht.[11] SMT-Verurteilte kamen in dieser Zeit überhaupt nicht zur Entlassung, und Internierte gelangten nur vereinzelt wieder in die Freiheit.

2. Angehörige paramilitärischer Organe als Kriegsgefangene in den Speziallagern des NKVD

Am 27. September 1945 wandte sich der Leiter des Lagers Nr. 8 (Torgau), Major Lavrent'ev, schriftlich an den Leiter der "Abteilung Speziallager", Oberst Sviridov, und teilte mit, daß aus der Stadt Halle ein Transport mit 800 Personen auf dem Weg in sein Lager wäre. Es handelte sich hierbei um Angehörige des Führungskommandos paramilitärischer Organisationen. Angesichts der bestehenden Weisung nur drei bis fünf Kriegsgefangene vorübergehend im Lager aufzunehmen, forderte Lavrent'ev dringend eine schnelle Entscheidung für die direkte Einweisung dieser Gefangenen in ein Kriegsgefangenenlager. Seit dem Befehl Berijas Nr. 00315 vom 18. April 1945 waren militärische und politische Führungs- und Mannschaftsdienstgrade der Armee des Feindes und der militärisch strukturierten Organisationen "Volkssturm", "SS", "SA" sowie KZ- und Gefängnispersonal grundsätzlich in die Kriegsgefangenenlager des NKVD einzuweisen.[12] Im Lager Nr. 8 befanden sich zu diesem Zeitpunkt bereits 4.800 zivile Gefangene, für weitere 1.200 Personen war theoretisch noch Platz vorhanden.[13] Gleichzeitig machte Lavrent'ev aber auch auf Versorgungsschwierigkeiten der Gefangenen mit Lebensmitteln aufmerksam. Transportmittel waren kaum vorhanden, die Lebensmittel mußten aus einem Umkreis von bis zu 150 km requiriert werden, täglich trafen 300–400 neue Gefangene ein, und die Versorgungskapazität reichte nicht aus. Doch bereits am nächsten Tag teilte der Leiter der "Abteilung" dem Lagerleiter Lavrent'ev mit, daß auf Anweisung von Serov ausnahmsweise Angehörige des SS, der SA und des Volkssturms in das Lager aufzunehmen seien, jedoch nur Gefangene

---

11 Vgl. GARF, f. 9409, op. 1, d. 404.
12 Vgl. Deutschland Archiv, 26. Jg. (1993), H. 6, S. 728.
13 Vgl. GARF, f. 9409, op. 1, d. 130.

von den Operativgruppen des NKVD der Provinz Sachsen.[14] Bis zum Jahresende 1945 befanden sich bereits 1.131 Kriegsgefangene im Speziallager Nr. 8.[15]

**Verpflegungsnorm für Kriegsgefangene in NKVD-Lagern
pro Person und Tag 1946**

Nr.	Benennung der Lebensmittel	Menge in Gramm
1.	Roggenbrot aus 96% Mehl	600
2.	Weizenmehl der 2. Sorte	10
3.	verschiedene Graupen	90
4.	Makkaroni	10
5.	Fleisch	30
6.	Fisch	100
7.	Speck oder verschiedene Fette	15
8.	Pflanzenfett	15
9.	Tomatenpaste	10
10.	Zucker	17
11.	Tee-Ersatz	0,2
12.	Salz	80
13.	Lorbeerblatt	02
14.	Pfeffer	0,3
15.	Essig	0,2
16.	Kartoffeln	600
17.	Weißkohl	170
18.	Mohrrüben	45
19.	Rote Beete	40
20.	Zwiebeln	30
21.	Suppengrün, Gurken	35
22.	Wirtschaftsseife (für alle Bedürfnisse im Monat)	300

Sviridov wandte sich in dieser Angelegenheit nochmals am 24. Oktober 1945 an alle Lagerleiter. In dem Rundschreiben wurden neben den Offiziersdienstgraden der paramilitärischen Organisationen zusätzlich folgende Gefangenenkategorien aufgenommen: Offiziersdienstgrade der Gefängnisse, der Konzentrationslager, Militärkommandanturen und Angehörige anderer paramilitärischer Einrichtungen des faschistischen Staatsapparates. Einschränkend wies Sviridov an, nur Gefangene aufzunehmen, für die entsprechend der Instruktion des Befehls Nr. 00461 vom 10. Mai 1945 und der provisorischen Verordnung über die Speziallager eine Registrier-Kontrollakte angelegt wurde.[16]

Die unterschiedliche Umsetzung der Dienstanweisungen bei der Angabe des Haftgrundes in den Personalakten der Gefangenen führte immer wieder zu "Kompetenzstreitigkeiten" zwischen den einliefernden Operativgruppen und den verantwortlichen Lageroffizieren. Letztere wollten eine Aufnahme verweigern, wenn als Haftgrund Zugehörigkeit zu militärischen oder paramilitärischen Organisationen angegeben war. Trotzdem stieg die Zahl der in die Speziallager eingelieferten Kriegsgefangenen im Herbst 1945 an. Im Januar 1946 wur-

---

14 Vgl. GARF, f. 9409, op. 1, d. 130.
15 Vgl. GARF, f. 9409, op. 1, d. 18.
16 Vgl. GARF, f. 9409, op. 1, d. 188. Die Befehle liegen nicht vor.

den im Lager Nr. 9 (Fünfeichen) bereits 477 Kriegsgefangene- und Volkssturmangehörige sowie 203 SS- und SA- Mitglieder als Gefangene registriert.[17]

Nach den Registraturunterlagen der "Abteilung Speziallager" zu urteilen, erfolgte die Einlieferung von Angehörigen paramilitärischer Organe, wie die Gestapo, SS, SA und der Volkssturm im russischen Sprachgebrauch genannt wurden, vor allem zwischen Sommer und Winter 1945. In der Gesamtstatistik der Verhafteten in der zweiten Novemberhälfte des Jahres 1945 wurden von 4.436 Neuverhaftungen innerhalb von 14 Tagen 817 als Angehörige der Gestapo, SS, SS und anderer paramilitärischer Organe registriert.[18]

Neben diesem Personenkreis, zumeist Mannschafts- und Unteroffiziersdienstgrade, waren vereinzelt auch Offiziere in die Fänge der Operativgruppen geraten. Wenn Sie nicht direkt über das Lager Nr. 69 in die Sowjetunion deportiert wurden, so wurden sie wie andere verhaftete Personen auch in das sogenannte "Spezkontingent" eingegliedert. In der Gliederung der Lager war keine besondere Unterbringung und Behandlung vorgesehen. Jedoch existierte für sie theoretisch eine gesonderte Verpflegungsnorm.[19]

Das weitere Schicksal dieser Kategorie von Gefangenen war von drei Faktoren bestimmt: Erstens konnten diese Personen laut Berija-Befehl Nr. 00315 vom 18. April 1945, Punkt 1 bei Angabe von Belastungsmomenten durch die verhaftenden Operativgruppen des NKVD automatisch als interniertes Spezkontingent in die Speziallager eingegliedert werden und verloren somit ihren Status als Kriegsgefangene[20]; zweitens waren "gesunde" Kriegsgefangene für die Deportation als Arbeitskräfte in die Kriegsgefangenenlager in der Sowjetunion vorgesehen; drittens konnten 1946 und 1947 nicht arbeitsfähige Personen aus den Speziallagern wieder entlassen werden, weil sie als Kriegsgefangene nicht zum Spezkontingent und somit nicht in die Zuständigkeit der Speziallager des NKVD gehörten. Nach Aussagen von Zeitzeugen war ihnen der Status als Kriegsgefangene weder bei der Verhaftung noch bei der Einlieferung in ein Speziallager mitgeteilt wurden. Sie waren ebenso der Willkür des NKVD ausgeliefert wie alle anderen Gefangenen auch. Trotzdem war die "Abteilung Speziallager" darum bemüht, diese Kategorie von Gefangenen in die eigentlich zuständigen Kriegsgefangenenlager zu überstellen. Im Juli 1946 wandte sich der Leiter der "Abteilung" Sviridov direkt an seinen Vorgesetzten, den stellvertretenden Innenminister der UdSSR, Generaloberst Serov, und berichtete ihm, daß sich mehr als 2.690 Mannschafts-, Unteroffiziers- und Offiziersdienstgrade als Gefangene in den Speziallagern der SBZ befanden. Er bat Serov um eine Entscheidung[21]: entweder um die Weisung zur Übergabe der Mannschafts- und Unteroffiziersdienstgrade in die Kriegsgefangenenlager entsprechend des dritten Punktes des Befehls Nr. 00315 oder zur Bildung einer Kommission durch die Abteilung für Kriegsgefangenenlager zwecks Durchführung der Freilassung dieser Kategorien entsprechend der Befehle des NKVD Nr. 00698 vom 18. Juli 1945 und Nr. 00955 vom 13. März 1945.

Zwischen Serov und seinem Vorgesetzten, dem sowjetischen Innenminister Kruglov, wurde zwischen dem 11. und 16. August 1946 die Entscheidung herbeigeführt, 4.662 gefangene und arbeitsunfähige Mannschafts- und Unteroffiziersdienstgrade paramilitärischer

---

17 Vgl. Baumann, Tobias: Beitrag in diesem Band.
18 Vgl. GARF, f. 9409, op. 1, d. 137.
19 GARF, f. 9409, op. 1, d. 278.
20 Vgl. GARF, f. 9409, op. 1, d. 130.
21 Vgl. GARF, f. 9409, op. 1, d. 131.

Organisationen aus den Speziallagern zu entlassen.[22] Von 5.875 Personen waren nur 814 Personen als zu körperlicher Arbeit der ersten und zweiten Kategorie geeignet eingestuft.[23]

Serov erließ am 16. August 1946 die Weisung Nr. 3861, auf deren Grundlage Sviridov am 24. August den Befehl Nr. 00883 zur Bildung einer Kommission erließ, die die Kriegsgefangenen in den Speziallagern bis zum 1. September 1946 überprüfen sollte. Unter Leitung von Major Kasulin, dem Stellvertretenden Chef der "Abteilung Speziallager", und Vertretern der jeweiligen Lager wurden im August 1946 die Unterlagen der Kriegsgefangenen überprüft und eine "Untersuchung" des Gesundheitszustandes durchgeführt. Demnach waren Arbeitsfähige der Gesundheitsstufe 1 und 2, *unabhängig* von be- oder entlastenden Angaben in ihren Personalakten, automatisch für die Überweisung in ein Kriegsgefangenenlager vorgesehen. Gefangene mit der Einstufung in die Gesundheitsstufe 3 oder 4 – nicht arbeitsfähig – wurden bei Nichtexistenz belastender Materialien für die Entlassung vorgeschlagen.

Am 5. September 1946 meldete die "Abteilung" an Serov, daß entsprechend der Vorgabe zur "äußerst strengen" Überprüfung für lediglich 714 von 4.662 zur Entlassung vorgesehenen arbeitsunfähigen Kriegsgefangenen kein Belastungsmaterial vorliegt.[24]

Am 17. September 1946 wies der Leiter der "Abteilung", Oberst Sviridov, die Leiter der Speziallager Nr. 1, 7, 8, und 9 an, aus ihren Lagern insgesamt 597 Gefangene zu entlassen: Mühlberg – 554, Sachsenhausen – 4, Torgau – 17 und Fünfeichen – 22 Personen.[25]

Bisher liegen keine vollständigen Angaben über die entlassenen Kriegsgefangenen aus den einzelnen Speziallagern vor. Der Leiter des Lagers Nr. 1 (Mühlberg), Oberstleutnant Sasikov, übersandte z. B. erst am 13. November 1947 die Registrierunterlagen für 137 Entlassene an die "Abteilung Speziallager" nach Berlin.[26]

Im Oktober 1946 erging dann vom Leiter dieser Abteilung die Weisung an alle Leiter der Speziallager, die Aufnahme von Kriegsgefangenen, die eigentlich der Einweisung in ein Kriegsgefangenenlager unterliegen, einzustellen. Nur wenn eine Belastung nach Punkt 1 des Befehls Nr. 00315 vorlag ("feindliche Elemente" wie z. B. Spione, Diversanten, Saboteure, Terroristen u. a.)[27], könnten die Gefangenen als "Spezkontingent" aufgenommen werden.[28]

Doch im Frühjahr 1947 wurden wieder Häftlinge aus der Kategorie "Kriegsgefangene" in Verwahrsam von Speziallagern in der SBZ genommen. Diesmal handelte es sich um einen interalliierten Akt zwischen den amerikanischen und sowjetischen Militärbehörden in Deutschland. Die amerikanische Besatzungsmacht in Deutschland hatte sich mehrfach an die sowjetische Militäradministration in Deutschland mit dem Vorschlag gewandt, von ihr inhaftierte Deutsche – Mitglieder des SD, der Gestapo, der SS und andere Kriegsverbrecher – in einer Anzahl von 1.950 Personen zu übernehmen, die Kriegsverbrechen auf dem Territorium der UdSSR oder in der sowjetischen Besatzungszone begangen haben. Der Minister für Staatssicherheit der UdSSR, Abakumov, schlug Stalin vor, die "von der amerikanischen Besatzungsmacht gefangengenommenen Kriegsverbrecher durch Vertreter der sowjetischen Militäradministration in Deutschland zu übernehmen und sie in eins der Lager

---

22 Vgl. GARF, f. 9409, op. 1, d. 129.
23 GARF 9409/1.
24 GARF, f. 9409, op. 1, d. 129.
25 GARF, f. 9409, op. 1, d. 130.
26 Vgl. GARF, f. 9409, op. 1, d. 218.
27 Vgl. Deutschland Archiv, 26. Jg. (1993), H. 6, S. 727 f.
28 Vgl. GARF, f. 9409, op. 1, d. 130.

des MVD der sowjetischen Besatzungszone Deutschlands zu bringen und mit den Kräften der Mitarbeiter des Bevollmächtigten des MGB der UdSSR in Deutschland die von ihnen begangenen Verbrechen zu untersuchen".[29] Über diese Gruppe von Gefangenen und ihr weiteres Schicksal liegen zur Zeit keine weiteren Materialien vor. Dieser Vorgang bedarf einer gesonderten Untersuchung.

3. Offiziere der deutschen Wehrmacht in den Speziallagern des NKVD

Anfang 1946 signalisierten die amerikanischen Militärbehörden den zuständigen sowjetischen Dienststellen ebenfalls die Entlassung von mehreren tausend Offizieren der deutschen Wehrmacht aus den Kriegsgefangenenlagern in Frankreich. Es ist jedoch bisher nicht näher bekannt, welche Militärdienststellen in der SBZ die nachfolgenden Maßnahmen erlassen hatten, die dazu führten, daß die aus der amerikanischen Gefangenschaft entlassenen deutschen Offiziere von sowjetischen Organen wieder in Haft genommen wurden. Auch die aus der englischen Kriegsgefangenschaft entlassenen Offiziere wurden bei Übertritt der Interzonengrenze zur SBZ in sowjetische Gefangenschaft genommen.

Im Januar begann die Entlassung von deutschen Kriegsgefangenen aus dem CCPWE (Continental Prisoner of War Enclosure) Nr. 15 in Attichy, Frankreich.[30] Ein Transport verließ per Zug Attichy am 26. Januar 1946 und erreichte über Belgien Marburg an der Lahn in der amerikanischen Besatzungszone. In Marburg war ein zentrales Lager für deutsche Kriegsgefangene, die aus amerikanischer Gefangenschaft in den Osten Deutschlands entlassen werden wollten. Trotz der Nachrichten über Verhaftungen in der SBZ wollten die meisten im Osten beheimateten Offiziere zurück in ihre Heimat. Sie fühlten sich regulär aus der Kriegsgefangenschaft entlassen, hatten einen "Certificate of Discharge" (Entlassungsschein) in der Hand. Von Marburg ging die Eisenbahnfahrt über Bebra-Eisenach-Erfurt in die SBZ weiter. Die aus der amerikanischen Zone kommenden Offiziere wurden sowohl in Eisenach und in Erfurt von sowjetischem Militär und deutschen Polizisten in Empfang genommen. Einige Zeitzeugen berichteten von ersten Registrierungen durch sowjetische Militärangehörige bei Zwischenaufenthalten in Bebra bzw. Eisenach[31]. Doch die eigentliche Registrierung fand erst in einem Sammellager in Erfurt statt. Dort befand sich der zuständige "peresyl'nyi punkt" – ein Etappenort für die Verschickung von Gefangenen. Der Leiter dieses "Punktes" war ein Hauptmann Korenev.[32] Für jeden Ankommenden erfolgte eine gesonderte Registrierung. Dabei wurden Angaben zur Person, die Parteizugehörigkeit, der Dienstgrad in der Wehrmacht, das Datum und der Ort der Gefangenschaft sowie allgemeine Angaben zum Gesundheitszustand aufgenommen. Der russische Vordruck für die Registrierkarte sah als letzten Punkt das Datum und den Ort der Weiterreise vor. Hier wurde in der Regel der Heimatort oder der gegenwärtig bekannte Wohnsitz von Familienangehörigen

---

29 GARF f. 9409, op. 1.
30 Vgl. AS, Bericht von H-D. Sch.
31 Vgl. Ebenda; AS, Bericht von G. S.
32 Vgl. GARF, f. 9409, op. 1, d. 356.

als Reiseziel angegeben.[33] Doch die "Zwischenstation" in Erfurt erwies sich nicht als der erhoffte letzte Halt vor der endgültigen Heimkehr in die Heimatorte oder zu den Familien.

In Erfurt führte der Weg vom Bahnhof zunächst zur Entlausung in die Fritz-Noack-Straße. Anschließend kamen die Offiziere in ein Barackenlager am Ostrand der Stadt (Kalkreiße).[34] Dort sollten sie nach Auskunft eines deutschen Lagerleiters die in der SBZ gültigen Entlassungspapiere erhalten, ohne die keine Lebensmittelkarten erhältlich waren und keine Arbeit aufgenommen werden konnte. In diesem Lager bestand die Möglichkeit, den Angehörigen zu schreiben, vereinzelt fanden sich Verwandte aus der Umgebung zu persönlichen Begegnungen ein. Im Prinzip gab es keinerlei Auflehnung gegen den als kurzfristig angesehenen Aufenthalt im Erfurter Lager. In Erwartung der zugesagten amtlichen Papiere für das zivile Leben in der SBZ gab es nach Zeitzeugenberichten zu diesem Zeitpunkt kaum einen ernsthaften Gedanken an Flucht.

In das Lager kamen weitere ehemalige Wehrmachtsoffiziere, die auf anderen Wegen aus der amerikanischen oder englischen Besatzungszone in die SBZ kamen. Auch sie wurden von Kontrollen an den Zonengrenzen zur "Registrierung" nach Erfurt überstellt. Aus einem Transport, der bei Duderstadt die Zonengrenze zwischen der britischen und sowjetischen Zone überquerte, meldeten sich nach Angaben von Rolf Bernstein ca. 400 ehemalige aus englischer oder amerikanischer Kriegsgefangenschaft entlassene Wehrmachtsangehörige.[35]

Nach Auskünften von H. A.[36] wurden Mannschafts- und Unteroffiziersdienstgrade bis einschließlich Oberfeldwebel in Erfurt entlassen.[37] Die anderen "Heimkehrer" erhielten in Erfurt nicht die versprochenen Papiere. Ihnen wurde mitgeteilt, daß sie zur Quarantäne und Umschulung für drei bis vier Wochen in ein anderes Lager verlegt würden. Es wurde der Name der Stadt Oranienburg genannt.[38] Einige Transportkolonnen nächtigten vor dem Verlassen Erfurts in dem ehemaligen Fremdarbeitslager der Firma "Topf und Söhne" hinter dem Bahnhofsgelände.[39]

Per Eisenbahntransport und unter sowjetischer Bewachung wurden die Offiziere über Magdeburg–Berlin oder Weißenfels-Halle-Berlin nach Oranienburg weitergeleitet. In Berlin nutzten einige Offiziere beim Zwischenstopp der Züge bzw. Umsteigen vom Anhalter Bahnhof auf die Berliner Stadtbahn die Gelegenheit zur Flucht, andere konnten heimlich Kassiber an Eisenbahner übergeben oder sie aus dem Zug werfen und somit ihren Angehörigen eine Information über ihre jetzige Situation zukommen lassen. (So auch später beim Transport von Sachsenhausen nach Frankfurt/Oder.[40])

Die erste (bisher nachweisbare) Überstellung von Offizieren der ehemaligen Wehrmacht, die aus der amerikanischen oder englischen Zone in die SBZ kamen, für das Speziallager Nr. 7 wurde am 23. Januar 1946 von Hauptmann Korenev in Erfurt angewiesen. 26 Personen im Range vom Leutnant bis zum Oberst wurden auf Transport geschickt.[41]

Bei der Übergabe an das Speziallager Nr. 7 durch den Vertreter der Militärkommandantur Leutnant Gusev fehlten laut Transportliste angeblich sieben Personen. Diese Meldung

---

33 Vgl. Registrierkarte des Übergabepunktes Erfurt (russisch), GARF, f. 9409, op. 1, d. 357.
34 AS, Bericht von H-D. Sch.
35 Bernstein 1996, S. 28.
36 Initiale dieser Art bedeuten die Anfangsbuchstaben von Zeitzeugen, deren Berichte vorliegen.
37 Bericht von H. A. Kopie im Besitz des Vf.
38 Ebenda, S. 43.; AS, Bericht von H. S.
39 AS, Bericht von H. S., S. 39.
40 Ebenda.
41 Vgl. GARF, f. 9409, op. 1, d. 356.

nahm der Chef der SMA Thüringen, Generalmajor Kolesničenko, zum Anlaß, persönlich eine Untersuchung anzuordnen.[42] Zur Aufklärung der Umstände der Nichtübergabe von sieben registrierten Personen kam am 4. Februar 1946 Oberst Klejmenov nach Oranienburg. Es erfolgte eine Befragung der gefangenen deutschen Offiziere. Entgegen den Angaben von Leutnant Gusev, der dem Mitarbeiter der Registraturabteilung des Speziallagers Nr. 7, Leutnant Rožavskij, meldete, daß vier Offiziere wegen Krankheit in Berlin in ein Krankenhaus eingewiesen wurden, waren die vier am Stettiner Bahnhof in Berlin geflüchtet. Außerdem stellte sich heraus, daß er nicht 26, sonder nur 23 Personen aus Erfurt nach Oranienburg überstellen sollte.[43] Außerdem hatte Gusev noch durch eine Fehlinformation von diesem Vorfall ablenken wollen. Nach seiner Rückkehr aus Oranienburg verfaßte er eine dienstliche Meldung, in der er von Schikanen des Personals von Lager Nr. 7 gegenüber den deutschen Offizieren berichtete und einen angeblichen Totschlag meldete. Die Vorwürfe der Mißhandlung und des Totschlags sollen sich als "Erfindung" des Leutnants Gusev erwiesen haben. Er wurde für sein Dienstvergehen bestraft.

Die Übergabe weiterer deutscher Wehrmachtsoffiziere an das Speziallager Nr. 7 stand nicht nur unter Kontrolle der "Abteilung", sondern auch der Abteilung für Innere Angelegenheiten bei der SMAD. Major Baranik von eben dieser Abteilung war ab dem 1. Februar 1946 bei der Übergabe dabei und zeichnete das entsprechende Übergabeprotokoll auch namentlich mit ab.[44] Diese und andere Indizien zeugen davon, daß die Wehrmachtsoffiziere, die aus den Westzonen in die SBZ kamen, als eine besondere Gruppe von Gefangenen behandelt wurden. Obwohl keinerlei rechtliche Grundlage für ihre Gefangenschaft bei den sowjetischen Besatzungsbehörden vorlag, kamen sie als Sammeltransporte in kein "Umerziehungs- oder Quarantänelager", wie anfangs behauptet, sondern unter strengster Bewachung in das Speziallager Nr. 7 des NKVD. Hier mußte eigens für diese Gefangenen eine vom übrigen Lager isolierte Zone eingerichtet werden. Das Speziallager Sachsenhausen erhielt somit ab Januar 1946 neben der Internierung von zivilen Gefangenen eine neue Funktion. Das hatte auch die Zweiteilung des Lagergeländes in eine Zone I für das sogenannte Spezkontingent (Internierte ohne ein Gerichtsurteil) und die Zone II für die deutschen Wehrmachtsoffiziere zur Folge. Die Zone II war das bis dahin noch nicht genutzte Gelände des früheren Sonderlagers des KZ Sachsenhausen. Als Unterkünfte dienten kleine Steinbaracken sowie Holzbaracken, welche teilweise sogar erst neu errichtet wurden. Für die Anlieferung des Essens aus der Hauptküche der Zone I wurde ein Mauerdurchbruch geschaffen und mit einem eigenen Tor versehen[45].

Im Speziallager Sachsenhausen nannte man die Kriegsgefangenen die "Schwarzen". Denn fast alle aus der amerikanischen Gefangenschaft entlassenen Offiziere trugen schwarzgefärbte amerikanische Soldatenmäntel.

Neben diesen waren aber auch gefangene ehemalige Wehrmachtsoffiziere im Lager Sachsenhausen, die bei Übertritt aus der englischen in die sowjetische Besatzungszone verhaftet wurden, einige wenige, die aus französischer Gefangenschaft entlassen waren oder andere, die schon an ihrem Heimatort weilten und sich dort bereits ins zivile Leben einzugliedert hatten. Die Umfang dieser Verhaftungen in der SBZ ist noch unbekannt.

---

42 Vgl. GARF, f. 9409, op. 1, d. 131.
43 Vgl. GARF, f. 9409, op. 1, d. 356.
44 Ebenda.
45 AS, Bericht von H. D. Scheibe.

Den Lageralltag der gefangenen Offiziere hat Rolf Bernstein in seinen 1996 veröffentlichten Erinnerungen anschaulich beschrieben. Auch sein Bericht, wie der vieler andere Zeitzeugen, bestätigt, daß es weder eine "Umschulung" oder gar "antifaschistische Aufklärung und Umerziehung" im Lager gab. Schnell erhärtete sich bei den Gefangenen die Gewißheit, daß sie als Arbeitskräfte in die Sowjetunion deportiert werden sollten. Die Mehrzahl von ihnen wurde von den sowjetischen Ärzten in die Arbeitsfähigkeitsstufe 1 und 2 eingestuft. Seit 1942 teilte das NKVD die Kriegsgefangenen hinsichtlich ihrer Arbeitsfähigkeit in vier Gruppen:[46]

> Gruppe 1: Gesunde, für schwere physische Arbeiten,
> Gruppe 2: leicht und chronisch Kranke, für mittelschwere physische Arbeiten,
> Gruppe 3: Kranke, für leichte körperliche Arbeiten sowie
> Gruppe 4: Invalide und Arbeitsunfähige, ausschließlich für besonders leichte Arbeiten geeignet.[47]

Die Offiziere waren von Anfang an als Arbeitskräftereserve für den Ersatz erkrankter und verstorbener Kriegsgefangener in der Sowjetunion vorgesehen. Sie waren eine "wesentliche Ressource für Wiedergutmachungsarbeiten"[48]. Hierbei waren für die sowjetischen Organe mindestens zwei Aspekte ausschlaggebend: Die Offiziere waren qualifizierte und disziplinierte Personen, und sie hatten einen besseren Gesundheitszustand als die seit Monaten an Unterernährung und Erkrankungen leidenden Gefangenen in den Speziallagern des NKVD. Außerdem sollten sie nach der sowjetischen Norm für kriegsgefangene Offiziere versorgt werden, die eine erhöhte Tagesration und Sonderzuteilungen vorsah. Tatsächlich entsprachen auch hier die täglichen Essenrationen nicht den Normen, aber die ihnen zustehende Anzahl von Zigaretten soll nach Aussagen von Zeitzeugen ausgeteilt worden sein.

In der Zone II des Speziallagers in Sachsenhausen gab es eine eigene medizinische Versorgung. Doch es sind keine gesondert geführten Sterbeunterlagen über die im Lager verstorbenen Offiziere überliefert. Es konnte auch kein eigener Begräbnisplatz außerhalb der Massengräber für alle Verstorbenen des Lagers nachgewiesen werden.

Unter den gefangenen Offizieren gab es eine Reihe von Fluchtversuchen. Neben geglückten Fluchten schon bei der Überstellung nach Sachsenhausen gab es auch erfolgreiche Fluchten aus dem Lager selbst und später aus der Hornkaserne in Frankfurt/Oder. Doch die sowjetischen Wachmannschaften verstärkten ihr Wachregime. In der Nacht vom 3. zum 4. April 1946 verhinderten sie die Flucht des Leutnants der Wehrmacht G. N., geboren 1924, wohnhaft in Burg bei Magdeburg.[49]

Serov wies am 28. Mai 1946 an, daß die aus den alliierten Westzonen Deutschlands in die Speziallager des NKVD "aufgenommenen" Kriegsgefangenen in reguläre Kriegsgefangenenlager zu überstellen seien.[50] Wie so häufig gab es auch in dieser Frage zwischen der "Abteilung Speziallager" und anderen Dienststellen der SMAD Kompetenzschwierigkeiten. Sviridov, der Leiter der NKVD-Abteilung aller Speziallager in der SBZ, teilte Serov mit,

---

46 GARF 9409/12/205, Erlaß des NKVD/GUPVI v. 17.7.1942, Nr. 28/7309.
47 Vgl. Karner 1995, S. 140.
48 Niethammer 1995, S. 477.
49 Vgl. GARF, f. 9409, op. 1, d. 14.
50 Vgl. GARF, f. 9409, op. 1, d. 131.

daß die "Abteilung für die Leitung von Kriegsgefangenenlagern"[51] keine Anweisungen von Serov in dieser Frage akzeptiere, da sie ihm nicht unterstellt sei.[52]

Lebensmittelrationen pro Tag und Person für kriegsgefangene Offiziere

Nr.	Benennung der Lebensmittel	Menge in Gramm
1.	Weizenbrot aus 72% Mehl	300
2.	Roggenbrot aus 96 % Mehl	300
3.	verschiedene Graupen	20
4.	Makkaroni	20
6.	Fleisch	75
7.	Fisch	80
8.	Butter	40
9.	Pflanzenfette	10
10.	Zucker	40
11.	Trockenfrüchte	10
12.	Tee-Ersatz	1
13.	Toilettenseife im Monat	200
14.	Kartoffeln	400
15.	Frischgemüse	200
16.	Pfeffer	0,2
17.	Lorbeerblätter	0,2
18.	Essig	1
19.	Salz	20
20.	Papirosy (am Tag)	15 Stück
21.	Streichhölzer in Schachteln (im Monat)	3 Schachteln

Auch der Oberste Chef der SMAD, Marschall Sokolovskij, wurde erst im August 1946 durch Serov über die Inhaftierung der deutschen Offiziere informiert. Anlaß war eine Anfrage des Präsidenten der Provinz Sachsen, Dr. Hübener, beim Landeschef der SMA, Generaloberst Kusnezov. Dr. Hübener intervenierte bei der SMA gegen die Inhaftierung der Offiziere in Oranienburg, die aus den westalliierten Besatzungszonen Deutschlands entlassen waren.[53] In der Meldung Serovs an Sokolovskij wurde mit keinem Wort darauf verwiesen, auf welcher Grundlage die Offiziere in Oranienburg festgehalten wurden. Er teilte militärisch knapp mit: "Ich melde, daß tatsächlich vom Übergabepunkt der Stadt Erfurt von Januar bis Mai 1946 5.738 deutsche Offiziere zwecks Überprüfung in eine besondere Zone des Speziallagers Nr. 7 in der Stadt Oranienburg überstellt wurden, sie werden nach der Norm für kriegsgefangene Offiziere versorgt."[54]

Eine Reaktion von Sokolovskij oder Antwort an Dr. Hübener ist in den vorliegenden Akten der "Abteilung Speziallager" nicht enthalten.

---

51 Die Rede ist hier wahrscheinlich von der in Potsdam ansässigen "Abteilung für die Leitung der Kriegsgefangenenlager". Es ist mir nicht bekannt, ob diese Abteilung der SMA Brandenburg, der SMAD in Berlin-Karlshorst oder einer Dienststelle in Moskau unterstellt war.
52 Ebenda.
53 Vgl. GARF, f. 9409, op. 1, d. 141.
54 GARF, f. 9409, op. 1, d. 141.

Insgesamt haben demnach die sowjetischen Organe in den ersten Monaten des Jahres 1946 insgesamt 5.738 Personen von den Alliierten über die Zwischenstation Erfurt in das Speziallager Nr. 7 übernommen.

Auf Anweisung der "Abteilung" vom 1. Juni 1946 stellte der Leiter des Speziallagers Nr. 7 Mitte Juni einen ersten Transport für die Überstellung von 1.607 Kriegsgefangenen an das Lager Nr. 69 zusammen.[55]

Aus Sachsenhausen gingen am 20. Juli, 27. Juli und 2. August drei Eisenbahntransporte mit je 1.607, 1.821 und 1.260 Offizieren nach Frankfurt/Oder. Es verblieben noch 1.050 gefangene Offiziere im Lager, deren "Überprüfung" noch nicht abgeschlossen war.[56]

Aus dem Lager Nr. 1 (Mühlberg) folgte u. a. am 8. August 1946 ein "Offizierstransport" in Richtung Frankfurt/Oder, der mit anderen Kriegsgefangenen im September 1946 in die UdSSR deportiert wurden.[57] Sie trafen am 10. August 1946 in der Hornkaserne in Frankfurt/Oder ein. Im Gegensatz zu den Kriegsgefangenen aus Sachsenhausen waren sie alle am Heimatort vom NKVD verhaftet und in ein Speziallager eingewiesen.[58] Auch das Speziallager Nr. 2 (Buchenwald) meldete noch am 22. Dezember 1946 den Abtransport von dreißig Stabsoffizieren über Frankfurt/Oder in die Sowjetunion.[59]

Die Deportation von insgesamt 6.680 Kriegsgefangenen aus den NKVD-Speziallagern der SBZ bis Ende 1947 erfaßte auch Gefangene aus anderen Lagern. Darunter befand sich die Mehrzahl der als "arbeitsfähig" eingestuften Offiziere der Wehrmacht. Sie alle nahmen den Weg über das Lager Nr. 69. Ihnen wurden in Frankfurt/Oder die schwarzgefärbten Uniformmäntel abgenommen, teilweise erhielten sie Uniformteile der deutschen Wehrmacht, um ihnen wieder ein Aussehen als reguläre deutsche Kriegsgefangene zu geben.

Im Gelände der Hornkaserne kamen 1946 bereits Heimkehrertransporte von deutschen Kriegsgefangenen aus der Sowjetunion an, während neue Transporte für die Deportation zusammengestellt wurden. Im Lager Nr. 69 begegneten sich ankommende und auf die Deportation wartende Kriegsgefangene.[60]

Erkrankte und nicht transportfähige Kriegsgefangene wurden aus den Deportationstransporten ausgegliedert und zur Behandlung in das Lagerhospital übergeben. Die Verstorbenen wurden auf einem lagereigenen Areal anonym begraben.

Die behandelten Häftlinge kamen z. T. wieder in ein Speziallager zurück. Aber auch andere bereits im Durchgangslager Nr. 69 befindliche Kriegsgefangene konnten von der Deportation in die Sowjetunion ausgenommen und in ein Speziallager überstellt werden. So verfügte z. B. der Leiter der GUPVI des MVD der UdSSR, Generalleutnant Filippov, am 28. August 1947 die Überstellung von 192 Gefangenen aus dem Lager Nr. 69 an das Speziallager Nr. 7 (Sachsenhausen). Der Leiter des Lagers Nr. 7, Major Kostjuchin, erhielt Ende August 1947 vom Leiter der "Abteilung Speziallager" entsprechende Anweisungen zur Aufnahme dieser 192 Gefangenen. Im Lager Nr. 7 hatten sie keinen besonderen Status als Kriegsgefangene.

---

55 Vgl. GARF, f. 9409, op. 1, d. 361.
56 Vgl. GARF, f. 9409, op. 1, d. 141.
57 Vgl. Karbe 1992, S. 108.
58 Vgl. Bernstein 1996, S. 190.
59 Ritscher 1995, S. 238.
60 Vgl. Bernstein 1996, S. 180 f.

Es kam aber auch zu vereinzelten Entlassungen von Kriegsgefangenen, die in die Arbeitstauglichkeitsstufe III eingestuft waren.[61]

Die aus den Speziallagern des NKVD in der SBZ abtransportierten Kriegsgefangenen unterstanden ab der Frankfurter Hornkaserne nicht mehr der Verantwortung der "Abteilung Speziallager". Sie waren in den Augen der sowjetischen Militärbehörden wieder "reguläre" Kriegsgefangene und wurden zwecks "Ersatz" kranker Gefangener als neue Arbeitskräfte in die Gefangenenlager der Sowjetunion eingegliedert. Wie Augenzeugen berichteten, wurden aber auch andere Häftlinge aus den Speziallagern nach ihrem Transport in die UdSSR als Kriegsgefangene "umregistriert". Hintergrund der Mobilisierung von zusätzlichen Arbeitskräften aus den Lagern des NKVD in der SBZ war die hohe Zahl an Erkrankungen, die unter den schweren Lagerbedingungen größtenteils langwierigen Gesundungsprozesse sowie die hohe Sterblichkeit unter den deutschen Kriegsgefangenen in sowjetischen Lagern. Das brachte die Arbeitskräftebilanz der Verwaltung für Kriegsgefangene des Innenministeriums der UdSSR (GUPVI) in Schwierigkeiten.[62] Am 22. Juni 1946 erhielten Stalin und Berija einen Bericht mit den Ergebnissen einer Erhebung in den Kriegsgefangenenlagern über die berufliche Qualifizierung der Gefangenen und Vorschlägen für ihren Einsatz in der sowjetischen Volkswirtschaft.[63] Die Transporte aus der SBZ mit den gefangenen deutschen Wehrmachtsoffizieren, die bereits aus westalliierter Gefangenschaft entlassen waren, sorgten somit für einen willkommenen Nachschub qualifizierter Arbeitskräfte für die GUPVI. Ihr Einsatz erfolgte vor allem im Kaukasus. Das weitere Schicksal der deutschen Kriegsgefangenen in den Lagern in der Sowjetunion ist in der historischen Literatur umfangreich behandelt. Jedoch im Kontext der Aufarbeitung der Geschichte der Speziallager des NKWD/MVD in der SBZ/DDR bleiben noch Forschungslücken zu schließen. In der jüngsten russischen Forschung gibt es eine neue Hinwendung zu dem Thema der deutschen Kriegsgefangenen in der Sowjetunion.[64] Die Kommission für Kriegsgefangene, Vermißte und Internierte beim Präsidenten der Russischen Föderation arbeitet unter Leitung ihres Vorsitzenden Generalmajor Prof. Dr. Vladimir A. Zolotarev an einer mehrbändigen Gesamtpublikation.[65]

---

61 Ebenda, S. 192 f.
62 "Allein in der Zeit vom 1.5.1946 bis zum 1.6.1946, d. h. in einem Monat, sind 4.390 Deutsche gestorben." (In sowjetischen Kriegsgefangenlagern - der Vf.) Zit. nach: Petrov 1993, S. 61.
63 Vgl. GARF "osobaja papka" I. V. Stalina, d. 137, l. 240-249.
64 Vgl. Konasov 1996.
65 Vgl. Zolotarev (Hg.) 1996.

EVA OCHS

Erfahrungsgeschichtliche Aspekte des Lagerlebens

1. Erinnerungen an das Lagerleben

"Ich hatte nach der Entlassung zuerst das Gefühl, durch nichts mehr zu erschüttern zu sein, wenn ich das überlebt habe, komme ich auch mit allem anderen zurecht, was auf mich zukommt", erinnert sich Günther Zenker, der 1946 als sechzehnjähriger HJ-Führer interniert worden war. In der Realität sah sein weiterer Lebensweg jedoch bald ganz anders aus, war lange Zeit von tiefer Verunsicherung und Desorientierung geprägt: "Eigentlich habe ich mich bis heute nicht wirklich davon erholt", resümiert Herr Zenker am Ende seiner Erzählung.

Günther Zenker ist einer von fünf Gesprächspartnern, deren Erinnerungen an die Lagerzeit im folgenden thematisiert werden sollen.[1] Mündliche und schriftliche Erinnerungen der ehemaligen Insassen der sowjetischen Speziallager eröffnen eine neue Perspektive der Geschichte der sowjetischen Sonderlager, die die Dimension der Erfahrung in den Blick nimmt: Wie hat sich die Lagerzeit in den Erinnerungen der Betroffenen niedergeschlagen, welche Erfahrungen haben die Lagerinsassen in ihrer zwei- bis fünfjährigen Internierungszeit gemacht, wie sich in dieser Häftlingsgesellschaft organisiert, wie die Haftsituation bewältigt?

Die Erinnerungen der ehemaligen Internierten sind natürlich kein direktes Abbild ihrer Erfahrungen. Auch diese haben eine Geschichte, waren im Laufe des weiteren Lebens der Betroffenen verschiedenen Deutungen und Umdeutungen unterworfen.[2] Im folgenden soll aber nun anhand exemplarisch ausgewählter Interviews zunächst der Frage nachgegangen werden, welchen Aspekten des Lagerlebens in den Erinnerungen der Befragten eine beson-

---

1 Die Interviews entstammen meinem Dissertationsprojekt "Lebensgeschichtliche Verarbeitung der Lagererfahrungen in den sowjetischen Sonderlagern der SBZ/DDR". Mittlerweile liegen 35 lebensgeschichtliche narrative Interviews vor, die am Institut für Geschichte und Biographie der Fernuniversität Hagen archiviert sind, wo auch das Projekt angesiedelt war. Auch publizierte und nichtpublizierte schriftliche Lebenserinnerungen werden in die Auswertung miteinbezogen.
2 Zur Problematik der Erfahrungsgeschichte vgl. Niethammer 1985, S. 396f. Zur lebensgeschichtlichen Verarbeitung der Lagererfahrungen vgl. Ochs 1997 und 1993, Eberhardt 1996, der in seiner Arbeit Lagererfahrungen und Hafterfahrungen in DDR-Gefängnissen vergleicht, sowie den Beitrag von Alexander v. Plato in diesem Band. Die von Andreas Eberhardt geführten Zeitzeugeninterviews sind ebenfalls im Institut für Geschichte und Biographie archiviert.

dere Bedeutung zukommt und welche impliziten Deutungen ihres Lagererlebens sie damit transportieren. Im Sinne einer besseren Vergleichbarkeit habe ich mich dabei auf die Lagererfahrungen von fünf Internierten des Lagers Buchenwald konzentriert.

Der oben bereits zitierte *Günther Zenker* ist als 16jähriger HJ-Führer unter Werwolfverdacht verhaftet und nach zweieinhalbjähriger Internierungszeit aus Buchenwald entlassen worden. Aufgrund familiärer Bindungen verbleibt er, trotz seines bereits im Lager gefaßten Vorsatzes, in die BRD zu flüchten, in seinem Heimatdorf in Thüringen.

Werner Scherer, Jahrgang 1925, wird als Angehöriger der Waffen-SS und ehemaliger HJ-Führer im März 1946 verhaftet. Nach der Auflösung des Lagers Buchenwald überstellt man ihn nach Waldheim, wo er in den Waldheim-Prozessen im Juni 1950 zu 15 Jahren Zuchthaus verurteilt wird. Nach seiner Entlassung 1954 flieht er sofort in den Westen nach Kiel.

Anneliese Schrader wird im September 1945 als Ehefrau eines SA-Standartenführers verhaftet. Die Stationen ihrer Internierungszeit sind Mühlberg und Buchenwald, von wo sie 1950 nach Workuta deportiert wird. Sie kehrt von dort erst 1955 nach Westdeutschland zurück.

Gerhard Nelles Verhaftung erfolgt bereits im Juni 1945. Dem fünfzehnjährigen HJ-Führer wirft man Waffenbesitz und Zugehörigkeit zum "Werwolf" vor. Über die Lager Ketschendorf, Jamlitz und Mühlberg gelangt er 1948 nach Buchenwald, von wo man ihn 1950 entläßt. 1954 wird er erneut verhaftet, diesmal allerdings von deutschen Behörden. Nach seiner Entlassung aus dem Gefängnis Luckau im Jahre 1956 flieht er in den Westen.

Wilhelm Kuhn, Jahrgang 1904, wird im März 1946 als stellvertretender Bürgermeister eines kleinen Städtchens im Harz und langjähriges SPD-Mitglied verhaftet. Es wird ihm Sabotage und Feindseligkeit gegen die sowjetische Besatzungsmacht vorgeworfen, zudem hatte er öffentlich gegen die Gründung der SED gesprochen. Nach vierjähriger Internierungszeit in Mühlberg und Buchenwald wird er im Rahmen der Waldheim-Prozesse zu zehn Jahren Zuchthaus verurteilt, allerdings 1952 bereits entlassen. Kurz darauf setzt er sich in den Westen ab.

In den Erinnerungen von Günther Zenker, Werner Scherer, Anneliese Schrader, Gerhard Nelles und Wilhelm Kuhn nehmen die Schilderungen des Lagerlebens einen unterschiedlich breiten Raum ein. Die Ausführlichkeit, mit der es innerhalb der Lebensgeschichte beschrieben wird, hängt zum einen mit dem Stellenwert zusammen, dem die Lagererfahrungen im Rahmen der Gesamtbiographie zugemessen wird. Für die Beschreibung eines bestimmten Lagers ist es zudem von Bedeutung, ob das betreffende Lager das erste ist, in das die Internierten eingeliefert worden waren; wenn nicht, nimmt es in der Darstellung häufig einen geringeren Raum ein als das erste Lager, das sich nachdrücklicher in der Erinnerung festgesetzt hat und mit dem das folgende dann nur noch verglichen wird. Daneben ist natürlich auch die Eindrücklichkeit der Ereignisse ein bestimmender Faktor, wenn z. B. die dem Lageraufenthalt vorangegangene Haftzeit aufgrund von spezifischen Leiderfahrungen wie quälender Verhöre und Mißhandlungen von wesentlich größerer Bedeutung war als die Zeit im Lager oder aber die sich dem Lageraufenthalt anschließende Haftzeit in Waldheim in viel schmerzhafterer Erinnerung ist aufgrund von Haß und Ablehnung, die die Häftlinge vielfältig durch die deutsche Volkspolizei erfahren haben. Die Art und Ausführlichkeit der Darstellung hängt zudem auch vom Selbstverständnis und der Erzählmotivation der Betroffenen ab.

Einerseits sehen sich die GesprächspartnerInnen als Informanten eines Projekts zur Erforschung der Lager, als diejenigen, die dazu beitragen aufzuklären, "wie es wirklich war". Daneben finden sich in den Erinnerungen auch explizite Auseinandersetzungen mit dem öffentlichen Diskurs über die Lager in den Medien. Zugleich geht es in den Darstellungen der Erinnerungen an die Lagerzeit aber immer auch um individuelle Sinnstiftungen. Neben den Fakten (Größe der Baracken, der Nahrungsrationen), Daten (ab wann es das erste Mal eine Zeitung im Lager zu lesen gab) und Ereignissen (Entlassung) werden in den Geschichten aus dem Lagerleben Botschaften transportiert, die einen Einblick in Deutungsmuster der konkreten Lagererfahrungen liefern können.[3] Dazu sollen im folgenden Themenkomplexe aus den Lagererinnerungen in den Blick genommen werden, die die Erfahrungen und Bewältigungsformen körperlichen und seelischen Leids im alltäglichen Lagerleben in exemplarischer Form deutlich machen: die "Lagertorte", "Weihnachten in Buchenwald", der "Großappell" und die "Fleischbeschau".

Bevor auf die Schilderung dieser Themen in den Lagererinnerungen der Interviewpartner näher eingegangen wird, soll ein kurzer Überblick über die allgemeinen Lebensbedingungen im Lager aus der Sicht der ehemaligen Internierten gegeben werden.

2. Lebensbedingungen in den Speziallagern[4]

Viele der Interviewten berichten, daß die Ankunft im Lager für sie zu Beginn eine Erleichterung gewesen wäre. Nach teilweise wochenlanger Einzelhaft in Zellen ohne Tageslicht bedeutete der Aufenthalt im Lager zunächst das Zusammensein mit anderen und eine etwas größere Bewegungsfreiheit in frischer Luft. Werner Scherer bringt das in seinen Erinnerungen zum Ausdruck: "Wir atmeten erst einmal auf – keine schwedischen Gardinen mehr, kein Zuschließen!" Hinzu trat für viele, daß mit dem Aufenthalt im Lager die quälenden Verhöre und die körperlichen Mißhandlungen ein Ende fanden. Durch die Dauer des Aufenthalts jedoch – zwischen drei und fünf Jahren –, die ständige Konfrontation mit Hunger, Krankheit und Tod, die Isoliertheit des Lagerlebens und die Ungewißheit über ihr Schicksal wurde dieses Gefühl der kurzfristigen Erleichterung von Unsicherheit, Angst, Depression und Hoffnungslosigkeit verdrängt. Gerhard Nelles beschreibt dies in seinen Erinnerungen:

> Der erste Winter 1945/46 war der schlimmste. Wir lagen auf Brettern. Pritschen wurden erst später gebaut. Bis November bin ich in meinen kurzen Hosen rumgelaufen, dann haben wir den Toten die Sachen ausgezogen und uns damit eingekleidet. Die Toten wurden dann in Packpapier begraben. In dem Winter, der sehr streng war, gab es kaum Heizung, an manchen Tagen fiel sogar das warme Essen wegen Kohlemangel weg. Ich war stark unterernährt, hatte starkes Wasser in den Beinen. Wir waren stark verlaust, dadurch bildeten sich Geschwüre. Mein ganzer Hintern war eine eitrige Masse, einige Geschwüre an den Unterschenkeln, an den Armen, die Krätze an den Fingern. Ich wollte bald aufgeben.[5]

---

3 Zur Bedeutung von Geschichten innerhalb biographischer Erzählungen vgl. vor allem die Arbeiten von Fritz Schütze zu narrativen Interviews, u. a. Schütze 1982, S. 568ff. und Niethammer 1985, insbes. S. 305 und S. 416ff.
4 Vgl. hierzu für Buchenwald die Darstellung von Ritscher 1993, insbes. S. 50–89.
5 Interview mit Gerhard Nelles vom 11. 2. 1992, S. 7 des Transkripts.

Die Lebensbedingungen in den Lagern waren nicht in jedem Lager und zu jedem Zeitpunkt gleich, einige Grundstrukturen lassen sich jedoch zumindest für die ersten beiden Phasen des Lagerlebens benennen: Die Internierten waren auf engstem Raume zusammengepfercht, lagen in kaum geheizten, teilweise feuchten Baracken auf Holzpritschen mit Stroh, das bald voller Ungeziefer war, häufig ohne Decken und ohne Kleidung zum Wechseln. Die Folgen der beständigen Enge, der miserablen hygienischen Bedingungen und der äußerst mangelhaften Ernährung waren zahlreiche Erkrankungen, die sich teilweise epidemieartig ausbreiteten: Hauterkrankungen, Dystrophie (Unterernährung), aber auch Ruhr, Typhus und Tuberkulose, für deren Behandlung häufig keine Medikamente und kaum Ärzte vorhanden waren.

Im Lager Buchenwald, das zu den bestausgestatteten der Sonderlager gehörte, gab es Latrinen außerhalb, in manchen der anderen Lager mußten große Kübel innerhalb der Baracken, die in gewissen Abständen geleert wurden, zur Verrichtung der Notdurft dienen. Toilettenpapier war in keinem Lager vorhanden.

Herr Nelles, der vor seiner Ankunft in Buchenwald in Ketschendorf und in Jamlitz bei Lieberose gewesen war, erinnert sich, daß die Waschmöglichkeiten in den vorangegangenen Lagern im Vergleich zu Buchenwald sehr geringfügig waren. Duschen oder Wannen seien dort überhaupt nicht vorhanden gewesen, in mehrwöchigen Abständen hätte man die Häftlinge dort zu einer geringen Anzahl von Waschbecken mit dünntröpfelnden Hähnen geführt und in großer Eile daran vorbeigetrieben.

Neben den schlechten hygienischen Bedingungen trug auch die beständige Enge zur Verbreitung von Ungeziefer und ansteckenden Krankheiten bei. Zwar wechselte die Belegungsstärke innerhalb des Lagers infolge der Sterbefälle einerseits und Neuankömmlingen zum größten Teil aus anderen, aufgelösten Lagern andererseits. Doch auch zu besseren Zeiten mußten die Häftlinge häufig zu dritt auf Zweimannpritschen schlafen. Herr Nelles und Herr Zenker berichten wie zahlreiche andere Häftlinge, daß zeitweise den Internierten aufgrund der Enge nachts nichts anderes übriggeblieben wäre, als sich auf Kommando herumzudrehen. Das Gefühl der Enge wurde im Lager Buchenwald noch dadurch verstärkt, daß dort auch die einzelnen Baracken umzäunt waren und es nicht wie in anderen Lagern für die Häftlinge eine Bewegungsmöglichkeit in einem bestimmten Umkreis um ihre Baracken gab (Ritscher, 1993, S. 51).

Aber noch weitaus stärker als das Gefühl der Enge war der Hunger, und die Versuche, sich zusätzlich etwas Eßbares zu besorgen, bestimmten vorsätzlich das alltägliche Leben der Internierten. Werner Scherer erinnert sich, daß vor allem die älteren Mitgefangenen sich zwischen den kargen Mahlzeiten ständig über Speisen und Rezepte unterhalten hätten. Die Ernährungsbedingungen waren nicht immer gleich – in den ersten Monaten war die Versorgung noch verhältnismäßig gut, bis dann im November 46 eine drastische Senkung der Lebensmittelrationen erfolgte, die erst im Herbst 47 langsam wieder stiegen (Ritscher, 1993, S. 57). In den Erinnerungen der Betroffenen werden die Zäsuren häufig nicht ausdrücklich thematisiert, zumeist erfolgen zunächst Pauschalaussagen, die die übergroße Bedeutung des Essens und des Hungers deutlich machen. Eindrücklich sind die Schilderungen über die Veränderungen von Bekannten, die man zufällig im Lager traf und zunächst nicht mehr erkannte, weil sie auf die Hälfte ihres früheren Gewichts abgemagert waren.

Der ständige Hunger und die durchgehende Mangelernährung führten zudem dazu, daß sich die Grenzen für das, was als eßbar eingestuft wurde, immer weiter verschoben. Günther Zenker erinnert sich:

> Wo wir einmal auf dem Wirtschaftshof gearbeitet hatten, da kam ja auch das Schweinefutter hin, die Russen hatten ja ihre Schweine da und haben da oben Schweine geschlachtet. Und dann kam nun das, was nicht in der Küche verbraucht wurde, das kam da runter und wurde an die Schweine verfüttert. Da waren manchmal Nudeln und Graupen, das war so zusammengeschüttet. Das haben wir einmal gemacht, das macht man höchstens ein- oder zweimal, da haben wir das Futter, das war schon säuerlich irgendwie, das haben wir gegessen, das haben wir auch überstanden.[6]

In solch einer Mangelsituation kam der gerechten Verteilung der Nahrung eine große Bedeutung zu. Gerhard Nelles beschreibt, daß die Aufteilung des Brots innerhalb der Baracke häufiger "eine Art heiliger Handlung" gewesen sei, die vom Barackenältesten in Gegenwart aller anderen Insassen mit der – angesichts primitivster Hilfsmittel – größtmöglichen Genauigkeit durchgeführt worden sei:

> Und da standen wir alle um den Tisch rum, das Brot, das wurde mit 'nem Draht geschnitten, da hatten wir extra im Tisch 'ne Spalte drin und da war 'en Stahldraht mit untem nem Knebel dran und oben, und dann wurde das Brot hingelegt, nachdem vorher genau mit der Meßlatte die Kerben eingeteilt worden waren, und die Scheiben wurden dann mit dem Draht abgezogen, weil wir ja keine Messer hatten.[7]

Diese Art von Ritual, von dem auch andere ehemalige Häftlinge berichten, zeigt die große Bedeutung, die der gerechten Verteilung des Brots innerhalb der Häftlingsgesellschaft, die von extremem Mangel bestimmt war, zukam. Verstieß jemand gegen das Prinzip der gerechten Verteilung, indem er z. B. versuchte, andere zu übervorteilen oder ihnen sorgsam gehütete Vorräte zu entwenden, so erfolgte zumeist eine Bestrafung durch Selbstjustiz.

Allgemein oblag die Zuteilung der Essenrationen der eingesetzten deutschen Lagerleitung, die auch die Überwachung der Disziplin innerhalb und außerhalb der Baracke, die medizinische Versorgung und die Verteilung von Arbeitsdiensten organisierte. In den Berichten der Internierten tauchen diese Funktionshäftlinge sehr ambivalent auf: Es werden Machtmißbrauch, Übergriffe und Selbstbereicherungen geschildert, aber auch zahlreiche Fälle, in denen sich z. B. der Barackenälteste bei der russischen Lagerleitung für seine Mithäftlinge stark eingesetzt hätte.

In den Erzählungen der Internierten aus ihrer Lagerzeit nimmt der persönliche Kontakt mit dem sowjetischen Wachpersonal dagegen nur einen kleinen Raum ein. Dies entspricht auch der Realität des Lagerlebens, in der sich die Kontakte mit den russischen Bewachern aufgrund der Häftlingsselbstverwaltung kaum ergaben.

Die Bewertung der NKVD-Offiziere und Wachsoldaten durch die Internierten ist nicht so negativ, wie man es vermuten würde. Häufig findet sich in bezug auf das Wachpersonal die Einschätzung, wie bei Herrn Zenker oder Frau Schrader, daß es sich bei ihnen auch um "arme Schweine" gehandelt hätte, denen es nicht viel besser ergangen sei als ihnen selbst und die ab und zu bereit gewesen seien, bei geringeren Verstößen gegen die Lagerordnung "ein Auge zuzudrücken". Aber es finden sich auch vereinzelte negative Berichte, wie bei Wilhelm Kuhn, der einem äußeren Arbeitskommando zugeteilt wurde und ausführlich berichtet, wie er und seine Mitgefangenen von ihren russischen Bewachern durch unmenschliche Arbeitsanforderungen "geschunden" worden seien. Aber wie bereits erwähnt, bilden diese stark negativen Schilderungen eher die Ausnahme, insgesamt finden sich nur selten Erwähnungen von konkreten Mißhandlungen durch die sowjetischen Bewacher.

---

6 Interview mit Günther Zenker vom 11.11.93, S. 20 des Transkripts.
7 Interview mit Gerhard Nelles, S. 40 des Transkripts.

3. Aspekte der Lagererinnerungen

a) Die Lagertorte

In vielen Berichten von Buchenwald-Internierten wird die sogenannte "Lagertorte" erinnert, die sonntags oder zu anderen festlichen Anlässen, wie eben zu Weihnachten oder zu Geburtstagen, von den Häftlingen hergestellt worden sei.

Werner Scherer erinnert sich an das zweite Weihnachten in Buchenwald:

> Wiederum stand ein Weihnachten vor der Tür, Weihnachten 1947, das zweite in Buchenwald. Ich lag damals in der Baracke 32/III und hatte das große "Glück" unter lauter Mecklenburgern zu leben. Ich kam mir hier sehr verlassen vor, verstand anfangs von dem Plattdeutschen kaum ein Wort. So war ich sehr erfreut, als eines Tages ein mir bekannter Kamerad aus der Altmark Barackenältester wurde. Fritz Rahl war wirklich in Ordnung, und wir wenigen Jugendlichen begannen, uns auf das Fest verpflegungsmäßig vorzubereiten. Brot, Butter, Marmelade und Zucker wurden aufgespart, eine "Buchenwald"-Torte sollte zum Fest gebacken werden. Nach dem Kochrezept "Man nehme..." wurde diese wie folgt "gebacken": Das Brot in dünne Scheiben rösten, dann pulverisieren. In dieses Brotmehl schüttete man Zucker und Marmelade, dann gieße man kochendes Wasser über diesen Brei, besser gesagt natürlich unseren "Malzkaffee". Es entstand ein Teig, der nun durchgeknetet wurde. Ein Schachbrett diente als Tortenboden, und mittels eines Drahtes wurde dieser Teig in Scheiben geschnitten, die die einzelnen Schichten bildeten. Die einzelnen Scheiben wurden nun gefüllt, und zwar mit Buttercreme, Marmelade, Mischungen aller Art. Meine Spezialität war die "Krokantfüllung", die darin bestand, daß Brotkrümel besonders hart geröstet wurden, die dann mit den aus der Suppe gefischten Haferflocken in ranziger Butter geröstet wurden. Ja, es war schon etwas... und wir glaubten, die besten Konditoren zu sein.[8]

Aus Herrn Scherers Erzählung, die mit sehr viel Liebe zum Detail erfolgt und die er an manchen Stellen wie die Anleitung aus einem Backrezept formuliert, spricht der Stolz auf diese Leistung, unter diesen Mangelbedingungen eine Torte herzustellen, so zu arbeiten wie der Konditor in seiner Backstube. Dieser Stolz scheint nicht nur einem etwas sentimentalen Rückblick zu entspringen, sondern man war auch wohl bereits schon damals davon erfüllt.

Auch Anneliese Schrader berichtet über die Lagertorte im Zusammenhang ihrer Schilderungen über die vielfältigen, z. T. auch gescheiterten Versuche, sich zusätzlich etwas zum Essen zu besorgen:

> Ach, und dann diese Freßorgien in Buchenwald! Also, als ärztliche Betreuung hatten wir Frau Doktor Koch, und die hat immer schon gezittert und hatte Angst vorm Sonntag. Wir haben folgendes gemacht, das ist auch 'ne Dystrophieerscheinung, ein Mensch, der an sich sehr starken Hunger hat, der versucht immer noch, so wie, kennen Sie von Storm, glaube ich, "Bullemanns Haus", da ist doch so ein Mann, der sammelt das ganze Leben lang Brötchen, und dann nachher, dann meinen Sie, das Haus ist verzaubert, weil da so komische Geräusche sind, und da haben die Ratten das alles aufgefressen. Und so war das im Lager Buchenwald, wir kriegten so einen Kanten Brot, also ganz miserables Brot, und das hatten sich dann einzelne in so feine Scheibchen geschnitten und geröstet und dann in einem Beutel verwahrt, bis Sonntag, und da waren sie also schon halb verhungert bis Sonntag. Und dann hat sich so 'ne Clique zusammengetan, dann wurde das auf Ziegelsteinen gerieben, zu einer Art Paniermehl, dann die Butterration, es gab so ein Krümelchen Butter pro Tag, und auch so ein bißchen Marmelade, auch so in der Größenordnung, und Zucker. Und das wurde dann

---
8   Schriftliche Lebenserinnerungen von Werner Scherer, o. J., S. 59 des Manuskripts.

> alles gesammelt. Und dann haben die also richtig auf so großen Holzplatten, da wurde dann
> so 'ne Lagertorte gemacht. Was glauben Sie, wie schlecht es denen nachher gegangen ist!
> Die konnten das nicht bei sich behalten, der ausgehungerte Magen hat das nicht geschafft,
> die waren todkrank![9]

Für Anneliese Schraders Bericht ist eine solche Art von Anspielungen auf literarische Bezüge typisch, auch wenn der Vergleich hier in vielen Punkten etwas hinkt. Der Vergleich ist nur insofern stimmig, als sie dadurch die vom rationalen Gesichtspunkt her Widersinnigkeit des Erstellens der Torte deutlich machen will, von dem sie sich im übrigen auch distanziert, es waren die andern, eine "Clique", die die Torte herstellte, sie war offensichtlich nur eine schmunzelnd-kritische Beobachterin.

Das Aufsparen, die Verschiebung der Bedürfnisbefriedigung in der Erwartung eines gesteigerten Lustgewinnes ist sowohl bei dem Mann aus der Geschichte von "Bullemanns Haus" als auch bei der "Clique" in Buchenwald letztlich gescheitert. In der literarischen Geschichte haben die Ratten alles aufgefressen, die Zubereiter und Esser der Lagertorte verzehren ihre Torte zwar, müssen sich aber bald danach übergeben bzw. leiden an Durchfall und landen schließlich in der Krankenbaracke. Aus Frau Schraders Bericht wird aber auch deutlich, daß diese bereits bekannte Erfahrung nicht dazu geführt hatte, in Zukunft auf die Lagertorte zu verzichten. Die tatsächliche Bedeutung der Torte liegt hier wohl eher in der Tatsache des gemeinsamen Aufsparens und Hinauszögerns, der kollektiven Planung, der Erfahrung der Fähigkeit, eine solche Torte unter den Umstände des Lagerlebens zu produzieren. Diese Möglichkeit der Gestaltung vermittelt auch das Gefühl der Einflußnahme und Selbstbehauptung und wirkt dadurch der Bedrohung des sich Gehenlassens und sich selbst Aufgebens entgegen.

Bei Herrn Scherer steht die Lagertorte für den Stolz, sich aus eigener Kraft ein Stück Luxus produziert zu haben, trotz der widrigen Umständen, eigentlich war es völlig grotesk, in einer solchen Situation des Mangels solch ein Luxusprodukt wie eine Torte herzustellen. Das, was sonst der Bäcker in der Konditorei mit allen möglichen Hilfsmitteln herstellt, wird hier nun in solch einer lebensbedrohlichen Mangelsituation produziert. Die Torte bedeutet ein Stück Sonntags-Normalität in einer Ausnahmesituation, das Hereinholen des Alltags in eine Welt, die eigentlich als Anti-Welt konzipiert ist. Sie ist ein Produkt der Kollektivität, man mußte gemeinsam planen, sich etwas vom Mund absparen oder irgend etwas Zusätzliches organisieren.

Durch Frau Schraders Bericht wird zudem deutlich, daß der Aspekt der Selbstbehauptung, der Stolz darauf, in der Lage zu sein, so etwas zu verfertigen, stärker war als der der Nützlichkeit, da die durch Hunger geschwächten Menschen gar nicht in der Lage waren, ein solches Festessen zu verdauen, und durch die vorangegangene Hungerphase die Torte wieder erbrachen.

Im weiteren Verlauf seines Berichts schildert Werner Scherer eine "Tortenausstellung" in Buchenwald anläßlich der Weihnachtsfeier 1949:

> So kam wieder ein Winter über Buchenwald, und hoch schlugen die Stimmen, daß es nun
> doch bald losgehen sollte. Dieses dritte Weihnachtsfest in Buchenwald sollte nun wohl das
> schönste werden, wenn man überhaupt von "schön" sprechen kann. Ich war in der Zone I,
> und hier gab es zu Weihnachten eine große "Tortenausstellung", denn jetzt war es erlaubt,
> und keiner schloß sich aus. Das Essen war jetzt in den letzen Wochen gut und ausreichend,
> so daß der Hunger etwas mehr in den Hintergrund verschwand. Heilig Abend gingen wir

---

9 Interview mit Anneliese Schrader vom 1. 2. 92, S. 28f. des Manuskripts.

durch die Baracken, und da staunten wir über die vielen Kunstwerke aus Brot, Marmelade und Zucker. Eine Riesentorte hatte sogar die beachtliche Größe eines Wagenrades, daran waren etwa 20 Kameraden beteiligt. Immer deutlicher wurden die Anzeichen, daß wirklich wieder etwas im Gange sein mußte – ein großer Optimismus machte sich breit –, alle waren schon in Gedanken bei ihren Lieben.[10]

An dieser Beschreibung, die sich auf die Zeit kurz vor der Auflösung Buchenwalds bezieht, wird deutlich, daß die "Lagertorte" schon begonnen hatte, eine gewisse Tradition des Lagerlebens zu werden. Sie hatte sich bereits von ihrer ursprünglichen Funktion, in einer Zeit starken Mangels ein Stück Luxus zu produzieren, abgelöst und war zum Sinnbild der Leistungen der Häftlinge geworden, zum Symbol für die Fähigkeit der Internierten, sich dem Ausgeliefertsein zu widersetzen, dem Charakter des Lagers als "Anti-Welt" ein Schnippchen zu schlagen, sich in dieser unmenschlichen Umgebung gegenüber den sowjetischen Bewachern ein Stück Menschsein bewahrt zu haben.

b) Der "Großappell"

Wie bereits erwähnt, fand ein persönlicher Kontakt der Häftlinge zur sowjetischen Lagerführung eher selten statt. In Erscheinung trat das sowjetische Wachpersonal bei Filzungen innerhalb der Baracken, in Form der Ärztekommissionen, die die Häftlinge für Transporte in die SU auswählten, bei Arbeitsdiensten im Außenbereich des Lagers und bei den Zählappellen.

Diese werden in den Erinnerungen der meisten Internierten wie bei Herrn Kuhn, Herrn Scherer und Herrn Zenker als besonders negativ dargestellt. Werner Scherer berichtet:

> Besonders gefürchtet waren die Großappelle. Sofort mußte hier alles liegengelassen werden, und die Baracken marschierten geschlossen zum Appellplatz. Hier wurde so lange gewartet, bis das ganze Lager aufmarschiert war. Dann endlich kam Bewegung in die Massen, unter schärfster Bewachung kamen als letzte "unsere Frauen". Diese Frauen strahlten immer eine starke Kraft aus und gaben vielen Männern Rückhalt, den sie zum Durchhalten brauchten. Waren die Frauen aufmarschiert, dann ging der Marsch los, das Tor öffnete sich, und wir mußten jeweils zu fünf Mann untergehakt durch dieses Tor marschieren, wo etwa sechs Russen zum Zählen standen, die bei jeder Rotte einen Strich machten. So vergingen Stunden, bis alles zusammengezählt war, und dann ging es wieder zurück in die Baracken. Das ganze Lager war wie ausgestorben, und nur die wichtigsten Stationen wie Kesselhaus, Küche, Lazarett blieben zum Teil besetzt, und diese wurden dann durch die Russen ebenfalls gezählt. Wir waren wirklich immer sehr froh, bereits nach fünf Stunden in die Baracke zu kommen, der längste Appell dauerte acht Stunden und 40 Minuten! Bei dieser Dauer klappten die Alten und Schwachen sehr oft um, was die Russen gar nicht berührte. Es waren ja nur Deutsche.[11]

Wie in seinem gesamten Lebensbericht legt Herr Scherer auch hier Wert auf eine anschauliche Darstellung, die auch konkrete Zahlenangaben enthält. Diese genauen Zahlenangaben vermitteln den Eindruck von Authentizität und präziser Erinnerung. Seinen Bericht führt er damit ein, daß diese Zählappelle "besonders gefürchtet" gewesen seien. Zunächst vermittelt er aber den Eindruck, daß er ihnen sogar auch erfreuliche Aspekte abgewinnen konnte, nämlich der Anblick der Frauen, die ansonsten von den Männern streng abgetrennt waren. Offensichtlich redet Werner Scherer in erster Linie von sich selbst, wenn er schildert, daß

---

10 Interview mit Werner Scherer, S. 64 des Transkripts.
11 Interview mit Werner Scherer, S. 62 des Transkripts.

die Frauen eine "starke Kraft" ausgestrahlt hätten und ihr Anblick den Männern "Rückhalt" zum "Durchhalten" gegeben hätte. Erst zum Schluß seines Berichts gibt er seine Deutung des Zählvorgangs: Die Willkür der Russen wird deutlich, die die Häftlinge stundenlang auf dem Appellplatz stehen ließen, ohne sich darum zu kümmern, daß sie aufgrund ihrer Entkräftung dies nicht mehr durchhalten konnten und "umgekippt" seien, was wohl so viel wie in Ohnmacht gefallen bedeutet. Herr Scherer bewertet dieses Verhalten der russischen Bewacher als kalte Mißachtung bzw. als menschliche Gleichgültigkeit: Es habe "die Russen" nicht berührt, weil es nur Deutsche gewesen seien, die kein humaneres Vorgehen verdient gehabt hätten. Es wird nahegelegt, daß es sich ähnlich verhalten hätte, wenn die "Umgekippten" gestorben wären.

In seinem schriftlichen Lebensbericht thematisiert Wilhelm Kuhn unter der Überschrift: "Und an noch einige böse Handlungen der Russen erinnere ich mich!" die Zählappelle:

> Bei größeren Zählappellen mußten wir auf dem großen Appellplatz antreten. 2 bis 3.000 Mann paßten ganz bequem auf diesen Platz. Die Zählung dauerte für gewöhnlich ein bis zwei Stunden, dann stimmte die Zählung. Regnete es allerdings, dann dauerte eine solche "große" Zählung nicht 2 Stunden, sondern 4 bis 5 Stunden! Denn man wußte ja, daß jeder nur das Zeug besaß, welches er gerade noch hatte, und nichts mehr dazu bekommen könnte oder würde. Jedenfalls brachte ein Dauerregen mit einer Zählung immer so und so viele Tote, und das wollte der Russe ja genauso gut, wie es die Nazis wollten! Man wußte ja auch von der russischen Seite, daß der Hunger, der mehrfache Drahtzaun und das Heimweh bei stundenlangem Stehen erst recht die Totenzahl, die von russischer Seite verlangt wurde, sehr schnell in höheren Zahlen die Folge waren. Massenweise Skelette schockierten einen noch Hoffenden beim Anblick auf dem Appellplatz![12]

Bei Wilhelm Kuhn wird der Aspekt der Grausamkeit noch wesentlich deutlicher als bei Herrn Scherer. Er stellt diese Zählappelle im Regen als eine Form der bewußten Tötung der Häftlinge dar, zumindest als eine Tötung, die man bewußt in Kauf genommen habe, da die russischen Bewacher ja aus Erfahrung gewußt hätten, welche Konsequenzen unter anderem diese großen Appelle haben konnten. Dem Anblick der anderen Häftlinge kann er keine positive Seite abgewinnen. Er macht deutlich, daß es für ihn noch viel demoralisierender gewirkt habe, mit halbverhungernden Mithäftlingen konfrontiert worden zu sein.

Günther Zenker beschreibt die Zählappelle in der Folge eines geglückten Fluchtversuches im Dezember 1946:

> Das schlimme war natürlich, nach dieser Flucht gab es natürlich fürchterliche Zählappelle auf dem großen Appellplatz, von früh um neun bis nachts um zehn, da sind sie auch umgefallen wie die Fliegen. Und dann wurde auch das Lager immer ein bißchen durcheinander gewürfelt. Nach einem großen Zählappell kamen Sie plötzlich mit ganz anderen Leuten zusammen. Das war auch Strategie, man wollte dort nicht so Kameradschaften entstehen lassen. Und am ersten Tag nach dem Fluchtversuch haben wir buchstäblich von früh um acht oder halb neun bis abends um zehn auf dem Appellplatz gestanden.
>
> I: Weil man nicht in der Lage war, das alles abzuzählen, die Masse von Leuten?
>
> Z: Nein, das ist nur Schikane gewesen. Wenn ich Ihnen sage, wie da gezählt worden ist. Sie kennen doch diese Rechenmaschinen? Da mußte das ganze Lager, und ich behaupte, ohne es exakt zu wissen, die höchste Belegschaft war bestimmt mal um dreißigtausend da... Da mußten alle Leute, da hatten die Russen eine Tischreihe aufgebaut, dann hatten sie Rechenmaschinen, und dann mußten Sie da vorbeimarschieren. Können Sie sich vorstellen, wie lange das dauert, bis da zwanzigtausend Leute vorbeimarschiert sind? Da sind viele umge-

---

12 Schriftlicher Lebensbericht von Wilhelm Kuhn, o. J., S. 12 des Manuskripts.

kippt, da gab es ja keine Verpflegung, da hat es am Abend eventuell noch ein Stück Brot gegeben oder was. Das waren auch Schikanen, sicher waren das auch Schikanen. Die täglichen Appelle, früh morgens vor der Baracke und am Abend, das war zu überstehen. Da hat man auch mal 'ne Stunde gestanden oder länger, je nachdem, wenn der Herr zuständige Sergeant sich bequemte, dort zu erscheinen.[13]

Herr Zenker geht in seiner Deutung nicht so weit wie Herr Kuhn, aber auch für ihn illustriert das Vorgehen beim großen Zählappell die Schikane der russischen Bewacher. Das Ausgeliefertsein an die Rücksichtslosigkeit der Zählenden, die mittels vorsintflutlicher Methoden versuchen, Zählungen durchzuführen. Das Gefühl der Ohnmacht wird kompensiert durch die Vermutung, daß diese Quälerei Methode gehabt hätte, nicht im Sinne von bewußter Tötungsabsicht, aber von bewußter Schikane. Auch wenn der tägliche "kleine" Appell zu dem großen Appell als etwas kontrastiert wird, was noch zu bewältigen gewesen wäre, so scheint auch hier bei der Wendung "je nachdem, wenn der zuständige Herr Sergeant sich bequemte" das Gefühl von Ausgeliefertsein und Demütigung durch.

Bei der Betrachtung der Schilderungen des großen Zählappells werden zwei Aspekte deutlich: Zum einen dienen sie in den Darstellungen der ehemaligen Internierten, neben vielem anderen, dazu, die Willkür und Grausamkeit der Lagererfahrungen deutlich zu machen. Daneben vermitteln die Schilderungen des Großappells den Eindruck einer vollständigen Ohnmachtserfahrung, einer – je nachdem -- Schikane oder bewußten Tötungsabsicht hilflos ausgeliefert gewesen zu sein. Gezwungen zu werden, stundenlang ohne die Möglichkeit der Nahrungsaufnahme zu stehen, die Mithäftlinge "umkippen" zu sehen, ohne ihnen helfen zu können, ist für viele ehemalige Internierte ein Sinnbild des vollständig Ausgeliefertseins. Sie entwerfen das Bild einer wehrlosen Herde, die zusammengetrieben wurde.

c) Die "Fleischbeschau"

Werner Scherer berichtet von der langwierigen Häftlingsüberprüfung nach der Ankunft in Buchenwald. Zuletzt seien sie noch von einer Ärztekommission überprüft worden:

Wir 16 Mann mußten nun im Torgebäude uns in einem ungeheizten Raum, der schnell etwas verschlagen gemacht wurde durch eine aufgestellte Heizsonne, splitternackt ausziehen. Ein russischer Kapitän-Arzt und zwei Ärztinnen (!!) begutachteten unsere körperliche Verfassung. Besonders scharf war man darauf, daß der "Hintern" nicht ganz "unbefleischt" war. Ich selbst war zwar gesund, doch hatte ich durch die vorhergehenden Hungermonate auch schon an Gewicht verloren, und so dürfte ich etwa bei Einlieferung 130 Pfund gewogen haben, erst später sollte die Dystrophie mein Gewicht auf knapp 50 kg herunterdrücken. Nach dieser "Fleischbeschau" öffnete sich für uns das Lagertor.[14]

Diese Aussortierung der Häftlinge beschreibt Werner Scherer auch später noch einmal bei der Zusammenstellung eines Transports in die SU mit einer ähnlichen Wendung: "Wir sind an denen [der Ärztekommission, E. O.] vorbeidefiliert wie in einer 'Arbeitsschau' " (Scherer, S. 41). Herr Scherer empfindet es offensichtlich auch als zusätzliche Demütigung, sich vor weiblichen Ärzten entblößen zu müssen, was seine Betonung im Interview nahelegt. Die von ihm beschriebene Begutachtung des "Hinterns", durch den die körperliche Verfassung

---

13 Interview mit Günther Zenker, S. 27f. des Transkripts.
14 Interview mit Werner Scherer, S. 38 des Transkripts.

der einzelnen überprüft werden sollte, wird auch von zahlreichen anderen Internierten als der "typische Griff an den Hintern" erinnert.

Herr Zenker schildert eine Einkategorisierung der Häftlinge durch eine Ärztekommission:

> Also, das gesamte Lager war eingeteilt in vier Gesundheitsgruppen, also drei und vier waren die, die überhaupt nicht mehr arbeiten konnten, die kaputt waren. Eins und zwei waren die, die noch arbeitsfähig waren. Ich bekam sonst immer zwei, auch als ich nur noch Haut und Knochen war. Als die Ärztekommission dann kam, ging das so vonstatten: Ein langer Raum, dort waren die Ärzte drin, die saßen hinter einem Tisch, Uniform und weißer Kittel. Und wir mußten uns nackt ausziehen und mußten stehenbleiben. Dann mußten wir stehenbleiben, und dann haben sie uns abgeklopft, wie bei einer Viehauktion. Mich haben sie gleich ganz schnell beiseite geschoben. Also, die noch ein bißchen was dran hatten, kamen auf die Seite, und die Dürren auf die andere Seite. Und die erste Gruppe ist dann auf Güterwaggons nach Südsibirien verladen worden.[15]

In seiner weiteren Schilderung bewertet es Herr Zenker als einen Glücksfall, dieses Mal nicht in die Gruppe der Arbeitstauglichen eingestuft worden und dadurch der Deportation entgangen zu sein.

Die szenischen Darstellungen und die Begrifflichkeiten "Fleischbeschau" und "Viehauktion" vermitteln die Vorstellung einer Herde Vieh, die auf ihre Tauglichkeit überprüft wird. Der "Griff an den Hintern" zur Einschätzung der Konstitution erinnert an einen Pferdehandel, bei dem die Beurteilung aufgrund eines Blickes ins Maul des Pferdes erfolgt.

Die Szenen der "Fleischbeschau" zeigen ein Bild von Menschen, die vollständig auf ihre Körperlichkeit reduziert werden. Sie stehen in den Berichten der Internierten als Sinnbild für den Verlust von Würde und Entmenschlichung.

d) Weihnachten im Lager

Als Gegenbild zur Unmenschlichkeit und zu dem Bild von Menschen, die als Herde Vieh behandelt werden, tauchen in den Schilderungen Weihnachtsfeiern auf, die zum Teil gegen den Befehl der NKVD-Offiziere durchgeführt wurden. In den Berichten der Internierten erscheinen sie als eine Szene kollektiver Selbstbehauptung, die für sie eine besondere Bedeutung gehabt hatte. Werner Scherer setzt in seinem Bericht über Weihnachten in Buchenwald[16] ein:

> Weihnachten stand vor der Tür, und Buchenwald lag in tiefem Schnee. Das Fest zu feiern war vom Russen verboten worden, und trotzdem wurden in aller Stille und Heimlichkeit Vorbereitungen getroffen. Jeder Kamerad wollte zu Weihnachten etwas mehr zum Essen haben, und so sparte sich jeder etwas von dem wenigen ab. Man hungerte also, um Weihnachten mal richtig satt bzw. voll zu sein. Und als dann der erste Schnee fiel, da wurde auch hier in diesem Lager des Hungers, des Elends und des Todes etwas lebendig, was man Weihnachtsstimmung nennt.
> Am Heiligen Abend hatte sich jeder einigermaßen anständig angezogen, es war eine gewisse Festlichkeit eingetreten, und sogar etwas Tannengrün schmückte die öden Baracken. Ja, in einer Stube hatte man sogar einen richtigen kleinen Weihnachtsbaum gebaut, der als Licht eine Papphülse – mit Rohöl gefüllt – hatte. Mit den noch evtl. vorhandenen Bettlaken wurden die Tische weiß gedeckt, und jeder saß auf seinem Platz, um sich der Weihnachtsstimmung hin-

---

15 Interview mit Günther Zenker, S. 23f. des Transkripts.
16 Bis Weihnachten 1947 war das Feiern von Weihnachten im Lager offiziell verboten. Ritscher 1993, S. 71 beschreibt es als Erfolg kirchlicher Interventionen, daß es ab dann gestattet wurde.

zugeben, an seine Lieben daheim zu denken. Mit einer kurzen zu Herzen gehenden Ansprache des Barackenältesten mit dem Wunsche, daß dieses die letzten Weihnachten in Unfreiheit sein mögen, wurde diese besinnliche Stunde eröffnet.

Draußen lief im Schneesturm unser Zonenältester, Kam. Eisenblätter, ehem. HJ-Bannführer, auf und ab und stand für uns Posten. Er hatte es auf "seine Kappe" genommen, daß wir hier zusammensitzen durften. Gott sei Dank ließ sich kein Russe sehen, und so konnten wir ohne Störung dieses deutscheste aller Feste begehen. Dem Kam. Eisenblätter möchte ich hierdurch nochmals unseren herzlichsten Dank aussprechen... Das alte Weihnachtslied "Stille Nacht..." klang besonders feierlich und ergreifend, und manchem stiegen die Tränen in die Augen. So verging Weihnachten in aller Einsamkeit und Stille, und erst nach dem Fest erhielten wir endlich Nachrichten aus der Freiheit. [17]

Weihnachten im Lager ist in den Schilderungen der Internierten ein Anlaß, bei dem auch Gefühle und Sehnsüchte thematisiert werden. Einerseits wird deutlich, wie weit man von der Normalität entfernt war, außerdem hat jeder Gefangene im Kopf, wie ansonsten Weihnachten zu Hause gefeiert wurde, und vergleicht dies mit den aktuellen Zuständen im Lager. Und andererseits ist man stolz, daß es gelungen war, ein Stück Normalität auch ins Lager retten zu können, auch unter widrigsten Umständen Weihnachtsstimmung aufkommen zu lassen. In Herrn Scherers Bericht fällt auch die positive Erwähnung des "Kamerad Zonenältesten" auf, der diese Weihnachtsfeier "auf seine Kappe genommen" hatte.

Weihnachten zu feiern, es trotz aller widrigen Umstände mit den einfachsten Hilfsmitteln festlich zu gestalten, bedeutete ein Stück Selbstbehauptung der eigenen Identität, ein Stück Gestaltung, ein Stück Menschsein. Vielleicht war es auch eine Gratwanderung zwischen dem Wunsch, etwas von der gewohnten Normalität ins Lager retten zu können, und der Angst, von den Erinnerungen übermannt zu werden.

In der Schilderung von Herrn Scherer wird zwar erwähnt, daß jegliche Feierlichkeiten von den Russen verboten worden seien, allerdings treten sie in seiner Darstellung nicht als Störenfriede auf. Anders bei Herrn Kuhns Erinnerungen an Weihnachten in Buchenwald, die überschrieben sind mit 'Heilig-Abend im Todeslager Buchenwald Nr.2':

Vor dem Heilig-Abend warnte uns der Barackenälteste, wir möchten uns doch nicht zu laut bewegen, denn sonst könnte es Ärger mit den Russen geben. Natürlich gehorchten wir ihm, denn er hätte uns ja auch die Hände falten lassen können. Also waren wir still und summten gegen 18 Uhr nur ganz leise das Weihnachtslied Stille Nacht, heilige Nacht! Natürlich waren wir alle bedrückt und dachten dabei an unsere Heimat und Familie! Doch beim zweiten Weihnachtslied – etwas lauter gesungen – klopfte es an unsere Barackentür. Laut, immer lauter!!! Zwei Russen kamen in unsere Baracke und schimpften! Doch dann meldete sich der Barackenälteste zu Wort und sprach, daß er für Ruhe zu sorgen hätte und nur dem russischen Lagerkommandanten gegenüber verantwortlich sei! Er habe ihm ausdrücklich versprechen müssen, für Ruhe zu sorgen, wie, das wäre egal. Die Russen verboten uns dann, noch weitere Lieder zu singen und gingen zur nächsten Baracke, wo ebenfalls gesungen wurde. Für uns waren sie jedenfalls erst einmal weg! Man fragte dann, wer ganz leise einen schönen Heilig-Abend-Vortrag halten könne bzw. wolle. Na, ich meldete mich sogleich und fragte, ob sie etwas sehr Schönes über das Bodetal hören möchten. Als dann aus allen Ecken das leise Ja zu hören war, begann ich mit dem leisen Erzählen. (Kuhn, S. 10)

Herr Kuhn fährt dann ausführlich über zwei Seiten fort mit Naturschilderungen aus seiner Heimatregion und schließt dann:

Vom Bodetal ging ich dann in Richtung Blankenburg-Harz (meine Heimatstadt) weiter... Und dann waren schon sehr viele Kameraden langsam zur Ruhe gekommen und eingeschlafen. Die Hälfte der Barackeninsassen bekamen dann noch den Rest zu hören.... Doch dann

---

17 Interview mit Werner Scherer, S. 54f. des Transkripts.

schloß ich meine Augen, um zuvor noch einmal an meinen achtjährigen, mit einer Handgranate getöteten Sohn Klaus, und an meine Tochter Hannelore zu denken! Das war unser Heilig-Abend! (Kuhn, S.11–12)

In Herrn Kuhns Heilig-Abend-Bericht steht sein Weihnachtsvortrag im Vordergrund, auf den er offenbar heute noch stolz ist. Eine weitere Thematik stellt auch der Konflikt mit den russischen Bewachern dar, der von dem "Kameraden Barackenältesten" aber gewonnen wurde. Durch sein entschlossenes Auftreten setzte er den Versuchen, den Weihnachtsabend zu verderben, ein Ende, was Herr Kuhn sehr anerkennend vermerkt. Die Konstellation, die er hier beschreibt, ist auch typisch für die Darstellung seines eigenen Verhaltens z. B. im Laufe der Vernehmungen, während derer er ebenfalls durch seine Charakterstärke die Willkür der Russen bezwang. Auch in Herrn Kuhns Bericht wurde die Weihnachtsfeier zu einem Stück Selbstbehauptung gegen die Bewacher einerseits, andererseits aber auch eine Szene, in der "weichere" Gefühle wie Trauer dargestellt werden und die große Sehnsucht nach zu Hause deutlich wird. Wie auch bei Herrn Scherer findet die Person des Barackenältesten eine positive Darstellung. Dies ist, wie bereits erwähnt, in den Berichten der Internierten nicht durchgängig der Fall, neben großer Einsatzbereitschaft werden auch Fälle geschildert, in denen die Funktionshäftlinge ihre privilegierte Stellung mißbraucht hätten.

In Gerhard Nelles Bericht steht der Aspekt von Willkür der russischen Bewacher und Widerstand stark im Vordergrund. Er kommt auf die Weihnachtsszene zu sprechen, als er von seiner nachträglichen Empörung darüber berichtet, daß Bischöfe das Lager Sachsenhausen besucht und anschließend in einer öffentlichen Mitteilung verlautbart hätten, daß es den dortigen Häftlingen gut gehen würde, "besser wie bei den Nazis". Herr Nelles ist heute noch verstimmt über diese Darstellung und erläutert:

> Der hat ja bestimmt nur die gut Ernährten gesehen, also alle, die ein Kommando hatten, die in der Küche gearbeitet haben, die Kartoffelschäler waren, und die ein bißchen einigermaßen angezogen waren. So hat man, bloß mal als Beispiel, an einem Weihnachten 47/48, in der Baracke, da durften wir uns einen Weihnachtsbaum aufstellen. Und am Heiligabend kamen die Russen rein, das muß man dazu sagen, immer unbewaffnet im Lager gewesen, es trug keiner eine Pistole, und verlangten, daß der Baum abgerissen wird. Und als der Barackenälteste sich weigerte, nahm der Russe eine etwas drohende Haltung an und schmiß so einen Holzbock, wo die Essenkübel oben draufstanden, nach dem Barackenältesten und auf den Baum, und der fiel dann um und wurde rausgezerrt aus der Baracke. Und an diesem Heiligabend sang plötzlich die ganze Baracke "Stille Nacht, heilige Nacht", das war wie ein Kampflied, ja wie so ein kleiner Aufstand von Unterdrückten und Gequälten, kann ich mich noch ganz genau drauf besinnen. Manchmal sage ich noch, das war mit einer meiner schönsten Weihnachtsabende.[18]

Elemente von Trauer und Sehnsucht werden bei Herrn Nelles nicht thematisiert, bei ihm dient die Darstellung der Weihnachtsszene zur Kontrastierung des Vorangegangenen, wie schlecht es ihnen in Wirklichkeit im Lager gegangen sei, wie willkürlich Zugeständnisse widerrufen werden konnten – zunächst sei das Aufstellen eines Baumes erlaubt, dann sei er gewaltsam entfernt worden. Aber auch das Element des Widerstands wird von Herrn Nelles geradezu genußvoll erinnert: "Das war mit einer meiner schönsten Weihnachtsabende". "Stille Nacht, Heilige Nacht" als "Kampflied", als Widerstand gegen die Unterdrücker, als Zeichen für Selbstbehauptung auch unter den widrigsten Umständen, wie es Herr Nelles auch selbst schon interpretiert "Aufstand von Unterdrückten und Gequälten".

---

18 Interview mit Gerhard Nelles, S. 20 des Transkripts.

In allen Berichten wird der Stolz deutlich, diese Weihnachtsfeier den widrigen Umständen und ihren Bewachern abgerungen zu haben. Es handelt sich um ein kollektives Erlebnis, ein Gemeinschaftsgefühl in der Baracke, das alle miteinander verband, Identität stiftete und das Selbstgefühl stärkte. Weihnachten im Lager zu feiern bedeutete unter diesen Bedingungen das Hereinholen der Welt draußen in das Lagerleben, das eigentlich wie eine Anti-Welt konzipiert war, in der sämtliche bekannte Regeln außer Kraft gesetzt werden sollten. Daß am 24. Dezember Heiligabend ist und "Stille Nacht, Heilige Nacht" gesungen wird, das konnten auch die russischen Bewacher nicht verhindern, das wurde ihnen abgetrotzt. Weihnachten im Lager konnte aber auch bedeuten, mit der Sehnsucht und dem Schmerz konfrontiert zu werden, die Erinnerungen an zu Hause lebendig werden zu lassen, die ansonsten von vielen verdrängt wurden.

4. Verarbeitung von Leiderfahrungen und Selbstbehauptung

Die Geschichten um den "Großappell" und die "Fleischbeschau" einerseits und die Lagertorte und Weihnachten andererseits illustrieren auf vielfältige Weise grundlegende Lagererfahrungen der Internierten. Auf der einen Ebene sind es Geschichten, die Leid- und Ohnmachtserfahrungen deutlich machen und das zentrale Gefühl von Willkür und Ausgeliefertsein dokumentieren; auf der anderen Seite stehen die Lagertorte und das Weihnachtsfest als Erfolgsgeschichten für Widerständigkeiten und geglückte Überlebensstrategien, als Erfahrungen von Solidarität und der Überschreitung von Grenzen, die ihnen das Lagerleben auferlegt hatte.

Auf einer anderen Ebene werden Aspekte der Deutung der Lagererfahrungen deutlich, die auf eine Zuordnung von "wie Tiere gehalten zu werden" und "Rückgewinnung des Menschseins" charakterisiert werden könnten.

Der große Appell und die Aussortierung durch die Ärztekommission lassen Bilder entstehen von Menschen, die wie Vieh behandelt werden und sich schließlich auch so zu fühlen beginnen. Auch noch an anderen Stellen verwenden die Internierten Metaphern aus der Tierwelt, wenn sie zum Beispiel das "Zusammenpferchen" in den Baracken, den sich aus der mangelnden Hygiene ergebenden Gestank und die ständige Anwesenheit von Ungeziefer beschreiben.

Den Gegenpol dazu bilden die Lagertorte und das Feiern von Weihnachten im Lager: Im Unterschied zu dem Bild des willenlosen "Viehs" ergreifen sie hier die Möglichkeit zur kollektiven Gestaltung des Lagerlebens, setzen dem Lagersystem, das sie zu ohnmächtigen Objekten macht, etwas aus ihrer vertrauten Erfahrungswelt entgegen. Diese Formen der Selbstbehauptung lassen sich auch in anderen Bereichen festmachen, etwa den kulturellen Aktivitäten oder den Gesprächszirkeln im Lager, an denen z. B. Frau Schrader lebhaften Anteil nahm. Die Lagertorte und das Weihnachtsfest bedeuten ein Stück Selbstbehauptung, ein Stück Zuhause und ein Stück Menschsein unter Bedingungen, die als entmenschlichend empfunden wurden.

Die meisten Berichte über die Lagerzeit stehen in diesem Spannungsfeld von Selbstbehauptung und Ausgeliefertsein, von Überlebensstrategien und von Leid- und Ohnmachtserfahrungen. Welcher Seite breiterer Raum gegeben wird, ist von vielfältigen Faktoren abhängig, sowohl von den konkreten Erfahrungen selbst als auch von dem Stellenwert, der ihnen in den Lebensgeschichten eingeräumt wird.

In den Erzählungen der ehemaligen Internierten ist allerdings der Stolz darauf, sich selbst behauptet zu haben, sich nicht aufgegeben und die Lagerzeit überlebt zu haben, durchaus nicht ungebrochen. Viele der ehemaligen Internierten leiden unter Schuldgefühlen, daß ausgerechnet sie überlebt haben angesichts der zahlreichen Toten. Dieses "Überlebenssyndrom" äußert sich z. B. häufig in den Widmungen der Lebensgeschichten, die in ihren Vorworten häufig solche Wendungen wie "Zum Gedenken an die Toten des Speziallagers Nr.2 Buchenwald" aufweisen. Oft wird als Motiv des Verfassens der eigenen Lagergeschichte auch angegeben, das Leid der vielen schildern wollen, die in den Lagern gestorben seien.

Viele der ehemaligen Internierten können im nachhinein auch den Leiderfahrungen noch positive Aspekte abgewinnen. Einige, wie Frau Schrader, drücken dies mit der Metapher der "Schule des Lebens" aus, was sich auf verschiedene Bereiche erstrecken kann. Zum einen sehen sie sich durch die Lagerzeit als "fürs Leben gestählt" an: "Ich hatte nach der Entlassung das Gefühl, durch nichts mehr zu erschüttern zu sein, wenn ich das überlebt habe, komme ich auch mit allem zurecht, was noch auf mich zukommt", wurde Herr Zenker zu Beginn zitiert. Andere ehemalige Internierte sind auch der Überzeugung, daß dieser harte "Kampf ums Überleben" sie auch körperlich "gestählt" habe, ihr Körper durch das Überwinden von Hunger und Krankheiten unter diesen Extrembedingungen "abgehärtet" worden sei. Manche verwenden auch geradezu christliche Metaphern der Erlösung oder Läuterung durch das erfahrene Leid. Gerhard Nelles resümiert seine Überlegungen zur persönlichen Mitverantwortlichkeit wegen seiner Unterstützung des verbrecherischen NS-Systems als höherer HJ-Führer: "Ich hatte das Gefühl, durch meine Lagerzeit genug gebüßt zu haben, ich hatte deswegen keine Schuldgefühle mehr".

ACHIM KILIAN

Das Speziallager Nr. 1 Mühlberg 1945–1948

Hitlers Krieg hat 1939 das Lager Mühlberg entstehen lassen und 1944/45 Stalin den Weg nach Deutschland und damit auch nach Mühlberg geebnet. Hitlers Weisungen für den "kolonialen Eroberungs- und Ausbeutungskrieg" (Joachim Hoffmann) gegen die Sowjetunion und deren Völker hatten die Unmenschlichkeit ein für allemal offengelegt. In Verbindung mit der Judenvernichtung erreichte sie binnen weniger Jahre unfaßbare Dimensionen. Diese wahnsinnige Politik ermöglichte es Stalin, seinen Terror und millionenfachen Mord im eigenen Land, seinen Pakt mit Hitler und seine grausame Eroberungspolitik vergessen zu machen, die Völker der Sowjetunion zu mobilisieren und eine Anti-Hitler-Koalition zu bilden. An ihr zerbrach die nationalsozialistische Gewaltherrschaft. Wir Deutsche erhielten so die Chance zum Neubeginn. Stalin blieb und mit ihm eine unfaßbare "Stalinhypnose" (Wenzel Jaksch) gewisser Eliten. Hitler und Stalin gleichzusetzen wäre eine unzutreffende Vereinfachung. Doch Stalins Verbrechen zu unterdrücken oder zu verharmlosen ist ebenso abwegig wie das Leugnen oder Relativieren von Hitlers Verbrechen. Tatsache war für die Menschen, die davon betroffen waren, daß sich 1945 in dem von Stalin eroberten Teil Europas und damit auch in Mühlberg ein nahtloser Übergang von dem einen unmenschlichen Regime zum anderen vollzogen hat.

1. Zur Lage und Entstehung des Lagers

Das gut 3.000 Einwohner zählende Städtchen Mühlberg liegt am Ostufer der Elbe zwischen Riesa und Torgau und bildet seit 1992 mit fünf umliegenden Dörfern das brandenburgische Amt Mühlberg/Elbe. Seit 1939 steht sein Name auch für das in der ganzen Welt bekannte Lager Mühlberg, an das heute Gedenkstätten und spärliche Spuren in einem Wald erinnern. Dieses Lager lag zwar auf Neuburxdorfer Flur, wurde aber nach Mühlberg benannt, als es ab 1939 als Kriegsgefangenenlager angelegt und ab 1945 vom sowjetischen Sicherheitsapparat erst zur Überprüfung und Filtrierung von Sowjetbürgern und dann als Speziallager genutzt wurde. Erst seit 1990 wird hier der Toten *beider* Lager gedacht.

Mit seiner Lage abseits vom Durchgangsverkehr und seinem kargen Sandboden entsprach das gut 30 Hektar große Areal eines früheren Schieß- und Exerzierplatzes der preußischen Armee den Bedingungen der 1939 von der Wehrmachtführung herausgegebenen

Dienstvorschrift Nr. 38 für die Anlage und Einrichtung sowie den Betrieb von Kriegsgefangenenlagern. Von Herbst 1939 bis Sommer 1940 haben polnische und französische Kriegsgefangene dieses Stalag IV B als Mannschafts-Stammlager für Unteroffiziere und Mannschaften erstellt. Formell entsprachen seine Einrichtungen und sein Betrieb den internationalen Vereinbarungen über die Behandlung von Kriegsgefangenen (verkürzt Genfer Konvention), und Kontrolleure des IKRK suchten es regelmäßig auf. Das Lager war theoretisch für 10.000 Insassen bestimmt; tatsächlich schwankten die Belegungszahlen sehr, und gegen Kriegsende war das Lager zunehmend überbelegt.

Die ankommenden Kriegsgefangenen wurden nach ihrer Registrierung zumeist in ein Arbeitskommando und damit zu einem regional zuständigen Stammlager versetzt. Hunderttausende Kriegsgefangene lernten auf diese Weise von 1939 bis 1945 das Stalag IV B Mühlberg kennen, seit dem Sommer 1941 auch Sowjetgefangene. Für sie galt die Genfer Konvention nicht, da die UdSSR den Vereinbarungen nicht beigetreten war. Stalin betrachtete sie als Vaterlandsverräter. Viele ihrer Kameraden waren nach der Gefangennahme auf dem Weg nach Deutschland verhungert oder anderweitig umgekommen. Politisch "unerwünschte" Sowjetgefangene – und das waren keineswegs "nur" Kommissare und Politruks – wurden "ausgesondert" und bis in das Jahr 1942 "der Sonderbehandlung zugeführt", das heißt umgebracht. Die meisten Sowjetgefangenen nahm 1941 bis 1945 das benachbarte Stalag 304 (später IV H) Zeithain auf, das 1943 organisatorisch im Stalag IV B Mühlberg aufging. Insgesamt erging es vielen Sowjetgefangenen in deutscher Kriegsgefangenschaft weit schlechter als denen anderer Nationen.

Im Herbst 1944 kamen nach der Niederschlagung des Warschauer Aufstands Männer und Frauen der polnischen Armia Krajowa (A.K.) als Kriegsgefangene nach Mühlberg und Zeithain. Andere "Akawze" wurden von Stalins Sicherheitsorganen verfolgt.

2. Über die "Zwischenzeit" April bis September 1945

Am 23. April 1945 befreiten Einheiten der 1. Ukrainischen Front der Roten Armee das Stalag IV B Mühlberg und dessen Zweiglager Zeithain. Eine "Spez. Kommandantur" sorgte für die Erfassung der Gefangenen und ließ diese festhalten. Während die Angehörigen westlicher Armeen nach und nach über den sowjetisch-amerikanischen Austauschpunkt Torgau in ihre Heimatländer zurückkehren durften, nahm sich Stalins Sicherheitsorgan SMERŠ ("Tod den Spionen") argwöhnisch der Mühlberg/Zeithainer Sowjetgefangenen an, ließ viele verurteilen und verwies andere in Strafeinheiten. In Torgau gaben die Sowjets westliche Kriegsgefangene an die Amerikaner nur im Tausch gegen die gleiche Anzahl Sowjetbürger ab. Die SMERŠ-Organe sahen streng darauf, daß ihnen kein sowjetischer Heimkehrer und schon gar kein "ROA"-Angehöriger durch die Lappen ging. Sowohl das Stalag IV B und ein Teil der Stadt Mühlberg als auch das Wehrmachtsgefängnis Torgau-Fort Zinna wurden dazu als Sammelstellen für die Überprüfung und "Filtrierung" sowie zur "Etappierung" in die UdSSR genutzt. Wie vielen Bürgern der UdSSR allein hier nach bitteren Jahren in Deutschland der "unheilverkündende Stempel 'Vaterlandsverrat' (§58-1, a und b) aufgedrückt" (Lew Kopelew) worden ist, wie viele als "Volksfeinde" in den Archipel GULAG geschickt wurden, läßt sich nicht ermitteln. Andere kamen um, wurden oft anonym begraben, wie zuvor viele der in Zeithain und Mühlberg unter deutschem Regime gestorbenen

Sowjetgefangenen. Und obwohl im Lager Zeithain seit Monaten der Typhus grassierte, hielten hier die Sowjets aus Bergen-Belsen kommende KZ-Überlebende im Sommer 1945 zeitweilig fest.

Auch die Einwohner Mühlbergs und der Ortschaften im weiten Umfeld waren seit dem Einzug der Roten Armee schlimmsten Heimsuchungen ausgesetzt.

3. 13. September 1945: Speziallager Nr.1 des NKVD der UdSSR

Seit Anfang Juli 1945 organisierte Kommissar 2. Grades Serov gemäß dem ihm mit Befehl Nr. 00780 des NKVD der UdSSR, 4. Juli 1945, erteilten Auftrag den Ausbau der Operativen Einrichtungen sowie der Speziallager und Gefängnisse des NKVD in der sowjetischen Besatzungszone (SBZ) in Deutschland. Diese Speziallager waren weder Internierungslager nach international gültigen Maßstäben noch Konzentrationslager im Sinne der Nazi-KZ. Das NKVD (ab 1946 MVD) verstand unter seinen Speziallagern stets Lager mit einem besonders harten und strengen Lagerregime. In den Speziallagern (S/L) in der SBZ (später DDR) waren die Kernpunkte des Lagerregimes die Verhinderung der Flucht (wegen der Sicherung des Besatzungsgebiets) und die völlige Isolierung und Abschnürung der Insassen von der Außenwelt (wegen der Unterbindung jeglicher Kontakte zu Außenstehenden). Für die Speziallager und Gefängnisse holte Serov in Form von Lagerverlegungen erfahrene Kader der östlich von Oder und Neiße aufzulösenden bisherigen Speziallager und Gefängnisse in die SBZ. Auf diese Weise wurde das Speziallager Nr. 1 (der 1. Weißrussischen Front) im Sommer 1945 von Rembertow bei Warschau nach Schwiebus/Neumark und im September 1945 in das ehemalige Stalag IV B Mühlberg/Elbe verlegt. Diese Verlegung umfaßte in erster Linie NKVD-Offiziere und -Mannschaften, daneben zur Arbeit mobilisierte Deutsche, die für diese als Haushälterinnen und anderweitig tätig sein mußten, sowie von Schwiebus nach Mühlberg auch kranke Männer und Frauen des dortigen Spezialkontingents.

Die NKVD-/MVD-Organe verwendeten den Begriff Spezialkontingent (S/K) für die jeweilige Summe der von ihnen in eines ihrer Speziallager Eingewiesenen. Solange die von Operativorganen des NKVD/MVD oder deren Helfershelfern ohne Haftbefehl Festgenommenen in den Gewahrsam der regional tätigen Operativgruppen des NKVD/MVD oder beim Operativsektor eines Bezirkes oder Landes verblieben, galten sie nicht als Angehörige eines Spezialkontingents. Zur Einweisung in ein Lager und damit in dessen Kontingent bedurfte es einer "Kategorisierung" (Beschuldigung nach Punkt 1 des NKVD-Befehls Nr. 00315, 18. April 1945) und eines "Beschlusses" durch ein NKVD-/MVD-Organ. Die Verwahrung der auf diese Weise administrativ Repressierten in einem Speziallager erfolgte stets unbefristet. Eine Anklage oder eine Verurteilung oder die Mitwirkung eines Staatsanwaltes gab es nicht.

Andere Festgenommene wurden von sowjetischen Tribunalen verurteilt. In das Speziallager Nr.1 Mühlberg gelangten keine Verurteilten. Die in anderen Speziallagern untergebrachten Verurteilten blieben von deren S/K streng separiert, wurden getrennt erfaßt. Damit ist nichts über die Qualität der Verurteilungen gesagt. Die neuerlichen Rehabilitierungen in Moskau belegen deren zumeist willkürliches Zustandekommen.

Erster Chef des Speziallagers Nr. 1 Mühlberg war Hauptmann Samoilov, Leiter des Sanitätsbereichs Major med. Dienste Voronkin und Lagerkommandant Leutnant Polfuntikov. Leutnant Litvinov erledigte die "Buchführung" des Speziallagers Nr. 1 nach Befehl Nr. 00461 des NKVD der UdSSR vom 10. Mai 1945. Die Bewachung oblag einer Einheit des 38. Schützenregiments des NKVD. Aus der Sicht der Betreiber bestand das Lager aus "91 standardisierten Holzbaracken mit einem Fassungsvermögen von 13.500 Arrestanten. Die Baracken sind [1948, A.K.] in schlechtem baulichen Zustand und eignen sich nicht für winterliche Bedingungen".[1] Im September 1945 waren die Gebäude verwahrlost und voller Ungeziefer, die Einrichtungen geplündert, die Umzäunungen und die Kanalisation in miserablem Zustand.

Ab 15. September 1945 brachten die in Sachsen und dem östlichen Sachsen-Anhalt tätigen Operativgruppen des NKVD in fast täglicher Folge die meisten der von ihnen zur Einweisung in ein Speziallager kategorisierten Häftlinge in das Lager Mühlberg. Bis dahin hatten SMERŠ und NKVD sich anderer Lager bedient, zum Beispiel ab Ende Mai 1945 des "Gefängnisses der 1. Ukrainischen Front" Bautzen. Von dort waren Tausende im Juli und August 1945 in das Lager/Gefängnis Tost/Oberschlesien gebracht worden. Der Berichterstatter entging diesem grausamen und für viele binnen kürzester Zeit tödlichen Schicksal. Er traf Anfang Oktober mit einem 2.409 Männer und Frauen zählenden "Bautzen-Tansport" im Lager Mühlberg ein. 3.809 Arrestanten kamen von Mitte Oktober bis Mitte November 1945 in sechs Transporten aus den von Operativsektoren des NKVD genutzten Zuchthäusern Halle und Magdeburg in das Speziallager Nr. 1. Unter ihnen waren auch Kommunisten mit zum Teil langjähriger KZ-Erfahrung. Einzeln und in kleinen Gruppen wurden Lagerinsassen entlassen oder anderswohin verlegt, zum Beispiel 30 "Spezialisten" in das Speziallager Nr. 7 Oranienburg (Sachsenhausen) und 17 Sowjetbürger in Richtung UdSSR.

4. Reduziertes Leben und Kulturkulisse

Bis Ende 1945 waren alle arbeitsfähigen Mühlberg-Häftlinge voll beschäftigt. Lager und Stacheldrahtzäune wurden unter primitivsten Bedingungen instandgesetzt. Die Fenster der Wohnbaracken waren bis auf schmale Spalten zu verbrettern und auf den Steinböden zweistöckige durchgehende Holzregale als Liegestätten zu errichten. Für die Frauen war ein streng abgeteiltes "Lager im Lager" zu erstellen. Bis zum Jahrestag der Oktoberrevolution mußte ein Lagertheater betriebsbereit sein. Es bildete bis 1948 die Kulturkulisse, hinter der sich das "reduzierte Leben" (Ruth Herzfeldt), das Elend und die Dezimierung des Mühlberger Kontingents abspielten. Das Kontingent blieb sich selbst überlassen. Konservendosen und andere Provisorien wurden zu Eßgefäßen, Ersatz für verschlissene Kleidung gab es nicht, an Hygiene war kaum zu denken. Die Flöhe blieben. Es gab kein Papier, keinen Schreibstift, nichts zum Lesen. Ein Jauchekommando besorgte die Fäkalienabfuhr. Anfänglich funktionierten Abgrenzung und Isolierung noch nicht vorschriftsmäßig, und mutige Angehörige, meist Frauen, wagten Kontaktversuche, brachten Pakete. Posten waren hilfsbe-

---

1 Generell Kilian 1993 (Archivalien für diese und andere Zitate beim Autor) sowie 1997.

reit oder auch nicht, andere ließen sich mit Alkohol bestechen oder schossen hemmungslos. Jeder Dritte, der 1945–1948 durch dieses Lager ging, starb hier, wurde anonym beerdigt.

> Als Bestattungsort für die Leichen der Arrestanten ist eine gesonderte Stelle auszuwählen.[...] Die Bestattung der Leichen hat nachts, ohne jedwede Marken und Erkennungszeichen zu erfolgen.[2]

Die Angehörigen erhielten keine Nachricht. Das Gräberfeld blieb bis heute undefiniert, lag brach, wurde später bewaldet. Mut und Leid der Angehörigen verdienen respektvolle Erwähnung.

Bis 31. Dezember 1945 weisen die Mühlberg-Akten die ersten 335 Todesfälle auf. Über die Unzuverlässigkeit der von der Mühlberger Registriergruppe geführten Totenlisten hat der Unterzeichner an anderer Stelle berichtet.[3] Auch auf die nicht aufklärbaren Differenzen zwischen Angaben in den Totenlisten und in den Berichten der Sanitätsgruppe des Major Voronkin ist hinzuweisen.

5. NKVD-Lagerstatistik zum Jahresende 1945

Zum Spezialkontingent des "S/L" Nr. 1 Mühlberg gehörten nach der Meldung der Registriergruppe vom 28. Dezember 1945 9.992 Männer, Frauen und Jugendliche, darunter elf Sowjetbürger und andere Ausländer. In der Reihenfolge und nach den Kriterien von Punkt 1 des Befehls Nr. 00315 des NKVD der UdSSR ergibt sich für das deutsche S/K folgende Übersicht:

Haftgrund	absolut	%
a. Spione, Diversanten, Terroristen	195	2,0 %
b. Diversanten im Hinterland der Roten Armee (als "Mitglieder Werwolf"-Beschuldigte	746	7,5 %
c. Betreiber illegaler Sendestationen usw.	0	0 %
d. aktive Mitglieder der NSDAP (miterfaßt 49 Leiter DAF, Frauenschaft, NSV)	4.182	41,9 %
e. Führer faschistischer Jugendorganisationen (HJ)	160	1,6 %
f. Angehörige der Gestapo (174) und des SD (85),	259	2,6 %
Gefängnispersonal (20), Lagerleiter (174), Polizisten (317)	511	5,1 %
und andere "Straforgane" (Juristen etc.)	396	4,0 %
g. Verwaltungsleiter, Redakteure, Autoren	153	1,5 %
Zwischensumme nach Punkt 1 des Befehls 00315	**6.602**	**66,20 %**
h. Wehrmachtsdienstgrade sowie Chargen bewaffneter faschistischer Organisationen (davon 246 SS)	3.301	33,1 %
i. Mitglieder Arbeitsfront, Frauenwerk, HJ, NSV etc.	43	0,4 %
k. "Andere" (26), ohne Akte (9) (hinter i und k verbergen sich größtenteils zur Arbeit Mobilisierte)	35	
Summe aller	**9.981**	**100 %**

---
2 Ebenda, 1993.
3 Kilian 1995, S. 936ff.

Anhand der zur Verfügung stehenden Akten ist es nicht möglich, die Stichhaltigkeit der Festnahmegründe zu prüfen, die zu dieser Übersicht geführt haben. Der Autor hat in Moskau für sich in mehreren Listen und auf seiner Karteikarte verschiedene Varianten seiner "Beschuldigungen" gefunden, ohne auf den Werwolfverdacht zu stoßen, unter dem er arretiert und wegen dem er wiederholt verhört worden ist. Mehr als ein Jahr vor seiner Entlassung sagte ihm ein Vernehmungsoffizier, daß kein Grund bestünde, ihn festzuhalten. Dennoch verbrachte er mehr als drei Jahre in der "Obhut" des NKVD bzw. MVD der UdSSR. Er wurde nicht deportiert und überlebte.

Hervorzuheben ist, daß niemand mit Haftbefehl festgenommen worden ist, niemand ohne Zuordnung zu einer der Kategorien (= Paragraphen) des o.a. Befehls Nr. 00315-1945 in ein Speziallager aufgenommen werden durfte, daß niemand über seine Kategorisierung informiert wurde und daß sich niemand gegen diese Zuordnung zur Wehr setzen konnte. Dies galt für die Kontingente a l l e r Lager in der SBZ.

6. Nichtstun, Isolierung, Pülpe, Dystrophie

Nach der Wiederherstellung des Lagers verringerten sich Anfang 1946 die Arbeitsmöglichkeiten für das Mühlberger Kontingent dramatisch. Bis auf unumgängliche Kommandos galt jetzt das strikte Verbot von Arbeiten außerhalb des Speziallagers, so daß bis zu 90 % des S/K ohne Beschäftigung waren und blieben. Hinzu kamen zahlreiche Verbote bis hin zu denen des Lesens, Singens, Schreibens und Gruppengesprächs einschließlich von Gottesdiensten sowie die anhaltend miserablen Lebensbedingungen und eine minimalste medizinische Versorgung. Überdies durchsetzten die Operativorgane des NKVD/MVD das Kontingent zunehmend mit Spitzeln und Zuträgern.

Mit perfektionierten Sperranlagen, Sichtblenden und freiem Schußfeld sowie einer totalen Kontaktsperre wurde die Isolierung des Kontingents von der Außenwelt weitestgehend durchgesetzt. Hinter Wachtürmen mit Maschinenwaffen und Suchscheinwerfern und unter einer Kette von Leuchten verliefen um das Lager Mühlberg sechs parallele Stacheldrahtzäune einschließlich einem bis in die Erde verlegten Drahtverhau. Dazu kam eine Sichtblende:

> Die äußere Umzäunung der Lagerzone besteht aus einem geschlossenen hölzernen Bretterzaun von 2,5 m Höhe, an dessen Oberkante vier Reihen Stacheldraht aufgesetzt sind. Auf der Innenseite des Zaunes gibt es eine 4 m breite Warnzone

als Schußfeld. Nachts stand ein innerer Zaun unter Spannung. Im Lager grenzten weitere Zäune Barackenfelder voneinander und zur Lagerstraße hin ab und engten so bisherige Bewegungsräume und Kontaktmöglichkeiten zu Mitgefangenen drastisch ein. Lazarettkranke durften nicht mehr besucht werden, selbst dann nicht, wenn sie im Sterben lagen.

Die gut angelegte Umzäunung [...] und die richtige Organisation ihrer Bewachung gewährleisten eine zuverlässige Isolierung des Kontingents.[4]

Nur darauf kam es an. Bis in den Sommer 1946 bestanden die warmen Speisen durchweg aus Pülpe (Zusatzmittel bei der Schweinemast), und schon ab März 1946 wurde die Dystrophie für lange Zeit zur häufigsten Todesursache. Aber in den Mühlberger Sanitätsberichten des Major Voronkin kamen die Dystrophie und ebenso die um sich greifende Tuberkulose bis Anfang 1948 nur sporadisch vor.

Am 11. Juni 1946 erreichte das Mühlberger S/K den Höchststand von 13.328 Personen, darunter 1.259 Lazarettkranke (Stand 12. Juni). Seit Jahresbeginn waren 4.723 Zugänge angenommen worden, davon 1.191 aus einem zweiten Bautzener Transport, 511 aus Magdeburg und 195 aus dem Speziallager Nr. 8 Torgau. 85 Festgehaltene waren von Operativsektoren angefordert worden, zum (vermuteten) Verfahren vor einem Tribunal oder als "Spezialisten" oder aus anderen Gründen. Es hatte einige Entlassungen gegeben; seit September 1945 waren 133 zumeist Jugendliche freigelassen worden. Und: Seit dem 1. Januar 1946 waren 1.230 Männer, Frauen und Jugendliche gestorben. Einer der jüngsten war Siegfried Lorenz, Jg. 1930. Er starb an Tbc. Seit Bestehen des Mühlberger Speziallagers waren in knapp neun Monaten 1.565 Lagerinsassen gestorben. Auch wenn Akten besagen, daß man sich in Serovs Umgebung mit den Sterbeziffern in den Lagern befaßt hat, geschah nichts, um der schon jetzt dramatischen Sterberate zu begegnen.

7. Deportationen, Umkategorisierungen, Sibirien-Transport

Vom 13. Juni bis 7. Oktober 1946 wurden 2.110 Männer des Mühlberger Kontingents zum Arbeitseinsatz in die UdSSR deportiert. Unter ihnen waren die o. a. 195 Arrestanten aus Torgau. Verschickt wurden Offiziere und Unteroffiziere der Wehrmacht sowie Angehörige "faschistischer paramilitärischer Organisationen" – Volkssturm, SA, SS ("schwarze" SS und Waffen-SS), NSKK (Kraftfahrerkorps) und NSFK (Fliegerkorps) –, die eine Kommission als "Arbeitsfähige Kategorie 1 und 2" ausgesucht hatte.[5] Auslöser der Aktion war der MVD-Befehl Nr. 00601-1946. Erstes Ziel der vier Mühlberger Arbeitstransporte mit zunächst 3.037 Gefangenen war das Lager des MVD Nr. 69 für Kriegsgefangene Frankfurt/Oder. Dort wies man 927 Arrestanten wegen Arbeitsunfähigkeit ab, was die "Qualität" der Selektionen beweist. Die übrigen wurden als Soldaten eingekleidet, denn sie galten von jetzt an als Kriegsgefangene. Es läßt sich nicht sagen, wie viele von ihnen in der UdSSR gestorben sind. Die letzten kehrten erst Mitte der 50er Jahre von dort zurück.

Parallel zu den Verschickungen war die Entlassung derjenigen "Wehrverbändler"[6] als Kriegsgefangene in Erwägung gezogen worden, die bei den Selektionen den Kategorien 3 und 4 zugeordnet worden waren und als Nichtarbeitsfähige galten. Doch ehe "streng indivi-

---

[4] Kilian 1996.
[5] Als Maßstab diente eine 1942 erlassene Richtlinie, nach der alle Betroffenen meist sehr oberflächlich begutachtet wurden. Richtlinie bei Karner 1995, S. 141.
[6] Im S/L Nr. 1 Mühlberg gebräuchlicher Begriff für die Angehörigen der "faschistischen para-militärischen Organisationen".

duelle" Entlassungsbeschlüsse gefaßt wurden, gruppierte man viele dieser Gefangenen in eine der Kategorien nach Punkt 1 des Befehls Nr. 00315-1945 um. Damit war ihr Verbleib im S/K gewährleistet. Im September 1946 wurden zunächst 415 "Wehrverbändler" entlassen. Andere, deren Überprüfung eventuell noch im Gang war, blieben ebenso im Lager wie 942 inzwischen Umkategorisierte. Zu diesen gehörten ausdrücklich alle in den Westsektoren Berlins Beheimateten. Selbstverständlich erfuhr keiner der Betroffenen je von diesen Änderungen. Als im März 1947 weitere 43 Volkssturmleute entlassen werden sollten, waren 16 von ihnen inzwischen verstorben.

Im Herbst 1945 war verfügt worden, "Wehrverbändler" und andere bis dahin als Kriegsgefangene Behandelte als "Spezialkontingent in die Speziallager aufzunehmen". Voraussetzung war ihre Registrierung mit "Erfassungs- und Überprüfungsakten" nach Befehl Nr. 00461-1945, der bekanntlich das administrative Pendant zum Befehl Nr. 00315-1945 bildete. Jetzt erhielten alle Arbeitsfähigen dieses Kontingents mit einem Federstrich wieder den Status von Kriegsgefangenen. Nur die Nichtarbeitsfähigen mußten die Hürde einer erneuten Überprüfung nehmen, ehe die wenigsten von ihnen als Kriegsgefangene aus dem Speziallager entlassen wurden. Noch deutlicher macht diese "Logik" der Befehl des MVD Nr. 001196 vom 26. Dezember 1946.[7] Er befahl die Selektion solcher Arbeitskräfte, die für die Arbeit unter Tage "brauchbar" waren. Die Kategorisierung nach Punkt 1 des Befehls Nr. 00315, sprich: die Beschuldigung, spielte dabei k e i n e R o l l e . Jeder für den vorgesehenen Arbeitseinsatz "Brauchbare" wurde automatisch zum Kriegsgefangenen. Ganz gleich, ob er als "Diversant", "Mitarbeiter Gestapo", "NS-Aktivist", "Spion" oder "Werwolf" usw. geführt worden war.

Nach entsprechender Selektion, Absonderung, Einkleidung und radikalem Kahlschnitt verließen Anfang Februar 1947 821 Mühlberger und 81 zuvor nach Mühlberg übersandte Torgauer Arrestanten sowie 90 deutsche Verurteilte des Speziallagers Nr. 10 Torgau-Fort Zinna in einem Transportzug den Bahnhof Neuburxdorf nach Frankfurt/Oder und weiter nach Anžero-Sudžensk im sibirischen Kusbass. Der Leiter der Mühlberger Wirtschaftsgruppe, Oberleutnant Njeljubin, sowie Hauptmann Kateljan begleiteten den Transport. Unter den Insassen der 28 Wagen waren zahlreiche Jugendliche; allein 23 Verurteilte gehörten den Jahrgängen 1928 und 1929 an. Am 14. März 1947 nahm der Chef des MVD-Lagers Nr. 526, Hauptmann Savalnikov, 991 Gefangene an. Einer war unterwegs gestorben. Die Zahl der tatsächlich auf dem Transport und in der UdSSR Verstorbenen ist unbekannt. Die Überlebenden kehrten zwischen Ende 1948 und 1955 heim.

Weder die Vorgaben des MVD-Befehls Nr. 001196-1946 noch die diesen Transport betreffenden Aktenangaben deckten sich auch nur annähernd mit den Realitäten. Die Archipele GULAG und GUPVI hatten ihre von Außenstehenden kaum nachvollziehbaren eigenen Regeln. Im Falle Anžero-Sudžensk ist der Berichterstatter Außenstehender.

---

7 Kilian 1994, S. 207ff.

8. "Die verwesenden Überreste des Nazismus" (Volkszeitung)

Seit Ende Oktober 1946 waren Transporte mit Neuzugängen ausgeblieben. Ohnehin kamen zuletzt fast nur noch Häftlinge ins Lager, die längere Zeit in "Gewahrsamen" Operativer Organe verbracht und vielleicht keine Handhabe für Verurteilungen geboten hatten. Auch später gab es solche Zugänge:

> Aus Halle sind 58 Gefangene eingetroffen, fünf Tbc-Kranke und 53 Dystrophiker. Von 29 'Magdeburgern' sind zwei Tbc-Kranke und 18 Dystrophiker. Sieben Dystrophiekranke werden als Verurteilte nach Torgau geschickt.[8]

Die letzteren hatte eventuell ein außerhalb des Lagers Mühlberg tagendes Tribunal verurteilt. Insgesamt wurden 1945–1948 von den fast 22.000 Durchgängen des Speziallagers Nr. 1 Mühlberg etwa 200 Insassen zur vermuteten Verurteilung angefordert. Dies besagt nichts über die Qualität solcher Verurteilungen.

14 Generäle, Jg. 1878 bis 1895, fünf Majore, zwei Sturmbannführer (einer von ihnen SA), ein "Kreisstabführer" und ein Gefreiter (möglicherweise als Bursche) gelangten im Spätjahr 1946 nach Frankfurt/Oder und wurden Kriegsgefangene. Andere Generäle starben in Mühlberg.

Am Jahresende 1946 zählte das Mühlberger Kontingent 10.626 Gefangene, davon 10.066 Männer und 560 Frauen. 64 % aller Lagerinsassen waren älter als 45 Jahre. Seit dem in Abschnitt 6 genannten Stichtag 10. Juni waren 619 Männer, Frauen und Jugendliche gestorben. Der Winter forderte viele Opfer: Vom 1. Januar bis 12. April 1947 starben weitere 1.750 Mühlberger Arrestanten. Fast alle waren Dystrophiker.

> Durch den Abtransport der arbeitsfähigen Gefangenen in die Sowjetunion hat sich im Lager Mühlberg das soziologische Gefüge entscheidend verändert. Mit den Arbeitsfähigen sind die physisch und auch psychisch stärkeren Naturen ausgeschieden, während die Älteren, die Schwachen, die Kranken zurückgeblieben sind. Aus den in Auflösung befindlichen Lagern Ketschendorf und Jamlitz kommen überwiegend arbeitsunfähige Männer hinzu.[9]

Zwischen Januar und Anfang April 1947 übernahm Mühlberg 5.583 Arrestanten aus aufgelösten Lagern: 2.237 aus dem Speziallager Nr. 8 Torgau, 1.190 vom Speziallager Nr. 5 Ketschendorf und 2.156 vom Speziallager Nr. 6 Jamlitz. Neun "Ketschendorfer" waren unterwegs gestorben, von den übrigen waren 1.023 Dystrophiker, 8 Nervenkranke, 105 anderweitig Kranke. Aus Jamlitz kamen 880 Frauen und 1.276 Männer, darunter 780 Dystrophiker 3. Grades, 150 Bettlägerige, 80 anderweitig Erkrankte und zwei Typhuskranke. Weitaus die meisten Kranken waren Männer.

Anstelle von Hauptmann Samoilov wurde Major Sazikov Lagerchef. Im Spätsommer 1947 wechselte er den Leiter der deutschen Selbstverwaltung aus. Unter Walther Haller, "Oberleiter S/K" seit Oktober 1945, hatte die Lagerbetreiber das "Goldfieber" erfaßt: Toten und auch noch lebenden Arrestanten wurden Goldzähne ausgebrochen und noch vorhandene Goldringe abgenommen. Selbst Sergeanten und Soldaten der Garnison waren begierige Abnehmer. Dies stellte der neue Lagerchef offenbar ab.

---

8 Kilian 1993, S. 156.
9 Ebenda, S. 131.

Wie bisher versorgte man das Kontingent so, daß nach außen von angemessenen Rationen gesprochen werden konnte, tatsächlich aber neben der Dystrophie und anderen Mangelkrankheiten zunehmend auch die Tuberkulose epidemisch auftrat. (Erst im April 1948 kam ein Röntgengerät ins Lager!) Das Nichtstun wurde zur Folter. Für die inzwischen völlig verschlissene Kleidung und das Schuhzeug gab es bis auf die Hinterlassenschaft der Verstorbenen keinen Ersatz.

Die Sanitätsberichte von Major Voronkin übergingen die ständig zunehmende Anzahl der Tbc- und Dystrophiker-Stationen. Hier bemühten sich gefangene Ärzte, Pfleger und meist angelernte Schwestern nahezu ohne medizinisches Gerät, fast ohne Arzneien und Hilfsmittel, aber mit viel persönlichem Einsatz und ganzem Herzen um die Kranken. Doch das Sterben ließ sich nicht aufhalten.

Mit den Zugängen aus Torgau, Ketschendorf und Jamlitz hatte sich das Mühlberger Spezialkontingent trotz der Deportationen und trotz der Todesfälle per 12. April 1947 auf 13.696 Köpfe erhöht. Neben 12.254 Männern gehörten dem Kontingent jetzt 1.442 Frauen an. Zwei von drei Männern und 43 % der Frauen waren älter als 45 Jahre. Bis auf die schon erwähnten kleinen Transporte aus Halle und Magdeburg gab es bis zum Sommer 1948 keine Zugänge mehr. So verringerte sich das Kontingent zusehends, zum einen durch kleinere Verlegungen und Abrufe von "Spezialisten" sowie gelegentliche Entlassungen, zum anderen durch die Todesfälle.

Vom 12. April bis 31. Dezember 1947 starben 1.540 Lagerinsassen, bis zum 21. Februar 1948 weitere 328. An diesem Tag kam eine GULAG-Kommission in das Lager Mühlberg.

Doch zunächst ein anderes wesentliches Stichwort. Seit Herbst 1947 erhielt das streng verwahrte und isolierte Kontingent Zeitungen. Neben allem, was darin stand, alarmierte allein die Tatsache, daß es plötzlich Zeitungen gab. Was hatte dies zu bedeuten? Auch die "Gerüchteküche" lieferte keine Antwort. Bald nahm man andere Veränderungen wahr. Fremde Offiziere führten Verhöre durch. Erstmals seit 1945 wurde Brennmaterial ausgegeben, gab es Stroh. Nicht viel, aber eben doch. Und als im Februar 1948 "Parolen" von einem bevorstehenden Besuch einer Kommission "aus Moskau" wissen wollten, begann mancher, sich ernsthaft Gedanken zu machen. Viele verharrten in Skepsis und Apathie. Tatsächlich bahnten sich nach Festnahmewellen, Bodenreform, Enteignungen und Deportationen inmitten des unaufhaltsam scheinenden Sterbens der Kontingente für die "verwesenden Überreste des Nazismus"[10] Veränderungen an.

9. "Das Regime der Verwahrung des Kontingents ist im wesentlichen zufriedenstellend"

Vom 21. bis 23. Februar 1948 inspizierte eine GULAG-Kommission unter Leitung des stellv. Leiters der 2. GULAG-Verwaltung des MVD der UdSSR, Oberst med. Dienste Lojdin, das Speziallager Nr. 1. Beanstandet wurden die hohe Sterblichkeit, die "absolut unzulässigen" Lazarettbedingungen, die medizinische Versorgung, das eintönige Essen, die unzureichende militärische Disziplin der Bewacher. Gerügt wurden Major Voronkin, Leiter der Sanitätsgruppe, und der inzwischen abgelöste Lagerchef, Hauptmann Samoilov. In einer

---

10   Volkszeitung, Dresden, Nr.14, 17. 8. 1945.

drohenden Anklagerede wurde den gefangenen Ärzten und den gefangenen Lagerleitern die Verantwortung für die hohe Krankheits- und Sterberate zugeschoben. Es gäbe genügend Medikamente, die Versorgung sei ausreichend, aber schlecht organisiert. Bis zum 5. März sei das Kontingent medizinisch zu untersuchen. Die in vielen Passagen des Berichts schonungslose Offenheit bedarf in wichtigen Punkten der Ergänzung und Korrektur. Dazu verweist der Berichterstatter auf seinen Bericht "Das Lager Nr. 1 weist eine hohe Sterblichkeit auf".[11]

Die Inspektionsreise stand gewiß im Zusammenhang mit folgenden Veränderungen:

a. Für eine Entlassungsaktion waren Verbesserungen der Lebensverhältnisse in den Speziallagern unerläßlich, um zumindest optisch den Eindruck der heruntergekommenen Häftlinge zu verbessern. Allein für das aus dem Lager Mühlberg zu entlassende Kontingent waren laut dem Bericht 75.000 lfdm. Anzugstoff geordert worden, um es nicht nur "wohlgenährt" – wie es in einem späteren Bericht heißen sollte –, sondern auch passabel gekleidet in die Öffentlichkeit zu entlassen.

b. Die nicht zur Entlassung anstehenden Kontingente und die Verurteilten sollten aus der direkten Verantwortung Serovs in die der GULAG übergehen. Dies war vorzubereiten, auch durch Fehleranalysen und retrospektive Schuldzuweisungen.

Insgesamt gewährt dieser Bericht einschließlich der oben erwähnten Standpauke lehrbuchhaft Einblick in die Methode des papiernen Umgangs des NKVD/MVD mit seinen Opfern. Daß man diesen mittels der Ärzte und Lagerleiter die Schuld am Dilemma ihrer Verwahrlosung zuschob, ergänzt dieses Lehrstück.

10. Entlassungsaktion und Auflösung des Speziallagers Nr. 1 Mühlberg

Es gab Verbesserungen. Im April 1948 begann die Belegung einer "Quarantänezone" mit den zu Entlassenden. Nach Monaten quälender Ungewißheit, die auch widersprüchliche Presseberichte nährten, begann am 10. Juli 1948 in den zu dieser Zeit in der SBZ noch bestehenden Speziallagern eine Entlassungsaktion, die von den SBZ-Medien grell beleuchtet wurde. Sie sprachen weder von Häftlingen oder wie das MVD von "befreiten Spezialkontingenten" noch von Entnazifizierten, sondern von "Personen, die wegen leichter Verbrechen und Vergehen interniert"(!) gewesen seien. Das war gelogen.

Bis zum 25. August 1948 wurden aus dem Mühlberger Kontingent 6.836 Häftlinge entlassen, außerdem über das Lager Mühlberg 224 Insassen des Speziallagers Nr. 10, die dort wohl Kalfaktoren für Verurteilte gewesen waren. 382 ebenfalls für die Entlassung vorgesehene Gefangene waren während der Quarantänezeit gestorben. Von neun Lagerinsassen fehlten die Akten. 110 Arrestanten wurden unbefristet zurückbehalten, nämlich 70 Mitglieder der Beerdigungskommandos von Mühlberg und Torgau, 10 Ärzte, Sanitäter und Statistikbearbeiter, fünf Westdeutsche sowie 25 Bettlägerige; 32 von ihnen kamen im September frei. Die Akten des "entlassenen S/K" erhielten die Operativsektoren der SBZ-Länder zur weiteren Überwachung.

---

11 Kilian 1996.

Vom 13. September 1945 bis zum Besuch der GULAG-Kommission waren 21.655 Menschen in das Lager Mühlberg eingeliefert worden. Ihre "Verweilzeiten" im Speziallager Nr. 1 waren sehr unterschiedlich. Abzüglich der in die UdSSR Deportierten, der anderswohin Verlegten, der Entlassenen, der Verstorbenen und abzüglich vier Geflohener belief sich das S/K nach den Listen der Registriergruppe am 22. Februar 1948 auf 11.429 Personen. Vom 22. Februar bis 21. September 1948 sind einschließlich der oben genannten 382 Quarantänetoten 963 Männer, Frauen und Jugendliche im Lager gestorben, davon 871 (90,4 %) an Tuberkulose und 91 (9,5 %) an Dystrophie und anderen Krankheiten. Ein 55jähriger Gefangener nahm sich das Leben. Ab 22. Februar verringerte sich das Spezialkontingent über 10.500 am 10. Juli (Beginn der Entlassungen) auf 3.611 Personen Mitte September 1948. Neben den Entlassungen und Todesfällen hatte es kleinere Zu- und Abgänge (Verlegungen, zum Beispiel in ein Arbeitskommando) gegeben.

Insgesamt haben ca. 21.835 Häftlinge das Speziallager Nr.1 Mühlberg mit unterschiedlichen Verweilzeiten durchlaufen, und ca. 6.765 von ihnen sind hier gestorben. Die Zahlenangaben der Registriergruppen sind nachweislich infolge vielfältiger Fehler und nachträglicher Änderungen bei der "Buchführung" – bis hin zu zeitlich versetzten Doppelnennungen von Todesfällen und selbst den Kontrolleuren unterlaufenen Zählfehlern – nicht präzise. Eine exakte Klärung ist nicht möglich.[12]

Das verbliebene Kontingent von 3.611 Männern, Frauen und Jugendlichen wurde in das Speziallager Nr. 2 Buchenwald verlegt. Die Transportpapiere nennen fast 750 Tuberkulosekranke sowie Dystrophiker und andere Kranke. Sowohl von den Entlassenen als auch von den weiter Festgehaltenen starb eine nicht festzustellende Anzahl an Tbc und anderen im Lager erlittenen gesundheitlichen Schäden und Schwächungen. Eine ebenfalls unbekannte Anzahl der vom NKVD bzw. MVD Verwahrten kehrte psychisch krank nach Hause zurück.

Es läßt sich nicht übersehen, daß die in Punkt 1 des Befehls Nr. 00315-1945 genannten Kriterien für die Auswahl der "Personen, die bei der Säuberung der rückwärtigen Gebiete [der Roten Armee, A.K.] in Arrest zu nehmen waren", bewährten tschekistischen Maßstäben entsprochen haben. Vergleiche mit vorangegangenen Befehlen lassen daran keinen Zweifel. Wer sich entsprechend im Netz der Operativen Organe von NKVD und SMERŠ verfing, fand sich nach bewährtem Muster rechtlos Beschuldigungen und Verdächtigungen ausgesetzt, wurde verurteilt oder auf unbestimmte Zeit verwahrt. Die den Häftlingen (bis heute) vorenthaltenen Akten lieferten die Stichworte für ihre weiteren Schicksale und damit die Auswahlgründe für den weiteren Umgang der Operativorgane mit ihnen. Dazu gehörte auch die Auswahl für die obige Entlassungsaktion 1948 und für die weitere Verwahrung in Buchenwald. Erörterungswürdige Grundlagen lassen sich nicht erkennen, Mutmaßungen führen nicht weiter. Wer will zum Beispiel wissen, warum 443 der vor dem 10. Juli 1948 800 als Werwolf Beschuldigten nicht aus Mühlberg entlassen wurden? Oder 207 von 1.039 Ortsgruppenleitern oder ein Blockleiter von 1.749? Es gab keine Rechtsprechung. Trotz aller in Verwahrung genommener "Hitleristen" hatte "Mühlberg 1945–1948" mit der gebotenen Bestrafung wirklich Schuldiger an der Barbarei Hitlers wenig zu tun.

Anfang Oktober 1948 wurde das Speziallager Nr. 1 Mühlberg aufgelöst. Wie alle Speziallager war es eine unmenschliche Einrichtung. Das Lager wurde zum Tabu. Seine Toten wurden verheimlicht.

---

12 Kilian 1995.

BODO RITSCHER

Speziallager Nr. 2 Buchenwald*

1. Der Ort

> Etwa eine Stunde nordwestlich von Weimar erstreckt sich von Westen nach Osten über eine Meile ein dicht bewaldeter Höhenzug, der Ettersberg, eine Muschelkalkhöhe, reich an Versteinerungen. Vom Westrande [...] eröffnet sich ein weiter Blick über etwa hundert Quadratmeilen deutschen Landes. Am Nordrande liegen Dorf und Schloß Ettersburg. Die Straße, die Weimar mit dieser Ortschaft verbindet, führt vorbei an 'Herders Ruhe', einem von Pappeln umsäumten Platz mit einer Steinbank, auf der Herder gern zu rasten und die Aussicht zu genießen pflegte, vorbei an der Baumschule Marienhöhe und dem 'Rödchen', von dem Helene Böhlau in ihren altweimarischen Liebes- und Ehestandsgeschichten so anmutig zu plaudern weiß, sanft ansteigend bis zu dem schönen, viertausend Morgen umfassenden, von riesigen Eichen durchsetzten Buchenwald, der sich über den ganzen Ettersberg verbreitet und das Schloß umrahmt.[1]

Nichts in dieser Beschreibung einer Literatur gewordenen Landschaft verströmt eine Vorahnung jenes Schreckens, der ein Jahrdutzend später mit dem Namen Buchenwald eine unauflösliche Verbindung eingehen sollte.

Mit der Einlieferung der ersten Häftlinge im Juli 1937 begann auf dem Ettersberg der Bau des Konzentrationslagers Buchenwald. Ein bis dahin der Natur vorbehaltener Bergrükken trug nach einigen wenigen Jahren eine ganze Stadt. Buchenwald war das dritte große Konzentrationslager nach Dachau und Sachsenhausen, das die Nationalsozialisten errichteten. Die Aufgabe dieser Lager erschöpfte sich nicht in der Inhaftierung bzw. Einschüchterung politischer Gegner wie das für die frühen Konzentrationslager charakteristisch gewesen war, die mit Ausnahme von Dachau aufgelöst wurden. Die neue Lagergeneration stand im direkten Zusammenhang mit den Kriegsvorbereitungen und später der Kriegführung Hitlerdeutschlands. Sie spielten die zentrale Rolle bei der Umsetzung der sozialen und rassistischen Ausgrenzungs- und Vernichtungsstrategien des NS-Regimes.

Zum KZ Buchenwald gehörten das eigentliche Häftlingslager, Baulichkeiten für eine mehrere Tausend Mann starke SS-Garnison, insbesondere Kasernen und Siedlungen für die SS-

---

* Für Hinweise und andere Unterstützung habe ich insbesondere zu danken Dr. K. Brunke, Dr. N. Jeske, G. Naperkowski sowie A. Wolf
1 Detjen, Werner: Auf Höhen Ettersburgs, Weimar 1993, S. 7. (Ettersburger Hefte, 1) [Erstveröffentlichung 1924]

Führer bzw. -Unterführer, Produktionsstätten wie den Steinbruch, die Deutschen Ausrüstungs-Werke und die Gustloff-Werke II und eigene Zufahrtswege (Betonstraße, Bahnlinie mit Bahnhof).

Die ersten nach Buchenwald verbrachten Gefangenen waren Deutsche. Sie trugen die rote Farbmarkierung der politischen sowie die grüne der als kriminell eingestuften Häftlinge. Jedoch erweiterte sich rasch der Kreis derjenigen, die als tatsächliche oder vermeintliche Gegner des Nationalsozialismus in "Schutzhaft" kamen oder als "Volksschädlinge" isoliert bzw. vernichtet werden sollten – sog. Asoziale, Sinti und Roma, Homosexuelle und, insbesondere seit November 1938, zahlreiche Juden. Nach Kriegsbeginn stieg die Zahl der Männer, Frauen und auch Kinder rapide, die aus den besetzten Länder auf den Ettersberg bzw. in die sich seit 1943 über halb Deutschland erstreckenden Außenkommandos von Buchenwald verbracht wurden. Sie stellten bald die übergroße Mehrheit der Lagerinsassen. Insgesamt durchlief eine Viertelmillion Menschen von 1937 bis 1945 den Lagerkomplex Buchenwald. Davon wurden 56.000 erschossen, erhängt, erschlagen und zu Tode gefoltert, gingen an Hunger, Kälte und Krankheiten zugrunde oder fielen, wie es in zynischer NS-Terminologie hieß, der "Vernichtung durch Arbeit" anheim.

Im Frühjahr 1945 mußte das Stammlager auf dem Ettersberg im Gefolge der Evakuierung von Auschwitz und anderen Lagern vor der Roten Armee bis zu 48.000 Insassen aufnehmen. Zugleich erreichte das Massensterben, vor allem unter den jüdischen Häftlingen, seinen Höhepunkt. Buchenwald wurde in seiner Schlußphase zu einer Stätte des Holocausts am jüdischen Volk.

Am 11. April 1945 passierten amerikanische Panzerspitzen Buchenwald, die SS floh. Bewaffnete Häftlinge brachten das Lager und seine Umgebung unter ihre Kontrolle. 36 Stunden darauf übernahmen US-Truppen regulär das ehemalige KZ. Ein eigens eingesetzter Militärkommandant kümmerte sich um die Versorgung der vielfach todkranken Lagerinsassen. Für zahlreiche Menschen kam diese Hilfe zu spät.

Die ersten Gruppen ehemaliger Häftlinge traten kurz nach der Befreiung die Heimreise an. Aber der Rücktransport anderer, insbesondere aus Osteuropa, verzögerte sich erheblich. Buchenwald nahm zudem "Displaced Persons" auf. Die Räumung des Lagers war noch nicht abgeschlossen, als es im Juli 1945 von den (entsprechend den alliierten Vereinbarungen über die Aufteilung Deutschlands in Besatzungszonen) abziehenden Amerikanern der Roten Armee übergeben wurde.

2. Ein Speziallager für Thüringen

Am 2. Juli 1945 verließ die Nachhut der US-amerikanischen Truppen die thüringische Landeshauptstadt Weimar. Unmittelbar darauf rückten sowjetische Streitkräfte in ganz Thüringen ein. Mit der Leitung der Sowjetischen Militärverwaltung in Thüringen (SMATh) wurde Generaloberst V. I. Čujkov beauftragt.

Parallel zur Errichtung der sowjetischen Militärverwaltung entstanden geheimpolizeiliche Strukturen. Neben der SMERŠ der 8. Armee nahmen NKVD-Dienststellen ihre Tätigkeit auf. Die Leitung des Operativen Sektors des NKVD der UdSSR in Thüringen bekam Generalmajor Bežanov übertragen. Dem Operativen Sektor Thüringen unterstanden Operative Gruppen, die die geheimpolizeiliche Arbeit vor Ort zu leisten hatten. Ihr jeweiliger

Zuständigkeitsbereich deckte sich im wesentlichen mit der thüringischen Verwaltungsstruktur, d. h. den Landkreisen bzw. größeren Städten.

Mit den zahlreichen Verhaftungen entstand das Problem der Unterbringung der Inhaftierten. Die lokalen "GPU-Keller"[2] verfügten über begrenzte Kapazitäten und waren für eine dauerhafte Unterbringung von Gefangenen zumeist ungeeignet. In einem Schreiben an den Bevollmächtigten des NKVD bei der Gruppe der sowjetischen Besatzungsstreitkräfte in Deutschland Generaloberst Serov empfahl Generalmajor Bežanov, in Thüringen ein Speziallager zu errichten.[3] Berlin reagierte unverzüglich. Am 3. August 1945 erhielt Hauptmann Matuskov[4] vom Leiter der Abteilung Speziallager des NKVD bei der SMAD, Oberst Sviridov, den Auftrag, ein Speziallager in Thüringen zu organisieren. Zunächst war ein geeigneter Standort ausfindig zu machen. Am 10. August unterbreitete Matuskov mehrere Vorschläge. Neben Buchenwald, dessen Kapazität mit 10.000 bis 15.000 Insassen veranschlagt wurde, waren das drei Orte in Erfurt – ein ehemaliges Kriegsgefangenenlager, ein Repatriierungslager für sowjetische Staatsbürger und ein Kasernenkomplex. Ihr Aufnahmevermögen wurde auf jeweils 10.000 Personen beziffert.

Obwohl Hauptmann Matuskov sich gegen die Nutzung des ehemaligen KZ Buchenwald ausgesprochen hatte, wobei er den baulichen Zustand und im Gefolge Sicherheitsbedenken ins Feld führte, entschied die Zentrale entgegengesetzt. Sie setzte ihn mit sofortiger Wirkung zum Načalnik (Leiter) des Speziallagers Nr. 2 ein.

Bereits am 21./22. August 1945 trafen in Buchenwald insgesamt 46 Personen ein, die zuvor im Gewahrsam der Operativen Gruppe Erfurt gewesen waren. Es handelte sich dabei um eine Art Vorauskommando, das am 1. September Verstärkung erfuhr.

In einem Bericht[5] von Oberst Sviridov vom 25. Oktober 1945 wird die "Funktionsfähigkeit" des Lagers auf den 5. September datiert. Danach kamen in dichter Folge Transporte aus allen Teilen Thüringens. Am 24. Oktober 1945 waren bereits 4.400 Lagerinsassen registriert. Das maximale Aufnahmevermögen von Buchenwald setzte Sviridov auf 25.000 Insassen herauf – ohne daß ein einziges Gebäude hinzugekommen wäre.[6]

Bei der Einrichtung des Speziallagers Buchenwald griff das NKVD auf vorhandene Baulichkeiten zurück. Genutzt wurden das eigentliche Häftlingslager, jedoch nicht die fensterlosen Pferdestallbaracken im Bereich des ehemaligen Kleinen Lagers. Für die Unterbringung standen somit 15 zweigeschossige Steinbaracken und ca. 40 Holzbaracken zur Verfügung. Den einzigen baulichen Zuwachs im Häftlingslager, sieht man von zusätzlichen Zäunen ab, bildete die kurz nach der Wiederinbetriebnahme des Lagers gebaute Bäckerei. Einige Baracken wurden umgenutzt, z. B. durch die Einrichtung des sog. Isolators.[7] Keine Weiterverwendung erfuhr das Krematorium; es wurde stillgelegt. Von den Einrichtungen, die unmittelbar von der SS genutzt worden waren, fand nur der kleinere Teil für die Unterbringung und Versorgung des Lagerpersonals und der Wacheinheit Verwendung. An Neubauten kamen der vor dem Lagertor gelegene Klub für das Lagerpersonal und eine Baracke für den

---

2 Zeitgenössischer, aber historisch unzutreffender Begriff für örtliche Vernehmungs- und Zwischenhaftstätten des NKVD/MVD.
3 Vgl. GARF, f. 9409, op. 1, d. 135, l. 35.
4 Matuskov war zuvor stellvertretender Leiter des Speziallagers Nr. 6 in Frankfurt/Oder gewesen.
5 Vgl. GARF, f. 9409, op. 1, d. 133, l. 23.
6 Später wurde die Kapazitätsangabe wieder auf 15.000 Personen "zurückgefahren".
7 Für die Speziallager waren zwei "Regimearten" vorgesehen. Das verschärfte Haftregime wurde im sogenannten Isolator vollzogen.

Stab hinzu. Nicht mehr zum Lagerareal gehörten die außerhalb des "Stacheldrahtbereiches" gelegenen Wirtschaftseinrichtungen, d. h. der Steinbruch und vor allem die Gustloff-Werke II, deren vom Bombenangriff 1944 verschonte Teile gesprengt wurden.

3. Die Belegung

Zunächst trafen in Buchenwald ausschließlich Gefangenentransporte aus Thüringen ein. Etwa 7.000 Thüringer bzw. zu dieser Zeit in Thüringen Ansässige kamen direkt aus den "GPU-Kellern" bzw. Gefängnissen in das Lager.[8] In nennenswerter Anzahl gab es solche Einweisungen bis Sommer 1946, wobei der größte Teil (5.836 Personen) 1945 erfolgte.

Den größten Teil der Verhaftungen nahmen die Operativen Gruppen des NKVD vor. Die SMERŠ wies lediglich etwa jeden sechsten Lagerinsassen ein. Auffällig sind die starken regionalen Unterschiede bezüglich der Verhaftungsziffern.[9] Während zum Beispiel Jena als ein geistiges und technologisches Zentrum Thüringens eine überdurchschnittliche Quote aufwies, blieben vorwiegend von einfachen industriellen Strukturen bestimmte Regionen, etwa Gera, deutlich darunter. In Jena wurden, berechnet auf die jeweilige Wohnbevölkerung, mehr als zweieinhalbmal so viel Personen verhaftet wie in Gera. Das sich hier andeutende Prinzip kann jedoch keine Durchgängigkeit beanspruchen. Die meisten Verhaftungen, auch absolut, erfolgten im Kreis Arnstadt. Das läßt sich mit strukturellen Faktoren nicht erklären, da Arnstadt in Thüringen keine exponierte Position einnahm. Infolge fehlender unzweideutiger Verhaftungskriterien waren dem "Diensteifer" der jeweiligen Operativen Gruppen jedoch kaum Schranken gesetzt. Des weiteren spielten die Aktivitäten deutscher Zuträger eine unheilvolle Rolle, wofür es z. B. in bezug auf den Raum Arnstadt konkrete Hinweise gibt.

Während das Speziallager Buchenwald 1945 praktisch regionale Bedeutung besaß, änderte sich das ab Januar 1946. Mehr als drei Viertel der in das Speziallager Nr. 2 eingewiesenen Menschen gelangten aus anderen Speziallagern und damit anderen Regionen nach Buchenwald.

---

8   Diese und die folgenden Zahlen entstammen den NKVD/MVD-Akten (vgl. Ritscher 1995, S. 192 ff.). Die Aufstellung, die in ihrer ergänzten Fassung über 99 % der Zu- und Abgänge belegt, hat sich in mehreren Prüfverfahren im ganzen als stimmig erwiesen. Das schließt Fehler und Manipulationen im Detail nicht aus.
9   Den Berechnungen liegt eine Statistik von Georg Wamhof zugrunde, die dieser im Auftrage des Verfassers während eines Praktikums zusammenstellte.

Speziallager Nr. 2 Buchenwald

Transporte[10] 1946/47

Zeitraum	Herkunftsort	Transportstärke
Januar 1946	Landsberg	5.671 Menschen
Dezember 1946	Torgau	5.090 Menschen
März 1947	Brest-Litovsk[11]	240 Menschen
April 1947	Jamlitz	4.000 Menschen
September 1948	Fünfeichen	2.606 Menschen
September 1948	Mühlberg	3.603 Menschen

Mit Ausnahme des Sonderfalles Brest-Litowsk, quantitativ von geringer Bedeutung, standen die Transporte in direktem Zusammenhang mit der Auflösung der jeweiligen Speziallager. Da über diese fünf Speziallager frühere Insassen weiterer Lager wie Ketschendorf oder Weesow auf den Ettersberg gelangten, konzentrierte sich in Buchenwald das "Spezkontingent"[12], zumal von hier keine vergleichbaren Transporte in andere Speziallager abgingen.[13] Dagegen befanden sich im Lager keine von den Militärgerichten der Besatzungsmacht abgeurteilten Personen.[14] Das unterscheidet Buchenwald wesentlich von Bautzen und Sachsenhausen, wo die SMT-Verurteilten besonders nach den Entlassungen von 1948 deutlich dominierten.

Das Eintreffen großer Transporte bewirkte in Verbindung mit dem Massensterben erhebliche Schwankungen in den Belegungszahlen. Unter Vernachlässigung der Jahre 1945 und 1950[15] ergeben sich folgende Jahresdurchschnitte[16]: 1946: 10.310; 1947: 14.799; 1948: 11.862 und 1949: 10.077. Daraus resultiert eine durchschnittliche Gesamtbelegung von fast 12.000 Personen. Als Höchstziffer weist die Statistik im März 1947 16.371 Insassen aus. Die Gesamtzahl der Lagerinsassen wird in einem Bericht anläßlich der Auflösung des Lagers Buchenwald mit 28.455 angegeben.[17]

---

10 Berücksichtigt werden Transporte mit mehr als hundert Personen. Mehrere Einzeltransporte aus aufgelösten Lagern erscheinen als Einheit.

11 Es handelte sich dabei um den Rücktransport von Speziallagerinsassen, die zum Arbeitseinsatz in die UdSSR geschickt werden sollten, sich aber bei einer nochmaligen Untersuchung in Brest als gesundheitlich untauglich erwiesen.

12 Personen, die ohne Militärgerichtsurteil inhaftiert worden waren.

13 Der Abtransport von 1.086 Lagerinsassen in die UdSSR, auf den noch einzugehen sein wird, gehört in einen anderen Zusammenhang.

14 Einige Lagerinsassen, weniger als ein Prozent, wurden zwar von sowjetischen Militärtribunalen (SMT) verurteilt, nach der Verurteilung aber nicht nach Buchenwald zurückgeschickt. Die Verurteilungen bezogen sich hauptsächlich auf Anschuldigungen wie Mißhandlung bzw. Tötung von Fremdarbeitern, den Einsatz in der UdSSR (Sonderführer) und Spionagetätigkeit. In Einzelfällen wurden Lagervergehen (z. B. Diebstähle) mit drakonischen Strafen belegt. Es wurden auch Todesstrafen ausgesprochen. Über das weitere Schicksal dieser Personen geben die bislang zugänglichen Akten keine Auskunft.

15 Für diese beiden Jahre, d. h. die Einrichtungs- und Endphase, lassen sich keine aussagefähigen Durchschnittswerte angeben.

16 Die Berechnung erfolgt auf der Grundlage der halbmonatlichen Stärkemeldungen.

17 Vgl. GARF, f. 9409, op. 1, d. 482, l. 147.

Der Verbleib der im Speziallager Nr. 2 inhaftierten Personen läßt sich für mehr als 97 % der Lagerinsassen ermitteln:

Verbleib	Anzahl[18]
Verstorben	7.113
Entlassen	ca. 16.500
Deutschen Behörden überstellt (Waldheim)	2.415
In die UdSSR deportiert	ca. 1.500
Militärgerichten übergeben[19]	125
Geflohen	11

Für weitere Überstellungen von Einzelpersonen oder kleinen Gruppen finden sich in den Akten Nachweise, doch bleibt der eigentliche Zweck der Überstellung offen.[20] So konnte eine Übergabe an den Operativen Sektor Thüringen beispielsweise bedeuten, daß der oder die Betreffende zu einer Vernehmung geholt, vor ein Militärgericht gestellt oder (in seltenen Fällen) entlassen wurde. Auch die Überstellungen in die UdSSR sind zumeist nicht direkt, sondern in Verbindung mit weiteren Quellen nachweisbar.

Buchenwald war ein Internierungslager in dem Sinne, daß der Einweisung der Gefangenen eine administrative Entscheidung und kein Gerichtsurteil zugrunde lag.[21] Die spezifische Struktur der Internierten kennzeichnet eine zeitgenössische Darstellung:

> Als 'Internierte' werden Häftlinge bezeichnet, die von den Sowjets in der Zeit vom Kriegsende 1945 bis zum Anfang 1946 verhaftet und in Konzentrationslager gebracht wurden, weil sie Angehörige der nationalsozialistischen Organisationen waren oder aber, gleichgültig ob Parteigenosse oder nicht, ob in leitender oder untergeordneter Funktion, als Angestellter oder Beamter bei staatlichen, kommunalen oder polizeilichen Behörden Dienst getan hatten. Darüber hinaus wurden Personen wegen illegalen Grenzübertritts oder anderer geringfügiger ähnlicher Vergehen verhaftet und in Lager gebracht. Bis zum heutigen Tage hatten diese Internierten keine Gerichtsverhandlung, außerdem war es ihnen untersagt, an ihre Angehörigen zu schreiben oder Briefe von diesen zu empfangen.[22]

Der Internierung von Personen in einem Speziallager der sowjetischen Besatzungsmacht lag also in der Regel kein konkreter Tatvorwurf, sondern die Ausübung bestimmter Funktionen oder Tätigkeiten zugrunde.[23] In einer Reihe von Fällen reichte der Verdacht (z. B. Zugehörigkeit zu Werwolf-Organisationen) aus.

Die Analyse des Verhaftungszeitraums der Insassen von Buchenwald, nicht identisch mit der Zeit der Einlieferung, und der Altersstruktur bekräftigen diese Wertung:[24] Bei den in Buchenwald internierten Personen handelte es sich ganz überwiegend um Zivilpersonen.

---

18 Vgl. ebenda.
19 Nicht berücksichtigt werden Urteile, die in der UdSSR ausgesprochen wurden und jene 264 Personen, die bei der Lagerauflösung den sowjetischen Behörden überstellt worden sind.
20 Unter Berücksichtigung dieser Überstellungen läßt sich der Verbleib von über 99 % der Lagerinsassen nachweisen.
21 Grundsätzlich ist der Begriff Internierungslager ungeeignet, die Lagerrealität zu erfassen. Vgl. Ritscher 1995, S. 32 ff.
22 Sowjetische Konzentrations-Lager o. J., S. 7.
23 Nicht selten wurden in den Verhören falsche Angaben gewaltsam erpreßt oder bei willkürlichen Verhaftungen Gründe "nachgeschoben".
24 Die Berechnungen erfolgen auf der Grundlage des sog. Lagerjournals. Das Journal ist nicht vollständig, bietet aber mit über 26.000 Eintragungen die Möglichkeit zuverlässiger Berechnungen, da keine das Gesamtbild verzerrenden Auslassungen erkennbar sind.

Speziallager Nr. 2 Buchenwald

Angehörige der Wehrmacht und anderer militärisch strukturierter Organisationen gelangten nur ausnahmsweise nach Buchenwald. Wenn doch, wurden sie zumeist in andere Lager überstellt oder entlassen. Selbst Angehörige der Waffen-SS, die in den westalliierten Lagern einen erheblichen Prozentsatz der Internierten ausmachten, stellten nur eine relativ kleine Gruppe.[25]

Der Verhaftungszeitraum[26]

Zeitraum	Personen (absolut)	Personen (%)
1945	21.503	83,94
Januar–März	275	1,07
April–Juni	6.292	24,56
Juli–September	10.584	41,32
Oktober–Dezember	4.352	16,99
1946	3.954	15,43
Januar–März	1.689	6,59
April–Juni	1.200	4,69
Juli–September	813	3,17
Oktober–Dezember	252	0,98
1947	107	0,42
1948	34	0,13
1949	17	0,07
1950	1	0,01
Gesamt	**25.616**	**100,00**

Die Altersstruktur

Jahrgang	Männer		Frauen		Gesamt	
	Zahl	%	Zahl	%	Zahl	%
1867–1875	24	0,09	0	0,00	24	0,09
1876–1885	1.025	4,07	4	0,46	1.029	3,95
1886–1895	8.887	35,27	129	14,83	9.016	34,59
1896–1905	10.020	39,76	252	28,96	10.272	39,40
1906–1915	3.164	12,56	184	21,15	3.348	12,84
1916–1925	735	2,92	250	28,74	985	3,78
1926–1932	1.343	5,33	51	5,86	1.394	5,35
Gesamt	**25.198**	**100,00**	**870**	**100,00**	**26.068**	**100,00**

Männer, die zum Zeitpunkt ihrer Verhaftung das vierzigste Lebensjahr überschritten hatten, machten fast 80 % der Inhaftierten aus. Dagegen war die Alterstruktur der weiblichen Lagerinsassen wesentlich gleichmäßiger.

Die Frage, welche Haftmotive tatsächlich dominierten bzw. in welchem Umfange Beschuldigungen zutrafen, läßt sich nur näherungsweise klären. Ehemalige Insassen verweisen immer wieder auf gewaltsam erpreßte Geständnisse, fehlende Kenntnisse der Vernehmer hinsichtlich der Strukturen und Verantwortungshierarchien des Dritten Reiches, böswillige Denunziationen, sprachlich bedingte Mißverständnisse, Erfolgsdruck der "Operativen Organe", willkürliche Verhaftungen "von der Straße weg" u.a.m. Die einschlägigen

---
25 Vgl. Lutz Niethammers Beitrag in diesem Band.
26 Vorläufige Statistik auf der Basis von 26.423 Datensätzen des Lagerjournals. Die nicht berücksichtigten Datensätze erhalten keine eindeutigen Angaben zum Verhaftungszeitraum.

NKVD/MVD-Statistiken lassen sich deshalb nur mit äußerster Zurückhaltung verwenden.[27] Sie spiegeln jedoch Elemente der internen Sicht und werden besonders dort relevant, wo sie in sich vergleichbar sind.

Bis zum Sommer 1948 änderte sich in Buchenwald die Grundstruktur der Beschuldigungen kaum. Zwar differenzierte sich die Statistik, aber das Gesamtbild blieb im wesentlichen konstant. Die verbreitete Annahme, daß das Lager durch neu eingelieferte Gegner der Vereinigung von KPD und SED oder sonstiger Opponenten der Sowjetisierungspolitik seinen Charakter immer mehr verändert hätte, ist unzutreffend.

Im April 1947, zu diesem Zeitpunkt waren alle wichtigen Zugänge vor der Entlassungsaktion 1948 erfolgt, vermittelte die sowjetische Lagerstatistik folgendes Bild (aufgeführt sind die zwölf wichtigsten Haftgründe):

Haftgrund	Prozent
Blockleiter	28,16
Zellenleiter	22,48
Ortsgruppenleiter	10,49
Polizeiangehörige	5,01
Terroristen – Diversanten	4,29
Gestapo (Mitarbeiter + Agenten)	4,03
SA-Angehörige	3,18
Mißhandlung von Fremdarbeitern bzw. Sowjetbürgern	3,12
Volkssturmangehörige	1,99
Angehörige der Gendarmerie	1,79
Agenten der deutschen Aufklärung	1,79
SD (Mitarbeiter + Agenten)	1,56
Anteil an der Gesamtzahl	**87,89**

Die Mehrheit der Lagerinsassen wurde somit beschuldigt, sich in unteren Funktionsebenen aktiv für die NSDAP betätigt zu haben. Eine Befragung ehemaliger Lagerinsassen ergibt signifikant niedrigere Werte, aber kein konträres Bild. Offen bleibt selbst bei tatsächlicher Zugehörigkeit zu dem benannten Personenkreis, weswegen bestimmte NS-Funktionäre in Haft genommen wurden, andere gleich- oder höherrangige Amtsinhaber dagegen nicht, und wieso z. B. die einen Blockleiter in Lager verbracht wurden und mindestens bis Mitte 1948 in ihnen verbleiben mußten, während an die Adresse anderer spätestens seit 1946 politische und soziale Integrationsangebote gerichtet wurden.

Wesentliche Veränderungen erfuhr die Lagerstruktur in Buchenwald im Sommer 1948. Sie ergaben sich nicht durch Neueinweisungen, sondern aus den Entlassungen. Während die ehemaligen Block- und Zellenleiter der NSDAP im April 1947 statistisch mehr als die

---

27 Dem möglichen Eindruck, daß es sich bei diesen Argumenten lediglich um Einzelfälle oder Schutzbehauptungen handeln könnte, stehen z. B. interne Einschätzungen aus den sog. Waldheimer Prozessen entgegen. (Bei den in Waldheim Verurteilten handelte es sich zu ca. 70 % um ehemalige Insassen von Buchenwald.) Obwohl die Prozesse von "handverlesenen" SED-Richtern und -Staatsanwälten geführt wurden, erwies es sich als das größte politische Problem, die Zweifel an der Glaubwürdigkeit der sowjetischen Protokolle, d. h. der erhobenen Anschuldigungen, auszuräumen. Die Protokolle mußten faktisch für sakrosankt erklärt werden, um die Prozesse überhaupt führen zu können. Vor diesem Hintergrund kann es kaum verwundern, daß das sowjetischerseits im Frühjahr 1948 gegebene Versprechen, die "schweren" (also nicht der Entlassung unterliegenden) Fälle in öffentlichen Verfahren abzuurteilen, nicht einmal dem Anschein nach eingelöst wurde.

Hälfte der Lagerinsassen gestellt hatten, wurden sie jetzt zu einer beinahe marginalen Gruppe. Die Spitzenposition nahmen in Buchenwald nunmehr ehemalige Angehörige des Polizei- und Justizapparates ein (ca. 21 %). Neben den in der nachfolgenden Tabelle ausgewiesenen Beschuldigungen gewannen solche Verhaftungsgründe wie "antisowjetische Propaganda", "Spionage für den Westen", "Redakteur", "bürgerliches Element", Mitarbeiter von Verwaltungsorganen usw. an Gewicht. Somit signalisiert die Statistik eine Doppeltendenz: Einerseits verblieben im Lager Personen mit einer (jedenfalls aktenmäßig) stärkeren NS-Belastung, andererseits Personen, deren Haft mit ihrer sozialen Position bzw. einer tatsächlich oder vermeintlich negativen Position zur sowjetischen Politik und nichts oder nicht primär mit der Stellung im Nationalsozialismus zu tun hatte. Diese Doppeltendenz erfaßt allerdings nur einen Teil der Lagerrealität.

September 1948[28]

Haftgrund	Prozent
Polizeiangehörige	14,90
Terroristen – Diversanten	11,87
Gestapo (Mitarbeiter + Agenten)	8,97
Tätigkeit in Gefängnissen, KZ und anderen Lagern	7,66
Ortsgruppenleiter	5,94
Abwehr (Mitarbeiter + Agenten)	5,01
Angehörige der Gendarmerie	4,52
Mißhandlung von Fremdarbeitern bzw. Sowjetbürgern	3,14
Blockleiter	2,69
SD (Mitarbeiter + Agenten)	2,50
Propagandaleiter	2,49
Sonderführer	2,39
Anteil an Gesamtzahl	72,08

Der amtlich vermittelte Eindruck, Lagerinsassen seien in Abhängigkeit von ihrer NS-Belastung entlassen worden, relativiert sich bei näherer Betrachtung stark. Die Anwendung von Kriterien, die hauptsächlich auf die Zugehörigkeit zu einer bestimmten Gruppe abzielten, erhöhte den Grad an Willkür, dem die Lagerinsassen unterworfen waren. Das gilt innerhalb der Haftkategorien, etwa der Blockleiter oder der unter die Terroristen/Diversanten subsumierten angeblichen "Werwölfe", aber besonders zwischen den verschiedenen Gruppen. Der Umstand, daß z. B. im Regelfall Blockleiter zur Entlassung gelangten, wogegen fast alle Polizeiangehörigen im Lager verblieben, verweist nicht auf individuelle Differenzierung. Eine wie auch immer geartete justitielle oder zumindest administrative Prüfung der Rechtmäßigkeit der Vorwürfe gegen die Lagerinsassen fand nicht statt. Die hinter dem Lagerzaun zurückbleibenden Gefangenen hatten sich die Antwort selbst zu suchen, wieso ihr Name auf keiner der Entlassungslisten auftauchte.

Im Speziallager Nr. 2 waren durchgängig auch *Frauen* inhaftiert. Die ersten weiblichen Gefangenen trafen Anfang September 1945 auf dem Ettersberg ein.[29] Nach einer Interimslösung brachte man sie in der zweigeschossigen Steinbaracke 15 unter. Diese hatte der SS als Labor für die Herstellung von Fleckfieberserum gedient (Block 50). Das war insofern von Vorteil, da die Räume wesentlich kleiner waren als die der anderen Baracken, fernbeheizt

---

28 Es handelt sich um die Zeit nach den Überstellungen aus Mühlberg und Fünfeichen. Danach kamen nur noch unbedeutende Zugänge ins Lager. Infolge der zunehmenden statistischen Differenzierung seit 1948 erfassen die zwölf wichtigsten Kategorien einen kleineren Teil der Lagerinsassen.
29 Vgl. auch Lenzer 1994.

wurden und zeitweise warmes Wasser aus der Leitung floß. Später wurde der Frauenbereich um den Block 14 erweitert, nach den Zugängen im Jahre 1948 zusätzlich um den Block 13. Somit bestand faktisch ein Frauenlager im Lager.

Die Größenordnung der weiblichen Insassen blieb nicht konstant. Da relativ wenige Frauen starben, ist zudem der Unterschied zwischen dem Frauenanteil an der Lagerbelegung zu einem gegebenen Zeitpunkt und dem Gesamtanteil zu berücksichtigen. Eine Gesamtziffer der weiblichen Internierten fehlt bisher. Es ist jedoch möglich, sie ziemlich genau auf 1.000 Frauen[30] zu bestimmen, was ca. 3,5 % aller Insassen entspricht. In der Lagerstatistik taucht die Kategorie Frauen erstmals im April 1946 auf. Zuvor gab es lediglich indirekte Hinweise, z. B. die Haftkategorie "Angehörige der Frauenschaft". Zu diesem Zeitpunkt weist die Statistik 297 Frauen aus, d. h. 2,8 %. Ein vorläufiger Höhepunkt wurde im Mai 1947 erreicht, parallel zur allgemeinen Entwicklung. In Buchenwald befanden sich jetzt 477 Frauen. Eine deutliche Erhöhung des Frauenanteils trat nach den Entlassungen von 1948 ein. Zwar lag die Entlassungsquote der Frauen in Buchenwald über der der Männer[31], aber durch die Neuzugänge befanden sich von September 1948 bis zur Auflösung mindestens 620 Frauen gleichzeitig im Lager. Die Höchstwerte wurden im Januar 1949 mit 631 Frauen und im Januar 1950 mit 6,4 % erreicht.

Obwohl keine Sonderbestimmungen für Frauen überliefert sind, unterschied sich ihre Lage deutlich von der Situation der Männer. Das betraf zunächst die besseren und intensiveren Beziehungen der Frauen untereinander. Zudem besaß ein wesentlich größerer Prozentsatz der weiblichen Insassen Arbeitsmöglichkeiten, war also nicht der zermürbenden Untätigkeit ausgesetzt. Sie hatten u. a. Küchenarbeiten auszuführen, zu nähen und Unterkünfte der Bewacher zu säubern. Hinzu kam zumindest zeitweise der Bereich der Krankenpflege.

In einigen Fällen lieferte die Besatzungsmacht schwangere Frauen bzw. Frauen mit Kleinstkindern ein. Letztere galten nicht als Lagerinsassen und fielen somit aus den entsprechenden Statistiken heraus. Bisher lassen sich zehn konkrete Fälle belegen.

Aus den Berichten der Frauen, die in den "GPU-Kellern" zum Teil schreckliche Erfahrungen machten, geht hervor, daß es in Buchenwald kaum zu Mißhandlungen kam. Sexuelle Übergriffe unterblieben weitgehend. Wenn jemand aus den Reihen der Bewacher dabei ertappt wurde, mit einer Frau ein "Verhältnis" eingegangen zu sein, mußte er mit strenger Bestrafung rechnen.

Die vergleichsweise niedrige Frauensterblichkeit in Buchenwald ist auffällig, aber auch für andere Speziallager belegbar.[32] Für die geringe Sterblichkeitsrate lassen sich komplexe Ursachen, nicht zuletzt psychischer Art, benennen. Den Ausschlag dürfte das ernährungsphysiologische Faktum gegeben haben, daß der Energiebedarf von Frauen im Durchschnitt unter dem von Männern liegt. Erlebnisberichte enthalten die Aussage, daß in Buchenwald von 1945 bis 1950 lediglich drei Frauen verstorben seien. Diese Zahl ist zu niedrig gegriffen. Realistisch ist eine Sterblichkeitsquote von ein bis zwei Prozent. Das darf nicht darüber hinwegtäuschen, daß der Lageraufenthalt gerade für sehr viele Frauen nachhaltige gesundheitliche, nicht zuletzt psychische Schädigungen bewirkte.

---

30 Die Toleranzbreite liegt etwa bei zwei Prozent. Allerdings weist das übersetzte Lagerjournal Unschärfen in bezug auf die Geschlechtszuordnung auf, die sich aber durch Heranziehen anderer Dokumente weitgehend bereinigen lassen.
31 145 Frauen wurden nicht entlassen.
32 Vgl. u.a. den Beitrag über Fünfeichen.

Im Unterschied zu den Frauen waren die *Jugendlichen* nicht separat untergebracht, sondern auf die Männer- bzw. Frauenunterkünfte verteilt. Da sie in der Lagerstatistik nicht gesondert ausgewiesen wurden und keine speziellen Vorschriften zur Behandlung Jugendlicher existierten, leitet sich die Gruppenspezifik allein aus dem Alter ab. Die Zuordnung zur Gruppe der Jugendlichen besitzt somit einen erheblichen Ermessensspielraum. Hier wird ein weitgefaßter Jugendbegriff zugrunde gelegt, der sich an den zeitgenössischen Diskussionen in der SBZ über eine Jugendamnestie orientiert. Danach wurden alle Angehörigen der Jahrgänge 1919 und folgende als Jugendliche gezählt, also jener Kreis, der 1933 maximal 14 Jahre alt war. Im Lagerjournal machen diese Jahrgänge 8,2 % der Gesamtinsassen aus.[33] Das bedeutet, daß etwa 2.300 Jugendliche im Alter bis zu 26 Jahren das Speziallager Nr. 2 durchliefen. Über 60 % davon waren 1945 jünger als 19 Jahre gewesen (der jüngste belegbare Jahrgang ist 1932). Die Jahrgänge 1928 und 1929, noch nicht zur Wehrmacht einberufen, stellten allein mehr als vierzig Prozent aller Jugendlichen.

Gründe, als Jugendlicher in eines der sowjetischen Lager eingewiesen zu werden, gab es viele. Das gilt für Jungen bzw. junge Männer, für junge Frauen wie Mädchen gleichermaßen. Unter den Haftgründen ragen drei besonders häufig genannte heraus:
– Werwolfverdacht;
– Funktionen in den verschiedenen Jugendorganisationen des Dritten Reiches (Jungvolk, HJ, BDM usw.);
– vermeintlicher oder tatsächlicher unerlaubter Waffenbesitz.

Es gehört zu den besonders schlimmen Kapiteln der sowjetischen Lagerpraxis, daß als Minderjährige verhaftete Jugendliche zum Teil bis 1950 und in Einzelfällen darüber hinaus in Haft blieben, obwohl sie auch nach Ansicht der "Sicherheitsorgane" z. B. an keinen praktischen Werwolf-Aktivitäten beteiligt gewesen waren.

Das Zusammenleben der verschiedenen Generationen im Lager gestaltete sich unterschiedlich und wird auch im nachhinein unterschiedlich reflektiert. Während zum einen (besonders von weiblichen Betroffenen) das gute Verhältnis von älteren und jüngeren Lagerinsassen herausgestrichen wird, verweisen andere auf Konflikte.

> Es gibt aber auch Gegensätze, die aus der Tatsache verschiedener Erlebnisbereiche der Generationen zu erklären sind: 'Moderne Antifaschisten' äußern ihren Groll gegen die Hitlerjungen, die bis zuletzt kämpften. Die Antwort lautet meist: Wenn ihr Hitler nicht gewählt hättet, wäre nie ein Zusammenbruch gekommen.[34]

Der Aufenthalt von *Ausländern*[35] im Speziallager Buchenwald[36] wird in Veröffentlichungen und Berichten zumeist nicht thematisiert, allenfalls als Faktum vermerkt. Das dürfte vor allem drei Gründe haben:

---

33 Der relativ niedrige Anteil von Jugendlichen wurde unter Verweis auf aktuelle Befragungen bzw. Zeitzeugenaussagen in Zweifel gezogen. Jedoch ergab eine Befragung ehemaliger politischer Häftlinge von K. W. Fricke im Jahre 1960 ähnliche Werte. Danach waren lediglich 7,2 % der befragten Internierten und 2,7 % der Waldheim-Verurteilten (diese Gruppen sind im Journal zusammengefaßt) bei ihrer Verhaftung jünger als 26 Jahre. Eine auf Buchenwald beschränkte Befragung ehemaliger Lagerinsassen, die 35 Jahre später erfolgte, erbrachte, daß 77 % der Befragten zu den Jahrgängen 1919– 1932 gehörten, dagegen bezogen sich ganze 2,8 % der von Angehörigen ausgefüllten Bögen auf diese Altersgruppe.
34 BwA, Bericht Ernst Zander, 1952, S-B-169, Bl. 42.
35 Der Begriff Ausländer wird hier für jene Personen angewendet, die in der sowjetischen Lagerstatistik nicht als Deutsche (im Sinne der deutschen Staatsangehörigkeit) geführt wurden.
36 Die statistischen Angaben über Ausländer stützen sich auf Untersuchungen von Natalja Jeske.

- Die Anzahl der Ausländer an der Gesamtzahl der Lagerinsassen betrug nur etwa ein halbes Prozent. Insgesamt lassen sich derzeit bis zu 156 Ausländer nachweisen.[37] Da der Aufenthalt von sowjetischen Staatsbürgern (einschließlich der sog. Rußlanddeutschen) vor allem in den Jahren 1945/1946 oft nur wenige Wochen und Monate betrug und vierzig Ausländer erst im Zusammenhang mit der Auflösung der Lager Fünfeichen und Mühlberg in das Lager gelangten, wiesen die Stärkemeldungen zeitweise einen Ausländeranteil unter 0,1 % aus.
- Nicht alle Ausländer bzw. jene, die als solche geführt wurden, wurden von den Lagerinsassen als solche angesehen.[38] Das gilt beispielsweise für "Rußlanddeutsche" und andere "Volksdeutsche", aber auch für sog. Doppelstaatler oder Emigranten, die bereits längere Zeit in Deutschland lebten.
- Die Ausländer wurden im Lager nicht als eigenständige Gruppe behandelt, etwa in einer Unterkunft zusammengefaßt. Das verstärkte den Druck, sich so weit als möglich in die deutsche Lagergesellschaft zu integrieren.

Der Einweisung von Ausländern nach Buchenwald lag zumeist der Vorwurf bzw. Verdacht der Kollaboration mit "den Deutschen" zugrunde. Solche Beschuldigungen wurden massenhaft erhoben, häufig reichte der Umstand, in deutsche Kriegsgefangenschaft geraten oder Fremdarbeiter in Deutschland gewesen zu sein. In einer Reihe von Fällen wurde aber auch Spionage für den britischen und amerikanischen Geheimdienst und ähnliche Handlungen unterstellt.

Die Mehrheit der als Ausländer geführten Lagerinsassen[39] galt (zumindest im Verständnis des NKVD/MVD) als Staatsbürger der UdSSR. Insgesamt waren das 81 Personen, darunter 44 Rußlanddeutsche und 27 Russen. Sie wurden zum übergroßen Teil bereits 1945/1946 in die UdSSR abtransportiert.

Neben sowjetischen Staatsbürgern gab es kleinere Gruppen oder Einzelpersonen anderer Nationalität, insbesondere:

Polen:	23
Belgier:	7
Franzosen:	7
Niederländer:	5

Die Sterberate unter den Ausländern war relativ gering – gegenwärtig sind nur zwei Fälle aktenkundig. Neben der häufig kurzen Aufenthaltszeit dürfte für die niedrige Sterblichkeit ursächlich gewesen sein, daß der Altersdurchschnitt der ausländischen Insassen deutlich unter dem der deutschen gelegen hat.

---

37 Möglicherweise ist der Ausländeranteil etwas geringer. Jeske geht von einer Grauzone aus, in der keine eindeutigen Zuordnungen erfolgen können. Sie hält die Zuordnung bei 26 Personen für ungesichert, zumeist infolge widersprüchlicher Aktenangaben.
Die sowjetische Lagerregistratur war offenbar mit den nationalen Zuordnungen überfordert, besonders bei Differenzen zwischen nationaler Herkunft und Staatsbürgerschaft.
38 Die in der NS-Zeit gebräuchliche Unterscheidung zwischen sog. Reichs- und Volksdeutschen trug dazu bei, Unterschiede zu verwischen.
39 Es sind in Einzelfällen auch nationale "Umdefinitionen" vorgekommen.

Die ersten Entlassungen von Ausländern erfolgten 1950.[40] Soweit die bis 1950 im Lager verbliebenen Ausländer nicht entlassen wurden, überstellte man sie in die UdSSR bzw. in drei Fällen nach Waldheim.

4. Das Lagerregime

Das Speziallager Nr. 2 wurde ausschließlich von sowjetischem Personal geleitet und gesichert. Zu unterscheiden ist zwischen dem eigentlichen Lagerpersonal und der dem Lager zugeordneten Wacheinheit. Das Verhältnis zwischen beiden gestaltete sich keineswegs spannungsfrei, wie eine Reihe von Beschwerden beweist. Insbesondere bei besonderen Vorkommnissen wies man sich gegenseitig die Schuld zu.

Die Struktur der sowjetischen Lagerverwaltung in Buchenwald blieb in ihren Grundzügen konstant. Sie wurde durch für alle Speziallager verbindliche Stellenpläne vorgegeben. Dem Leiter des Lagers (Načalnik) bzw. seinem Stellvertreter und dem Politstellvertreter[41] als der engeren Leitung unterstanden seit August 1948 ein Sekretariat, die Leiter der Operativen Gruppe, der Registraturgruppe, der Wirtschaftsgruppe, der Finanzgruppe, der Sanitätsgruppe und der Gruppe Schutz und Ordnung, zu der jetzt auch der Kommandant des Lagers[42] gehörte, mit entsprechendem Personal.[43]

Gemessen an der Zahl der Lagerinsassen handelte es sich um relativ wenige Personen, die zum Betrieb bzw. zur Bewachung des Lagers abgestellt worden waren. Gemäß Stellenplan umfaßte die eigentliche Lagerverwaltung im Januar 1946 113 und im August 1948 242 Personen. Praktisch blieben jedoch zahlreiche Stellen unbesetzt. Für Buchenwald kann das am Beispiel der Gruppe Schutz und Ordnung verdeutlicht werden. Die Gruppe bzw. ihr Vorläufer machte den mit Abstand größten Posten im Stellenplan aus, so im August 1948 177 Mann. Faktisch erhöhte sich die Stärke der Gruppe von 1947 bis 1950 von 40 (darunter ein Offizier) auf 119 Personen (darunter drei Offiziere).

Die meisten Insassen von Buchenwald kamen mit dem sowjetischen Lagerpersonal kaum in Berührung. In vielen Berichten lassen sich deshalb nur wenig konkrete Hinweise auf das Verhalten einzelner Vertreter des Lagerpersonals finden. Ausnahmen bilden der Načalnik Major Andreev, dessen Tätigkeit unterschiedlich bewertet wird, die Leiter und einzelne Mitarbeiter der Operativen Gruppe mit durchgängigen Negativurteilen, der gefürchtete Lagerkommandant Antonov, einige, zumeist als "menschlich" beschriebene Lagerärzte (besonders der Hauptmann des med. Dienstes A. M. Karaev) und die Zonensergeanten. In den anderen Fällen beschränkten sich Kontakte fast ausnahmslos auf Häftlinge, die spezielle Aufgaben im Lager zu erfüllen hatten (z. B. Melder).

---

40 Jeske erwähnt zwei Entlassungen vor 1950, wovon eine eher zweifelhaft erscheint. Die Entlassungen betrafen nur diejenigen, die auch aus sowjetischer Sicht als Ausländer galten.
41 Diese Stelle wurde in Buchenwald allerdings nicht besetzt.
42 Der Kommandant war für das "innere" Lagerpersonal, insbesondere die Zonenältesten, und damit für die Gewährleistung der Lagerordnung im engeren Sinne zuständig. In den ersten Jahren besaß er, zumindest in Buchenwald, nicht unerhebliche Kompetenzen. Später wurde er in die zunächst noch nicht existierende Gruppe Schutz und Ordnung eingegliedert.
43 Vgl. Anlage 1.

Wenn auch der Zusammenhang zwischen der "Auffälligkeit" von verantwortlichen Offizieren bzw. Unteroffizieren und ihrer jeweiligen Aufgabe im Lager evident ist, läßt sich die Wahrnehmung von Angehörigen der Lagerverwaltung nicht allein vom Amt ableiten. Obwohl Hauptmann Matuskov als Vorgänger von Major Andreev diese Funktion ca. 20 Monate ausübte, taucht seine Person in der Erinnerung der Internierten nicht auf. Anders ist das bei seinem Stellvertreter Hauptmann Pastušenko, der nicht selten für den Leiter des Lagers gehalten wurde. Bei Major Andreev kehrt sich das um: Einzelne Internierte erinnern sich sogar an Gespräche mit ihm, dagegen bleiben seine beiden Stellvertreter völlig im dunkeln.

Noch weniger ist über die Wacheinheiten bekannt, die das Lager von außen zu sichern hatten. Häftlingsberichte scheiden als Quelle weitgehend aus. Zwar werden Übergriffe beschrieben, etwa die Erschießung einer internierten Frau durch einen Posten, aber das waren eher seltene Vorgänge. Sie blieben für die Lagerinsassen anonym, da es zwischen ihnen und den äußeren Bewachern keine persönlichen Kontakte gab. Die zugänglichen russischen Akten enthalten kaum mehr als einige Zahlen. Die im Oktober 1945 für die äußere Sicherung zuständige NKVD-Einheit umfaßte lediglich 5 Offiziere, 19 Unteroffiziere und 48 Soldaten. Die Bewachung wurde allerdings in der Folgezeit deutlich verstärkt. Anfang 1949 war eine Schützenkompanie im Einsatz[44], zu der, zumindest etatmäßig, 12 Offiziere und 145 Mannschaftsdienstgrade zählten. Ab März 1949 wurde sie zum Schützenbataillon mit einer Sollstärke von 19 Offizieren und 218 Mannschaftsdienstgraden aufgestockt. Die Verstärkung der Wachtruppen ging einher mit dem permanenten Ausbau der technischen Sicherungsanlagen, besonders 1945/1947. Dazu gehörte die Errichtung eines gestaffelten Zaunsystems, das allein an der Außengrenze des Lagers vier Zäune (Bretterzaun, Stacheldrahtzaun, Signalzaun, Starkstromzaun) aufwies. In Verbindung mit inneren Zäunen, die die verschiedenen Lagerbereiche und schließlich sogar die einzelnen Unterkünfte umschlossen, und anderen Maßnahmen, insbesondere der Vergitterung der Fenster, war es schließlich unmöglich geworden, aus dem Speziallager Buchenwald zu entkommen. Während für 1945/1946 elf Fluchten vermeldet sind, die auch in dem Sinne Erfolg hatten, daß die Beteiligten einer erneuten Festnahme entgingen, gelang ab 1947 kein Fluchtversuch mehr. Zusätzlich wirkte sich aus, daß der überwiegenden Mehrheit der Lagerinsassen eine Flucht infolge ihrer physischen Verfassung unmöglich geworden war.

Die Diensträume wie auch die Unterkünfte des Lagerpersonals und der Wacheinheit befanden sich im Torgebäude, der ehemaligen Lagerkommandantur und einem Teil der ehemaligen SS-Kasernen. Die heute vorhandenen Gebäude außerhalb des sogenannten Stacheldrahtbereiches sind weitgehend identisch mit den Baulichkeiten, die in der Zeit des Speziallagers durch das sowjetische Personal genutzt worden sind. Eine Ausnahme bildet das neuerrichtete Klubgebäude vor dem Lagertor, das in den sechziger Jahren abgerissen wurde. Dagegen blieb die gleichfalls neu gebaute Baracke gegenüber dem früheren Kommandanturgebäude von diesem Schicksal verschont und erfuhr eine historische Umwertung als Sitz der ehemaligen Politischen Abteilung des Konzentrationslagers, d. h. als angebliche Gestapodienststelle.[45] Das geräumigste und massivste dieser Gebäude diente als Unterkunft für die Offiziere, die zum Teil ihre Familien bei sich hatten.

Der Betrieb und die Sicherung des Lagers mit bescheidenem Personal war möglich, weil ein erheblicher Teil der inneren Verwaltung des Lagers in den Händen der Lagerinsassen

---

44 Die Lager-Wachtruppen waren inzwischen dem Ministerium für Staatssicherheit zugeordnet worden.
45 Tatsächlich hatte sich die Politische Abteilung mehrere Meter dahinter befunden. Ob es sich um eine bewußte Falschaussage handelte, muß einstweilen offenbleiben.

lag. Dabei kann jedoch von einer Selbstverwaltung im Wortsinne keine Rede sein. Die Internierten bzw. die jeweiligen Lagerfunktionäre verwalteten nicht sich selbst, sondern allenfalls einzelne ihrer Belange. Als Beispiel kann der Bereich der medizinischen Versorgung dienen, wobei die Möglichkeiten bzw. die Qualität dieser Versorgung ein anderes Kapitel darstellen. Die kleine sowjetische Sanitätsgruppe hätte nicht einmal die minimale medizinische Versorgung realisieren können, die es im Lager trotz aller Beschränkungen gab. Sie beschränkte sich im wesentlichen auf Kontrollen. Die Krankenversorgung lag in den Händen von Häftlingsärzten und -pflegern.

An der Spitze dieses Systems stand ein "Stabschef der Inneren Verwaltung", zumeist jedoch Lagerältester genannt. In Buchenwald soll diese Funktion zunächst ein Dr. Lammla[46] ausgeübt haben. Ihm folgte Alexander Agafonov. Nach dem Abtransport Agafonovs Anfang 1946 gelangte G. Portefaj in dieses Amt. Major Andreev brachte sich seinen Lagerältesten mit – P. Kasimir, ein Balte. Kein Zufall dürfte gewesen sein, daß die Lagerältesten über gute russische Sprachkenntnisse verfügten bzw. Russisch als Muttersprache sprachen. Das ermöglichte eine direkte Kommunikation mit dem sowjetischen Lagerpersonal.

Dieses System setzte sich nach unten fort. Es gab Zonenälteste, Baracken- und Stubenälteste, dazu eine Reihe von Läufern oder Meldern, zumeist Jugendliche. Auch den verschiedenen Lagereinrichtungen standen Internierte vor, z. B. Dr. W. Albrecht dem Lazarett oder Ingenieur Bauer dem technischen Bereich.

Die Bewertung der Rolle dieser Funktionshäftlinge im ganzen wie auch im Einzelfall schwankt erheblich. Es ist kaum möglich, aus vorliegenden Äußerungen das Verhalten einzelner Lagerfunktionäre beurteilen zu wollen, da nicht selten ein und dieselbe Person völlig entgegengesetzte Einschätzungen erfährt. Wenig Gutes wird allerdings über die Leiter des Buchenwalder "Lagerschutzes" ausgesagt.

Soweit es sich bei den Funktionshäftlingen um Verantwortliche für bestimmte Unterkunftseinheiten handelte, bestand ihre Aufgabe vor allem in der Gewährleistung des Tagesablaufs. Sie waren darüber hinaus für die Einhaltung der zahlreichen Verbote der Lagerordnung zuständig. Ein Zeitzeuge beschrieb seine Erfahrungen wie folgt:

> Die 'innere' Lagerverwaltung lag in deutschen Händen. Der Lagerleiter bis zu den Barackenältesten waren Häftlinge. Zum Teil hatten sich Männer mit Hornhaut auf den Ellenbogen und nervenstarke Typen, aber auch einige wenige ehrliche Männer gefunden, Barackenälteste zu sein. Im Prinzip bestand ihre Aufgabe darin, für Ordnung und Sauberkeit in der Baracke zu sorgen, Meldungen zur Stabsbaracke zu bringen und früh und abends die Insassen ihrer Baracke vor derselben zum Appell antreten zu lassen und dem zählenden sowj[etischen] Bewacher Meldung zu machen. Sie konnten auch Häftlinge melden, die wegen irgendwelcher Vergehen in Arrest gesteckt wurden. Dafür war im Lager ein besonderes Gebäude.
> Der Tagesablauf bestand an sich nur im Warten auf das Essen. Wecken, Waschen, Appell, Kaffee u[nd] Brot, Warten, Mittag, Mittagsruhe, Warten, Abendsuppe, Warten, Bettruhe. Tag und Nacht wurde an der Tür Wache geschoben, damit 'Achtung!' gebrüllt werden konnte, wenn ein sowj[etischer] Bewacher in Barackennähe kam.[47]

---

46 Diese Aussage geht auf einen Bericht von K. Keil zurück, dessen Erinnerungsvermögen sich als zuverlässig erwiesen hat. Weitere Belege fehlen allerdings. Die Schreibung der Namen der Lagerältesten kann fehlerhaft sein, da sie faktisch nur phonetisch überliefert ist.
47 BwA, Bericht Claus Rose, 1990, S-B-132, Bl. 2.

Bei der Auswahl der Lagerfunktionäre spielten charakterliche Erwägungen oder Erfahrungen in der Menschenführung praktisch keine Rolle. Entscheidend war nur, daß alles "klappte".

5. Die Existenzbedingungen

Die Lebensverhältnisse im Speziallager Nr. 2 unterlagen ständigen Veränderungen. Der Umstand, daß Buchenwald 1945 im Vergleich zu anderen Speziallagern gut ausgebaut war, trug dazu bei, daß die Opferzahlen nicht noch größer ausfielen. Zunächst brachte man die neueingelieferten Internierten in den zweigeschossigen Steinbaracken unter. Als die Anzahl der Insassen immer größer wurde, erhielten auch die eingeschossigen Holzbaracken neue Bewohner.

Die Situation in den Häftlingsquartieren war gekennzeichnet durch drückende Enge, eine ständige Ungezieferplage und die völlig unzureichende Beheizung in den kalten Jahreszeiten. Besonders deprimierend wirkte sich aus, daß (abgesehen von der Anfangszeit) jede Unterkunftseinheit eine Art Gefängnis mit Vergitterung und eigener Umzäunung darstellte.

Die völlig unzureichende Beheizung trug entscheidend dazu bei, besonders im Katastrophenwinter 1946/47, daß die Totenziffern in die Höhe schnellten.

> Nur eine Stunde, von 8 bis 9 Uhr abends, durfte Feuer im Ofen unterhalten werden. In dieser Stunde standen wir gewöhnlich auf dem Appellplatz.[...] Bei unserer Rückkehr in die Barakke, oft nach neun Uhr abends, glimmte im warmen Ofen das letzte Stück Holz, und viele Hände tasteten nach diesem müden Wärmespender.[48]

Ein Dauerproblem für die Gefangenen bildete die Frage der Bekleidung. Teils kamen sie mit den Sachen nach Buchenwald, die sie zufällig bei der Verhaftung trugen, teils war ihnen während der verschiedenen Stationen der Haft zusätzliche, von zu Hause mitgebrachte Bekleidung "abgenommen" worden. Es blieb nichts anderes übrig, als vorhandene Kleidungsstücke wieder und wieder zu reparieren. Kritisch wurde es, wenn Kleidungsstücke irreparabel verschlissen waren. Ersatz gab es in den ersten Jahren praktisch nicht. Da keine einheitliche Häftlingsbekleidung ausgegeben wurde, bestand lediglich die Möglichkeit, Sachen von Verstorbenen zu übernehmen. Notgedrungen verteilte man vorhandene Restbestände an gestreifter KZ-Kluft. Das veranlaßte die sowjetische Lagerführung jedoch nur widerwillig – wohl, um nicht unangenehme Vergleiche herauszufordern. An die Stelle von kaputten Schuhen traten zum Teil selbstgefertigte Holzpantinen, was jedoch die betroffenen Internierten aus einsichtigen Gründen so lange als möglich zu vermeiden suchten.

Durch die ständigen Desinfektionsmaßnahmen, aber auch durch die Reinigung, insbesondere der Unterbekleidung, in der Lagerwäscherei litten die Textilien stark. Die zumeist in Kriegsqualität hergestellten Sachen zerfaserten regelrecht. Das bewog einige Häftlinge, Kleidungsstücke der Desinfektion zu entziehen. Dadurch unterliefen sie jedoch die Ungezieferbekämpfung und begünstigten faktisch die Verbreitung von Krankheiten.

Hinsichtlich der hygienischen Verhältnisse ist zu unterscheiden zwischen den "technischen" Voraussetzungen und den Gesamtverhältnissen. Im Vergleich zu anderen Spezi-

---

48 BwA, Bericht Hans Barthel, 1978, S-B-182, Bl. 61.

allagern erfahren erstere zumeist eine positive Bewertung.[49] In Buchenwald gab es ausreichend Wasser, die Internierten konnten in regelmäßigen Abständen duschen. Es existierten eine Desinfektionsanlage und eine Wäscherei. Andererseits fehlten elementare Voraussetzungen für individuelle Körperpflege. Da Papier lange Zeit überhaupt nicht zur Verfügung stand, konnte die Reinigung nach dem Stuhlgang nur unter Zuhilfenahme von Stoffetzen erfolgen, die anschließend durch Auswaschen wiederverwendungsfähig gemacht wurden.

Die Baracken mußten ständig mit übergroßen Wassermengen gesäubert werden, erfuhren aber wegen der Kälte oft nur unzureichende Belüftung. Diese und andere Faktoren, freilich auch ein Abbild des allgemeinen Nachkriegsmangels, schufen einen günstigen Boden für Erkrankungen aller Art. Unter den in Buchenwald grassierenden Krankheiten und Seuchen sind vor allem Dystrophie und Tuberkulose zu nennen. Große Opfer forderte eine Ruhrepidemie im Jahre 1947.[50] Einen ständigen Kampf führten die Insassen gegen die mit der Verlausung verbundene Typhusgefahr. Weiterhin gab es zahllose an Ödemen, Bartflechte, Gürtel- bzw. Gesichtsrose, Krätze, Nachtblindheit und anderen Krankheiten leidende Menschen.

Neben der Dystrophie, die als direkte Widerspiegelung der extremen Unterernährung anzusehen ist (es gab Dystrophiker der Stufen I, II und III), war die Tuberkulose ein ständiger Faktor des Lagerlebens. Sie nahm im Laufe der Zeit immer verheerendere Ausmaße an. Zu ihrer Verbreitung trugen unverantwortliche Handlungen der Lagerverwaltungen bei. So forderte die Sanitätsgruppe der Abteilung Speziallager vom Chef des Lagers Mühlberg eine Erklärung, wieso in dem Buchenwald-Transport vom 18.9.1948 Gesunde und Tbc-Kranke, darunter solche mit offener Tbc, nicht getrennt worden waren.[51]

Den katastrophalen Gesundheitszustand im Lager Buchenwald bestätigt u.a. der Bericht einer sowjetischen Untersuchungskommission vom Februar 1949. Zu diesem Zeitpunkt zählte das Lager 10.226 Insassen[52], die mit Ausnahme der Lazarettkranken in drei Gesundheitsgruppen eingestuft wurden:

Kranke im Lazarett

1. Gruppe	1.007 Personen;
2. Gruppe	5.105 Personen;
3. Gruppe	1.151 Personen, davon 149 Invaliden;
Lazarettkranke	2.963 Personen.[53]

Die Möglichkeiten des Lazaretts lassen sich nur als äußerst begrenzt charakterisieren. Die Defizite bei Ausrüstungen, Medikamenten und sonstigen Materialien waren vor allem in den ersten Jahren nahezu vollständig. Nach den Entlassungen des Jahres 1948 gestaltete sich die Situation etwas besser, u. a. dadurch, daß ein Teil der Ausstattung von Mühlberg übernommen werden konnte.

---

49 Ein solcher Vergleich könnte beschönigend wirken. Gemeint ist ausschließlich, daß die meisten anderen Speziallager, deren "Vorgänger" z. T. im Krieg in Primitivbauweise aus dem Boden gestampft worden waren, schlechtere Voraussetzungen für die Unterbringung Tausender Menschen boten.
50 Vgl. BwA, Bericht Ernst Herrmann, 1990, S-B-70, Bl. 3; BwA, Bericht Johanna Schmitt, 1992, S-B-201, Bl. 2.
51 Vgl. GARF, f. 9409, op. 1, d. 302, l. 101.
52 Diese Angabe differiert geringfügig gegenüber der Gesamtstatistik.
53 Vgl. GARF, f. 9409, op. 1, d. 306, l. 3.

Das Lazarett stand unter sowjetischer Leitung, wurde aber fast ausschließlich von deutschem Personal betrieben. Nach Zeitzeugenberichten standen dem verantwortlichen deutschen Arzt Dr. Wilhelm Albrecht, einem Berliner Chirurgen, am Schluß ca. 30 Ärzte, 6 Zahnärzte, 5 Apotheker und zahlreiches Hilfspersonal zur Verfügung.[54] In den Ambulanzräumen und auf den Krankenstationen dominierten zunächst weibliche Häftlinge als Pflegepersonal; sie wurden jedoch im Frühjahr 1947 bis auf wenige Ausnahmen durch männliche Internierte ersetzt.

Die völlig unzureichende und extrem einseitige Ernährung stellte für die Lagerinsassen das alles überwölbende Problem dar. In Buchenwald lassen sich vergröbert folgende Perioden der Lebensmittelbereitstellung an die Gefangenen unterscheiden:

– Bis Oktober 1946 hatte sich die Nahrungsmittelzuteilung, über Tiefpunkte im Winter 1945/1946 hinweg, stabilisiert. In Verbindung mit noch vorhandenen körperlichen Reserven vieler Lagerinsassen gestaltete sie sich in quantitativer Beziehung einigermaßen erträglich.

– Im November 1946 erfolgte eine einschneidende Reduzierung der Ernährung. Die Brotrationen wurden auf 300 g reduziert, des weiteren andere Nahrungsmittel. Die Kürzungen zeitigten insbesondere nach der Jahreswende verheerende Wirkungen. Die ab Januar 1947 einsetzenden geringfügigen Aufbesserungen konnten den rapiden körperlichen wie psychischen Verfall der Lagerinsassen und das damit einhergehende Massensterben nicht stoppen. Viele Insassen folgerten, daß sie durch Hunger planmäßig liquidiert werden würden. Diese Periode dauerte rund ein Jahr.

– Die dritte Periode weist zwar Versorgungsschwankungen auf, jedoch nicht mehr solche Tiefststände wie im Winter 1946/47. (Bemerkenswert ist der Versuch, ab Frühjahr 1948 den Zustand der zur Entlassung Vorgesehenen durch Zusatzverpflegung zu verbessern.) Die Sterblichkeit verringerte sich, aber die Krankenziffern blieben auf Höchststand. Viele Gefangene hatten bereits irreparable gesundheitliche Schädigungen davongetragen.

Nach der Provisorischen Verordnung vom 27. Juli 1945 bestand die Hauptaufgabe der Speziallager in Deutschland in der "vollständigen Isolierung der im Lager befindlichen Kontingente und der Verhinderung von Fluchten".[55] Diese Anordnung prägte die Situation der Gefangenen nachhaltig: "Mir scheint, am stärksten war der Charakter des Lagerlebens beeinflußt durch die Isolierung von der Außenwelt."[56]

Die Isolation war eine doppelte: Die Insassen durften weder Angehörige benachrichtigen noch Mitteilungen von ihnen empfangen. Zumindest bis Herbst 1947 kam hinzu, daß es kaum möglich war, sich über Entwicklungen im Lande und in der Welt zu informieren. Auch nach der Lieferung von Zeitungen blieben die Informationsmöglichkeiten stark eingeschränkt. Nur auf illegalem Wege konnten Nachrichten übermittelt oder empfangen werden. Für Buchenwald lassen sich Beispiele erfolgreichen Nachrichtenschmuggels besonders in den Jahren 1945/1946 nachweisen. In Einzelfällen ermöglichten Angehörige des sowjetischen Lagerpersonals sogar Kurzbesuche bei Angehörigen bzw. gaben Lebenszeichen weiter. Solche "deutschfreundlichen" Handlungen waren riskant und konnten zur Folge haben, daß der/die Betreffende selbst in ein Lager eingeliefert wurde.

---

54 Vgl. BwA, Bericht Ehrhart Glaser, 1962, S-B-48, Bl. 15; Friedrich Knütter: Traubenzucker ad inj. fast aus dem Nichts. Ein Streiflicht auf die Tätigkeit gefangener deutscher Apotheker, in: Deutsche Apotheker-Zeitung, 107 (1967) 43, S. 1547.
55 GARF, f. 9409, op. 1, d. 129, l. 84.
56 BwA, Material Herta Kretschmer, o. J., S-B-181, Bl. 103.

Wenn Mitte 1948 zahlreiche Informationen über den Verbleib von Verhafteten nach draußen drangen, so nicht im Gefolge von Lockerungen, sondern der Entlassungen. Tausende Freigelassene lösten ihre im Lager gegebene Zusage ein und verständigten Verwandte bzw. Hinterbliebene von Mitgefangenen. Der Aufenthaltsort derjenigen, die schon vor den Entlassungen in Buchenwald gewesen waren, wurde so den Angehörigen bekannt.

6. Die geistige Situation

Die übergroße Mehrheit der Internierten erhielt, sieht man von der kurzen "Einrichtungsphase" ab, keinerlei Gelegenheit zur Arbeit. Gefordert wurden lediglich Tätigkeiten zur Aufrechterhaltung des internen Lagerbetriebes sowie einige "Gefälligkeitsdienste" für die Bewacher. Betroffene schätzen, daß lediglich 10–20 % der Lagerinsassen in ständiger Beschäftigung standen. Für Februar 1948 weisen die Akten die Zugehörigkeit von 3.000 Internierten zu bestimmten Kommandos aus, was zu diesem Zeitpunkt einem Beschäftigungsgrad von 21 % entsprochen hätte. Offenkundig sind auch nur gelegentlich eingesetzte Männer und Frauen mitgezählt worden.[57]

Die Beschäftigungslosigkeit ließ die Lagerverhältnisse noch deprimierender erscheinen. Um sich abzulenken, aber auch als bewußte Gegenmaßnahme zur um sich greifenden Abstumpfung versuchten diejenigen, die noch dazu in der Lage waren, Formen der Zerstreuung bzw. des geistigen Trainings zu finden. Die Lagerordnung ließ keine großen Spielräume: Sie untersagte den Besitz von Spielkarten genauso wie das Singen; gelangten Bücher auf unergründlichen Wegen in Umlauf, so wurden sie über kurz oder lang eingezogen. Legal durfte man sich mit Schach und anderen Brettspielen beschäftigen. Da illegale Bücher selten und ihr Besitz zudem gefährlich waren, entstand die Praxis, Literatur nachzuerzählen.

Später gestattete die sowjetische Lagerführung vereinzelt Fußball- bzw. Handballspiele, darunter gegen eine Bewachermannschaft. Die Frauen konnten zeitweilig ein Becken zum Schwimmen nutzen. Allerdings dürfte die Mehrheit der Lagerinsassen kaum Interesse an solchen "Vergünstigungen" gehabt bzw. sie nicht einmal wahrgenommen haben.

Ab September 1947 erhielt das Lager Presseerzeugnisse – die sowjetisch lizensierten Tageszeitungen "Tägliche Rundschau", "Neues Deutschland" und die "Berliner Zeitung". Hinzu kamen die Frauenzeitschrift "Für Dich" und das Jugendblatt "Start". Im März 1948 erweiterte sich diese Palette um die neu herausgegebene "National-Zeitung". Infolge ihres spezifischen Charakters (sie war u. a. gegründet worden, um die politische und soziale Integration früherer Nationalsozialisten zu unterstützen) spielt sie in den Erinnerungen ehemaliger Lagerinsassen die wichtigste Rolle. Da jede Baracke nur wenige Zeitungsexemplare erhielt, entstand die Funktion des Vorlesers.

Eine wichtige Form geistiger Betätigung, aber auch von sozialer Kommunikation stellten die vor allem in der Anfangszeit überall gehaltenen Vorträge bzw. Kurse dar. Die sowjetische Lagerführung tolerierte solche Veranstaltungen eine Zeitlang mehr oder weniger. Ab Herbst 1946 wurden sie verboten. Trotzdem setzte sich die Vortragstätigkeit in modifizierten Formen fort.

---

57 Es handelt sich um die einzige bislang verfügbare Statistik.

Eine andere Form kultureller Betätigung verkörperte die sogenannte "Kultura", die es auch in weiteren Speziallagern gegeben hat und die deshalb nicht ausschließlich von unten gewachsen sein dürfte. Der Begriff "Kultura", an sich lediglich das russische Wort für Kultur, besaß in Buchenwald eine Doppelbedeutung: Einmal stand er für die ehemalige Kinobaracke, wo die entsprechenden Veranstaltungen stattfanden, zum anderen mutierte die russische Vokabel zur Sammelbezeichnung für schauspielerische, musikalische und Varietédarbietungen, die den Inhalt dieser kulturellen Tätigkeit ausmachten.

Den Ausgangspunkt der "Kultura" in Buchenwald bildete eine Initiative des "Stabschefs" A. Agafonov. Er kümmerte sich vor allem um inhaftierte Jugendliche und regte an, eine Art Laienspielgruppe zu bilden. Nach der Ankunft des Transportes aus Landsberg[58] wurden Berufskünstler in die Arbeit einbezogen. Auch Frauen durften sich beteiligen. Das Niveau der Darbietungen hob sich beträchtlich. Mit der "Faust"-Inszenierung des Jahres 1946 erreichte die kulturelle Tätigkeit im Lager den Höhepunkt. Der frühere Theaterintendant Dr. Rudolf Scheel versammelte um sich eine Gruppe "Kulturbesessener". Als Gretchen wählte er eine Laienschauspielerin aus, die nachhaltig zu beeindrucken verstand. Im Zusammenhang mit der Flucht von fünf Internierten fand die "Kultura" im Dezember 1946 ein jähes Ende.

Dagegen gestalteten sich die Möglichkeiten zur religiösen Betätigung allmählich günstiger. Zunächst hatte die Lagerführung jegliche religiöse Aktivitäten untersagt. Jedoch zeitigten Ende 1947 die seit 1945 unternommenen Anstrengungen insbesondere der evangelischen Kirchen einen ersten Erfolg. Das Weihnachtsfest durfte begangen werden. Im Frühjahr 1948 trafen einige christliche Traktate im Lager ein. Sie kamen mit Verspätung, die SMAD hatte in einem Gespräch mit Kirchenführern am 16.12.1947 die Zusage gegeben, ihre Übersendung zu den Weihnachtstagen zuzulassen, aber es war ein Durchbruch. Erstmalig durften Ostern 1949 legal Gottesdienste, am Gründonnerstag und Karfreitag sogar mit Abendmahlgang, veranstaltet werden. Im Lager inhaftierte Geistliche hielten die Andachten. Die entsprechende Genehmigung, die den Leitern der Lager Anfang April aus Berlin zugegangen war, enthielt freilich zugleich die Weisung, die Gottesdienste durch die Operative Gruppe überwachen zu lassen. Dazu wurde die Baracke, die vorher die "Kultura" aufgenommen hatte, speziell hergerichtet. Ein erheblicher Teil der Lagerinsassen meldete sich freiwillig zur Teilnahme.

Weihnachten 1949 erhielten kirchliche Würdenträger erstmals Gelegenheit in Buchenwald zu predigen. Einen nachhaltigen Eindruck hinterließ der Auftritt des thüringischen Landesbischofs M. Mitzenheim (der sich persönlich jahrelang für die Insassen von Buchenwald eingesetzt hatte) am ersten Weihnachtsfeiertag. Außerdem erhielt jede Baracke einige Exemplare des Neuen Testaments und des Katechismus sowie Gesangbücher.

Die sowjetische Besatzungsmacht unternahm keine systematischen Anstrengungen zur antinazistischen Umerziehung bzw. sonstigen politischen Beeinflussung der Internierten. Das galt auch für die Jugendlichen. Nur ein (eher kleiner) Teil der Lagerinsassen vermißte die Möglichkeit, sich mit dem politischen Geschehen der letzten Jahre intensiver auseinandersetzen zu können. Pointiert formuliert Ernst-E. Klotz:

---

58 Die Insassen des Lagers Landsberg waren hauptsächlich im Raum Berlin verhaftet worden.

Aus den Kriegsgefangenenlagern sind zum allgemeinen Erstaunen überzeugte Bolschewisten heimgekehrt. Aus Buchenwald sind nur erklärte Gegner des Bolschewismus wiedergekehrt.[59]

Einige wenige Ansätze in dieser Richtung wurden entweder abgebrochen oder verliefen im Sande. Ein kleiner Teil der Internierten bekam den Film "Der Nürnberger Prozeß" zu sehen. Offenbar lieferten Tumulte bei der Aufführung den Grund für die Lagerführung, keine weiteren Vorführungen zuzulassen. Noch wirkungsloser blieben die Lektionen, die Major Kusmenko von der Informationsabteilung der SMAD im Zusammenhang mit den Entlassungen des Jahres 1948 hielt. Die Vorträge zu Themen wie "Die Aufgaben der deutschen Bevölkerung bei der Demokratisierung Deutschlands", "Über die internationale Lage" hinterließen in den Berichten ehemaliger Lagerinsassen so gut wie keine Spuren.

7. Das Massensterben

Im Frühjahr 1993 wurde erstmals ein Archivdokument über die Todesopfer des Speziallagers Buchenwald veröffentlicht. Danach sind von 1945-1950 7.113 Insassen verstorben.[60] Vorherige Schätzungen hatten zumeist zwischen 6.000–13.000 und damit dicht an der Realität gelegen. Inzwischen läßt sich auch der Verlauf der Sterblichkeit von September 1945 bis Februar 1950 anhand der halbmonatlichen russischen Stärkemeldungen nachvollziehen.

Ziemlich genau jeder vierte Insasse des Lagers Buchenwald ging an Hunger und Krankheiten[61] zugrunde. Faktisch beschönigt eine solche Zahl die Situation. Die Chancen zum Überleben lagen weit niedriger. Das ergibt sich zunächst daraus, daß Buchenwald als eines der letzten Lager aufgelöst worden ist. Da die meisten Todesopfer im Winter 1946/1947 zu beklagen waren, stellt sich die Situation im Speziallager Buchenwald in der "Gesamtbilanz" weniger dramatisch dar als in den meisten anderen Lagern. Ein zutreffendes Bild über den grassierenden Tod vermittelt die jährliche Sterblichkeitsrate, d. h. die prozentuale Sterblichkeit in den einzelnen Jahren.[62]

---

59 Klotz 1992, S. 116.
60 Vgl. GARF, f. 9409, op. 1, d. 482, l. 147; Rundbrief, Nr. 6/7, S. 13. Es handelt sich bei diesem Dokument um eine Bilanz der zahlenmäßigen "Bewegung des Spezkontingents" vom 1. März 1950, die vom Vf. im März 1993 in Moskau gefunden wurde.
61 Eine zuverlässige Statistik über die Todesursachen existiert nicht und dürfte kaum mehr rekonstruierbar sein. Aber auch die fragmentarischen Angaben in den sowjetischen Totenlisten sprechen für sich. Danach waren die mit Abstand wichtigsten Todesursachen Dystrophie (Unterernährung), Tbc, Herzversagen und Enterokolitis. Zumeist werden bei den Verstorbenen mehrere Todesursachen angegeben, z. B. Dystrophie und Enterokolitis.
62 Sie wurde nach den halbmonatlichen Stärkemeldungen berechnet. Eine Statistik der Sanitätsgruppe aus dem Jahre 1950 erbrachte ähnliche Werte, wobei die Basis für die Berechnungen nicht genannt worden ist. Vgl auch GARF, f. 9409, op. 1, d. 482, l. 168.

Jahr	Prozent
1945	5,08
1946	16,23
1947	24,33
1948	8,67
1949	5,53
1950	0,72

Mit solchen Zahlen soll nicht der Eindruck vermittelt werden, daß das zuständige Lagerpersonal ganz präzise Buch geführt hätte und jede Manipulation auszuschließen wäre. Aber die Mutmaßung, Zahlen seien aus politischen Motiven in Größenordnungen gefälscht worden, ist durch keine seriösen Belege gestützt. Dagegen spricht zunächst der Umstand, daß es sich bei den zugänglichen Akten um streng geheime Unterlagen für den internen Gebrauch handelte. Die NKVD/MVD-Behörden mußten an einem halbwegs korrekten Überblick über die "Personenbewegungen" in den Lagern interessiert sein. Vor allem aber lassen sich Zahlen im Rahmen einer Gesamtbilanz nicht willkürlich ändern, ohne daß offenkundige Widersprüche entstehen. Da die "Zu- und Abgänge" des Speziallagers Nr. 2 relativ genau bekannt sind und sich an zahlreichen Knotenpunkten mit Aussagen von Zeitzeugen decken, ist es möglich, die Dimensionen der Sterblichkeit relativ genau einzugrenzen.

Von dem Massensterben waren Lagerinsassen jeden Alters betroffen, in besonderem Maße aber jene, die das fünfzigste Lebensjahr überschritten hatten. Sie stellten z. B. 1947 annähernd zwei Drittel der Toten. Ein besonders tragisches Kapitel bilden die verstorbenen Jugendlichen, die zum Zeitpunkt ihrer Verhaftung noch minderjährig waren. Ihre Zahl ist größer, als bislang bekannt. Die Totenlisten des Lagers weisen 126 Opfer der Jahrgänge 1926/1932 aus.[63]

Eine Sterblichkeit dieser Größenordnung ist nicht mit dem Hinweis zu erklären, daß es den Menschen in der SBZ in jener Zeit allgemein schlecht gegangen sei. Darin sehen insbesondere die Opfer zu Recht eine Bagatellisierung des Massensterbens.

Die "Bestattung" der frühen Toten des Lagers[64] erfolgte wahrscheinlich in einem Waldstück, das sich unterhalb des Lazaretts, in der Nähe der "Hottelstedter Ecke" befindet. Diese Gräber konnten bislang nicht aufgefunden werden, was möglicherweise mit einer Umbettungsaktion zu erklären ist. Die erste große Massengrabanlage entstand im Umfeld des Bahnhofs, östlich vom Lager. Das größte Gräberfeld liegt jedoch am Nordhang des Ettersberges, unterhalb des Häftlingslagers. Die verschiedentlich anzutreffende Vermutung, daß in den Erdtrichtern (den heutigen Ringgräbern) am Südhang des Ettersberges auch Gebeine von Internierten verscharrt worden seien, entspricht nicht den Tatsachen.

8. Transporte in die UdSSR

Die Zahl der Deportierten läßt sich nur annähernd bestimmen, da sie nicht immer direkt in die UdSSR verbracht worden sind, sondern in einer Reihe von Fällen zunächst in anderen

---

63 Diese Zahl ist nicht ganz exakt, da es wahrscheinlich einige Doppelzählungen aufgrund von Fehlschreibungen gibt und andererseits noch nicht alle Toten namhaft gemacht werden konnten. Die Größenordnung dürfte sich dadurch nicht wesentlich verändern.
64 Akten über die Grabanlagen sind bislang nicht aufgefunden worden.

Speziallagern konzentriert wurden.[65] Man kann davon ausgehen, daß sie bei etwa 1.500 gelegen hat.

Von den Abtransporten waren zuerst etwa 60 sowjetische Staatsbürger betroffen, die zunächst nach Ketschendorf überstellt wurden.

Mehrfach belegt ist die Überstellung von 30 Stabsoffizieren im Dezember 1946 in ein sowjetisches Kriegsgefangenenlager (über Frankfurt/Oder).

Der mit Abstand größte Transport verließ Buchenwald am 8. Februar 1947.[66] Bereits Ende 1946 erfolgte die Auswahl. Entscheidend für die Zuordnung waren die körperliche Verfassung sowie die berufliche Verwendbarkeit. Die Betreffenden kamen in Holzbaracken, wurden desinfiziert, neu eingekleidet und schließlich am 7. Februar 1947 gründlichst "gefilzt". Der "Pelzmützen-Transport", die Bezeichnung rührt von den ausgegebenen Pelzmützen, bestand aus 1.086 Mann, von denen jedoch ca. 40 in Brest-Litovsk nach Deutschland zurückgeschickt wurden. Er erreichte am 20. März 1947 Karaganda.

Überliefert ist der Abtransport sogenannter "Spezialisten". Neben Einzelpersonen, etwa aus dem Bereich der "V-Waffen"-Produktion, sind zwei Transporte über Bautzen in die UdSSR dokumentiert. Sie erfolgten im ersten Halbjahr 1947 und betrafen 36 Personen.

Die letzten Deportationen gab es im Februar 1950. Im Auflösungsprotokoll ist vermerkt, daß 264 Personen dem Operativen Sektor Weimar übergeben worden seien. Diese Gruppe wurde zumindest teilweise, wahrscheinlich aber vollständig in die UdSSR verbracht. Zu ihr zählten das Beerdigungskommando, eine Reihe Ausländer[67] und weitere Lagerinsassen.

9. Entlassungen und Auflösung des Speziallagers

Hinsichtlich der Entlassungen ist zu unterscheiden zwischen der Entlassung von Einzelpersonen und Entlassungsaktionen. Individuelle Freilassungen gab es im Speziallager Buchenwald in seltenen Ausnahmefällen. Beispiele sind aus der Anfangszeit bekannt, vereinzelt auch für die Jahre 1948/1949.

Die erste Entlassungsaktion erfolgte im Februar 1947. Sie umfaßte 136 Personen, die eher als Kriegsgefangene denn als Internierte anzusehen waren. Freigelassen wurden hauptsächlich ehemalige Volkssturm- (101) und SA-Angehörige (16). Der Rest von 19 Entlassenen setzte sich aus SS-Leuten, Wehrmachtssoldaten, Angehörigen des Nationalsozialistischen Kraftfahrer-Korps und nicht eindeutig zuzuordnenden Personen (z. B. "Kompanieführer") zusammen.

Eine ganz andere Dimension gewannen die Entlassungen des Jahres 1948, die im Zusammenhang mit einer veränderten sowjetischen Politik gegenüber ehemaligen Nazianhängern zu sehen sind. Im Februar 1948 erließ die SMAD den Befehl Nr. 35, der die Entnazifizierung für beendet erklärte. Im April 1948 stellten die Entnazifizierungskommissionen in der SBZ ihre Tätigkeit endgültig ein. In Buchenwald (wie den anderen Speziallagern) begannen Überprüfungen der Insassen. Die zur Entlassung vorgesehenen Personen kamen in gesonderte Baracken und erhielten erhöhte Verpflegungssätze. Zeitzeugen sprechen davon,

---

65 In den Registraturakten des Lagers wird der unmittelbare Bestimmungsort vermerkt; das Bestimmungsziel UdSSR läßt sich deshalb nicht immer belegen, ist aber zumeist wahrscheinlich.
66 Vgl. dazu u. a. die Erinnerungen von Günter Ochs, Hans Wagner, Hans-Joachim Wolf.
67 Unter diesen Ausländern befanden sich einige sowjetische Staatsbürger.

daß sie regelrecht hochgepäppelt wurden. Einer von Major Andreev unterzeichneten Aufstellung zufolge kamen im Juli/August 1948 9.250 Internierte zur Entlassung, 4.268 Personen mußten im Lager verbleiben.

Ein reichliches Jahr später stand das Problem der Internierten erneut auf der Tagesordnung. Am 19. September 1949 setzte sich Wilhelm Pieck in einem Brief an Stalin für die Auflösung der verbliebenen Lager ein.

> Wir halten es für zweckmäßig, die bestehenden Straflager in der Ostzone aufzulösen, die von den Sowjetorganen abgeurteilten Verbrecher nach der Sowjetunion zu transportieren und die übrigen den deutschen Organen zu übergeben.[68]

Am 13. Januar 1950 erschien die "Tägliche Rundschau" mit der Schlagzeile "Vor Auflösung der Internierungslager", ohne allerdings konkrete Aussagen zu treffen. Vier Tage darauf veröffentlichte die Presse der DDR einen Briefwechsel zwischen dem Vorsitzenden der Sowjetischen Kontrollkommission[69] V. I. Čujkov und dem Stellvertretenden Ministerpräsidenten W. Ulbricht vom 14. Januar zur Auflösung der Lager.

Bereits zuvor erarbeitete die Abteilung Speziallager des MVD in Deutschland einen "Plan der Maßnahmen zur Entlassung und Übergabe der Häftlinge". Danach sollten, beginnend mit dem 16. Januar 1950, täglich 208 Internierte aus Buchenwald entlassen werden. Tatsächlich gingen die Freilassungen sogar etwas zügiger voran.

Beim Verlassen des Lagers standen den ehemaligen Lagerinsassen Reiseproviant für maximal drei Tage, tragbare Kleidung und Schuhwerk zu. Alles andere wurde ihnen bei der letzten großen "Filzung" abgenommen. Nur bei im Lager gefertigten persönlichen Erinnerungsgegenständen drückten die Untersuchenden mitunter ein Auge zu. Ursprünglich erhielten die Internierten Fahrgeld in Höhe bis zu 40,- Mark, was nicht in jedem Fall ausreichte. Ab 18. Januar gab das Sozialamt Weimar Gutscheine für eine Fahrkarte aus, lediglich die Zuschläge mußten von den Freigelassenen bezahlt werden.[70] Die Mittel hierfür stammten aus dem thüringischen Landeshaushalt, in dem es eine besondere Kostenstelle für Buchenwald gab, die angesichts der vorgenommenen Auflösung des Lagers nicht mehr in voller Höhe benötigt wurde.[71]

Trotz verstärkter Überwachung spielten sich auf dem Bahnhof von Weimar, auch auf anderen großen Bahnhöfen, erschütternde Szenen ab. Da sich herumgesprochen hatte, wann die Freigelassenen zu erwarten waren, wurden sie von Angehörigen umringt. Trotzdem blieben viele Angehörige im ungewissen. Obwohl das Innenministerium der DDR auf Anfrage zusicherte, sobald als möglich die Hinterbliebenen verstorbener Lagerinsassen zu benachrichtigen, erfolgte weder 1950 noch später Mitteilung.

Nicht alle Häftlinge des Speziallagers gelangten auf freien Fuß. Neben den 264 Insassen, die die Besatzungsmacht in ihrer Gewalt behielt, standen 2.415 Internierten Prozesse vor deutschen Gerichten bevor. Am 9. und 14. Februar verließen zwei große Gefangenentransporte das fast leere Lagern auf dem Ettersberg. Bestimmungsort war das sächsische Zuchthaus Waldheim.

---

68 Staritz 1991, S. 12.
69 Bezeichnung der Nachfolgeinstitution der SMAD. Die SMAD stellte mit der Gründung der DDR ihre Tätigkeit ein.
70 Vgl. HStA Weimar, Landesbehörde der Deutschen Volkspolizei, 36, Bl. 90.
71 Vgl. HStA Weimar, Land Thüringen, Min. f. Finanzen, 3124, Bl. 56.

Über die "Waldheim-Prozesse" gegen ca. 3.500 Internierte, von denen etwa 70 % aus Buchenwald kamen, existiert inzwischen eine umfangreiche Literatur.[72] Es handelte sich bei ihnen um eine politisch motivierte Justiz-Farce, was indirekt damit eingestanden wurde, daß im September 1952 eine Überprüfung zahlreicher Prozeßakten erfolgte. Für viele kam diese halbherzige Überprüfung zu spät. Zwar waren "nur" 24 Personen hingerichtet worden, aber die im Zuchthaus grassierende Tbc forderte Hunderte Opfer.

Am 15. Februar 1950 war Buchenwald bis auf ein kleines Nachkommando geräumt. Bilanzierend schrieb der Chef der Thüringer Volkspolizei:

> Die Entlassung wurde von der Bevölkerung stark diskutiert und teilweise wurden die Häftlinge als Märtyrer hingestellt. Die Bevölkerung sieht sie als vollwertige Menschen an. Festgestellt wird aber, daß sich die ehemaligen Häftlinge von der Bevölkerung im allgemeinen zurückziehen. Der größte Teil ist politisch indifferent.[73]

10. Zur Nachgeschichte

Mit der Auflösung des Speziallagers gingen die Einrichtungen des Lagers entsprechend eines Politbürobeschlusses der KPdSU(B) vom 30. Dezember 1949 in die Verfügungsgewalt der Gruppe der sowjetischen Streitkräfte in Deutschland über. Während das Häftlingslager leerstand, wurden einige Kasernengebäude von der Sowjetarmee genutzt. Kurze Zeit später, im Dezember 1951, wurde das ehemalige Häftlingslager der DDR zum Aufbau einer Gedenkstätte für "antifaschistische Widerstandskämpfer und Patrioten" übergeben.

In diesem Zusammenhang hatten die SED-Führung bzw. die Regierung der DDR darüber zu befinden, was aus den weitgehend erhaltenen, wenn auch z. T. stark heruntergekommenen, Lagereinrichtungen werden soll. Auf Drängen der Lagergemeinschaft Buchenwald, der Organisation ehemaliger politischer (vorwiegend kommunistischer) Häftlinge, fiel die Entscheidung, das Lager weitgehend zu schleifen. Zur Erhaltung vorgesehen waren das Torgebäude, zwei Wachtürme und das Krematorium.[74] Der Abriß des Barackenlagers begann 1952. Umgehend wurden der Holzzaun, die Bäckerei und andere Baulichkeiten abgetragen, deren Bezug zu den Jahren 1945–1950 offenkundig war.

Bereits 1954 entstand im Gebäude der Häftlingskantine des KZ Buchenwald ein Museum. Es dokumentierte die Geschichte des NS-Konzentrationslagers Buchenwald jedoch eher am Rande und rückte statt dessen den kommunistischen Widerstand gegen den Nationalsozialismus von 1933–1945 in den Mittelpunkt. Im Jahre 1958 weihte der DDR-Ministerpräsident Otto Grotewohl am Südhang des Ettersberges eine monumentale Denkmalsanlage ein. Mit der Nationalen Mahn- und Gedenkstätte Buchenwald war zugleich die erste größere KZ-Gedenkstätte auf deutschem Boden entstanden. Die DDR suchte sich als Erbin des deutschen Widerstandes gegen das Hitlerregime zu legitimieren, wobei ihr zugute kam, daß man

---

72 Vgl. Die sowjetischen Speziallager ... (Bibliographie) 1996.
73 HStA Weimar, Landesbehörde der Deutschen Volkspolizei, 36, Bl. 97 RS. Im Gegensatz dazu das "Thüringer Volk" vom 28.1.1950: "Keinem von ihnen [den aus Buchenwald Entlassenen – d. Vf.] sieht man es an, daß sie zum Teil 4 1/2 Jahre in einem Internierungslager zugebracht haben. Wenn man sich mit ihnen unterhält, so stellt man fest, daß sie nicht menschenscheu geworden sind."
74 Es ist zufälligen Konstellationen zu verdanken, daß noch einige weitere Baulichkeiten erhalten blieben.

sich in der Bundesrepublik mit diesem Erbe schwer tat. Die Verwendung des ehemaligen Konzentrationslagers als Speziallager der sowjetischen Besatzungsmacht wurde verschwiegen. Dabei hätten die Speziallager, nach den DDR-amtlichen Darstellungen, als Beleg für die konsequente Abrechnung mit dem Nationalsozialismus zur Verfügung gestanden. Offenbar waren sich jedoch die Entscheidungsträger der Diskrepanz zwischen Propaganda und Realität zu bewußt, um dieser Versuchung zu erliegen.

Die Enttabuisierung des Speziallagers Buchenwald im Osten Deutschlands und damit auch am Ort des Geschehens begann 1989/90 mit dem Zusammenbruch der DDR. Das Ausmaß der Gräberfelder wurde untersucht; sie wurden zu Friedhöfen gestaltet. Historische Forschung setzte ein. In der Gedenkstätte Buchenwald entstand eine Arbeitsstelle Speziallager Nr. 2. Sie begann, Zeitzeugenberichte zusammenzutragen und Aktenmaterial auszuwerten. In der Öffentlichkeit fand das Thema eine erhebliche Resonanz. Kontroverse Debatten entzündeten sich insbesondere an der Frage, ob bzw. wie die Gedenkstätte Buchenwald den spezifischen Unrechtscharakter des Speziallagers dokumentieren kann, ohne zugleich die NS-Aktivisten unter den Lagerinsassen von ihrer Mitverantwortung für den Nationalsozialismus und seine Verbrechen zu entbinden.

Seit dem 25. Mai 1997 dokumentiert eine ständige Ausstellung die Geschichte des Speziallagers Buchenwald.

Anhang: Leitende Offiziere des Speziallagers 2

Position	Dienstgrad u. Name	Dienstperiode
Načalnik	Hauptmann Fedor Jakovlevič MATUSKOV	Aug.45 – April 47
	Major Konstantin Pavlovič ANDREEV	April 47 – März 50
Stellv. Načalnik	Hauptmann Ipatij Efimovič PASTUŠENKO	Sept. 45 – April 47
	Hauptmann Aleksandr Ivanovič VAŠKEVIČ	April 47 – Okt. 48
	Hauptmann Vasilij Dmitrievič IVČAKOV)	Okt. 48 – März 50
Kommandant des Lagers	Unterleutnant SYČUGOV	Sept. – Okt. 1945
	Oberleutnant EL´KIN	Okt. – Nov. 1945
	Hauptmann KAZAKOV	Nov. 45 – Mai 46
	Unterleutnant Vladimir Grigor´evič PROCENKO	Nov.45 – Mai 46[75]
	Leutnant Mihail Andrijanovič ANTONOV	April 46 – Dez. 47
	Staršina Aleksej Mihajlovič ZELENKOV,	Jan. – Dez. 1948
	Leutnant Jurij Aleksandrovič SADIKOV	1949
operative Gruppe	Hauptmann Majram Timofeevič DZUCEV	Jan. 46 – Nov. 47
	Hauptmann Pavel Aleksandrovič RAT'KOV	Dez. 47 – März 50
Registriergruppe	Leutnant SOLOV´EV	Sept. 45 – März 46
	Oberleutnant Vladimir Aleksandrovič HAIT	März 46 – Jan. 47
	Oberleutnant Sergej Vasil'evič MARKOVSKIJ	Jan. – Mai 1947
	Hauptmann/Major Evgenij Grigor'evič LEJKO	Mai 47 – Nov. 48
	Oberleutnant Anatolij Ivanovič MESHINSKIJ	Dez. 49 – März 50
Sanitätsgruppe – Lagerarzt	Hauptmann des med. Dienstes A. M. KARAEV	Sept. 45 – Dez.46
	Hauptmann des med. Dienstes Nikolaj Nestorovič ZALEŠČUK	Jan. – April 1947
	Major des med. Dienstes Ilif Pavlovič MANDRYKIN	Mai 47 – Jan. 49
	Hauptmann des med. Dienstes Vadim Dmitrievič LOBAČEV	Jan. – Sept. 1949
	Hauptmann des med. Dienstes B. S. LEKOMCEV	Sept. 49 – März 50
Wirtschaftsgruppe	Hauptmann KAZAKOV	März – April 1946
	Oberleutnant Vladimir Kuz´mič GUZENKO	Mai 46 – Juli 47
	Oberleutnant/Hauptmann Petr Nikoforovič SUVOROV	Juli 47 – Nov. 48
	Major Grigorij Pavlovič TATARINOV	Febr. 49 – März 50
Finanzgruppe	Oberleutnant Aleksej Petrovič LOPATIN	Juli 46 – Aug. 47
	Hauptmann Vasilij Eduardovič VALENTINOV	Aug. 47 – Jan. 49
	Oberleutnant Vasilij Sergeevič MEL´GUNOV	Febr. 49 – März 50
Gruppe Schutz und Ordnung	PISKUNOV[76]	Aug. – Sept. 1946
	Hauptmann Evgenij Prokof´evič DEMENEV	April 47 – März 50

---

75 Die Abfolge der Kommandanten wechselte 1945/1946 rasch und überlappt sich zum Teil. Die Ursachen hierfür sind nicht bekannt. Möglicherweise handelte es sich zunächst um eine Art Diensthabenden.
76 Dienstgrad und Vornamen sind nicht bekannt.

PETER ERLER

Das Speziallager Nr. 3 in Hohenschönhausen Mai 1945 - Oktober 1946

1. Errichtung des Lagers und Belegung

Anfang Mai 1945 veranlaßte die Abteilung Spezlager der 1. Belorussischen Front auf dem Gelände der Genslerstraße 64–72 in Berlin-Hohenschönhausen den Aufbau eines Speziallagers.

Auf diesem Gelände befanden sich zu diesem Zeitpunkt: eine Exportgesellschaft, die mit Häuten und Fällen handelte (Firma Erwin Neuendorff Import-Export), ein Serum-Institut, die Firma ASID Chemisch Technische Werke G.m.b.H., Baracken für Gefangene und Zwangsarbeiter und eine Großküche der Nationalsozialistischen Volkswohlfahrt (NSV).[1]

Die Säuberung des Objektes[2] und die anfallenden Arbeiten bei der Einrichtung des Lagers mußte ein Kommando von ca. 90[3] verhafteter Deutsche ausführen, die zuvor im Speziallager Landsberg/Warthe gefangengehalten worden waren. Zunächst riegelten sie die Genslerstraße auf der Höhe der Lichtenauer Straße ab und umbauten das Gelände der Großküche mit einem stacheldrahtbekränzten Holzzaun. Innerhalb der Bretterwand befand sich eine weitere Stacheldrahtbarriere. An den Ecken des eingepferchten Geländes errichtete das Arbeitskommando im Juli 1945 hölzerne Wachtürme. In den Gebäuden, die für den Aufenthalt der Häftlinge vorgesehen waren, mußten mehrstöckige Schlafpritschen aufgebaut werden.[4]

Das so entstandene Speziallager erhielt entsprechend einer internen Zählung der Abteilung Sonderlager des NKVD die Nummer 3. Das Lager Hohenschönhausen war nach Angaben vom 1. September 1945 insgesamt für eine Belegung mit 2.500 Häftlinge bestimmt.[5] Das Lagerpersonal bestand aus 26 Offiziers- und 81 Mannschaftsdienstgraden.[6] Davon waren im Dezember 1945 45 Militärangehörige für die Bewachung des Lagers eingesetzt.[7] Verwaltungs- und Wirtschaftstätigkeiten führten teilweise auch sowjetische Zivilangestellte

---

1 Meinicke 1993, Friedrich 1997.
2 GARF, f. 9409, op. 1, d. 291, S. 63.
3 Am 1. August 1945 befanden sich 89 "Landsberger" in Hohenschönhausen. Vgl. GARF, f. 9409, op. 1, d. 291, S. 156.
4 GARF, f. 9409, op., 1, d. 291, S. 63.
5 GARF, f. 9409, op., 1, d. 134, S. 5.
6 Angaben vom April 1946. Vgl. GARF f. 9409, op. 1, d. 278, S. 48.
7 GARF, f. 9409, op. 1, d. 1, S. 76, 77.

aus.[8] Die Bewachung des Lagers oblag 1945 der 11. Schützeneinheit des 322. Regiments der Konvoitruppen des NKVD.[9]

Leiter von Hohenschönhausen war seit dem 7. Juni 1945[10] Major Smoroda[11], von Ende Juni 1945 Hauptmann Čumačenko[12] und ab Dezember 1945 Major Gostev[13]. Für Juni 1945 konnten ein Hauptmann Djukov[14] und für November 1945 ein Unterleutnant Krae als stellvertretender Lagerleiter ermittelt werden.[15]

Das Speziallagers Nr. 3 diente bis zum Eintreffen der Amerikaner, Briten und Franzosen in dem Westteil Berlins als Sammellager aller in der Stadt existierenden und dann nur noch der im sowjetischen Sektor und im näheren Umland der ehemaligen Reichshauptstadt betriebenen NKVD/MVD-Gefängnisse.[16]

Aus diesen sogenannten "GPU-Kellern" gingen nach tagelangen Verhören, die oft von massiven physischen und psychischen Mißhandlungen begleitet waren, vorwiegend nachts die Transporte mittels LKW oder zu Fuß nach Hohenschönhausen. Betroffene berichten, daß die Marschkolonnen von sowjetischen Soldaten mit Hunden eskortiert und oft mit Peitschenhieben gezüchtigt wurden.

Im Sommer und im Frühherbst 1945 wurden täglich über 100 Festgenommene in das Lager eingeliefert. Für die ersten 15 Tage im August sind 2.341[17] und in der zweiten Augusthälfte sind 1.996 Neuzugänge quellenmäßig belegt.[18] Wahrscheinlich ab Anfang 1946 wurden bedeutend weniger Verhaftete nach Hohenschönhausen eingewiesen.

Unter den Inhaftierten befanden sich Frauen und Männer aller Altersgruppen sowie Angehörige aller sozialer Klassen und Schichten. Dazu zählten zunächst schwerpunktmäßig jene, die in der nationalsozialistischen Bewegung, in deren Organisationen und Institutionen oder in staatlichen Einrichtungen tätig waren, z. B. Funktionäre der NSDAP wie Zellenleiter, Blockwarte, Beamte unterschiedlicher Dienststellen, insbesondere Polizeioffiziere oder Aufseher für ausländische Zwangsarbeiter, und sowjetische Kriegsgefangene.[19]

Eine weitere Betroffenengruppe bildeten Journalisten, Mitarbeiter von Presse und Radio sowie Künstler aus dem Film- und Theaterbereich.

Jugendliche und minderjährige Berliner kamen vorwiegend wegen des Verdachtes der "Werwolftätigkeit" nach Hohenschönhausen. Nach Angaben von Zeitzeugen befanden sich

---

8 GARF, f. 9409, op. 1, d. 279, S. 1.
9 GARF, f. 9409, op. 1, d. 2, S. 18; f. 9409, op. 1, d. 2205, S. 240. Im April 1946 kamen 36 NKVD-Soldaten für die Bewachung des Objekts zum Einsatz. 14 vorgesehene Personalstellen waren nicht besetzt. Vgl. GARF, f. 9409, op. 1, d. 144, S. 24.
10 GARF, f. 9409, op. 1, d. 2, S. 9.
11 Timofej Ivanowič Smoroda, 1902 im Dorf Vysokoe im Gebiet Kalinin geboren, 1928 KPdSU(B), wurde nach dem "Besäufnis" der Wachmannschaft mit Methylalkohol seines Postens als Lagerleiter enthoben und degradiert. Vgl. GARF, f. 9409, op. 1, d. 2, S. 9, 16, 19.
12 Vgl. Ritscher 1993, S. 724f. Bei Gerhard Finn wird ein Kapitän Kumpan als Leiter des Lagers erwähnt. Finn o. J., S. 41. Zur Ablösung von Čumančenko vgl. GARF, f. 9409, op. 1, d.131, S. 106.
13 GARF, f. 9409, op. 1, d. 292, S. 159.
14 GARF, f. 9409, op. 1, d. 2, S. 15.
15 GARF, f. 9409, op. 1, d. 292, S. 102.
16 Eine bisher unbekannte Zahl von Personen wurde aus dem von den westlichen Alliierten besetzten Teil Berlins entführt. Nach Angaben vom 9. August 1946 befanden sich in Hohenschönhausen 300 Gefangene aus dem Westteil der Stadt. Vgl. GARF, f. 9409, op. 1, d. 130, S. 36.
17 GARF, f. 9409, op. 1, d. 138.
18 GARF, f. 9409, op. 1, d. 134, S. 5.
19 Zu der Organisationszugehörigkeit und den Verhaftungsgründen vgl. Genslerstraße 66 1995, S. 21 ff.

dort auch viele "Bankleute" und Ärzte der Berliner Charité. Das Lager Hohenschönhausen durchliefen einige Hundert Offiziere der Wehrmacht und Angehörige paramilitärischer Organisationen, z. B. SS, SA, Volkssturm und NSKK. Soweit sie arbeitsfähig waren, wurden sie u. a. über das Kriegsgefangenenlager Nr. 96 in Frankfurt an der Oder in die Sowjetunion transportiert.[20]

Eine unbekannte Zahl von Personen wurde auf Grund haltloser Verdächtigungen und Verleumdungen durch ihnen übelwollende Mitbürger festgenommen.[21]

Eine Reihe von Verhaftungsfällen haben einen konkreten Bezug zu den Machtkämpfen zwischen der SPD und der KPD/SED oder zu den Auseinandersetzungen während des Vereinigungsprozesses beider Parteien. Es kam auch in einzelnen Fällen zu Verhaftungen von Kommunisten.[22] Neben Deutschen waren in Hohenschönhausen ehemalige Zwangsarbeiter aus Osteuropa (Russen, Ukrainer, Esten, Letten, Tschechen, Polen u. a.), russische Emigranten und andere Ausländer aus Staaten, die mit Deutschland verbündet waren oder die in der deutschen Wehrmacht gedient hatten, gefangen.[23]

Auf Weisung des Leiters der Abteilung Spezlager und Gefängnisse des NKVD auf dem Territorium Deutschlands wurden Ende September 1945 alle Polen und alle Personen, die in der Sowjetunion beheimatet waren[24], zum Zwecke ihrer Repatriierung in das Spezlager Nr. 5. in Ketschendorf überstellt.[25]

Im Sommer 1945 war das Sonderlager Nr. 3 mit fast doppelt so viel Insassen belegt, wie es seine Kapazität vorsah.[26] Dagegen sind für die darauffolgenden Monate ein kontinuierlicher Rückgang der Häftlingszahlen und ab November 1945 eine Unterbelegung zu verzeichnen.[27]

Belegung des Speziallagers Nr. 3 (Ende Juli 1945–Ende Oktober 1946)

31. Juli	3.403	15. April	1.862
01. August	3.852	30. April	1.867
15. August	3.462	15. Mai	1.901
01. September	4.198	31. Mai	1.968
15. Oktober	2.559	15. Juni	1.978
15. November	2.211	30. Juni	2.003

20 Vgl. GARF, f. 9409, op. 1, d. 151, S. 164.
21 Z. B. der Fall "Alfred Levy". Vgl. Erler/Friedrich 1995, S. 72.
22 Z. B. Max Emmendörfer.
23 Mitte September 1945 befanden sich in Hohenschönhausen folgende Ausländer (außer Polen und Sowjetbürger): ein Franzose (Mitarbeiter der Gestapo), ein Jugoslawe (Spion und Diversant), ein Däne (Mitarbeiter der Gestapo), ein Inder (Vaterlandsverräter), ein Bulgare (Mitarbeiter der Gestapo), ein Amerikaner (Agent des amerikanischen Geheimdienstes - antisowjetische Propaganda), drei Italiener (Marodeure), ein Serbe (unerlaubter Waffenbesitz) und ein Holländer (Angehöriger von Strafeinheiten). GARF, f. 9409, op. 1, d. 130, S. 130.
24 Nach Angaben vom 14. September 1945 befanden sich in Hohenschönhausen 78 Russen, ein Tatare, vier Kasachen, ein Jude und ein Syrjaner (?). Vgl. GARF, f. 9409, op. 1, d. 139, S. 99. Offenbar betraf die erwähnte Weisung nicht diejenigen Personen, die nach der Oktoberrevolution 1917 aus Rußland emigrierten und die deutsche Staatsbürgerschaft besaßen.
25 GARF, f. 9409, op. 1, d. 139, S. 68, 72.
26 Archiv der sozialen Demokratie (AdsD), Ostbüro, 0418/I (Sachsenhausen), Bericht Nr. A 204/135. Finn 1958 (S. 43) gibt für den 1. Juli den Schätzwert 5.000 an.
27 Bei Fricke 1979 (S. 74) wird eine Durchschnittsbelegung von 2.000 Häftlingen genannt.

30. November	1.919	15. Juli	1.896
31. Dezember	1.798	31. Juli	1.966
15. Januar	1.797	15. August	2.012
31. Januar	1.885	31. August	1.780
15. Februar	1.952	30. September	1.784
01. März	2.013	15. Oktober	1.718
15. März	1.721	31. Oktober	150
01. April	1.776		

Das Speziallager Nr. 3 war bis Anfang 1946 hauptsächlich ein Durchgangslager. Bis zu diesem Zeitpunkt fand ein relativ schneller Austausch des Gefangenenkontingents statt. Die meisten Häftlinge waren in Hohenschönhausen nur einige Tage oder Wochen inhaftiert. In zahlreichen Transporten wurden sie von Hohenschönhausen in das Speziallager Nr. 7 nach Weesow bei Werneuchen und nach dessen Verlegung im August 1945 nach Sachsenhausen, in das Lager Nr. 5 in Ketschendorf[28] und in das Lager Nr. 9 in Fünfeichen[29] verlegt.[30]

Schätzungsweise gab es eine Gesamtbelegung des Lagers Hohenschönhausen von ca. 20.000 Personen bis Ende Oktober 1946.

2. Haftbedingungen und Lageralltag

Unmittelbar nach der Einlieferung in das Lager erfolgten eine Leibesvisitation und eine mehr oder weniger gründliche medizinische Untersuchung. Seit Juni 1945 mußten die "Neuzugänge" eine neu eingerichtete Duschanlage passieren, und ihre Sachen wurden desinfiziert. Zu einem späteren Zeitpunkt, wahrscheinlich erst ab 1946, mußten sie eine dreiwöchige Quarantäne durchlaufen.

Im August 1945 wurden die Frauenbaracken vom Bereich der männlichen Häftlinge durch eine Steinmauer abgetrennt.

Das Lagerleben regulierte die sowjetische Administration weitestgehend durch die Selbstverwaltung der Insassen. Für eine Häftlingsgruppe, die sich in einer Baracke oder in einem Raum aufhielt oder bestimmte Tätigkeiten ausübte, wurde jeweils ein "Ältester" eingesetzt.[31]

Im Sommer und im Herbst 1945 dominierten auf der entscheidenden Ebene der Lagerselbstverwaltung, der zentralen Leitung, der "Polizeitruppe" und der Essenausgabe, polnische und sowjetische Internierte. Oft traktierten sie die Lagerinsassen auch bei geringfügigen Vergehen mit Prügelstrafen. Als weitere Strafmaßnahme war die verschärfte Haft in einer Strafzelle vorgesehen. In Hohenschönhausen befand sich das Arrestlokal im früheren Kühlraum der Großküchenanlage. Dieser Raum hatte keine Entlüftung und einen ständig feuchten Boden.

---

28 GARF, f. 9409, op. 1, d.597, S. 33.
29 Krüger/Finn 1991, S. 72.
30 Zu der Verlegung der Häftlinge in andere Speziallager vgl. Genslerstraße 66, S. 18/19.
31 Vgl. GARF, f. 9409, op. 1, d.291, S. 156.

Im März 1946 war der ehemalige Wehrmachtsoffizier Andree der Zivilkommandant von Hohenschönhausen. Zu diesem Zeitpunkt bestand die Lagerpolizei aus acht Häftlingen. An ihrer Spitze stand Leo Gambitz. Für die Aufsicht der Frauen trug im Sommer 1945 die russische Emigrantin, Lydia Blum, die auch als Dolmetscherin fungierte, die Verantwortung. Nach ihrer Überführung nach Sachsenhausen war sie "Bataillonsführer" im dortigen Frauenlager.[32]

Nach Angaben des Sanitätsberichts aus der ersten Augustdekade erfolgte die Versorgung des Spezkontingents mit Lebensmitteln nach der Norm Nr. 3.[33] Entsprechend dieser Vorgabe sollte jeder Lagerinsasse täglich folgende Lebensmittel erhalten:

Brot	600 Gramm
Weizenmehl	10 Gramm
Graupen/Makkaroni	100 Gramm
Fleisch	30 Gramm
Fisch	100 Gramm
Fette	30 Gramm
Zucker	17 Gramm
Salz	30 Gramm
Kartoffeln/Gemüse	920 Gramm[34]

In Wirklichkeit lag die Versorgung der Häftlinge unter diesen Normvorgaben und erfolgte unter den primitivsten Bedingungen.[35] Die Qualität des Essens verschlechterte sich rapide, als die in den Speicherräumen der NSV-Küche lagernden Lebensmittelreserven aufgebraucht waren.[36] Das warme Essen für die Häftlinge wurde im Sommer 1945 unter freiem Himmel zubereitet. Teilweise wurden für diese "Suppe" verdorbene oder ungenießbare Nahrungsmittel wie "schimmelige Kartoffelflocken und oftmals nicht ganz einwandfreie Blutwurst"[37] verwendet. Für die Mahlzeiten wurden unterschiedliche Eßgefäße ausgeteilt, die nach der Benutzung zurückgegeben werden mußten. Im August 1945 errichtete ein Arbeitskommando eine Bäckerei in Hohenschönhausen.

Das Speziallager in Hohenschönhausen war kein Arbeitslager. Die übergroße Mehrheit der Internierten war von jedweder sinnvollen Betätigung ausgeschlossen und zum Nichtstun verurteilt. Nur einige wenige Betroffene konnten in den Wirtschafts- und Versorgungseinrichtungen des Lagers (u. a. Küche, Krankenrevier, Friseur, Badehaus und Waschküche) einer Beschäftigung nachgehen. Kleine Arbeitskommandos demontierten Maschinen und Anlagen in der benachbarten Firma "Heike" und in anderen Produktionsstätten in Hohenschönhausen.

Frauen und Jugendliche wurden zur Säuberung der Diensträume und Unterkünfte des sowjetischen Lagerpersonals sowie für diverse Näh- und Ausbesserungsarbeiten an Uniformen herangezogen. Unter Bewachung arbeiteten verschiedene Handwerker, Schuster und Schneider in einigen requirierten Siedlungshäusern. Außerdem gab es Einsätze von Inter-

---

32 Das Schicksal von Karl Heinrich. In: Telegraf vom 31. März 1948.
33 GARF, f. 9409, op. 1, d.291, S. 162.
34 GARF, f. 9414, op. 1, d. 360, S. 164.
35 Angaben der ehemaligen Lagerinsassen Margot F. und Margot W. gegenüber dem Autor.
36 AdsD, Ostbüro, 0418/I (Sachsenhausen), Bericht Nr. A 204/135.
37 Ebenda.

nierten im Wirtschaftshof des Lagers und für Gartenarbeiten. Deutsche Häftlinge waren auch im Sommer 1945 in der Registrier- und Karteiabteilung des Lagers beschäftigt.

Eine Gruppe der Landsberger Häftlinge besorgte im Sommer 1945 Bauholz aus alten Baracken in der näheren Umgebung des Lagers. Ein anderer Teil wurde zu Aufräumungsarbeiten in der Reichsbank eingesetzt. Wie Betroffene berichteten, kam es sogar in Einzelfällen vor, daß Internierte das Lagerpersonal bei unterschiedlichen Versorgungsfahrten begleiteten. All diese Außeneinsätze in der Anfangsphase der Existenz des Lagers Hohenschönhausen widersprachen der offiziellen Lagerordnung, die u. a. eine strenge Isolierung der Lagerinsassen von der Außenwelt vorsah, schufen aber für eine Reihe von Betroffenen günstige Möglichkeiten, um mündlich oder durch Kassiber ihre Angehörigen über ihr Schicksal zu informieren.

Nach einigen gelungenen Fluchtversuchen wurden diese "Freizügigkeiten" im Sommer 1945 eingestellt und die Bewachungsmaßnahmen verstärkt.

3. Krankheiten und medizinische Betreuung

Die allgemeinen hygienischen Bedingungen im Lager waren sehr mangelhaft. Es gab weder Kamm noch Zahnbürste oder andere notwendige Gegenstände der täglichen Körperreinigung und -pflege. Die Internierten verfügten nur über die Gegenstände der persönlichen Hygiene, die sie bei der Verhaftung bei sich trugen und die ihnen bei der Eingangsfilzung belassen worden waren. Für das Spezkontingent stand von 6 Uhr bis zur Nachtruhe ein allgemeiner Waschraum zur Verfügung.[38] Erst in der zweiten Januarhälfte 1946, nach dem verstärkten Auftreten von Wundrose, wurde an das Spezkontingent Seife für die tägliche Benutzung ausgegeben.[39]

Die "Badestube" des Lagers, die mit Duschen ausgestattet war, nahm erst am 28. Juni 1945 ihren Betrieb auf.[40] Diese Duschanlage konnten die Internierten zunächst im Rhythmus von zehn Tagen und nach der Abnahme der Belegungszahl einmal wöchentlich benutzen.[41]

Während sich die Häftlinge im "Badehaus" aufhielten, kam ihre Ober- und Unterbekleidung in eine sogenannte Desinfektionskammer.[42] Dort wurden die Sachen einer Temperatur von 115–120 Grad Celsius ausgesetzt.[43] Mit dieser Maßnahme, die den Stoffen sehr schadete und zu deren beschleunigtem Verschleiß beitrug, sollten Ungeziefer und Parasiten bekämpft werden.

---

38 Angaben von Januar 1946. GARF, f. 9409, op. 1, d.295, S. 10.
39 Ebenda.
40 GARF, f. 9409, op. 1, d. 291, S. 63.
41 GARF, f. 9409, op. 1, d. 292, S. 163; f. 9409, op. 1, d. 295, S. 222.
42 Die Anlage wurde auch am 28. Juni 1945 in Betrieb genommen. GARF, f. 9409, op. 1, d. 291, S. 63.
43 GARF, f. 9409, op. 1, d. 292, S. 7. Nach Angaben aus der ersten Augustdekade 1945 konnte in der Desinfektionskammer die vorgesehene Temperatur nicht konstant gehalten werden. Der Bau einer neuen Desinfektionskammer verzögerte sich, da nicht genügend Zement zur Verfügung stand, und konnte erst Anfang September 1945 fertiggestellt werden. Die vorgesehene Kapazität von 100 Garnituren in der Stunde konnte aber nicht erreicht werden, da zu diesem Zeitpunkt nur ein Wagen für 50 Garnituren vorhanden war. GARF, f. 9409, op. 1, d. 291, S. 162, 160; f. 9409, op. 1, d. 292, S. 5.

In der Anfangsphase des Lagers, im Sommer 1945, war das "Spezkontingent" stark verlaust. Um den Ausbruch bzw. die Verbreitung von Flecktyphus zu verhindern und in Ermangelung spezieller Mittel gegen Parasiten[44], wurden die Duschen und die Desinfektionskammer in der ersten Augustdekade rund um die Uhr betrieben. In 24 Stunden konnten so 500 bis 570 Häftlinge gereinigt werden.

Die katastrophalen hygienischen Bedingungen, die unzureichende Ernährung und Ausstattung mit Kleidung führten zur Erkrankung vieler Internierten in Hohenschönhausen.

In der Aufbauphase des Lagers, als das "Badehaus" und die Desinfektionskammer noch nicht errichtet waren, kam es zum epidemischen Auftreten von Dysenterie (Ruhr), Durchfall und anderen Magen-Darmerkrankungen. Die Überfüllung des Lagers und das Defizit an Unterbringungsmöglichkeiten[45] sowie die zeitweilige Unterbrechung der Wasser- und Abwasserversorgung[46] waren weitere Gründe für die schnelle Ausbreitung der Infektionskrankheiten im Sommer 1945.[47] Dazu kam, daß viele ältere Häftlinge[48], geschwächt und ausgezehrt von den Entbehrungen der letzten Kriegsjahre, den Krankheiten nur noch geringe Abwehrkräfte entgegensetzen konnten. Eine große Zahl von Verhafteten wurde bereits mit weit fortgeschrittenen Krankheiten in das Lager eingeliefert.

Zur Bekämpfung der Epidemie wurden laut Berichten der Sanitätsabteilung Ende Juli und Mitte August 1945 alle Lagerinsassen untersucht und Häftlinge mit Anzeichen von Darmerkrankungen isoliert untergebracht bzw. einer stationären Behandlung unterzogen. Ab Ende Juli führte die Lagerverwaltung auch eine Reihe antiepidemischer Maßnahmen ein: Waschen der Hände mit einer Chlorkalklösung nach der Toilettenbenutzung, Reinigung der Fußböden mit einer Chlorkalkmischung, Desinfizierung und Schutz der Toiletten vor Fliegen, Überwachung der Lebensmittelzubereitung.[49] Bis Ende Oktober 1945 gelang es schließlich, die infektiösen Magen-Darmerkrankungen weitestgehend einzudämmen.[50]

Mit Verschlechterung der Witterungsbedingungen zu Beginn des Herbstes 1945 wirkte sich das Fehlen von warmer Kleidung und die nichtexistierenden Heizungsmöglichkeiten in den Unterkünften[51] auf den Gesundheitszustand der Lagerinsassen aus. Unter dem Spezkontingent traten Grippe, Angina und andere Erkältungskrankheiten auf. Ab der zweiten Septemberhälfte 1945 erkrankten die Häftlinge dann auch verstärkt an Lungenentzündung[52].

Zu den ständigen "Begleitern" der Lagerinsassen in Hohenschönhausen gehörten weiterhin Tbc, Mangelkrankheiten wie Dystrophie und Wassersucht (Ödeme) sowie Hauterkrankungen wie Wundrose, Krätze und Furunkulose.[53]

---

44 GARF, f. 9409, op. 1, d. 291, S. 104.
45 GARF, f. 9409, op. 1, d. 291, S. 62.
46 GARF, f. 9409, op. 1, d. 291, S. 84.
47 GARF, f. 9409, op. 1, d. 291, S. 62.
48 GARF, f. 9409, op. 1, d. 291, S. 104.
49 GARF, f. 9409, op. 1, d. 291, S. 125, 164.
50 GARF, f. 9409, op. 1, d. 292, S. 58.
51 Erst in der ersten Novemberhälfte wurden die Unterkünfte des Spezkontingents mit provisorischen Heizungen (in der Übersetzung aus den russischsprachigen Dokumenten "Dampfheizungen") versehen. GARF, f. 9409, op. 1, d. 292, S. 105.
52 GARF, f. 9409, op. 1, d. 292, S. 7.
53 Außerdem werden in den russischen Quellen u. a. Geschlechtskrankheiten, Scharlach, Gehirnhautentzündung, Herzerkrankungen, Thrombosen, Diabetes und Krebs erwähnt.

Die Sanitätsabteilung des Speziallagers Nr. 3 bestand Ende Juni 1945[54] aus zwei Chirurgen, einem Gynäkologen und einem Feldscher.[55] Zur Komplettierung des vorgesehenen Personalbestandes fehlten noch ein Leiter der Apotheke und ein weiterer Feldscher.[56] Als Krankenschwestern waren weibliche Internierte in der Sanitätsabteilung tätig. Als Leiter der Sanitätsabteilung fungierte zu diesem Zeitpunkt[57] ein Major der medizinischen Dienste namens Kollegov.[58] Der Leiter der Sanitätsabteilung fertigte zunächst im Zehn- und dann im Vierzehntagesrhythmus Berichte über den Krankenstand und die Tätigkeit der Sanitätsabteilung für seine vorgesetzte Dienststelle innerhalb der Abteilung Lager und Gefängnisse auf dem Territorium Deutschlands an.

Für die Betreuung und Behandlung der Internierten wurden – ähnlich wie auch in den anderen Spezlagern – Fachkräfte aus den Reihen der Lagerinsassen herangezogen. Anfang Oktober 1946, wahrscheinlich im Zusammenhang mit der geplanten Auflösung des Speziallagers Nr. 3, wurde der größte Teil der internierten Mediziner, die zu diesem Zeitpunkt in der Sanitätsabteilung tätig waren, in ein Kriegsgefangenenlager überführt.[59]

Im Sommer 1945 befand sich das Krankenrevier des Lagers mit 120–130 Betten in der zweiten Etage des Küchenbaus und in einer Baracke.[60] Offensichtlich mußte die Sanitätsabteilung in der Folgezeit den ehemaligen Küchenbau räumen und wurde komplett in verschiedenen Baracken untergebracht. Nach der Renovierung der Krankenabteilung konnten dann Ende Januar 1946 die therapeutischen und chirurgischen Fälle von den infektiösen Kranken getrennt werden. Bereits davor wurden beim verstärkten Auftreten von Ansteckungskrankheiten, wie nachweisbar bei Dysenterie, Krätze[61] und Wundrose[62], gesonderte Baracken oder Räume zur Isolierung der Kranken eingerichtet.

Besondere Aufmerksamkeit galt von Anfang an den Syphilitikern. Neben der Isolierung von den anderen Kranken und einer speziellen ärztlichen Behandlung[63] wurden Anfang November eine gesonderte Toilette und ein abgetrennter Platz im Badehaus eingerichtet.[64]

---

54 Die Angaben stammen vom 28. Juni 1945. Vgl. GARF, f. 9409, op. 1, d. 291, S. 63.
55 In einem Dokument vom 17. Juni 1945 wird noch ein Leiter des Hospitals erwähnt. Vgl. GARF, f. 9409, op. 1, d. 291, S. 40. In der Aufstellung über den Personalbestand der Sanitätsabteilung taucht dessen Name aber nicht mehr auf.
56 GARF, f. 9409, op. 1, d. 291, S. 84. Ob bzw. wann eine Komplettierung des Personalbestandes erfolgte, konnte bisher nicht eruiert werden.
57 Als weitere Leiter der Sanitätsabteilung konnten ermittelt werden: Ab August 1945 – Oberleutnant Cepeleva (GARF, f. 9409, op. 1, d. 291, S. 160), ab Oktober – Hauptmann Rudenko (GARF, f. 9409, op. 1, d. 292, S. 57), ab Dezember – erneut Oberleutnant Cepeleva (GARF, f. 9409, op. 1, d. 292, S. 163) und ab Januar 1946 – Gardehauptmann Bychovskij (GARF, f. 9409, op. 1, d. 295, S. 9).
58 GARF, f. 9409, op. 1, d. 291, S. 40.
59 Unter den überführten Personen befindet sich auch der einzige Chirurg des Lagers. Um Operationen durchführen zu können, bittet der Leiter der Sanitätsabteilung die zentrale Sanitätsverwaltung, der Abteilung Spezlager und Gefängnisse einen Chirurgen aus einem anderen Lager zu überweisen. Vgl. GARF, f. 9409, op. 1, d. 296, S. 191.
60 Die Krankenbaracke, in der sich die Patienten mit Infektionskrankheiten befanden, die stationär behandelt werden mußten, funktionierte ab dem 1. Juli 1945. Vgl. GARF, f. 9409, op. 1, d. 291, S. 62.
61 Eine spezielle Baracke für Häftlinge, die an Krätze litten, wurde in der zweiten Augusthälfte 1945 eingerichtet. GARF, f. 9409, op. 1, d. 291, S. 160.
62 In der zweiten Januarhälfte 1946 wurden Personen, die mit an Wundrose erkrankten Häftlingen Kontakt hatten, isoliert und unter Beobachtung gestellt sowie ein gesonderter Operationsraum vorbereitet. Vgl. GARF, f. 9409, op. 1, d. 295, S. 10.
63 GARF, f. 9409, op. 1, d. 291, S. 62.
64 GARF, f. 9409, op. 1, d. 292, S. 105.

Anfang August 1946 wurde schließlich der Bau einer Isolierstation für Haut- und Geschlechtskranke beendet.[65]

Außerdem wirkte im Spezlager Nr. 3 ein Zahnarzt[66], der ein erstaunlich vielfältiges Krankheitsspektrum behandelte.[67] Für die Einrichtung des Behandlungsraums mußte ein internierter Arzt unter Bewachung seinen Tretbohrer von zu Hause holen.

Zunächst standen für die Heilung so gut wie keine Medikamente zur Verfügung. Dieser Zustand wurde durch die Bemühungen einer russischen Ärztin und durch die Beschaffung von Medikamenten aus Praxen von internierten Ärzten[68] etwas gemildert. Der Mangel an Medikamenten und medizinischen Materialien blieb aber im wesentlichen bis Anfang 1946 bestehen.

Den an Wassersucht und Vitaminmangel leidenden Kranken wurde als hauptsächlichstes Heilmittel ein Aufguß aus Tannennadeln verabreicht.[69] Nach Angaben des Leiters der Sanitätsabteilung erhielten die an Wassersucht Erkrankten außerdem eine salzlose, flüssigkeitsreduzierte Diät, zusätzliche Vitamine und Speisen aus frischem Gemüse.[70]

Neben der medikamentösen Behandlung führten die sowjetischen und deutschen Ärzten im Krankenrevier auch eine Reihe komplizierter chirurgischer Operationen durch.

4. Die Toten von Hohenschönhausen

Nach den statistischen Angaben der Sanitätsabteilung verstarben in Hohenschönhausen im Zeitraum von Ende Juli 1945 bis Ende Oktober 1946 886 Internierte.[71] Demgegenüber weisen Zeitzeugen auf eine größere Zahl von Toten hin. Vermutlich überhöhte Schätzungen in der Literatur geben die Höhe der Opfer im Speziallager Nr. 3 mit 3.000 bis 3.100 an.[72]

---

65 GARF, f. 9409, op. 1, d. 296, S. 72. Nach Angaben von Dezember 1945 existierte zu diesem Zeitpunkt im Lager ein Behandlungsraum für Haut- und Geschlechtskrankheiten. Vgl. GARF, f. 9409, op. 1, d. 292, S. 162.
66 Diese Einrichtung funktionierte seit Ende Juli 1945. Vgl. GARF, f. 9409, op. 1, d. 291, S. 104. Wahrscheinlich stand dem Zahnarzt ab einem späterem Zeitpunkt ein kleines zahntechnisches Labor zur Verfügung. Vgl. GARF, f. 9404, op. 1, d. 291, S. 160.
67 Z. B. Ziehen von Zähnen, radikale Operationen, Plombieren, Behandlung von Karies, Behandlung der Zahnwurzeln, Entfernung von Zahnstein, Verstärkung alter Brücken, Verstärkung alter Kronen, Einsetzen von neuen Kronen, Ausrichtung von Zähnen, Behandlung von Abszessen, Beseitigung von Druckstellen, Verstärkung von alten Zähnen am Inlett, Prothesen. Vgl. GARF, f. 9409, op. 1, d. 292, S. 162, 160.
68 Vgl. z. B.: Erler/Friedrich, 1995, S. 73.
69 GARF, f. 9409, op. 1, d. 291, S. 162. Nach Angaben des Leiters der Sanitätsabteilung zeigte diese Behandlungsmethode gute Resultate. Vgl. GARF, f. 9409, op. 1, d. 292, S. 5.
70 GARF, f. 9409, op. 1, d. 292, S. 58, 160. Angeblich wurde bei diesen Kranken auch regelmäßig das Gewicht überprüft. Vgl. GARF, f. 9409, op. 1, d. 295, S. 9.
71 Über eventuell verstorbene Lagerinsassen im Zeitraum Mai–Juni 1945 liegen bisher keine archivalisch belegbaren Zahlenangaben vor. In der Statistik der Sanitätsabteilung des Spezlagers Nr. 3 sind wahrscheinlich auch die Toten des benachbarten, seit Sommer 1945 existierenden Arbeitslagers enthalten.
72 Vgl. Fricke 1979, S. 79, Finn 1958, S. 43, Just 1952, S. 21. Bisher sind nur 14 verstorbene Lagerinsassen namentlich bekannt. Am 24. Oktober 1995 wurden die im Umfeld des ehemaligen Spezial-

Aus den nur unvollständig vorliegenden statistischen Angaben der Sanitätsabteilung geht hervor, daß bei etwa zwei Drittel aller Sterbefälle von Lungen-, Mangel- und infektiösen Magen-Darmerkrankungen verursacht worden sind.[73] Bei etwa einem Drittel der im Speziallager Nr. 3 Gestorbenen führten u. a. Erkrankung wie Wundrose, Rippenfellentzündung, Blutvergiftung, Phlegmon und Diphtherie zum Tode.[74]

Nach der sowjetischen Statistik lagen mehr als die Hälfte der Sterbefälle (489) im Zeitraum von Juli bis Oktober 1945. Wie bereits erwähnt, kam es in diesen vier Monaten zu einer Epidemie von Magen-Darmerkrankungen und einer verstärkten Ausbreitung von Erkrankungen der Lunge. In den Unterlagen der Sanitätsabteilung findet auch ein Selbstmord Erwähnung. Die meisten Todesopfer waren unter den älteren, männlichen Lagerinsassen zu beklagen.[75]

Die Begräbnisse fanden alle zwei bis drei Tage und im Sommer und Herbst 1945 sogar täglich statt.[76] Die Toten wurden vom Lager aus gesehen hinter dem Gelände des Industriebahnhofs Hohenschönhausen in Bombentrichtern und Karbidschlammgruben verscharrt.[77] Das Totenkommando wurde im Sommer 1945 von Häftlingen aus Landsberg gestellt. Der diensthabende Feldscher überwachte die Arbeit der Totengräber.[78]

5. "Kultura" in Hohenschönhausen

Die kulturellen Aktivitäten im Speziallager Nr. 3 sind eng mit dem Namen von Heinrich George verbunden, der Ende Juni 1945 in Hohenschönhausen eingeliefert wurde. Bei den sowjetischen Bewachern war er durch die Verfilmung der Erzählung von Puschkin "Der Postmeister" bekannt und in gewisser Weise angesehen. Zunächst in der Lagerküche beschäftigt, erhielt er von der Lageradministration die Order, eine Theatergruppe zu organisieren. Bei seinem Vorhaben erfuhr George vom Pianisten Helmut Maurer und weiteren internierten Schauspielern und Künstlern tatkräftige Unterstützung. Für das Lagerorchester wurden internierte Musiker zum Abholen ihrer Instrumente unter Bewachung nach Hause geschickt. Die Theaterrollen studierte George teilweise auch mit Laienschauspielern ein.

---

lagers Nr. 3 aufgefundenen Überreste von 127 verstorbenen Häftlingen auf dem städtischen Friedhof in Berlin-Hohenschönhausen beigesetzt. Vgl. Genslerstraße 66 1995, S. 20, 79 ff.

73 Der Autor geht davon aus, daß bei der übergroßen Mehrheit der Verstorbenen, bei denen Herzinfarkt oder Herzversagen als Todesursache angegeben wurde, eigentlich die erwähnten Krankheiten oder eine Kombination von mehreren Krankheiten zum Tode führten.

74 In Einzelfällen verstarben die Lagerinsassen auch an Magen- und Darmgeschwüren, Thrombose, Nierenerkrankungen und Meningitis.

75 GARF, f. 9409, op. 1, d. 291, S. 164.

76 GARF, f. 9409, op. 1, d. 292, S. 5.

77 Nach Angaben der Sanitätsabteilung wurden die Toten vorschriftsmäßig in zwei Meter Tiefe vergraben. Vgl. GARF,.

78 GARF, f. 9409, op. 1, d. 292, S. 7.

6. Die "Multifunktionalität" des sowjetischen Geheimdienstobjektes Hohenschönhausen

Neben dem Speziallager Nr. 3 befand sich im Gebäude der ehemaligen NSV-Küche eine Verhörzentrale des sowjetischen Geheimdienstes, in die wahrscheinlich hauptsächlich Personen aus dem Raum Weißensee verschleppt wurden. Für die Gefangenen wurden im Oktober 1945 im Keller des Gebäudes Einzelzellen eingebaut. Die nächtlichen Verhöre fanden im Obergeschoß statt. Dort residierte nach Angaben vom Februar 1946 ein Sowjetisches Militärtribunal.

Im Juli 1945[79] wurde die Abteilung Speziallager und Gefängnisse auf dem Territorium Deutschlands aus ihrem ursprünglichen Standort Fürstenwalde nach Hohenschönhausen verlegt. Die zentrale Lagerabteilung und ihr Archiv fanden ein neues Domizil in einem Gebäude der ehemaligen Firma Neuendorff in der Genslerstraße. Die Feldpostnummer der Abteilung war 96900.

Bereits im Sommer 1945 begann der Operative Sektor Berlin, der dem sowjetischem Volkskommissariat für Staatssicherheit (NKGB) unterstand, in Hohenschönhausen ein spezielles Arbeitslager einzurichten, das unabhängig vom Speziallager Nr. 3 existierte. Es besaß eine eigene Leitung und Verwaltung. Nach der Demontage der Maschinen und Anlagen und den Aufräumarbeiten in der ehemaligen Fleischmaschinenfabrik "Heike" entstanden in deren Räumlichkeiten eine Reihe von Reparatur- und Spezialwerkstätten. Links neben dem ehemaligen Industriebahnhof Hohenschönhausen wurde eine Autoreparaturwerkstatt[80] eingerichtet. Für die anfallenden Arbeit wurden Häftlinge mit Fachkenntnissen und handwerklichen Fähigkeiten aus den sowjetischen Speziallagern Jamlitz, Ketschendorf und Sachsenhausen nach Hohenschönhausen gebracht. Wahrscheinlich ab Anfang 1946 waren Häftlinge, die in den Werkstätten arbeiten mußten, in einem Fabrikgebäude der "Heike-firma" untergebracht.

Ab Sommer 1946 begannen Insassen des Arbeitslagers, die ehemalige NSV-Großküche zu rekonstruieren und im Kellergeschoß weitere Zellen einzubauen. Offenbar wurde mit diesen Maßnahmen das Gebäude für seine zukünftige Bestimmung als zentrales Untersuchungsgefängnis des MVD vorbereitet.

7. Flucht, Entlassungen und Auflösung des Speziallagers

Durch die strengen Bewachungsmaßnahmen war ein Entweichen aus dem Spezlager Nr. 3 sehr risikoreich und fast unmöglich. Bisher ist nur ein erfolgreicher Fluchtversuch direkt aus dem Lager bekannt. Weniger schwierig war es, von den verschiedenen Arbeitskommandos zu entkommen.

---

79 Der Umzug hat vor dem 16. Juli 1945 stattgefunden. Vgl. GARF, f. 9409, op. 1, d. 130, S. 147.
80 Nach Angaben vom 4. Dezember 1945 wurde die Autoreparaturwerkstatt von einem Leutnant Gorbunow geleitet. Vgl. GARF, f. 9409, op. 1, d. 139, S. 2.

Nach Angaben der Abteilung Spezlager und Gefängnisse konnten vom 25. Mai 1945 bis zum 15. April 1946 23 Lagerinsassen aus Hohenschönhausen fliehen. Davon wurden zwei wieder eingefangen.[81]

Laut Hans Jürgen Metzing gab es während seines Aufenthalts in Hohenschönhausen im Zeitraum von März bis Oktober 1946 einen mißlungenen Ausbruchversuch von sieben Häftlingen. Vier wurden wieder zurück ins Lager gebracht und drei auf der Flucht erschossen.[82]

Entlassungen fanden im Spezlager Nr. 3 nur in wenigen Fällen statt. Walter Pritzkow beschreibt, wie im Sommer 1945 einzelne Internierte das Lager frei verlassen durften.[83] Professor Koch, vor seiner Verhaftung Internist an der Charité, kam im Frühjahr 1946 aus Hohenschönhausen zurück.[84] Im August des gleichen Jahres wurden nach Angaben von Karl Wilhelm Fricke 100 weitere Häftlinge entlassen.[85]

Die Auflösung des Spezlagers in Hohenschönhausen ist auf eine Initiative des sowjetischen Stadtkommandanten von Berlin, Generalmajor A. G. Kotikov, zurückzuführen. In einem Brief von Mitte September 1946 bat er den Chef der SMAD, Marschall Sokolovskij, das Spezlager des MVD sofort an einen Ort außerhalb Berlins zu überführen. Als Begründung führte er an, daß das Lager in einem Industriegebiet liegt, welches für Personen aus den westlichen Besatzungszonen und für Ausländer zugänglich ist, daß durch den Betrieb des Lagers die Gebäude von sechs Firmen blockiert sind, die von ihren Besitzern wieder genutzt werden wollen, und daß die Orte, wo die Leichen des Lagers verscharrt wurden, nicht bewacht und für jedermann zugänglich sind. Diese Tatsachen – befürchtete Kotikov – könnten dazu führen, daß die Existenz des Lagers auch im Ausland bekannt würde.[86]

Daraufhin wurde in Abstimmung mit dem stellvertretenden Minister für Innere Angelegenheiten der UdSSR, Generaloberst Serov[87], im Oktober 1946 das Speziallager Nr. 3 allmählich aufgelöst. Die letzten Überführungen von Häftlingen nach Sachsenhausen fanden teilweise mit Lastkraftwagen statt. Das kleinere Arbeitslager mit seinen Spezialwerkstätten und dem Autoreparaturbetrieb war von diesen Maßnahmen nicht betroffen.

Nach dem 31. Oktober 1946 diente das ehemalige Spezlager Nr. 3 bis Anfang 1951 als zentrales Untersuchungsgefängnis des sowjetischen Sicherheitsdienstes in Deutschland. Dann befand sich in dem Gebäudekomplex die zentrale Untersuchungshaftanstalt des MfS. Von den Häftlingen wurde sie wegen der Kellerzellen und der dort praktizierten Vernehmungspraktiken als "U-Boot" bzw. als "Deutsche Lubjanka" bezeichnet. Im Februar 1990 erhielt das Innenministerium der DDR das Objekt und nutzte es gleichfalls als Untersuchungsgefängnis. Am 3. Oktober 1990 übernahm die Berliner Senatsverwaltung für Justiz die Anstalt und schloß sie nach Protesten aus der Bürgerbewegung der DDR, die gegen eine weitere Nutzung als Strafvollzugseinrichtung auftraten, endgültig am 30. November 1990. Nachdem der Gefängnisbau kurzzeitig als Aufbewahrungsort für die Zentralkartei des DDR-Strafvollzugs diente, wurde das Objekt unter Denkmalschutz gestellt. Im Dezember

---

81 GARF, f. 9409, op. 1, d. 144, S. 32.
82 Vgl. Erler/Friedrich 1995, S. 90.
83 Vgl. Pritzkow 1994, S. 46.
84 Vgl. Telegraf vom 31. März 1948.
85 Vgl. Fricke, 1979, S. 74.
86 GARF, f. 9409, op. 1, d. 132, S. 28, 29.
87 GARF, f. 9409, op. 1, d. 132, S. 27.

1995 nahm dort die als Erinnerungsort für die Opfer politischer Verfolgung von 1945 bis 1989 konzipierte "Gedenkstätte Berlin-Hohenschönhausen" ihre Tätigkeit auf.

ALEXANDR HARITONOW

Zur Geschichte des Speziallagers Nr. 4 (3) in Bautzen*

Allgemeine Angaben

Das Speziallager Nr. 4 (3) des Ministeriums des Innern (MVD) der UdSSR in Deutschland befand sich in der Stadt Bautzen (Provinz Sachsen) der Sowjetischen Besatzungszone Deutschlands (SBZ). Es war im Mai 1945 in einem ehemaligen deutschen Gefängnis aus dem Jahre 1904 eingerichtet worden. Die Gründung erfolgte auf der Grundlage des Befehls Nr. 00461 des Bevollmächtigten des NKVD der UdSSR bei der 1. Belorussischen Front vom 10. Mai 1945.[1]

Das Speziallager Bautzen war zunächst dem Operativen Sektor des MVD der Stadt Dresden gegenüber rechenschaftspflichtig. Am 25. Juni 1945 ging es in den Verantwortungsbereich der Abteilung Speziallager des NKVD der UdSSR in Deutschland über, welche bereits am 18. April 1945 auf Befehl Nr. 00315 durch den Bevollmächtigten des Innenministeriums der UdSSR in der Gruppe der sowjetischen Besatzungstruppen in Deutschland, Generaloberst I. A. Serov, gebildet worden war. Im Jahre 1948 wurde die Abteilung Speziallager dann auf Befehl Nr. 00959 vom 9. August dem GULAG des MVD der UdSSR unterstellt.

Zwischen 1945 und Anfang 1946 verfügte die Mehrheit der Leiter der sogenannten "Operativen Sektoren", d. h. der Untersuchungsbehörden in der sowjetischen Besatzungszone, noch nicht über Informationen bezüglich der offiziellen Bezeichnung des Speziallagers in Bautzen. Deshalb finden sich in den Begleitschreiben für Häftlinge unterschiedliche Bezeichnungen. Drei der am häufigsten verwendeten seien hier genannt:
– Übergangsgefängnis der Stadt Bautzen,
– Speziallager Nr. 4 des NKVD der UdSSR in Bautzen,
– Gefängnis und Speziallager Nr. 4 der SMAD in Bautzen.
Auch nach 1946 wurde das Lager noch unterschiedlich bezeichnet, nämlich entweder als "Speziallager Nr. 4 der SMAD" oder auch als "Speziallager Nr. 4 des MVD der UdSSR in

---

* Bei der Erarbeitung dieses Überblicks verwendete der Autor u. a. Archivmaterialien zur Geschichte der Speziallager des MVD der UdSSR in Deutschland aus dem Institut für Geschichte und Biographie der Fernuniversität/Gesamthochschule Hagen. Diese Unterlagen erhielt der Leiter des Instituts, Alexander v. Plato, aus dem Staatsarchiv der Russischen Föderation im Ergebnis eines gemeinsamen Forschungsprojekts.
1 Fond 9409, op. 1, Akte 21, Bl. 12.

Deutschland". Mit sinkenden Häftlingszahlen wurden entsprechend einer Anweisung des Stellvertretenden Innenministers der UdSSR, Generaloberst Serov, in der Folgezeit manche Speziallager bzw. Gefängnisse wieder aufgelöst. Im Juni 1948 verwaltete die Abteilung Speziallager des MVD der UdSSR in Deutschland nur noch sechs Speziallager. Der Prozeß der Auflösung von Lagern ging jedoch noch weiter, so daß nur noch drei Speziallager bestehen blieben: Buchenwald, Bautzen und Oranienburg (Sachsenhausen). Die Wahl fiel speziell auf diese drei Lager, da sie den besten baulichen Zustand aufweisen konnten und hier nach Auffassung der MVD die besten Voraussetzungen für Sicherheit und Zuverlässigkeit gegeben waren.

Bis November 1948, d. h. bis zur Auflösung der anderen Lager und der Neuorientierung behielt Bautzen seine ursprüngliche Ordnungsnummer 4.

Ab Ende November 1948 unterschrieb Oberstleutnant Kazakov die meisten Schriftstücke schon mit dem Titel *"Leiter des Speziallagers Nr. 3 des MVD der UdSSR in Bautzen"*[2]. Und am 1. Januar 1949 erhielt das Speziallager Nr. 4 in Bautzen dann offiziell die neue Ordnungsnummer "3", unter der es bis zu seiner Auflösung geführt wurde.[3] Um dem Leser die Orientierung zu erleichtern, wird in diesem Überblick fortan das Lager Nr. 4 (3) des MVD der UdSSR in Deutschland als *Speziallager Bautzen* bezeichnet.

Die Kapazität des Lagers war zunächst auf 5.000 Personen ausgelegt. Ende 1945 wurde aus eigenen Mitteln ein Anbau aus neun Holzbaracken für 1.500 Häftlinge errichtet. Auf diese Weise erreichte die Aufnahmekapazität für Gefangene 6.500, in Wirklichkeit waren jedoch etwa 7.000 Personen hier inhaftiert.

Das Lagerterritorium umfaßte 66.300 m² (Stand Mai 1948). Es gab vier Ziegelgebäude für die Unterbringung von Gefangenen sowie die sog. Inneren Baracken. Das gesamte Lagerterritorium war mit einer 4-6 m hohen Steinmauer umgeben. In einer Entfernung von jeweils 100 bis 150m voneinander gab es insgesamt acht Wachtürme. Von außen wurde das Lager mit Hilfe von 16 Scheinwerfern beleuchtet, von innen mit elektrischen Glühbirnen.

Die äußeren Baracken befanden sich auf einem gesonderten Territorium, das sich an die Gefängnismauern anschloß und eine eigenständige Zone bildete. Hier standen fünf Holzbaracken in Fertigteilbauweise. Die vier Häftlingsbaracken davon waren mit hölzernen durchgehenden Doppelstockpritschen für insgesamt 1.500 Häftlinge ausgestattet.

Für die Unterbringung des Lagerpersonals gab es in der sog. Vorzone sechs Ziegelbauten mit insgesamt 20 Einzelwohnungen.

Zur Häftlingsstatistik

Zugänge

Das Gefängnis bzw. Speziallager war für sämtliche Operativen Sektoren der sowjetischen Besatzungszone Deutschlands zuständig, von woher sowohl das sogenannte Spezialkontingent, also Internierte, als auch verurteilte Gefangene mit verschiedenen Haftstrafen einge-

---

2 Vgl. Fond 9409, op. 1, Akte 523, Bl. 82.
3 Bei Klonovsky / Flocken (1993, S. 178) wird das Speziallager Bautzen irrtümlicherweise bereits ab 1945 mit der Nr. 3 geführt.

wiesen wurden. Von Beginn des Aufbaus des Lagers bis zu seiner Auflösung, also im Zeitraum von Mai 1945 bis März 1950 wurden insgesamt 27.285 Gefangene mit Kontrollregistratur- bzw. Gefängnisakten aufgenommen. Bei der Aufnahme von Gefangenen ließ man sich von Auszügen aus den Befehlen Nr. 0016 vom 11. Januar 1945 und Nr. 00315 vom 18. April 1945 leiten. Erst im Juni 1945 erhielt die Abteilung Speziallager in Deutschland über den Vertreter der 1. Spezialabteilung, Major Sokoličko, entsprechende Handlungsanweisungen zur Registratur von Häftlingen als Anlage Nr. 3 zum Befehl Nr. 00461 des NKVD der UdSSR vom 10. Mai 1945. Der Leiter des Speziallagers Bautzen bekam diese dann am 5. Juni 1945.

Im August 1945 erhielt das Lagerpersonal einen Zusatz zur provisorischen Vorschrift, die im Befehl Nr. 00461 - 1945 des NKVD der UdSSR fixiert war, der die Registrierung und Daktyloskopierung der Häftlinge beinhaltete. Erst im Juli 1945 kamen von der übergeordneten Einrichtung konkrete Vorschriften zum Führen der Registratur sowie zur Berichterstattung über Inhaftierte. In diese Lagerregistratur wurden insgesamt 16.247 Personen aufgenommen, weitere 11.038 Personen wurden nicht nach den allgemeinen Vorschriften registriert, da sie in andere Haftanstalten weiter überführt wurden.[4] Für die Häftlinge des Spezialkontingents galten auch hier spezielle Regelungen:

> Personen, die im Zuge des Befehls Nr. 00315 des NKVD der UdSSR vom 18.04.1945 in Speziallager eingewiesen wurden, werden nach Sonderregelungen von der Gesellschaft isoliert; sie werden nicht angeklagt, und über sie werden keine Gerichtsakten, wie in der Strafprozeßordnung vorgesehen, angelegt. Dementsprechend dürfen Militärstaatsanwälte in diesen Fällen (bezüglich Einweisung in Speziallager) keinerlei Sanktionen anordnen...[5]

In Ergänzung dieser Vorschriften erhielt Kazakov am 26. August 1949 vom Leiter der Abteilung Speziallager des MVD der UdSSR in Deutschland, Sokolov, die Anweisung, ohne dessen Zustimmung keinesfalls Militärstaatsanwälte zur Kontrolle in Speziallagern, speziell zur Kontrolle von Häftlingen des Spezialkontingents zuzulassen.[6]

Im Jahre 1945 wurde die Mehrheit der in das Speziallager Bautzen eingelieferten Häftlinge von den Operativsektoren, dem "SMERŠ"[7] oder anderen Gliederungen der Truppen der Roten Armee, die in Sachsen stationiert waren, hierher überstellt. Viele der ins Speziallager Bautzen gebrachten Häftlinge durchliefen hier lediglich eine Durchgangskontrolle, um dann entsprechend der jeweils zutreffenden Standards in andere Lager überführt zu werden.

Bis Ende 1945 unterschieden sich die Häftlingsbegleitschreiben noch recht stark voneinander.[8] In manchen wurden neben Namen, Geburtsjahr und -ort der Verhafteten auch Datum und Ort der Verhaftung vermerkt sowie mehr oder weniger ausführliche Angaben zur Anklage gemacht. Andere dagegen enthielten nur ein Minimum an Informationen: Name, Vorname, Geburtsjahr sowie Verhaftungsgrund in einem Wort (Werwolf, SA, Spion usw.).

In der Regel vergingen vom Zeitpunkt der Verhaftung durch Untersuchungsorgane der sowjetischen Militäradministration vor Ort bis zur Übergabe an das Gefängnis bzw. Speziallager Nr. 4 Bautzen fünf bis zehn Tage. In vielen konkreten Fällen benötigten die Unter-

---

4 Fond 9409, op. 1, Akte 529, Bl. 2-3.
5 Fond 9409, op. 1, Akte 525, Bl. 55.
6 Ebenda.
7 Kurzwort für "Smert' špionam" – Tod den Spionen.
8 Fond 9409, op. 1, Akte 537.

suchungsorgane jedoch zwei Tage, um ihre Entscheidung zu fällen.[9] Andererseits kam es aber auch vor, daß die Voruntersuchung bis zu drei Wochen in Anspruch nahm[10]; das waren jedoch eher Ausnahmen, als die Regel.

Das Speziallager Bautzen nahm während der gesamten Zeit seiner Existenz fortwährend Häftlinge auf. Im Unterschied zur Anfangszeit, in der praktisch alle unter die Spezialkontingentregelungen fallenden Personen aufgenommen wurden, begann man nach dem 12. September 1946, entsprechend der Verordnung Nr. 0958[11], eine gewisse Spezialisierung zu verfolgen. So hatte die Abteilung Speziallager der SMAD vorgeschlagen, nach Bautzen hauptsächlich die für über 15 Jahre Verurteilten einzuweisen. Die Häftlinge mit einem Strafmaß bis zu 15 Jahren wurden in der Regel in das Speziallager Nr. 7 nach Sachsenhausen geschickt. Wenn man jedoch die erhalten gebliebenen Unterlagen analysiert, kommt man zu dem Schluß, daß die Verordnung nicht sonderlich streng verwirklicht wurde. Dazu kam, daß sich zum Zeitpunkt der Herausgabe dieser Verordnung in Bautzen bereits eine ganze Reihe von Häftlingen mit einem Strafmaß von weniger als 15 Jahren befanden.

Im Mai 1949 beschloß die Abteilung Speziallager der SMAD (mit Sicherheit auf Anweisung Moskaus hin), die Idee der Spezialisierung im Speziallager Bautzen zu Ende zu führen.[12] Der Leiter des Speziallagers Bautzen, Kazakov, erhielt die Anweisung, bis zum 21. Mai 1949 die Überführung von "sämtlichen männlichen Häftlingen mit einem Strafmaß bis zu 15 Jahren und von allen verurteilten Frauen" in das Speziallager Sachsenhausen, das nun die Nr. 1 erhielt, nach Oranienburg, vorzubereiten und zu realisieren.

Statistische Angaben zu Haftgründen, Strafmaß, Alter und sozialer Zusammensetzung

Innerhalb der ersten Monate der Existenz des Speziallagers Bautzen stieg die Zahl der hier Inhaftierten sprunghaft an (siehe Tabelle 2 am Ende dieses Aufsatzes). Die Mehrheit dieser Inhaftierten bildeten Deutsche, darüber hinaus gab es auch Russen, Ukrainer, Polen und einige andere. Etwa ab August bzw. September 1945 wurden die Häftlinge streng getrennt nach Nationalität registriert. Außerdem wurden die Inhaftierten nach einem bestimmten Schema verschiedenen Kategorien zugeteilt. Anfangs unterschied man 9-10 Kategorien, später dann, ab 1948, 14-16 Kategorien. Die wesentlichen dieser Kategorien waren: aktive Mitglieder der NSDAP, Angehörige der SA, Angehörige der SS, Spione, Leiter von Jugendorganisationen, Werwolf-Angehörige, Führer des Volkssturms usw.

Detaillierte Angaben über die verschiedenen Haftgründe und die daraus resultierenden Strafmaße (Stand 6. 12. 1949) sind der Tabelle 6 zu entnehmen. Daraus geht weiterhin hervor, daß es Ende 1949 in Bautzen immer noch 121 Häftlinge sowie vier Frauen gab, die hier entgegen der Anordnung von Sokolov vom 6. Juni 1949 mit Haftstrafen unter 15 Jahren einsaßen, die hier gar nicht mehr hätten sein dürfen. Noch Mitte Januar 1950, wenige Tage vor dem Beginn der Auflösung des Lagers, waren in Bautzen 91 Frauen inhaftiert.[13] Wahrscheinlich bot sich in den anderen Lagern ein ähnliches Bild. Deshalb muß man davon

---

9 Fond 9409, op. 1, Akte 537, Bl. 30, 47.
10 Fond 9409, op. 1, Akte 537, Bl. 42.
11 Fond 9409, op. 1, Akte 548, Bl. 28.
12 Fond 9409, op. 1, Akte 560, Bl. 1.
13 Fond 9409, op. 1, Akte 572, Bl. 2.

ausgehen, daß die Spezialisierung der Lager zwar prinzipiell durchgeführt, aber nicht konsequent zu Ende gebracht worden ist.

Die Tabellen 3, 4 und 5 geben Aufschluß über die Zusammensetzung der Häftlinge nach ihrem Alter zum Zeitpunkt der Verhaftung, nach ihrer sozialen Herkunft bzw. ihrer Zugehörigkeit zu einer Partei.

Abgänge

Eine ganze Reihe von Häftlingen, die von der "SMERŠ" bzw. von Sonderbevollmächtigten der Roten Armee in verschiedenen Städten verhaftet und nach Bautzen überstellt worden waren, wurden wenige Zeit später wieder an ihre Verhaftungsorte bzw. an ihren alten Arbeitsort zurückgebracht. Als Grund für ein solches Vorgehen wurde meist angegeben "im Zusammenhang mit der Notwendigkeit eines Untersuchungsprozesses". Als unklar muß immer noch die Situation derjenigen Häftlinge eingeschätzt werden, die zur weiteren Nachuntersuchung aus dem Gefängnis bzw. Speziallager Bautzen wieder zurückgebracht wurden mit der Formulierung "die Häftlinge werden samt der zugehörigen Unterlagen ohne Rückgabe abgeholt". Was sich hinter dieser Formulierung verbirgt, ist bislang ungeklärt. Das konnte vielleicht Erschießung bedeuten oder aber Abtransport in ein anderes Lager auf dem Territorium der SBZ oder auch der UdSSR.[14]

Entsprechend einem Befehl des Innenministers der UdSSR unter der Nummer 2728-1124ss vom 23. Dezember 1946 "Über den Abtransport von Deutschen, die sich in Speziallagern und Gefängnissen in Haft befinden, aus Deutschland" war vorgesehen, innerhalb von zwei Monaten 27.500 Häftlinge in die UdSSR zu bringen.[15] Für die Auswahl der Transporte wurde aus Moskau eine Sonderkommission nach Deutschland entsandt.

Im Januar 1947 erhielt Kazakov die Anweisung aus Berlin, daß ausschließlich arbeitsfähige Deutsche für eine Überstellung in die UdSSR vorzubereiten sind, keine Vertreter anderer Nationalitäten (mit Ausnahme von Bürgern der UdSSR, für die spezielle Regelungen galten).[16] Sämtliche Transportzüge mußten über die notwendige Winterausrüstung verfügen, die Gefangenen waren mit Winterbekleidung auszustatten. Aus dem Speziallager Bautzen wurden zwei Züge zusammengestellt, in denen jeweils 1.350 Häftlinge abtransportiert wurden. Der erste Transport mit 57 Eisenbahnwagen ging am 25. Februar 1947 von Bautzen ab, der zweite mit 56 Waggons am 28. Februar.

Abgesehen von dem Sonderfall dieses Massentransports wurden die Häftlinge, die das Lager Bautzen wieder verließen, entsprechend den damals geltenden Vorschriften, meist von einem Offizier in Begleitung eines Soldaten abgeholt. Der Offizier verfügte dazu über ein entsprechendes Schreiben mit der Unterschrift eines Vertreters einer übergeordneten Instanz. Erst nach Ausfertigung eines obligatorischen offiziellen Dokuments wurden ihm die Häftlinge übergeben. Dazu wurde im Registraturbuch des Speziallagers eine entsprechende Eintragung vorgenommen.

Zwischen 1945 und 1946 wurden im Speziallager Nr. 4 an 107 Personen Urteile des Militärtribunals zur Höchststrafe zur Vollstreckung gebracht.[17] (Über mitsamt ihren Unterlagen

---

14 Fond 9409, op. 1, Akte 534, Bl. 111, 114, 195.
15 Fond 9409, op. 1, Akte 13, Bl. 28.
16 Fond 9409, op. 1, Akte 548, Bl. 1.
17 Fond 9409, op. 1, Akte 560, Bl. 51a.

aus Bautzen abgeholte und eventuell an einem anderen Ort laut Urteil erschossene Häftlinge wurde im Speziallager nicht Buch geführt.) Mittlerweile gibt es eine Reihe von Hinweisen darauf, daß die Dokumentation der Speziallager weitgehend erhalten geblieben ist. Wie aus einem Schreiben des Leiters der Abteilung Speziallager des MVD der UdSSR in Deutschland, Oberst Sokolov, vom 21. Juni 1949 hervorgeht, sind die "Gefängnisakten zusammen mit den dazugehörigen Unterlagen über die Vollstreckung des Urteils ... in der vorgeschriebenen Form zu archivieren"[18]. Diese Forderung Sokolovs, in der auch darauf verwiesen wird, daß nur die Kopien der Vollstreckungsunterlagen zu vernichten sind, läßt hoffen, daß noch vollständige Listen der Erschossenen mit Angabe von Ort und Datum der Vollstreckung zu finden sein werden.

Nach der nunmehr vorliegenden Statistik, die aus dem vollständigen Registraturjournal des Speziallagers Bautzen für den Zeitraum vom 21. Dezember 1945 bis zum 28. Dezember 1946 hervorgeht, sind in diesem Zeitraum im Speziallager 754 Personen gestorben. In den Folgejahren, besonders im Jahr 1949, veränderten sich die Haftbedingungen (sie wurden verhältnismäßig besser) und auch die Altersstruktur der Inhaftierten. Wenn es 1945/46 noch fast doppelt soviele Häftlinge der Altersgruppe über 45 Jahre im Vergleich zu den unter 35jährigen gab, so glich sich dieses Verhältnis in den Jahren 1948/49 aus bis es gar mehr jüngere Häftlinge unter 35 Jahren waren. Deshalb ist kaum anzunehmen, daß die Zahl der Toten in den Folgejahren im Vergleich zu 1946 zugenommen hat. Insgesamt kann also die Zahl der im Speziallager Bautzen von Mai 1945 bis zur Auflösung der Einrichtung (aus den unterschiedlichsten Gründen) verstorbenen Personen auf 2.500 bis 3.000 geschätzt werden. Zu dem gleichen Ergebnis kam Jan Lipinski (1994, S. 86).[19]

Aufbau und Personalstruktur

Leiter des Gefängnisses und Speziallagers Bautzen war vom ersten Tag bis hin zu seiner Auflösung Oberstleutnant (später Oberst) Sergej Iustinovič Kazakov. Als sein Stellvertreter fungierte Major Aleksej Ivanovič Gostev. Bei Abwesenheit des Chefs verfügte er stellvertretend über ausnahmslos alle Machtbefugnisse. Die weiteren Gliederungen des Speziallagers und die personelle Besetzung der Leitungsfunktionen ist der Übersicht Nr. 6 zu entnehmen. Die Verwaltungsfunktionen im Lager oblagen also hauptsächlich Offizieren der Roten Armee, für bestimmte Tätigkeiten wurden jedoch auch sowjetische Zivilangestellte beschäftigt.

Die in einem Lager wie Bautzen auf Vertragsbasis arbeitenden Zivilangestellten wurden von Moskau aus in das betreffende Lager delegiert. Über ihre Zuweisung zu einem bestimmten Lager entschied die Kaderabteilung des Innenministeriums der UdSSR. Nach Ablauf ihrer Vertragsfristen bzw. auch bei einem vorzeitigen Abbruch des Arbeitsverhältnisses (z. B. wegen grober Verletzung der Vorschriften) kehrten die Zivilangestellten nach Moskau zurück und standen der Kaderabteilung des Innenministeriums wieder zur Verfügung.[20] Ab Dezember 1948 enthielten die Einsatzbescheinigungen der Zivilangestellten

---

18 Fond 9409, op. 1, Akte 560, Bl. 51.
19 Unklar ist allerdings, auf welcher Grundlage Klonovsky und von Flocken die Zahl der Bautzner Opfer mit 12.000 angeben (1993, S. 178).
20 Fond 9409, op. 1, Akte 523, Bl. 36.

allerdings die Aufschrift "Delegiert von der Verwaltung der Kaderabteilung des GULAG"[21]. Die Zivilangestellten (Männer und Frauen) waren in der Regel als Aufseher bzw. Oberaufseher tätig. Das Offizierskorps des Lagers wurde vervollständigt bzw. erfuhr Veränderungen nicht nur auf der Grundlage von Einsatzbefehlen der Kaderabteilung des Innenministeriums der UdSSR, sondern auch durch Wechsel von Offizieren zwischen den Lagern des MVD der UdSSR auf dem Territorium Deutschlands.[22]

Der Personalbestand der Abteilung Speziallager wurde mit einem Stellenplan festgelegt, den die Befehle Nr. 0047 und 00508 des NKVD der UdSSR 1946 bestätigten. Mit der Vorbereitung der Auflösung von einzelnen Lagern wurden im Herbst 1948 die Stellenpläne der verbleibenden drei Speziallager überarbeitet und mit dem Befehl Nr. 00959 des Innenministeriums der UdSSR vom 9. August neu bestätigt. Entsprechend diesem neuen Stellenplan waren für das Speziallager Bautzen 242 Planstellen vorgesehen (siehe Übersicht Nr. 6).[23] Im Juni 1949 legte Sokolov dem Innenminister der UdSSR, Generaloberst Kruglov, den Entwurf eines neuen Stellenplanes "für die Verwaltung Speziallager und Speziallager des MVD der UdSSR in Deutschland" zur Bestätigung vor. Die wesentliche Neuerung dieses Entwurfs bestand in der Einführung von Politischen Apparaten in den Speziallagern.[24] Außerdem war damit eine neue Gehaltsordnung für die Mitarbeiter der Abteilung sowie der Speziallager vorgesehen, mit der die Bezüge des Personals steigen sollten.[25] Schließlich schlug dieser Entwurf noch vor, die bis dahin getrennten Abteilungen Operative Arbeit sowie Wache und Regime zu vereinigen. Der Umstand, daß in Dokumenten des Speziallagers Bautzen ab Herbst 1949 die Unterschrift eines Stellvertretenden Lagerleiters für Politische Fragen zu finden ist, spricht dafür, daß der entsprechende Vorschlag Sokolovs die Unterstützung von Moskau fand und somit realisiert wurde. Damit trat eine Verschärfung der politischen Kontrolle und eine härtere Reglementierung der Lebensweise sowjetischer Bürger in Deutschland immer mehr zu Tage.

Ab 1948 war es dann generell nur noch ganzen Gruppen gestattet, das Lagerterritorium, in dem das sowjetische Personal zusammen lebte, zu verlassen. Im Sommer und Herbst 1949 kam es zu einer weiteren Verschärfung der Vorschriften für das Verhalten der Offiziere, ihrer Familienangehörigen und der Zivilangestellten. Entsprechend einer Anweisung des Leiters Speziallager des MVD der UdSSR in Deutschland, Oberst Sokolov, vom 12. August 1949[26] war es ihnen von da ab strikt verboten, aus persönlichen Gründen das Lagerterritorium zu verlassen. Die Leiter der Speziallager hafteten persönlich für die Einhaltung dieser

---

21 Fond 9409, op. 1, Akte 523, Bl. 88.
22 Fond 9409, op. 1, Akte 523, Bl. 52.
23 De facto hatte das Lager jedoch 1949 und bis zu seiner Auflösung nur 187 Mitarbeiter, d. h. es fehlten 55 Personen. Auf Anweisung des Leiters der Abteilung Speziallager in Deutschland Sokolov, wurde diese Unterbesetzung in erster Linie durch die Einsparung von Offiziersstellen erreicht.
24 Vor 1949 waren die Parteiorganisationen der Abteilung Speziallager und der Speziallager selbst jeweils einer von vier Politabteilungen abwechselnd zugeordnet. Im Juni 1949 gehörten sie z. B. zur Politabteilung des 11. Warschauer Spezialregiments für Regierungspost und -fernmeldewesen "A. Nevskij" des Ministeriums für Staatssicherheit der UdSSR.
25 Nach dem Befehl Nr. 00959 vom 9. August 1948 waren die Bezüge dieser Personen um ca. 25 % niedriger als die Einkommen der Mitarbeiter von Lagern in der UdSSR bzw. von gleichrangigen Einrichtungen der SMAD und des Innenministeriums der UdSSR in Deutschland – vgl. Fond 9409, op. 1, Akte 272, Bl. 3.
26 Fond 9409, op. 1, Akte 525, Bl. 32.

Anweisung. Zu jenem Zeitpunkt gab es im Speziallager Bautzen 24 Offiziere und 21 Zivilangestellte.

Aber auch diese Maßnahmen erschienen der sowjetischen Führung als noch nicht ausreichend. Am 25. August 1949 erhielten alle Leiter von Speziallagern des MVD der UdSSR auf dem Territorium Deutschlands die Information über den Befehl Nr. 0358 des Obersten Chefs der SMAD und Oberkommandierenden der Gruppe der Sowjetischen Besatzungsstreitkräfte in Deutschland (GSBSD),Čujkov. Dieser Befehl untersagte es allen sowjetischen Angestellten der sowjetischen Militäradministration in Deutschland, aber auch allen Dienstreisenden, in deutschen Privatquartieren bzw. in von der deutschen Bevölkerung nicht eindeutig abgegrenzten Gebieten oder Häusern zu wohnen. Außerdem war es von diesem Zeitpunkt an verboten, deutsche Bedienstete zu beschäftigen. Für die Umsetzung dieser Forderungen wurde die außerordentlich knapp bemessene Frist von 15 Tagen gesetzt. Alle, die von den Vorschriften dieses Befehls betroffen waren, mußten unterschreiben, daß sie von den neuen Regelungen Kenntnis erhalten haben. Demzufolge verlief auch für die Angestellten, für das Wachpersonal des Lagers von nun an das gesamte Leben innerhalb eines Lagers, das wenig später die Bezeichnung "Militärstädtchen" erhielt.

Im Februar 1950, d.h. einen Monat vor der Auflösung des Speziallagers Bautzen bestand das Personal des Lagers aus 25 Offizieren, 39 Sergeanten, 101 Soldaten und 19 Zivilangestellten.

Die äußere Wache

Die äußere Wache des Speziallagers Bautzen wurde anfänglich von den Truppen des MVD"...im Umfang von einer Schützenkompanie und einem Maschinengewehrzug... "[27] getragen, in den letzen Jahren (1949-1950) von den Truppen des MGB.[28]
Rundum wurde das Lager mit 14 Postentürmen bewacht, 12 davon waren rund um die Uhr besetzt, zwei nur nachts. Die Wachsoldaten trugen nachts Maschinenpistolen, und an besonders gefährlichen Stellen wurden Maschinengewehre aufgestellt. Außerdem wurden nachts jeweils drei Paare Wachsoldaten und fünf Wachhunde (Blockposten) rings um das Lager aufgestellt. In Perioden der verstärkten Bewachung wurden zusätzlich Geheimposten aufgestellt sowie die Anzahl der Wachsoldaten auf fünf Paare erweitert.

Über die gesamte Zeit der Existenz des Lagers hat die personelle Ausstattung der Garnison nie den Planauflagen für die Stellenbesetzung entsprochen. Entsprechend einer Festlegung der Kommandozentrale und der Leitung der Abteilung Speziallager des MVD der UdSSR in Deutschland hätten es 98 Personen sein müssen, tatsächlich waren es jedoch nur 60-70. Erst nach einer gelungenen Flucht im Mai 1949 wurde die Garnison bis auf 110 Mann aufgestockt.[29]

In der Nacht vom 7. zum 8. Mai 1949 flohen zwischen drei und vier Uhr morgens drei Häftlinge aus dem Lager. Unter dem stromführenden Stacheldrahtzaun gruben sie einen Tunnel in etwa 45 m Entfernung zu dem einen Wachturm und 80 m zum anderen. So

---

27 Fond 9409, op. 1, Akte 527, Bl. 23.
28 Fond 9409, op. 1, Akte 529, Bl. 6.
29 Ebenda.

konnten sie die bewachte Zone unbemerkt verlassen.[30] Damit sich ein solcher Vorfall nicht wiederholen konnte, wurde der gesamte Stacheldrahtzaun durch Betonplatten verstärkt, die bis in eine beachtliche Tiefe in den Boden eingesetzt wurden. Diese aufwendige Arbeit fand am 14. Juli 1949 ihren Abschluß.[31] Weitere gelungene Fluchtversuche aus dem Lager Bautzen sind nicht bekannt.

Der innerer Wachdienst

Der innere Wachdienst war entsprechend den Anweisungen und Verfügungen der Abteilung Speziallager des MVD der UdSSR in Deutschland, der vom Stellvertretenden Innenminister der UdSSR, Generaloberst Serov, mit dem Befehl Nr. 0313 bestätigten Provisorischen Gefängnisordnung sowie der Provisorischen Dienstanweisung des Leiters des Speziallagers organisiert. Er wurde vom Personal der Abteilung Wache und Regime des Lagers getragen.

Für jeden Tag wurde ein 24-Stunden-Wachplan aufgestellt und vom Leiter des Speziallagers bestätigt. Die jeweils ihren Dienst antretende Mannschaft wurde zunächst gründlich vom Leiter der Abteilung Wache und Regime sowie vom verantwortlichen diensthabenden Offizier des Lagers eingewiesen, erst daraufhin fand die Wachablösung statt. Die neue Wachmannschaft führte zuerst eine Zählung sämtlicher Lagerinsassen durch, überprüfte den Zustand von Gittern und Schlössern sowohl in den Zellen als auch in den Gemeinschaftsräumen. Der Korpusälteste[32], der zugleich jeweils der Schichtälteste der Wache war, lieferte daraufhin einen schriftlichen Bericht über den Zustand der Gefängnisräume und der Insassen an den verantwortlichen Diensthabenden.

Aus Revisionsberichten geht hervor, daß der innere Wachdienst Ende 1948 / Anfang 49 aus 17 rund um die Uhr besetzten Wachposten in den Gefängnisgebäuden, einem Schichtleiter und vier Korpusältesten bestand. Das Haupttor, der Lagerstab, die Vorzone und die Zone des Spezialkontingents wurden ebenfalls bewacht, jedoch nur von 4 Personen. Demzufolge bestand das Wachpersonal in einer Tagschicht aus 21 Aufsehern, einem Schichtleiter und vier Korpusältesten, insgesamt also 26 Personen. Nachts verrichteten nur 22 Aufseher Wache, da die Korpusältesten, die jeweils einem ganz bestimmten Gebäude zugeteilt waren, nur in den Tagschichten arbeiteten. Das Wachpersonal war mit Pistolen bzw. Maschinenpistolen (letztere verstärkt nachts) ausgerüstet. Eine Ausnahme bildeten die Korpusältesten, die keine Waffen trugen. Das Aufseherpersonal leistete neben dem inneren Wachdienst unmittelbar in den Gefängnisbereichen auch nächtlichen Patrouillendienst in der Lagerzone, um Fluchtversuchen vorzubeugen, und begleitete die Häftlinge des Spezialkontingents zu ihren Arbeitsstätten. Der Wachdienst wurde regelmäßig kontrolliert. Besonders nachts gab es jeweils zwei Wachkontrollen durch den Diensthabenden des Lagers und zusätzlich, entsprechend dem Offiziersdienstplan, durch einen Offizier.

Das gesamte innere Wachpersonal war in drei Schichten eingeteilt, die eine Dienstzeit von je 12 Stunden hatten. Schichtwechsel war jeweils um acht Uhr morgens bzw. abends. Innerhalb von 24 Stunden waren demzufolge 48 Mann in den Wachdienst einbezogen, ins-

---

30 Fond 9409, op. 1, Akte 524, Bl. 40.
31 Fond 9409, op. 1, Akte 527, Bl. 24.
32 Die hier aus dem Russischen übernommene Bezeichnung "Korpusältester" ist etwa mit einem Blockwart im Deutschen zu vergleichen.

gesamt benötigte man für den 3-Schicht-Rhythmus 70 Personen. Dieser 36-Stunden-Rhythmus der Wachwechsel war, Kazakov zufolge, dadurch hervorgerufen, daß im Lager eine permanente Unterbesetzung des Wachpersonals herrschte, die bis zu 40 % betrug (Vgl. Tabelle. 6: für den inneren Wachdienst waren 125 Aufseher, 37 Oberaufseher und 11 Korpusälteste vorgesehen). Deshalb mußte das vorhandene Personal derart lange Dienstzeiten in Kauf nehmen. Die Ankunft von 20 weiteren Zivilangestellten als Wachpersonal Ende 1948 konnte die Situation nur unwesentlich entschärfen.[33]

Im Frühsommer 1949 wurde das Wachsystem nochmals verändert. Die Wachdienste wurden auf einen 6-Stunden-Rhythmus umgestellt, wobei jeder Aufseher zwei dieser Schichten am Tag zu absolvieren hatte. Die Zahl der Wachposten blieb dabei gleich – 17 in den Gefängnisgebäuden und drei in den Sektoren, zusätzlich waren drei Oberaufseher im Einsatz. Es wurden jedoch nur noch zwei Korpusälteste eingesetzt. Jeder Aufseher hatte in einer Schicht zwischen 60 und 86 Zellen zu überwachen.[34]

Eine solche Situation widersprach den Vorschriften des GULAG des MVD der UdSSR über die Bewachung und Betreuung von Gefangenen. Erst mit der Ankunft einer neuen Verstärkung im August 1949, das waren alles Soldaten aus der Gruppe der Sowjetischen Besatzungsstreitkräfte mit dem Geburtsjahr 1928, insgesamt 70 Personen, wurden 20 Überwachungsposten eingesetzt, davon 18 im Innern des Lagers und zwei im Zufahrtsbereich. Dennoch wurde am 1. März 1950 festgestellt, daß noch immer nicht alle Stellen des inneren Wachdienstes laut Stellenplan besetzt waren.[35]

Gefängnis- und Lagerordnung

Für die Einhaltung der Lagerordnung der Verurteilten war die Abteilung Wache und Regime zuständig. Entsprechend einer Vorschrift der Gefängnisaufsicht, der Vorschriften über Speziallager und den internen Vorschriften des Leiters des Speziallagers waren die Inhaftierten verpflichtet, das festgesetzte Gefängnisregime und den Tagesablauf einzuhalten.

Der Spaziergang wurde täglich über 30 Minuten auf einer speziell dafür vorgesehenen Fläche des Gefängnishofes unter der Aufsicht der Wachmannschaft durchgeführt. Die nicht verurteilten Deutschen wurden entsprechend dem für Speziallager festgesetzten Lagerregime gehalten und durften sich auf einem extra dafür bestimmten Gelände des Gefängnisses bewegen. Die gesamten Wirtschaftsarbeiten innerhalb des Lagers wurden nur von Häftlingen des Spezialkontingents erledigt. Für die Verletzung des festgesetzten Lagerregimes sowie für Schäden am Inventar wurden die Inhaftierten administrativ bestraft, je nach Vergehen wurde die Dauer des Aufenthalts im Karzer bestimmt.

Die Verbindung der Häftlinge zur Außenwelt war durch die Lagerordnung rigoros eingeschränkt. Lange Zeit war jeglicher Briefwechsel verboten, Zeitungen kamen nur in sehr begrenztem Umfang ins Lager. Damit konnte die Versorgung der Häftlinge mit Informationen von der sowjetischen Leitung dosiert werden. Erst am 2. April 1949 sandte der Leiter der Speziallager des MVD der UdSSR in Deutschland, Oberst Cikljaev, ein streng geheimes

---

33 Der Stellenplan für das Speziallager Bautzen schrieb allein elf Korpusälteste vor, von denen aber nur vier Stellen besetzt waren – vgl. Übersicht Nr. 6.
34 Fond 9409, op. 1, Akte 527, Bl. 23.
35 Fond 9409, op. 1, Akte 43, Bl. 17.

Schreiben an die Leiter der Speziallager Nr. 1 und Nr. 3, in dem er den verurteilten Deutschen die langersehnte Erlaubnis zum Briefwechsel mit Verwandten erteilte. Obwohl diese Verfügung bereits am 1. April in Kraft treten sollte, gelangte sie erst am 7. April auf den Schreibtisch von Oberst Kazakov. Demzufolge kann man davon ausgehen, daß in Bautzen Briefwechsel in keinem Fall vor dem 7. April, vermutlich aber erst nach dem 10.-11. April genehmigt war.

In dem besagten Schreiben und den beigefügten Handlungsanweisungen war das gesamte Vorgehen detailliert beschrieben: Wer was wie und wie oft schreiben durfte. Damit vermutlich die Militärzensur der Sowjetarmee ohne Zeitdruck arbeiten konnte, wurde bereits in diesem Schreiben festgelegt, daß jeder Häftling nur einen Brief im Quartal schreiben dürfe.[36] Um von der Absenderadresse nicht auf den Ort der Haftverbüßung einer Person schließen zu können und um die Arbeit der Militärzensur zu effektivieren und zu erleichtern, lief die gesamte Post zentralisiert über Berlin. Die Bautzen-Häftlinge z. B. gaben als Absender an: Berlin N(ord) 4, Postfach 18/25-K. Die Militärzensur selbst befand sich in Berlin, Prenzlauer Allee 63. Dorthin wurde per Kurier auch die gesamte Post aus Bautzen zur Kontrolle gebracht. Auch die Antwortpost der Angehörigen lief über diese Stelle.[37]

Entsprechend der Verordnung "Über das Vorgehen bei Organisation und Umsetzung der Zensur von postalischer Korrespondenz der Häftlinge von der Lagerabteilung des MVD der UdSSR in Deutschland unterstellten Lagern" vom 21. März 1949, die die Abteilung Militärzensur in Deutschland mit der Unterschrift ihres Leiters, Oberstleutnant Šumakov, herausgegeben hat, unterlag der gesamte Briefwechsel von Häftlingen der Lager (sowohl Eingangs- als auch Ausgangspost) der Zensur.[38] Mit der Zensur wurde die Abteilung Militärzensur des MVD der UdSSR in Deutschland beauftragt.

Die gesamte Korrespondenz im Lager wurde streng reglementiert. Es wurde genau vorgeschrieben, an welchem Tag welcher Häftling einen Brief schreiben durfte, es gab eine strenge Vorschrift, die die Briefabgabe nach Baracken, Zonen, Trakten und Zellen regelte.[39] Der Sichtvermerk von Generalmajor Mel'nikov, dem Stellvertretenden Bevollmächtigten des Ministeriums für Staatssicherheit der UdSSR in Deutschland, gab dieser Verfügung die volle Gesetzeskraft. Zusammen mit diesem Dokument hatte Mel'nikov am 23. März 1949 auch eine Aufstellung der Angaben, deren Mitteilung in Briefen von Lagerhäftlingen untersagt war, unterzeichnet. Diese Aufstellung verbot den Häftlingen u. a., über den Ort ihrer Verhaftung zu schreiben, ebenso von wem sie verhaftet worden waren, mit wem gemeinsam die Haft verbüßt wird. Untersagt war auch jegliche Bitte um Zusendung von rechtfertigenden Unterlagen bezüglich der Anklage bzw. von Lebensmitteln oder Kleidung etc. Hier stellt sich die berechtigte Frage, worüber denn eigentlich geschrieben werden durfte. Im Vergleich zu den Verboten, die sechs Seiten umfaßten, war alles das, was erlaubt war, lakonisch in vier Zeilen formuliert:

> Der Verurteilte darf mitteilen: seine Anklagepunkte, wofür er verurteilt wurde, seinen Gesundheitszustand, Anfragen nach dem Gesundheitszustand und der wirtschaftlichen Lage seiner Angehörigen.[40]

---

36 Fond 9409, op. 1, Akte 525, Bl. 10.
37 Ebenda.
38 Fond 9409, op. 1, Akte 525, Bl. 11.
39 Ebenda.
40 Fond 9409, op. 1, Akte 525, Bl. 116.

Ungeachtet dieser Einschränkungen stellte die Abteilung Militärzensur des MGB in Deutschland deutlich heraus, daß die Leiter der einzelnen Lager jeweils über abgefangene Informationen von operativer Bedeutung unterrichtet werden würden.[41] Es unterliegt keinem Zweifel, daß der Informationsgehalt der Antwortbriefe an die Gefangenen wesentlich höher war als der der Häftlingsbriefe. Berücksichtigt man nun die Anzahl der inhaftierten Verurteilten, so drängt sich der Schluß auf, daß die Führung der Abt. Militärzensur und dementsprechend auch die Führung der SMAD als solche recht gut über das Leben breiter Schichten der deutschen Bevölkerung, über ihre Interessen und Sorgen informiert gewesen sein muß.

Im Dezember 1949, als offiziell bekannt wurde, daß das Speziallager Bautzen aufgelöst würde, wurde der ohnehin nur spärliche Briefwechsel zwischen Häftlingen und ihren Angehörigen wieder untersagt.

Medizinische Betreuung

Das Speziallager verfügte über ein Gefängniskrankenhaus mit 240 Betten für Häftlinge, welches angeblich ausreichend mit dem notwendigen Inventar ausgerüstet war, ein Ambulatorium mit Therapiekabinetten, ein Röntgenlabor und ein Analyselabor. Die medizinische Betreuung beschränkte sich hier jedoch nur auf eine Notversorgung für besonders schwere Fälle. Die Unterkunft selbst im Krankenhaus unterschied sich nur unwesentlich von den Bedingungen in den allgemeinen Gefängnisräumen.

Tuberkulosekranke wurden in einem eigens dafür vorgesehenen Gebäude mit 800 Betten untergebracht. Die stationär untergebrachten Kranken erhielten eine erhöhte Lebensmittelration, wie sie für die Tuberkulosekranken festgelegt war.

Im Lager gab es sechs Krankenstationen, in denen das Kontingent unter der Leitung eines Mitarbeiters der sanitären Abteilung ambulant von Ärzten betreut wurde. Alle Kranken, die einer stationären Behandlung bzw. Isolierung bedurften, wurden in das Lagerlazarett eingewiesen. Die Versorgung des Lagers mit medizinischem Verbrauchsmaterial erfolgte aus den Lagern der SMAD, aber auch durch Ankauf von Medikamenten bei deutschen Firmen.

Von den Krankheitsfällen entfiel die Mehrheit auf Lungentuberkulose, wobei die Mehrheit der Neuerkrankungen bei Neuankömmlingen im Lager auftrat. Die Mehrheit der Todesfälle resultierte im fortgeschrittenen Alter (50-60 Jahre) aus Lungentuberkulose.

Haushaltstätigkeit

Von 1946 praktisch bis zur Auflösung des Speziallagers Bautzen existierten auf dem Territorium des Lagers eine Reihe von Werkstätten, die in der Regel von Häftlingen des Spezialkontingents bewirtschaftet wurden. Diese Werkstätten befriedigten hauptsächlich die Bedürfnisse des Speziallagers selbst. Eine besonders wichtige Rolle spielte die

---

41 Fond 9409, op. 1, Akte 525, Bl. 14.

Tischlerwerkstatt, die über entsprechende Maschinen zum Sägen von Balken sowie über das nötige Werkzeug zur anschließenden Weiterbearbeitung der Bretter verfügte. Diese Werkstatt hatte 320 m^3 Betriebsfläche. Darüber hinaus gab es eine Schlosserwerkstatt mit den erforderlichen Maschinen und Werkzeugen, zwei Handpressen und eine Schmiede mit zwei Schmiedeöfen. Insgesamt gab es im Lager 30 Arbeitsplätze in der Metallbearbeitung.[42]

Etwas später wurde im Speziallager sogar eine Buchbindewerkstatt eingerichtet. Neben Handapparaten zum Schneiden von Papier und Karton gab es hier sechs Pressen sowie eine Maschine zur Bearbeitung von Ecken. Außerdem verfügte das Lager über eine Schuster- und eine Schneiderwerkstatt. Diese waren mit fünf bzw. 25 entsprechenden Nähmaschinen ausgestattet.[43]

Getrennt von den anderen Einrichtungen existierte noch bis zum Mai 1949 eine Nähstube für Frauen, die jedoch nur über zwei Nähmaschinen verfügte. Besondere Beachtung verdient ebenfalls die Kunstschnitzwerkstatt, die ausschließlich Bestellungen der Lagerleitung ausführte. Zu verschiedenen Zeiten arbeiteten zwischen drei und fünf Schnitzer in dieser Einrichtung. Sie fertigten u. a. Schachspiele und Schreibgarnituren. Viele dieser Erzeugnisse waren von hohem künstlerischem Wert.

Anfang 1949 faßte das GULAG des MVD der UdSSR den Beschluß, die Arbeitskraft der Häftlinge von Speziallagern auf dem Territorium Deutschlands zur Herstellung verkaufsfähiger Waren zu nutzen. Generalmajor Dobrynin, der Leiter des GULAG des MVD der UdSSR, sandte ein Schreiben an den Leiter der Abt. Speziallager in Deutschland, Oberst Cikljaev, in dem er ihn aufforderte, der Führung des GULAG in Moskau bis zum 1. Februar 1949 mitzuteilen, welche Produktion wo und in welchem Umfang in den ihm unterstellten Lagern vorgesehen sei. Mit nur leichten Kürzungen wurde der Inhalt dieses Schreibens an alle Leiter von Speziallagern in Deutschland weitergeleitet. Das Hauptaugenmerk bei der Vorbereitung einer solchen Produktion sollte dabei darauf gerichtet sein, daß "die Waren den aktuell gültigen Standards entsprächen, von hoher Qualität und optischem Verkaufswert seien"[44].

Cikljaev erhielt die Antwort vom Speziallager Bautzen bereits am 26. Januar 1949. Oberst Kazakov hatte auf den vier Seiten seines Berichts die Möglichkeiten seiner Werkstätten gründlich analysiert und vorgeschlagen, einerseits die Produktion von Schlafzimmermöbeln (vier Garnituren im Monat) oder auch Küchenmöbeln und andererseits die Herstellung von Eimern, Kohlenschaufeln, Bohrern usw. in Angriff zu nehmen. Darüber hinaus erklärte er seine Bereitschaft, Schulhefte, Briefumschläge, Pappschachteln herzustellen und sogar Bücher zu binden. Auch die Belange der Armee hatte er berücksichtigt, als er vorschlug, auf der Basis der Schuster- und der Nähwerkstatt bis zu 200 Paar Stiefel sowie 200 Paar Hosen mit den dazugehörigen Armeehemden pro Monat herzustellen. Um all diese Arbeiten zu organisieren, bat Kazakov lediglich darum, ihm drei Fachleute für Planung, Normprüfung und für die Buchhaltung zur Verfügung zu stellen.

All diese Pläne und Vorhaben zur Kommerzialisierung der Produktion sind jedoch offenbar nicht über die Papierform hinausgekommen. In den Unterlagen der Wirtschaftsabteilung, insbesondere in den Finanzabrechnungen fehlt jeglicher Hinweis auf eine kommerzielle Seite der Arbeit der verschiedenen Werkstätten. Vermutlich blieb, ungeachtet der Anfragen und Forderungen aus Moskau, letztlich doch alles beim alten. Sicherlich war mit

---

42 Fond 9409, op. 1, Akte 525, Bl. 6.
43 Fond 9409, op. 1, Akte 525, Bl. 7.
44 Fond 9409, op. 1, Akte 525, Bl. 4.

der Produktion von Schlafzimmer- bzw. Küchenmöbeln begonnen worden, allerdings ist es bei einer Verteilung der fertigen Waren zur internen Verwendung geblieben.

Finanztätigkeit

Bis zum März 1946 wurde das Speziallager von der Finanzabteilung des Bevollmächtigten des MVD der UdSSR in Deutschland finanziert, von April 1946 und bis zu seiner Auflösung im März 1950 dann von der Finanzabteilung der Abteilung Speziallager des MVD der UdSSR in Deutschland, mit Ausnahme der "Lebensmittel", die über die Lebensmittelabteilung der Gruppe der Sowjetischen Besatzungsstreitkräfte in Deutschland bezahlt wurden.

Die vereinbarten Vergütungszahlungen der Finanzabteilung an das Lagerpersonal trafen stets termingerecht ein. Finanzielle Mittel zum Unterhalt der Inhaftierten sowie die Aufwandsentschädigungen für das Wachpersonal wurden immer pünktlich überwiesen. Für in Anspruch genommene Kredite wurden Jahres- und Quartalsberichte angefertigt, in den Zwischenräumen wurden monatliche Kurzberichte erstellt.

In bezug auf Registratur und Berichtspflicht ließ man sich von den Vorschriften der Abteilung Speziallager des MVD der UdSSR in Deutschland Nr. 0134/1 vom 14. Januar 1948 leiten. Vorher hatte es keinerlei Vorschriften diesbezüglich gegeben.

Bezüglich der Registrierung und Aufbewahrung von Wertsachen der Verurteilten und des Spezialkontingents verfügte das Speziallager Bautzen bis zum Januar 1947 über keinerlei Anweisungen vom Verantwortlichen der Finanzabteilung. Erst am 24. Januar 1947 erging eine entsprechende Direktive unter der Nr. 00208/1, also erst zwei Jahre nach Gründung des Lagers. An diese Direktive hielt man sich bis zur Auflösung des Lagers.

Die Finanzangestellten des Speziallagers führten keine dokumentarisch belegten Revisionen der Wirtschaftstätigkeit des Speziallagers insgesamt durch, mit Ausnahme der regelmäßigen Kontrollen über die richtige Eingangsverbuchung materieller Werte, die gegen Barzahlung über die Finanzabteilung des Speziallagers erworben wurden, sowie über die Wirklichkeitsnähe der erstellten Jahres- bzw. Quartalskostenpläne einschließlich der dazu gehörigen Abrechnungen und über die Einhaltung der Termine bei der Abrechnung von Leistungen.

In der Anfangszeit der Existenz des Lagers gab es auch keine regelmäßigen Kontrollen. In der Endphase wurden dann häufig unangekündigte Kassenbestandskontrollen durchgeführt. Auf Anweisung Nr. 02632 der Abteilung Speziallager vom 16. September 1949 wurde eine Kommission zur inneren Kontrolle eingerichtet, die monatlich die Richtigkeit der Geldbewegungen und des Unterhalts des Personalbestandes prüfte.

Von Beginn der Schaffung des Speziallagers Bautzen im Jahre 1945 an wurden Wertsachen der eintreffenden Verurteilten bzw. Häftlinge des Spezialkontingents gemeinsam mit den jeweiligen Gefängnis- bzw. Registraturakten in der Registraturabteilung aufbewahrt – wenn sie nicht "gefilzt" worden waren. Ab Januar 1946 nahmen Angestellte der Finanzabteilung diese Wertsachen gegen Quittung in doppelter Ausführung entgegen. Während der Existenz des Speziallagers Bautzen hat es etwa fünf Überprüfungen dieser Wertsachen gegeben, bei denen ein Vergleich der Protokolle über die anläßlich Hausdurchsuchungen bei Häftlingen gefundenen Wertsachen mit den Aufstellungen der Finanzabteilung über von ihr zur Aufbewahrung entgegengenommene Gegenstände durchgeführt wurde. Alle festgestellten Mängel in der Übereinstimmung der Listen über Wertgegenstände und Valutamittel wurden rechtzeitig behoben.

Die erste Revision wurde von der Finanzabteilung im Juni 1947 vorgenommen, also 2,5 Jahre nach der Einrichtung des Speziallagers. Diese Revision berührte zudem nicht die Bereiche Aufnahme, Registratur und Aufbewahrung von Wertsachen der Verurteilten und des Spezialkontingents, hier gab es erst im Oktober 1948 eine Revision.

Lebensmittel, Kleidungsstücke und andere für das Spezialkontingent und die Verurteilten erforderliche Waren wurden unmittelbar von deutschen Firmen entsprechend den vom Wirtschaftssektor der Abteilung Speziallager des MVD der UdSSR gestellten Leistungsbeschreibungen bezogen und anschließend über die Staatsbank bezahlt. Zum Zeitpunkt des Berichts von Kazakov wies die Buchhaltung der Finanzabteilung des Speziallagers in Bautzen keine offenen Verbindlichkeiten auf. Am Tag der Auflösung des Speziallagers holte man Bescheinigungen vom Bürgermeister, Landrat und von der Energieversorgungsanstalt der Stadt Bautzen ein, die besagten, daß es keine offenen Forderungen mehr an das Speziallager gäbe.

Die Auflösung des Speziallagers Nr. 3

Auf der Grundlage der Direktiven der Abteilung Speziallager des MVD der UdSSR in Deutschland Nr. 0081/3 vom 13. Januar 1950 und Nr. 0237/7 vom 4. Februar 1950 wurde mit den Vorbereitungen zur Räumung, zur Übergabe der verurteilten und der nichtverurteilten Häftlinge sowie zur Weitergabe aller Güter des Speziallagers an den Vertreter des Innenministeriums der Deutschen Demokratischen Republik begonnen,

schreibt Kazakov am 21. März 1950 in seinem Abschlußbericht an den Leiter der Abteilung Speziallager des MVD der UdSSR in Deutschland, Oberst Sokolov.[45] Das ist nicht ganz korrekt, da die Prärogative zur Einrichtung und Auflösung von Lagern in erster Linie im Kompetenzbereich des Innenministeriums der UdSSR lag. Alle Verfügungen über die Auflösung von Speziallagern in Deutschland stützten sich auf den Befehl Nr. 0022 des Innenministers der UdSSR, Generaloberst Kruglov, vom 6. Januar 1950.[46]

Im Januar 1950 begann also die Vorbereitung der Speziallager auf die bevorstehende Freilassung von Spezialkontingenthäftlingen bzw. deren Übergabe an die Organe des Innenministeriums der DDR.[47] Der Befehl Nr. 0082/7 vom 13. Januar 1950 schrieb vor, wie die freigelassenen Spezialkontingenthäftlinge gekleidet sein müssen[48], was sie vor ihrer Freilassung zu essen erhalten, wer und auf welchem Weg sie zur Eisenbahnstation zu begleiten waren usw. Der Befehl Nr. 0081/3 vom 13. Januar 1950 dagegen beschrieb die grundlegenden Fristen sowie die Vorgehensweise bei der Übergabe der Unterlagen:

Am 11. März 1950 erschien der Befehl Nr. 007 des Oberkommandierenden der GSBSD und Vorsitzenden der Sowjetischen Kontrollkommission (SKK) in Deutschland, Armeegeneral Čujkov, mit dem Titel: "Über die Auflösung der Speziallager". Das ist nach bisherigem Kenntnisstand die letzte offizielle Verfügung über die Auflösung von Lagern.

---

45 Fond 9409, op. 1, Akte 529, Bl. 3.
46 Fond 9409, op. 1, Akte 41, Bl. 25.
47 Fond 9409, op. 1, Akte 528, Bl. 4.
48 Fond 9409, op. 1, Akte 528, Bl. 5.

Im Abschlußbericht von Kazakov über die Auflösung des Speziallagers Bautzen sind folgende Angaben festgehalten:

Insgesamt wurden freigelassen:
a. Spezialkontingent   689 Personen
b. Verurteilte   120 Personen

Insgesamt wurden übergeben:
1. An die Sowjetische Kontrollkommission
a. Spezialkontingent   79 Personen
b. Verurteilte   160 Personen
2. An den Vertreter des Innenministeriums der Deutschen Demokratischen Republik
a. Spezialkontingent   300 Personen
b. Verurteilte   5.900 Personen
3. Über das Speziallager Nr. 1 wurden 9 Bürger anderer Staaten in die UdSSR gebracht.[49]

Unter dem Vermerk "Streng geheim" findet sich in den Archivunterlagen ein von Kazakov persönlich unterzeichneter Ablaufplan für die Ausfertigung der Übergabeunterlagen der Häftlinge des Lagers Bautzen, der das Datum 13. Januar 1950 trägt.[50] Entsprechend diesem Arbeitsplan sollten, beginnend mit dem 16. Januar 1950, täglich außer sonntags Unterlagen für jeweils 450 Häftlinge ausgefertigt werden. Für den letzten Tag, den 31. Januar 1950, war die Fertigstellung der letzten 128 Häftlingsunterlagen vorgesehen, so daß an diesem Tag alles zur Übergabe der insgesamt 5.978 Häftlinge an die deutschen Machtorgane vorbereitet sein sollte. Für die Bewältigung dieses Arbeitspensums forderte Kazakov zusätzliches Personal an, und zwar neun operative Mitarbeiter und neun Dolmetscher, die jeder jeweils 50 Vorgänge pro Tag bearbeiten sollten.

Parallel zur Ausfertigung der Häftlingsunterlagen begann man bereits am 16. Januar mit der Freilassung. Zwischen dem 16. und dem 20. Januar wurden bereits 761 der dafür vorgesehenen Gefangenen freigelassen.[51] Im Abschlußbericht Kazakovs hieß es dann weiter:

> Für ihre Reise erhielten sie (die Freigelassenen – A. H.) eine Marschverpflegung in Abhängigkeit von der vor ihnen liegenden Wegstrecke, jedoch nicht für mehr als drei Tage. Für die Eisenbahnfahrt bekamen sie Fahrgeld, und zwar acht Pfennig je Kilometer, jedoch nicht mehr als 40 Mark. Eine Ausnahme bildeten diejenigen, deren Wohnort in den Westzonen bzw. westlichen Staaten lag. Ihnen wurde das Fahrgeld erhöht, jedoch insgesamt nicht auf mehr als 500-600 km.[52]

Häftlinge, die selbst Geld besaßen, welches in der Finanzabteilung des Lagers aufbewahrt wurde, erhielten, sofern dieses ausreichend war, überhaupt kein Fahrgeld ausgezahlt.[53]

> Insgesamt wurden im Jahr 1950 15.461 Mark an Reisegeldern verteilt. Für das den deutschen Organen übergebene Kontingent wurden auch die ins Deutsche übersetzten Auszüge aus den Urteilen mit übergeben. Wertgegenstände, die Verurteilten bzw. Häftlingen des Spezialkontingents gehörten, wurden im Beisein des betreffenden Häftlings an einen Vertreter des Innenministeriums der Deutschen Demokratischen Republik übergeben.[54]

---

49 Fond 9409, op. 1, Akte 529, Bl. 3-4.
50 Fond 9409, op. 1, Akte 528, Bl. 15.
51 Fond 9409, op. 1, Akte 528, Bl. 18.
52 Fond 9409, op. 1, Akte 529, Bl. 4.
53 Fond 9409, op. 1, Akte 528, Bl. 4.
54 Fond 9409, op. 1, Akte 529, Bl. 4.

Einen Tag vor ihrer Freilassung wurde den Häftlingen[55] im Aufenthaltsraum ein erster kleiner Einblick in die Dinge gewährt, die sich außerhalb des Lagers abspielten: Sie durften Zeitungen lesen, selbstverständlich nur offiziell in der DDR erscheinende. Am 18. Januar 1950 schrieb der Leiter des Speziallagers Nr. 3, Oberst Kazakov, in einem Brief an den Leiter der Abt. Speziallager des MVD der UdSSR in Deutschland, Oberst Sokolov: "Unter dem Spezialkontingent und den Verurteilten herrscht eine gehobene Stimmung in Erwartung ihrer baldigen Freilassung."[56] Diese Erwartungen gingen jedoch bei weitem nicht für alle in Erfüllung, denn die Mehrheit wurde nicht freigelassen, sondern den Organen des Innenministeriums der DDR überstellt.

Am 17. Februar 1950 informierte die Führung der Speziallager in Deutschland jeden Leiter eines solchen Lagers detailliert darüber, daß bei der Auflösung des Lagers und der Übergabe des Inventars an die Vertreter der GSBSD nicht das gesamte Inventar zu übergeben, sondern ein Teil davon zu verkaufen sei, und zwar: Lebensmittel, Wirtschaftsgüter, Baumaterial, Autoersatzteile, Brennstoffe, Benzin, nicht angeforderte persönliche Wertgegenstände von Häftlingen des Spezialkontingents usw. Wenn diese nicht einverstanden waren, die Dinge zu kaufen, so wurde vorgeschlagen, sie den Organen des Innenministeriums der DDR zum Kauf anzubieten.[57] Interessant an diesem Dokument ist allein schon die Tatsache, daß man nicht daran dachte, dem Innenministerium der DDR auch nur irgend etwas kostenlos zu überlassen. Im Gegenteil, alles sollte verkauft werden. Später wurde diese Anordnung allerdings noch einmal etwas dahingehend modifiziert, daß u. a. Gebäude und größere Ausrüstungen unentgeltlich zur Nutzung überlassen wurden. Die Gelder, die aus diesen Verkäufen eingenommen wurden, kamen auf das Konto der Abteilung Speziallager des MVD der UdSSR in Deutschland. In Kazakovs o. g. Abschlußbericht heißt es hierzu:

> Zur Übergabe des gesamten Lagerinventars an die deutschen Organe wurde (...) eine Liquidationskommission unter dem Vorsitz des Stellvertretenden Lagerleiters, Gen. Major Gostev, geschaffen.
>
> Dem Vertreter des MVD der Deutschen Demokratischen Republik wurde insgesamt Inventar in einem Wert von 5. 961.375 Deutsche Mark übergeben, darunter gegen Bezahlung für 474.982 Deutsche Mark.
>
> Außerdem wurde dem Truppenteil mit der Feldpostnummer (...) Kasernenmobiliar und Literatur im Wert von 4.249 Deutsche Mark überlassen.
>
> Über sämtliches vom Speziallager Bautzen abgegebene Inventar wurden Akten unter Beifügung der Annahme-Abgabe-Scheine ausgefertigt. Bei der Übergabe wurde von keiner der beiden Seiten ein Mangel kundgegeben.
>
> Zeitgleich mit der Übergabe von Häftlingen und Inventar an die deutschen Organe wurde auch das Lagerpersonal wieder in die UdSSR abkommandiert. Die gesamte Dokumentation des Lagers, die der Archivierung obliegt, wurde entsprechend der Anordnung Nr. 0357/3 der 1. Spezialabteilung des MVD der UdSSR vom 17.02.1950 vorbereitet und in diese Abteilung nach Moskau gebracht.[58]

---

55 Gemeint sind hier nur die verurteilten Häftlinge. Die Häftlinge des Spezialkontingents hatten auch vordem bereits Zeitungen aus der SBZ / DDR erhalten.
56 Fond 9409, op. 1, Akte 528, Bl. 19.
57 Fond 9409, op. 1, Akte 528, Bl. 48.
58 Fond 9409, op. 1, Akte 529, Bl. 5-6.

Gegenwärtig ist es noch nicht möglich, eine genaue Aufstellung über die Anzahl der nach Moskau gebrachten Archivakten zu geben bzw. wenigstens festzustellen, wie hoch der Prozentsatz der erhaltenen Akten im Vergleich zu den vernichteten ist. Bekannt ist lediglich die Anweisung Nr. 002317/3 der Abteilung Speziallager des MVD der UdSSR in Deutschland vom 26. Juli 1948, nach der im Speziallager Bautzen eine spezielle Kommission gebildet wurde, die die Aufgabe hatte, Unterlagen über die Tätigkeit des Lagers in den Jahren 1945 und 1946 vor Ort zu vernichten.[59] Daher ist die Wahrscheinlichkeit gegeben, daß auch zu einem späteren Zeitpunkt noch eine bestimmte Anzahl von Akten vernichtet wurde.

Der 20. März 1950 gilt als der Tag der offiziellen Auflösung des Speziallagers Nr. 3 in Bautzen.

Anhang

Tabelle 1: Stellenplan des Speziallagers Bautzen (Stand August 1948)

Personalstelle	Zahl	Gehalt	Name od. vorgesehener Dienstgrad
Leitung			
Lagerleiter	1	1.800 / 2.000	Oberst/Obstlt. Sergej Iustinovič Kazakov
Stellv. Lagerleiter	1	1.600 / 1.800	Major Aleksej Ivanovič Gostev
Stellv. Lagerleiter f. Politische Fragen	1	1.600 / 1.800	Hauptmann Suslov
Kommandant	1		Leutnant Tkačëv (bis 1946), Oblt. Ivan Dmitrievič Kremnëv (ab 47)
Sekretariat			
Sekretär	1	700	Untersergeant Šul'gin
Hauptsachbearbeiter	1	600	Aržakova (Zivilangestellte)
Diensthabender Offizier	2	700	Oberleutnant/Leutnant
Schreibkraft	2	500	Zivilangestellte
Dolmetscher	2	800	Oberleutnant/Leutnant
Politischer Apparat			
Instrukteur	1	700	Oberleutnant/Leutnant
Registraturabteilung			
Leiter	1	1.000	Hauptmann Jakovcev / Hauptmann Veretennikov (bis 11/48) / Hauptmann Žabyko (ab 11/48)
Oberinspektor	1	700	Oberleutnant Žabyko / Svinin (ab 1949)
Inspektor	1	600	Zabrovskaja S.E. / Oberleutnant Žabyko
Verantw. für Foto u. Daktyloskopie	1	600	Oberleutnant/Leutnant
Operative Abteilung			
Leiter	1	1.200	Oberstleutnant/Major
Hauptbevollmächtigter	2	900	Hauptmann/Oberleutnant
Bevollmächtigter	2	800	Oberleutnant/Leutnant
Dolmetscher	4	800	Oberleutnant/Leutnant
Schreibkraft	1	640	Zivilangestellte

---

59 Fond 9409, op. 1, Akte 523, Bl. 36.

Abt. Wache und Regime (Innere Lagerwache)			
Leiter	1	1.000	Leutnant M.V. Alexandrov
			Oberleutnant N.I. Gorin (ab 1949)
Oberaufseher	37	600	Obersergeant
Korpusverantwortlicher	11	700	Unterfähnrich
Aufseher	125	500	Sergeant/Untersergeant
		400	
Oberinstrukteur für Kampfausbildung	3	700	Hauptmann/Oberleutnant
Finanzabteilung			
Leiter	1	1.100	Hauptmann A.V. Baženov
			Hauptmann M. Ryskulov (ab 09/48)
Kassenverwalter	1	600	Oberleutnant/Leutnant
Wirtschaftsabteilung			
Leiter	1	1.000	Hauptmann Sinkin (bis 04/49)
			Oberleutnant N.M. Šeremet'ev
Stellv. Leiter	1	900	Hauptmann/Oberleutnant
Inspektor	3	600	Oberleutnant/Leutnant
Hauptbuchhalter	1	700	Hauptmann/Oberleutnant
Buchhalter	2	600	Oberleutnant/Leutnant
Lagerleiter	2	500	Zivilangestellte
Lagerarbeiter	2	450	Zivilangestellte
Fuhrparkleiter	1	600	Zivilangestellte
Fahrer	11		Zivilangestellte
Kommandant	1	700	Oberleutnant/Leutnant
Koch	2	450	Zivilangestellte
Kantinenangestellte	2	360	Zivilangestellte
Medizinische Abteilung			
Leiter	1	1.000	Hauptmann Litvinenko
		1.300	Major A.S. Baskov (ab 10/48)
Arzt	3	750	Hauptmann V.I. Baskova
		950	
Feldscher	1	600	Oberleutnant/Leutnant
Leiter der Apotheke	1	750-950	Hauptmann/Leutnant
Pharmazeut	1	525-665	Zivilangestellte
Gesamt	**242**		

Tabelle 2: Anzahl der Inhaftierten im Speziallager Bautzen nach Geschlecht und Alter

	gesamt	Männer	Alter	Frauen	Alter
8/45	2.836	2.752		84	
10/45	4.617	4508		109	
11/45	5.081	4.968		113	
12/45	6.117	5.966		151	
1/46	6.533	6.340		193	
2/46	6.761	6.529		232	
1/46	7.225	6.877		348	
4/46	6.437	6.034	<35: 1.070	403	<35: 144
			<45: 1.362		<45: 86
			>45: 3.602		>45: 173
5/46	6.565	6.142		423	
6/46	6.578	6.121		457	
7/46	6.623	6.142		478	
9/46	3.591	3.312	<35: 791	279	<35: 120
			<45: 825		<45: 55
			>45: 1.686		>45: 104
10/46	3.688	3.408	<35: 816	280	<35: 119
			<45: 868		<45: 56
			>45: 1.724		>45: 105
11/46	4.580	4.315	<35: 1.283	265	<35: 112
			<45: 1.001		<45: 53
			>45: 2.031		>45: 100
12/46	5.590	5.236	<35: 1.745	354	<35: 159
			<45: 1.199		<45: 75
			>45: 2.292		>45: 120
12/48	6.884	6.593	<35: 2.818	291	<35: 213
			<45: 1.716		<45: 43
			>45: 2.045		>45: 35
12/49	5.595	5.591		4	
13.01.50	7.129	7.038	<35: 3.280	91	<35: 55
			<45: 1.737		<45: 12
			>45: 2.021		>45: 24
28.01.50	6.425	6.384		41	
13.02.50	2.408	2.360	<35: 945	48	<35: 20
			<45: 702		<45: 15
			>45: 713		>45: 19

Tabelle 3: Alter zum Zeitpunkt der Verhaftung (Stand 6.12.1949)

unter 16	39
von 17 bis 18	246
von 19 bis 20	144
von 21 bis 50	3.279
von 51 bis 60	1.259
über 60	324

Tabelle 4: Parteizugehörigkeit (Stand 6.12.1949)

ehem. NSDAP	1.457
ehem. Hitlerjugend	827
SED	873
SPD	42
LDP	139
CDU	88
NPD	1
Parteilose	2.168

Tabelle 5: Soziale Herkunft (Stand 6.12.1949)

Arbeiter	2.194
Angestellte	2.073
Bauern	736
Händler	239
Gutsbesitzer	21
Besitzer von Industrie- u.a. Betrieben	20
Sonstige	312

Tabelle 6: Haftgrund und Strafmaß (in Jahren) (Stand 6.12.1949)

	Gesamt	6-10 J.	11-15 J.	16-20 J.	21-25 J.	lebenslängl.
Häftlinge insgesamt	5.595	71	50	604	4.180	690
Agenten der USA	778	1	5	57	715	
Agenten Englands	490			34	456	
Agenten Frankreichs	133			8	125	
Deutsche Agenten	110	1	1	9	99	
Belgische Agenten	10			3	7	
Agenten anderer Staaten	288		2	28	258	
Terroristen	109	4	1	5	99	
Diversanten	250	7	4	24	215	
Schädlinge	7			1	6	
Saboteure	4	1		1	2	
Aufständische und politische Banditen	4				4	
Werwolf	200	6	7	41	146	
Kriegsverbrecher, darunter:						
a) Mitarbeiter v. Gestapo, Abwehr, SD, Strafbehörden	53			3	23	27
b) Gefängnis- u. KZ-Personal	215	6	2	32	117	58
c) SA, SS, Militärorg..	1.002	2	5	97	526	372
d) Sonstige	211	4	2	25	115	65
Antisowjetische Agitation	457	5		2	450	
Lesen und Aufbewahrung von Flugblättern	1	1				
Beihilfe zum Heimatverrat	11				11	
Nichteinhaltung der Mitteilungspflicht						
Unerlaubten Grenzübertritt						
Unerl. Übertritt über d. Demarkationslinie	3			1	2	
Schmuggel/Menschenhandel	5				5	
Waffenbesitz	184	6	2	17	159	
Diebstahl	205	4	5	77	119	
Sonstiges	865	23	14	139	521	168

LUTZ PRIEß

Das Speziallager des NKVD Nr. 5 Ketschendorf

1. Errichtung des Lagers

Der Befehl des Volkskommissars für Inneres der UdSSR Nr. 00461 "Zur Organisation von Lagern (Gefängnissen) bei den Frontbevollmächtigten des NKVD der UdSSR" vom 10. Mai 1945 bestimmte auch die Errichtung eines Speziallagers in der Stadt Fürstenwalde.[1] Es erhielt die administrative Nr. 5 und unterstand anfangs dem Frontbevollmächtigten des NKVD der 1. Belorussischen Front und ab Juli 1945 der neugeschaffenen "Abteilung Spezlager des NKVD der UdSSR auf dem Territorium Deutschlands" (nachfolgend "Abteilung Speziallager" genannt) mit erstem Dienstsitz in Fürstenwalde.

Das Lager selbst befand sich jedoch nicht unmittelbar in der Stadt, sondern ca. 2 km außerhalb am Rande des Ortes Ketschendorf. Der Ort lag unmittelbar in der Nähe einer Eisenbahn- und Autobahnverbindung zwischen Frankfurt/Oder und Berlin.

In Ketschendorf wurden ab Ende April 1945 die Wohnhäuser der DEKA-Siedlung[2] von den sowjetischen Besatzungstruppen beschlagnahmt und den NKVD-Organen als Gelände für das zu errichtende Speziallager Nr. 5 überlassen. Die 1940 gebaute Siedlung wurde mit Stacheldrahtzäunen, drei Meter hohen Bretterwänden, Scheinwerfern und Beobachtungstürmen zu einem Gefangenenlager umgebaut. Die Inneneinrichtungen der früheren Wohnräume wurden, soweit noch vorhanden, aus den Häusern entfernt bzw. zerstört.[3]

Der Lagerkomplex wurde durch Barackenbauten für die Lagerküche und die Kranken ergänzt.[4] Dazu kam noch der sogenannte Karzer sowie ein in die Erde gegrabener Leichenbunker, wo die Verstorbenen vor Abtransport in die Massengräber gesammelt wurden.

Nach sowjetischer Einschätzung vom 27. Oktober 1945 entsprach das Lager mit seinen Einrichtungen somit den Anforderungen der Lagerverwaltung:

---

1 In den russischen Dokumenten wird für das Speziallager Nr. 5 in Ketschendorf die Ortsbezeichnung Fürstenwalde benutzt. Ketschendorf wurde 1950 als Fürstenwalde-Süd eingemeindet, es gehörte bis dahin zum Verwaltungskreis Beeskow/Storkow.
2 DEKA: Deutsche Kabelwerke.
3 Museum Fürstenwalde, Informationsblätter: Das Internierungslager Ketschendorf, o. J.
4 Siehe Skizze des NKVD-Lagers Ketschendorf. In: Prieß/Erler 1995, S. 148.

Im Lager gibt es alle notwendigen Bedingungen für die Unterbringung der Gefangenen, wie z. B. Vorratslager für Lebensmittel, Küche, Banja, Desinfektionskammer, Wäscherei, Krankenhaus und Wasserversorgung. Das Lager wird vom städtischen Elektronetz versorgt. Im Falle einer Havarie der städtischen Elektrostation verfügt das Lager über ein kleines Notstromaggregat.[5]

Das Lager sollte nach sowjetischen Vorgaben eine Kapazität für die Aufnahme von 10.000 Gefangenen gewährleisten.[6] Direkt von einem Bahngleis führte ein Weg zur "Schleuse", dem eigentlichen Eingang zum Lager. Hier wurden ankommende Transporte bzw. Arbeitskommandos vor Betreten des Lagers durch die Wachmannschaften "gefilzt".

Das Lager unterstand dem Major des NKVD Konstantin Pavlovič Andreev Das gesamte sowjetische Lagerpersonal umfaßte später etatmäßig 107 Personen, davon 26 Offiziere.[7] Wie in jedem Speziallager gab es folgende sowjetische Verwaltungseinrichtungen: Registratur-, Operativ-, Finanz-, Wirtschafts-, Sanitäts-, Wach- und Kadergruppe.[8] Den militärischen äußeren Lageschutz sicherten Soldaten des 221. Wachregiments der NKVD-Truppen.[9] Die Besetzung der Dienstposten in der sowjetischen Lagerverwaltung wechselten im Laufe der Zeit. Der Lagerleiter Andreev blieb bis zum Ende der Existenz des Lagers in seiner Funktion. In den russischen Akten sind keine lückenlosen Nachweise für die dienstlichen Verantwortungsbereiche der sowjetischen NKVD-Offiziere in der Lagerstruktur enthalten. Als Chef der Operativgruppe wird z. B. ein Leutnant Dubuvinov[10] ausgewiesen. Für die Registraturgruppe werden u. a. ein Unterleutnant Konstantinov[11], ein Leutnant Jankin (Inspekteur der Registraturgruppe)[12] sowie ein Hauptmann Demenev[13] genannt.

Der Sanitätsgruppe gehörten u. a. Hauptmann Rudenko und Oberleutnant Govenko[14] an. Als Lagerkommandant wurde ein Leutnant Lomov[15] genannt. In den Erinnerungen von Zeitzeugen sind nur wenig Namen der sowjetischen Lageroffiziere oder Wachmannschaften gegenwärtig geblieben, so z. B. der Name der "Ärztin Kapowa"[16] und des "Arztes Roseljewisch"[17].

Bereits Ende April 1945 müssen sich die ersten Häftlinge im Lager befunden haben. Eine Registrierakte des Speziallagers Nr. 5 wies mit Stand vom 1. Mai 1945 27 deutsche Häftlinge aus. Sie waren in den Lagerakten als "aktive Mitglieder der NSDAP" registriert.[18] Der Chef der Aufklärung "SMERŠ" der 8. Gardearmee, Generalmajor Vitkov, unterschrieb in den ersten Maitagen wiederholt Einweisungslisten von in Berlin gefangenen Deutschen.[19] Aber auch andere Smerš-Einheiten und Operativgruppen des NKVD aus Berlin und dem

---

5   GARF, f. 9409, op. 1, d. 132.
6   Vgl. GARF, f. 9409, op. 1, d. 132.
7   GARF, f. 9409, op. 1, d. 278.
8   Aus den vorliegenden Akten des GARF konnte die personelle Verantwortlichkeit für alle Bereiche und die gesamte Zeit der Existenz des Lagers bisher nicht namentlich ermittelt werden.
9   Vgl. GARF, f. 9409, op. 1, d. 132.
10 Ebenda, 591.
11 Ebenda, 590.
12 Ebenda, 634.
13 Ebenda, 638.
14 Ebenda, 323.
15 Ebenda, 142.
16 Vgl. Fischer 1992, S. 56.
17 Kurt Noack: Erinnerungen an das Ketschendorfer Lazarett, ungedrucktes Manuskript.
18 GARF, f. 9409, op. 1, f. 590.
19 Vgl. GARF, f. 9409, op. 1, d. 590.

Land Brandenburg verfügten Einweisungen nach Ketschendorf. Überstellungen von Häftlingen erfolgten ebenfalls zwischen verschiedenen Speziallagern und den Untersuchungsgefängnissen der Operativsektoren in Berlin und im Land Brandenburg.

2. Belegung und Lageralltag

Zu den Gefangenen des Speziallagers Nr. 5 gehörten deutsche Zivilpersonen aller Alters- und Berufsgruppen, Männer wie Frauen und Jugendliche als Internierte (das sogenannte Spezkontingent), deutsche Kriegsgefangene, Ostarbeiter, russische Emigranten und Soldaten der Vlasov-Armee sowie andere Ausländer. In das Lager Ketschendorf wurden keine SMT-Verurteilten eingeliefert. Jedoch wurden Gefangene nach Anforderung zwecks Verhöre und Verurteilungen durch ein SMT aus dem Lager an die zuständigen sowjetischen Dienststellen überstellt. Im Falle einer Verurteilung kamen die betreffenden Personen in ein anderes Speziallager des NKVD.

Nach Angaben der sowjetischen Lagerverwaltung vom Oktober 1946 sollen sich im Spezlager Ketschendorf bei einer Gesamtbelegung von 5.125 Personen 2.313 Funktionäre der NSDAP befunden haben, die unter den Punkt 1 des Berija-Befehls Nr. 00315 vom 18. April 1945 fielen[20]:

Zusammensetzung des "Spezkontingents" nach Belastungskategorien

nomin. Mitgl. der NSDAP	140
Blockleiter	1.400
Zellenleiter	219
Ortsgruppenleiter	183
Kreisorganisationsleiter	23
Organisationsleiter	19
politische Leiter	17
Amtsleiter	28
Kassenleiter	62
Propagandaleiter	120
Frauenschaft	30
NSV	77

Auf Weisung des Leiters der "Abteilung Spezlager und Gefängnisse des NKVD auf dem Territorium Deutschlands" wurden im September 1945 alle Polen und Personen, die in der Sowjetunion beheimatet waren, zum Zweck ihrer Repatriierung zusammengelegt.[21] Alle Polen aus den Lagern Nr. 3, 4, 6 und 7 sowie aus dem Gefängnis Strelitz kamen im September/Oktober 1945 zwecks Weitertransport nach Posen in das Lager Ketschendorf.[22] Nach Zeugenaussagen sollen sich außerdem zeitweise bis zu 2.000 Ausländer, in der Mehr-

---
20 Zusammenstellung nach GARF, f. 9409, op. 1, d. 143.
21 GARF, f. 9409, op. 1, d. 139.
22 Ebenda.

zahl ehemalige Mitglieder der russischen Vlasov-Armee, ehemalige Ostarbeiter- und arbeiterinnen sowie Rußlanddeutsche vor ihrer Zwangsrückführung in die Sowjetunion im Lager befunden haben[23].

Auf Befehl Serovs vom 2. September 1945 waren gefangene Bürger der Sowjetunion aus allen Landesteilen der SBZ zwecks schnelleren Abtransports in die UdSSR in die NKVD-Lager Nr. 5 und 6 (zu dieser Zeit noch in Frankfurt/Oder) zu bringen. Für Thüringen galt eine Ausnahmeregelung. Hier sollten die gefangenen Sowjetbürger im Lager Nr. 2 (Buchenwald) für den Weitertransport gesammelt werden.[24]

Am 27. Oktober 1945 waren offiziell 1.283 Russen im Lager Nr. 5 registriert.[25] Im November 1945 gab es einen Transport in die Sowjetunion, der fast alle bis dahin im Lager befindlichen Russen betraf.[26] Doch danach wurden bis Januar 1947 weitere Sowjetbürger nach Ketschendorf gebracht. Erst mit Weisung des Leiters der "Abteilung Speziallager", Oberst Sviridov, vom 13. Januar 1947 wurde die Überstellung von Sowjetbürgern ins Lager Nr. 5 eingestellt und Lager Nr. 7 (Sachsenhausen) für die Aufnahme dieser Gefangenen bestimmt.[27]

Nach russischen Angaben befanden sich im August bereits 4.646 Personen im Speziallager Nr. 5. Ihre Zahl wuchs bis Oktober 1945 rasch auf über 8.600 an. Die durchschnittliche Belegungsstärke auf engstem Raum und unter katastrophalen Lebensverhältnissen betrug 1946 und bis zur Lagerauflösung zwischen sieben- und fünftausend Gefangene.[28] Anfangs mußten die Gefangenen auf dem blanken Fußboden schlafen. Es gab weder Holzpritschen noch Strohsäcke, Matratzen oder irgendwelches Bettzeug.

Mit zunehmender Anzahl von Gefangenen wurde das Lager in folgende Teilbereiche untergliedert: Häuser für Männer, Häuser für Frauen und Häuser für Jugendliche. Wie in allen anderen Speziallagern wurde das sogenannte Frauenlager von den anderen Lagerbereichen durch einen extra Stacheldrahtzaun abgetrennt. Bei den Frauen erfolgte jedoch keine weitere Aufteilung zwischen Jugendlichen und Erwachsenen wie bei den Männern. Die gefangenen Sowjetbürger, insbesondere Angehörige der Vlasov-Armee, Polen waren in gesonderten Häusern untergebracht. Bei den Frauen erfolgte jedoch keine Trennung nach Nationalitäten.

Im Durchschnitt befanden sich ca. 500 gefangene Frauen, in der Mehrzahl deutsche, im Lager. Mit dem Berichtsdatum vom 27. Oktober 1945 waren es 540 Frauen.[29]

---

23 Vgl. Birkenfeld 1950, S. 631.
24 GARF, f. 9409, op. 1, d. 488.
25 Ebenda, 132.
26 Angaben von Zeitzeugen.
27 GARF, f. 9409, op. 1, d. 148.
28 Vgl. ebenda 143.
29 GARF, f. 9409, op. 1, d. 132, l. 133.

Das Speziallager Ketschendorf

Übersicht über die Belegung des Lagers Nr. 5[30]

Datum	Belegung	Datum	Belegung
15.8.1945	4.646	15.7.1946	5.200
1.9.1945	5.612	31.7.1946	5.151
27.10.1945	8.619	15.8.1946	5.064
31.12.1945	8.209	31.8.1946	5.100
15.1.1946	8.092	15.9.!946	5.108
31.1.1946	8.021	30.9.1946	5.103
15.2.1946	7.836	15.10.1946	5.125
1.3.1946	7.836	31.10.1946	5.130
15.3.1946	7.442	15.11.1946	5.119
1.4.1946	7.286	1.12.1946	5.107
15.4.1946	7.087	15.12.1946	5.092
30.4.1946	5.972	30.12.1946	keine Angben
15.5.1946	5.861	10.1.1947	5.053
31.5.1946	5.783	31.01.1947	keine Angaben
15.6.1946	5.919	15.2.1947	2.050
30.6.1946	6.260	1.3.1947[31]	2.050

Der Lageralltag war in Ketschendorf, wie in anderen Speziallagern auch, durch das aufgezwungene Lagerregime geprägt. Werner Klemke schilderte, wie er und andere Häftlinge die sogenannte Lagerordnung mündlich mitgeteilt bekam:

> Es ist verboten: 1. Gegenstände zum Schneiden oder Stechen zu besitzen. Ebenso wird derjenige bestraft, der Schreibutensilien bei sich trägt und erwischt wird! 2. Die Sperrzone zu betreten! Die Sperrzone war ein Gebiet innerhalb der Bretterwand, dort war Schußwaffengebrauch der Wachposten angedroht. 3. Kontakt zu den Frauen zu unterhalten. Dies wird ohne Rücksicht mit Karzer bestraft! 4. In der Zeit zwischen 22 Uhr und 6 Uhr früh müssen alle Lagerinsassen in den Häusern bleiben. Die Posten auf den Wachtürmen über der Lager-Holzwand haben Befehl, ohne Warnung zu schießen![32]

Für die Durchsetzung dieser Lagerordnung hatten aber auch der Lagerkommandant Kasimir und eine Lagerpolizei aus den Reihen der Gefangenen zu sorgen. Ihr Chef soll ein ehemaliger Polizeioffizier namens Schröder gewesen sein.[33] Darüber hinaus gab es für jedes Haus einen Hauskommandanten.

Neben diesen überall herrschenden Bedingungen gab es in Ketschendorf die Besonderheit, daß in den kleinen Dreizimmerwohnungen der ehemaligen Siedlungshäuser Hunderte Gefangene zusammengepfercht waren. Es herrschte ein lange anhaltender Mangel an Pritschen, Strohsäcken, Decken und Kleidung. Darunter litten auch die ca. 1.800 Jugendlichen. Sie waren hier in zwölf dieser Wohnungen untergebracht.[34] Zwei Zimmerbelegungen waren

---

30 Zusammengestellt nach Angaben aus den vierzehntägigen Berichten der Abteilung Speziallager.
31 In den 14tägigen Berichten der 'Abteilung Speziallager' ist das Lager Nr. 5 ab dem 15. März 1946 bereits nicht mehr aufgeführt. Vgl. GARF, f. 9409, op. 1, d. 143.
32 Klemke 1995, S. 60.
33 Ebenda, S. 115.
34 Vgl. Graue 1949.

nach militärischer Ordnung in je einen Zug eingeteilt. Die Jugendlichen unter 16 Jahre bildeten die sogenannten A-Züge, die über 16 Jahre die B-Züge.[35]

Jede nicht genehmigte geistig-kulturelle Beschäftigung, wie z. B. Singen, konnte mit dreißig Tagen Bunker und Kürzung der Hungerrationen bestraft werden. Arbeitseinsätze gab es nur zur Selbstversorgung des Lagers und für wenige Häftlinge. Die seltenen Arbeitskommandos außerhalb des Häftlingslagers waren "so etwas wie ein Strohhalm für einen Ertrinkenden", erinnerte sich Werner Klemke.[36] Die Mehrzahl der Häftlinge litt unter dem Arbeitsverbot.

Im Jahr 1947 ordnete die sowjetische Lagerverwaltung zur Überraschung der Häftlinge den Bau eines Lagertheaters an. Hinter der Küche wurde ein Holzpodium als Bühne errichtet. "Kultura", so der russische Begriff für kulturelle Veranstaltungen im Lager, konnte jedoch nicht über die Sorge ums Überleben, die Hungergefühle und die Überlebensangst der Häftlinge hinwegtäuschen!

3. Transporte

Das Lager Ketschendorf hatte ständig ankommende und abgehende Gefangenentransporte zu bewältigen. Die Daten und Zahlen über die Transporte sind aus russischen Archivquellen und durch Zeugenaussagen belegt, jedoch nach wie vor unvollständig:

Auf Anweisung der "Abteilung Speziallager" in Berlin mußten in den einzelnen Lagern immer wieder arbeitsfähige Gefangene für Transporte in die UdSSR zusammengestellt werden. Das betraf sowohl gefangene Sowjetbürger als auch Deutsche, wie sich aus der folgenden Tabelle ergibt.

---

35   Erinnerungen Hans Mindach, siehe Berliner Zeitung, 5. April 1990.
36   Klemke, S. 126.

Transporte von bzw. nach Ketschendorf[37]

Datum	von Lager	nach Lager	Anzahl d. Häftlinge
11.6.1945	Nr. 5	Posen	1.500
13.7.1945	Nr. 5	Nr. 6 Frankfurt/O (später Transport nach Landsberg/Warthe)	unbekannt
Juli 1945	Nr. 5	Nr. 6 Frankfurt/O	800
26.7.1945	Nr. 3 Berlin	Nr. 5	1.500 (4 Tote auf dem Transport)
Ende Sept. 1945	Nr. 3	Nr. 5	80
2.10.1945	Nr. 9 Fünfeichen	Nr. 5	196
Erste Oktoberhälfte 1945	Nr. 3	Nr. 5	9 Russen und Rußl.deutsche
12.11.1945	Nr. 3	Nr. 5	2 Deutsche
Dezember 1945	Nr. 9	Nr. 5	65 Russen, 2 Polen
28.3.1946	Nr. 9	Nr. 5	70
14.4.1946	Nr. 5	Nr. 6 Jamlitz	1.250
Erste Junihälfte 1946	Nr. 3	Nr. 5	20
16.6.1946	Nr. 5	Rybinsk	576 (russ. Männer und Frauen[38])
Erste Augusthälfte 1946	Nr. 3	Nr. 5	22
3.12.1946	Nr. 5	Nr. 69 Frankfurt/O.(Lager für Kriegsgefangene)	63
13.12.1946	Nr. 9	Nr. 5	25
Januar 1947	Nr. 5	Nr. 1 Mühlberg	1.190
16.1.1947	Nr. 5	Nr. 6	ca. 1.000
30.1.1047	Nr. 5	UdSSR: Kusbas-Gebiet	400
28.2.1947	Nr. 5	Nr. 9	1.540 9 Tote auf dem Transport
28.3.1947	Nr. 5	Nr. 7	27
29.2.-13.3.1947	Nr. 5	Nr. 9	1.595 25 Tote auf dem Transport und bei Übernahme
12.5.1947	Nr. 5	Nr. 2	60

---

37 Zusammenstellung nach Angaben aus dem GARF 9409/1; Fischer/Lipinsky 1994, S. 40 ff.; Zeitzeuge Kurt Noack. Bei Fischer/Lipinsky wird kein Transport von Lager 5 nach Lager 1 erwähnt, Kilian nennt jedoch einen Transport von 1.190 Personen, siehe Beitrag in diesem Band.

38 GARF, f. 9409, op. 1, d. 132.

Ende 1946/Anfang 1947 kam es zur umfangreichsten "Musterung" von arbeitsfähigen Gefangenen in allen Speziallagern. Laut einer zentralen statistischen Übersicht vom 14. Dezember 1946 waren im Lager Nr. 5 insgesamt 3.165 arbeitsfähige Gefangene. Folgende Berufsgruppen wurden dabei gemeldet: 202 Schlosser, 28 Dreher, 63 Elektriker, 23 Mechaniker (verschiedener Sparten), 19 Ingenieure (verschiedene Spezialisierungen), 68 Techniker, einige Tischler, zwölf Zimmermänner, 24 Schmiede, sechs Werkzeugmacher, 18 Maurer, 22 Maler und 2.584 sonstige Arbeiter.[39]

Eine weitere Übersicht vom 31. Dezember 1946 registrierte für das Lager Ketschendorf 2.200 arbeitsfähige deutsche Männer von insgesamt 4.576 Gefangenen und 265 arbeitsfähige deutsche Frauen von insgesamt 354.[40] Major Andreev meldete jedoch am 19. Januar 1947 um 23.05 Uhr an die Berliner Zentrale, daß am 18. und 19. Januar 2.330 deutsche Häftlinge des Lagers Nr. 5 hinsichtlich ihrer Arbeitstauglichkeit untersucht wurden. Von Ihnen waren 79 in der Kategorie I und 239 in der Kategorie II "arbeitsfähig". Neben den 318 Deutschen meldete Andreev noch 232 russische Gefangene für den zwangsweisen Arbeitseinsatz in der UdSSR.[41]

Unabhängig von allen zuvor gemeldeten Zahlen, wies der Leiter der "Abteilung Speziallager", Oberst Sviridov, am 15. Januar 1947 die Bereitstellung von je 1.200 Personen Transportkapazität am 28. Januar und 4. Februar 1947 ab der Bahnstation Fürstenwalde-Ketschendorf an.[42]

Die "Rekrutierung" von zahlenmäßig relativ wenig arbeitsfähigen Gefangenen verdeutlichte den katastrophalen Ernährungs- und Gesundheitszustand im Lager.

4. Medizinische Versorgung

Nach sowjetischen Angaben existierte ein Krankenhaus mit 350 Plätzen. Das medizinische Personal des Lagers bestand im Oktober 1945 aus 26 Ärzten, davon 24 aus dem Spezkontingent, und sechs Feldscher, davon vier aus dem Spezkontingent[43]. Die drei Sanitätsgruppen des Lagers wiesen zwar eine große Anzahl von medizinischen Untersuchungen der neueingetroffenen Gefangenen aus, doch kann das nicht über den desolaten Mangel an medizinischen Geräten, Arzneimitteln und Operationseinrichtungen hinwegtäuschen, der im Lager herrschte.

---

39 Ebenda, 150.
40 Ebenda.
41 Ebenda.
42 Ebenda.
43 GARF, f. 9409, op. 1, d. 132; 132

Statistik über Tätigkeit der Sanitätsabteilung des Speziallagers Nr. 5 Ketschendorf[44]

Datum	Untersuchte neue Häftlinge	Datum	Untersuchte neue Häftlinge
1. Dekade Juli 1945	521	2. Hälfte April 1946	5.629
2. Dekade Juli 1945	403	1. Hälfte Mai 1946	6.247
3. Dekade Juli 1945	107	2. Hälfte Mai 1946	82
1. Dekade Aug. 1945	1.586	1. Hälfte Juni 1946	272
2. Dekade Aug. 1945	296	2. Hälfte Juni 1946	k. A.
3. Dekade Aug. 1945	739	1. Hälfte Juli 1946	k. A.
1. Hälfte Sept. 1945	982	2. Hälfte Juli 1946	k. A.
2. Hälfte Sept. 1945	566	1. Hälfte Aug. 1946	k. A.
1. Hälfte Okt. 1945	k. A.	2. Hälfte Aug. 1946	k. A.
2. Hälfte Okt. 1945	k. A.	1. Hälfte Sept. 1946	48
1. Hälfte Nov. 1945	k. A.	2. Hälfte Sept. 1946	20
2. Hälfte Nov. 1945	k. A.	1. Hälfte Okt. 1946	47
1. Hälfte Dez. 1945	k. A.	2. Hälfte Okt. 1946	14
2. Hälfte Dez. 1945	507	1. Hälfte Nov. 1946	5
1. Hälfte Jan. 1946	130	2. Hälfte Nov. 1946	k. A.
2. Hälfte Jan. 1946	149	1. Hälfte Dez. 1946	k. A.
1. Hälfte Febr. 1946	83	2. Hälfte Dez. 1946	k. A.
2. Hälfte Febr. 1946	102	1. Hälfte Jan. 1947	k. A.
1. Hälfte März 1946	149	2. Hälfte Jan. 1947	365
2. Hälfte März 1946	126	1. Hälfte Febr. 1947	5
1. Hälfte April 1946	60	2. Hälfte Febr. 1947	5

Der offiziell registrierte Krankenstand im Bereich des Lagerlazaretts stieg von 620 Kranken im Juli 1945 auf über 4.059 im November 1945 an. Ein erneutes Ansteigen der Erkrankungen, aber auch der Todesfälle war im Winterhalbjahr 1946/47 zu verzeichnen. Nach sowjetischen Angaben waren Ende 1946 ca. 4.000 Gefangene als krank registriert. Dystrophie, Dysenterie, Diphtherie, Typhus und Ruhr führten zu Siechtum und Sterben großen Ausmaßes.

Die ersten Verstorbenen wurden im Sommer/Herbst 1945 nach Zeugenaussagen unmittelbar hinter dem Lager vergraben. Die Toten wurden in ihrer eigenen Kleidung in einzelnen Gräbern bestattet. Ende 1945/Anfang 1946 verschärfte sich die Situation im Lager dramatisch. Die Zahl der Todesopfer stieg schnell an. Einzelgräber reichten nicht mehr aus. Die Toten wurden im Gelände an der Autobahn Berlin-Frankfurt/Oder in Massengräbern würdelos verscharrt.

> Von Oktober bis Ende Februar 1946 war ich ca. 4 mal dem Beerdigungskommando beigestellt. Die Zahl der Toten betrug Dez. 45, Jan. und Feb. 46 täglich 25-30 Mann. Es gab aber auch Tage mit 40. Die ersten Toten wurden nackt mit schwarzem Papier umwickelt und einzeln ca. 1,5 m tief versenkt. Als es mehr wurden, kamen zwei ohne Papier nackt in die Gru-

---

44 Zusammenstellung nach GARF, f. 9409, op. 1 von Peter Erler.

be. Nachdem ab März 1946 russ. Häftlinge die Toten wegbrachten, wurden 3 Mann, wie sie vom Wagen purzelten, in die Grube geworfen. Grabhügel gab es nicht.[45]

Einschneidende Konsequenzen für das Überleben der entkräfteten Gefangenen zog die Kürzung der Nahrungsmittelnormen ab November 1946 nach sich.[46] Die Brotration und die Zuteilung anderer Nahrungsmittel wurden fast um die Hälfte gekürzt. Dadurch stieg die Sterberate in den ungewöhnlich kalten Wintermonaten 1946/47 nochmals an und führte zu einem Massensterben unter den Gefangenen.

Familienangehörige erhielten keine Nachricht über den Verbleib ihrer verhafteten Väter, Mütter, Söhne oder Töchter. Es erfolgte auch keine Benachrichtigung im Sterbefalle. Die Ungewißheit über den Verbleib der Nächsten trieb viele Menschen immer wieder in die Nähe des Lagers.

Die sowjetische Lagerverwaltung ordnete an, die Begräbnisstätten unkenntlich zu machen. Alle Gräber wurden eingeebnet. Die derart "getarnten" Gräber sollten den Einwohnern von Ketschendorf und Umgebung das Ausmaß des Sterbens im Lager verheimlichen.

Die Gesamtzahl der Grabanlagen und die Belegung einzelner Grabfelder ist unbekannt. Laut einer Informationsschrift der SPD von 1950 verstarben bis zum August 1946 in Ketschendorf 4.500 Menschen.[47] Von diesem Zeitpunkt ab verbot die sowjetische Administration der deutschen Lagerselbstverwaltung eine weitere Aufzeichnung der Sterbefälle. Angefertigte Listen wurden beschlagnahmt. Die Registrierung der Toten nahm nun die Statistische Abteilung der sowjetischen Lagerleitung vor.

Viele, aber noch unvollständige Angaben über die "Toten von Ketschendorf", die auf Grundlage von russischen Archivmaterialien zusammengestellt werden konnten, enthält die Publikation des Suchdienstes des Deutschen Roten Kreuzes (DRK) "Ich habe dich so gesucht ... : der Krieg und seine verlorenen Kinder".[48] Schätzungen von Zeitzeugen nennen die Zahl von mindestens 6.000 Toten während der Lagerzeit zwischen Mai 1945 und Februar 1947.[49]

Anfang Februar 1947 unterbreitete Oberst Sviridov seinem Moskauer Vorgesetzten Generaloberst Serov den Vorschlag, das Speziallager Nr. 5 aufzulösen. Als Begründung für diesen Vorschlag nannte er bevorstehende Entlassungen von "einigen tausend" Personen und einen "geringen Zugang" in die Speziallager zu diesem Zeitpunkt. Darüber hinaus bestünden in den anderen Lagern noch freie Kapazitäten für die Aufnahme von bis zu 20.000 Gefangenen.[50]

Die Auflösung des Lagers Ketschendorf und die Verlegung der Gefangenen in andere Spezlager erfolgte im Februar 1947. Bei Auflösung des Lagers Ketschendorf im Februar 1947 erfolgte die Verlegung der Insassen in die Lager Jamlitz (Nr. 6), Sachsenhausen (Nr. 7), Mühlberg (Nr. 1), Fünfeichen (Nr. 9) sowie in das Lager für Transporte in die So-

---

45 Archiv der sozialen Demokratie der Friedrich-Ebert-Stiftung, Ostbüro, Mappe 0418, Bericht A 204/65.
46 Siehe Beitrag von Jeske in diesem Band.
47 Sopade Informationsdienst. Denkschriften 28. Das System des kommunistischen Terrors in der Sowjetzone. (Zusammengestellt für die Internationale Sozialistische Konferenz in Kopenhagen vom 1. bis 3. Juni 1950). Vorstand der Sozialdemokratischen Partei Deutschlands, Hannover, Odeonstraße 15/16, S. 38/39.
48 Köster-Hetzendorf 1995, S. 7. Die dort verwendete Lagernummer 7 stimmt nicht mit der tatsächlichen amtlichen sowjetischen Nummer 5 für das Lager überein.
49 Informationsblatt der Initiativgruppe Internierungslager Ketschendorf e. V., o. O., o. D.
50 Vgl. GARF, f. 9409, op. 1, d. 133.

wjetunion in Frankfurt/Oder (Gefängnis Nr. 69). Ein "Auflösungskommando" von 60 Personen kam erst im Mai 1947 nach Buchenwald (Nr. 2). Major Andreev, der vom Leiter der "Abteilung Speziallager" gegenüber Serov als "sehr erfahrener Leiter"[51] gelobt wurde, löste in Buchenwald Hauptmann Matuskov als Leiter des Lagers Nr. 2 ab.

---

51 Ebenda.

LUTZ PRIEß

Das Speziallager des NKVD Nr. 6 Jamlitz

1. Errichtung und Aufbau des Lagers[1]

Im Herbst 1945 suchte die "Abteilung Speziallager des NKVD der UdSSR in Deutschland" (nachfolgend "Abteilung Speziallager" genannt) für den Lagerstandort Frankfurt/Oder einen Ersatz. Das Speziallager Nr. 6 befand sich bis dahin noch östlich der Oder in der Siedlung "An der Wachsbleiche".[2] Auf der Suche nach einem geeigneten Gelände für eine längerfristige Unterbringung mehrerer tausend Gefangener entschied sich die NKVD-Administration für das verlassene Barackenlager des ehemaligen "Arbeitslagers Lieberose"[3], ein Außenlager des KZ Sachsenhausen.[4]

Dieses Außenlager existierte von Ende 1943 bis zur Auflösung im April 1945. Es entstand im Zuge der Erschließung und des Baus des Truppenübungsplatzes "Kurmark" für die Waffen-SS.[5] Mehr als 4.300 Häftlinge, vor allem deutsche und ausländische Juden, wurden zur Zwangsarbeit eingesetzt. Außerhalb des Ortes Jamlitz entstand ein Lager mit 24 Barakken.[6]

Im Frühjahr 1945 erfolgte angesichts der näherrückenden Roten Armee die Zurückverlegung von ca. 2.000 Häftlingen in Gewaltmärschen zum KZ Sachsenhausen. Im April 1945 flohen die SS-Wachmannschaften, und das "Arbeitslager Lieberose" wurde aufgelöst.

Die weitgehend unversehrten Baracken und sonstigen Einrichtungen des "Arbeitslagers" dienten zwischen Mai und September 1945 zeitweilig als Quartier für Flüchtlinge. In dieser Zeit kam es angesichts der Not und Zerstörung in der Umgebung zu Vorfällen von Diebstahl und Abbau von Einrichtungen des Lagers zwecks Nutzung als Baumaterial. Die Amtshoheit für das Lagergelände lag in den Händen der Gemeinde bzw. des Bürgermeisters. Bis

---

1 In den russischen Dokumenten wird für das Speziallager Nr. 6 in Jamlitz die Ortsbezeichnung Libe-Rose (Lieberose, einst Sitz der Grafen von Schulenburg, Stadt im heutigen Kreis Dahme–Spreewald) verwendet.
2 Vgl. den Beitrag von Peter Erler zum Standort Frankfurt/Oder in diesem Band.
3 Die Ortsbezeichnung für das Lager in Jamlitz wurde nach der naheliegenden Bahnstation Lieberose vergeben. Die Bahnlinie Frankfurt/Oder–Cottbus führte über Lieberose auch an Jamlitz vorbei.
4 Vgl. Wunderschütz 1972.
5 Vgl. Schreiben des Gauleiters der Mark Brandenburg E. Stürtz vom 8. Oktober 1943 (an die Einwohner von 16 Gemeinden, u. a. Jamlitz), veröffentlicht in: Wege ins Ungewisse 1991, Anhang 1.
6 Vgl. ebenda, Anlage 3 (Skizze des KZ Lieberose).

zum August 1945 ist keine Nutzung durch sowjetische Armeeeinheiten oder den NKVD nachgewiesen.[7]

Zeitzeugen berichteten von ersten Häftlingstransporten aus Frankfurt/Oder nach Jamlitz Ende August 1945. Ein Vorauskommando aus dem noch in Frankfurt/Oder stationierten Speziallager Nr. 6 war für Aufräumarbeiten abkommandiert.[8]

Am 12. September 1945 verließen etwa 1.200 Menschen das Lager in Frankfurt/Oder zu Fuß. Sie marschierten über Müllrose-Beeskow bis nach Jamlitz.[9] Bei der Ankunft im Lager Jamlitz fanden sie noch vernagelte und nicht hergerichtete Baracken[10], umgeben von zahlreichen Bäumen vor. Die Gefangenen mußten zusätzliche Unterkünfte aufbauen und dafür Barackenteile im Gelände zusammensuchen. Für die schrittweise Inbetriebnahme und den Ausbau des Speziallagers Nr. 6 nahm die sowjetische Lagerverwaltung Dienste aus der Dorfbevölkerung in Anspruch. Der Bürgermeister der Gemeinde Jamlitz, Hans Grünberg, stellte dem "Herrn Kommandanten des Häftlingslagers Jamlitz" eine Rechnung für Gespannarbeiten im Lager aus, die zwischen dem 13. September und 14. November 1945 geleistet wurden.[11]

Das Lager war im Herbst 1945 in eine Hauptzone, eine innere und eine äußere Zone unterteilt. Alle Lagerbereiche waren durch einen drei Meter hohen Stacheldrahtzaun gesichert.[12] Später kam ein Bretterzaun, der den Sichtkontakt verhindern und die Isolierung der Gefangenen verstärken sollte, hinzu. Barackenfenster wurden teilweise vernagelt.

Die "Abteilung Speziallager" berechnete für das Lager in Jamlitz ursprünglich eine Kapazität für 10.000 Gefangene[13], reduzierte diese dann auf 8.000.[14] Die Gefangenen, das sogenannte Spezialkontingent, waren ausschließlich in Holzbaracken untergebracht. Die gefangenen Frauen wurden von den Männern streng isoliert. Zu den weiteren Lagereinrichtungen gehörten die Lagerküche mit Speisesaal, die Banja (russische Bezeichnung für die Bade- bzw. Duschanlage) mit Entlausungseinrichtung, eine Bäckerei, der 1945 noch die Einrichtung fehlte und die erst Anfang Juni 1946 in Betrieb ging[15], ein Lazarett mit anfänglich 160 Plätzen – ebenfalls in den ersten Monaten ohne jegliche Ausrüstung – und Vorratsräume.[16] Später kamen noch Werkstätten, eine Friseurstube, die Wäscherei und die Schneiderei sowie eine Arrestzelle (Strafbunker) hinzu. Der Kommandanturbereich der sowjetischen Lagerverwaltung befand sich, abgetrennt von den anderen Bereichen, in der sogenannten Vorzone des Lagers.[17]

---

7 Ebenda, S. 11.
8 Vgl. Brief von Dr. Georg Müller an die Gemeindeverwaltung Jamlitz. Amberg, 17.12.1991.
9 Volker 1958, S. 34 f.
10 Ebenda, S. 39.
11 Abdruck der Kopie der Rechnung in: Wege ins Ungewisse, S. 12.
12 Vgl. GARF, f. 9409, op. 1, d. 133.
13 Ebenda.
14 Vgl. GARF, f. 9409, op., 1, d. 143.
15 Volker, S. 74.
16 Vgl. GARF, f. 9409, op., 1, d. 133.
17 Siehe Skizze des Speziallagers Nr. 6 in: Wege ins Ungewisse, Anlage 4.

2. Personal, Bewachung und Lagerregime

Der sowjetische Lagerleiter war Oberstleutnant Selesnev[18], sein Stellvertreter Hauptmann Čitalov. Der stellvertretende Lagerleiter war als Kommandant des Lagers für das innere Lagerregime verantwortlich.[19] In der Erinnerungsliteratur ehemaliger Gefangener des Speziallagers Nr. 6 ist von einem Schaljapin als Lagerkommandant die Rede. Dessen Ehefrau – Schaljapina – soll als Lagerärztin im Range eines Leutnants tätig gewesen sein.[20] Sie wurde wegen ihrer Bemühungen um die Kranken auch als "Engel von Jamlitz" bezeichnet. Der Leiter der Operativgruppe im Lager, zuständig für Verhöre und Organisation der Spitzeltätigkeit unter den Gefangenen, war Hauptmann Utenkov.[21] Die Registraturgruppe, verantwortlich für die Führung der Häftlingsunterlagen, unterstand einem gewissen Švarev und später Hauptmann Lejko[22], Oberinspektor der Gruppe war Unterleutnant Luginov[23]. Nicht alle Offiziere und Unteroffiziere des sowjetischen Lagerpersonals waren ständig im Lager präsent. Deshalb ist auch die Erinnerung an einzelne Offiziere bei Zeitzeugen unterschiedlich ausgeprägt.

Für die Bewachung des Lagers waren im Jahr 1945 insgesamt 42 Militärangehörige einer Garnison des 221. Wachregiments des NKVD und 23 Soldaten eines Wachkommandos zuständig. Die Wachtürme waren anfangs noch nicht mit Scheinwerfern ausgerüstet. Nachts gab es neun äußere Wachposten, tagsüber nur vier.[24] Die Gefangenen mußten zur Schaffung einer Sperrzone um den Lagerzaun und eines freien Schußfeldes Bäume fällen und roden.[25] Das Wachsystem und die bewaffneten Posten hielten einige Gefangene jedoch nicht davon ab, den Gedanken an eine Flucht auch in die Tat umzusetzen. Arbeitseinsätze außerhalb des Lagers boten dafür die besten Gelegenheiten. So flohen dabei nicht weniger als sechs deutsche Gefangene zu unterschiedlichen Zeiten.[26] 1945/46 gelang zwei Polen, die als angebliche amerikanische Spione verhaftet waren, acht Sowjetbürgern und drei deutschen Gefangenen die Flucht aus dem Lager.[27] Einer der Flüchtlinge nutzte dabei eine Kanalisationsröhre als Fluchtweg.[28] Tragisch endete der verzweifelte Versuch des Gefangenen W., gegen das Lagerregime und die ausweglose Lage zu rebellieren. H. Volker erlebte den Vorfall:

> Schüsse zerreißen Stille und Dunkel. Explosivgeschosse peitschen hart und knallend durch die Baracken des 1. Bataillons. Ich bin zufällig in der Baracke der 3. Kompanie. Raus und hin zur 2. Kompanie, wo ja auch mein Pritschenplatz ist. Am Eingang liegt ein Kamerad im Blut. Der Oberschenkel ist zerfetzt. Schon reißt einer sein Hemd entzwei, versucht den Oberschenkel abzubinden. Doch das Hemd reißt wie Zunder. Aus einer Ecke der Baracke

---

18 Selesnev war im Range eines Majors bereits Lagerleiter im Speziallager Nr. 6 in Frankfurt/Oder. Vgl. GARF, f. 9409, op., 1, d. 167.
19 GARF, f. 9409, op., 1, d. 130.
20 Wege ins Ungewisse, S. 18; Erinnerungen von Herta Kretschmar, SAPMO BArch, Sg Y 30/EA 2012/1.
21 GARF, f. 9409, op., 1, d. 131.
22 Ebenda, d. 656.
23 Ebenda, d. 167.
24 GARF, f. 9409, op., 1, d. 133.
25 Vgl. Volker, S. 45.
26 Vgl. GARF, f. 9409, op., 1, d. 131; 174.
27 Ebenda, 656.
28 Ebenda, 144.

Das Speziallager Jamlitz

schleppt sich ein Verletzter nach der Tür mit Streifschuß über Gesäß und Hinterkopf. Auch in der 1. Kompanie sollen Verletzte sein. Hundegebell und Flüche. Gleich hinter dem vordersten Stacheldrahtzaun, der beim 1. Bataillon unmittelbar hinter den Baracken verläuft, liegt einer der Unseren. Der schlanke, mittelgroße W. wird ins Revier geschleppt: Lungendurchschuß. Mit ihm werden noch zwei weitere Schwerverletzte eingeliefert. Kein Arzt, der richtig helfen könnte, kaum Medikamente und Instrumente, kaum Verbandstoffe. W. war dem Pessimismus erlegen und einer Wahnidee. Viele hatten sich bemüht, ihm Korsettstangen einzuziehen. Ohne Erfolg. 'Man müßte etwas unternehmen', so hatte W. immer wieder gesagt; 'was Aufsehen macht. Sonst kommt keiner mehr hier raus.' So hatte W. etwas unternommen. Unbemerkt war er zwischen den Baracken der 1. und 2. Kompanie zum Zaun gegangen, durchgestiegen und, wie er dann selber schildert, im Scheinwerferkegel auf den Turmposten zugegangen. Im grellen Licht ein unfehlbares Ziel! Der Posten aber streute mit seiner Mpi. gegen 20 Schuß in die Baracken.[29]

Wie auch in anderen Speziallagern setzte die sowjetische Lageradministration eine innere Lagerselbstverwaltung aus den Reihen der Gefangenen ein. Der Zeitzeuge Bernd Simon urteilte darüber folgendermaßen:

> Zu ihrer Schande muß gesagt werden, daß viele von denen, die eine solche Position bekleideten, sich uns gegenüber wie Unmenschen benommen haben, um ihre Vergünstigungen, beispielsweise ihre doppelten Essenrationen, zu sichern.[30]

Der Lagerleiter dieser Häftlingsselbstverwaltung war der deutsche Gefangene Gerhard Bennewitz. Ihn beschrieben Mitgefangene als "Schläger und Halunken"[31] wie auch seinen Stellvertreter Dahnke[32] und einige andere Funktionshäftlinge unter den Bataillons- bzw. Korpusführern. Doch es gab auch Häftlinge, die ihre Lagerfunktion nicht für Bereicherung, Diebstahl und Verrat an die sowjetische Lagerverwaltung mißbrauchten.[33]

Die Belegung des Lagers war militärisch gegliedert. Je drei Baracken bildeten einen "Korpus", wie es im russischen Sprachgebrauch hieß. Im deutschen Sprachgebrauch wurden sie als Bataillone bezeichnet. In der Regel umfaßte ein Bataillon bis zu tausend Gefangene. Die Gesamtbelegung einer Baracke bildete eine Kompanie, und Zimmerbelegungen waren demzufolge ein Zug. An der Spitze dieser Struktureinheiten standen jeweils Zug-, Kompanie- und Bataillonsführer. Weiterhin gab es noch Mitglieder der Lagerpolizei, Melder und Gehilfen. Bis 1946 wuchs der Häftlingsbereich auf sechs Korpusse an.[34] Funktionshäftlinge stellten die innere Häftlingsselbstverwaltung. In Jamlitz waren alle Bataillons-, Kompanie- und Zugführer deutsche Häftlinge.[35] Analog gab es auch im Frauenlager weibliche Funktionshäftlinge und eine deutsche Lagerleiterin aus den Reihen der Gefangenen.

---

29 Volker, S. 81 f.
30 Simon 1991, S. 78.
31 Ebenda; Kurt Noack, S. 84.
32 Ebenda, S. 85.
33 Ebenda, S. 84 f.
34 Vgl. Wege ins Ungewisse, S. 19.
35 Ebenda, S. 20.

3. Belegung

Bis Dezember 1945 wurden 3.121 Gefangene nach Jamlitz überstellt.[36] Unter ihnen befanden sich zahlreiche Sowjetbürger, im September waren es 1.306[37], sowie polnische Bürger.

Nach Jamlitz kamen, wie in andere Speziallager der SBZ auch, von Operativgruppen des NKVD oder den SMERŠ-Gruppen der Roten Armee verhaftete Deutsche, die wegen Mitgliedschaft und Mitarbeit in der NSDAP oder deren Gliederungen, illegalem Waffenbesitz oder sonstiger Verdächtigungen verhaftet wurden. Darunter waren auch zahlreiche Jugendliche zwischen 12 und 21 Jahren, die wegen HJ- oder BDM-Mitgliedschaft den sowjetischen Besatzungsbehörden gefährlich erschienen und als potentielle "Werwölfe" ins Speziallager eingewiesen wurden.

Das Speziallager Nr. 6 erhielt im Herbst 1945 noch die spezielle Funktion, vorrangig verhaftete Sowjetbürger aufzunehmen. Im August 1945 bekam der Lagerleiter vom Leiter der "Abteilung Speziallager", Oberst Sviridov, den Auftrag, eine besondere Zone für die Aufnahme von Angehörigen der "Vlasov-Armee", von Emigranten, die Rußland nach der Oktoberrevolution von 1917 verlassen hatten, und für sonstige "Verräter an der Heimat" zu schaffen.[38] Diese Gruppe von Gefangenen wurde vorwiegend aus sowjetischen Repatriierungslagern nach Jamlitz überstellt. Von dort aus sollte später die Deportation in die UdSSR erfolgen. Gleichzeitig wies Sviridov an, die Aufnahme sonstiger Ausländer in das Speziallager Nr. 6 einzuschränken.

Nach Jamlitz kamen Gefangene aus dem ganzen Land Brandenburg. Besonders zahlreich überstellte die Cottbuser Operativgruppe des NKVD Gefangene direkt in das Speziallager Nr. 6[39].

Die Zahl der Gefangenen stieg im April 1946 auf 4.207 Personen[40] und wuchs im September 1946 sprunghaft auf 7.147 Personen an.[41] Am 21. und 24. September 1946 trafen zwei Gefangenentransporte mit 1.485 Personen, davon 155 Frauen, bzw. 1.439 Personen, davon 49 Frauen, aus dem Speziallager Nr. 4 (Bautzen) in Jamlitz ein.[42]

Im Zusammenhang mit der Auflösung des Speziallagers Nr. 5 (Ketschendorf) im Februar 1947 erfolgte unter anderem auch die Verlegung von mehr als tausend Insassen in das Lager Jamlitz. Bereits am 18. Januar 1946 trafen rund 1.200 "Ketschendorfer" in Jamlitz ein und am 12. Februar nochmals 250 Personen.[43] Helmut Klemke beschrieb den LKW-Transport von Ketschendorf nach Jamlitz:

> In mehreren Reihen saßen wir eng beieinander auf der Pritschenfläche, mit angezogenen Beinen, entgegen der Fahrtrichtung. Selbst in den Schoß des Hintermanns gequetscht, drückte der Vordermann, zwischen die Beine gepreßt, so eng an den eigenen Körper, daß keine Bewegung möglich wurde. Es war ein platzsparender, aber auch menschenverachtender Transport! Man sparte gleichfalls Wachpersonal. Denn von den wie ineinanderge-

---

36 GARF, f. 9409, op., 1, d. 143.
37 Ebenda, d. 139.
38 Vgl. GARF, f. 9409, op., 1, d. 140.
39 Vgl. u. a. GARF, f. 9409, op., 1, d. 646; 647; 648.
40 GARF, f. 9409. op. 1, d. 143.
41 Ebenda.
42 GARF, f. 9409, op., 1, d. 653.
43 Ebenda, 658.

schachtelt sitzenden Gefangenen war gewiß niemand in der Lage, während des Transportes aufzustehen, geschweige denn zu flüchten.[44]

Weitere Häftlingsbewegungen gab es zwischen den Speziallagern Jamlitz und denen in Bautzen[45], Sachsenhausen[46], Berlin-Hohenschönhausen[47], Fünfeichen[48], Mühlberg[49] und Buchenwald[50]. Es gab auch einige wenige Überstellungen von Kriegsgefangenen in das Lager Nr. 69 in Frankfurt/Oder.[51] Wiederholt gingen Transporte mit sowjetischen Gefangenen über Frankfurt/Oder in die UdSSR.

Weitere Einlieferungen von Gefangenen erfolgten durch die Operativgruppen aus dem Umkreis von Cottbus. Die Überstellung aus einem GPU-Keller von Cottbus und die Ankunft in Jamlitz beschrieb Herta K. in ihren Erinnerungen:

> Die Fahrt geht über Peitz – was kümmert's mich – über Lieberose. Irgendwo Halt. Auf einer Chaussee. Auf der einen Seite stehen große Robinien, auf der anderen ist unter Kiefern ein Zaun, ein Tor darin. Der Zaun reicht weit. Warten vor dem Tor. Dann gehen wir hinein. In das Lager Jamlitz. Ohne den Namen zu wissen. Das Lager Jamlitz. Am 5.2.1946. Kiefern und Sand und Baracken. Ein und noch ein langweiliger Aufenthalt. Schließlich gelangt unser Trupp an ein Ziel. Das 'Tor' davor, mit einem Posten besetzt, ist nur eine Lücke im Stacheldraht um den Frauenbezirk. Nichts Auffälliges an der Frauenbaracke. Ein kleiner Teil von ihr ist abgetrennt als Quarantäne für die Neuen.[52]

Im Herbst 1946 waren ca. die Hälfte der Gefangenen in Jamlitz Deutsche. Nach sowjetischen Angaben waren davon mit Stand von Oktober 1946 3.338 aktive Mitglieder der NSDAP in verschiedenen Funktionen. Die Gruppe der Blockleiter war mit 1.842 die zahlenmäßig stärkste. Weiterhin waren 390 Zellenleiter, 239 Ortsgruppenleiter und sonstige NSDAP-Funktionäre registriert. 293 Personen waren als nominelle Mitglieder der NSDAP eingestuft. Somit wird deutlich, daß Jamlitz dem NKVD vor allem als ein Lager für aktive und nominelle Mitglieder der NSDAP diente, die ohne individuelle Schuldüberprüfung interniert und vom politischen Leben isoliert wurden.

Die Gefangenen waren in der Mehrzahl Zivilinternierte sowie einige Kriegsgefangene. Unter ihnen befanden sich nach Wahrnehmung von Mitgefangenen viele junge Mädchen, meist BDM- oder JM-Führerinnen und ehemalige Hitlerjungen. "Der Aufenthalt ausgesprochener Nazigrößen, führender Wehrmachtsangehöriger und anderer, den nationalsozialistischen Staat in wichtigen Positionen tragende Personen, konnte noch nicht nachgewiesen werden."[53]

Die Belegungsnachweise der sowjetischen Lagerregistratur enthalten folgende Angaben:

---

44 Klemke 1995, S. 153.
45 Vgl. GARF, f. 9409, op., 1, d. 644; 653; 658.
46 Ebenda, 652 bis 658.
47 Ebenda, 644; 651; 652.
48 Ebenda, 643.
49 Ebenda, 659.
50 Ebenda, 646; 659.
51 Ebenda, 643; 646; 654.
52 SAPMO BArch, Sg Y 30/EA 2012/1.
53 Wege ins Ungewisse, S. 14.

Belegung Speziallager Nr. 6: 31.12.1945–01.04.1947[54]

Datum	Anzahl der Gefangenen	Datum	Anzahl der Gefangenen
31.12.45	3.121	31.8.46	4.120
15.1.46	3.169	15.9.46	4.138
31.1.46	3.172	30.9.46	7.147
15.2.46	3.166	15.10.46	7.153
1.3.46	3.220	31.10.46	7.149
15.3.46	3.180	15.11.46	7.085
1.4.46	3.168	1.12.46	7.044
15.4.46	3.193	15.12.46	6.978
30.4.46	4.207	30.12.46	k.A.
15.5.46	4.140	15.1.47	6.637
31.5.46	4.148	31.01.47	k.A.
15.6.46	4.069	15.2.47	7.170
30.6.46	4.112	1.3.47	6.755
15.7.46	4.113	15.3.47	6.471
16.7.46	4.122	1.4.47	6.276
15.8.46	4.115		

Diese Angaben enthalten keine weitere Differenzierung nach Alter und Geschlecht sowie Nationalität. Diese und andere fehlende Angaben in den russischen Akten erschweren die Analyse der Zusammensetzung der Lagerinsassen.

4. Lageralltag

Die Häftlinge, die aus anderen Lagern nach Jamlitz kamen, hatten anfangs eine Wahrnehmung der Lagerbedingungen, die sich stark unterschied von derjenigen, die dort schon länger eingesperrt waren. Die Umstände in Jamlitz wurden anfangs teilweise sogar als Verbesserung gegenüber denen im Lager Ketschendorf angesehen. Ursula Fischer äußerte darüber:

> Für uns bringt das neue Lager nicht nur angenehmere Wohnverhältnisse, sondern auch – wie es auf den ersten Blick erscheint – eine bessere Verpflegung. Aus ist es mit der täglichen grauen Grütz- oder Graupenbrühe. Mit Hingabe löffeln wir die helle Wassersuppe, in der Kartoffelstückchen und einige Fleischfasern schwimmen. Die Brotrationen kommen uns größer vor. Manchmal ist das Brot ganz frisch und duftet köstlich. Jamlitz hat eine eigene Bäckerei. Einmal in der Woche bekommen wir 20 g Zucker – es geht aufwärts![55]

Doch wenig später stellte sich heraus, daß der Schein trog. Der Verzehr des frischen Brotes führte nicht selten zu Erbrechen und Durchfall, die Suppenmahlzeiten verstärkten die Ansammlung von Wasser im Körper und führten oft zu weiteren Erkrankungen.[56]

---

54 Zusammenstellung nach den 14tägigen Berichten der "Abteilung Speziallager des NKVD", auf der Grundlage der Belegungsmeldungen der Registraturgruppe des Speziallagers Nr. 6 vom 31.12.1945 bis 1.4.1947. Vgl. GARF, f. 9409, op., 1, d. 143.
55 Fischer 1992, S. 73.
56 Vgl. ebenda.

Selbst zu diesem Zeitpunkt gab es noch keine Eßnäpfe für alle neu eingelieferten Gefangenen. Sie erhielten für die Nächte nur Papierdecken mit einer Zwischenschicht Holzspäne als Zudecke für die Schlafstatt auf doppelstöckigen Holzpritschen.[57]

Der plötzliche Zugang von ca. 3.000 Gefangenen im Herbst 1946 aus Bautzen sorgte für eine weitere Zuspitzung der bereits katastrophalen Ernährungssituation und mangelhaften sanitären Betreuung im Lager. Die Rinde der Bäume im Lager diente den hungernden Gefangenen oftmals als Zusatz zu den dünnen Wassersuppen.[58]

Von den 6.000 bis 7.000 Gefangenen kamen ungefähr nur 200 in Arbeitskommandos zur Aufrechterhaltung des Lagerlebens zum Einsatz.[59] Dazu gehörten Arbeitsdienste in der Küche, der Bäckerei (ab 1946), der Wäscherei, der Schneiderei, der Entlausung, der Friseurbaracke und in der "Spedition". Als Transportmittel standen dem Lager drei LKWs und vier Paare Arbeitspferde zur Verfügung. Damit mußten vor allem die Versorgungstransporte des Lagers durchgeführt werden. Es gab aber auch zeitweilige Arbeitseinsätze, z. B. Kartoffelernte, Pilzesammeln, Verladearbeiten u. a.

Einige sowjetische Lageroffiziere bedienten sich mitunter auch der künstlerischen Fähigkeiten von Gefangenen und ließen sich privat Gemälde und Schnitzereien anfertigen, wofür es auch einmal zusätzliche Verpflegung oder andere "Vergünstigungen" geben konnte. In der Friseurbaracke wurde sogar eine Kunstmalerstube eingerichtet.[60]

Mehrfach wurden von der "Abteilung Speziallager" Fachleute für die Zentrale Autowerkstatt in Berlin sowie Funkspezialisten angefordert.[61] Letztere kamen in das Speziallager Nr. 4 nach Bautzen.[62]. Im Frühjahr 1946 waren zeitweilig mehr als vierzig Gefangene aus Jamlitz für Bauarbeiten im NKWD-Gefängnis Nr. 7 abgestellt.[63] Anfang 1947 sollten aus dem Lager Jamlitz 1.200 arbeitsfähige Gefangene für die Deportation in die Sowjetunion vorbereitet werden.[64] Aber angesichts des anhaltenden Hungers und der zahlreichen Krankheiten konnten die sowjetischen Ärzte selbst bei großzügiger Einstufung in die Gruppe der Arbeitsfähigen von 6.978 Gefangenen nur 590, darunter auch 96 Frauen unter 45 Jahren, für den Arbeitseinsatz in der UdSSR, auch als "Pelzmützenkommando" bekannt, übergeben.[65]

Doch die Mehrheit war unter den katastrophalen Lagerbedingungen zum Nichtstun verdammt. Der damit verbundenen psychischen Belastung (Depression, Resignation, geistige Verarmung) versuchten etliche Gefangene durch eine Vielzahl von Selbstbetätigungen zu begegnen. Dazu gehörten Singen, Geschichten erzählen, Dichten. Der Besitz von Büchern, Schreibmaterialien usw. war streng verboten und wurde mit harten Strafen geahndet. Einzelne Buchexemplare, Bleistifte u. ä. konnten durch die Razzien mit viel Mut und List hindurchgerettet werden. Doch die im Lager entstandenen Gedichte und Lieder existierten nur in den Köpfen der Gefangenen. Sie wurden teilweise nach der Entlassung zu Papier gebracht, wie z. B. die Zeilen von Gertrud Waldschütz.[66]

---

57 Vgl. SAPMO BArch, Sg Y 30/EA 2012/1.
58 Vgl. Noack 1991, S. 79 ff.
59 Vgl. Wege ins Ungewisse, S. 21.
60 Vgl. Volker, S. 76 f.
61 Vgl. GARF, f. 9409, op., 1, d. 139; 148.
62 Ebenda, 656.
63 Ebenda, 781.
64 Ebenda, 148.
65 Ebenda.
66 Vgl. Pförtner/Natoneck (Hg.) 1962, S. 201.

Die verbotene und mit Gefahren verbundene geistig-kulturelle Selbstbetätigung stand im schroffen Gegensatz zur legalen "Kultura" im Lager. Dazu gehörte in Jamlitz eine Theatergruppe samt Orchester sowie der "Kinotag". Die Theatergruppe stand unter der künstlerischen Leitung des Schauspielers, Regisseurs und Theaterleiters Gustav Gründgens. Gründgens war bei der Auflösung des Speziallagers Weesow im Sommer 1945 nach Jamlitz verlegt worden. Hier konnte er mit Erlaubnis der sowjetischen Lagerverwaltung gemeinsam mit anderen gefangenen Berufskollegen, wie der Sängerin Margot Stein, der Schauspielerin Marianne Simon, dem Sänger Richard Klemens, dem Rundfunkreporter Hugo Landgraf sowie Laien, Operettenszenen und Sketche aufführen.[67] Den Aufführungen wohnten sowohl sowjetische Offiziere und deren Angehörige als auch Häftlinge bei.

Die Theater und Konzertaufführungen fanden in der Eßbaracke des Lagers statt, in der eine kleine Bühne eingebaut war. Dort gab es zur Verwunderung aller Gefangenen auch Kinovorführungen. Der Ruf "Raustreten zum Kinogang!"[68] gehörte wohl zu den größten Überraschungen in dem ansonsten inhumanen Lageralltag von Jamlitz.

Die Kehrseite des kulturellen "Ausbruchs an Menschlichkeit"[69] war der Umgang mit den Kranken und Verstorbenen. Die gebräuchlichsten Hygienemaßnahmen im Speziallager waren Duschen, Entlausen und Desinfektion der Bekleidung. Sie verhinderten jedoch weder die Ausbreitung von Ungeziefer noch den Ausbruch von Ruhr oder anderen ansteckenden Krankheiten. Angesichts der ständigen Unterernährung litten viele Gefangene an Dystrophie. Nach einem Sanitätsbericht der Leiterin der Sanitätsgruppe des Lagers, Oberleutnant des Medizinischen Dienstes Kabanova, für die Periode vom 28. Januar bis zum 13. Februar 1947 war gerade in dieser Zeit "infolge der Winterbedingungen und der offensichtlich unzureichenden Verpflegung eine rapide Zunahme der Sterblichkeit des Spezkontingents zu beobachten".[70] Allein in der genannten kurzen Periode verstarben 360 Personen im Lazarett. Die Zahl der registrierten Dystrophiker betrug fast 5.000 Personen! Die sowjetische Ärztin warnte in dem Bericht, der an ihre vorgesetzte Dienststelle in Berlin-Hohenschönhausen gerichtet war, "daß der Prozentsatz der Sterblichkeit in naher Zukunft zunehmen wird"[71]. Die ehrliche Berichterstattung der Ärztin führte zu keiner einschneidenden Verbesserung in der Versorgung der Gefangenen, insbesondere der Kranken. Ab Februar/März 1947 stiegen die im November 1946 um die Hälfte gekürzten Essenrationen wieder geringfügig an. Aber das führte nicht automatisch zu einem Absinken der Sterblichkeit im Frühjahr 1947.[72] Neben Dystrophie und Tbc waren Infektionserkrankungen die häufigste Todesursache.

Die Krankenbetreuung lag weitgehend in den Händen von Häftlingsärzten. Aber ihnen standen kaum Medikamente und medizinische Geräte zur Verfügung. Augenzeugen berichteten, daß vereinzelt Schwererkrankte für Operationen aus dem Lager in das nächste Krankenhaus transportiert wurden.[73]

Der Lazarettbereich des Lagers bestand aus vier Baracken, die nach Ambulanz, Chirurgie, Innere Abteilung und Abteilung für Tuberkulose und Infektionskrankheiten gegliedert waren. In der Frauenzone gab es keine gesonderte Lazaretteinrichtung für erkrankte Frauen.

---

67 Vgl. Wege ins Ungewisse, S. 25.
68 Klemke, S. 160.
69 Ebenda, S. 159.
70 GARF, f. 9409, op., 1, d. 299.
71 Ebenda.
72 Vgl. Dommain 1994.
73 Bechler 1978, S. 113; Volker, S. 75.

Sie wurden durch Barackensanitäter oder ambulant behandelt. In der Baracke für Infektionskrankheiten soll es ein extra Zimmer für Frauen gegeben haben.[74]

Die Sterberate war, wie selbst die sowjetische Ärztin vermerkte, besonders in den Wintermonaten 1946/47 sehr hoch. Die Toten wurden anonym in Massengräbern, anfangs sogar in Einzelgräbern, östlich der Bahnlinie Frankfurt/Oder-Cottbus begraben.[75] Die Gräber mußten sofort eingeebnet und bepflanzt werden. Einmal gelangte ein Kassiber[76] an die Öffentlichkeit, worin das Ausmaß des Sterbens festgehalten war: "Im Februar 1947 – in 28 Tagen – starben im Schweigelager Jamlitz von noch rund 5.000 Insassen fast 740 Menschen."[77] Fünfzig Jahre nach der Internierung der ersten Häftlinge im Speziallager Jamlitz, am 9. September 1995, konnte für die zwischen 1945 und 1947 ca. 5.000 Verstorbenen die Gedenkstätte "Waldfriedhof Jamlitz" eingeweiht werden.[78]

5. Auflösung des Lagers

Das Speziallager Nr. 6 existierte bis Ende März 1947. Zuvor kam es zu keinen Entlassungen, bis auf einen spektakulären Vorfall. Anfang März 1947 ordnete kein geringerer als Generaloberst Serov die Entlassung von Gustav Gründgens an.[79] Das gab unter den Gefangenen viel Anlaß für Spekulationen über ihre baldige Freilassung. Doch das Lager Jamlitz entließ nicht die Gefangenen in die ersehnte Freiheit, sondern überstellte sie anderen Speziallagern. Das Speziallager Nr. 1, Mühlberg an der Elbe, mußte Ende März 1947 insgesamt 2.156 Männer und Frauen aus Jamlitz aufnehmen.[80] Herta Kretschmer erinnerte sich, daß sie mit anderen Frauen am Gründonnerstag 1947 aus Jamlitz über den Bahnhof Lieberose in Viehwagen abtransportiert wurden. Weil die Zugfahrt anfangs in Richtung Frankfurt/Oder ging, kam unter den Gefangenen die Furcht auf, der Transport könne nach Rußland gehen. Irgendwann tauchten jedoch sächsische Ortsnamen auf, und schließlich war in Neu-Burxdorf Endstation. Von dort mußten die Gefangenen zu Fuß zum Lager Mühlberg marschieren.[81]

4.000 Gefangene, in der Mehrzahl Männer, kamen mit zwei Transporten Anfang April 1947 in das Speziallager Nr. 2 nach Buchenwald.[82]

---

74 Die medizinische Versorgung durch deutsche Häftlingsärzte hat Bianca Radimersky in ihrer wissenschaftlichen Hausarbeit zur ersten Staatsprüfung für das Lehramt an Gymnasien (1993) "Das sowjetische Sonderlager Nr. 6 Jamlitz/Niederlausitz 1945 bis 1947" ausführlich untersucht, siehe ebenda, S. 39 ff.
75 Vgl. Wege ins Ungewisse, S. 29.
76 Das Heraus- und Hineinschmuggeln von Kassibern war die einzige Möglichkeit, mit der Außenwelt in Kontakt zu treten. Auf diesem Wege erhielten auch einige Angehörige ein Lebenszeichen ihrer verhafteten Väter, Mütter, Töchter oder Söhne. Vgl. u. a. Fischer, S. 49 ff.
77 Volker, S. 96.
78 Initiativgruppe Internierungslager Jamlitz e. V. Faltblatt Gedenkstätte Waldfriedhof Internierungslager Jamlitz 1945–1947 o. O., o. J.
79 Vgl. GARF, f. 9409, op., 1, d. 651.
80 Vgl. ebenda, 375; Kilian 1992, S. 141 ff.
81 Vgl. SAPMO BArch, Sg Y 30/EA 2012/1.
82 Vgl. Ritscher 1995, S. 207.

Im April 1947 hörte das Speziallager Nr. 6 auf zu existieren. Teile des Lagers nutzten Einheiten der Sowjetarmee eine Zeitlang als Versorgungsstützpunkt bzw. bauten Baracken und Einrichtungen für andere Verwendungszwecke, ab 1949 ging das Gelände in Volkseigentum über. Das Land wurde parzelliert und Umsiedlern und Einheimischen zur Bebauung angeboten. Ab 1950 begann die teilweise Bebauung des ehemaligen Lagergeländes.[83]

---

83 Wege ins Ungewisse, S. 32 f.

LUTZ PRIEß

Das Speziallager des NKVD Nr. 7 Werneuchen/Weesow

Errichtung des Lagers

Die Anfänge des Speziallagers Nr. 7 des NKVD werden in den Erinnerungen von überlebenden Zeitzeugen fast ausschließlich mit dem Namen des kleinen Dorfes Weesow verbunden.[1]

Weesow, ein Dorf in der Nähe der Kleinstadt Werneuchen, lag im April 1945 im Bereich der Kampfhandlungen der 1. Belorussischen Front beim Vormarsch auf die Reichshauptstadt Berlin. Doch in der Anlage des Befehls Nr. 00461 des Volkskommissars für innere Angelegenheiten der UdSSR vom 10. Mai 1945 wurde die Stadt Werneuchen als Standort für ein Lager beim Frontbevollmächtigten des NKVD der 1. Belorussischen Front ausgewiesen.[2] Es handelte sich hierbei um das **Speziallager Nr. 7**. Vermutlich diente es bei Kriegsende als Sammellager für die Repatriierung sowjetischer Bürger sowie für deutsche Kriegsgefangene und internierte Zivilisten. Die für die Verwaltung aller Speziallager in der sowjetischen Besatzungszone zuständige NKVD-Abteilung führte im Mai/Juni 1945 sowohl Werneuchen als auch Weesow als Standorte in ihren Unterlagen.[3] Nach Aussagen von Zeitzeugen soll es sich in Werneuchen um ein zeitweiliges Lager am Rande des dortigen Militärflugplatzes gehandelt haben.[4]

Die Registrierung von Gefangenen begann offiziell ab dem 15. Mai 1945.[5] Das Lager hatte bis dahin bereits 612 Gefangene aufnehmen müssen. Ihre Nationalität und ihr weiterer Verbleib sind unbekannt, weil keine namentlich geführten Registraturunterlagen aus der Anfangsphase des Lagers überliefert sind.

Am 25. Mai 1945 übergab der Lagerleiter, Hauptmann Čumačenko[6], das Speziallager Nr. 7 an Major Kostjuchin.[7] Kostjuchin diente bis Kriegsende bei der SMERŠ der 1. Belorussischen Front und stand seit dem 15. Mai 1945 im Dienst der "Abteilung Speziallager des NKVD der UdSSR in Deutschland" (nachfolgend "Abteilung Speziallager"

---

1 Vgl. Krombholz 1991, S. 168 ff.
2 Vgl. GARF, f. 9409, op. 12, d. 178.
3 Ebenda.
4 Befragungen des Vf. im Jahr 1990 und im November 1996.
5 Vgl. GARF, f. 9409, op. 1, d. 42, l. 46.
6 Hauptmann Čumačenko wurde Leiter des Speziallagers Nr. 3 in Berlin-Hohenschönhausen.
7 GARF, f. 9409, op. 1, d. 134.

genannt). In der Vollzugsmeldung an den Leiter der Abteilung Speziallager des NKVD der 1. Belorussischen Front, Oberst Sviridov, berichtete Kostjuchin militärisch knapp, daß es keine besonderen Vorkommnisse unter den Gefangenen gegeben habe. Er meldete zwei offiziell registrierte Todesfälle. Zwei deutsche Gefangene, Geburtsjahrgänge 1891 und 1897, seien an einer Lungenerkrankung bzw. an Herzversagen gestorben.[8] Die Belegung des Lagers wurde in dieser Meldung nach Nationalitäten registriert. Demnach befanden sich am 30. Mai 1945 insgesamt 1.922 Gefangene im Lager, davon 1.813 Deutsche.

Kostjuchin meldete, daß das Lager zu diesem Zeitpunkt noch immer an zwei Orten im Kreis Werneuchen disloziert war. Jedoch waren weder am alten noch am neuen Ort, die Unterkünfte und die Einteilung in verschiedene Lagerzonen (Vorzone, Häftlingszone getrennt nach Männer und Frauen) vorbereitet. Er avisierte am 30. Mai 1945 die Inbetriebnahme des neuen Lagerortes innerhalb der nächsten zwei bis drei Tage, also für Anfang Juni. Kostjuchin informierte seinen Vorgesetzten auch darüber, daß der Personalbestand für die Führung des Lagers noch unvollständig war. Ihm fehlten zwölf Mitarbeiter für die vorschriftsmäßige Dienstführung, u. a. ein Sekretär des Lagers, Übersetzer, Mitarbeiter für die Buchhaltung und die Wirtschaftsführung. Die Versorgung für rund 2.000 Gefangene war nach Kostjuchins Angaben durch die Armee-Einheit mit der Feldpostnummer 16550 gewährleistet. Für die Versorgung des Lagerpersonals würden zusätzliche Lieferungen aus dem Bestand der "Abteilung Speziallager" zur Verfügung gestellt. Doch er "beklagte" sich über die mangelhafte Ausrüstung der Offiziere, Sergeanten und Soldaten insbesondere mit Wäsche und Schuhwerk.

Den politisch-moralischen Zustand des Lagerpersonals einschätzend, vermerkte Kostjuchin kritisch das häufige Verlassen des Lagers durch die Mitarbeiter. Sie "organisierten" und plünderten für den eigenen Bedarf in der Umgebung. Zum Abschluß seiner Meldung forderte Kostjuchin dringend Hilfe für die bessere Versorgung des Lagerpersonals an.[9]

Belegung

Die geographische Lage zwischen Berlin und Frankfurt/Oder bestimmte Werneuchen/Weesow zum Sammel- und Durchgangslager für die Verhafteten aus dem Großraum Berlin und aus Brandenburg. Ab Anfang Juni 1945 nahm die Belegung des Lagers mit Gefangenen sprunghaft zu. In Berlin wurden Transportkolonnen von bis zu 1.500 Gefangenen zusammengestellt.[10] Immer wieder kamen Häftlingskolonnen, teils zu Fuß, teils per Lastwagen, in Weesow an (Werneuchen war wahrscheinlich Ende Mai/Anfang Juni als Lagerstandort bereits aufgegeben worden). Sie kamen vor allem aus dem Speziallager Nr. 3 Berlin-Hohenschönhausen.

Von Weesow wurden aber auch immer wieder Transporte mit dem Ziel Frankfurt/Oder (Speziallager Nr. 6)[11], Fünfeichen (Speziallager Nr. 9)[12] und Landsberg/Warthe

---

8 Ebenda.
9 Ebenda.
10 Vgl. GARF, f. 9409, op. 1, d. 139, l. 331.
11 Vgl. GARF, f. 9409, op. 1, d. 139, l. 339.
12 Vgl. GARF, f. 9409, op. 1, d. 139, l. 337; Fischer/Lipinsky 1994, S. 43.

(Speziallager Nr. 4)¹³ zusammengestellt. Die nachfolgende Tabelle gibt einen summarischen Überblick über den schnellen Anstieg der Zahl der Gefangenen sowie deren Weitertransport.

Belegung Speziallager Nr. 7 Werneuchen/Weesow Mai bis August 1945¹⁴

Datum der Registrierung	Zugänge	Abgänge	Anzahl der Gefangenen insgesamt
17.5.1945	612		612
25.5.1945	621		1.233
30.5.1945	690	2	1.921
8.6.1945	1.805	8	3.718
18.6.1945	2.192	16	5.894
28.6.1945	1.708	50	7.552
7.7.1945	603	2.070	6.085
18.7.1945	1.869	2.089	5.865
27.7.1945	2.368	82	8.151
8.8.1945	1.107	4.137	5.121
13.8.1945	1.844	1.370	5.395

Mehr als 15.000 Gefangene wurden in der kurzen Zeit durch das provisorische Lager in Weesow "geschleust"!

Weesow – ein Provisorium

Nach Berichten soll die Einwohnerschaft des Ortes Weesow vor den Kampfhandlungen geflüchtet sein und die Gehöfte verlassen haben.¹⁵ Mehrere Bauernhöfe wurden von den Truppen des NKVD im Mai 1945 provisorisch als Sammellager für deutsche, polnische und sowjetische Gefangene eingerichtet. Ab Juni 1945 setzte der neue Lagerleiter Major Kostjuchin die elementaren Anforderungen des NKVD für die Bewachung und das Lagerregime durch. Das Gelände der Höfe war laut Vorschrift mit Stacheldrahtzäunen umgeben. Zusätzlich zu den vier mit Maschinengewehren bestückten Wachtürmen an allen vier Ecken des Lagers waren Erdlöcher für nächtliche Wachtposten in die Erde gegraben.¹⁶

Bereits Ende Juni 1945 war das Lager in Weesow mit sieben- bis achttausend Personen hoffnungslos überfüllt. Zeitzeugen berichteten darüber, daß in fünf Bauernhöfen, einschließlich Scheunen und Stallungen, die Gefangenen getrennt nach Geschlechtern untergebracht waren. Es waren nur wenige Holzpritschen vorhanden, auch Matratzen oder Strohsäcke fehlten. Die Mehrzahl der Gefangenen mußte auf nacktem Boden, z. T. sogar im Freien schlafen. Zu den provisorischen Einrichtungen des Lagers gehörten die Küche, ein alter Feldbackofen für die Versorgung mit Brot, die sogenannte Entlausung und die Badeanstalt sowie das Lazarett. Die Ankunft und Aufnahme der Gefangenen war bereits ein niederschmetternder Vorgang, wie Erwin Krombholz beschrieb:

---

13 Vgl. GARF, f. 9409, op. 1, d. 139, l. 331.
14 Vgl. GARF, f. 9409, op. 1, d. 42, l. 47.
15 Vgl. Text der Gedenktafel an der Grabanlage für die Toten des Lagers in Weesow.
16 Vgl. Wolf 1996, S. 17 ff.

> Gleich nach dem Betreten des ersten Hofes fand ein mehr als fragwürdiger Entlausungsvorgang statt. In mehreren großen Kochkesseln wurden unserer Sachen simpel gebrüht. Die Kessel standen in der freien Hofmitte auf offenen Holzfeuern. Total entblößt auf dem Erdboden hockend, warteten wir auf die Aushändigung unserer Sachen. Geschrumpft, versengt, verdorben, vielfach für weiteren Gebrauch untauglich, bekamen wir dann die Reste unserer Kleidung an den Kopf geworfen.[17]

Zu den größten Krankheitsherden gehörten die notdürftig ausgehobenen und hergerichteten Latrinen. So breitete sich die Ruhr unter den Gefangenen blitzschnell aus und führte zu zahlreichen Todesfällen.

Lageralltag

Für die meisten Gefangenen war Weesow wie schon gesagt, ein Durchgangslager. Internierte Deutsche aus allen Berliner Bezirken und dem Umland wurden hier ebenso eingesperrt, wie ehemalige Angehörige der Vlasov-Armee sowie polnische und sowjetische Ostarbeiter.

Das Lagerregime sah tägliche Zählappelle vor, die für viele zur Tortur wurden. Nur für wenige der Gefangenen gab es durch Arbeitseinsätze inner- und außerhalb der Lagers eine Abwechslung im eintönigen Tagesablauf. Vereinzelt wurden Arbeitskommandos für Aufräumarbeiten auf dem Flugplatzgelände in Werneuchen zusammengestellt.[18] Den Dienst in der Küche und "Badeanstalt" versahen vor allem Frauen.

Im Lager übten polnische und sowjetische Gefangene (vor allem ehemalige nach Deutschland verschleppte Zwangsarbeiter) ein "inneres" Lagerregime gegenüber den anderen Gefangenen aus. Die äußere Bewachung sicherten NKVD-Mannschaften. Die strengen Wachmaßnahmen konnten trotzdem nicht die Flucht einzelner Gefangener verhindern. Zwei Deutschen gelang am 13. Juni die Flucht. Am 22. Juni und am 5. August 1945 konnten nochmals zwei Gefangene erfolgreich fliehen.[19]

Die Überfüllung des Lagers, die unzureichende Ernährung, die unhygienischen Zustände und die mangelhafte medizinische Versorgung bedingten den Ausbruch der Ruhr unter den Gefangenen. Die Verstorbenen wurden anonym außerhalb des Lagers in einem Massengrab bestattet.[20] Zeitzeugen schätzen die Zahl der Verstorbenen zwischen 800 und 1.500 Tote.[21]

Das Ende des Provisoriums

Die Verhaftungen und Einweisungen in die NKVD-Lager rissen in den Sommermonaten des Jahres 1945 nicht ab. Die Belegungskapazität des provisorischen Lagers in Weesow war

---

17   Krombholz, S. 169.
18   Vgl. Wolf, S. 22.
19   Vgl. GARF, f. 9409, op. 1, d.135.
20   Am 17. Oktober 1992 wurde eine "Stätte des Gedenkens für die Toten des Internierungslagers Weesow" eingeweiht.
21   Vgl. Text der Gedenktafel in Weesow (Stand 1992).

von Anfang an begrenzt. Die Bedingungen in den Bauernhöfen waren nicht für eine dauerhafte Nutzung als Speziallager geeignet. Hinzu kam, daß Weesow über keinen eigenen Bahnanschluß verfügte. Sämtliche An- und Abtransporte der Gefangenen erfolgten entweder zu Fuß, per LKW oder über den entfernten Bahnanschluß in Bernau, weil der Anschluß in Werneuchen infolge Kriegseinwirkungen außer Betrieb war.

Auf der Suche nach einem geeigneten neuen Standort für eine dauerhafte Einrichtung des Speziallagers Nr. 7 entschieden sich die NKVD-Dienststellen für ein Gelände am Stadtrand von Oranienburg. Am 7. August 1945 besiegelten der Leiter des Lagers Nr. 229 der Besatzungsstreitkräfte der Roten Armee in Deutschland und sein Gehilfe sowie zwei Vertreter des Speziallagers Nr. 7 aus Weesow die Übergabe von Teilbereichen des ehemaligen Konzentrationslagers Sachsenhausen.[22] Am 10. August 1945 begann ein Vorkommando von ca. 150 gefangenen Männern und Frauen aus dem Lager Weesow mit den Vorbereitungsarbeiten für die Verlegung nach Sachsenhausen.[23]

Am 16. August 1945 mußten alle Gefangenen das Lager Weesow in Marschkolonnen mit dem Ziel Oranienburg verlassen. Das Lager Weesow hat mit dem Abtransport der Gefangenen aufgehört zu existieren.

---

22 Vgl. GARF, f. 9409, op. 1, d.134.
23 Vgl. AS, Bericht von Lottchen Fischer.

LUTZ PRIEß

Das Speziallager des NKVD Nr. 7 (Nr. 1) Sachsenhausen 1945–1950

1. Forschungsstand und Quellenlage

Für die Erforschung der jahrzehntelang in der DDR tabuisierten Geschichte des Speziallagers Nr. 7 Sachsenhausen[1] stehen uns heute drei wesentliche Quellen zur Verfügung: Erstens Berichte von Zeitzeugen, die teils publiziert sind[2], teils im Archiv der Gedenkstätte und Museum Sachsenhausen vorliegen[3]; zweitens Akten der "Abteilung Speziallager des NKVD/MVD der UdSSR in Deutschland"[4] und drittens Akten aus deutschen Archiven.[5]

Zeitzeugenerinnerungen spiegeln wie keine andere Quelle das persönliche Erleben und die späteren Reflexionen des Lageralltags mit all seinem Leid, dem täglichen Hungern, dem schwer ertragbarem Untätigsein, dem Dahinsiechen und Massensterben. Doch sie haben zum Teil nur eine begrenzte Aussagekraft. Kaum ein Häftling hatte Einblick in alle Bereiche des Lageralltags. Die Isolation innerhalb des Lager zwischen Männern und Frauen, zwischen sogannten Internierten und Verurteilten (zeitweise sogar innerhalb der einzelnen Häftlingsbereiche), das strenge Verbot des Besitzes von Schreibmaterial und somit fehlende Möglichkeiten für interne Aufzeichnungen bzw. die wiederholten "Filzungen", die zum Verlust von heimlich angefertigten Notizen führten, und andere Faktoren ließen nur eine selektive Wahrnehmung der Gesamtheit der Lagergeschichte zu. Die internen Befehle und Dienstanweisungen blieben den Gefangenen zwar verborgen, aber sie spürten die Folgen der Handlungen der Lagerleitung am eigenen Leibe und lernten so das sowjetische Lagerregime kennen. Auch von den Aktivitäten von Familienangehörigen gegenüber sowjetischen und deutschen Dienststellen zur Freilassung der Verhafteten konnte hinter den Lagermauern nichts wahrgenommen werden. Das System der Isolierung verhinderte dies nahezu perfekt. Für die Rekonstruktion des Gesamtgeschehens im Lager Sachsenhausen

---

1 Nach der Auflösung kleinerer Lager und der Reorganisation des sowjetischen Speziallagersystems in der SBZ unter Verantwortung der GULAG-Verwaltung erhielt Sachsenhausen ab Herbst 1948 die Bezeichnung "Speziallager des MVD Nr. 1". Um Verwechslungen mit dem zwischen 1945 und 1948 unter der Nr. 1 geführten Speziallager Mühlberg zu vermeiden, wird für den Lagerstandort Sachsenhausen die Bezeichnung "Speziallager Nr. 7" verwendet.
2 Siehe Bibliographie in diesem Band.
3 Archiv Gedenkstätte und Museum Sachsenhausen (AS).
4 Siehe Beitrag von Kusnecova/Nachotovič in diesem Band.
5 Siehe Beitrag von Schölzel in diesem Band.

von 1945 bis Anfang 1950 bieten somit die russischen und deutschen Akten unverzichtbare Angaben, wie sie so aus anderen Quellen nicht oder nur unvollständig erschlossen werden können. Aus dem Bestand der sowjetischen Lagerverwaltung des Speziallagers Sachsenhausen sind ca. dreißigtausend Blatt überliefert. Sie umfassen vor allem Befehle, Dienstanweisungen, Statistiken über Ab- bzw. Zugänge von Gefangenen, die Erfassung der Verstorbenen in sogenannten Totenbüchern und Schriftwechsel mit sowjetischen Dienststellen.[6] Weitere Hinweise sind im noch umfangreicheren Bestand der übergeordneten Dienststelle, der "Abteilung Speziallager des MVD der UdSSR in Deutschland", enthalten.[7] Die sowjetischen Verwaltungsakten enthalten viele unbekannte Fakten und Zahlen, erfassen jedoch nicht die erlebte und erlittene Realität des Lagerlebens der Häftlinge.

Die Erschließung von Materialien über das Speziallager Nr. 7 Sachsenhausen in deutschen Archiven steht noch am Anfang. Im wesentlichen lassen sich hier Anfragen und Bittbriefe von Familienangehörigen an Institutionen, Parteien, Organisationen und Kirchen finden, die um Aufklärung des Schicksals von verhafteten Personen bzw. um deren Freilassung ersuchen.

Die Geschichte des Speziallagers Sachsenhausen wurde mehrfach thematisiert.[8] Die bisher aussagekräftigste Darstellung gibt es in der Broschüre von Barbara Kühle und Wolfgang Titz "Speziallager Nr. 7 Sachsenhausen 1945–1950" aus dem Jahr 1990. Sie konnten jedoch noch nicht die oben genannten Quellen aus dem russischen Staatsarchiv einbeziehen.

2. Vorgeschichte des Ortes

Die Stadt Oranienburg[9] war zwischen 1933 und 1945 Standort für zwei nationalsozialistische Konzentrationslager. Seit dem 21. März 1933, als die ersten vierzig Gefangenen in den Räumen einer ehemaligen Brauerei im Stadtzentrum von Oranienburg inhaftiert wurden, und Juli 1934 waren etwa 3.000 Häftlinge in dem der SA unterstehenden KZ Oranienburg eingesperrt.[10]

Es wurde, wie zunächst andere von der SA geführte Lager in Deutschland auch, am 13. Juli 1934 geschlossen.[11] Doch im Sommer 1936 mußten Häftlinge aus dem Lager Esterwegen am Stadtrand von Oranienburg ein neues KZ errichten.[12] Das KZ Sachsenhausen[13], in der unmittelbaren Nähe der Reichshauptstadt Berlin, sollte in seiner Gestaltungs- und Funktionsweise als Modell- und Schulungslager der SS dienen. Seine Sonderstellung im System der nationalsozialistischen Konzentrationslager wurde noch durch die Verlegung der "Inspektion der Konzentrationslager", der Verwaltungszentrale für alle KZs im deutschen

---

6 Vgl. GARF, f. 9409, op. 1, d. 312 bis 318 und 326 bis 468.
7 Vgl. GARF, f. 9409, op. 1, d. 1 bis 311 und 319 bis 325.
8 Siehe Bibliographie in diesem Band.
9 Oranienburg: Stadt ca. 50 km nördlich von Berlin, Bevölkerung 1939: 29.232 Einwohner.
10 Morsch (Hg.) 1994, S. 10.
11 Drobisch 1994, S. 21.
12 Tuchel 1994 b, S. 124 ff.
13 Namensgebung nach der Gemeinde Sachsenhausen nördlich von Oranienburg, an der Reichsstraße 96 und mit einem eigenen Bahnhof an der Eisenbahnlinie Berlin-Neustrelitz.

Machtbereich, von Berlin nach Oranienburg erhöht.[14] Im KZ Sachsenhausen erfolgte auch die Ausbildung von SS-Wachmannschaften, die später in anderen KZs eingesetzt wurden. Das KZ Sachsenhausen war mit einem Netz von ca. 100 Außenlagern, überwiegend in Berlin, unmittelbar in das Zwangsarbeitssystem der deutschen Rüstungsindustrie eingebunden.

Zwischen 1936 und 1945 waren im KZ Sachsenhausen mehr als 200.000 Häftlinge aus zahlreichen Nationen inhaftiert, von denen mehr als die Hälfte umgekommen sein sollen. Politische Gegner des NS-Regimes, als rassisch oder biologisch minderwertig Verfolgte, Verschleppte aus den besetzten Staaten Europas, Kriegsgefangene aus der Sowjetunion und anderen Staaten der Antihitlerkoalition gehörten zu den Häftlingen des KZ.

Der Kommandant des KZ Sachsenhausen, Anton Kaindl, erhielt am 18. April 1945 vom Inspekteur der Konzentrationslager den Befehl, die in Sachsenhausen und in seinen Zweiglagern verbliebenen Häftlinge zu evakuieren. Mehr als 30.000 KZ-Häftlinge, unter ihnen Frauen und Kinder, mußten auf die Todesmärsche, die mehreren Tausend das Leben kosteten.[15] Auf diesem Todesmarsch, mit Zwischenstation im Beelower Wald, kam die ersehnte Freiheit in der Nähe von Schwerin durch das Zusammentreffen mit alliierten Truppen.

Nach Beendigung der Evakuierung und Flucht der SS blieben ca. 3.000, zumeist kranke und transportunfähige Häftlinge im KZ Sachsenhausen zurück.[16] Unter den Häftlingen herrschte Ungewißheit über die militärische Lage außerhalb des KZ Sachsenhausen. Am 16. April 1945 begann die Großoffensive der 1. Belorussischen und 1. Ukrainischen Front zur Eroberung von Berlin ("Berliner Operation"), in deren Verlauf auch Brandenburgische Orte wie Oranienburg und Sachsenhausen militärisch besetzt wurden.[17]

Erkundungs- oder Aufklärungsgruppen der 16. Garde-Kavalleriedivision des 7. Garde-Kavalleriekorps der Roten Armee und der im gleichen Abschnitt unter dem Befehl der 1. Belorussischen Front operierenden Angehörigen der 1. Polnischen Armee stellten am 22. und 23. April 1945 erste Kontakte zu Häftlingen des KZ her. Ihr unmittelbarer militärischer Kampfauftrag führte sie ohne Aufenthalt weiter, doch das Lager galt von nun an als von der SS-Schreckensherrschaft befreit.[18]

Die Häftlinge standen nach der Befreiung vor der schwierigen Aufgabe, die Selbstverwaltung des Lagers zu realisieren und die Versorgung der kranken Häftlinge sicherzustellen.[19]

Am 12. Mai 1945 wurde der Hauptmann der Roten Armee Poljanski zum neuen Kommandanten des in Auflösung befindlichen KZ Sachsenhausen eingesetzt.[20] Der sowjetische Lagerkommandant zog deutsche Arbeitskräfte aus Oranienburg, wie den Schmied Erich Fardun, zu Erhaltungsarbeiten an den technischen Anlagen im KZ-Gelände heran.[21] Eine Bestandsmeldung erfaßte zu diesem Zeitpunkt 961 kranke Personen verschiedener Natio-

---

14 Tuchel 1994 a, 50 ff.
15 Morsch/Reckendrees (Hg.) 1996, S. 10.
16 Sachsenhausen. Dokumente, Aussagen, Forschungsergebnisse und Erlebnisberichte 1986, S. 127.
17 Geschichte in Daten-Brandenburg 1995, S. 223; Morsch/Reckendrees (Hg.) 1996, S. 82ff.
18 Morsch/Reckendrees (Hg.)1996, S. 85f.
19 Ebenda, 101ff.
20 Ebenda, S. 105. Er soll in kurzer Zeit bereits der vierte Kommandant gewesen sein, über seine Vorgänger ist ebensowenig bekannt wie über ihn selbst.
21 AS R 100/23, Bericht Erich Fardun jr.

nalitäten im Krankenrevier.[22] Sie mußten weiterhin im Lager medizinisch versorgt werden. Auch Repatrianten verschiedener Nationalitäten fanden hier vorübergehend Aufnahme.[23]

Das KZ Sachsenhausen war in dem Befehl Nr. 00461 vom 10. Mai 1945 über die Organisation von Lagern (Gefängnissen) bei den Frontbevollmächtigten des NKVD der 1. Belorussischen Front nicht als Lagerstandort für Internierungslager ausgewiesen.[24] Hier waren für die Provinz Brandenburg die Städte Fürstenwalde und Werneuchen genannt. Das KZ Sachsenhausen war also nicht von Anfang an in die Standortplanungen für sowjetische Speziallager einbezogen.

Bis November 1945 entstand auf dem Territorium der SBZ unter Verwaltung der eigenständigen "Abteilung Speziallager des NKVD der UdSSR in Deutschland"[25] (nachfolgend "Abteilung Speziallager" genannt) ein System von Speziallagern und Gefängnissen[26] des NKVD, zu dem in der damaligen Provinz Brandenburg die Lager Nr. 5 Fürstenwalde[27], Nr. 6 Lieberose[28] und das Gefängnis Nr. 7 in Frankfurt/Oder gehörten. In Frankfurt/Oder existierte außerdem noch das Kriegsgefangenenlager Nr. 69, welches für die Deportation und Repatriierung von sowjetischen und deutschen Gefangenen aus der und in die Sowjetunion zuständig war. Das Lager Nr. 7 Weesow/Werneuchen[29] wurde im August 1945 infolge ansteigender Häftlingszahlen und Platzmangels zu klein. Auf der Suche nach einem Dauerstandort für das Lager wurde der Gebäudekomplex des aufgelösten KZ Sachsenhausen für die Unterbringung mehrerer tausend Gefangener als geeignet angesehen. Das ehemalige, von Mauern und Wachtürmen dreieckig umschlossene Häftlingslager (auch Lagerdreieck genannt) unterstand zu diesem Zeitpunkt dem "Lager der Besatzungstruppen Nr. 229". Das Lager Nr. 229 war wahrscheinlich ein Sammel- und Repatriierunslager der Truppen der Roten Armee.[30].

Erna D., die wie andere Zivilisten aus Oranienburg ab April/Mai 1945 zu Hilfsarbeiten bei der Auflösung des KZ eingesetzt wurde, berichtete über die eintretenden Veränderungen:

> Als diese drei Monate dann zu Ende waren [...] dann durften wir nicht mehr hier herein. [...] Erst kamen Kriegsgefangene an, die hier in der Umgehung eingefangen und hier untergebracht wurden [...] danach kamen auch PGs [Parteigenossen] rein, die waren in Zivil. [...] Die wurden zwischen den SS-Kasernen und dem ersten Lagertor [untergebracht], da war eine asphaltierte Straße. Da durften wir stehen und aufpassen, ob wir Angehörige trafen. Ich mußte dort auch stehen und aufpassen [...], aber ich habe keinen getroffen. [...] [Später] war dann Schluß. Es durfte dann niemand mehr dort warten.[31]

---

22 AS R 232, M 159.
23 Vgl. zur Nieden 1996, S. 75.
24 Anlage 1 zum Befehl Nr. 00461, in: GARF 9401/12/178.
25 Die Abteilung Speziallager des NKVD in Deutschland hatte ihren ersten Dienstsitz in Fürstenwalde und ab Herbst 1945 in Berlin-Weißensee, Ortsteil Hohenschönhausen. Sie sollte 1949 nach Oranienburg (Speziallager Sachsenhausen) verlegt werden, was aber am Widerstand des Leiters der Abteilung scheiterte.
26 Der "Abteilung Speziallager" unterstanden nicht die sogenannten "GPU-Keller", wie die Sammel- und Untersuchungsgefängnisse des NKVD im deutschen Sprachgebrauch genannt wurden. Die sowjetische Bezeichnung dafür lautete "Inneres Gefängnis", weil sich die Untersuchungshaftzellen in der UdSSR im Innern der Gefängnisse befinden mußten.
27 Nr. 5 Fürstenwalde: Speziallager Ketschendorf.
28 Nr. 6 Lieberose: Speziallager Jamlitz.
29 Nr. 7 Werneuchen: Speziallager Weesow.
30 Es liegen bisher keine archivalischen Belege über das Lager Nr. 229 vor.
31 AS, Interview Wolfgang Titz mit Erna D. vom 9.12.1991.

3. Errichtung des Speziallagers Nr. 7 Sachsenhausen

Am 7. August 1945 fand zwischen Vertretern des Lagers Nr. 229 und des Speziallagers Nr. 7 aus Weesow ein Treffen statt, in dessen Verlauf ein Übergabeprotokoll unterzeichnet wurde. Damit ging das Gelände des Lagerdreiecks und der Vorzone des aufgelösten KZ Sachsenhausen mit seinen Einrichtungen und Inventar in die Verwaltung des Speziallagers Nr. 7 über. Dazu gehörten 68 Baracken (davon 51 Wohnbaracken), zwölf Werkstatträume, zwei Versorgungsbaracken (eine davon die Küche), ein Bad mit Desinfektionsraum, ein Gefängnisbau, eine Garage. Die Gebäude waren teilweise ohne Fenster und Türen. Als Sachwerte standen eine Küchenausrüstung, 50 Eisenbettgestelle, 2.150 Holzbettgestelle (zwei- bzw. dreistöckig), 1.642 Strohsäcke, 16 Schreibtische, 240 verschiedene Tische, 98 Schränke, 26 Stühle und 564 Hocker zur Nutzung zur Verfügung. Die sanitären Anlagen, die Strom- und Wasserversorgung wurden als ausreichend bewertet, die äußeren Sicherheitsanlagen waren zum Teil beschädigt und noch nicht wiederhergestellt.[32] Das übrige KZ-Gelände blieb anfangs ungenutzt. Die SS-Kasernen und Häuser der SS-Siedlung waren von Armee-Einheiten belegt.

Ein Vorkommando von 150 Häftlingen aus dem Speziallager Nr. 7 Weesow richtete ab dem 10. August 1945 Teile des ehemaligen KZ Sachsenhausen zur weiteren Nutzung wieder her.[33]

Weesow mußte als Lagerstandort aufgegeben werden, weil die Bedingungen in den dortigen Bauernhöfen nicht für eine dauerhafte Nutzung als Speziallager geeignet waren. Hinzu kam, daß Weesow über keinen eigenen Bahnanschluß verfügte. Sämtliche An- und Abtransporte der Gefangenen erfolgten entweder zu Fuß, per LKW oder über den entfernten Bahnanschluß in Bernau, weil auch der Anschluß in Werneuchen infolge Kriegseinwirkungen außer Betrieb war.

Die geschwächten Gefangenen aus Weesow[34] mußten am 16. August 1945 den Weg über Bernau nach Oranienburg zu Fuß an einem einzigen Tag bewältigen. Der Gefangene Willy Wosny erinnerte sich später an diesen Marsch:

> Ich habe niemals in meinem Leben eine so große Anstrengung mitgemacht. Habe im späteren Leben viel darüber nachgedacht. Ich kam aber zu keinem Ergebnis, welche Leistung höher zu bewerten ist – die des jungen russischen Offiziers, der es fertigbrachte, etwa 2.000 ausgemergelte, verhungerte Jammergestalten ohne Essen und Trinken an einem Tag 40 km weit zu bringen, oder die Leistung der Jammergestalten.[35]

Die auf dem Fußmarsch zusammengebrochenen und verstorbenen Gefangenen wurden mit einem LKW nach Sachsenhausen gebracht.

Mit der Ankunft der Häftlingskolonne aus Weesow am 16. August 1945 begann die eigentliche Geschichte des Speziallagers Sachsenhausen. In den folgenden Wochen kamen mehr und mehr Häftlinge aus dem Speziallager Nr. 3 Berlin-Hohenschönhausen[36] und in

---

32 Vgl. GARF, f. 9409, op. 1, d. 312.
33 Vgl. AS, Bericht Lottchen Fischer.
34 Stand vom 13. 8. 1945: 5.395 offiziell registrierte Gefangene, GARF, f. 9409, op. 1, d. 42.
35 AS, Bericht Willy Wosny.
36 Vgl. u. a. AS, Bericht Karl-Heinz Silluweit.

den darauffolgenden Wochen auch direkt von den verhaftenden Operativgruppen[37] des NKVD aus dem ganzen Land Brandenburg nach Sachsenhausen[38].

Zwischen August und Oktober 1945 wurden das Gelände des ehemaligen KZ-Lagerdreiecks und die Vorzone für eine dauerhafte Nutzung wiederhergestellt. In einem Inspektionsbericht vom 26. Oktober 1945 bescheinigten die kontrollierenden sowjetischen Offiziere der "Abteilung Speziallager", daß das Lager gut eingerichtet und mit allen notwendigen Einrichtungen für den Lagerbetrieb ausgerüstet sei, in den Wohnunterkünften, der Küche, den Vorratsräumen und in den anderen Lagereinrichtungen würden die notwendige Sauberkeit und Ordnung herrschen.[39] Die zu diesem Zeitpunkt bereits fast 12.000 Gefangenen erlebten die Wirklichkeit des Lageranfangs in Sachsenhausen ganz anders: verwahrloste, z. T. demolierte Baracken ohne Fenster und Türen, Bettgestelle ohne Strohsäcke bzw. Decken für die Nacht, Wanzen, Läuse und Flöhe überall, mangelnde Gegenstände des täglichen Bedarfs und für die Körperhygiene.

Beim Herrichten von Baracken wurden einige Angehörige der dafür eingesetzten Arbeitskommandos mit der KZ-Vergangenheit konfrontiert. Der aus dem Ort Velten (bei Berlin) stammende Werner Haupt wurde im Juni 1945 der Zugehörigkeit zum "Werwolf" beschuldigt und vom NKVD verhaftet. Er war damals gerade 16 Jahre alt. Über das Lager Weesow kam er nach Sachsenhausen. In seinen Erinnerungen schilderte W. Haupt, daß er bei den Aufräumungsarbeiten in Sachsenhausen "grausame Sachen, die hier bis Kriegsende geschehen sein müssen", sah:

> In einer Baracke, die ca. einmeterfünfzighoch mit Brettern abgeteilt ist, liegen auf der rechten Seite nur abgeschnittene Kopfhaare. Links lange Frauenhaare und rechts Männerhaare, daneben Zähne und Zahnprothesen. Es ist entsetzend, vielen von uns wird schlecht.[40]

4. Funktion und Aufbau des Speziallagers Sachsenhausen

Im System der sowjetischen Speziallager des NKVD/MVD in der SBZ war Sachsenhausen, wie andere Speziallager auch, vorerst ein Lager für Internierte, die vor allem zwischen Kriegsende und Anfang 1946 auf der Grundlage des NKVD-Befehls Nr. 00315 vom 18. April 1945 ohne Urteil ins Lager eingeliefert wurden. Die nach diesem Befehl verhafteten Personen hatten keinen Anspruch auf eine gerichtliche Untersuchung. Sie wurden in Sachsenhausen in der sogenannten Zone I nach den sowjetischen Anweisungen für Internierungslager in Gewahrsam gehalten.

Der Begriff Internierungslager war nach 1945 in allen Besatzungszonen Deutschlands gebräuchlich.[41] Jedoch unterschieden sich die Bedingungen in den Lagern der Westalliierten

---

37 "Die Operationsgruppen bildeten [...] den Kern der NKVD/MVD-Arbeit in Deutschland. Sie wurden beauftragt, frühere Faschisten aufzuspüren und festzunehmen sowie dabei mitzuhelfen, die sowjetische Besatzungspolitik in Deutschland zu »fördern«." Naimark 1997, S. 477.
38 Vgl. u. a. Kathke 1996, S. 30 ff.
39 Vgl. GARF, f. 9409, op. 1, d. 132.
40 Velten (Pseudonym) 1995, S. 90.

von denen der sowjetischen Besatzungsmacht wesentlich. Im internen Sprachgebrauch des NKVD/MVD wurden die Lager "Spezlager" (das ist die russische Verkürzung für den Begriff Speziallager) genannt. Der Begriff "Speziallager" wurde später zum Synonym für die menschenunwürdigen Lagerbedingungen, das Massensterben und die strenge Isolation der Gefangenen in den NKVD-Lagern der sowjetischen Besatzungszone.

Ab Anfang 1946 diente in Sachsenhausen ein besonderer Lagerbereich, die Zone II, als Lager für deutsche Kriegsgefangene.[42] Sie waren aus der Kriegsgefangenschaft der Westalliierten entlassen und wollten an ihre Heimatorte in der SBZ zurückkehren. Von der sowjetischen Besatzungsmacht wurden sie jedoch bei Einreise in die "Ostzone" sofort wieder als Kriegsgefangene in Gewahrsam genommen und kamen vor ihrem Weitertransport in die UdSSR zwischenzeitlich in das Speziallager Nr. 7.

Ab Herbst 1946 wurden im Speziallager Nr. 7 Deutsche inhaftiert, die durch ein sowjetisches Militärtribunal (SMT) verurteilt worden waren[43]. Einer späteren Weisung zufolge wurden die SMT-Verurteilten mit einem Strafmaß bis zu 15 Jahren Haft aus allen anderen sowjetischen Speziallagern und Gefängnissen in der SBZ nach Sachsenhausen überstellt. Darüber hinaus erfüllte Sachsenhausen die Funktion eines sowjetischen Militärgefängnisses für Untersuchungsgefangene und Verurteilte aller Nationalitäten. Dazu wurde der noch zu Zeiten des Konzentrationslagers errichtete Zellenbau weitergenutzt.

Sachsenhausen erfüllte auch die Funktion eines Repatriierungslagers für polnische und sowjetische Ostarbeiter, Soldaten der Vlasov-Armee, russische Emigranten und andere Staatsbürger der UdSSR, die meist zwangsweise in ihre frühere Heimat zurückgebracht werden sollten. Sie wurden vom NKVD als Vaterlandsverräter behandelt und zu einem großen Teil in die sowjetischen Strafarbeitslager (GULAG) deportiert. Zusätzlich gab es in Sachsenhausen noch eine Sammelstelle für Rotarmisten, die sich mit Geschlechtskrankheiten infiziert hatten – das Spezialhospital[44]. Die Armeeangehörigen wurden bei Feststellung der Infizierung militärisch bestraft, zur Heilung nach Sachsenhausen zwangseingewiesen und danach in Strafbataillone der Roten Armee versetzt.

Aus den genannten Funktionen des Speziallagers resultierte 1946 die strenge Trennung der Häftlingsbereiche in die Zone I für Zivilinternierte und die Zone II für Kriegsgefangene und SMT-Verurteilte. In jeder Lagerzone gab es außerdem ein von den männlichen Gefangenen nochmals isoliertes Frauenlager[45].

Im Gegensatz zu Buchenwald[46], wo fast ausschließlich nicht verurteilte Deutsche, und zu Bautzen[47], wo überwiegend SMT-Veruteilte eingeliefert wurden, hatte das Speziallager Nr. 7 im System der sowjetischen Speziallager in der SBZ multifunktionale Aufgaben als Lager für Internierte, für SMT-Verurteilte, für Repatriierungen von Polen und UdSSR-Bürgern, für Kriegsgefangene sowie für Untersuchungshäftlinge und als "Spezialhospital" zu erfüllen. Die Vielschichtigkeit der Funktionen und die Internationalität der Häftlingsgesellschaft spiegelten sich nicht in allen Einzelheiten im Aktenbestand der sowjetischen La-

---

41 Vgl. Schick 1990; Wember 1991; Horn 1992; Möhler 1992; Niethammer 1995 bzw. den Beitrag von Lutz Niethammer in diesem Band.
42 Siehe den entsprechenden Beitrag von Prieß in diesem Band.
43 Nachfolgend wird der Begriff "SMT–Verurteilte" verwendet.
44 Das Spezialhospital war unter den Gefangenen auch unter der Bezeichnung "Ritterburg" bekannt.
45 Vgl. Faustmann 1993.
46 Siehe Beitrag von Ritscher in diesem Band.
47 Siehe Beiträge von Haritonow und Lipinsky in diesem Band.

gerverwaltung wider. Die weitere Erforschung und Dokumentation der Geschichte des Speziallager Nr. 7 Sachsenhausen muß dem jedoch Rechnung tragen, auch wenn die bisherigen Erkenntnisse noch ungenügend sind.

Der Aufbau des Lagers hatte folgende Grundstruktur[48]: Vorzone, zwei getrennte Häftlingszonen mit Lazarett, Industriehof und Gefängnisbau. Die wenigsten Häftlinge hatten einen Gesamtüberblick über alle Lagerbereiche. Nur einige Häftlingshandwerker, Melder oder Mitglieder der Lagerpolizei hatten Gelegenheit, alle Lagerzonen kennenzulernen, sogar die streng isolierten Frauenbataillone.

Vorzone

Die Vorzone lag zwischen den außerhalb befindlichen Armeekasernen (den früheren SS-Kasernen) und dem eigentlichen Gefangenenlager. Sie war zugleich die Arbeits- und Wohnstätte für die Soldaten und Offiziere der sowjetischen Lagerverwaltung. Dafür standen sieben Wohnbaracken mit 80 Schlafstellen, davon vier Baracken für Offiziere und deren Familien, Kantine und Küche für das Lagerpersonal, ein Badehaus und ein Klubgebäude zur Verfügung. Der Einblick in diesen Bereich wurde den Gefangenen später durch Bretterwände versperrt. In der Vorzone gab es noch eine Garage mit Heizungskeller, eine Bäckerei und Lebensmittelspeicher (Kartoffelkeller) sowie eine Schneiderei und Schuhmacherwerkstatt, die vor allem für den Bedarf der sowjetischen Offiziere und ihrer Frauen arbeiteten. Die Bäckerei hatte fünf Backöfen mit einer Kapazität von 15.000 kg Brot pro Tag. Sie diente sowohl der Versorgung der Gefangenen als auch der sowjetischen Lagermannschaft.

In der Vorzone befand sich der Kommandanturbereich der sowjetischen Lagerverwaltung. Das Eingangstor war neben den obligatorischen Wachsoldaten ständig durch einen operativen Diensthabenden besetzt. Der Durchgang zum eigentlichen Lager erfolgte durch das ebenfalls stets verschlossene und streng bewachte Tor im Turm A, dem Dienstsitz des Inneren Lagerkommandanten. Der Lagerleiter Major Kostjuchin hatte seinen Dienst- und Wohnsitz im Flachbau links des Zugangstores.

In einer Baracke der Vorzone gab es Theater- und Kinovorführungen für das sowjetische Lagerpersonal, wo auch der gefangene Heinrich George im Stück "Der Postmeister" die Hauptrolle in russischer Sprache spielte und damit die Russen begeisterte.[49]

Ab 1946 gab es einen Sommertanzplatz für die sowjetischen Offiziere, wo sie auch ab und zu Tanzpartnerinnen aus dem Frauenlager holen ließen (im Lagerjargon auch "Tanzmädchenkommando" genannt[50]). Die sowjetische Lagerleitung ließ sich in der Vorzone von Gefangenen durch Umbau einer Garage ein eigenes Kulturhaus errichten.

Den Gefangenen blieb die Vorzone als ganzes versperrt, aber der Platz vor dem Kommandantenturm (Turm A) in bleibender Erinnerung. Sie mußten dort bei der Ankunft im Lager, von der Lagerstraße kommend, auf den Durchlaß in das eigentliche Häftlingslager warten. Gewöhnlich fanden hier "Filzungen" statt.

---

48 Die Topographie des Speziallagers Sachsenhausen ist noch nicht wissenschaftlich erforscht. Nachfolgende Angaben basieren auf dem sog. "Lageralbum", GARF, f. 9409, op. 1, d. 12 (siehe auch: Pasquale 1996 und Zeitzeugenerinnerungen).
49 Vgl. Velten, S. 111.
50 Pritzkow 1994, S. 99.

Lagerzone I

Bei der Zone I handelte es sich um das Lagerdreieck, wie es bereits zu KZ-Zeiten bestand.[51] In der sowjetischen Gliederung war diese Zone in das Lazarett, in fünf Sektoren mit Häftlingsbaracken, das Gefängnis als sechstem Sektor und einen siebenten Sektor mit Gärtnerei, Pferde- und Schweinestall unterteilt.[52]

Die Anzahl der Wohnbaracken in der Zone I wurde nach 1945 von 51 auf 64[53] erhöht. Dazu gehörten auch die Baracken im sogenannten "Kleinen Lager"[54]. Sie waren alle aus Holz gebaut, eine Ausnahme bildete nur die Baracke 33, die aus Holz und Stein gefertigt war. Die hölzernen Unterkünfte waren 1936 als Reichsarbeitsbaracken für 136 Menschen geplant, aber auch schon zu KZ-Zeiten häufig überbelegt worden. In der Regel standen zwei- oder dreietagige Bettgestelle in den Baracken. Die sowjetische Norm sah pro Person eine Liegefläche von 2,79 m² vor. In den ersten zwei Jahren hatten die Häftlinge des Speziallagers nicht einmal Matratzen oder Strohsäcke. Die meisten Baracken waren zweigeteilt und besaßen im Mitteltrakt gemeinsame Sanitäranlagen. Sie waren zeitweise mit mehr als 300 bis 400 Menschen belegt. Die Ausstattung beschränkte sich auf Öfen, Holztische, Schemel oder Bänke, vereinzelt auch Spinde.

Die Unterkünfte waren in Bataillone gegliedert. Nach Häftlingserinnerungen umfaßte die Zone I fünf Bataillone mit folgenden Barackennummern: 1. Bataillon - 15 bis 20, 37 bis 42, 57 bis 62; 2. Bataillon – 3, 4, 26, 27, 28, 46 bis 49; 3. Bataillon – 50 bis 55, 63 bis 70; 4. Bataillon – 8 bis 10, 29 bis 34; 5. Bataillon – 11 bis 14, 35 und 36.[55] Die unterbrochene Zählung resultiert daraus, daß einerseits die sowjetische Unterteilung der Zone I in sieben Sektoren nicht der durchgehenden Numerierung der Gebäude folgte und andererseits pro Bataillon nur die Wohnbaracken, aber nicht die im jeweiligen Bereich befindlichen Funktionsgebäude (z. B. Wäscherei, Küche usw.) gezählt wurden. Zeitweise waren die Bataillone durch Stacheldraht voneinander getrennt.

Lagerzone II

Anfang 1946 erhielt der sowjetische Lagerleiter den Befehl, einen neuen, vom bisherigen Häftlingsbereich für Internierte streng isolierten Lagerbereich für die Aufnahme von deutschen Kriegsgefangenen einzurichten. Mit der wachsenden Zahl von gefangenen Wehrmachtsoffizieren im Frühjahr/Sommer 1946 und der späteren Belegung dieses Lagerbereiches mit Tausenden SMT-Verurteilten entstand die Zone II im Speziallager Nr. 7.

Hierbei handelte es sich um den bisher nicht genutzten Bereich des ehemaligen "Sonderlagers" im KZ Sachsenhausen, wo in den Kriegsjahren gefangene Offiziere in kleinen Steinhäusern eingesperrt waren, und um einen separaten Bereich mit vier Holzhäusern für prominente Häftlinge des KZ.

---

51 Zur Architektur des Konzentrationslagers siehe Hartung 1996, S. 26 ff; Führ 1996, S. 48 ff.
52 Vgl. GARF, f. 9409, op. 1, d. 12.
53 Vgl. GARF, f. 9409, op. 1, d. 28.
54 "Kleines Lager": Im Sommer 1938 errichteter Barackenkomplex, in dem bis zu ihrer Deportation nach Auschwitz im Oktober 1942 die meisten der jüdischen Häftlinge untergebracht waren. Im Speziallager waren hier später weibliche Gefangene untergebracht.
55 Das System des kommunistischen Terrors in der Sowjetzone 1950 (Sopade-Informationsdienst: Denkschriften 28), S. 44 f.

Das außerhalb des Lagerdreiecks gelegene langgestreckte rechteckige Gelände entlang der nördlichen Lagermauer wurde nach Erweiterungsbauten in zwei Sektoren geteilt. Der westliche Sektor umfaßte die numerierten Wohnbaracken 11 bis 28, 34 bis 39, 54 bis 56, die zweietagigen Wohnhäuser 29 bis 32 und ein Küchengebäude. Die Baracke 33 diente als Spezhospital (russisch: "Spezhospital").

Im Jahr 1946 mußten die eingelieferten deutschen kriegsgefangenen Wehrmachtsoffiziere zusätzlich Holzbaracken aufbauen, insbesondere im Ostteil der Zone II.[56] 1948 gab es in der Zone II 41 Baracken, davon als Unterkünfte die Baracken mit den Nummern 2 bis 10 und 41 bis 52. Außerdem gab es noch Funktionsgebäude wie die Küche, die Dusche, die Desinfektion. Im ausgebauten Zustand soll die gesamte Zone II nach sowjetischen Angaben über 53 Häftlingsunterkünfte für 5.882 Personen verfügt haben.[57]

Lazarett

In Sachsenhausen konnten im NKVD-Speziallager die aus der KZ-Zeit stammenden Revierbaracken für die medizinische Versorgung genutzt werden. In der Zone I gab es fünf Krankenbaracken, eine Baracke als Unterkunft für das medizinische Personal sowie ein Pathologiegebäude. Die Lazarettbaracken, im russischen Sprachgebrauch Hospital oder Sanitätsabteilung genannt, hatten anfänglich 800 Betten. Infolge der Zunahme ansteckender Krankheiten mußten zeitweise weitere Baracken als Isolierbaracken für Tbc-Kranke in den Lazarettbereich einbezogen werden.[58]

Für die medizinische Versorgung standen ambulante Behandlungszimmer, Operationsräume, eine Röntgenabteilung, eine Apotheke, die Pathologie mit Sezierraum und Leichenkeller zur Verfügung. Die Ausstattung und Ausrüstung mit medizinischen Geräten und Medikamenten war für eine ausreichende Behandlung und Heilung der vielen Krankheiten unzureichend. Erst ab 1948 entspannte sich die Situation. Für Geisteskranke wurde 1947 eine eigene Baracke eingerichtet.[59]

Nach Angaben von Zeitzeugen gehörten zum Lagerlazarett folgende Abteilungen: Chirurgie, Innere Krankheiten, Herzkrankheiten, Beobachtungsstation, Frauenstation, Ansteckende Krankheiten, Tbc, Gelbsucht.[60] Im Frauenlager der Zone I befand sich eine eigene Arztstation.

In der Zone II existierten sowohl im östlichen wie im westlichen Teil verschiedene Lazaretteinrichtungen mit Krankenbaracken, Ambulanz und Apotheke, Röntgenstation und Unterkünften für das medizinisches Personal. Auch in der Zone II mußten wiederholt die Bettenkapazitäten für Infektionskrankheiten (z.B. Tbc) erweitert werden. In einem der Steinhäuser war das "Spezhospital", bekannt als Syphilisstation, untergebracht. Die Lagerstatistik wies zwischen April 1946 und Dezember 1948 die Zahl der in das Spezhospital

---

56 Vgl. AS, Bericht Günter Sack.
57 Vgl. GARF, f. 9409, op. 1, d. 12.
58 Ebenda.
59 Vgl. Die Straflager und Zuchthäuser der Sowjetzone. Gesundheitszustand und Lebensbedingungen der politischen Gefangenen 1955 (Sopade-Informationsdienst: Denkschriften 55), S. 12.
60 Vgl. Das System des kommunistischen Terrors in der Sowjetzone, 1950 (Sopade-Informationsdienst: Denkschriften 28), S. 76 f.

eingelieferten Patienten, in der Mehrzahl Russen, mit 3.708 Personen aus.[61] Für geschlechtskranke Frauen gab es eine eigene Abteilung.[62]

Wirtschaftsgebäude und Werkstätten

Der Versorgung des Lagers dienten eine zentrale Lagerküche, eine Bäckerei, eine Lagerwäscherei, eine Gärtnerei und etliche Vorratsräume. Für den Fuhrpark standen Garagen und Autowerkstätten zur Verfügung.

Für den Eigenbedarf des Lagers sowie für Aufträge der sowjetischen Armeeeinheiten wurden nach und nach die Einrichtungen des Industrie- und Kommandantenhofes wieder in Betrieb genommen. Hierbei handelte es sich um ehemalige Bereiche der "Deutschen Ausrüstungswerke" (DAW), wo KZ-Häftlinge für den Lagerbedarf und für die Versorgung der SS arbeiten mußten. Der Industriehof lag außerhalb des Lagerdreiecks für die Gefangenen und besaß eine eigene Zufahrt. Später wurde auch ein Durchgang vom Häftlingslager in den Industriehof geöffnet. Zu Zeiten des Speziallagers befanden sich hier verschiedene Werkstätten und Einrichtungen. Am bekanntesten waren die Reparaturwerkstätten für Lastwagen und PKW, die Tischlerei, die Tapezierwerkstatt sowie der Kartoffelkeller. Zeitweise hat auch eine Druckerei für den Verwaltungsbedarf der "Abteilung Speziallager" in Berlin sowie für den Eigenbedarf der Lagerverwaltung im Lager bestanden.

Der sogenannte Kommandantenhof, eine Bezeichnung, deren genaue Herkunft noch ungeklärt ist, befand sich an der nordwestlichen Spitze des Geländes, hinter dem Krematorium. Hier befand sich ein ungenutzter Geländeabschnitt, der mit der anwachsenden Zahl von Todesfällen im Lager für die Anlage von Massengräbern genutzt wurde.

Sonstige Funktionsgebäude waren die Badeanstalt und Desinfektion (Entlausungs-baracke), in denen die Kleidungstücke der Lagerinsassen durch die Behandlung oftmals bis zum völligen Verschleiß strapaziert wurden.

Gefängnis

In der Zone I, jedoch vom übrigen Lagerbereich durch Mauern isoliert, befand sich ein 1936 errichteter Gefängnisbau. 80 Zellen sollten ungefähr 600 Gefangene[63] aufnehmen. Für das Wachpersonal standen sechs Diensträume zur Verfügung. In einer Ecke des Geländes befand sich ein noch aus der KZ-Zeit stammender Erdbunker – ein Ort für besonders harte Bestrafung von Gefangenen bei Vergehen gegen die Lagerordnung. Es handelte sich um einen Einmannbunker unter der Erde, ohne Sitzgelegenheit und vom Tageslicht abgeschirmt. Dieser Erdbunker soll 1947 zugeschüttet worden sein.[64] Strafen wurden für alle Vergehen gegen die Lagerordnung oder auch willkürlich verhängt. Der verbotene Besitz eines Messers, selbstgefertigter Nadeln, Bohrer und anderer Werkzeuge oder sogar von Schreibmaterial konnte Karzerhaft nach sich ziehen. Auch für den Besitz selbstgefertigter

---

61 GARF, f. 9409, op. 1, d. 118.
62 Diese Abteilung des Spezialhospitals war unter den Gefangenen auch unter der Bezeichnung "Dornröschenschloß" bekannt.
63 Vgl. GARF, f. 9409, op. 1, d. 28.
64 Vgl. AS, Wosny, S. 67.

Kartenspiele konnten mehrtägige Karzerstrafen mit verkürzter Verpflegungsration verhängt werden. Schwere Vergehen waren insbesondere die Verweigerung von Befehlen oder ein Fluchtversuch. Neben dem sowjetischen Wachpersonal war auch die Lagerpolizei aus den Reihen der Häftlinge für den Vollzug von Strafen zuständig.

Zur Bestrafung konnten die Gefangenen der Zone I auch in den "Isolator", einer nochmals durch Stacheldrahtzaun vom übrigen Lager abgetrennten Baracke, auch "Sperrbaracke" genannt, eingewiesen werden.[65] In der Zone II hat es vorübergehend ebenfalls eine derartige "Sperrbaracke" gegeben.

In den sowjetischen Akten über das Speziallager Sachsenhausen gibt es keine Unterlagen über die Art und Weise der Bestrafung und keinen Nachweis über die Belegung von Karzer, Isolator und Erdbunker. Welcher Willkür, Schikanen und Mißhandlungen die Häftlinge durch das sowjetische Personal und die Lagerpolizei ausgesetzt waren, läßt sich nur aus Zeitzeugenaussagen rekonstruieren.

5. Sowjetisches Lagerregime und Lagerselbstverwaltung

Die sowjetische Lagerverwaltung[66] unterstand einem Leiter und seinem Stellvertreter. Lagerleiter war von Anbeginn an Major Alexej Maksimovič Kostjuchin (später zum Oberst befördert). Er diente bis Kriegsende bei der "SMERŠ" der 1. Belorussischen Front und stand seit dem 15. Mai 1945 im Dienst der "Abteilung Speziallager des NKVD". Die Funktion eines Lagerleiters hatte er schon in Weesow, dem ersten Standort des Speziallagers Nr. 7, inne und übte sie bis zu seiner Versetzung in die Heimat am 30. März 1950 aus.[67] Als Stellvertreter soll Oberleutnant Rudenko, gleichzeitig Kommandant des Lagers und verantwortlich für die Gruppe "Bewachung und Ordnung", fungiert haben. Für 1949 wurde Major Albetkov in dieser Funktion genannt.[68] Leiter der Operativgruppe war lange Zeit Leutnant Golovatenko, danach vermutlich Major Kalinnikov.[69] Die Registraturgruppe unterstand Unterleutnant Branov, die Sanitätsgruppe Hauptmann Dolgalev, die Finanzgruppe Leutnant Skačev, die Wirtschaftsgruppe Unterleutnant Nosikov.[70]

Darüber hinaus gab es die Funktionen eines Diensthabenden des Lagers, eines Buchhalters sowie des Sekretärs des Lagers. Nach Angaben von 1950 waren insgesamt 197 Personen einschließlich 16 Zivilangestellter und Mitglieder des Wachpersonals in Sachsenhausen tätig. Das Wachpersonal bestand aus 120 Soldaten, 38 Sergeanten und 23 Offizieren.[71]

---

65 Vgl. Sonnet 1951, S. 87.
66 Es liegt kein gesonderter Aktenbestand über die sowjetische Lagerverwaltung bzw. das Militärpersonal der Wachmannschaften zur Auswertung vor. Die Nennung von Namen und Funktionen ist also unvollständig und ergänzungs- bzw. korrekturbedürftig.
67 Vgl. GARF, f. 9409, op. 1, d. 321.
68 Vgl. GARF, f. 9409, op. 1, d. 315.
69 Vgl. GARF, f. 9409, op. 1, d. 121.
70 Vgl. GARF, f. 9409, op. 1, d. 424.
71 Zwischen 1945 und 1949 erreichte die sowjetische Lagerverwaltung nie die vorgeschriebene Sollstärke, auch nicht die Wachmannschaften.

Der gesamte Lagerkomplex, einschließlich der zwei Lagerzonen, der Vorzone und des Industrie- und Kommandantenhofes, war durch die aus der KZ-Zeit stammenden 2,70 Meter hohen Mauer umgeben. Das Lagerdreieck der Zone I war ebenfalls von einer Mauer und Wachtürmen an den Dreiecksenden umgeben. Vor den äußeren Lagermauern befand sich noch ein vier Meter sauber geharkter Sandstreifen (sogenannter Todesstreifen) mit den Hinweisschildern: "Lebensgefahr! Beim Betreten wird sofort geschossen".[72]

Auf der Krone der Außenmauer befand sich ein dreispiraliger Stacheldraht. Elektrisch geladene Drähte standen unter einer Spannung von 750–1.200 Volt. Hinzu kamen Schutzstreifen mit Stacheldrahtrollen vom Typ "Bruno" und Diensthunde, wie Zeitzeugen berichteten. Die äußeren Posten und die Wachtürme waren mit Suchscheinwerfern und entsprechender Bewaffnung ausgerüstet. Die Stromversorgung des Lagers wurde vom elektrischen Netz Oranienburgs sichergestellt. Für den Fall einer Stromsperre waren die Scheinwerfer der Zaunbeleuchtung bzw. Wachtürme mit einem Notstromaggregat im Industriehof verbunden.

In der Zone II waren die Baracken zusätzlich für lange Zeit durch Zwischenwände voneinander isoliert, ebenso wie die Frauenbaracken in beiden Zonen und der Gefängnisbau.

Die äußere Bewachung des Lagers oblag der 3. Kompanie des 322. Regiments der 37. Schützendivision des NKVD, später dem der 38. Schützenregiment der Inneren Truppen des MGB[73]. Die inneren Lagertore wurden von Soldaten aus dem Bestand des sowjetischen Lagerpersonals bewacht. Zwischen den Wachmannschaften für den äußeren Lagerschutz und den Gefangenen gab es im Prinzip keine Kontakte. Aus verschiedenen Vorfällen war bekannt, daß die Posten auf jeden schießen, den sie eines Fluchtversuches verdächtigten.

Die meisten Gefangenen kamen mit der Mehrzahl der sowjetischen Offiziere und dem Wachpersonal nicht in Kontakt. Vielen blieb jedoch der Operativbeauftragte Golovatenko in schlechtester Erinnerung. Er war für Verhöre, die Anwerbung von Spitzeln und die Bestrafung im Karzer zuständig. Das Lagerleben und das damit verbundene Lagerregime wurde weitgehend von den Unteroffizieren und Sergeanten gemeinsam mit der deutschen Häftlingsverwaltung organisiert.

Die "Vorläufige Lagerordnung" vom 27. Juli 1945[74] bzw. die überarbeitete Variante vom 20. Oktober 1946[75] der sowjetischen Administration enthielt keinerlei Vorgaben für die Errichtung einer Lagerselbstverwaltung durch Gefangene. Doch von Anfang an gab es von der Lagerleitung bestimmte oder z. T. auch selbsternannte Funktionshäftlinge im Lager, die für den internen Tagesablauf verantwortlich waren.[76] Nach Meinung von Mitgefangenen war die Organisation der sogenannten Inneren Ordnung, wie die Lagerverwaltung der Häftlinge genannt wurde, so aufgebaut, "dass der Willkür und der Korruption Tür und Tor geöffnet waren."[77]

---

72 Vgl. AS, Wosny. S. 81.
73 MGB: Ministerium für Staatssicherheit der UdSSR.
74 GARF, f. 9409, op. 1, d. 129.
75 Ebenda, d. 140.
76 In Erinnerungsberichten werden sowohl positive als auch negative Beispiele für die charakterlichen Eigenschaften der mitgefangenen Funktionshäftlinge genannt. Die Namen erscheinen oftmals nicht im Klartext. Es existiert bisher noch keine Rekonstruktion der Lagerselbstverwaltung für alle Ebenen und alle Lagerbereiche zwischen 1945 und 1950.
77 Das System des kommunistischen Terrors in der Sowjetzone 1950 (Sopade-Informationsdienst: Denkschriften 28), S. 53.

In der militärisch organisierten Lagerhierarchie wurden die Stubenbelegungen als Zug, die Baracken als Kompanie und mehrere Baracken als Bataillon geführt. Dementsprechend waren die jeweiligen obersten Funktionshäftlinge Zug-, Kompanie oder Bataillonsführer, die wiederum einem Lagerleiter und seinem Stellvertreter aus den Reihen der Gefangenen unterstanden.

Folgende Funktionen waren in der Lagerverwaltung der Häftlinge vergeben: die Lagerleitung, der Stab Innere Ordnung für Zone I und II, die Häftlings- oder Lagerpolizei, die Bataillons- und Kompaniestäbe, die Stäbe der Lazarette für beide Zonen, die Hauptarbeitsführung, die Karzerverwaltung und für die Zone I die Funktionen des Küchenchefs, Bäckermeisters, Wäschereichefs, Kommandanten für das Bad bzw. die Desinfektionsgruppe.[78] Über die Besetzung der Funktionen gab es unter den Gefangenen weitestgehend Unklarheit:

> Es ist sowieso erstaunlich, wie und wo die ganzen Führer herkommen. Das weiß sicherlich keiner. Entweder kannten die sich untereinander, oder die ersten wurden von den Russen eingesetzt, um dann im Schneeballsystem ihre Leute unterzubringen.[79]

Chef der Häftlingsselbstverwaltung in der Zone I war der ehemalige Offizier und Ritterkreuzträger Michailowski, der im Oktober 1949 abgesetzt wurde. In diesen Funktionen werden auch für die Zone I der russische Emigrant Andree und für die Zone II Eugen Schwarz genannt.[80] Für die Zeit der Gefangenschaft der deutschen Wehrmachtsoffiziere in der Zone II im Jahr 1946 kommandierte ein gewisser Berger, sein Stellvertreter hieß Raczikowski und Chef der Inneren Ordnung war Heiduschke.[81] Auch die drei letztgenannten blieben den Mitgefangenen als rücksichtslos, z. T. als brutale und skrupellose "Kollaborateure im Dienst der russischen Besatzungsmacht"[82] in Erinnerung.

Im Frauenlager war Lydia Blum lange Zeit als Bataillonsführerin tätig, bis sie durch sowjetische Gefangene abgelöst wurde. "Polizeichefin" war eine gewisse Lambrien, unter den Frauen als "sadistisch veranlagt" bekannt und gefürchtet.[83]

Von entlassenen Häftlingen wurden, insbesondere nach 1950, die Spitzel und Schläger, die ihren Mitgefangenen das Leben im Lager zur Hölle gemacht haben, öffentlich namhaft gemacht. Dazu gehörten verschiedene Barackenälteste und die Leiter der Häftlingsselbstverwaltung.[84] Schikanen und Mißhandlungen seitens des sowjetischen Wachpersonals und einiger Funktionshäftlinge konnten erst nach den Entlassungen bzw. nach der Auflösung der Lager in der Bundesrepublik Deutschland offen benannt werden. Dazu gehörten vor allem die stundenlangen Appelle im Freien, auch bei Sturm und bitterster Kälte mit verheerenden gesundheitlichen Folgen für viele Häftlinge, die wiederholten Filzungen mit dem Verlust der wenigen Habseligkeiten, die Karzerstrafen mit Verpflegungskürzungen sowie immer wieder Schläge.

Im Speziallager wurden die Häftlinge zwar nicht wie im KZ systematisch vergast, erhängt oder erschossen. Doch die Gefangenen des Speziallagers empfanden physisch den Hunger und psychisch die Isolation als gezielten Terror oder als Vernichtungsabsicht des NKWD/MWD.

---

78 Vgl. ebenda, S. 53 ff.
79 Velten, S. 96.
80 Vgl. Das System des kommunistischen Terrors, S. 55.
81 Vgl. Bernstein 1996, S. 65.
82 Ebenda.
83 Vgl. Das System des kommunistischen Terrors, S. 64.
84 Ebenda.

6. Belegung des Speziallagers Nr. 7 Sachsenhausen 1945-1950

Wer waren die Zehntausenden Gefangenen im Speziallager Sachsenhausen? Welche Hinweise enthalten dazu die sowjetischen Akten? Die sowjetische Lagerleitung ging bei Inbetriebnahme des Speziallagers Nr. 7 in Sachsenhausen von einem Fassungsvermögen für ca. 20.000 Gefangene aus.[85] Die Gesamtzahl und Zusammensetzung der Insassen des Lagers ist bis heute noch nicht rekonstruiert. Aus Erinnerungsberichten ehemaliger Häftlinge stammen unterschiedliche Angaben und grobe Schätzungen. Kaum ein Häftling hatte einen gesicherten Überblick über alle Zu- und Abgänge in den Zonen I und II, im Gefängnis oder im "Spezhospital", weil es dafür keine zentrale Schreibstube im Lager gab. Die geheim durchgeführten Zählungen erfaßten meist nur einen zeitlich und territorial begrenzten Ausschnitt aus der Lagerrealität. Das trifft sicher auch auf die Schätzungen der Verstorbenen im Lazarett, in den Baracken, während Arbeitseinsätzen, auf Transporten ins Lager und bei Deportationen in andere Lager bzw. die Sowjetunion zu.[86] Es bedarf noch gründlicher Analysen aller zugänglichen Quellen, um die Frage nach der Belegung und den Häftlingsgruppen annähernd glaubwürdig beantworten zu können. Dazu gehören auch die Registraturunterlagen der sowjetischen Lagerverwaltung aus den Jahren 1945–1950. Sie stellen den umfangreichsten archivalischen Bestand zu diesem Themenkomlex dar. Die sowjetamtlichen Zahlen der Lagerverwaltung enthüllen sicher nicht jedes Schicksal, zeugen aber von einer möglichst exakten Erfassung der Belegung und Häftlingsbewegung, was allerdings weder offensichtliche Fehler noch irgendwelche "Korrekturen" verhinderte.[87]

Die Zusammensetzung und die Größe der einzelnen Häftlingsgruppen im Lager Sachsenhausen war sehr vielschichtig. Unter den Gefangenen befanden sich kleinere und mittlere Funktionäre der NSDAP und ihrer Gliederungen; Angehörige der nationalsozialistischen Terrorapparate, wie z. B. Aufseher/innen aus ehemaligen KZs und Fremdarbeiterlagern; Beteiligte an NS-Massenverbrechen, wie der Medizinprofessor Heinz Heinze, als Leiter der Psychiatrischen Landesanstalt Brandenburg-Görden zwischen 1938 und 1945 maßgeblich an der Planung und Durchführung der "Kinder-Euthanasie" beteiligt[88]; Künstler, die außer für die Kunst auch für die NS-Propaganda oder die Kriegspolitik gewirkt haben, wie der populäre Schauspieler Heinrich George[89] oder der deutsche Trickfilmpionier Hans Fischerkösen[90]; außerdem befanden sich hier auf Grund von Denunziationen und willkürlichen Verhaftungen, wie die beispielsweise die 38 Jugendlichen aus der thüringischen Kleinstadt Greußen[91]; Personen, die bereits vom NS-Regime verfolgt waren und in der SBZ als "Gegner" des Sowjetsystems wiederum inhaftiert wurden, wie der Sozialdemokrat Julius Scherf[92] oder der Kommunist Max Emendörfer[93].

---

85 Vgl. GARF, f. 9409, op. 1, d. 132.
86 Vgl. u. a. Rundschreiben der Arbeitsgemeinschaft Lager Sachsenhausen (1945-1950) e. V., ergänzte Fassung Februar 1992; Prieß, Benno 1995.
87 Vgl. Ritscher 1995, S. 190.
88 Vgl. Klee 1986, S. 300 f.
89 Vgl. "Spielen oder sterben", in: Der Spiegel 49/1995, S. 236 ff.
90 Vgl. Agde 1994, S. 229 ff.
91 Vgl. Agde 1995.
92 Vgl. AS, R 106/25.

Die gegenseitige Wahrnehmung der verschiedenen Häftlingsgruppen war durch die zeitweise sehr strenge Isolierung der Lagerzonen "gestört". So gab es vor allem zwischen den nicht verurteilten Internierten und den von sowjetischen Militärtribunalen verurteilten Gefangenen gewisse Spannungen.[94] Die Internierten wurden von den anderen Gefangenen als die "Politischen" bezeichnet und somit die Zone I auch als das "Politische Lager". Als im Herbst 1946 die Zone II mit SMT-Verurteilten belegt wurde, waren diese für die Insassen der Zone I "die Kriminellen". Ihre Ankunft im Lager schilderte ein Häftling aus der Zone I in seinen Erinnerungen folgendermaßen:

> Plötzlich waren sie da. Sie wurden in die Zellen des Sonderlagers eingepfercht und durften nicht raus. Sie kamen aus Berlin und aus der Umgebung von Berlin. Irgendwelche Straftaten werden sie wohl begangen haben, aber so eine Behandlung verdienten sie keineswegs. Wir, die politischen Gefangenen, sind plötzlich im Ansehen der Russen gestiegen. Die Parole wollte nicht verstummen, daß wir vor allem im Industriehof durch die Kriminellen ersetzt werden sollten. Vor diesem Augenblick ängstigen sich vor allem die Frauen der Offiziere, die den ganzen Tag alleine in den Barackenwohnungen waren, und wir, vom Industriehof aus, ungehindert dorthin gelangen konnten. Wir waren plötzlich 'gut Kamerad' – und die Kriminellen wurden als 'schlecht Kamerad' bezeichnet.[95]

Zeitzeugen beider Zonen äußerten die Vermutung, daß diese Unterschiede und Spannungen zwischen den beiden großen Häftlingsgruppen durch die NKVD-Offiziere bewußt organisiert und geschürt worden seien, um eine mögliche Solidarisierung zwischen ihnen zu verhindern.

Internierte

Nach Sachsenhausen kamen anfangs vor allem deutsche Internierte. Tausende von ihnen waren zuvor in den Speziallagern Berlin-Hohenschönhausen und in Weesow eingesperrt gewesen, andere tage- oder wochenlang in den berüchtigten "GPU-Kellern". Internierung bedeutete ursächlich eine zeitweilige Freiheitsbeschränkung gegen Zivilpersonen des besiegten und besetzten Feindstaates. Im Selbstverständnis von Zeitzeugen, die nach ihren Entlassungen 1948 und 1950 bei der Hilfsorganisation "Kampfgruppe gegen Unmenschlichkeit" (KgU) Aussagen über ihre Lagererlebnisse machten, wurden jene Häftlinge als Internierte bezeichnet, die 1945/Anfang 1946 wegen Zugehörigkeit zur NSDAP oder wegen Funktionen in der Partei sowie mit oder ohne Parteimitgliedschaft als Angestellte oder Beamte tätig waren.[96] Die sowjetischen Besatzungsbehörden vollzogen aus Sicherheitsgründen bei und nach Kriegsende entsprechend dem Grundsatzbefehl des NKVD Nr. 00315 vom 18. April 1945 massenweise Verhaftungen. Demnach waren folgende "feindlichen Elemente" zu inhaftieren und in ein Lager einzuweisen:

---

93 Vgl. Beiträge zur Geschichte der Arbeiterbewegung, 3/1994, S. 69 ff.
94 Vgl. Konzentrationslager Sachsenhausen 1945 bis 1948, in: Die Straflager und Zuchthäuser der Sowjetzone, 10 ff.
95 AS, Wosny, S. 100 f.
96 Vgl. Die sowjetischen Konzentrationslager auf deutschem Boden 1950, S. 7.

a) Spionage-, Diversions- und terroristische Agenturen der deutschen Geheimdienste; b) Angehörige aller Organisationen und Gruppen, die von der deutschen Führung und den Geheimdiensten des Gegners zu Diversionshandlungen im Hinterland der Roten Armee abgestellt wurden; c) Betreiber illegaler Sendestationen, Waffenlager und Druckereien, wobei die für feindliche Handlungen bestimmte materiell-technische Basis zu beschlagnahmen ist; d) aktive Mitglieder der nationalsozialistischen Partei; e) Führer der faschistischen Jugendorganisationen auf Gebiets-, Stadt- und Kreisebene; f) Angehörige der Gestapo, des SD und anderer deutscher Terrororgane; g) Leiter administrativer Organe auf Gebiets-, Stadt- und Kreisebene sowie Zeitungs- und Zeitschriftenredakteure und Autoren antisowjetischer Veröffentlichungen.[97]

Die verhaftenden Operativgruppen des NKVD und Einheiten der "SMERŠ" vollzogen die Verhaftungen willkürlich, auf bloßen Verdacht oder nach Denunziationen.[98] Bis Mitte 1946 kam es noch zu Einweisungen in Speziallager, ohne daß dafür eine richterliche Anweisung vorliegen mußte. Bei Überstellung in das Speziallager enthielten die Häftlingsunterlagen außer minimalen Angaben über den Grund der Verhaftung keinerlei Belastungsmaterial oder irgendwelche Untersuchungsergebnisse. Individuelle Schuld wurde nicht ermittelt und bewiesen. Hinter Gefängnismauern und Stacheldraht konnten die verhafteten Menschen ihre Unschuld nicht mehr beweisen.

Die erste Stärkemeldung für Sachsenhausen vom 27. August 1945 erfaßte 6.903 Gefangene.[99] Bis Ende 1945 stieg ihre Zahl auf 11.833 an[100], die alle in der Zone I untergebracht waren. Hierbei handelte es sich um zwei Häftlingsgruppen: deutsche Internierte und sowjetische sowie polnische Gefangene. Für die sowjetischen Bürger bedeutete die Repatriierung in ihre Heimat in der Regel nicht Entlassung in die Freiheit, sondern Zwangsarbeit im GULAG.

In der Sprache der sowjetischen Lagerstatistik hieß die Gesamtheit aller Internierten "Spezkontingent". Dieser Begriff machte für die sowjetische Lagerverwaltung das Einzelschicksal nahezu bedeutungslos. Bei den Verhafteten handelte es sich überwiegend um nominelle NSDAP-Mitglieder und Inhaber niedriger und mittlerer Parteiämter vom Block- und Zellenleiter bis zum Ortsgruppenführer. Unter dem Vorwurf der angeblichen Tätigkeit für die noch von Goebbelss Anfang 1945 propagierte Untergrundorganisation "Werwolf" oder einer anderen Geheimorganisation wurden in Dörfern und Städten Tausende Jugendliche ab 13, 14 Jahren aufwärts "prophylaktisch" von sowjetischen Sicherheitsorganen verhaftet und teilweise sofort in ein Speziallager eingewiesen oder sowjetischen Militärtribunalen übergeben.

Die Internierten bildeten bis Mitte 1948 im Speziallager Nr. 7 Sachsenhausen die größte Häftlingsgruppe. Die Höchstbelegung wurde im März 1946 mit 15.124 registrierten Personen verzeichnet. Ab Mitte 1947 betrug die durchschnittliche Stärke der Internierten rund 9.000 Personen. In den sowjetischen Unterlagen wurden die Internierten vorrangig nach ihrer Zugehörigkeit zur NSDAP und deren Gliederungen sowie den dort innegehabten Funktionen registriert. Im Juli 1946 befanden sich somit nach sowjetischen Angaben unter

---

97 GARF, f. 9409, op. 1, d. 12.
98 Siehe Beitrag von Hammermann in diesem Band.
99 Bei diesen Angaben wurde keine Unterscheidung nach Nationalität, Geschlecht oder Alter vorgenommen.
100 GARF, f. 9409, op. 1, d. 42. Alle folgenden Zahlen stammen aus dieser Quelle.

den insgesamt 10.921 nicht verurteilten Deutschen 7.564 Mitglieder der NSDAP, 374 Mitarbeiter der Gestapo, 401 Agenten der Abwehrorgane, 354 Mitarbeiter der Polizei, 301 Angehörige der SA, 106 der SS und 63 des SD sowie 535 führende Mitarbeiter administrativer Organe.[101] Die sowjetische Lagerverwaltung registrierte zu diesem Zeitpunkt keine größeren Kontingente von angeblichen "Werwölfen". In der genannten Statistik wurden nur 127 Mitglieder der Hitlerjugend und 75 Mitglieder des BDM angegeben. Zu diesem Zeitpunkt befanden sich jedoch Hunderte von Jugendlichen noch im Gewahrsam der sowjetischen Untersuchungsorgane bzw. der Militärgerichte. Sie wurden größtenteils erst im Herbst 1946 oder später als SMT-Verurteilte nach Sachsenhausen oder in andere Speziallager (Torgau, Bautzen) überstellt.

Die Gefangenen gehörten allen Altersgruppen an, die Ältesten waren vor 1880 geboren, der Jüngste im Jahr 1932. In den sowjetischen Unterlagen wurde keine gesonderte Statistik über die altersmäßige Zusammensetzung der Häftlinge geführt. Kinder und Jugendliche waren nicht extra ausgewiesen. Es gab auch keine gesonderte Nachweisführung für die Frauen, obwohl sie von den Männern getrennt gefangengehalten wurden.

Das Frauenbataillon in der Zone I zählte ca. 1.000 bis 1.200 Internierte aller Altersgruppen. Auch für Frauen galten die Verhaftungskategorien des Befehls Nr. 00315. Die sowjetische Lagerordnung sah für die Haft von Frauen keine spezifischen Bedingungen vor.[102] Es liegen noch keine Analysen über die Haftkategorien bei den internierten Frauen von Sachsenhausen vor, aber nicht selten wurden Angestellte ehemaliger Dienststellen der NSDAP und öffentlicher Einrichtungen, wie Sekretärinnen, Stenotypistinnen und Schreibkräfte, verhaftet. Bei jüngeren Frauen reichte den Operativorganen des NKVD auch schon die Mitgliedschaft im BDM, ob mit oder ohne Funktion, für die Verhaftung aus. Eine Besonderheit stellte die Gruppe der Mütter mit Kleinkindern dar. Zeitzeuginnen berichteten, daß z. T. bereits schwangere Frauen ins Lager eingeliefert wurden, andere erst im Lager schwanger wurden. Für die Neugeborenen waren die Überlebenschancen in den ersten Jahren sehr gering, weil Mütter und Kinder keine extra Nahrung oder sonstige "Vergünstigung" erhielten. Die Solidarität der Frauen untereinander half, unter den schwierigen Lagerbedingungen das Leben von Kleinkindern zu erhalten. Später wurde für die Mütter mit ihren Babys eine "Kinderstube" eingerichtet.[103]

Wegen der Nähe zur ehemaligen Reichshauptstadt wurden auch verhaftete Ausländer, Männer und Frauen, aus den vormals mit Deutschland verbündeten Mächten in das Speziallager eingewiesen. Sie wurden in das "Spezkontingent" eingegliedert und hatten keinen Anspruch auf eine besondere Behandlung oder Kontakte mit den Behörden ihrer Heimatländer. Ende 1949 waren 47 internierte und 65 verurteilte Ausländer in den Unterlagen der Lagerverwaltung registriert.[104]

Die Situation der Internierten war wie in allen Speziallagern der SBZ zwischen 1945 und Frühjahr 1948 von der Ungewißheit über ihr weiteres Schicksal gekennzeichnet. Trotz wiederholter Entlassungsparolen prüften die sowjetischen Behörden erst zwischen März und Juni 1948 die Möglichkeit von Entlassungen und fällten am 30. Juni 1948 die Entscheidung, "die Leiter und Funktionäre unterer Organisationen der NSDAP und der Hitlerjugend, ein-

---

101 Vgl. GARF, f. 9409, op. 1, d. 132.
102 Vgl. Faustmann, S. 32 ff.
103 Ebenda.
104 GARF 9401/1/118.

fache Mitglieder der SA und der SS, Angehörige der Polizei, der Gestapo und anderer Strafograne ohne operative Aufgaben, Volkssturmangehörige" zu entlassen.[105]

Entlassungen gab es zwischen 1945 und 1948 nur in Einzelfällen.[106] Regulär fand die erste Entlassungsaktion für Internierte im Juli/August 1948 statt. Aus dem Lager Sachsenhausen wurden offiziell 5.062 Männer und Frauen entlassen. 2.732 Internierte mußten weiter hinter Mauern und Stacheldraht einer ungewissen Zukunft entgegensehen.[107] Nach Auffassung des sowjetischen Geheimdienstes handelte es sich dabei um verdächtige bzw. schuldige Personen folgender Kategorien:

> a) Spione, Diversanten und Terroristen der deutschen Geheimdienste und Strafograne ebenso Angehörige von Organisationen und Gruppen, die von der deutschen Führung und den Geheimdiensten zur Zersetzungsarbeit im Hinterland der Roten Armee zurückgelassen wurden; b) Personen, die überführt sind, geheime Waffenlager angelegt sowie illegale Druckereien und Radiostationen eingerichtet und genutzt zu haben, die für eine gegen die sowjetische Besatzungsmacht gerichtete Tätigkeit vorgesehen waren; c) operative Mitarbeiter von Gestapo, SD, Abwehr und anderen deutschen Geheimdiensten und Strafograne; d) Leitungsmitglieder auf Reichs- und Gebietsebene und von Großstadt-Organisationen sowie Leiter der übrigen Stadt- und Kreisorganisationen der Nationalsozialistischen Partei, faschistischer Verwaltungsorgane und der Hitlerjugend, sowie Redakteure faschistischer Zeitungen und bedeutende faschistische Journalisten, die sich als Feinde der Sowjetunion ausgewiesen haben.[108]

Bei Auflösung des Lagers Anfang 1950 wurden 1.902 Internierte, unter ihnen 39 Ausländer entlassen. 721 Personen wurden den DDR-Organen, 147 den Organen der Sowjetischen Kontrollkommission (SKK), sechs in ein Repatriierungslager übergeben. Während der Entlassung verstarben 13 Menschen.[109] 550 Personen aus Sachsenhausen wurden in Waldheim von der DDR-Justiz in stalinistischen Prozessen als "Nazi- und Kriegsverbrecher" nachträglich verurteilt.[110]

Kriegsgefangene

1946 kam eine neue Häftlingsgruppe in Sachsenhausen hinzu – ehemalige Wehrmachtsoffiziere.[111] Dieser Zugang erweiterte die Funktion des Lagers in Sachsenhausen. Die erste (bisher nachweisbare) Überstellung von Offizieren in das Speziallager Nr. 7, die aus der amerikanischen oder englischen Zone in die SBZ kamen, wurde am 23. Januar 1946 von Hauptmann Korenev in Erfurt angewiesen. 26 Personen im Range vom Leutnant bis zum Oberst wurden auf Transport geschickt.[112] Ihnen folgten noch weitere Transporte. Sie kamen zu ihrer eigenen Überraschung in kein "Umerziehungs- oder Quarantänelager", wie anfangs behauptet, sondern unter strengster Bewachung in das NKVD-Lager. Hier wurde im früheren Sonderlager des KZ die sogenannte Zone II eingerichtet. In den ersten Monaten des

---

105 TsChSD, f. 89, perecen' 75, Nr. 18. Kopie von Exemplar Nr. 4.
106 Die Einzelentlassungen aus dem Speziallager Nr. 7 konnten bisher noch nicht dokumentarisch nachgewiesen werden.
107 GARF, f. 9409, op. 1, d. 142.
108 TsChSD, f. 89, perecen' 75, Nr. 16. Kopie.
109 GARF, f. 9409, op. 1, d. 42.
110 Vgl. Eisert 1993; Werkentin 1995, S. 849 ff. Siehe Beitrag von Otto in diesem Band.
111 Siehe den entsprechenden Beitrag von Prieß in diesem Band.
112 Vgl. GARF, f. 9409, op. 1, d. 356.

Jahres 1946 haben die sowjetischen Organe insgesamt 5.738 Personen von den Alliierten über die Zwischenstation Erfurt in das Speziallager Nr. 7 übernommen. Im Speziallager Nr. 7 Sachsenhausen waren die Wehrmachtsoffiziere als "die Schwarzen" bekannt, weil die Mehrheit in schwarz gefärbten Armeemänteln aus der amerikanischen Gefangenschaft entlassen wurde. Im Lager kamen sie jedoch nicht mit den Internierten der Zone I zusammen.

Aus Sachsenhausen erfolgten am 20. Juli, 27. Juli und 2. August 1946 drei Eisenbahntransporte mit je 1.607, 1.821 und 1.260 Offizieren nach Frankfurt/Oder in das Kriegsgefangenenlager Nr. 69, von wo aus die Deportation in die UdSSR erfolgte. Es verblieben noch 1.050 gefangene Offiziere im Lager, deren "Überprüfung" noch nicht abgeschlossen war.[113] Ihr weiteres Schicksal ist bisher noch unerforscht.

Die sowjetische Administration unterschied zwei Gruppen von Kriegsgefangenen: die Angehörigen sogenannter paramilitärischer Organe wie Gestapo, SS, SA, NSKK und Volkssturm sowie die Offiziere. Die erste Gruppe war im Lager Sachsenhausen jedoch nicht gesondert zusammengefaßt oder gemeinsam mit den Offizieren in der Zone II untergebracht, sondern gehörte dem "Spezkontingent" der Internierten an. 1948 unterlagen sie auch den Regelungen für die Entlassung oder Nichtentlassung der Internierten.

SMT-Verurteilte und Untersuchungshäftlinge

Nach der Deportation der meisten Wehrmachtsoffiziere in die Sowjetunion wurde die Zone II ab September 1946 mit SMT-Verurteilten belegt. Die strenge Isolierung zur Zone I blieb erhalten. Die ersten Verurteilten kamen aus dem NKVD-Gefängnis Strelitz in Mecklenburg-Vorpommern. Herbert Klisch beschrieb die Unterbringung in Sachsenhausen:

> Wir wurden in kleine Baracken in der zweiten Zone des Lagers eingewiesen. Jeweils vier Baracken waren im Komplex mit einer Mauer umgeben und bildeten dadurch einen 'Hof'. [...] In jeder Baracke waren etwa 60 Mann untergebracht. Die Baracken hatten Doppelstockpritschen. Der jeweilige Pritschenboden, auf dem wir lagen, bestand aus einzelnen Brettern zwischen denen große Spalten klafften. Einen Strohsack gab es nicht. Die Baracken wurden nur zu den jeweiligen Zählappellen und zu einem täglichen Rundgang geöffnet.[114]

Es folgten weitere Verlegungen aus den Sammelgefängnissen der operativen Sektoren Berlins und des Landes Brandenburg, in den folgenden Jahren aber auch aus allen Ländern der SBZ. Die Zahl aller im September in Sachsenhausen eingetroffenen SMT-Verurteilten wurde am 27. September 1946 mit 1.356 Häftlingen und Ende des Jahres bereits mit 3.174 angegeben. Die "Abteilung Speziallager" hatte eine gewisse Funktionsteilung zwischen den Speziallagern vorgenommen: Verurteilte mit einem Strafmaß bis zu 10 Jahren Haft wurden vorrangig nach Torgau, mit 15 Jahren nach Sachsenhausen und mit 25 Jahren nach Bautzen überstellt.[115] Nach der Entlassung von Internierten im Sommer 1948 stieg die Zahl der nach Sachsenhausen eingelieferten SMT-Verurteilten bis 12. November 1949 auf die Höchstzahl von 10.922 Gefangenen Im Mai 1949 gab es nochmals eine Überstellung von 648 verurteilten Männern und rund 1.200 verurteilten Frauen aus dem Speziallager Nr. 3 in Baut-

---

113 Vgl. GARF, f. 9409, op. 1, d. 141.
114 AS, Bericht Herbert Klisch.
115 Vgl. GARF, f. 9409, op. 1, d. 335.

zen.[116] Verurteilte Frauen waren bis 1948 in der Zone II in isolierten Baracken untergebracht.[117] Ab Herbst 1948 gab es auch Verlegungen in das Frauenbataillon der ersten Zone.

Die SMT-Verurteilten waren alle nach dem § 58 des Gesetzbuches der RSFSR abgeurteilt.[118] Sie konnten nach folgenden "Tatbeständen" zu einem Strafmaß bis zu 15 Jahren verurteilt werden[119]: illegaler Waffenbesitz, illegale Organisationsbildung, Mitglied des Werwolfs, konterrevolutionäre Tätigkeit, Mitarbeiter der Gestapo oder deutscher Straforgane in der NS-Zeit, Mitarbeiter der deutsche Abwehr, Leiter von Fremdarbeiterlager, Mißhandlung sowjetischer Bürger oder ausländischer Arbeiter, Einsätze gegen Partisanen, Sabotage, Spionage, Agenten ausländischer Geheimdienste (insbesondere der ehemaligen Alliierten), antisowjetische Agitation, illegales Überschreiten der Demarkationslinien zwischen den Besatzungszonen in Deutschland u.a.

Anfang 1950 wurden von den SMT-Verurteilten 5.151 Personen entlassen. 4.836 Personen wurden an die DDR übergeben. 13 Personen kamen in den Gewahrsam der SKK[120], 11 in den des Operativsektor des MVD. 22 Gefangene wurden wegen Ablaufs ihrer Haftzeit entlassen, und 66 Menschen verstarben während der Entlassungszeit. 261 Personen wurden in die UdSSR deportiert.[121]

Nach Sachsenhausen wurden nicht nur SMT-Verurteilte zwecks Verbüßung ihrer Haft gebracht, sondern auch deutsche und sowjetische Untersuchungshäftlinge. Für straffällige Soldaten und Offiziere der sowjetischen Besatzungstruppen erfüllte das Speziallager Sachsenhausen die Funktion eines "Durchgangsgefängnisses" auf dem Weg in die Straflager in der UdSSR. Es ist unbekannt, wieviel Sowjetbürger Sachsenhausen als Gefängnisstation durchliefen.

Im Januar 1947 erhielt Major Kostjuchin aus Berlin vom Leiter der "Abteilung Speziallager", Oberst Sviridov, die Weisung, für "245 deutsche Verbrecher" einen eigenen Gefangenenbereich im Speziallager Nr. 7 Sachsenhausen einzurichten.[122] Es handelte sich hierbei um 245 Angehörige des 9. Polizei-Reserve-Bataillons, die von den britischen Alliierten an die sowjetischen Organe übergeben wurden. Im Lager waren die gesondert untergebrachten Untersuchungshäftlinge als "die Norweger" bekannt. Das 9. Polizei-Reserve-Bataillon, welches ursprünglich in Berlin-Spandau stationiert war, wurde während des Krieges nach Norwegen verlegt. Unmittelbar nach dem Überfall Deutschlands auf die Sowjetunion kam dieses Bataillon 1941/42 gegen sowjetische Zivilisten zum Einsatz. Dort waren die Polizisten ebenso wie andere Polizei-Bataillone auch an Massenerschießungen in Dörfern und Städten beteiligt. Nach diesem Einsatz waren sie bis Kriegsende wieder in Norwegen stationiert, kamen im Mai 1945 in englische Kriegsgefangenschaft und befanden sich bis zu ihrer Auslieferung an die Sowjets in einem norddeutschen Kriegsgefangenenlager der britischen Zone.

Im Speziallager Nr. 7 befaßte sich eine spezielle Gruppe von operativen Mitarbeitern, die der Abteilung für Innere Angelegenheiten der SMAD unterstand, mit den Gefangenen. Die

---

116 Vgl. GARF, f. 9409, op. 1, d. 214.
117 Vgl. Fischer, Eva 1991, S. 106 ff.
118 Vgl. Gallas (Hg.) 1953, S. 193 ff.
119 Die Aufzählung ist unvollständig, weil die Angaben für die über zehntausend SMT-Verurteilten im Speziallager Sachsenhausen noch nicht vollständig aus den russischen Akten erschlossen werden konnten.
120 SKK: Sowjetische Kontrollkommission, Nachfolgerin der SMAD.
121 Ebenda.
122 GARF, f. 9409, op. 1, d. 144.

Untersuchungsergebnisse wurden der Militärstaatsanwaltschaft übergeben. Ein sowjetisches Militärgericht führte nichtöffentliche Prozesse gegen 170 Personen durch. Die Geheimhaltung der Prozesse begründete der Untersuchungsführer der Staatsanwaltschaft, Oberst Kotjlar, mit dem Argument, "um eine Verdunklung zu vermeiden"[123]. Erst am 8. August 1947 informierte Oberst Kotjlar auf einer Pressekonferenz über diese Gerichtsverfahren und die den Angeklagten zur Last gelegten Verbrechen. Demnach hatten Angehörige des 9. Polizei-Reserve-Bataillons gemeinsam mit SS und SD Massenexekutionen an Parteifunktionären, Gewerkschaftlern, Juden und anderen Geiseln vorgekommen. "So wurden allein in Charkow innerhalb von zwei Monaten 16.500 Russen ermordet", berichtete unter anderen die Berliner Tageszeitung "Der Tagesspiegel" am 9. August 1947. Geradezu sensationell war das Angebot der sowjetischen Seite an die der Pressekonferenz beiwohnenden Journalisten, mit zwei Omnibussen direkt nach Oranienburg zu fahren und einige der Verurteilten im Gefängnis des Speziallagers Sachsenhausen zu befragen. Drei der zu 25 Jahren Arbeitslager Verurteilten wurden vorgeführt: Herbert Menzel, Bruno Fuchs und Paul Popp. Obwohl alle drei ihre Beteiligung an der Ermordung von Zivilisten eingestanden hatten, äußerten sie Unverständnis über das Strafmaß. Sie hielten die Strafe von 25 Jahren für zu hoch, weil doch einige Mitglieder der ehemaligen deutschen Regierung in Nürnberg nur zu 15 Jahren Gefängnis verurteilt worden seien. Nach ihrer Verurteilung kamen die Angehörigen des 9. Polizei-Reserve-Bataillons entweder in die UdSSR oder wurden in das Speziallager Nr. 4 Bautzen eingeliefert.

Zur gleichen Zeit wie die "Norweger" war noch eine andere Gruppe deutscher Untersuchungshäftlinge im Speziallager Sachsenhausen. Es handelte sich dabei um sechzehn Personen, die am 23. Oktober 1947 in Berlin-Pankow in einem öffentlichen Gerichtsprozeß vor einem sowjetischen Militärtribunal wegen Verbrechen im KZ Sachsenhausen angeklagt wurden.[124] Zu den Angeklagten gehörten sechs SS-Offiziere, sieben Unterführer, ein Zivilist und zwei ehemalige Häftlinge, unter ihnen der letzte Lagerkommandant SS-Standartenführer Anton Kaindl, der Lagerführer SS-Obersturmführer Michael Körner, SS-Untersturmführer Ludwig Rehn, der Lagerarzt SS-Obersturmführer Dr. Heinrich Baumkötter, Rapportführer SS-Hauptscharführer Gustav Sorge, Zellenbauleiter SS-Hauptscharführer Kurt Eccarius, der Leiter des Klinkerwerkes SS-Obersturmführer Heinrich Freesemann und Blockführer Wilhelm Schubert. Dem "Sachsenhausen-Prozeß"[125] ging eine umfangreiche Beweisaufnahme voraus, und die Angeklagten erwiesen sich als geständig. Doch der Prozeßablauf und seine Begleitumstände offenbarten den besonderen Charakter dieser öffentlichen Demonstration von sowjetischer Militärgerichtsbarkeit. Der Prozeß selbst dauerte nur vom 23. Oktober bis zum 1. November 1947. In dieser kurzen Zeitspanne wurden die Anklageerhebung, die Vernehmung der Angeklagten, die Anhörung von Zeugen, die Beweisaufnahme, die Plädoyers der Verteidiger und die Urteilsverkündung "abgehandelt". Im Gegensatz zu den nichtöffentlichen Militärgerichtsprozessen wurden den Angeklagten Verteidiger an die Seite gestellt, jedoch keine deutschen Rechtsanwälte, sondern Pflichtverteidiger aus Moskau. Die Zeugenvernehmung wurde nicht mit allen ursprünglich 26, sondern nur mit 17 Personen durchgeführt. Zum Prozeß war die Öffentlichkeit zugelassen und insbesondere die internationale Presse sowie prominente Persönlichkeiten wie Wilhelm Pieck,

---

123 Neues Deutschland, 9. August 1947.
124 Vgl. Wieland 1994, S. 234 ff.
125 Der "Sachsenhausen-Prozeß" erhielt die offizielle Bezeichnung "Berliner Prozeß" ("Berlinskij Prozeß").

Otto Grotewohl, Anna Seghers u. a. wurden eingeladen. Aus einem während der Verhandlungen gedrehten sowjetischen Dokumentarfilm wurden Ausschnitte in den DEFA-Wochenschauen "Der Augenzeuge" Nr. 77 und Nr. 80 in Kinos der SBZ gezeigt.[126]

Die zu 15 Jahren bzw. zu lebenslänglicher Haft mit Zwangsarbeit Verurteilten kamen im Dezember 1947 in die Sowjetunion. Welche Informationen über die Untersuchungshäftlinge und die durchgeführten Prozesse an die Gefangenen des Speziallagers gelangten, darüber ist bisher nichts bekannt.

7. Hunger, Krankheit und Tod im Lager

Die Verpflegung im Lager war von Anfang an völlig unzureichend und äußerst einseitig. Von Anbeginn der Existenz der Speziallager bis in das Jahr 1947 hinein gab es eine ungesicherte bzw. wechselnde Zuständigkeit sowjetischer Dienststellen für die Versorgung mit Lebensmitteln und anderen Verbrauchsmaterialien.[127] Die Verpflegungsnormen wurden ohne Rücksicht auf die reale Situation reduziert, die Beschaffung von Vorräten blieb oftmals den einzelnen Wirtschaftsabteilungen der Lager überlassen. Angesichts der angespannten Versorgungssituation innerhalb der Besatzungsarmee, aber auch in der deutschen Zivilbevölkerung "verschwanden" Lebensmittel und andere Dinge des täglichen Gebrauchs zum Schaden der Häftlinge bei illegalen Geschäften innerhalb und außerhalb der Lager. Der Hunger bedeutet für die meisten Häftlinge Entkräftung, Auszehrung und sinkende Widerstandskraft bei Erkrankungen.[128] Die Tagesrationen von 600 Gramm Brot und immer wieder Suppe erreichten in den seltensten Fällen im vollen Umfang die Empfänger. Die katastrophale Versorgung mit Lebensmitteln wurde ab Anfang November 1946 ohne Vorankündigung und Aussicht auf Verbesserung drastisch gesenkt. Für die Gefangenen bedeutete das eine Halbierung ihrer Tagesration Brot auf 300 Gramm.[129] Die Auswirkung der Verpflegungskürzung schilderte ein SMT-Verurteilter aus der Zone II folgendermaßen:

> Wir waren dann auch bald soweit, daß wir, um aus dem Liegen zum Sitzen zu kommen, etwa eine halbe Stunde und mehr brauchten. Dabei wurde uns ständig schwarz vor Augen. Und das mit 17 Jahren. Um von der Pritsche herunterzukommen, benötigten die Obenliegenden nochmals die gleiche Zeit. Unten angekommen, bildeten wir einen Kreis, faßten den Vordermann auf die Schultern, bewegten uns im Kreis und stapften mit den Füßen. Dadurch kam das Blut in Bewegung und uns wurde etwas wärmer. Das geschah alles instinktiv aus dem Selbsterhaltungstrieb heraus. Oft konnten wir uns dies 'Anstrengung' nicht erlauben. Dafür reichten unsere Kräfte nicht.[130]

Die "Hungerrationen" hatten für viele entkräftete und kranke Menschen im Winterhalbjahr 1946/47 den Tod zur Folge. Brot war somit das begehrteste Tauschobjekt und "Zahlungsmittel".

---

126 Der Film "Berlinskj Prozeß" gehört seit 1995 in der Gedenkstätte und Museum Sachsenhausen zum ständigen Angebot der Filmvorführungen.
127 Siehe Beitrag von Jeske in diesem Band.
128 Hunger, Krankheit und Tod sind die mit am häufigsten thematisierten Erlebnisse der Lagerzeit in den Erinnerungsberichten und Publikationen von Zeitzeugen. Vgl. Sonnet, S. 80 ff.
129 Ebenda, S.126.
130 AS, Bericht Herbert Klisch.

Das Handelsmaß war eine Kuhle[131] Brot für ein Streichholzkästchen Tabak, gestrichen voll. Eine Kuhle Brot konnte die Bauchkuhle einmal füllen. Es waren 300 g.[132]

Unter den Männern stand oftmals der Erwerb von Tabak an erster Stelle. Bei den Frauen herrschte der Tausch von Brot gegen verbotenerweise gefertigte Nadeln zum Nähen und Stricken vor. Erst mit der Anfertigung von Pullovern, Blusen o. ä. konnten sie wieder zusätzlich Brot erwerben.

Wer das zum Überleben so wichtige Brot gegen andere Bedarfsgegenstände tauschte, bezahlte mit Hunger oder sogar mit dem Tod. Der Hunger verleitete mitunter auch zu "Kameradendiebstahl" von Brotrationen. Ein Augenzeuge berichtete über die Folgen:

> Der Diebstahl untereinander nahm zu. Wer erwischt wurde, hatte Schlimmes zu befürchten. Das Leichteste war ein Schild um den Hals mit der Aufschrift 'Ich bin ein Dieb'.[133]

Funktionshäftlinge und Leiter von Arbeitskommandos konnten zusätzliche Rationen erhalten. Die Teilnahme an Arbeitseinsätzen, vor allem außerhalb des Lagers, bot ab und zu die Gelegenheit, Nahrungsmittel oder begehrte Tauschmaterialien zu "organisieren". Die Ernährungssituation verbesserte sich im Laufe des Jahres 1947 und erreichte 1948/49 ein solches Niveau, daß Hunger und Auszehrung nicht mehr die Hauptursachen für das Sterben waren. Eine spürbar bessere Versorgung erhielten kurzfristig Anfang 1947 die für die Deportation vorgesehenen "Spezialisten" sowie Mitte 1948 die zur Entlassung in gesonderte Quarantänebereiche eingewiesenen Gefangenen.

Der Tod war im Speziallager allgegenwärtig. Die sanitären Zustände und die mangelnde medizinische Versorgung förderten im Zusammenhang mit dem Hunger das Massensterben unter den Gefangenen. Willi Haupt ergänzt zu Erinnerungen über den Tod eines Mithäftlings, der als besonders lebenslustig gegolten hatte, noch eine weitere Ursache für das Sterben im Lager:

> Wir alle waren der Meinung, nicht nur der Hunger, sondern auch seine Sehnsucht nach der Freiheit, und die Aussichtslosigkeit unserer Lage haben ihn einfach sterben lassen.[134]

Dazu trug die strenge Isolation der Gefangenen von der Außenwelt entscheidend bei. Das Schreib- und Besuchsverbot brachte den Speziallagern auch die Bezeichnung "Schweigelager" ein. Lediglich die SMT-Verurteilten erhielten 1949 die einmalige Gelegenheit, ihren Angehörigen zu schreiben. Wohl kein anderer Lagertyp verfolgte eine derartige Isolation der Gefangenen wie die sowjetischen Speziallager in der SBZ!

In Sachsenhausen herrschte von Anfang an eine hohe Sterblichkeit. Die bisherige Aktenlage aus der sowjetischen Lagerverwaltung läßt jedoch noch keine komplexe Analyse der Entwicklung des Krankenstandes und der Sterblichkeit unter den Internierten, SMT-Verurteilten, Kriegsgefangenen, Untersuchungshäftlingen und ausländischen Gefangenen, insbesondere Polen und Sowjetbürger, für alle Phasen der Existenz des Lagers zu. Verbreitet waren Erkrankungen wie Dystrophie, Tbc, Typhus, Ruhr, Furunkulose, Gesichtsrose u. a. Trotz vorhandener Lazaretteinrichtungen, dem Wirken einer sowjetischen Sanitätsgruppe und von gefangenen deutschen Ärzten konnte zwischen 1945 und Ende 1947 dem Massensterben nicht Einhalt geboten werden. Vorhandene Bestände an Medikamenten, Desinfektionsmitteln und medizinischen Geräten reichten bald nicht mehr aus. Die Versor-

---

131 "Kuhle" Brot: die übliche Bezeichnung im Speziallager für die tägliche Portion Brot.
132 Wosny, S. 64.
133 Ebenda, S. 130.
134 Velten, S. 99.

gung mit Nachschub wurde durch die sowjetische Verwaltung so gut wie nicht gewährleistet. Damit blieben die Bemühungen der Lagerärzte und ihrer Helfer, Leben zu retten, oftmals vergeblich. Viele Tbc-Erkrankte konnten wegen mangelnder Röntgenmöglichkeiten nicht rechtzeitig erkannt und von den noch halbwegs Gesunden isoliert werden. Auch reichten die sonstigen Quarantäne- und Desinfektionsmaßnahmen nicht aus, um die rasante Verbreitung von Infektionskrankheiten im Lager zu verhindern.

Den Toten wurde eine würdige Bestattung versagt. Für die Beerdigung war das "Leichenkommando" unter Leo Zimmermann verantwortlich. Diesem Arbeitskommando war es ebenso wie den gefangenen Ärzten oder den Bataillonsschreibern bei Strafe untersagt, schriftliche Aufzeichnungen über die Zahl der Verstorbenen anzufertigen. Bei Filzungen wurden derartige Materialien sofort vernichtet. Es gab seitens der sowjetischen Behörden nie offizielle Totenbescheinigungen oder Sterbeurkunden für die Hinterbliebenen.

Die ersten Verstorbenen wurden nach Zeugenaussagen im Sommer/Herbst 1945 in Bombentrichtern in der Nähe des Lagergeländes "beigesetzt". Mit Beginn des Massensterbens im Lager wurden anfangs im Schmachtenhagener Forst, später im Kommandantenhof und im Gelände "An der Düne" Massengräber angelegt. Alle Gräber wurden eingeebnet bzw. zur Tarnung mit Sträuchern und Bäumen bepflanzt. Die Gesamtzahl der Grabanlagen und die Belegung einzelner Grabfelder ist unbekannt. Auch offizielle Suchgrabungen von 1992 konnten die Zahl von Verstorbenen in den Massengräbern nicht mehr ermitteln. Nach Schätzungen sollen von den zwischen 1945 und 1950 ca. 60.000 inhaftierten Gefangenen in Sachsenhausen mindestens 12.000 verstorben sein. Diese durch die Suchgrabungen bestätigte Schätzung entspricht näherungsweise auch den Angaben in den sowjetischen Unterlagen. Die Registratur von Verstorbenen im Speziallager Sachsenhausen endet 1949 mit der eingetragenen Nummer "11.817". Zeitzeugen nennen sogar mehr als die doppelte Zahl von Toten. In verschiedenen Publikationen werden Angaben von etwa 13.000[135], mindestens 20.000[136] und 26.143[137] Verstorbenen genannt.

8. Arbeit

Die sowjetischen Speziallager waren keine Zwangsarbeitslager wie die ebenfalls dem NKVD unterstehenden Lagern des GULAG-Systems in der Sowjetunion. Die erzwungene Untätigkeit, das Leben ohne Arbeit im Lager, war für viele eine traumatische Belastung. Zwischen 1946 und 1948 durften in der Regel sogar nur Internierte, jedoch keine SMT-Verurteilten zur Arbeit herangezogen werden. Es gab aber auch Gefangene, die sagten "Für die Russen arbeiten wir nicht."[138]

Für andere hatte Arbeit einen um so höheren Stellenwert. Sie bot auch die Möglichkeit, brauchbare Dinge zu "organisieren", mit denen wiederum der Tauschhandel "bezahlt" werden konnte. Zu gewisser "Wohlhabenheit" inmitten der Armut konnten es wohl nur einige

---

135 Finn 1989 (Reprint von 1960), S. 48.
136 Fricke 1990 (2. Auflage), S. 78.
137 Vgl. Die sowjetischen Konzentrationslager auf deutschem Boden 1950, S. 5; Das System des kommunistischen Terrors, S. 78.
138 Vgl. AS, Wosny, S. 64.

wenige Funktionshäftlinge und Arbeitende bringen, die regelmäßig Zusatzrationen an Verpflegung erhielten oder über gefragte Tauschartikel verfügten.

Es existierten feste und zeitweilige Arbeitskommandos für die Aufrechterhaltung des Lagerbetriebes, die Selbstversorgung und für den Bedarf der sowjetischen Armee. Zu den Arbeitskommandos gehörten u. a. der Einsatz in der Küche, im Kartoffelschälkeller, bei Transport- und Verladearbeiten, für Reparaturen und Instandsetzungen aller Art, in den Werkstätten, vor allem auf dem Industriehof. Eines der schwersten Kommandos war wohl das "Leichenkommando" zur Beerdigung der Verstorbenen in den Massengräbern.

Der internierte Willy Wosny verglich den Industriehof mit einem industriellen Mittelbetrieb, in dem nach seiner Schätzung ca. 400 Gefangene beschäftigt waren.

> Die Häftlinge, die im Industriehof arbeiteten, waren gut aufgehoben. Sie hatten einen fachlichen Einsatz, waren den ganzen Tag dort, brauchten nicht zu simulieren bzw. zu spinnen und konnten des nachts gut schlafen. Außerdem gab es noch einen Schlag Essen zusätzlich. Die Sterblichkeit hielt sich in Grenzen.[139]

Nach sowjetischen Angaben vom Februar 1947 waren angeblich fünfzig Prozent der Internierten aus der Zone I mit den verschiedensten Arbeiten im Lager beschäftigt. Demnach waren 684 Gefangene im Baubüro, 553 in den Autowerkstätten, 228 in der Schneiderei, 174 in der Schuhmacherei, 456 als Hilfspersonal, 167 im Lazarett, 329 in der Küche, 185 bei der Lagerpolizei, 102 beim Lagertheater, 74 in der Badeanstalt, 56 in der sogenannten Nebenwirtschaft, 76 in der Wäscherei, 56 in der Bäckerei, 27 beim Transport und 1.088 für verschiedene Arbeiten eingesetzt.[140] Unter ihnen sollen 643 Frauen gewesen sein. Diese Angaben widersprechen jedoch den Erfahrungen der meisten Gefangenen, die das "Lagerleben" untätig in oder vor den Baracken ertragen mußten. Eine Besonderheit bildete jedoch das Konstruktionsbüro im Industriehof:

> In diesem Büro waren die Spezialisten untergebracht, die sich aufgrund der Aufrufe gemeldet haben. Es waren Wissenschaftler und Diplom-Ingenieure von verschiedenen, wichtigen, technischen Gebieten. Jeder war sich selbst sein Vorgesetzter. Die Aufgabe für diese lautete: 'Niederschreiben und skizzieren über dies, was sie früher in ihrem Beruf, vor allem in der Industrie, gemacht hatten. [...] Nach einer gewissen Zeit wurde dies eingesammelt und kam irgendwo hin. Wenn einer etwas technisch interessantes gebracht hatte, war er plötzlich weg. Wahrscheinlich kam er nach Rußland.[141]

Funkspezialisten kamen von Sachsenhausen in das Speziallager Nr. 4 nach Bautzen. Kfz-Spezialisten und Baufachleute wurden wiederholt nach Berlin-Hohenschönhausen zu den zentralen NKVD/MVD-Werkstätten oder auch in verschiedene Truppenteile der sowjetischen Besatzungstruppen überstellt.[142]

Die begehrtesten Arbeitseinsätze waren jene, die außerhalb des Lagers stattfanden. Hierbei bot sich nicht nur die Möglichkeit, dem tristen Lageralltag für Stunden zu entfliehen, sondern auch ein möglicher Kontakt mit der Außenwelt. Bei Verladearbeiten am Bahnhof Oranienburg oder in einem Lebensmittellager in Velten, bei Transportfahrten und beim Holzeinschlag ergaben sich mitunter auch Gelegenheiten, um heimlich Kassiber zu

---

139 Vgl. Wosny, S. 71.
140 Vgl. GARF, f. 9409, op. 1, d. 28.
141 AS, Wosny, S. 72 f; Berner 1990.
142 Vgl. u.a. GARF, f. 9409, op. 1, d. 130.

schmuggeln. Dadurch erhielten einige wenige Anverwandte Kenntnis vom Verbleib ihrer verschwundenen Familienangehörigen.[143]

Andererseits bot ein solches Außenkommando auch die seltene Gelegenheit zur Flucht.[144] Derartige Vorfälle zogen jedoch stets eine Verschärfung der Sicherheitsmaßnahmen nach sich. Um die Angehörigen daheim nicht der Gefahr der Verhaftung durch den sowjetischen Geheimdienst auszusetzen, verzichteten etliche Gefangene darauf, die vage Fluchtchance zu nutzen.

Im Lager Sachsenhausen kam es kaum vor, daß Arbeitskräfte (im russischen Sprachgebrauch immer "Spezialisten" genannt) aus anderen Speziallagern angefordert wurden. Dies geschah z. B. im März 1946. Auf Grund dieser Anforderung sollten aus den Speziallagern Nr. 5 Ketschendorf Gefangene verschiedener Berufe[145] und aus Nr. 6 Jamlitz 44 Gefangene nach Sachsenhausen überstellt werden.[146]

Die größte Aktion zur Deportation von "Spezialisten" in die Sowjetunion fand Anfang 1947 statt. Laut MVD-Befehl Nr. 001196 vom 26. Dezember 1946 sollten zwischen dem 15. Januar und 1. März 1947 aus allen Speziallagern der SBZ 27.500 arbeitsfähige Deutsche für den Austausch gegen kranke und arbeitsuntaugliche Kriegsgefangene in der Sowjetunion ausgewählt werden.[147] Die in die Tauglichkeitsstufe 1 und 2 eingestuften Gefangenen wurden winterfest eingekleidet und von ihren Mitgefangenen als "Pelmützenkommando" bezeichnet. Die sowjetische Lagerverwaltung in Berlin meldete im Dezember 1946 insgesamt 3.995 Internierte und 1.805 SMT-Verurteilte als arbeitsfähig.[148] Im Januar 1947 blieben von den 5.800 gemeldeten Gefangenen infolge von Hunger, Entkräftung und Erkrankungen nur noch 869 Internierte und 366 SMT-Verurteilte für die Deportation übrig.[149] Am 30. Januar 1947 stand der Transportzug für die Deportation der 1.235 "Spezialisten" aus Sachsenhausen nach Sibirien bereit.[150]

9. "Kultura"

Das geistige, kulturelle und religiöse Leben im Lager war einerseits von drastischen Verboten und dem Entzug sinnvoller Arbeits- und Freizeitbeschäftigung, andererseits durch eine geduldete und sogar geförderte künstlerische Betätigung geprägt. Zum Überleben gehörten vielfältige Formen der Selbstbeschäftigung. In den Erinnerungen vieler Zeitzeugen wurde das unter dem russischen Begriff "Kultura" subsumiert.

1946 entstand in der Zone I ein eigenes Lagertheater. Die sowjetische Lagerleitung hatte das genehmigt, wohl weil sie selbst wenig Abwechslung für ihre eigenen Mannschaften sah. Danach erlaubten sie auch den Umbau einer Baracke in der Zone I zu einem regelrechten

---

143 Vgl. Agde 1994, S. 76 ff.
144 Vgl. GARF, f. 9409, op. 1, d. 130; Bericht aus Sachsenhausen 1948, S. 67 ff.
145 GARF, f. 9409, op. 1, d. 656.
146 GARF, f. 9409, op. 1, d. 133.
147 GARF, f. 9409, op. 1, d. 204.
148 GARF, f. 9409, op. 1, d. 150.
149 GARF, f. 9409, op. 1, d. 386; 392.
150 Die Haftstationen in der UdSSR der aus dem Speziallager Sachsenhausen stammenden Arbeitskräfte und ihr weiteres Schicksal wurden bisher nicht systematisch erforscht.

Lagertheater mit Orchesterraum. Die Künstler (Schauspieler, Musiker, Tänzer und andere) waren in einer eigenen Baracke, die Artistenbaracke genannt wurde, untergebracht. Sie erhielten ab und zu eine Sonderzuteilung Essen. Hierher kam auch Heinrich George nach seiner Überstellung aus dem Speziallager Nr. 3 Berlin-Hohenschönhausen. Willi Haupt beschrieb das miterlebte "Theatergeschehen":

> Jeden Abend war ein Programm vorgesehen. In den ersten Reihen saßen dann die Offiziere, zum Teil mit Familienangehörigen. Woher der Vorhang kam und wer die Bühne aufgebaut hatte, ist mir nicht bekannt. Unten vor der Bühne saß das Lagerorchester. Man hatte sogar versucht, den Musikern entsprechende Kleidung zu geben. Der Erfindungsgeist und das Organisieren wurde zur Virtuosität. Was da alles angeschleppt, neu gebaut und genäht wurde. Wenn dann die Aufführung abends lief, dann vergaß manch ein Lagerinsasse seine Misere, er gab sich eben der Abwechslung vom Lageralltag hin.[151]

Nach dem Tod von Heinrich George, der am 25. September 1946 an den Folgen einer Blinddarmoperation an Bronchiopnemie und Herzschwäche verstarb[152], wurde das neu eingeübte Stück "Die Fahrt ins Glück" aufgeführt. Die gefangenen Akteure beschrieben ihre Sehnsucht nach Heimkehr und die Träume vom Empfang daheim.[153]

Die Lagerordnung verbot jeglichen Besitz von Büchern, Schreibmaterial oder von Spielen. Schach war als einziges Spiel erlaubt. Die unter etlichen Gefangenen beliebten Kartenspiele waren streng untersagt. Die Anfertigung von Karten verlangte unter den Lagerbedingungen nicht nur viel Geschick, sondern auch Mut zum Risiko. Wurde jemand erwischt oder gar verraten, drohten nicht nur der Entzug der Karten, sondern Strafen wie Verpflegungskürzung oder Karzer. Auch der Besitz von Büchern war nicht erlaubt. André Sonnet beschrieb diese Situation:

> Trotz aller Verbote und Beschlagnahmen hatten sich im Lager Restbestände der früheren Lagerbücherei erhalten. So unglaublich es scheinen mag, aber trotz der gründlichen und wiederholten Durchsuchungen durch die Lagerpolizei werden immer noch neue Bücher in das Lager eingeschmuggelt. [...] Der Genuß des Lesens war aber nicht umsonst. Das Entleihen je Buch und Tag kostete eine Portion Zucker oder 50 Gramm Brot.[154]

Am verbreitetsten war die geheime Selbstbeschäftigung in kleinen Gruppen zu allen möglichen Themen: "Kochkurse", Sprachgruppen, Philosophie oder Bibelstunden, Gedichtrezitation, Nacherzählungen von Filmen und Theaterstücken usw. Singen war ebenfalls verboten, fand aber an Geburtstagen und zu Weihnachten in fast allen Baracken statt.

Diese Formen der geistigen oder religiösen Betätigung waren ein Stück Selbstbehauptung gegen die Eintönigkeit des Lagerlebens und die ständigen "Latrinenparolen" von baldiger Entlassung und Heimkehr. Die Menschen brauchten jedoch diese Parolen, um den Mut nicht ganz zu verlieren. Sie konnten aber auch eine gefährliche Wirkung auf die Psyche der Gefangenen ausüben. Ein Zeitzeuge berichtete darüber:

> Einer erzählte mir: 'Das Lager wird aufgelöst. Hier kommen Kriminelle rein, und wer von uns will, wird als Aufseher eingestellt'. Ich hörte mir das an. Nach einer Weile fragte er:

---

151 Velten, S. 144 f.
152 Vgl. GARF, f. 9409, op. 1, d. 384; Der Spiegel 49/195, S. 244.
153 Vgl. AS, Wosny, S. 98
154 Sonnet, S. 103.

'Weißt du nichts Neues?' Ich erwiderte 'nein'. Da sagte er: 'Du weißt doch von der Lagerauflösung.' Als ich ärgerlich meinte, 'das hast du doch erzählt', erwiderte er: 'Erzähl du das auch, dann glaub ich es.'[155]

1947 kamen die ersten Zeitungen ins Lager, 1948 wurden sogar über Lagerlautsprecher Rundfunksendungen ins Lager übertragen. Im Jahr 1949 durfte zu Ostern ein Gottesdienst abgehalten werden, und zu Weihnachten hielten der Bischof Dr. Dibelius, Probst Grüber und Superintendent Detert Predigten im Lager. Insbesondere die Weihnachtsgottesdienste waren durch die Operativgruppe des Lagers so vorbereitet worden, daß die kirchlichen Würdenträger möglichst nicht ins Gespräch mit Gefangenen kamen und nichts von den realen Verhältnissen im Lager mitbekommen konnten. Im Speziallager lösten Zeitungsberichte mit Äußerungen von Probst Grüber, die von den Gefangenen gelesen wurden, heftige Kontroversen aus. Grüber argumentierte:

> Aber es ist ein unverzeihliches Unrecht, dieses Lager mit den KZs Hitlers in einem Atemzug zu nennen oder zu sagen: Genau wie bei den Nazis oder vielleicht noch schlimmer. Lagerleben bleibt immer Freiheitsentzug, aber bei Hitler war es eine planmäßige und systematisch durchgeführte Grausamkeit. Hier handelt es sich um eingesperrte Menschen, bei Hitler um ständig mißhandelte und gequälte Menschen. Hier hält man Menschen vom Leben fern, aber man macht ihnen das Leben nicht unnötig schwer.[156]

Grüber war in der NS-Zeit Häftling im KZ Sachsenhausen gewesen. Hätten ihm nicht zumindest Ähnlichkeiten des Lagerlebens auffallen müssen, hätte er nicht danach fragen können, nach welchem Recht und unter welchen Bedingungen angebliche oder tatsächliche frühere Nationalsozialisten und "Feinde" der neuen Verhältnisse in der SBZ ohne Rechtsbeistand und Kontakt zur Außenwelt jahrelang im Speziallager gefangengehalten wurden? Ist ihm wirklich nicht aufgefallen, welche Inszenierung die sowjetischen Verantwortlichen betrieben, um die tatsächlichen Zustände im Lager zu verschleiern?

10. Die Auflösung des Speziallagers Sachsenhausen

Vorbereitet durch einen Politbürobeschluß des ZK der KPdSU (B) vom 30. Dezember 1949 und dem Befehl des Innenministeriums der UdSSR Nr. 0022 vom 6. Januar 1950 begannen ab dem 16. Januar die Entlassungen aus den drei verbliebenen Speziallagern in der DDR – Bautzen, Buchenwald und Sachsenhausen. In einer ersten Stufe sollten bis zum 24. Februar die Entlassungen und in einer zweiten Stufe bis zum 1. März 1950 die Übergabe derjenigen, die nicht entlassen werden sollten, an die DDR-Organe erfolgen. In der dritten und letzten Stufe war das Lager endgültig aufzulösen.[157] Die Auflösung der Speziallagers Sachsenhausen wurde von der SED-Presse progandistisch unter der Losung "Der Konzentrationslager-Schwindel ist endgültig geplatzt" kommentiert.[158] In der Bevölkerung wurden die sowjetischen Speziallager als Konzentrationslager bezeichnet, ohne daß damit jedoch in jedem Fall eine Auseinandersetzung mit den Praktiken der Nationalsozialisten verbunden war. Das

---

155 Wosny, S. 69 f.
156 Zit. Nach: Grüber, 1968, S. 297.
157 Die Lager Buchenwald und Sachsenhausen wurden aufgelöst, das Speziallager Bautzen ging in die Hände des Innenministeriums der DDR über.
158 Vgl. u. a. Neues Deutschland, 22. Januar 1950.

Leid und Elend der Lager nach 1945, das spurlose Verschwinden von Angehörigen, die Geheimprozesse der sowjetischen Militärtribunale, die Abtransporte von Arbeitskräften in die UdSSR, das Massensterben in den "Schweigelagern" des NKVD/MVD wurden immer mehr als Siegerunrecht der stalinistisch-totalitär verfaßten Sowjetunion wahrgenommen.

Die Personalakten der Häftlinge wurden der 1. Spezabteilung des MVD der UdSSR in Moskau übergeben.[159] Das Inventar des Lagers und diverse Vorräte wurden entweder an Truppenteile der Gruppe der sowjetischen Streitkräfte in Deutschland oder an das Innenministerium der DDR übergeben bzw. verkauft. Städtische Betriebe, wie Elektrizitäts- und Wasserwerke sowie deutsche Handelspartner mußten per Rechnungschluß bestätigen, daß sie keine finanziellen Forderungen an die "Wirtschaft Kostjuchin", so die verharmlosende Beschreibung für das Speziallager Sachsenhausen, haben.[160] Bei der Entlassung in Sachsenhausen waren auch Vertreter der DDR und des Landes Brandenburg anwesend.

Am 16. 1. 1950 fand beim Lagerkommandanten Kostjuchin eine Beratung mit Chefinspekteur Etikettiere und Inspekteur Kotulan statt. Der Inspekteur Marquard und Oberrat Raetz von der Hauptverwaltung der Deutschen Volkspolizei hatten die Aufgabe, die Entlassung zu beobachten und den Entlassenen Fragen zu beantworten bzw. die Auszüge aus den Strafakten für diejenigen zu übernehmen, die dem DDR-Strafvollzug übergeben wurden. VP-Meister Engelbrecht, der auch dolmetschte, war für die Außenkontrolle am Bahnhof Oranienburg und die "Verladung der Strafgefangenen in den Transportzug" zuständig.[161] Der Transportzug brachte Gefangene aus Sachsenhausen in die Haftanstalten nach Torgau (Fort Zinna), Luckau, Untermaßfeld, Hoheneck (Frauengefängnis) und Waldheim.[162]

Einer der letzten Entlassenen war Horst Hoffmann. Er gehörte, wie ca. weitere 80 bis 100 Personen zu einem Arbeitskommando, das für den Abtransport aller verwertbaren Materialien eingesetzt wurde.

> Meine Aufgabe war es zunächst, die restlichen Möbel zur Lagerhalle zu fahren, dafür brauchte ich mehrere Tage. Weitere vier oder fünf Tage waren erforderlich, um die Kleiderkammer zu räumen, zurückblieben eigentlich nur die gestreiften Häftlingskleider, Uniformteile und sonstige Teile der deutschen Wehrmacht. Auch ein Großteil der Maschinen und Geräte vom Bau- und Industriehof wurden abtransportiert.[163]

Am 30. März reichte Kostjuchin seinen Abschlußbericht an die Berliner "Abteilung Speziallager" ein. Das NKVD-Speziallager Sachsenhausen existierte nicht mehr. Das Personal des Speziallagers erhielt die Rückkommandierung zum weiteren Dienst in der Sowjetunion.

Ein Teil des Lagergeländes verblieb bei der Sowjetarmee, ein anderer Teil ging an die Kasernierte Volkspolizei (KVP) über und wurde auch von der 1956 gegründeten Nationalen Volksarmee (NVA) der DDR weitergenutzt. Hierbei kam es zu Abriß, Zerstörung, Verwahrlosung und Überbauung der Originalsubstanz des ehemaligen KZ und des Speziallagers.

Am 22. April 1961 wurde die Nationale Mahn- und Gedenkstätte Sachsenhausen eröffnet. Bis 1990 wurde hier das Thema Speziallager verschwiegen. Erst 1990 konnte ein Gedenkstein an der nordöstlichen Lagermauer, die die Zone I und II trennte, aufgestellt wer-

---

159 Die Personalakten stehen für die Forschung nicht zur Verfügung.
160 Vgl. GARF, f. 9409, op. 1, d. 467.
161 Brandenburgisches Landeshauptarchiv, Rep. 203 VP II 100.
162 Vgl. Buddrus 1996, S. 10 ff.
163 AS, Bericht Horst Hoffmann.

den. Aus den ehemals anonymen Massengräbern im Schmachtenhagener Forst, "An der Düne" und im Kommandantenhof wurden offizielle Grabstätten.

Im Jahr 1992 legte eine Expertenkommission unter Leitung des Bochumer Historikers Bernd Faulenbach Empfehlungen für eine konzeptionelle Neugestaltung der bisherigen "Nationalen Mahn- und Gedenkstätten" im Land Brandenburg vor. Dabei kamen die Experten zu dem Schluß, daß die Einbeziehung der Geschichte des Speziallagers Sachsenhausen in die Neugestaltung der Gedenkstätte und des Museums Sachsenhausen "zwingend" sei.[164] Im Zuge der Neukonzeption und Neugestaltung der Gedenkstätte wird auch die Geschichte des sowjetischen Speziallager Nr. 7 behandelt, ohne die Singularität der NS-Verbrechen zu negieren. Im Juni 1996 nahm an der Gedenkstätte und Museum Sachsenhausen eine "Arbeitsstelle Speziallager des NKVD Nr. 7 1945–1950" ihre Tätigkeit auf. Damit ist eine systematische und kontinuierliche Erforschung und Darstellung der Geschichte des Lagers Sachsenhausen möglich, die in einer künftigen Dauerausstellung umgesetzt werden soll.

---

164 Die brandenburgischen Gedenkstätten 1992, S. 17.

BERT PAMPEL

Die sowjetischen Speziallager Nr. 8 und Nr. 10 in Torgau 1945-1948

Am 25. April 1945 reichten sich auf der zerstörten Torgauer Elbbrücke der amerikanische Leutnant Bill Robertson und der sowjetische Sergeant Nikolaj Andreev die Hand. Dieser Händedruck, der die endgültige Niederlage Deutschlands durch die gemeinsamen Kraftanstrengungen der Alliierten symbolisierte, prägt bis heute das Bild Torgaus im kollektiven Bewußtsein der Deutschen. Die Bedeutung Torgaus im System des Wehrmachtsstrafvollzuges während der NS-Diktatur und seine Rolle als Standort zweier sowjetischer Speziallager zwischen 1945 und 1948 blieben dagegen bis 1989 weitgehend tabuisiert (Haase/Oleschinski 1993).

Das am nordwestlichen Stadtrand Torgaus gelegene Fort Zinna, in der Zeit der französischen Besatzung Anfang des 19. Jahrhunderts im Rahmen der Befestigung der Stadt in seinem heutigen Grundriß errichtet, wurde von 1936 bis 1938 zum größten Wehrmachtsgefängnis in Deutschland umgebaut. Mit der Umgestaltung des am östlichen Elbufer gelegenen Brückenkopfs zum zweiten Wehrmachtsgefängnis in der Stadt, der Aufstellung zweier Feldstraflager sowie dem Umzug des Reichskriegsgerichts von Berlin nach Torgau im August 1943 entwickelte sich Torgau im Verlauf des Zweiten Weltkrieges zur Zentrale der nationalsozialistischen Wehrmachtsjustiz. Zehntausende von Kriegsgerichten verurteilte Deutsche – Kriegsdienstverweigerer, Fahnenflüchtige, "Wehrkraftzersetzer" und wegen krimineller Delikte bestrafte Soldaten – sowie Menschen aus den von der Wehrmacht besetzten europäischen Ländern, die sich dem Widerstand gegen die deutschen Besatzer angeschlossen hatten, litten in den beiden Torgauer Wehrmachtsgefängnissen (Haase/Oleschinski 1995). Hunderte wurden zum Tode verurteilt und im Wallgraben des Fort Zinna, der Süptitzer Kiesgrube oder im Zuchthaus Halle hingerichtet.

Wenige Wochen nach dem historischen Treffen bewährte sich die Zusammenarbeit der Alliierten in Torgau erneut, diesmal jedoch an einem weit weniger ruhmreichen Gegenstand als dem gemeinsamen Kampf gegen das nationalsozialistische Deutschland. Am 23. Mai 1945 hatten der Vertreter des sowjetischen Oberkommandos, Generalleutnant K. D. Golubev, und der Vertreter des Oberkommandierenden der westalliierten Streitkräfte, Generalmajor R. W. Barker, in Leipzig vereinbart, an 14 "Aufnahme-Abgabe Punkten" entlang der Linie zwischen den alliierten Armeen, darunter in Torgau, die von ihnen befreiten Kriegsgefangenen und Zivilisten auszutauschen (Proudfoot 1957, S. 208-210). So strömten in der Folgezeit Tausende in deutsche Kriegsgefangenschaft geratene Soldaten der Westmächte über Torgau in die Heimat. Mann für Mann wurden sie gegen sowjetische

Staatsbürger, die als Kriegsgefangene, Zwangsverschleppte oder Deserteure während des "Dritten Reiches" in Deutschland gelebt hatten und deshalb das Mißtrauen der sowjetischen Sicherheitsdienste erweckten, ausgetauscht. "Überprüfungs-Filtrations-Kommissionen", bestehend aus Vertretern der verschiedenen sowjetischen Sicherheitsdienste, erhielten die Aufgabe, innerhalb von ein bis zwei Monaten an den Sammeltransportpunkten der Fronten und in den Lagern für zu repatriierende Sowjetbürger die "feindlichen Elemente" auszusondern. Wen die verhörenden Offiziere der Spionageabwehr SMERŠ, des Volkskommissariats für Staatssicherheit oder des Volkskommissariats für innere Angelegenheiten verdächtigten, mit den Deutschen kollaboriert zu haben, der verschwand für Jahre in den "Besserungsarbeitslagern" der Hauptverwaltung Lager (GULAG), den Arbeitsbataillonen des Volkskommissariats für Verteidigung (NKO) oder den Speziallagern des NKVD (Poljan 1996). Aber auch diejenigen Repatriierten, die in ihre Heimatorte entlassen oder wieder in die Armee eingegliedert wurden, blieben dort gesellschaftlich ausgegrenzt und beruflich benachteiligt.

Auch nach Beendigung des alliierten Gefangenenaustausches blieb Torgau Durchgangsstation für Tausende sowjetische Staatsbürger auf dem Weg zurück in die UdSSR. Von sowjetischen Militärtribunalen (SMT) verurteilte Soldaten, Offiziere, Fremdarbeiter, Volksdeutsche oder Angehörige der auf deutscher Seite kämpfenden Einheiten wurden über das Speziallager Nr. 10 in Torgau in die Zwangsarbeitslagerkomplexe der sowjetischen Geheimpolizei bei Vorkuta, Karaganda, Pečora und anderswo deportiert. Die unzähligen großen Eisenbahntransporte aus Torgau in die UdSSR verdeutlichen deshalb noch stärker als in Buchenwald, Mühlberg oder Fünfeichen die enge Verknüpfung des Systems der Lager und Gefängnisse in der Sowjetischen Besatzungszone Deutschlands (SBZ) mit dem in der Sowjetunion. Daß die beiden Speziallager in Torgau gleichzeitig Teile des "Archipel GULAG" mit einem besonderen Charakter waren, das läßt nicht nur ihre konkrete Bezeichnung als "Spezial"-Lager vermuten, sondern das zeigt auch ein Blick auf das Speziallager Nr. 8 in Torgau. In ihm wurden vorwiegend kleine und mittlere NSDAP-Funktionäre sowie deutsche Kriegsgefangene gefangengehalten. Sie waren nicht aufgrund einer Verurteilung, sondern infolge des Befehls Nr. 00315, der die Antwort der sowjetischen Geheimpolizei auf die an sie gestellten Herausforderungen der unmittelbaren Nachkriegszeit darstellte, in das Lager eingewiesen worden. Eine genaue Analyse der beiden Torgauer Lager in ihren Gemeinsamkeiten und Unterschieden kann deshalb einen wesentlichen Beitrag zur Erklärung, Einordnung und Bewertung der sowjetischen Internierungs-, Bestrafungs- und Deportationspraxis nach 1945 auf deutschem Boden liefern.[1]

---

1 Die erste Übersichtsdarstellung zu den Torgauer Lagern stammt von Jan Lipinsky (1993, S. 146-164). Der aktuelle Forschungsstand wird ausführlich bei Brigitte Oleschinski und Bert Pampel (1997) dokumentiert. Ich danke Achim Kilian (Weinheim), Marina Hovannesjan (Berlin) sowie Jan Lipinsky (Bonn) für ihre kritischen Anmerkungen zu diesem Manuskript.

Das Speziallager Nr. 8 in Torgau (1945-1947): Internierungslager für Deutsche aus der Provinz Sachsen

Das Speziallager Nr. 8 in Torgau ging aus dem Speziallager Nr. 8 im westpreußischen Schneidemühl hervor, das wahrscheinlich im März 1945 auf Grundlage des NKVD-Befehls Nr. 0061 vom 6. Februar 1945 eingerichtet worden war. In ihm sollten gemäß dieses Befehls Deutsche im Alter von 17 bis 50 Jahren aus den umliegenden Kreisen zu Arbeitsbataillonen in Stärke von 750-1.200 Mann zusammengefaßt und auf ihren Abtransport in die Arbeitslager der Sowjetunion vorbereitet werden. Am 26. Mai 1945 befanden sich nach einem Bericht des Lagerleiters, Major der Staatssicherheit Lavrent'ev, insgesamt 4.385 Gefangene im Lager, von denen lediglich 22 dem sogenannten Spezkontingent, das heißt der Gruppe der nach dem Befehl Nr. 00315 des NKVD vom 18. April 1945 Verhafteten[2], zuzurechnen waren. Viele Lagerinsassen waren erkrankt; insbesondere die 200 Gefangenen im Alter von 60 bis 70 Jahren und die 15- bis 17jährigen waren unmittelbar vom Tode bedroht. Allein in den Monaten März bis Mai 1945 starben nach Angaben Lavrent'evs insgesamt 112 Gefangene.[3]

Die Einrichtung des NKVD-Speziallagers Nr. 8 in Torgau

Im Zuge der Beendigung der massenhaften "Mobilisierung" Zehntausender Deutscher zur Zwangsarbeit in der Sowjetunion wurden die Lager im Osten Deutschlands nach und nach aufgelöst. Am 24. Juli 1945 wies der Leiter der "Abteilung Speziallager und Gefängnisse des NKVD in Deutschland" (im weiteren Abteilung Speziallager), Oberst Sviridov, Lavrent'ev an, sich auf die Verlegung von Lagerpersonal und Inventar vorzubereiten. Lavrent'ev besichtigte schließlich am 1. August 1945 auf Anweisung von Sviridov das Gefängnis Fort Zinna in Torgau und stellte fest, daß es für die Unterbringung des Lagers Nr. 8 geeignet sei.

Am 1. September 1945 befanden sich die ersten 53 Gefangenen im Fort Zinna. Das Speziallager Nr. 8 Torgau war für die Aufnahme von Verhafteten aus der Provinz Sachsen, die in ihren Grenzen in etwa dem heutigen Land Sachsen-Anhalt entsprach, zuständig, wobei dort verhaftete Personen auch in andere Lager, zum Beispiel Mühlberg überstellt wurden. Lavrent'ev meldete Sviridov am 21. September die Inbetriebnahme des Speziallagers zum 7. September 1945. Innerhalb dieser zwei Wochen wiesen die Operativgruppen des NKVD und SMERŠ-Abteilungen der Einheiten der Roten Armee 3.500 Personen ein, das heißt durchschnittlich 250 Personen pro Tag. Die Verhafteten wurden mit der Eisenbahn, mit Lastkraftwagen oder Autobussen nach Torgau gebracht. Noch auf dem Bahnhof bzw. auf dem Hof des Gefängnisses wurden die Neuankömmlinge "gefilzt": Uhren, Schmuck und Geld waren abzuliefern, neue Stiefel wurden gegen alte eingetauscht oder vom Personal ersatzlos einbehalten. Lavrent'ev meldete, daß die massenhafte Einweisung in das Lager

---

2 Der in den Akten gebrauchte Terminus "arestowannyj" wird im folgenden als "Verhafteter" übersetzt. Die Übersetzung als "Arrestant" wird nicht verwandt, da im Russischen dafür ein eigenes Wort existiert und der Begriff rein sprachlich ungebräuchlich erscheint. Dabei ist festzuhalten, daß keiner der Verhafteten, von denen hier gesprochen wird, jemals einen Haftbefehl gesehen hat.
3 Proudfoot 1957, S. 208-210, f. 9409, o. 1, d.134.

Probleme bereite, da die Akten meist nachlässig angelegt seien und angelieferte Kriegsgefangene aussortiert werden müßten. Zudem sei die Registraturabteilung, das heißt die Gruppe des Personals, die für die verwaltungsmäßige Erfassung der Gefangenen zuständig war, mit zwei statt fünf Mitarbeitern unterbesetzt.[4]

Am 15. Oktober befanden sich bereits 6.357 Gefangene im Lager. Ihre mangelhafte Bekleidung ließ Lavrent'ev am 28. Oktober nun schon zum zweiten Mal bei Sviridov um Erlaubnis ersuchen, den Gefangenen die Winterkleidung auszuhändigen, die von deren Angehörigen im Lager eingegangen war. Gleichzeitig bat er darum, den Gefangenen Schreiberlaubnis zu erteilen, damit sie sich wegen Kleidung und Schuhwerk an ihre Angehörigen wenden könnten. Dieses Schreiben ist um so bemerkenswerter, da am selben Tag eine von Sviridov am 22. Oktober 1945 eingesetzte Kommission nach einer Überprüfung des Lagers in ihrem Bericht formuliert hatte, daß die medizinische und materielle Versorgung der Gefangenen vollkommen befriedigend sei.[5] Sviridov bekräftigte deshalb gegenüber Lavrent'ev die bisherigen Anweisungen: keine Ausgabe der Kleidung, kein Briefwechsel. Am 17. Dezember zeigte Lavrent'ev schließlich die zu erwartende Überfüllung des Lagers, in dem nun bereits 7.263 Gefangene untergebracht waren, an. Trotz der Erlaubnis Sviridovs, 300 Gefangene in das Speziallager Nr. 1 Mühlberg zu verlegen, meldete Lavrent'ev genau einen Monat später, daß die maximale Aufnahmekapazität von 8.000 Gefangenen überschritten worden sei. Dort, wo 85 Personen Platz hätten, seien 300 untergebracht, und anstatt der normgemäßen Doppelpritschen habe man dreietagige Pritschen aufstellen müssen[6].

Die Gefangenen

Ein Teil der Verhafteten wurde direkt aus den "GPU-Kellern" der Operativgruppen in Wittenberg, Jessen, Herzberg, Delitzsch, Bitterfeld und Bad Liebenwerda und anderen Ortschaften in das Lager überstellt. Andere Verhaftete kamen aus den großen "Inneren Gefängnissen" ("vnutrennjaja tjur'ma") des NKVD in Halle ("Roter Ochse"), Magdeburg-Sudenburg und Dessau, in denen die Gefangenen aus den umliegenden Landkreisen gesammelt und in Transporten von 300 bis 600 Personen nach Torgau verlegt wurden. Auch die Gebietsoperativgruppe des NKVD im vierten "Inneren Gefängnis" in der Provinz Sachsen, dem ehemaligen Amtsgerichtsgefängnis am Fischerdörfchen in Torgau, wies Gefangene in das Lager Nr. 8 ein. Der größte Teil der Einlieferungen erfolgte in den Monaten September bis Dezember 1945.

Eine Statistik vom 28. Januar 1946 ist der wichtigste Anhaltspunkt für die Beschreibung des Gefangenenbestandes im Lager Nr. 8. An diesem Tag wurde Lavrent'ev als Leiter des Lagers abgelöst. Sviridov hatte den "Bevollmächtigten des NKVD bei der Gruppe der sowjetischen Besatzungstruppen in Deutschland", Generaloberst I. A. Serov, bereits am 28. Dezember 1945 um dessen Absetzung gebeten, da er trotz Warnungen nicht aufhöre, sich systematisch zu betrinken, wovon sich Sviridov am 26./27. Dezember 1945 bei einem Besuch persönlich überzeugt habe. Am 25. Dezember soll Lavrent'ev durch seine Ehefrau in flagranti beim Geschlechtsverkehr mit einer Reinigungsfrau ertappt worden sein. Sein Ver-

---

4 GARF, f. 9409, o. 1, d. 134.
5 GARF, f. 9409, o. 1, d. 133, l. 6.
6 GARF, f. 9409, o. 1, d. 145, l. 251.

halten habe zu einer Verschlechterung der Disziplin unter den Angehörigen des Personals geführt. Serov war mit der Bestrafung Lavrent'evs durch drei Tage Arrest und der Ernennung von Major Nikitin zum neuen Leiter einverstanden.[7]

Der Führungswechsel an der Spitze des Lagers war mit einem Führungswechsel an der Spitze der Registraturabteilung verbunden. Das Übergabeprotokoll zwischen dem früheren Leiter, Leutnant Sarapajkin, und dem neuen Leiter, Hauptmann Lejko, enthält die einzige bislang bekannte detaillierte Aufschlüsselung des Gefangenenbestandes.[8] Von den 7.557 Männern und 117 Frauen waren demnach alt:

bis 20 Jahre	45 Personen (0,6 %)
20 bis 50 Jahre	4.070 Personen (53 %)
50 bis 60 Jahre	2.916 Personen (38 %)
60 bis 70 Jahre	619 Personen (8,1 %)
70 bis 80 Jahre	22 Personen (0,3 %)

Nach den Angaben der Registraturabteilung waren die Gefangenen aus folgenden Gründen verhaftet worden:
1. als "Spionage-, Diversions- und terroristische Agentur der deutschen Aufklärungsorgane" 51 (0,7 %),
2. als "Angehörige aller Organisationen und Gruppen, die von der deutschen Führung und den Aufklärungsorganen für die Untergrundarbeit im Hinterland der Roten Armee aufgestellt worden waren" 29 (0,4 %),
3. als "Inhaber von illegalen Radiostationen, Waffenlagern und Untergrunddruckereien" 24 (0,3 %),
4. als "aktive Mitglieder der nationalsozialistischen Partei" 406 (70,4 %),
5. als "Gebiets-, Stadt- und Kreisleiter faschistischer Jugendorganisationen" 62 (0,8 %),
6. als "Mitarbeiter der Gestapo, des SD und anderer deutscher Straforgane" 498 (6,5 %),
7. als "Leiter von Gebiets-, Stadt- und Kreisverwaltungsorganen sowie Redakteure von Zeitungen und Zeitschriften, antisowjetischen Publikationen" 323 (4,2 %),
8. als "Übrige" 150 (1,9 %),
9. als "Kriegsgefangene" 1.131 (14,7 %).

Die wenig aussagekräftige Kategorie der "aktiven Mitglieder der nationalsozialistischen Partei" läßt sich nach einer Meldung des Leiters der zentralen Registraturabteilung in Berlin, Hauptmann Skvorcov, vom Oktober oder November 1946 noch etwas konkretisieren.[9] Unter den 5.060 Gefangenen, die zum damaligen Zeitpunkt im Lager Nr. 8 dieser Kategorie zugeordnet wurden, befanden sich gemäß dieser Meldung

133	einfache Mitglieder der NSDAP,
2.881	Blockleiter,
1.056	Zellenleiter,
462	Ortsgruppenleiter,
33	Kreisorganisationsleiter,
35	Organisationsleiter,

---
7 GARF, f. 9409, o. 1, d. 261, l. 19f.
8 GARF, f. 9409, o. 1, d. 18, l. 1f.
9 GARF, f. 9409, o.1, d. 143, l. 50.

      32   "politische Leiter",
      38   Amtsleiter,
   118   Kassenleiter und
   219   Propagandaleiter.

21 Gefangene gehörten der NS-Frauenschaft oder der Nationalsozialistischen Volkswohlfahrt (NSV) an. Daß sich im Lager Nr. 8 tatsächlich mehrheitlich niedrige und mittlere Funktionäre der NSDAP befanden, kommt auch in zahlreichen Zeitzeugenberichten zum Ausdruck. Der ehemalige Bürgermeister von Wernigerode, Ulrich von Fresenius (1888-1962), schrieb über die Gefangenen:

> Meine Lagerkameraden kamen aus allen Berufen. (...) So auch viele Richter vom Oberlandesgericht Naumburg. (...) Es gab Verwaltungsbeamte, Rechtsanwälte, Studienräte und Ärzte. Aus der Industrie Direktoren, Techniker, Betriebsleiter. Aus der Landwirtschaft Großgrundbesitzer (...), Domänenpächter, Bauern, Landarbeiter. Ein großes Kontingent stellte die Polizei. (...) Es gab Handwerker, Geschäftsleute, Post- und Bahnbeamte. Sie alle, die in der NSDAP sich als Zellen- oder Blockleiter (auch vorübergehend) betätigt haben, vielleicht auch für kurze Zeit vertretungsweise Beiträge eingesammelt haben, waren auf der schwarzen Liste, und so Opfer der aufeinanderfolgenden Verhaftungswellen. Dabei wurde offenbar völlig regellos verfahren. Aus manchen Orten kamen wenige, aus manchen Orten wurden verhältnismäßig viele harmlose Leute in diesen Strudel gerissen (von Fresenius o. J., S. 61f.).

Von Fresenius schätzte den Anteil der Parteimitglieder auf zwei Drittel der Gefangenen (ebenda, S. 64).

1.061 Gefangene, die das NKVD der Kategorie "Kriegsgefangene" zurechnete, wurden im Juli 1946 einer genaueren Überprüfung unterzogen. Unter ihnen befanden sich 232 Angehörige der deutschen Wehrmacht (davon 191 Offiziere), 300 Volkssturmmänner, 260 Mitglieder der SA, 110 Mitglieder der SS, 32 Angehörige des Nationalsozialistischen Kraftfahrerkorps (NSKK), 25 Richter und Staatsanwälte sowie 102 Leiter verschiedener Lager.[10] Ihr Gesundheitszustand war katastrophal. Eine Kommission der Gruppe der Streitkräfte des MVD in Deutschland zählte zwei Monate zuvor unter ihnen lediglich noch etwa 200 Arbeitsfähige. Wiederholt hatten Nikitin und sein Vorgänger Lavrent'ev kritisiert, daß sie auf ausdrückliche Anweisung des Leiters des Operativsektors der Provinz Sachsen, Generalmajor Marterosov, "Kriegsgefangene" im Lager aufzunehmen hatten, denn dies widersprach dem Grundsatzbefehl Nr. 00315. Auch die zentrale Abteilung in Berlin unter Oberst Sviridov bemühte sich deshalb darum, die Soldaten und Offiziere der Wehrmacht und der paramilitärischen Verbände aus den Speziallagern auszusondern und in Kriegsgefangenenlager zu verlegen. In der Folgezeit wurden deshalb die "Kriegsgefangenen" in das Lager Nr. 69 für Kriegsgefangene in Frankfurt/Oder verlegt, entlassen oder einfach in eine andere Kategorie des Katalogs der möglichen Verhaftungsgründe, die der Befehl Nr. 00315 vorsah, überführt.

Das Personal

Auf die besondere Rolle des ersten Lagerleiters Lavrent'ev ist bereits hingewiesen worden. Die Gründe, die schon im Spätsommer 1946 zur Ablösung des zweiten Lagerleiters Nikitin

---

10   GARF, f. 9409, o. 1, d. 145, l. 139.

führten, der bis zur Übernahme seiner Funktion in Torgau Leiter des Speziallagers Nr. 4 Landsberg/Warthe (Gorzow Wielkopolski) war, sind bislang unbekannt. Der ihn ablösende neue Leiter, Major Sasikov, hatte ebenfalls bereits Erfahrungen im System der sowjetischen Speziallager sammeln können. Im Sommer 1945 war er Leiter des Speziallagers Nr. 1 der 1. Weißrussischen Front im polnischen Rembértow. Anschließend, im Herbst 1945, leitete er das der "Abteilung Speziallager" unterstehende Gefängnis Nr. 6 in Berlin-Lichtenberg. Nach der Schließung des Lagers Nr. 8 in Torgau Ende 1946/Anfang 1947 löste er Hauptmann Samoilov als Leiter des Speziallagers Nr. 1 in Mühlberg ab.

Das Personal für den "inneren" Dienstbetrieb war verschiedenen Abteilungen zugeordnet (Ritscher 1993, S. 141). Wie verschiedenen Dokumenten zu entnehmen ist, dienten neben regulären NKVD-Angehörigen auch überprüfte Sowjetbürger aus dem Kreis der Repatrianten als Hilfskräfte, unter anderem in der Finanzabteilung. Insgesamt waren im Juni 1946 107 Personen im Lager tätig, darunter 26 Offiziere, 6 Unteroffiziere und 75 Mannschaftsdienstgrade (Lipinsky 1993, S. 148). Die "äußere Bewachung" des Lagers oblag der Garnison Nr. 16 des 322. Regiments der Konvoitruppen des NKVD, die am 28. Januar 1946 aus zwei Offizieren, fünf Unteroffizieren und 35 Soldaten bestand. Damit gab es, wie Major Lavrent'ev Mitte Dezember 1945 beklagt hatte, zwischen Soll- und Ist-Stärke der Bewachungsmannschaft eine Differenz von 30 Mann.

Zur deutschen Lagerverwaltung des Speziallagers Nr. 8, die die sowjetischen Bewacher als zuverlässig einschätzten, lassen sich bislang nur wenige Angaben machen. Ihr Chef soll ein Mann namens Damme aus Dessau bzw. ein Oberst Enke "Sergeant Enke" gewesen sein. Die Lagerverwaltung hatte für Sauberkeit, pünktliches und vollzähliges Antreten zum Appell, Zubereitung und Verteilung der Verpflegung zu sorgen.

Die Lebensbedingungen

Die Lebensbedingungen im Lager lassen sich allein auf Grundlage der Verwaltungsakten nicht angemessen beschreiben. Insgesamt beschönigen sie die Wirklichkeit, selbst wenn in ihnen die nicht witterungsgemäße Bekleidung der Lagerinsassen und die Überfüllung des Lagers teilweise benannt werden. Die Gefangenen wurden im zentralen Zellenbau, dem sogenannten Kreuzbau, eilig errichteten Holzbaracken und den Kasematten der Festung ("Rundbau") untergebracht. Durch die massenhafte Einweisung von neu Verhafteten fehlten Ende Januar 1946 noch immer 1.000 Pritschen. Monatelang schliefen die Gefangenen auf dem nackten Fußboden. Die Unterkunftsbedingungen waren dabei je nach Ort der Unterbringung sehr unterschiedlich. Während es in den mit vier Personen belegten, mit Klapptisch, WC, Waschbecken mit fließendem Wasser und schwach beheiztem Zentralheizkörper ausgerüsteten Einmannzellen des Kreuzbaus verhältnismäßig erträglich war, vegetierten die Menschen in den feuchten Kellerräumen der Festung regelrecht dahin. Im Lager gab es zwei Küchen, eine Bäckerei, ein Badehaus und eine Desinfektionsanlage. Dennoch plagten Wanzen die Gefangenen. Über die Verpflegung heißt es im Übergabeprotokoll vom 28. Januar 1946:

> Spezkontingent und Personalbestand werden regelmäßig entsprechend der aufgestellten Normen mit Lebensmitteln versorgt, die zubereitete Nahrung ist gut.[11]

---

11 GARF, f. 9409, o. 1, d. 18.

Die Berichte der Überlebenden sprechen jedoch eine andere Sprache:

> Die Suppen, die zur Verteilung kamen, verdienten kaum ihren Namen. Wochenlang gab es Graupensuppe, in der kaum Graupen zu finden waren. (...) Zum Brot gab es Zucker oder Marmelade. Margarine, Wurst oder Käse gab es in Torgau nicht. (von Fresenius, S. 56ff)

Von den ohnehin geringen Rationen verblieb außerdem nach der Verteilung innerhalb der Häftlingshierarchie für die einfachen Gefangenen quantitativ nur sehr wenig und qualitativ Minderwertiges.

Während des Jahres 1946 verschlechterte sich der Gesundheitszustand der Gefangenen zunehmend. Waren am 28. Januar 1946 noch 4.416 von 7.674 Insassen nach den medizinischen Kategorien des NKVD als arbeitsfähig eingestuft worden, so waren es am 15. Dezember 1946 nur noch 1.024 von 7.287 Gefangenen.[12] Die unzureichende Kleidung, das Verbot der Kommunikation mit den Angehörigen, die belastende Enge, die totale Isolation – dies alles wirkte sich auf die Sterblichkeit im Lager aus. Nach den unvollständigen Meldungen der Sanitätsabteilung sind 300 bis 350 Gefangene des Speziallagers Nr. 8 während seines Bestehens gestorben. Die Toten wurden mit großer Sicherheit in unmittelbarer Nähe des an das Fort Zinna grenzenden Gertraudenfriedhofs, bis Anfang 1946 sogar auf ihm (!) verscharrt (Riemer/Pampel/Wernecke 1996). Diese im Verhältnis zu anderen Lagern sehr geringe Anzahl von Toten läßt sich wie folgt erklären:

> Da die Männer, die in Fort Zinna interniert waren, zum großen Teil Kraftreserven hatten, die hygienischen Verhältnisse in Torgau noch leidlich waren und der Winter 45/46 relativ milde war, hatten wir keine große Zahl von Todesopfern zu beklagen. (von Fresenius, S. 59)

Die Opfer der Rationskürzung vom 4. November 1946 schlugen erst nach der Auflösung des Lagers in den Lagerstatistiken der Speziallager Nr. 1 Mühlberg und Nr. 2 Buchenwald zu Buche.

Bis Mitte Mai 1946 wurde das Lager aus dem Fort Zinna in die benachbarte Seydlitz-Kaserne verlegt, um das Gefängnis für die Unterbringung von Verurteilten sowjetischer Militärtribunale (SMT-Verurteilte) zu räumen. Die Seydlitz-Kaserne, am Anfang dieses Jahrhunderts erbaut, diente vom 2. April 1901 bis zum Zweiten Weltkrieg als Garnison für Kavallerieeinheiten. Ab 1944 hatte der Chef des Kriegsgefangenenwesens der Wehrmacht, General von Graevenitz, seinen Sitz in der Kaserne.(Kilian 1993c, S. 87) Die Verlegung des Lagers bedeutete für die Gefangenen, die aus den Zellen im Kreuzbau kamen, eine Verschlechterung, für die Häftlinge aus den Kasematten und Holzbaracken dagegen eine Verbesserung ihrer Lage. Aus dem Holz der abgerissenen Baracken zimmerten die Häftlinge dreietagige Liegen zusammen. Eine Duschvorrichtung wurde errichtet.

Das Leben im Speziallager Nr. 8 war im Vergleich zu anderen Speziallagern, die nicht nur jeden Kontakt zur Außenwelt verhinderten, sondern sogar die einzelnen Lagerzonen, ja zum Teil einzelne Baracken durch Stacheldraht hermetisch voneinander trennten, relativ freizügig. So durften sich die Gefangenen im Kreuzbau des Fort Zinna frei bewegen. Es gab kleine Zirkel zu verschiedenen Themengebieten und manch einer ergatterte heimlich ein Buch aus der Gefangenenbibliothek des Wehrmachtsgefängnisses. Interessiert studierten die Insassen auch die im Keller lagernden Strafakten, die während der Jahre 1938 bis 1945 zu den Gefangenen der NS-Militärjustiz im Fort Zinna angelegt worden waren. Es gab kleinere Arbeitskommandos von Gefangenen, unter anderem zum Ausbau der Sicherungsanlagen des Lagers, für Arbeiten in den Quartieren des Wachpersonals und den Transport von Le-

---

12 GARF, f. 9409, o. 1, d. 150, l.120.

bensmitteln für das Lager. Weihnachten 1945 hielten zwei internierte Wehrmachtspfarrer einen Gottesdienst, bei dem die gefangenen Frauen Weihnachtslieder sangen. Handwerker und Künstler veranstalteten Ausstellungen ihrer Arbeiten. Dem Aufbau eines Theaters setzte die Auflösung des Lagers im Dezember 1946 ein Ende.

Die Auflösung des Speziallagers Nr. 8

Anfang Dezember 1946 meldete Sviridov an Serov, daß sich in den seiner Abteilung unterstehenden Gefängnissen und Lagern am 1. Dezember 76.055 Gefangene befunden hätten. Da die vorgesehene Aufnahmekapazität 117.000 betrage, gebe es 41.000 freie Plätze. Allmonatlich, so Sviridov, lieferten die "operativen Gruppen und andere operative Organisationen" bis zu 2.000 Personen neu ein. Größere Verhaftungs- und damit Einweisungszahlen seien nicht mehr zu erwarten. Deshalb schlug Sviridov vor, ein Lager zu schließen. Dies eröffne die Möglichkeit, die Wachmannschaften in den anderen Lagern zu vergrößern, in denen durch die Demobilisierung vieler NKVD-Angehöriger ohnehin Lücken entstanden waren. Außerdem würde diese Maßnahme den Offiziersbestand komplettieren und die übrigen Offiziere von unangemessenen Aufgaben entlasten. Sviridov schlug die Auflösung des Speziallagers Nr. 8 in Torgau vor.[13] Im Dezember 1946 und Januar 1947 wurde das Lager durch die in mehreren Transporten stattfindende Verlegung von 4.873 Gefangenen in das Speziallager Nr. 2 Buchenwald und von 2.237 Gefangenen in das Speziallager Nr. 1 in Mühlberg geräumt. Obwohl sich diese Menschen in einem körperlich und seelisch sehr schlechten Zustand befanden, wirkten die Neuankömmlinge auf die Alteingesessenen in Buchenwald und Mühlberg noch "passabel" (Kilian 1993a, S. 124). Dabei waren die nach Buchenwald Verlegten nach dem Bericht der Registraturabteilung Buchenwalds nur zur Hälfte mit Kleidung und Schuhwerk ausgestattet. 20 % litten unter Dystrophie, 10 % waren herzkrank und 1 % hatten Furunkulose.[14] Mit der relativen Torgauer Freizügigkeit war es nun vorbei. Die Begrüßungsansprache eines Angehörigen der deutschen Lagerverwaltung des Speziallagers Mühlberg für die "Neuen" gipfelte in dem Schluß, "daß die Schweinerei nun aufhören müßte und daß wir uns endlich an Ordnung und Disziplin zu gewöhnen hätten. Die Torgauer Zustände würden in Mühlberg nicht geduldet" (von Fresenius, S. 77). Deshalb kann die folgende rückblickende Einschätzung des Lagers Nr. 8 nicht verwundern: "War es schon in Torgau schlecht, aber in Mühlberg war es grauenvoll."
Der Hunger entstellte die Gefangenen derart, daß sich Zellen- bzw. Stubenkameraden aus Torgau in Mühlberg nicht mehr wiedererkannten (Müller, S. 7 und S. 14f).
Zusammenfassend läßt sich zum Speziallager Nr. 8 festhalten, daß es im System der sowjetischen Speziallager auf deutschem Boden 1945/46 dazu diente, auf Grundlage des Befehls Nr. 00315 des NKVD vom 18. April 1945 in der Provinz Sachsen verhaftete ehemalige niedrige und mittlere Funktionäre der NSDAP bzw. ihr nahestehender Organisationen (SA, SS, Gestapo) aus verschiedenen Gründen in "Gewahrsam zu halten". Dabei war nie daran gedacht, gegen die Verhafteten ein Gerichtsverfahren einzuleiten, um den Gefangenen konkrete Vergehen nachzuweisen, denn:

---

13 GARF, f. 9409, o. 1, d. 133, l. 42.
14 GARF, f. 9409, o. 1, d. 20, l. 165.

Personen, die im Zuge des Befehls Nr. 00315 des NKVD der UdSSR vom 18.04.1945 in Speziallager eingewiesen wurden, werden nach Sonderregelungen von der Gesellschaft isoliert; sie werden nicht angeklagt, und über sie werden keine Gerichtsakten, wie in der Strafprozeßordnung vorgesehen, angelegt.[15]

Trotz der schlechten Lebensbedingungen war das Lager Nr. 8 in Torgau den meisten Gefangenen lediglich der Vorhof zur Hölle, die sie dann in Buchenwald und Mühlberg durchlitten.

Das Speziallager Nr. 10 in Torgau (1946-1948): Durchgangsgefängnis für SMT-Verurteilte

Am 14. Mai 1946 wurde das Gefängnis Nr. 7 des NKVD in Frankfurt/Oder aus bisher unbekannten Gründen in das geräumte Fort Zinna nach Torgau verlegt. Im Juni desselben Jahres erhielt es die Bezeichnung Speziallager Nr. 10.

Das Gefängnis in Frankfurt/Oder war von Mai bis Oktober 1945 als "Etappengefängnis beim Speziallager Nr. 6" in Frankfurt/Oder geführt worden, bevor es – wahrscheinlich nach der Verlegung des Speziallagers Nr. 6 nach Jamlitz bei Lieberose – seine organisatorische Selbständigkeit erlangte. Es ging aus dem sogenannten Weiterleitungsgefängnis der Spionageabwehr SMERŠ der 1. Weißrussischen Front hervor, das von März 1945 bis Mitte Mai 1945 in Schwiebus bestanden hatte. In Schwiebus, Frankfurt/Oder und später auch in Torgau wurden in den auch als "Durchgangsgefängnis" ("peresyl'naja tjur'ma") bezeichneten Gefängnissen SMT-Verurteilte aus der gesamten SBZ gesammelt, zu Transporten zusammengefaßt und in die Zwangsarbeitslager der UdSSR transportiert. Leiter des Gefängnisses Nr. 7 war Major Bekšenev, den im April 1946 wegen Trunkenheit Oberstleutnant Seredenko ablöste. Seredenko leitete das Speziallager Nr. 10 bis zu dessen Auflösung im Oktober 1948.

Die Gefangenen

Die Gefangenen wurden durch SMERŠ-Abteilungen verschiedener Armee-Einheiten, die zentralen Gefängnisse in den Operativsektoren, die Kreisoperativgruppen des NKVD/MVD, das "Spezhospital" beim Speziallager Nr. 7 in Sachsenhausen oder das Gefängnis Nr. 6 des NKVD in Berlin-Lichtenberg eingewiesen. Das Speziallager Mühlberg überstellte Gefangene des Spezialkontingents nach ihrer Verurteilung in das Lager Nr. 10 (Kilian 1993b, S. 1153). Die per Eisenbahn oder Lastkraftwagen in das Speziallager Nr. 10 Überstellten waren durch Militärtribunale der jeweiligen Truppenteile, das SMT der Gruppe der Sowjetischen Besatzungstruppen in Deutschland oder das SMT des "Hinterlandes", verurteilt worden. Die verurteilten Deutschen kamen dabei mehrheitlich aus den NKVD-Gefängnissen der Operativsektoren und operativen Kreise in der SBZ, die Sowjetbürger wurden dagegen in der Regel durch die SMERŠ-Abteilungen der Roten Armee überstellt. Am 22. Mai 1946

---

15 So der Militärstaatsanwalt der Gruppe der Besatzungstruppen in Deutschland, Generalmajor der Justiz B. Schaver (GARF, f. 9409, o. 1, d. 140, l. 27).

wurden 120 nichtverurteilte Gefangene des Speziallagers Nr. 8 aus der Seydlitz-Kaserne in das Fort Zinna zurückverlegt. Sie übernahmen alle wichtigen Verwaltungs- und Bewirtschaftungsfunktionen, die sich in deutscher Hand befanden:

> Sie kehren den Hof, geben die Suppe aus, sie sind die Bademeister, die Kleiderkammerbullen, die Sanitäter, die uns mit bunten Flüssigkeiten betupfen an Stellen, wo wir Schmerzen haben. (Corbat, S. 59)

Vom 28. Mai 1946 bis zum 22. August 1946 wurden insgesamt 4.793 Verhaftete eingewiesen, davon 2.350 durch operative Gruppen der Sektoren und Kreise und 2.443 durch SMERŠ-Abteilungen.[16] Am 28. Oktober 1946 befanden sich schließlich 5.307 Gefangene im Lager[17]:

4.815 (90,7 %)	männliche SMT-Verurteilte,
266 (5 %)	weibliche SMT-Verurteilte,
226 (4,3 %)	Angehörige des Spezialkontingents.

Von den Gefangenen waren

3.536 (66 %)	unter 35 Jahre,
795 (15 %)	zwischen 35 und 45 Jahre und
976 (18,4 %)	über 45 Jahre alt.

Unter den Insassen befanden sich 13- oder 14jährige Jungen, wie zum Beispiel der 1933 geborene Hardy Tröger, der am 29. April 1946 vom SMT der 16. Luftarmee nach Artikel 58² des sowjetischen Strafgesetzbuches zu 10 Jahren "Besserungsarbeitslager" verurteilt worden war.

Die Mehrheit der Häftlinge waren Deutsche (3.202 oder 60,3 %). Russen (1.162 = 21,9 %), Ukrainer (331 = 6,2 %) und Weißrussen (122 = 2,3 %) bildeten die nächstgrößeren Gruppen. In kleinerer Anzahl befanden sich auch Rußlanddeutsche, Usbeken, Tataren, Baschkiren, Tschuwaschen, Armenier, Georgier, Jugoslawen, Aserbaidschaner, Kasachen, Litauer und Gefangene anderer Nationalitäten im Lager.

Die meisten Gefangenen waren zu viert, fünft oder sogar sechst in den Einmannzellen oder in größeren Gruppen in den Sälen bzw. Kellern des Kreuzbaus untergebracht. Je nach Lage gestalteten sich ihre Unterkunftsbedingungen wieder sehr unterschiedlich; die Insassen der überbelegten Einmannzellen haben mehrheitlich bessere Erinnerungen an ihre Unterbringung als die Gefangenen, die in den Kellern bzw. Kasematten untergebracht waren. Nach Verlegung des Großteils der deutschen Gefangenen in das Speziallager Nr. 4 in Bautzen Ende November 1946 entspannte sich die Lage, und die Belegung pendelte sich auf 2.500 bis 3.000 Personen ein. Zum Jahresende 1947 waren nur noch ca. 1.500 Gefangene im Lager.

Die besondere Funktion des Lagers Nr. 10 Torgau im System der Speziallager auf deutschem Boden kommt in der Anordnung Nr. 0958 Serovs vom 12. September 1946 zum Ausdruck.[18] Wegen Überfüllung des Lagers in Torgau und des Gefängnisses Nr. 5 in Strelitz wies er alle Leiter der Operativsektoren und Leiter der Verwaltung für Spionageabwehr

---

16 GARF, f. 9409, o. 1, d. 145, l. 34.
17 GARF, f. 9409, o. 1, d. 736, l. 108ff.
18 GARF, f. 9409, o. 1, d. 130, l. 29.

der SMAD an, die mit einem Strafmaß von weniger als 15 Jahren verurteilten Deutschen in das Speziallager Nr. 7 nach Sachsenhausen zu verlegen. Die verurteilten Deutschen mit Strafen über 15 Jahren sollten in das Speziallager Nr. 4 Bautzen überstellt werden. Sämtliche verurteilte Staatsbürger der UdSSR waren in das Speziallager Nr. 10 nach Torgau zum Weitertransport in die Sowjetunion einzuweisen. In der Praxis wurde diese strenge Trennung jedoch nicht konsequent umgesetzt und darüber hinaus auch noch mehrfach modifiziert (Haritonow/Filippowych/Lipinsky 1997, S. 76f).

Nur selten finden sich in den bisher erschlossenen Akten Angaben über die Paragraphen des sowjetischen Strafrechts, die den SMT-Urteilen zugrunde lagen. Darüber hinaus stellt sich das Problem, welche Schlüsse aus derartigen Angaben zu ziehen wären. Welche auch juristisch relevanten Taten bzw. Tatvorwürfe verbergen sich hinter "Straftaten" wie "Unterstützung der internationalen Bourgeoisie", "konterrevolutionärer Sabotage" oder "Unterhöhlung der Volkswirtschaft"?

Am 5. Juni 1946 befanden sich nach Angaben der Registraturabteilung 1.300 Verurteilte und Untersuchungsgefangene, davon 18 Frauen im Lager.[19] Sie waren nach folgenden Bestimmungen des Strafgesetzbuches der RSFSR verurteilt worden:

- Artikel 193 ("militärische Verbrechen" wie Desertion, Verletzung der militärischen Disziplin, Beleidigung von Vorgesetzten, Befehlsverweigerung oder "unerlaubte Entfernung") 482 (37,1 %),
- Artikel 58,1 ("Vaterlandsverrat") 300 (23,1 %),
- Raub, vorsätzliche Tötung, Vergewaltigung oder ähnliche Verbrechen 194 (14,9 %)
- Artikel 59,3 ("Banditentum") 130 (10 %),
- andere "konterrevolutionäre Verbrechen" nach Artikel 58 (5 %).

Diese Statistik dürfte im wesentlichen die Gesetzesnormen aufführen, nach denen die SMT-Verurteilten verurteilt wurden. Die Grundlagen der Verurteilung der deutschen Verurteilten lassen sich ansatzweise bislang lediglich aus einer namentlichen Liste für den Transport von 1.099 Gefangenen am 24. November 1946 aus Torgau nach Bautzen erschließen. Demnach wurden verurteilt nach:

- Artikel 58,2 ("bewaffneter Aufstand") 485 (44,1 %),
- Artikel 58,14 ("Sabotage") 268 (24,4 %),
- Artikel 58,8 ("terroristische Handlungen") 89 (8,1 %),
- Artikel 58,9 (Zerstörung oder Beschädigung von Verkehrswegen und -mitteln) 84 (7,6 %)
- Artikel 58,6 ("Spionage") 37 (3,4 %).

Nur wenige wurden wegen "antisowjetischer Propaganda", "illegalem Grenzübertritt" oder Verbrechen gegen Leib und Leben inhaftiert. Lediglich 48 Gefangene waren nach dem Erlaß des Präsidiums des Obersten Sowjets vom 19. April 1943, also wegen tatsächlicher oder vermeintlicher Verbrechen gegen sowjetische Staatsbürger während der NS-Diktatur, verurteilt worden.

Ehemalige Gefangene nennen eine ganze Reihe von Gründen, weshalb ihre Kameraden in das Blickfeld der sowjetischen Geheimpolizei geraten waren.[20]

---

19 GARF, f. 9409, o. 1, d. 729, l. 4.
20 Die nachfolgenden, nicht einzeln nachgewiesenen Angaben beruhen auf Interviews, die Cornelia Liebold für das Dokumentations- und Informationszentrum (DIZ) Torgau durchgeführt und mir freundlicherweise zur Verfügung gestellt hat.

> Die meisten Verurteilten sitzen wegen irgendwelcher Äußerungen über die Russen und ihren Über-Adolf Josef [Stalin]. Wegen Witzen über ihre Unkenntnis der einfachsten Dinge der Zivilisation. Wegen Meckerns über die Zustände. (Corbat, S. 59)

Weiterhin sollen sich im Lager Offiziere der Wehrmacht und andere Personen befunden haben, denen Mißhandlung von "Ostarbeitern" oder sowjetischen Kriegsgefangenen vorgeworfen wurde. Andere Gefangene hatten in den Westzonen gearbeitet oder waren von dort aus der Kriegsgefangenschaft in die SBZ entlassen worden. Nach ihrer Rückkehr wurden sie als vermeintliche oder tatsächliche "Spione" westlicher Geheimdienste verurteilt. Unter den Insassen befanden sich darüber hinaus Personen, die wegen "illegalen Waffenbesitzes" verhaftet worden waren, Jugendliche unter "Werwolf"-Verdacht, Gefangene, die zusammen mit Soldaten der Roten Armee Raubüberfälle organisiert und durchgeführt oder Methylalkohol an sowjetische Soldaten verkauft hatten. Unter den gefangenen Frauen befanden sich BDM-Führerinnen, Angestellte aus Behörden von Staat und Partei im Dritten Reich, Journalistinnen, aber auch Stella Kübler, eine junge Jüdin, die während der NS-Diktatur ihre eigenen Glaubensgenossen, die sich verbergen konnten, an die Gestapo ausgeliefert hatte.[21]

Die Gefangenen sowjetischer Staatsbürgerschaft waren von den Verurteilten deutscher Nationalität getrennt untergebracht. Von ihren Verurteilungsgründen wissen die deutschen Gefangenen nur wenig. Meistens seien sie wegen verbotener Kontakte zu deutschen Frauen oder wegen Schiebereien verurteilt worden, ehemalige Kriegsgefangene und "Vlasov-Leute" seien auch darunter gewesen.

Zusammenfassend läßt sich auf der Grundlage der bisherigen Forschung vorläufig festhalten: Im Lager Nr. 10 befanden sich Gefangene, die in etwa zu gleichen Teilen wegen "konterrevolutionärer", "militärischer" und "gewöhnlicher" Verbrechen nach den Bestimmungen des Strafgesetzbuches der RSFSR verurteilt worden waren. Seit Ende 1946 wurden im wesentlichen Verurteilte sowjetischer Staatsbürgerschaft eingewiesen. Bei ihnen überwogen die "militärischen" und "gewöhnlichen" Verbrechen, während die deutschen Verurteilten fast ausschließlich wegen "konterrevolutionärer Verbrechen" verurteilt worden waren. Nur ein verschwindend geringer Teil der deutschen SMT-Verurteilten war wegen tatsächlicher oder vermeintlicher Verbrechen während des Dritten Reiches verurteilt worden. Der größte Teil der Verurteilten war unter 35 Jahre alt, was ihn sehr deutlich von den Internierten des Speziallagers Nr. 8 in Torgau unterschied. Eine Beschreibung und Erklärung der Internierungs- und Bestrafungspraxis in den Kategorien der alliierten Internierungs- bzw. Entnazifizierungspolitik erweist sich beim Lager Nr. 10 als unmöglich.

Transporte in die Sowjetunion

Einen guten Monat nach Inbetriebnahme des Lagers ging der erste Transport in die Sowjetunion ab, ein Vorgang, der für die nächsten zwei Jahre das Charakteristikum des Lagers bleiben sollte. Vom etwa einen halben Kilometer entfernt liegenden Bahnhof Torgau wurden die Verurteilten in Transporten zu etwa 1.000 Gefangenen mit den sogenannten Pendelzügen Nr. 97101 und 97102 über Brest in die Zwangsarbeitslagerkomplexe der UdSSR verschickt. Die Gesamtzahl aller über Torgau in die Sowjetunion Deportierten läßt sich momentan aufgrund unvollständiger Stärkemeldungen noch nicht genau bestimmen. Die

---

21 Zahlreiche exemplarische Biographien ehemaliger Insassen der Torgauer Lager, darunter die von Stella Kübler, werden bei Oleschinski/Pampel 1997 dokumentiert.

entsprechende Abteilung registrierte während der Zeit der Tätigkeit des Speziallagers Nr. 10 und des früher so bezeichneten Gefängnisses Nr. 7 insgesamt 28.814 Akten. Von diesen wurden 24.050 als Abgänge in die UdSSR vermerkt.[22] Das hieße, daß mehr als 80 % der aus den Lagern und Gefängnissen der "Abteilung Speziallager" deportierten Verurteilten über das Gefängnis Nr. 7 in Frankfurt/Oder bzw. Torgau oder das Speziallager Nr. 10 in die UdSSR verschickt wurden.[23]

Die Transporte in den etwa 40 Personen fassenden Waggons waren für die Gefangenen eine grausame Tortur, die viele nicht überlebten. Die äußerst karge Verpflegung reichte nicht einmal für die zehn bis fünfzehn Tage, die die Transporte in der Regel dauern sollten. Besonders kritisch wurde es dann, wenn sich die Ankunft verzögerte, denn einen Nachschub an Verpflegung gab es oft nicht. Der ehemalige Gefangen Waldemar Banse erinnerte sich in einem Interview 1996:

> Aber unterwegs, [...] von Torgau nach Polen, sind etliche gestorben. Was haben sie gemacht? Die haben die Viehwagen aufgerissen, da kriegten wir ja ein bißchen warme Getränke und trocken Brot, gab's ja nur unterwegs. [...] Und da haben sie die einfach rausgeschmissen auf den Bahndamm, Tür auf, schmeißt sie raus und da auf dem Bahndamm blieben sie liegen. Die hat keiner beerdigt, wer weiß, wo die gelandet sind...

Die katastrophalen Zustände während der Deportation aus Deutschland wurden auch in Moskau registriert. Generalmajor Dobrynin, Leiter der Hauptverwaltung Lager (Gulag), übersandte Generaloberst Serov am 20. Februar 1947 das Protokoll über die Aufnahme eines Transportes von 1.006 Gefangenen aus Torgau in Solikamsk vom 16. Januar 1947. Darin wird festgestellt, daß eine große Anzahl Gefangener in einem sehr schlechten Gesundheitszustand sei.[24] Beiliegendem Übergabeprotokoll ist zu entnehmen, daß der Transport bereits am 12. Dezember 1946 aus Torgau abgegangen war, das heißt, daß die Gefangenen mehr als vier Wochen unterwegs waren. Serov vermerkte lediglich handschriftlich auf dem Dokument: "Sviridov: offensichtlich versorgen wir sie schlecht."[25]

Gemessen an den Strapazen derartiger Transporte war das Leben im Gefängnis noch einigermaßen erträglich (Lehmann, 1990, S. 35). Die im folgenden beschriebenen Lebensumstände beruhen auf Berichten deutscher Verurteilter. Über die Lebensumstände der sowjetischen Staatsbürger gibt es zur Zeit keine Erkenntnisse. In der Regel befand sich 1946 in den Einmannzellen eine von der Wand abklappbare Pritsche sowie eine doppel- oder dreistöckige Pritsche. Die übrigen Gefangenen mußten auf dem harten Fußboden schlafen. Auf längere Sicht wurde jedoch auch die erträgliche Unterkunft sehr eng, da den Insassen des Zellenbaus der Freigang untersagt war. Nur zum wöchentlichen Duschen durften die Zellen verlassen werden. Dazu kam eine regelrechte Wanzenplage, die den Gefangenen das Leben sehr schwer machte. Nach Berichten ehemaliger Insassen ist es im Fort Zinna im Sommer 1946 auch zu Mißhandlungen seitens des Wachpersonals gekommen. Dabei soll sich ein

---

22 GARF, f. 9409, o. 1, d. 32, l. 122f.
23 Die Prozentangabe beruht auf der Zahl von insgesamt 29.804 deportierten SMT-Verurteilten, die dem Abschlußbericht der Registraturabteilung der "Abteilung Speziallager" entstammt (GARF, f. 9409, o. 1, d. 118). Anfang Februar 1947 wurden 89 Gefangene aus dem Speziallager Nr. 10 und 81 Gefangene aus dem Speziallager Nr. 8 nicht direkt, sondern über das Speziallager Mühlberg in die UdSSR deportiert (Kilian 1993b, S. 1152), Eine eindringliche Beschreibung des sogenannten Pelzmützentransports bei Rulc 1996, S. 151-169: Siehe auch Oleschinski/Pampel 1997, Chronik Februar 1947.
24 Auch über die katastrophale Situation in anderen Speziallagern war die GULAG gut informiert. Vgl. Kilian 1996, S. 246-265.
25 GARF, f. 9409, o. 1, d. 149, l. 116f.

"Held der Sowjetunion" mit einer Nagajka, einer geflochtenen Peitsche, besonders hervorgetan haben. (Lehmann 1990, S. 37, Radtke 1995, S. 3) Die Nahrungsaufnahme war dadurch erschwert, daß pro Zelle nur ein Löffel für alle Insassen zur Verfügung stand, die dann die äußerst magere Kost (Graupensuppe, Brot, Kaffee) der Reihe nach aus einer großen Waschschüssel löffelten. Arbeitseinsätze gab es für die Verurteilten nicht. Sie vertrieben sich die Zeit mit Gesprächen, Schachspielen, gymnastischen Übungen oder "Telefonieren" über die Abfallrohre der Toiletten in den Zellen. Die Gefangenen litten unter der vollständigen Isolation von der Außenwelt und der Ungewißheit über ihr weiteres Schicksal. Sie starben an Dystrophie, Lungenentzündung und Tbc oder wurden durch Erschießen hingerichtet. Das Todesurteil wurde vom stellvertretenden Lagerleiter in Anwesenheit des Leiters der Operativgruppe vollstreckt (Oleschinski/Pampel 1997, Chronik Mai 1947). Über den Hinrichtungsort ist bislang nichts bekannt, ebensowenig darüber, warum die Verurteilten zur Vollstreckung in das Fort Zinna verlegt und nicht am Ort ihrer Verurteilung hingerichtet wurden. Die Toten wurden wahrscheinlich im nordwestlichen Teil des Wallgrabens verscharrt. Insgesamt sollen nach den Akten der Registraturabteilung im Gefängnis Nr. 7 und im Speziallager Nr. 10 von 1945 bis zur Auflösung 1948 130 Menschen hingerichtet und 346 gestorben sein.[26] Diese im Vergleich zu anderen Lagern sehr geringe Zahl von Toten könnte man einerseits mit der kürzeren Aufenthaltsdauer der Gefangenen in den beiden Gefängnissen und andererseits mit ihrem niedrigeren Alter erklären.

Am 15. Mai 1948 ordnete Generaloberst Serov per Weisung Nr. I/6264 die Auflösung des Speziallagers Nr. 10 Torgau an. 224 Menschen, die dem "Spezkontingent" zugerechnet wurden, gelangten über das Speziallager Mühlberg in die Freiheit. Die Mitglieder des Beerdigungskommandos wurden über Mühlberg in das Speziallager Buchenwald verlegt. Die verbliebenen Verurteilten kamen nach Sachsenhausen und Bautzen.

Einige von ihnen erlebten im Januar 1950 ein unerwartetes Wiedersehen mit dem Fort Zinna in Torgau. Das Ministerium für Justiz der DDR hatte das erst im Sommer 1949 von der Besatzungsmacht an die Justizverwaltung Sachsen-Anhalts übergebene Gefängnis am 22./23 Januar 1950 überstürzt räumen müssen. Der deutschen Volkspolizei oblag nun in Torgau, wie in fünf anderen Gefängnissen der DDR, der Strafvollzug an SMT-Verurteilten, die nach der Auflösung der letzten drei Speziallager ihre Strafe weiter verbüßen mußten. In zwei Transporten gelangten am 25. Januar 1950 und am 29. Januar 1950 insgesamt 1.500 Gefangene SMT-Verurteilte aus Sachsenhausen in die Anstalt (Oleschinski/Pampel 1995). In der Folgezeit füllte sich das Gefängnis darüber hinaus mit Gefangenen, die von deutschen Gerichten nach der Kontrollratsdirektive Nr. 38, dem Befehl Nr. 201 der SMAD, Artikel 6 der Verfassung der DDR oder wegen "Wirtschaftsverbrechen" verurteilt worden waren. Während die meisten SMT-Verurteilten bis 1956 entlassen wurden, blieb das Fort Zinna bis 1990 eine berühmt-berüchtigte Strafvollzugsanstalt der DDR. Seit Oktober 1990 befindet sich eine Justizvollzugsanstalt des Freistaates Sachsen im Fort Zinna. Die Anstalt mit erhöhter Sicherheit ist für eine Belegung mit 300 Gefangenen vorgesehen.

---

26 GARF, f. 9409, o. 1, d. 32, l. 122f.

Tobias Baumann

Das Speziallager Nr. 9 Fünfeichen

1. Die Vorgeschichte: Gutshof und Kriegsgefangenenlager

Das Speziallager Nr. 9 Fünfeichen entstand im Mai 1945 nach der Einnahme durch die sowjetische Armee auf dem Gelände des ehemaligen Gutshofes Fünfeichen und des dort 1939 eingerichteten Kriegsgefangenenlagers Stalag II A.[1] Das benachbarte Offiziersgefangenenlager Oflag II E[2] wurde nach 1945 nicht in den Komplex des Speziallagers integriert und 1946/47 von Internierten abgebrochen.[3]

Die deutsche Wehrmacht hatte das Gut Fünfeichen südöstlich von Neubrandenburg 1938 erworben. Die letzte Besitzerin war Olga von Maltzahn.[4] Auf einem Teil der Ländereien errichtete die Wehrmacht einen Truppenübungsplatz. Im September 1939 folgte der Bau der beiden Kriegsgefangenenlager. Die ersten Insassen waren polnische Kriegsgefangene, die am 12. September 1939 nach Fünfeichen verbracht und für den Aufbau eines Lagerteiles, des späteren Nordlagers, eingesetzt wurden. Der südliche Teil entstand ab 1941 als Lager für sowjetische Kriegsgefangene.[5] Gefangene aus den Armeen von zehn Staaten wurden in den Lagern festgehalten. Genaue Zahlen der Gefangenen, die insgesamt während der sechs Kriegsjahre dort einsaßen, sind nicht gesichert. Realistisch scheint eine Größenordnung von ca. 55.000 bis 60.000 Menschen zu sein.[6]

Nach Schätzungen starben annähernd 1.500 sowjetische und 500 Kriegsgefangene anderer Staaten.[7] Noch 1946 ging man offenbar von insgesamt 6.000 Toten aus.[8] In einer Urkunde vom Dezember 1948 nach Auflösung des Speziallagers anläßlich der Übergabe der

---

1 Stammlager, Wehrkreis II, Lager A.
2 Offizierslager, Wehrkreis II, Lager E. Ab 1. Februar 1944 änderte sich die Bezeichnung in Oflag-67.
3 Vgl. Krüger/ Finn 1991, S. 66/67.
4 Vgl. Krüger 1990, S. 11. Im späteren Speziallager Nr. 9 waren Heinrich und Albrecht von Maltzahn als Angehörige der Familie interniert, vgl. die Angaben in: Kühlbach 1993, S. 45.
5 Vgl. Krüger 1990, S. 13ff.
6 Vgl. die statistischen Angaben ebd., S. 86-89.
7 Diese Zahlen nennt die "Arbeitsgemeinschaft Fünfeichen" in einer Broschüre zu den Lagerfriedhöfen.
8 Vgl. Krüger 1990, S. 21.

Friedhöfe an die sowjetische Kommandantur bezifferte Lagerleiter Major Drosdov die sowjetischen Opfer unter den Kriegsgefangenen allerdings auf 12.000 bis 15.000.[9]

Am 28. April 1945 erreichten die ersten sowjetischen Panzer die Kriegsgefangenenlager in Fünfeichen. Angeblich war der Kommandant des Stalag II A, Hauptmann Menz, nicht geflohen wie die meisten anderen Deutschen vor Ort, sondern übergab dem Kommandeur der sowjetischen Panzereinheit das Lager.[10] Was unmittelbar im Anschluß daran in dem Lager geschah, ist nicht bekannt.

2. Entstehung und Bestandszeitraum des Speziallagers Nr. 9 Fünfeichen

Eingerichtet wurde das Speziallager Nr. 9 vermutlich Ende Mai 1945. Der erste Bericht der Lagerleitung über Neuzugänge und den Bestand an Internierten im Lager sowie deren Zusammensetzung nach Haftgründen ging am 9. Juni 1945 an Oberst Chvat von der Zweiten Weißrussischen Front, der Fünfeichen zunächst unterstand.[11] Zum 11. Juli 1945 wurden das Lager Fünfeichen und das Gefängnis Nr. 5 in Alt-Strelitz dann in den Zuständigkeitsbereich der Abteilung Speziallager in Berlin überführt.[12] Weitere Dokumente über die Einrichtung des Lagers Fünfeichen in der Anfangszeit sind bisher nicht bekannt.

Insgesamt über 15.000 Menschen kamen im Verlaufe von drei Jahren als Häftlinge der sowjetischen Sicherheitsorgane in das Lager. Jeweils etwa ein Drittel von ihnen starb, wurde in andere Lager verlegt oder deportiert oder wurde entlassen. Fünfeichen bestand bis Ende 1948 und wurde zu etwa der gleichen Zeit wie die Lager Nr. 1 Mühlberg und Nr. 10 Torgau nach den umfangreichen Entlassungen vom Sommer desselben Jahres aufgelöst. Am 4. November 1948 verließen die letzten 179 Internierten das Lager. Die abschließende Urkunde zur Auflösung datiert vom 13. Januar 1949.[13] Mit dem Befehl Nr. 04 der Abteilung Speziallager vom 18. Januar war die Existenz des Lagers offiziell beendet.[14]

3. Zur Organisation des Lagers und seiner Einrichtungen

Das voll ausgebaute Lager nahm eine Fläche von 722.500 m² ein und maß einen Umfang von 3.400 Metern. Aus 33 Häftlingsbaracken mit insgesamt 21.050 m² bei vorausgesetzten 2 m² pro Häftling berechnete die Lagerleitung eine Kapazität von 11.050 Menschen. Das Lager wurde in fünf Zonen unterteilt. Neben dem Nord- und dem Südlager galten der Be-

---

9 GARF, f. 9409, op. 1, d. 144, l. 136.
10 Vgl. Krüger 1990, S. 27.
11 GARF, f. 9409, op. 1, d. 660, l. 1.
12 GARF, f. 9409, op. 1, d. 1, l. 26.
13 GARF, f. 9409, op. 1, d. 284, l. 6ff.
14 GARF, f. 9409, op. 1, d. 283, l. 8.

reich der Frauen als dritte, ein Wirtschaftshof mit Werkstätten sowie Bad und Quarantänebaracken als vierte bzw. fünfte Zone.[15]

Die Häftlingsunterkünfte bestanden i.d.R. aus etwa 60 Meter langen und elf Meter breiten Baracken, die sich aus je zwei Teilbaracken von 25 Metern Länge und einem einfachen Waschraum zwischen den beiden Teilen zusammensetzten.[16] Beheizt wurden sie mittels großer Öfen in den Mittelgängen.[17] Ausgestattet waren die Häftlingsbaracken mit Zwei- und Dreistockpritschen.[18] Wanzen, Flöhe und Läuse in den Bettgestellen und Baracken sowie deren Bekämpfung stellten ein permanentes Problem dar.[19] Die etwa 180 Bewohner einer Teilbaracke teilten sich in durch die Anordnung der Bettgestelle angedeuteten Stuben zu je etwa 18 Personen. Jede 'Stube' verfügte über einen Holztisch und Holzbänke. Wirkliche Stuben gab es nur für den Barackenältesten und den Barackenschreiber.[20] An die Kanalisation war nur der Lazarettbereich angeschlossen.[21] Für das Lager selbst gab es gemauerte, mehrere Meter hohe Latrinenhäuser, die ein Arbeitskommando täglich leeren mußte.[22] Der fehlende Anschluß an die Kanalisation war unter anderem ein wesentlicher Punkt für die Auflösung des Lagers 1948.[23]

In der Umgebung des ehemaligen Gutshauses südlich des Südlagers gruppierten sich die Gebäude der sowjetischen Lagerleitung. Im nördlichen Bereich dagegen waren neben den Magazinbaracken auch einige Strafbaracken untergebracht. Die Insassen hier galten als "besonders gefährlich" und durften die Unterkünfte am Tage nur zu zwei Spaziergängen für jeweils eine Stunde verlassen.[24] In einem der Inspektionsberichte werden das Gefängnis mit fünf Zellen auf 150 m² für 75 Gefangene und ein Karzer mit 25 Zellen auf 97,5 m² (d.i. 3,9 m² für eine Zelle) beschrieben, die ebenfalls im Nordlager gelegen waren und durch eine zweieinhalb Meter hohe Mauer und einen drei Meter hohen Stacheldrahtzaun vom übrigen Lager abgeschirmt wurden.[25]

Grundsätzlich unterschied sich das Nordlager durch eine ungleich strengere Ordnung vom Südlager. Im Südlager befanden sich vorwiegend Internierte, die arbeiten konnten bzw. durften und solche der Kategorie "Kriegsgefangene".[26] Zu Arbeitseinsätzen außerhalb des Lagers kamen ausschließlich Internierte des Südlagers. Internierte des Nordlagers arbeiteten offenbar nur in Ausnahmefällen und nur innerhalb des Lagers und in den Werkstätten.[27]

---

15 GARF, f. 9409, op. 1, d. 31, l. 36.
16 Vgl. u. a. Range 1989, S. 13f.
17 Vgl. Delander 1995, S. 69.
18 GARF, f. 9409, op. 1, d. 132, l. 131. Arnold Delander berichtet von einem Austausch der Dreistockpritschen zugunsten von Doppelstockgestellen im Frühjahr 1946 und die erstmalige Ausstattung mit Strohsäcken als Unterlage, vgl. Delander 1995, S. 92. Demgegenüber heißt es in dem sogenannten Tessinbericht, daß die Strohunterlagen zu dieser Zeit wegen Insektenbefalls vernichtet wurden: "Die Strohsäcke ... waren voller Flöhe. Deshalb wurden Ostern 1946 sämtliche Strohsäcke ausgeschüttet und das Stroh verbrannt. Stroh gab es erst wieder nach 1 ½ Jahren." Vgl. Krüger/Finn 1991, S. 76.
19 Vgl. u. a. Schmidt 1990, o. S. (S. 17-18).
20 Vgl. Krüger/Finn. 1991, S. 76.
21 GARF, f. 9409, op. 1, d. 31, l. 37
22 Vgl. Schmidt 1990, o. S. (S. 25f).
23 GARF, f. 9409, op. 1, d. 142, ll. 43-44.
24 GARF, f. 9409, op. 1, d. 28, l. 58.
25 GARF, f. 9409, op. 1, d. 31, l. 36.
26 GARF, f. 9409, op. 1, d. 28, l. 53.
27 Vgl. Schmidt 1990, o. S. (S. 17).

Darüber hinaus wurde 1947 das gesamte Nordlager zusätzlich zu fünf Reihen Stacheldrahtzäunen noch mit einer etwa drei Meter hohen Ziegelsteinmauer umgeben, auf welcher mehrere Reihen elektrisch geladener Stacheldraht gespannt waren.[28] Eine Verlegung in das Nordlager wurde dementsprechend als Strafverschärfung empfunden.[29] Den Rest des Lagers begrenzten vier Reihen Stacheldrahtzaun mit einer Höhe von etwa drei Metern. Elf Wachtürme im Abstand von etwa 250 Metern waren vorgesehen, um nachts die Lagerbegrenzung und die Sicherheitszone auszuleuchten.[30] Allerdings funktionierte häufig ein großer Teil der Scheinwerfer nicht, wie u. a. Oberst Pavlov in einem Bericht vom November 1946 beklagte.[31] Im Verlaufe des Jahres 1947 schränkte die innere Abgrenzung der einzelnen Baracken voneinander die Bewegungsfreiheit der Gefangenen noch weiter ein.[32]

Zuständig für den äußeren Wachschutz waren bis Mitte 1946 die bei Neubrandenburg stationierten Garnisonen des 322. Schützenregimentes der Truppen des NKVD/MVD unter Oberstleutnant Egorov. Leiter des Einsatzes in Fünfeichen war vermutlich Leutnant Bukalov.[33] Diese Aufgabe übernahm ab Mitte 1946 das 38. Schützenregiment der Truppen des Staatssicherheitsministeriums (MGB) unter Oberst Pavlov. Als Garnisonsleiter in Neubrandenburg fungierte im Februar 1948 Oberleutnant Dan'kov,[34] als Kommandeur des 1. Schützenbataillons Major Golin, wie aus einem Verteidigungsplan für das Lager Nr. 9 vom April 1948 hervorgeht.[35] Ein unlösbares Problem stellte die notorische Unterbesetzung der für die Lagerbewachung abgestellten Bataillone dar. Im Oktober 1945 erfüllten so in Fünfeichen 40 Mann in zwei Schichten die Aufgaben der im Stellenplan vorgesehenen 120 Soldaten.[36] Im Februar 1946 waren von 135 Posten nur 83 besetzt.[37] Mehrfach mahnten Lagerleitung und die Abteilung Speziallager bei den zuständigen Regimentsleitern Aufstockungen an.[38] Indes blieben die Wachmannschaften bis zum Schluß unterbesetzt.

a) Versorgungseinrichtungen, Werkstätten und Nebenwirtschaften

Zu den Einrichtungen des Lagers gehörten eine Mühle, eine Bäckerei und vier Küchen. Davon gab es jeweils eine im Süd- und Nordlager, im Lazarettbereich und eine für die sogenannte "Lagerpolizei", die sich aus Angehörigen der Häftlingsgesellschaft rekrutierte. Dort arbeiteten, wie in den Küchen der sowjetischen Lagerverwaltung, in erster Linie Inter-

---

28 GARF, f. 9409, op. 1, d. 31, l. 36f. Nach Angaben der Arbeitsgemeinschaft Fünfeichen ist die Mauer erst 1948 errichtet worden.
29 Vgl. Schmidt 1990, o. S. (S. 32).
30 GARF, f. 9409, op. 1, d. 31, l. 36f.
31 "Das Speziallager Nr. 9 ist mit keiner guten Beleuchtung ausgestattet. Am 9.11. waren neue Scheinwerfer installiert worden, aber aufgrund der schlechten Qualität sind bereits wieder 90% von ihnen ausgefallen. Im Ergebnis erweist sich die Beleuchtung des Lagers als unzureichend." GARF, f. 9409, d. 144, l. 79.
32 GARF, f. 9409, op.1, d. 28, l. 58.
33 Leutnant Bukalov zeichnete in einem Einsatzplan für die Verstärkung des äußeren Wachschutzes in Fünfeichen anläßlich der Oktoberfeiertage 1945 verantwortlich. GARF, f. 9409, op. 1, d. 1, l. 49.
34 GARF, f. 9409, op. 1, d. 28, l. 58.
35 GARF, f. 9409, op. 1, d. 214, ll. 118-122.
36 GARF, f. 9409, op. 1, d. 132, l. 131
37 GARF, f. 9409, op. 1, d. 144, l. 10.
38 GARF, f. 9409, op. 1, d. 144, ll. 23-24, 26-29.

nierte.³⁹ Von den sechs Öfen der Bäckerei, zwei Dampf- und vier Kohleöfen, waren im Februar 1948 die beiden Dampföfen und ein Kohleofen außer Betrieb. In den restlichen drei Öfen wurden pro Tag etwa sieben Tonnen Brot gebacken.⁴⁰ Trinkwasser konnte im Oktober 1945 nur aus den lagereigenen Brunnen gefördert werden,⁴¹ im Februar 1948 wurde das Lager an das städtische Leitungsnetz angeschlossen.⁴² Ebenso mußte Elektrizität 1945 mittels eines lagereigenen Generators gewonnen werden; bis 1948 war ein Anschluß an das Neubrandenburger Elektrizitätswerk gelegt.⁴³

In den Werkstätten des Lagers wurden Autos repariert, Jagdgewehre und Messer für die Besatzungstruppen hergestellt, Schachspiele und Kinderspielzeug sowie zeitweise Kanonenöfen und einfache Werkzeuge gefertigt oder Uniformknöpfe für die sowjetische Armee gestanzt. In einer Gießerei wurden später Essensschüsseln und Löffel aus Leichtmetall produziert, in einer Sägerei wurde Holz aus den angrenzenden Wäldern zugeschnitten,⁴⁴ in einem Betrieb wurden Handhaarschneidemaschinen hergestellt.⁴⁵

Zur Versorgung des Lagers diente der Anbau in unmittelbarer Umgebung des Lagers und auf zwei landwirtschaftlichen Gütern der Dörfer Breesen und Kalübbe nordwestlich von Neubrandenburg. Die Nutzfläche betrug 151 Hektar.⁴⁶ Im Oktober 1945 verfügte das Lager über Vorräte an Getreide von 464 Tonnen oder für 100 Tage und an Gemüse von 1.700 Tonnen, die bis Mai 1946 ausreichen sollten.⁴⁷ An Tieren wurden zu dieser Zeit 400 Schafe, 36 Stück Großvieh, 70 Stück Jungvieh und 40 Pferde im Verantwortungsbereich des Lagers gehalten.⁴⁸

Die Nebenwirtschaften und Vorratslager in Fünfeichen scheinen sich im Vergleich mit den anderen Lagern durch eine überdurchschnittliche Größe ausgezeichnet zu haben. Aus den Unterlagen der Wirtschaftsgruppe von 1948 geht hervor, daß Fünfeichen zum Beispiel tonnenweise Heu, Rüben, Klee und anderes an andere Lager oder die Verwaltung für material-technische Versorgung (UMTO)⁴⁹ der SMAD lieferte.⁵⁰ Auch Major Drosdov begründete in einem Rapport nach der Auflösung des Lagers die kritisierte Dauer der Auflösung mit dem Umfang der Lagerwirtschaft.⁵¹ Über den Vorratsstand mußte die Abteilung Speziallager ständig unterrichtet sein.⁵² Die Ausgabe von Lebensmitteln, Tabak oder landwirtschaftlichen Erzeugnissen wurde nur auf Antrag von der Zentrale in Berlin genehmigt.

---

39 Die Offiziere der Inspektion vom Oktober 1945 beklagten, daß die deutschen Beschäftigten den Wachsoldaten außer der Reihe Speisen ausgeben; außerdem fanden sie bei ihrem Besuch "in der Vorspeise eine gekochte Maus", GARF, f. 9409, op. 1, d. 132, l. 133.
40 GARF, f. 9409, op. 1, d. 28, l. 57.
41 GARF, f. 9409, op. 1, d. 132, l. 131.
42 GARF, f. 9409, op. 1, d. 28, l. 53.
43 GARF, f. 9409, op. 1, d. 31, l. 37.
44 Vgl. Krüger/Finn 1991, S. 78ff.
45 Vgl. Schmidt 1990, o. S. (S. 33).
46 GARF, f. 9409, op. 1, d. 132, l. 132.
47 "Die gewaltigen Vorräte für diese Sauerkrautmengen befanden sich neben der Nordlagerküche in vier riesigen Erdsilos, die etwa 6 bis 7 m tief in die Erde getrieben und am Boden und an den Wänden gekachelt waren; jedes Silo war etwa 5 m x 5 m breit; die Fliesen entstammten den Waschräumen des früheren Fliegerhorstes Trollenhagen." Range 1989, S. 27.
48 GARF, f. 9409, op. 1, d. 132, l. 132.
49 Russ.: "Upravlenie material'no-techničeskogo obespečenija – UMTO"
50 GARF, f. 9409, op. 1, d. 703, ll. 3, 4, 7, 9, 16 ff.
51 GARF, f. 9409, op. 1, d. 284, l. 29.
52 GARF, f. 9409, op. 1, d. 703, l. 2, und d. 703, l. 40.

b) Arbeitseinsatz in Fünfeichen

Eine Besonderheit des Lagers Fünfeichen war der hohe Anteil an Internierten, die einer Beschäftigung nachgehen konnten. Scheinbar waren kontinuierlich etwa die Hälfte und mehr der Gefangenen in den Werkstätten und diversen Außenkommandos eingesetzt. Im Februar 1948, das heißt nach fast drei Jahren und während eines Wintermonats, waren von 8.595 Gefangenen 4.041 oder 47 % beschäftigt.[53]

Unter anderem erforderten Landwirtschaft und Versorgung des Lagers häufig Transporteinsätze. Baumstämme für das Sägewerk, Kohlen für den Winter, Kartoffeln, Tomaten, Rüben, Kohl und Getreide transportierten die Internierten lange Zeit auf von ihnen gezogenen Fuhrwerken zum Lager. Spätere Transporte konnten mit Lastwagen bewältigt werden. Es gab Ernteeinsätze auf den Gütern und den umgebenden Feldern, die den Gefangenen außerdem Gelegenheit gaben, sich an Gemüse satt zu essen. Auf Einsätzen zum Transport von Kartoffeln kam Delander mit seiner Gruppe auch in Kontakt mit der örtlichen Bevölkerung, wobei die Frauen des Dorfes den Trupp, einschließlich der sowjetischen Wachposten, mit Mahlzeiten versorgten.[54]

Andere, oft tage- und wochenlange Arbeiten bestanden darin, alte Anlagen oder Einrichtungen zu demontieren oder aufzuräumen und brauchbare Reste zum Lager zu bringen. Beispiele sind eine ehemalige Torpedoversuchsanstalt am Tollensee, das geräumte Strelitzer Gefängnis, das Sammeln von Ziegelsteinen aus Trümmern für den Bau des sowjetischen Klubhauses im Lager, eine ehemalige Panzerkaserne und mechanische Werkstätten in Neubrandenburg.[55] Von Sommer bis Spätherbst 1945 arbeitete auf dem ehemaligen Militärflughafen in Trollenhagen ein Arbeitskommando von etwa 100 Internierten, die Einrichtungen, Waschraumfliesen, Holz für Pritschen und Tische und anderes mehr demontierten, um sie für den Aufbau in Fünfeichen zu verwerten.[56] Volker Schmidt berichtet über seine Einsätze in den Werkstätten zur Herstellung von Handhaarschneidemaschinen, im Sägewerk und im Sauerkrautsilo.[57]

Aus den anderen Lagern ist bekannt, daß nach der ersten Aufbauphase die meisten Internierten absolut nichts mehr zu tun hatten. Obwohl es auch dort ähnliche Kommandos gab und der lagerinterne Betrieb aufrechterhalten werden mußte, reichte die Arbeit in Mühlberg (Nr.1) nur für etwa zehn Prozent der Internierten.[58] In Buchenwald (Nr.2) belaufen sich die Schätzungen in ähnlicher Weise auf zehn bis zwanzig Prozent beschäftigte Häftlinge.[59]

---

53 GARF, f. 9409, op. 1, d. 28, l. 53.
54 Vgl. Delander 1995, S. 71, 76, 80, 83, 89, 100, 101.
55 Vgl. ebd., S. 89-93, 98-100.
56 Die Internierten waren im Oktober 1945 bereits mehr als drei Monate auf dem Flugplatz eingesetzt und untergebracht. Vgl. GARF, f. 9409, op. 1, d. 132, l. 132.
57 Vgl. Schmidt 1990, o. S. (S. 34-36).
58 Vgl. Kilian 1993, S. 102.
59 Vgl. Ritscher 1995, S. 88.

c) Das Lazarett

Der Lazarettbereich lag ab August 1945[60] etwa 400 Meter südlich außerhalb des eigentlichen Lagers und umfaßte acht Baracken mit 2.925 m² Fläche[61]. Im September 1945 befanden sich von 7.007 Internierten 438 im Lazarett. Die Sanitätsabteilung verzeichnete um diese Zeit hauptsächlich Diphtherie, Typhus, Enteritis, Ruhr, Tuberkulose und Läusebefall. Da Typhus und Diphtherie zum größten Teil von Neuinternierten oder aus anderen Lagern in das Lager eingeschleppt worden waren, richtete die Lagerverwaltung nun eine Quarantänebaracke für Neuzugänge ein.[62] Vor allem Tuberkulose und Läuse konnten in der Folgezeit erfolgreich bekämpft, Diphtherie und Typhus eingegrenzt werden.[63]

Im September 1946 wurde erstmals die Mangelkrankheit Dystrophie in den Sanitätsakten vermerkt.[64] Vorher fielen Dystrophiker unter die Rubrik "übrige". Nach der drastischen Kürzung der Lebensmittelrationen im November 1946 stieg im darauffolgenden Monat die Zahl der Dystrophiker ersten Grades auf 1.930, zweiten Grades auf 1.011 und dritten Grades auf 257. Ein Drittel der Gefangenen also litt unter massiven Mangelerscheinungen. Von 126 Todesfällen im Dezember 1946 waren 97 Fälle oder 77 % auf Dystrophie zurückzuführen. Im Lazarett befanden sich 744 oder 7,3 % der Gefangenen. Gleichzeitig waren mehrere hundert Gefangene von Furunkulose betroffen, was der Lagerarzt auf den Mangel an Seife zurückführte, der seit der Übernahme der Versorgung durch die SMAD im Oktober 1946 herrschte.[65]

Nach einer durchschnittlichen Sterblichkeit von etwa 0,5 % im Jahr 1946 stieg die Rate auf fast ein Prozent Ende Dezember 1946. Die höchsten Werte erreichte sie in den zweiten Monatshälften Januar und Februar 1947, als jeweils binnen zweier Wochen 312 bzw. 322 oder etwa 3,1 % der Internierten starben. Ab Juni 1947 ging dieser Anteil für den Rest des Jahres wieder zurück auf durchschnittlich 0,55 %; das bedeutete etwa 40 bis 70 Tote im Verlaufe von je zwei Wochen.

Im Februar 1948 zählte das Lazarett 983 Plätze wovon 785 belegt waren, zu 53 % mit an Lungentuberkulose Erkrankten. Im Verlaufe der Jahre 1947/48 hatte sich die Tuberkulose zur hauptsächlichen Todesursache entwickelt. Während auf das gesamte Jahr 1947 bezogen 22,8 % der Opfer an Tbc starben (25,6 % an Dystrophie und 31,8 % an "Erkrankungen der Herzblutgefäße"), betrug deren Anteil im Januar 1948 bereits 71,4 % und einen Monat später 81,8 %. Neben der Tuberkulosestation gab es Abteilungen für innere und für infektiöse Krankheiten sowie eine Chirurgie. Versorgt wurden die Patienten einem der Inspektionsbe-

---

60 GARF, f. 9409, op. 1, d. 291, l. 194.
61 GARF, f. 9409, op. 1, d. 31, l. 36.
62 GARF, f. 9409, op. 1, d. 292, l. 34.
63 Neuzugänge kamen zunächst zwei, später vier Wochen unter Quarantäne. Unter anderem wurden Baracken, in welchen es Fälle von Typhus oder Diphtherie gab, für zwei bzw. vier Wochen isoliert. Kücheneinrichtungen und die Fußböden in den Baracken mußten täglich mit einer Chlorlösung feucht gesäubert werden. Vgl. die angeordneten Maßnahmen zur Hygiene im Lager Nr. 9, vom 28. Oktober 1945, in: GARF, f. 9409, op. 1, d. 292, l. 83 und vom 29. Juli 1946, in: GARF, f. 9409, op. 1, d. 294, ll. 9-10. Den angegebenen Zahlen nach zu urteilen fanden Untersuchungen nach Läusen fast jeden Tag statt. Zum Beispiel in den zwei Wochen von Jahresende 1945 bis 12. Januar 1946 124.126 Kontrollen bei 8.315 Gefangenen. Vgl. GARF, f. 9409, op. 1, d. 295, l. 42.
64 GARF, f. 9409, op. 1, d. 296, l. 161.
65 GARF, f. 9409, op. 1, d. 296, ll. 336-337.

richte zufolge im Februar 1948 von elf Ärzten aus dem Häftlingskreis. Im übrigen Lager sowie in den Ambulanzbaracken der beiden Lagerteile waren weitere 22 Ärzte eingesetzt.[66]

4. Die sowjetische Lagerverwaltung

Die spätere Verwaltung eines Speziallagers "1. Kategorie" nach Etablierung des Lagersystems in der SBZ gliederte sich in die Lagerleitung und in fünf nachgeordnete Gruppen (Abteilungen) für Sanitäres, Registratur, Finanzen, Wirtschaft und für Operatives.[67] Letztere arbeitete im inneren Lagerbereich als eine Art geheimer Nachrichtendienst. Nachweislich gab es in Fünfeichen auch einen Leiter der Gruppe Lagerordnung ("Režim"), Leutnant Gorin,[68] dessen Stelle im bekannten Stellenplan jedoch nicht verzeichnet ist. Den jeweiligen Leitern der Gruppen[69] waren ein bis fünf Offiziere oder Unteroffiziere beigeordnet. So gab es neben dem Leiter der Sanitätsabteilung einen Lagerarzt, einen Feldscher, zwei Schwestern und einen Verantwortlichen für die Apotheke. Die Registraturgruppe verfügte über drei Inspektoren, die Finanzgruppe über einen Schatzmeister. Bei der Wirtschaftsgruppe waren ein Stellvertreter des Leiters, ein Buchhalter, zwei Rechnungsführer und ein Vorratsverwalter beschäftigt. Den Leiter der Operativgruppe unterstützten noch drei operative Bevollmächtigte bei der Spionage unter den Internierten und dem Personal.

Weitere Personalstellen wurden von einem Koch, drei Putzkräften, zwei Technikern und 13 Übersetzern besetzt. Der innere Wachschutz sollte von 15 Oberwachmännern und 60 Rotarmisten geleistet werden. Insgesamt waren nach diesem Befehl 119 Männer und Frauen in der Lagerverwaltung vorgesehen.

Die Lagerleitung selbst bestand in Fünfeichen aus dem Lagerleiter, seinem Stellvertreter und dem Lagerkommandanten. Zum Aufgabenbereich des Kommandanten gehörte die "unmittelbare Kontrolle der Lagerordnung und die Leitung der inneren Aufsicht".[70] Kommandant war bis Januar 1947 Oberleutnant Osokin,[71] dem Oberleutnant Zagajnyj nachfolgte.[72]

---

66 GARF, f. 9409, op. 1, d. 28, l. 53ff.
67 GARF, f. 9409, op. 1, d. 278, ll. 39-40.
68 GARF, f. 9409, op. 1, d. 670, l. 34.
69 Leiter der Wirtschaftsgruppe waren zunächst Hauptmann Romanov und zuletzt Hauptmann Babickij; Leiter der Gruppe Finanzen Unterleutnant Mikrjukov bis Herbst 1947, ab etwa Oktober 1947 Oberleutnant Terešin; Leiter der Sanitätsabteilung Major Baskov; Leiter der Operativen Gruppe Leutnant Koklin, zuletzt Oberleutnant Poluv'janov; Leiter der Registratur Hauptmann Demenev von Juli 1945 bis Juli 1946, danach Hauptmann Kletnoj; Oberinspektor der Registratur war Leutnant Aleksandr Fedorovič Svinin. Die zuletzt bzw. zum Zeitpunkt der Auflösung des Lagers Verantwortlichen sind in der abschließenden Urkunde zur Auflösung vom 12. Januar 1949 genannt, in: GARF, f. 9409, op. 1, d. 284, l. 6ff. Einige der wichtigsten Offiziere mit Namen und Funktion erwähnt auch Hans-Peter Range in seinem Bericht. "Offizierin der Frauenbaracke" war demnach Leutnantin Svinina, die Frau Leutnant Svinins.
70 GARF, f. 9414, op. 1, d. 360, l. 22. Oberst Cikljaev bezieht sich hier in einem Bericht an den Leiter der GULAG vom 20. August 1948 zwar auf das Lager Buchenwald (Nr. 2), doch ist anzunehmen, daß für Fünfeichen und die anderen Lager der Zuständigkeitsbereich ähnlich oder genau so definiert war.
71 GARF, f. 9409, op. 1, d. 661, l. 49.
72 GARF, f. 9409, op. 1, d. 681, l. 27.

Lagerleiter waren vom 1945 bis März 1946 Oberst Šarov, vom 1. April 1946 bis 8. März 1948 Oberstleutnant Šmejs, vom 9. bis 22. März 1948 für nur zwei Wochen der inzwischen zum Hauptmann beförderte Osokin und zuletzt Major Drosdov.[73] Gründe für die jeweiligen Ablösungen sind nur in einem Fall bekannt. Vladimir Antonovič Šmejs wurde im Frühjahr 1948 wegen illegaler Veräußerungen von Lebensmitteln und Materialien aus Lagerbeständen vom Dienst suspendiert.[74]

In Kontakt mit den sowjetischen Offizieren kamen die Internierten in der Regel bei den Zählappellen oder bei den regelmäßigen Durchsuchungen der Unterkünfte. Die höheren Offiziere betraten das Lager eher selten. Um die Bestimmungen für das Lager umzusetzen, bediente sich die Verwaltung des Weges über die Übersetzer zu den Häftlingsfunktionären.[75] Von den Übersetzern, die in der Erinnerungsliteratur als "Vernehmungsoffiziere" bezeichnet werden, sind vor allem die Namen Rudenko und Paškovskij bekannt geworden.[76] Rudenko gelang während der Auflösung des Lagers Ende 1948 die Flucht nach England[77], während Paškovskij aufgrund von "verbrecherischen Verbindungen zu Gefangenen" verurteilt wurde, wie aus der abschließenden Urkunde zur Auflösung zu erfahren ist.[78]

5. Die deutsche Häftlingsverwaltung und Lagerleitung

a) Lagerälteste und Häftlingsfunktionäre

Zur Unterstützung des Lagerkommandanten in seinen Aufgaben war der sowjetischen Lagerleitung in der "Provisorischen Lagerordnung" vom 30. Oktober 1946 bestimmt, jeweils Älteste der Baracken, der Barackenteile und der Stuben zu ernennen. Ob Angehörige des "Spezialkontingentes" noch weitergehende Aufgaben übernehmen sollten, war darin nicht geregelt.[79] Tatsächlich aber wurden deutschen Häftlingen noch eine Reihe anderer Funktionen als Leiter der verschiedenen Lagereinrichtungen übertragen. So hat es wohl außer dem Lagerältesten jeweils einen deutschen Kommandanten für das Nord- und Südlager gegeben.[80] Jugendliche Internierte versahen die Funktion der "Läufer", die beispielsweise von den Lagerleitungen Süd oder Nord die jeweiligen Barackenältesten mit den nötigen Meldungen und Informationen versorgten.[81]

---

73 GARF, f. 9409, op. 1, d. 29, l. 1ff.
74 GARF, f. 9414, op. 1, d. 360, l. 28.
75 Vgl. u. a. Range 1989, S. 25.
76 Vgl. u. a. Range 1989, S. 22-24; Groth 1996, S. 161.
77 GARF, f. 9409, op. 1, d. 68, l. 13.
78 GARF, f. 9409, op. 1, d. 284, l. 7. Indirekt wird Major Drosdov für den "Landesverrat" Rudenkos und die Verbrechen Paškovskijs verantwortlich gemacht, wogegen er sich in einer Stellungnahme wehrt. GARF, f. 9409, op. 1, d. 284, l. 29.
79 GARF, f. 9409, op. 1, d. 140, l. 17ff.
80 Aus den Erinnerungsberichten geht die Zahl der leitenden Posten für die deutsche Lagerleitung nicht eindeutig hervor. Vgl. u. a. Krüger/Finn 1991, S. 88f. und Range 1989, S. 33.
81 Vgl. Ahrens 1996, S. 65. Lagerkommandant im Nordlager war nach Ahrens' Angabe im Oktober 1945 Leo Thiel aus Loitz.

Die sowjetischen Offiziere bestimmten Werkstätten-, Küchen- und den Sägewerksleiter sowie die Ärzte, die im Lazarett eingesetzt werden sollten.[82] Neben den Barackenältesten gab es auch Barackenschreiber und Verantwortliche, die die Aufgabe hatten, die Eingänge der Unterkünfte zu kontrollieren. Es gab ferner Sanitäter für jede Baracke und Stellen als Müller, Bäcker und Koch. Die Lagerbibliothek aus den Beständen des früheren Kriegsgefangenenlagers wurde von einer Gruppe Häftlinge betreut.[83] Daneben gab es ab 1947 in der Baracke 22 ein Lagertheater. Es spielte eine Musikkapelle[84], und Hauptfeldwebel Paškovskij hatte den Frauen genehmigt, einen Chor zu gründen.[85]

Lagergärtner bestellten nicht nur ein Beet für zusätzliches Gemüse und Tabak, das unter Bewachung stand, sondern auch einen Ziergarten aus der Zeit des Kriegsgefangenenlagers.[86] Alle diese Lagerfunktionäre genossen Sonderrationen in der Verpflegung und teilweise waren sie auch besser untergebracht als die Barackenältesten und der deutsche Lagerälteste.

Wer in Fünfeichen eingeliefert wurde, gelangte vom Haupttor an der westlichen Längsseite zunächst in die Mitte des Lagers zwischen Nord- und Südlager. Eine Schleuse diente dazu, alle Ein- und Ausgänge, Lieferungen in das Lager sowie Arbeitskommandos zu durchsuchen.[87] Dort befand sich auch ein kleines Gebäude, das dem deutschen Lagerältesten Werner als Sitz diente. Dieser führte gemeinsam mit einem Vertreter der sowjetischen Verwaltung die Zählappelle durch oder legte Arbeitseinsätze fest.[88] Weisungen und Befehle wurden den Internierten grundsätzlich nur über die Lager- oder Barackenältesten mitgeteilt.[89]

b) Die Lagerpolizei

Neben dem Lagerältesten war unweit von diesem ein Oberleutnant Riedel mit der ihm unterstehenden Lagerpolizei für die innere Ordnung im Lager sowie für die Bewachung bei Arbeitseinsätzen außerhalb des Lagers zuständig. Ein anderer ehemaliger Polizeioberleutnant namens Urban hatte die Aufgabe, die von der russischen Lagerleitung zu Karzerstrafen verurteilten Gefangenen abends aus den Baracken zu holen und am Lagerkarzer zu übergeben. Im Lagerjargon war er deshalb als "der Greifer" bekannt.[90] Die Bewachung der Strafbaracken im nördlichen Teil des Lagers, in deren Nähe sich auch die Unterkünfte der Polizisten befanden, leitete ein Polizeihauptmann Engler. Der größte Teil dieses Polizeikommandos soll als geschlossene Gruppe ehemaliger Angehöriger der Feldgendarmerie der Wehrmacht aus Schwerin eingeliefert worden sein.[91] Sie wurden "auf Kosten des

---

82 Vgl. Range 1989, S. 33.
83 Vgl. Range 1989, S. 28f.
84 "Theaterstücke, wie z. B. 'Der zerbrochene Krug' wurden aufgeführt und es gab viel bunte Veranstaltungen mit Musik, Tanz und Gesang. Die letzte Veranstaltung war ein Konzert auf dem Küchenvorplatz am 5. August 48 im Nordlager." Blanck, in: Die Opfer von Fünfeichen 1996, S. 106.
85 Vgl. Lieselotte Karpinski: Weihnachten in der Frauenbaracke, in: Die Opfer von Fünfeichen 1996, S. 182.
86 Vgl. Krüger/Finn 1991, S. 89.
87 Vgl. Range 1989, S. 13.
88 Vgl. Delander 1995, S. 67ff.
89 Vgl. Range 1989, S. 25.
90 Vgl. ebd., S. 30.
91 Vgl. ebd., S. 87f.

übrigen Spezialkontingentes"[92] bedeutend besser versorgt, behielten ihre alten Wehrmachtsuniformen[93] und konnten auch noch die Beförderung ihres Chefs Riedel zum Hauptmann durch die sowjetische Verwaltung erleben.[94] Im Oktober 1945 zählte die Gruppe 196[95] und 1948 im Februar 256 Angehörige.[96]

Es ist nicht erstaunlich, daß sich nachgerade eine interne Lagerhierarchie unter den Häftlingen herausbildete und Solidarität zwischen Häftlingsfunktionären und dem übrigen Spezialkontingent nicht die Regel war. Erinnerungsberichten zufolge war vor allem der Polizeitrupp durch schikanöses und rüdes Verhalten den anderen Häftlingen gegenüber aufgefallen. Ein typisches Beispiel war die Kontrolle und Denunziation der in der Küche Beschäftigten, die versuchten, etwas Gemüse mitgehen zu lassen oder den von den Landwirtschaften heimkehrenden Internierten die versteckten Kartoffeln abzunehmen, obwohl diese bereits die sowjetischen Wachsoldaten passiert hatten.[97] Motiviert war dieses Verhalten hauptsächlich dadurch, die Stellung als Lagerpolizist nicht zu verlieren. Nach einem Punktesystem mußte jeder Polizist angeblich drei Mithäftlinge im Monat anzeigen oder denunzieren.[98]

6. Die Häftlingsgesellschaft[99]

a) Die Entwicklung in Zahlen

Bis Ende August 1945 kamen Häftlinge des NKVD nur in das Südlager.[100] Im Nordlager befanden sich in der ersten Zeit "zivile Ausländer, die auf ihre Registrierung warteten."[101]

Wann die ersten Internierten im Mai 1945 in das entstehende Speziallager Nr. 9 verbracht wurden, die eigentliche Existenz des Lagers also ihren Anfang nahm, ist bisher nicht gesichert. Am 5. Juni 1945 befanden sich bereits 379 Menschen im Lager. Aus den sogenannten Lagerjournalen[102] sind 309 Namen bis zum 5. Juni nachweisbar. Der erste Gefangene wurde demnach bereits am 1. Mai 1945 gemacht. Vom 5. bis 10. Juni 1945 wurden dem ersten Bericht der Lagerleitung nach von den verschiedenen Operativen Gruppen 215 Menschen festgenommen.

---

92 GARF, f. 9409, op. 1, d. 132, l. 132.
93 Vgl. Schmidt 1990, o. S. (S. 24f) und Krüger/Finn 1991, S. 88.
94 Vgl. Delander 1995, S. 101.
95 GARF, f. 9409, op. 1, d. 132, l. 132.
96 GARF, f. 9409, op. 1, d. 28, l. 58.
97 Vgl. u. a. Groth, in: Die Opfer von Fünfeichen 1996, S. 157ff.
98 Vgl. Range 1989, S. 31.
99 Grundlage für die Darstellung der Häftlingsgesellschaft sind die Unterlagen der Registraturabteilung des Lagers, in: GARF, f. 9409, op. 1, dd. 660-701.
100 Vgl. Delander 1995, 71.
101 Vgl. Krüger/Finn 1991, S. 116/Anm. 71; Krüger/Finn berufen sich bei dieser Angabe auf mehrere Zeugenberichte.
102 Die Lagerjournale (im Bestand 9409, op. 1 die Akten 666 und 679) enthalten die Namen der Internierten in alphabetischer Reihenfolge mit den Daten der Inhaftierung und des Verbleibs (Entlassung, Verlegung, Deportation oder Tod). Sie wurden vermutlich nach Auflösung des Lagers mit Hilfe der einzelnen Häftlingsakten bzw. der Häftlingskartei angelegt.

Das Lager füllte sich bis Jahresende 1945 sehr rasch. In den vier Wochen bis Anfang Juli wurden alle vier bis fünf Tage im Durchschnitt etwa 300 Menschen eingeliefert. Darunter fiel auch ein erster größerer Transport aus dem Gefängnis Nr. 5 in Alt-Strelitz mit 323 Gefangenen am 21. Juni 1945. Im Juli stieg diese Zahl der fünftäglichen Einlieferungen auf etwa 360 Menschen.[103] Von 3.451 Ende Juli verdoppelte sich der Gesamtbestand an Internierten innerhalb von zwei Monaten bis Ende September auf 7.007 Menschen, davon waren 322 oder 4,5 % Frauen und 171 nichtdeutscher Nationalität.[104] Innerhalb des ersten Jahres, bis Mai 1946, waren bereits 12.529 oder 81,4 % der insgesamt 15.369 Gefangenen Fünfeichens im Lager registriert worden. In der zweiten Januarhälfte 1947 endeten die regelmäßigen Einlieferungen durch die Operativen Gruppen.

Den Höchststand in seiner Belegung erreichte das Lager Fünfeichen am 28. September 1946 mit 10.679 Menschen. Der Anteil der Frauen betrug mit 421 fast vier Prozent. Die durchschnittliche Belegung in Fünfeichen betrug 1945 etwa 4.400, war 1946 mit 10.400 am höchsten, sank 1947 auf 9.400 und im Jahre 1948 in der Zeit bis zum 13. Juli vor den umfangreichen Entlassungen auf 8.400.

Der abschließende Bericht des Leiters der Registraturabteilung gibt Auskunft über den Verbleib der Insassen aus Fünfeichen.[105] Demnach kamen von allen 15.396 Eingelieferten 786 Personen von Fünfeichen aus in ein Kriegsgefangenenlager, was gleichbedeutend war mit der anschließenden Deportation in die Sowjetunion. In andere Speziallager wurden aus Fünfeichen 3.511 Gefangene transportiert. Hierbei kamen während der Auflösung des Lagers 2.609 Gefangene in das Lager Buchenwald (Nr. 2) und insgesamt 192 nach Sachsenhausen (Nr. 7). 686 Internierte waren im Januar 1947 von der Deportation in die Sowjetunion nach MVD-Befehl Nr. 001196 betroffen; 288 wurden den Operativen Gruppen oder Sektoren rücküberstellt. Dies geschah in der Regel zur Verurteilung vor einem sowjetischen Militärtribunal. Verstorben waren in den drei Jahren 4.709 Internierte. Bezogen auf die Zahl aller Eingelieferten entspricht dies 30,58 %. Unter den Frauen lag die Todesrate erheblich darunter bei etwa zehn Prozent. Entlassen wurden 5.410 Menschen oder 35,13 %, von ihnen 5.181 allein in der Zeit von Juli bis September 1948. Neun Gefangenen gelang die Flucht.

b) Häftlingskategorien

Die den Berichten der Lagerleitung an die Abteilung Speziallager über den Gefangenenstand beiliegenden Aufstellungen über die Kategorisierung der Internierten nach Haftgründen kannten im Juni 1945 sieben Punkte, die in etwa den Vorgaben des Befehls Nr. 00315

---

103 GARF, f. 9409, op. 1, d. 660-661 und d. 30, ll. 43-46. Aus unerfindlichen Gründen fehlen alle detaillierten Unterlagen der Operativen Gruppen und der Registraturabteilung des Lagers für den gesamten Monat Juli 1945.

104 Die große Mehrheit unter den Angehörigen nichtdeutscher Nationalitäten bilden Russen, Weißrussen und Ukrainer, gefolgt von Polen und vereinzelt anderen wie Esten, Letten, Litauern, Georgiern, Tschuwaschen, Osseten, Tschechen, Albanern, Jugoslawen, Schweden, Schweizern, Belgiern, Österreichern, Dänen, Niederländern, Italienern, Algeriern und Chinesen. Über lange Zeit werden in der Aufstellung der Nationalitäten zwei, vermutlich sowjetische, Juden geführt. Bei Hans-Peter Range lesen wir, daß es sich bei dem Chinesen um den "früheren Siemens-Ingenieur Ling-Chang" handelte; vgl. Range 1989, S. 22.

105 GARF, f. 9409, op. 1, d. 30, ll. 43-46.

vom 18. April 1945[106] hinsichtlich des zu internierenden Personenkreises entsprachen. Die Mehrheit der Gefangenen fiel unter die Kategorien "aktive Nationalsozialisten", "Angehörige von Straforganen" sowie verstärkt zum Jahreswechsel 1945/46 unter "Spione" bzw. "Werwölfe".

So schlüsselte beispielsweise der Bericht vom 10. Juni 1945[107] die 215 Neuzugänge auf nach 144 "aktiven Nationalsozialisten", 42 Leitern von Staats- und Wirtschaftsorganen sowie 29 Mitarbeitern von "Straforganen". Zum Posten "aktiver Nationalsozialisten" zählte man in erster Linie zivile Funktionsträger des NS-Regimes auf lokaler Ebene, wie Gau-, Kreis-, Amts-, Ortsgruppen-, Block-, Zellen-, und Stellenleiter sowie einfache Parteigenossen, "Propagandisten" und Kassenwarte. Unter "Mitarbeitern von Straforganen" verstand die sowjetische Verwaltung Angehörige von Polizei und Gendarmerie, Gestapo, Sicherheitsdienst (SD), Spionageabwehr und Personal aus Konzentrationslagern, aber auch Justizbeamte. Diese Differenzierungen nach Amtsbezeichnungen gehen allerdings erst ab Mai 1947 aus den Unterlagen hervor, nachdem die Kategorisierungen von der sowjetischen Verwaltung genauer gefaßt worden waren.[108]

Aktive Nationalsozialisten

Im Juni 1945 fielen 82 % der Internierten unter die Kategorie der "aktiven Nationalsozialisten". Der Anteil dieser Gruppe blieb zwar über die gesamte Zeit der Existenz des Lagers immer der größte Einzelposten, nahm prozentual aber kontinuierlich ab. Gehörten im August 1945 noch 74,5 % aller Internierten dieser Kategorie an, so waren es im Dezember 1945 nur noch 58,8 %. Bis Dezember des folgenden Jahres sank der Anteil auf 50 %, von Mitte Juni 1947 bis 1948 auf etwa 40 %.[109]

Die Zusammensetzung nach Amtsbezeichnungen änderte sich innerhalb dieser Kategorie kaum. Beispielsweise waren von 4.009 aktiven Nationalsozialisten am 13. Juni 1947 über die Hälfte Blockleiter, ein Viertel Zellenleiter, 706 oder 18 % Ortsgruppenleiter, gefolgt von etwa 120 oder drei Prozent "Propagandisten und Kassenwarten". Ein ehemaliger Gauleiter und ein ehemaliger stellvertretender Gauleiter wurden ebenso geführt wie 20 Kreisleiter und fast 50 Amtsleiter. In derselben Größenordnung, also von einem bis zwei Prozent, bewegen sich auch die Angaben für einfache Parteigenossen und Stellenleiter. Ende Januar 1946 verfügte Serov, die Aufnahme weiterer Block- und Zellenleiter in die Speziallager einzustellen.[110] Ebenso wie der Anteil dieser größten Kategorie beständig abnahm, nahmen die Anteile der beiden nächstgrößeren Gruppen zu.

Angehörige von Straforganen

Angehörige von Straforganen stellten 1945 im Durchschnitt etwa zehn Prozent an der Häftlingsgesellschaft, 1946 13 %, 1947 18 % und 1948 21 %. Besonders im Mai 1947 stieg ihr Anteil um ganze fünf auf 20 % oder etwa 1.930 Personen, da nunmehr Gestapo-Angehö-

---

106 Vgl. die Übersetzung des Befehls, in: Ritscher in: Deutschland-Archiv Nr. 6 (1993), S. 727f.
107 GARF, f. 9409, op. 1, d. 660, l. 1.
108 GARF, f. 9409, op. 1, d. 684, l. 5.
109 Durchschnittlich in Zahlen entsprechen diese Angaben in denselben Zeiträumen 1945 ab August 4.730, 1946 5.310 und zuletzt 3.830 "aktiven Nationalsozialisten".
110 GARF, f. 9409, op. 1, d. 130, l. 11.

rige, die vorher gesondert verzeichnet waren, unter diesen Oberpunkt miteinbezogen wurden. Ihr Anteil an der Kategorie betrug etwa ein Viertel. Ferner waren hier Angehörige von Polizei und Gendarmerie mit über 50 % vertreten sowie Personal aus Konzentrationslagern mit 16 %. Richter und Staatsanwälte, Angehörige des Sicherheitsdienstes (SD) und der Spionageabwehr ordneten jeweils ca. drei Prozent dieser Kategorie.

Spione, Saboteure und Werwölfe

Noch rascher verlief die Entwicklung der Gruppe "Spione und Saboteure". Von vier Prozent im September 1945 stieg ihr Anteil auf zwölf Prozent Ende dieses Jahres und auf über 15 % Ende 1946. Unter dieser Kategorie wurden bis April 1947 vor allem Jugendliche bzw. die sogenannten "Werwölfe" summiert. Ein Indiz dafür ist auch der Anstieg dieser Kategorie um 500 auf fast 2.000 oder 20 % aller Internierten im März 1947 nach dem Transport aus dem Lager Nr. 5 in Ketschendorf, der aus überdurchschnittlich vielen Jugendlichen bestand.[111]

Von Mai 1947 an wurden "Werwölfe" ohne "Spione und Saboteure" kategorisiert.[112] Zu ihnen zählten etwa 1.500 Personen oder 15,5 % der Gefangenen. Ihr Anteil stieg bis Mitte 1948 auf 21 %.

Wirtschaftsleiter

Nach diesen drei Kategorien, die über 80 % der Internierten betrafen, stellten Angehörige "staatlicher Wirtschaftsorgane" mit durchschnittlich vier bis fünf Prozent erst die nächstgrößere Gruppe. Auch dieser Posten wurde ab Mai 1947 weiter differenziert bzw. ergänzt. Neben 291 Wirtschaftsleitern auf Stadt-, Kreis- und Regionalebene wurden zum 13. Mai 1947 beispielsweise auch 31 Gutsbesitzer, 123 Dorfbürgermeister und 47 Redakteure bzw. "Autoren antisowjetischer Veröffentlichungen" geführt. Angaben zu solchen eher kleinen Gruppen verändern sich in der Regel wenig; eine Ausnahme bildet die Aufstellung vom 28. Dezember 1947, in welcher man teilweise Internierte offensichtlich von einer Kategorie in eine andere addierte. Aus zu dieser Zeit 269 Wirtschaftsleitern wurden also binnen zweier Wochen 251, ebenso ging demnach die Zahl der Gutsbesitzer um zehn zurück auf 20, dafür stieg die Zahl der Dorfbürgermeister von 117 auf 143, obwohl keine wesentlichen Zugänge ins Lager zu verzeichnen waren.

Kriegsgefangene

Obwohl Kriegsgefangene, Angehörige von Volkssturm, SS und SA in Kriegsgefangenen- und nicht in Speziallagern interniert werden sollten, gab es in Fünfeichen bis zuletzt auch Menschen, die diesen Gruppen zugeordnet wurden. Zwar blieb ihr Anteil relativ gering, bedingt durch die zeitweisen Transporte in das Kriegsgefangenenlager Nr. 69 nach Frankfurt/Oder verändern sich die Angaben hier jedoch im Vergleich mit anderen Kategorien stärker. Im Januar 1946 gab es beispielsweise in Fünfeichen 477 Kriegsgefangene und Volkssturmangehörige sowie 203 SS- und SA-Mitglieder. Nachdem bis zum Herbst 1946 279 SS- und SA-Mitglieder verzeichnet wurden und 432 Kriegsgefangene und Volkssturm-

---

111 Vgl. Anm. 127.
112 GARF, f. 9409, op. 1, d. 684, l. 5.

angehörige, sinken die Angaben nach dem Transport nach Frankfurt/Oder von Anfang Oktober 1946 auf 196 bzw. 323.[113]

Rechnerische Verschiebungen aus einer Kategorie in eine andere wie am 28. November 1946 hängen mit den Entlassungen von nicht arbeitsfähigen Kriegsgefangenen nach MVD-Befehl Nr. 00601 von 1946 zusammen.[114] Hierbei wurden 140 kriegsgefangene Internierte aus den entsprechenden vier Kategorien herausgenommen und neu auf die Punkte "aktive Nationalsozialisten", "Gestapo-Mitarbeiter" und "Straforgane" verteilt.[115] Im August 1946 hatte Oberst Sviridov alle Lagerleiter angewiesen, im Zuge der geplanten Entlassungen von Kriegsgefangenen nach Befehl Nr. 00601 alle potentiell Betroffenen einer individuellen Überprüfung nach strengsten Kriterien zu unterziehen. Damit sollte verhindert werden, daß nach sowjetischer Meinung irrtümlich als Kriegsgefangene festgehaltene Internierte und solche, die unter eine gültige Kategorie gemäß Punkt 1 des Befehls Nr. 00315 eingeordnet werden konnten, entlassen würden.[116]

Übrige

Neben den im Mai 1947 gezählten 313 "Aufsehern in nationalsozialistischen Konzentrationslagern", die zuvor unter "Straforganen" geführt wurden, finden sich unter dieser Rubrik auch 221 Beschäftigte von Kriegsgefangenenlagern, die "für das Mißhandeln von russischen Kriegsgefangenen" interniert wurden. Bei 13 Personen ist der Haftgrund die "Teilnahme an Pogromen gegen Juden", bei elf anderen die Verbreitung "provokativer Flugblätter". "Antisowjetische Agitation" wird 69 Gefangenen vorgeworfen.[117] Ab Dezember 1947 wurden an dieser Stelle auch Einzelfälle bzw. Gruppen unter zehn Personen mit einem Haftgrund differenziert wie "Fabrikbesitzer" und Mitarbeiter verschiedener Reichsministerien.[118]

Andere Kategorien wie "BDM", "Arbeitsfront", "Hitlerjugendführer" oder "Frauenschaft" und "Waffen- und Druckereibesitzer" unterlagen nur geringen Bewegungen. Desgleichen "Spione und Saboteure", nachdem "Werwölfe" ab Mai 1947 nicht mehr dazuzähl-

---

113 Der Transport bestand ausschließlich aus Angehörigen dieser vier Kategorien und sollte 316 Personen ersten und zweiten Grades arbeitstauglich umfassen. 104 Männer wurden jedoch wegen mangelnder Arbeitstauglichkeit wieder nach Fünfeichen zurückgeschickt, was kein Einzelfall war. GARF, f. 9409, op. 1, d. 676, l. 17.
114 Vgl. Kapitel 6.7. "Entlassungen". Der genaue Wortlaut des Befehls ist uns nicht bekannt.
115 GARF, f. 9409, op. 1, d. 677, l. 15.
116 GARF, f. 9409, op. 1, d. 141, l. 1. Ähnlich verhält es sich mit der Auflösung der Kategorie "Volkssturm" und der Halbierung der Kategorie "Kriegsgefangene" im Dezember 1947. Dabei wurden 320 bzw. 65 Angehörige dieser Gruppen vor allem auf die anderen NS-Organisationen SA, SS, NSV sowie die neu eingerichtete Kategorie "Werwölfe und Kreiskampfgruppen" verteilt.
117 GARF, f. 9409, op. 1, d. 684, l. 7.
118 GARF, f. 9409, op. 1, d. 691, l. 24f. Im einzelnen sind dies: Mitarbeiter von Botschaften (2), Kaufleute (1), für das Verstecken von deutschen Soldaten (1), Mitglieder von Untergrundparteien (7), Mitglieder von Vereinigungen im Untergrund (1), Mitarbeiter des deutschen Außenministeriums (5), Mitarbeiter des Innenministeriums (1), Mitarbeiter des Propagandaministeriums (8), Fabrikbesitzer (10), Zollbeamte (1), für das illegale Passieren der Demarkationslinie (3), Druckereibesitzer (3), Mitarbeiter der Reichskanzlei (1), Mitarbeiter von Versorgungskassen (1), Mitarbeiter des deutschen Generalkommissariates (1), Leiter des Schriftstellerverbandes (1), für konspirative Tätigkeit innerhalb der Organe der SMAD (2).

ten. Unter "BDM" und "Arbeitsfront" fallen nie mehr als 50 Internierte, unter die anderen hier genannten im Durchschnitt je zwischen 100 und 150 Personen.

c) Verurteilte

Von sowjetischen Militärtribunalen (SMT) Verurteilte hat es in Fünfeichen nicht gegeben. Internierte, die aufgrund irgendwelcher Hinweise, möglicherweise durch Spitzel denunziert, als Kriegsverbrecher oder Nationalsozialisten in führender Position oder ähnliches verurteilt werden sollten, mußten das Lager verlassen und wurden an die Operativen Gruppen bzw. die Operativen Sektoren Mecklenburg oder Berlin rücküberstellt. Zum Teil kamen die Anträge aus den Kreisabteilungen der SMA oder dem Operativen Sektor Mecklenburg, wo offensichtlich gezielt nach vermeintlichen und tatsächlichen Verbrechern gefahndet wurde. Aufgrund der wenig konsequenten Überlieferung sind in den Registraturakten jedoch nur in 28 Fällen von den 288 aus Fünfeichen rücküberstellten Internierten überhaupt Hinweise darauf zu finden, daß sich der Betreffende "gerichtlich verantworten" mußte.

Nur vereinzelt nannten die Ermittler einen Grund für die Überstellung oder Anklage. Überliefert sind Anklagen gegen Gestapo-Mitarbeiter,[119] in einem Fall gegen Jugendliche aufgrund angeblich terroristischer Handlungen gegen die Besatzungsmacht;[120] außerdem Anklagen gegen beispielsweise als Sonderführer in den besetzten Gebieten der Sowjetunion eingesetzte Personen, denen Folterungen, Mißhandlungen oder Massentötungen unter der Zivilbevölkerung und an Kriegsgefangenen vorgeworfen wurde.[121] In zwei genauer überlieferten Fällen konnten Internierten Massenerschießungen und Kriegsverbrechen zur Zeit der deutschen Besatzung in der Ukraine[122] und in Weißrußland[123] nachgewiesen werden. Der 1934 bereits abgesetzte ehemalige Gauleiter Hellmuth Brückner aus Schlesien wurde aufgrund seiner früheren Funktion im Frühjahr 1948 verurteilt.[124]

d) Transporte, Verlegungen und Deportationen

Zum Alltag der Speziallager gehörten ständige Bewegungen von Internierten, Verurteilten und Kriegsgefangenen zwischen den Lagern oder in die Sowjetunion. Größere Transporte nach Fünfeichen kamen am 7. August 1945 mit 1.717 Gefangenen aus dem Lager Nr. 7 in

---

119 GARF, f. 9409, op. 1, d. 672, l. 29 und d. 675, l. 32.
120 GARF, f. 9409, op. 1, d. 673, l. 42.
121 GARF, f. 9409, op. 1, d. 673, l. 40 und d. 683, l. 5.
122 Dem vierundvierzigjährigen Internierten Martin Jensch (möglicherweise auch Jänsch oder Ensch) wurde u. a. vorgeworfen, als Mitarbeiter eines SD-Kommandos an Massenerschießungen von mehreren tausend sowjetischen Bürgern im Gebiet Charkov beteiligt gewesen zu sein. GARF, f. 9409, op. 1, d. 689, ll. 24-27.
123 August Könighaus aus Oberschlesien war den Ermittlungen zufolge als Leutnant der Polizei an verschiedenen Orten Weißrußlands eingesetzt und u. a. verantwortlich für die Erschießungen von 850 Juden und 16 sowjetischen Partisanen. GARF, f. 9409, op. 1, d. 692, ll. 25-31.
124 GARF, f. 9409, op. 1, d. 695, l. 8ff.

Sachsenhausen[125] sowie Ende August mit 303 und Ende Oktober mit 854 Personen aus dem Gefängnis Nr. 5 in Strelitz. Jeweils in der ersten Monatshälfte gingen von Fünfeichen aus im Oktober, November und Dezember 1945 Transporte mit 196, 103 und 67 Menschen nach Ketschendorf ins Lager Nr. 5. Die große Mehrheit auf diesen Transporten stellten Angehörige sowjetischer Nationalitäten. Von Ketschendorf aus wurden die Betroffenen weiter in die Sowjetunion deportiert.

In den folgenden Jahren kamen noch drei größere Transporte nach Fünfeichen: Ende Januar 1946 wurden aus dem Gefängnis Nr. 4 in Graudenz 1.751[126] sowie Anfang März 1947 aus dem Lager Ketschendorf 1.570[127] Gefangene eingeliefert. In beiden Fällen war der Grund für diese Transporte die Auflösung dieser Einrichtungen.[128] Ende Februar 1947 gelangten 282 Kriegsgefangene aus dem Kriegsgefangenenlager Nr. 69 in Frankfurt/Oder nach Fünfeichen.[129] Bis Anfang Dezember 1946 wurden noch insgesamt 122 Internierte sowjetischer Nationalitäten auf drei Transporten von Fünfeichen nach Ketschendorf verbracht. In Fünfeichen verblieben nur mehr zwei Russen. Alle anderen Ausländer, nach der letzten Einlieferung von weiteren 14 im März 1947 etwa 30 Personen, blieben im Lager bis zu dessen Auflösung.

Insgesamt 161 Internierte kamen während zweier Verlegungen im Juni 1946 und im Februar 1947 ins Lager Nr. 7 nach Sachsenhausen, darunter Kriegsgefangene und bei letzterem Transport 39 Fachleute diverser Handwerksberufe. Kriegsgefangenentransporte nach Frankfurt/Oder (Nr. 69) betrafen im Oktober und Dezember 1946 noch einmal 313 Menschen, bis im Januar 1947 aus Fünfeichen 686 Insassen im Rahmen einer groß angelegten und alle Lager betreffenden Aktion in die Sowjetunion deportiert wurden. Nach den Entlassungen im Sommer 1948 verlegte man von den verbliebenen Internierten im September 2.609 nach Buchenwald und 13 aufgrund ihres Berufes als Fahrzeugmechaniker nach Sachsenhausen. Auch die Nachhut von 179 Personen mußte zum 4. November 1948 Fünfeichen in Richtung Sachsenhausen verlassen.

---

125 Der Transport startete am 29.07.1945 in Sachsenhausen und wurde nach über einer Woche am 07.08.1945 in Fünfeichen aufgenommen. Während des Transportes starben den Randbemerkungen der Namensliste zufolge zehn Menschen. GARF, f. 9409, op. 1, d. 661, ll. 10-41.

126 Ursprünglich betraf der Transport 1.774 Menschen. Von diesen wurden neun Verurteilte weiter geschickt in das Gefängnis Nr. 5 in Alt-Strelitz, ein Gefangener wurde entlassen, da er ohne Häftlingsakte eingeliefert worden war, 13 Menschen waren während des Transportes umgekommen. GARF, f. 9409, op. 1, d. 667, ll. 46-53.

127 Von den ursprünglich 1.595 Internierten aus Ketschendorf sind 25 auf dem Transport gestorben. 204 wurden mit Dystrophie ersten, 162 mit Dystrophie zweiten und 117 mit Dystrophie dritten Grades eingewiesen. 650 der 1.570 entstammten den Jahrgängen 1925 bis 1931, die weitaus meisten unter diesen wiederum dem Jahrgang 1929. Das sind 41,4 % und damit überdurchschnittlich viele Jugendliche. GARF, f. 9409, op. 1, d. 682, l. 3 und ll. 7-55.

128 Vgl. auch die Mitteilung von Serov an Generalmajor Rogatin in Liegnitz vom Dezember 1945 über die Möglichkeit, Internierte bzw. Gefangene des Lagers in Landsberg nach Buchenwald und diejenigen des Gefängnisses in Graudenz nach Fünfeichen zu verlegen. GARF, f. 9409, op. 1, d. 139, l. 28.

129 Der Transport aus dem Frankfurter Kriegsgefangenenlager setzt sich nach Haftgründen wie folgt zusammen: 169 SA-Mitglieder, 60 Angehörige von Strafforganen, 34 SS-Männer, zehn Angehörige staatlicher Wirtschaftsorgane, sechs Gestapo-Agenten, ein Hitlerjugend-Führer. Über den Grund des Transportes ist nichts zu erfahren, da die entsprechende Urkunde in wesentlichen Teilen nicht erhalten ist. GARF, f. 9409, op. 1, d. 681, l. 27ff.

Die Deportation aus Fünfeichen im Januar 1947

Nach unseren bisherigen Erkenntnissen waren bis zur Deportation nach MVD-Befehl Nr. 001196 vom 26. Dezember 1946[130] aus dem Kreis der deutschen Gefangenen fast ausschließlich Verurteilte, Kriegsgefangene oder Angehörige der Organisationen, die als Kriegsgefangene galten, von Transporten in die Arbeitslager der Sowjetunion betroffen. Voraussetzung war ihre Arbeitstauglichkeit. Für die Deportation nach MVD-Befehl Nr. 001196 wurden nun alle männlichen, zur Schwerstarbeit fähigen Insassen rekrutiert.

Eine erste Untersuchung der Häftlinge fand noch im Dezember 1946 statt und erachtete 1.722 Gefangene aus Fünfeichen für arbeitstauglich. Die endgültige Auswahl stand nach einer erneuten Untersuchung am 10. Januar 1947 fest.[131] Aufgrund des schlechten Gesundheitszustandes der Gefangenen mußte die sowjetische Verwaltung auf jüngere Jahrgänge zurückgreifen. Während in Fünfeichen der Anteil der unter Fünfunddreißigjährigen an den Lagerinsassen nur 12,5 % betrug, stellte diese Gruppe 44,5 % an den 686 Deportierten.

Nachdem die Gefangenen mit Winterkleidung ausgestattet worden waren, startete der Transport mit der Nr. 98051 unter Leitung des inzwischen zum Hauptmann beförderten Lagerkommandanten Osokin am frühen Morgen des 31. Januars 1947.[132] In jedem der Güterwaggons waren etwa 33 bis 35 Menschen untergebracht. Das GUPVI-Lager Nr. 284 in Brest als Zwischenstation erreichte der Zug nach einer Woche am 6. Februar 1947. Von den Deportierten blieben 58 Männer in diesem Lager.[133] Ein Lagebericht vom 11. Februar, verfaßt in Minsk, bestimmte für die verbliebenen 628 Gefangenen Karaganda als Endstation des Zuges.[134] Eine weitere Zwischenstation in Moskau diente hauptsächlich der Entlausung.[135] Ein Gefangener überlebte den Transport nicht. Vermerkt wurde der Fall in dem nächsten überlieferten Protokoll Osokins vom 22. Februar an der Station Judino (heute: Petuchovo). Der Bestimmungsort lautete jetzt auf Novo-Kuzneck.[136] Am 7. März 1947 erreichte der Transport über Novo-Kuzneck im benachbarten Prokop'jevsk das Zwangsarbeitslager Nr. 7525/13 des MVD, ein Teillager des Lagerkomplexes Nr. 525 der GUPVI.[137]

---

130 Befehl des Innenministers der UdSSR Nr. 001196 vom 16. Dezember 1946 "Zur Überstellung von 27.500 Deutschen aus den Lagern und Gefängnissen des MVD aus Deutschland und dem Abtransport derselben Anzahl kranker und arbeitsuntauglicher Kriegsgefangener und Internierter deutscher Nationalität nach Deutschland", in: GARF, f. 9401, op. 1, d. 204, ll. 116-121.
131 Vgl. Ahrens, in: Die Opfer von Fünfeichen 1996, S. 68.
132 Vgl. Befehl Nr. 19 Oberstleutnant Šmejs' vom 29. Januar 1947 über die Zusammensetzung des Begleitpersonals für den Transport Nr. 98051, in: GARF, f. 9409, op. 1, d. 150, l. 58.
133 GARF, f. 9409, op. 1, d. 150, l. 77.
134 GARF, f. 9409, op. 1, d. 150, l. 75.
135 Vgl. Ahrens, in: Die Opfer von Fünfeichen 1996, S. 69.
136 GARF, f. 9409, op. 1, d. 150, ll. 64-68.
137 Stefan Karner hat zu diesem Lager folgendes herausgefunden: "Das GUPVI-Lager 525 in Kemerovo bei Tomsk in Sibirien bestand seit 7. Juli 1945. Es war aufgrund des Befehls 00277 des NKVD vom 6. April 1945 'für die Unterbringung einer Sondergruppe des Spezialkontingents der Gruppe B' [=NS-Funktionäre] auf dem Gelände des früheren Lagers 142 ('Prokop'evsk') neu gegründet worden. ... Im Frühjahr 1946 ... umfaßte das Lager 525 insgesamt 15 Teillager mit zusammen 8.253 Insassen. Die Gefangenen arbeiteten meist im Kohlenbergbau des Kuzbas. Nach 1946 dürfte das Lager wesentlich erweitert worden sein, denn bis zu seiner Auflösung am 6. August 1949 hatte es 27 Teillager zu betreuen. ... Die Sterblichkeit im gesamten Lagerbereich war bestürzend hoch und betrug über die gesamte Bestandsdauer der Lagerverwaltung, bis 1949, rund 10 %!" Karner 1995, S. 23f.

e) Entlassungen

Entlassungen blieben bis 1948 die Ausnahme. 1945 und 1946 kamen jeweils sieben und 1947 drei Internierte aufgrund einer individuell getroffenen Entscheidung aus Fünfeichen frei.[138] Auf der Grundlage des MVD-Befehls Nr. 00601 wurden im Verlaufe mehrerer Monate 1946 und 1947 insgesamt 165 nicht arbeitsfähige Kriegsgefangene entlassen, die auch keiner anderen Häftlingskategorie zugeordnet werden konnten.[139] Im Juli 1947 verließen 38 und im November noch einmal sechs ehemalige Parteigenossen das Lager auf Anweisung der Abteilung Speziallager.[140] Zur Auflösung des Lagers entließ man 1948 von Juli bis September 5.181 Gefangene oder 33,7 %, bezogen auf die Zahl aller Eingelieferten.

7. Spätere Verwendung

Bis 1950 wurde das Lager abgerissen. Eine Gedenkanlage von 1961 erinnert an die Opfer des Kriegsgefangenenlagers. Von 1979 bis 1990 war das Gelände militärisches Sperrgebiet und diente der Nationalen Volksarmee als Standort und Übungsplatz. Seit dem 25. April 1993 existiert die neue Mahn- und Gedenkstätte Fünfeichen. Die Bestattungsplätze des Internierungslagers konnten lokalisiert und angemessen gestaltet werden. Die Neugestaltung der Gedenkstätte ging wesentlich auf eine Bürgerinitiative überlebender Häftlinge und Hinterbliebener zurück, die sich heute als 'Arbeitsgemeinschaft Fünfeichen' mit der Aufarbeitung der Geschichte des Internierungslagers und der Pflege der Gedenkstätte beschäftigt.

---

138 Einzelentlassungen wurden den Akten nach von den Leitern der Operativen Sektoren, vom operativen Bevollmächtigten bzw. Leiter der Operativen Gruppe des Lagers oder vom Leiter der Abteilung Speziallager verfügt; selten unter Angabe eines genauen Grundes. U. a. wurde beispielsweise im Oktober 1945 Elsa Heß zur Verwendung für "operative Zwecke" entlassen, Ende November Ursula Hartnack, da sie im siebenten Monat schwanger war. Die sieben Entlassungen 1946 fanden alle im Januar und Februar statt. Für zwei Frauen, 20 und 46 Jahre alt, stellte der operative Bevollmächtigte in Fünfeichen Koklin fest, daß im Verlaufe ihres acht- bzw. siebenmonatigen Verbleibs im Lager keine weiteren Belastungsmaterialien gegen sie vorgebracht werden konnten und die Unterlagen für eine weitere Internierung im Lager nicht ausreichten. GARF, f. 9409, op. 1, d. 663, l. 70; d. 664, l. 55 und d. 667, l. 114; d. 667, ll. 116-117.
139 GARF, f. 9409, op. 1, d. 141, l. 44; d. 675, l. 20f.; d. 130, ll. 7-10; d. 676, l. 16; d. 682, l. 56f; d. 688, ll. 24-28; d. 689, ll. 21-23.
140 Anweisung Nr. 001217/6 von Oberst Sviridov vom 15. Mai 1947. Der genaue Text der Anweisung ist uns bisher nicht bekannt. GARF, f. 9409, op. 1, d. 686, ll. 26-32 und d. 690, ll. 7-8.

PETER ERLER

Der Lagerstandort Frankfurt an der Oder und das Gefängnis Nr. 6 in Berlin-Lichtenberg

In Frankfurt existierten drei verschiedene sowjetische Hafteinrichtungen: das Speziallager Nr. 6, das Gefängnis Nr. 7 und das Kriegsgefangenenlager Nr. 69. Nur die beiden erstgenannten Einrichtungen unterstanden der Abteilung Spezlager. Das Lager Nr. 69 unterstand wahrscheinlich der GUPVI. Nach Schätzungen sind in diesen Hafteinrichtungen 1.000 bis 2.000 Gefangene gestorben.[1]

Weiterhin befand sich nach Angaben vom Dezember 1945 in Frankfurt/Oder ein Lager für sowjetische Staatsbürger, die repatriiert werden sollten, mit der Ordnungsnummer 232.[2]

In Berlin-Lichtenberg wurde das Gefängnis Nr. 6 kurzzeitig von der Abteilung Spezlager verwaltet. Viele verurteilte Personen, die man dort durch ein SMT verurteilte, kamen von dort über die Zwischenstation Frankfurt/O. in das sowjetische GULAG.

1. Das Speziallager Nr. 6 in Frankfurt an der Oder

Das Spezlager Nr. 6 in Frankfurt wurde im Mai 1945 in Betrieb genommen.[3] Es befand sich in einem ehemaligen Kasernenkomplex auf der östlichen Seite der Oder – der sogenannten Dammvorstadt – auf der linken Seite der Straße "An der Wachsbleiche".[4] Als Lagerleiter fungierte Major Selesnjov.[5]

Entsprechend der Statistik der Abteilung Spezlager konnte das Lager 5.000[6] Gefangene aufnehmen. Die gleichen Unterlagen der gleichen Unterstellungsebene weisen für den 1. September 1945 eine Belegung mit 4.763 Personen auf.[7]

Im Lager befanden sich neben deutschen Internierten und Kriegsgefangenen auch polnische Zivilinternierte und Angehörige der sogenannten "Vlasov-Armee".[8]

---

1 Fricke 1979, l. 75.
2 GARF, f. 9409, op. 1, d. 139, l. 35.
3 Finn 1958, S. 41.
4 Museum Viadrina o. J., S. 11.
5 DA, S. 724, GARF, f. 9409, op. 1, d. 131, S. 103.
6 Angaben vom 1. September 1945. GARF, f. 9409, op. 1, d. 134, l. 5.
7 GARF, f. 9409, op. 1, d. 134, l. 5.
8 Fricke 1979, S. 75.

Die deutschen Internierten kamen teilweise aus den Lagern Weesow und Ketschendorf nach Frankfurt/O.[9] Im August 1945 wurden etwa 2.000 Internierte in das Lager in Landsberg an der Warthe verlegt.[10] Über die Anzahl der Toten können keine Angaben gemacht werden. Sie wurden südlich des Lagers in Massengräbern vergraben.[11]

Ab Mitte September 1945 begann mit der Verlegung der Gefangenen die Auflösung des Lagers Nr. 6 in Frankfurt/Oder. Am 13., 15. und am 20. September mußten die Internierten in Kolonnen zu etwa 1.200 Personen zum neu eingerichteten Lager in Jamlitz marschieren.[12]

Ab Oktober 1945 befand sich auf dem Gelände des ehemaligen Lagers Nr. 6 ein Durchgangslager für Kriegsgefangene – wahrscheinlich das Lager Nr. 69.[13]

2. Das Gefängnis Nr. 7 in Frankfurt an der Oder

Im Mai 1945 richteten die SMERŠ-Organe der 1. Weißrussischen Front im Gebäudekomplex der ehemaligen Hornkaserne ein Etappengefängnis ein.[14] Diese Einrichtung befand sich im Westteil der Stadt, auf der linken Seite der Nuhnenstraße.

Ab Mitte Juni 1945 wird diese Haftanstalt als Etappengefängnis des NKVD beim Spezlager Nr. 6 des NKVD bezeichnet.[15] Nach der Verlegung des Lagers Nr. 6 nach Jamlitz erhielt das Etappengefängnis die Ordnungszahl Nr. 7.[16]

Als Leiter war zunächst ein Hauptmann eingesetzt, dessen Name nicht bekannt ist.[17] Wahrscheinlich ab August 1945 leitete Major Bekšenev die Einrichtung.[18] Nach einer Überprüfung des Gefängnisses wurde dieser wegen "schlampiger Einstellung zur Arbeit und ständigen Besäufnissen" seines Postens enthoben.[19] Ab März 1946 amtierte dann Oberstleutnant Seredenko als Chef des Gefängnisses Nr. 7.[20] Nach seiner Ablösung als Kommandant des Lagers Nr. 3 in Berlin-Hohenschönhausen war Hauptmann Čumančenko stellvertretender Leiter des Gefängnisses.[21]

Die Aufnahmefähigkeit des Gefängnisses wird in der Statistik der Abteilung Spezlager mit ständig steigenden Werten angegeben.

Für den 1. September 1945 werden 700 Plätze[22] ausgewiesen. Ende November d. J. erscheint die Angabe 800[23], und für Ende Februar 1946 wird hinsichtlich der Kapazität bereits die Zahl 1.000 fixiert.[24]

---

9 Finn 1958, S. 41.
10 Ebenda, S. 40.
11 Ebenda.
12 Gemeindeverwaltung Jamlitz 1991, S. 12/13.
13 Finn 1958, S. 41.
14 GARF, f. 9409, op. 1, d. 720, l. 26.
15 GARF, f. 9409, op. 1, d. 709; 720, l. 26.
16 GARF, f. 9409, op. 1, d. 721, l. 321.
17 GARF, f. 9409, op. 1, d. 720, l. 26.
18 GARF, f. 9409, op. 1, d. 720, l. 26.
19 GARF, f. 9409, op. 1, d. 131, l. 9–12.
20 GARF, f. 9409, op. 1, d. 781, l. 126.
21 GARF, f. 9409, op. 1, d. 725, l. 197.
22 GARF, f. 9409, op. 1, d. 134, l. 5.
23 GARF, f. 9409, op. 1, d. 134, l. 6.

Die Einweisungen in die Anstalt erfolgten u. a. aus dem Gefängnis Nr. 6 in Berlin-Lichtenberg[25], durch die Untersuchungsabteilung der Operativen Gruppe des Landes Brandenburg[26] und durch verschiedene Militärtribunale, so auch von Truppenteilen, die auf dem Gebiet des heutigen Polen disloziert waren.[27]

Da ständig Gefangenentransporte in die Sowjetunion stattfanden, war die durchschnittliche Belegung des Gefängnisses starken Schwankungen unterworfen. Die Extremwerte betragen an den Stichtagen 15. Oktober 1945 129[28] und am 16. April 1946 1.241[29] Gefangene.

Zu den Insassen des Gefängnisses gehörten Personen, die von sowjetischen Militärtribunalen verurteilt worden waren und Untersuchungshäftlinge.[30] Für die Aufrechterhaltung des Gefängnisbetriebes und für handwerkliche Tätigkeiten wurden Internierte eingesetzt, die aus dem Lager Nr. 6 stammten.[31] Neben Deutschen durchliefen die Anstalt mehrheitlich[32] sowjetische Staatsbürger – hauptsächlich verurteilte Angehörige der Roten Armee. Ab März 1946 wurden keine deutschen Verurteilten mehr aufgenommen.[33]

In unregelmäßigen Abständen wurden im Etappengefängnis Nr. 7 Häftlingstransporte zusammengestellt.[34] Außer abgeurteilten Gefangenen waren auch Untersuchungshäftlinge von der Deportation betroffen. Zielorte in der Sowjetunion waren u. a. das Gefängnis Nr. 1 in Brest[35] und Zwangsarbeitslager in Molotovsk[36], Inta[37], Rybinsk[38], Abes[39] und Jerzovo[40]. Im März 1946 nahm ein Zug aus Frankfurt/Oder noch Häftlinge aus dem Gefängnis Nr. 5 in Neustrelitz auf, bevor er nach Čeljabinsk abfuhr.[41] In das Gefängnis in Neustrelitz wurden Anfang März 1946 auch deutsche Häftlinge überführt.[42]

Im Gefängnis Nr. 7 wurde eine bisher unbekannte Zahl von Todesurteilen vollstreckt.[43] Die Hinrichtungen erfolgten im Beisein eines Vertreters der zuständigen Militärstaatsanwaltschaft und des Bevollmächtigten der Operativen Gruppe.[44]

Die Zahl der im Gefängnis verstorbenen Häftlinge ist nicht bekannt. In überlieferten Akten werden u. a. Dystrophie[45] und Tbc[46] als Todesursache erwähnt.

---

24 GARF, f. 9409, op. 1, d. 132, l. 88.
25 Vgl. z. B.: GARF, f. 9409, op. 1, d. 782, l. 76/77.
26 GARF, f. 9409, op. 1, d. 723, l. 32.
27 So gab es z. B. Überweisungen durch das MT der Garnison Landsberg/Warthe. Vgl. GARF, f. 9409, op. 1, d. 782, l. 156.
28 GARF, f. 9409, op. 1, d. 134, l. 10.
29 GARF, f. 9409, op. 1, d. 782, l. 66/67.
30 GARF, f. 9409, op. 1, d. 132, l. 88.
31 GARF, f. 9409, op. 1, d. 782, l. 286.
32 Vgl. z. B.: GARF, f. 9409, op. 1, d. 776, l. 223.
33 GARF, f. 9409, op. 1, d. 782, l. 188.
34 Nach bisherigen Erkenntnissen umfaßten die Transporte 1.000 bis 1.200 Gefangene.
35 Vgl. z. B.: GARF, f. 9409, op. 1, d. 709.
36 GARF, f. 9409, op. 1, d. 781, l. 2.
37 GARF, f. 9409, op. 1, d. 779, l. 164.
38 GARF, f. 9409, op. 1, d. 720, l. 233.
39 GARF, f. 9409, op. 1, d. 779, l. 178.
40 GARF, f. 9409, op. 1, d. 783, l. 86/87; 787, l. 195.
41 GARF, f. 9409, op. 1, d. 787, l. 194.
42 (4. März 1946) GARF, f. 9409, op. 1, d. 784, l. 45, (5. März 1946) GARF, f. 9409, op. 1, d. 784, l. 5.
43 Vgl. z. B.: GARF, f. 9409, op. 1, d. 720, l. 136.
44 GARF, f. 9409, op. 1, d. 723, l. 189, 190.

Bis zum 26. Februar 1946 wurden zehn Ausbrüche registriert. Zwei Flüchtlinge konnten wieder gefaßt und in den Gewahrsam zurückgeführt werden.[47]

Im Mai 1946 erfolgte die Verlegung des Gefängnisses Nr. 7 mit Inventar, Lebensmittellager und den Insassen nach Torgau. Ein Zug mit 719 Häftlingen traf am 17. Mai 1946 auf dem Bahnhof der Stadt ein.[48] Ihre Aufnahme in das dortige Gefängnis begann am 18. Mai des gleichen Jahres.[49]

3. Das Kriegsgefangenenlager Nr. 69 in Frankfurt an der Oder

Nach der Auflösung des Gefängnisses Nr. 7 in der "Horn"-Kaserne wurde in diesem Objekt ein Kriegsgefangenenlager bzw. ein Repatriierungslager der GUPVI eingerichtet. Dieses Lager trug die Ordnungszahl Nr. 69.[50] Gleichzeitig befanden sich in diesem Lager Kriegsgefangene und Zivilpersonen, die aus dem Osten kamen, und Personen, die als Kriegsgefangene zur Zwangsarbeit in die Sowjetunion verschickt werden sollten. Dieses Lager durchliefen Gefangene aus fast allen Spezlagern der SBZ, aber hauptsächlich aus Sachsenhausen[51], die als Offiziere der Wehrmacht galten oder als solche denunziert worden waren[52]. In der Mehrzahl hatten sie bereits die Haft in amerikanischen Kriegsgefangenenlagern hinter sich.[53]

Sie wurden nach der "Überprüfung" ihrer physischen Arbeitsfähigkeit in die Kriegsgefangenenlager der Sowjetunion deportiert. Falls sie bei den Überprüfungen als arbeitsunfähig erklärt wurden, kamen sie als Internierte in das Ausgangslager zurück.[54] Der Abtransport erfolgte über den Bahnhof Klingetal.[55] Im August 1946 wurden 4.688 Wehrmachts-

---

45 GARF, f. 9409, op. 1, d. 723, l. 192–195.
46 GARF, f. 9409, op. 1, d. 723, l. 62.
47 GARF, f. 9409, op. 1, d. 132, l. 89.
48 Eine Verlegung nach Torgau mit einer unbekannten Zahl von Häftlingen fand bereits am 14. Mai 1946 statt. Vgl. GARF, f. 9409, op. 1, d. 728, l. 19.
49 GARF, f. 9409, op. 1, d. 132, l. 62.
50 Finn 1958, S. 41.
51 Weitere als Offiziere internierte Personen kamen aus den Lagern Fünfeichen, Mühlberg und Torgau. Weiterhin wird ein Lager Pretzsch an der Elbe erwähnt. Flocken/Klonovski 1991, S. 141.
52 "Unerklärlich war in vielen Fällen, wieso diese Leute nun eigentlich in einem Offizierslager steckten, wo sie doch mitunter nicht einmal Militärangehörige waren. Man hörte von Anschwärzungen durch Nebenbuhler und Geschäftskonkurrenten. In der großen Zeit der Denunzianten gehörte offensichtlich das Wort "Offizier" zu jenen Bezichtigungen, mit denen man persönliche Feinde oder andere mißliebige Personen schnell und sicher aus dem Weg räumen konnte. Unter den Verhafteten waren Eisenbahner, die wohl wegen ihrer Dienstmütze ein offiziersmäßiges Aussehen hatten. Junge Burschen, die auf dem Tanzboden mit angeblichen hohen Diensträngen und Kriegsauszeichnungen geprahlt hatten." Flocken/Klonovski 1991, S. 141/142.
53 Außerdem waren auch sogenannte "Norweger" vertreten. Dabei handelte es sich um Wehrmachtsangehörige, die in Norwegen stationiert waren und nach ihrer Rückführung nach Deutschland aus der britischen Besatzungszone entlassen worden waren. Klonovski/Flocken 1991, S. 138.
54 Finn 1958, S. 41; GARF, f. 9409, op. 1, d. 130, l. 25; GARF, f. 9409, op. 1, d. 151, l. 164.
55 Flocken/Klonovski 1991, S. 142. Später hieß dieser Bahnhof "Grohnenfelde".

offiziere aus dem Lager 69 in die UdSSR verbracht.[56] Das Lager war durch Stacheldrahtverhaue und Hundelaufgassen in mindestens zwei Komplexe unterteilt. In dem einen Teillager befanden sich die "Heimkehrer" und in dem anderen Bereich waren die "Abfahrenden" untergebracht.[57]

Es gab ein Lazarett und eine Quarantänestation.[58] Weit verbreitet waren Furunkulose, Durchfall- und Erkältungserkrankungen.[59] Die Verpflegung bestand nach Angaben eines Zeitzeugen "aus Wassersuppe, meist mit Graupen, Sago oder Dörrgemüse, sowie einer kleinen Brotration."[60]

Im Lager soll auch eine aus Kriegsgefangenen gebildete Lagerpolizei existiert haben.[61] Nach Angaben von Flocken und Klonovsky wurde diese Lagereinrichtung im September 1947 aufgelöst und die restlichen 500 Gefangenen nach Sachsenhausen überführt.[62] Der Gebäudekomplex der "Horn-Kaserne" wurde aber noch bis mindestens August 1948 von der sowjetischen Seite weiter genutzt.[63] Bis 1951 diente das Objekt für die deutschen Organe als Melde- und Betreuungsstelle für die aus der Sowjetunion zurückkehrenden Kriegs- bzw. Zivilgefangenen.[64]

4. Das Gefängnis Nr. 6 in Berlin-Lichtenberg

Das Gefängnis Nr. 6 in Berlin-Lichtenberg – so die interne Bezeichnung dieser Einrichtung in der Berichterstattung der Abteilung Spezlager – wurde wahrscheinlich im August 1945 eingerichtet. In der Weimarer Republik und während der Nazidiktatur hatte sich in dem entsprechenden Gebäudekomplex in der Magdalenenstraße ein Frauen- und Jugendgefängnis befunden.

Das Gefängnis Nr. 6 unterstand formal der Abteilung Spezlager des NKVD/MVD. Das innere Regime dieser Einrichtung bestimmte jedoch die Untersuchungsabteilung des "Opersektors" der Stadt Berlin, welcher zum NKGB gehörte.[65] Zu einem bisher unbekanntem Zeitpunkt – wahrscheinlich im Frühjahr 1947[66] – übernahm der Opersektor vollständig die Leitung und den Betrieb der Haftanstalt in Lichtenberg und nutzte sie bis mindestens

---

56 GARF, f. 9409, op. 1, d. 141, l. 70.
57 Flocken/Klonovsky 1991, S. 140.
58 Ebenda.
59 Ebenda.
60 Ebenda, S. 140/141.
61 Ebenda, S. 143.
62 Ebenda, S. 136.
63 Vgl. Beschlußprotokoll der Sitzung des Zentralsekretariats des SED vom 31. August 1948 Nr. 105. "Zur Frage der Entlassung der Kriegsgefangenen aus der Sowjetunion bis zum 31. Dezember 1948: Die Parteivorsitzenden werden beauftragt, mit den zuständigen Stellen der SMA über die Beschleunigung der Entlassung, über die Erhöhung des täglichen Entlassungskontingents und über die Freigabe der Hornkaserne als Aufnahmeraum für die Entlassenen Besprechungen zu führen." SAPMO-BArch, ZPA, IV 2/2.1/225.
64 Flocken/Klonovsky 1991, S. 136.
65 Angaben vom August 1945. Vgl. GARF, f. 9409, op. 1, d. 134, l. 22, 33.
66 GARF, f. 9409, op. 1, d. 133, l. 63.

1953[67] als sogenanntes "Inneres Gefängnis"[68]. Erster Leiter des Gefängnisses Nr. 6 war Leutnant Černov.[69] Am 25. September 1945 wurde er von Major Sasikov abgelöst.[70] Dessen Nachfolge trat im Frühjahr oder im Sommer 1946 Hauptmann Korotkevič an.[71] Ein Oberleutnant Talanov fungierte 1948/49 als Chef des "Inneren Gefängnisses".[72]

Die Aufnahmekapazität des Gefängnisses wird im August 1945 mit 400 Plätzen[73] ausgewiesen. Anfang September d. J. erscheint in der Statistik der Abteilung Spezlager hinsichtlich der Kapazität bereits die Zahl 600[74].

Entsprechend der Statistik der Abteilung Spezlager war das Gefängnis im Zeitraum vom September 1945 bis Anfang März 1946 durchschnittlich mit 160–170 Personen belegt.[75] Ab Mitte März 1946 stieg die Zahl der Häftlinge rapide an. Bis Ende 1946 befanden sich nun etwa 350 Gefangene ständig in Gewahrsam.[76] Die Höchstbelegung wurde am 30. Juni 1946 mit 620 Personen ausgewiesen.[77] In den ersten drei Monaten des Jahres 1947 ging die Zahl der Gefängnisinsassen auf durchschnittlich ca. 170 zurück.[78] Seinem Charakter nach war das Gefängnis in Lichtenberg eine Untersuchungshaftanstalt.[79] Neben Untersuchungshäftlingen aus Berlin und allen Teilen der SBZ befanden sich im Gefängnis Nr. 6 auch SMT-Verurteilte. Zu den Insassen gehörten sowohl deutsche als auch sowjetische Staatsbürger und Ausländer.[80]

In Lichtenberg residierte das Militärtribunal der sowjetischen Garnison der Stadt Berlin.[81] Die von diesem Gericht Verurteilten, Deutsche und viele sowjetische Militärangehörige, wurden bis in das Jahr 1946 hinein zunächst über das Gefängnis Nr. 7 in Frankfurt/O. zum Strafvollzug in die Zwangsarbeitslager der UdSSR deportiert.[82] Nach der Einrichtung der entsprechenden Straflagerabteilungen in den Spezlagern Bautzen[83] und Sachsenhausen[84] wurden deutsche Verurteilte zum Vollzug an diese Einrichtungen überwiesen. Weiterhin wurden aber auch Häftlinge in das GULAG überführt.[85] Verurteilte sowjetische Staatsangehörige kamen aus Berlin-Lichtenberg nach der Verlegung des Gefängnisses Nr. 7 und dessen Umbenennung in Spezlager Nr. 10 nach Torgau.

---

67 Vgl. Ramin 1967, S. 60.
68 GARF, f. 9409, op. 1, d. 132, l. 33.
69 GARF, f. 9409, op. 1, d. 134, l. 22.
70 GARF, f. 9409, op. 1, d. 14, l. 12.
71 GARF, f. 9409, op. 1, d. 785, l. 26, 61.
72 GARF, f. 9409, op. 1, d. 650, l. 148; 221, l. 17 o. 176.
73 GARF, f. 9409, op. 1, d. 133, l. 63.
74 GARF, f. 9409, op. 1, d. 134, l. 5.
75 GARF, f. 9409, op. 1, d. 134.
76 GARF, f. 9409, op. 1, d. 134.
77 GARF, f. 9409, op. 1, d. 143, l. 26.
78 GARF, f. 9409, op. 1, d. 143.
79 GARF, f. 9409, op. 1, d. 133, l. 63.
80 Im Dezember 1945 befand sich beispielsweise eine Amerikanerin im Gefängnis Nr. 6. Vgl. GARF, f. 9409, op. 1, d. 14, l. 11.
81 Vgl. z. B.: GARF, f. 9409, op. 1, d. 789, l. 28–31.
82 Vgl. GARF, f. 9409, op. 1, d. 723, l. 10 ff., 14/15.
83 Am 16. August 1948 erfolgte z. B. ein Transport von 45 Verurteilten von Lichtenberg nach Bautzen. Vgl. GARF, f. 9409, op. 1, d. 650, l. 148.
84 Vgl. z. B.: Der Stacheldraht 2/95, S. 12.
85 Vgl. Finn 1958, S. 51.

Im Gefängnis in Lichtenberg befanden sich auch Häftlinge, die durch ein Fernurteil eines Sondergerichts in Moskau verurteilt worden waren. Diese Personen wurden ausnahmslos in die Sowjetunion deportiert.[86] Bis 1947 wurden im Gefängnis in Berlin-Lichtenberg auch Todesurteile vollstreckt.[87]

In den Unterlagen der Abteilung Spezlager werden mehrere Fluchtversuche erwähnt. Zwei Ausbrüche konnten nach Angaben vom 17. Februar 1946 durch Gewaltanwendung verhindert werden.[88] Am 25. Februar 1946 gelang Walentin Pjatnitzki während einer Beschaffungstour für Kartoffeln im Dorf Sitten die Flucht.[89]

Nach der Übergabe des Gefängnisses an die Organe der DDR[90] befand sich im Gebäudekomplex in der Magdalenenstraße das Untersuchungsgefängnis der Bezirksverwaltung Berlin des MfS.

---

86 Vgl. Z.B.: Todesfabriken der Kommunisten 1991, S. 56.
87 Vgl. Finn 1993, S. 28.
88 GARF, f. 9409, op. 1, d. 14, l. 13.
89 GARF, f. 9409, op. 1, d. 14, l. 21.
90 Das Gefängnis wurde entweder in der zweiten Hälfte des Jahres 1953 oder Anfang 1954 an die deutsche Seite übergeben. Danach wurde es renoviert und vom MfS genutzt. Vgl. Hanjohr 1995, S. 69.

LUTZ PRIEß

Das Gefängnis des NKVD Nr. 5 Strelitz

Das Gefängnis Nr. 5 Strelitz[1] unterstand der "Abteilung Speziallager des NKVD der UdSSR in Deutschland" nur zwischen Mai 1945 und Ende 1946. Bisher konnte in der russischen Aktenüberlieferung dieser Abteilung, außer einigen wenigen Informationen, kein eigenständiger Bestand zu diesem Gefängnis gefunden werden. Es fehlen auch die Registraturunterlagen mit dem Nachweis der Ab- und Zugänge von Gefangenen bzw. für die Deportationen oder dem Nachweis für die Verstorbenen. Deshalb können keine vollständigen und abschließenden Angaben über die Existenz dieses NKVD-Gefängnisses, die Zusammensetzung der Häftlingsgesellschaft und der inneren Vorgänge gemacht werden.

Zeitzeugenberichte von Verurteilten sowjetischer Militärtribunale (SMT), die im Herbst 1946 nach Oranienburg in das Speziallager Nr. 7 verlegt wurden, enthalten wenige Auskünfte über die Häftlingszusammensetzung. Es überwiegen Schilderungen über den Alltag im Gefängnis, den Tagesablauf, die sowjetischen Wachmannschaften, besondere Vorkommnisse usw. In neueren Veröffentlichungen ist der Aufenthalt im NKVD-Gefängnis Nr. 5 nicht thematisiert. Das hängt z. T. damit zusammen, daß die relativ kurze Zeitspanne des Gefängnisaufenthaltes von der oft mehrjährigen Haftzeit im Speziallager "überlagert" wurde. Aber auch im Rahmen der bisherigen Forschungen und Publikationen über die Speziallager in der SBZ blieben die Gefängnisse noch weitgehend unberücksichtigt.

Das NKVD betrieb in den von der Roten Armee besetzten Gebieten neben den Sammel- und Filtrationslagern auch Gefängnisse. Die regional gegliederten Operativgruppen verfügten über provisorische Gefängnisse, im deutschen Sprachgebrauch oft "GPU-Keller" genannt. Diese "GPU-Keller" waren für die meisten Gefangenen des NKVD die erste Haftstation. Jedem Operativsektor unterstanden mindestens ein Zentralgefängnis und weitere standortgebundene Gefängnisse.

In die ortsfesten Gefängnisse wurden sowohl Untersuchungshäftlinge als auch von sowjetischen Militärtribunalen (SMT) verurteilte Personen eingeliefert. In der Provinz Mecklenburg wurde ein bereits existierendes Gefängnis in Strelitz als zentrales NKVD-Gefängnis Nr. 5 eingerichtet. Im Mai 1945 übergab der Leiter des Gefängnisses Oberleutnant P. N. Suvorov das Amt an Hauptmann A. S. Buklanov.[2] Zu diesem Zeitpunkt befanden sich 1.088 Gefangene, davon 1.077 Verurteilte und elf Untersuchungshäftlinge im Gefängnis.

---

1 In den sowjetischen Dokumenten aus der Zeit 1945/46 wird für den heutigen Ort Neustrelitz die Ortsbezeichnungen Strelitz verwendet.
2 GARF, f. 9409, op. 1, d. 132.

Das Gefängnispersonal bestand aus 30 Angehörigen der Roten Armee, davon sechs im Offiziersrang, zwölf Sergeanten und zwölf Soldaten. Laut Übergabeprotokoll existierten für alle Gefangenen bereits Untersuchungsprotokolle und Gefängnisakten. Jedoch konnten 645 Personen noch nicht in die Zentralregistratur aufgenommen werden, da entweder der Beschluß zur Einweisung ins Gefängnis oder die vorgeschriebenen Unterlagen über den Nachweis der persönlichen Durchsuchung der Gefangenen fehlte.

Der aus dem Amt scheidende Gefängnisleiter gab über den Krankenstand im Mai 1945 zu Protokoll, daß das Gefängnis über einen Krankenbau für 70 Personen verfüge und ausreichend Medikamente vorhanden seien. Es fehlte Bettzeug, die Kranken ruhten auf den nackten Betten. 65 Personen waren "offiziell" als krank registriert.

Über die Ausstattung des Gefängnisses wurden nur wenige Angaben schriftlich festgehalten. Das Übergabeprotokoll enthält keine Angaben über die Anzahl und Ausstattung der Gebäude, der Gefängniszellen und sonstigen Einrichtungen. Die Versorgungsvorräte sollten für zehn Tage ausreichend sein. Das Gefängnis verfügte über Kühe und Schweine für die Selbstversorgung des Personals und der Gefangenen. Als Transportmittel standen Pferde und ein Fahrzeug zur Verfügung. Die Bewaffnung des Personals umfaßte zu diesem Zeitpunkt sieben russische und acht deutsche Gewehre, eine Pistole und etwas Munition.[3]

Das Gefängnis unterstand bis zum 23. Juli 1945 dem NKVD-Bevollmächtigten in Mecklenburg, Generalmajor Dobrynin.[4] Entsprechend einem Befehl von Generaloberst Serov, Stellvertretender Volkskommissar des NKVD der UdSSR, wurde es dann der "Abteilung Speziallager des NKVD der UdSSR in Deutschland" unterstellt.[5] Auch die Leitung des Gefängnisses wechselte noch mindestens zweimal: In den russischen Dokumenten werden noch ein gewisser Nikulin (Dienstrang unbekannt) und ein Hauptmann Čitalov genannt.

Für die "Abteilung Speziallager" stand die ordnungsgemäße Nachweisführung der Unterlagen über die Gefangen im Vordergrund ihrer Tätigkeit und nicht unbedingt die Verbesserung der primitiven Haftbedingungen. Am 25 Juli 1945 schickte der Leiter der Unterabteilung Registratur dem Leiter der Registratur des Gefängnisses 994 Daktyloskopiekarten mit dem Hinweis zurück, daß diese unvollständig ausgefüllt seien. Für die Registrierung der Gefangenen erhielt das Gefängnis Nr. 5 die Registraturnummern 49001 bis 50500.[6]

Im Sommer und Herbst 1945 befanden sich überwiegend Angehörige verschiedener Völkerschaften der Sowjetunion als Gefangene im Gefängnis Nr. 5. Im September 1945 waren 741 Bürger der UdSSR registriert.[7] Die Mehrzahl der sowjetischen Gefangenen wurde via Frankfurt/Oder in Lager auf dem Territorium der Sowjetunion repatriiert.

Das Gefängnis Nr. 5 in Strelitz nahm aber auch verurteilte Deutsche aus der Provinz Mecklenburg und aus dem Land Brandenburg auf. Sie wurden nach ihrer Verurteilung aus verschiedenen Untersuchungsgefängnissen zur weiteren Haft nach Strelitz verlegt. Bei Auflösung des Gefängnisses in Graudenz wurden auch einige Gefangene nach Strelitz verlegt.

Für die Situation in Strelitz war typisch, daß es ständig Zu- und Abgänge von Gefangenen gab. Während die gefangenen Sowjetbürger in der Regel nach kurzer Zeit in die UdSSR

---

3 Ebenda.
4 GARF, f. 9409, op. 1, f. 1, d. 132.
5 Vgl. GARF, f. 9409, op. 1, d. 134, l. 52.
6 GARF, f. 9409, op. 1, d. 130, l. 156.
7 GARF, f. 9409, op. 1, d. 139, l. 99.

deportiert wurden, kamen deutsche Gefangene von Strelitz aus in andere NKVD-Speziallager, wie z. B. nach Fünfeichen (Lager Nr. 9).[8]

In Gesamtübersichten der "Abteilung Speziallager" in Berlin wurden auch Belegungsmeldungen für Strelitz registriert. Für das Gefängnis war eine Belegungskapazität von 1200 Gefangenen vorgesehen.[9]

Belegung Gefängnis Nr. 5 des NKVD 31.12.1945–15.09.1946

Datum	Belegung	Datum	Belegung
31.12.45	396	15.5.46	1.081
15.1.46	455	31.5.46	1.081
31.1.46	573	15.6.46	1.077
15.2.46	646	30.6.46	1.085
1.3.46	703	15.7.46	1.074
15.3.46	487	31.7.46	1.083
1.4.46	569	15.8.46	1.097
15.4.46	735	31.8.46	1.097
30.4.46	1.089	15.9.46	1.097

Die Zunahme der Belegungszahl von Gefangenen in Strelitz ab März/April 1946 stand in Zusammenhang mit der verstärkten Überstellung von SMT-Verurteilten aus den Gefängnissen der verschiedenen Operativgruppen in Mecklenburg und Brandenburg.

Zu ihnen gehörten auch zwanzig verurteilte Jugendliche aus Wittenberge. Sie wurden nach der Verurteilung durch ein sowjetisches Militärtribunal in Brandenburg/Havel Anfang Februar 1946 nach Strelitz verlegt. Die Jungen kamen in einen großen Saal zu anderen SMT-Verurteilten. Die Mädchen mußten sich eine Zelle mit russischen gefangenen Frauen teilen.

In einem 1996 verfaßten Bericht der überlebenden Jugendlichen wurde der Gefängnisalltag folgendermaßen geschildert:

> Die Verpflegung war etwas besser als in Brandenburg, aber bei weitem nicht ausreichend, so daß als Folge hier schon die ersten Mithäftlinge starben. Einige Gefangene wurden zu Arbeitseinsätzen herangezogen. Es waren fast ausschließlich Handwerker, die für Offiziere und Soldaten arbeiten mußten. Frauen wurden in der Waschküche und in der Küche der Offiziere und des Bewachungspersonals eingesetzt. Einige Gefangene nahmen im Zuchthaus eine Sonderstellung ein. Einer war z. B. für das Magazin, in dem die Lebensmittel für die Gefangenen aufbewahrt wurden, verantwortlich. Anstatt nun diese Aufgabe gewissenhaft wahrzunehmen, fuhr er regelmäßig mit Offizieren nach Berlin, die dann dort die für die Gefangenen bestimmten Lebensmittel gegen Wodka usw. verschoben.[10]

Von Zeit zu Zeit kamen Kommissionen sowjetischer Offiziere ins Gefängnis. Zeitzeugen schilderten die mit diesen Besuchen verbundenen Konsequenzen:

---

8 Vgl. Fischer/Lipinsky 1994, S. 43; 51.
9 Zusammengestellt aus den Vierzehntagesberichten der "Abteilung Speziallager des NKVD der UdSSR in Deutschland".
10 "Erinnerungen zum vollzogenen Unrecht an Wittenberger Jungen und Mädchen", Bericht AS.

Das waren regelmäßig angstvolle Tage für alle, weil immer wieder schon Verurteilte nachträglich zum Tode verurteilt und dann auch hingerichtet worden sind.[11]

Die zum Tode verurteilten Gefangenen wurden nach Angaben von Mitgefangenen mit einem LKW in einen nahen Wald gebracht und dort erschossen.

Angesichts der Überfüllung der NKVD-Gefängnisse wandte sich Oberst Sviridov, der Leiter der "Abteilung Speziallager", am 29. April 1946 mit dem Vorschlag an Serov, die deutschen Strafgefangenen in die UdSSR zum Arbeitseinsatz in GULAGs zu deportieren.[12] Serov kündigte daraufhin im Moskauer Innenministerium den Transportzug Nr. 97101 mit 1.078 verurteilten Deutschen an. Nach Serovs Angaben war die Mehrheit dieser Gefangenen, nämlich 1.008 Personen, wegen "konterrevolutionärer Verbrechen" verurteilt.[13] Das war ein Tatbestand nach § 58 des Strafgesetzbuches der RSFSR. Willkürlich Angeklagte erhielten in geheimen Prozessen vor dem sowjetischen Militärtribunal nach diesem Paragraphen Strafen von bis zu 25 Jahren Haft in Strafarbeitslagern.[14]

Im Gefängnis Strelitz folgten im Jahr 1946 den Abgängen durch Transporte in die Sowjetunion ständig Zugänge von neuen SMT-Verurteilten.

Im Juni 1946 suchte der Leiter der "Abteilung Speziallager", Sviridov, nach einer anderen Lösung für die Unterbringung der ständig anwachsenden Zahl von SMT-Verurteilten. Er unterbreitete Serov den Vorschlag, künftig das Gefängnis in der mecklenburgischen Stadt Bützow zu nutzen. Bützow verfügte über ein Gefängnis mit einer von sowjetischer Seite ausgewiesenen Belegungskapazität für 3.500 Personen. Doch der Gefängniskomplex wurde von der Armee als Repatriierungslager für sowjetische Bürger genutzt.[15] Der Stellvertretende Chef der Abteilung für Repatriierung, Generalmajor Filatov, lehnte Sviridovs Ansinnen ab.[16] Im September 1946 bekam Sviridov jedoch für einen anderen Vorschlag die Zustimmung Serovs. Sviridov meldete, daß im Speziallager des NKVD Nr. 7 in einer gesonderten Zone des Lagers Platz für 5.000 bis 6.000 Personen wäre. Er erbat den Befehl Serovs für die Schließung des NKVD-Gefängnisses Nr. 5 Strelitz und die Übergabe der Gefangenen zur weiteren Haftverbüßung an das Lager Nr. 7 Sachsenhausen.[17]

Am 16., 17. und 18. September 1946 wurden die deutschen SMT-Verurteilten aus Strelitz in das Speziallager Nr. 7 überstellt.[18] Am 27. September 1946 wurden in Sachsenhausen 1.359 Zugänge registriert. Die SMT-Verurteilten wurden, streng isoliert von dem bereits existierenden Lagerbereich für Internierte, in der sogenannten Zone II untergebracht. Mit der Überstellung von gerichtlich verurteilten Personen erhielt das Speziallager Nr. 7 eine zusätzliche Funktion, nämlich die eines Gefängnislagers.

---

11 Ebenda.
12 GARF, f. 9409, op. 1, f. 131, l. 53.
13 GARF, f. 9409, op. 1, f. 131, l. 54.
14 Vgl. Erler 1996, S. 51 ff.
15 Repatriierungslager Nr. 211.
16 GARF, f. 9409, op. 1, f. 131, l. 25.
17 GARF, f. 9409, op. 1, f. 131, l. 31.
18 Vgl. "Erinnerungen zum vollzogenen Unrecht an Wittenberger Jungen und Mädchen", Bericht AS.

NATALJA JESKE

Kritische Bemerkungen zu den sowjetischen Speziallagerstatistiken

Als Anfang der fünfziger Jahre in der Bundesrepublik die ersten statistischen Schätzungen zur Geschichte der Speziallager aufgrund von Zeugenaussagen vorgenommen wurden, wußte man, daß diese nicht präzise sein konnten, weil, wie es damals hieß, "die einzig absolut richtigen Quellen – die Unterlagen des MVD" – nicht zur Verfügung standen.[1] Nun ist seitdem ein großer Teil der statistischen Unterlagen der sowjetischen Abteilung Speziallager zugänglich[2]; viele lagerinterne und von der höheren Bürokratie erstellte Statistiken werden von der Forschung genutzt,[3] aber dennoch sind die bisherigen Fragen, in erster Linie nach der Zuverlässigkeit der sowjetischen Zahlen, keineswegs vom Tisch.[4]

Im Gegenteil: Zwar wurden schon vor einigen Jahren Zahlen aus der Abschlußstatistik der Abteilung Speziallager vom Jahre 1950,[5] die bis heute als Ausgangspunkt für die Zahlenangaben der meisten Wissenschaftler dient, veröffentlicht. Aber eine genauere Analyse des Zustandekommens dieser Statistik sowie ein Vergleich mit anderen sowjetischen Unterlagen machen Diskrepanzen deutlich, zu deren Erklärung in diesem Aufsatz beigetragen werden soll.

Es gibt innerhalb des sowjetischen Statistikapparates auffällige Schwankungen, die die Verantwortlichen nicht alle kaschieren konnten. Obwohl heute noch nicht alle Quellen zugänglich sind, die einen vollständigen Überblick über das Statistiksystem der Speziallager ermöglichen, müßten gleichwohl – und dies ist ein weiteres Ziel dieses Beitrages – die uns

---

1 Just 1952, S. 135.
2 Gemeint sind Dokumente aus dem Bestand 9409 des Staatsarchivs der Russischen Föderation (GARF). Diese wurden seit 1992 kopiert und liegen im Institut für Geschichte und Biographie der Fernuniversität Hagen. Die Gedenkstätten Sachsenhausen und Buchenwald sowie die Stiftung sächsischer Gedenkstätten (für die Lager Bautzen und Torgau) verfügen ebenfalls über die sie betreffenden Teile.
3 Anhand von sowjetischen Registraturunterlagen hat z. B. Bodo Ritscher die Veränderungen in der zahlenmäßigen Belegung des Speziallagers Nr. 2 Buchenwald rekonstruiert (Ritscher 1995, S. 189-235), Jan Lipinsky nutzte in seinen Artikeln zur Geschichte des Speziallagersystems zentrale sowjetische Statistiken (Lipinsky 1995, S. 27-43) sowie Statistiken aus den Registraturbeständen der Lager Nr. 2 Buchenwald, Nr. 9 Fünfeichen (Fischer/Lipinsky 1994, S. 38-56) und Nr. 10 Torgau (Lipinsky 1993, S. 146-164). Achim Kilian verwendete für seine Studien (Kilian 1993) die Registraturunterlagen des Speziallagers Nr. 1 Mühlberg.
4 Besonders unzuverlässig erscheinen z. B. Achim Kilian die offiziellen sowjetischen Totenzahlen (Kilian 1995, S. 936-947).
5 Vgl. hierzu die in der Einführung von Alexander v. Plato in diesem Band zitierte Anfrage des Innenministers der DDR, Diestel, im Jahre 1990.

vorliegenden Quellen kritisch überprüft werden. Zunächst bedarf es hierzu einer Beschreibung des statistischen Materials, und zwar unter besonderer Berücksichtigung seines Zustandekommens. Dabei geht es um den Umfang der statistischen Überlieferungen und ihre quellenspezifischen Besonderheiten.

In einem weiteren Schritt sollen zwei Rubriken in den sowjetischen Statistiken, die Angaben zur nationalen Herkunft der Häftlinge sowie die statistisch erfaßten Verhaftungsgründe - eine der zentralen Fragen der Speziallagerforschung - untersucht werden. Dabei wird deutlich werden, daß es für die Verantwortlichen in Berlin nicht immer einfach war, die Zahlen, die in den Lagern erhoben und an die höhere Verwaltung weitergeleitet wurden, zu den erwünschten Ergebnissen zusammenzufassen.

Das gilt auch für eine der wichtigsten Berechnungen, die Statistik des letzten Leiters der Abteilung Speziallager, Oberst Sokolov, vom März 1950. Da diese schon erwähnte Abschlußstatistik mit anderen in diesem Artikel aufgeführten Berechnungen verglichen werden soll und als Ausgangsbasis für die zahlenmäßige Erfassung des gesamten Speziallagersystems genutzt wird, soll sie hier kurz zusammengefaßt werden.[6] Ihr zufolge waren durch die Speziallager insgesamt *157.837 Personen* (davon 122.671 Deutsche, 34.706 Bürger der UdSSR und 460 "Ausländer"[7]) gegangen. Die größte Gruppe der Häftlinge (*45.635 Personen*) war entlassen worden, fast ebenso viele Personen (*43.045*) waren in den Speziallagern gestorben. In die Sowjetunion waren 29.804 Verurteilte deportiert worden. Insgesamt 10.440 Personen waren ohne "Aburteilung", als "Spezialkontingent"[8] in die Sowjetunion gebracht worden; 14.202 Deutsche waren dem Innenministerium der DDR übergeben worden. Den operativen Gruppen und Militärtribunalen waren 6.917 Personen überlassen worden. 6.680 Deutsche waren in Kriegsgefangenenlager gekommen. 786 Personen waren erschossen worden. 128 Personen waren geflüchtet; 89 Menschen wurden in Strafbataillonen eingesetzt, 86 Personen dem polnischen Staat und insgesamt 35 Menschen in Repatriierungslager der UdSSR übergeben.

---

6 GARF, f. 9409, op. 1, d. 259, S. 235–236. Sie findet sich ebenfalls in der Einführung von Alexander v. Plato.
7 Mit "Ausländer" waren also die Nichtdeutschen und nicht aus der UdSSR stammenden Personen gemeint.
8 An dieser Stelle ist eine grundsätzliche Bemerkung zur Sprache in den Statistiken angebracht. Die teilweise menschenverachtende oder im militärischen Fachjargon befangene Sprache der Akten der Lagerverwaltung kann nicht umgangen werden. Dies ist in einer Analyse der Statistiken auch nicht sinnvoll, da deren Logik nicht von der Wortwahl der Bürokratie zu trennen ist. Und wenn unter "Abgang" so verschiedene Häftlingsschicksale wie Entlassung oder Erschießung und andere Todesarten subsumiert werden, dann spricht dieser Begriff für sich und muß m.E. nicht ersetzt werden. Im folgenden werden diese Begriffe beim ersten Auftreten in Anführungszeichen gesetzt, danach werden sie ohne besondere Kennzeichnung verwendet, selbst wenn sie heute fremd klingen.
An dieser Stelle möchte ich mich für die kritischen Hinweise und Korrekturen besonders bei Alice v. Plato bedanken. In unseren Gesprächen haben Themen wie diese immer wieder eine Rolle gespielt. Für Anregungen danke ich außerdem Vera Neumann, Alexander v. Plato, Ralf Possekel und Bodo Ritscher.

1. Zur Quellenlage

Die Struktur des statistischen Quellenkomplexes im Bestand der "Abteilung Speziallager", der sich im Archiv der Russischen Föderation befindet, kann mit einer Pyramide verglichen werden: Ihre Basis bilden die Registraturbestände der einzelnen Lager und die Spitze die "zentralen" Statistiken, die in der Abteilung Speziallager hauptsächlich für die 1. Spezialabteilung des MVD in Moskau erstellt wurden.

Leider ist die eigentliche Grundlage der Nachweisführung in den Speziallagern – es handelt sich um die Personalunterlagen der Häftlinge, d. h. ihre Registraturkontrollakten sowie Registraturkarten – für die Forschung noch nicht zugänglich. Es fehlen auch alle Hinweise darauf, wie viele Registraturkontrollakten von Internierten bzw. wie viele Gefängnisakten von Verurteilten zwischen 1945 und 1950 an die 1. Spezialabteilung des MVD in Moskau übergeben wurden. Etwas mehr wissen wir über die *zentrale Namenskartei der Abteilung Speziallager*:

Die Registraturkarte der Form Nr. 1 (Namenskarte) war ein obligatorisches "operatives" Nachweisdokument, das im Laufe von 24 Stunden nach der Einlieferung in das Lager dreifach erstellt werden mußte. Ihr erstes Exemplar blieb im Lager, das zweite gehörte in die Abteilungskartei, das dritte ging in das Archiv der 1. Spezialabteilung des MVD nach Moskau. Wenn ein Häftling aus dem Speziallagersystem ausschied (sei es durch Entlassung, Übergabe an die operativen Sektoren oder durch seinen Tod), dann galt er als "Abgang", und es sollte eine "Abgangsbescheinigung" an die Abteilung gesendet werden, die den Abgang in ihrer Abteilungskartei ebenfalls vermerkte. Für Vermerke über die "Bewegungen" (= Verlegungen) von Häftlingen innerhalb des Speziallagersystems reichten einfache Namenslisten.

Die zentrale Namenskartei der Abteilung Speziallager spielt im Versuch, die Gesamtzahl der Inhaftierten zu bestimmen, eine besondere Rolle: Als sie im April 1950 an den amtierenden MGB-Bevollmächtigten in Deutschland, Generalmajor Mel'nikov übergeben wurde, enthielt diese Kartei laut Übergabeprotokoll *145.179* komplette Registraturkarten mit Abgangsvermerken.[9] Daneben gab es noch 11.708 Karten ohne Abgangsvermerke. Die Anzahl der damals übergebenen Abgangsbescheinigungen (ohne Karten) betrug dagegen *15.000*[10]: Für diese Häftlinge waren entweder nie Registraturkarten angelegt worden oder ihre bereits existierenden Karten konnten nicht gefunden werden.[11] Wir machen im folgenden die Gesamtzahl all derer, für die es Abgangsunterlagen gab, zur Berechnungsgrundlage, während wir die 11.708 Personen vernachlässigen, von denen nicht bekannt ist, wie ihre Unterlagen in der Kartei gehandhabt wurden.[12] Damit sind es mindestens *160.179* Häftlinge, die in der Abteilungskartei erfaßt wurden. Entscheidende Voraussetzung für diese Zahl ist

---

9 GARF, f. 9409, op. 1, d. 259, S. 240–241.
10 Ebenda.
11 Die Abteilung Speziallager nahm 1950 an, daß aufgrund der unterschiedlichen Namensschreibungen die Registraturkarten ohne Abgangsvermerke unerkannt neben den Abgangsbescheinigungen derselben Häftlinge gelegen haben könnten. Vgl. GARF, f. 9409, op. 1, d. 259, S. 238.
12 Es ist nicht anzunehmen, daß zusätzlich noch 11.708 Personen, deren Zugang in der Abteilungskartei vermerkt wurde, ohne jeden Nachweis im Inneren des Speziallagersystems verschwinden konnten. Solche "Ausfälle" sind im Rahmen einer fehlerbehafteten, aber "realitätsbezogenen" sowjetischen Registraturpraxis kaum denkbar. Daß die Akten einzelner Personen verlorengingen, ist dagegen nicht auszuschließen.

allerdings, daß in der Abteilungskartei nicht Tausende von Abgängen doppelt registriert wurden. Denn es hat mit hoher Wahrscheinlichkeit auch "Doppelaufnahmen" und "Doppelabgänge" gegeben, wobei offenbleibt, in welcher Größenordnung sich diese Doppelregistrierungen zahlenmäßig bewegen.[13]

Es ist gleichzeitig zu berücksichtigen, daß die Abteilungskartei sehr mangelhaft geführt wurde, so daß ihre Aufgabe, die "operative Kontrolle" über jeden Häftling zu gewährleisten, nur in einem begrenzten Umfang realisiert wurde. Einige sowjetische Dokumente deuten darauf hin, daß die Registraturkarten entgegen geltenden Vorschriften sehr schleppend und dadurch lückenhaft angelegt wurden. Ob der vielbeklagte Mangel an Personal, die massenhaften Einlieferungen von Häftlingen bis Ende 1945 oder technische Probleme die Ursachen dafür waren, kann man heute nicht eindeutig nachvollziehen.

Im Juli 1947, kurz nach seinem Dienstantritt, schätzte Oberst Zikljaev, Leiter der Abteilung Speziallager, die Anzahl der bisher nicht registrierten Personen auf ca. 16.000.[14] Allein in Mühlberg gab es für 3.798 Personen (von ca. 12.000 Insassen) im Februar 1947 noch keine Registraturkarten.[15]

Offenbar wurden ab Sommer 1947 einige Schritte zur Überwindung dieser Situation unternommen. Nach den Anweisungen von Zikljaev mußten nicht nur alle noch einsitzenden Häftlinge, sondern auch diejenigen, die ohne zentrale Registrierung die Speziallager verlassen hatten, nachträglich Registraturkarten erhalten. Hierfür sollten die Lagerjournale sowie andere in den Lagern aufbewahrte Nachweisunterlagen genutzt werden.[16] Es ist daher wahrscheinlich, daß zwischen 1947 und 1950 tatsächlich viele Registraturkarten (auch nachträglich) angelegt wurden,[17] wobei zweifelhaft ist, ob mit diesen nachträglichen Anfertigungen alle durch die Speziallager gegangenen Personen erfaßt wurden. Denn:

Erstens gab es Personen, die bei ihrem Tod "namenlos" blieben. Das gilt insbesondere für diejenigen Häftlinge, die bei den zahlreichen Überstellungen im Sommer und Herbst 1945 umkamen und von denen weder Mithäftlinge noch Wachleute die Namen kannten.[18]

Zweitens können zu den nicht in der Namenskartei erfaßten Personen auch einige von denjenigen gehören, die 1945 als Kriegsgefangene und "Sonstige" in die Speziallager eingeliefert wurden und bald darauf starben. Sie wurden im Regelfall verzögert erfaßt,[19] weil diese Häftlinge nicht zu den Personengruppen gehörten, die laut Befehl des NKVD Nr. 00315 in den Speziallagern zu inhaftieren waren:[20] Aus den sowjetischen Dokumenten geht hervor, daß die Lagerbehörden mit der baldigen Überstellung dieser "nicht in die Spe-

---

13 In diesen Fällen handelt es sich um Personen, die entweder an den operativen Sektoren oder an Kriegsgefangenenlager überstellt wurden und danach wieder in die Speziallager kamen. Dazu gehören mit Sicherheit auch 526 Personen, die im Winter 1947 in die UdSSR deportiert wurden und wegen ihrer schlechten körperlichen Verfassung zurück an die Speziallager überstellt wurden (vgl. dazu Fußnote 64).
14 Vgl. GARF, f. 9409, op. 1, d. 148, S. 126.
15 Vgl. GARF, f. 9409, op. 1, d. 133, S. 68.
16 Vgl. GARF, f. 9409, op. 1, d. 148, S. 127.
17 Achim Kilian berichtet, z. B., daß seine Registraturkarte, die er in Moskau einsehen konnte, zwei Jahre nach seiner Entlassung, d. h. 1950 angefertigt wurde (Kilian 1993, S. 1155).
18 Vgl. z. B.GARF, f. 9409, op. 1, d. 332, S. 10.
19 Vgl. GARF, f. 9409, op. 1, d. 259, S. 237.
20 Diese Kategorien werden im Unterkapitel "Haftgründe" aufgeführt. Der Wortlaut des Befehls ist ausführlich in der Einführung von Alexander v. Plato abgedruckt.

ziallager gehörenden" Personen gerechnet haben und nicht unbedingt wußten, ob diese Häftlinge registriert werden sollten.[21]

Drittens gehören wohl ebenfalls in diesen Kreis von "übersehenen" Personen einige Häftlinge, die im Mai/Juni 1945 starben, bevor die Anweisungen zur Registrierung der Häftlinge bekanntgegeben wurden.[22]

Die Gesamtzahl der vor jeglicher Erfassung gestorbenen Häftlinge schätzen wir auf etwa *1.500 Personen*. Diese Schätzung berücksichtigt die wenigen uns aus dieser Zeit vorliegenden Sanitätsakten, die wiederum belegen, daß die Todesrate in den ersten Monaten noch nicht so hoch war, sondern erst im Sommer 1945 anstieg.[23]

Viertens setzte sich die größte Gruppe an nicht registrierten Häftlingen aus den im Sommer 1945 an die "polnischen" Lager Posen und Landsberg überstellten Personen zusammen. Laut sowjetischen Registraturunterlagen dieser Lager wurden im Sommer 1945 insgesamt 9.092 Personen in die NKVD-Lager auf späterem polnischen Gebiet überführt; fast alle von ihnen ohne Registraturkarten.[24] Im Januar 1946 kamen dagegen nur 7.422 Häftlinge in die "deutschen" Speziallager zurück. Das heißt, mindestens *1.670* Insassen wurden nicht durch die zentrale Namenskartei erfaßt.

Die nicht in der Namenskartei registrierte Anzahl von Häftlingen könnte demnach mit *ca. 3.000 Personen* eingeschätzt werden. Unabhängig von den bestehenden Vorbehalten erhöht sich die Gesamtzahl der Speziallagerinsassen unter diesem Gesichtspunkt auf mindestens *ca. 163.000*. Die in der Abschlußstatistik der Abteilung Speziallager genannte Gesamtzahl der Häftlinge (157.837 Personen) erscheint somit bereits aufgrund von Informationen über die Namenskartei der Abteilung Speziallager zu niedrig zu sein.

Die Stärkemeldungen der einzelnen Lager (= Insassenstatistiken) stellten die nächste Ebene der Nachweisführung in den Speziallagern dar und sollten ab Mai 1945 zunächst dreimal monatlich und ab August 1945 zweimal im Monat – zum 13. und zum 28. - alle "Zugänge" in dieser Berichtsperiode (sowohl aus den operativen Gruppen als auch Überstellungen aus den anderen Lagern) und "Abgänge" (Überstellungen, Sterbefälle, Fluchten usw.) in ihrer Mehrdimensionalität (Haftgründe und Nationalität) erfassen, wobei der aktuelle "Bestand" (= die Belegung) nach der Formel "alter Bestand + Zugänge – Abgänge" errechnet werden mußte.[25] Alle Zu- und Abgänge waren unabhängig vom Stand der "zentralen" Registrierung und dem Vorliegen der Registraturkontroll- und Gefängnisakten zu erfassen.

---

21 Vgl. dazu: GARF, f. 9409, op. 1, d. 1, S. 18; d. 130, S. 43. Bei diesen Inhaftierten handelte es sich offensichtlich nicht nur um die oben genannten Mitglieder von SS, SA usw., sondern auch um weniger belastete Personen wie etwa eine "Reinemachefrau im Innenministerium" oder einen "Zeichner von militärischen Karten" (vgl. GARF, f. 9409, op. 1, d. 129, S. 75).

22 Die Anlage Nr. 3 zum Befehl Nr. 00416 vom 10.05.45, d. h. "Vorläufige Instruktion zur Registrierordnung in Gefängnissen und Lagern", wurde erst Anfang Juni 1945 während einer Beratung mit den Registratur-Mitarbeitern in Fürstenwalde bekannt gegeben.

23 Im Juni 1945 betrug die Sterberate z. B. in Werneuchen-Weesow 0,1 %. GARF, f. 9409, op. 1, d. 325, S. 2 und d. 327, S. 4.

24 So waren alle 1.995 Personen, die am 19. Juli 45 aus Werneuchen-Weesow nach Landsberg überstellt wurden, nicht zentral registriert worden (vgl. GARF, f. 9409, op. 1, d. 332, S. 10). Bei den anderen Überstellungen sah der Stand der Registrierung nicht anders aus. Dies könnte als ein Grund für die spätere Streichung dieser Personen aus allen statistischen Zusammenstellungen der Abteilung Speziallager gelten.

25 Vgl. GARF, f. 9409,op. 1, d. 130, S. 176–179.

Als obligatorische Anlage zu den zweiwöchigen Stärkemeldungen sollte von Anfang an die aktuelle Statistik über die Haftgründe der Lagerbelegung vorgelegt werden. Ab April 1946 waren auch Berichte über die Alters- und Geschlechtsstruktur der Lagerinsassen als Bestandteil der Statistik zu erstellen. Speziallager, in denen sich Verurteilte befanden, mußten auch deren Haftzeiten statistisch erfassen.

Diese Unterlagen wurden auf der Grundlage von lagerinternen täglichen Stärkemeldungen erstellt. Die Methoden der "primären Nachweisführung" waren dabei den Lagern überlassen.[26] Noch im Mai 1949 hat sich die Abteilung Speziallager darüber beklagt, daß hierfür keine "zentralen" Anordnungen existierten und es unklar war, "wie diese Nachweisführung organisiert werden soll".[27] Gleichzeitig wurde auf den Mangel an qualifiziertem Personal in den mit diesen Aufgaben betrauten Gruppen hingewiesen.[28] Aus dieser Situation heraus wären die Qualitätsunterschiede der einzelnen Lagerstatistiken sowie ihre Ungenauigkeiten durchaus verständlich. Andererseits lag eine genaue statistische Erfassung der Insassen im Interesse der Lagervorsteher, da diese nicht nur die operative Kontrolle ermöglichte, sondern auch Ärger im Fall einer unangemeldeten Überprüfung ersparen konnte.[29]

Im Staatsarchiv der Russischen Föderation befinden sich die Bestände der Lager Nr. 1 Mühlberg (verlegt im August 1945 aus Schwiebus), Nr. 2 Buchenwald, Nr. 4 Bautzen (seit Januar 1949 Lager Nr. 3), Nr. 5 Ketschendorf (bzw. Fürstenwalde), Nr. 6 Jamlitz (verlegt im Oktober 1945 aus Frankfurt/Oder), Nr. 7 Oranienburg (verlegt im August/September 1945 aus Werneuchen/Weesow, seit Januar 1949 – Speziallager Nr. 1), Nr. 9 Fünfeichen und Nr. 10 Torgau. Dazu kommen die Bestände der Gefängnisse Frankfurt/Oder und Torgau (im Juli 1946 in das Speziallager Nr. 10 Torgau umgewandelt).

Die Bestände der beiden ersten aufgelösten Lager – Nr. 3 Berlin-Hohenschönhausen (aufgelöst im Oktober/November 1946) und Nr. 8 Torgau (verlegt aus Schneidemühl im September 1945 und aufgelöst im Dezember 1946/Januar 1947) - sind bisher nicht gefunden worden.[30] Die Unterlagen der Gefängnisse Strelitz und Lichtenberg, die von 1945 bis 1947 offiziell zur Abteilung Speziallager gehörten, sind in diesem Bestand ebensowenig überliefert.[31] Das gleiche gilt für die Lager auf dem heutigen Territorium Polens, die bis Juli 1945 der Abteilung Speziallager unterstanden.

---

26 Über "primäre" Nachweisführung der Häftlinge, d. h. über Zählappelle und lagerinterne Häftlingskarteien wird von vielen ehemaligen Lagerinsassen berichtet (vgl. z. B. Pritzkow 1994, S. 51 ff. sowie: Die Opfer von Fünfeichen, 1996, S. 66 ff).
27 Vgl. GARF, f. 9409, op. 1, d. 224, S. 15.
28 Ebenda; vgl. auch f. 9414, op. 1, d. 360, S. 24. Der Mangel an Registratur-Mitarbeitern in den Speziallagern betrug im August 1948 fünf Personen; die "überwiegende Mehrheit der Mitarbeiter", so Zikljaev, "sind Armeeoffiziere, die keine Erfahrungen in Sachen Nachweisführung und zum Teil kein Interesse an ihrer Arbeit haben".
29 Vgl. dazu die Ausführungen von Hauptmann Skvorcov, Leiter der Unterabteilung Nachweisführung der Abteilung Speziallager während der Beratung von Registratur-Mitarbeitern am 13.09.49 (GARF, f. 9409, op. 1, d. 221, S. 134).
30 Einige Listen und einzelne Unterlagen, die das Lager Nr. 8 Torgau betreffen, befinden sich im Bestand des Sekretariats der Abteilung Speziallager (GARF, f. 9409, op. 1, d. d. 19, 20).
31 Einzelne, das Gefängnis Strelitz betreffende Dokumente befinden sich ebenfalls im Bestand des Sekretariats. (GARF, f. 9409, op. 1, d. d. 9, 11).

2. Zentrale Statistik

Die Lagerunterlagen wurden in der Abteilung Speziallager zur Erstellung von zentralen, d. h. zusammenfassenden Statistiken genutzt. Von besonderer Bedeutung sind die *"Stärkemeldungen der Abteilung Speziallager"*. Diese wurden in der Abteilung Speziallager höchstwahrscheinlich seit Juli 1945 halbmonatlich erstellt und bildeten die wichtigste Abrechnungsgrundlage gegenüber der 1. Spezialabteilung des MVD. In den "Stärkemeldungen" wurden folgende statistische Positionen ermittelt: die gesamte Anzahl der in den beiden vorangegangenen Wochen aus den operativen Gruppen eingelieferten Häftlinge (unterteilt nach den Registraturkategorien des NKVD-Befehls Nr. 00315), die Anzahl und die Art der "Abgänge" aus den Speziallagern sowie der aktuelle Häftlings"bestand". Sie waren am 15. und 30. jeden Monats auf der Grundlage der schon erwähnten Lagerstärkemeldungen zu erstellen. Im Bestand 9409 des Archivs der Russischen Föderation sind diese statistischen Dokumente *nur lückenhaft* überliefert, d. h. die Stärkemeldungen liegen nur für August und November 1945[32], November und Dezember 1946[33], Juli und Oktober 1947[34] sowie für den Zeitraum von April 1949 bis März 1950[35] vor; als Anlagen sind in den jeweiligen Akten auch komplette Stärkemeldungen aller zu diesem Zeitpunkt zur Abteilung gehörenden Speziallager und Gefängnisse überliefert.

Die Aufgabe der zentralen Statistiker, in sich schlüssige Zahlenwerke als Synthese der ihnen abgelieferten Einzelerhebungen zu erstellen, war - wie schon gesagt - nicht immer leicht. Ihre Ergebnisse wurden in sogenannten Aufstellungen zusammengefaßt, parallel zu den Stärkemeldungen der Abteilung Speziallager: *"Aufstellungen über den Bestand und die Bewegungen von Inhaftierten in den Speziallagern und Gefängnissen des MVD in Deutschland"*. Sie wurden ebenfalls an die hierarchisch höhere 1. Spezialabteilung des MVD gesendet.

Konkret lieferten sie übergreifende, kumulative Informationen über die Zugänge und Abgänge der Häftlinge seit der Gründung der Abteilung Speziallager. Am 15. und 30. jeden Monats mußten die Zahlen anhand der Stärkemeldungen der einzelnen Lager aktualisiert werden. Die erste Aufstellung im Bestand 9409 ist vom 30. August 1945 datiert.[36]

---

32 Vgl. GARF, f. 9409, op. 1, d. 136, 137.
33 Vgl. GARF, f. 9409, op. 1, d. 146, 147.
34 Vgl. GARF, f. 9409, op. 1, d. 152.
35 Vgl. GARF, f. 9409, op. 1, d. 235-243, 247-250.
36 GARF, f. 9409, op. 1, d. 136, S. 72.

Tabelle [137] "Bestand" im August 1945

	Zugänge: Spezialkontingent	Mobilisierte	Kriegsgefangene	Verurteilte	Gesamt
	50.002	**5.917**	**1.065**	**2.270**	**59.254**
Abgänge:					
Nordgruppe der Roten Armee:	16.221	176	293		**16.690**
Kriegsgefangenenlager:			388		**388**
Dombrovski-Kohlenbecken		3.252			**3.252**
in die UdSSR					**997**
operative Gruppen	53				**53**
Organisationen und Truppenteile		1.153 sic			**1.533**
Entlassen	39	1.153			**1.192**
Verstorben	1.571	84			**1.645** sic
Geflüchtet	26	17			**43**
Erschossen				74	**74**
Bestand am 30.08.45	**32.092**	**82**	**384**	**1.199**	**33.757**

Die Unterschiede zwischen dieser und der letzten Aufstellung vom 1. März 1950 sind nicht zu übersehen:[38] So sind z. B. viele "Abgangspositionen" wie Übergaben "an die Nordgruppe der Roten Armee", "an das Dombrovski-Kohlenbecken" und "an die Organisationen und Truppenteile" in der Abschlußstatistik der Abteilung Speziallager nicht mehr genannt.

Leider sind die weiteren Aufstellungen insgesamt lückenhaft überliefert. Die zweite im Bestand 9409 vorliegende Aufstellung ist fast ein Jahr später gemacht worden und datiert vom 15. August 1946.[39] Dann folgt eine zweijährige Zeitspanne bis zum 15. August 1948, für welche die Aufstellungen der Abteilung Speziallager fast komplett vorliegen (es fehlt nur die Aufstellung vom 15. Februar 1947).[40] Für die Zeit zwischen August 1948 und März 1950 liegen nur drei Aufstellungen vor.[41]

Da nicht nur zwischen der ersten und der letzten Aufstellung, sondern auch innerhalb der durchgehend überlieferten Aufstellungen bis August 1948 sowohl strukturelle als auch zahlenmäßige Differenzen bestehen, ist es erforderlich, die zeitlichen, territorialen und administrativen "Grenzen" der zentralen Statistik zu erforschen.

a. Zeitliche Grenzen

Der Beginn der zentralen Statistik ist durch eine gewisse Unschärfe gekennzeichnet. Der 30. Mai 1945 wurde in der ersten überlieferten Aufstellung vom 30. August 1945 als der zeitliche Ausgangspunkt der Aufstellungen vermerkt. In den späteren zentralen Statistiken

---

37 Die uns überlieferten Tabellen sind manchmal in sich unstimmig. Fragliche Zahlen sind hier mit einem "sic" gekennzeichnet.
38 Vgl. die eingangs zitierte und bei Alexander v. Plato in diesem Band abgedruckte Abschlußstatistik.
39 GARF, f. 9409, op. 1, d. 143, S. 34.
40 GARF, f. 9409, op. 1, d. 143, 213.
41 GARF, f. 9409, op. 1, d. 224.

taucht ein anderes Datum – der 15. Mai 1945 – auf. Es wurde höchstwahrscheinlich dem offiziellen Datum der Gründung der Abteilung Speziallager angepaßt. Dabei bleibt fraglich, ob im Mai und zum Teil noch im Juni von allen existierenden Lagern statistische Berichte abgefaßt wurden. Deshalb ist anzunehmen, daß die "Bewegungen des Spezkontingents" zwischen dem 20. April 1945 und dem 30. Mai 1945 entweder überhaupt nicht oder in stark reduzierter Form erfaßt wurden.

Die massenhaften Verhaftungen und Festnahmen sowie Todesfälle und Deportationen von Deutschen vor dem 20. April 1945 werden in dieser Statistik nicht erfaßt.[42]

b. Territoriale und administrative Grenzen der zentralen Statistik

Ungenauigkeiten ergeben sich in der zentralen Statistik besonders für die Lager, die sich auf späterem polnischen Territorium befanden. Nachweislich gehörten die Lager Landsberg (Nr. 4), Posen (Nr. 2), Schneidemühl (Nr. 8), Rembertow (später Schwiebus - Nr. 1) sowie das Gefängnis Graudenz bis Juli 1945 zur Abteilung Speziallager. Im Juli 1945, nach der Festlegung der östlichen deutschen Grenze, wurden die Lager Landsberg, Posen sowie das Gefängnis Graudenz an die Nordgruppe der Roten Armee bzw. an die zur Bewachung des Hinterlandes der Nordgruppe eingesetzten NKVD-Truppen, geleitet von Generalmajor Rogatin, übergeben.[43] Gleichzeitig blieben die Lager Schneidemühl und Schwiebus im Befugnisbereich der Abteilung Speziallager und wurden im August/September 1945 nach Deutschland verlegt. Diese administrativen und territorialen Umstellungen haben zu den ersten Änderungen der zentralen Statistik geführt.

Die Belegung der "polnischen" Lager war noch bis Juli/August 1945 relativ heterogen. Ihre größte Gruppe bestand aus deutschen Mobilisierten,[44] d. h. Personen, deren Festnahme weniger politisch als vielmehr wirtschaftlich motiviert war.[45] Der NKVD-Befehl Nr. 00315 vom 18. April 1945 legte eine deutliche Grenze zwischen den "Mobilisierten" und dem "Spezialkontingent" fest und leitete die endgültige "Räumung" der bis zum 18. April 1945 eingerichteten Lager von "mobilisierten" Deutschen ein. Das bedeutete jedoch nicht, daß nach dem 18. April 1945 keine Mobilisierten mehr in die Speziallager eingeliefert wurden, denn in der ersten uns vorliegenden Aufstellung wurden sie neben den Zugängen des Spe-

---

42 Es geht in erster Linie um die Personen, die nach dem Erlaß des NKVD-Befehls Nr. 0016 vom 11. 1. 45 "zur Säuberung des Hinterlandes der Roten Armee vom feindlichen Element" östlich Oder und Neiße verhaftet worden waren, sowie um die sog. "mobilisierten" Deutschen, die allein aufgrund ihrer Nationalität zum Wiederaufbau der sowjetischen Wirtschaft verschleppt wurden. Laut sowjetischen Dokumenten waren im Frühjahr 1945 ca. 200.000 deutsche Zivilisten in den deutschen Ostgebieten festgenommen und in die Sowjetunion deportiert (vgl. dazu Karner 1995, S. 21-31 sowie die Einführung von Ralf Possekel zu Band 2). Im Bestand der Abteilung Speziallager des GARF sind einzelne "Meldungen über die Sammellager für mobilisierte Deutsche" der 1. Belorussischen Front überliefert. Demzufolge wurden im Bereich der 1. Belorussischen Front zwischen 15. 2. 45 und 10. 4. 45 insgesamt 58.805 Personen festgenommen, 52.420 von ihnen wurden in die UdSSR deportiert, 269 starben (GARF, f. 9409, op. 1, d. 291, S. 27).
43 GARF, f. 9409, op. 1, d. 134, S. 15; d. 139, S. 75.
44 Anfang Mai 1945 waren in Landsberg neben den 27 Personen des Spezialkontingentes 1.103 Mobilisierte inhaftiert, die zur Arbeit in den Truppenteilen der Roten Armee sowie zur "Verpackung von Inventar und technischer Ausrüstung und ihrem Versand in die Sowjetunion" eingesetzt wurden (GARF, f. 9409, op. 1, d. 134, S. 47-49).
45 Vgl. dazu Karner, 1995, S. 25 ff.

zialkontingentes und der Kriegsgefangenen ausgewiesen. Von den 59.254 Verhafteten, die zwischen dem 30. Mai 1945 und dem 30. August 1945 eingeliefert wurden, gehörten 5.917 Personen zu dieser Häftlingsgruppe. Aus der Aufstellung vom 30. August 1945 ist gleichermaßen ersichtlich, daß die meisten von ihnen die Speziallager bereits im Sommer 1945 verlassen hatten[46]: Im August 1945 befanden sich nur noch 82 Mobilisierte in den Speziallagern.

Aus der nächsten überlieferten Aufstellung vom 15. August 1946 sind die Mobilisierten als Häftlingskategorie einschließlich der Angaben zu ihren "Abgängen" (z. B. "Übergeben an Truppenteile und Organisationen" usw.) verschwunden. Dieser Vorgang spricht dafür, daß in den Jahren 1945/1946 eine nachträgliche Streichung dieser Häftlingsgruppe aus der zentralen Statistik erfolgt sein mußte. Der Mechanismus dieses "Verschwindens" bleibt allerdings weitgehend unklar. Die Frage, wie viele von den genannten 82 Personen erneut – jetzt als "Spezialkontingent" – registriert und wie viele von ihnen entlassen wurden, kann aufgrund der vorliegenden Unterlagen nicht beantwortet werden. Deshalb könnten wir die Belegung der Speziallager nur pauschal – d. h. um etwa *5.900 Mobilisierte* erweitern.

Doch wahrscheinlich wurden nicht nur Mobilisierte, sondern auch die komplette Belegung der Lager, die im Juli 1945 an die Nordgruppe der Roten Armee übergeben wurden, nachträglich aus der zentralen Statistik gestrichen. Dieser Vorgang wird durch den Vergleich der Aufstellungen vom 30. August 1945, 15. August 1946 und 1. September 1946 deutlich: Laut der Aufstellung vom 30. August 1945 wurden *16.221* Personen des "Spezialkontingentes" an die "Nordgruppe der Roten Armee" übergeben.[47] In der Aufstellung vom 15. August 1946 wird diese Position dagegen nur noch mit *9.083* Personen beziffert.[48] Aber wie "verschwanden" 7.129 Personen? Die uns vorliegenden Stärkemeldungen derjenigen Speziallager, aus denen im Sommer 1945 die Überstellungen nach Polen erfolgten, ergeben eine Summe von *9.092* Personen[49] (1.978 aus Ketschendorf nach Posen, insgesamt 6.114 aus Werneuchen/Weesow nach Landsberg und 1.000 aus Frankfurt/Oder nach Landsberg), die auffallend dicht bei den in der Aufstellung vom 15. August 1946 genannten 9.083 Personen liegt. Es ist nicht anzunehmen, daß zu dieser Zeit weitere Überstellungen an die "polnischen" Lager erfolgten. Es ist ebenfalls ausgeschlossen, daß insgesamt 3.665 Häftlinge, die zwischen Anfang Juni und Ende Juli 1945 von Bautzen nach Tost überstellt wurden,[50] dabei berücksichtigt wurden (Bautzen gehörte frühestens ab Ende Juli 1945 zu der Abteilung Speziallager).[51]

Es liegt also auf der Hand, daß Personen, die sich zum Zeitpunkt ihrer Übergabe an die Nordgruppe der Roten Armee in den "polnischen" NKVD-Lagern befanden, in der Auf-

---

46 Über die entsprechende Anordnung von Serov vgl. GARF, f. 9409, op. 1, d. 130, S. 139.
47 Aus dieser Aufstellung ist ersichtlich, daß zusätzlich 176 Mobilisierte und 293 Kriegsgefangene an die Nordgruppe der Roten Armee übergeben wurden. Es ist aber möglich, daß ein Teil dieser 469 Personen im Januar 1946 als Spezialkontingent in die deutschen Lager zurückkam.
48 GARF, f. 9409, op. 1, d. 143, S. 34.
49 Ursprünglich waren die Transferpläne in Richtung Osten wesentlich umfangreicher. So war vorgesehen, im Juli/August 1945 insgesamt 27.200 Personen des Spezialkontingentes nach Landsberg, Posen, Schneidemühl sowie Brest zu überführen (vgl. GARF, f. 9409, op. 1, d. 139, S. 101).
50 Vgl. dazu Lagerjournal des Gefängnisses Bautzen, geführt vom 29.05.45 bis 29.08.45 (GARF, f. 9409, op. 1, d. 536).
51 Erst ab August 1945 übernahm Bautzen die Nummer des im Juli 1945 an die Nordgruppe der Roten Armee übergebenen Lagers Landsberg (Nr. 4) und sendete reguläre zweiwöchige Stärkemeldungen an die Abteilung Speziallager.

stellung vom 30. August 1945 mitgezählt wurden. Dabei wäre zu fragen, ob dort im Juli/August 1945 tatsächlich mindestens ca. 16.000 Personen einsaßen. Oder reduzierte sich die Zahl der Insassen durch Transporte in die UdSSR, eine hohe Sterblichkeitsrate und Entlassungen in dieser Zeit? Solange wir nicht über einschlägige Dokumente zur Geschichte der "polnischen" Speziallager verfügen, können diese Fragen nicht eindeutig beantwortet werden.

In der Aufstellung vom 1. September 1946 sowie in den nachfolgenden Statistiken taucht die Rubrik "Übergeben an die Nordgruppe der Roten Armee" nicht mehr auf.[52] Durch diesen Eingriff wurde die Gesamtzahl der Lagerinsassen in der zentralen Statistik nochmals – jetzt um insgesamt *9.083* Personen – reduziert.

Die Anzahl der aus der zentralen Statistik nachträglich gestrichenen Personen könnte man um ca. 16.000 Personen erhöhen, wenn nicht im Januar 1946 Überstellungen in die andere Richtung, d. h. nach Deutschland, stattgefunden hätten:[53] Insgesamt *7.643* Personen kamen in die "deutschen" Speziallager zurück (1751 von Graudenz nach Fünfeichen,[54] 5671 von Landsberg nach Buchenwald,[55] 212 von Landsberg nach Torgau (8) und neun von Graudenz in das Gefängnis Strelitz[56]).

Obwohl viele von ihnen ursprünglich aus den "deutschen" Lagern kamen, wurden sie gewiß als "Neuzugänge" in die Stärkemeldungen der Speziallager und in die Aufstellungen der Abteilung aufgenommen, da die "polnischen" Lager einer anderen Verwaltungseinheit unterstellt waren (den NKVD-Truppen der Nordgruppe der Roten Armee).

Die Anzahl der offiziell durch die Speziallager gegangenen Personen "des Spezkontingents" müßte dadurch nicht um 16.000, sondern um *ca. 9.000* erhöht werden. Denn die überwiegende Mehrheit der Insassen der "polnischen" Lager im Sommer 1945 waren Deutsche, die nach dem NKVD-Befehl Nr. 00315 auf deutschem Territorium verhaftet worden waren.

Das Problem der "administrativen" Grenzen der zentralen Statistik betrifft auch die Insassen der operativen MVD-Gefängnisse. Bis Januar 1946 gehörten nur die Gefängnisse Strelitz, Lichtenberg und Frankfurt/Oder zur Abteilung Speziallager, die "regionalen" Gefängnisse dagegen nicht. Deshalb wurden deren Häftlinge weder in den Stärkemeldungen noch in den "Aufstellungen" der Abteilung Speziallager erfaßt. Das gleiche gilt für die Inhaftierten des Gefängnisses Bautzen von Mai bis August 1945. Die ca. 4.000 Personen, die in diesem Zeitraum nachweislich durch das Gefängnis gegangen sind,[57] blieben in der zentralen Statistik unberücksichtigt.

Wieweit diese Behauptung für die Zeitspanne von Januar bis September 1946 gelten kann, ist nicht klar. Bekannt ist, daß sich operative Gefängnisse in diesen Monaten in einem engeren administrativen Verhältnis zu der Abteilung Speziallager befanden:[58] Ihre Insassen

---

52 Vgl. GARF, f. 9409, op. 1, d. 143, S. 39.
53 Vgl. GARF, f. 9409, op. 1, d. 139, S. 28.
54 Vgl. GARF, f. 9409, op. 1, d. 667, S. 29; auch: d. 133, S. 71–72.
55 Vgl. GARF, f. 9409, op. 1, d. 494, S. 47, 48, 49.
56 Vgl. GARF, f. 9409, op. 1, d. 132, S. 65.
57 Vgl. Lagerjournal von Bautzen (GARF, f. 9409, op. 1, d. 536).
58 In den sowjetischen Unterlagen werden nur insgesamt 18 operative Gefängnisse genannt: Schwerin, Waren, Rostock, Greifswald, Potsdam, Brandenburg, Eberswalde, Cottbus, Halle, Magdeburg, Dessau, Torgau, Weimar sowie Dresden, Leipzig, Zwickau, Chemnitz und Bautzen (vgl. z. B. GARF, f. 9409, op. 1, d. 143, S. 32.). Laut einer anderen Auflistung gehörten auch die Gefängnisse Erfurt,

mußten durch die Abteilung Speziallager versorgt werden; sie taucht jedoch erst am 31. Mai 1946 in den "Informationen über die Speziallager und Gefängnisse des MVD auf dem Territorium Deutschlands, ihre Standorte, Kapazität und den aktuellen Häftlingsbestand" auf.[59] Es liegen aber keine weiteren Dokumente vor, die die Aufnahme der Gefängnisinsassen in die zentrale Statistik eindeutig bestätigen könnten. Zwar stimmen die statistischen Angaben über die aktuelle Stärke der Speziallager und Gefängnisse am 15. August 1946 in allen uns vorliegenden Quellen überein, bereits am 31. August 1946 unterscheiden sie sich jedoch voneinander. An diesem Tag wurden die Häftlinge der operativen Gefängnisse nicht in der Aufstellung der Abteilung Speziallager mitgezählt. Am 1. September 1946 wurden deren insgesamt 3.888 Insassen aus der Abteilungsstatistik gestrichen, so daß die Anzahl der von der Abteilung erfaßten Häftlinge von 79.934 auf 76.046 Personen sank[60] (in den "Informationen" wurden sie übrigens noch Mitte September berücksichtigt).[61] Dieser Vorgang zeigt, daß die Präsenz der operativen Gefängnisse in der zentralen Statistik nicht überbewertet werden darf. Möglicherweise war diese nur auf das automatische "Mitzählen" des aktuellen Häftlingsbestandes (ohne Berücksichtigung der Zu- und Abgänge) beschränkt. Es gibt z. B. eindeutige Hinweise darauf, daß die Personen, die in den operativen Gefängnissen umkamen, nicht in die Abteilungsstatistik aufgenommen wurden.[62]

Aus den Einzelanalysen folgt, daß durch die Umwandlungen der zeitlichen sowie der territorialen und administrativen Rahmen der zentralen Statistik viele Häftlinge, die sich in den Speziallagern befanden, unberücksichtigt blieben. Die Zahl der durch die Speziallager gegangenen Personen muß somit "nach oben" revidiert werden. Angesichts des Umfangs dieser Revision erreichen wir auch die qualitativen Grenzen der zentralen Statistik.

c. Qualitative Grenzen der zentralen Statistik

Die zahlenmäßige Präzision erweist sich als ziemlich kompliziert, weil die Grundlage der zentralen statistischen Berichterstattung – die Lagerstatistiken – mit Ausnahme der bereits kritisch überprüften Registraturbestände des Speziallagers Nr. 2 Buchenwald bisher ansonsten nicht detailliert ausgewertet worden sind.[63]

Zudem ist unklar, ob die zentralen Statistiken tatsächlich ein "kumulatives" Spiegelbild der Lagerstatistiken darstellen. Die bereits erwähnten Überlieferungslücken der Lager- bzw. Abteilungsstatistiken lassen nicht zu, die gesamten Zugänge in die Speziallager sowie einzelne Abgangspositionen "von unten" zu rekonstruieren.[64] Eine solche Rekonstruktion ist

---

Merseburg und Gotha in diese Reihe (GARF, f. 9409, op. 1, d. 143, S. 56). Ob dabei zahlreiche kleinere Gefängnisse bzw. ihre Belegschaft berücksichtigt wurden, ist fraglich.
59 GARF, f. 9409, op. 1, d. 143, S. 20, 21. Die "Informationen" seit Herbst 1945 sind im Bestand 9409 des GARF ebenfalls mit einigen Lücken überliefert (vgl. GARF, f. 9409, op. 1, d. 134, d. 143, d. 213, d. 224).
60 Vgl. GARF, f. 9409, op. 1, d. 143, S. 37–38, 39.
61 Vgl. GARF, f. 9409, op. 1, d. 143, S. 40–41.
62 In den Akten der Sanitätsunterabteilung sind vereinzelte Sanitätsberichte aus den operativen Gefängnissen zu finden (z. B. Gefängnis Halle, vgl. GARF, f. 9409, op. 1, d. 295). In den zusammenfassenden sanitären Statistiken werden diese in keiner Form berücksichtigt.
63 Vgl. die statistische Aufstellung von Bodo Ritscher (Ritscher, 1995, S. 189–235).
64 Die Ausnahme gilt für zwei in den "Aufstellungen" aufgeführten Positionen: "Deportiert in die UdSSR (Spezialkontingent)" und "Übergeben an das Innenministerium der DDR", deren Zusammen-

zur Zeit nur für begrenzte Zeitspannen denkbar, und zwar für die Perioden, deren komplette statistische Unterlagen (d. h. "Stärkemeldungen der Abteilung Speziallager", "Aufstellungen über den Bestand" und komplette Lagerstatistiken) vorliegen.

Die von uns durchgeführten Analysen der überlieferten Statistiken zeugen davon, daß für die Abteilung Speziallager bzw. für die "zentralen" Statistiker bis frühestens Sommer 1948 keine automatische Übernahme der Lagerangaben in Frage kam.

Die untersuchten statistischen Quellen weisen in diesem Zeitraum oft auffallende Differenzen auf. In den acht uns vorliegenden "Stärkemeldungen der Abteilung Speziallager" für 1945 und 1946[65] wurden z. B. insgesamt 434 "Neuzugänge" weniger als in den Lagerstatistiken registriert. Die Ursachen derartiger Differenzen sind nur für die Monate November/Dezember 1946 eindeutig nachvollziehbar, weil sich die Angaben aller drei o. g. Quellen am Anfang, d. h. am 15. November 1946, noch nicht widersprachen. Die Recherchen zeigen, daß die bald darauf entstandenen statistischen Differenzen in einem eindeutigen Zusammenhang mit den abteilungsinternen Überstellungen stehen. Die Anzahl der in einem Lager "losgeschickten" und in einem anderen Lager "angekommenen" Häftlinge stimmte innerhalb einer Berichtsperiode nicht immer überein. Es gab fast immer Häftlinge, die gerade "unterwegs" waren, d. h. im jeweiligen Lager bereits als abteilungsinterne "Abgänge" registriert waren. Die Abteilung Speziallager mußte diese noch nicht angekommenen Transporte im Auge behalten und die Angaben der Lagerstatistiken in diesem Sinne berichtigen. Diese Berichtigung war jedoch mehr ein Jonglieren mit Zahlen, als daß sie mit den konkreten Überstellungen selbst etwas zu tun hatte. Die Abteilung Speziallager war wohl in erster Linie daran interessiert, kontinuierlich in sich stimmige und widerspruchsfreie statistische Informationen "nach oben" zu senden. Da es praktisch unmöglich war, alle, insbesondere abteilungsinterne "Bewegungen" der Häftlinge, zu durchschauen und jeden Häftling statistisch zu erfassen, führte der Zwang zur "Widerspruchsfreiheit" und Kontinuität gleichzeitig zu Manipulationen der zentralen Statistik. Daher drückte die Abteilung Speziallager, um eine in sich stimmige Statistik zu erstellen, entweder Zu- oder Abgänge aus den Lagern künstlich nach unten.

Ein Fall aus dem Jahre 1946 verdeutlicht die Vorgehensweise: Am 1. Dezember 1946 gab es eine Differenz von 112 "Neuzugängen" (739 "Neuzugänge" laut Lagerstatistiken und 627 nach Angaben der Abteilung Speziallager). In dieser Berichtsperiode wurden in den Speziallagern 1.066 Personen als abteilungsinterne Zugänge registriert, als Abgänge dagegen 1.371 Personen. Einen noch nicht angekommenen Transport von 193 Personen von Bautzen nach Torgau (10) hat die Abteilung Speziallager als "Reserve" behalten, d. h. noch nicht als Abgang gezählt – dadurch wurde die Zahl der abteilungsinternen Abgänge auf 1.178 gesenkt. Mit den noch nicht angekommenen 112 Personen wurde die Zahl der externen Neuzugänge künstlich nach unten gedrückt, und die gesamte Statistik war in sich stimmig. Am 15. Dezember 1946 lag die Anzahl der abteilungsinternen Zugänge laut Lagermel-

---

setzung eindeutig nachvollziehbar und widerspruchsfrei erscheint. Die Lagerunterlagen lassen jedoch erkennen, daß nicht alle 5.035 Deportierten zum "Spezialkontingent" gehörten: insgesamt 697 waren bereits verurteilt (vgl. GARF, f. 9409, op. 1, d. 549, S.53; d. 386, S.56; d. 392, S.74). Darüber hinaus kamen insgesamt 526 Personen im Frühjahr 1947 zurück in die Speziallager – 240 nach Buchenwald (GARF, f. 9409, op. 1, d. 498, S. 157–164) und 286 – nach Bautzen (GARF, f. 9409, op. 1, d. 549, S.159). Was die Position "Verstorben" angeht, kann sie aufgrund von fast lückenfrei überlieferten Sanitätsberichten in ihrer Größenordnung nachvollzogen werden (vgl. meinen Beitrag "Die Speziallager in der sowjetischen Besatzungszone: Versorgung, Krankheit, Tod" in diesem Band).

65 GARF, f. 9409, op. 1, d. 136, 137, 146, 147.

dungen um 166 Personen höher als die der Abgänge. Jetzt wurden die o. g. 193 Personen aus Bautzen bei den Zugängen abgezogen. Dadurch entstand der Eindruck, daß in dieser Berichtsperiode 27 Personen mehr "losgeschickt" wurden, als angekommen sind. Deshalb wurde die Zahl der Neuzugänge in der Stärkemeldung der Abteilung Speziallager wieder – jetzt um 27 Personen – reduziert, so daß die zentrale Statistik innerhalb von einem Monat insgesamt 139 Neuzugänge weniger als die Lagerstatistiken registriert hat. Auf ähnliche Weise wurde in der Abteilung Speziallager die Anzahl der Abgänge aus den Speziallagern für diese Zeit um insgesamt 75 Personen gesenkt.

Uns liegen keine Statistiken vor, in welchen die abteilungsexternen Zu- und Abgänge wieder "nach oben" korrigiert wurden. Der nachvollziehbare Mechanismus der zentralen statistischen Berichterstattung spricht eindeutig dafür, daß es für aufgetretene Differenzen keine späteren Korrekturen geben konnte: In jeder Berichtsperiode ging die Abteilung Speziallager vom alten "Bestand" und vom immer neuen Verhältnis der abteilungsinternen Bewegungen aus. Nur an Tagen, an denen die Anzahl der Zu- und Abgänge, wie am 15. November 1946, übereinstimmte, gab es auch eine Kongruenz zwischen allen drei genannten Quellen.

Dieser Umgang mit Statistiken läßt vermuten, daß es größere Zahlenmanipulationen insbesondere für die Jahre 1945/1946 gab, als Überstellungen innerhalb der Abteilung oft vorgenommen wurden. Zu dieser Zeit überblickte die Abteilung in Karlshorst wohl weder die tatsächliche Belegschaft der Speziallager noch alle vorgenommenen abteilungsinternen Überstellungen. Es kam auch vor, daß Menschen ohne statistischen Nachweis im Speziallagersystem verschwinden konnten.[66] Wenn man z. B. versucht, alle abteilungsinternen "Bewegungen" für November/Dezember 1946 nachzuvollziehen, stellt man fest, daß es Überstellungen gab, die vor dem 15. November 1946 als Abgänge erfaßt und bis 28. Dezember 1946 nicht als Zugänge aufgenommen wurden. Das betraf jedoch nur Sachsenhausen, Torgau (10) und das Gefängnis Lichtenberg, zwischen denen ein reger Austausch von Verurteilten stattfand. Da die Überstellungen zahlenmäßig oft nicht mit der Anzahl von "Angekommenen" übereinstimmen, bleiben diese ohne aufwendige personenbezogene Recherchen kaum nachvollziehbar.[67] Diese Mängel wurden zusätzlich durch die lückenhafte persönliche Registrierung der Häftlinge und die fehlerbehafteten Lagerstatistiken[68] begünstigt und wohl erst nach den Entlassungen des Sommers 1948 und der folgenden Schrumpfung des Speziallagersystems behoben.[69] Wie allerdings die "Bereinigung" der Statistik 1948 vorgenommen wurde, bleibt der fehlenden Quellen wegen vorerst ungeklärt.

Es fällt zugleich auf, daß die zahlenmäßigen Abweichungen in den uns vorliegenden Statistiken aus den Jahren 1945/47 im Regelfall nicht die "endgültigen Abgänge" aus den

---

66 Ein Beispiel deckt den Mechanismus des "statistischen Verlorengehens" von Häftlingen auf: Im Januar 1947 wurden 173 Personen aus dem Lager Nr. 10 Torgau nach "Sachsenhausen und Mühlberg" (so in der Stärkemeldung) überstellt. Zwei von ihnen waren nachweislich in Sachsenhausen und 81 in Mühlberg angekommen. Die als Zugänge nicht registrierten 90 Personen (Verurteilte) sind offensichtlich mit dem Mühlberger "Pelzmützentransport" Anfang Februar 1947 in die Sowjetunion abtransportiert worden, ohne als "Abgänge in die UdSSR" gezählt zu werden (vgl. GARF, f. 9409, op. 1, d. 401, S. 90).
67 Man müßte über komplette Überstellungslisten für jedes Lager und für jedes Gefängnis verfügen, um die Gesamtzahl der möglicherweise nicht "angekommenen" Menschen zu benennen.
68 Dieser Sachverhalt wurde oft in den Unterlagen der Abteilung Speziallager bemängelt (vgl. z. B. GARF, f. 9409, op. 1, d. 130, S. 39–40).
69 So weisen die statistischen Unterlagen für 1949–1950 keine zahlenmäßigen Differenzen auf.

Speziallagern (Tod, Erschießungen, Deportation) betreffen. So weichen z. B. die Übergaben an die operativen Gruppen bzw. Sektoren und Militärtribunale sowie der Überstellungen an die Kriegsgefangenenlager voneinander ab. Es bleibt offen, ob diese "relativen" Abgänge, die nicht die Rückkehr der Häftlinge in das Speziallagersystem ausschließen, bewußt zum Objekt der Manipulationen gemacht wurden. Denn es gab mit großer Sicherheit Häftlinge, die nach der Aburteilung oder einer "operativen Bearbeitung" in die Lager zurückkamen. Ihre "wiederholten" Aufnahmen in die Speziallager könnten die zahlenmäßigen "Verluste" der zentralen Statistik zum Teil "kompensieren". In welcher Größenordnung diese "Kompensation" liegen könnte, ist zur Zeit nicht zu ermitteln.

Da die Höhe der Zu- und Abgänge in den Stärkemeldungen sowie in den Aufstellungen der Abteilung Speziallager offensichtlich "nach unten" korrigiert wurde, scheint es durchaus sinnvoll, die in der Namenskartei der Abteilung Speziallager namentlich benannten 160.179 Häftlinge als Ausgangswert bei den Schätzungen der Gesamtzahlen des Speziallagersystems zu akzeptieren. Hinzu kommen die ca. 3.000 "unregistrierten" Personen. Weiterhin muß diese Zahl nach den Informationen der Aufstellungen um ca. 5.900 Mobilisierte und ca. 7200 Insassen der späteren "polnischen" Lager erweitert werden. Die Gesamtzahl würde dann *ca. 176.000* Personen betragen, wobei es sich nur um die Personen handelt, die durch die Lager der Abteilung Speziallager gegangen sind. Es muß auch berücksichtigt werden, daß diese Zahl eine gewisse "Grauzone der Doppelzugänge" enthalten kann. Erst wenn ihre Existenz bestätigt und zahlenmäßig belegt wird, wird es möglich sein, auch die o. g. Zahl zu konkretisieren.[70]

3. Nationale Herkunft[71]

Die Informationen über die nationale Zusammensetzung der durch die Speziallager gegangenen Personen wurden in den "Aufstellungen" der Abteilung Speziallager erst ab dem 1. September 1946 aufgeführt.[72] Inwieweit bei ihrer nachträglichen Berechnung zusätzliche statistische Ungenauigkeiten zustande gekommen sind, bleibt offen. Zudem stellte die nationale Zugehörigkeit für die Lagerbehörden oft ein äußerst kompliziertes Problem dar, das in vielen Fällen nicht oder sehr "subjektiv" gelöst wurde. Davon zeugen zahlreiche, wenn auch mengenmäßig nicht besonders auffällige Umgruppierungen "nach Nationalitäten", die

---

70 Wenn man an Häftlinge denkt, die in den nicht zur Abteilung Speziallager gehörenden Haftanstalten und Lagern einsaßen, erscheint die von Just geschätzte Zahl von 185.000 Inhaftierten als durchaus realistisch (Just 1952, S. 134).
71 Ein weiteres Thema, das jedoch wegen Quellenmangels nicht – selbst in bescheidenem Umfang – dargestellt werden kann, ist die Entwicklung der Geschlechts- bzw. Altersstruktur der Lagerinsassen. Uns liegt nur eine Aufstellung vom 30. Oktober 46 vor, die den aktuellen Bestand von 71.606 Männern (94,4 %) und 4.251 Frauen (5,6 %) aufweist; demnach waren 13.901 Personen (18,3 %) jünger als 35 Jahre, 18.283 (24,1 %) zwischen 35 und 45 Jahren und 43.673 (57,6 %) älter als 45 Jahre. Anzunehmen ist, daß sich dieses Verhältnis später etwas änderte: Infolge einer hohen Sterblichkeit in den Speziallagern und der Neueinlieferungen von Verurteilten, die im Regelfall durch jüngere Jahrgänge vertreten waren (vgl. dazu den Beitrag von Heinz Kersebom und Lutz Niethammer in diesem Band), nahm möglicherweise das Durchschnittsalter der Lagerinsassen ab.
72 Es wurde vermerkt, daß vom 30.05.45 bis zum 01.09.46 durch die Speziallager 98.723 Deutsche, 18.646 Bürger der UdSSR und 349 Ausländer gegangen sind (GARF, f. 9409, op. 1, d. 143, S. 39).

es in jedem Lager gegeben hat, Schwankungen der "zentralen" Statistik[73] sowie zahlenmäßige Abweichungen in den lagerbezogenen Quellen in den Überstellungs- bzw. Entlassungslisten, den zweiwöchigen Stärkemeldungen usw.[74] Es war wohl nicht immer klar, ob die Nationalität oder die Staatsangehörigkeit des Häftlings maßgebend sein sollte. Deshalb kamen die meisten Schwierigkeiten bzw. unterschiedlichen Auffassungen bei der Zuordnung deutscher Aussiedler aus der UdSSR,[75] russischer Emigranten sowie Personen, deren Nationalität nicht ihrer Staatsangehörigkeit entsprach, vor.[76] Unsere auf das Lager Nr. 2 Buchenwald bezogenen Recherchen haben ergeben, daß die Lagerbehörden nicht unbedingt an der aufwendigen Präzisierung der Informationen über die nationale Zusammensetzung der Lagerinsassen interessiert waren (dafür fehlten meistens auch die Sprachkenntnisse): Die Überstellungslisten geben nach Gesamtschätzungen mehr Nichtdeutsche an als andere im Lager verfaßte statistischen Unterlagen. Obwohl es noch an entsprechenden lagerbezogenen Forschungen zu diesem Problem mangelt, ist zu vermuten, daß die Anzahl der durch die Speziallager gegangenen Nichtdeutschen etwas höher lag, als es die Lager- bzw. Abteilungsstatistiken festgehalten haben. Diese Ungenauigkeiten reichen jedoch nicht aus, um die ungleich höheren Größenordnungen der zentralen Angaben zu erklären.

Den Aufstellungen der Abteilung Speziallager zufolge wurden 81 % aller durch die Speziallager gegangenen Deutschen, ca. 55 % der Bürger der UdSSR und ca. 79 % der Ausländer bis September 1946 eingeliefert. Daraus ergibt sich, daß danach der Anteil der UdSSR-Bürger bei den Neueinlieferungen mit ca. 40 % relativ hoch war. Ende 1947/Anfang 1948 wurden die monatlichen Zugänge in die Speziallager mit durchschnittlich 300 bis 400 Deutschen und 400 bis 500 sowjetischen Bürgern beziffert.[77] Diese letzen waren seit spätestens Anfang 1947 zum überwiegenden Teil Armeeangehörige, die für politische und kriminelle Straftaten verurteilt und relativ schnell in die sowjetischen GULAG-Lager abtransportiert wurden. Deshalb muß betont werden, daß die Speziallager seit 1947 verstärkt als Durchgangslager für Bürger der UdSSR fungierten.[78]

---

73 In der Aufstellung der Abteilung Speziallager vom 09.05.49 waren z. B. insgesamt 569 Ausländer genannt, laut der letzten Aufstellung vom 01.03.50 betrug ihre Anzahl nur noch 460.
74 Laut Stärkemeldungen des Speziallagers Nr. 2 Buchenwald sind durch das Lager insgesamt 136 Ausländer gegangen, in den Überstellungslisten und im Lagerjournal sind dagegen insgesamt 156 Personen ausländischer Herkunft zu finden. Die sowjetischen Unterlagen enthalten oft unterschiedliche Angaben zu einer Person, es gibt nachvollziehbare Differenzen zwischen den Angaben der Transportlisten und denen der entsprechenden Stärkemeldungen.
75 Für Buchenwald sind Fälle zu verzeichnen, bei denen deutsche Aussiedler (frühere "Rußlanddeutsche") als "Russen" in der Lagerregistratur verbucht wurden; gleichzeitig kommt es vor, daß Personen eindeutig russischer Herkunft als Deutsche ins Lager überstellt, aufgenommen und "weitergeleitet" wurden.
76 Dazu kommen offensichtlich noch einige "Grenzfälle", wobei ein "ausländischer" Geburtsort, längere Auslandsaufenthalte sowie familiär bedingte doppelte nationale Identität als möglicher Grund der widersprüchlichen Eintragungen zu nennen wären.
77 GARF, f. 9409, op. 1, d. 213, S. 7.
78 Gemeint sind die Lager Nr. 10 Torgau und Nr. 7 bzw. Nr. 1 Sachsenhausen.

4. Haftgründe

Daß die Rubrik "Haftgründe", die in den Statistiken auftaucht, äußerst problematisch ist, muß wohl kaum betont werden. Es kann in diesem Artikel nicht darum gehen, den objektiven Inhalt der Beschuldigungen zu überprüfen, wie sie in den uns z. Z. zugänglichen Quellen formuliert werden. Hier soll vielmehr untersucht werden, wie die sowjetischen Lagerbehörden statistisch mit den Haftgründen umgingen, wobei, wie wir sehen werden, besonders der Wandel der Kategorisierungen im Verlauf der Jahre die Statistiker der Lagerverwaltung vor schwer lösbare Probleme gestellt zu haben scheint.[79]

Richtungweisend für die statistische Erfassung der Haftgründe der Lagerinsassen in den zweiwöchigen Stärkemeldungen waren die schon von Berija im April 1945 genannten sieben Grundkategorien.[80] Es handelte sich im einzelnen um "a) Spione, Diversanten und Terroristen der deutschen Geheimdienste, b) Angehörige aller Organisationen und Gruppen, die von der deutschen Führung und den Geheimdiensten des Gegners zur Zersetzungsarbeit im Hinterland der Roten Armee zurückgelassen wurden, c) Betreiber illegaler Funkstationen, Waffenlager und illegaler Druckereien (...), d) aktive Mitglieder der nationalsozialistischen Partei, e) Führer der faschistischen Jugendorganisationen auf Gebiets-, Stadt- und Kreisebene, f) Mitarbeiter von Gestapo, "SD" und sonstigen deutschen Straforganen, g) Leiter von Gebiets-, Stadt- und Kreisverwaltungen sowie Zeitungs- und Zeitschriftenredakteure und Autoren antisowjetischer Veröffentlichungen." Mitglieder der SS, der SA sowie des Volkssturmes und das Personal von Gefängnissen, Konzentrationslagern, Militärkommandanturen u. ä. sollten dagegen an Kriegsgefangenenlager überstellt werden.[81] Die Handhabung dieser Registraturkategorien wies von Lager zu Lager nur geringfügige Unterschiede auf.[82]

Weitere Statistiken zu den Haftgründen wurden als Anlage zu den zweiwöchigen Stärkemeldungen unter dem Titel "Informationen über das Spezialkontingent (nach den Haftgründen)" abgefaßt und enthielten Angaben über die aktuelle Zahl einzelner Häftlingsgruppen. Deren Aufteilung entsprach 1945/46 jedoch nicht dem 7gliedrigen Schema der zweiwöchigen Stärkemeldungen,[83] sondern wurde bis April 1947 von Lager zu Lager recht unterschiedlich konzipiert, so daß die zahlenmäßige Korrelation der beiden gleichzeitig erstellten Quellen nicht möglich ist.[84]

---

79 Vgl. dazu die Beiträge von Vera Neumann und Heinz Kersebom/Lutz Niethammer in diesem Band.
80 Im NKVD-Befehl Nr. 00315 vom 18. April 1945 unter Punkt Nr. 1, GARF, f. 9409, op. 1, d. 129, S. 1–2.
81 Punkt Nr. 3 desselben Befehls.
82 Im Speziallager Nr. 2 Buchenwald gab es z. B. 8 Kategorien einschließlich "Sonstige", in Mühlberg kam noch eine neunte Gruppierung hinzu "KPS" – "führende Schicht" [des Volkssturmes, der SS sowie der SA].
83 In Mühlberg enthielt diese Liste erst 38, dann 39, dann wieder 38, dann 37 und 25 Haftgründe; in Sachsenhausen wurden z. B. im Januar 1946 insgesamt 21 Haftgründe "geführt" (einschließlich Mitgliedschaft in der SPD (!) – diese Spalte blieb zahlenmäßig allerdings "unbesetzt").
84 Sogar wenn man die "eindeutigste", d. h. in den beiden Quellen genannte Gruppe – "aktive Mitglieder der NSDAP" unter die Lupe nimmt, machen sich zahlenmäßige Unterschiede bemerkbar. So wurden am 28. November 45 in Mühlberg laut Stärkemeldungen 4.151 Personen unter dieser Kategorie geführt, nach den Angaben der "Informationen" waren es insgesamt 4.108 (GARF, F. 9409, op. 1, d. 347, S. 2,3), am 13.03.46 waren es 4.892 und 4.791 (GARF, F. 9409, op. 1, d. 372, S. 43), am 12.04.46 dann 5.293 und 5.148 (GARF, F.9409, op. 1, d. 373, S. 2). Diese Zahlen stimmen auch dann

Subjektive Entscheidungen der Lagerbehörden kamen nicht nur in bezug auf die Form der statistischen Berichterstattung, sondern auch in bezug auf die Auslegung der in den Personalunterlagen der Häftlinge vermerkten Haftgründe zur Geltung. Diese Subjektivität äußerte sich in vielerlei Hinsicht. Bereits aufgrund von unklaren Vorstellungen über die administrativen bzw. politischen Strukturen des NS-Staates waren irrtümliche Eingruppierungen durchaus möglich. Obwohl die Registraturmitarbeiter offensichtlich wenig Probleme mit der Zuordnung von Block- und Zellenleitern sowie einfachen NSDAP-Mitgliedern hatten (die bis Ende 1945 immerhin die Mehrheit der Neueinlieferungen ausmachten), traten bei den Trägern von "komplizierteren" Funktionen gehäuft Ungenauigkeiten auf. Noch bis Juni 1947 wurden z. B. in Buchenwald vier Mitarbeiter von Gauleitungen als "Gauleiter" geführt; in Bautzen waren es zwölf. Erst nachdem sich die Abteilung Speziallager erkundigt hatte, weshalb diese noch nicht abgeurteilt wären, wurde ihre statistische Zuordnung geändert.[85]

Besondere Probleme hatten die Statistiker, wenn eine Person mehreren Haftgründen und verschiedenen Registraturkategorien des Punktes Nr. 1 des Befehls Nr. 00315 oder sogar gleichzeitig dem Punkt Nr. 3[86] zugeordnet werden konnte ("Blockleiter der NSDAP und Agent SD", "Mitglied der NDSAP und Angehöriger der SS", "Wachmeister der Polizei, war zur Bewachung des Propaganda-Ministeriums eingesetzt, betrieb antisowjetische Propaganda" usw.). Die Situation wurde oft dadurch erschwert, daß bereits die aus den operativen Gruppen gelieferten Personalunterlagen der Häftlinge unterschiedliche Angaben zur Person bzw. zu deren Haftgründen enthielten.[87] Die Abteilung Speziallager vertrat die Meinung, daß solche Abweichungen "unerwünscht" waren und wies die operativen Gruppen im Februar 1946 an, zur "Vereinheitlichung der Nachweisführung" nur einen Grund für die Einweisung in die Speziallager zu nennen.[88] Ob dieser Anweisung bzw. Empfehlung von den operativen Gruppen Folge geleistet wurde, bleibt offen. Auf jeden Fall schien die "Vereinheitlichung" der Nachweisführung ein kaum erreichbares Ziel zu sein. Weiterhin unterschiedlich blieb z. B. der statistische Umgang mit den Haftgründen von Personen, die laut Punkt Nr. 3 des Befehls Nr. 00315 nicht in die Speziallager "gehörten". Im Lager Nr. 1 Mühlberg wurden SS, SA- und Volkssturm-Angehörige im Regelfall der gesonderten Kategorie "Kriegsgefangene" zugeordnet, in Buchenwald wurden SS-Angehörige Anfang 1946 als "Mitarbeiter der Gestapo, SD und sonstiger Strafvollzugsorgane" gezählt.[89] Die Aufnahmen selbst erfolgten in Übereinstimmung mit der Anweisung der Abteilung Speziallager, die im Oktober 1945 anordnete, daß die Angehörigen von SS-, SA und vom Volkssturmes sowie anderer nationalsozialistischer paramilitärischer Organisationen in die Speziallager aufzunehmen seien; Voraussetzung dafür sollte eine ordnungsgemäß angelegte Registraturkontrollakte sein.[90] Wie unterschiedlich die Haftgründe ausgelegt werden konnten, zeigen die späteren Umgruppierungen der Häftlinge in den zweiwöchigen Stärkemel-

---

nicht überein, wenn man versucht, alle in Frage kommenden Gruppen (DAF, NSF, NSV usw.) zu addieren.
85 Vgl. GARF, f. 9409, op. 1, d. 148, S. 145, 146.
86 Demnach waren SS-, SA- und Volkssturmangehörige sowie das Personal von Gefängnissen, Konzentrationslagern, Militärkommandanturen, Organen der Militärstaatsanwaltschaft in die Kriegsgefangenenlager einzuweisen.
87 Vgl. GARF, f. 9409, op. 1, d. 129, S. 53–54.
88 Vgl. GARF, f. 9409, op. 1, d. 129, S. 53–54.
89 Vgl. z. B. GARF, f. 9409, op. 1, d. 495, S. 208–210.
90 GARF, f. 9409, op. 1, d. 130, S. 112.

dungen. Diese wurden offensichtlich im Einklang mit den sich wandelnden Haftprioritäten vorgenommen. So wurden im Herbst 1946 im Lager Nr. 1 Mühlberg einige hundert Volkssturm-, SS- und SA-Angehörige "nach strengen Überprüfungen" nun als "aktive Mitglieder der NSDAP" und "Mitarbeiter der Gestapo, SD und sonstiger Strafvollzugsorgane" geführt[91] und sollten aus diesem Grund nicht an Kriegsgefangenenlager überstellt werden. In Bautzen wurden später viele der "aktiven Mitglieder der NSDAP" in die "stärker belasteten" Kategorien "Diversanten" bzw. "Mitglieder der Organisationen, die im Hinterland der Roten Armee zur Zersetzungsarbeit eingesetzt wurden",[92] überführt.

Die Handhabung der Haftgründe der Lagerinsassen unterlag eindeutig auch auf höherer Ebene, d. h. in der Abteilung Speziallager, Schwankungen. Es ist zu vermuten, daß die Informationen über die Haftgründe der Lagerinsassen sowie die Form der statistischen Berichterstattung ursprünglich auf kein besonderes Interesse "oben" stießen. Die ersten Zeichen von diesbezüglichen Veränderungen lassen sich erst im Oktober 1946 feststellen. Die erste überlieferte zentrale "Aufstellung über den Bestand des Spezialkontingentes und der Verurteilten in den Speziallagern des MVD auf dem Territorium Deutschlands und ihre Zuordnung nach den Registraturkategorien und Haftgründen" ist vom 30. Oktober 1946 datiert.[93] Hier waren die Häftlinge nur in die schon genannten Kategorien des Befehls Nr. 00315 "eingeteilt". Dieser Statistik zufolge waren neben den 38.788 "aktiven Mitgliedern der NSDAP" (ca. 51 % der gesamten Lagerbelegung) 12.267 Personen (ca. 16 %) als Mitarbeiter der Gestapo, des SD und anderer Strafvollzugsorgane, 12.877 (ca. 17 %) als "Sonstige" (Verurteilte, SS- bzw. SA-Angehörige, Kriegsgefangene, russische Emigranten, BDM, Frauenschaft, unerlaubter Waffenbesitz), 3.249 (ca. 4 %) als "Spione und Diversanten" registriert worden und 3.536 (ca. 5 %) hatten laut Statistik "Zersetzungsarbeit" geleistet. 3.342 Personen (ca. 4 %) wurden als "Mitarbeiter der administrativen Organe" eingestuft.[94] In der zweiten uns vorliegenden Version dieser Statistik wurde die Kategorie "aktive Mitglieder der NSDAP" aufgeschlüsselt, was offensichtlich mit der Entwicklung der alliierten Entnazifizierungspolitik nach dem Erlaß der Kontrollratsdirektive Nr. 38 bzw. mit dem Versuch der sowjetischen Seite, sich dieser Politik anzupassen, zusammenhing.

Die Abteilung Speziallager forderte im Oktober 1946 die Lager auf, Informationen über die Anzahl "belasteter" und "unbelasteter" Personen unter den "aktiven Mitgliedern der NSDAP" vorzulegen.[95] In der neuen Version der Haftgründestatistik wurde dann vermerkt,

---

91 Vgl. GARF, f. 9409, op. 1, d. 375, S. 117.
92 Vgl. GARF, f. 9409, op. 1, d. 550, S. 2.
93 GARF, f. 9401, op. 1, d. 4152, S. 51–52; spätere Aufstellungen liegen im Bestand 9409 sowie 9401 nur lückenhaft vor.
94 Der Anteil von "Führern der nationalsozialistischen Jugendorganisationen" und "Besitzern von illegalen Sendern, Druckereien sowie Waffenmagazinen" fiel mit insgesamt 1798 Personen sehr gering aus. Es ist jedoch zu berücksichtigen, daß viele ehemalige HJ-Führer als Werwolf-Verdächtige unter der Kategorie "Spione und Diversanten" geführt wurden.
95 Vgl. die zentrale Statistik der Haftgründe vom 21. Oktober 46 (GARF, f. 9409, op. 1, d. 143, S. 49) mit der handschriftlichen Aufforderung von Sviridov, Informationen über die Zusammensetzung der Kategorie "aktive Mitglieder der NSDAP" vorzulegen. Die entsprechende Sonderstatistik vom 30. Oktober 46 ist jedoch nach unserem jetzigen Kenntnisstand nur im Bestand von Sachsenhausen überliefert (GARF, f. 9409, op. 1, d. 359, S. 212). Es ist indes anzunehmen, daß solche Aufstellungen in allen Lagern erstellt wurden.

daß sich unter den 38.788 "aktiven Mitgliedern der NSDAP"[96] 2.804 einfache Mitglieder, 20.454 Block- und 7.971 Zellenleiter befanden. Es wäre zu klären, ob diese Zahlen in irgendeiner Form für das Entlassungsgesuch von Serov und Sokolovskij an Stalin und Berija vom 4. Dezember 1946 verwendet wurden[97] und ob gerade diese Häftlingsgruppen zu diesem Zeitpunkt pauschal als "Minderbelastete" bzw. "zu Entlassende" betrachtet wurden. Weiterhin bleibt unklar, ob nicht vielleicht die parallel laufenden statistischen Auslegungen der operativen Gruppen, die sich wohl nicht auf eine pauschale Einschätzung der "Minderbelastung" einlassen wollten, dazu beigetragen haben, daß die Entlassungspläne im Spätherbst 1946 fallengelassen wurden.[98]

Dem neuen Trend folgend, änderten alle Speziallager zum 13. November 1946 die Form der Erfassung von Haftgründen. Jetzt war die Registraturkategorie "aktive Mitglieder der NSDAP" in allen "Informationen über Haftgründe" wesentlich ausführlicher als früher dargestellt. In Jamlitz z. B. wurden zusätzliche Unterschiede zwischen den "einfachen" und "führenden" Mitgliedern von verschiedenen "verbrecherischen Organisationen" vermerkt.[99]

Im Laufe der Vorbereitungen auf die Außenministerkonferenz in Moskau im Frühjahr 1947 und im Rahmen der Neuprofilierung der sowjetischen Entnazifizierungspolitik kam ein neues Schema der "Informationen über die Haftgründe" zustande, das, abgesehen von geringfügigen Abänderungen bis zur Auflösung der Speziallager 1950 galt.[100] Ab April 1947 sollten alle Speziallager erstmalig eine einheitliche Vorlage für die statistische Erfassung der Haftgründe verwenden. Diese sollte einerseits die Lagerinsassen differenzierter als je zuvor aufschlüsseln (alle sieben Registraturkategorien waren "gefächert" ausgelegt), andererseits war sie darauf ausgerichtet, die Gefangenen als eine homogene Gruppe darzustellen; und diese Gruppe mußte unter Berücksichtigung der gemeinsamen Richtlinien der alliierten Entnazifizierungspolitik zusammengesetzt sein: Demnach schrumpfte die "Gummikategorie" "Sonstige" erheblich: SS- bzw. SA-Mitglieder, aber auch BDM(!)-Angehörige waren jetzt als "Mitglieder der Gruppen, die im Hinterland der Roten Armee zu Zersetzungshandlungen eingesetzt wurden," eingestuft; als "Sonstige" wurden nur Verurteilte sowie "Teilnehmer an jüdischen Pogromen", "Verteiler antisowjetischer Flugblätter" usw. (ca. 4 % der gesamten Lagerbelegung) erfaßt. Als sich der Leiter des Speziallagers Nr. 9 Fünfeichen im Dezember 1947 erkundigte, wie die Zuordnungen von Personen vorzunehmen seien, die nicht zu dem Punkt Nr. 1 des Befehls Nr. 00315 gehörten[101], antwortete die Abteilung Speziallager, daß es für diese Arrestanten keine gesonderten Registrierregeln

---

96 "Aufstellung über den Bestand aktiver Mitglieder der NSDAP in den Speziallagern, gegliedert nach Dienstfunktionen" (vgl. GARF, f. 9409, op. 1, d. 143, S. 49, 50).
97 In dem Brief von Serov und Sokolovskij vom 04. Dezember 46 ging es um die Entlassung von ca. 35.000 "minderbelasteten" Personen (RZChIDNI), F. 89, op. 75, d. 10, S. 1–3).
98 Laut der Statistik der operativen Gruppen unter dem Titel " Informationen über die Anzahl der Häftlinge, die aufgrund ihrer geringen Belastung aus den Lagern und Gefängnissen des MVD zu entlassen sind" (GARF, f. 9409, op. 1, d. 143, S. 91) betrug die Anzahl von "Minderbelasteten" insgesamt 6.258 Personen.
99 Vgl. GARF, f. 9409, op. 1, d. 654, S. 52.
100 Dieses Schema gab es ursprünglich (d. h. im Februar 1947) als Vorlage für den sowjetischen Außenminister Molotov. Im April 1947 wurde es in allen Lagern bekanntgegeben (vgl. GARF, f. 9409, op. 1, d. 143, S. 94–96 sowie d. 148, S. 83–86). Über seine Entwicklung nach 1947 am Beispiel Buchenwald vgl. den Beitrag von Vera Neumann in diesem Band.
101 Vgl. GARF, f. 9409, op. 1, d. 148, S. 190.

gebe und daß sie unter den Paragraphen des Punktes Nr. 1 statistisch zu führen seien.[102] "Bis 1947", meldete stolz der Chef der Gruppe Nachweisführung aus Buchenwald im September 1949, "hat man gegen den Punkt Nr. 1 des Befehls Nr. 00315 [...] verstoßen, [...] jetzt wird dieser Punkt vollständig erfüllt".[103]

Die statistische Erfassung von Verurteilten änderte sich ebenfalls mit der Zeit. Obwohl bereits im Frühjahr 1946 auch ihre Zahl stieg,[104] waren sie längere Zeit nur eine Randgruppe der Häftlingsgesellschaft, zumal die verurteilten Bürger der UdSSR in regelmäßigen Abständen in GULAG-Lager auf dem Territorium der UdSSR gebracht wurden. Erst mit der "Vorläufige(n) Anordnung über die Speziallager" vom 30. Oktober 1946 änderte sich diese Situation.

Dieses Dokument legte erstmals fest, daß der Verhaftung und der Einweisung in die Speziallager ein entsprechender Beschluß der Staatsanwaltschaft der SMAD vorausgehen sollte.[105] Dadurch wurden Einlieferungen von nicht verurteilten Häftlingen in die Speziallager zu Einzelfällen. Das löste heftige Reaktionen des MGB aus, dem dadurch ein Stück seiner Macht entzogen schien.[106] Trotz Bitten des MGB, zur alten Aufnahmepraxis zurückzukehren, ließ sich das MVD nur auf einen Kompromiß ein: Einzig Personen, die vor dem 1. Januar 1947 verhaftet worden waren, durften ohne Beschluß der Militärstaatsanwaltschaft in die Speziallager aufgenommen werden.[107] Als Zeichen einer ordnungsgemäßen Rechtsprechung wurde diese Maßnahme zum politischen Argument in den Alliiertengesprächen bei der Außenministerkonferenz in Moskau im Frühjahr 1947 genutzt.[108] Sie blieb indes letztendlich halbherzig, da der neue Ansatz "entweder verurteilen oder entlassen"[109] nur die neuen Häftlinge betraf. Darüber hinaus blieb die übliche Willkür weitgehend uneingeschränkt: Der Nachweis von NS-Straftaten erwies sich schnell als aufwendig,[110] von politischen bzw. "antisowjetischen" Taten dagegen als relativ unkompliziert und politisch effektiv. Die Veränderungen der Verhaftungsbestimmungen führten dazu, daß bald aus-

---

102 Vgl. GARF, f. 9409, op. 1, d. 148, S. 189.
103 GARF, f. 9409, op. 1, d. 221, S. 132.
104 In Bautzen waren bereits im Sommer 1946 von den Neuzugängen etwa die Hälfte verurteilt. Vgl. GARF, f. 9409, op. 1, d. 543, S. 150. Um der wachsenden Zahl der Zugänge gerecht zu werden, wurde im September 1946 im Lager Sachsenhausen ein Gefängnis für Verurteilte eingerichtet.
105 Vgl. GARF, f. 9409, op. 1, d. 140, S. 19-20.
106 Vgl. entsprechende Ausführungen von Abakumov (GARF, f. 9401, op. 1, d. 4152, S. 72).
107 Anweisung von Serov vom 16.07.47 (GARF, f. 9409, op. 1, d. 140, S. 62; vgl. auch S. 61).
108 Die sowjetische Seite hat zwar den Alliierten ihre Kooperationsbereitschaft signalisiert, beharrte jedoch darauf, daß die Entnazifizierung in der SBZ die konsequenteste Variante der Entnazifizierungspolitik im Sinne der Kontrollratsdirektive Nr. 38 darstellte. Es sollte der Eindruck entstehen, daß sich in den Gefängnissen bzw. in den Internierungslagern der SBZ nur Personen befanden, deren Schuld "nach einer sorgfältigen Untersuchung und Überprüfung der Unterlagen durch ein Gericht" bewiesen worden war. Vgl. dazu den Bericht des Alliierten Kontrollrates in Deutschland an den Rat der Außenminister (20.-25.Februar 1947) (Um ein antifaschistisch-demokratisches Deutschland, 1968, S. 388 ff.).
109 Diese Position vertrat die Verwaltung des Inneren der SMAD, vgl. dazu das Schreiben von Generalmajor Mal'kov vom 18.09.47 (GARF, f. 9409, op. 1, d. 140, S. 59).
110 So bemängelte Oberstleutnant Prokopjuk, Stellvertretender Abteilungsleiter in der SMA Sachsen, daß es sehr schwer sei, bei vielen Personen, die zur NS-Zeit in verschiedenen "Abwehrorganen" tätig gewesen waren, "ihre praktische feindliche Tätigkeit" zu dokumentieren. Die Militärstaatsanwälte weigerten sich deshalb, die Beschlüsse über die Einweisung in das Speziallager zu bestätigen (GARF, f. 9409, op. 1, d. 140, S. 74).

schließlich Verurteilte und in zunehmendem Maße diejenigen, die ohne jeglichen Zusammenhang mit NS-Straftaten verurteilt wurden, in die Speziallager kamen. Am 1. Oktober 1947 wurden die Verurteilten zum ersten Mal gesondert in den Statistiken der Abteilung Speziallager aufgeführt. Zu diesem Zeitpunkt waren es 11.712 Personen[111] - ca. 19 % der Lagerbelegung. Nach den Entlassungen des Sommers 1948 gehörten bereits etwa die Hälfte aller Lagerinsassen zu dieser Gruppe. Die uns momentan zugänglichen lagerbezogenen Quellen bzw. der Stand ihrer gegenwärtigen Aufarbeitung reichen jedoch kaum aus, um die zahlenmäßige Entwicklung dieser Häftlingsgruppe sowie die offiziellen Gründe ihrer Aburteilung seit 1945 präzise zu ermitteln.[112] Für den Zeitraum zwischen Januar 1947 und Februar 1950 sind die Zugänge der Verurteilten nur ungefähr einzuschätzen: Wenn man berücksichtigt, daß fast alle nun Eingelieferten bereits verurteilt waren, würde ihre Anzahl ca. 30.000 Personen betragen.[113] Ihre Aburteilungsgründe bleiben jedoch statistisch nur zum kleinen Teil nachvollziehbar.[114] In den Überstellungslisten wurden diese im Regelfall nicht vermerkt; "mitteilungspflichtig" waren nur die Strafmaße. Weder in den Speziallagern noch in der Abteilung Speziallager wurde eine Statistik der "Haftparagraphen" der Verurteilten geführt.[115] Eine Ausnahme gibt es jedoch: Uns ist vom 10. November 1949 eine Statistik überliefert, in welcher die Tatbestände von 15.771 Verurteilten, die sich gerade in den Lagern befanden, zahlenmäßig aufgeschlüsselt und im Zusammenhang mit den konkreten Haftparagraphen dargestellt sind.[116] Hiermit wurde allerdings nur ein geringer Teil der durch die Speziallager gegangenen Verurteilten erfaßt. Wahrscheinlich handelt es sich ausschließlich um deutsche Verurteilte, weil im November 1949 keine sowjetischen Bürger mehr in die Speziallager eingewiesen wurden. Laut dieser Statistik waren nur 25,4 % wegen Tatbeständen verurteilt, die im Zusammenhang mit Kriegs- bzw. mit NS-Verbrechen standen ("Mißhandlung sowjetischer Bürger", "Kampf gegen Partisanen" usw.). Weitere ca. 22 % wurden als "Terroristen und Diversanten" bzw. wegen unerlaubten Waffenbesitzes verurteilt. Insgesamt 23,6 % waren aus diversen Gründen abgeurteilt worden (unerlaubtes Passieren der Grenze, Diebstahl usw.), 29 % waren wegen "antisowjetischer Propaganda", "Spionage" und "Teilnahme an Untergrundorganisationen" verurteilt.

---

111 GARF, f. 9409, op. 1, d. 143, S. 136.
112 Die entsprechende Erschließung der Bestände von Sachsenhausen und Bautzen, wo neben dem "Spezialkontingent" auch deutsche Verurteilte inhaftiert waren, wäre dafür sehr hilfreich; es ist jedoch zu berücksichtigen, daß wir immer noch nicht über die Bestände der Gefängnisse Strelitz und Lichtenberg und nur über wenige "Stärkemeldungen" der Abteilung Speziallager, in welchen die Aufschlüsselung der Neuzugänge im Regelfall vorgenommen wurde, verfügen.
113 Vgl. Aufstellungen vom 15.01.47 (GARF, f. 9409, op. 1, d. 143, S. 71) und vom 01.03.50 (GARF, f. 9409, op. 1, d. 259, S. 235).
114 Über Verurteilte in den Speziallagern und ihre Urteile vgl. den Beitrag von Heinz Kersebom und Lutz Niethammer in diesem Band
115 Vgl. GARF, f. 9414, op. 1, d. 360, S. 76.
116 GARF, f. 9409, op. 1, d. 42, S. 23-26.

Tabelle 2: Statistisch erfaßte Haftgründe[117]

Datum: Quelle: Seite:	30.10.46 d.143 75-76	%	28.02.47 d.143 94-96	%	20.04.47 d.143 112-113	%	25.11.47 d.143 145-146	%	01.04.49 d.224 17-18	%
Spezkont.	**68.506**	**90**	**68.59657.641**	**90**	**53.276**	**85**	**47.506**	**81**	**14.259**	**49**
Spione, Diversanten	3.249	4	5.535	9	5926	9	4.831	8	2.369	8
Zersetzungsarb im Hinterl.	3.536	5	4.722	7	3947	6	3.768	6	686	2
Betr. v. illegal. Sendern, Druckern, etc.	218	0,2	426	1	124	0,2	308	1	209	1
Aktive NSDAP-Mitgl.	38.788	51	32.212	50	28.059	45	23.235	39	1.916	7
NS-Jugendorg-führer	1.580	2	507	1	897	1	901	2	245	1
Mitarb. v. adm. Organen	3.342	4	2.433	4	2.406	4	2.470	4	1.279	4
Gestapo, SD, Strafvollzug	12.267	16	10.362	16	9.133	15	9.512	16	6.376	22
Sonstige	5.231	7	1.445	2	2.784	4	2.481	4	1.177	4
Verurteilte u. Untersuchhäftl.	**7.648**	**10**	**6.438**	**10**	**9.195**	**15**	**11.326**	**19**	**14.731**	**51**
Gesamtbestand	**75.857**	**100**	**64.079**	**100**	**62.471**	**100**	**58.832**	**100**	**28.988**	**100**

---

117 Am 30. Oktober 46 wurden in der Abteilung Speziallager unter der Kategorie "Sonstige" neben Verurteilten (in der Tabelle ausgesondert) folgende Häftlingsgruppen geführt: "Vaterlandsverräter, Weißemigranten, BDM, Frauenschaft, Frauenwerk, unerlaubter Waffenbesitz, SS, SA, Volkssturm und sonstige paramilitärische Organisationen, Kriegsgefangene". Am 28.2.47 wurden die SS-, SA-, NSKK-, Frauenschaft-, BDM-, NSV-, Volkssturm- sowie DAF-Angehörige in die Kategorie "Angehörige der Organisationen, die im Hinterland der Roten Armee zur Zersetzungsarbeit eingesetzt wurden", überführt. Als "Sonstige" wurden nun Personen mit folgenden Haftgründen geführt: "Kriegsgefangene, Mißhandlung russischer Kriegsgefangenen, Teilnehmer an jüdischen Pogromen, Verteilung provokatorischer Flugblätter, antisowjetische Agitation, Geschlechtskranke (!)" (gemeint war die komplette Belegung des Spezillazarettes im Lager Nr. 7 Sachsenhausen). Am 20. April 47 wurden unter der Kategorie "Spione und Diversanten" zusätzlich Werwolf-Angehörige (1.619 Personen) ausgewiesen. Am 25. November 47 wurden als "Sonstige" folgende Häftlingsgruppen aufgeführt: "Kriegsgefangene, Mißhandlung sowjetischer Bürger, Verteilung provokatorischer Flugblätter, antisowjetische Provokationen, Waffenbesitz, Vaterlandsverräter, Weißemigranten, Ehefrauen von Gauleitern, Teilnehmer an jüdischen Pogromen, Geschlechtskranke". In der "Aufstellung über den Häftlingsbestand in den Speziallagern des MVD" vom 1. April 49 wurden keine Erläuterungen zu den Registraturkategorien des Befehls Nr. 00315 vorgenommen, bei den Verurteilten wurden dagegen zusätzlich ihre nationale Zugehörigkeit, Strafmaße sowie Strafkategorien (Gefängnis, Arbeitslager, Zwangsarbeit) aufgelistet. Bei der Erstellung der Tabelle wurde ein großer Teil der uns zugänglichen zentralen Statistiken der Haftgründe genutzt. Sie basiert auf den "Aufstellungen über den Bestand des Spezialkontingentes und der Verurteilten in den Speziallagern des MVD auf dem Territorium Deutschlands und ihre Zuordnung nach den Registraturkategorien und Haftgründen" GARF, f. 9409, op. 1. Nicht immer gehen die sowjetischen Rechnungen auf. Durch das Auf- und Abrunden der Prozentzahlen ergeben sich nicht immer 100 %.

Gründliche Forschungen über Verurteilte und somit über die Entwicklung des Speziallagersystems werden erst dann möglich sein, wenn deren Personalunterlagen einschließlich der Urteile zugänglich werden und die Erschließung einzelner Lagerbestände einen höheren Stand erreicht.

Die vorläufige Analyse der zentralen sowjetischen Speziallagerstatistik macht deutlich, daß die statistischen Angaben mit Vorsicht zu genießen sind. Sie weisen zeitliche, administrative bzw. territoriale sowie qualitative Grenzen auf, die ihre Aussagekraft einschränken. Im Sinne einer wissenschaftlich korrekten Untersuchung sollten die Statistiken daher nur unter Benennung dieser Grenzen sowie der damit verbundenen zahlenmäßigen Untertreibungen oder "Verluste" angeführt werden. Besondere Vorsicht ist bei der Nutzung sowjetischer Statistiken über die nationale Zusammensetzung der Lagerinsassen sowie über deren Haftgründe geboten. Diese in besonderem Maße willkürlich abgefaßten Unterlagen können eher als gewisse Orientierungshilfe bei der Einschätzung der sowjetischen Haftpolitik dienen; der Versuch, die Frage zu beantworten, "wer in den Speziallagern gesessen hat", wird daher vorläufig nicht mehr als wissenschaftlich fundierte Annäherungen liefern können.

Vera Neumann

Häftlingsstruktur im Speziallager Buchenwald: Quellenbestand und Wertung

Das Speziallager Buchenwald wurde im August 1945 von den sowjetischen Besatzungsbehörden eingerichtet und bis 1950 als Speziallager 2 geführt. Im Lager waren ausschließlich Personen ohne Verurteilung durch ein sowjetisches Militärtribunal (SMT) inhaftiert. In den zweiwöchentlichen Stärkemeldungen, die über den Insassenbestand Auskunft geben, wurden zeitweilig 80 % der Inhaftierten als Funktionäre oder Mitglieder der NSDAP bzw. der ihr angeschlossenen Gliederungen und Verbände registriert. Seit 1946 wurde diese sowjetische Haftgrundstatistik mehrfach verändert: Hatte man 1945 die Häftlinge des Speziallagers noch in 15 verschiedene Kategorien eingeordnet, waren es 1948 bereits 58 Kategorien. Nach der Entlassungs- und Neueinlieferungsaktion 1948 waren noch über 10.000 Menschen inhaftiert.

In den folgenden vier Kapiteln wird mehreren Fragen nachgegangen:

1. Wie setzte sich die Häftlingsgesellschaft - im Spiegel der sowjetischen Statistik – im gesamten Zeitraum von 1945 bis 1950 zusammen?
2. Welche militärischen und politischen Prioritäten der Besatzungsmacht kommen in der statistischen Listenführung zum Ausdruck? Wie lassen sich die Veränderungen darin erklären?
3. Welche Häftlinge mit welchen Haftgründen wurden bis 1950 festgehalten, wer gehörte zum "harten Kern" der Internierten?
4. Sind die sowjetischen Haftgrundangaben zutreffend?

Drei Quellen, die aus dem Russischen übersetzt wurden, dienen der Bestimmung der Lagerinsassen zu unterschiedlichen Zeitpunkten: die zweiwöchentlichen Stärkemeldungen, in denen die Haftgrundgruppen im Lager quantitativ aufgeschlüsselt sind, das 1949 erstellte Lagerjournal (mit 26.422 Eintragungen) und die Listen der sowjetischen Kommission, die im Dezember 1949 darüber entschied, welche Personen entlassen werden, welche Personen an die DDR-Behörden und welche an sowjetische Stellen übergeben werden sollten.[1] Anhand der zweiwöchentlichen Stärkemeldungen werden die Veränderungen der Insassenstruktur und der Haftgrundkategorien aufgeschlüsselt. Sowohl aus den Kommissionslisten als auch aus dem Lagerjournal wurde jeweils eine Stichprobe gezogen, um Antworten auf

---

1 Die hier ausgewerteten Quellen (Stärkemeldungen, Lagerjournal und Kommissionslisten) stammen aus dem Staatlichen Archiv der Russischen Föderation GARF, fond 9409, opis 1. Kopien sind im Besitz des Instituts für Geschichte und Biographie und der Gedenkstätte Buchenwald.

die genannten Fragen zu finden. Die sowjetischen Haftgrundangaben dienen im folgenden als Berechnungsgrundlage, aber sie werden kritisch hinterfragt.

1. Veränderung der Insassenstruktur des Speziallagers Nr. 2 im Spiegel der zweiwöchentlichen sowjetischen Statistik

Die fortlaufend geführten Stärkemeldungen zeigen die Veränderung in der Kapazitätsnutzung des Speziallagers 2 von 1945 bis 1950. Sie wurden als reine Statistik nach Haftgründen geführt. Die Veränderung über den Gesamtzeitraum wird in der Form deutlich gemacht, daß mehrere Haftgrundgruppen in ihrer quantitativen Veränderung nachgezeichnet werden: NSDAP-Belastete, Angehörige von Sicherheits- und Ordnungspolizei, vermeintliche Spione und Saboteure sowie kleinere Gruppen von Inhaftierten, deren Anteil im Laufe der Jahre anstieg.

In den ersten Monaten nach Einrichtung des Speziallagers verzeichnete die Registraturabteilung des Speziallagers eine Quote von über 85 % "aktiven Mitgliedern der NSDAP" und Mitgliedern aus NS-Frauenschaft und HJ. Durch die Einlieferungen aus Landsberg Anfang 1946[2] stieg die Zahl der NSDAP-Angehörigen von 4.631 auf 8.285, ihr Anteil an der Lagerpopulation sank jedoch von 85 % auf 76,5 %.[3] Der registrierte Anteil von Funktionären, Mitgliedern aus NSDAP, NS-Frauenschaft und HJ schwankte 1946 leicht, lag aber – bei einer Gesamtbelegung von über 11.000 Personen – nie unter 73 %. Im April 1947 – zum Zeitpunkt der Höchstbelegung des Lagers – betrug er 63,4 %[4]. Unmittelbar vor der Entlassungsaktion, die von Juli bis September 1948 erfolgte, lag die Quote aller Funktionäre und Mitglieder aus NSDAP, ihren Gliederungen und Verbänden bei 70,3 %.[5]

Der Anteil der Gestapo-Angehörigen stieg nach den Einlieferungen aus Landsberg zu Jahresbeginn 1946 auf 7,1 %. Bis Mitte 1948 stieg die Quote aller als Angehörige der Sicherheitspolizei oder der Ordnungspolizei verhafteten Personen auf 12 bis 13 %.[6]

1946 tauchten in den zweiwöchentlichen Stärkemeldungen Inhaftierungsgründe in einer Höhe von 1,6 % auf, die mit Spionage oder Sabotage zu tun hatten. Die Quote dieser De-

---

2 Allgemein zur Geschichte des Speziallagers 2 siehe Ritscher 1995[2]. Siehe auch Bodo Ritscher in diesem Band.
3 Stärkemeldung vom 12.2.1946, GARF, f. 9409,, op.1, d. 495, l. 1–2.
4 Am 12.4.1947 waren von 16.371 Personen 10.243 als NSDAP-Funktionäre (darunter 4.609 Blockleiter, 3.680 Zellenleiter, 1.717 Ortsgruppenleiter), 948 Personen als Angehörige von HJ, NS-Frauenschaft, SS oder SA registriert. (GARF, f. 9409,, op.1, d. 498,l. 198.)
5 Am 27.6.48 waren von 13.607 Personen 8.433 als NSDAP-Funktionäre (4.318 Blockleiter, 2.122 Zellenleiter, 956 Ortsgruppenleiter) und 1.134 Angehörige von NSDAP-Gliederungen und Nationalsozialistischer Volkswohlfahrt (NSV) und Deutscher Arbeitsfront (DAF) registriert. (GARF, f. 9409, op.1, d. 502, l.145.)
Vgl. Anm.4. Die Abnahme der Zahlen von April 1947 bis Mitte 1948 beruht vor allem auf der hohen Sterberate im Lager.
6 Zu dieser Gruppe gehörten zur Hälfte Mitarbeiter von Gestapo, SD oder Abwehr, zur anderen Hälfte Gendarmen und Schutzpolizisten.

likte, die sich gegen die sowjetische Besatzungsmacht richteten, stieg Mitte 1946 auf 4,5 % und bis zur Jahresmitte 1948 auf knapp 7 % an.

Bis zum Sommer 1948 wurden über 2.100 Personen aus dem Lager entweder in die Sowjetunion deportiert, an die sowjetischen Operativen Sektoren oder an ein sowjetisches Militärtribunal (SMT) übergeben. Entlassen wurden nur einzelne. Wenig läßt sich über die im Lager Gestorbenen aussagen. Bis zu den Entlassungen Mitte 1948 handelte es sich den zweiwöchentlichen Stärkemeldungen nach um 6.186 Personen. Aufschluß über die Haftgründe der gestorbenen Personen gibt das Lagerjournal. Es wurde 1949 als ergänzender Registraturnachweis angelegt und erfaßt 93 % aller im Speziallager einsitzenden Personen; bei den fehlenden 7 %, einer Größenordnung von etwas über 2.000 Personen, handelt es sich überwiegend um die Toten des Jahres 1946. Die 26.422 Eintragungen des Lagerjournals sind an der Gedenkstätte Buchenwald übersetzt und in eine Computerdatenbank übertragen worden.[7] Aus dem Lagerjournal geht hervor, daß 53 % der von 1945 bis einschließlich 1948 gestorbenen Personen als Blockleiter, Zellenleiter oder sogenannte "Naziaktivisten" geführt worden waren.

Mitte 1948 kam es zu einer bedeutenden Zäsur: Über 9.000 Personen wurden entlassen, gleichzeitig über 6.000 Personen aus den aufgelösten Lagern Mühlberg und Fünfeichen eingeliefert. Damit änderte sich statistisch die Belegung des Speziallagers grundlegend.[8] Seit Mitte 1948 war das Speziallager Buchenwald durchgehend mit 10.000 Personen belegt. Bis zur endgültigen Auflösung des Lagers wurden nur noch vereinzelt Personen eingeliefert, entlassen oder an sowjetische Stellen überwiesen.

Im Lagerjournal waren 9.385 Entlassungen in den Jahren von 1945 bis 1948 registriert: darunter 5.299 Block- und Zellenleiter und 977 NSDAP-Mitglieder oder "Naziaktivisten". Die Zahl aller inhaftierten Funktionäre oder Mitglieder der NSDAP, ihr angeschlossener Gliederungen und Verbände betrug seit den Neueinlieferungen 1948 in den zweiwöchentlichen Stärkemeldungen etwas über 2.000 Personen, der Anteil an der gesamten Lagerpopulation lag – mit kleinen Schwankungen – nur noch bei 20 bis 22,5 %.

Die absolute Zahl der inhaftierten Personen aus dem Polizei- und Terrorapparat (Mitarbeiter und Agenten) sank anläßlich der Entlassungen 1948 kaum. 1948 wurden rund 2.000 Personen zusätzlich unter diesen Haftvorwürfen eingeliefert, das war ein Drittel der neueingelieferten Personen. Die Zahl der Angehörigen von Sicherheits- und Ordnungspolizei stieg damit auf über 3.500 Personen, d. h. rund 36,5 % (17 % SD, Gestapo und Abwehr, 19,5 % Mitarbeiter aus Polizei und Gendarmerie).

Den zweiwöchentlichen Stärkemeldungen nach wurde 1948 ein Teil der seit 1945 als Spione oder Saboteure inhaftierten Personen entlassen und über 1.000 Personen unter diesen Haftgründen zusätzlich registriert. 1.600 Personen (16 % der Häftlinge) waren seit September 1948 als potentielle Gegner der sowjetischen Militäradministration inhaftiert (12 %

---

[7] Die Angaben umfassen zeilenweise pro Person die Nummer der Registrierkontrollakte, Vor- und Familiennamen, Geburtsjahr, Nationalität und Geburtsort, Angaben über das Verhaftungsdatum, die verhaftende sowjetische Einheit und den Haftgrund. Zudem beinhalten die Eintragungen Angaben über den Verbleib der Person und das Datum ihres Todes, der Entlassung oder Überstellung an eine deutsche oder sowjetische Behörde. Neben Rechtschreib- und Übersetzungsproblemen sind die Angaben im Lagerjournal nicht immer vollständig; so ist bei 744 Personen kein Verhaftungsdatum angegeben.

[8] Alle folgenden Zahlen nach den Stärkemeldungen vom 27.6.1948, GARF, f 9409, op.1, d. 502, l. 145; Stärkemeldung vom 27.8.1948, GARF, f 9409, op.1, d. 503, l. 93; Stärkemeldung vom 27.9.1948, GARF, f 9409, op.1, d. 504, l. 48.

"Terroristen" oder Saboteure, 4 % Spione, Besitzer von Waffen, Druckereien oder von Radiosendern, antisowjetische Propagandisten).

Nicht entlassen wurden die 200 bis dahin registrierten Mitarbeiter aus Konzentrationslagern und Gefängnissen; die Gesamtzahl dieser Personengruppe stieg auf 785 Personen (das waren 7,7 % der Insassen des Lagers). Die Zahl der Sonderführer stieg durch die Neueinlieferungen auf 245 Personen (2,4 %); über 100 Wehrmachts- und Volksturmangehörige zugezählt, machte diese Gruppe nach den Neueinlieferungen 3,4 % der Inhaftierten aus. Die Zahl der wegen Mißhandlung von Fremdarbeitern registrierten Personen stieg von 140 auf 321 Personen. Das waren nach 1948 3,1 % der Lagerpopulation.

Ein Teil der im Juni 1948 insgesamt 204 Verwaltungsangehörigen (1,5 % der Lagerinsassen) wurde 1948 entlassen. Nach den Neueinlieferungen stellten 324 Personen zusammen mit 86 Mitarbeitern der Ministerien 4 % der Lagerpopulation. 100 Personen wurden Mitte 1948 als Mitarbeiter von Gerichten und Staatsanwaltschaften eingeliefert. Seitdem waren 185 Personen (1,8 %) unter diesem Haftvorwurf inhaftiert. Die Mitte 1948 registrierten knapp 90 Redakteure blieben inhaftiert. Ihre Zahl verdoppelte sich durch die Neueinlieferungen und ihr Anteil an den Inhaftierten betrug 1,7 %.

Die zweiwöchentlichen Stärkemeldungen, in denen nur ein Haftgrund pro Person gezählt wurde, zeigen, daß im ersten Jahr 1945/1946 Funktion und Mitgliedschaft in der NSDAP als wichtigstes Inhaftierungskriterium galten. Die zunehmende Differenzierung der Haftgrundkategorien in den darauffolgenden Jahren verweist auf sich ändernde Prioritäten der sowjetischen Besatzungsmacht.

2. Differenzierung der sowjetischen Haftgrundkategorien: Ausdruck sich wandelnder politischer Prioritäten

Für die Verhaftungen und die anschließende Registratur der Häftlinge war der Berija-Befehl 315 vom 18.4.1945 maßgebend, wonach zunächst unter militärischen Gesichtspunkten alle potentiell für die Besatzung gefährlichen Personen ausgeschaltet werden sollten. Genannt wurden
1. sogenannte Diversions-, Terror- und Spionageagenturen der Deutschen und Besitzer von Radiostationen, Waffenlagern und Druckereien;
2. aktive Mitglieder der NSDAP und Führer der faschistischen Jugendorganisationen;
3. Angehörige von Gestapo, SD und anderer Terrororgane;
4. Leiter administrativer Organe, Redakteure und Autoren antisowjetischer Veröffentlichungen.

Die Inhaftierungsrichtlinien des Berija-Befehls 315 bildeten die Basis der gesamten statistischen Erfassung bis 1950. Anhand der Zahlen aus den zweiwöchentlichen Stärkemeldungen zeigt sich, daß sich die Prioritäten im Laufe der Zeit verlagerten. Die Haftgründe wurden in den Stärkemeldungen zwischen November 1946 und Januar 1948 viermal differenziert. In den Listen der Entlassungskommission Ende 1949 wurden 122 verschiedene Tatbestände zu Papier gebracht.

Über ein Jahr lang, bis November 1946, beruhte die statistische Erfassung der Häftlinge in den zweiwöchentlichen Stärkemeldungen auf einem einfachen, in 15 bzw. 16 Großgruppen aufgeteilten Schema. "Angehörige aus SS, SA und anderen militärischen Organisationen" sollten ursprünglich in Kriegsgefangenenlagern inhaftiert werden[9], wurden jedoch auch in die Speziallager eingeliefert.[10] Nach der Einlieferung der Gefangenen aus Landsberg Anfang 1946 wurden sie extra gezählt. Bis dahin hatte man sie unter Gestapo subsumiert.

Im November 1946 wurden die Haftgrundkategorien, die sich auf die NSDAP bezogen, differenziert und ergänzt (Gau-, Kreis-, Ortsgruppen-, Zellen-, Blockleiter), HJ-Führer wurden nach Gau und Kreisebene unterschieden. Bürgermeister und Fabrikanten wurden extra aufgeführt.[11] Erstmals dezidiert ausgewiesen wurden nun auch Tatbestände, die mit Kriegsgeschehen in Verbindung standen: Von nun an wurden Angehörige von Militärkommandanturen, des Volkssturms, der Wehrmacht und Leiter von Lagern gezählt, die man bis dahin unter "SS, SA und andere militärische Organisationen" subsumiert hatte. In Anlehnung an den Berija-Befehl 315 wurden seit November 1946 auch vermeintliche Agenten der deutschen Aufklärung, Spione, Terroristen und Diversanten gezählt sowie Personen, die wegen Waffenbesitz festgenommen worden waren.

Zurückzuführen ist diese Ausweitung der Haftgrundkategorien auf den Erlaß des Kontrollratsgesetzes (KG) Nr.10 des alliierten Kontrollrats in Deutschland vom 20. Dezember 1945 und der Kontrollratsdirektive (KD) 38 vom 12. Dezember 1946. Das Kontrollratsgesetz Nr.10 legte die Bestrafung wegen "Verbrechen gegen den Frieden", "Kriegsverbrechen" und "Verbrechen gegen die Menschlichkeit" fest. Die Kontrollratsdirektive 38 erweiterte die Straftatbestände im Hinblick auf die Internierung. Die neben den "Hauptschuldigen" als "Belastete" eingestuften Personen wurden in Aktivisten, Militaristen und Nutznießer unterteilt. Dies ermöglichte den Registratoren im Speziallager, wahlweise unterschiedliche Tatbestände, die zu der jeweiligen Person vorlagen, als Haftgrund niederzulegen, denn fast alle waren im KG Nr.10 oder in der KD 38 aufgeführt. Die KD 38 beinhaltete Straftatbestände wie die Verschleppung ausländischer Zivilisten, Ausschreitungen, Plünderungen, Gewalttaten – auch wenn diese bei der Bekämpfung von Widerstandsbewegungen begangen wurden –, leitende Verwaltungstätigkeiten in den von Deutschland besetzten Gebieten, die Beteiligung an Grausamkeiten in Konzentrations- oder Arbeitslagern, Mißhandlung von Fremdarbeitern, die Zusammenarbeit mit Gestapo, SD oder SS aus "Eigennutz oder Gewinnsucht", Denunziationen und die Beteiligung an der Verfolgung von Gegnern.

Seit Mai 1947 wurde bei der Zählung der NSDAP-Angehörigen zusätzlich nach Amts-, Propaganda-, Kassen- und politischen Leitern unterschieden. Von nun an wurden auch einfache NSDAP-Mitglieder in den zweiwöchentlichen Stärkemeldungen ausgewiesen.[12] Statistisch relevant – wenn auch lediglich mit 0,1 % – wurde die "Teilnahme an [anti]jüdischen Pogromen". Nun führte man als weiteren Haftgrund auch "antisowjetische

---

9   Laut Berija-Befehl 315 vom 18.4.1945, Punkt 3.
10 Die Aufnahme von SA-, SS- und Volkssturm-Leuten war von der Abteilung Speziallager im Oktober 1945 angewiesen worden unter der Voraussetzung, daß eine richtig erstellte Registrierkontrollakte existiere. Vgl. Natalja Jeske in diesem Band.
11 Bis März 1947 wurden 30 Fabrikanten gezählt, danach stieg die Zahl auf ca. 200 Fabrikanten und Bauernführer. Die Zahl der Bürgermeister stieg im selben Zeitraum, bis September 1947, von knapp 60 auf 140 Personen.
12 Möglicherweise war dies eine Reaktion auf die Aufforderung des Leiters der Abt. Speziallager, Oberst Sviridov, vom 15.5.1947, nominelle NSDAP-Mitglieder mit Hilfe von Spitzeln im Lager zu überprüfen, um eine feindliche Tätigkeit nach Punkt 1 des Berija-Befehls 315 aufzudecken oder alternativ eine Entlassung vorzubereiten. Lipinsky 1993, S. 151f.

Agitation" – sei es als Folge des Kalten Krieges oder realer Probleme mit der Sowjetisierung der Eigentumsverhältnisse in der SBZ. Sie rangierte zunächst unter der Kategorie "Landesverrat", ein Haftgrund, der sich später nur noch auf inhaftierte Sowjetbürger bezog, denen wegen deutscher Kriegsgefangenschaft oder Fraternisierung mißtraut wurde. Zahl und Anteil der Häftlinge wegen "antisowjetischer Agitation" lagen in der zweiten Jahreshälfte 1947 bei 482 Personen (3 %). Dieser weit auslegbare Haftgrund fußte ebenfalls auf den Definitionen aus der KD 38: Danach galt unter anderem als NSDAP-Aktivist, *"wer nach dem 8. Mai 1945 durch Propaganda für den Nationalsozialismus und Militarismus oder durch Erfindung und Verbreitung tendenziöser Gerüchte den Frieden des deutschen Volkes oder den Frieden der Welt gefährdet hat oder möglicherweise noch gefährdet"*.[13] Diese Bestimmung stellte die formale – und völkerrechtlich vertretbare – Rechtfertigung für die Inhaftierung potentieller Regimegegner in den Speziallagern in der SBZ dar und diente auch später in den Waldheim-Prozessen – in Verbindung mit dem Kontrollratsgesetz Nr.10 – als Urteilsbegründung.[14]

Im Oktober 1947 fügte man als zusätzliche Haftgründe die Mitgliedschaften im Nationalsozialistischen Kraftfahrkorps (NSKK), Bund Deutscher Mädel (BDM), der Nationalsozialistischen Volkswohlfahrt (NSV) und der Deutschen Arbeitsfront (DAF) hinzu.[15] Diese Personen sowie Angehörige der SS und SA wurden in der Statistik geführt als "Angehörige von Organisationen und Gruppen, die im Hinterland der Roten Armee zur Diversionsarbeit eingesetzt wurden".[16] Verwaltungsbeamte unterschied man von nun an nach Bezirk, Kreis und Stadt. Es kamen Großgrundbesitzer hinzu. Als weitere Delikte gegen die Besatzungsmacht wurden nun explizit der Besitz unerlaubter Radiostationen und Druckereien – anknüpfend an die Vorgabe des Berija-Befehls 315 – aufgeführt. Die Inhaftierten, die für Gestapo, SD und Abwehr tätig gewesen sein sollten, wurden in Mitarbeiter und Agenten unterteilt. Unter den Begriff der "Agenten" faßte die sowjetische Besatzungsmacht den Tatbestand der Denunziation oder der Übergabe von Regimegegnern oder Fremdarbeitern an Gestapo und Polizei. In den ausführlicheren sowjetischen Kommissionslisten von 1949 lautete das beispielhaft: *"laut Aussagen des Zeugen S. meldete er antifaschistisch eingestellte Arbeiter an die Betriebsdirektion, woraufhin die Arbeiter von der Gestapo verhaftet wurden"*, *"Aufseher von Fremdarbeitern, ... durch seine Materialien wurden 20 sowjetische Bürger verhaftet"*, aber auch *"Agent der Abwehr, praktische Tätigkeit wurde nicht festgestellt"*.

---

13 Kontrollratsdirektive 38, Amtsblatt des Kontrollrats in Deutschland Nr.11, 31.Oktober 1946, hrsg. vom Alliierten Sekretariat Berlin, S. 84.

14 Auch die verhängten Strafmaße in den Waldheim-Prozessen – das gesamte Spektrum von der Todesstrafe bis zum Entzug einzelner gesellschaftlicher Rechte – beruhten auf den Vorgaben aus der KD 38. Ähnliche Bedeutung hatte sie auch bei den Sonderstrafkammern nach Befehl Nr. 201 im Zuge der Entnazifizierung. Vgl. Welsh 1991, S. 93.

15 Die alliierten Empfehlungen an den Kontrollrat auf der Moskauer Konferenz im April 1947, wonach die Entnazifizierung beschleunigt werden solle, haben die statistische Aufsplittung der Straftatbestände in den Zweiwochenstatistiken möglicherweise unterstützt.

16 Hiermit wurde auf den Berija-Befehl 315 vom 18.4.1945, Punkt 1b Bezug genommen. Vgl. auch Natalja Jeske in diesem Band.
    Bis zur Auflösung des Speziallagers wurden die zweiwöchentlichen Stärkemeldungen in mehreren Fassungen mit zum Teil differierenden Zahlen geführt. Neben der zunehmend differenzierten Statistik bestand die einfache Variante aus der Anfangszeit weiter.

Im Januar 1948 wurden die Haftgrundkategorien in der Zweiwochenstatistik erneut ausgeweitet, von 44 auf 58 mögliche Haftgründe. Nun wurden vermeintliche Spione nach Deutschen und Ausländern unterteilt. Aufgenommen wurden zusätzlich die Kategorie "Chef der Abteilung Kader der NSDAP" mit zunächst 7 Personen und die Kategorie "Sonderführer" mit ca. 100 Personen. Mit dieser Ausweitung stiegen auch der Anteil der Administration, Intelligenz und Technokraten von 4 auf 7 %.

Während die sowjetische Registraturabteilung einerseits die Haftgründe immer weiter aufsplittete, subsumierte sie andererseits unterschiedliche Tätigkeitsbereiche unter Oberbegriffen: Als Ortsgruppenleiter wurden z. B. auch stellvertretende Ortsgruppenleiter registriert sowie Personen, die Funktionen im Ortsgruppenamt oder Funktionen auf Ortsgruppenebene in angeschlossenen NSDAP-Gliederungen innegehabt hatten.[17] Die Summierung der unterschiedlichen Personen in den verschiedenen Haftgrundkategorien erscheint zum Teil willkürlich.

Die Differenzierung der Haftgrundangaben seit Januar 1948 blieb bis zur Auflösung des Speziallagers 1950 bestehen. Nach der Entlassungs- und Neueinlieferungsaktion im Sommer 1948 veränderte sich auch die Mengenverteilung in den verschiedenen Kategorien nicht mehr.

3. Haftgrundprofil 1949: Auswertung einer repräsentativen Stichprobe aus den Kommissionslisten

Rund 10.000 Personen blieben bis 1950 inhaftiert. Näheren Aufschluß über die Personen, die in den Augen der Sowjets den "harten Kern" der Speziallagerhäftlinge bildeten[18], geben die Kommissionslisten. Sie enthalten neben mehreren Haftgründen pro Person Angaben zu Parteimitgliedschaft, Beruf und Dienstgrad der Häftlinge sowie persönliche Angaben. Angelegt wurden die Listen Ende 1949 unter Leitung einer zentralen Entlassungskommission der Abteilung Speziallager in Berlin, um die Auflösung der Speziallager vorzubereiten und festzulegen, welche Personen entlassen und welche an deutsche Behörden oder sowjetische Stellen überstellt werden sollten.[19] Die in diesem Kapitel vorgenommene Auswertung einer Stichprobe beruht ausschließlich auf den sowjetischen Eintragungen in diesen Listen.

Es wurden aus der Gesamtmenge die Personeneintragungen mit den Anfangsbuchstaben L und M übersetzt.[20] Die folgende Stichprobenauswertung[21] beschränkt sich auf Haftgrundangaben, NSDAP-Mitgliedschaft, Altersstruktur und den geplanten Verbleib nach

---

17 Laut Stärkemeldung vom 9.12.1949 waren 584 Ortsgruppenleiter registriert, in den Kommissionslisten von Dezember 1949 betrug ihre Zahl dagegen nur 450 Personen. Stärkemeldung vom 9.12.1949, GARF, f. 9409, op.1, d. 509,267.

18 Die Frage nach dem "harten Kern" und nach dem Ausleseprinzip der Entlassungen 1950 ist aufgeworfen bei Fricke 1979, S. 69, S. 99.

19 Für das Speziallager 2 sind das folgende d. n: GARF f. 9409, op.1, d. 154, 158, 163, 165, 169, 170, 171, 178, 180, 211. Vgl. auch Kersebom/Niethammer in diesem Band.

20 Zum Auswahlkriterium Anfangsbuchstaben siehe Böltken 1976, S. 174ff.; Schach/Schach 1978, S. 381ff. Einen Überblick über Auswahlverfahren und weitere Literatur gibt Hartmann 1984.

21 Zu danken ist Gabi Naperkowski und Kamilla Brunke für die Übersetzungen und vielen Hinweise. Die Auswertung erfolgte durch die Verfasserin.

Auflösung des Lagers. Die genannten Prozentzahlen beziehen sich auf die Stichprobe mit 1.118 Datensätzen. Sie stellen repräsentative Größen für die Gesamtmenge der Ende 1949 Inhaftierten dar. Die Grundgesamtheit der Häftlinge in den Kommissionslisten entspricht der registrierten Zahl der Häftlinge in den Stärkemeldungen Ende 1949.[22]

Bei den Haftgrundangaben kommt die Veränderung der sowjetischen Prioritäten zum Ausdruck: Für knapp 20 % der Inhaftierten des Speziallagers 2 waren in den Kommissionslisten Haftgründe vermerkt, die der frühen Inhaftierungsgrundlage, dem Berija-Befehl 315, nicht mehr entsprachen. Sie lauteten Spionage für das westliche Ausland sowie antisowjetische Propaganda (zusammen bei 3,2 % der Inhaftierten), Betriebsinhaber und Gutsbesitzer (2,7 %), Wachpersonal in Fremdarbeiterlagern (4,7 %), Verhaftung, Mißhandlung oder Beschäftigung von Fremdarbeitern überhaupt (4,9 %) und Verhaftung oder körperliche Mißhandlung von Gegnern des NS-Regimes, Beteiligung an Ermordung von Zivilpersonen, Teilnahme an [anti]jüdischen Pogromen oder Denunziation (4 % der Inhaftierten).

Die Zugehörigkeit zur Sicherheits- und Ordnungspolizei und Straftaten in den besetzten Gebieten der Sowjetunion[23], Denunziation oder Mißhandlung und die Mitarbeit in Lagern sind als Haftgründe bei 46,3 % aller Personen der Stichprobe aufgeführt. Es zeigt sich, daß sich die sowjetische Aufmerksamkeit von den ursprünglich als primär gefährlich erachteten NSDAP-Funktionären und -Mitgliedern zu dem bedeutenden Anteil an Häftlingen aus dem Terror- und Polizeiapparat verschoben hatte. Damit kam auch eine starke nationale Komponente zum Ausdruck: "Kriegsverbrechen" oder "Verbrechen gegen die Menschlichkeit" (im Sinne des Kontrollratsgesetzes Nr.10), insbesondere Straftaten in den besetzten Gebieten der Sowjetunion und gegenüber der sowjetischen Zivilbevölkerung, waren mit fortschreitender Nachkriegszeit bedeutsamer für die Inhaftierung geworden.

In den Listen der sowjetischen Entlassungskommission wurde bei 27,4 % der inhaftierten Personen mehr als ein Haftgrund vermerkt.[24]

Für 19,6 % der Personen aus der Stichprobe waren als Haftgrund Funktionen in der NSDAP oder die Betätigung in ihren Gliederungen oder Verbänden genannt. Für über die Hälfte dieser 19,6 % NSDAP-Belasteten (11 % der Stichprobe) waren mehrere Haftgründe in den Kommissionslisten aufgeführt. Sie lauteten (mit absteigendem prozentualen Anteil): Verbindung zur Sicherheits- oder Ordnungspolizei; Betriebsinhaber, Gutsbesitzer, Verwalter oder Direktor; Staats- oder Verwaltungsbeamter. Weitere Haftvorwürfe bestanden darin, Fremdarbeiter beschäftigt oder mißhandelt zu haben, Mitglieder von Werwolfgruppen oder anderer Untergrundorganisationen, SA- oder SS-Mitglied gewesen zu sein oder Gegner des NS-Regimes, vor allem Kommunisten, denunziert oder verfolgt zu haben.

Doch für den Rest der NSDAP-Belasteten, die 1948 im Speziallager 2 geblieben waren, bestand der Haftgrund allein in NSDAP-Funktion oder Mitgliedschaft, ohne weitere Tatvorwürfe. Dies betraf 8,6 % der Stichprobe, hochgerechnet auf alle Insassen des Speziallagers waren dies knapp 850 Personen.

---

22 Stärkemeldung vom 9.12.1949: 9.836 Personen. GARF, f. 9409, op.1, d. 509,267.
23 Zum Einsatz der Ordnungspolizei in SS-Sondereinheiten, Einsatzgruppen und Polizeibataillonen siehe auch Browning 1996, S. 29ff.
24 In einigen Fällen sind bis zu vier Haftgründe pro Person in den Kommissionslisten vermerkt. In den zweiwöchentlichen Stärkemeldungen wurde jedoch nur ein Haftgrund pro Person gezählt. Laut Anweisung der Abteilung Speziallager in Berlin vom Februar 1946 waren die Häftlinge in die Kategorie einzustufen, die bereits in den aus den operativen Gruppen mitgelieferten Registrierkontrollakten an erster Stelle aufgeführt war. Siehe Natalja Jeske in diesem Band.

Die Kommissionslisten enthalten zwei Spalten (allgemeine biographische Daten und Haftgründe), die über die Personen Auskunft geben. Die einfache Mitgliedschaft in der NSDAP wurde in den Kommissionslisten unabhängig von den Haftgründen extra vermerkt. Der Anteil an NSDAP-Mitgliedern liegt in der Stichprobe bei 63,5 % aller Häftlinge, das waren – hochgerechnet auf alle Lagerinsassen Ende 1949 – über 6.200 Personen (siehe Tabelle).

Es ist zu vermuten, daß die NSDAP-Mitgliedschaft in die Entscheidung über den Verbleib der Personen mit einfloß.

Wenn man die NSDAP-Mitgliedschaft zu den Haftgründen in Beziehung setzt, zeigt sich, daß in den verschiedenen Haftgrundgruppen der NSDAP-Mitgliederanteil unterschiedlich hoch war: Unter den als Spion, Terrorist oder wegen Diversion inhaftierten Personen lag er bei 30,5 %, in der Personengruppe aus Verwaltung, Wirtschaft und Journalismus lag er bei 83,3 %.

Altersverteilung[25] in Lagerjournal und Kommissionslisten

Jahrgang	Lager-journal[26]	Kommis-sionslisten-Stichprobe[27]			geplanter Verbleib		
		gesamt	NSDAP-Mitgl.	Werwolf	HJ[28]	ent-lassen	Wald-heim	sowjet. Stelle
bis 1880	0,7 %	0,4 %	0,4 %	0,4 %	–	–	0,4 %	0,4 %	–
1881–1890	16,1 %	13,2 %	14,7 %	2,5 %	0,9 %	12,7 %	16 %	–
1891–1900	44,2 %	39,9 %	47,3 %	16,7 %	2,8 %	38,6 %	44 %	38,5 %
1901–1910	24,9 %	27,3 %	30,7 %	10 %	2,8 %	26,1 %	29,6 %	38,5 %
1911–1920	5,4 %	7,6 %	5,1 %	7,5 %	11,3 %	7,7 %	6,3 %	19,2 %
1921–1932	7,3 %	11,4 %	1,7 %	63,3 %	82 %	14,2 %	3,4 %	3,9 %
Stichprobe Personen		1.118	710	120	106	824	268	26
hochgerechnet			6.246	1.052	934	7.249	2.361	226

Die Auswertung der Altersstruktur zeigt, daß in den Geburtsjahrgängen zwischen 1891 und 1910 ein besonders hoher Anteil an NSDAP-Mitgliedern zu verzeichnen ist. Der Anteil der zu Kriegsende über 24jährigen HJ-Mitglieder und -Funktionäre liegt bei 18 %. Bei den inhaftierten Werwolfverdächtigen waren zwar 55,8 % zum Inhaftierungszeitpunkt 1945 nur 15 bis 19 Jahre alt, doch verblüffend hoch ist der Anteil älterer Personen: 18,3 % der 1945 als Werwölfe verhafteten Personen waren über 45 Jahre alt gewesen. 29,2 % aller in den Kommissionslisten registrierten Werwolfverdächtigen (3,1 % der Stichprobe) waren gleich-

---

25 Durch Auf- und Abrunden differieren in einigen Fällen die Summen der Prozentangaben hinter dem Komma.
26 Alle Prozentzahlen beziehen sich auf die Gesamtmenge der darin erfaßten 26.422 Personen im Zeitraum von 1945 bis 1950.
27 Die Grundgesamtheit, auf die sich die Stichprobe bezieht, beträgt 9.836 Personen. Dies entspricht der Stärkemeldung vom 9.12.1949. (GARF f. 9409, op.1, d. 509, 1. 267.)   Alle Prozentzahlen beziehen sich auf die Grundmenge oder die jeweiligen Teilmengen der Stichprobe und die hochgerechneten Zahlen am Fuß der Spalten.
28 Hier werden HJ-Mitglieder und -Funktionäre gezählt.

zeitig NSDAP-Mitglied.[29] Dieser Befund steht im Widerspruch zur kollektiven Erinnerung: Heute werden die jugendlichen Werwölfe als Insassen des Speziallagers erinnert, nicht dagegen die über 30 % älteren, die ebenfalls unter diesem Vorwurf verhaftet worden waren.

Die Kommissionslisten geben Aufschluß über den geplanten Verbleib der Inhaftierten nach Auflösung des Speziallagers. Über 7.200 Personen sollten 1950 entlassen werden: Mitglieder von Diversions- und Untergrundgruppen, potentielle Spione, Propagandisten und Besitzer von Druckereien, Waffen oder Radiosendern zu 85 %, ebenso 96 % der Werwolfverdächtigen und 90,6 % der HJ-Mitglieder und -Funktionäre.[30]

Von den 1950 nach Waldheim zu überstellenden Personen der Stichprobe waren 18,7 % vor 1933 in die NSDAP eingetreten. Dies waren hochgerechnet auf alle Insassen 440 Personen. In der gesamten Stichprobe lag dieser Anteil bei 11,5 %, hochgerechnet über 1.100 Personen. Das läßt darauf schließen, daß für die sowjetische Entlassungskommission die frühe NSDAP-Mitgliedschaft ein bedeutendes Entscheidungskriterium für die Überstellung nach Waldheim war. Überdurchschnittlich viele Personen, die überstellt werden sollten, waren über 40 Jahre alt (siehe Tabelle).

Folgende Haftgründe führten zur Überstellung: Mitarbeit in Gestapo oder Abwehr, einschließlich Denunziation (bei 39,5 % der überstellten Personen); Verwaltungsbeamte, über ein Drittel davon leitende Beamte der Ordnungspolizei (16,9 %); höhere NSDAP-Funktionäre und SA-Mitglieder (11,3 %); körperliche Mißhandlung von Fremdarbeitern (10,1 %); Betriebsinhaber, Gutsbesitzer, Direktoren oder Verwalter (8,4 %); Redakteure (8,4 %); Verwaltungstätigkeit in den ehemals besetzten Teilen der Sowjetunion und Partisanenbekämpfung (6,3 %).[31]

Die Personen, die man sowjetischen Stellen übergeben wollte, stammten vor allem aus der Altersgruppe der 40- bis 60jährigen. Sie waren mehrheitlich beschuldigt, Spione, Agenten oder Mitarbeiter von Gestapo oder SD oder Angehörige der Ordnungspolizei in den besetzten Gebieten gewesen zu sein. Oder man warf ihnen Partisanenbekämpfung und Vergeltungsschläge gegen die Zivilbevölkerung vor. Die Hälfte der an sowjetische Behörden überstellten Personen wurde an die Sowjetische Kontrollkommission (SKK) übergeben[32], 30 % wurden vor sowjetische Militärtribunale (SMT) gestellt, die restlichen 20 % wurden an ein Sonderkollegium überwiesen.[33]

---

29 NSDAP-Belastete wurden in 85 % der Fälle, Werwolfverdächtige zu 87,5 % bereits 1945 inhaftiert. Zum Vergleich: Für 72,6 % der Gesamtmenge der Stichprobe lag das Verhaftungsdatum 1945, über ein Viertel wurde erst ab 1946 inhaftiert.

30 Bis zur Auflösung des Speziallagers verstarben 75 Personen und 9 wurden an sowjetische Stellen überstellt. 7.073 Personen wurden im Januar und Februar 1950 entlassen, 2.415 Personen an die Hauptverwaltung der Deutschen Volkspolizei (und damit nach Waldheim) und 264 Personen an den sowjetischen Operativen Sektor überstellt. Protokoll über die Auflösung des Speziallagers 2 vom 2.4.1950, GARF, f. 9409, op.1, d. 482, l. 129.

31 0,5 % der Personen aus der Stichprobe, die überstellt werden sollten, waren Mitglieder der nach Kriegsende gegründeten Parteien; mehrheitlich Mitglieder der SPD. Hochgerechnet waren dies etwas über 50 Personen.

32 Die Überstellung an die SKK war mit der Verurteilung durch ein sowjetisches Militärtribunal gleichzusetzen. Sie betraf Personen, die wegen Partisanenbekämpfung oder Vergeltungsschlägen gegen die Zivilbevölkerung in der Sowjetunion inhaftiert waren.

33 Die Überweisung an ein Sonderkollegium stellte eine Form administrativer Verurteilung zu Zwangsarbeit in Fällen dar, wenn die Verurteilung durch ein sowjetisches Militärtribunal materiell oder formell nicht gerechtfertigt werden konnte; sie beruhte auf zwei sowjetischen Erlassen aus dem Jahr 1934. Vgl. Fricke 1979, S. 129ff.

4. Kritische Annäherung an die sowjetischen Haftgrundangaben anhand einer repräsentativen Personenstichprobe aus dem Lagerjournal

Mit den bisher vorgenommenen Auswertungen ist über den Wahrheitsgehalt der sowjetischen Angaben noch nichts ausgesagt. Es stellt sich die Frage, inwieweit die sowjetischen Haftgrundangaben zutreffen. Eine Überprüfung kann ausschließlich erfolgen, indem die Angaben mit zeitgenössischen Quellen konfrontiert werden. Dies ist für einen Umfang von über 26.000 registrierten Personen nicht möglich, sondern läßt sich nur durch eine Stichprobe aus der Gesamtmenge der Lagerinsassen näher bestimmen.[34] Als Grundgesamtheit für eine repräsentative Stichprobe wurde das Lagerjournal zugrunde gelegt und damit die Menge aller registrierten Personen, die zwischen 1945 und 1950 im Speziallager Buchenwald inhaftiert waren. Die Haftgrundangaben im Lagerjournal stammen aus dem Jahr 1949. Die sowjetischen Angaben zu den Personen der Stichprobe wurden anhand noch vorhandener Unterlagen aus Dienststellen des Dritten Reiches und der NSDAP aus der Zeit von 1933–1945 überprüft.[35]

Im ehemals US-amerikanischen Berlin Document Center (BDC) – heute Bundesarchiv Berlin – erfolgte die Recherche an dem noch zu 90 % erhaltenen, biographisch erschlossenen Bestand der Mitgliederkartei der NSDAP und an rudimentär vorhandenen Aktenbeständen der NSDAP und ihrer Gliederungen.

Die sowjetischen Haftgründe in der Stichprobe bestanden aus konkreten Tatvorwürfen, Funktionsbezeichnungen und Berufsangaben. Eine NSDAP-Funktion oder -Mitgliedschaft als Haftgrund war bei 49,3 % der Personen angegeben. Bei der Überprüfung aller im BDC angefragten Personen der Stichprobe fanden sich für 43,3 % im dortigen Bestand NSDAP-Mitgliedskarten oder Aktenreste – auch zu Personen, bei denen im Lagerjournal kein NSDAP-Vorwurf vermerkt war.

Alle aufgefundenen Archivalien stammen aus dem Zusammenhang der NSDAP auf den Ebenen Reich oder Gau. In den Akten finden sich meist nur kurze Vorgänge des Reichsschatzmeisters der NSDAP, die Beitragszahlungen oder Wohnortwechsel der NSDAP-Mitglieder betreffen. Bei SS-Mitgliedschaft der Inhaftierten findet sich vereinzelt eine Akte des Rasse- und Siedlungshauptamtes der SS.

Eine weitere ergiebige Quelle sind einzelne Personalakten aus den Reichsbehörden vor 1945, vor allem aus dem Justizbereich und der Polizei.[36] Damit ist auch gleichzeitig das

---

Meist handelte es sich hierbei um vermeintliche Agenten oder Agentinnen, Frauen in untergeordneten beruflichen Funktionen ohne nähere Angaben, Fabrikanten und "Spezialisten", zu einem Drittel um Nicht-Deutsche.

34 Zur Errechnung des notwendigen Umfangs bei 95 %iger Wahrscheinlichkeit siehe Hartmann 1984, S. 211ff. Für die Stichprobe wurde von der Verfasserin 1996 jeder 130. Datensatz aus dem Lagerjournal gezogen.

35 Alle in Archiven aufgefundenen Aktenstücke zu den gesuchten Personen wurden von der Verfasserin eingesehen.

36 Die personenbezogenen Unterlagen, die in den Dienststellen der NSDAP und des Dritten Reiches sowie im Zuge der Entnazifizierung nach 1945 entstanden, befinden sich heute im Bundesarchiv. In der ehemaligen DDR wurde ein Teil dieser Unterlagen vom Staatssicherheitsdienst verwaltet und durch Namenskarteien erschlossen.

Profil derjenigen gekennzeichnet, über die sich die meisten Materialien finden lassen: Dies sind höhere NSDAP-Funktionäre und Reichsbeamte. Eine komplette Personalakte zu finden, stellt jedoch die Ausnahme dar.

Im Zuge der biographischen Recherche fanden sich auch Archivalien aus der frühen Arbeit der politischen Kommissariate (K5) bei den Kriminaldienststellen in der SBZ. Dort wurden politisch verdächtige Personen nach Wohnungsadresse oder nach Arbeitsstellen erfaßt oder als Entlassene aus dem Speziallager 2 registriert.

Über den 1895 geborenen Otto S. findet sich – beispielsweise – in den Akten der zuständigen Berliner Bezirksverwaltung die Mitteilung, man habe 1948 seine Möbel beschlagnahmt, da er stellvertretender Zellenleiter gewesen sei. Man erfährt, daß S. im Nationalsozialistischen Fliegerkorps (NSFK) aktiv und gegen Kriegsende zum Volkssturm eingezogen war; auch, daß die Nachbarin über S. Auskunft gegeben habe. Seine Ehefrau (ebenso wie die Behörde) wußte 1948 noch nichts von seinem Tod. S. war bereits 1947 im Speziallager gestorben. Im sowjetischen Lagerjournal war er als Blockleiter geführt worden.

Der im Lagerjournal als Ortsgruppenleiter registrierte Johannes W., Jg. 1889, war 1925 in die NSDAP eingetreten und hatte sie damit gleichzeitig in seinem Dorf gegründet; vor 1933 war er zudem in der SA gewesen.[37] Nach 1933 hatte er keine Funktion in der Partei inne, sondern arbeitete als Kontrolleur der Ortskrankenkasse im zugehörigen Kreis und betrieb nebenbei ein Geschäft. Im Juni 1945 wurde er von der Kripo in Zwickau festgenommen. Das Verhörprotokoll, in dem W. zugibt, er habe bis zum 20. Juli 1944 an die Idee der Bewegung geglaubt, wurde mit dem Zusatzvermerk "Hauptverbrecher, Mitglied-Nr. unter 100.000" versehen. Im Juli übernahm ihn das sowjetische Volkskommissariat für Inneres (NKWD).

Im Anschluß an die Haft im Speziallager 2 wurde er in Waldheim unter Bezug auf die Kontrollratsdirektive 38 als "Hauptschuldiger"[38] zu 20 Jahren Zuchthaus verurteilt. Die Urteilsbegründung aus dem Waldheim-Prozeß erhellt in diesem Fall auch rückwirkend die Paradigmen der Speziallagerhaft: W. habe durch außerordentliche politische und propagandistische Unterstützung die Voraussetzungen für die nationalsozialistische Gewaltherrschaft gewährt. Als Beweis dafür galt, daß er nach 1925 aus eigener Tasche habe Plakate und Werbematerial drucken lassen.[39]

Die Suche nach Schicksalsspuren aus der Zeit nach der Speziallagerhaft erstreckte sich auch auf das Archiv des Bundesbeauftragten für die Unterlagen des Staatssicherheitsdienstes der ehemaligen Deutschen Demokratischen Republik (BStU), das ehemalige Archiv des 1950 gegründeten Ministeriums für Staatssicherheit (MfS). Dort lassen sich nur vereinzelte, keine gezielten Vorgänge über ehemals im Speziallager internierte Personen finden. In dreizehn Fällen (6,5 % der Stichprobe) gerieten Personen in Kontakt zum MfS; diese operativen Vorgänge (Beobachtung oder Zusammenarbeit) entstanden immer aufgrund der beruflichen Stellung der betreffenden Personen. Die Internierung wird in den operativen Vorgängen erwähnt, die politische Einschätzung der Personen erfolgte jedoch anhand ihrer Einstellung zur DDR und anhand ihres politischen Verhaltens. Nur in zwei Fällen wurde in der ehemals nazistischen Vergangenheit der Person eine potentielle politische Gefährdung des Arbeits-

---

37 Dies geht aus einem Statistischen Erhebungsblatt der Gauleitung Sachsen hervor, unterzeichnet vom zuständigen Ortsgruppenleiter am 12.3.1937. Bundesarchiv Berlin, ZA I 4868 A.3.
38 Kontrollratsdirektive 38 vom 12.10.1946, Abschn.II, Art II Ziff. 6, in Verbindung mit KG 10, Art.II, Ziff. 1c, 2b–d.
39 Bundesarchiv Berlin, StVE K 104 A.6. W. wurde 1954 aus der Haft entlassen.

kollektivs gesehen. Dies läßt den Schluß zu, daß die Internierung im politischen (Selbst-) Verständnis der DDR als Entnazifizierung und deshalb als abgeschlossen verstanden wurde.

Zusammenfassend läßt sich sagen, daß die im Speziallager 2 inhaftierten Personen keine bedeutenden Spuren in den Akten aus der Zeit des Dritten Reichs hinterlassen haben. Aktenreste und Hinweise zu insgesamt 57,2 % der namentlich in den Archiven recherchierten Personen aus der repräsentativen Stichprobe wurden aufgefunden. In 19,1 % aller aufgefundenen Fälle geht aus den dort gemachten Hinweisen nichts hervor, was in Zusammenhang mit den Haftgründen zu bringen wäre. In 40 % der aufgefundenen Fälle ließen sich die sowjetischen Haftgrundangaben durch die Überprüfung der noch vorhandenen Archivalien bestätigen. In weiteren 40,9 % besteht eine Wahrscheinlichkeit, daß sie zutreffen. Zu dieser Gruppe gehören auch eine Vielzahl von Personen, die in den sowjetischen Akten als Blockleiter registriert waren. Ihre NSDAP-Mitgliedschaft ist nachgewiesen. Ihre NSDAP-Funktion ist jedoch nicht belegt – abwärts der NSDAP-Ortsgruppen gab es keine schriftliche Überlieferung.

Neben der Vernichtung von Akten durch Kriegseinwirkungen gibt es weitere Gründe dafür, daß Personen aus der Stichprobe nicht aufgefunden wurden: Eine Fehlmeldungsquote von etwa 5 % wurde durch falsche Namensschreibweisen nach Übersetzung aus dem Russischen produziert. Dies sind Probleme, die bereits in der Transkription der deutschen Namen ins Russische angelegt und nicht einfach auflösbar sind.

Rund 10 % der sowjetischen Haftgrundangaben sind zudem nicht überprüfbar: Über Werwolf- oder Volkssturmzugehörigkeit, auch über die Aufsicht in Fremdarbeiterlagern gab es keine Akten; Haftgründe wie "Mißhandlung", "Erschießung" oder "Vernichtung von..." sind nicht überliefert, allenfalls sind sie heute noch in den sowjetischen Akten und Verhörprotokollen im Archiv des KGB nachgewiesen.[40] Solange diese nicht zugänglich, überprüft und ausgewertet sind, bleiben diese Haftvorwürfe unbewiesen. Auch Haftgründe wie "Spion", "Terrorist" oder "Propagandist" wurden in deutschen Dienststellen nicht aktenkundig. Knapp 5 % der Inhaftierten waren zu jung, um Spuren in behördlichen oder NSDAP-internen Vorgängen zu hinterlassen.[41]

Im Gesamtüberblick sind keine eindeutig falschen Angaben im sowjetischen Lagerjournal nachweisbar. Auf die systematische Angabe falscher Haftgründe im Spektrum der NSDAP-Belastungen deutet nichts hin. Ungeklärt bleiben jedoch Haftgrundangaben, die Ausdruck und Folge sowjetischer Vorstellungen über den zu erwartenden Widerstand der Deutschen gegen die sowjetische Besatzung waren. Werwölfe oder Diversanten wurden nach der Besetzung Ostdeutschlands durch die Rote Armee als bedrohliche Partisanengefahr gesehen. Vermeintliche Spione, Terroristen und Propagandisten inhaftierte man verstärkt im Zuge des Kalten Krieges. Sachverhalte oder Vorfälle, die sich hinter diesen Haftgrundbegriffen verbergen, bleiben in der Regel unklar. Zwei Einzelfälle aus der repräsentativen Stichprobe zeigen die Unschärfe dieser Begriffe.

---

40 Die zusätzliche Recherche bei der Zentralen Stelle der Landesjustizverwaltungen zur Aufklärung nationalsozialistischer Verbrechen, die 1958 in Ludwigsburg zur strafrechtlichen Verfolgung nationalsozialistischer und kriegsbedingter Verbrechen eingerichtet wurde, ergab in einigen Fällen vage Hinweise auf verbrecherische Vorgänge. Die Hinweise beruhen meist auf Zeugenaussagen und beinhalten in der Regel allenfalls Personenbeschreibungen, aber keine Geburtsdaten.

41 Der jüngste in die NSDAP aufgenommene Geburtsjahrgang war 1927. Die Haftgründe dieser Jugendlichen, die 1945 zwischen vierzehn und siebzehn Jahre alt waren, lauteten "Werwolf","Diversant" oder "HJ".

Der dreiundzwanzigjährige, zum Einzelkämpfer ausgebildete Kampfschwimmer Walter E. kam bei dem fehlgeschlagenen Versuch der deutschen Wehrmacht, den sowjetischen Vormarsch durch die Sprengung einer Pontonbrücke über die Oder zu stoppen, in Haft. Er wurde im Lagerjournal als Werwolf geführt. 1950 wurde E. nach Waldheim überwiesen und dort als "fanatischer Anhänger der HJ" (der er von 1933-1939 angehört hatte) und wegen Diversion nach der Kontrollratsdirektive 38 als "Aktivist" eingestuft und zu zwölf Jahren Zuchthaus verurteilt.[42]

Der Landrat des Kreises Beeskow, Franz M., wurde im Februar 1946 verhaftet, da er ehemalige Nazis in die Verwaltung geholt habe und zum anderen als Gegner der Bodenreform galt. Der Haftgrund im Lagerjournal lautete "Propagandist", in den Kommissionslisten hieß es "antisowjetische Propaganda und Sabotage der Maßnahmen der sowjetischen Besatzungstruppen". M., der als SPD-Mitglied im Dritten Reich mit Berufsverbot belegt war, wurde 1950 in Waldheim als "Aktivist" zu zwölf Jahren Zuchthaus verurteilt. Die Anklage lautete, M. habe "erneut Propaganda für den Faschismus getrieben", er habe den Wiederaufbau sabotiert, das Vertrauen der Bevölkerung zu ihrer Besatzungsmacht untergraben und habe versucht, den Frieden zu gefährden.[43]

5. Zusammenfassung

Der Anteil an registrierten inhaftierten NSDAP-Funktionären oder "Naziaktivisten" machte in den zweiwöchentlichen Stärkemeldungen in den ersten drei Jahren des Speziallagers 2 zwischen 63 und 85 % aus. Ihr Anteil an der Gesamtzahl der Insassen, die bis auf 16.357 im April 1947 stieg, nahm ab, was auch der hohen Sterblichkeitsrate im Lager geschuldet war. Seit Mitte 1948 änderte sich die Insassenstruktur. Der Anteil der NSDAP-Belasteten sank in den zweiwöchentlichen Stärkemeldungen bis auf 20 %, der Anteil der Inhaftierten aus dem Terror- und Polizeiapparat des Dritten Reichs stieg auf über 36 %. Es stiegen die Zahlen der vermeintlichen Spione und Saboteure, der Mitarbeiter von Lagern und von Personen, die Fremdarbeiter mißhandelt haben sollen, sowie von Beamten und Mitarbeitern aus Verwaltung und Justiz.

Die Frage, wie sich die Häftlingsgesellschaft im Speziallager 2 zusammensetzte, wurde über die sowjetischen Haftgrundangaben in den Stärkemeldungen hinaus auf dreierlei Weise untersucht: zum einen anhand der Veränderungen, denen die sowjetischen Haftgrundkategorien im Laufe der Jahre unterlagen; zum zweiten mit Hilfe der Listen der sowjetischen Entlassungskommission von 1949, die genaueren Aufschluß über die bis 1950 inhaftierten Personen geben; zum dritten durch eine repräsentative Stichprobe aus dem Lagerjournal, nach der sich der Wahrheitsgehalt und die Reichweite der sowjetischen Haftgrundangaben besser einschätzen lassen.

Die Erfassung der Inhaftierten in den zweiwöchentlichen Stärkemeldungen beruhte auf den Grobkategorien des Berija-Befehls 315 von April 1945. Diese Kategorien wurden zwischen 1945 und 1948 weitgehend differenziert.

---

42 Verurteilt nach KD 38, Abschn.II., Art.III A II, Ziffer 12, in Verb. mit KG 10 Art II Ziffer 1b, 2a–e. Bundesarchiv Berlin, StVE K128 A.20. E. wurde 1952 entlassen.
43 Auszug aus der Strafvollzugsakte, eingesehen im Archiv des BStU. M. wurde 1954 entlassen.

Seit Ende 1946 richtete sich das sowjetische Augenmerk verstärkt auf Personen, denen konkrete Taten oder Verbrechen gegen die Menschlichkeit im engeren Sinne zur Last gelegt wurden oder die konkret belastet waren (Mitarbeiter von Lagern, Angehörige von Sondereinheiten, Einsatzgruppen etc.). "Kriegsverbrechen" und "Verbrechen gegen die Menschlichkeit" (nach dem Kontrollratsgesetz Nr.10) rückten in den Vordergrund. Seit Mai 1947 registrierte man Personen, denen antisowjetische Agitation zur Last gelegt wurde.

Der Wandel der sowjetischen Prioritäten kommt auch darin zum Ausdruck, daß für 20 % der über 1948 hinaus inhaftierten Personen Haftgründe verzeichnet waren, die sich nicht mehr auf die frühe Inhaftierungsgrundlage, den Berija-Befehl 315, rückbeziehen lassen. Entweder sind die Haftgründe im Kontrollratsgesetz Nr.10 oder in der Kontrollratsdirektive 38 aufgelistet oder sie leiten sich unmittelbar aus der sowjetischen Politik und dem Kalten Krieg ab (antisowjetische Propaganda, Gutsbesitzer, Spione der ausländischen Aufklärung).

Einen besonders ergiebigen Einblick in die Belegung des Speziallagers 2 gewähren die ausführlichen Personeneintragungen in den Listen der sowjetischen Entlassungskommission von 1949. Die Häftlingsgesellschaft nach 1948 stellt sich hinsichtlich der sowjetischen Tatvorwürfe darin komplexer und durchmischter dar, als die Haftgrundauflistung in den zweiwöchentlichen Stärkemeldungen vermuten läßt. Gegen 27,4 % der nach 1948 weiterhin inhaftierten Personen lag mehr als ein Haftgrund vor.

Bei 46,3 % aller nach 1948 weiterhin inhaftierten Personen waren Taten in besetzten Teilen der Sowjetunion, Mißhandlungen, Denunziation oder Mitarbeit in Lagern vermerkt. Als weitere bedeutende Gruppe ist der (auf 20 %) gesunkene Anteil an NSDAP-Funktionären zu nennen, vor allem ältere, vor 1900 geborene Personen, die in der Hälfte der Fälle allein aufgrund ihrer Funktion in der NSDAP oder einer ihrer Gliederungen inhaftiert waren, überdurchschnittlich häufig bereits seit 1945. Auch zeigte sich, daß unter dem Begriff "Werwolf" nicht nur Jugendliche verhaftet wurden.

Das Haftgrundspektrum der Inhaftierten nach 1948 ebenso wie die Orientierung der sowjetischen zweiwöchentlichen Haftgrundstatistik an der Kontrollratsdirektive 38 zeigen die hohe Bedeutung der Tatsache, daß die Sowjetunion vor allem auch Opfer des nationalsozialistischen Expansionskrieges geworden war. Dies war nicht nur für die Internierung im Speziallager, sondern bis hin zu den Waldheimer Prozessen von hoher Bedeutung. Nach diesem Belastungsgrad scheinen auch die Entscheidungen Ende 1949 für Entlassungen oder Überstellungen an deutsche und sowjetische Behörden vorstrukturiert gewesen zu sein. 70 % der inhaftierten Personen wurden 1950 entlassen. Die ins Zuchthaus Waldheim oder an sowjetische Stellen übergebenen Personen waren zum überwiegenden Teil beschuldigt, im Terrorapparat (Gestapo, Abwehr, SD) tätig oder leitende Beamte der Ordnungspolizei gewesen zu sein.

Rückschlüsse auf die inhaftierten Personen, die über die sowjetischen Haftgrundangaben hinausgehen, geben nur die Einzelrecherchen im Aktenbestand aus der Zeit des Dritten Reichs. Eine Stichproben-Ermittlung ergibt, daß sich Unterlagen in dem erhaltenen Aktenbestand für etwas mehr als die Hälfte der dort recherchierten Personen finden lassen – ein verblüffender Tatbestand, wenn man bedenkt, daß die Mehrzahl der Inhaftierten über einen lokalen Wirkungskreis kaum hinausgekommen war. Nur ausschnitthaft, fast banal, geben die erhaltenen Aktenreste Auskunft über die jeweiligen Personen. Die sowjetischen Haftgrundangaben in bezug auf die Funktionsbezeichnungen und Berufsangaben werden – bei den Personen, über die etwas gefunden wurde – durch die Archivrecherche in hohem Maße bestätigt. Hinsichtlich konkreter Verbrechens- und Tatvorwürfe gibt es in den deutschen

Archiven für den Zeitraum bis 1945 keine Quellen, die über individuelle Taten von Personen im Rahmen des Kriegsgeschehens oder gegenüber Fremdarbeitern sowie rassischen oder politischen Gegnern Auskunft geben. Die Sachverhalte, die hinter den Haftgrundangaben "Werwolf", "Terrorist", "Spion", "Diversant" oder "Propagandist" standen, bleiben weitgehend ungeklärt.

Jan Lipinsky

Häftlingsstruktur im Speziallager Bautzen aus sowjetischer Sicht

1. Aktenproduktion der Registraturgruppe

Die folgenden teilweise tabellarischen Ausführungen stützen sich auf Unterlagen der Registraturgruppe des sowjetischen Speziallagers Bautzen.[1] Als Leiter dieser Gruppe, die für die Aktenführung der ohne jegliches Gerichtsverfahren festgehaltenen Arrestanten (Spezialkontingent) sowie der in Schein- und Schnellprozessen Sowjetischer Militärtribunale (SMT) Verurteilten zuständig war, wirkten im Oktober 1945 Hauptmann Jakovcev, vermutlich seit Dezember 1946 bzw. spätestens ab August 1948 Hauptmann Veretennikov, ab dem 20. November 1948 sein bisheriger leitender Inspektor, Hauptmann Žabyko, der seit Beginn der Lagereinrichtung in Bautzen Dienst tat.

Das Lager durchliefen vom 27. Mai 1945 bis zum März 1950 etwa 27.285 Personen, von denen die erst im August 1945 einsetzende Zentralregistratur nur 16.274 erfaßte.[2]

Belegungszahlen von über 1.000 Gefangenen in Bautzen bereits am 4. Juni 1945, von über 2.000 am 7. Juni, über 3.000 am 12. Juni, über 4.000 am 24. Juni deuten auf die rasche Füllung hin. Nach größeren Verlegungen ins Spezialgefängnis Tost/Oberschlesien belegten seit dem 13. September bis zum Jahresende durchschnittlich 5.000 bis 6.000 Personen die Bautzener Zellen und Säle. Bis zur Auflösung waren es zwischen 6.000 und 7.000 Personen mit einem Höchststand am 13. Juni 1948 von 7.713 Insassen. Bis Ende 1947 erfolgte nicht nur der größte Teil der Verhaftungen, sondern verstarben auch die meisten Menschen. Besonders in den Wintern 1945/46, 1946/47, aber auch 1947/48 stiegen die Totzahlen an. Insgesamt lassen sich bisher mindestens 2.700 Tote sowie vom 13. Dezember 1945 bis 28. Dezember 1946 65 bis 72 Erschossene in den regelmäßigen Lagerberichten nachweisen.[3] Die Menschen, die auf dem Transport und vor der Einlieferung nach Bautzen bzw.

---

1 Der Aufsatz fußt auf einem bisher nicht völlig freigegebenen Bestand des Staatsarchivs der Russischen Föderation (GARF, f. 9409, op. 1). Wo die Angaben, die allesamt auf sowjetischen Vorgaben beruhen und im Detail oft weiterer Forschung bedürfen, nicht im einzelnen nachgewiesen sind, liegen die Belege beim Verfasser; vgl. Filippowych/Haritonow/Lipinsky 1997.
2 GARF, f. 9409, op. 1, d. 529, l. 3; GARF, f. 9409, op. 1, d. 529, l. 111: 1945 kamen 6.300, 1946: 5.212, 1947: 3.490, 1948: 3.501, 1949: 2.389, 1950: 268 Personen neu ins Lager, während es 1945: 2.745, 1946: 5.663, 1947: 2.354, 1948: 3.221, 1949: 2.367, 1950: 7.296 Personen verließen.
3 Vgl. GARF, f. 9409, op. 1, d. 132, l. 39; insgesamt lassen sich nach erneuter Aktendurchsicht somit einige Zahlen korrigieren im Vergleich zu: Lipinsky 1994, S. 84 f. Möglicherweise kommen zu den in

nach der Übernahme der Anstalt durch die deutsche Volkspolizei 1950 dort verstarben, sind damit nicht erfaßt.

Auf Anweisung der Abteilung Speziallager in Berlin mußte jedes Lager zusätzlich zum Einlieferungsjournal und den zahlreichen Registraturbüchern jeweils zum 13. und 28. eines jeden Monats tabellarische Berichte über Bestandsgröße von Spezialkontingent und Verurteilten sowie über zwischenzeitlich Verstorbene anfertigen und Namenslisten beifügen. Für Bautzen liegen sie seit dem 13. August 1945 vor. Um im einzelnen zu klären, wer sich später in den Aufzählungen hinter 'aktivem NS-Mitglied' verbirgt, müßte auf diese Listen zurückgegriffen werden. Auch wäre so zu klären, unter welche vom NKVD pauschal vorgegebene Anschuldigung 'Werwölfe' einzuordnen waren. Seit dem 13. Oktober 1945 listeten die Tabellen sie explizit unter 'Untergrundorganisationen' auf.

2. Nichtdeutsche Gefangene

Die Tabellen weisen in der Regel sowohl deutsche als auch ausländische Gefangene aus. Letztere stellten eine deutliche Minderheit, jedoch zumal zu Beginn über 30 % der damals noch kleinen Gruppe der Verurteilten.

Am 13. August 1945 befanden sich in Bautzen unter den 91 Nichtdeutschen neben Russen (34 %), Ukrainern (12,1 %) und Polen auch einzelne Weißrussen, Georgier, Litauer, Tataren, Azeris, Kalmücken. Die Mehrheit von ihnen saß als 'Gestapoagent' (60,4 %), 'Arbeiter in Wirtschaft und Verwaltung' sowie als 'Vaterlandsverräter' ein. Spanier, Norweger, Tschechen und Rumänen, zum Jahresende 1945 auch ein Holländer als 'Agent der amerikanischen Spionage' kamen zu der sich sonst kaum erhöhenden Zahl nichtdeutscher Gefangener hinzu. Anfang 1947 läßt sich auch ein Moldavier in Bautzen nachweisen. Am 28. Juni 1948 befanden sich schließlich acht Russen, je drei Österreicher, Polen sowie Tschechen, je zwei Belgier, Rumänen und Rußlanddeutsche, je ein Franzose, Grieche, Holländer, Italiener, Jude, Lette und Serbe im Lager. Insgesamt stellten die Ausländer selten mehr als 2 % der Insassen. Bis Ende Oktober 1946 war die Zahl der Nichtdeutschen im Lager Bautzen auf 5,7 % gestiegen, wobei Russen und Ukrainer (4,3 %) den größten Anteil stellten. Zum Jahresende waren dann die meisten nichtdeutschen Gefangenen aus Bautzen nach Torgau (Nr. 10) verlegt worden.

Der Militärstaatsanwalt der SMAD, Oberst der Justiz Kotljar, bemängelte noch am 23. Juni 1947 gegenüber der Berliner Abteilung, sein sächsischer Kollege habe bei der Überprüfung Bautzens festgestellt, daß sich dort neben deutschen Gefangenen auch elf Ausländer aus Jugoslawien, der Tschechoslowakei, Polen, Holland, Frankreich und Griechenland befänden. Da sie Verbrechen gegen ihre Heimat – oder andere Staaten, aber nicht gegen die Sowjetunion begangen hätten, forderte er die Entlassung und Überstellung an die Mission des Heimatstaates, der sie zur Verantwortung zu ziehen habe.[4] Der letzte russische Gefangene aus Bautzen traf nach dem 13. Februar 1950 im Berliner Operativen Sektor ein.

---

den Listen bisher ausgewiesenen 2.700 Toten noch 332 an anderer Stelle erwähnte, jedoch nicht namensmäßig belegte Verstorbene hinzu (GARF, f. 9409, op. 1, d. 28, l. 30).
4 GARF, f. 9409, op. 1, d. 140, l. 69.

Die vorliegende Untersuchung beschränkt sich auf eine genauere Betrachtung der Häftlingsstruktur, besonders auf die deutschen Gefangenen.

3. Frauen

Frauen stellten am 13. August 1945 rund 3 % der Gefangenen. Ihr Anteil wuchs bis Mitte 1946 auf etwa 4,7 % und nach einem Durchschnitt von 6–7 % (mit rund 400 Personen) in den Jahren 1947/48 zum 13. Juni 1948 auf den anteils- und zahlenmäßigen Höchststand von 7,9 % (613 Personen) und sank durch Abtransporte (z. B. 19. Juli 1949) nach Sachsenhausen auf rund 4 %.

4. Verlegungen

Die einzelnen Überstellungen erfolgten auf Befehl des Leiters der Berliner Abteilung Speziallager. Armee-Einheiten oder operative Sektoren der SMA aus Sachsen, Sachsen-Anhalt, Mecklenburg, Brandenburg lieferten mitunter durch Sowjetische Militärtribunale zum Tode Verurteilte ein, die bis zur Vollstreckung zu bewachen waren. Die bereits im Oktober 1945 verlangte Konzentration des *sowjetischen* Spezialkontingents in Ketschendorf führte schon im Juni und erneut im Dezember 1946 zu entsprechenden Verlegungen. Aus Bautzen gelangten viele geschlechtskranke Gefangene meist sowjetischer Nationalität ins Speziallazarett nach Sachsenhausen. Insgesamt rund 2.000 meist verurteilte Häftlinge kamen aus der Seydlitz-Kaserne/Torgau in das "Gelbe Elend" nach Bautzen, wo das Moskauer Innenministerium seit Februar 1947 Radio- und Chemiespezialisten aus den übrigen Lagern zwecks weiterer Deportation in die UdSSR sammelte.[5] Über Torgau (Nr.10) gelangten schließlich Automechaniker, -elektriker und -schlosser, Kupferschmiede, Tapezierer, Monteure und unteres Bedienungspersonal nach Sachsenhausen bzw. Radiospezialisten in die UdSSR.

Seit Anfang 1947 forderte die Berliner Abteilung die gezieltere Verteilung der Einsitzenden und somit die Zusammenführung gleichartiger Häftlingsgruppen in den einzelnen Lagern. Verhaftete Sowjetbürger waren an Sachsenhausen zu überstellen,[6] von wo zum Jahresende alle zu mehr als 15 Jahren sowie zu 15 Jahren Zwangsarbeit Verurteilten und künftig alle mit Zwangsarbeit Bestraften nach Bautzen gelangten.[7] Dessen Lagerleiter hatte die männlichen deutschen, zu hohen und Höchststrafen Verurteilten aufzunehmen, während sein Sachsenhauser Kollege die niedrigeren Strafmaße versammelte und zugleich nach der Auflösung Ketschendorfs und der Torgauer Seydlitz-Kaserne dem Ausgangslager für Deportationen vorstand.

---

5 GARF, f. 9409, op. 1, d. 401, l. 50.
6 GARF, f. 9409, op. 1, d. 497, l. 9; vgl. d.548, l. 2: Forderung vom 13.2.1947.
7 GARF, f. 9409, op. 1, d. 388, l. 21.

5. Verhaftungskategorien

Die erste zugängliche Tabelle vom *13. August 1945*[8] differenzierte die Lagerinsassen nach 14 Kategorien, darunter 'aktive Mitglieder der NSDAP', 'Gestapoagenten', 'Gestapo-mitarbeiter', 'Spione, Diversanten', 'SD-Mitarbeiter', 'Zeitungs- und Zeitschriftenredakteure', 'Inhaber von Waffenlagern', 'Inhaber von Untergrunddruckereien', 'Arbeiter der Justiz', 'Leiter d. faschistischen Organisation Hitlerjugend'.

Die deutliche Mehrheit der deutschen Gefangenen stellten die 'aktiven Mitglieder der NSDAP' mit etwa 78 %. Für diese Anschuldigung genügte oft bereits der Besitz eines Parteibuchs. Wichtig scheint für die verhaftenden Organe das Eintrittsdatum in die NSDAP gewesen zu sein. Ihnen folgten die 'Arbeiter in Verwaltung und Wirtschaft' mit 5 % sowie die 'Arbeiter von Polizei und Gendarmerie' mit 3,9 %.

Am *28. August 1945* rangierten unter den deutschen Gefangenen nach den 'aktiven Mitgliedern der NSDAP' (68,7 %) 'Arbeiter von Polizei und Gendarmerie' (4,8 %) sowie 'Arbeiter in Verwaltung und Wirtschaft' (4,4 %), was damit zusammenhängen mag, daß als zusätzliche Kategorien noch 'SS-Mitarbeiter', 'SA-Mitarbeiter', 'Kommandobestand Volkssturm' hinzugekommen waren.

Bereits am *13. September 1945* war die Tabelle zusätzlich um weitere Anschuldigungskategorien, wie 'Lagerleiter', 'Leiter paramilitärischer Organisationen', 'Lageraufseher', 'Militärkommandanten', 'Bürgermeister', 'Konsulatsarbeiter' erweitert worden.[9]

Unter den Deutschen überwogen weiterhin die NS-Mitglieder mit 58,8 %, gefolgt von 'SA-Mitarbeitern' (7,8 %) und 'Kommandobestand Volkssturm' (5,7 %), 'Arbeiter von Polizei und Gendarmerie' (5 %) sowie 'Spione, Diversanten' (4,1 %). Festzuhalten bleibt, daß – wie unbegründet auch immer – als höhere Funktionsträger, z. B. als 'Mitarbeiter von Gestapo, SS oder SD, Lagerleiter und -aufseher, HJ-Führer', Bezeichnete insgesamt nicht mehr als 12 % der Gefangenen stellten.

Bereits am *13. Oktober 1945* bildeten 'Spione und Diversanten', deren Anteil nach Einweisung zahlreicher angeblicher Werwölfe stieg, mit 6,5 % die viertgrößte, mit 8,5 % am 28. Oktober die drittgrößte und zum *13. November 1945*, nun auch in der Tabellenbeschriftung erweitert um 'Werwolf' mit 11,6 % nach den 'aktiven NS-Mitgliedern' (54 %) schon die zweitgrößte Gruppe, gefolgt von 'SA- Mitarbeitern' (8,6 %) und 'Kommandobestand Volkssturm' (8,2 %). Die Anzahl der unter den übrigen Kategorien Gezählten veränderte sich zahlen- und anteilsmäßig kaum. 'Agenten amerikanischer Spionage', 'Verbreiter provokatorischer Flugblätter', 'Arbeiter der Abwehr', 'Mißhandler russischer Kriegsgefangener', 'Generäle der deutschen Armee', 'Mitglieder der UKO bzw. des Überrollkommandos' kamen noch in kleiner Anzahl hinzu.

Zum *28. Januar 1946* zählten 'Arbeiter von Polizei und Gendarmerie' (7,6 %) hinter 'aktiven NS-Mitgliedern' (41,3 %), 'Spion-Diversant-Werwolf' (12,6 %) und 'SA-Mit-arbeitern' (9,4 %) die viertmeisten, zum *11. April 1946* mit 9,5 % bereits die drittmeisten, zum Monatsende sogar mit 10,6 % hinter den 'aktiven NS-Mitgliedern' (38,9 %) und vor 'Spion-Diversant-Werwolf' (9,4 %) sowie 'SA-Mitarbeitern' (8,8 %) die zweitmeisten Personen. Während die Zahl der Angehörigen paramilitärischer Organisationen (SS, SA, Volkssturm) bis Mitte September 1946 noch stetig gestiegen war, nahm sie in Bautzen durch eine Verlegung von

---

8 GARF, f. 9409, op. 1, d. 530.
9 GARF, f. 9409, op. 1, d. 531.

zahlreichen 'aktiven NS-Mitgliedern', 'Mitarbeitern von Gestapo/SD', 'Polizisten und Gendarmen', 'Verwaltungs-, Wirtschaftsarbeitern', 'Hitler-Jugendführern' nach Jamlitz bis zum *28. September 1946* derart ab, daß unter den 3.382 Deutschen nun die Verurteilten (7,6 %) nach den bis 1950 ohne Gerichtsverfahren bleibenden 'aktiven NS-Mitgliedern' (26,7 %), 'Spion-Diversant-Werwolf' (12,2 %) und 'Arbeiter von Polizei und Gendarmerie' (11,5 %) die viertgrößte Gruppe stellten. Zum *13. November 1946* änderte sich die Tabelle erneut, indem sie nun genauer einzelne Funktionsgruppen erfaßte.[10] Sie zählte Kreis-, Ortsgruppen-, Zellen-, Block-, Propaganda-, Personal-, Schul-, Kassen-, Presse- und Ortsfrauenschaftsleiter, Gestapoarbeiter und -agenten, SD-Arbeiter, SD-Agenten, Werwolf, Diversanten, Zeitungs- und Zeitschriftenredakteure, Polizei- und Gendarmeriearbeiter, Richter, Staatsanwälte, Juristen, Gerichtsarbeiter, Sonder- und Bauernführer, Hitlerjugendleiter, SS-Obersturm-, -Oberschar-, -Schar-, -Standarten-, SA-Sturm-, -Trupp- und -Scharführer, Rotten-, Zug- und Gruppenkommandanten Volkssturm, Lagerleiter und -mitarbeiter, Militärkommandanten, Bürgermeister, Agenten der amerikanischen Spionage und anderer Staaten, Besitzer von Waffenlagern, Abwehrarbeiter, Mißhandler russischer Kriegsgefangener, Verteiler provokatorischer Flugblätter, Generäle der deutschen Armee, Mitglieder des Überrollkommandos, Ministeriumsarbeiter sowie Verurteilte auf.

Anteilsmäßig stellten Verurteilte (9,2 %), 'Werwölfe' (8,9 %), 'Polizeiarbeiter' (8,1 %) und 'Blockleiter' (5,8 %) die meisten Beschuldigten. Gruppen über hundert Personen bildeten weiterhin noch Zellenleiter, Ortsgruppenleiter, Gendarmeriearbeiter, Lagerleiter (118 Personen) und Gestapoagenten (105 Personen). Alle übrigen Anschuldigungskategorien zählten erheblich weniger Gefangene.

Die Zahl der Verurteilten stieg bis zum *26. November 1946* auf 571. Mit der Übernahme von 1.029 Gefangenen aus Torgau wuchs sie sprunghaft auf 1.407 an, so daß die Verurteilten am *28. November 1946* bereits 30,8 % der Bautzener Insassen ausmachten, bzw. am *1. Dezember 1946* nach der Übernahme von weiteren 951 aus der Seydlitz-Kaserne bereits 2.365 Personen zählten. Ihr Anteil wuchs bis zum Jahresende mit rund 2.500 Personen auf 44,4 %.

Zum *28. März 1947* nahmen die 'Ortsgruppenleiter' (4,5 %) nach den 'Werwölfen' (5,1 %) und vor 'Blockleitern' (3,3 %) sowie 'Polizeiarbeitern' (3,1 %) den dritten Rang ein. Bereits Ende März 1947 stellten die 2.690 Verurteilten mehr als die Hälfte der Insassen von Bautzen.

Zum *13. Mai 1947* änderte sich die Rechnungsführung erneut, indem die Tabelle nun versuchte, die Insassen des Lagers in Bautzen in acht Gruppen zusammenzufassen:[11]
1. 'Spion-Diversanten, terroristische Agentur deutscher Aufklärungsorgane',
2. 'Mitglieder aller Organisationen und Gruppen, die durch die deutsche Führung und Aufklärungsorgane für Untergrundarbeit im Rücken der Roten Armee zurückgelassen wurden' (SS, SA und NSKK-Mitglieder, Frauenschaft, BDM, NSV, Volkssturm, Arbeitsfront),
3. 'Inhaber illegaler Radiostationen, Waffenlager, Untergrunddruckereien',
4. 'Aktive NSDAP-Mitglieder' (Gauleiter-Gebietsausschuß, leitende Arbeiter Gauleitung, Kreisleiter-Kreisausschuß, leitende Arbeiter Kreisleitung, Amtsleiter, Ortsgruppenleiter-Ortsausschuß, Zellen-, Block-, Propaganda-, Schul-, Personal-, Kassen-, Organisations- und Presseleiter, gewöhnliche NSDAP-Mitglieder),

---

10 GARF, f. 9409, op. 1, d. 545, l. 50.
11 GARF, f. 9409, op. 1, d. 550.

5. 'Leiter der faschistischen Gebiets-, Stadt-, Kreisjugendorganisationen',
6. 'Leiter der Gebiets-, Stadt- und Kreisverwaltungsorgane und auch Zeitungs- und Zeitschriftenredakteure und Autoren antisowjetischer Ausgaben' (Leiter der zentralen Wirtschafts-, der Gebiets-, städtischen und Kreisverwaltungsorgane, Redakteure von Zeitungen und Zeitschriften, Leiter von Industriebetrieben, Sonder- und Bauernführer),
7. 'Mitarbeiter Gestapo, SD und anderer Bestrafungsorgane' (jeweils Mitarbeiter und Agenten von Gestapo, SD und Abwehr, Mitarbeiter von Gendarmerie, Polizei, KZ, von Lagern ausländischer Arbeiter bzw. in Kriegsgefangenenlagern, Gerichts- und Staatsanwaltschaftsmitarbeiter, Mitarbeiter der Militärkommandanturen, Juristen) sowie
8. 'Übrige' (Kriegsgefangene, wegen Mißhandlung russischer Kriegsgefangener bzw. wegen Verbreitung provokatorischer Flugblätter oder antisowjetischer Agitation Verhaftete, Beloemigranten, Ehefrauen der Gauleiter, Verurteilte).

'Mitarbeiter der Bestrafungsorgane' (13,7 %) und 'aktive NS-Mitglieder' (12,2 %) stellten nach den Verurteilten die meisten Gefangenen. Die größte Einzelgruppe der Nichtverurteilten stellten die 'Diversanten' (246 Personen oder 4,5 %), unter die vermutlich auch die nicht gesondert aufgeführten angeblichen Werwölfe fielen, und 'Ortsgruppenleiter' (227 Personen oder 4,2 %).

Am 28. Mai 1947 kam ein 'Organisator einer Hungerdemonstration' hinzu. Zum *Jahresende 1947* befanden sich etwa 4.300 Verurteilte in Bautzen. Sie stellten damit bereits rund 63 % der Insassen.[12] Mitte April 1948 übergab Bautzen u. a. vom Opersektor Berlin im Lager ausgewählte 'Sonderführer und Polizisten' an eben diese operative NKVD-Einheit. Bis Ende Juni 1948 war die Verurteiltenzahl auf 4.440 angestiegen, was knapp 66 % entsprach. Die Zahlen veränderten sich bis zum 28. Juli 1948, als Nichtverurteilte verlegt wurden, kaum, so daß am *13. August 1948* die Verurteilten 81,4 %, gefolgt von 'Mitarbeitern der Bestrafungsorgane' (9,6 %) und 'Spionen-Diversanten' (2,8 %) stellten. Bis zum Jahresende 1948 stieg die Zahl der Verurteilten weiter auf 5.923 (84 %) an.

Eine Überprüfung von 1.055 nichtverurteilten Deutschen am *26. November 1949* ergab 686 oder 674 (63,9 %) Personen, die zu entlassen, 343 oder 385, die an deutsche Organe bzw. 26 oder 53, die an ein sowjetisches Gericht zu übergeben waren. Bei fast 2/3 der seit über vier Jahren ohne wie auch immer geartetes Urteil Totalisolierten bestand also selbst für sowjetische Stellen kein Verurteilungsgrund. Insgesamt gehörten von den 972 Männern sowie 83 Frauen 750 der NSDAP (71,1 %), 43 der Hitlerjugend, sechs der LDP, drei der SPD, zwei der SED an, 250 (23,7 %) waren parteilos. Jeweils 14 waren bis 16 bzw. zwischen 17 und 18 Jahre alt, 20 zwischen 19 und 20 Jahre, 684 bis 50 Jahre, 279 zwischen 51 und 60 Jahre, 44 älter als 60 Jahre. Sozial differenzierten sie sich in 178 Arbeiter, 721 Angestellte, 79 Bauern, 33 Kaufleute, zwei Guts- sowie 42 Fabrikbesitzer.[13] Trotz zahlreicher Verlegungen nach Sachsenhausen wuchs der Anteil der Verurteilten bis zum Jahresende 1949 stetig auf 5.953 (84,4 %), um am 15. Januar 1950 mit 6.100 (84,7 %) seinen Höchststand zu erreichen.[14]

Eine andersgeartete, durchgängig unverändert beibehaltene, gröbere Aufstellung zur Gefangenenbewegung vermerkt jeweils den Bestand zu Beginn und am Ende des 14tägigen Berichtszeitraums und führt auf, wie viele Personen von wo und wann eingeliefert bzw. wohin abgegangen oder verstorben waren. Sie schlüsselt die Insassen von Bautzen seit dem

---

12 GARF, f. 9409, op. 1, d. 547.
13 GARF, f. 9409, op. 1, d. 560, l. 119–122.
14 GARF, f. 9409, op. 1, d. 559.

ersten erhaltenen Bericht vom 28. Juli 1945 grob auf nach 'Spion-Diversant-terroristische Agentur deutscher Aufklärungsorgane (ab dem 28.10.1945: Agentur der deutschen Gegenspionage)', 'Teilnehmer an Organisationen und Gruppen, die im Hinterland der Roten Armee für subversive Arbeit zurückgelassen wurden (mit dem 13. Oktober 1945 kam zusätzlich noch "Werwolf" als Kategorie hinzu)', 'aktive NSDAP-Mitglieder', 'Inhaber von Untergrundradiostationen, Waffenlagern und Untergrunddruckereien', 'Gebiets-, Stadt- und Kreisführer von Jugendorganisationen (seit dem 28. Oktober 1945 ergänzt um "Hitlerjugend")', 'Gebiets-, Stadt- und Kreisführer von Wirtschaftsverwaltungsorganisationen und Redakteure von Zeitungen und Zeitschriften', 'Mitarbeiter von Gestapo, SD und anderen Bestrafungsorganen', Vaterlandsverräter, übrige.[15]

Diese neun Kategorien scheinen als ausreichende Grobdifferenzierung des Gefangenenbestands gedient zu haben. Die 'aktiven NS-Mitglieder' machten 79,6 % aus, gefolgt von 'Mitarbeitern der Bestrafungsorgane' (8,9 %) und 'Spionen-Diversanten' (3,6 %). Während die Zahlen durch Einlieferungen wuchsen, blieben die Prozentanteile der größten Gruppen (78 % bzw. 10,3 %) weitgehend unverändert, nur daß am *13. August* die 'Verwaltungs-, Wirtschaftsführer' (3,4 %) die drittmeisten Personen stellten. Zum *28. August* folgten auf 'NS-Aktiv' (68,7 %) und 'Mitarbeiter der Bestrafungsorgane' (16,1 %) 6 % 'Übrige' sowie 3,4 % 'Spione-Diversanten'. Auch kamen die ersten beiden Verurteilten nach Bautzen. Zum *13. Oktober* folgten auf 'NS-Aktiv' (55,4 %) und 'Mitarbeiter der Bestrafungsorgane' (29,8 %) nun 'Werwölfe' mit 6,5 %, nachdem zahlreiche nichtverurteilte Deutsche aller Kategorien nach Mühlberg sowie das sowjetische Spezialkontingent nach Ketschendorf verlegt worden waren. Bis zum Jahresende 1945 pendelten sich die Prozentangaben der drei größten Gruppen auf 43,4 %, 26,4 % sowie 14,3 % ein. Zwischenzeitlich wuchs der Anteil der nicht näher bezeichneten "Übrigen" auf 11,7 % an, während sich die Anteile der größten Gruppen verminderten; doch auch nach dem erneuten Transport nach Mühlberg Anfang April 1946 änderte sich an der zahlenmäßigen Verteilung nur wenig. Nach den Verlegungen nach Jamlitz (Nr. 6) am *24. September 1946* stellten nun die 'Mitarbeiter der Bestrafungsorgane' (38,1 %) die größte Gruppe vor den 'aktiven NS-Mitgliedern' (26,7 %) und 'Werwölfen' (12,2 %). Die Verurteilten folgten bereits mit 8 %. Nach dem Transport aus Torgau stellten sie am *28. Dezember 1946* mit 30,8 % (1.402 Personen) bereits die größte Gefangenengruppe vor den 'Mitarbeitern der Bestrafungsorgane' (28,3 %), 'aktiven NS-Mitgliedern' (20 %) sowie 'Werwölfen' (8,9 %). Ihr Anteil stieg nun stetig an und betrug zum *Jahresende 1947* bereits 63 %, gefolgt von 10,6 % bzw. 9,3 % bzw. 8 %. Zwischen dem *28. April und 13. Mai 1947* erfolgte eine Umregistrierung meist von 'Mitarbeitern der Bestrafungsorgane' und 'aktiven NS-Mitgliedern' zu 'Spionen-Diversanten' und 'Werwölfen'[16], was zusätzlich auf die juristische Fragwürdigkeit der erstgenannten Kategorie verweist. Nach den Entlassungen gerade 'aktiver NS-Mitglieder', 'Werwölfe' und 'Spione-Diversanten' vom Juli 1948 befanden sich am *13. August 1948* bereits 81 % Verurteilte im Lager, gefolgt von 'Mitarbeitern der Bestrafungsorgane' (9,4 % = 564 Personen).[17] Zahlenmäßig änderte sich der Bestand des Spezialkontingents kaum mehr, da fast nur noch Verurteilte eingeliefert wurden, allerdings von beiden Gruppen Personen verstarben. Am *1. Februar 1949* gelangten 1.270 Verurteilte nach Sachsenhausen, weshalb ihre Anzahl in Bautzen auf 4.892 (81,4 %) abnahm, danach bis Mitte Mai wieder stetig auf 83,6 % anstieg. Insgesamt entsprechen

---

15 GARF, f. 9409, op. 1, d. 530.
16 GARF, f. 9409, op. 1, d. 550.
17 GARF, f. 9409, op. 1, d. 556.

diese 14tägigen Aufstellungen den zuvor beschriebenen tabellarischen Einzelangaben, fassen allerdings mehrere Einzelkategorien zur nach dem 'Parteiaktiv' und vor den 'Werwölfen' durchgehend zweitgrößten Großgruppe der nichtverurteilten 'Mitarbeiter von Gestapo, SD und Bestrafungsorganen' zusammen.

6. Strafmaß

Ab dem *27. April 1946* schlüsseln tabellarische Aufstellungen Urteile der Männer und Frauen nach verhängten Strafmaßen bis 3 Jahren (9,3 %), 3–5 Jahren (13,3 %), 5–9 Jahren (14,2 %), 9 und mehr Jahren (60,2 %) sowie dem Strafmaß der Höchststrafe auf. Auch eine geringe Anzahl von Untersuchungsgefangenen saß in Bautzen.[18] Die überwiegende Anzahl (knapp 2/3) stellten die zu 9 und mehr Jahren Verurteilten. Mit 8 % liegt der Anteil der verurteilten Frauen im Blick auf ihre Gesamtzahl im Lager verhältnismäßig höher als derjenige der Männer, was sich jedoch im Laufe des Jahres verminderte.

Ende 1946 hatten die geringer Bestraften relativ deutlich abgenommen, während die zu neun und mehr Jahren Verurteilten auf 82,3 % (bei den Frauen 76,1 %) angewachsen waren. Unter den Frauen war die Anzahl der geringer Bestraften etwas höher als unter den Männern, ohne daß sich allerdings die Gesamtverteilung auf die unterschiedlichen Strafmaße allzusehr unterschied.

Am *18. Februar 1948* waren 6936 Häftlinge im Lager, von ihnen 4.466 Verurteilte, 647 arbeitendes Spezialkontingent, 411 im Lazarett. Insgesamt entfielen im Durchschnitt auf eine Person 1,95 m Fläche.[19] Bis zum *28. Mai 1948* stieg der Anteil der zu 9 und mehr Jahren Bestraften auf 88,6 % (Frauen 81,6 %) an. Danach wechselte die Art der Rechnungsführung, so daß die Tabelle vom *13. Juni 1948*, die zusätzlich die neun Nichtdeutschen aufführte, folgendes Bild ergab:[20]

	ITL	Gefängnis	Zwangsarbeit	Summe	
bis 3 Jahre	46			46	0,9 %
3-5 Jahre	88	13		101	1,9 %
5–10 Jahre	2.329	129		2.458	45,7 %
10–15 Jahre	181	2	88	277	5,0 %
15–25 Jahre	2.045	25	292	2.362	43,9 %
lebenslänglich			146	146	2,7 %
Summe	**4.689** 87,1 %	**169** 3,1 %	**526** 9,8 %	**5.384**	

Unter den deutschen Verurteilten überwogen somit klar mit über 5/6 die zu Besserungsarbeitslager (ITL) Verurteilten. Dabei waren die meisten zu 5–10 Jahren, dicht gefolgt von 15–25 Jahren verurteilt worden. Beide Strafmaße zusammen stellten ebenfalls über 5/6 der Betroffenen. Nach dem Verlegungstransport von 1.196 Personen nach Sachsenhausen am *19. Juni 1948* erhöhte sich unter den im Lager Verbliebenen der Anteil der zu mehr als 15 Jahren Verurteilten auf 53,2 %. Zugleich stieg der Anteil der mit Zwangsarbeit Bestraf-

---

18 GARF, f. 9409, op. 1, d. 542.
19 GARF, f. 9409, op. 1, d.28, l. 30.
20 GARF, f. 9409, op. 1, d. 554.

ten auf 14,7 % an. Unter den Verurteilten befanden sich nun 53 Frauen. Seit dem *28. August 1948* saßen bereits mehr zu lebenslänglicher Haft als zu 10–15 Jahren Verurteilte in Bautzen ein. Zum Jahresende 1948 sank der Anteil der zu 5–10 Jahren Verurteilten auf 24,4 %, derjenige der zu 15–25 Jahren bzw. zu lebenslanger Haft Verurteilten stieg dagegen auf 60 % bzw. 8,4 %. Insgesamt nahm auch der Anteil der mit Zwangsarbeit Bestraften auf 17,7 % zu.[21]

Nach der Verlegung vom 1. Februar 1949 sank der Anteil der zu 5–10 Jahren Verurteilten am 13. Februar 1949 auf 5 % ab, derjenige der zu über 15 Jahren Verurteilten stieg auf 76,8 %, derjenige der mit lebenslänglicher Haft Bestraften auf 10,7 % an. Beider Prozentanteil wuchs im Laufe des Jahres 1949 weiter. Zugleich vermehrte sich der Anteil der zu Zwangsarbeit Verurteilten am 13. Februar 1949 auf 22,2 % gegenüber 76,3 % der zu Besserungsarbeitslager (ITL) Verurteilten. Bis zur Auflösung blieben diese Verhältnisse relativ konstant.

Zum *13. November 1949* schließlich schlüsselte eine Aufstellung die Urteilsbegründungen im einzelnen nach den Paragraphen u. a. des Artikels 58 sowie der Kontrollratsgesetze und Ukasse des Obersten Sowjets auf:[22]

Die deutliche Mehrzahl (84,1 %) war zu 15–25 Jahren verurteilt, die 87,6 % von ihnen in Besserungsarbeitslagern abbüßen sollten. Davon waren allein 43,3 % nach dem extrem dehnbaren und keine direkte NS-Schuld erfassenden Artikel 58-6.1 (Spionage), 12,8 % nach dem Ukas des Obersten Sowjet vom 19. April 1943, 10,7 % nach Artikel 58-10a2 (antisowjetische Propaganda), 7,6 % nach Artikel 58-2 (Teilnahme an Untergrundorganisationen), weit über 60 % also wegen *nichtnationalsozialistischer* Vergehen verurteilt worden. Die Mehrheit der zu Gefängnis oder Zwangsarbeit Verurteilten waren nach Kontrollratsgesetz Nr. 10 (2 Punkt C) verurteilt worden. Die überwiegend nach diesem zwar gesamtalliiert beschlossenen, jedoch speziell sowjetisch ausgelegten Punkt mit lebenslangem Freiheitsentzug Bestraften stellten 11,7 % der Verurteilten. Unter ihnen waren 86,8 % zu Zwangsarbeit verurteilt. Bis zum Jahresende veränderte sich auch die anteilsmäßige Verteilung kaum.

7. Alter der Gefangenen

Altersmäßig schlüsseln Akten ebenfalls seit dem *27. April 1946* Männer und Frauen folgendermaßen auf:[23]

	bis 35 Jahre	35–45 Jahre	über 45 Jahre	Summe
Männer	1.053 17,6 %	1.348 22,5 %	3.593 59,9 %	5.994
Frauen	143 36,2 %	86 21,7 %	166 42,0 %	395
Summe	1.196 18,7 %	1.434 22,4 %	3.759 58,8 %	6.389

Über die Hälfte der männlichen Gefangenen war somit älter als 45 Jahre, während die unter 35jährigen etwas mehr als 1/6 stellten. Die Frauen dagegen waren im Durchschnitt mit einem Anteil von über 1/3 unter 35 Jahren sehr viel jünger. Bis zum Jahresende 1946 wuchs

---

21 GARF, f. 9409, op. 1, d. 558.
22 GARF, f. 9409, op. 1, d. 563.
23 GARF, f. 9409, op. 1, d. 542.

der Anteil der jüngeren Männer auf 33,3 % (Frauen auf 44,9 %) gegenüber demjenigen der über 45jährigen an, was auf vermehrte Einlieferung jüngerer, aber auch auf den Tod älterer Insassen zurückgehen dürfte. Im Jahre 1947 schwankten die Bestandszahlen, die anteilsmäßige Verteilung veränderte sich jedoch kaum.

Bis Jahresmitte 1948 wuchs der Anteil der jüngeren Männer gegenüber dem der ältesten (37,2 %) auf 37,3 % an, während die jüngsten Frauen (44,2 %) gegenüber den ältesten (36,5 %) abnahmen. Auch nach den Verlegungen nach Sachsenhausen (Transport von 1.196 Personen am 19. Juni 1948) blieben die weiblichen immer noch durchschnittlich jünger als ihre männlichen Leidensgenossen. Mit den Verlegungen und Entlassungen nahm der Anteil der Jüngeren weiter auf über 40 % zu, bei den Frauen erreichte er am *28. Juli 1948* bereits 67,4 %, um bis zum Jahresende auf über 70 % zu wachsen. Am *15. April 1949* waren von den Gefangenen 20–40 Jahre alt: 2.907; 40–50 Jahre: 1.657; 50–60 Jahre: 1.857.[24]

Zum *Jahresende 1949* und damit kurz vor der Auflösung ergab sich folgendes Bild:[25]

	bis 35 Jahre	35–45 Jahre	über 45 Jahre	Summe
Männer	3.207 46,2 %	1.717 24,8 %	2.013 29,0 %	6.937
Frauen	55 60,4 %	12 13,2 %	24 26,4 %	91
Summe	3.262 46,4 %	1.729 24,6 %	2.037 28,9 %	7.028

Im Zuge der Entlassungen und Übergabe blieben relativ gesehen die älteren Jahrgänge länger im Lager zurück.

8. Arbeitstauglichkeit

Mehrfach untersuchten sowjetische Kommissionen die Gefangenen auf ihre Arbeitstauglichkeit hin, um sie in die UdSSR zu deportieren. Die Leitung in Bautzen lieferte der Berliner Abteilung am 13. Dezember 1946 eine genaue diesbezügliche Auflistung ihrer 5.543 Häftlinge:[26]

		Spezialkontingent	Verurteilte
arbeitstaugliche:	Männer	1.101	1.137
	über 45jährige	542	120
	Frauen	136	83
	über 45jährige	38	8
	insgesamt	1.807	1.348

Somit waren 3.165 Gefangene, darunter scheinbar alle im Lager einsitzenden Frauen, jedoch nur noch 52 % der Männer arbeitstauglich. Für die Kommissionsentscheidung spielte offensichtlich das Alter eine gewisse Rolle, da die über 45jährigen gesondert als arbeitstauglich ausgewiesen wurden.

---

24 GARF, f. 9409, op. 1, d. 235, l. 4.
25 GARF, f. 9409, op. 1, d. 572.
26 GARF, f. 9409, op. 1, d. 147, l. 98.

Die weiblichen Gefangenen schien eine bessere physische Konstitution auszuzeichnen, die sich nur teilweise durch das überwiegend geringere Alter erklären läßt. Eine weitere Tabelle schlüsselte die verurteilten Männer (1.257) bzw. Frauen (91) sowie das männliche (1.643) bzw. weibliche (174) Spezialkontingent weiter nach I. und II. Arbeitstauglichkeitskategorie sowie nach den einzelnen Berufen (z. B. Schlosser, Tischler, Bauern) auf:[27]

	Spezialkontingent	Verurteilte
Männer der I. Kategorie	443	664
Männer der II. Kategorie	694	437
Männer über 45 Jahre	120	542
Frauen der I. Kategorie	55	74
Frauen der II. Kategorie	28	61
Frauen über 45 Jahre	8	38

Die Sanitätsgruppe nahm somit eine nach Gesundheitszustand und Alter unterschiedliche Arbeitstauglichkeitskategorisierung vor. Ende Februar 1949 offenbarte sie, daß sich die Arbeitstauglichkeit mit zunehmendem Alter, vermehrt bei den über 41jährigen rapide verschlechterte; die meisten Gefangenen zählten hier wegen ihrer mangelhaften Konstitution nur noch zur II. oder III. Gruppe.[28]

9. Krankheiten

Eine Lagerüberprüfung stellte noch am 17. Januar 1949 fest, daß Schwerkranken mit aktiver Tbc keine normalen Lebensbedingungen gewährt würden. Sie lagen in Baracken mit feuchten Wänden, wo es unmöglich war, Tag und Nacht eine gleichmäßige Lufttemperatur aufrechtzuerhalten. Lagerleiter Kazakov erhielt eine einmonatige Frist zur Umquartierung.[29] Nach Lungentuberkulose der offenen und geschlossenen Form herrschte Dystrophie als zweithäufigste Krankheit vor. Die auf dem Papier recht hohen Ernährungsnormen erreichten in der Wirklichkeit die Betroffenen aus verschiedenen Gründen nicht.

10. Auflösung

Bestandslisten, die die Übergabe des Lagers in deutsche Hand vorbereiteten, erfaßten die nichtverurteilten 53 Deutschen, die sich noch vor einem sowjetischen Gericht zu verantworten hätten. Vermerke wiesen sie meist als Amtsträger im Lager aus, wie Sanitäter in der Tbc-Abteilung, Mitglied des Beerdigungskommandos, Arzt im Gefängniskrankenhaus. Fünfzehn dieser Spezialarbeiter waren bereits 1948 während der Entlassungsaktion trotz des ursprünglich befürwortenden Bescheids der sowjetischen Überprüfungskommission nicht

---

27 GARF, f. 9409, op. 1, d. 147, l. 99–103.
28 GARF, f. 9409, op. 1, d. 306, l. 4.
29 GARF, f. 9409, op. 1, d. 306, l. 8.

freigekommen, da sie eine längere Zeit u. a. als Totengräber gearbeitet hatten und "vollständig über die Sterblichkeit im Speziallager informiert waren".[30]

Zudem befanden sich Anfang 1950 im Lager 56 ebenfalls nichtverurteilte Deutsche, die als besonders gefährliche Verbrecher noch vor ein sowjetisches Gericht zu ziehen wären, 13 nichtverurteilte Ausländer sowie verurteilte Ausländer und Staatenlose, 41 bzw. 125 für besonders gefährliche Verbrechen bereits Verurteilte, 317 Verurteilte, die weiter in deutscher Haft zu verbleiben hatten, 125 bereits von sowjetischen Gerichten für unbedeutende Verbrechen verurteilte Deutsche, die zu entlassen waren.[31]

11. Zusammenfassung

Akten belegen das sowjetische Bemühen um möglichst genaue Erfassung des Gefangenenbestands. Die Anschuldigungen erfolgten nach allgemeinen Moskauer NKVD-Vorgaben, sagen somit nichts über juristisch nachgewiesene Schuld aus. Die vorliegenden Ausführungen übernehmen sie dennoch möglichst wortgetreu und insofern kritiklos, um erstmals die Häftlingsstruktur auf der Grundlage zeitgenössischer sowjetischer Materialien zu dokumentieren. Auch sie offenbaren bereits, wie viele Personen ohne hinreichenden Grund über so lange Jahre in Bautzen zwangsisoliert wurden. Bis Ende 1946 laufende Zunahme und Veränderung der Kategorien, detailliertere Aufschlüsselung des nichtverurteilten Gefangenbestands auf Moskauer Anweisung hin, die Führung der Gruppe von Verurteilten neben derjenigen des NS-Aktivs, die zweifelhafte Zuordnung von angeblichen Werwölfen sowie Umregistrierungen von Gefangenen verweisen zusätzlich auf die Problematik und Fragwürdigkeit der sowjetischen Zuordnung, die generell eher die rein formale Funktion im NS-Staat statt einer konkret nachgewiesenen Schuld zugrunde legte. Nur die Kategorie "Übrige" erfaßte ab Mai 1947 wegen ausdrücklicher Delikte oder antisowjetischer Handlungen Verschleppte charakteristischerweise zusammen mit den Verurteilten.

Die anfänglich deutliche Mehrzahl "aktiver NS-Mitglieder" verringerte sich von 1945 bis September 1946 durch Verlegung, Umregistrierung, weitere Spezifizierung in der Zuordnung, nicht jedoch durch Verurteilung. Sie schrumpfte stetig von 78 % auf 26 %, bis Mitte 1947 auf 12 %. Im Jahr 1949 sollte die überwiegende Zahl entlassen werden, was zusammen mit der lange nicht erfolgten genaueren Einteilung vermuten läßt, daß selbst der NKVD keine ernsten Anschuldigungen, abgesehen von reiner Parteimitgliedschaft, gegen sie vorbringen konnte. Während die Gruppe der 'Spione-Diversanten', in die wohl auch nicht mehr extra ausgewiesene 'Werwölfe' fielen, rasch bis auf 13 % wuchs, stellten 'Arbeiter in Verwaltung und Wirtschaft' sowie 'Polizisten und Gendarmen' durchgehend rund 3–10 %. Seit dem September 1945 tauchten zudem extra ausgewiesene SA- und Volkssturmangehörige mit rund 7–9 % auf. Ende September 1946 verließen viele, jedoch längst nicht alle 'aktiven NS-Mitglieder', 'Mitarbeiter der Bestrafungsorgane, der SA und SS' Bautzen nach Jamlitz. 'Blockleiter' und 'Ortsgruppenleiter' stellten mit jeweils etwa 5 % nach Verurteilten, 'Werwölfen' und 'Polizisten' nun die größten Einzelgruppen. 'Mitarbeiter der Bestrafungsorgane' zählten Mitte 1947 zwar mit 13 % noch zur zweitgrößten Lagergruppe. Der

---

30 GARF, f. 9409, op. 1, d. 142, l. 74.
31 GARF, f. 9409, op. 1, d. 173–175, d. 183, d.190, d.192–195, d. 203–205.

insgesamt dennoch kleine Anteil scheinbar höherer Funktionsträger schwankte bei einem Durchschnitt von 11 % zwischen 8 % und 38 %. Auch sie blieben bezeichnenderweise ohne Urteil, unterlagen vielmehr im Mai 1947 einer weitgehenden Umregistrierung.

Demgegenüber nahmen die Verurteilten durch Verlegungen nach Bautzen ab Ende 1946 rasch zu, stellten bis Ende März 1947 bereits die Hälfte, ab August 1948 über 80 % der Gefangenen. Seit April 1946 überwogen mit 2/3, seit Jahresende bereits mit über 80 % Strafmaße ab 9 Jahren. 1948 sollten 5/6 der zu 5-10 bzw. 15-25 Jahren Verurteilten die Strafe im Besserungsarbeitslager, knapp 1/6 unter Zwangsarbeit, nur wenige sie jedoch im Gefängnis abbüßen. Bis zur Lagerauflösung und durch die Verlegungen nach bzw. aus Sachsenhausen wuchs der Anteil der zu Zwangsarbeit und lebenslanger bzw. 15-25 Jahren Haft Verurteilten stetig an. Ende 1948 befanden sich bereits mehr 'Lebenslängliche' (10 %) in Bautzen als zu 10-15 Jahren Verurteilte. Insgesamt waren knapp 66 % nach dem extrem auslegungsfähigen Artikel 58 nicht wegen nationalsozialistischer Tätigkeit oder gar Schuld, sondern wegen antisowjetischer Handlung oder besser Haltung verurteilt worden.

Im Vergleich zu den reinen Barackenlagern herrschten im Bautzener Ziegelbau, der bald Spezialisten und zu Höchststrafen Verurteilte versammelte, etwas weniger schlimme Haft- und Lebensbedingungen. Ausländer, v. a. Russen, Ukrainer, aber auch Angehörige westlicher Nationen, stellten im Lager eine deutliche Minderheit, jedoch zu Beginn rund 1/3 der Verurteilten.

Der Gesamtanteil der Frauen schwankte zwischen 4 und 8 %. Sie waren durchschnittlich jünger als die Männer, stellten prozentual mehr, jedoch vom Strafmaß her geringer bestrafte Verurteilte, blieben im Gegensatz zu den Männern, von denen fast 50 % selbst sowjetischen Kommissionen nicht mehr einsatzfähig schienen, fast durchweg arbeitstauglich.

Der anfänglich größere Anteil älterer Männer sank durch Tod und durch die seit 1946 vermehrte Einlieferung der meist jüngeren, zunehmend zu Höchststrafen Verurteilten. Dies verweist einmal mehr darauf, daß vor allem Deutsche dem Sowjettribunal gegenüberstanden, die wegen ihrer Jugend kaum unter Hitler hatten aktiv sein oder gar Schuld auf sich laden können, sich vielmehr nach 1945 gegen die neue Diktatur geäußert hatten und vor allem körperliche Arbeitstauglichkeit besaßen. Letztere war deshalb unter den Verurteilten höher als unter dem durchschnittlich älteren Spezialkontingent. Primäres Lagerziel scheint somit die Beschaffung von Arbeitskräften für den GULAG, nur sekundär das Verschwindenlassen mißliebiger Personen und tertiär (wenn überhaupt) die Bestrafung schuldbeladener Nationalsozialisten gewesen zu sein.

HEINZ KERSEBOM UND LUTZ NIETHAMMER

"Kompromat" 1949 – eine statistische Annäherung an Internierte, SMT-Verurteilte, antisowjetische Kämpfer und die Sowjetischen Militärtribunale

In zahlreichen Beiträgen dieses Bandes wird mit Recht bedauert, daß wir noch immer nicht wirklich wissen, wer in den Sonderlagern der SBZ saß. Natalja Jeske[1] zeigt in ihrer Kritik der Statistik der Zentralverwaltung der Speziallager in der SBZ die scheinbare Präzision der falschen Zahlen: zwar gibt es in deren Akten statistische Zusammenstellungen in Hülle und Fülle, und immer sind sie dem Augenschein nach auf jede einzelne erfaßte Person genau. Aber 1945 war die Erfassung chaotisch und im weiteren gewann sie nur den trügerischen Anschein bürokratischer Präzision. Wir alle kennen das Peter-Prinzip Ost, wie die mehrfache hierarchische Neufassung der Basisdaten auf dem Weg an die Spitze die Pleite vor Ort in die Errungenschaften der Führung verwandelt. Warum sollte es hier anders sein? Im einzelnen wurden die Zahlen frisiert, wenn die lästige Bilanz der zweiwöchentlich zu liefernden Lagermeldungen nicht aufging. Haftgrundtabellen wurden in dem Maße, wie sie durch Ausdifferenzierung genauer werden sollten, durch aberwitzige Umbettungen ganzer Kategorien unrealistischer und z. B. feige SS-Bürokraten, die eigentlich nicht in den Lagern sitzen, sondern als Kriegsgefangene in der Sowjetunion Zwangsarbeit in Bergwerken verrichten sollten, oder auch brave BDM-Maiden, für deren Anwesenheit im Lager es gar keinen plausiblen Grund gab, in aktive Diversanten hinter den Linien der Roten Armee umstilisiert. Alles Herumkalkulieren mit sowjetischen Bilanzen auf höherer Ebene geht angesichts dessen, wie sie in russischen Schreibstuben zustande kamen, in die Irre - sie sind nur Anhaltspunkte für Größenordnungen.

Da es unserem Projekt trotz aller Bemühungen und Versprechungen nicht gelungen ist, an die Urmaterialien der Registrier- und Gefängnisakten der einzelnen Häftlinge im Besitz der Nachfolgeorganisationen des NKVD/MVD/KGB zu kommen, um ihre Realitätshaltigkeit zu prüfen und durch eine repräsentative Stichprobenuntersuchung Licht in das Dunkel der Zusammensetzung der Häftlinge der Spezlager (wenigstens aus sowjetischer Sicht) zu bringen, wurde von verschiedenen Seiten versucht, eine Ebene tiefer zu forschen und für einzelne Lager anhand lokaler Statistiken diese Frage zu klären. So hat z. B. Jan Lipinsky[2]

---

1 Vgl. ihren Beitrag "Kritische Bemerkungen zu den sowjetischen Speziallagerstatistiken" in diesem Band.
2 Vgl. seinen Beitrag zur Häftlingsstruktur im Bautzener Speziallager in diesem Band

die Bautzener Grundstatistiken kompiliert, um für dieses Lager den Wandel des Häftlingsprofils näher bestimmen zu können, aber natürlich mußte er dabei den sowjetischen Kriterien und Indolenzen der Basis verhaftet bleiben, so sehr er sich auch dagegen zu stemmen versuchte.

Im Grund sind die Tücken der sowjetischen Statistiken nur dann zu umgehen, wenn man Materialien auswerten kann, die den einzelnen Häftling betreffen und "operative" Bedeutung hatten, also zur Grundlage für Entscheidungen über diesen Häftling wurden. Nur dann erhält man wenigstens die sowjetische Sicht dieses Falles.[3] Aufgrund dieser Einsichten hat Vera Neumann[4] für Buchenwald in einer sehr aufwendigen Recherche drei Überlieferungen gegeneinander laufen lassen: 1. das "Lagerjournal" als das notwendig relativ realistische Grundbuch der Lagerverwaltung mit Eintragungen über jeden eingelieferten Häftling, 2. die "Kommissions- oder Kompromatlisten" von 1949, mit denen eine hochangesiedelte sowjetische Kommission, die sich die Urdaten jedes einzelnen damaligen Häftlings listenmäßig aufbereiten lassen konnte, bei der Auflösung der Lager über die Entlassung der Häftlinge, ihre Überstellung nach Waldheim oder ihre Abschiebung in die Sowjetunion entschied, und 3. die Gegenüberlieferung des Berlin Document Center (BDC), in dem die Amerikaner die Reste der von den Nazis in einer Papiermühle bereits teilweise vernichteten NSDAP-Mitgliederkartei und andere Aktenrestbestände des Dritten Reiches zusammengetragen hatten. Dadurch kann sie empirisch zeigen, daß Buchenwald bestimmungsgemäß tatsächlich ein fast reines Internierungslager war, d. h. in seiner großen Mehrheit mit überwiegend kleinen Funktionären des Dritten Reiches belegt war und daß die diesbezüglichen sowjetischen Ermittlungen – wo immer sich (wie in knapp der Hälfte der Fälle) im BDC Gegenüberlieferungen fanden – gar nicht so falsch waren.

Aber Buchenwald war eben ein fast reines Internierungslager, wie die Mehrheit der Lager vor ihrer Auflösung und der Entlassung der Masse der kleinen NSDAP-Funktionäre 1948; seither blieben nur drei Lager übrig, außer in Buchenwald in Sachsenhausen und Bautzen und in diesen beiden waren nun die Mehrheit (in Bautzen sogar die große Mehrheit) keine Internierten mehr, sondern hier wurden Strafhäftlinge, die in der Nachkriegszeit von Sowjetischen Militärtribunalen (SMT) abgeurteilt worden waren, konzentriert. Nach den offiziellen Verlautbarungen der Sowjetunion und der SED mußte man nun glauben, daß diese Rest-Mehrheit der SpezLagerhäftlinge nach 1948 wegen besonders herausragender politischer oder krimineller Verantwortung für das Dritte Reich verurteilt worden wären.

---

3 Die muß natürlich nicht mit der Wirklichkeit übereinstimmen, denn Anschuldigungen und Geständnisse können falsch sein, ja die Person kann sich im Einzelfall sogar unter einer anderen Identität verborgen haben. Diese sowjetische Wirklichkeit changiert zwischen reiner Willkür und ziemlich präzisen Sachverhaltsermittlungen, wie Vera Neumann bei der Suche nach NS-Unterlagen für Internierte, denen Funktionen in Nazi-Organisationen vorgeworfen wurden, ermitteln konnte: Wenn solche Unterlagen aufgefunden wurden, stimmten sie meistens mit den sowjetischen Ermittlungen überein. Auf der anderen Seite ist aus unzähligen Häftlingsberichten bezeugt, daß viele Vernehmungen durch die sowjetischen Sicherheitsdienste und Militärtribunale undifferenziert und gewaltsam abliefen und daß oftmals belastende Sachverhalte weniger aus den Betroffenen herausgefragt, sondern in sie hineingeprügelt wurden.

4 Vgl. ihren Beitrag zu den Häftlingen von Buchenwald in diesem Band. Ihre Stichproben-Untersuchung in den sog. Kompromat-Listen für Buchenwald ist in engem Zusammenhang mit der Untersuchung, aus der hier berichtet wird, entwickelt worden, und wir wollen ihr an dieser Stelle für die gute Zusammenarbeit danken.

Tatsächlich hatten einzelne solcher Prozesse – wie 1947 der Prozeß gegen Verantwortliche der Verwaltung und Wachmannschaften des KZ Sachsenhausen vor dem SMT Berlin – im Rampenlicht der Öffentlichkeit gestanden.

Die Kompromatlisten und ihre Erschließung

Nachdem Heinz Kersebom in einer späten Phase unserer Erschließung der Moskauer Akten inmitten unendlicher Überlieferung von nichtssagenden Listen von Häftlingsüberstellungen, Anwesenheitslisten und anderen statistischen Trivialitäten die oben charakterisierten "Kommissionslisten" von 1949, die sich im GARF fälschlich unter dem Jahr 1947 verborgen hatten und 58 Akten mit ca. 6000 Blatt füllen, aufgefunden hatte, gab es neben den personenunabhängigen statistischen Zusammenstellungen noch eine zweite Überlieferung, an der für die späten "gemischten" Lager der Frage nach dem Unterschied von Internierten und SMT-Verurteilten und dem besonderen Interesse der Sowjetunion an einem bestimmten Häftlingstyp nachgegangen werden konnte. Da uns Urmaterialien für die Häftlinge insgesamt immer noch fehlten, entschieden wir uns damals in unserem Thüringer Forschungsteam[5] sozusagen mit den letzten Kräften zu drei exemplarischen sozialwissenschaftlichen Untersuchungen der Kompromatlisten. Die Untersuchungen von Vera Neumann und Bodo Ritscher zu Buchenwald liegen in diesem Band vor. Darüber hinaus konnten wir diese Listen nicht flächendeckend auswerten, aber wir setzten zwei Schwerpunkte: erstens auf die das Lager Sachsenhausen betreffenden Kompromatlisten, weil dort wenigstens für diese späte Phase 1949 eine vergleichende Stichprobenerhebung von Internierten und SMT-Verurteilten möglich war (und außerdem handelte es sich um das damals größte

---

5 Neben Lüdenscheid und Moskau war sie der dritte, allerdings personalintensivste Schwerpunkt des Gesamtprojekts. Neben dem Jenenser Projektleiter gehörten zu ihr (meist im Rahmen mehr oder minder umfänglicher Werkvertragsverhältnisse) Dr. Kamilla Brunke (Weimar), Dr. Peter Erler (Berlin), unsere russische Kollegin in Deutschland Dr. Natalja Jeske (Rostock), Dr. Heinz Kersebom (Bremen/Jena), Dr. Ralf Possekel (Berlin), Dr. Lutz Prieß (Berlin), unsere russische Kollegin in Moskau und Jenaer Promovendin Irina Scherbakowa und mehrere Übersetzer, während wir mit dem Buchenwalder KollegInnen Dr. Vera Neumann (Berlin/Weimar) und Dr. Bodo Ritscher (Weimar) in besonders häufigem Gedankenaustausch standen. Ohne Alexander von Platos Initiative wäre dieser Projektverbund aber nicht zustande gekommen, ohne seine Gesamtkoordinierung nichts Ganzes dabei herausgekommen und ohne Sergej Mironenkos Verständnis und das Entgegenkommen seiner Mitarbeiter noch nicht einmal etwas Halbes. Vor allem dem Thüringer Ministerium für Wissenschaft, Forschung und Kultur, das auch die in diesem Beitrag vorgelegten Forschungen durch einen Werkvertrag für Heinz Kersebom ermöglichte, aber auch der Volkswagen-Stiftung, der Gedenkstätte Buchenwald, vertreten durch unseren Jenenser Kollegen Dr. Volkhard Knigge und der Verwaltung der Friedrich-Schiller-Universität, vertreten durch ihren Kanzler Dr. Kübel, sei an dieser Stelle für die anhaltende und unkonventionelle Förderung dieses disparaten Forschungsverbunds und manchen Rat in seinen Krisen gedankt. Auch war die Zusammenarbeit mit der Stiftung Brandenburgischer Gedenkstätten, vertreten durch Dr. Günther Morsch (Sachsenhausen), willkommen. Cathrin Burkhardt-Tennigkeit und Sylvia Pook waren in der Verwaltung des Projekts selbständige und liebenswerte Stützen. L.N.

Speziallager in der SBZ). Zweitens auf eine Gesamtauswertung der wenigen Häftlinge[6], welche die sowjetischen Dienststellen 1949/50 nicht entlassen und auch nicht den DDR-Dienststellen zur weiteren Haftverbüßung oder Aburteilung überstellen, sondern in die Sowjetunion deportieren wollten (sie kamen überwiegend aus Bautzen), weil sie in ihnen die unter sowjetischem Gesichtspunkt wichtigsten Häftlinge sahen.

Heinz Kersebom hat die Aufarbeitung dieser Materialien (Auswahl, Übersetzung, Codierung) für eine Datenbank und deren Auswertung übernommen, und der Projektleiter bereitet nun dessen Rohdaten und Beobachtungen zu hoffentlich lesbaren Tabellen und einer Interpretation auf, die freilich nur eine weitere Annäherung an die Realität der SpezLager und auch an den Gehalt der "Kompromatlisten" sein kann. Nach Abschluß dieser aufwendigen Stichprobenuntersuchungen für alle drei Lager sollen die Daten im einzelnen und eine ausführlichere, auch qualitative Auswertung zusammen mit Vera Neumann gesondert publiziert werden.

Was ist nun das Besondere an den Kompromatlisten von 1949 im Rahmen der sonstigen statistischen Überlieferung der Speziallager in der SBZ? "Kompromat" hat übrigens nichts mit "Diamat" oder "Histomat" zu tun, sondern ist ein Neologismus, aus der Abkürzungswut des sowjetischen Sicherheitsjargons und aus der Zusammenziehung von "kompromittierendes Material" entstanden.

Erstens enthalten sie knappe Daten zu jedem einzelnen der damals noch verbliebenen Häftlinge, also Geburtsjahr, Herkunftsort und meist eine Angabe zum Beruf oder zur Dienststellung (im Dritten Reich). Oft lassen sich daraus auch Angaben zum Bildungsgrad entnehmen. Und bei allen Internierten ist ihre erste Einlieferung in ein Speziallager datiert, bei SMT-Verurteilten der Beginn ihres Strafmaßes. Der Name allerdings ist nach Gehör kyrillisch umschrieben, was in etlichen Fällen eine trennscharfe Rückübersetzung ins Deutsche erschwert oder unmöglich macht.

Zweitens enthalten sie bei Internierten eine Kurzfassung des Haftgrunds bzw. bei SMT-Verurteilten den Tenor des Urteils – manchmal besteht dieses "Kompromat" nur aus ein oder zwei Stichworten (wie "illegaler Waffenbesitz"), meist sind es Angaben von wenigen Zeilen, die eine Funktion, einen Vorwurf oder einen Sachverhalt konkret benennen und bei den SMT-Verurteilten juristisch zuordnen.[7]

Drittens wurden vor der Auflösung der letzten drei Lager die Entscheidungen über die Häftlinge von einer hochrangigen Kommission[8] aufgrund dieser streng geheimen Listen gefällt, von denen niemand annehmen konnte, daß sie jemals einem Außenstehenden zu Gesicht kommen würden. Sie enthalten insofern – schon aus eigenem Interesse der Sicherheitsorgane – ein Kondensat des inneren Erkenntnisstandes der sowjetischen Dienststellen über die einzelnen Häftlinge. Das kann man schon daran erkennen, daß hier vielfach Kom-

---

6 Insgesamt sind es kaum 1,5 % der Speziallagerhäftlinge, die wegen des besonderen Interesses der sowjetischen Dienststellen bei der Auflösung der Lager unsere Neugier weckten.

7 Die Anlage der Textfelder in den Listen folgt entweder dem Schema für Internierte oder dem für SMTler (die Einträge sind dort strenger juristisch subsumiert). Diese beiden eindeutig geschiedenen Texttypen bauen den gesamten Aktenbestand auf. Das heißt u. a., daß in den Listen der SMTler keine Hinweise auf eine mögliche vorherige Interniertenexistenz, in den Listen der Internierten keine Hinweise etwa auf irgendwelche Vor-Aktivitäten eines Militärtribunals enthalten sind. Beides dürfte jedoch ziemlich selten sein.

8 Die sowjetische "Troika" bestand aus Generalleutnant Edunov (MGB), Generalmajor Šaver (Justiz) und Oberst Sokolov (dem letzten Leiter der Abteilung Speziallager des MVD in Deutschland).

promatformulierungen auftauchen, die offiziell von sowjetischer Seite als Haftgrund abgestritten wurden, etwa daß es im Falle eines seit 1945 internierten kleinen NS-Funktionär keinen Beweis für seine aktive Tätigkeit gebe oder daß ein SMT-Verurteilter nur deshalb im Lager saß, weil er 1948 an einer kurzzeitigen Arbeitsniederlegung beteiligt war.

Viertens enthalten die Listen die Verfügung der Kommission, ob der Häftling zu entlassen, den DDR-Behörden zur Aburteilung oder zu weiterer Haftverbüßung zu übergeben oder in die Sowjetunion zu deportieren sei, und zwar in der Regel[9] so, daß die Listen bereits nach dieser Verfügung und getrennt nach Lagern und hier wieder nach Internierten ("Spezkontingent") und SMT-Verurteilten gegliedert sind.

Von den etwas mehr als 30.000 Häftlingen, die Ende 1949/Anfang 1950 noch in den Speziallagern einsaßen, werden in den Listen der Kommission etwas mehr als 13.000 Sachsenhausen (Speziallager Nr. 1, künftig SL 1), etwas mehr als 10.000 Buchenwald (SL 2), etwas mehr als 5.000 Bautzen (SL 3) und 2100 Personen einer "Kategorie IV" zugerechnet. Das Rätsel dieser Kategorie IV konnte bisher noch nicht aufgeklärt werden. In diesen unbezeichneten Akten läßt sich keine Zuordnung finden. Alle drei Lager und die Kategorie IV unterscheiden sich bereits auf den ersten Blick. Nur in Buchenwald sind überhaupt keine SMT-Verurteilten verzeichnet. Insofern hat Buchenwald den Charakter des Internierungslagers behalten. Sonst herrscht die jeweils dreifache Unterscheidung von Internierten und SMT-Verurteilten danach, ob sie freigelassen, an DDR-Organe oder an sowjetische Behörden übergeben werden sollten vor, allerdings in Sachsenhausen mit der auffallenden Besonderheit, daß nicht einmal zehn Personen registriert sind, die an sowjetische Behörden übergeben werden sollten.

Für diese Studie ist jeder 20. Eintrag der Listen aller Kategorien für Sachsenhausen in die Datenbank eingegeben worden (das ergab insgesamt 635 Einträge im Rahmen der Stichprobe). Auswertungen der Unterschiede zwischen Internierten und SMT-Verurteilten aus dieser für *Sachsenhausen* im Jahr 1949 repräsentativen *Stichprobe* werden im folgenden mit "S-S" bezeichnet. Quer dazu wurde die Gruppe der Verurteilten und Nichtverurteilten, die an die sowjetischen Behörden zu überstellen waren, über die Lagergrenzen hinweg insgesamt erhoben (das ergab insgesamt 427 Einträge[10]). Hier handelt es sich um eine *Teil-Totalerhebung* (im folgenden "T-T") aus allen Listen und Lagern unter dem genannten Gesichtspunkt. Er wurde intern so formuliert: die Betroffenen hätten "einen besonders aktiven Kampf gegen die Sowjetunion" geführt[11], was das "Neue Deutschland" v. 17.1.1950 mit den Worten verdeutlichte: sie hätten "besonders große, gegen die Sowjetunion gerichtete Verbrechen begangen." Handelte es sich um NS-Verbrecher oder um ein Resistenzpotential im Kalten Krieg?

---

9   Mitunter gibt es handschriftliche Anmerkungen z. B. derart, daß in einer Akte, die eigentlich nur Personen enthalten soll, die an DDR-Organe überstellt werden, abweichend eine Überstellung an sowjetische Organe erfolgen soll.
10 Die für diese Kategorie in den Kompromatlisten Vorgeschlagenen umfassen nur ca. 2/3 der letztendlich zur Strafverbüßung bzw. Aburteilung an sowjetische Organe übergebenen 649 Speziallagerhäftlinge.
11 GARF, f. 9409, op. 1, d. 42, l. 10.

Internierte versus SMT-Verurteilte: Gegensätze im sozialen und politischen Profil

Anhand der Listen läßt sich zunächst der Gesamtbestand der damaligen Häftlinge der Speziallager nach ihrem Status als Internierte (d. h. Inhaftierte ohne Urteil) und SMT-Verurteilte aufschlüsseln. Die Mehrheit der Häftlinge insgesamt sind zu dieser Zeit "SMTler", während sie im Verhältnis zur Gesamtzahl aller Häftlinge, die zwischen 1945 und 1950 in den Speziallagern der SBZ einsaßen, nur etwas über ein Zehntel ausmachen. Nur Buchenwald ist jetzt noch als Internierungslager anzusprechen. In Sachsenhausen sind nur noch 20 %, in Bautzen 15 % und in der "Kategorie IV" kaum 5 % den nicht von einem Gericht verurteilten Gefangenen zuzurechnen. Handelt es sich also nun darum, daß durch die Entlassungen Minderbelasteter 1948 nun nur noch besonders stark belastete Nazis in den Lagern verblieben wären, die deshalb in ihrer Mehrheit auch bereits durch ein Gericht der Alliierten abgeurteilt worden wären, wie dies gegen Ende der Besatzungszeit in den Lagern der Westmächte in Westdeutschland der Fall war?

Tabelle 1: Internierte und SMT-Verurteilte in den Kompromatlisten nach Lagern

Kategorie	Summe	%	SL 1	%	SL 2	%	SL 3	%	Kat. IV	%
Internierte	13.634	45	2.676	20	10.120	100	746	15	92	5
SMTler	16.695	55	2.6760.398	80			4.289	85	2.008	95
Ausländer	252									
Summe	30.581		13.074		10.120		5.035		2.100	

Wie wir im folgenden zeigen werden, würde eine solche Einschätzung, wie sie in der zeitgenössischen sowjetischen und SED-Propaganda zu vermitteln versucht wurde, das Verhältnis zwischen den beiden Häftlingsgruppen völlig verfehlen. In ihrer Masse sind die SMT-Verurteilten nicht eine Belastungs-"Elite" der Internierten, sondern eine überwiegend andere Gruppe. Während bei den Internierten der NS-Hintergrund überwiegt, treten bei den SMT-Verurteilten der Kalte Krieg und politische Konflikte in der SBZ in den Vordergrund.

Um diese These zu belegen, gehen wir einige der in den Listen verfügbaren Daten in Schritten durch. Wir geben dabei meist nur grobe Anteile und Größenordnungen an, weil differenzierte Prozentuierungen innerhalb der Fehlerspannen einer solchen kleinen Stichprobe lägen. In einer solchen Untersuchung sind immer nur die quantitativen Schwergewichte von Bedeutung, während die Details statistischen Zufällen geschuldet sein können. Wir müssen die Leser einladen, sich auf dieses vergröbernde Denken einzulassen, weil wir nicht mehr als Grundtrends aus unseren Daten herauslesen können und wollen.

Haftdauer

Zunächst prüfen wir die Haftdauer. Hier ergibt sich für Sachsenhausen folgendes Bild. Mit ganz wenigen Ausnahmen davor und danach sind fast alle Internierten (in S-S ca. 20 % der Häftlinge) im Zeitraum zwischen Mai 1945 und dem ersten Halbjahr 1946 in ein Speziallagager eingeliefert worden – und zwar fast drei Viertel bereits im Jahr 1945. Der Zusammenhang mit einem NS-Hintergrund ist also zunächst einmal wahrscheinlich, zumal auch die Internierten in den westlichen Besatzungszonen im wesentlichen im Laufe eines Jahres nach der Kapitulation Deutschlands inhaftiert worden waren. Bei den Verurteilten begann die Strafe aber nur bei ca. 5 % in diesem Jahr, während fast die Hälfte im Jahr 1946 abgeurteilt wurde und sich der Rest in absteigender Linie auf die folgenden Jahre verteilt (S-S). Dabei ist zu bedenken, daß in Sachsenhausen nur SMTler – jedenfalls wenn sie Männer waren – mit einer Strafe bis zu 15 Jahren einsaßen. Für den Betroffenen mochte das an die Hälfte seines erwachsenen Lebens heranreichen; in den Maßstäben des sowjetischen GULAG waren dies aber die leichteren Strafen, die häufig schon für Bagatelldelikte ausgesprochen wurden.

Hier gibt es nun ein Quellenproblem, weil die Kompromatlisten zwar bei Internierten die erste Einlieferung in ein Speziallager verzeichnen, bei SMT-Verurteilten aber nur den Beginn der Strafhaft im Lager, oder wie das im sowjetischen Jargon heißt, den Strafmaßbeginn. Würde man nun der Propaganda folgen, so könnte man annehmen, daß es sich bei SMTlern mit einem Strafmaßbeginn ab 1946 um solche Häftlinge handelt, die zunächst aus Gründen der NS-Belastung unmittelbar nach dem Krieg verhaftet, dann von einem Gericht abgeurteilt und schließlich erneut zur Haftverbüßung in ein Speziallager eingewiesen worden wären. Dann wäre dies ein Beleg für den antifaschistischen Entnazifizierungseifer der sowjetischen Gerichte, denn die Verurteilung von Internierten beginnt in den Lagern der Westalliierten in der Regel erst Ende 1946/Anfang 1947[12]. Das geht aber aus den Kompromatlisten nirgends hervor und ist – wie wir noch zeigen werden – bei der großen Mehrheit der SMTler höchst unwahrscheinlich. Diese große Mehrheit ist vielmehr nicht 1945 und auch aus anderen Gründen als NS-Belastung verhaftet worden.

Sieht man sich nun die Häftlinge der T-T an, an denen die Sowjets besonderes Interesse hatten, weil sie besonders schwere Verbrechen gegen die Sowjetunion begangen haben sollen, so finden wir bei den Internierten (in T-T eine Mehrheit von 58 %) fast dasselbe Bild: über 60 % sind 1945 und weitere 25 % meist im ersten Halbjahr 1946 ins Lager gekommen. Der im Verhältnis zu Sachsenhausen etwas größere Rest verteilt sich in minimalen Größenordnungen und absteigender Linie auf die folgenden drei Jahre. Das Bild bei den Verurteilten[13] aber ist merkwürdig verschoben: 1945 und 1946 werden nur ca. 5 % abgeurteilt, 1947 immerhin etwas über ein Fünftel, während allein 1948 auf der Höhe des Kalten Krieges fast die Hälfte der Urteile folgen und 1949 der Rest von einem knappen Fünftel. Sollte der Entnazifizierungseifer der sowjetischen Gerichte über drei Jahre zur Ermittlung gebraucht haben und ausgerechnet zur Feier der Berlin-Blockade und der Sowjetisierung der Zone zur Urteilsfähigkeit gereift sein?

Für eine solche Erwartung ist es eine kalte Dusche, wenn man den Anteil der NSDAP-Mitglieder und an Parteilosen an den Inhaftierten im Zeitablauf vergleicht. Bei den Internierten des Jahres 1945, also ihrer großen Mehrheit, liegt der Anteil der NSDAP-Mitglieder zunächst im Mai bis Juli bei 80 % und bleibt bis Januar 1946 auf einem Pegel oberhalb 2/3;

---

12 Wenn sie auch – in Anbetracht des rechtlichen Grundsatzes der Verhältnismäßigkeit der Mittel – bis zu dieser Zeit schon über die Hälfte der vorsorglich Internierten wegen offensichtlich zu geringer Belastung wieder in Freiheit gesetzt hatten.
13 Es handelt sich ganz überwiegend um Bautzen-Häftlinge, die in der Regel eine Strafe von mehr als 15 Jahren erwarteten, meist 25 Jahre oder lebenslängliche Haft.

aber Februar 1946 sinkt er auf die Hälfte und darunter. Bei den Verurteilten aber finden wir – immer nach sowjetischen Angaben – ein ganz anderes Bild: bei den wenigen ersten Verurteilungen geht es 1945 noch fast zu einem Viertel gegen Nazis, aber schon 1946 – als die Masse der Sachsenhausener SMTler verurteilt wurden – sinkt er auf unter 20 %, 1947 auf ca. 15 %, 1948 etwas über 10 % und 1949 darunter. (S-S und T-T). Die Gegenprobe ist ebenso instruktiv: unter den Inhaftierten von 1945 gehörten noch nicht einmal ein Viertel keiner Partei an, 1946 bereits über ein Drittel und danach stabilisierte sich der Wert unter den SMTlern um die Hälfte. Die Kluft zwischen den (relativ wenigen) Belasteten der Nazi-Partei und der Masse der Parteilosen unter den Neu-Inhaftierten füllten im Kalten Krieg die Angehörigen der neuen Parteien.

Alter der Häftlinge

Aus vielen Zeitzeugenberichten entsteht der Eindruck, daß die Altersstruktur der Häftlinge keine Normalverteilung aufwies, sondern eine Polarisierung in (relativ wenige) Junge und (relativ viele) Alte. Einige damals Junge, die in empörendem Umfang als ehemalige HJ-Führer und Werwolf-Verdächtige fünf Jahre in den Lagern saßen und ihr hohes Todesrisiko überlebten, haben das noch damit qualifiziert, daß ihre Begegnung mit inhaftierten älteren und höheren Nazis, die sie aus der Endstimmung des Dritten Reiches zunächst durchaus zu vergöttern bereit gewesen seien, aus der Nähe der gemeinsamen Lagerhaft für sie zu einer Art antifaschistischem Anschauungsunterricht geworden sei, so jämmerlich, unterwürfig und egoistisch habe sich manch eines ihrer früheren Vorbilder nach der Entkleidung seiner Macht verhalten. Anhand der Daten von S-S und T-T – die allerdings ja nur für eine Teilgröße aus dem späten Jahr 1949 informativ sind – können wir diesen Eindruck bestätigen und ihm aus der Korrelation der durchweg vorliegenden Altersangaben der Häftlinge mit ihrem Status als Internierte oder SMT-Verurteilte ein erklärendes Element hinzufügen.

Für diese Tabelle wurden alle Häftlinge aus der Sachsenhausen-Stichprobe sowie aus der Totalerhebung der in die Sowjetunion zu deportierenden Häftlinge in den Kompromatlisten nach ihrem Geburtsjahrgang in zwölf Altersjahrfünfte zusammengefaßt und deren Anteile in den Spalten prozentuiert. Zur besseren Übersicht haben wir die Anteile auf ganze Prozentwerte gerundet. Bei einer Gleichverteilung würde sich bei zwölf Altersgruppen ein Durchschnitt von etwas über 8 % pro Geburtsjahrfünft ergeben.

Vor diesem Hintergrund kann man bei den Gesamtzahlen (Spalten 2 und 5) nun auf den ersten Blick erkennen, daß auch 1949 noch zwischen 3 und 7 % dieser Häftlinge mit unter 20 Jahren sehr jung und im Dritten Reich noch Kinder waren und daß es nur noch wenige sehr alte Häftlinge im Pensionsalter über 65 Jahre gab (zwischen 1 und 2 %). Auch die 60 bis 65jährigen bilden eine ähnlich kleine Gruppe zwischen 1 und 3 % Im übrigen kann man an den Daten ablesen, daß die zu Deportierenden in ihrer Altersstruktur etwas gleichmäßiger verteilt waren als die Sachsenhausener Häftlinge, bei denen die Kinder des Ersten Weltkriegs noch deutlicher als in der Gesamtbevölkerung unterrepräsentiert sind.

Tabelle 2: Alter der Häftlinge in Sachsenhausen (S-S) und der in die Sowjetunion zu deportierenden Häftlinge insgesamt (T-T) 1949

Jahrgang	Sachsenhausen (S-S)-			Deportierte (T-T)		
1	2	3	4	5	6	7
	gesamt	Internierte	SMTler	gesamt	Internierte	SMTler
1875-79	0			1		
1880-84	1			1		
1885-89	3			1		
1890-94	9			11		
1895-99	11	83	35	13	71	27
1900-04	14			14		
1905-09	9			14		
1910-14	7			11		
1915-19	4			8		
1920-24	13			13		
1925-29	22	10	50	11	11	54
1930-34	7			3		
Summe %	100	93	85	101[14]	82	81
N.	626	132	494	427	247	180

(Erhoben aus Kompromatlisten, Angaben in %. Die in den schraffierten Feldern angegeben Werte sind Summen der herausgehobenen Altersgruppen)

Dennoch bilden sich auch hier bereits zwei Altersschwerpunkte heraus[15]. Einerseits die Geburtsjahrgänge um die Jahrhundertwende und im ersten Jahrzehnt danach, in denen in der Tat die meisten Nazis geboren waren – allerdings auch die meisten Mitglieder der KPD. Es handelt sich um die Erfahrungskohorte, die am Ende des Ersten Weltkriegs Jugendliche und junge Männer, in der Endkrise der Weimarer Republik so etwa Ende 20 oder etwas über 30 Jahre alt waren und aus der in der Tat besonders viele in den damaligen politischen Kämpfen zu einer radikalen Option neigten. Die "alten Nazis" waren jung, als sie an die Macht kamen (wie auch die meisten "alten Genossen" der KPD noch jung waren, als die Nazis sie ins KZ brachten), und es war auch für höhere Funktionäre des NS und besonders der SS und der von ihnen geleiteten Sicherheits- und Terrororgane keineswegs ungewöhnlich, 1945 erst zwischen 40 und 50 Jahre alt zu sein. Das Übergewicht dieser Generation unter den Häftlingen hat also noch nichts Überraschendes an sich. Um so erstaunlicher ist jedoch andererseits der zweite Altersschwerpunkt der Häftlinge: die 20er Jahre, in deren zweiter Hälfte bei den Sachsenhausener Häftlingen sogar der Spitzenwert einer fast dreifachen Überrepräsentation erreicht wird. Bedenkt man, daß es sich hierbei um Menschen handelte, die in der Weltwirtschaftskrise noch kleine Kinder und bei Beginn des Dritten

---

14 Ergibt sich aus der Rundung der Prozentangaben auf ganze Werte.
15 In der Öffentlichkeit ist bei der Diskussion um das Alter der Speziallagerhäftlinge häufig von anderen Grenzwerten (nämlich z. B. von über 45- und unter 20-jährigen Häftlingen) ausgegangen worden und der Verf. muß seinen Anteil an dieser etwas schiefen Diskussion bekennen. Damals lagen nur kumulative sowjetische Statistiken vor, aber wir hatten noch keinen Zugriff auf die Geburtsjahrgänge. Schief (wenn auch nicht falsch) sind solche Grenzwerte deshalb, weil sich absolute Altersangaben nicht für einen fünfjährigen Haftzeitraum eignen und weil sie rein numerisch gegriffen und nicht nach Erfahrungskohorten gebildet sind. Das läßt sich nun anhand solcher Erhebungen präzisieren. (L.N.)

Reiches allenfalls acht und bei seinem Ende zwischen 15 und 20 Jahre alt waren, so kann man sich schwerlich vorstellen, daß es sowjetische Offiziere gegeben haben könnte, die bei diesen die größte Verantwortung für den Faschismus ("die offene Diktatur der reaktionärsten Kräfte des Finanzkapitals") gesucht und sie nicht eher als braune Komsomolzen eingestuft haben sollten.

Konzentriert man sich nun auf diese beiden ungleichen Altersschwerpunkte, die in den Spalten 3 und 4 sowie 6 und 7 der Tabelle schraffiert unterlegt und jeweils zu einem Anteilswert zusammengefaßt sind, und erfaßt damit in beiden Untersuchungen über 80 % aller Häftlinge, so stößt man bei der weiteren Untersuchung der Altersstruktur im Verhältnis zum Häftlingsstatus auf einen interessanten und eindeutigen Befund. Dabei muß vorab betont werden, daß wir numerisch zwei ungleiche Gruppen gebildet haben, weil die "NS-Generationen" 25 Geburtsjahrgänge umfassen, während die Kinder der 20er und 30er Jahre unter den Häftlingen nur 15 Geburtsjahrgänge repräsentieren. Dennoch stellen diese letzteren mindestens die Hälfte aller SMT-Verurteilten und bei denen aus T-T, die nicht nur wie die Sachsenhausener SMTler zu Strafen bis zu "nur" 15 Jahren verurteilt worden waren, liegt der Wert sogar noch etwas höher. Sieht man das mit dem vorhin Gesagten über die Haftdauer zusammen, so ergibt sich, daß rund die Hälfte aller SMT-Verurteilten bei ihrer Verurteilung zwischen 15 und 26 Jahre alt waren. Demgegenüber stellen die Angehörigen der "NS-Generation" – womit keineswegs immer ein NS-Engagement verbunden gewesen sein mußte[16] – selbst dann, wenn man sie um ein Jahrzehnt nach hinten erweitert, um ältere Verantwortliche miteinzubeziehen, nur wenig mehr als ein Drittel der SMT-Verurteilten unter den leichter Bestraften (S-S) und wenig mehr als ein Viertel der härter Bestraften (T-T). Darüber hinaus liegt in dieser Altersgruppe der Anteil der NSDAP-Mitglieder bei den leichter Bestraften (S-S) unter den SMTlern zwar noch bei 60 %, bei den schwerer Bestraften (T-T) aber nur noch bei 35 %[17] Das legt den Schluß nahe, daß der Schwerpunkt der Tätigkeit der SMT nicht primär bei der Verfolgung von NS-Verbrechen oder politischer NS-Belastung lag, sondern bei der Verfolgung politischer Jugenddelinquenz in der SBZ.

Für die Internierten ergibt sich in noch weit extremer divergierender Weise das umgekehrte Bild: hier handelt es sich bei den Sachsenhausener Internierten auch nach dem großen Hungersterben im Lager, dem vor allem ältere Häftlinge zum Opfer fielen, und nach der Entlassung der minderbelasteten NS-Funktionäre (vor allem Block- und Zellenleiter der NSDAP), die bis 1948 den größten Teil der Häftlinge gestellt hatten, zu mehr als vier Fünftel (S-S) und bei den Internierten, an denen die Sowjets besonderes Interesse hatten, immerhin noch bei über 70 % (T-T) um Angehörige der "NS-Generationen". Und daß diese Bezeichnung hier nicht agitatorisch, sondern im wesentlichen sachgemäß ist, ergibt sich schon daraus, daß von den Internierten dieser Altersgruppe allein 68 % (S-S) bzw. 73 % (T-T) zumindest Mitglieder und meist Funktionäre der NSDAP waren. Das ist nur ein Anhaltspunkt für eine Mindestgröße, bei der andere NS-Belastungen wie z. B. Funktionen im Sicherheits- und Terrorapparat oder Mitgliedschaften in den paramilitärischen Verbänden des

---

16 Der Anteil der nach sowjetischer Feststellung Parteilosen unter den SMT-Verurteilten dieser Altersgruppe beträgt in S-S 26 % und in T-T 7 %. Hinzu kommen noch Angehörige der Nachkriegsparteien, die nicht zuvor in der NSDAP waren (s.u.).

17 In absoluten Zahlen dürfte das in Sachsenhausen immerhin noch für eine Größenordnung von ca. 1.300 Häftlingen gegolten haben, unter den 427 zu deportierenden angeblichen Schwerstverbrechern aber galt es nur noch für ganze 17 Personen.

Nationalsozialismus noch nicht berücksichtigt sind, die noch, soweit sie nicht mit einer Mitgliedschaft in der Nazi-Partei verbunden waren, hinzugezählt werden müßten.[18]

Parteimitglieder und Unorganisierte

Da die Kompromatlisten relativ viele – und z. T. überraschende – Angaben über organisatorische Mitgliedschaften und politische Zurechnungen der Häftlinge enthalten, konnten wir in unserer Datenbank bis zu drei dieser Angaben pro Person speichern. Sie reichen von der NSDAP und dem Reichssicherheitshauptamt (RSHA) bis zur SPD, KPD und zu trotzkistischen Organisationen. Rein empirisch kristallisiert sich jedoch eine Polarität zwischen NSDAP und Parteilosen heraus. Dabei sind der ersteren auch eine Vielzahl von anderen NS-Organisationen und Dienststellen attachiert, während um die letztere eher antifaschistische und im Kern linke Organisationsbindungen gravitieren. Der erstere Pol beherrscht die Internierten, der zweite die SMT-Verurteilten.

Die folgende Statistik ist etwas komplex und bedarf vielleicht der Erläuterung. Im Bereich der Nationalsozialisten unter den Häftlingen gab es mehr Mitgliedschaften als Personen. Unser Computer hat aber nur die Organisationsbindungen ermittelt, so daß wir in diesem Bereich die dahinter stehenden Häftlinge schätzen mußten: bei den Parteilosen und den Nachkriegsparteien ist das klar, aber da es nur wenige SS- oder Gestapo-Leute gegeben hat, die nicht auch in der NSDAP waren, sind wir dabei – allerdings natürlich nicht für Wehrmacht oder HJ – von der NSDAP-Mitgliedschaft ausgegangen. Die Parteilosen gingen weder im Dritten Reich noch unter dem Besatzungsregime eine Organisationsbindung ein; deshalb haben wir sie sozusagen zwischen die Zeiten gesetzt. Die kursiv gesetzten Unteraufschlüsselungen für die paramilitärischen Organisationen und Sicherheitsdienste des Nationalsozialismus und für die Bindungen an Nicht-NS-Parteien in der Nachkriegszeit sollen nur Anhaltspunkte bieten. Wir wollen für sie nicht die Hand ins Feuer legen, denn sie sind überwiegend kleiner als die Fehlerspannen unserer Stichprobe. Klar sollte aber werden, daß der SED-Anteil in seiner herausragenden Größe zuverlässig ist und daß auch an der verschwindenden Rate von verurteilten Gestapo- und RSHA-Leuten kaum gezweifelt werden kann.

---

18 Siehe dazu unten. Die Mitgliedschaft in der NSDAP war im Rahmen der Entnazifizierung noch der geringste und am leichtesten zu verifizierende Vorwurf und dürfte deshalb den Internierten selten zu Unrecht gemacht worden sein. Auch die komplizierteren, in den Kompromatlisten aber oft relativ konkreten Funktions-Vorwürfe haben sich bei Vera Neumanns Rückprüfung an den BDC-Akten, wo immer Unterlagen gefunden werden konnten, meist als zutreffend oder als untertrieben (also auf Aussagen der Häftlinge beruhend) erwiesen.

"Kompromat" 1949

Tabelle 3
Politische Mitgliedschaften bzw. deren Abwesenheit bei Häftlingen in Sachsenhausen (S-S) und bei den in die Sowjetunion zu deportierenden Häftlingen insgesamt (T-T) 1949
(Erhoben aus Kompromatlisten)

	Sachsenhausen S-S			Deportierte T-T		
	1	2	3	4	5	6
Mitgliedschaften in pol. Organisationen[19] bzw. "Parteilose"	abs.	% der Häftlinge	davon SMT in %	abs.	% der Häftlinge	davon SMT in %
Drittes Reich						
NSDAP	163	26	48	176	42	15
SA	17	3	29	9	2	0
SS + SD	19	3	11	30	7	27
Gestapo + RSHA	15	2	13	77	18	0
Abwehr	14	2	43	21	5	19
Summe NS-Terrororganisationen[20]	66	10	23	137	32	9
Wehrmacht	10	2	70	80	19	87
Werwolf	9	1	67	1	0	0
HJ/BDM	108	17	94	60	14	78
Summe Drittes Reich[21]	356	45	59	454	51	34
"Parteilose"[22]	272	43	86	150	35	57
SBZ						
SED	56	9	98	28	7	100
KPD	4	1	100	4	1	50
SPD	5	1	100	9	2	100
LDPD	7	1	100	10	2	100
CDUD[23]	(7)	(1)	(100)	(10)	(2)	(100)
Summe Parteien SBZ	79	12	99	61	14	97
Summe Kern-NS[24] (NSDAP + NS-Terrororganisationen)	229	(ca. 26)	(ca. 35)	313	(ca. 42)	(ca. 9)
Summe Nicht-NS (Parteilose + Parteien SBZ[25])	351	55	87	211	49	67
Mitgliedschaften + Parteilose[26]	707	111		665	156	
Häftlinge = N	635			427		

---

19 Mehrfachnennungen möglich
20 Hier handelt es sich Höchstwerte, weil die "Abwehr" hier einen zweifelhaften Platz hat und eher zur Wehrmacht gehört.
21 Differenz zur Summe der Anteile in Spalte 2 und 5 entsteht durch Doppelmitgliedschaften.
22 D. h., gehörten nach den Kompromatlisten weder im Dritten Reich noch danach einer Partei an.
23 Schätzwerte analog LDPD, da die im russischen Original für CDU verwendete Abkürzung z.Z. der Dateneingabe noch nicht erkannt worden war, aber der Eindruck einer etwa gleichen Größenordnung besteht.
24 In Spalte 2 und 5 Schätzwert anhand der NSDAP-Mitgliedschaft (Abzug wahrscheinlicher Doppelmitgliedschaften).
25 3 Fälle von SED-Mitgliedern, die zuvor in der NSDAP gewesen waren, wurden vernachlässigt.
26 Aus den Prozentzahlen in Spalten 2 und 5 ist der Umfang der Mehrfachmitgliedschaften in S-S bzw. T-T erkennbar. Diese Organisationsdichte bezieht sich auf den NS, da sich die Angaben im Übrigen weitgehend ausschließen.

Konkret geht es in Spalte 1 und 4 um die Summe der Mitgliedschaften je Organisation oder der Abstinenz vor Organisationen in absoluten Zahlen, in Spalte 2 und 5 um den Anteil dieser Mitgliedschaften (oder das Fehlen jeglicher Mitgliedschaft) an der Zahl der Häftlinge und in den Spalten 3 und 6 wird angegeben, welcher Prozentsatz der Personen, welche die jeweilige Mitgliedschaft (bzw. keine) innehatten, von einem SMT-Gericht abgeurteilt wurden.

Betrachten wir zunächst die 635 Sachsenhausener Häftlinge unserer Stichprobe, die in ihrer großen Mehrheit SMT-Verurteilte waren. Im Folgenden gebe ich zur besseren Veranschaulichung die absoluten Zahlen aus S-S an und füge in Klammern jeweils die Teilgröße derjenigen bei, die von einem SMT abgeurteilt worden waren. Hier stehen die Parteilosen mit 272 Fällen (233) deutlich an der Spitze und unter den Nicht-NS-Bindungen sind darüber hinaus zu verzeichnen: 56 SED-Mitglieder (55)[27], denen noch zusammen 11 widerspenstige SPD bzw. KPD-Angehörige (11) zuzuordnen wären wie auch 7 LDPD- (7) und eine ähnliche Anzahl von CDUD-Mitgliedern[28], jedenfalls eine satte Mehrheit von Häftlingen, die sich in den Augen der sowjetischen Dienststellen nicht oder zumindest nicht primär durch nationalsozialistische Bindungen und Funktionen auszeichneten, selbst wenn in einzelnen Sonderfällen ein verhafteter SED-Genosse vorher auch Mitglied der NSDAP gewesen war. [29] Gleichzeitig wird deutlich, daß es diese Gruppen waren, mit denen sich die sowjetischen Gerichte ganz überwiegend befaßt hatten. Und daß praktisch keiner dieser unmittelbar poli-

---

27 40 % der verurteilten SED-Mitglieder waren in den 20er Jahren geboren, also zum Zeitpunkt ihrer Aburteilung zwischen 16 und 29 Jahre alt. Sie konnten keine Erfahrungen in den Fraktionen der vorfaschistischen Arbeiterbewegung erworben haben.

28 Hierzu ist noch eine ähnlich geringe Anzahl von CDU-Mitgliedern hinzuzurechnen, die vereinzelt in den Kompromatlisten unter einer ungewöhnlichen russischen Abkürzung auftauchen; diese konnte aber erst nach Abschluß der Dateneingabe entschlüsselt werden. Insgesamt schätzen wir den Anteil der Sachsenhauser Häftlinge, die bürgerlichen Nachkriegsparteien angehört hatten, mit ca. 2 % oder in absoluten Zahlen als eine Größenordnung um 250 Personen ein. Aber wir bewegen uns bei so geringen Anteilen im Bereich der Fehlerspannen einer solchen Stichprobe. Die Linke (KPD, SED, SPD) ist indessen mit ca. 11 % (oder einer sichereren absoluten Größenordnung von 1.400 Personen) vertreten. Ob sich hinter der hohen Anzahl an SED-Mitgliedern (knapp 9 % der Sachsenhauser Häftlinge oder hochgerechnet ca. 1.250 Personen) ein sozialdemokratisches Konfliktpotential oder andere innerparteiliche oder deutsch-sowjetische Konflikte verbergen, kann hier nicht entschieden werden und muß einer qualitativen Untersuchung der SMT-Gerichtsbarkeit, wenn sie denn möglich wird, vorbehalten bleiben. Wir können nur folgende Hinweise beisteuern: in beiden Teiluntersuchungen sind uns nur 4 Fälle (davon 3 SED-Mitglieder) begegnet, die wegen "Sozialdemokratismus" oder als "Schumacher-Leute" und zwar alle im letzten Quartal 1948 abgeurteilt wurden. Sie gehörten mit 38 bis 54 Jahren zu den Älteren. Der Vorwurf des "Trotzkismus", des "Titoismus" oder eines sonstigen Abweichlertums tritt in unserer Stichprobe überhaupt nicht auf, obwohl uns zumindest der Trotzkismus-Verdacht bei der sonstigen Durchsicht der Kompromatlisten sehr vereinzelt begegnet ist. Statistisch bewegen wir uns hier durchweg in nicht auswertbaren minimalen Größenordnungen. Unter diesen Vorbehalt fällt auch, daß in unserer Stichprobe kein einziger Fall eines bereits im Dritten Reich inhaftierten Speziallagerhäftlings aufgetreten ist. Soweit es diese legendären Fälle gegeben hat, sind sie also nur in einer sehr kleinen Größenordnung (wie übrigens auch in westlichen Internierungslagern) aufgetreten oder/und vor 1949 wieder entlassen worden.

29 Insgesamt sind uns 3 solcher Fälle von früheren NSDAP-Mitgliedern unter insgesamt 84 verurteilten SED-Mitgliedern in beiden Erhebungen begegnet. Also etwas, was vorkam, aber nichts Charakteristisches unter den Häftlingen. Der Anteil unter den nicht inhaftierten Parteimitgliedern – wie unter den Mitgliedern aller deutscher Nachkriegsparteien – dürfte höher gelegen haben.

tischen Repressionsfälle (und nur ein Sechstel der Unpolitischen) unter den Internierten des ersten Nachkriegsjahres war.

Das Gegengewicht teilweise sich überlappender Mitgliedschaften und Positionen im Dritten Reich ist allerdings ähnlich stark: 163 NSDAP und 106 HJ- bzw. in sehr geringem Umfang BDM-Mitglieder bzw. Funktionäre (79 bzw. 102), dazu 17 SA- (5) und je 14 Mitglieder der Abwehr (6), der Gestapo (2) und der SS (4), 10 Wehrmachtsoffiziere (7), 9 angebliche Werwolf-Aktivisten (6)[30], 5 SD-Agenten (0), ein Mitarbeiter des Reichssicherheitshauptamtes (0) und drei sonstige NS-Belastete (0).[31] Bei der Gruppe der NS-Belasteten fällt nun im Gegensatz zur vorgenannten Gruppe der weit geringere Anteil an SMT-Verurteilten auf, und wenn man sich auf die Einzelheiten einläßt, so kann man den beherrschenden Trend nicht übersehen, daß sich die sowjetischen Gerichte um so mehr einer Gruppe annahmen, je geringer ihre Bedeutung und Verantwortung für die Verbrechen des Dritten Reiches war. So wurden weit über 90 % der HJ- und BDM-Funktionäre, aber noch nicht einmal die Hälfte der erwachsenen Nazis verurteilt, während von den Angehörigen des NS-Sicherheits- und Terrorapparats (vom Reichssicherheitshauptamt über SD und Gestapo bis zur SS und SA, soweit diese überhaupt in ein Internierungslager gelangt waren) nur etwas mehr als ein Drittel 1949 bereits abgeurteilt war.

Jedenfalls haben wir es in Sachsenhausen 1949 noch nicht einmal zur Hälfte mit früher NS-Engagierten und zu deutlich mehr als der Hälfte mit solchen Häftlingen zu tun, die offensichtlich in anderen, politischen Kontexten mit der sowjetischen Besatzungsmacht in Konflikt geraten waren. Überraschend sind die Nebenschwerpunkte, die jeweils für etwas mehr als ein Zehntel aller Häftlinge zutreffen: von denen, deren Belastungen vor 1945 zurückweisen, handelt es sich bei einem Fünftel im wesentlichen um Funktionen aus dem Sicherheitsapparat und den paramilitärischen Organisationen des Dritten Reiches, während von den anderen, die wegen späterer Konflikte mit der Besatzungsmacht im Lager saßen, bei deutlich über einem Fünftel die Mitgliedschaft in Nachkriegsparteien auffällt und hier wieder mit weitem Abstand die Mitgliedschaft in der SED.

Für die Zielrichtung der Strafverfolgung der sowjetischen Militärgerichte können wir aus unserem Befund die Faustregel ablesen, daß sie um so mehr tätig wurden, je geringer die NS-Belastung war. Die Mehrheit der von ihnen Abgeurteilten hatte nach Entnazifizierungskriterien gar keine Belastung, während die nach solchen Kriterien prima facie am stärksten

---

[30] Gegenüber dem Bild in der öffentlichen Diskussion, als seien "Werwölfe" nur ein aufgebauschter Verdacht gegen mißliebige HJ- und andere Jungen gewesen, sind zumindest für diese späte Haftzeit 1949 Differenzierungen ratsam. Von den insgesamt 10 als "Werwölfe" Verhafteten in unseren beiden Erhebungen war die Mehrheit auch in anderen NS-Organisationen, z. B. vier in der NSDAP. Knapp die Hälfte war hier zum Zeitpunkt der Verhaftung zwischen 33 und 48 Jahre alt. Für die frühere Zeit vgl. den Beitrag von Vera Neumann zur Buchenwalder Häftlingsstruktur in diesem Band.

[31] Da in unserer Datenbank mehrere organisatorische Belastungen pro Person gezählt werden konnten und die Doppelmitgliedschaften derzeit noch nicht exakt ermittelbar sind, sondern geschätzt werden müssen, kann noch nichts Konkretes über den genauen Anteil der aus sowjetischer Sicht NS-Belasteten unter den Häftlingen von Sachsenhausen 1949 gesagt werden. Als Mindestgröße muß mehr als ein Viertel eher stark belasteter Häftlinge gelten – hochgerechnet hatten allein ca. 1.750 Häftlinge den NS-Terrorapparaten angehört und meist in mehr oder minder verantwortlichen Funktionen – während die über 2.200 HJ- und BDM-Funktionäre und -Mitglieder in ihrer großen Mehrheit im Westen bereits Ende 1946 entlassen worden wären. Derzeit erscheint es wahrscheinlich, daß zu dieser Zeit eine grobe Größenordnung von um die viertausend Belastete und Hauptschuldige im Sinne der alliierten Entnazifizierungskriterien in Sachsenhausen einsaßen.

Belasteten den geringsten Verurteiltenanteil aufweisen. Wir werden noch sehen, daß diese in ihrer Mehrheit aber gar nicht deshalb abgeurteilt worden waren.

Wir urteilen hier vom Ergebnis her, und dieses Ergebnis darf in den hier herausgearbeiteten groben Konturen als zuverlässig und repräsentativ für Sachsenhausen 1949 betrachtet werden. Damit ist noch nichts über Absichten gesagt, und der Umstand, daß auch in den Westzonen die Entnazifizierungsgerichte oft die größeren Fälle wegen der Schwierigkeit der Ermittlungen (und nicht aus Sympathie mit den Hauptbelasteten) bis zu deren Amnestierung im Kalten Krieg vor sich herschoben, sollte vor vorschnellen Urteilen warnen. Zwei Vermutungen drängen sich aber auf: erstens gab es in der sowjetischen Rechts- und Sicherheitspraxis keinen großen Unterschied, ob ein Verdächtiger durch Verfügung der Sicherheitsorgane oder durch ein Gerichtsurteil ins Lager kam. Insofern waren die Internierten, die mehr oder minder einer NS-Belastung verdächtig waren und insofern als Bedrohung der Besatzungsmacht und der aufzubauenden "antifaschistisch-demokratischen" Verhältnisse in der SBZ in Frage kamen, schon nach globalen Anweisungen aus der Gesellschaft ausgesondert, so daß die Gerichte keinen großen Drang mehr verspürten, um der bloßen Veränderung der Rechtsqualität willen sich mit diesen Fällen zu beschäftigen. Zweitens daß es im Rahmen dieser Arbeitsteilung zwischen Sicherheitsdiensten und Gerichten den SMT[32] in der Hauptsache um aktuelle Gefahrenabwehr für die Besatzungsmacht und ihre Ziele (zur Hälfte gegen Heranwachsende) ging und nicht um die Wiederherstellung des Rechts nach dem Dritten Reich durch die Verurteilung von Schuldigen und die Entlastung von Unschuldigen.

Wie sehen nun die Vergleichsdaten für jene 427 Häftlinge aus allen Lagern aus, an denen die Sowjets so großes Interesse hatten, daß sie sich bei der Auflösung der Lager nicht von ihnen trennen wollten? Die Grundstruktur ist dieselbe, so daß wir uns hier auf kurze Angaben beschränken können, aber die Häufungen unterscheiden sich doch z. T. erheblich, wie ja auch die Verurteilten, wie erinnerlich, in dieser Gruppe nur ein Drittel ausmachten. Wir haben es hier mit einer sowjetischen Auslese der Internierten zu tun. Wir geben wieder die absoluten Gesamtziffern und setzen diejenigen unter ihnen mit SMT-Urteil in Klammern. Hier sind die 150 Parteilosen (86) nur etwas mehr als ein Drittel der Häftlinge und fast die Hälfte unter ihnen sind Internierte.[33] Unter den Nachkriegsparteien sind Mitglieder der SED mit 28 (28) und der KPD mit 4 (2) etwas geringer vertreten, dafür die anderen etwas stärker: 9 Fälle haben hier sozialdemokratischen Hintergrund (9) und 10 waren LDPD-Mitglieder (10), wozu noch ein ähnlicher Wert für die CDU zu vermuten ist. Während diese Nachkriegs-Engagierten fast durchweg verurteilt wurden, erstaunt uns jetzt schon nicht mehr, daß von den 176 NSDAP-Mitgliedern (26) sechs Siebtel Internierte sind und nur ein ganz geringer Teil verurteilt wurde und daß umgekehrt bei den mit 60 Fällen wiederum im Verhältnis sehr zahlreichen HJ- und BDM-Funktionären (47) der Anteil der Verurteilten hoch ist. Auffallend ist hier jedoch der hohe Verurteilungsgrad von 80 Wehrmachtsangehörigen (71) und die hohe Anzahl und der niedrige SMT-Anteil der Angehörigen des Sicherheitsapparats (77) Gestapo (1), 21 Abwehr (4), 17 SD (0), 2 RSHA (0)) und der paramilitärischen Ver-

---

32 Vgl. den Artikel von Peter Erler über die SMT in diesem Band.
33 Der Grund hierfür ist uns unklar. Erler vermutet in seinem erwähnten Artikel, daß die Sowjets aus Vertuschungsgründen die Mitglieder der Beerdigungskommandos aus den Lagern mit in die UdSSR nehmen wollten. Das könnte zwar diese Abweichung erklären, indessen kennen wir keine Belege für diese Vermutung.

bände (13 SS (immerhin 8), 9 SA (0), zuzüglich eines nichtverurteilten Werwolf-Verdächtigen).

Insgesamt bestätigen sich also auch für diese Gruppe der zu Deportierenden unsere am Sachsenhausener Beispiel gewonnenen Hypothesen. Es fällt aber auf, daß in dieser stärker von Internierten geprägten Gruppe der Grad der NS-Belastung deutlich höher ist, sich fast bei der Hälfte dieser Häftlinge auf die Bereiche Sicherheit-Terror-Militär des Dritten Reiches bezieht und dort wiederum einen Schwerpunkt bei Funktionen und Verbrechen gegenüber Sowjetbürgern (in den besetzten Ostgebieten sowie gegen Ostarbeiter im Reich) während des Krieges hat. Auch hier bestätigt sich wieder die Vermutung einer Arbeitsteilung zwischen den sowjetischen Sicherheitsdiensten und Militärgerichten: während die NKVD-Offiziere ihre deutschen Kollegen summarisch verhaften konnten und sich dann nur im Ausnahmefall noch ein Gericht um sie kümmerte, suchten die SMT aus der sehr viel größeren Masse der Wehrmachtsangehörigen diejenigen heraus, gegen die Anschuldigungen wegen verbrecherischen Verhaltens gegen Sowjetbürger oder auf dem Boden der Sowjetunion vorlagen.

Am Ende dieses Kapitels sollten wir noch einmal betonen, daß ein statistisch valider Rückschluß aus den hier vorgelegten Daten der sowjetischen Ermittlungen gegen die Sachsenhausener Inhaftierten und gegen die zu Deportierenden von 1949 auf das politische Profil der Speziallagerhäftlinge insgesamt auch dann nicht möglich ist, wenn man die Unsicherheiten und Verdrehungen dieser Ermittlungen besonders im Bereich der SMT-Verurteilten außer acht ließe. Da die ganz andere, überwiegend nicht NS-belastete Gruppe der Verurteilten erst seit 1946 ins Lager kam und nur ein Zehntel der in ein Speziallager Eingelieferten ausmachte, da die 1948 Entlassenen überwiegend kleine Nazi-Funktionäre gewesen waren und unter dem Drittel der während der Haft Verstorbenen besonders viele Ältere und Internierte waren, kann aber davon ausgegangen werden, daß der Anteil der NS-Belasteten unter den Internierten des ersten Nachkriegsjahres weit höher war als in unseren Erhebungen anhand der Kompromatlisten von 1949, aber die durchschnittliche Belastung geringer.

SMT-Urteile – ein Beitrag zur Kriminalstatistik der SBZ

Während unsere Untersuchungen also nur wenig Neues zum politischen Profil der Internierten – außer vielleicht ihre Konkretisierung für diese späte Phase und für Sachsenhausen – beitragen können, lassen sie das der SMT-Verurteilten in etlichen Aspekten zum ersten Mal in empirischer Weise deutlicher erkennen. Dabei belegen die Daten der Sowjets vielfach die Vorwürfe ihrer Gegner: die Lagerhaft der SMT-Verurteilten ist durchaus mit dem GULAG – allerdings weniger mit den Konzentrationslagern des Dritten Reiches[34] – zu vergleichen.

---

34 Lit. zum Vergleich siehe in dem Beitrag von Lutz Niethammer zu den alliierten Internierungslagern in diesem Band. Auffallende Unterschiede sind vor allem, daß die SMT-Verurteilten im Verhältnis zur Bevölkerung eine sehr viel kleinere Gruppe war als die der KZ-Häftlinge, daß es sich um eine Strafhaft aufgrund eines militärischen Gerichtsurteils handelt, daß die physische Gewalteinwirkung auf die Häftlinge und ihre Entmenschlichung weder der offizielle Zweck der Lagerhaft noch deren überwie-

Während wir mit unseren qualitativen Untersuchungen zu den "Kompromaten" noch nicht soweit sind, um darüber derzeit vertretbare Auskünfte zu geben, können wir bereits einige statistische Einblicke in die Urteilspraxis der SMT vermitteln. Zunächst einige Beobachtungen zum Verhältnis zwischen Urteilszeitpunkt und Strafzumessung.

683 unserer Datensätze sind mit der Eintragung "Urteil ja" korreliert, davon ca. 500 aus der Sachsenhausener repräsentativen Stichprobe; die Totalerhebung der an die sowjetischen Organe zu Übergebenden betrifft vorrangig Bautzen (166 von insgesamt 180 Datensätzen). Was besagt zunächst die Häufungsverteilung der Urteilsdaten nach Jahren? Das Gros der Urteile wurde in Sachsenhausen bereits 1946 und 1947 gesprochen (zusammen ca. 70 % aller Urteilsdaten) – mit einem kleinen Zuwachs in 1947. 1948 halbieren sich die Werte und 1949 sinken sie unter ein Viertel gegenüber dem Spitzenjahr 1947 (S-S). Bei den zu Deportierenden ergibt sich ein gänzlich anderes Bild: Die Jahre 1945 und 1946 sind fast frei von Urteilen (zusammen weniger als 5 %), 1947 gibt es ca. 25, 1948 über 50 und 1949 über 90 Urteile, d. h., diejenigen, die an die sowjetischen Organe überstellt werden sollten, haben ihr Urteil mehrheitlich in 1949 und zu über drei Viertel in den beiden Jahren 1948 und 1949 bekommen.

Der Anteil der besonders hohen Strafmaße (das sind hier 25 Jahre und lebenslänglich) ist in S-S niedrig (ca. 5 %), in T-T dagegen sehr hoch (ca. 95 %). Zum einen schlägt sich darin die Regelung nieder, daß diejenigen mit einer Strafe über 15 Jahren in Bautzen sitzen sollten, die anderen in Sachsenhausen. Es gibt aber dennoch auch diese langen Strafmaße in Sachsenhausen, wenn auch nur im Umfang von 5 %. Interessant ist hier die zeitliche Verteilung: als das Gros der Urteile der in Sachsenhausen einsitzenden SMTler gesprochen wurde – 1946 und 1947 – liegt dieser Anteil jeweils unter 1 %; 1948 klettert er auf über 10 % und 1949 auf ca. 25 % – jedenfalls im Trend sehr stark.[35] Die entsprechenden Werte für T-T, die von ca. 25 Urteilen zu 25jähriger oder lebenslanger Haft in 1947 auf ca. 50 in 1948 und ca. 90 in 1949 klettern und damit mit ganz wenigen Ausnahmen den Urteilsdaten folgen, verstärken dieses Bild, daß die SMT mit der Zunahme des Kalten Krieges vermehrt sehr hohe Strafen aussprachen.

In der Sachsenhausener Stichprobe tritt dreimal, für Bautzen (das T-T dominiert) sechsmal das Urteil "lebenslänglich" auf. Das früheste Urteilsdatum ist der 13.2.1948. In allen diesen Fällen wird allerdings auf das Kontrollratsgesetz Nr. 10 gegen NS- und Kriegsverbrecher vom 20.12.1945 Bezug genommen – was in den Urteilen insgesamt nur selten vorkommt; in 3 dieser Fälle treten andere Urteilsgründe hinzu. Der Verbleib hing in diesen Fällen nicht vom Urteilsinhalt ab: Die Sachsenhausener wurden den DDR-Organen, die

---

gende Praxis war, daß keine Massenvernichtungen bezweckt wurden und daß die Überlebenschance höher war, übrigens auch im Vergleich mit den Internierten des ersten Nachkriegsjahrs in der SBZ. Ein größerer Teil der SMT-Verurteilten – vielleicht sogar insgesamt die Mehrheit, wenn auch nicht in Sachsenhausen – kam erst ins Speziallager nach der Hungerkatastrophe vom Winter 1946/47, als sich die Lagerbedingungen langsam zu bessern begannen.

35 Wir bewegen uns bei der weiteren Aufgliederung von 25 Fällen allerdings wieder im Bereich der Fehlerspannen von S-S, aber der Anstieg um das 10 bzw. 25fache (und im Falle von T-T gibt es keine Fehlerspanne) ist auffallend.

Bautzener den sowjetischen übergeben. Fünf dieser neun Urteile betreffen Tötungsdelikte, teilweise in der Form von Massenvernichtung.[36]

Das Tableau der sowjetischen Strafmaße enthält nach der Abschaffung der Todesstrafe 1947 (sie wurde 1950 wieder eingeführt) 14 Differenzierungen, die für glatte Jahreszahlen bzw. für lebenslänglich stehen; in Wirklichkeit beherrschen aber mit völliger Eintönigkeit zwei Strafmaße die Szene: 68 % der Sachsenhausener SMTler sind zu 10 Jahren verurteilt worden. Von ihnen wurde – bis auf 2 Ausnahmen – niemand an die sowjetischen Organe überstellt. In 94 % der Fälle der T-T erhielten Bautzener hingegen das Strafmaß 25 Jahre. In Sachsenhausen ist dieses Strafmaß mit 5 % vertreten, und die Betroffenen wurden zu 4/5 der Fälle an die DDR, der Rest an sowjetische Organe übergeben. Kein anderes Strafmaß erreicht auch nur einen Anteil von 10 %: 41 Urteile mit einem Strafmaß von 15 Jahren in S-S (8 %) führen in keinem Falle zur Übergabe an die Sowjets. 8 Jahre Haft wurden dreißigmal zuerkannt (6 %), und nur der eine Häftling mit diesem Strafmaß, der in Bautzen saß, wurde an sowjetische Organe übergeben. 7 Jahre Haft tritt in S-S zwanzigmal auf (4 %) – zum letzten Mal mit Urteilsdatum des 2.9.1947. Alle weiteren Strafmaße rangieren deutlich darunter oder sogar unter 1 %.

Dieses Bild einer groben, eintönigen und im Zuge der Besatzungszeit sich verhärtenden Aburteilungspraxis wird bestätigt, wenn wir uns den Urteilsgründen zuwenden. In einem Teil der Fälle gibt es mehr als einen Straftatbestand, auf den Bezug genommen wird: Die SMT-Urteile der Sachsenhausener sind wesentlich undifferenzierter (S-S: 550 Gründe auf ca. 500 Urteile oder im Durchschnitt 1,1 Gründe je Urteil) als die der zu Deportierenden (T-T: 305 auf 166 oder 1,8). Bei der Auszählung können zwar einige Dutzend Urteilsgründe nachgewiesen werden; aber die meisten kommen nur in deutlich weniger als 3 % der Fälle vor und werden im weiteren vernachlässigt.[37]

Bei den Verurteilungsgründen ist die Berufung auf das Strafgesetzbuch der Russischen Föderativen Sowjetrepublik, so wie es im wesentlichen 1926 Gestalt angenommen hatte, Standard.[38] Es geht hier ganz um den aus der innersowjetischen Einweisungspraxis in den GULAG berüchtigten § 58, der sich mit politischen Straftaten beschäftigt. Seine einzelnen Absätze sind Musterbeispiele tschekistischer Gummiparagraphen.

---

36 Z. B.: "Von November 1941 bis Juni 1944 war er Vize-Gebietskommissar in Weißrußland, Kreis Sluzkij, zuständig für deutsche Polizei, Gefängnisse, Gerichte. In seiner Amtszeit wurden auf seine Weisung und mit seiner Teilnahme 8000 Juden im Getto verbrannt."
37 Nächsthäufige Gründe unter 3 % in S-S (Fallzahlen der Stichprobe): Sprengstoffattentate (16), Unterlassene Anzeige von Spionage (9), Hilfeleistung für die internationale Bourgeoisie (6), Bewaffneter Widerstand gegen die Besatzungsmacht (6), Hehlerei (5), Ukas 43 (4) usw.
38 S. die Übersetzung von Gallas 1953 und Fricke 1979.

Tabelle 4
Urteilsgründe der SMT-Verurteilten in Sachsenhausen (S-S) und der zu deportierenden Speziallagerhäftlinge insgesamt (T-T) 1949
(Quelle Kompromatlisten)

	Sachsenhausen S-S		Deportierte T-T	
	abs.	%	abs.	%
SMT-Urteile	503		166	
Urteilsgründe insgesamt	550	100	305	100
davon (Auswahl):				
§58 Strafgesetzbuch der RSFSR von 1926				
- 2 Bewaffneter Aufstand o. Eindringen ... in das Sowjetgebiet	143	26	30	10
- 6 Konterrevolutionärer Umsturz	36	7	109	35
- 8 Terrorakte gegen Vertreter der Sowjetunion	23	4	14	5
-10 Antisowjtische Agitation Propaganda	32	6	26	9
-11 Illegale organisierte Tätigkeit	27	5	65	20
-14 Konterrev. Sabotage (oft i.V. mit illeg. Waffenbesitz)	148	27	3	1
Anderes sowjetisches Recht:				
Diebstahl staatl. u. gesellschaftl. Eigentums	32	6	1	0
Illegaler Übertritt der Demarkationslinie	23	4	5	2
Summe sowjetisches Recht		**85**		**80**
Alliiertes Recht				
Kontrollrats-Ges. Nr. 10 gegen NS- u. Kriegsverbrecher	20	4	11	4
andere alliierte Vorschrift	8	2	1	0
Summe alliiertes Recht		**5**[39]		**4**
Summe der ausgewählten Urteilsgründe		90		86

Bei den in den Augen der Auswahlkommission offenbar schwerstbelasteten, in die Sowjetunion zu deportierenden Verurteilten gibt es zwei dominierende Gründe, die für mehr als die Hälfte der Urteile maßgebend waren, vor allem "konterrevolutionärer Umsturz"[40] und "Illegale organisatorische Tätigkeit"[41] und drei weitere im Bereich um 10 %, durch die vier Fünftel der Urteile bestimmt wurden. Während die erstgenannten Gründe klar Elemente der aktuellen politischen Repression sind, ist dies zwar auch bei "antisowjetischer Agitation und Propaganda"[42], "Terrorakte gegen Vertreter der Sowjetunion"[43] sowie "Bewaffneter Aufstand oder Eindringen bewaffneter Banden in das Sowjetgebiet in konterrevolutionärer Absicht"[44] höchstwahrscheinlich; es kann aber beim derzeitigen Auswertungsstand noch nicht ganz ausgeschlossen werden, daß damit im Einzelfall auch Tatbestände vor 1945 geahndet werden sollten.

---

39 Prozentangaben sind gerundet, daher Summe der bei 3,5 und 1,5 % liegenden Werte niedriger.
40 Dieser Vorwurf brachte ab Oktober 1947 fast durchweg 25 Jahre Haft und praktisch keine Entlassung 1949.
41 Überwiegend 25, nie unter 10 Jahre und keine Freilassungen.
42 Hier bei den Häftlingen aus Bautzen durchweg mit 25 Jahren und Deportation geahndet; in Sachsenhausen dagegen gibt es ein breites Spektrum von Strafmaßen und keine Deportation.
43 Dieser Vorwurf wird seit Mitte 1948 durchweg mit 25 Jahren Haft geahndet (insgesamt 15 mal) und die Häftlinge werden deportiert, darunter einer aus der Sachsenhausener Stichprobe.
44 Auch hier wuchs das Strafmaß im Kalten Krieg: Alle Bautzener Häftlinge bekamen dafür ab Herbst 1948 25 Jahre und wurden deportiert; in Sachsenhausen gibt es dafür bis zu diesem Zeitpunkt allein 125 mal 10 Jahre Haft und keine Deportation.

In der Sachsenhausener Stichprobe dominieren zwei andere Gründe die Mehrheit der Urteile, von denen einer in T-T praktisch nicht vorkommt ("konterrevolutionäre Sabotage", oft verbunden mit Waffenbesitz[45]) und einer (der gerade erwähnte "Bewaffneter Aufstand oder Eindringen von bewaffneten Banden in das Sowjetgebiet in konterrevolutionärer Absicht") nur bei einem Zehntel. Und es treten drei weitere klassische politische Repressions-Vorwürfe im Bereich zwischen 5 und 10 % auf, von denen zwei in T-T die Masse der Urteile begründeten. Nur in Sachsenhausen hatten auch zeitgenössische Standardvorwürfe – wie Diebstahl von sowjetischem Eigentum oder unerlaubtes Überschreiten der Zonengrenze[46] – noch ein erkennbares, wenn auch marginales Gewicht. Durch diese Gründe zusammengenommen wurden 90 % der Urteile motiviert.

Mit Blick auf den Vergleich zu den Internierten unter den Speziallagerhäftlingen ist die Frage besonders interessant, wie es mit Bezugnahmen auf alliierte Vorgaben zur Entnazifizierung bzw. zur Verfolgung von NS- und Kriegsverbrechen aussieht. Kontrollratsdirektive Nr. 38 und das sich darauf gründende Gesetz 201 der SMAD kommen in keinem Urteil vor. In S-S beziehen sich aber 20 und in T-T 11 Urteile (beides entspricht einem Anteil von ca. 3,5 %) auf das Kontrollratsgesetz Nr. 10 vom 20.12.1945. Derartige Urteilssprüche beginnen in beiden Erhebungen im Herbst 1947. In der Stichprobe gibt es noch weitere 8 Bezugnahmen auf andere alliierte Vorgaben und zwar zu einem auffallend späten Zeitpunkt: diesbezüglich gibt es kein Urteil vor dem 15.10.1948 in der Erhebung! Zusammenfassend bleibt festzuhalten, daß Bezugnahmen auf alliiertes Entnazifizierungsrecht nur die Rolle einer absoluten Randexistenz in der Rechtspflege der SMT (5 % und weniger) spielen und daß diese Art der Urteilsbegründung ihnen erstaunlich spät eingefallen ist.

Politische Kriminologie und Typologie

Insgesamt sind zu unserer Überraschung die ersten Ergebnisse unserer Untersuchungen der Urteilspraxis der SMT, soweit sie sich in den Kompromatlisten niederschlug, noch extremer ausgefallen als in einer Pionieruntersuchung über die 1953 noch in Torgau verbliebenen SMT-Verurteilten.[47] Nach unseren Untersuchungen ist der Anteil der Verfolgung von NS- und Kriegsverbrechen durch die SMT noch geringer und – obwohl im Einzelnen anscheinend durchaus einige schwere Fälle abgeurteilt wurden – in Wahrheit verschwindend gering. Ihre Urteilspraxis, soweit sie hier in unseren Blick geriet, war fast ausschließlich an der politischen Gerichtsbarkeit der Sowjetunion gegen politische Oppositionelle, Unangepaßte, Rebellen und Rabauken gegen die bürokratische Herrschaft orientiert und übertrug dieses Vorbild auf die Verhältnisse im sowjetischen Besatzungsgebiet in Deutschland. Über die Hälfte der von ihnen Repressierten waren Jugendliche und junge Erwachsene. Auch der

---

45 In Sachsenhausen schwankt der Tarif zwischen 7 und 10 Jahren und 1949 wurden diese Häftlinge meist freigelassen. In Bautzen dagegen saßen 2 mit einem Strafmaß von 25 Jahren und ein Demontageverhinderer mit 8 Jahren, die alle deportiert wurden.

46 Solche Vorwürfe brachten für sich allein genommen drei bis fünf Jahre, traten aber häufig im Zusammenhang mit anderen politischen Straftaten und einem entsprechend höheren Strafmaß bis zu 25 Jahren auf.

47 Brigitte Oleschinski/Bert Pampel 1995, S. 456 ff.

oben ermittelte Anteil ehemaliger NSDAP-Mitglieder unter den Verurteilten von rund einem Drittel gerät vor dem Hintergrund der Urteilsgründe in eine andere Optik: Auch bei ihnen ging es überwiegend nicht um die Aufarbeitung politischer oder krimineller Verantwortung im Dritten Reich, sondern um die Verfolgung – in diesem Fall nationalsozialistisch motivierter – Resistenzpotentiale in der SBZ. Oder um es noch mit einem weiteren Skandal aus unseren Daten auszudrücken: Die SMT verurteilten mehr unbotmäßige Genossen Piecks und Grotewohls als willfährige Vollstrecker Hitlers.

Unter denjenigen SMT-Verurteilten, die 1949 sicherheitshalber deportiert werden sollten, ist der minimale Anteil an NS-Verbrechern und -Belasteten nicht größer als unter den an die DDR-Behörden übergebenen Verurteilten und zweifellos wesentlich kleiner als der substantielle Anteil an NS-Belasteten unter den Nicht-Verurteilten, die nach Waldheim zur Aburteilung überstellt wurden – viele von diesen letzteren hätten ein hartes Urteil und alle einen fairen Prozeß verdient gehabt; aber die Waldheimer Justiz war bei ihrem sowjetischen Vorbild in die Schule gegangen. Vielmehr zeichnet sich die Gruppe der zu deportierenden SMTler nur dadurch aus, daß ihr zuvor ein besonders hohes Strafmaß aufgebrummt worden war und daß sie in ihrer großen Mehrheit in Bautzen einsaß. Das klingt angesichts der Regelung, daß Häftlinge mit hohen Strafmaßen zuvor nach Bautzen zu verbringen waren, wie eine Tautologie. Aber erstens ist auch diese Anordnung im juristischen Verwaltungschaos der Lager nur teilweise befolgt worden und zweitens sind wir nach unseren Untersuchungen vorsichtig geworden: Es könnte zumindest teilweise auch an denen gelegen haben, welche die Bautzener Häftlinge für die Kompromatlisten aufbereitet haben. Insgesamt tragen diese Listen dazu bei, die Kriminologie der SMT-Verurteilten in eine politische Kriminologie der SMT selbst zu verwandeln. Bis diese auf empirischer Grundlage geschrieben werden kann, sind aber noch viele Untersuchungen und vor allem weit mehr Primärquellen nötig.

Als Hauptergebnis unserer Untersuchungen, das auch heute schon stichhaltig ist, betrachten wir das empirisch gesättigte Bild zweier gegensätzlicher Typen von Speziallagerhäftlingen. Unbeschadet mancher Überschneidungen und viel Willkür im Einzelfall können sie als "Idealtypen" im Sinne Max Webers die historische Orientierung fördern. Damit soll auch ein Gegengewicht zu falschen Konkretisierungen der öffentlichen Diskussion über die Speziallagerhäftlinge in der SBZ entstehen, als ob es für diese besonders bezeichnend wäre, daß es unter ihnen auch den einen oder anderen frühen Häftling oder auch SS-Funktionär aus den nationalsozialistischen KZ gab, oder als ob hier tausende repressierter Sozialdemokraten eingesessen hätten. Von den letzteren gab es hunderte und sie waren meist zwischenzeitlich SED-Mitglieder geworden. Und in verschwindenden Zahlen hat es auch KZ-Häftlinge (oder marginal zahlreicher KZ-Aufsichtspersonal, das zum größten teil als Kriegsgefangene deportiert worden war) in den Speziallagern gegeben. Aber all dies ist nicht charakteristisch für die beiden Grundtypen der Häftlinge, die in sehr ungleichen Personenzahlen das Bild prägen.

Um den einen Typ gravitiert die Masse der Internierten des ersten Nachkriegsjahrs und das sind jedenfalls über vier Fünftel aller, die jemals in den Speziallagern in der SBZ gesessen haben. Unbeschadet etlicher fälschlich oder willkürlich Verhafteter und mit der Ausnahme einer erheblichen Anzahl meist kleiner Funktionäre der NS-Jugendorganisationen ist er im Kaiserreich geboren (mit einem Schwerpunkt der Geburtsjahrgänge um die Jahrhundertwende), war Mitglied und überwiegend kleinerer Funktionär der NSDAP (und/oder zu einem geringeren, aber beachtlichen Teil im Bereich der Sicherheits- und Terrorapparate des Dritten Reiches tätig). Nur im Ausnahmefall gehören zu diesem Typ Angehörige der gesellschaftlichen Eliten, die sich nicht durch politische Mitgliedschaften dem NS verbunden hatten, aber unter den Faschismusbegriff der Komintern gefallen wären oder zum Zwecke der Sozialisierung ausgeschaltet werden sollten – am ehesten trifft dies noch auf Angehörige der öffentlichen Verwaltung zu. Andererseits ist auffallend, daß die Terrorelite des Dritten Reiches – die SS-Führerschaft – deutlich unterrepräsentiert ist und das Aufsichtspersonal der Konzentrationslager fast völlig fehlt.

Der hier skizzierte Typ der Internierten blieb trotz ihrer Verminderung durch das Massensterben vor allem 1947 und trotz der Entlassungen der Block- und Zellenleiter der NSDAP 1948 bis zum Ende der Lager für das sog. SpezKontingent beherrschend. Da nach der Konzentration der Lager 1948 aber Internierte in Sachsenhausen und Bautzen nur noch eine kleine Minderheit stellten, ist dieser Typ – im Gegensatz zu Buchenwald – eine Sondergruppe in diesen beiden Lagern zum Zeitpunkt ihrer Auflösung.

Hier ist nun der Typ des SMT-Verurteilten beherrschend geworden, den es 1945 noch kaum gab, der aber mit der Zunahme des Kalten Krieges zahlreicher wurde, insgesamt etwas mehr als ein Zehntel der Speziallagerhäftlinge repräsentiert und zum Zeitpunkt der Lagerauflösung in Sachsenhausen und Bautzen die große Mehrheit der Häftlinge stellt. Er ist überwiegend jung (mit einem Schwerpunkt der Geburtsjahrgänge in der Weimarer Republik), nicht durch verantwortliche Funktionen im Dritten Reich belastet, war meist parteipolitisch nie gebunden und wenn, dann ist die Chance, daß er nach links tendierte, wohl nicht kleiner als diejenige, die ihn nach rechts führte. Die Gründe seiner Haft liegen fast durchgängig nicht vor, sondern nach 1945 und bestehen in Konflikten mit der Besatzungsmacht und ihren Zielen. Sie reichen von trivialen Jugenddelikten im Protest gegen die Soldaten und Einrichtungen der Besatzungsmacht über politische Unbotmäßigkeit und Zusammenarbeit mit westlichen politischen Gruppen und Geheimdiensten bis zu Versuchen eines bewaffneten Kampfes oder seiner Vorbereitung. Diese Konflikte beginnen 1946 und nehmen dann kontinuierlich zu, obwohl die Besatzungsmacht seit der Höhe des Kalten Krieges und der zunehmenden Sowjetisierung der Ordnung in ihrer Zone 1948 zu immer brutalerer Repression durch die Verhängung immer längerer Haftstrafen nach dem Vorbild der GULAG-Einweisungen in der Sowjetunion greift. Wenn sie in denen, die sie zu den höchsten Strafen verurteilte und dann deportierte, die "aktivsten Kämpfer gegen die Sowjetunion" sah, so mag dabei auch vieles ihren eigenen Ängsten und Projektionen geschuldet sein und das Kafkaeske ihrer eigenen politischen Gerichtsbarkeit übersehen, aber so ganz Unrecht hatte sie damit nicht.

Seitdem die Kompromat-Listen über die letzten Speziallagerhäftlinge in der SBZ aufgefunden wurden und ausgewertet werden können, gewinnen wir eine bessere, derzeit noch unzureichende Anschauung von der Arbeitsteilung zwischen Sicherheitsdiensten und Militärgerichten in der sowjetischen Besatzungspolitik. Dabei muß manches Vorurteil überprüft werden, denn unsere ersten Auswertungen bringen in den Blick, daß der NKVD in größerem Umfang, als bisher angenommen, tatsächlich in erheblichem Umfang Nazis – wenn auch angesichts der unverantwortlichen Lagerverhältnisse mit ihrem hohen Todesrisiko erschreckenderweise überwiegend kleine Funktionsträger – interniert hat, während die Militärgerichte im wesentlichen Gefahrenabwehr für die Besatzungsmacht und stereotype politische Repression nach dem Vorbild der innersowjetischen GULAG-Praxis betrieben haben. Deren antifaschistisches Verdienst tendiert gegen Null. Die Mehrheit ihrer Opfer waren Jugendliche und junge Erwachsene, denen sie nicht aus ihrer Prägung im Dritten Reich heraushalfen, sondern die sie im Zuge der Zuspitzung des Kalten Krieges mit immer drakonischeren Haftstrafen ausgrenzten. Gerade weil jetzt deutlicher wird, daß sie auch Nazis, soweit sie sie verurteilt haben, nicht primär wegen der Verbrechen des Dritten Reiches, sondern eher als ein beachtliches Resistenzpotential in der SBZ aburteilten, ergeben sich daraus interessante neue Untersuchungsfelder für die politische Sozialgeschichte Nachkriegsdeutschlands. Insofern erweisen sich die Kompromat-Listen, solange die Personalunterlagen der sowjetischen Geheimdienste und Justizbehörden noch immer nicht für die Forschung geöffnet sind, als eine wichtige Quelle. Freilich entlastet ihr "Kompromat" die überwältigende Mehrheit der SMT-Verurteilten und verwandelt sich in weiteres kompromittierendes Material für die sowjetische Rechtspraxis.

WILFRIEDE OTTO

Die Waldheimer Prozesse

Vorbemerkung

Aus der Auflösung der sowjetischen Speziallager ergab sich für mehr als 3.000 Menschen ein unerwartetes Schicksal.

> Die meisten von uns waren davon überzeugt, über eine wirkliche Rechtsbehandlung in die Freiheit zu kommen ... Wir wußten damals nichts über den Brief Piecks, des Präsidenten der sogenannten 'DDR', den er am 19. September 1949 an Stalin geschrieben hatte, mit der 'Zweckmäßigkeits-Bitte', die 'Straflager' im sowjetischen Teil Deutschlands aufzulösen. Auch der Brief Tschuikows[1] an Ulbricht, den stellvertretenden Vorsitzenden des Ministerrates der sogenannten 'DDR' und Generalsekretär der SED, war uns nicht bekannt ... Irgendwann hielt der Zug. Jetzt endlich wurden die Schiebetüren der Viehwagen aufgeschoben und wir von den die Waggons öffnenden Uniformierten mit scharfen Befehlen aufgefordert, die Wagen zu verlassen. Unbeholfen kletterten wir hinaus und erkannten, daß wir uns auf dem äußeren, unbedachten Teil eines Bahnhofs befanden ... 'Waldheim, wir sind in Waldheim!' ... Unser LKW fuhr in das Tor eines Gebäudes. Als er hielt, stiegen wir aus und marschierten mit unserem Gepäck durch ein angrenzendes, kleineres Tor. Das erste, was mir auffiel, war ein großer alter Lindenbaum ... Hinter dem Baum, fast an die Innenmauer gelehnt, erkannte ich eine Kapelle, schon mehr einer kleinen Kirche ähnelnd.[2]

So erinnert sich Helmut Klemke aus Menden, der im Oktober 1945 im Alter von 23 Jahren interniert wurde.[3] Wie er dachten damals viele Frauen und Männer, die zumeist vier Jahre sowjetisches Speziallager hinter sich hatten und Anfang Februar 1950, also nach Gründung der DDR, in die Strafanstalt in Waldheim in Sachsen überführt wurden.

Während in der Bundesrepublik Berichte und Erinnerungen über die Prozesse in Waldheim seit den fünfziger Jahren in Zeitungen und Zeitschriften ihren Niederschlag fanden,[4] blieb dieses Thema in der DDR nach einer offiziellen, verfälschenden Stellungnahme in der

---

1 Armeegeneral Vasili I. Čujkov, Vorsitzender der sowjetischen Kontrollkommission (SKK).
2 Klemke 1995, S. 284, 285, 288. – Ulbricht war damals noch nicht Generalsekretär.
3 Helmut Klemke gehörte kurz vor Kriegsende dem Marine-Panzerjagdkommando an und geriet in englische Gefangenschaft. Nach seiner Entlassung kehrte er im August 1945 über Hildesheim in seine Heimatstadt Frankfurt/Oder zurück. Seine Festnahme erfolgte aufgrund der Anschuldigung, vorgeschickter Agent und Werwolf zu sein.
4 Als umfangreiche Erinnerung sei besonders Bechler/Stalmann 1978 erwähnt.

Zeitschrift "Neue Justiz" 1950[5] ein Tabu. Politisches Dogma und versperrter Zugriff auf die Originalquellen verhinderten die Erforschung und Darstellung eines komplizierten, mit menschlichem Leid und historisch-politischen Altlasten verknüpften Problems. Die Atmosphäre des Kalten Krieges zerrte an der Thematik. Publikationen in der Bundesrepublik wie die Denkschrift des "Untersuchungsausschusses Freiheitlicher Juristen" von 1952, das Bundesnachrichtenblatt des "Waldheimer Kameradschaftskreises", die überblicksartige Darstellung von Gerhard Finn "Die politischen Häftlinge der Sowjetzone 1945-1959" und besonders das Sachbuch von Karl Wilhelm Fricke "Politik und Justiz in der DDR"[6], um nur einige Beispiele herauszugreifen, versuchten, Historisches, juristische Dokumentation und autobiographische Berichte analytisch zusammenzuführen.

In der DDR blieb im wesentlichen die Einschätzung als ordnungsgemäße Nazi- und Kriegsverbrecherprozesse präsent, wie sie in der schon erwähnten Stellungnahme in der Zeitschrift "Neue Justiz" veröffentlicht und in der Publikation "Zur Geschichte der Rechtspflege der DDR 1949-1961"[7] bekräftigt wurde. Erst mit dem Umbruch 1989 und der Öffnung der Archive konnte die Forschung auf der Grundlage authentischer Quellen vorangetrieben werden und eine deutsch-deutsche Sachdebatte beginnen, die sich in den Zeitschriften "Deutschland Archiv" und insbesondere "Neue Justiz" festmachte.[8] Sachliteratur und Erinnerungen warteten mit neuen Tatsachen, Zusammenhängen und Hintergründen auf.[9]

Die zugänglich gewordenen Dokumente aus dem Archivzentrum der Russischen Föderation brachten in einigen Fragen sicherere Aufschlüsse. Sie bestätigen, was aus deutschen Archivalien bisher nur vermutet werden konnte, daß die Auflösung der Lager – einerseits – bereits unmittelbar nach der Gründung der DDR intern vorbereitet und – andererseits – die Entscheidung darüber auf höchster politischer Ebene in der Sowjetunion wochenlang erörtert wurde. Vor allem belegen sie eine bisher bezweifelte Tatsache, daß von sowjetischer Seite über die Internierten ein Bestand an Akten angelegt worden war. Was bis vor kurzem nur durch den – eigentlich weniger verbindlichen – Briefwechsel zwischen Čuikov und Ulbricht vom Januar 1950 nachvollziehbar war, ist verifizierbar: Es war eindeutig vorgegeben, eine Gruppe von Internierten durch deutsche Organe zu verurteilen.[10]

Die Autorin überprüfte u. a. Sachverhalte zu 325 Personen, darunter 72 nach Original-Verfahrensakten von Waldheim. Das ließ sie zu dem Schluß kommen, daß der Geschichtsschreibung nach wie vor für die Aufklärung über den damaligen Personenkreis, für die weitere Erschließung von Hintergründen und Wirkungen wie auch für die Dokumentation der Waldheimer Prozesse Verantwortung obliegt.

---

5   Vgl. Heinze 1950, S. 250. – Dieser Beitrag spiegelte die vom Sekretariat des ZK der SED am 31. Juli 1950 verabschiedete Erklärung zur Einschätzung der Verfahren in Waldheim wider.
6   Vgl. z. B. Die Waldheimer Geheimprozesse o. J.; Göhler [Hg.] Bundesnachrichtenblatt des Waldheimer-Kameradschaftskreises 1963-1985; Finn 1989; Fricke 1979.
7   Vgl. Heinze Neue Justiz 9/1950, S. 250.; Zur Geschichte der Rechtspflege 1980 S. 278 ff.
8   Vgl. Fricke Deutschland Archiv 23/1990, S. 1156 ff.; Wieland Neue Justiz 2/1991, S. 49 ff.; Fricke in ebenda 5/1991, S. 209 ff.; Beckert in ebenda 7/1991, S. 301 f.; Otto in ebenda 8/1991 b, S. 355 ff.; dies. in ebenda 9/1991 c, S. 392 ff.; Werkentin Kritische Justiz 24/1991, S. 333 ff.
9   Vgl. z. B. Weissling [Hg.] 1991; Prieß 1991; Eisert 1993; Otto 1993; Werkentin 1995.
10 Die Autorin dankt Alexander von Plato für die frühe Einsichtnahme in die Dokumente.

Sowjetisch-deutsche Vorbereitung

Bei dem Treffen von Mitgliedern des Politbüros des Parteivorstandes der SED mit Mitgliedern des Politbüros des ZK der VKP (b) vom 16. bis 28. September 1949 in Moskau, das unmittelbar die Gründungsakte der DDR vorbereitete, schlug der Vorsitzende der SED, Wilhelm Pieck, in einem Brief vom 19. September an Stalin u. a. vor:

> Wir halten es für zweckmäßig, die bestehenden Straflager in der Ostzone aufzulösen, die von den Sowjetorganen abgeurteilten Verbrecher nach der Sowjetunion zu transportieren und die Übrigen den deutschen Organen zu übergeben.[11]

Mit dem Ansatz "die Übrigen den deutschen Organen zu übergeben", ahnte Pieck wohl nicht, welche Belastungen für den gerade zu gründenden Staat DDR heraufzogen. Während einer Besprechung im Politbüro des ZK der VKP (b) am 27. September erhielt die SED-Delegation nach Notizen Piecks offensichtlich eine vorformulierte Antwort:

> Der Auflösung der MVD-Lager in Deutschland wird insofern zugestimmt, als die Möglichkeit der Entlassung eines Teils der Gefangenen und die Übergabe der übrigen Gefangenen an die deutschen Behörden erfolgen soll. Eine Überweisung der Verurteilten in die SU ist nicht als ratsam anzusehen.[12]

Der Vorentscheid schlug sich sinngemäß in dem Beschluß des Politbüros des ZK der VKP (b) vom 28. September 1949 nieder.[13] Vasili I. Čuikov erhielt zugleich den Auftrag, innerhalb von zehn Tagen Vorschläge für die Entlassung eines Teils der Lagerinsassen sowie für die Übergabe der übrigen Gefangenen an die deutschen Organe zu unterbreiten. Die nachfolgenden Beschlüsse des Politbüros des ZK der VKP (b) wurden mit Wissen Stalins von Viktor S. Abakumov, Lavrentij P. Berija, Nikolaij A. Bulganin, Andrej A. Gromyko, Lasar M. Kaganovič, Sergej Kruglov, Georgij M. Malenkov, Vjačeslav M. Molotov, Georgi M. Puškin, einem Semenov[14] und Čujkov sowie von einer Kommission mit Vertretern des MGB, des MVD und der Staatsanwaltschaft der UdSSR zur Überprüfung der Akten der in den Speziallagern und Gefängnissen des MVD in der sowjetischen Zone inhaftierten Perso-

---

11 Stiftung Archiv der Parteien und Massenorganisationen der DDR im Bundesarchiv (im folgenden SAPMO BArch), Zentrales Parteiarchiv (im folgenden ZPA), NL 36/695, Bl. 120/21. Kursiv folgt der Hervorhebung im Original. — Zur Delegation der SED gehörten außer Pieck Otto Grotewohl als Paritätischer Vorsitzender der SED, Walter Ulbricht und Fred Oelßner als Dolmetscher.
12 Ebenda, NL 36/735, Bl. 341. Kursiv entspricht der Hervorhebung im Original. — Diese Notizen Piecks, die die sowjetischen Antworten auf alle Fragen der deutschen Delegation als Vorschläge für den Parteivorstand der SED festhalten, tragen den Vermerk "Von M.", was Molotov oder Mikojan bedeuten kann, die beide schon an der Beratung mit Mitgliedern des Politbüros des ZK der VKP (b) am 27. September teilgenommen hatten. Nach der Notiz vom 27. Oktober über den Entwurf eines Beschlusses des Politbüros des ZK der VKP (b) — Vgl. Dokument im Band 2 — ist jedoch der Bezug auf Molotov näherliegend.
13 Vgl. Dokument im Band 2.
14 Die Person Semenov ist nach dem russischen Dokument nicht eindeutig zu bestimmen. Es könnte sich aber um Generaloberst Vladimir S. Semjonov handeln, da ja auch Čujkov für die Entscheidungsfindung Verantwortung übertragen wurde. Und Semjonov war bis zur Gründung der DDR stellvertretender Berater des Chefs der Sowjetischen Militäradministration in Deutschland (SMAD) und danach erster Politischer Berater des Vorsitzenden der SKK.

nen vorbereitet.[15] Sie schlossen nun auch jene Personen ein, die vor ein deutsches Gericht gestellt werden sollten. Dem Ministerium des Innern (MdI) der DDR waren 3.432 Personen "zur Ermittlung ihrer verbrecherischen Tätigkeit und Übergabe an die Gerichte"[16] zu überstellen, wie es letztlich der Befehl des Ministers des Innern der UdSSR vom 6. Januar 1950 mit Berufung auf einen Beschluß des Ministerrates der UdSSR vom 30. Dezember 1949 anordnete.

Über den künftigen Umgang mit verurteilten und nicht verurteilten Internierten beziehungsweise über die Auflösung der Speziallager erhielt Pieck in den obligaten Spitzenzusammenkünften mit dem Vorsitzenden der SKK, Armeegeneral Čuikov, und anderen Verantwortlichen der SKK am 10. November und 24. Dezember 1949 Zwischeninformationen. Die Hauptverwaltung Deutsche Volkspolizei (HVDVP) beim MdI, in direkter Beziehung zu ihrem Partner bei der SKK, bekam von der sowjetischen Kontrollkommission den Auftrag, zur Durchführung der bevorstehenden Aktion ab 31. Oktober 1949 die neue Hauptabteilung Haftsachen aufzubauen. Kommissarischer Hauptabteilungsleiter wurde der VP-Oberrat (später VP-Inspekteur) Karl Gertich,[17] der sich in ständigem Kontakt mit dem Stellvertreter des Vorsitzenden der SKK und Leiter der Hauptabteilung für Verwaltungsangelegenheiten, General A. F. Kabanov, und Oberstleutnant Poručikov von der SKK bewegte. Auf einer Besprechung im MdI am 11. November 1949 informierte Staatssekretär Hans Warnke über Absichten der Besatzungsmacht und notwendige Vorbereitungen, wobei die vertrauliche Feststellung fiel: "Betreffs der noch nicht Abgeurteilten ist beabsichtigt, dieselben entweder in einem Lager oder in einer Strafanstalt zusammenzuziehen und dort die anhängigen Verfahren schnellstens zur Aburteilung zu bringen."[18] Gertich, der auch bei der Beratung am 11. November zugegen war, notierte bereits am 18. November 1949 ein Gespräch mit einem Ministerialdirigenten beim Ministerium der Justiz (MdJ) betreffs des Einsatzes zusätzlicher Staatsanwälte und Strafkammern. Nach der Niederschrift eines ehemaligen Oberreferenten im MdJ fand im Dezember 1949 eine Besprechung im Hause des Justizministeriums statt. Dabei sei übermittelt worden, daß die zu übergebenden Internierten "noch abzuurteilen

---

15 Vgl. Dokumente im Band 2. — Die in den Speziallagern entstandenen sowjetischen Akten enthalten sicher vor allem sowjetische Vernehmungsprotokolle in russischer Sprache, die von den Betroffenen auch unterzeichnet werden mußten, wie in Waldheim Verurteilte selbst berichteten. Hinzu kamen z. T. auch protokollierte Zeugenaussagen. Im Ergebnis der Tätigkeit der o. g. Kommission bzw. von Beauftragten der Kommission entstanden offensichtlich die berüchtigten sowjetischen Kurz-Protokollauszüge, die nach ihrer Übersetzung ins Deutsche im Januar/Februar 1950 am 14. April 1950 offiziell dem Polizeiorgan in Waldheim für die zu verurteilenden Internierten übergeben wurden. Alle anderen Akten traten, laut Quelle, den Weg nach Moskau an.
16 Vgl. Dokument im Band 2.
17 Karl Gertich, 1905 geb., Schlosser, gewerkschaftlich organisiert, 1924 SAJ, 1930 SPD, 1936 verhaftet und im Oktober 1937 wegen " eines hochverräterischen Unternehmens" vom Kammergericht Berlin zu 2 Jahren und 6 Monaten Zuchthaus verurteilt; danach in der Wehrmacht, Strafbataillon Nr. 999, 1944 bis Dezember 1946 in englischer Gefangenschaft; April 1947 SED, seit Mai 1947 bei der Deutschen Verwaltung des Innern in Berlin, Sachbearbeiter in der Abteilung "K 5" für Befehl 201, 1949 stellv. Abteilungsleiter. Im Zusammenhang mit der "Weiland-Gruppe", einem linken widerständigen Netz, wurde Gertich im Juli 1951 vom Ministerium für Staatssicherheit (MfS) verhaftet, weil er Interna seiner Arbeit an die Gruppe weitergegeben und Mitglieder vor einer Verhaftung gewarnt hatte. Im August 1952 wurde Gertich wegen Boykotthetze nach Artikel 6 der Verfassung der DDR und Kontrollratsdirektive Nr. 38 zu sieben Jahren Zuchthaus verurteilt, 1956 auf Bewährung entlassen. Anfang 1957 Flucht nach Berlin (West).
18 BArch, Bestand DDR, Ministerium des Innern (im folgenden MdI)11/HVDVP/1586, Bl. 19.

waren, bei denen aber die Ermittlungen abgeschlossen wären. Als Begründung wurde uns angegeben, daß die 'Sowjetischen Militärtribunale' die Aburteilung dieser Faschisten bis zur Gründung der DDR nicht geschafft hätten."[19]

Am 10. Januar 1950 erfuhren Pieck und Ulbricht von Vladimir S. Semjonov über die Realisierung des sowjetischen Regierungsbeschlusses[20] zur Auflösung der Speziallager und Übergabe von 3.432 Personen "für gerichtliche Verurteilung" und vereinbarten den dann am 17. Januar 1950 im "Neuen Deutschland" publizierten Briefwechsel zwischen Čujkov und Ulbricht. Čujkov formulierte in seinem Brief, daß die 3.432 Internierten übergeben werden "zur Untersuchung ihrer verbrecherischen Tätigkeit und Aburteilung durch das Gericht der Deutschen Demokratischen Republik."[21] Nach der Mitteilung über die Pressekonferenz anläßlich des Beginns der Lagerauflösung ab dem 16. Januar drückte Staatssekretär Warnke die Zuversicht aus, daß die zur Verurteilung übergebenen Personen "dem normalen deutschen Untersuchungsverfahren unterzogen"[22] würden. "Wenn sich die Beschuldigungen nicht bewahrheiten, würden sie nach Abschluß der Untersuchung entlassen, andernfalls würde vor dem zuständigen ordentlichen deutschen Gericht Anklage erhoben werden."[23]

Im Unterschied zu der offiziell genannten Zahl der zu verurteilenden Menschen (3.432) ist festzustellen, daß nach internen zeitgenössischen Dokumenten 3.442 Gefangene in die Strafanstalt Waldheim eingewiesen und davon 3.428 tagebuchmäßig erfaßt wurden, darunter 194 Frauen.[24] Von den Registrierten befanden sich 20 Frauen und 142 Männer wegen "Vergehen" nach dem 8. Mai 1945 in Haft. Die Mehrheit der ehemaligen Internierten kam aus dem Lager Buchenwald (2.369)[25] und befand sich gesundheitlich in einem unguten Zustand. Die Volkspolizei übernahm zu dieser Zeit insgesamt 33 Prozent Tbc-Kranke, darunter einen hohen Anteil schwerer Fälle. Die Strafanstalt Waldheim mit ihrem neuen Zellenhaus, zuvor erst von Justizhäftlingen geräumt, war dennoch – wie andere Strafanstalten – völlig überbelegt.[26] Angehörige der Wachmannschaften mußten zum Teil Privatquartier nehmen. Körperliche und psychische Qualen sowie erbärmliche hygienische Bedingungen, besonders für Frauen, lasteten auf den Gefangenen. 14 Häftlinge verstarben bis zum Zeitpunkt der Registrierung, 28 während der Ermittlungen und 43 während des Verlaufs der Geheimverfahren. 72 beziehungsweise 74 Häftlinge waren nicht einmal in der Lage, einen

---

19 Niederschrift von Erwin Reisler vom 3. November 1964, Berlin. Abschrift des Dokuments im Besitz der Autorin. Reisler war während der Verfahren in Waldheim als Parteisekretär eingesetzt. – Nach dem Schriftstück nahmen fünf Personen an der Besprechung teil: außer Reisler u. a. auch Karl Gertich und Paul Hentschel.
20 Vgl. Badstübner/Loth [Hg.] 1994, S. 322/23.
21 Armeegeneral Čujkov: Brief an Walter Ulbricht, Berlin, den 14. Januar 1950, in: Neues Deutschland (B), 17. Januar 1950.
22 Neues Deutschland (B), 18. Januar 1950.
23 Ebenda.
24 Hier muß angemerkt werden, daß die Ausführungen von Normen Naimark (1997, S. 497) zu diesem Problem (Überweisung von 700 zu verurteilenden Internierten nach Waldheim) unrichtig sind und nicht dem veröffentlichten neuesten Forschungsstand entsprechen.
25 Neben der Angabe aus dem offiziellen Abschlußbericht über die Auflösung der Speziallager wird für die aus Buchenwald übernommenen Gefangenen auch die Zahl 2.415 angeführt.
26 In der Strafanstalt Waldheim befanden sich am 30. Juni 1950 3.367 Männer und 200 Frauen, darunter Gefangene, die vor 1950 von einem sowjetischen Militärtribunal (SMT) verurteilt worden waren. Die Gesamtzahl der Gefangenen entsprach einer hundertprozentigen Überbelegung. Vgl. BArch, Bestand DDR, MdI/11/HVDVP/1586, Bl. 48.

Fragebogen oder Lebenslauf auszufüllen. Nach ärztlichen Gutachten wurden sie als verhandlungsunfähig eingestuft, und es wurden gegen sie nur Haftbefehl erlassen.[27]

Internierung und Verurteilung standen natürlich in einem kausalen Zusammenhang mit gemeinsam erlassenen Direktiven der Alliierten, beginnend mit der Deklaration über die Niederlage Deutschlands vom 5. Juni 1945 und ihrer Forderung "Alle deutschen Behörden und das deutsche Volk haben Anordnungen der Alliierten bedingungslos nachzukommen."[28] Und sie gehörte auch in den Kontext des Besatzungsrechts in den jeweiligen Zonen, das heute fast ausgeblendet bleibt, aber bis 1955 offiziell gültig war. Die in Waldheim vorgesehene Strafaktion ergab sich justitiell allerdings unmittelbar aus dem Befehl Nr. 201 des Obersten Chefs der SMAD vom 16. August 1947, dem Gesetzeskraft zukam,[29] und den Beschlüssen der sowjetischen Führung von 1949. Der Befehl zielte darauf, vor allem die Direktive Nr. 38 des Alliierten Kontrollrates vom 12. Oktober 1946 über die Verhaftung und Bestrafung von Kriegsverbrechern, Nationalsozialisten und Militaristen sowie möglicherweise gefährlichen Deutschen durchzusetzen, wofür er zugleich eine entsprechende Ausführungsbestimmung mitlieferte.[30] Er differenzierte nach Hauptverbrechern sowie Verbrechern der ersten und zweiten Stufe. Erfassung, Ermittlung und Vorbereitung der Anklageschrift für die jeweils Betroffenen lagen in den Händen der Polizeiorgane und waren zur Entscheidung an die jeweiligen zuständigen Organe der SMA sowie an den deutschen Staatsanwalt weitergeleitet worden. Zugleich griff der Befehl in die deutsche Tradition der Geschworenengerichte ein, bestimmte den Einsatz besonderer Strafkammern – Große und Kleine Strafkammern – als Schöffengerichte und verpflichtete die deutschen Gerichte, Urteile gemäß Direktive Nr. 38 zu fällen.[31] Grundzüge dieser Verfahrensweisen prägten auch die Vorbereitung und Durchführung der Waldheimer Prozesse. Nach dem Befehl war die Zulassung eines Verteidigers eine Kann–Bestimmung, über die das Gericht entschied. Als

---

27 Vgl. BArch, Bestand DDR, MdI/11/HVDVP/1577, Bericht vom 28. Februar 1950, Bl. 223, 226–227, 229.; ebenda, Bericht vom 17. Juli 1950, Bl. 221, 226, 228.
28 Die Berliner Konferenz der Drei Mächte. Der Alliierte Kontrollrat, 1946, S.31
29 Der Befehl leitete die letzte Etappe der Entnazifizierung in der sowjetischen Zone ein. Er bezog sich auf das Gesetz Nr. 10 des Alliierten Kontrollrates vom 20. Dezember 1945 über die Bestrafung von Personen, die sich Kriegsverbrechen, Verbrechen gegen den Frieden oder die Menschlichkeit schuldig gemacht hatten, auf die Direktive Nr. 24 des Alliierten Kontrollrates vom 12. Januar 1946 über die Entfernung von Nationalsozialisten und Personen, die Bestrebungen der Alliierten feindlich gegenüberstanden, aus Ämtern und verantwortlichen Stellungen, und auf die Kontrollratsdirektive Nr. 38. Er enthielt Ausführungsbestimmungen über die Gewährung des aktiven und passiven Wahlrechts, über den Einsatz und die Vollmachten neuer Entnazifizierungskommissionen, über die Beschlagnahme und Sequestrierung von Eigentum und über die Umsetzung der Direktive Nr. 38 als Strafgesetz. – Vgl. Handbuch zum Befehl Nr. 201, 1947. Der Befehl Nr. 201 gehörte 1950 nicht zu den substituierten Befehlen und blieb bis 1955 in Kraft.
30 Direktiven des Alliierten Kontrollrates glichen keinem Gesetzgebungsakt, sondern Entscheidungen. Sie bedurften der Umsetzung durch den Oberbefehlshaber der jeweiligen Zone. Bereits seit dem Londoner Abkommen Großbritanniens, der UdSSR und der USA vom 14. November 1944 war festgelegt, daß die oberste Gewalt in Deutschland, und somit auch die oberste rechtsetzende Gewalt, von den Oberbefehlshabern der Siegermächte ausgeübt werden sollte. Und zwar von jedem in seiner eigenen Besatzungszone und gemeinsam im Alliierten Kontrollrat in allen Deutschland als Ganzes betreffenden Angelegenheiten (vgl. Schröder [Hg.] 1990, S. 11–16).
31 Die Großen Strafkammern sollten sich aus zwei Berufsrichtern und drei Schöffen, die Kleinen Strafkammern aus einem Berufsrichter und zwei Schöffen zusammensetzen. In den Westzonen hatten die Besatzungsmächte die deutschen Gerichte in unterschiedlicher Weise ermächtigt, alliierte Gesetze oder Direktiven als Strafgesetze anzuwenden.

Rechtsmittel waren nicht Beschwerde und Berufung, sondern nur die Revision zugelassen; verhandelt werden durfte am Aufenthaltsort des Betroffenen. Die deutsche Strafprozeßordnung konnte dort angewandt werden, wo keine besonderen Regelungen vorgeschrieben waren. Die Hauptverantwortung für die Durchführung des Befehls trugen die Verwaltungen für Inneres und der Justiz in der sowjetischen Zone beziehungsweise dann das MdI und das MdJ in der DDR, ohne jedoch die Jurisdiktionen und Vollmachten der sowjetischen Militärverwaltung zu beschränken.

Die praktische Anwendung des Befehls Nr. 201 seit 1947 als sowjetisches Besatzungsrecht und gesetzliche Regelung sowie das Vorgehen der SMAD und danach der SKK, nach sowjetischem Vorbild vor allem der Polizei (HVDVP) entsprechende Order zu erteilen, förderte verhängnisvolle politische Steuerungen für die DDR-Justiz. Solcher Art Steuerung geriet bei ihrer Umsetzung für die Verfahren in Waldheim mit der nunmehr gültigen Verfassung der DDR in Kollision. Nicht vor die arbeitenden 201-Strafkammern bei den Landgerichten kamen die Beschuldigten, sondern vor ein extra gebildetes polizeiliches Untersuchungsorgan sowie vor gesonderte Große (12) und Kleine (8) Strafkammern, die sich aus 18 Staatsanwälten, 37 Richtern, Schöffen sowie Schreib- und Verwaltungskräften, die alle der SED angehörten, zusammensetzten.[32] Formal wurden diese Strafkammern an das Landgericht Chemnitz angebunden, jedoch ohne jegliche Einflußmöglichkeit des zuständigen Justizministers für das Land Sachsen, Johannes Dieckmann. Diese Strafkammern wirkten seit dem 26. April (ab Anfang Mai arbeiteten alle 20) de facto als Ausnahmegerichte, die laut Artikel 134 der Verfassung unstatthaft waren und für bestimmte Sachgebiete nur vom Gesetzgeber (sprich: Volkskammer) errichtet werden konnten.

Über all dem standen Anweisungs- und Kontrollbefugnisse der SKK gegenüber den deutschen Organen, die nicht, wie im Besatzungsstatut für die Bundesrepublik vom 21. September 1949, als offizielle Grundregeln des Besatzungsrechts kontrollierbar waren.[33] Da der strukturelle Aufbau der SKK wesentlich mit dem der Ministerien der Regierung der DDR konform lief, spielte insbesondere die bereits erwähnte Hauptabteilung für Verwaltungsangelegenheiten mit ihrem Leiter Kabanov und stellvertretenden Leiter Oberstleutnant P. S. Ljulka eine eigenständige Rolle.[34] Zu der Hauptabteilung gehörten die Abteilungen Justiz unter Leitung des Juristen Oberst Fjodor D. Titov, Polizei, leitendes Personal, Arbeit und Gesundheitswesen. Wechselbeziehungen zwischen Abteilungen der SKK und Fachministerien der DDR trugen bestimmenden, politisch-eingreifenden Charakter; personalbezogene Kontakte zu sowjetischen Offizieren, gerade zu den Hauptabteilungen des MdI und des MdJ, wirkten sich unmittelbar aus. Respekt, Wunsch nach politischer Übereinstimmung, vorauseilender Gehorsam, Verängstigung und Unterwerfung von SED-Funktionären unterstützten das Zusammenspiel in sowjetischem Interesse. Die SKK übte ihre "Kontrolltätigkeit" als politisch-administratives Herrschaftsorgan über den staatlichen Organen und

---

[32] Dazu gehörten noch 29 Schöffen und 46 technische Kräfte. Vgl. SAPMO BArch, ZPA, IV 2/13/103, unp.

[33] Die SKK nahm offiziell am 11. November 1949 ihre Tätigkeit auf. Die Erklärung Čujkovs für die Öffentlichkeit über die Aufgaben der SKK deckte sich nicht mit der internen und nur für die SED-Spitze bestimmten Information an Pieck, Grotewohl und Ulbricht vom 11. November 1949 (vgl. Otto 1991 a, S. 138–144; Lorenz 1994, S. 135–165).

[34] Protokolle, Schriftwechsel, Berichte, Analysen, Anweisungen, Empfehlungen und Aktenvermerke, die sich in deutschen Archiven befinden, bieten zwar keinen lückenlosen Überblick über die Beziehungen zwischen dem Apparat der SKK und den zentralen und örtlichen Organen der DDR, vermitteln aber einen Einblick in Problembereiche.

Parteien der DDR umfassend und rigoros aus. In damaliger Unkenntnis der tatsächlichen Entscheidungsebenen galten die vorgesehenen Verurteilungen in Waldheim als "Vereinbarung zwischen der SKK und der Regierung der DDR."[35]

Sieg für NKVD – Methoden

Am 28. Februar 1950 legte der Kommissarische Hauptabteilungsleiter Haftsachen, Gertich, in seinem Abschlußbericht über die Entlassungs- und Übernahmeaktion aus den Internierungslagern, der sowohl an Kabanov als auch an das Zentralsekretariat beim Parteivorstand der SED weitergeleitet wurde, ein Konzept für Waldheim nieder:

> Zur Abwicklung dieser Gesamtverfahren ist es unbedingt notwendig, daß in einer gemeinsamen Rücksprache eine klare Linie für die Art des Verfahrens ausgearbeitet wird. Dabei ist zu berücksichtigen, daß in den Urteilen der Militärtribunale für Vergehen wahrscheinlich gleicher Art Strafen von 10 Jahren und mehr verhängt wurden. Würde die Justiz ihre bisher geübte Praxis auch auf diese Fälle anwenden, muß mit einer unmöglichen Verzögerung der gesamten Abwicklung sowie auch einer äußerst krassen Unterschiedlichkeit in der Urteilssprechung gerechnet werden.[36]

Bereits am 19. Januar hatte Gertich über eine Besprechung, zu der er und Generalinspekteur Heinz Hoffmann, Stellvertreter des Ministers des Innern, bei Kabanov und Porutschikov zu erscheinen hatten, notiert: "Durch General Kabanov wurde festgelegt, daß das Gerichtsurteil der Nichtverurteilten durch die Polizei vollzogen wird."[37]

Nicht unter Hauptverantwortung der Justiz, sondern im operativen politisch-administrativen Apparatestil fielen in einem kleinen Funktionärskreis bei Obervollmacht von Gertich und wechselnd involvierten Personen aus dem Apparat beim Parteivorstand beziehungsweise beim Zentralkomitee (ZK) der SED, dem MdI/ HVDVP und dem MdJ im März und April 1950 Entscheidungen.[38] Für das zu bildende Untersuchungsorgan hatte die HVDVP ihre Vorbereitungen schon Mitte November 1949 gestartet. Es sollten die erfahrensten Sachbearbeiter in der Vernehmungspraxis für Ermittlungen und für das Anlegen einer Anklageschrift entsprechend Befehl Nr. 201 gewonnen werden. Das Sekretariat des Parteivorstandes der SED bestätigte am 27. März 1950 den Einsatz einer Kommission, die unter der Verantwortung von Anton Plenikowski und Gustav Röbelen die Richter und Staatsanwälte auswählen und dem Sekretariat zur Bestätigung vorlegen sollte.[39] Die vorgesehene Auswahl erfolgte dann nicht nur auf diesem Wege. Am 12. April trat für das Untersuchungsorgan in

---

35 BArch, Bestand DDR, O-1 MdI/39740, Bl. 12.
36 Ebenda MdI /11/HVDVP/1577, Bl. 227.
37 Ebenda, MdI/11/HVDVP/1587, Bl. 11. – Kabanov griff offensichtlich entschieden ein. Am 17. Januar 1950 beschwerte er sich in einem streng vertraulichen Brief an Ulbricht über den Justizminister Max Fechner, daß er die für das MdJ erarbeitete Struktur nicht der SKK mitgeteilt hätte, und forderte eine Veränderung der Struktur (vgl. SAPMO BArch, ZPA, NL 36/736, Bl. 28/29).
38 Vgl. BArch, Bestand DDR, MdI/11/HVDVP/1586, Bl. 25–28. – In den Personenkreis waren insbesondere Chefinspekteur Gustav Röbelen, Anton Plenikowski als Leiter der Abteilung Staatliche Verwaltung beim Parteivorstand der SED, eine Hauptabteilungsleiterin im MdJ sowie Oberstaatsanwalt Richard Krügelstein einbezogen.
39 Vgl. SAPMO BArch, ZPA, J IV 2/3/096, Bl. 5.

Waldheim ein Kern von Sachbearbeitern an. An demselben Tag entschieden unter Leitung Gertichs vier Polizeioffiziere und Oberstaatsanwalt Richard Krügelstein u. a.:

"Verhandlungen werden nicht öffentlich durchgeführt ... Kollektivschuld beim Nachweis keiner persönlichen Schuld unbedingt anziehen."[40] Nach einem Vermerk Gertichs vom 13. April hatte Röbelen telefonisch Gertich mitgeteilt, "daß auf Anweisung des Gen. Ulbricht diese Prozesse in den nächsten 6 Wochen durchgezogen werden müssen."[41] Dementsprechend wurde Hauptabteilungsleiterin Hildegard Heinze im MdJ informiert.

Die Vorgabe des Zeitlimits durch Ulbricht für den bereits präventiv angelegten Willkürkurs stand vermutlich noch mit einem anderen Ereignis in Zusammenhang. Ulbricht war mit seiner Frau am 11. April nach Wochen von einer Erholungsreise aus der UdSSR zurückgekehrt und trug die Zusage für größere Lieferungen der UdSSR an die DDR in der Tasche. Wohl in Voraussicht seiner künftigen Funktion als Generalsekretär des ZK der SED war er von Vertretern der SKK und der Regierung der DDR empfangen worden.

Röbelen[42] vergatterte am 19. April in der Kirche in Waldheim die Leiter des Untersuchungsorgans und die Justizfunktionäre,

> daß die bevorstehende Arbeit keinesfalls vom formal-juristischen Standpunkt aus betrachtet werden darf, sondern nur vom politischen. Die Urteile ... dürfen keinesfalls niedriger ausfallen, als die Urteile, die unsere Freunde[43] bei gleichen Tatbeständen ausgeworfen haben. Es gilt, die Menschen ... auch weiterhin in Haft zu behalten, da sie unbedingte Feinde unseres Aufbaus sind ... Dabei darf keine Rücksicht genommen werden, welches Material vorhanden ist ... Urteile unter 10 Jahre dürfen nicht gefällt werden, wobei es heute unwichtig ist, ob diese Strafen auch verbüßt werden. Wichtig ist, daß infolge der bevorstehenden Wahlen der gestellte Termin von 6 Wochen unbedingt eingehalten wird.[44]

Mehrere "Unklarheiten seitens der Justiz" wurden in der Diskussion ausgeräumt. Die "Einsatz-Anordnung" für das Untersuchungsorgan vom 21. April enthielt dann auch die

---

40 Vgl. BArch., Bestand DDR, 0-1/MdI/39740, Bl. 38/39.; ebenda, MdI/11/HVDVP/1589, Bl. 20.; ebenda, MdI/11/HVDVP/1577, Bl. 222. — Das Untersuchungsorgan wurde durch Schüler der VP-Schule für Kriminalistik in Arnsdorf auf 198 erweitert, weil aufgrund der dürftigen Unterlagen entschieden wurde, Nachvernehmungen durchzuführen.
41 Ebenda, 0-1/MdI/39740, Bl. 39.
42 Gustav Röbelen 1905 geb., Schlosser, KPD, 1933—36 illegale antifaschistische Arbeit von Belgien aus, 1936—39 Offizier im spanischen Bürgerkrieg—1939 in die Sowjetunion, bis Ende 1940 Arbeit in einer Waggonfabrik, 1941 Besuch der Parteischule des ZK der KPdSU (B), mit Kriegsbeginn für das NKVD mobilisiert und als Offizier der Roten Armee bis 1945 in besonderen Diensten im Orient, in Weißrußland und in Litauen, dazwischen 1943/44 Schulungsarbeit unter deutschen Kriegsgefangenen. März 1946 Rückkehr in die sowjetische Zone, SED, 1946/47 Zentrale Kommission für Sequestrierung und Beschlagnahme, 1947/48 Leiter bzw. stellv. Leiter der Hauptabteilung Verwaltung bei der Deutschen Wirtschaftskommission, 1948/49 Mitglied der Zentralen Kommission für Staatliche Kontrolle, 1. August 1949–1. September 1957 Leiter der Hauptverwaltung zum Schutz der Volkswirtschaft bzw. der neu gebildeten Abteilung für Sicherheitsfragen beim ZK der SED, für die Ulbricht zuständig war, Major der Volkspolizei, nach der Abberufung als Abteilungsleiter bis 1959 Verwaltungsleiter im Ministerium für Nationale Verteidigung, danach bis 1964 im Ministerium für Verkehrswesen. 1967 verstorben.
43 "Freunde" war die Umschreibung für ein politisch besonderes Beziehungsverhältnis zu den Vertretern der sowjetischen Besatzungsmacht und in späterer Zeit ein geflügeltes Wort für die Bezeichnung der Sowjetunion. Hier konkret bezogen auf das Wirken der sowjetischen Militärtribunale.
44 BArch, Bestand DDR, MdI/11/HVDVP/1589, Bl. 21.

Forderung, sämtliche Verfahren – auch Gerichtsverfahren – "haben bis spätestens 2. 6. 1950 ihren endgültigen Abschluß zu finden."[45]

Am 20. April 1950 unternahm die Provisorische Regierung der DDR auf Vortrag von Karl Steinhoff, Minister des Innern, einen Vorstoß und beauftragte das Innenministerium, "die formalen Voraussetzungen für die Freilassung einzelner Internierter zu klären und hierüber mit der SKK Fühlung aufzunehmen."[46] Einen Erfolg erzielte sie nicht; denn im Ergebnis aller Verfahren kamen nur sechs Gefangene frei, denen die Internierungszeit angerechnet wurde.[47] Den politischen Schlußakkord setzte das Sekretariat der SED am 28. April mit dem Beschluß, "Genosse Hentschel, Abteilung Staatliche Verwaltung, wird mit der Durchführung der politischen Beratung bei diesen Prozessen beauftragt."[48] Anfang Mai nahm Paul Hentschel seine Tätigkeit in Waldheim auf, deren Ergebnisse ihn letztlich selbst belasteten und im Frühjahr 1959 zu der Feststellung veranlaßten, daß "die ganze Waldheimer Geschichte ein Beria-Ei" gewesen sei, "das uns Deutschen untergeschoben worden" wäre.[49]

Nach der Übernahme der sowjetischen Protokollauszüge durch das Polizeiorgan in Waldheim am 14. April 1950 stellte sich bald die Dürftigkeit des Beweismaterials heraus, und es wurden Nachvernehmungen angesetzt.

> Als die Häftlinge bei diesen Vernehmungen zum ersten Mal mit deutschen Genossen der VP oder der Staatsanwaltschaft in Berührung kamen, machten viele von ihnen geltend, daß sie seinerzeit das Protokoll bei den sowjetischen Organen nur unter dem Druck von Prügel und anderen Mißhandlungen abgegeben hätte(n).[50]

Nunmehr entstanden die Verfahrensakten. Eine solche Akte enthält den eine Seite umfassenden sowjetischen Protokollauszug, der zum Beweisstück Nr. 1 avancierte, nicht mehr ignoriert werden durfte und stets als Blatt 1 der Akte abgelegt wurde. Dazu gehören ein vom Häftling ausgefüllter vierseitiger Fragebogen, ein von ihm verfaßter Lebenslauf, eine persönliche Vermögenserklärung sowie das polizeiliche Vernehmungsprotokoll. Bei der Komplettierung zur Prozeßakte kamen als Mindestbestand hinzu: die Anklageschrift, die ein Staatsanwalt bestätigen mußte; die vom Beschuldigten unterzeichneten Belege für die Einsichtnahme in die Anklageschrift, die ein bis zwei Tage vor der Hauptverhandlung erfolgte; das Sitzungsprotokoll; das Urteil. Wurde Revision eingelegt, so enthält die Akte den von

---

45 BArch, Bestand DDR, 0-1 MdI/39740, Bl. 49. – Endgültiger Richtwert für den Abschluß aller Verfahren wurde schließlich der III. Parteitag der SED, der am 20. Juli begann.
46 BArch, Bestand DDR, C – 20 I/3 – 16, Bl. 120. – Die Tagesordnung für die Ministerratssitzungen und ein Duplikat des Protokolls von jeder Sitzung mußten bei der SKK eingereicht werden.
47 Vgl. BArch, Bestand DDR, MdI/11/HVDVP/1577, Bl. 228/229.
48 SAPMO BArch, ZPA, J IV 2/3/104, Bl. 3. — Paul Hentschel (im Sekretariatsbeschluß falsche Schreibweise) 1913 geb., 1930 KJVD, bis 1940 Steinsetzer, dazwischen vier Jahre arbeitslos und Arbeitsdienst, 1940–42 Wehrmacht, 1942 auf die sowjetische Seite übergelaufen und Gefangenschaft, 1943 Besuch der Antifaschule in Krasnogorsk, 1945 Besuch der Parteischule der KPD in Moskau, im Mai 1945 mit anderen KPD-Vertretern (mit großer Wahrscheinlichkeit mit der Initiativgruppe unter Leitung Ulbrichts) Rückkehr in die sowjetische Zone. KPD/SED, 1945 Angestellter beim Magistrat von Berlin, 1945–49 Leiter der Abteilung Verwaltung und Personal in Potsdam, 1949–51 politischer Mitarbeiter bzw. stellv. Leiter der Abteilung Staatliche Verwaltung beim ZK der SED, 1951–53 Stadtrat und Sekretär beim Magistrat von Berlin, 1953 bis zu seinem Tode im November 1959 Vors. des Rates des Bezirkes Magdeburg, 1956/57 Besuch der Parteihochschule der KPdSU in Moskau.
49 Niederschrift von Erwin Reisler vom 3. November 1964.
50 Ebenda.

der Staatsanwaltschaft oder vom Verurteilten gestellten Revisionsantrag; den Beleg für die Einsichtnahme in eine Abschrift des Urteils; die Begründung des Revisionsantrages sowie den Beschluß über die eventuelle Zuweisung eines Offizialverteidigers und dessen Begründung; den Entscheid des Generalstaatsanwalts und den Beschluß des Revisionssenats in Waldheim sowie die Belege über die Informationen an den Verteidiger und Verurteilten. Das Protokoll über die Hauptverhandlung trägt den täuschenden vorgedruckten Vermerk "Öffentliche Sitzung". Es benennt die jeweilige Strafkammer[51]; es führt unter den Rubriken Verteidiger/Zeuge den Eintrag "niemand" oder "keiner"; es verweist auf den Vortrag von Angaben zur Person, auf das Verlesen der Anklage und des Protokollauszugs Nr.1; es hält die vom Staatsanwalt beantragte Strafe, die Strafkategorie und das ausgesprochene Strafmaß sowie das letzte Wort des Angeklagten fest. Angaben über die Dauer der Sitzung bildeten offensichtlich mehr als die Ausnahme. Ehemalige Verurteilte berichteten von 20 bis 30 Minuten, zumeist jedoch von einer kürzeren Zeit; aber auch "eine Stunde bis höchstens 1½ Stunden" konnten ermittelt werden.[52]

Beispielhafte Einzelschicksale

Kurt Krakow, am 24. Februar 1914 geboren, schloß sich als Jugendlicher den "Pfadfindern" an. Er war von Beruf technischer Kaufmann und leistete von 1936 bis 1938 seinen Wehrdienst ab. Anschließend trat er wieder in seine Firma in Berlin ein und gehörte nie einer Partei an. 1939/40 mußte er an dem Feldzug gegen Frankreich teilnehmen und wurde dann wieder in die Reserve entlassen. Erneut arbeitete er in seinem alten Betrieb und vertrat eine antifaschistische Position. Im Flur seines Betriebes legte er selbst gefertigte Flugblätter gegen Hitler nieder. Aufgrund einer Denunziation verhaftete ihn am 15. Oktober 1942 die Gestapo; am 27. August 1943 wurde er wegen hochverräterischer Propaganda vom 1. Strafsenat des Kammergerichts zu Berlin zu 2,5 Jahren Gefängnis verurteilt, die er im Gefängnis in Magdeburg absaß. 1945 befreit, arbeitete er erst in der Orts- und danach in der Bezirksverwaltung Berlin-Pankow als Angestellter. Mit der Aktion "Rettet die Kinder", begann er sich Ende 1945 auch der Jugendarbeit zu widmen und organisierte Heimabende unter anderem über die Entstehungsgeschichte der Jugendbewegung. Wiederum denunziert, wurde er am 20. Mai 1946 ohne Angabe eines Grundes von sowjetischer Seite festgenommen und in dem sowjetischen Speziallager Hohenschönhausen interniert. Trotz Vorlage seiner Strafunterlagen aus der Nazizeit und seines Ausweises als "Opfer des Faschismus" mit der Nummer 471, blieb er interniert und kam in das Lager Sachsenhausen. Dort lag er seit Juni 1949 mit einer offenen Tbc darnieder und wurde dennoch am 16. Februar 1950 nach Waldheim überführt. Sein sowjetischer Protokollauszug vom 18. Januar 1950 beschuldigte ihn mit fünf Zeilen, "feindlich gegen die sowjetische Okkupationsmacht eingestellt" zu sein, "unter der Jugend Propaganda gegen die SSSR" betrieben und sich bemüht zu ha-

---

51 Zu einer Großen Strafkammer gehörten ein Richter, ein Beisitzer, ein Staatsanwalt, drei Schöffen, eine Justizangestellte; eine Kleine Strafkammer war mit einem Richter, zwei Schöffen, einem Staatsanwalt und einer Justizangestellten als Protokollführerin besetzt.
52 Aus dem Urteil des 1. Strafsenats des Landgerichts Leipzig gegen Otto Jürgens. 1 KS 04 Js 1807/91, September 1993, S. 24.

ben, "eine Untergrundorganisation 'Pfadfinder' zu organisieren."[53] Die Vernehmung am 17. Mai, sogar aufrichtig nach seinen Aussagen protokolliert, bewahrte ihn jedoch nicht vor der Verurteilung am 19. Juni 1950 nach Befehl 201 und Kontrollratsdirektive Nr. 38 zu acht Jahren Gefängnis, weil er "durch Propaganda für den Militarismus den Frieden des deutschen Volkes gefährdet und sich somit des Verbrechens"[54] schuldig gemacht habe. In seiner "Verhandlung", die Krakow als einen Akt von wenigen Minuten im Gedächtnis behielt, konnte er aufgrund seines außerordentlich bedenklichen Gesundheitszustandes nur bekräftigen, "nicht im Sinne der Anklage schuldig" zu sein. Am 6. Juli 1950 kam er in das Haftkrankenhaus in Waldheim, anschließend in das Krankenhaus der Strafanstalt Bautzen, wo er bis zu seiner "Begnadigung" am 6. Oktober 1952 eine schwere Zeit verbrachte, in der er sich wiederholt am Rande des Todes bewegte. Eine auf dem sowjetischen Protokollauszug als Zeuge aufgeführte Person, die zum Freundeskreis Krakows gehört hatte, meldete sich 1992 und erklärte am 1. Oktober 1992 eidesstattlich, daß sie 1946 keine Aussage gegen Krakow getroffen, sondern seine antifaschistische Arbeit bestätigt habe.[55] Trotz Bemühungen zu DDR-Zeiten, erhielt Kurt Krakow seine Anerkennung als Opfer des Faschismus erst am 29. September 1992 zurück.

Viele Beispiele von Unrecht und Willkür ließen sich ergänzen. So auch der Fall Günter Schentke, 1919 geboren. Nach Abschluß der Oberrealschule und des Arbeitsdienstes wurde er 1938 zur Luftnachrichtentruppe eingezogen, der er bis 1945 angehörte. Mitte April 1945 mit einem Dienstauftrag von Dänemark aus nach Berlin gesandt, nutzte er die Chance, zog seine Uniform aus und versteckte sich. Nach der bedingungslosen Kapitulation arbeitete er für die sowjetische Kommandantur in Berlin-Charlottenburg, die ihn am 27. Juni 1945 verhaftete. Nach seiner Internierung in Hohenschönhausen und dann in Sachsenhausen erfuhr er in Waldheim von dem sowjetischen Protokollauszug vom 18. Januar 1950. Der Auszug kolportierte die am 2. Juli 1945 notierte politische Groteske, daß er Stempel und Siegel der sowjetischen Kommandantur, des Schweizer Konsulats und des Berliner Polizeipräsidiums gefälscht habe. Und so verurteilte ihn eine Kleine Strafkammer in Waldheim am 12. Juni 1950 wegen "nazistischer Einstellung" gegen die Sowjetunion, gegen die Schweiz und gegen die deutschen demokratischen Kräfte zu 10 Jahren Gefängnis.[56] Im Juli 1954 wurde Günter Schentke begnadigt.

Helmut Uhlig gehörte zum Jahrgang 1921; er war von Beruf Schlosser und bekannte sich wie seine Familie zum neuapostolischen Glauben. 1940 wurde er dienstverpflichtet. Als sein Bruder im Juni 1940 fiel und der Vater bat, den zweiten Sohn nicht zur kämpfenden Truppe einzuziehen, meldete sich Helmut Uhlig nach der Hitlerjugend 1941 "freiwillig" zur Waffen-SS und wurde im April 1941 aktiviert. Im Oktober 1941 kam er zur Wachmannschaft für Außenkommandos des KZ-Lagers Sachsenhausen, ab Mitte 1942 für denselben Dienst in das KZ-Lager Buchenwald. Mit wiederholt eingereichten Gesuchen an den Chef des Heiratsamtes im Rasse- und Siedlungs-Hauptamt-SS bemühte er sich seit November 1941, die Genehmigung für die Ehe mit seiner Verlobten zu bekommen. Im Ergebnis der angefor-

---

53 BArch, Außenstelle Zwischenarchiv Dahlwitz-Hoppegarten, STVE Brandenburg II B 7651/50, unp.
54 Ebenda.
55 Das Wiederauffinden des Zeugen ergab sich aus einem Bericht über das Schicksal von Kurt Krakow in der "Berliner Zeitung", wobei sich noch ein weiterer Herr meldete und Krakows antifaschistische Standhaftigkeit bestätigte.
56 Vgl. BArch, Außenstelle Zwischenarchiv Dahlwitz-Hoppegarten, STVE Brandenburg II/W/3465/50/2417/201, Bl. 574–604.

derten und eingereichten Unterlagen, ärztlichen Gutachten, Eheunbedenklichkeitsbescheinigung, Erbgesundheitsbogen und erbbiologischen Gutachten entschied der Reichsführer SS am 29. Oktober 1942: "Die zukünftige Braut ist 147 cm groß. Wegen ihrer Mindergröße wird sie den strengen Ausleseanforderungen der SS nicht gerecht ... Uhlig ist sofort aus der SS zu entlassen."[57] Im April 1943 wurde Uhlig aus der Waffen-SS entlassen und arbeitete in Aue wieder in seinem Beruf. Am 4. Oktober 1945 wurde er von sowjetischer Seite verhaftet und ihm sein Dienst in den KZ-Lagern sowie die Erschießung eines sowjetischen Bürgers angelastet, der 1942 aus einem Außenkommando des KZ-Lagers Buchenwald, das auf einem Friedhof arbeitete, fliehen wollte. Während seiner Vernehmung in Waldheim gestand Uhlig die Tat. Bei der Verhandlung vor einer Großen Strafkammer am 2. Juni 1950 erhielt er auf Ersuchen Rechtsanwalt Willing als Offizialverteidiger, der für die Berücksichtigung des jugendlichen Alters von Uhlig zur Tatzeit eintrat. Die Strafkammer stufte ihn jedoch als "Hauptverbrecher" ein und verurteilte ihn wegen Verbrechen gegen die Menschlichkeit und Zugehörigkeit zu einer verbrecherischen Organisation nach Kontrollratsdirektive Nr. 38 und Kontrollratsgesetz Nr. 10 zum Tode. Uhlig legte Revision ein, die "als unbegründet" verworfen wurde. Am 4. November 1950 um 4.42 Uhr wurde am jüngsten Todeskandidaten das Urteil im Keller der Strafanstalt vollstreckt.[58]

Im gerichtlichen Pilotverfahren gegen einen ehemaligen Richter in Waldheim konnte 1992/93 ermittelt werden, daß die Akten für die jeweiligen Verfahren erst am Sitzungstag der Kammer in die Hände der Richter gelangten. Ermittlungsunterlagen zur Überprüfung der Vorwürfe gegen den Angeklagten finden sich bei einigen zum Tode Verurteilten und für die 10 öffentlichen Prozesse, die im Juni 1950 mit ausgesuchtem Publikum, mit Presse, Film und Rundfunk im Rathaussaal der Stadt Waldheim stattfanden. Zeugen wurden nur für die öffentlichen Prozesse bestellt. Offizialverteidiger erhielten zum Tode Verurteilte und die Angeklagten im Rathaussaal Waldheim; sie wurden zugleich bei Revisionsanträgen der Verurteilten – auch ohne Kontaktaufnahme mit dem Betroffenen – eingeschaltet. Verhandlungsorte für die mehr als 3.300 Verfahren waren anfangs ein Gebäude des Krankenhauses und dann nur das Verwaltungsgebäude gegenüber der Strafanstalt. Dieses Vorgehen war gemäß Befehl Nr. 201 zulässig.[59] Die seit dem internen Informationsbericht vom 5. Mai 1950 wiederholt erwähnte Kommission zur Koordinierung der Arbeit, die sich aus den Leitungen des Untersuchungs- und Justizorgans sowie aus Oberstaatsanwalt Krügelstein und Hentschel zusammensetzte, erfüllte ihre Aufgabe wohl über Arbeitsbesprechungen.[60] Präventiv griffen vielmehr die bereits zitierten politischen Vorgaben, der Einsatz eines politischen Beraters im Auftrag des Sekretariats des Parteivorstandes der SED, das arbeitsmäßige Zusammenspiel politischer Führungskräfte in Waldheim und die politisch einschüchternden Dispute in den SED-Versammlungen in die verfassungsmäßig garantierte Unabhängigkeit der Richter ein. Es sprach für sich, wenn in einer Parteiversammlung am 23. Mai in Waldheim Schwankende und Zweifler an der Richtigkeit der sowjetischen Protokollauszüge von Hentschel mit den scharfen Worten zurückgewiesen wurden,

---

57 BArch, R 2/Pers, Uhlig, Helmut, 7. 1. 1921, BDC/RS.
58 Vgl. BArch, Bestand DDR, O-1 MdI/39741/18 unp.
59 Erwin Reisler begründete der Autorin, daß alle zu Verurteilenden wegen des hohen Krankenstandes und vieler Schwerkranker in Waldheim eingewiesen wurden, um Häftlinge anderer Strafanstalten nicht zu gefährden.
60 Vgl. BArch, Bestand DDR, MdI/11/HVDVP/1577, Bl. 227.

das ist schon Sozialdemokratismus, das ist nicht die klare prinzipielle Einstellung eines Marxisten-Leninisten ... Was ist es schließlich mehr als Sozialdemokratismus, wenn einige Genossen unter uns glauben, sagen zu können, sie ließen sich nicht von der Partei in ihre Tätigkeit als Richter und Staatsanwälte reinreden. Die Partei redet ihnen gar nicht rein, sondern kontrolliert nur, ob sie die Politik der Partei in ihrer Tätigkeit einhalten.[61]

Obwohl nicht in allen Einzelheiten verifizierbar, ist sicher, daß die Abläufe in der Strafanstalt Waldheim unter sowjetischer Kontrolle standen. Erwin Reisler, damals Oberreferent im Ministerium der Justiz, schrieb 1964 nieder:

Nachdem einige Zeit verhandelt worden war, traten auch die Vertreter des sowjetischen Organs in Erscheinung. Es waren keine mir bekannten Genossen aus Karlshorst. Diese Genossen waren in Zivil und bemühten sich, daß wir unsere Prozesse erfolgreich durchführen konnten. Meiner Meinung (nach) waren es nicht Genossen der Abteilung Justiz der SKK, sondern Mitarbeiter der NKWD. Zu diesen Aussprachen mit obigen Genossen wurde(n) nur Paul Hentschel und ich herangezogen.[62]

Solche Aussprachen fanden in der Regel um Mitternacht bis 1.00 Uhr statt. Seit dem ersten Zwischenbericht der HVDVP vom 29. April 1950 an Kabanov, der Auseinandersetzungen um das Strafmaß als "parteifeindliches Treiben"[63] schilderte, erfolgten alle Informationen wie auch der Abschlußbericht von Gertich vom 17. Juli 1950 zugleich in russischer Übersetzung.[64] Am 26. Oktober 1950 lag ein offizieller Bericht mit Kopfbogen des ZK der SED von Paul Hentschel vor, der an den Leiter der Justizabteilung bei der SKK, Titov, adressiert war und in dem Hentschel an erster Stelle "Ursachen und Verzögerung"[65] der noch nicht vollstreckten Todesurteile begründen mußte. Auf dem Bericht, der letztlich im Sekretariat des Ministers für Staatssicherheit landete, findet sich jedoch die handschriftliche Notiz "Antwort an Gen. Kabanov!"[66] Proteste der SKK gegen die Urteile in Waldheim konnten bisher nicht nachgewiesen werden und hätten sich auch nicht aus der inneren Logik des Geschehens ergeben.

Ergebnisse – Täter – Probleme

Angehörige der Volkspolizei, Richter und Staatsanwälte in Waldheim standen zu Beginn ihrer Tätigkeit voll unter dem Eindruck, daß sie ausschließlich Nazi- und Kriegsverbrecher abzuurteilen hätten. Zwölf der eingesetzten Richter und Staatsanwälte hatten die Nazizeit in Zuchthäusern und KZ-Lagern kennengelernt, zwei u. a. das Zuchthaus Waldheim. Doch schon zu Beginn entwickelte sich besonders unter Richtern und Staatsanwälten eine schlechte Stimmung wegen des anzuwendenden Strafmaßes und des Nichteinsatzes von Verteidigern. Richter Heinrich Dittberner, selbst 1943 bis 1945 politischer Häftling in Waldheim, akzeptierte nicht den ambivalenten Umgang der SED mit Nazi-Vergangenhei-

---

61 SAPMO BArch, ZPA, IV 2/13/431, unp.
62 Niederschrift von Erwin Reisler vom 3. November 1964; vgl. auch Urteil des 1. Strafsenats des Landgerichts Leipzig 1993, 1993, S. 118. – Reisler war in Waldheim als Parteisekretär eingesetzt.
63 BArch, Bestand DDR, MdI, Bestand 7/DVdI/Bd. 51, Bl. 36 (russ.).
64 Vgl. BArch, Bestand DDR, MdI/11/HVDVP/1577, Bl. 229.
65 Der Bundesbeauftragte für die Unterlagen des Staatssicherheitsdienstes der ehemaligen DDR (BSTU), Sekretariat des Ministers (SdM), 1481 Bl. 44.
66 Ebenda.

ten, wo in Waldheim kleine Nazis hart abgestraft werden mußten, während sich andere schon wieder in das gesellschaftliche Leben der DDR integrieren konnten. Er setzte als einziger seine Ablösung durch. Zwei widerspenstige Schöffen wurden herausgenommen und dem Ministerium für Staatssicherheit übergeben. Kritische Äußerungen von Polizei-Angehörigen fanden in den Berichten Niederschlag. Eine Protokollantin floh nach Westberlin. Strafkammern wurden in ihrer Zusammensetzung verändert. Selbst in dem internen vorläufigen Abschlußbericht vom 5. Juli war noch von den "politischen Schwächen" der Strafkammern die Rede, die sich besonders immer dann zeigten, "wenn eine Verurteilung aus *politischen Gründen* erfolgen mußte, und die für die formale juristische Urteilsbegründung erforderliche lückenlose Beweisführung fehlte (z. B. Angehörige der Werwolf-Organisation[67], Agenten und Spione)."[68]

Nach dem offiziellen geheimen Abschlußbericht vom 17. Juli 1950, wie er von Gertich persönlich der SKK übergeben wurde, hieß es, daß mit dem 15. Juli 1950, nach dem Ende der Tätigkeit des Revisionssenats,[69] 3.324 Urteile rechtskräftig wurden. Diese Größe fand sich auch in der publizierten Gesamtstatistik zur Aburteilung von Nazi- und Kriegsverbrechen in der DDR wieder.[70] Eine Aufrechnung nach zeitgenössischen internen statistischen Angaben im Vergleich zu den nach Tagebuch erfaßten Häftlingen (3.428) bzw. zu den insgesamt von sowjetischer Seite übergebenen Personen (3.442) läßt jedoch Fragen offen, die aufgrund des damaligen Umgangs bei den Verfahren und des Zustandes der hinterlassenen Unterlagen nicht mehr zu Ende geklärt werden können und dazu zwingen, mit Widersprüchen und Differenzen zu leben.[71] Bei den 3.324 Urteilen handelte es sich um folgende Strafmaße:

---

67 Schreibfehler im Original.

68 SAPMO BArch, ZPA, IV 2/13/103, unp. Hervorhebung nach dem Original.

69 Gegen die Urteile der Strafkammern wurde in 123 Fällen von der Staatsanwaltschaft und in 1.194 Fällen von den Verurteilten Revision eingelegt. Entsprechend den Entscheidungen des Revisionssenats, der in der Strafanstalt Waldheim tagte, gelangten 159 Fälle zur nochmaligen Verhandlung. Davon endeten 154 Anliegen mit einem höheren Strafmaß; in 5 Fällen wurde die Todesstrafe aufgehoben und in lebenslänglich (3), in 25 Jahre Zuchthaus (1), in die Überweisung in eine Heilanstalt (1) umgewandelt. Es waren also ursprünglich 38 Todesstrafen ausgesprochen worden (vgl. BArch, Bestand DDR, MdI/11/HVDVP/1577, Bl. 224), wovon die genannten 5 erst zwischen dem 10./14. Juli revidiert wurden.

70 In der Statistik wurden für 1950 insgesamt 4.092 Urteile angegeben (Generalstaatsanwalt und Ministerium der Justiz [Hg.] 1965, S. 30 f.). Rückfragen an den Juristen für Forschungen zur NS-Zeit, Günther Wieland, Staatsanwalt beim Generalstaatsanwalt der DDR, klärten auf, daß den Juristen für die damalige Statistik keinerlei Akten, sondern nur Karteikarten zur Verfügung standen.

71 Legt man Zahlen von dem ersten Zwischenbericht bis zu den Abschlußberichten zugrunde, so ergibt sich: Von den übernommenen Häftlingen (3.442) verstarben von der Aufnahme in die Haftanstalt bis zum Beginn der tagebuchmäßigen Erfassung 14, woraus sich die Summe 3.428 ableitete; 28 Häftlinge verstarben während der Ermittlungen des Untersuchungsorgans; 43 erlitten den Tod in der Zeit der Prozesse (Untersuchungshaft); zwei Häftlinge wurden wegen amerikanischer und sowjetischer Staatsbürgerschaft an die SKK übergeben; gegen 72 Häftlinge konnte aufgrund ihrer schweren Erkrankung nur Haftbefehl ergehen; 3.324 wurden verurteilt. So beläuft sich die Summe auf 3.469 Männer und Frauen. Daraus lassen sich als Varianten andenken: Es wurden mehr Häftlinge als 3.442 übernommen; alle 43 in der Untersuchungshaft Verstorbenen waren nur Verurteilte und sind in der Angabe 3.324 enthalten; die Todesziffer lag höher als bei 71 bzw. 85 aufgeführten Toten. Auf keinen Fall kann jedoch die bei Werkentin (Werkentin 1995, S. 193) nach einem Bericht von Hentschel vom 5. Juli 1950 zitierte Zahl durchgeführter Verfahren (3.385/3.392) zugrunde gelegt werden, da sie Doppelzählungen enthält. Hentschel, kein Jurist, rechnete zu den Verfahren offensichtlich auch die damals

Urteile ergingen in folgender Höhe		Altersstruktur 1950:[72]	
Personen	Jahre	Personen	Jahren
5	4–3	18–20	unter 20
290	5–9	54	20–25
947	10–14	69	25–30
1.901	15–25	267	30–40
146	lebenslänglich	1.036	40–50
33	Todesurteile[73]	1.531	50–60
2	Heilanstalt	363	über 60 Jahre

Obgleich in der Statistik nur fünf Verurteilte mit einer Strafe bis zu vier Jahren aufgeführt werden, kamen insgesamt sechs Frauen und Männer frei, da ihnen die Internierungszeit angerechnet wurde. Für alle anderen Verurteilten galt als Strafbeginn das Jahr 1950. In sozialer Hinsicht widerspiegelt sich u. a. mit 1.046 verurteilten Angestellten, 717 Arbeitern, 616 Beamten, 303 Handwerkern und Gewerbetreibenden sowie 164 Bauern bis 100 ha. ein Querschnitt durch die Gesellschaft.

Von den Verfahren in Waldheim fielen nur zehn Urteile in den Prozessen vom 20. bis 29. Juni im Rathaussaal der Stadt Waldheim, die, als Schauprozesse organisiert und mit der Aburteilung schwerer Verbrechen verknüpft,[74] eine öffentliche Legitimierungsfunktion für die prinzipielle, geheime Willkür erfüllen sollten. Mit dem Beschluß des Sekretariats des Parteivorstandes der SED vom 12. Juni 1950 zur Durchführung dieser Prozesse wurde auch der offizielle Begriff "Prozesse gegen Nazi- und Kriegsverbrecher in Waldheim" geboren. Bei diesen öffentlichen Verfahren standen z. B. Walter Lehne von der Gestapo-Leitstelle in Pardobitz (ČSR), Reinhold Rummler als Gefängnisleiter von Radom (Polen), Ernst Heinikker als stellvertretender Kommandant des berüchtigten SA-Schutzhaftlagers in Hohnstein,

---

noch nicht abgeschlossenen Revisionsverfahren; denn der Revisionssenat beendete erst am 14./15. Juli 1950 seine Tätigkeit.

72 Die Summe der Statistik ergibt 3.323 und nicht 3.324 Personen.

73 Zur Statistik vgl. BArch, Bestand DDR, MdI/11/HVDVP/1577, Bl. 224; SAPMO BArch, ZPA, IV 2/13/432, Bl. 78, 220 ff. – Über die Vollstreckung der 33, letztlich jedoch 31 Todesurteile (weil zwei Urteile noch zwischen dem 15./18. Juli revidiert wurden) für die die Betroffenen bzw. Angehörige von ihnen Gnadengesuche einreichten, mußte nach deutschem Recht nun die zuständige Landesregierung entscheiden. Begnadigungen für zum Tode verurteilte Personen gehörten laut Länderverfassungen in die Oberhoheit der Länder. Begnadigungen durch den Präsidenten der DDR bezogen sich nur auf Verurteilte durch das Oberste Gericht. Deshalb sollte jetzt die Landesregierung Sachsen den Schlußstrich ziehen. Da sich Dieckmann, Minister der Justiz und stellv. Ministerpräsident des Landes Sachsen sowie Präsident der Volkskammer der DDR, weigerte, dem ihm zugeschobenen Schwarzen Peter zu beugen, kam es erst nach Auseinandersetzungen und mit politischem Diktat Ulbrichts und des MdJ zu einer Kabinettsentscheidung, die jedoch zumindest eine Begnadigung zu lebenslänglicher Strafe für fünf zum Tode Verurteilte erreichte. 26 Todesurteile waren damit endgültig. Davon entfiel eines, weil der Kandidat am Tage seiner Hinrichtung verstarb, und eines, weil ein Kandidat an die Tschechoslowakei ausgeliefert werden mußte. Die Todesurteile gegen die nunmehr 24 Personen wurden alle am 4. November in den frühesten Morgenstunden ab 1.40 Uhr im Keller der Strafanstalt Waldheim vollstreckt.

74 Bei diesen Prozessen ergingen Todesstrafen, lebenslänglich, 25, 15, 12, 8 Jahre Zuchthaus. Vgl. BArch, Bestand DDR, MdI/11/HVDVP/1577, Bl. 225.

Friedrich Heinicke als stellvertretender Kommandant des Wehrmachtsgefängnisses Torgau-Brückenkopf und Friedrich Beyerlein von der Gestapo-Leitstelle Dresden vor Gericht.

Geheim verurteilt wurden u. a. 127 Gestapo- und 243 SS-Angehörige (nach 1933) sowie insgesamt 1.789 NSDAP-Mitglieder, die nach 1933 der Partei beigetreten waren.

In den geheimen Gerichtsverfahren erhielten etwa 20 KZ-Aufseherinnen und Aufseher, darunter aus Auschwitz, Buchenwald, Ravensbrück, sowie 264 Personen wegen Verbrechen in der Sowjetunion und in anderen Ländern Ost- und Westeuropas ein Urteil. Zu den Verurteilten gehörten wenigstens 164 Juristen. Unter 37 von ihnen befanden sich vier Staatsanwälte vom Volksgerichtshof, acht Angehörige der Wehrmachtsjustiz und 5 Richter beziehungsweise Staatsanwälte von Sondergerichten. Hierin eingeschlossen waren die Fälle Wilhelm Klitztke, Staatsanwalt bei der Reichsanwaltschaft am Volksgerichtshof und Anklagevertreter (Todesurteil), und Reichskriegsgerichtsrat Hans-Ulrich Rottka, der wegen seiner milderen Haltung in einigen Prozessen von Hitler schon 1942 in den Ruhestand versetzt worden war (lebenslänglich).

Nach der von dem stellvertretenden Leiter des Untersuchungsorgans in Waldheim abgezeichneten Endstatistik traf z. B. die schwerwiegende Kategorie Verbrechen gegen die Menschlichkeit auf 1.366 Personen zu.[75] Da keine individuellen Schuldnachweise erbracht wurden und das Kontrollratsgesetz Nr. 10 einfach als strafverschärfende Maßnahme wiederholt hinzugezogen wurde, gibt auch diese Kategorie keine verläßliche Auskunft über tatsächliche Täterschaften. Als ein Beispiel dafür sei Paul Strech, Jahrgang 1921, erwähnt. Er trat 1939 in die NSDAP ein, leistete Militärdienst bei der Infanterie und war nach seiner Verwundung in einem Lazarett in Dresden eingesetzt. Im Januar 1945 übernahm er die wehrpolitische Ausbildung in einem Ertüchtigungslager in Rochsburg. Mit der amerikanischen Besetzung wurde er im April 1945 nach Hause geschickt. Im Dezember 1945 verhaftet, kam er nach Buchenwald und am 10. Februar 1950 nach Waldheim. Eine Kleine Strafkammer verurteilte ihn unter Heranziehen der Abschnitte 1c und 2b-d des Kontrollratsgesetzes Nr. 10 (Mord, Ausrottung, Versklavung, Zwangsverschleppung und Freiheitsberaubung an der Zivilbevölkerung eines anderen Landes) in einem ersten Urteil vom 17. Juni zu 12 Jahren und in einem zweiten Urteil vom 29. Juni zu 15 Jahren Zuchthaus. Der Bruder, Offizier der Wehrmacht, hatte sich in der Kriegsgefangenschaft dem Nationalkomitee Freies Deutschland angeschlossen und konnte nach seiner Rückkehr 1948 Polizeirat werden.

Ebenso problematisch stellen sich u. a. die statistisch formulierten Kategorien wesentliche und außerordentliche Förderung sowie Propagandisten der nationalsozialistischen Gewaltherrschaft, der angewandte Artikel Gefährdung des Friedens in der Welt aus dem Kontrollratsgesetz Nr. 10. oder die Bestrafung nach Artikeln der Direktive Nr. 38 dar. Unter solche Anschuldigungen geriet z. B. Theodor Auer (Generalkonsul in Casablanca, Kritik an der Politik Hitlers gegenüber Frankreich, 1943–1945 Inhaftierung in Berlin-Plötzensee, 1945 Mitbegründer des Hauptausschusses für Opfer des Faschismus in Berlin), der trotz vorliegender Bürgschaften 15 Jahre Zuchthaus erhielt. Aber auch solche recherchierten Fälle wie Karl Fricke (bis 1945 Lehrer), Heinz Lindner (riß 1945 ein Plakat über die Bodenreform ab), Victor Lillinger (Teilhaber eines Obst- und Gemüsemarktes, fertigte vor 1945 ein Betriebsinformationsblatt), Wolfgang Völzke (Jungvolk, verteilte 1945 Flugblätter gegen die KPD), Fritz Wetzel (bis 1945 Theaterkritiker bei einer Lokalzeitung). Etwa acht Jugendliche, die bei ihrer Internierung 1945 ein Alter zwischen 15 und 17 Jahren hatten,

---

75 Für diese und die folgenden Angaben vgl. SAPMO, BArch, ZPA, I IV 2/13/432, Bl. 78.

empfingen in Waldheim ein Urteil von 8 bis 20 Jahren Gefängnis oder Zuchthaus; nur einer davon kam 1950 frei. Wegen Werwolf vor 1945 wurden 29 Personen verurteilt, darunter der Taubstumme Walter Jurisch (Jahrgang1931) als sogenannter Führer einer Werwolforganisation mit einem Ausgangsurteil von 20 Jahren Zuchthaus und späterer Begnadigung. Elf Verhaftete traf ein Urteil wegen Waffenbesitzes nach 1945. Laut Statistik wurden 752 Kreisleiter, Kreisamtsleiter, Ortsgruppenleiter, Block- und Zellenleiter verurteilt. 231 Personen, die vor 1933 der USPD (19), der SPD (157) und der KPD (55) angehört hatten, zum Teil in die NSDAP übergetreten waren oder sich dem System untergeordnet hatten, standen wegen Spitzeltätigkeit für die Gestapo sowie wegen "Klassenverrats" vor einer Strafkammer. 32 Verurteilte waren nach 1945 Mitglieder der SPD (12) oder der KPD (15), der SED (5), der CDU und LDPD (2).

Politisch - juristischer Exzeß und Korrekturen

Das ganze Verfahren in Waldheim hatte mit rechtsstaatlichen Prozessen nichts gemein. Es tangiert Erinnerungen an den in der Französischen Revolution geborenen und schon während ihres Verlaufs mißbrauchten Tribunalstils durch politische Regie und Mischung von individueller Schuld und Nichtschuld. Und es litt vor allem unter stalinistischem Fremdeinfluß. Widerspruch tat sich auf zu dem Gesetz der Provisorischen Volkskammer der DDR vom 9. November 1949 über den Erlaß von Sühnemaßnahmen und die Gewährung staatsbürgerlicher Rechte für ehemalige Mitglieder und Anhänger der NSDAP sowie Offiziere der Wehrmacht. Unter gewissen Rahmenbedingungen, aber zumeist ohne individuellen Schuldnachweis und ohne Zeugen wie Verteidiger wurde eine geheime Massenaburteilung durchgesetzt. Strafmaße übertrafen Vorgaben in der Kontrollratsdirektive Nr. 38 und Urteile in den Nürnberger Nachfolgeprozessen. Ein politisch-juristischer Exzeß schrieb sich in die DDR-Geschichte ein.

Dennoch standen zum Teil wirklich zu ahndende Nazi- und Kriegsverbrechen und darüber hinaus ohne Zweifel politisch–moralische Schuldkategorien vor Gericht, die von der Nazifizierung in der Gesellschaft, von Opportunismus, Urteilslosigkeit und politischer Stumpfheit, von Mitläufertum und individueller Unschuld im Nationalsozialismus zeugten. Vermutlich traf das Urteil – würde man rechtsstaatliche Maßstäbe anlegen können – die Mehrheit der Menschen zu Unrecht. Andererseits fanden die Vernehmer und Richter bei dem vorgegebenen Druck nicht alles heraus. So konnte die Bundesrepublik auf der Grundlage der Entscheidung des Kammergerichts in Westberlin vom 15. März 1954, daß die Waldheimer Verfahren rechtlich als "absolut und unheilbar nichtig" zu bewerten seien, die Möglichkeit nutzen, freigelassene Waldheim-Verurteilte erneut strafrechtlich zu verfolgen, wenn neue Fakten für NS-Täterschaft auftauchten.1954 wurde gegen Paul Reckzeh (1952 begnadigt und nach Berlin (West) geflohen, 1954 erneute Flucht in die DDR) wegen Verrat an Nazigegnern, die hingerichtet wurden, ermittelt, den aber die DDR nicht auslieferte. Ende der fünfziger Jahre liefen Ermittlungen ohne Abschlußverfahren gegen den Gestapo-Chef von Przemysl, Rudolf Bennewitz, und den Rassendezernenten für die besetzten Ostgebiete, Erhard Wetzel, die in der Bundesrepublik lebten. Im Euthanasie-Prozeß in Frankfurt/Main 1966 kamen auch über den Chefarzt des psychiatrischen Krankenhauses in Waldheim, dem zum Tode verurteilten Gerhard Wischer, neue Beweise ans Licht. 1972 sprach das Schwurgericht beim Landgericht München I gegen Kurt Trimmborn und Friedrich Severin, die beide bis 1956 in DDR-Haft saßen, wegen Teilnahme am Massenmord an Juden in Taganrog, UdSSR, je vier Jahre Haft aus.[76]

Obgleich sich die DDR-Presse über das Geschehen in Waldheim im wesentlichen ausschwieg, ausgenommen die öffentlichen Prozesse, erreichten Eingaben und Bürgschaften die Strafanstalt. Angehörige der Inhaftierten, Orts- und Kreisgruppen der SED, Vorstände von Organisationen, Gemeindevertretungen, Bürgermeister, Rechtsanwälte, Generalstaatsanwälte, Pfarrer, der Leiter der Reichsvereinigung der Jüdischen Gemeinde setzten sich für die Inhaftierten ein. Probst Grüber bot die kostenlose Rechtshilfe der Kirche für die Angeklagten an. Thomas Mann ersuchte im Juni 1951 in einem Brief an Walter Ulbricht um Gnade für die verurteilten Mitläufer und wandte sich gegen die totalitäre Staatsidee. Ulbricht übermittelte den Brief an die SKK.[77]

Die ganze Explosivkraft der Waldheimer Prozesse noch nach ihrem Abschluß zeigte sich auch an der kritischen Situation in der Regierung der DDR. Das mutige Verhalten des Staatssekretärs der Justiz, Helmut Brandt, der für eine Revision der Urteile eintrat, wurde mit seiner Verhaftung im September 1950 beantwortet und brachte ihm letztlich 14 Jahre Strafe ein. Der Stellvertreter des Ministerpräsidenten der DDR, Otto Nuschke, forderte 1950, einen Ausschuß des Ministerrates für die Nachprüfung der Urteile einzusetzen, was durch die SED-Mehrheit im Ministerrat blockiert wurde. Auch die bereits erwähnte Weigerung von Johannes Dieckmann, die von seinem Kabinett zu bestätigenden 31 Todesurteile ohne Korrektur zu akzeptieren, sowie monatelange Auseinandersetzungen im Ministerrat der DDR um die Beförderung der in Waldheim eingesetzten Hauptabteilungsleiterin des MdJ drückten die politische Bedrängnis für die SED-Spitze aus.

In dieser Situation war zugleich die Hypothek von jenen 72 Menschen zu bewältigen, die 1950 nur einen Haftbefehl erhalten hatten. Davon lebten 1952 noch 38, die in dem sogenannten Verfahren "Gera" im Juni 1952 vor Gericht kamen. Schon im März bestand Übereinstimmung zwischen Vertretern der Generalstaatsanwaltschaft, des MdJ, der HVDVP und der SKK, geheim zu verhandeln, weil die Akten keine konkreten Verbrechen bewiesen und sonst Freisprüche herauskämen. Das Schreiben der Generalstaatsanwaltschaft der DDR vom 25. Mai 1952 an die Abteilung Staatliche Verwaltung beim ZK der SED unterbreitete mit den nun zu verhandelnden Sachverhalten zugleich Vorschläge für das Strafmaß. In diesen Wochen verstarben noch sechs Personen. Vier erhielten Freispruch "mangels Beweises" und "mangels Schuld".[78]

Nach fast 200 Eingaben und Gesuchen um Wiederaufnahmeverfahren, mit dem Protest einer internationalen Juristenkonferenz 1952 in Berlin und auf Vorschlag der SKK, die Akten der in Waldheim verurteilten Kriegs- und Naziverbrecher zu überprüfen zwecks Befreiung von der Haft oder Herabsetzung der Strafe, prüfte auf Beschluß des Politbüros des ZK der SED vom 10. Juni 1952 eine Kommission 3.014 Waldheim-Akten. Das im Abschlußbericht unterbreitete Ergebnis der Kommission vom September 1952, dem das Politbüro zustimmte und das von der SKK bestätigt werden mußte, drückte Schuldbekenntnis

---

[76] Vgl. Werkentin 1995, S. 787–789; Schröter 1994; BArch, Außenstelle Zwischenarchiv Dahlwitz-Hoppegarten, EVZ I/28 A 1. – Die verständliche pauschale Rehabilitierung der Waldheim-Verurteilten im 1. strafrechtlichen SED-Unrechtsbereinigungsgesetz aufgrund der Rahmenbedingungen für die Verfahren, darf folglich erwiesene Verbrechen in der Nazizeit nicht ignorieren.
[77] Vgl. Otto 1992 a, S. 39 ff.
[78] Vgl. Otto 1992 b, S. 396 ff., 465 ff.

aus: 996 Verurteilte erlangten die Freiheit, für 1.024 wurde das Strafmaß erheblich herabgesetzt, für 993 blieb es unverändert. Eine weitere Gesamtüberprüfung der Inhaftierten 1954 brachte erneute Strafminderungen sowie 693 Begnadigungen. Im Oktober 1955 befanden sich noch 968 Waldheimer in Haft, von denen 1955 709 und im April 1956 226 entlassen wurden. Neben wenigen, aber nicht exakt erfaßbaren, zwischenzeitlichen Einzelgnadenerweisen[79] war damit die Entlassung ganzer Gruppen abgeschlossen. Belegbar ist, daß 1956 u. a. wegen Verbrechen gegen die Menschlichkeit zumindest 15 Verurteilte noch in Haft blieben. Nach weiteren Todesfällen kamen mit großer Wahrscheinlichkeit im Frühjahr 1964 die letzten Verurteilten (2) zur Entlassung. Addiert man, ausgehend von den Normativen 3.324 Urteile 1950 und Istbestand an Verurteilten von 968 im Oktober 1955, die in internen Unterlagen aufzufindenden – und obengenannten – Zahlenangaben über Freigelassene, dann ist mit Erschrecken eine Sterberate von mehr als 600 Menschen zu konstatieren. Wolfgang Eisert, der wesentlich andere Zahlen anführt (vgl. Eisert 1993, S. 279/80), unterlag vermutlich dem vom SED-Politbüro und dem MfS bewußt gewolltem Mißverständnis, Waldheim-Verurteilte mit den an den Landesgerichten abgeurteilten Personen nach Befehl 201 von 1947 bis Anfang der fünfziger Jahre gleichzusetzen, was intern nie geschah. Die Gruppe der Waldheimer, die immer als die von der Sowjetunion Übergebenen zählte, und die sogenannten 201er wurden immer getrennt benannt. Nur für den jeweiligen Beschluß des Ministerrates über Begnadigungen und für die Veröffentlichung galt von Anfang an, diese Kategorien "zusammenzuziehen, da wir nach außen 'Waldheim' nicht besonders herausstellen."[80]

Schlußbemerkung

Im Urteil gegen den siebenundachtzigjährigen Otto Jürgens, dessen Bemühen um Aufrichtigkeit als erster angeklagter und verurteilter Waldheim-Richter zu schätzen bleibt, erklärte der 1. Strafsenat des Landgerichts in Leipzig im September 1993: "Das Gericht ist daher überzeugt, daß die Strafkammern in Waldheim den Mindestanforderungen an Gerichte entsprachen, auch wenn die Ergebnisse und Entscheidungen sicherlich weiterhin als Willkürakte anzusehen sind"[81]. In diesem Pilotprozeß 1992/93 wurde unter komplizierten Bedingungen – wo mancher das Wort Waldheim noch dem Namen des österreichischen Bundespräsidenten zuordnete, das eigentliche Szenario von Waldheim noch nicht offengelegt war, der Standort der Strafakten nicht einmal bekannt war beziehungsweise diese als verschollen galten, wo Zeugen ermittelt werden mußten, über Medien massenhafte politische Diskriminierung befördert wurde, scharfe Worte für strafrechtliche Verfolgung fielen, indi-

---

79 Otto Nuschke, Stellvertreter des Vorsitzenden des Ministerrates, erzwang z. B. unter Rücktrittsandrohung 1951 wenigstens zwei bekanntgewordene Freilassungen.
80 SAPMO BArch, ZPA, J IV 2/2/449, unp. — Widersprüche und Komplikatioen beim Aufrechnen der Problematik ergeben sich natürlich aus der Aktenlage. Wolfgang Eisert kommt durch die Verbindung von Waldheim- und 201-Gruppen auch zum Teil zu höheren Entlassungsraten und zu einem anderen Istbestand für 1955 (30 Personen). Direkt von sowjetischen Militärtribunalen Verurteilte, Waldheimer und 201er wurden aber statistisch immer getrennt gehandhabt. Für den Vorentscheid bei Begnadigungen von SMT-Betroffenen und in Waldheim verurteilten Personen war das MfS zuständig, woraus deutlich wird, daß Waldheimer und SMT-Verurteilte eine Gleichsetzung erfuhren. Noch in den siebziger Jahren trugen Suchaufträge des MfS nach Waldheimern den Stempel "SMT".
81 Aus dem Urteil des 1. Strafsenats des Landgerichts Leipzig 1993, S. 128.

viduelle Verantwortung wie einst mit der Altlast Kollektivschuld befrachtet werden sollte – nach Aufklärung und Beweisen gesucht.[82] Er klammerte keinen Fakt aus der Biographie von Jürgens aus – weder seine antifaschistische Vergangenheit noch seine Rolle als Beisitzer in einer Strafkammer – und ermittelte in den von Jürgens zu verantwortenden sieben Verfahren. Dieser erste Prozeß verstand sich auch auf solche Wahrheiten wie, daß sich zwei verschiedene Ordnungen mit ihren Rechtssystemen gegenüberstanden, daß geschichtliche Hintergründe und Kalter Krieg nicht unbeachtet bleiben könnten, daß Gesetze der DDR zugrunde gelegt werden. Das Urteil lautete wegen gemeinschaftlicher Rechtsbeugung in Tateinheit mit gemeinschaftlicher Freiheitsberaubung auf zwei Jahre mit Bewährung und einer Geldstrafe. In einem Beitrag für die vorgesehene Publikation der Autorin schreibt der damalige Vorsitzende des Gerichts, Richter Wolfgang Helbig aus München: "Waldheim hat nach den Feststellungen, die im Prozeß gegen *Jürgens* getroffen werden konnten, Symbolcharakter dafür, wie man Justiz mißbrauchen kann. Waldheim ist auch ein Beispiel dafür, daß offenbar die eigene Verfolgung durch ein terroristisches Regime und das eigene Leiden daran, daß es keine rechtsstaatliche und unabhängige Justiz gibt bzw. gegeben hat, nicht dazu führt, wenn man selbst Inhaber der Macht ist, dafür Sorge zu tragen, daß diese Rechte gewährleistet sind."[83]

Das Exempel "Waldheim" war weder für alle Prozesse zum Befehl Nr. 201 oder andere Gerichtsverfahren gegen Nazi- und Kriegsverbrechen noch für die gesamte Praxis der DDR-Justiz typisch. In ihm vermischten sich vielmehr vorgegebenes sowjetisches Diktat zur Verurteilung der ehemaligen Internierten mit einer antifaschistischen Legitimierungsfunktion und mit der in West und Ost geführten Schlußstrichdebatte. Prägend wurde die prinzipielle Absicht, "Waldheim" als machtpolitischen Katalysator auszunützen: Die politische Steuerungsfunktion der SED-Spitze bis hin zum Absegnen oder Korrigieren von Urteilen auf Politbüroebene im Bereich der Justiz durchzusetzen. Nach dem III. Parteitag der SED im Juli 1950 beschloß das Sekretariat des ZK der SED Aufgaben für den Sektor Justiz bei der Abteilung Staatliche Verwaltung beim ZK der SED. Der Sektor erhielt das Recht, Beschlüsse und Gesetzesvorlagen vorzubereiten und deren Durchführung zu kontrollieren, die Kontrolle über die Rechtsprechung und Arbeitsmethoden des Justizapparates auszuüben. Im Herbst 1950 wurden die Ministerien der Justiz in den Ländern aufgelöst. Es entstanden Abteilungen für Justiz bei den Ministerpräsidenten der Länder, die nur bis zur Auflösung der Länder 1952 existierten.

---

82 Ein ehemaliger Waldheim-Richter, der sich plötzlich einem Haftbefehl konfrontiert sah, stürzte sich 1992 mit seiner Frau aus dem Fenster.
83 Helbig 1994, S. 410.

Anhang

Abkürzungsverzeichnis

0, 00, s, ss	vor einer Befehlsnummer und das Kürzel "ss" bedeuten "streng geheim", die Chiffre "0" und das Kürzel "s" stehen für "geheim"
§ 58-1, a+b	Strafgesetzbuch der RSFSR, Staatsverbrechen. Vaterlandsverrat. a und b bezeichnen das Strafmaß:
	1a: Todesstrafe oder – bei mildernden Umständen – 10 Jahre Freiheitsentzug, in jedem Fall mit Vermögenseinzug
	1b: Todesstrafe und Vermögenseinzug
ACDP	Archiv für christlich-demokratische Politik (St. Augustin)
Akawze, (A.K.)	Angehörige der polnischen Armia Krajowa
ASSR	russ.: "Avtonomnaja Sovetskaja Socialističeskaja Respublika", dt.: Autonome Sowjetrepublik (innerhalb einer Unionsrepublik)
AS	Archiv Gedenkstätte und Museum Sachsenhausen
AVP RF	Archiv Vnešnej Politiki Rossijskoj Federacii
BA, BArch	Bundesarchiv
BAK	Bundesarchiv Koblenz
BDC	Berlin Document Center (heute: im Bundesarchiv Berlin)
BDM	Bund Deutscher Mädchen
BSSR	Belorussische Sozialistische Sowjetrepublik
BStU	Unterlagen des Staatssicherheitsdienstes der ehemaligen Deutschen Demokratischen Republik
CCPWE	Continental Prisoner of War Enclosure
CDU	Christliche Demokratische Union
CDUD	Christlich Demokratische Union Deutschlands in der Sowjetischen Besatzungszone
DAF	Deutsche Arbeitsfront
DDR	Deutsche Demokratische Republik
DEKA	Deutsche Kabelwerke
DIZ	Dokumentations- und Informationszentrum

EAC	European Advisory Commission
EKD	Evangelische Kirche Deutschlands
FDJ	Freie Deutsche Jugend
FRUS	Foreign Relations of the United States, diplomatic papers, Washington 1939 ff.
GARF	russ.: "Gossudarstvenny archiv Rossijskoi Federacii", dt.: Staatsarchiv der Russischen Föderation
GB	russ.: "Gossudarstvennaja Besopacnost", dt.: Staatssicherheit
Gestapo	Geheime Staatspolizei (1933 - 1945)
GmbH	Gesellschaft mit beschränkter Haftung
GOKO	russ.: "Gosudarstvennyj Komitet Oborony", dt.: Staatliches Verteidigungskomitee
GPU	Sowjetische Politische Polizei zwischen 1922 und 1934
GRU	Militärischer Geheimdienst
GSBT	Gruppe der sowjetischen Besatzungstruppen in Deutschland
GSOVG	Gruppe der sowjetischen Besatzungstruppen in Deutschland
GSSD	Gruppe der sowjetischen Streitkräfte in Deutschland
GUKR	Hauptverwaltung der Abwehr
GULAG	russ.: "Glavnoe Upravlenie Lagerej", dt.: Hauptverwaltung Lager, Synonym für das sowjetische Straflagersystem (Solschenizyn: "Archipel GULAG")
GUPVI	russ.: "Glavnoe upravlenie po delam voennoplennych i internirovannych", dt.: Hauptverwaltung für Angelegenheiten von Kriegsgefangenen und Internierten in der UdSSR. Die Großschreibung aller fünf Buchstaben bei GULAG entspricht der russischen Schreibweise. Der Artikel "die" GULAG bzw. GUPVI ergibt sich aus der Wortbedeutung "glavnoje upravlenje" gleich "Hauptverwaltung". Entsprechend werden die Abkürzungen NKVD und MVD für das Volkskommissariat bzw. Ministerium für Innere Angelegenheiten mit dem Artikel "das" versehen
HJ	Hitlerjugend
HSTA	Hauptstaatsarchiv
HVDVP	Hauptverwaltung Deutsche Volkspolizei
IG	Interessengemeinschaft
IKRK	Internationales Komitee vom Roten Kreuz (seit 1880)
ITL	Besserungsarbeitslager
K5	Politischen Kommissariate
KD	Kontrollratsdirektive
KG	Kontrollratsgesetz
KGB	Komitee für Staatssicherheit (Geheimpolizei), 1941 vom NKVD abgetrennte Dienststelle, 1943 NKGB (Volkskommissariat), seit 1946 Ministerium für Staatssicherheit (MGB), 1953 KGB
KGU	Kampfgruppe gegen Unmenschlichkeit
KJVD	Kommunistischer Jugendverband Deutschlands

KPD	Kommunistische Partei Deutschlands
KPdSU (B)	Kommunistische Partei der Sowjetunion (Bolschewiki), seit 1925
KPdSU	Kommunistische Partei der Sowjetunion (seit 1952)
KPR (B)	Kommunistische Partei Rußlands (Bolschewiki), 1918 nach der Umbenennung auf dem VII. Parteitag der SDAPR (B)
KVP	Kasernierte Volkspolizei
KZ	Konzentrationslager
LDPD	Liberal-Demokratische Partei Deutschlands
MdI	Ministerium des Innern der DDR
MdJ	Ministerium der Justiz der DDR
MfS	Ministerium für Staatssicherheit der DDR
MGB	russ.: "Ministerstvo Gosudarstvennoj Bezopasnosti", dt.: Ministerium für Staatssicherheit (1946 aus dem am 14. April 1943 gebildeten NKGB hervorgegangen)
MT	Militärtribunal
MVD	russ.: "Ministerstvo Vnutrennich Del", dt.: Ministerium für Inneres (1946 aus dem NKVD hervorgegangen)
NKFD	Nationalkomitee Freies Deutschland
NKGB	russ.: "Narodnyj Komissariat Gosudarstvennoj Bezopasnosti", dt.: Volkskommissariat für Staatssicherheit, (1943 gegründet, ab 1946 Ministerium für Staatssicherheit)
NKO	russ.: "Narodnyj Komissariat Oborony", dt.: Volkskommissariat für Verteidigung
NKPS	russ.: "Narodnyj Komissariat Putej Soobscenija", dt.: Volkskommissariat für Eisenbahnwesen.
NKVD	russ.: "Narodnyj Komissariat Vnutrennich Del", dt.: Volkskommissariat für Innere Angelegenheiten der UdSSR (1934 gegründet, ab 1946 Innenministerium (MVD))
NS	Nationalsozialistisch
NSDAP	Nationalsozialistische Deutsche Arbeiterpartei
NSFK	Nationalsozialistisches Fliegerkorps
NSKK	Nationalsozialistisches Kraftfahrerkorps
NSV	Nationalsozialistische Volkswohlfahrt
NVA	Nationale Volksarmee der DDR
Oflag	Offizierslager
OG	Operative Gruppe
RIAS	Rundfunk im Amerikanischen Sektor
ROA	russ.: "Russkaja Osvoboditel'naja Armija", dt.: Russische Befreiungsarmee ("Vlasov-Armee")
RSFSR	Russische Sozialistische Föderative Sowjetrepublik
RSHA	Reichssicherheitshauptamt

RZChIDNI	russ.: "Rossijski Zentr Chranenija i Isučenija Dokumentov Novejšei Istorii" dt.: Russischen Zentrum für die Aufbewahrung und Erforschung von Dokumenten der neuesten Geschichte
s	russ.: "sekretno", dt.: geheim
SA	Sturmstaffel (der NSDAP)
Stalag	Stammlager
SAJ	Sozialistische Arbeiterjugend
SAPMO BArch	Stiftung Archiv der Parteien und Massenorganisationen der DDR im Bundesarchiv
SBZ	Sowjetische Besatzungszone Deutschlands
SD	Sicherheitsdienst
SDAPR	Die 1903 gegründete Sozialdemokratische Arbeiterpartei Rußlands
SDAPR (B)	Die 1917, nach der Spaltung der SDAPR, so benannte Sozialdemokratische Arbeiterpartei Rußlands (Bolschewiki)
SED	Sozialistische Einheitspartei Deutschlands
SHAEF	Supreme Headquarter of Allied Expeditionary Forces
S/K	Spezialkontingent
SKK	Sowjetische Kontrollkommission (11. 10. 1949 - 27. 5.1 953)
SL, S/L	Speziallager
SMA	Sowjetische Militäradministration
SMAD	Sowjetische Militäradministration in Deutschland
SMATh	Sowjetische Militärverwaltung in Thüringen
SMERŠ	russ.: "Smert' špionam", dt.: "Tod den Spionen". (Spionageabwehr des NKVD, am 7. März 1947 dem MGB unterstellt).
SMT	Sowjetisches Militärtribunal
SNK	russ.: "Sovet Narodnych Komissarov", dt.: Rat der Volkskommissare (1917-1946, ab 1946 Ministerrat)
Sopade-Berichte	Deutschland-Berichte der SPD (aus dem nationalsozialistischen Deutschland)
Spezlager	Speziallager
SPD	Sozialdemokratische Partei Deutschlands
ss	russ.: "soveršenno sekretno", dt.: "Streng geheim".
SS	Schutzstaffel (der NSDAP)
SSR	russ.: "Sovetskaja Socialističeskaja Respublika", dt.: Sozialistische Sowjetrepublik (Unionsrepublik)
SU	Sowjetunion
UdSSR	Union der Sozialistischen Sowjetrepubliken (Sowjetunion)
UKR	Verwaltung für Spionageabwehr
UMTO	russ.: "Upravlenie material'no-techničeskogo obespečenija", dt.: Verwaltung für material-technische Versorgung
UNKGB	russ.: "Upravlenie Narodnogo Komissariata Gosudarstvennoj Bezopasnosti", dt.: Verwaltung des NKGB (Regionale Verwaltungsstrukturen des NKGB in Unionsrepubliken, Autonomen Republiken, Gebieten und Kreisen)

UNKVD	russ.: "Upravlenie Narodnogo Komissariata Vnutrennich Del", dt.: Verwaltung des NKVD. (Regionale Verwaltungsstrukturen des NKVD in Unionsrepubliken, Autonomen Republiken, Gebieten und Kreisen)
UPK	russ.: "Ugolovno-processual'nyj kodeks", dt.: Strafprozeßordnung
UPVOSO	russ.: "Upravlenie Voennych Soobščenij", dt.: Verwaltung für Militärtransporte
US-	United States-
USA	United States of America
USPD	Unabhängige Sozialdemokratische Partei Deutschlands
USSR	Ukrainische Sozialistische Sowjetrepublik
VČ	russ.: "Vysokie častoty", dt.: Hochfrequenzkanal (Regierungsnachrichtenkanal)
VKP(B)	russ.: "Vsesojuznaja Kommunističeskaja Partija (Bolševiki)", dt.: KPdSU(B), Kommunistische Partei der Sowjetunion (Bolschewiki) (ab 1952 KPdSU)
VP	Volkspolizei
ZGAOR	Zentrales Staatliches Archiv der Großen Sozialistischen Oktoberrevolution (heute: GARF)
ZIK	Zentrales Exekutivkomitee der UdSSR
ZK	Zentralkomitee
ZPA	Zentrales Parteiarchiv

Bibliographie*

8. Mai – Befreiung oder Katastrophe? München 1995.
Adressenverzeichnis ehemaliger Internierter und Angehöriger ehemaliger Internierter des sowjetischen "Speziallagers" Buchenwald. Hg. von der Gedenkstätte Buchenwald: Arbeitsstelle "Speziallager 2". [Weimar-Buchenwald 1994].
Agafonow, Alexander: Erinnerungen eines notorischen Deserteurs. Aus dem Russischen von Elvira Laplace. Berlin 1993.
Agde, Günter: Die Greußener Jungs: Hitlers Werwölfe, Stalins Geheimpolizisten und ein Prozeß in Thüringen. Eine Dokumentation. Berlin 1995.
Agde, Günter: Sachsenhausen bei Berlin. Speziallager Nr. 7 1945–1950. Kassiber, Dokumente und Studien. Berlin 1994.
Amtsblatt des Kontrollrats in Deutschland. Nummer 3, 31. Januar 1946. Hg. vom Alliierten Sekretariat Berlin, Elsholzstraße 32.
Andrew, Christopher; Gordiewsky, Oleg: KGB: die Geschichte seiner Auslandsoperationen von Lenin bis Gorbatschow. München 1990.
Anton, Karl & Vororth: Ein Mischgebiet. In: konkret: Politik und Kultur. Hamburg (1991) S. 44 ff.
Arbeitsgemeinschaft "Fünfeichen": Informationsblatt. Hg. vom Sprecherrat. Neubrandenburg 1 (1991) S. 1 ff.
Arbeitsgemeinschaft Lager Sachsenhausen (1945–1950) e. V.: [Rundbrief]. Berlin 1 (1991) S. 1 ff.
Archives of the Soviet Communist Party and Soviet State. Catalogue of finding aids and documents. Published jointly by Stata Archival Service of Russia (Rosarkhiv). Hoover Institution on War, Revolution and Peace. Distributed by Chadwyck + Healey, Stanford 1995.
Archivmaterial zu den Waldheimer Prozessen. In: Neue Justiz. Berlin 45 (1991), S. 392 ff.
Arendt, Hannah: Elemente und Ursprünge totaler Herrschaft. Frankfurt a. M. 1961 [Erstveröffentlichung 1951].
Arlt, Kurt: Die militärische und ökonomische Entwaffnung in Sachsen 1945 bis 1948. Aus einem zusammenfassenden Bericht der sowjetischen Militärverwaltung vom Oktober 1948. In: Militärgeschichtkliche Mitteilungen 52. Jg. (1993), H. 2, S. 387 f.
Armanski, Gerhard: Maschinen des Terrors. Das Lager (KZ und GULAG) in der Moderne. Münster 1993.
Arzt hinter Stacheldraht. Bericht eines in Westdeutschland internierten deutschen Arztes. Zeitgeschichtliche Dokumentation. Hg. von Erich Möllenhoff. Lindhorst, o. O. 1984.
Auch das ist Deutschland: Bericht von drüben. Hg. von der Kampfgruppe gegen Unmenschlichkeit. Berlin o. J.
Auerbach, Hellmuth: Die Organisation des "Werwolf". In: Gutachten des Instituts für Zeitgeschichte. München 1958, S. 353 ff.
Auf den Spuren des Pelzmützentransports: Initiativgruppe Lager Mühlberg e. V. bemüht sich um Aufklärung des Schicksals ehemaliger Häftlinge. In: Der Stacheldraht. Berlin (1993), S. 5 ff.
Auferstanden aus Ruinen...: von der SBZ zur DDR. Hg. von Dieter Zimmer in Zusammenarbeit mit Carl-Ludwig Paeschke. Stuttgart 1989.

---

* Diese Bibliographie stützt sich auf diejenige, die von Bodo Ritscher, Rosmarie Hofmann, Gabriele Hammermann, Wolfgang Röll und Christian Schölzel im Auftrag der Gedenkstätte Buchenwald herausgegeben wurde (Göttingen 1996). Dafür möchten wir den Herausgebern besonders danken. Die Literatur, die darüber hinaus in den hier abgedruckten Texten benutzt wurde, ergänzt die frühere Liste.

Baar, Lothar; Karlsch, Rainer; Matschke, Werner: Kriegsfolgen und Kriegslasten Deutschlands. Berlin 1993.
Bacmeister, Arnold: Der lange Weg nach Buchenwald: Autobiographie. Berlin 1992 (Frieling-Erinnerungen).
Bacon, Edwin: The Gulag at War: Stalin's Forced Labour System in the Light of the Archives. New York: New York 1994.
Badstübner, Rolf und Loth, Wilfried (Hg.): Wilhelm Pieck – Aufzeichnungen zur Deutschlandpolitik 1945 – 1953. Berlin 1994.
Bährens, Kurt: Deutsche in Straflagern und Gefängnissen der Sowjetunion. Bielefeld 1965. (Zur Geschichte der deutschen Kriegsgefangenen des Zweiten Weltkrieges; V/1)
Balfour, Michael: Vier-Mächte-Kontrolle in Deutschland 1945–1946. Düsseldorf 1959.
Baques, James: Other Losses, Montreal 1989, dt. Der geplante Tod. Deutsche Kriegsgefangene in amerikanischen und französischen Lagern 1945–1946. 5. Aufl. Frankfurt a. M 1989.
Bartov, Omer: The Eastern Front 1941-1945. German Troops and the Barbarisation of Warfare. London 1985.
Bärwald, Helmut: Das Ostbüro der SPD. 1946–1971. Kampf und Niedergang, Krefeld 1991.
Bärwald, Helmut: Terror als System. In: Verfolgt – verhaftet – verurteilt. Demokraten im Widerstand gegen die rote Diktatur – Fakten und Beispiele. Hg. von Günther Scholz. Berlin/Bonn 1990.
Bautzen-Komitee: Mitteilungsblatt. Bautzen 1 (1993).
Bechler, Margret/Stalmann, Mine: Warten auf Gerechtigkeit. Ein deutsches Schicksal. München 1981.
Bechler, Margret: Warten auf Antwort: ein deutsches Schicksal. Dokumentation: Jochen von Lang. Frankfurt a. M./Berlin 1993.
Beck, Friedrich Alfred: Tagebuch eines Mannes, der Hungerturm hieß. München 1952.
Becker, Eberhard: Das Rätsel des Ukas 43 und eine Erkundung des Archipel GULAG. Hamburg 1991.
Beckert, Rudi: Halbe Wahrheiten über Waldheimer Prozesse? In: Neue Justiz. Berlin 45 (1991), S. 301 f.
Beckmann, Andreas; Kusch, Regina: Gott in Bautzen: die Gefangenenseelsorge in der DDR. Berlin 1994.
Befehl Nr. 201 des Obersten Chefs der Sowjetischen Militärverwaltung und Ausführungsbestimmungen 1–3. Kontrollratsgesetz Nr. 10, Direktiven 24 und 38 des Kontrollrats und die zugehörigen Runderlasse der Landesregierung Brandenburg. Bernau b. Berlin [1947].
Befehle des Obersten Chefs der Sowjetischen Militärverwaltung in Deutschland. Aus dem Stab der Sowjetischen Militärverwaltung in Deutschland. Sammelheft 1: 1945. Befehle des Obersten Chefs der Sowjetischen Militärverwaltung in Deutschland und amtliche Bekanntmachungen des Stabes der Sowjetischen Militärverwaltung in Deutschland. Berlin 1946.
Belastendes Erbe? Gespräch mit Jürgen Kocka über die deutsche Geschichtswissenschaft nach dem Ende der DDR. In: Gewerkschaftliche Monatshefte. Düsseldorf 43 (1992), S. 264 ff.
Benjamin, Hilde (Leitg.): Zur Geschichte der Rechtspflege der DDR 1949–1961. Von einem Autorenkollektiv, Berlin (Ost) 1980, S. 278 ff.
Bennewitz, Inge und Potratz, Rainer: Zwangsaussiedlungen an der innerdeutschen Grenze. Analysen und Dokumente. Berlin ²1997 (1994).
Benz, Wolfgang(Hg.): Dimension des Völkermords. Die Zahl der jüdischen Opfer des Nationalsozialismus. München 1991.
Benz, Wolfgang: Zwischen Hitler und Adenauer: Studien zur deutschen Nachkriegsgesellschaft. Frankfurt a. M. 1991.
Bericht aus Sachsenhausen, in: Terror in der Ostzone: Tatsachen klagen an! Hg. Parteivorstand der SPD, Hannover 1948.
Bericht des Alliierten Kontrollrates in Deutschland an den Rat der Außenminister. (20. bis 25. Februar 1947) (Auszüge). In: Um ein antifaschistisch-demokratisches Deutschland. Berlin 1968. S. 387 ff.
Berichte aus Mitteldeutschland. Hg. von der Kampfgruppe gegen Unmenschlichkeit. O.O. o.J.

Berichte über sowjetische Internierungslager in der SBZ: [Dokumentation]. In: Deutschland Archiv. Köln 23 (1990), S. 1804 ff.

Berliner Erklärung der Vier Alliierten vom 5. Juni 1945, in: Amtsblatt des Kontrollrats in Deutschland. Berlin o. J., S. 7–9, Artikel 13, Absatz b, Satz 1.

Berndorff, Hans Rudolf; Tüngel, Richard: Auf dem Bauche sollst du kriechen. Deutschland unter den Besatzungsmächten. Hamburg 1958.

Berner, Kurt: Spezialisten hinter Stacheldraht. Berlin 1990.

Bernstein, Rolf: Dreizehn Monate Gefangenschaft. Meine Odyssee durch britische und sowjetische Lager. Berlin 1996.

Berthold, Eva: Kriegsgefangene im Osten: Bilder, Briefe, Berichte. Königstein/Ts. 1981.

Beteiligung des Bundes an Mahn- und Gedenkstätten: Protokoll über die 91. Sitzung des Innenausschusses. In: Formen und Ziele der Auseinandersetzung mit den beiden Diktaturen in Deutschland: Materialien der Enquete-Kommission "Aufarbeitung von Geschichte und Folgen der SED-Diktatur in Deutschland" (12. Wahlperiode des Deutschen Bundestages). Hg. vom Deutschen Bundestag, Bd. IX. Baden-Baden/ Frankfurt a.M 1995. S. ff.

Birkenfeld, Günther: Der NKWD-Staat: aus den Berichten entlassener KZ-Insassen. In: Der Monat. München 2 (1950), S. 628 ff.

Böhme, Kurt W.: Die deutschen Kriegsgefangenen in amerikanischer Hand: Europa. In: Maschke (Hg.): München 1973, Bd. X, 1 u. 2, S. 194 ff.

Böltken, F.: Auswahlverfahren. Eine Einführung für Sozialwissenschaftler. Stuttgart 1976 (Studienskripte zur Soziologie, hg. von E.K. Scheuch/H. Sahner).

Bonwetsch, Bernd: Gulag. In: 200 Tage und 1 Jahrhundert: Gewalt und Destruktivität im Spiegel des Jahres 1945. Hg. vom Hamburger Institut für Sozialforschung. Hamburg 1995. S. 217 ff.

Bonwetsch, Bernd; Bordjugov, Gennadij: Die Affäre Tjul´panov: die Propagandaverwaltung der Sowjetischen Militäradministration in Deutschland im Kreuzfeuer der Kritik 1945–1949. In: Deutsche Studien. Lüneburg 31 (1994), S. 247 ff.

Bordihn, Peter: Bittere Jahre am Polarkreis: als Sozialdemokrat in Stalins Lagern. Berlin 1990.

Borkowski, Dieter: Für jeden kommt der Tag...: Stationen einer Jugend in der DDR. Berlin 1990.

Bouvier, Beatrix: Antifaschistische Zusammenarbeit, Selbständigkeitsanspruch und Vereinigungstendenz. Die Rolle der Sozialdemokratie beim administrativen und parteipolitischen Aufbau in der sowjetischen Besatzungszone auf regionaler und lokaler Ebene. In: Archiv für Sozialgeschichte, Bd. 16/1976, S. 417-468.

Bouvier, Beatrix und Horst-Peter Schulz (Hg.): "... die SPD aber aufgehört hat zu existieren." Sozialdemokraten unter sowjetischer Besatzung. Bonn 1991.

Brandenburgische Gedenkstätten für die Verfolgten des NS-Regimes: Perspektiven, Kontroversen und internationale Vergleiche. Hg. vom Ministerium für Wissenschaft, Forschung u. Kultur des Landes Brandenburg in Zusammenarbeit mit der Brandenburgischen Landeszentrale für politische Bildung, Redaktion: Stefanie Endlich. Beiträge des internationalen Gedenkstätten-Colloquiums in Potsdam am 8. und 9. März 1992 u. Empfehlungen der Expertenkommission zur Neukonzeption der brandenburgischen Gedenkstätten vom Januar 1992. Berlin 1992 (Reihe deutsche Vergangenheit; 81).

Braun, Günter; Ehnert, Gunter: Das Speziallager Buchenwald in einem zeitgenössischen Bericht: ein seltenes Dokument und ein außergewöhnlicher Fall aus der Internierungspraxis des NKWD. In: Deutschland Archiv. Köln 28 (1995), S. 163 ff.

Bringmann, Fritz; Roder, Hartmut: Neuengamme. Verdrängt, vergessen, bewältigt? Die "zweite" Geschichte des Konzentrationslagers Neuengamme 1945 bis 1985. Hg. von d. KZ-Gedenkstätte Neuengamme u. d. Arbeitsgemeinschaft Neuengamme für die BRD e. V. Hamburg 1987 (Neuengamme-Forum; 1).

Browning, Christopher R.: Ganz normale Männer. Das Reserve-Polizeibataillon 101 und die "Endlösung" in Polen. Hamburg 1996 [Erstveröffentlichung 1992]

Buchenwald [Generalthema des Heftes]. In: Bauwelt. Berlin 86 (1995), S. 2246 ff.

Buchenwald gehört nicht nur den Deutschen...: antiFA-Gespräch mit Robert W. Zeiler. Der Vorsitzende der AVS Berlin über sein Leben, seine Welt-Ansichten und Hoffnungen. In: antiFA. Berlin 18 (1992), S. 24 f.

Buchheim, Hans u.a.: Anatomie des SS-Staates, 2 Bde. Olten 1965.
Buddrus, Michael: "...im Allgemeinen ohne besondere Vorkommnisse". Dokumente zur Situation des Strafvollzugs der DDR nach Auflösung der sowjetischen Internierungslager 1949–1951, in: Deutschland Archiv 29 (1996), H. 1, S. 10 ff.
Bugaj, Nikolaj Fedorovič: "Pogrueny v ešelony i otpravleny k mestam poselenij..." L. Berija – I. Stalinu. In: Istorija SSSR. Moskva (1991), S. 143 ff.
Bugaj, Nikolaj Fedoroviè: K voprosu o deportacii narodov SSSR v 30 – 40-ch godach. In: Istorija SSSR. Moskva (1989) Nojabrb'Dekabr'. S. 135 ff.
Bundesnachrichtenblatt des Waldheim-Kameradschaftskreises. Hg. vom Bundesbeauftragten Fritz Göhler. Stuttgart 1 (1963) 1–23 (1985).
Burkard, Franz: Auch ich wählte die Freiheit. Mit einem Vorwort von Rainer Hildebrandt, Leiter der Kampfgruppe gegen Unmenschlichkeit. Berlin 1949.
Buschfort, Wilhelm: Das Ostbüro der SPD. Von der Gründung bis zur Berlin-Krise. München 1991. (Schriftenreihe der VfZ, Bd. 63).
Buschfort, Wolfgang"Geheimagenten um Dr. Kurt Schuhmacher." Die SED und das SPD-Ostbüro, in: Deutschland Archiv 25 (1992), H. 7, S. 691 ff.
Buschfort, Wolfgang: Das Ostbüro der SPD. Von der Gründung bis zur Berlin-Krise, München 1991.

Camphausen, Gabriele: "Sperrgelände Firma Heike", in: Mitteilungen des Vereins für die Geschichte Berlins 93 (1997), H. 2, S. 207 ff.
Carlebach, Emil: Kein zweites Bitburg! In: Die Weltbühne. Berlin (1990), S. 625 ff.
Conquest, Robert: Kolyma. The Arctic Death Camps. New York 1978.
Conquest, Robert: The Great Terror. A Reassessment. (zuerst 1968, dt. Am Anfang starb Genosse Kirow, 1970) New York 1990.

Dahms, Henrike: Die sowjetischen Sonderlager in der SBZ/DDR 1945–1950: Schriftliche Hausarbeit im Rahmen der Ersten Staatsprüfung für das Lehramt für die Sekundarstufe II, dem Staatlichen Prüfungsamt Köln vorgelegt von Henrike Dahms. Bonn 1992.
Dallin, Alexander: Deutsche Herrschaft in Rußland 1941-1945. Eine Studie über Besatzungspolitik. Düsseldorf 1958.
Dallin, David J., Nicolaevsky, Boris I: Forced Labor in Sowjet Russia. New York/London 1948.
Daniel, Hans: Einäugig kann Geschichte nicht aufgearbeitet werden: Anmerkungen zu einer Tagung in Weimar zum Thema Buchenwald. Die Historikerkommission mit weiteren "Empfehlungen". In: antiFA. Berlin 18 (1992), S. 16 f.
Das Elend mit der Vergangenheit – Buchenwald von 1937 bis 1950: Geschichtsseminar vom 28. – 30. 9. 1990 in Weimar, Buchenwald und Ettersburg. Veranstalter: Kuratorium Schloß Ettersburg e. V.: in Kooperation mit: Hessische Landeszentrale für politische Bildung e. V., Heinrich-Böll-Stiftung e. V., Deutsche Gesellschaft e. V. u. Rheinisch-Westfälische Auslandsgesellschaft e. V.; in Verbindung mit: Nationale Mahn- u. Gedenkstätte Buchenwald u. Bürgerinitiative "Buchenwald nach 1945". Hg. von Thomas A. Seidel. [Weimar 1991].
Das gelbe Elend: Bautzen-Häftlinge berichten. 1945–1956, Berlin 1992.
Das Kreuz von Schmachtenhagen: Fragen an den Bundeskanzler. Dokumentation. Berlin 1991.
Das sowjetische Speziallager Nr. 2 1945–1950. Begleitheft zur Dauerausstellung. Weimar-Buchenwald 1997.
Das System des kommunistischen Terrors in der Sowjetzone, T. I; T. II. Hg. vom Vorstand der Sozialdemokratischen Partei Deutschlands, Hannover 1950 (Sopade-Informationsdienst: Denkschriften 28).
Das Torgau-Tabu: Wehrmachtstrafsystem, NKWD-Speziallager, DDR-Strafvollzug. Hg. von Norbert Haase; Brigitte Oleschinski. Redaktionelle Mitarbeit: Bernward Dörner. Leipzig 1993.
Das Urteil von Nürnberg 1946. München 1961.
Das wahre Gesicht der Ostzone: KZ Mühlberg, KZ Buchenwald, Zuchthaus Waldheim/Sa. O.O. o.J.
Delander, Arnold: Verlorene Jahre 1945–1950. Leverkusen 1995.
Der 8. Mai 1945 als historische Zäsur. Potsdam 1995.

Der Krieg gegen die Sowjetunion 1941–1945: eine Dokumentation. Hg. von Reinhard Rürup. Berlin [1991]. 286 S.: Ill.
Der Prozeß gegen die Hauptkriegsverbrecher vor dem Internationalen Militärgerichtshof: Nürnberg 14. November 1945–1. Oktober 1946, Bd. I - XLII. Nürnberg 1947/1949.
Der Stacheldraht. Bund der Stalinistisch Verfolgten e. V. Landesverband Berlin. Informationsblatt für Betroffene stalinistischer Willkür. 1995, H. 2.
Der Weg der Kampfgruppe gegen Unmenschlichkeit. Hg. von der Kampfgruppe gegen Unmenschlichkeit. [Berlin 1953].
Deutsche Opfer der Stalinistischen Gewaltherrschaft. Die Toten. Informationsbericht (2. Lieferung). Bundesministerium für Familien und Senioren. Dienstbereich Berlin. Februar 1992. Anlage 44.
Die Berliner Konferenz der Drei Mächte, Der Alliierte Kontrollrat in Deutschland. Die Alliierte Kommandantur der Stadt Berlin, Sammelheft 1 1945, Kommuniqués, Deklarationen, Proklamationen, Gesetze, Befehle, Berlin 1946
Die brandenburgischen Gedenkstätten. Empfehlungen der Expertenkommission zur Neukonzeption, Hg. Ministerium für Wissenschaft, Forschung und Kultur des Landes Brandenburg in Zusammenarbeit mit der Brandenburgischen Landeszentrale für politische Bildung, 1992.
Die einen sind im Dunkeln...: Jugend hinter Stacheldraht. Hg. vom Vorstand der Sozialdemokratischen Partei Deutschlands. Hannover o. J. (Sopade-Informationsdienst: Denkschriften; 31).
Die Entnazifizierungspolitik der KPD/SED 1945–1948. Dokumente und Materialien. Hg. von Ruth-Kristin Rößler. Goldbach 1994.
Die Gedenkstätte Berlin-Hohenschönhausen. O. O. o. J.
Die Gefesselten. Deutsche Frauen in sowjetischen Konzentrationslagern in Deutschland: dokumentierende Wort- und Bildanthologie. Hg. von Herbert Taege. Lindhorst 1987.
Die Krim(Jalta)Konferenz der höchsten Repräsentanten der drei alliierten Mächte – UdSSR, USA und Großbritannien. (4.–11. Februar 1945). Dokumentensammlung. Hg. Ministerium für Auswärtige Angelegenheiten der UdSSR. Moskau/Berlin 1986 (Die Sowjetunion auf internationalen Konferenzen während des Großen Vaterländischen Krieges 1941 bis 1945; 4).
Die KZ-Lager der Ostzone. In: Deutsches Pfarrerblatt. Essen 50 (1950), S. 271 ff.
Die Opfer von Fünfeichen, Erlebnisberichte Betroffener und Angehöriger, hg. von Sprecherrat der Arbeitsgemeinschaft Fünfeichen, Neubrandenburg 1996.
Die Potsdamer (Berliner) Konferenz der höchsten Repräsentanten der drei alliierten Mächte – UdSSR, USA und Großbritannien. (17. Juli–2. August 1945): Dokumentensammlung. Hg. vom Ministerium für Auswärtige Angelegenheiten der UdSSR. Moskau/Berlin 1986 (Die Sowjetunion auf internationalen Konferenzen während des Großen Vaterländischen Krieges 1941 bis 1945; 6).
Die sowjetischen Konzentrationslager auf deutschem Boden. Bericht der Kampfgruppe gegen Unmenschlichkeit. Berlin 1950.
Die Sowjetischen Militärtribunale. KgU-Archiv 1957 H. 7.
Die sowjetischen Speziallager in Deutschland 1945–1950. Eine Bibliographie. Mit einem Anhang: Literatur zum historisch-sozialen Umfeld der Speziallager. Herausgegeben von Bodo Ritscher, Rosmarie Hofmann, Gabriele Hammermann, Wolfgang Röll und Christian Schölzel im Auftrag der Gedenkstätte Buchenwald. Göttingen 1996.
Die Straflager und Zuchthäuser der Sowjetzone. Gesundheitszustand und Lebensbedingungen der politischen Gefangenen. Hg. vom Vorstand der Sozialdemokratischen Partei Deutschlands. Bonn 1955 (Sopade-Informationsdienst: Denkschriften 55).
Die Toten reden nicht: Auslandsnachrichten des Deutschen Gewerkschaftsbundes (DGB). Sondernummer. [Düsseldorf] o. J.
Die Verhandlungsniederschriften der Westfälischen Provinzialsynode vom Juli 1946. Im Auftrage des Landeskirchenamtes der Evangelischen Kirche v. Westfalen hg. von Ernst Brinkmann u. Hans Steinberg. Bielefeld: [1973].
Die Wahrheit über Buchenwald, o. O. o. J.

Die Waldheimer Geheimprozesse. Eine Denkschrift des Untersuchungsausschusses Freiheitlicher Juristen der Sowjetzone, Berlin (West) o. J.
Die Waldheimer Kriegsverbrecherprozesse: eine Denkschrift. Hg. von der Kampfgruppe gegen Unmenschlichkeit u. vom Untersuchungsausschuß freiheitlicher Juristen der Sowjetzone. [Berlin 1950].
Die Zweihunderteinser: Bericht über den Schicksalsweg der in den Waldheimer Prozessen von April bis Anfang Juli 1950 verurteilten deutschen Frauen und Männer. Im Auftr. des Waldheim-Kameradschaftskreises Nordrhein-Westfalen bearb. von Fritz Göhler. O. O. [1958].
Direktive Nr. 38: Verhaftung und Bestrafung von Kriegsverbrechern, Nationalsozialisten und Militaristen und Internierung, Kontrolle und Überwachung von möglicherweise gefährlichen Deutschen. In: ABlKR. Berlin 2 (1946), S. 184 ff.
Dittmar, Peter; Fricke, Karl Wilhelm: Zweimal Buchenwald. In: Deutschland Archiv. Köln 8 (1975), S. 466 ff.
Dokumentation des Terrors: Namen und Schicksale der seit 1945 in der sowjetisch besetzten Zone Deutschlands verhafteten und verschleppten Professoren und Studenten. Hg. vom Verband Deutscher Studentenschaften. Berlin-Dahlem 1962.
Domenach, Jean-Luc: Der vergessene Archipel. Gefängnisse und Lager in der Volksrepublik China. (franz. 1992) Hamburg 1995.
Dommain, Helmuth: Mit einem Bein im Massengrab in sowjetischen Schweigelagern Jamlitz und Buchenwald. Lübben 1994.
Drews, Berta: Wohin des Wegs: Erinnerungen. Frankfurt a.M./Berlin 1992.
Drittes Buchenwald-Treffen. Hg. von der Initiativgruppe Buchenwald 1945–1950 e. V. [Weimar 1994].
Drobisch, Klaus: Oranienburg – eines der ersten nationalsozialistischen Konzentrationslager. In: Konzentrationslager Oranienburg, Schriftenreihe der Stiftung Brandenburgische Gedenkstätten Nr. 3, 1994, S. 13 ff.
Drobisch, Klaus u. Wieland, Günter: System der Konzentrationslager 1933-1939. Berlin 1993.
Duda, Gerhard: Jenö Varga und die Geschichte des Instituts für Weltwirtschaft und Weltpolitik in Moskau. 1921–1970. Berlin 1994.
Dukes, Katharina: Die "Waldheimer Prozesse" und die Herausbildung stalinistischer Strukturen in der DDR. In: Neue Justiz. Berlin 45 (1991), S. 549 f.

Eberhardt, Albert: Die Denunziation im Spiegel des Kontrollratsgesetzes Nr. 10 als Verbrechen gegen die Menschlichkeit: mit einem ergänzenden Überblick über ihre sonstige strafrechtliche Qualifizierung. Inauguraldissertation zur Erlangung der Doktorwürde einer hohen juristischen Fakultät der Ludwig-Maximilian-Universität zu München 1950.
Eberhardt, Andreas: Verschwiegene Jahre. Biographische Erzählungen von Gefangenschaft und dem Leben danach. Diss. Münster 1996 (bzw. Berlin 1997 als Buch unter dem gleichen Titel im Druck).
Eckert, Reiner; Alexander von Plato; Jörn Schütrumpf: Wendezeiten – Zeitenwände: zur "Entnazifizierung" und "Entstalinisierung". Hamburg 1991.
Egel, Karl-Georg: Besuch bei internierten Nationalsozialisten. In: Nordwestdeutsche Hefte. Hamburg 2(1947), S. 38 f.
Eichler, Wolfgang: Ein Wort ging um in Buchenwald. Erlebnisbericht aus den Jahren 1945 bis 1950. Jena 1992.
Ein Beitrag und eine Forderung zur Sicherung des Weltfriedens. Hg. vom Bund der Opfer der Sowjet-KZ. O. O. o. J.
Eisert, Wolfgang: Die Waldheimer Prozesse der stalinistische Terror 1950. Ein dunkles Kapitel der DDR-Justiz. München 1993.
Engel, Johann: Theley einst und jetzt. Ein Heimatbuch (Im Auftrag der Gemeinde Theley). Baltersweiler 1966. Bes. S. 223 f.
Enthüllungen des Propst Grüber über die Internierungslager in der Deutschen Demokratischen Republik. O. O. o. J.

Entnazifizierung: Politische Säuberung und Rehabilitierung in den vier Besatzungszonen 1945–1949. Hg. von Clemens Vollnhals in Zusammenarbeit mit Thomas Schlemmer. München 1991.
Erinnerung ist das Geheimnis der Versöhnung: 2. Buchenwald-Geschichtsseminar. Weimar, Buchenwald, Ettersburg. 15–17. November 1991. Veranstalter: Kuratorium Schloß Ettersburg e. V.; Evangelische Akademie Tutzing in Zusammenarbeit mit: Gedenkstätte Buchenwald, Initiativgruppe "Buchenwald 1945–1950" e. V.; Bundeszentrale für politische Bildung; Bundesministerium des Innern. Weimar 1992.
Erler, Peter u. a.: Sowjetische Internierungslager in der SBZ/DDR 1945 bis 1950. In: BZG 32 (1990), S. 723 ff.
Erler, Peter: Berliner Sozialdemokraten und die Internierungspraxis des NKWD/MWD in der Nachkriegszeit. In: Geschichte und Transformation des SED-Staates: Beiträge und Analysen. Hg. von Klaus Schroeder. Berlin 1994. S. 71 ff.
Erler, Peter: Das sowjetische Speziallager Nr. 3 in Hohenschönhausen (Mai 1945–Oktober 1946). In: Horch und Guck 1995. H. 1, S. 37 ff.
Erler, Peter: Das sowjetische Speziallager Nr. 3 Mai 1945–Oktober 1946 in Berlin-Hohenschönhausen. Fakten – Dokumente – Personen. Mit einem Vorwort von Manfred Wilke. Arbeitspapiere des Forschungsverbundes SED-Staat Nr. 13. Berlin 1995.
Erler, Peter: Sowjetische Internierungslager in der SBZ/DDR. In: links – Was und Wie. Berlin 1 (1990), Augustheft. S. 18 f.
Erler, Peter: Verhaftungen Berliner Sozialdemokraten durch sowjetische Sicherheitsorgane 1945/1946. In: Horch und Guck. Berlin 2 (1993), S. 15 ff.
Erler, Peter; Friedrich, Thomas: Das sowjetische Speziallager Nr. 3 Berlin-Hohenschönhausen (Mai 1945 bis Oktober 1946). Berlin 1995.
Erler, Peter, Otto,Wilfriede: Wer war der Mann auf dem Schutzumschlag wirklich? "Unschuldige in Stalins Hand". Reaktion auf ein ungeprüftes Foto. Die Rehabilitierung Unschuldiger ist ernst zu nehmen. In: Berliner Zeitung vom 1. Februar 1991.
Erler, Peter; Otto, Wilfriede; Prieß, Lutz: Sowjetische Internierungslager in der SBZ/DDR 1945 bis 1950. In: BzG. Berlin 32 (1990), S. 723 ff.
Erler, Peter; Prieß, Lutz: Provisorische Ordnung der Internierungslager in der SBZ/DDR. In: BzG. Hamburg 33 (1991), S. 530 ff.
Erler, Peter; Prieß, Lutz: Sowjetische Speziallager in der SBZ/DDR 1945 bis 1950, in: Agde, Günter: Sachsenhausen bei Berlin. Speziallager Nr. 7 1945–1950. Kassiber, Dokumente und Studien, Berlin 1994. S. 15 ff.
Erobern und Vernichten: der Krieg gegen die Sowjetunion 1941–1945. Essays. Hg. von Peter Jahn; Reinhard Rürup. Berlin [1991].
Erstes Urteil gegen ehemaligen Richter der "Waldheimer Prozesse" (Urteildes L G. Leipzig vom 1. 9. 1993): [Dokumentation]. In: Neue Justiz. Berlin 48 (1994), S. 111 ff.
Euringer, Richard: Die Sargbreite Leben. Wir sind Internierte. Hamm 1952.
Evangelische Kirche in Berlin-Brandenburg. Archivbericht Nr. 5. 2. Jg. 1995.

Faustmann, Antje: Frauen in den Internierungslagern der SBZ/DDR 1945–1950 am Beispiel Sachsenhausen. Schriftliche Hausarbeit im Rahmen der Ersten Staatsprüfung für das Lehramt für die Sekundarstufe I/II. Dem Landesprüfungsamt Brandenburg für erste u. Zweite Staatsprüfungen für Lehrämter an Schulen vorgelegt. Potsdam 1993.
Filippowych, Dmitri mit Haritonow, Alexandr/Lipinsky, Jan: Das sowjetische Speziallager in Bautzen 1945–1950 aus der Sicht sowjetischer Akten. In: Hunger-Kälte-Isolation. Erlebnisberichte und Forschungsergebnisse zum sowjetischen Speziallager Bautzen 1945–1950 (bearb. und eingel. von Cornelia Liebhold/Bert Pampel; Lebenszeugnisse, Leidenswege, 4). Dresden 1997, S.71 ff.
Finn, Gerhard: "Grandioses Kunstwerk mit Hakenkreuzfahne"? Was los ist in Buchenwald. In: Der Stacheldraht. Berlin 6 (1996) 1. S. 9 f.
Finn, Gerhard: Buchenwald 1936–1950: Geschichte eines Lagers. Bad Münstereifel 1991.
Finn, Gerhard: Die doppelte "Banalität des Bösen": vom Leben und Sterben des jüngsten Waldheim-Verurteilten. In: Berliner Anwaltsblatt. Berlin 44 (1995), S. 305 ff.

Finn, Gerhard: Die politischen Häftlinge der Sowjetzone 1945–1958. Berlin 1958.
Finn, Gerhard: Die Speziallager der sowjetischen Besatzungsmacht 1945–1950. In: Materialien der Enquete-Kommission "Aufarbeitung von Geschichte und Folgen der SED-Diktatur in Deutschland" (12. Wahlperiode des Deutsche Bundestages). Hg. vom Deutschen Bundestages. Band IV. Recht, Justiz und Polizei im SED-Staat. Baden Baden 1995, S. 337 ff.
Finn, Gerhard: Doppelte Moral: wer bestimmt, was Unrecht war in Buchenwald? In: Der Stacheldraht. Berlin 6 (1996), S. 9 f.
Finn, Gerhard: Es darf gedacht werden... In: Freiheitsglocke. Bonn 44 (1994), S. 5 f.
Finn, Gerhard: Mauern, Gitter, Stacheldraht: Beispiele politischer Verfolgung in der Sowjetischen Besatzungszone und in der DDR. Bad Münstereifel 1996 [Begleitbroschüre für die gleichnamige Wanderausstellung der Union der Opferverbände Kommunistischer Gewaltherrschaft (UOKG).]
Finn, Gerhard: Sachsenhausen 1936–1950: Geschichte eines Lagers. Bad Münstereifel 1988.
Finn, Gerhard: Wieder einmal nichts gewußt: "Vergangenheitsbewältigung" in Buchenwald. In: Deutschland Archiv. Köln 23 (1990), S. 1251 ff.
Finn, Gerhard; Krüger, Dieter: Mecklenburg-Vorpommern 1945 bis 1948 und das Lager Fünfeichen. Berlin 1992.
Fippel, Günter: Der Mißbrauch des Faschismus-Begriffs in der SBZ/DDR. In: Deutschland Archiv. Köln 25 (1992), S. 1055 ff.
Fisch, Jörg: Reparationen nach dem Zweiten Weltkrieg. München 1992.
Fischer, Alexander/Lipinsky, Jan: Die Sowjetischen Speziallager Buchenwald und Fünfeichen – Erkenntnisse aus sowjetrussischen Archiven, in: Deutsche Studien, 31. Jg. (April 1994), S. 38 ff.
Fischer, Eva: Eine kaum zu beschreibende Verwahrlosung. In: Klonovsky, Michael; Flocken, Jan von: Stalins Lager in Deutschland 1945–1950: Dokumentation, Zeugenberichte, Frankfurt a. M. 1991, S. 105 ff.
Fischer, Lottchen; Witt, Hans-Joachim: "Ich hab dich so gesucht..." und noch kein Ende. In: Der Stacheldraht. Berlin 6 (1996), S. 4 f.
Fischer, Ursula: Zum Schweigen verurteilt: denunziert, verhaftet, interniert. (1945–1948). Berlin 1992.
Flocken, Jan von; Klonovsky, Michael: Stalins Lager in Deutschland 1945–1950. Dokumentation, Zeugenberichte. München 1993. (dtv; 2966).
Flocken, Jan von: Zu Tode gehungert: Stalins Internierungslager in Deutschland 1945–1950. In: Chance: das Jugendmagazin in der DDR. Berlin 1 (1990), S. 26 f.
Flügel, Heinz: "Faust" hinter dem Stacheldraht. In: Hochland. München 40(1947/1948), S. 287 ff.
Foitzik, Jan: Befehls- und Kommunikationsstrukturen der SMAD. In. Schönhoven, Klaus (Hg.). Sozialismus und Kommunismus im Wandel, Köln 1993. S. 325 ff.
Foitzik, Jan: Sowjetische Militäradministration in Deutschland (SMAD). In: Martin Broszat/Hermann Weber (Hg.): SBZ-Handbuch. Staatliche Verwaltung, Parteien, gesellschaftliche Organisationen und ihre Führungskräfte in der Sowjetischen Besatzungszone Deutschlands 1945–1949. München 1990, S. 7 – 69.
Foreign Relations of the United States (FRUS) , 1945, Bd. III. Washington D.C. 1968.
Frei, Bruno: Die Männer von Vernet. Ein Tatsachenbericht. 2. Aufl. Berlin (Ost) 1951.
Freisleben, Hannelore: Gemartert – gemaßregelt – gehenkt: ein Leben zwischen Krieg, Gefangenschaft und Internierungslager. Frankfurt a. M 1993.
Fresenius, Ulrich von: Begegnungen des Wernigeröder Bürgermeisters am Kriegsende, in kommunistischen Gefängnissen und Konzentrationslagern 1945 bis 1950. Hannover-Clauen o. J.
Fricke, Karl Wilhelm: "Kampf dem Klassenfeind": politische Verfolgung in der SBZ. In: Studien zur Geschichte der SBZ/DDR. Hg. von Alexander Fischer. Berlin 1993. S. 179 ff. (Schriftenreihe der Gesellschaft für Deutschlandforschung; 38).

Fricke, Karl Wilhelm: Akten-Einsicht: Rekonstruktion einer politischen Verfolgung. Mit einem Vorwort von Joachim Gauck. Berlin 1996. (Wissenschaftliche Reihe des Bundesbeauftragten; 2).
Fricke, Karl Wilhelm: Bilanz der politischen Verfolgung seit 1945: Ahndung von NS-Verbrechen und Klassenkampf-Justiz. In: SBZ-Archiv. Köln 16 (1965), S. 98 ff.
Fricke, Karl Wilhelm: Das justitielle Unrecht der Waldheimer Prozesse. In: Neue Justiz, 45. Jg. (1991), S. 209 ff.
Fricke, Karl Wilhelm: DDR-Historiker räumt Unrecht der "Waldheimer Prozesse" ein. In: Deutschland Archiv, 23. Jg. (1990), S. 1156 ff.
Fricke, Karl Wilhelm: Geschichte und Legende der Waldheimer Prozesse. In: Deutschland Archiv. Köln 13 (1980), S. 1172 ff.
Fricke, Karl Wilhelm: Opposition, Widerstand und Verfolgung in der SBZ/DDR. In: Ebenda, S. 10.
Fricke, Karl Wilhelm: Politik und Justiz in der DDR. Zur Geschichte der politischen Verfolgung 1945–1968. Bericht und Dokumentation. Köln 1990 (1979).
Fricke, Karl Wilhelm: Politische Verfolgung und sowjetische Militärjustiz in der in der SBZ/DDR. In: Norbert Haase/Brigitte Oleschinski (Hg.): Das Torgau-Tabu. Wehrmachtsstrafsystem, NKWD-Speziallager, DDR-Strafvollzug. Leipzig 1993. S. 165 ff.
Fricke, Karl Wilhelm: Sachsenhausen mahnt: ein Konzentrationslager unter zwei Diktaturen. In: SBZ-Archiv. Köln 12 (1961), S. 90 ff.
Fricke, Karl Wilhelm: Stalins Archipel GULag in Deutschland. In: Deutschland Archiv. Köln 25 (1992), S. 873 ff.
Führ, Eduard: Morphologie und Topographie eines Konzentrationslagers. In: Morsch, Günter/Reckendrees, Alfred (Hg.): Befreiung Sachsenhausen 1945, Berlin 1996. S. 30 ff.
Fünfeichen 1945–1948: Briefe Betroffener und Hinterbliebenen. Hg vom Literaturzentrum neubrandenburg. Zgst von Dieter Krüger, Neubrandenburg 1990.
Fürstenau, Justus: Entnazifizierung. Ein Kapitel deutscher Nachkriegspolitik. Neuwied/Berlin [1969] (Politica; 40).

Gaertner, Horst: Materielle Versorgung und das Versorgungssystem in der SBZ/DDR 1945 bis 1961/63. Diss., Bochum 1991.
Gallas, Wilhelm. In: Sammlung Außerdeutscher Strafgesetzbücher. Berlin 1953.
Garthoff, Raymond L.: Die Sowjetarmee. Köln 1955.
Gatow, Hanns-Heinz: Vertuschte SED-Verbrechen: eine Spur von Blut und Tränen. Mit einem Vorwort von Joachim Siegerist. Berg am See 1991.
Gedenk- und Dokumentationsstätte Opfer politischer Gewaltherrschaft. Hg. vom Museum Viadrina. Frankfurt/O. o .J.
Gedenkstätte Berlin-Hohenschönhausen (Hg.): "Zeitzeugen". Inhaftiert in Berlin-Hohenschönhausen, Berlin 1996.
Gedenkstätten für die Opfer des Nationalsozialismus: eine Dokumentation. Text u. Zusammenstellung: Ulrike Puvogel. Bonn 1989 (Schriftenreihe der Bundeszentrale für politische Bildung; 245).
Gefährliche politische Gegner". Widerstand und Verfolgung in der sowjetischen Zone/DDR. Hg. von Brigitte Kaff. Düsseldorf 1995.
Geiger, Karl: Die Internierung im deutschen Südwesten. Ein Rückblick. Heilbronn o. J. [1977].
Gemeindeverwaltung Jamlitz (Hg.): Wege ins Ungewisse. Stätte des Leidens. Internierungslager Jamlitz. 1991.
Genslerstraße 66. H. 1. Zusammengestellt und eingeleitet von Peter Erler und Thomas Friedrich. Hg. vom Verein "Biographische Forschungen und Sozialgeschichte e. V.". Berlin 1995.
Gerhard Finn: Die politischen Häftlinge der Sowjetzone 1945–1958. Berlin 1958.
Gerhard Finn: Die Speziallager der sowjetischen Besatzungsmacht 1945 bis 1950. Expertise für die Enqete-Kommission des Deutschen Bundestages "Aufarbeitung von Geschichte und Folgen. der SED-Diktatur in Deutschland". o. O. Juli 1993.
Geschichte des Staates und des Rechts der UdSSR 1917–1977. Unter Redaktion von G.S. Kalinin und G.W. Schwekow. Berlin 1987.

Geschichte in Daten-Brandenburg. München/Berlin 1995.
Gesetz Nr. 10: Bestrafung von Personen, die sich Kriegsverbrechen, Verbrechen gegen den Frieden oder gegen die Menschlichkeit schuldig gemacht haben. In: AB1KR. Berlin 2 (1946), S. 50 ff.
Gesetz zur Befreiung von Nationalsozialismus und Militarismus: vom 5. März 1946 mit Ausführungsvorschriften, Formblättern, der Anweisung für die Auswerter der Meldebogen und der Rangliste in mehrfarbiger Wiedergabe. In amtl. Auftr. hg. u. mit Anm. u. Sachverz. vers. von Erich Schullze, Präsident der Berufungskammer für Oberbayern in München. München 1946.
Gheorge, Jon: Automatic Arrest. Leoni am Starnberger See [1956].
Göhler, Fritz (Hg.): Bundesnachrichtenblatt des Waldheimer Kameradschaftskreises, 1 (1. Juli 1963) – 76 (August 1985), Neuß/Rhein.
Göhler, Fritz: Das Gesicht der Volkspolizei. In: Der Deutsche Polizeibeamte. Gelsenkirchen (1956), S. 73 ff; S. 85 ff.
Gorodetsky, Gabriel: Stalin und Hitlers Angriff auf die Sowjetunion: eine Auseinandersetzung mit der Legende vom deutschen Präventivschlag. In: Vierteljahreshefte für Zeitgeschichte. München 37 (1989), S. 645 ff.
Gordievsky, Oleg; Christopher, Andrev: KGB. Die Geschichte seiner Auslandsoperationen von Lenin bis Gorbatschow. München 1990.
Grabe, Kurt M.: Vier Stationen in Rot: gefangen in den berüchtigsten Haftanstalten der DDR. Berlin 1995. (Frieling-Erfahrungen).
Graf, Andreas: "Speziallager " – Fragen und Überlegungen. Ein Diskussionsbeitrag, in: Brandenburgische Gedenkstätten für die Verfolgten des NS-Regimes. Perspektiven, Kontroversen und internationale Vergleiche. Herausgegeben vom Ministerium für Wissenschaft, Forschung und Kultur des Landes Brandenburg in Zusammenarbeit mit der Brandeburgischen Landeszentrale für politische Bildung... Berlin 1992. S. 46 ff.
Graf, Hasso: Die Unterdrückung der Jugend in der SBZ. Hg. von der Kampfgruppe gegen Unmenschlichkeit. [Berlin] 1952 (Hefte der Kampfgruppe; 3).
Gratz, Erich: Mein Aufenthalt im Konzentrationslager Buchenwald von 1945–48 [Rotterode 1990].
Greve, Uwe: Lager des Grauens: sowjetische KZs in der DDR nach 1945. Kiel 1990.
Gries, Ulrich: Abbau der Persönlichkeit. Zum Problem der Persönlichkeitsveränderungen bei Dystrophie in sowjetischer Kriegsgefangenschaft. Mit einer Einf. von Prof. Dr. med. et phil. Carl Fervers. München/Basel 1957.
Griese, Friedrich: Der Wind weht nicht wohin er will. Düsseldorf/Köln 1960.
Grieß, Reiner: Die Rationen-Gesellschaft. Versorgungskampf und Vergleichsmentalität: Leipzig, München und Köln nach dem Kriege. Münster 1991.
Grohnert, Reinhard: Die Entnazifizierung in Baden 1945-1949: Konzeptionen und Praxis der "Epuration" am Beispiel eines Landes der französischen Besatzungszone. Stuttgart 1991 (Veröffentlichungen der Kommission für geschichtliche Landeskunde in Baden-Württemberg; Reihe B: Forschungen; 123).
Grüber, Heinrich: Erinnerungen aus sieben Jahrzehnten. Köln/Berlin 1968.
Gruber-Lieblich, Renate: "... und morgen war Krieg!". Wittenberg 1995.
Grundlegende Entscheidung des Bezirksgerichts Dresden zur Nichtigkeit der Urteile in den "Waldheimer Prozessen". In: Neue Justiz. Berlin 46 (1992), S. 69 ff.
GStA Hamburg. Verfügung vom 21.9.1956 zur Frage der Unzulässigkeitserklärung der Strafvollstreckung eines sowjetzonalen Urteils - § 15 RHG (mit Anmerkungen von W. Rosenthal). In: Recht in Ost und West. München 1(1957), S. 40 ff.
GULAG v gody vojny: Doklad načal'nika GULAGa NKVD SSSR V. G. Nasedkina. Avgust 1944 g. In: Istoričeskij arhiv. Moskva (1994), S. 60 ff.

Haas, Gerhart: Der Werwolf 1944/45 – Propaganda und Realität. In: Günter Agde (Hg.): Sachsenhausen bei Berlin. Speziallager Nr. 7 1945–1950. Kassiber, Dokumente und Studien. Berlin 1994. S. 200 ff.

Haase, Norbert/Oleschinski, Brigitte (Hg.): Das Torgau-Tabu. Wehrmachtstrafsystem – NKWD-Speziallager – DDR-Strafvollzug. Leipzig 1993.
Haase, Norbert/Oleschinski, Brigitte (Hg.): Torgau – Ein Kriegsende in Europa. Bremen 1995.
Hagemann, Frank: Der Untersuchungsausschuß Freiheitlicher Juristen 1949–1969. Frankfurt a. M. u.w 1994 (Rechtshistorische Reihe; 125).
Handbuch der Geschichte Rußlands, Bd. 3; 1856–1945: von den autokratischen Reformen zum Sowjetstaat. Unter Mitarbeit von Dietrich Beyrau u.w. hg. von Gottfried Schramm u.w. I.; II. Halbband. Stuttgart 1983; 1992.
Handbuch zum Befehl Nr. 201 des Obersten Chefs der Sowjetischen Militärverwaltung und Oberkommandierenden der Sowjetischen Besatzungstruppen in Deutschland vom 16. August 1947. Teil I (Allgemeiner Teil, Befehle, Direktiv – Gesetze und Formationen A-G), S. 1 ff., Teil II (Formationen G-Z), S. 65 ff., Dresden 1947.
Hände weg von Buchenwald, dem Memorial der Völker Europas! Die Stimmen der Internationalen Komitees. In: Die Glocke vom Ettersberg. Frankfurt a. M. 32 (1991), S. 4 ff.
Hanjohr, Kurt: Ein Mensch nach "ihrem" Muster sollte ich werden...: Erinnerungen eines Prenzlauers an die Verfolgungen durch KGB und DDR-Justiz. Nach Tonbandprotokollen aufgezeichnet von Wolfram Otto. Prenzlau 1995.
Hansen, Arthur A.(Hg.): Japanese American World War II Evacuation Oral History Project, 5 Bde. Westport 1991/2.
Hanusch, Rolf; Seidel, Thomas A.: Die gewohnten Strukturen der Erinnerung durchbrechen. In: Tutzinger Blätter. Tutzing (1992), S. 3 ff.
Haritonow, Alexandr mit Filippowych, Dmitri/Lipinsky, Jan: Das sowjetische Speziallager Bautzen 1945–1950 aus der Sicht sowjetischer Akten, in: Hunger – Kälte – Isolation. Erlebnisberichte und Forschungsergebnisse zum sowjetischen Speziallager Bautzen 1945–1950. Dresden 1997.
Harpprecht, Klaus: Thomas Mann: eine Biographie. Reinbek bei Hamburg 1995.
Hartenstein, Elfi: ...und nachts Kartoffeln schälen. Verfolgt, verschwiegen, verdrängt. Frauen berichten aus Nachkriegslagern: Annäherung an ein Kapitel DDR-Vergangenheit. Berg am Starnberger See 1992.
Hartewig, Karin: Anachronistische Verfahren. In: Niethammer, Lutz (Hg.): Der 'gesäuberte' Antifaschismus. Die SED und die roten Kapos von Buchenwald. Berlin 1994, 163 ff.
Hartmann, Helmut: Stichproben, in: Roth, Erwin (Hg.): Sozialwissenschaftliche Methoden. Lehr- und Handbuch für die Forschung und Praxis. München/ Wien 1984, S.196 ff.
Hartung, Ulrich: Zur Baugeschichte des Konzentrationslagers Sachsenhausen, in: Morsch, Günter/Reckendrees, Alfred (Hg.): Befreiung Sachsenhausen 1945. Berlin 1996, S. 26 ff.
Haus der Geschichte der BRD (Hg.): Kriegsgefangene - Wojennoplennyje. Düsseldorf 1995.
Heimann, Siegfried: Das Überleben organisieren. Berliner Jugend und Berliner Jugendbanden in den vierziger Jahren. In: Vom Lagerfeuer zur Musikbox. Jugendkulturen 1900–1960. Hg.: Berliner Geschichtswerkstatt e. V. Berlin 1985., S. 122 ff.
Heinze, Hildegard: Kriegsverbrecherprozesse in Waldheim, in: Neue Justiz, 4. Jg. (1950), S. 250.
Helbig, Wolfgang: Zur juristischen und politischen Bewertung der "Waldheimer Prozesse". In: Neue Justiz. Berlin 48 (1994), S. 409 f.
Hellweg, Fritz vom: Rheinwiesen 1945. Wuppertal 1951.
Henke, Klaus-Dietmar: Die amerikanische Besetzung Deutschlands. München 1995 (Quellen u. Darstellungen zur Zeitgeschichte; 27).
Henke, Klaus-Dietmar u. Woller, Hans (Hg.): Politische Säuberung in Europa. München 1991.
Henke, Klaus-Dietmar: Politische Säuberung unter französischer Besatzung: die Entnazifizierung in Württemberg-Hohenzollern. Stuttgart 1981 (Schriftenreihe der Vierteljahreshefte für Zeitgeschichte; 42).
Horst Hennig (Hg.): Erfahrungen aus den Diktaturen – Folgerungen für Gegenwart und Zukunft. Vorträge auf dem Halle-Forum III vom 18.–20. 5. 1996.
Henningsen, Manfred: Der Buchenwald-Komplex. In: Merkur: deutsche Zeitschrift für europäisches Denken. Stuttgart 50 (1996), S. 81 ff.

Herbert, Ulrich (Hg.): Europa und der "Reichseinsatz". Ausländische Zivilarbeiter, Kriegsgefangene und KZ-Häftlinge in Deutschland 1938–1945. Essen 1991.

Herbert, Ulrich; Groehler, Olaf: Zweierlei Bewältigung: vier Beiträge über den Umgang mit der NS-Vergangenheit in den beiden deutschen Staaten. Hamburg 1992.

Hinderer, Hans: Zu den Anklagen und Verurteilungen in "Waldheim"-Prozessen: Gedanken und Hinweise. In: Unrecht im Rechts-Staat: Strafrecht und Siegerjustiz im Beitrittsgebiet. Hg. von der Gesellschaft zum Schutz von Bürgerrecht u. Menschenwürde e. V. (GBM); Gesellschaft für rechtliche u. humanitäre Unterstützung e. V. (GRH) [Schkeuditz] Sachsen/Berlin,1995. S. 258 ff. (Unfrieden in Deutschland: Weißbuch).

Hinter den Kulissen der Waldheimer Prozesse des Jahres 1950: Brief des ehemaligen Staatssekretärs im sowjetzonalen Justizministerium Helmut Brandt, Rechtsanwalt und Notar in Bonn. Mit einem Vorwort des Bundesbeauftragten des Waldheim-Kameradschaftskreises Fritz Göhler. Sonderdruck des Waldheim-Kameradschaftskreises. O. O. 1965.

Hippe, Oskar: ...und unsere Fahn' ist rot: Erinnerungen an sechzig Jahre in der Arbeiterbewegung. Hamburg 1979.

Historisches Lexikon der Sowjetunion: 1917/22 bis 1991. Hg. von Hans-Joachim Torke. München 1993.

Hitlers zweimal getötete Opfer: westdeutsche Endlösung des Antifaschismus auf dem Gebiet der DDR. Hg. von Monika Zorn. Mit einem Geleitwort von Gilles Perrault. Freiburg (Breisgau) 1994 (Unerwünschte Bücher zum Faschismus; 6).

Hoffmann, Christa: Stunden Null? Vergangenheitsbewältigung in Deutschland 1945 und 1989. Mit einem Vorwort von Alfred Streim. Bonn/Berlin 1992 (Schriftenreihe Extremismus & Demokratie; 2).

Hofmann, Thomas: Buchenwald-Gedenktage in Weimar 1945–1995. In: Die Neue Gesellschaft/ Frankfurter Hefte. Bonn 42 (1995), S. 353 ff.

Höpcke, Klaus: Wie zivilisiert sind Nazis in Zivil? In: konkret: Politik und Kultur. Hamburg (1996). S. 22 f.

Honka, Norbert: Schlesische Opfer in den Lagern der Sowjetunion. In: Inter Finitimos. Wissenschaftlicher Informationsdienst deutsch-polnische Beziehungen, Nr. 7 (1995), S.4 - 9.

Horn, Christa: Die Internierungs- und Arbeitslager in Bayern 1945–1952. Frankfurt a. M. u.w 1992 (Erlanger historische Studien; 16).

Hornstein, Erika von: Staatsfeinde: sieben Prozesse in der "DDR". Köln/Berlin 1963.

Horstmann, Lally: Kein Grund für Tränen. Berlin 1995.

Hrdlicka, Manuela R.: Alltag im KZ: das Lager Sachsenhausen bei Berlin. Opladen 1992.

Huskey, Eugene: A Framework for the Analysis of Soviet Law. In: The Russian Review. Columbus 50 (1991). S. 53 ff.

Im Namen des Volkes? Über die Justiz im Staat der SED: Katalog zur Ausstellung des Bundesministeriums der Justiz. Leipzig.

Information zum Internierungslager Buchenwald. [Weimar-Buchenwald 1990].

Initiativgruppe Internierungslager Ketschendorf e. V.: Rundbrief. Fürstenwalde 1 (1992.

Initiativ-Gruppe Lager Mühlberg e. V.: Rundbrief. Mühlberg 1 (1991.

Internierungslager Sachsenhausen 1945 bis 1950. [Oranienburg 1990].

Internierungspraxis in Ost- und Westdeutschland nach 1945. Eine Fachtagung. Hg. von Renate Knigge-Tesche, Peter Reif-Spirek u. Bodo Ritscher. Erfurt 1993.

Inventar der Befehle des Obersten Chefs der Sowjetischen Militäradministration in Deutschland (SMAD) 1945 –1949: – Offene Serie –. Im Auftr. des Instituts für Zeitgeschichte zgst. u. bearb. von Jan Foitzik. München u. w 1995 (Texte u. Materialien zur Zeitgeschichte; 8).

Jacobmeyer, Wolfgang: Vom Zwangsarbeiter zum heimatlosen Ausländer: die Displaced Persons in Westdeutschland 1945–1951. Göttingen 1985 (Kritische Studien zur Geschichtswissenschaft; 65).

Jahnke, Karl Heinz: Hitlers letztes Aufgebot: deutsche Jugend im sechsten Kriegsjahr 1944/45. Essen 1993.
Jahresinformation der Gedenkstätte Buchenwald 1990 ff. Weimar-Buchenwald 1 (1991.
Jakobson, Michael: Origins of the GULAG. The Soviet Prison Camp System 1917–1934. Lexington 1993.
Jastrebzov, Vladislav Nikolajevič: Sotrudničestvo Sovetskoj Vojennoj Administrazii i nemezkich demokratičeskich sil v poslevojennom pereustrojstve vostočnoj Germanii (1945–1949 gg.). Diss. Kiev 1977.
Johnson, Uwe: Jahrestage: aus dem Leben von Gesine Cresspahl. Bd. 1 - 4. Frankfurt a. M. 1993.
Jolles, Hiddo M.: Zur Soziologie der Heimatvertriebenen und Flüchtlinge. Köln 1965.
Jugend hinter Stacheldraht: junge Deutsche in den Händen der sowjetischen Machthaber. Hg. vom Vorstand der SPD. Bonn o. J.
Just, Hermann: Die sowjetischen Konzentrationslager auf deutschem Boden 1945–1950. Berlin 1952.

Kaminski, Andrzej: Konzentrationslager 1896 bis heute. Geschichte, Funktion, Typologie. München 1990.
Kappeler, Andreas: Rußland als Vielvölkerreich. München 1992.
Karlsch, Reiner: Allein bezahlt? Die Reparationsleistungen der SBZ/DDR 1945–53. Berlin 1993.
Karner, Stefan: Die sowjetische Hauptverwaltung für Kriegsgefangene und Internierte. Ein Zwischenbericht. In: Vierteljahreshefte für Zeitgeschichte. München. 42(1994), S.447 ff.
Karner, Stefan: Im Archipel GUPVI: Kriegsgefangenschaft und Internierung in der Sowjetunion 1941–1956. München/Wien 1995.
Kathke, Alfred: Bestrafte Jugend: angstvolle Jahre in sowjetischen "Schweige- und Vernichtungslagern". Berlin 1996.
Kaufmann, Charlotte: Mit 16 Jahren in ein russisches NKWD-Lager. Gustavsburg o. J.
Kempowski, Walter: Ein Kapitel für sich. Roman. München 1992.
Kempowski, Walter: Im Block: ein Haftbericht. Mit 32 Bildnotizen des Verfassers. [München] [1992].
Kilian, Achim: Stalins Prophylaxe. Maßnahmen der sowjetischen Sicherheitsorgane im besetzten Deutschland, in: Deutschland Archiv 30 (1997), Nr. 4.
Kilian, Achim: "Das Lager Nr. 1 weist eine hohe Sterblichkeitsrate auf." Bericht einer GULAG-Kommission über das NKWD-Speziallager Mühlberg. In: Jahrbuch für Historische Kommunismusforschung 1996, S. 247 ff.
Kilian, Achim: Verschollen in Deutschland seit 1945, 1946, 1947...: über den Umgang mit Toten stalinistischer "Gewahrsame". In: Deutschland Archiv. 28 (1995), S. 936 ff.
Kilian, Achim: Wirfst du den Stein? In: Deutschland Archiv. 28 (1995), S. 120 f.
Kilian, Achim: Versöhnung beginnt mit der Wahrheit. In: Deutschland Archiv. 27 (1994), S. 414 f.
Kilian, Achim: "Brauchbar für Arbeiten unter Tage". Der MWD-Befehl 001196-1946. In: Jahrbuch für Historische Kommunismusforschung 1994, S.207 ff.
Kilian, Achim: "Mühlberg-Akten". Zusammenhang mit dem System der Speziallager des NKWD der UdSSR. In: Deutschland-Archiv, H.10 (1993), S.1139 ff.
Kilian, Achim: "Säuberung" und Repression in der SBZ/DDR. In: Jahrbuch für Historische Kommunismusforschung 1993. Berlin 1993. S. 425 ff.
Kilian, Achim: Einzuweisen zur völligen Isolierung. NKVD-Speziallager Mühlberg/Elbe 1945–1948. Mit einem Vorwort von Hermann Weber, 2. Auflage, Leipzig 1993.
Kilian, Achim: Kriegsgefangenenzentrale Torgau. Mannschaftsstammlager IV D und die Spitze des Kriegsgefangenenwesens der Wehrmacht 1941–1944/45. In: Haase/Oleschinski (Hg.) 1993, S. 79 ff.
Kilian, Achim: Zum Begriff "NKWD-/MWD-Speziallager". In: Deutschland Archiv. Köln 25 (1992), S. 1315 ff.
Kimmel, Andreas H. E.: Die politische Strafjustiz in der SBZ/DDR von 1945 bis 1950 am Beispiel der Strafvollzugsanstalt Bautzen. Hausarbeit zur Erlangung des Akademischen Grades eines Magister Artium, vorgelegt dem Fachbereich 12 (Sozialwissenschaften) der Johannes-Gutenberg-Universität in Mainz. Wiesbaden 1994.

Klee, Ernst: "Euthanasie" im NS-Staat. Die "Vernichtung lebensunwerten Lebens". Frankfurt a. M. 1986.
Klee, Ernst: Persilscheine und falsche Pässe. Wie die Kirchen den Nazis halfen. Frankfurt a. M 1992.
Klein, Manfred: Jugend zwischen den Diktaturen: 1945–1956. Mainz 1968.
Kleines Lexikon Sowjetstreitkräfte. Hg. von Klaus Dorst; Birgit Hoffmann. Berlin 1987.
Kleinhardt, Werner B.: Jedem das Seine: ...vom Gulag Buchenwald und einem Überleben danach. Roman. Freiburg i. Br 1993.
Klemke, Helmut: Geiseln der Rache. Zehn Jahre in mitteldeutschen Todeslagern. Erlebnis und Bericht. Berg 1995.
Klotz, Ernst-E.: So nah der Heimat: gefangen in Buchenwald 1945–1948. Bonn 1992.
Knigge-Tesche, Renate u. a.(Hg.): Internierungspraxis in Ost- und Westdeutschland nach 1945. Erfurt 1993
Knöchel, Richard: Opfer 1. und 2. Klasse? In: Freiheitsglocke. Bonn 43 (1993). S. 2.
Knütter, Friedrich: Traubenzucker ad inj. fast aus dem Nichts: ein Streiflicht auf die Tätigkeit gefangener deutscher Apotheker. In: Deutsche Apotheker Zeitung. Stuttgart 107 (1967), S. 1547 ff.
Knyševski, Pavel: Dobyča. Tajny germanskich reparazii. Moskva 1994.
Königseder, Angelika, Wetzel Juliane (Hg.): Lebensmut im Wartesaal. Die jüdischen DPs im Nachkriegsdeutschland. Frankfurt a. M. 1994.
Kogon, Eugen: Der Kampf um Gerechtigkeit. In: Frankfurter Hefte. Frankfurt a. M. 2(1947). S. 373 ff.
Kogon, Eugen: Der SS-Staat: das System der deutschen Konzentrationslager. Frankfurt a. [1949].
Köhler, Rudolf: Auszüge aus "Lagerzyklus Buchenwald 1945/50". Dresden o. J.
Kolesnitschenko, Iwan Sosonowitsch: Im gemeinsamen Kampf für das neue antifaschistisch-demokratische Deutschland entwickelte und festigte sich unsere unverbrüchliche Freundschaft. Erfurt 1985 (Beiträge zur Geschichte Thüringens).
Konasov, V. B.: Sud'by nemeckick voennoplennych v SSSR: diplomatičeskie, pravovye i političeskie aspekty. Vologda 1996.
Konzentrationslager Sachsenhausen 1945 bis 1948. In: Die Straflager und Zuchthäuser der Sowjetzone. Gesundheitszustand und Lebensbedingungen der politischen Gefangenen. Hg. vom Vorstand der Sozialdemokratischen Partei Deutschlands, Bonn 1955 (Sopade-Informationsdienst: Denkschriften 55).
Kopalin, Leonid P.: Stand der Rehabilitierung deutscher Staatsbürger, welche durch sowjetische Dienststellen verurteilt wurden. In: Horst Hennig (Hg.): Erfahrungen aus den Diktaturen – Folgerungen für Gegenwart und Zukunft. Vorträge auf dem Halle-Forum III vom 18.–20. 5. 1996. S. 40 ff.
Kopalin, Leonid Pawlowitsch: Die Rehabilitierung deutscher Opfer sowjetischer politischer Verfolgung. Vortrag vor dem Gesprächskreis Geschichte der Friedrich-Ebert-Stiftung in Bonn am 16. Mai 1995. Hg. von Dieter Dowe, Forschungsinstitut der Friedrich-Ebert-Stiftung. Bonn 1995 (Gesprächskreis Geschichte, 10).
Kopelew, Lew: Aufbewahren für alle Zeit! (zuerst dt. 1976) München 12. Taschenbuchaufl. 1992.
Korabljow, J. I.; Anfilow, W. A.; Mazulenko, W. A.: Kurzer Abriß der Geschichte der Streitkräfte der UdSSR von 1917 bis 1972. Berlin 1976. (Kleine Militärgeschichte Streitkräfte).
Köster-Hetzendorf, Maren: Ich hab´ dich so gesucht. Der Krieg und seine verlorenen Kinder. Augsburg 1995.
Koval', Konstantin Iwanowitsch: Mein Treffen mit General Draper im Juli 1947: mit Anmerkungen von Jochen Laufer; Rainer Karlsch. In: BzG. 37 (1995), S. 41 ff.
Krahulec, Peter; Schopf, Roland; Wolf, Siegfried: Buchenwald – Weimar: April 1945. Wann lernt der Mensch? Ein Grundlagenbuch für Gruppenarbeit und Selbststudium. Mit einem Begleitwort von Ralph Giordano. Münster/Hamburg 1994.
Krausnick, Helmut: Hitlers Einsatzgruppen. Die Truppen des Weltanschauungskrieges 1938-1942. Frankfurt a. M. 1985.

Kriegsgefangene – Voennoplennye: sowjetische Kriegsgefangene in Deutschland. Deutsche Kriegsgefangene in der Sowjetunion. Hg. vom Haus der Geschichte der Bundesrepublik Deutschland. Düsseldorf 1995.
Krombholz, Erich: "Jeder Tag war ein Elendstag", in: Flocken, Jan von/Klonovsky Michael (Hg.): Stalins Lager in Deutschland 1945–1950: Dokumentation, Zeitzeugenberichte. Berlin/Frankfurt a. M. 1991, S. 168 ff.
Krüger Dieter (Hg.): Fünfeichen 1945–1948, Briefe Betroffener und Hinterbliebener. Neubrandenburg 1990.
Krüger, Dieter: " ... Doch sie liebten das Leben", Gefangenenlager in Neubrandenburg 1939 bis 1945. Neubrandenburg 1990.
Krüger, Dieter; Kühlbach, Egon: "Schicksal Fünfeichen". Teil I. Gefangene im NKWD/MWD-Lager Fünfeichen 1945 bis 1948: Versuch einer Ermittlung. Stand 1991. Hg. vom Regionalmuseum Neubrandenburg in Zusammenarbeit mit der Landsmannschaft Mecklenburg e. V. u. der Arbeitsgemeinschaft Fünfeichen. Neubrandenburg [1991].
Křen, Jan: Tschechisch-deutsche Beziehungen in der Geschichte. Von Böhmen aus betrachtet, in: Aus Politik und Zeitgeschichte. Beilage zur Wochenzeitung Das Parlament, B 28/96 5. Juli 1996, S. 21-27.
Kühlbach, Egon: "Schicksal Fünfeichen". Teil II – Gefangene im NKWD/MWD Lager Fünfeichen 1945–1948. Neubrandenburg 1993.
Kühle, Barbara/Titz, Wolfgang: Speziallager Nr. 7 Sachsenhausen 1945–1950. Berlin 1990.
Kühn, Rainer: Konzentrationslager Sachsenhausen. (In Zusammenarbeit mit Barbara Kühle, Nationale Mahn- und Gedenkstätte Sachsenhausen). Hg. von der Landeszentrale für politische Bildungsarbeit Berlin. Berlin 1990.
Küllmer, Inge: Botschaft aus der dunklen Nacht! Das Schicksal meines Vaters im Speziallager 2 "Buchenwald". (1945–1950). Eines von vielen tausend: dokumentiert durch Briefe überlebender Kameraden, die ein Versprechen erfüllten. [Kassel 1992].
ky. (Bosetzky, Horst): Unfaßbar für uns alle. Reinbek bei Hamburg 1995.

Lang, Martin: Stalins Strafjustiz gegen deutsche Soldaten. Die Massenprozesse gegen deutsche Kriegsgefangene in den Jahren 1949 und 1950 in historischer Sicht. Herford 1981.
Lange, Herbert: Engel von Bautzen: Bericht über eine Haft. Berlin 1994.
Laregh, Peter: Heinrich George: Komödiant seiner Zeit. München: 1992.
Lattard, Alain: Zielkonflikte französischer Besatzungspolitik in Deutschland: der Streit Laffon - Koenig 1945–1947. In: Vierteljahreshefte für Zeitgeschichte. München 39 (1991), S. 1 ff.
Lauterbacher, Hartmann: Erlebt und mitgestaltet. Kronzeuge einer Epoche 1923–1945. Zu neuen Ufern nach Kriegsende. Pr. Oldendorf 1984.
Lehmann, Albrecht: Gefangenschaft und Heimkehr. Deutsche Kriegsgefangene in der Sowjetunion. München 1986.
Lehmann, Kurt: "Richter hat gesprochen: 10 Jahre Lagger". Stalins Militärjustiz in Deutschland 1946. o. O. 1990.
Lehndorff, Hans Graf von: Ostpreußisches Tagebuch: Aufzeichnungen eines Arztes aus den Jahren 1945–1947. München 1993.
Lenzer, Gudrun: Frauen im Speziallager Buchenwald 1945–1950: Internierung und lebensgeschichtliche Einordnung. Münster 1996.
Leo, Annette: Geschlossene Abteilungen, offene Fragen. In: Die Weltbühne. Berlin 86 (1991), S. 1444 ff.
Lewytzky, Borys: Die rote Inquisition. Die Geschichte der sowjetischen Sicherheitsdienste. Frankfurt a. M. 1967.
Leyrer, Katja: "Nicht unsre Sache". In: konkret: Politik und Kultur. Hamburg (1992), S. 40 ff.
Leyrer, Katja: Auseinandersetzungen um Buchenwald. In: 1999. Zeitschrift für Sozialgeschichte des 20. und 21. Jahrhunderts. Hamburg 9 (1994), S. 155 ff.
Leyrer, Katja: Die Zerstörung eines Mahnmals: die antifaschistische Gedenkstätte Sachsenhausen soll umfunktioniert werden. In: analyse & kritik – Zeitung für linke Debatte und Praxis. Neue Folge. Hamburg 22 (1992), S. 3 f.

Lipinsky, Jan: Akten aus deutschen und sowjetischen Archiven – Neue Erkenntnisse über die sowjetischen Speziallager in Deutschland: Beispiel Bautzen. In: Friedrich-Ebert-Stiftung (Hg.): Die Akten der Kommunistischen Gewaltherrschaft – Schlußstrich oder Aufarbeitung. Leipzig 1994.

Lipinsky, Jan: Sowjetische Speziallager in Deutschland 1945–1959 – ein Beispiel für alliierte Internierungspraxis oder für sowjetisches GULag-System. In: Kaff (Hg.): "Gefährliche politische Gegner". Widerstand und Verfolgung in der sowjetischen Zone/DDR. Düsseldorf 1995, S. 27 ff.

Lipinsky, Jan: 50 Jahre Sowjetisches Speziallager Nr. 2: Buchenwald (1945–1950). Manuskript im Druck [1997].

Lipinsky, Jan: Ketschendorf/Fürstenwalde – ein sowjetisches Speziallager seit 1945 im Überblick. In: Deutsche Studien, 33. Jg. (Sept./Okt. 1996), S.357 ff.

Lipinsky, Jan: Speziallager Torgau: Verwaltung im Spiegel sowjetischer Akten. In: Haase, Norbert/Oleschinski, Brigitte (Hg.): Das Torgau-Tabu. Wehrmachtstrafsystem, NKWD-Speziallager, DDR-Strafvollzug, Leipzig 1993, S. 146 ff.

Lipinsky, Jan: Verlegungen und Tod innerhalb Sowjetischer Speziallager in Deutschland (1945–1950) – Zahlen zur Bestandsgröße aus sowjetrussischen Akten, Manuskript im Druck [1997].

Litten, Freddy: Britische, amerikanische und russische Aktenpublikationen zu Osteuropa im 19. und 20. Jahrhundert. Ein Führer zu Mikroform-Beständen der Bayerischen Staatsbibliothek. München 1995.

Lohrenz, Wilhelm: Hinter den Kulissen der SPD-Führung. Tatsachenbericht über die Spionagetätigkeit des SPD-Vorstandes. Berlin 1949.

Lorenz, Thomas: Die Deutsche Zentralverwaltung der Justiz (DJV) und die SMAD in der sowjetischen Besatzungszone 1945–49. In: Rottleuthner, Hubert unter Mitarbeit von Baer, Andrea, Behlert, Wolfgang, Feth, Andrea, Gängel, Andreas, Künzel, Werner, Lorenz, Thomas, Werkentin, Falco: Steuerung der Justiz in der DDR. Einflußnahme der Politik auf Richter, Staatsanwälte und Rechtsanwälte. Köln 1994, S. 135 ff.

Löwenstein, Franz zu: Religiöse Einkehr in Interniertenlagern. In: Frankfurter Hefte. Frankfurt a. M. 2(1947), S. 463 ff.

Lutz, Thomas: Tagungsbericht: Internierungspraxis in Ost- und Westdeutschland nach 1945. In: Gedenkstätten-Rundbrief. Berlin 11 (1993), S. 14 ff.

Mahn- und Gedenkstätte Fünfeichen: Arbeitsgemeinschaft Fünfeichen. Neubrandenburg o. J.

Maljarov, M. P.: Dejatelnost SVAG i jego pravovyje osnovy. Diss. Moskva 1964.

Mann, Thomas: Dokument der Zeit: Gnade für arme Schächer oder Wer aber Gnade übt, der wird Gnade finden. Ein unveröffentlichtes Schreiben Thomas Manns vom 19. Juni 1951 an Walter Ulbricht anläßlich der Waldheim-Prozesse. In: Mitteilungen des Förderkreises Archive und Bibliotheken zur Geschichte der Arbeiterbewegung. Berlin 1 (1992).

Mann, Thomas: Ein unbekannter Brief an Walter Ulbricht. In: Neue Rundschau. Frankfurt a. M. (1990), S. 5 ff.

Mann, Thomas: Reisebericht. In: Gesammelte Werke in dreizehn Bänden, Bd. XI. Stuttgart [1977]. S. 498 ff.

Maschke, Erich(Hg.): Zur Geschichte der deutschen Kriegsgefangenen des Zweiten Weltkriegs, 22 Bde. Bielefeld später München 1962–1974.

Maser, Werner: Der Wortbruch: Hitler, Stalin und der Zweite Weltkrieg. München 1994.

Materialien zur Pressekonferenz des Stellvertreters des Ministerpräsidenten und Minister des Innern, Dr. Peter-Michael Diestel, am 26.07.1990 um 11.00 Uhr im MdI. [Berlin 1990].

Matz-Donath, Annerose: Wege nach Hoheneck. Frauen vor Sowjetischen Militärtribunalen. In: Deutschland Archiv 28 (1995), S. 466 ff.

Maurach, Reinhart: Die Kriegsverbrecherprozesse gegen deutsche Kriegsgefangene in der Sowjetunion. Hamburg 1950.

Medwedew, Roy: Das Urteil der Geschichte. Stalin und der Stalinismus. Berlin 1992.

Mehr Sensibilität bei Aufarbeitung der Buchenwald-Geschichte nötig: Vereinigung der Opfer des Stalinismus fordert Gedenken an alle Opfer. In: Freiheitsglocke. Bonn 44 (1994), S. 13 ff.

Meinicke, Ines: Die Maschinenfabrik Richard Heike. In: Hohenschönhauser Lokalblatt Nr. 21/1993. Vgl. auch: Thomas Friedrich: Die größte Küche Deutschlands stand in Hohenschönhausen. Zur Geschichte der NSV-Großküche in der Genslerstraße. In: Hohenschönhauser Lokalblatt Nr. 66/1997.

Meinicke, Wolfgang: Die Entnazifizierung in der sowjetischen Besatzungszone unter Berücksichtigung von Aspekten politischer und sozialer Veränderungen 1945-48. Diss. Berlin (Ost) 1983.

Merl, Stephan: Das System der Zwangsarbeit und die Opferzahl im Stalinismus. In: Geschichte in Wissenschaft und Unterricht: Zeitschrift des Verbandes der Geschichtslehrer Deutschlands. Seelze 46 (1995), S. 277 ff.

Merz, Kai-Uwe: Kalter Krieg als antikommunistischer Widerstand. Die Kampfgruppe gegen Unmenschlichkeit 1948–1959. München 1987.

Meyer, Walter: Meine Erlebnisse in den Speziallagern 1 und 2 (1945–1950). In: BzG. Berlin 32 (1990), S. 792 ff.

Mezger, Erwin O.: Sieben Jahre hinter dem Vorhang. O. O. [1972

MfS Sonderhaftanstalt Bautzen II. Hg. vom Hannah-Ahrendt-Institut für Totalitarismusforschung an der TU Dresden Dresden [1994].

Milke, Gertrud: Herr Oberstaatsanwalt, der Sonderfall... In: Der Spiegel. Hamburg 4 (1950), S. 13 f.

Mitteilungen. Staatsbibliothek zu Berlin: Preußischer Kulturbesitz N.F. 1995. Nr. 3.

Mitzka, Herbert: Meine Brüder hast du ferne von mir getan. Beitrag zur Geschichte der ostdeutschen Reparationsdeportierten von 1945 in der Sowjetunion. Einhausen 1989.

Mitzka, Herbert: Zur Geschichte der Massendeportationen von Ostdeutschen in die Sowjetunion im Jahre 1945. Einhausen 1989.

Moczarski, Kazimierz: Gespräche mit dem Henker. Berlin [1981].

Möhler, Rainer: Entnazifizierung in Rheinland-Pfalz und im Saarland unter französischer Besatzung von 1945 bis 1952. Mainz 1992 (Veröffentlichungen der Kommission des Landtages für die Geschichte des Landes Rheinland-Pfalz; 17).

Möhler, Rainer: Internierung im Rahmen der französischen Besatzungszone. In: Internierungspraxis in Ost- und Westdeutschland nach 1945: eine Fachtagung. Hg. von Renate Knigge-Tesche; Peter Reif-Spirek; Bodo Ritscher. Erfurt 1993, S. 58 ff.

Morgenstern, Beate: Küsse für Butzemännchen. Roman. Rostock 1995.

Morsch, Günter/Reckendrees, Alfred (Hg.): Befreiung Sachsenhausen 1945. Berlin 1996.

Morsch, Günter:(Hg.): Konzentrationslager Oranienburg. Schriftenreihe der Stiftung Brandenburgische Gedenkstätten Nr. 3, 1994.

Mühlberg (Elbe): Tradition und Geschichte einer Stadt mit ihrer reizvollen Umgebung. Cottbus 1993.

Müller, Hanno (Hg.): Recht oder Rache? Buchenwald 1945–1950: Betroffene errinnern sich. Frankfurt a. M. 1991.

Müller, Klaus Dieter/Osterloh, Jörg: Die andere DDR. Eine studentische Widerstandsgruppe und ihr Schicksal im Spiegel persönlicher Erinnerungen und sowjetischer NKWD-Dokumente. Dresden 1995.

Munzinger, Ludwig: Am Rande des Lebens. Tübingen 1950.

Museum Viadrina, Frankfurt (Oder) (Hg.): Gedenk- und Dokumentationsstätte Opfer politischer Gewaltherrschaft. o. J.

Müthel, Eva: Für dich blüht kein Baum. Roman. Frankfurt a. M./Hamburg 1959.

Naimark, M.: Die Russen in Deutschland. Die sowjetische Besatzungszone 1945 bis 1949. Berlin 1997.

Naimark, Norman M.: Die Sowjetische Militäradministration in Deutschland und die Frage des Stalinismus. Veränderte Sichtweisen auf der Grundlage neuer Quellen aus russischen Archiven. In: Zeitschrift für Geschichtswissenschaft. Berlin 43(1995), S. 293 ff.

Napol, Erich: Ein Gebet wird erhört: Tatsachen aus meinem Leben. Berlin 1994 (Frieling-Erinnerungen).

Nača linija takaja...: Dokumenty o vstreče I. V. Stalina s rukovoditeljami SEPG. Janvar' - Fevral' 1947 g. In: Istoričeskij archiv. Moskva (1994), S. 22 ff.

Nawratil, Heinz: Die deutschen Nachkriegsverluste unter Vertriebenen, Gefangenen und Verschleppten: mit einer Übersicht über die europäischen Nachkriegsverluste. Hg. von der Zeitgeschichtlichen Forschungsstelle Ingolstadt. München/Berlin 1986.
Neues Konzept für brandenburgische Gedenkstätten. Zgst. von Hans-Joachim Witt. In: Der Stacheldraht. Berlin 2 (1992), S. 6 ff.
Nieden, Susanne zur: Vom Interregnum zum Speziallager, in: Morsch, Günter (Hg.): Von der Erinnerung zum Monument. Die Entstehungsgeschichte der Nationalen Mahn- und Gedenkstätte Sachsenhausen. Schriftenreihe der Stiftung Brandenburgische Gedenkstätten Band Nr. 8, 1996.
Niethammer, Lutz (Hg.): Der 'gesäuberte' Antifaschismus. Die SED und die roten Kapos von Buchenwald. Berlin 1994, 163 ff.
Niethammer, Lutz: Alliierte Internierungslager in Deutschland nach 1945: Vergleich und offene Fragen. In: Von der Aufgabe der Freiheit: politische Verantwortung und bürgerliche Gesellschaft im 19. und 20. Jahrhundert. Festschrift für Hans Mommsen zum 5. November 1995. Hg. von Christian Jansen; Lutz Niethammer; Bernd Weisbrod. Berlin 1995. S. 469 ff.
Niethammer, Lutz: Die Mitläuferfabrik: die Entnazifizierung am Beispiel Bayerns. Berlin/Bonn 1982.
Niethammer, Lutz: Fragen – Antworten – Fragen. Methodische Erfahrungen und Erwägungen zur Oral History. In: Ders./ Plato, Alexander von (Hg.): "Wir kriegen jetzt andere Zeiten". Auf der Suche nach der Erfahrung des Volkes in nachfaschistischen Ländern, Berlin/Bonn 1985.
Noble, John: Verhaftet – Verbannt – Verleugnet: Mühlberg 1945–1948. Muncy/Pa. o. J.
Noebe, Will: Wie es wirklich war: 7 1/2 Jahre politischer Gefangener des N.K.W.D. in Ostdeutschland und Sibirien. Berlin 1959.
Nolte, Ernst: Die Deutschen und ihre Vergangenheiten: Erinnerung und Vergessen von der Reichsgründung Bismarcks bis heute. Berlin/Frankfurt a. M 1995.
Nowak, Josef: Menschen auf den Acker gesät. Hannover 1956.
Nowak, Edmund: Das Arbeitslager Lamsdorf 1945 - 1946 im Licht des wiedergefundenen Lagerregisters, in: Inter Finitimos. Wissenschaftlicher Informationsdienst deutsch-polnische Beziehungen, Nr. 7 (1995), S. 20 - 23.
Nun hängen die Schreie an mir ...Halbe. Ein Friedhof und seine Toten. Hg. von Herbert Pietsch, Rainer Potratz und Meinhard Stark. Berlin 1995, S. 145 ff.

Ochs, Eva: "Mit dem Abstand von vier Jahrzehnten." Zur lebensgeschichtlichen Verarbeitung des Aufenthalts in sowjetischen Internierungslagern nach 1945. In: Knigge-Tesche, Renate u.a. (Hg.): Internierungspraxis in Ost- und Westdeutschland nach 1945, Erfurt 1993, S. 111 ff.
Ochs, Eva: "Werwölfe" in sowjetischen Sonderlagern. Verarbeitungsmuster im Ost-West-Vergleich, in: Boll, Friedhelm (Hg.): Verfolgung und Lebensgeschichte. Diktaturerfahrungen unter nationalsozialistischer und stalinistischer Herrschaft, Berlin 1997, S. 213 - 231.
Ochs, Günter: "Ungewollt nach Kasachstan": Erlebnisse eines Jugendlichen am Ende des Zweiten Weltkrieges. Gefangenschaft – Gefängnis Straflager II Buchenwald und Arbeitslager in Karaganda, Kasachstan. (Meine gestohlene Zeit; Bd. 2). Darmstadt 1995.
Ochs, Günter: Meine gestohlene Zeit... 50 Jahre danach! Erlebnisse eines Jugendlichen am Ende des zweiten Weltkrieges. Gefangenschaft – Gefängnis – Straflager II- KZ Buchenwald. I. Buch. Darmstadt 1994.
Oleschinski, Brigitte/Pampel, Bert: "Feindliche Elemente sind in Gewahrsam zu halten." Die sowjetischen Speziallager Nr. 8 und Nr. 10 in Torgau 1945–1948. Leipzig 1997.
Oleschinski, Brigitte/Pampel, Bert: "Nazis", "Spione", "Sowjetfeinde"? Die SMT-Verurteilten im April 1953 in Torgau. In: Deutschland Archiv 28 (1995), S. 456 ff.
OMGUS-Handbuch: die amerikanische Militärregierung in Deutschland 1945–1949. Hg. von Christoph Weisz. München 1994 (Quellen u. Darstellungen zur Zeitgeschichte; 35).
Otto, Wilfriede Die "Waldheimer Prozesse" 1950. Historische, politische und juristische Aspekte im Spannungsfeld zwischen Antifaschismus und Stalinismus. In: hefte zur ddr-geschichte (1993) Nr. 12, S. 5 ff.
Otto, Wilfriede: Archivmaterial zu den Waldheimer Prozessen. In: Neue Justiz, 45. Jg. (1991), S. 392 ff.

Otto, Wilfriede: Deutscher Handlungsspielraum und sowjetischer Einfluß. Zur Rolle der Sowjetischen Kontrollkommission.In: Scherstjanoi, Elke (Hg.): "Provisorium für längstens ein Jahr". Protokoll des Kolloquiums: Die Gründung der DDR, Berlin 1991 a, S. 138 ff.
Otto, Wilfriede: Die "Waldheimer Prozesse" - altes Erbe und neue Sichten, in: Neue Justiz, 45. Jg. (1991) b, S. 355 ff.
Otto, Wilfriede: Deutscher Handlungsspielraum und sowjetischer Einfluß. Zur Rolle der Sowjetischen Kontrollkommission. In: Scherstjanoi, Elke (Hg.): "Provisorium für längstens ein Jahr". Protokoll des Kolloquiums: Die Gründung der DDR, Berlin 1991, S. 138 ff.
Otto, Wilfriede: Die "Waldheimer Prozesse" I; II. In: Der Stacheldraht. Berlin 3 (1993), S. 10 ff; 8 ff.
Otto, Wilfriede: Die "Waldheimer Prozesse". In: Demokratie und Recht 20 (1992), H. 4, S. 396 ff.
Otto, Wilfriede: Rückblick: Thomas Mann an Walter Ulbricht. In: Mitteilungen des Förderkreises Archive und Bibliotheken zur Geschichte der Arbeiterbewegung, 2/3/1992, S. 39 ff.

Pampel, Bert; Haase, Norbert: Hunger, Kälte, Isolation: Gedenkstätte Bautzen in der ehemaligen Haftanstalt Bautzen II. Hg. Stiftung Sächsische Gedenkstätten zur Erinnerung an die Opfer politischer Gewaltherrschaft. Dresden o. J.
Peschel, Günter: Eine alte Schanze erzählt...: aus der Geschichte des Doppellagers Mühlberg-Neuburxdorf. In: Heimatkalender für den Kreis Bad Liebenwerda und das Mückenberger Ländchen. Hg. von Natur- u. Heimatfreunden. [Bad Liebenwerda]47 (1994). S. 103 ff.
Peterson, Edward N: The American Occupation of Germany. Detroit 1978.
Peterson, Edward N.: The Many Faces of Defeat. The German People's Experience in 1945. New York u. a. 1990.
Petrov, Nikita: Apparat Upolnomočennogo NKVD-MVD v Germanii (1945–1953 gg.). Moskva 1997, unv. Manus.
Petschel, Siegfried: Internierungslager Tost – Reisen in die Vergangenheit. In: Der Stacheldraht. Berlin 6 (1996), S. 12 f.
Pfeiffer, Werner: Mit 15 in die Hölle: ein Tatsachenbericht. Bonn 1994.
Pförtner, Kurt; Natonek, Wolfgang: Ihr aber steht im Licht: eine Dokumentation aus sowjetischem und sowjetzonalem Gewahrsam. Hg. von der Vereinigung der Opfer des Stalinismus, Bonn/Tübingen 1963.
Pingel, Falk: Häftlinge unter SS-Herrschaft. Widerstand, Selbstbehauptung und Vernichtung im Konzentrationslager. Hamburg 1978.
Piskol, Joachim, Nehring, Christel, Trixa, Paul: Antifaschistisch-demokratische Umwälzung auf dem Lande (1945–1949). Berlin 1984.
Plato, Alexander von und Wolfgang Meinicke: Alte Heimat - neue Zeit, Flüchtlinge, Vertriebene, Umgesiedelte in der SBZ und DDR, Berlin 1991.
Plato, Alexander von: Sowjetische Sonderlager in SBZ und DDR. In: BIOS. Zeitschrift für Biographieforschung und Oral History. Opladen 5 (1992), S. 248 ff. (v. Plato 1992 a.).
Plato, Alexander von: Oral History als Erfahrungswissenschaft. Zum Stand der "mündlichen Geschichte" in Deutschland, in: Konrad H. Jarausch, Jörn Rüsen und Schleier Hg.): Geschichtswissenschaft vor 2000. Perspektiven der Historiographiegeschichte, Geschichtstheorie, Sozialgeschichte. Festschrift für Georg Iggers. Hagen 1992. (v. Plato 1992 b)
Plato, Alexander von: Deutsch-Russisches Kooperationsprojekt über Sonderlager in der sowjetisch besetzten Zone: neue Akten zur Lagerverwaltung, zur Stimmung unter den Häftlingen und zum Geheimdienst. In: Die Akten der kommunistischen Gewaltherrschaft – Schlußstrich oder Aufarbeitung? Dokumentation. 5. Bautzen-Forum der Friedrich-Ebert-Stiftung. 24. bis 25. Juni 1994. Leipzig 1994. S. 67 ff. (Bautzen-Forum; 5).
Plato, Alexander v. und Almut Leh (Hg.): "Ein unglaublicher Frühling." Erfahrene Geschichte im Nachkriegsdeutschland 1945-1948. (Im Auftrag der Bundeszentrale für politische Bildung). Bonn 1997.
Podolski, Elisabeth: Verlorene Jahre. Kiel 1983.
Poljan, Pavel: Žertvy Dvuch Diktatur. Ostarbejtery I Voennoplennye V Tret'em Reiche I Ich Repatriacija. Moskva 1996

Polster, Günter: Bericht über eine Reise nach Westsibirien (Kussbass) in der Zeit vom 13. bis 21. 4. 1993: auf den Spuren des "Pelzmützentransportes" aus dem NKWD-Lager bei Mühlberg nach Westsibirien vom 7. Februar 1947. In: Heimatkalender für den Kreis Bad Liebenwerda und das Mückenberger Ländchen. Hg. von Natur- u. Heimatfreunden. [Bad Liebenwerda] 47 (1994). S. 110 ff.
Porträt. Aus dem Russischen von Vesna Jovanovska. Düsseldorf/Wien 1993.
Pöttgen, Peter: Am Ettersberg. Roman. Düsseldorf: 1983.
Prieß, Benno: Erschossen im Morgengrauen. Verhaftet, Gefoltert, Verurteilt, Erschossen. Calw 1997.
Prieß, Benno: Unschuldig in den Todeslagern des NKWD 1946–1954: Torgau, Bautzen, Sachsenhausen, Waldheim. Calw 1995.
Prieß, Lutz; Erler, Peter: Internierte aus Ketschendorf. In: Nun hängen die Schreie mir an...: Halbe. Ein Friedhof und seine Toten. Hg. von Herbert Pietsch; Rainer Potratz; Meinhard Stark. Berlin 1995. S. 145 ff.
Pritzkow, Walter: NKWD-Sonderlager Nr. 7 – Sachsenhausen: Tatsachenbericht eines Überlebenden aus GPU-Kellern und Sowjet-KZ vom 25. Juni 1945 bis 6. August 1948. Jever 1994.
Projekt Mahn- und Gedenkstätte – ehemalige zentrale Untersuchungshaftanstalt des NKWD und MfS. Berlin-Hohenschönhausen o. J.
Proklamation Nr. 3: Grundsätze für die Umgestaltung der Rechtspflege. In: ABlKR. Berlin 1(1945), S.22 f.
Proudfoot, Malcolm J.: European Refugees: 1939–52. A Study in Forced Population Movement. London 1957.
Przybylski, Peter; Busse, Horst: Mörder von Oradour. Berlin 1986.

Ramin, Ursula: Magdalena. In: Zwischen Waldheim und Workuta. Erlebnisse politischer Häftlinge 1945–1965. Gesammelt und bearbeitet von Sigurd Binski mit einer Einleitung von Karl Wilhelm Fricke. Hg. von der Vereinigung der Opfer des Stalinismus e. V. Bonn 1967, S. 60 f.
Range, Hans-Peter: Das Konzentrationslager Fünfeichen 1945–1948: ein Mecklenburger Geschichtsbild. Britzingen/Baden 1991.
Rathsfeld, Werner; Rathsfeld, Ursula: Die Graupenstraße. Erlebtes und Erlittenes. Bad Lauterberg im Harz 1993 (Schriftenreihe "Heimatgeschichtliche Forschungen des Stadtarchivs Nordhausen/Harz"; 5).
Rauch, Georg von: Geschichte der Sowjetunion. Stuttgart 1990.
Recht oder Rache? Buchenwald 1945–1950. Betroffene erinnern sich. Hg. von Hanno Müller. Frankfurt a. M. 1991.
Riemer, Sylvia; Pampel, Bert; Wernecke, Frank: Feststellung von vermuteten Grablagen der Opfer von Krieg und Gewaltherrschaft in Torgau. o. O. 1996.
Ritscher, Bodo.: Die NKVD/MVD- "Speziallager" in Deutschland. Anmerkungen zu einem Forschungsgegenstand. In: Jürgen Danyel (Hg.): Die geteilte Vergangenheit. Zum Umgang mit Nationalsozialismus und Widerstand in beiden deutschen Staaten. Berlin 1995, S. 163 ff.
Ritscher, Bodo/Hofmann, Rosemarie/Hammermann, Gabriele/Röll, Wolfgang/Schölzel, Christian (Hg.): Die sowjetischen Speziallager in Deutschland 1945–1950: eine Bibliographie; mit einem Anhang: Literatur zum historisch-sozialen Umfeld der Speziallager. Göttingen 1996.
Ritscher, Bodo: Die Abteilung Spezlager. Anmerkungen zur Struktur und zum Funktionsbereich einer NKWD/MWD-Behörde in Deutschland. In: Haase/Oleschinski (Hg.) 1993, S. 135 ff.
Ritscher, Bodo: Kinder und Jugendliche im Speziallager 2 Buchenwald. In: Nachbarn auf dem Ettersberg: Menschenverachtung und Erziehung zur Ehrfurcht. 5. Buchenwald-Geschichtsseminar. Neudietendorf, Buchenwald, Ettersburg, 10.–12. Februar 1995. Hg. von Thomas A. Seidel. Veranstalter: Evangelische Akademie Thüringen; Kuratorium Schloß Ettersburg e. V. in Zusammenarbeit mit: Stiftung Gedenkstätten Buchenwald u. Mittelbau-Dora; Stiftung Deutscher Landerziehungsheime Hermann Lietz; Thüringer Kultusministerium. Neudietendorf. Weimar 1995. S. 35 ff.

Ritscher, Bodo: Speziallager Nr. 2 Buchenwald: Lageplan. Hg. von der Gedenkstätte Buchenwald. Weimar-Buchenwald [1995].
Ritscher, Bodo: Speziallager Nr. 2 Buchenwald. Zur Geschichte des Lagers Buchenwald 1945 bis 1950. Weimar 1995.
Ritscher, Bodo: Zur Herausbildung und Organisation des Systems von Speziallagern des NKVD der UdSSR in der sowjetischen Besatzungszone Deutschlands im Jahre 1945: [Dokumentation]. In: Deutschland Archiv. Köln 26 (1993), S. 723 ff.
Rode, Wilhelm: Die Waldheimer Prozesse. In: Deutsche Richterzeitung. Köln/Berlin 36 (1958), S. 249 f.
Rößler, Ruth-Kristin (Hg.): Die Entnazifizierungspolitik der KPD/SED 1945-1948. Dokumente und Materialien. Goldbach 1994.
Rose, Arno: Werwolf: 1944-1945. Eine Dokumentation. Stuttgart 1980.
Rosendahl, Ingolf: Hinrichtungen in der Heide? Erneute Anzeige. In: Tageblatt vom 15. Mai 1991.
Rossi, Jacques: The GULAG Handbook: an Encyclopedia Dictionary of Soviet Penitentiary Institutions and Terms Related to the Forced Labor Camps. Translated from the Russian by William A. Burhans. New York 1989.
Rottleuthner, Hubert: Steuerung der Justiz in der DDR. Einflußnahme der Politik auf Richter, Staatsanwälte und Rechtsanwälte. Ettenheim 1994 (in der Reihe Rechtstatsachenforschung des Bundesministerium für Justiz).
Ruge, Wolfgang: Zweifelhafte Gleichsetzung. In: Die Weltbühne. Berlin 87 (1992), S. 1294 ff.
Rulc, Siegfried: Unvollständige Chronik 1945-1950. Ein Tagebuch zur Werwolf-Legende, Berlin 1996.
Rümmler, Klaus: Neostalinismus in Buchenwald: Verharmlosung roten Terrors. In: Nation & Europa. Coburg 46 (1996), S. 51 ff.
Rundschreiben der Arbeitsgemeinschaft Lager Sachsenhausen (1945-1950) e. V., ergänzte Fassung Februar 1992.

Sachsenhausen. Dokumente, Aussagen, Forschungsergebnisse und Erlebnisberichte über das ehemalige Konzentrationslager Sachsenhausen. Berlin 1986.
Salomon, Ernst von: Das Schicksal des A. D. Ein Mann im Schatten der Geschichte. Ein Bericht. Reinbek b. Hamburg 1960.
Salomon, Ernst von: Der Fragebogen. Reinbek b. Hamburg 1969.
SBZ-Handbuch: Staatliche Verwaltungen, Parteien, gesellschaftliche Organisationen und ihre Führungskräfte in der Sowjetischen Besatzungszone Deutschlands 1945-1949. Im Auftr. des Arbeitsbereiches Geschichte u. Politik der DDR an der Universität Mannheim u. des Instituts für Zeitgeschichte München hg. von Martin Broszat u. Hermann Weber. Mit Beiträgen von Gerhard Braas u.w. München 1993.
Schach, Elisabeth; Schach, Siegfried: Pseudoauswahlverfahren bei Personengesamtheiten I: Namensstichproben. In: Allgemeines Statistisches Archiv 62 (1978), S. 379 ff.
Schaefer, Aloys: Lebensbericht. Landrat im Eichsfeld, Zeuge der Besatzungszeit. Heiligenstadt o. J.
Schaefer, August: Das große Sterben im Reichsgericht. In: Deutsche Richterzeitung. Köln/Berlin 35 (1957), S. 249 ff.
Schäfer, Ralf: Die Entnazifizierung von Verwaltung, Justiz und Volksbildung – wichtiger Bestandteil der antifaschistisch-demokratischen Umwälzung. Dargestellt am Land Brandenburg. Diss. Magdeburg 1986.
Schatz, Helga: Die sowjetischen Speziallager in der SBZ und DDR und ihre gesellschaftliche Wahrnehmung bis Anfang der fünfziger Jahre. Magisterarbeit am Historischen Seminar der Universität Hannover. Hannover 1992.
Schendzielorz, Gerda: Der Garten der Einsamkeit. Hameln 1995 (Edition Richarz: Bücher in großer Schrift).
Schick, Christa: Die Internierungslager. In: Von Stalingrad zur Währungsreform. Zur Sozialgeschichte des Umbruchs in Deutschland. Hg. von Martin Broszat, Klaus-Dietmar Henke und Hans Woller. München 1990. S. 301 ff.

Schilde, Kurt: Jugendliche unter "Werwolf"-Verdacht. Anmerkungen zu einem schwierigen Thema. In: Haase/Oleschinski (Hg.) 1993, S. 176 f.

Schirmer, Gerhard: Sachsenhausen-Workuta: zehn Jahre in den Fängen der Sowjets, Tübingen 1992.

Schläge mit Stacheldraht: Massengräber-Funde in der DDR erinnern an ein dunkles Nachkriegskapitel: Horror und Todesopfer in Lagern der sowjetischen Besatzungsmacht. In: Der Spiegel. Hamburg 44 (1990), S. 130 f.

Schlögel, Karl: Der renitente Held. Arbeiterprotest in der Sowjetunion 1953–1983. Hamburg 1984.

Schmidt, Klaus: Stiftungsdirektor brüskiert Häftlingsbeirat. In: Freiheitsglocke. Bonn 46 (1996), S 3 f.

Schmidt, Paul: Der Statist auf der Galerie. Bonn 1951.

Schmidt, Volker: Fünfeichen – Das sowjetische Internierungslager bei Neubrandenburg. Mirow/Mecklenburg 1990.

Schmidt, Willy: Gefahr für Buchenwald: mit dem Gedenkhaus für die Internierten versucht man, aus Tätern Opfer zu machen. In: Die Glocke vom Ettersberg. Frankfurt a.M. 36 (1995), S. 15 f.

Schmidt, Willy: Stellungnahme und Richtigstellung. In: Die Glocke vom Ettersberg. Frankfurt a. M. 36 (1995), S. 5 f.

Schneider, Ulrich: Internierungslager und Nachkriegspolitik in Deutschland: wie gehen wir damit um? In: antifa-Rundschau. Frankfurt a. M. (1993), S. 5 f.

Schneider, Ulrich: Neuer Streit um Buchenwald. In: Die Glocke vom Ettersberg. Frankfurt a. M. 37 (1996), S. 5 f.

Schneider, Ulrich: Täter oder Opfer: zur Diskussion um die Internierungslager nach 1945. In: Informationen. Hg. vom Studienkreis Deutscher Widerstand. Frankfurt a. M. 17 (1992), S. 17 ff.

Schneider, Ulrich: Zwischen Abwicklung und Neugestaltung: Beiträge zur Diskussion um die Gedenkstätte Buchenwald. Hg. vom Bundesausschuß der VVN - Bund der Antifaschisten. [Hannover 1996].

Schoeller, Wilfried F.: Schwierigkeiten des geteilten Gedächtnisses an deutsche Schuld: eine Rede in Buchenwald. Hg. von der Landeszentrale für politische Bildung Thüringen. Erfurt [1993].

Schönefeld, Bärbel: Die Struktur des Strafvollzuges auf dem Territorium der DDR (1945–1950). In: BzG. Berlin 32 (1990), S. 808 ff.

Schreiben an die Bundesregierung und die Thüringer Landesregierung. In: Die Glocke vom Ettersberg. Frankfurt a. M. 32 (1991), S. 3 ff.

Schröder, Dieter; Höhn, Linda (Hg.): Das geltende Besatzungsrecht. Baden-Baden 1990, S. 11 ff.

Schröter, Sonja: Psychiatrie in Waldheim 1716–1946. Ein Beitrag zur forensischen Psychiatrie in Deutschland, Frankfurt a. M. 1994.

Schubert, Helga: Judasfrauen: zehn Fallgeschichten weiblicher Denunziation im Dritten Reich. München [1992] (dtv; 11523).

Schuller, Wolfgang: Die Lager. In: MUT: Forum für Kultur, Politik und Geschichte. Asendorf (1990), S. 40 ff.

Schuller, Wolfgang: Die sowjetische Militärjustiz und ihre Lager als Instrument der kommunistischen Herrschaft in der Sowjetischen Besatzungszone Deutschlands. In: Der 17. Juni 1953 – der Anfang vom Ende des sowjetischen Imperiums. Deutsche Teil-Vergangenheiten – Aufarbeitung West: die innerdeutschen Beziehungen und ihre Auswirkungen auf die Entwicklung in der DDR. Dokumentation. 4. Bautzen-Forum der Friedrich-Ebert-Stiftung. 17. bis 18. Juni 1993. Leipzig 1993. S. 69 ff. (Bautzen-Forum; 4).

Schuller, Wolfgang: Geschichte und Struktur des politischen Strafrechts der DDR bis 1968. Ebelsbach 1980.

Schuller, Wolfgang: Politisches Strafrecht in der DDR 1945–1953: Dissertation zur Erlangung des Grades eines Doktors der Rechte der Rechtswissenschaftlichen Fakultät der Universität Hamburg. Hamburg 1968.

Schultz-Naumann, Joachim: Mecklenburg 1945: mit einem Vorwort von Andreas Hillgruber. München 1990.

Schulz, Eberhart: Drei Jahre im "Speziallager Nr. 1" des NKWD. In: BzG. Kösching 37 (1995), S. 72 ff.

Schulz, Horst-Peter: Mitteilung. In: Deutschland Archiv 28 (1995) H. 12, S. 1338.
Schulz-Naumann, Joachim: Mecklenburg 1945. Frankfurt a. M. 1991.
Schumann, Walter: Arme Seelen. O. O. o. J. (Wann wieder Mensch? Ein Zeitdokument in Reimen von Nr. 1735; Teil II).
Schumann, Walter: Das Waldheimer Urteil. [Frankfurt a. M. 1954] (Wann wieder Mensch ? Ein Zeitdokument in Reimen von Nr. 1735).
Schütze, Fritz, Narrative Repräsentation kollektiver Schicksalsbetroffenheit. In: Lämmert, Eberhard (Hg.): Erzählforschung. Stuttgart 1982, S.568 ff.
Schwarz, Gudrun: Die nationalsozialistischen Lager. Frankfurt a. M. 1990.
Schwarz, Roland: Konzentrationslager Oranienburg 1933–34, Informationsblatt 1 Gedenkstätte und Museum Sachsenhausen 1995.
Schwerin v. Krosigk, Lutz Graf: Memoiren.Stuttgart 1977.
Semjonow, Wladimir S.: Von Stalin bis Gorbatschow. Ein halbes Jahrhundert in diplomatischer Mission 1939–1991. Berlin 1995.
Semirjaga, Michail Ivanovič: Sud'by sovetskich voennoplennych. In: Voprosy istorii. Moskva (1995), S. 19 ff. (Semirjaga 1995 a).
Semirjaga, Mihail Ivanovič: Kak my upravljali Germaniej. Moskva 1995 (Semirjaga 1995 b)
Siedenhans, Michael: Das Internierungslager "Eselheide" in Stukenbrock-Senne. In: Heimat-Jahrbuch Kreis Gütersloh 1986. Gütersloh 1985. S. 140 ff.
Siedenhans, Michael; Eimer, Olaf: Das Internierungslager "Eselheide" und das Sozialwerk Stukenbrock. In: Pieper, Volker; Siedenhans, Michael: Die Vergessenen von Stukenbrock. Die Geschichte des Lagers in Stukenbrock-Senne von 1941 bis zur Gegenwart. Bielefeld 1988.
Siegert, Toni: Stalins Todeslager in der DDR. In: Politische Studien. Percha am Starnberger See 41 (1990), S. 656 ff.
Sivers, Siegfried Johann von: Erhebe den Blick. O. O. [1950].
Sklavenarbeit in Rußland. Der Amerikanische Gewerkschaftsbund (American Federation of Labor) legt den Vereinten Nationen das Ergebnis seiner Ermittlungen zu dieser Frage vor o. O. o. J.
Skrytaja pravda vojny: 1941 god. Neisvestnye dokumenty. Moskva 1992.
Smith, Arthur L.: Die 'Vermißte Million'. Zum Schicksal deutscher Kriegsgefangener nach dem Zweiten Weltkrieg. München 1992.
Smith, Bradly F.: Der Jahrhundert-Prozeß. Die Motive der Richter von Nürnberg. Anatomie einer Urteilsfindung. Frankfurt a. M. 1977.
Sofsky, Wolfgang: Die Ordnung des Terrors. Das Konzentrationslager. Frankfurt a. M. 1993.
Šolkovič, S. B.: Dejatelnost sovetskich vojennych komendatur v Vostočnoj Germanii (1945–1949). Diss. Moskva 1980.
Solotarev, V. A. (Hg.): Bitva sa Berlin (=Russkij archiv: Velikaja otečestvennaja, Bd. 15 (4–5)). Moskva 1995.
Solschenizyn, Alexander: Der Archipel GULAG. Reinbek bei Hamburg 1994.
Sonnet, André: Bolschewismus nackt. Ein Kommunist erlebt sowjetisches KZ. Offenbach 1951.
Sopade-Informationsdienst. Hg. von der Sozialdemokratischen Partei Deutschlands. Hannover 1 (1946) 1–9 (1954).
Sowjetische Konzentrations-Lager auf deutschem Boden: 1945–1950. Hg. vom Kampfbund gegen Unmenschlichkeit. Göttingen o. J.
Sozialdemokraten im Kampf gegen die rote Diktatur unter Stalin und Ulbricht. Hg. von Dieter Rieke. Bonn 1990 (Friedrich-Ebert-Stiftung. Politische Bildung, Arbeitspapier. September 1990).
Speziallager 2 1945–1950: eine Bilanz der Arbeit der Gedenkstätte. Gedenkstätte Buchenwald: Hg. von der Arbeitsstelle "Speziallager 2". Weimar-Buchenwald 1993.
Speziallager 2 1945–1950: Rundbrief. Hg. von der Gedenkstätte Buchenwald. Weimar-Buchenwald 1 (1991.
Spielen oder sterben. In: Der Spiegel. Hamburg 49 (1995), S. 236 ff.
Stalins DDR: Berichte politisch Verfolgter. Hg. von Rüdiger Knechtel; Jürgen Fiedler. Leipzig 1992.
Staritz, Dietrich: Die SED, Stalin und die Gründung der DDR: aus den Akten des Zentralen Parteiarchivs des Instituts für Geschichte der Arbeiterbewegung (ehemals Institut für

Marxismus-Leninismus beim ZK der SED). In: Aus Politik und Zeitgeschichte: Beilage zur Wochenzeitung Das Parlament. Bonn: B 5/91 vom 25. 1. 1991. S. 3 ff.

Stark, Meinhard: Deutsche Frauen des GULag. Eine lebens- und zeitgeschichtliche Befragung. Diss. Humboldt Universität zu Berlin 1994.

Starlinger, Wilhelm: Grenzen der Sowjetmacht im Spiegel einer West-Ostbegegnung hinter Palisaden von 1945–1954: mit einem Bericht der deutschen Seuchenkrankenhäuser York und St. Elisabeth über das Leben und Sterben in Königsberg von 1945–1947; zugleich ein Beitrag zur Kenntnis des Ablaufes gekoppelter Großseuchen unter elementaren Bedingungen. Würzburg 1955 (Beihefte zum Jahrbuch der Albertus-Universität Königsberg/Pr.; IX).

Steenbeck, Max: Impulse und Wirkungen: Schritte auf meinem Lebensweg. Berlin 1980.

Stegemann, Wolf: Hinter Stacheldraht "Der Widerspenstigen Zähmung" aufgeführt. Das Recklinghäuser Internierungslager war von geheimnisvollem Schweigen umgeben. In: Dorsten nach der Stunde Null – Die Jahre danach. 1945 bis 1950. Bd. 4. Hg. von Wolf Stegemann. Dorsten 1986. S. 152 ff.

Stein, Harry; Stein, Sabine: Buchenwald. Ein Rundgang durch die Gedenkstätte, Weimar-Buchenwald: 1993.

Stern, Joachim R.: Und der Westen schweigt: Erlebnisse, Berichte, Dokumente über Mitteldeutschland. 1945–1975. Pr. Oldendorf 1976.

Stern, Jochen: Von Mimen und anderen Menschen: aus dem Leben eines Kommödianten. Baden-Baden [1993].

Sternberg, Renate: Russische Skizzen: Erzählungen aus der Gefangenschaft 1945–1950. Kiel 1987.

Stölting, Erhard: Eine Weltmacht zerbricht. Nationalitäten und Religionen der UdSSR. Frankfurt a. M. 1990

Strafgesetzbuch der Russischen Sozialistischen Föderativen Sowjet-Republik vom 22. November 1926 in der am 1. Januar 1952 gültigen Fassung mit Nebengesetzen und Materialien, übersetzt von Dr. Wilhelm Gallas. Berlin 1953.

Strauß, Egon: Bedingt modifizierter Strafvollzug bei aktiv Tuberkulösen. Inaugural-Dissertation zur Erlangung des medizinischen Doktorgrades an der Humboldt-Universität zu Berlin. Berlin 1950.

Strech, Ulrich: In der Hölle von Bautzen oder Der gefangene Eros. Frankfurt a. M 1991.

Streit, Christian: Keine Kameraden: die Wehrmacht und die sowjetischen Kriegsgefangenen 1941–1945. Bonn 1991.

Sudoplatov, Pavel: Razvedka i Kreml', Moskva 1996; Berija, Sergo: Moj otec Lavrentij Berija, Moskva 1994.

Supp, Barbara: Die Zeit der Gespenster: Barbara Supp über die vergessenen Toten des sowjetischen Straflagers Tost in Schlesien. In: Der Spiegel. Hamburg 50(1996), S. 48 ff.

SVAG: Upravlenie propagandy (informacii) i S. I. Tjul'panov 1945–1949. Sbornik dokumentov. Pod redakciej Bernda Bonvea; Gennadija Bordjugova; Normana Nejmarka. Moskva: 1994.

Tappert, Wilhelm: Die Wiedergutmachung von Staatsunrecht der SBZ/DDR durch die Bundesrepublik Deutschland nach der Wiedervereinigung. Berlin 1995.

Terror in der Ostzone: Tatsachen klagen an! O. O. [1948].

Thien, Ilse: Ölsnitz, Mühlberg, Buchenwald, Waldheim. Rottach-Egern o. J.

Tjulpanov, Sergej Ivanovič: Die Rolle der SMAD bei der Demokratisierung Deutschlands. In: Zeitschrift für Geschichtswissenschaft (ZfG) 1967, H. 2.

Tjulpanov, Sergej: Deutschland nach dem Kriege (1945–1949): Erinnerungen eines Offiziers der Sowjetarmee. Hg. u. mit einem Nachwort von Stefan Doernberg. Berlin 1986.

Todesfabriken der Kommunisten. Von Sachsenhausen bis Buchenwald. Hg. von Adrian Preissinger. Mit einem Vorwort und Berichten von Joachim Siegerist. Berg am See 1991.

Trees, Wolfgang; Whiting, Charles: Unternehmen Karneval. Der Werwolf-Mord an Aachens Oberbürgermeister Oppenhof. Aachen/Maastricht/Lüttich 1982.

Tuchel, Johannes: Die Inspektion der Konzentrationslager 1938–1945, Schriftenreihe der Stiftung Brandenburgische Gedenkstätten Nr. 1, 1994.

Tuchel, Johannes: Die Systematisierung der Gewalt. Vom KZ Oranienburg zum KZ Sachsenhausen, in: Morsch, Günter:(Hg.): Konzentrationslager Oranienburg, Schriftenreihe der Stiftung Brandenburgische Gedenkstätten Nr. 3, 1994, S. 117 ff.
Tutorow., N. E: War Crimes, War Criminals and War Crimes Trials. New York 1986.

Über den Personenkult und seine Folgen. Rede N. S. Chrustschows in der internen Sitzung des XX. Parteitages der KPdSU, 25. Februar 1956. In: SED und Stalinismus. Dokumente aus dem Jahre 1956. Hg.: Josef Gabert und Lutz Prieß unter Mitarbeit von Peter Erler und Jutta Finkeisen. Berlin 1990, S. 34.
Um ein antifaschistisch-demokratisches Deutschland. Dokumente aus den Jahren 1945–1949 Berlin 1968.
Unrecht als System: Dokumente über planmäßige Rechtsverletzungen im sowjetischen Besatzungsgebiet. Hg. vom Bundesministerium für gesamtdeutsche Fragen. [Bonn 1952].
Unschuldig in Stalins Hand: Briefe, Berichte, Notizen. Hg. von Hans u. Rosemarie Voelkner. Berlin 1990.
Unternehmen Barbarossa: der deutsche Überfall auf die Sowjetunion 1941; Berichte, Analysen, Dokumente. Hg. von Gerd R. Ueberschär; Wolfram Wette. Paderborn 1984 (Sammlung Schöningh zur Geschichte und Gegenwart).
Urteil des 1. Strafsenats des Landgerichts Leipzig gegen Otto Jürgens. I KS 04 Js 1807/91, September 1993.

Vadehra-Jonas, Rosel: Erinnerungsstätten für die Internierungslager? Zur Diskussion. In: antifa-Rundschau. Frankfurt a. M. (1993), S. 6 ff.
Velten, W. H.: Dawai, Dawai Kamerad! Russisches Speziallager Nr. 7. Sachsenhausen 1945–1948. Köln 1995.
Venatier, Hans: Der Major und die Stiere. Roman. Düsseldorf 1953.
Verfolgt, verhaftet, verurteilt: Demokraten im Widerstand gegen die rote Diktatur – Fakten und Beispiele. Hg. von Günther Scholz. Berlin/Bonn 1990.
Verzeihen heißt nicht vergessen... Hg. von der VOS Bezirksgruppe Torgau. Torgau [1993].
Viertes Buchenwald-Treffen. Hg. von der Initiativgruppe Buchenwald 1945 – 1950 e. V. [Weimar 1995].
Vittori, J. P.: Keine Gleichstellung von Tätern und Opfern. In: antiFA. Berlin 17 (1991), S. 8 f.
Vogel, Karl: M - A A 509. Elf Monate Kommandant eines Internierungslagers. Memmingen [1951].
Volker, Hagen: Sibirien liegt in Deutschland. Berlin-Grunewald [1958].
Volkov, Igor M.: Sasuha i golod 1946–1947 gg, in: Istorija SSSR (1991), Nr. 4.
Vollnhals, Clemens: Evangelische Kirche und Entnazifizierung 1945–1949: die Last der nationalsozialistischen Vergangenheit. München 1989 (Studien zur Zeitgeschichte; 36).
Vollnhals, Clemens (Hg.): Politische Säuberung und Rehabilitierung in den vier Besatzungszonen 1945–1949. München 1991.
Von der SBZ zur DDR: Studien zum Herrschaftssystem in der Sowjetischen Besatzungszone und in der Deutschen Demokratischen Republik. Hg. von Hartmut Mehringer. München: 1995 (Schriftenreihe der Vierteljahreshefte für Zeitgeschichte; Sondernummer).
Von Stalingrad zur Währungsreform: zur Sozialgeschichte des Umbruchs in Deutschland. Hg. von Martin Broszat; Klaus-Dietmar Henke; Hans Woller. München 1990 (Quellen u. Darstellungen zur Zeitgeschichte; 26).
Vorhöfe zur Hölle: in Ostdeutschland werden Massengräber freigelegt. Zehntausende von Deutschen fielen Stalins Gulag in der Sowjetischen Besatzungszone zum Opfer. In: Der Spiegel. Hamburg 46 (1992), S. 77 ff.

Waag, Käthe: 1. Civilian Internment Camp Neumünster-Gadeland, Mai 1945 bis Oktober 1946. Kiel 1986.
Wagenlehner, Günther: Aus Moskau viel Neues – Auswertung, Dokumentation, Rehabilitation. In: Hennig (Hg.)1996, S. 136 ff.
Wagner, Hans: Melder am Tor. Altenburg 1996.

Waldschütz, Gertrud: "Geh und lieb und leide...". O. O. [1987].
Weber, Hermann: Die DDR: 1945–1990. München 1993 (Oldenbourg-Grundriß der Geschichte; 20).
Wege ins Ungewisse. Stätte des Leidens: Internierungslager Jamlitz. September 1945–April 1947. Hg. von der Gemeindeverwaltung Jamlitz. Jamlitz 1991.
Weissling, Heinrich (Hg.): Waldheim – die Perle des Zschopautales. Landsberg a. d. Lech 1991.
Welsh, Helga A.: Revolutionärer Wandel auf Befehl? Entnazifizierungs- und Personalpolitik in Thüringen und Sachsen (1945–1948). München 1989 (Schriftenreihe der Vierteljahreshefte für Zeitgeschichte; 58).
Welsh, Helga: "Antifaschistisch-demokratische Umwälzung" und politische Säuberung in der sowjetischen Besatzungszone Deutschlands. In: Henke, Klaus-Dietmar und Woller, Hans (Hg.): Politische Säuberung in Europa. Die Abrechnung mit Faschismus und Kollaboration nach dem Zweiten Weltkrieg. München 1991, S.84 ff.
Wember, Heiner: Entnazifizierung nach 1945. Die deutschen Spruchgerichte in der britischen Zone. In: GWU. Stuttgart 43(1992), S. 405 ff.
Wember, Heiner: Internierung und Aburteilung von Nationalsozialisten, "Militaristen" und "Suspect Persons" in der britischen Besatzungszone Deutschlands. Univ., Diss. 1990. Münster (Westfalen).
Wember, Heiner: Nazis hinter Stacheldraht: Esterwegen als Internierungslager nach 1945. In: DIZ-Nachrichten. Hg. Aktionskomitee für ein Dokumentations- und Informationszentrum Emslandlager e. V. Papenburg. Papenburg (1992), S. 38 ff.
Wember, Heiner: Umerziehung im Lager: Internierung und Bestrafung von Nationalsozialisten in der britischen Besatzungszone Deutschlands. Essen 1991.
Werkentin, Falco: Die Waldheimer "Prozesse" der Jahre 1950/52. In: Recht, Justiz und Polizei im SED-Staat: Materialien der Enquete-Kommission "Aufarbeitung von Geschichte und Folgen der SED-Diktatur in Deutschland" (12. Wahlperiode des Deutschen Bundestages). Hg. vom Deutschen Bundestag, Bd. IV. Baden-Baden/ Frankfurt a. M 1995. S. 849 ff.
Werkentin, Falco: Politische Strafjustiz in der Ära Ulbricht, Berlin 1995.
Werkentin, Falco: Scheinjustiz in der frühen DDR: aus den Regieheften der "Waldheimer Prozesse" des Jahres 1950. In: Kritische Justiz. Baden-Baden 24 (1991), S. 333 ff.
Wettig, Gerhard: Stalin – Patriot und Demokrat für Deutschland? In: Deutschland Archiv. Köln 28 (1995), S. 743 ff.
Wieland, Günter: Der sowjetische Sachsenhausen-Prozeß. In: Agde, Günter: Sachsenhausen bei Berlin: Speziallager Nr. 7 1945–1950. Kassiber, Dokumente und Studien, Berlin 1994, S. 234 ff.
Wieland, Günther: Ahndung von NS-Verbrechen in Ostdeutschland 1945 bis 1990. In: Neue Justiz. Berlin 45 (1991), S. 49 ff.
Wieland, Günther: Der sowjetische Sachsenhausenprozeß 1947. In: Agde 1994, S. 234 ff.
Wiener, Horst: Anklage: Werwolf. Die Gewalt der frühen Jahre oder Wie ich Stalins Lager überlebte. Reinbek bei Hamburg 1991.
Wilhelm Sprick – Bilder gegen das Vergessen. In: Deutschland Archiv. Köln 25 (1992), S. 1240 ff.
Wilhelm Sprick: In Memoriam der namenlosen Toten und Gedemütigten des stalinistischen Terrors. Zeichnungen: Katalog zur Ausstellung der VOS Bezirksgruppe Schwerin. O. O. o. J.
Wilhelm, Hans Hermann: Ohne Stein und ohne Namen: Aufzeichnungen aus stalinistischen Todeslagern in Deutschland. Leoni am Starnberger See 1974.
Winkler, Gerhard: Betrachtungen zur Entwicklung der Nahrungsmittelversorgung und des Verbrauchs an wichtigen Nahrungsmitteln in der Deutschen Demokratischen Republik seit 1945 unter besonderer Berücksichtigung der Abhängigkeit der Abhängigkeit des Nahrungsmittelkonsums von der Einkommenshöhe vor allem in Arbeiter- und Angestelltenhaushaltungen: Diss. habil. Leipzig 1961.
Wir dürfen nicht schweigen: Streiflichter aus den politischen Haftanstalten der Sowjetzone. Hg. vom Untersuchungsausschuß Freiheitlicher Juristen der Sowjetzone, Berlin-Zehlendorf; Bund der Verfolgten des Naziregimes, Düsseldorf; Kampfgruppe gegen Unmenschlichkeit, Berlin-Nikolassee. O. O. o. J.

Wir waren Stalins politische Gefangene: Schicksale ehemaliger politischer Häftlinge. Dokumente und Berichte über Besatzungswillkür und SED-Justiz. Hg. vom Landesverband der Stalinistisch Verfolgten e. V. Sachsen-Anhalt. Eisleben [1992].
Witt, Hans-Joachim: Die Toten des "Speziallagers Nr. 7": jahrzehntelange Defizite. Brandenburger Kultusministerium übt sich in Zurückhaltung. In: Der Stacheldraht. Berlin 2 (1992), S. 6 f.
Wolf, Hans-Joachim: Mit sechzehn Jahren interniert: Erinnerungen an die Zeit vom 11. Juni 1945 bis 6. Dezember 1949. O. O. o .J.
Wolin, Waleri Alexandrowitsch: Russland rehabilitiert die durch sowjetische Militärtribunale unschuldig Verurteilten. Vorgetragen beim Bautzen-Forum am 17. 6. 93.
Wolin, Waleri A.: Die kommunistische Diktatur in Mittel- und Osteuropa – Aufarbeitung im Vergleich. In: Die Akten der kommunistischen Gewaltherrschaft – Schlußstrich oder Aufarbeitung? Dokumentation. 5. Bautzen-Forum der Friedrich-Ebert-Stiftung 24. bis 25. Juni 1994, Hg. vom Büro der Friedrich-Ebert-Stiftung, Büro Leipzig. Leipzig 1994.
Wykhoff, Wilhelm: Mit Nazis und Kriegsverbrechern hinter Stacheldraht. Bericht eines Internierten. In: DIZ-Nachrichten. Hg.Aktionskomitee für ein Dokumentations- und Informationszentrum Emslandlager e. V. Papenburg. Papenburg (1992), S. 41 ff.

Zander, Ernst: Goethe und die Menschenführung. München/ Mering 1995.
Zank, Wolfgang: Die Gesellschaftspolitik der KPD/SED 1945–1949. In: Aus Politik und Zeitgeschichte: Beilage zur Wochenzeitung Das Parlament. Bonn vom 9. 3. 1990, S. 52 ff..
Zeiler, Robert: Eingesperrt von meinen Befreiern. In: Ich: die Psychozeitung. Berlin 6 (1995), S. 13 ff.
Zemskov, Viktor Nikolaevič: GULAG (Istoriko-sociologičeskij aspekt). In: Sociologičeskie issledovanija. Moskva 17 (1991), S. 10 ff.; S. 3 ff..
Zemskov, Viktor Nikolaevič: K voprosu o repatriacii sovetskich gra□dan: 1944–1951 gody. In: Istorija SSSR. Moskva (1990), S. 26 ff.
Zemskov, Viktor Nikolaevič: Ob učete speckontingenta NKVD vo vsesojuznych perepisjach naselenija 1937 i 1939 gg. In: Sociologičeskie issledovanija. Moskva 17 (1991), S. 74 f.
Zemskov, Viktor Nikolaevič: Zakljuennye, specposelency, ssyl'noposelency, ssyl'nye i vyslannye (Statistiko-geografieskij aspekt). In: Istorija SSSR. Moskva (1991), S. 151 ff.
Zerkaulen, Heinrich: Zwischen Nacht und Tag. Erlebnisse aus dem Camp 94. München 1951.
Zeugnisse einer Gefangenschaft: ein Beitrag zur deutschen Kriegsgefangenengeschichte. Hg. vom Verband der Heimkehrer, Kriegsgefangenen und Vermißtenangehörigen Deutschlands e. V. Bad Godesberg 1962.
Zima, Veniamin Fedorovič: Golod v Rossii 1946–1947 godov. In: Otečestvennaja istorija. Moskva (1993), S. 35 ff.
Zolotarev, Vladimir A. (Hg.): Inostrannye voennoplennye vtoroj mitovoj vojny v SSSR, T. 1: Normativnye dokumenty. Moskau 1996.
Zur Geschichte der Rechtspflege der DDR 1949–1961. Von einem Autorenkollektiv unter Leitung von Hilde Benjamin. Berlin 1980.
Zur medizinischen, psychologischen und politischen Beurteilung von Haftfolgeschäden nach 1945 in Deutschland. Fortbildungsveranstaltung am 26. Oktober 1994 in Magdeburg. Magdeburg 1995.
Zur Neuorientierung der Gedenkstätte Buchenwald. Die Empfehlungen der vom Minister für Wissenschaft und Kunst des Landes Thüringen berufenen Historikerkommission. Weimar-Buchenwald 1992.
Zur Rehabilitierung ausländischer Opfer der sowjetischen Militärjustiz. In: Deutschland Archiv. Köln 27 (1994), S. 880 ff.
Zwischen Waldheim und Workuta: Erlebnisse politischer Häftlinge 1945–1965. Ges. u. bearb. von Sigurd Binski mit einer Einleitung von Karl Wilhelm Fricke. Hg. von der Vereinigung der Opfer des Stalinismus e. V. Bonn 1967.

Personenregister

Abakumov, Viktor S. 35; 125; 126; 127; 128; 144; 145; 146; 147; 148; 152; 153; 154; 477; 536
Agafonov, Alexander 241; 296; 301
Ahrens, Walter 209; 435
Albetkov 391
Albrecht, Wilhelm 296; 299
Allachverdov 162
Anders, Joachim 183
Andree 322; 393
Andreev, Konstantin Pavlovič 34; 196; 221; 294; 295; 296; 305; 354; 361; 364
Andreev, Nikolaj 411
Antonov, Mihail Andrijanovič 308
Attlee, C. R. 175
Auer, Theodor 550

Babenko 162
Babickij 434
Banse, Waldemar 425
Barker, R. W. 412
Barthel, Karl 163; 164; 167; 169
Bärwald, Helmut 178
Baskov 218; 434
Baumkötter, Heinrich 401
Behr 163
Bekšenev 421
Belokonjef 163
Bennewitz, Gerhard 368
Bennewitz, Rudolf 551
Berger 393
Berija, Lavrentij Pavlovič 23; 26; 27; 30; 33; 34; 38; 39; 42; 51; 56; 58; 59; 60; 61; 80; 82; 102; 113; 121; 122; 124; 125; 129; 132; 133; 135; 136; 137; 138; 139; 140; 141; 142; 144; 145; 146; 149; 152; 154; 155; 159; 165; 226; 242; 254; 255; 263; 355; 473; 476; 484; 485; 486; 488; 495; 536
Berner, Kurt 195
Bernstein, Rolf 258; 260

Bežanov, Grigori Akimovič 145; 148; 156; 160; 283; 284
Beyerlein, Friedrich 550
Blum, Lydia 322; 393
Böhlau, Helene 282
Branov 391
Brill, Hermann 90
Brückner, Hellmuth 442
Buklanov, A. S. 430; 453
Bulganin, Nikolaij A. 536
Busse, Ernst 164; 171; 178
Bychovskij 325

Canaris 232
Cepeleva 325
Chvat 428
Cikljaev (siehe Zikljaev)
Černov 450
Černyšov 27; 28
Čitalov 367; 453
Čujkov, Vasilij I. 19; 20; 43; 45; 124; 129; 283; 305; 338; 346; 534; 535; 536; 537; 538; 540
Čumačenko 199; 239; 319; 376

Dahlke 199
Dahnke 368
Dan'kov 430
Davletov 162
Davydov, Semen Prochorovič 154; 155
Delander, Arnold 429; 432; 437
Demenev 354; 434
Denskevič, Michail Ilič 146; 156
Detert 408
Dibelius, Friedrich Karl Otto 87; 90; 408
Dieckmann, Johannes 540; 549; 552
Diener, Alfred 178
Diestel, Peter-Michael 44; 458
Djukov 319
Dobrynin, Georgij Prokop'evič 34; 40; 79; 205; 229; 343; 425; 453
Dolgalev 391

Dommain, Helmuth 216
Donath, Werner 248
Drosdov 34; 161; 427; 431; 435
Dubuvinov 354
Dudarev 162

Eccarius, Kurt 401
Edunov, Jakov Afanas'evič 42; 513
Efimovski, Orest 248
Egošin, Kuz'ma Panteleevič 156; 232
Egorov 430
Eisert, Wolfgang 553
Elistratov 161
Emendörfer, Max 395
Engelbrecht, VP-Meister 409
Engler 436
Enke 418
Esch, Arno 178
Etikettiere, Chefinspekteur 409

Fadejkin, Ivan Anisimovič 156
Fardun, Erich 383
Feklisov 163
Filatov, Stepan Ivanovič 156; 455
Filippov 263
Finn, Gerhard 171; 319
Fischer, Ursula 371
Fischerkösen, Hans 395
Fokin, P. M. 145; 156
Freesemann, Heinrich 401
Fresenius, Ulrich von 417; 419
Frolov 162
Fuchs, Bruno 401

Gabdrakipov 161
Gambitz, Leo 322
Gaponov 65
George, Heinrich 328; 387; 394; 407
Gertich, Karl 537; 538; 541; 542; 547; 548
Gerun, Kurt 31
Goebbels, Joseph 30; 396
Golin 430
Golovatenko 391; 392
Golubev, K. D. 412
Gomelauri 162
Gorbunov 162
Gorin 434

Gorjuškin 161
Gorochov 200
Gorodilov 162
Gostev, Aleksej Ivanovič 34; 237; 319; 337; 348
Govenko 355
Graber, Erich 196
Grišin 162
Grieß 210
Grigorenko 162
Gromyko, Andrej A. 536
Grotewohl, Otto 109; 128; 129; 306; 402; 536; 540
Grüber, Heinrich 408
Grünberg, Hans 365
Gründgens, Gustav 373; 374
Gubin 251
Gurinovič 220
Gusev 259
Gutnikov 162

Hartnack, Ursula 445
Haupt, Werner 385
Haupt, Willi 403; 407
Heiduschke 393
Heinrich, Karl 178; 322
Heinze, Heinz 394
Heinze, Hildegard 542
Helbig, Wolfgang 554
Hennig, Horst 180
Hentschel, Paul 538; 543; 546; 547; 548
Herzfeldt, Ruth 283
Heß, Elsa 445
Himmler, Heinrich 30
Hitler, Adolf 21; 99; 279; 291; 550
Hoffmann, Horst 409
Hübener 36; 212; 262
Hummel, Werner 184; 186

Ivčakov, Vasilij Dmitrievič 308
Ivašutin, Nikolaj Ivanovič 157
Ivanov 160; 161; 162
Jakovcev 497
Jaksch, Wenzel 279
Jankin 354
Jefimov, M. F. 183
Jürgens, Otto 544; 553; 554
Jurisch, Walter 551

Personenregister 589

Just, Herrmann 195; 198; 201; 217

Kabanov, A. F. 537; 540; 541; 547
Kabanova 373
Kac 218; 221; 222
Kadurin 162
Kaganovič, Lasar M. 536
Kakučaja, A. 145
Kalinnikov 391
Kapova 355
Karaev, A. M. 294
Kasimir, P. 296
Kateljan 286
Kaversnev, Michail Kirillovič 154; 155
Kazakov, Sergej Justinovič 34; 65; 232; 332; 333; 334; 335; 337; 340; 341; 344; 345; 346; 347; 348; 507
Keil, K. 296
Kez, Ernst 181
Kilian, Achim 236; 413
Klein, Manfred 178
Klejmenov 259
Klemens, Richard 373
Klemke, Helmut 534
Klemke, Werner 358; 359
Klepov, Sergej Alekseevič 145; 146; 156
Kletnoj 434
Klitztke, Wilhelm 550
Klotz, Ernst-E. 197; 204; 210; 301
Kobulov, Amajak S. 125
Kobulov, Bogdan S. 27; 124; 125; 145
Koch 329
Kogan 162
Koklin 434; 445
Kolesničenko 214; 259
Kollegov 325
Kolobenko 162
Könighaus, August 442
Konstantinov 354
Konstanz, D. G. 197
Kopalin, Leonid P. 174; 188
Kopelew, Lew 281
Korenev 258; 259
Körner, Michael 401
Korolev, Nikolaj Andrianovič 157
Korotkevič 450
Korotkov, Aleksandr Michajlovič 155
Košelev 162

Koševnikov 162
Kostjuchin, Alexej Maksimovič 34; 231; 234; 237; 239; 253; 263; 376; 377; 387; 391; 400; 409
Kotikov, A. G. 212; 329
Kotjlar 401; 498
Kotulan, Inspekteur 409
Koval'čuk, Nikolaj Kuz'mič 41; 42; 126; 147; 148; 150; 151; 152; 153; 154; 155
Kracht, Horst 248
Krae 319
Krakow, Kurt 544; 545
Krauß, Friedrich 93
Kretschmer, Herta 374
Krivenko 27
Krombholz, Erwin 378
Krügelstein, Richard 541; 542; 546
Kruglov, Sergej Nikiforovič 34; 41; 43; 80; 82; 122; 125; 127; 128; 129; 130; 148; 152; 155; 186; 197; 218; 228; 256; 337; 346; 536
Kučenok 214
Kühle, Barbara 381
Kuhn, Wilhelm 265; 269; 271; 272; 273; 275; 276
Kumpan 319
Kunicyn 162
Kurilenko 161
Kuročkin 38; 39
Kusmenko 302
Kusnecov, Alexei Alexandrovič 125; 129; 149; 262

Lammla 296
Landgraf, Hugo 373
Lavrent'ev 34; 203; 204; 253; 254; 414; 415; 417; 418
Leberson 162
Lehne, Walter 549
Lejko 367; 416
Lillinger, Victor 550
Lindner, Heinz 550
Ling-Chang 438
Litvinov 282
Ljulka, P. S. 540
Lohrenz, Wilhelm 178
Lojdin 219; 289

Lomov 355
Luginov 367

Malenkov, Georgij M. 23; 56; 149; 536
Malik, Jakov Alexandrovič 56
Malinin, Leonid Andreevič 155
Mal'kov, Pavel Michailovič 122; 150; 212; 213; 216; 478
Maltzahn, Albrecht 427
Maltzahn, Heinrich 427
Maltzahn, Olga von 427
Mamedov 161
Mann, Thomas 552
Marquard, Inspekteur 409
Marterosov, (Martirosov) Georgi 148; 149; 156; 204; 417
Marusov, I. S. 183
Matuskov, Fedor Jakovlevič 34; 214; 284; 295; 364
Maurer, Helmut 328
Meissner 232
Mel'nikov, Grigorij Aleksandrovič 53; 156; 181; 203; 342; 460
Menton 185
Menz 428
Menzel, Herbert 401
Merkulov, Vsevoljod N. 122; 124; 125
Mernyi 162
Metzing, Hans Jürgen 197; 329
Michailowski 393
Mikojan, Anastas Ivanovič 536
Mikrjukov 434
Mirošničenko, Andrej Seliverstovič 156; 157
Mkrtytčev 162
Molotov, Vlačeslav M. 23; 51; 58; 82; 124; 127; 128; 149; 152; 153; 154; 187; 242; 477; 536;

Nasarenko 161
Nelles, Gerhard 265; 266; 267; 268; 276; 277; 278
Nevsorov 162
Nikitin, Dmitri Michajlovič 146; 156
Nikolaevskij 162
Njeljubin 286
Nosikov 391
Nuschke, Otto 552; 553

Obručnikov, Boris 145
Ochs, Günter 304
Oelßner, Fred 536
Orlov 198
Osokin 34; 434; 435; 444

Panov 162
Pašinin 162
Paškovskij 435; 436
Pastušenko 295
Pavlov 212; 430
Pein, Heinz 185
Perepeliza 161
Pieck, Wilhelm 90; 109; 128; 129; 187; 305; 402; 534; 536; 537; 538; 540
Piskunov 308
Pitrovranov, Evgenij Petrovič 156
Plenikowski, Anton 541
Pokotilo, S. V. 145
Polfuntikov 282
Poljanski 382
Poluv'janov 434
Popov 161
Popp, Paul 401
Portefaj, G. 296
Poručikov 537
Presjak 162
Pritzkow, Walter 195; 329
Prokopjuk 478
Puškin, Georgi M. 187; 536

Raczikowski 393
Raetz, Oberrat der VP 409
Range, Hans-Peter 434
Reckzeh, Paul 551
Rehn, Ludwig 401
Reisler, Erwin 538; 546; 547
Richter, Otto 181
Riedel 436
Röbelen, Gustav 541; 542
Robertson, Bill 411
Robinson, Eva 249
Rogatin 443; 465
Romanov 434
Roseljewisch 355
Rott, Otto 181
Rottka, Hans-Ulrich 550
Rožavskij 259

Rudenko 193; 325; 355; 391; 435
Rummler, Reinhold 549
Rybakin 162

Safonov, P. V. 146; 152
Saizev 170
Sakowski, Paul 188
Samoilov 34; 282; 288; 289
Sarapajkin 416
Sazikov 34; 256; 288; 418; 450
Schaefer, Aloys 180
Schaljapin 367
Schaljapina 367
Scheel, Rudolf 301
Schentke, Günter 545
Scherer, Werner 265; 266; 267; 269; 270; 271; 272; 273; 274; 275; 276
Scherf, Julius 395
Schley, Günter 177
Schmidt, Alfred 178
Schmidt, Harry 201; 206; 210
Schmidt, Volker 429; 430; 431; 432
Schrader, Anneliese 265; 268; 269; 270; 278
Schubert, Wilhelm 401
Seghers, Anna 402
Selesnev 34; 367
Selesnjov 34; 445
Semenov, Vladimir S. 536
Semičastny, Vladimir J. 187
Semirjaga 217
Semisorov 161
Semjonov, Vladimir Semjonovič 106; 128; 187; 536; 538
Semljakov 161
Seredenko 34; 421
Serov, Ivan Aleksandrovič 22; 23; 29; 30; 32; 33; 34; 35; 36; 38; 39; 40; 41; 56; 60; 62; 64; 65; 79; 82; 120; 121; 122; 123; 125; 126; 127; 129; 130; 132; 133; 135; 137; 138; 139; 142; 145; 146; 147; 155; 160; 167; 168; 171; 196; 199; 200; 203; 204; 205; 208; 212; 213; 216; 219; 225; 226; 227; 231; 234; 236; 244; 247; 251; 254; 256; 261; 262; 284; 285; 290; 330; 332; 339; 356; 363; 364; 374; 415; 416; 420; 422; 425; 426; 439; 443; 453; 455; 466; 476; 477
Severin, Friedrich 552
Sidnev, Aleksej Matveevič 125; 156; 198; 203
Sigidinenko 162
Simon, Bernd 368
Simon, Marianne 373
Skačev 391
Skobelkin 162
Slakvenko 162
Smirnov 161
Smoroda, Timofej Ivanovič 34; 319
Snaročenko 162
Sokoličko 333
Sokolov, Vladimir Pavlovič 34; 41; 42; 44; 53; 54; 55; 149; 161; 184; 186; 203; 213; 223; 227; 231; 232; 234; 235; 333; 335; 336; 337; 338; 346; 347; 458; 513
Sokolovskij, Vasilij Danilovič 34; 38; 39; 56; 60; 106; 128; 129; 261; 262, 329; 476
Solschenizyn, Alexander 241; 242
Sonnet, André 391; 402; 407
Sorge, Gustav 401
Sorokin 161; 166
Staar, Friedbert 95
Stalin, Josef W. 23; 26; 38; 39; 45; 51; 52; 56; 58; 59; 60; 81; 82; 101; 102; 106; 109; 111; 121; 123; 124; 125; 126; 127; 128; 129; 132; 133; 135; 136; 137; 138; 139; 140; 141; 144; 147; 149; 152; 153; 154; 175; 179; 187; 212; 213; 242; 279; 280; 281; 476; 534; 536
Stein, Margot 373
Steinhoff, Karl 543
Strech, Paul 550
Suchodolskij, V. N. 145
Sudoplatov, Pavel A. 144
Suvorov, P. N. 453
Svinin, Aleksandr Fedorovič 434
Svinina 434
Sviridov, Michail Evdokimovič 34; 37; 65; 161; 162; 166; 167; 171; 196; 199; 203; 204; 206; 208; 226; 227; 229; 231; 232; 234; 240; 253; 255;

256; 261; 284; 356; 361; 363; 369; 376; 400; 455; 486
Šarov 34; 251; 252; 435
Šaver 42; 150; 513
Ščerbakov 162
Seršakov 162
Šestakov, Michail Nikolaevič 156; 157
Ševcov 203
Šitikov 27
Šmejs, Vladimir Antonivič 34; 435
Šukov, Georgij K. 121; 122; 125; 126
Šumakov 341
Šumilin 37
Švarev 367

Talanov 450
Terešin 434
Thiel, Leo 435
Titov, Fjodor D. 540; 547
Tjulpanov, Sergej Ivanovič 177
Tkačev 209; 252
Tolkačajev 181
Trimmborn, Kurt 552
Tröger, Hardy 422
Truman, Harry S. 175
Tschetsch, Ernst 184

Uhlig, Helmut 545; 546
Ulbricht, Walter 19; 20; 45; 109; 153; 305; 534; 535; 536; 538; 540; 541; 542; 549; 552
Umanec 202
Urban, Johannes 204
Utenkov 367
Vaškevič, Aleksandr Ivanovič 308
Vadis, Aleksandr Anatolevič 146; 157
Vanjutin 232
Veretennikov, Vladimir Alekseevič 497

Veselov 212
Vitkov 162
Volker, H. 367
Volkov, N. Ja. 149
Völzke, Wolfgang 550
Vorošilov, Klement J. 21
Voroncov 209
Voronkin 218; 282; 283; 285; 289
Vsiljev 162
Vul, Aleksej Moiseevič 156

Wagner, Hans 304
Waldschütz, Gertrud 372
Warnke, Hans 537; 538
Wehner, Wilhelm 180
Wetzel, Fritz 550; 551
Wiesel, Paul-Otto 181
Willing 546
Winkler 210
Wischer, Gerhard 551
Wolf, Hans-Joachim 304
Wollweber, Ernst 187
Wosny, Willy 384; 391; 392; 395; 403; 404; 405

Zagajnyj 434
Zarelua, Vladimir Ekvtimovič 156
Zelenin, Pavel Vasil'evič 157
Zelenkov, Aleksej Mihajlovič 308
Zenker, Günther 264; 265; 267; 268; 271; 272; 273; 274; 278
Zikljaev 34; 41; 80; 217; 218; 219; 220; 222; 341; 343; 344; 434; 460; 461; 462
Zolotarev, Vladimir A. 263

Žabyko, Andrej Maksimovič 497
Železnikov, Nikolaj Ivanovič 157

Autorenverzeichnis

Baumann, Tobias, Jg. 1967; Studium der Geschichte, Slavistik und Politischen Wissenschaft in Heidelberg, Berlin und Moskau; Magisterarbeit über "Das Speziallager Nr. 9 Fünfeichen".

Erler, Peter, Jg. 1961, Diplomhistoriker; wissenschaftlicher Mitarbeiter im Forschungsverbund "SED-Staat" an der Freien Universität Berlin; Forschungsschwerpunkte: Die deutsche Emigration in der Sowjetunion, Sowjetische Speziallager in der SBZ/DDR.

Foitzik, Jan, Jg. 1948, Dr. phil.; Politologe und Historiker, Institut für Zeitgeschichte in München, Außenstelle Berlin; Schwerpunkte der Forschung mit zahlreichen Veröffentlichungen: Widerstand und Exil in Osteuropa, Geschichte der SBZ, Sowjetische Deutschland- und Besatzungspolitik nach 1945.

Hammermann, Gabriele, Jg. 1962, Dr. phil.; Studium der Geschichte und Kunstgeschichte, promovierte über italienische Militärinternierte in Deutschland; Veröffentlichungen u.a. zu den Speziallagern; wissenschaftliche Mitarbeiterin an den Gedenkstätten Buchenwald und Dachau.

Haritonow, Alexandr, Jg. 1959, Dr. phil.; Studium der Geschichte an der Staatlichen Universität Voroneš (Rußland), Promotion an der TU Dresden; Forschungsschwerpunkte mit entsprechenden Veröffentlichungen: Hochschulpolitik der SMAD, Geschichte der SBZ; Wissenschaftlicher Mitarbeiter an der Universität Hannover.

Jeske, Natalja, Jg. 1962, Dr. phil.; Studium der Geschichte an der Universität Tomsk; Dissertation (1988) über die deutsche Sozialgeschichte der 60er, 70er und 80er Jahre; freie Mitarbeiterin im deutsch-russischen Kooperationsprojekt zu den sowjetischen Speziallagern in Deutschland, an den Gedenkstätten Buchenwald und Sachsenhausen; Mitarbeit an der ständigen Ausstellung zu dem Speziallager Nr. 2 in Buchenwald.

Kersebom, Heinz, Jg. 1951, Dr. phil., Studium der Politik, Gemeinschaftskunde und Mathematik (beide Staatsexamen); Promotion über eine LKW-Fabrik in Moskau; Schwerpunkte der Forschung mit einschlägigen Veröffentlichungen: Geschichte der Sowjetunion, besonders des Stalinismus, und Rußlands sowie der Speziallager.

Kilian, Achim, Jg. 1926 in Oelsnitz/Vogtland; 1945 bis 1948 NKVD-MVD-Gefangener Nr. 80932. 1950 bis 1951 Studium in den USA; 1953 Abschluß als Dipl.-Kfm in Mannheim; seit 1956 verheiratet, ein Sohn; bis 1986 leitender Angestellter und GmbH-Geschäftsführer bei der Rheinelektra AG und Tochterfirmen; seit 1990 zeitgeschichtliche Forschungen, Schwerpunkte: deutsche Kriegsgefangenenlager 1939 bis 1945 und Speziallager des NKVD/MVD der UdSSR 1945 bis 1950.

Knigge, Volkhard, Jg. 1954, Dr. phil., Studium der Geschichte, Germanistik und Erziehungswissenschaften, psychotherapeutische Zusatzausbildung; Direktor der Stiftung Thüringische Gedenkstätten Buchenwald und Mittelbau-Dora; Forschungsschwerpunkte im Dreieck von Geschichte, Kunstgeschichte und Psychoanalyse mit zahlreichen Veröffentlichungen.

Kozlov, Vladimir -Aleksandrovič, Jg. 1950, Historiker, Dr.; stellvertretender Direktor des Staatlichen Archivs der Russischen Föderation (GARF); Forschungsgebiet mit zahlreichen Veröffentlichungen: Geschichte der UdSSR und der historischen Wissenschaften Rußlands im 20. Jahrhundert, Quellenkunde.

Kuznecowa, Gallina Al'bertova, Jg. 1951, Historikerin; Fachreferentin im Staatlichen Archiv der Russischen Föderation (GARF); Schwerpunkt: Geschichte der Außenpolitik Rußlands im 19. und 20. Jahrhundert.

Lipinsky, Jan, Jg.1966, M.A.; Studium der osteuropäischen Geschichte, wissenschaftlicher Mitarbeiter in Bonn; Forschungsschwerpunkte: Osteuropäische Geschichte, deutsch-sowjetische Beziehungen, Hitler-Stalin-Pakt, Sowjetische Speziallager in Deutschland; zahlreiche einschlägige Veröffentlichungen.

Mironenko, Sergej Vladimirovič , Historiker, Dr.; Direktor des Staatlichen Archivs der Russischen Föderation (GARF); Forschungsgebiet: Geschichte Rußlands im 19. und 20. Jahrhundert, zahlreiche Veröffentlichungen.

Morsch, Günter, Jg. 1952, Dr. phil., Studium der Geschichte, Psychologie und Philosophie; Forschungsschwerpunkte mit zahlreichen Veröffentlichungen: Sozial- und Industriegeschichte des 19. Jahrhunderts, Geschichte der Arbeiterbewegung, der Weimarer Republik, des Nationalsozialismus, der Sowjetischen Besatzungszone bzw. DDR, Ausstellungs- und Museumswesen. Direktor der Stiftung brandenburgische Gedenkstätten und Leiter der Gedenkstätte und des Museums Sachsenhausen; Lehrauftrag an der Freien Universität.

Nachatovič, Dina Nikolajevna, Jg. 1938; Archivarin, Leiterin des Referats Sonderbestände im Staatlichen Archiv der Russischen Föderation (GARF); Schwerpunkte: Archivkunde und Geschichte der UdSSR 1930 bis 1950.

Neumann, Vera, Jg. 1960, Dr. phil., Studium der Geschichte, Gestaltungstechnik, Pädagogik; Dissertation über die "Privatisierung der Kriegsfolgen. Aspekte der Nachkriegsgeschichte der frühen Bundesrepublik Deutschland im Kontext lebensgeschichtlicher Erinnerungen"; seit 1994 wissenschaftliche Mitarbeiterin der Gedenkstätte Buchenwald.

Niethammer, Lutz, Jg. 1939, Prof. Dr. phil., Studium der Geschichte, evangelischen Theologie und Sozialwissenschaften in Bonn, München und Heidelberg, wo er 1971 über die Entnazifizierung am Beispiel Bayerns promovierte; Assistent an der Ruhr-Universität Bochum., seit 1973 o. Professor in Essen, dann in Hagen, heute an der Friedrich-Schiller-Universität Jena; Fellowships in Oxford, Paris und Berlin; 1989 bis 1993 Gründungspräsident des Kulturwissenschaftlichen Instituts Essen; zahlreiche Veröffentlichungen zur Zeit-, Sozial- und Alltagsgeschichte.

Ochs, Eva, Jg. 1963, M.A.; Studium der Neueren Geschichte und Politischen Wissenschaften; Forschungsschwerpunkte mit einschlägigen Veröffentlichungen: Frauen- und Geschlechtergeschichte, Oral History, Speziallager; wissenschaftliche Mitarbeiterin, Fern-Universität Hagen.

Otto, Wilfriede, Jg. 1933, Dr. phil.; Studium der Geschichte; danach Universität Leipzig, Institut für Marxismus-Leninismus/Geschichte der Arbeiterbewegung; Forschungsschwerpunkte mit zahlreichen Veröffentlichungen zur: Geschichte der DDR und der SED, über Opfer des Stalinismus, unter anderem zu den Waldheimer Prozessen.

Pampel, Bert, Jg. 1967, Dipl. pol.; Studium der Politikwissenschaft der FUB; seit 1996 Mitarbeiter der Stiftung Sächsische Gedenkstätten.

Petrov, Nikita, Jg. 1957; Studium der Chemie von 1974 bis 1980; seit 1988 Mitarbeiter bei der Gruppe "Memorial" in Moskau; 1992 Sachverständiger im Prozeß gegen die KPdSU; Forschungsschwerpunkt: Die sowjetischen Staatssicherheitsorgane unter Stalin.

Plato, Alexander v., Jg. 1942, Dr. phil., Leiter des Instituts für Geschichte und Biographie der Fernuniversität Hagen, zahlreiche Veröffentlichungen und Filme zur jüngeren deutschen Sozial- und Mentalitätsgeschichte.

Autorenverzeichnis

Prieß, Lutz, Jg. 1951, Dr. phil.; Studium der Geschichte in Leipzig und Moskau, wissenschaftlicher Mitarbeiter an der Friedrich-Schiller-Universität Jena, am Institut für Marxismus-Leninismus bzw. am Institut zur Geschichte der Arbeiterbewegung Berlin, an der Freien Universität Berlin, an der Gedenkstätte und dem Museum Sachsenhausen. Forschungsschwerpunkte: Geschichte der SED, Geschichte des Stalinismus in der SBZ/DDR, Geschichte der Speziallager; zahlreiche einschlägige Veröffentlichungen.

Ritscher, Bodo, Jg. 1948, Dr. phil.; Studium in Leipzig, wissenschaftlicher Assistent an den Universitäten in Dresden und Jena, Kustos für den Bereich Speziallager in der Gedenkstätte Buchenwald; Forschungen zur Geschichte des Konzentrationslagers Buchenwald und der sowjetischen Speziallager in Deutschland mit zahlreichen Publikationen.

Scherbakova, Irina, Jg. 1953; Studium der Philologie, Hauptfach Germanistik in Moskau bis 1974; dann Übersetzerin deutscher Literatur, Publizistin und Historikerin, 1989 zur Gruppe "Memorial", seit 1991 wissenschaftliche Mitarbeiterin an der Humanwissenschaftlichen Universität in Moskau, Bereich Oral History; 1994/1995 Fellow am Wissenschaftskolleg zu Berlin.

Schölzel, Christian, Jg. 1964, M.A.; Studium der Geschichte, insbesondere der osteuropäischen, und der Wirtschaftsgeographie in Hamburg und Berlin, befaßt sich mit Walther Rathenau, zur Geschichte Rußlands, zu den sowjetischen Speziallagern u.a.; einschlägige Veröffentlichungen; wissenschaftlicher Mitarbeiter an den Gedenkstätten Sachsenhausen und Buchenwald.